BOU

Collection fondée
et dirigée par

À DÉCOUVRIR AUSSI
DANS LA MÊME COLLECTION

L'Algérie et la France, sous la direction de Jeannine Verdès-Leroux
Dictionnaire historique de la Résistance et de la France libre, sous la direction de François Marcot, avec la collaboration de Bruno Leroux et de Christine Levisse-Touzé
La Légion étrangère. Histoire et dictionnaire, sous la direction d'André-Paul Comor
Nouveau Dictionnaire Picasso, par Pierre Daix
Europes, par Yves Hersant et Fabienne Durand-Bogaert
Tzvetan Todorov, *Le Siècle des totalitarismes*
Arnold Van Gennep, *Le Folklore français*
Salah Stétié, *En un lieu de brûlure*
Émile Zola, *Les Rougon-Macquart*

DICTIONNAIRE DES ÉTRANGERS QUI ONT FAIT LA FRANCE

SOUS LA DIRECTION DE
PASCAL ORY

AVEC LA COLLABORATION DE
MARIE-CLAUDE BLANC-CHALÉARD

ROBERT LAFFONT

Crédits photographiques

G. Chaplin © K. Krieger / Corbis ; R. Gary et N. Sarraute © S. Bassouls / Sygma / Corbis
S. Dali, P. Picasso, V. Van Gogh et M. Curie © Bettmann / Corbis ; J. Kessel © J. Andanson / Sygma / Corbis
G. Freund © J. Haillot / Sygma / Corbis ; S. Beckett © Hulton-Deutsch Collection / Corbis ;
T. Chelton © E. Robert / Sygma / Corbis ; C. Aznavour © R. Vennenbernd / dpa / Corbis ;
F. Giroud © M. Pelletier / Sygma / Corbis ; J. L. Godard © G. Bally / Keystone / Corbis ;
J. Baker © C. Van Vechten / Corbis ; G. Simenon © J. Andanson / Apis / Sygma / Corbis ;
B. Cendrars collection particulière ; L. Zitrone © P. Baril / Kipa / Corbis ; O. Bancic © LAPI / Roger-Viollet
R. Nureyev © J. Donoso / Sygma / Corbis

ISBN : 978-2-221-11316-5
Dépôt légal : octobre 2013 – N° d'édition : 50054/01

DICTIONNAIRE DES ÉTRANGERS QUI ONT FAIT LA FRANCE

SOUS LA DIRECTION DE
PASCAL ORY

AVEC LA COLLABORATION DE
MARIE-CLAUDE BLANC-CHALÉARD

ROBERT LAFFONT

Crédits photographiques

G. Chaplin © K. Krieger / Corbis ; R. Gary et N. Sarraute © S. Bassouls / Sygma / Corbis
S. Dali, P. Picasso, V. Van Gogh et M. Curie © Bettmann / Corbis ; J. Kessel © J. Andanson / Sygma / Corbis
G. Freund © J. Haillot / Sygma / Corbis ; S. Beckett © Hulton-Deutsch Collection / Corbis ;
T. Chelton © E. Robert / Sygma / Corbis ; C. Aznavour © R. Vennenbernd / dpa / Corbis ;
F. Giroud © M. Pelletier / Sygma / Corbis ; J. L. Godard © G. Bally / Keystone / Corbis ;
J. Baker © C. Van Vechten / Corbis ; G. Simenon © J. Andanson / Apis / Sygma / Corbis ;
B. Cendrars collection particulière ; L. Zitrone © P. Baril / Kipa / Corbis ; O. Bancic © LAPI / Roger-Viollet
R. Nureyev © J. Donoso / Sygma / Corbis

ISBN : 978-2-221-11316-5
Dépôt légal : octobre 2013 – N° d'édition : 50054/01

À Charles Trénet, Georges Moustaki et Rachid Taha

PRÉFACE

par Pascal Ory

Quoi de plus français que le couturier et mécène Pierre Cardin ou que le premier vainqueur du Tour de France cycliste, Maurice Garin ? Sauf que l'un et l'autre sont nés citoyens italiens. À l'inverse, combien de Français savent que le prix Nobel de littérature de l'an 2000 a été attribué à un citoyen français – naturalisé alors depuis trois ans –, Gao Xingjian, né à Ganzhou soixante ans plus tôt ? Quand Yves Montand crée la chanson *J'aime flâner sur les grands boulevards*, sur une musique de Norbert Glanzberg, devenue un classique de la chanson parisienne, on se préoccupe sans doute peu de savoir que l'interprète est né Italien de Toscane et le compositeur de la musique, Austro-Hongrois. Ce que la plupart de nos compatriotes savent, en revanche, c'est que la renommée de la France – aux yeux des Français comme à ceux des étrangers – doit beaucoup à Frédéric Chopin ou à Marie Curie, à Pablo Picasso ou à Le Corbusier, à Samuel Beckett ou à Charles Aznavour. Et ceux qui s'intéressent au destin politique de ce pays, très exposé aux regards depuis plusieurs siècles, ont sans doute remarqué, sans remonter plus haut, que la Révolution française ne serait pas tout à fait la même sans le modéré Jacques Necker ou le radical Jean-Paul Marat – deux Suisses –, la IIIe République sans Léon Gambetta ou Maxime Weygand, la Résistance sans Boris Vildé (membre du premier réseau, celui du musée de l'Homme) ou le groupe Manouchian sans ses fusillés stigmatisés sur l'Affiche rouge « parce qu'à prononcer leurs noms sont difficiles »… La cause est entendue.

Encore ne parle-t-on ici que de personnalités passées à la postérité, comme on dit. Les lecteurs de cette Préface savent – et pour certains de source familiale – que des millions de Français d'aujourd'hui ont des ascendants d'origine étrangère à moins de trois ou quatre générations. Les spécialistes de l'onomastique le savent bien aussi, qui ne peuvent plus aujourd'hui se contenter de répondre aux questions des Martin et des Dubois sur l'origine de leur nom et doivent faire toute leur place aux Amrouche, aux Garcia, aux Nguyen. L'histoire de plusieurs régions françaises reste durablement marquée par l'arrivée ici des Italiens, là des Polonais, ailleurs des Arméniens. Le présent de plusieurs pays étrangers est encore directement concerné par l'existence d'une diaspora en terre française, qu'il s'agisse de la Turquie ou du Portugal, de l'Algérie ou du Sénégal.

Or, il n'existait toujours pas de livre tel que celui-ci, cherchant à rendre compte à la fois de la diversité et de la convergence des destins individuels et collectifs de ces hommes et de ces femmes conduits – volontairement ou pas – à identifier tout ou partie de leur vie à celle de la nation France et, par là, définitivement ou provisoirement, à faire corps avec elle. Gageons que la consultation de cet ouvrage, épais, assurément, mais qui aurait pu l'être beaucoup plus, sera pour ses lecteurs – le directeur de cette entreprise en fut le premier – une source presque inépuisable de surprises.

Un lecteur du Languedoc ne sait pas nécessairement que le fondateur du *Midi libre* était Roumain de naissance, un lecteur de *L'Express* ou du *Nouvel Observateur* que, parmi les têtes pensantes fondatrices de chacun de ces deux titres, figuraient une ancienne ressortissante turque et un ancien Autrichien. Un amateur d'art sait déjà que les successives Écoles de Paris se définissent par le fait qu'elles sont essentiellement composées d'artistes d'origine étrangère, mais il peut ignorer que plusieurs artistes ayant choisi la France, comme Hans Hartung ou Ossip Zadkine, ont poussé le besoin d'intégration jusqu'à entrer dans la Légion étrangère – tout comme l'écrivain Blaise Cendrars ou le danseur François Malkovsky. Quel romancier aurait imaginé une histoire comme celle des frères Canetti : Élias, l'écrivain allemand, Prix Nobel de littérature, et Jacques, un peu snobé par son aîné, devenu pour sa part le plus grand producteur de chansons – et de chanteurs – de notre histoire, l'homme sans qui la chanson française, d'Édith Piaf à Jacques Higelin, n'existerait peut-être pas ? C'est un petit jeu que de découvrir sous quels noms d'apparence française sont aujourd'hui connus à travers le monde Georges Peretz, Samuel Rosenstock ou Natalia Tcherniak, mais inutile de cacher l'émotion qui a pu saisir le premier lecteur de toutes ces entrées – le mot, ici, s'impose – à la découverte ou redécouverte de destins aussi romanesques que ceux d'un Pellegrino Rossi ou d'un Alexandre Kojève, d'une Eva Busch ou d'un Zinovi Pechkoff et, plus simplement, à la lecture en continu de toutes ces notices individuelles qui commencent par « Née à Kichinev, alors Empire russe, aujourd'hui Ukraine » ou « Née à Constantinople, alors Empire ottoman, aujourd'hui Istanbul, Turquie » et qui se terminent par « mort à Paris, France », « morte à Marseille, France », « mort au mont Valérien, France ».

Avant d'en arriver à ces près de mille deux cents notices individuelles, à cette vingtaine de notices collectives et à cette cinquantaine de notices de communautés, le chemin aura été long. Comme souvent, le projet initial était d'une simplicité trop redoutable pour ne pas receler des difficultés dont certaines sont sans doute demeurées insurmontables.

L'idée était la suivante : l'intuition de beaucoup, les savantes recherches de quelques-uns montrent que la France, faible pays d'émigration, au contraire de l'Irlande ou de la Russie et, pendant longtemps, de l'Italie ou de l'Allemagne, a été, en revanche, un grand pays d'immigration, plus proche en cela qu'on ne le croit, au premier abord, d'un pays comme les États-Unis. En même temps, et au contraire des États-Unis, les circonstances historiques qui ont présidé à la naissance et au développement de la nation française se sont conjuguées pour, toujours, diluer et, parfois, nier cette évidence. Cette occultation s'est faite au nom de l'unité et de la continuité – deux caractéristiques pas si fréquentes que cela dans l'histoire d'un peuple si, sans aller plus loin, on s'arrête seulement à considérer l'histoire de grands pays européens comme l'Allemagne, l'Italie ou la Pologne. Elle s'est faite, surtout, à partir de l'expérience précoce, exaltante et exaltée, de la souveraineté nationale dont elle a été le lieu, en de certains jours exceptionnels de 1789.

Il importe de faire remarquer que ce postulat unitaire n'a pas généré que de la négation d'identité ; il a aussi facilité l'intégration de millions d'immigrés, transformés rapidement en d'« excellents

Français », comme le disait, pendant la « drôle de guerre », la chanson mise en musique par Mireille (fille de deux immigrés juifs), sur un texte de Jean Nohain (Français « de souche »). La législation xénophobe et antisémite de Vichy est moins l'expression d'une indéfinissable « idéologie française » que l'exception qui confirme la règle posée par les actes fondateurs de la Révolution. Cette conviction de l'existence, en regard du melting-pot américain, d'un creuset français, bien analysé par Gérard Noiriel ou Patrick Weil, a été, depuis une génération, mise en monographies communautaires ou régionales par plusieurs historiens, sociologues anthropologues – dont plusieurs se retrouvent dans cet ouvrage, auteurs de notices, collectives ou individuelles. Reste qu'il manquait à cette entreprise, déjà bien cadastrée, ce type d'ouvrage à la fois évident dans son projet, plaisant à la lecture – et bien compliqué à mettre en œuvre – qui s'appelle un dictionnaire.

En proposer le projet aux éditions Robert Laffont et à la collection « Bouquins » allait de soi. Leur nouveau directeur, Jean-Luc Barré, en fut, d'emblée, convaincu, tout comme ma collègue Marie-Claude Blanc-Chaléard, spécialiste reconnue de l'histoire de l'immigration, qui accepta de coordonner l'ensemble des notices collectives de communautés (Albanais, Allemands, Arméniens, etc.), travaillant avec vingt-huit auteurs, dont elle fut la relectrice attentive. Pour les notices de personnalités – individuelles pour la plupart mais auxquelles s'ajoutaient nécessairement un certain nombre d'entrées collectives (« Danseurs et danseuses russes en France », « Légion étrangère », etc.) –, une quarantaine d'auteurs furent recrutés, responsables de secteurs (architectes, entrepreneurs, sportifs, etc.), dont je pris la responsabilité directe.

Et c'est là que les difficultés du projet apparurent.

La question chronologique fut, à régler, la plus simple. La France, qui porte le nom d'un peuple d'envahisseurs (Francs), qui parle la langue de colonisateurs (Romains), a été le pays d'où est partie l'aventure de la restauration d'un Saint Empire romain qui n'était point encore exclusivement « germanique », un pays qui, de Guillaume le Conquérant à Henri VI de Lancastre, entretint de si étroites relations avec l'Angleterre que, sans Jeanne d'Arc, il eût peut-être définitivement fusionné avec elle. Mais la monarchie française, dont maintes reines – à commencer par cette Anne de Kiev qui traversa toute l'Europe pour venir épouser, en 1051, le roi Henri Ier – et quelques ministres – y compris le dernier « Premier ministre des Finances », Necker – venaient de l'étranger, ne voulait connaître que des sujets. Tout cela ne faisait pas une nation au sens moderne du terme, définissable comme la rencontre d'une identité culturelle (un peuple) et de cette « idée nouvelle en Europe » – comme disait Saint-Just du bonheur : la souveraineté populaire.

Ce Dictionnaire commence donc avec la Révolution française, celle qui s'inaugure non pas avec l'ouverture des états généraux par le roi de France, mais avec l'autoproclamation de la Nation française (Assemblée nationale, le 17 juin 1789), le vote de la Déclaration des droits de l'homme deux mois plus tard et, enfin, en 1791, l'instauration d'une Constitution qui faisait déjà de Louis XVI, trente-neuf ans avant Louis-Philippe, un *roi des Français*. Une Révolution, qui, dans la foulée, intégrait dans ladite nation les protestants (1789), puis les juifs (1791) et, sous sa forme républicaine radicale, abolissait l'esclavage (1794). On trouvera donc dans les pages qui suivent des entrées « Paine, Tom » ou « Clotz, Anacharsis », sans oublier le Casanova des *Mémoires* et Carlo Goldoni dans la dernière partie de sa vie, auquel la Convention nationale rendra un hommage tardif. On n'a cependant pas retenu ici Friedrich von Schiller ou George Washington, qui reçurent, par un décret de juin 1792, la citoyenneté française. Comme on le voit déjà au travers de ces derniers exemples, il est bien des manières d'avoir « fait la France » : on y reviendra.

Le plus difficile restait à résoudre : la sélection des communautés et des individus qui allaient faire l'objet de notices. Le choix entre communautés immigrantes – on a préféré ce mot, insatisfaisant, à « nationalités » ou « cultures », qui le sont plus encore – n'allait pas de soi. On assume, par exemple, la réunion dans la notice « Africains (subsahariens) » des ressortissants d'États n'ayant pas, au contraire des Congolais ou Sénégalais, fait l'objet d'un traitement particulier. L'état de la recherche et, surtout, l'importance respective des communautés concernées, justifient cette différence de statut. Sur la sélection des personnalités jugées « dignes » de notices individuelles, la plus large marge de discussion porte, classiquement, sur la règle de notoriété, variable d'un auteur – et d'un lecteur – à l'autre. Un fin connaisseur de la vie politique regrettera l'absence d'une notice spécifique consacrée à Alexandre Walewski, mais trouvera peut-être qu'il y a ici trop de footballeurs uruguayens…, et vice versa. On pourra aussi toujours discuter des hiérarchies qui font que certains noms jugés notables, mais pas au point de justifier une notice, pourront figurer dans les notices collectives de personnalités ou de communautés.

Les deux plus grosses difficultés touchaient au fond du projet : qu'est-ce donc qu'un « étranger » ? Et qu'est-ce donc que « faire la France » ?

Pour répondre à la première question, on a, autant qu'il était possible, fait surtout intervenir des critères juridiques, moins discutables que tous les autres. Et plutôt pour éliminer que pour faire nombre, les risques d'une excessive extension de la notion étant plus grands que ceux d'une acception trop restreinte. L'étranger, ici, sera donc né étranger, en territoire français ou non. N'entrent donc pas dans cette catégorie les Français nés à l'étranger ni les natifs – esclaves ou hommes libres – des colonies ou des départements, à commencer par ceux d'Algérie. Un ressortissant des protectorats marocain ou tunisien, un Tahar Ben Jelloun ou un Albert Memmi, n'est généralement pas né Français. En revanche, un Antillais, un Algérien ou un Malgache nés au temps des colonies n'étaient pas des « étrangers », même s'ils n'ont pas toujours été des « égaux ». Au reste, les notices de communautés – « Algériens », « Congolais », etc. – permettent de faire le point sur la contribution de ces originaires, dont le statut a, par étapes, considérablement changé au long du quart de siècle qui sépare le Front populaire de l'indépendance. Pour plus de précisions, on renvoie à un éventuel « Dictionnaire des coloniaux qui ont fait la France »… N'entrent pas non plus dans cet ouvrage les sujets de la principauté de Monaco (comme Léo Ferré, qui fut un « élève étranger » à Sciences-Po, et en fut peut-être bien content) – mais le prince lui-même, oui –, non plus que tous les enfants d'immigrés dont les auteurs des notices n'ont pas eu la preuve qu'ils étaient, en naissant, de statut étranger – au risque de ne pas retenir certaines personnalités qui se révèleront ensuite l'avoir été : sur ce point aussi, ces pages restent ouvertes aux informations nouvelles.

À l'inverse, certains supposés étrangers sont, vérification faite, nés Français – comme Raymond Devos – ou binationaux – comme Marguerite Yourcenar. On n'a pas considéré comme étrangers les quinze mille dénaturalisés de Vichy, Français à l'heure de Munich, apatrides à celle de Drancy (voir les notices « Gainsbourg » et « Perec », à titre d'exemple) ; on l'a fait, en revanche, pour les natifs de territoires français éphémères, comme les départements du grand Empire de 1810, redevenus étrangers après la chute de Napoléon : ainsi en est-il de ces quatre grands noms de l'unité italienne que sont le comte de Cavour, Joseph Garibaldi, Giuseppe Mazzini et Giuseppe Verdi, qui sont pourtant nés Français... De même, après la phase de l'« option », les Alsaciens-Mosellans nés entre 1871 et 1918 sont-ils juridiquement des étrangers : Robert Schuman en sait quelque chose.

C'est pour toutes ces raisons combinées qu'on ne trouvera pas dans les pages qui suivent René Goscinny (mais Albert Uderzo, oui), Jean Ferrat (mais Serge Reggiani, oui), non plus que Michel Colucci ou Michel Drucker, Fellag ou Dieudonné, Édouard Balladur ou Nicolas Sarkozy, Zinedine Zidane ou Lilian Thuram. Bien qu'ils ne soient pas né(e)s sous le même statut, ces deux Algérien(ne)s que furent Albert Camus et Taos Amrouche ne sont pas des « étrangers » – sauf, peut-être, au sens camusien. Qu'on ne cherche pas ici non plus la « génération de 52 », un Mohammed Dib, un Mouloud Feraoun, un Mouloud Mammeri, un Yacine Kateb. Plusieurs des figures marquantes de la société française du XXIe siècle commençant sont issues d'un ou deux parents originaires d'« outre-mer » ; ils n'en sont pas pour autant nés étrangers. C'est, sauf erreur, le cas de ces Français nés en France d'un ou deux parents algériens que sont Dany Boon ou Kad Merad, Faudel ou Djamel Bouras. Fleur Pellerin est dans ce Dictionnaire, pas Azouz Begag. Moyennant quoi, on y a, en revanche, fait entrer des immigrés originaires d'Algérie nés après l'indépendance, alors même que la loi leur accorde la double nationalité – il se trouve que ladite loi a connu bien des incertitudes… –, et, a fortiori, des natifs d'anciennes colonies désormais indépendantes, dès lors que l'activité qui explique leur présence ici est postérieure à ladite indépendance : pas Mongo Beti, mais Tierno Monénembo, oui. Toute la différence entre ces deux natifs de la petite ville algérienne de Kenadsa, Pierre Rabhi, né en 1938, qui n'est pas dans ce Dictionnaire, et Yasmina Khadra, né en 1955, qui y est.

De telles règles font de Sabine Weiss, née à Saint-Gingolph mais du côté suisse, une étrangère, au même titre qu'un Jean Potocki, aristocrate polonais qui n'aura fait que de brefs séjours en France, mais dont la patrie est, autant que sa chère Pologne, la langue française. Avouons que ces principes apparemment fermes tournent, dans leur exécution, au casse-tête, dès lors que, pour prendre deux exemples parmi les photographes, Dora Maar est née étrangère en tant que fille d'un père étranger et d'une mère française devenue étrangère par son mariage, alors que Florence Henri, née et grandie à New York de mère allemande et de père allemand par sa mère, mais français par son propre père, est née française... À ce compte-là, il s'est certainement glissé dans ces quelque mille deux cents notices diverses erreurs, en plus ou en moins : des notices qui n'auraient pas lieu d'être, d'autres qui s'imposeraient, sans parler des incertitudes qui, pour l'instant, demeurent, comme sur ces trois grandes dames de la chanson française que furent Agnès Capri, Marie Dubas et Mireille.

La naturalisation n'est pas nécessairement la conclusion de tous ces destins, dont, au reste, certains se terminent ailleurs qu'en France – qui se rappelle qu'Igor Stravinski fut, durant dix ans, citoyen français, avant d'adopter la nationalité américaine ? Bien des célébrités qui se sont identifiées à la France n'ont jamais été naturalisées. Certains n'ont jamais cherché à le devenir, d'autres se le sont vu refuser et n'ont plus jamais tenté la démarche – chez les peintres, par exemple, c'est respectivement le cas de Pierre Alechinsky et de Pablo Picasso.

Restait enfin à définir ce qu'on allait entendre par « faire la France ». À considérer les réactions de ceux qui la découvrirent, la formule est belle, et on s'y est tenu. Mais elle demande des éclaircissements, faute de quoi elle peut générer des effets pervers.

Il va de soi qu'on n'a pas retenu ici tous les grands adversaires et ennemis qui, par leur génie propre, ont pourtant, bon gré mal gré, modelé le destin de ce pays, de l'amiral Nelson à Adolf Hitler. Plus près de l'objet, on n'a pas non plus retenu tous ces étrangers illustres qui ont choisi de vivre en France, mais sans que la France remarque même leur existence. Connaît-on Armas Launis ? le plus grand compositeur d'opéra finlandais s'est installé en France en 1930. Il y est mort en 1959. Son pays natal l'a oublié de son vivant – pour le redécouvrir avec émotion après, comme il se doit –, mais son pays d'accueil l'a, hormis quelques initiés, souverainement ignoré. On touche du doigt un critère d'élimination possible : ne figureraient pas dans ce Dictionnaire les étrangers qu'un séjour en France a changé plus qu'ils n'ont changé la France. La célèbre communauté « africaine-américaine » de France distingue des personnalités que la société française a adoptées, comme Joséphine Baker ou Sidney Bechet, d'autres dont les amateurs ont repéré le lien étroit qu'ils ont entretenu avec la culture française – et surtout Paris, comme Chester Himes et Richard Wright –, d'autres enfin dont on peut penser qu'ils ne sont pas vraiment sortis du cercle des expatriés, comme James Baldwin ou Langston Hughes – ici la part de l'arbitraire n'est pas négligeable.

Si la demande de refuge, puis de nationalité, d'un Rudolf Noureev ou d'un Michael Rudy vaut pour ici certificat de francité – idem pour ces deux Suédois naturalisés Français que sont Michael Meschke et Max von Sydow –, un des modes privilégiés de l'intégration au destin français sera, à l'évidence – et aux yeux des intéressés eux-mêmes –, la pratique de la langue française. Ce pays qui aura accordé à la langue un si grand rôle politique qu'il en institua gardienne une Académie protégée par le prince, cette « nation littéraire » (Priscilla Ferguson) qui invente le culte du grand écrivain et rouvre son Panthéon pour Victor Hugo, a attiré vers elle des étrangers qui, plus qu'aux bords de la Seine, auront habité au sein de la langue française, de Joseph de Maistre – l'anti-national type – à Benny Levy, l'ancien gauchiste mort sioniste. C'est toute la différence entre la photographe américaine Lee Miller qui, étudiante aux Beaux-Arts de Paris comme tant d'étrangers, y rencontrera les deux artistes qui joueront dans sa vie le plus grand rôle : Man Ray, qui l'initie à la photo et à l'avant-garde, et Roland Penrose, lui-même « Anglais de Paris » et grand médiateur du surréalisme en terre anglaise, qu'elle suivra dans son pays, et la photographe américaine Berenice Abbott qui, initiée de même et par le même, ne repartira pas vers sa terre natale sans avoir contribué, de manière décisive, à la reconnaissance internationale, puis française (et non le contraire), d'Eugène Atget. Ici aussi, ces beaux principes ont pu, chemin faisant, souffrir quelques exceptions à la marge : le statut de passeur de Paul Celan, à demeure rue d'Ulm, retenu ici, n'est pas celui d'un Patric Ourednik, qui continue à appartenir totalement à la culture tchèque en écrivant en France, mais en tchèque, l'*Europeana*, qui va le rendre célèbre internationalement. Il y a deux Vladimir Pozner. Le plus célèbre, aujourd'hui, est le journaliste franco-américano-russe, Vladimir Vladimirovitch, connu de tous les téléspectateurs russes, qui ne sera pas retenu ici, à l'inverse de l'écrivain, Vladimir Salomonovitch.

Moyennant quoi, cette vaste galerie de portraits individuels et collectifs permet de mieux repérer la contribution relative de telle ou telle communauté à tel ou tel domaine de la vie sociale : l'importance des ingénieurs et entrepreneurs britanniques dans le lancement de la révolution industrielle française du XIXe siècle ou celle des Italiens à la fois collectivement dans l'industrialisation du XXe siècle et individuellement dans les arts du spectacle à la même période. La périodisation générale de l'immigration, par grandes masses, est connue et repérable ici non seulement dans les notices collectives, mais aussi, de manière plus ou moins indirecte, dans les notices individuelles : celle des Belges, des Italiens et des ashkénazes à partir de la fin du XIXe siècle, suivis par les Polonais après la Première Guerre mondiale, les Espagnols après la Seconde, les Portugais un peu plus tard, un peu plus tard encore les séfarades des protectorats, en attendant les Indochinois des années 1970, etc. Mais l'individualisation des destins permet, plus finement, de faire ressortir un moment intellectuel grec après la Seconde Guerre mondiale ou un moment théâtral argentin dans les années 1960, une sur-représentation, au début du XXe siècle, des peintres puis, dans l'entre-deux-guerres, des photographes originaires d'Europe centrale et orientale comme, plus tard, des sportifs d'origine polonaise. Elle permet aussi de mettre en relief l'importance des personnalités en situation de passeur entre deux rives, d'Adonis à Nicolas Berdiaev, et les œuvres témoignant d'un génie métis, de Marc Chagall à Angélique Kidjo, parfois à l'échelle de tout un genre, comme pour le raï. Ce dernier exemple illustre bien le niveau où se situe l'apport le plus massif « des petits, des obscurs, des sans-grades », particulièrement sensible dans les notices collectives : il s'étend de formes d'intégration superlatives à la culture populaire du pays d'accueil (la preuve par Francis Lemarque en quelque sorte) jusqu'à l'élaboration de formes métisses, à commencer par le bal musette, dont on a fini par oublier qu'il vit se succéder une orchestration d'origine provinciale (autour de la cornemuse), puis une orchestration d'origine italienne (autour de l'accordéon).

Derrière ces conjonctures à la fois spatiales et temporelles caractérisées se discernent aisément des logiques politiques ou culturelles, souvent associées l'une à l'autre quand, par exemple, la France n'apparaît pas simplement comme un pays qui offre du travail (généralement industriel) à des populations en surnombre (généralement agricoles), mais aussi comme « le pays des droits de l'homme », qui ajoute au salaire, en prime, la liberté. Le travail étranger a été une source d'énergie essentielle au fonctionnement de la machine économique française. L'ouvrier agricole italien en Provence, l'artisan ashkénaze à Paris, le mineur polonais dans les mines du Nord ou de l'Est, le maçon portugais un peu partout : autant de stéréotypes correspondant à une forte part de réalité et, surtout, à autant d'étapes du développement économique de ce pays, qui n'aurait pas eu l'ampleur qu'on lui a connue sans cette main-d'œuvre industrieuse et bon marché. Cette situation est aujourd'hui celle de ressortissants de l'ancien Empire colonial français et surtout – paradoxe que l'évolution économique explique aisément – depuis leur accession à l'indépendance. Aujourd'hui, l'« étranger », en ce pays, est, en majorité, un ancien colonisé ; comme pour ses prédécesseurs européens, sa motivation principale est économique.

La dimension politique, voire fondamentalement éthique, du choix de la France ne doit pas être, pour autant, sous-estimée.

Elle est décisive pour des milliers d'immigrés juifs ou arméniens, qu'on les retrouve ici militant communiste ou là Prix Nobel – parfois les deux. Mais elle peut jouer son rôle à une plus petite échelle pour tous ces enfants des minorités d'Égypte (shawam comme chez Albert Cossery, italienne comme chez Dalida, judéo-italo-grecque comme chez Georges Moustaki, etc.), désormais *personae non gratae* d'un nouveau régime panarabe. Pour les immigrés d'origine bourgeoise, l'image de la culture française, au sein de laquelle, vérification faite, on se rend compte que beaucoup ont été élevés, se révèle décisive dans le choix de la destination, puis de l'enracinement. L'existence – jusqu'à une date récente et, parfois, encore aujourd'hui – de zones culturelles d'influence et de modèle français explique l'importance de la présence roumaine, libanaise ou égyptienne, même si, ramenée à chaque individu, cette détermination demanderait à être nuancée par l'impondérable des circonstances et des subconscients : du grand trio roumain de l'après-guerre, Cioran-Éliade-Ionesco, le dernier nommé se détache immédiatement quand on découvre qu'il a passé une partie décisive de son enfance dans un village de la Mayenne. Prenons cependant garde que, en ce qui concerne la renommée culturelle, elle est souvent moins due – comme on le répète – au prestige de quelques grands aînés, de René Descartes à Victor Hugo, de Claude Monet à Auguste Rodin, qu'à la conviction qui anime le nouveau venu d'être en présence d'un pays où ces questions d'art ou de philosophie, loin d'être marginalisées, occuperaient le centre de la cité. Peu importe qu'il s'agisse d'une exagération : ce n'est pas une illusion et la démarche est, au fond, performative. L'importance accordée à ces enjeux est une histoire d'auberge espagnole ; c'est l'essentiel.

Permettra-t-on alors au signataire de ces lignes de terminer par quelques considérations à contre-courant d'un certain vague à l'âme national, partagé par une certaine famille de ce pays, qui déplore une dilution de l'« identité nationale » et par une autre, en apparence tout opposée, qui postule le reniement du « pays des droits de l'homme » ? Devant des discours aussi tranchés, beaucoup d'historiens sont tentés de considérer qu'il y a, surtout, des deux côtés, un peu d'idéalisation des lointains, mais aussi pas mal de noircissement du présent. Entre divers usages, la lecture de ce Dictionnaire servira peut-être aussi à cela : à dresser un bilan plus positif que négatif des capacités de ce pays à intégrer au plus profond de lui – dans cette profondeur qui s'appelle ici une usine automobile, là un amphithéâtre de faculté – les apports étrangers. Les recherches récentes des savants, les œuvres récentes des artistes et des intellectuels mettent volontiers en avant la part de xénophobie qui a pu animer ce pays – au reste, comme tous les autres. On parle peu, en revanche, de la xénophilie, qui a pourtant nourri tant de passions françaises ; et l'on oublie trop volontiers la proportion considérable des métissages dans notre vie de tous les jours – métissages des arts et des recettes de cuisine, métissage des idées et, d'abord, des corps.

Le comprendre n'est pourtant pas si sorcier : il suffit d'écouter une musique d'Offenbach, il suffit de lire un album d'*Astérix le Gaulois*, il suffit de se promener dans Paris – la capitale au monde sans doute la plus riche en monuments de toutes sortes érigés à la gloire d'étrangers, de la statue équestre de San Martin à la rue Botzaris, en passant par les monuments du cours Albert-Ier. Il suffit surtout, tout simplement, de lire ce Dictionnaire, où le footballeur Beck (Yvan) est précédé par l'écrivaine Beck (Béatrix), où l'entrée consacrée à Malibran (Maria) est suivie par celle qui nous parle des Maliens. Tout cela ne fait pas un « agrégat inconstitué » – pour parler comme Mirabeau l'année de la fondation officielle de la Nation –, appelé lui-même à se diluer prochainement dans le grand village dénommé Planète (*global village*), que nous promettent les économistes et les technologues, rejoints par certains prophètes religieux, de Paul de Tarse à Karl Marx. Certains signes à la surface de la planète, positifs et négatifs, entre crises, guerres et catastrophes, laissent penser que le village planétaire attendra encore un peu. Jusqu'à ce jour béni où, déjà « tous parents », nous aurons cessé, en plus, d'être « tous différents », jouissons donc de la contemplation des nations et des cultures, de leurs couleurs, de leurs parfums et de leurs saveurs particulières. Et, pour commencer, goûtons à celle-ci.

P. O.

RÉPERTOIRE

des notices par secteurs d'activités et liste des communautés

Il s'agit d'un classement des notices, non des occurrences. Les noms qui ne figurent pas dans cette liste figurent peut-être dans les notices collectives. Rappelons que tous les noms cités dans celles-ci ne font pas nécessairement l'objet de notices-renvois. Certaines des personnalités citées dans ce Dictionnaire ont exercé plusieurs activités, successivement ou simultanément ; dans ce cas, un choix pourra avoir été fait entre elles.

Architecture, design, urbanisme, ingénierie

PIANO, Renzo
PORRO, Ricardo
POSENER, Julius
RICE, Peter
RITCHIE, Ian Carl
ROSSI, Aldo
RUCKER, August
SCHEIN, Ionel
SCHNAIDT, Claude
SEIFERT, Ivan
SERAJI-BOZORGZAD, Nasrine
SIVE, André
SMITH, Thomas
SPRECKELSEN, Otto von
STEFFAN, Emil
SVETCHINE, André
TANGE, Kenzo
TERSLING, Hans-Georg
TSCHUMI, Bernard
UNESCO, architectes du siège de l'-
UTUDJIAN, Édouard
VAGO, Pierre
VAN TREECK, Martin
VISCONTI, Louis
VOLLERY, Charles

Armée : ***voir*** **Politique**

Arts plastiques, graphisme, direction artistique, musées
(*voir aussi* Bande dessinée ; Photographie)

ALECHINSKY, Pierre
ARCHIPENKO, Alexander
ARP, Jean
ARROYO, Ernesto
BALTHUS
BARBIZON, Groupe de -
BATORY, Michal
BELLMER, Hans
BING, Ilse
BING, Siegfried
BLANCHARD, Maria
BONINGTON, Richard
BRANCUSI, Constantin
BRAUNER, Victor
BRUCE, Patrick
CANOVA, Antonio
CARZOU, Jean
CHAGALL, Marc
CANOVA, Antonio
CASSATT, Mary
CHARCHOUNE, Serge
CHRISTO
CROTTI, Jean-Joseph
CZAKY, Jozsef
DALÍ, Salvador
DE CHIRICO, Giorgio
DE NITTIS, Giuseppe
DELAUNAY, Sonia
DEUTSCH, Ludwig
DOVE, Arthur
ÉCOUEN, Groupe d'-
ERNST, Max
ERRO
EXTER, Alexandra
FEDER, Adolphe
FÉRAT, Serge
FOUJITA, Léonard
FREUNDLICH, Otto
FRIEDMANN, Gloria
GARGALLO, Pablo
GIACOMETTI, Alberto
GIVERNY, Peintres de
GONTCHAROVA, Natalia
GONZALEZ, Julio
GREZ-SUR-LOING, Groupe de -
GRIS, Juan
HANTAÏ, Simon
HARTUNG, Hans
HAYDEN, Henri
HEROLD, Jacques
HOPPER, Edward
HULTEN, Pontus
JANSEM, Jean
JONGKIND, Johan Barthold
KAHNWEILER, Daniel-Henry
KANDINSKY, Vassili
KARS, Georges
KIEFER, Anselm
KIKOÏNE, Michel
KISLING, Moïse
KNAPP, Peter
KNIASSEF, Boris
KRÉMÈGNE, Pinchus
KROGH, Per
KUPKA, Frantisek
LAMBERT-RUCKI, Jean
LARIONOV, Mikhaïl
LARSSON, Carl

LE PARC, Julio
LIPCHITZ, Jacques
MARCOUSSIS, Louis
MARIN, John
MASEREEL, Frans
MATTA, Roberto
MIRÓ, Juan
MODIGLIANI, Amadeo
MONDRIAN, Piet
MUCHA, Alphonse
MUNCH, Edvard
OPPENHEIM, Meret
PARIS, École de -
PASCIN, Jules
PASINI, Alberto : voir Deutsch
PEI-MING, Yan
PICABIA, Francis
PICASSO, Pablo
PISSARRO, Camille
POLIAKOFF, Serge
PONT-AVEN, Groupe de -
PRADIER, James
PRASSINOS, Mario
RAY, Man
RIVERA, Diego
ROSSO, Medardo
SARGENT, John
SAVINIO, Alberto
SARKIS
SAVINIO, Alberto
SCHEFFER, Ary
SEUPHOR, Michel
SEVERINI, Gino
SISLEY, Alfred
SOTO, Jesus Rafael
SOUTINE, Chaïm
SPOERRI, Daniel
STAËL, Nicolas de
STEINLEN, Théophile
STERLING, Charles
STORRS, John
TÉLÉMAQUE, Hervé
TINGUELY, Jean
UBAC, Raoul
VALLOTTON, Félix
VAN DONGEN, Kees
VAN GOGH, Vincent
VAN VELDE, frères (Bram et Geer)
VASARELY, Victor
VASSILIEFF, Marie
VELICKOVIC, Vladimir
VIEIRA DA SILVA, Maria Elena
VISCONTI, Ennius Quirinus
WHISTLER, James
WIDMER, Jean
WOLS
ZADKINE, Ossip
ZAO WOU-KI
ZERVOS, Christian

Bande dessinée, dessin de presse

ARNAL
BELGE DE LA BANDE DESSINÉE, école -
BILAL, Enki
CEPPI, Daniel
CHARLIER, Jean-Michel
COSEY, Bernard
CRUMB, Robert
CUVELIER, Paul
DE MOOR, Bob
DINEUR, Fernand
FRANQUIN, André
GREG
GROENSTEEN, Thierry
HERGÉ
HUBINON, Victor
JACOBS, Edgar P.
JIJÉ
JODOROWSKI, Alejandro
KIRAZ
MATTOTTI, Lorenzo
MITACQ
MORRIS
PAAPE, Eddy
PECLERS, Alexis
PEELLAERT, Guy
PEYO
PRATT, Hugo
ROSINSKI, Grzegorz
SATRAPI, Marjane
SOLOTAREFF, Grégoire
SPIEGELMAN, Art
TILLEUX, Maurice
TÖPFFER, Rodolphe
UDERZO, Albert
VINK
WILLEM
ZEP

Chanson, variétés

ADAMO, Salvatore
AGLAÉ
ALLWRIGHT, Greame
AMIATI
ANNEGARN, Dick
ANTHONY, Richard
AZNAVOUR, Charles
BAKER, Josephine
BEAUCARNE, Julos
BERGMAN, Boris
BRANT, Mike
BREL, Jacques
BRUNI, Carla
BUSCH, Ève
CANETTI, Jacques
CHARLEBOIS, Robert
CHEB MAMI
CHRISTINÉ, Henri
CLARK, Petula
CONSTANTINE, Eddie
CORDY, Annie
DALIDA
DASSIN, Joe
DAVE
DION, Céline
DUFRESNE, Diane
ESCUDERO, Lény
ESPOSITO, Giani
FABIAN, Lara
GAINSBOURG, Serge
GAROU
GEORGE, Yvonne
GILLES
GLANZBERG, Norbert
GOLDIN, Mitty
GUÉTARY, Georges
IBÁÑEZ, Paco
IGLESIAS, Pablo
KETTY, Rina
KHALED
KIDJO, Angélique
KOSMA, Joseph
LAPOINTE, Pierre
LASSO, Gloria
LECLERC, Félix
LEMAY, Linda
LEMARQUE, Francis
LIO
McNEIL, David
MARIANO, Luis
MARLY, Anna
MONTAND, Yves
MORENO, Dario
MOUSKOURI, Nana
MOUSTAKI, Georges
OSWALD, Marianne
PRUCNAL, Anna
QUÉBÉCOIS, Chanteurs -
REGGIANI, Serge
RÉGINE
REZVANI, Serge
RIBEIRO, Catherine
SCHUMAN, Mort
SUZA, Linda de
TAHA, Rachid
THIBEAULT, Fabienne
ULMER, Georges
VARTAN, Sylvie
VIGNEAULT, Gilles
VOISINE, Roch
WAL-BERG
YUPANQUI, Atahualpa
ZARAÏ, Rika

Cinéma
(*voir aussi* Théâtre)

ABBASS, Hiam
ABRIL, Victoria
AKERMAN, Chantal
ALBATROS, Société des films de l'
ALEXEIEFF, Alexandre
ALMENDROS, Nestor
ARGENTO, Asia
ARONOVITCH, Ricardo
ARROYO, Eduardo
AVÉDIKIAN, Serge
BANKOLÉ, Isaac de
BELLUCCI, Monica
BEN AMMAR, Tarak
BERRY, John
BERTA, Renato
BELVAUX, Lucas
BIDEAU, Jean-Luc
BIRKIN, Jane
BISSET, Jacqueline
BLAIR, Betsy

BOROWCZYK, Walerian
BRANCO, Paulo
BRUNI TEDESCHI, Valéria
BUÑUEL, Luis
CAMPION, Léo
CANUDO, Ricciotto
CASARÈS, Maria
CAVALCANTI, Alberto
CHAPLIN, Géraldine
CHEUNG, Maggie
COMPANEEZ, Nina
CONSTANTINE, Eddie
COSTA-GAVRAS
DASSIN, Jules
DAUMAN, Anatole
DENNER, Charles
DETMERS, Maruschka
DREYER, Carl Theodor
EISNER, Lotte
ELKABETZ, Ronit
EPSTEIN, Jean
ESPOSITO, Giani
FARÈS, Nadia
FEYDER, Jacques
FONDA, Jane
FRANCE, Cécile de
GITAÏ, Amos
GODARD, Jean-Luc
GREGOR, Nora
GREGORIO, Eduardo dc
GREVEN, Alfred
HANEKE, Michael
HAYAKAWA, Sessue
IVENS, Joris
JODOROWSKI, Alejandro
KAPLAN, Nelly
KARINA, Anna
KARMITZ, Marin
KECHICHE, Abdelattif
KIESLOWSKI, Krzysztof
KINSKI, Nastassja
KLEIN, William
KORDA, Alexander
KRACAUER, Siegfried
KRISTEL, Sylvia
KRÜGER, Hardy
KUSTURICA, Emir
KYROU, Ado
LANG, Fritz
LAURE, Carole
LITVAK, Anatole
LO DUCA, Joseph-Marie
LOLLOBRIGIDA, Gina
LOPEZ, Sergi
LOSEY, Joseph
LOTAR, Éli
MACCIONE, Aldo
MATUSZEWSKI, Boleslaw
MEERSON, Lazare
MÉNÉGOZ, Margaret
MERCOURI, Mélina
MONTAND, Yves
MOSJOUKINE, Ivan
NATAN, Bernard
NEBENZA(H)L, Seymour
OPHULS, Max
OZEP, Fedor
PABST, Georg Wilhelm
PAPATAKIS, Nikos
PARLO, Dita
POELVOORDE, Benoît
POLANSKI, Roman
PONTI, Carlo
POTTIER, Richard
RABINOVITCH, Gregor
RAHIMI, Atiq
RAMPLING, Charlotte
REGGIANI, Serge
REGO, Luis
RENO, Jean
RUIZ, Raoul
SANTIAGO, Hugo
SAPRITCH, Alice
SCHLÖNDORFF, Volker
SCHNEIDER, Romy
SCHROEDER, Barbet
SCHÜFFTAN, Eugen
SCOTT THOMAS, Kristin
SEBERG, Jean
SEWERYN, Andrzej
SHARIF, Omar
SHELTON, Tsilla
SILBERMAN, Serge
SIMON, Michel
SIODMAK, Robert
SPAAK, Charles
STAREWITCH, Ladislas
STROHEIM, Erich von
SYDOW, Max von
TRÂN, Anh Hùng

TRAUNER, Alexandre
VARDA, Agnès
VENTURA, Lino
VERNEUIL, Henri
VITOLD, Michel
WERNER, Oscar
ZULAWSKI, Andrzej

Cuisine, comestibles, vin, gastronomie

AOKI, Sadaharu
COLAGRECO, Mauro
CRUSE, Herman
DES OMBIAUX, Maurice
FAVRE, Joseph
HEIDSIECK, Florens Louis
KIRWAN, Mark
KRUG, Johann-Joseph
PANZANI, Jean
PETROSSIAN, Frères
ROUFF, Marcel
TAKANO, Takao, *dit* Taka
TOKLAS, Alice
TORTONI, Giuseppe
TSUYOSHI, Arai
WAHID, Frères
WELLS, Patricia
WERLÉ, Mathieu

Danse

ACOGNY, Germaine
ANDREWS, Jerome
BAKER, Josephine
BAKST, Léon
BENOIS, Alexandre
BÖRLIN, Jean
BUIRGE, Susan
CACIULEANU, Gigi
CARLSON, Carolyn
CERRITO, Fanny
CORALLI, Jean
CUEVAS, marquis de
Danseurs et danseuses italiens en France (XIXe siècle)
Danseurs et danseuses russes en France (XXe siècle)
DIAGHILEV, Serge
DUNCAN, Isadora
DUNCAN, Lisa
DUNCAN, Raymond
FOKINE, Michel
FULLER, Loïe
GRISI, Carlotta
HIGHTOWER, Rosella
LEVINSON, André
LIFAR, Serge
MALKOVSKY, François
MARÉ, Rolf de
MARTINEZ, Graziella
MASSINE, Léonide
MATTOX, Matt
MAURI, Rosita
NADJ, Josef
NIJINSKI, Vaslav
NIJINSKA, Bronislava
NOUREEV, Rudolf
ROBINSON, Jacqueline
RUBINSTEIN, Ida
RUSSILLO, Joseph
TAGLIONI, Marie
TAGLIONI, Philippe
TOMKINS, Mark
WAEHNER, Karin
WEIDT, Jean
WOLLIASTON, Elsa
YANO, Hideyuki
ZAMBELLI, Carlotta

Design : *voir* Architecture

Entreprise, finance
(*voir aussi* Chanson ; Cinéma ; Cuisine ; Mode ; Sciences appliquées)

ADELSWARD, Oscar d'
ANTOINE
AZARIA, Pierre
BALTAZZI, Jean
BARTHOLONY, François
BICH, Marcel
BIRKIGT, Mark
BISCHOFFSHEIM, Louis-Raphaël
BISCHOFFSHEIM, Raphaël-Louis
BLOUNT, Edward
BUGATTI, Ettore
DELHAIZE, Groupe Louis -

Faits divers
(*voir aussi* Politique)

Finance : *voir* Entreprise

Littérature, édition, librairie, traduction
(*voir aussi* Théâtre ; Médias ; Philosophie ; Sciences humaines et sociales)

FITZGERALD, Scott et Zelda
FORLANI, Remo
GAO XINGJIAN
GARY, Romain
GASPAR, Lorand
GHEORGIU, Virgil
GOLDSCHMIDT, Georges-Arthur
GOLL, Ivan
GORZ, André
GREEN, Julien
HADDAD, Hubert
HALTER, Marek
HÉBERT, Anne
HEINE, Heinrich
HELLENS, Franz
HEMINGWAY, Ernest
HENEIN, Georges
HEREDIA, José-Maria
HIMES, Chester
HUSTON, Nancy
IONESCO, Eugène
ISOU, Isidore
ISTRATI, Panaït
JABÈS, Edmond
JACCOTTET, Philippe
JOYCE, James
KESSEL, Joseph
KHADRA, Yasmina
KRISTOF, Agota
KUNDERA, Milan
LAMBRICHS, Georges
LANZA DEL VASTO, Joseph
LÉVIS MANO, Guy
LITTELL, Jonathan
LUCA, Gherasim
MAALOUF, Amin
MABANCKOU, Alain
MAETERLINCK, Maurice
MAKINE, Andreï
MALAQUAIS, Jean
MALLET-JORIS, Françoise
MALRAUX, Clara
MANET, Eduardo
MARCEAU, Félicien
MARKOWICZ, André
MASSON, Loys
MAXIMOFF, Matéo
MEILLET, Antonine
MEMMI, Albert
MERRILL, Stuart
MERTENS, Pierre
MICHAUX, Henri
MICKIEWICZ, Adam
MILLER, Henry
MILOSZ, Oscar V.
MONÉNEMBO, Tierno
MORÉAS, Jean
NÉMIROVSKY, Irène
NIN, Anaïs
NOAILLES, Anna de
NORGE
NOTHOMB, Amélie
OCAMPO, Victoria
PEREC, Georges
QUIST, Harlin
PINGET, Robert
PLISNIER, Charles
POTOCKI, Jean
POURTALÈS, Guy de
POZNER, Vladimir
PRASSSINOS, Mario
RAHIMI, Atiq
RAMUZ, Charles-Ferdinand
REZVANI, Serge
ROLIN, Dominique
ROSNY, J.H.
ROUGEMONT, Denis de
SARRAUTE, Nathalie
SAVINIO, Alberto
SCHIFFRIN, Jacques
SEEGER, Alan
SÉGUR, comtesse de
SEMPRÚN, Jorge
SERNET, Claude
SIMENON, Georges
SINOUÉ, Gilbert
STAËL, Germaine de
STEEMAN, Stanislas-André
STEIN, Gertrude
STERNBERG, Jacques
STÉTIÉ, Salah
STEVENSON, Robert L.
TÉRIADE
TOKLAS, Alice
TRIOLET, Elsa
TROYAT, Henri
TZARA, Tristan
VACARESCO, Hélène
VAN RYSSELBERGHE, Marie
VERHAEREN, Émile

VIELÉ-GRIFFIN, Francis
VITAL, Joachim
VIVIEN, Renée
WALDBERG, Patrick
WEYERGANS, François
WHITE, Kenneth
WIESEL, Élie
WILDE, Oscar
WRIGHT, Richard
ZOLA, Émile

Mathématiques : *voir* Sciences

Médecine : *voir* Sciences

Médias, presse, radio, télévision (*voir aussi* Cinéma ; Entreprise ; Littérature ; Politique ; Sciences humaines et sociales)

AHRAB, Rachid
BADDOU, Ali
BÉGUIN, Albert
BULOZ, François
CAMPION, Léo
CANDILIS, Takis
CASTELOT, André
CAVANNA, François
COMPANEEZ, Nina
DEL DUCA, Cino
FORLANI, Remo
GANZ, Axel
GIROUD, Françoise
GODFROID, Bibiane
GORDON BENNETT, Jr. James
GORDON-LAZAREFF, Hélène
GORZ, André
KESSEL, Joseph
KNAPP, Peter
LEVAÏ, Ivan
LORENZI Stellio
MARAT, Jean-Paul
NAGUI
OCKRENT, Christine
OFFREDO, Jean
PUJADAS, David
REGO, Luis
RIVAROL, Antoine de
ROSENFELD, Oreste
ROULEAU, Éric
SERVAN-SCHREIBER, Émile, Joseph, Robert
SFEIR, Antoine
SOLÉ, Robert
TARTA, Alexandre
TASCA, Angelo
WALTER, Gérard
WINKLER, Paul
ZITRONE, Léon
ZOLA, Émile

Mode, parfum, coiffure

ANTOINE
AZZARO, Loris
BALENCIAGA, Cristobal
CARDIN, Pierre
GALLIANO, John
HERMÈS, maison
JACOBS, Marc
LAGERFELD, Karl
RABANNE, Paco
RICCI, Nina
SCHIAPARELLI, Elsa
WORTH, Charles-Frédéric

Musique (*voir aussi* Chanson)

ALSINA, Carlos
APERGHIS, Georges
ARMA, Paul
BECHET, Sydney
BENZI, Roberto
BOUCOURECHLIEV, André
CASALS, Pablo (Pau)
CHEB MAMI
CHEN, Qigang
CHERUBINI, Luigi
CHOPIN, Frédéric
CHRISTIE, William
CHRISTINÉ, Henri
CHUNG, Myung Whun
CICCOLINI, Aldo
CLARKE, Kenny
CLUYTENS, André
CONSTANT, Marius

Philosophie, spiritualité, religion (*voir aussi* Sciences humaines et sociales)

Photographie

ABBAS
ABBOTT, Berenice
ALMASY, Paul
ANDRÉ, Rogi
ATWOOD, Jane Evelyn
BALDUS, Édouard
BINGHAM, Robert
BLUMENFELD, Erwin
BONNEY, Thérèse
BRASSAÏ
BURRI, René
CAPA, Robert
CENTELLES, Agusti
D'ORA, Madame
FEHER, Émeric
FREUND Gisèle
HERVÉ, Lucien
HORST, Horst P.
IZIS
KALVAR, Richard
KERTÉSZ, André
KLEIN, William
KNAPP, Peter
KOLLAR, François
KOUDELKA, Josef
KRULL, Germaine
LANDAU, Ergy
LÉVIN, Sam
LIMOT, Walter
LIPNITZKI, Boris
LOTAR, Éli
MAYWALD, Willy
MEERSON, Harry Ossip
RAPHO, agence
RAY, Man
REUTLINGER, studios
REZA
SALGADO, Sebastiao
SIPAHIOGLU, Göskin
SLAWNY, Wladyslaz
STEINER, André
STETTNER, Louis
SEYMOUR, David (Chim)
TAHARA, Keiichi
TARO, Gerda
TURAÏ, Dezvo (Revaï)
VARDA, Agnès
WEISS, Sabine
ZGORECKI, Kasimir

Politique, armée
(*voir aussi* Faits divers ; Philosophie ; Sciences humaines et sociales ; Syndicalisme)

ADELSWARD, Renauld-Oscar d'
ALBERT, Dieudonné
ALFONSO, Celestino
AMILAKVARI, Dimitri
BANCIC, Olga
BASCH, Victor
BLANQUI, Jean Dominique
BULLARD, Eugène
BUONARROTI, Filippo
CAMPOLONGHI, Luigi
CARROUY, Édouard
CASERIO, Santo Geronimo
CIPRIANI, Amilcare
CLAVIÈRE, Étienne
CLOOTS, Anacharsis
COHN-BENDIT, Daniel
Compagnons de la Libération, étrangers parmi les -
CORVETTO, Luigi
DALBERG, Emmerich Joseph de
DIAZ, Manuel
DMITRIEFF, Élisabeth
DOMBROWSKI, Jaroslaw
Espagnols de la 2e DB
FLAHAUT, Émile
FONTANOT, Jacques, Nerone et Spartaco
FORNI, Raymond
FROLOW, Vladimir
FRY, Varian
FTP-MOI
GAMBETTA, Léon
GARIBALDI, Giuseppe
GARIBALDI, Sante
GORGULOFF, Paul
HACKIN, Joseph
HESSE-RHEINFELS-ROTENBURG, Charles de
HESSEL, Stéphane
HIDALGO, Anne
HOHENLOHE-WALDENBURG-BARTENSTEIN, Ludwig, prince de-

JOLY, Eva
Légion étrangère
LUCKNER, Nicolas
MAISTRE, Joseph de
MANOUCHIAN, Missak
MARAT, Jean-Paul
MASSÉNA, André
MELNIK, Constantin
MERCOURI, Mélina
NECKER, Jacques
PAINE, Tom
PECHKOFF, Zinovi
PELLERIN, Fleur
PINTE, Étienne
PONIATOWSKI, famille
PONTICELLI, Lazare
Reines et impératrices du XIXe siècle
ROSSI, Pellegrino
ROULEAU, Éric
SAVORGNAN DE BRAZZA, Pierre
SCHUMAN, Robert
SERGE, Victor
SOUSA MENDES, Aristides de
SOUVARINE, Boris
STANKE, Alfred
STASI, Bernard
TRENTIN, Silvio
TASCA, Angelo
TRENTIN, Silvio
VALLS, Manuel
VER HUELL ou Verhuell, Charles Henri
VILDÉ, Boris
WADDINGTON, William Henry
WEBER, Henri
WERLÉ, Mathieu Édouard
WEYGAND, Maxime
WROBLEWSKI, Walery
YADE, Rama
YAMGNANE, Kofi

Psychanalyse : *voir* Sciences

Religion : *voir* Philosophie

Sciences, mathématiques, médecine, psychanalyse
(*voir aussi* Sciences appliquées)

ABRAGAM, Anatole
ALBERT Ier
ANTONIADI, Eugène-Michel
ARNAUDON, Jacques
AXENFELD, Auguste
BALACHOWSKY, Alfred
BALL, Benjamin
BARSKI, Georges
BERTHOLLET, Claude
BESREDKA, Alexandre
BOURBAKI, Nicolas
BRAUN-BLANQUET, Josias
CANETTI, Georges
CHARPAK, Georges
CHERTOK, Léon
CURIE, Marie
DE AJURIAGUERRA, Julian
DECAISNE, Joseph
DELIGNE, Pierre
DESPRETZ, César
DÖBLIN, Wolfgang
EPHRUSSI, Boris
GALL, François Joseph
GRABAR, Pierre
GROTHENDIECK, Alexandre
GROUCHY, Jean de
GRUBY, David
GRUNBERG-MANAGO, Marianne
HAFFKINE, Waldemar
HALBAN, Hans von
HALPERN, Bernard
HERELLE, Félix d'
HOFFMANN, Jules
HUMBOLDT, Alexandre de
KLUMPKE-DÉJERINE, Augusta
KRAUT, François
LAGRANGE, Joseph-Louis
LEBOVICI, Serge
LEDERER, Edgar
LEVADITI, Constantin
LOEWENSTEIN, Rudolph
LOEWY, Maurice
LUZZATI, Vittorio
MALAGUTI, Faustino
MANDELBROJT, Szolem
MANDELBROT, Benoît
MANNONI, Maud
MANSON, Numa
METCHNIKOFF, Élie
MEYERSON, Ignace

MILNE-EDWARDS, Henri
MINKOWSKI, Eugène
MORAX, Victor
MOTCHANE, Léon
NACHT, Sacha
NITTI, Frédéric
NOMARSKI, Georges
ORFILA, Mateo
PAPIERNIK, Émile
PERELMAN, Roger
PERSOZ, Jean-François
PULLMAN, Bernard
RADMAN, Miroslav
RAPKINE, Louis
REEVES, Hubert
RODOCANACHI, George
ROSEMBLUM, Salomon
ROUSSY, Gustave
SAENZ, Abelardo
SALIMBENI, Alexandre
SANDOR, Georges
SCHAPIRA, Georges
SCHATZMAN, Benjamin
SCHREIBER, Jean-Godefroy
SCHWEITZER, Albert
SILVA, Roberto Duarte
SLONIMSKI, Piotr
SOKOLNICKA, Eugénie
STERN, Anne-Lise
STURM, Jacques Charles
TOMKIEWICZ, Stanislas
TZANCK, Arnault
VALTIS, Jean
VAN DEINSE, Frédéric
VESQUE, Julien
VORONOFF, Serge
WEINSBERG, Michel
WINOGRADSKY, Serge
WOLLMAN, Eugène
YERSIN, Alexandre

Sciences appliquées, techniques (*voir aussi* Entreprise ; Sciences)

AITKEN et STEEL
ANSANI, Alessandro
BRÉGUET, Abraham-Louis
BUGATTI, Ettore
CHRISTIAN, Gérard-Joseph
COLLIER, John
EDWARDS & Cie
GLEHN, Alfred de
GUILLAUME, Charles-Édouard
JACKSON, frères
KOWARSKI, Lew
MANBY & WILSON
OBERKAMPF, Christophe Philippe
PICTET, Raoul
POPP, Victor
RUHMKORFF, Henri-Daniel
SANTOS-Dumont, Alberto
SYKES-WADDINGTON (Henry Sykes, William Waddington)
SZYDLOWSKI, Joseph
TAYLOR, John et Philip
WILKINSON, William

Sciences économiques : *voir* Sciences humaines et sociales

Sciences politiques : *voir* Sciences humaines et sociales

Sciences humaines et sociales, sciences économiques, sciences politiques (*voir aussi* Littérature ; Philosophie ; Politique)

AFTALION, Albert
AGAMBEN, Giorgio
BALTRUSAITIS, Jurgis
BARTOSEK, Karel
BASCH, Victor
BENJAMIN, Walter
BENVENISTE, Émile
BISHOP, Tom
BLUMENKRANZ, Bernhard
BRUNSCHWIG, Henri
CASTELLS, Manuel
DEMIÉVILLE, Paul
DER NERSESSIAN, Sirarpie
DEVEREUX, Georges
ELIADE, Mircea
EMMANUEL, Arghiri
FEJTÖ, François
FUNCK-BRENTANO, Frantz
GEREMEK, Bronislaw

GOLDMANN, Lucien
GORZ, André
GRODECKI, Louis
GROSSER, Alfred
GURVITCH, Georges
HASSNER, Pierre
HOFFMANN, Stanley
ILLICH, Ivan
KENDE, Pierre
KOYRÉ, Alexandre
KRACAUER, Siegfried
KRISTEVA, Julia
LASSERRE, Georges
LOT-BORODINE, Myrrha
MANNONI, Maud
MASPERO, Gaston
MEDDEB, Abdelwahab
MÉRAY, Tibor
MEYERSON, Isaac
MOSCOVICI, Serge
NATHAN, Tobie
NEGRI, Tony
PAPAÏOANNOU, Kostas
PAXTON, Robert
POLIAKOV, Léon
POMIAN, Krzysztof
POULANTZAS, Nicos
ROUGEMONT, Denis de
ROVAN, Joseph
SCHEID, John
SCHNEIDER, Jean
SERGE, Victor
SISMONDI, Jean Charles Simonde de
SPERBER, Manès
STAROBINSKI, Jean
STERLING, Charles
STERNHELL, Zeev
SVORONOS, Nikolaos
TITS, Jacques
TODOROV, Tzvetan
VAN GENNEP, Arnold
VANEIGEM, Raoul
VARGA, Lucie
WORMSER-MIGOT, Olga

Spiritualité : *voir* Philosophie

Sport, gymnastique

AMOROS, Francisco
ANATOL, Manuel
ANISSINA, Marina
BARBER, Eunice
BECK, Yvan
BELBOULI, Taoufik
BENAZZI, Abdellatif
BETSEN, Serge
BOLI, Basile
BOUMSONG, Jean-Alain
CAZENAVE, Hector
CISOWSKI, Tadeusz
COMBIN, Nestor
COURTOIS, Roger
CURBELLO, Carlos
CRICHTON, William
DABAYA, Tientcheu
DARUI, Julien
DELLA NAGRA, Rino
DUHART, Pierre
DUSCHENAY, Isabelle et Paul
FERNANDEZ, Luis
GARIN, Maurice
GOLIC, Andrej
GRAVA, Roger
HAAN, Edmond
HERRERA, Helento
HIDEN, Rodolphe
HILTL, Heinrich
JORDAN, Auguste
KARABATIC, Nikola
KARABOUÉ, Douada
KARGULEWICZ, Édouard (Kargu)
KAUCSAR, Joseph
KIMPTON, Gabriel
KOCSUR, Jacques
KOPA, Raymond
KORANYI, Désiré
KOVACS, Stefan
KOWALCZYK, Ignacy
MAAZOUZI, Driss
MAKELELE, Claude
MARACINEANU, Roxana
MARSH, Tony
MONSHIPOUR, Mahyar
MUHR, Allan
NOAH, Joakim
PALMER, Crawford

Syndicalisme, coopération, action humanitaire, action antiraciste (*voir aussi* Politique)

Techniques : *voir* Architecture ; Entreprise ; Sciences appliquées

Télévision : *voir* Cinéma ; Médias

Théâtre, arts de la scène (*voir aussi* Cinéma ; Littérature)

PLATÉ, Roberto
POPESCO, Elvire
RIETI, Nicky
RISTORI, Adélaïde
ROULEAU, Raymond
SANGARÉ, Bakary
SAVOIR, Alfred
SCHÉHADÉ, Georges
SEWERYN, Andrzej
SHELTON, Tsilla
STREHLER, Giorgio
VARTE, Rosy
VENTURA, Marie
VISNIEC, Matéi
VITALY, Georges
VITOLD, Michel
WAKHÉVITCH, Georges
WILDE, Oscar
YONNEL, Jean

Liste des communautés

AFRICAINS
ALBANAIS
ALGÉRIENS
ALLEMANDS
ALSACIENS-MOSELLANS
AMÉRICAINS
ARMÉNIENS
ASIATIQUES (Indiens du Sud)
AUTRICHIENS
BELGES
BRÉSILIENS
BRITANNIQUES
BULGARES
CANADIENS DE FRANCE
CHILIENS
CHINOIS
COMORIENS
CONGOLAIS
ÉGYPTIENS
ESPAGNOLS
GRECS
HAÏTIENS
HONGROIS
IRANIENS
ITALIENS
JAPONAIS
JUIFS
LATINO-AMÉRICAINS
LIBANAIS
LUXEMBOURGEOIS
MALIENS
MAROCAINS
MAURICIENS
NÉERLANDAIS
PAKISTANAIS
POLONAIS
PORTUGAIS
PROCHE- et MOYEN-ORIENTAUX
ROUMAINS
RUSSES
SAVOYARDS
SCANDINAVES et FINLANDAIS
SÉNÉGALAIS
SRI LANKAIS
SUISSES
SYRIENS
TCHÈQUES et SLOVAQUES
TSIGANES, ROMS
TUNISIENS
TURCS
VIETNAMIENS
YOUGOSLAVE

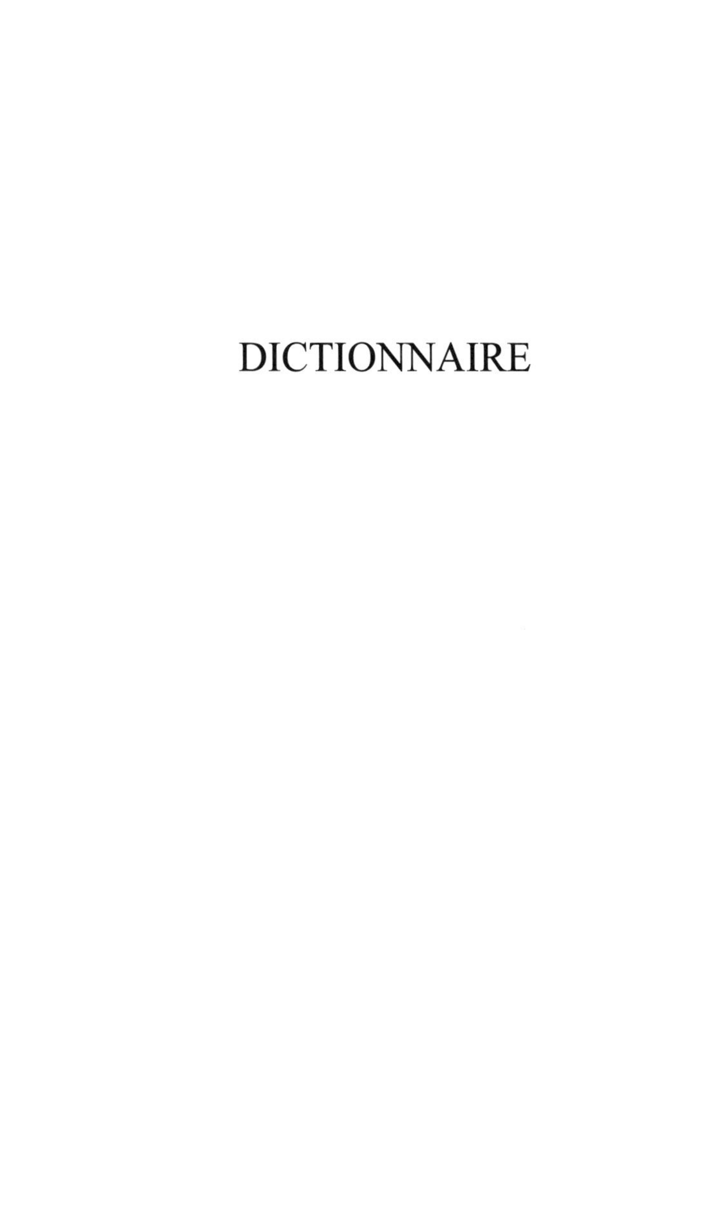

DICTIONNAIRE

Dans les entrées collectives (nationalités, groupes), les noms en majuscule mettent en relief les personnalités marquantes et sont suivis des dates de naissance – et de mort, le cas échéant – ou de l'indication de lacune de telles informations. Ces dates ne figurent pas quand une entrée individuelle est dévolue au nom.

Des entrées-renvois indiquent dans quelle notice collective le nom qui en fait l'objet est traité.

On rappelle que ne sont retenues ici, au titre des notices individuelles, que des personnalités nées de statut étranger – sous la réserve d'informations contraires qui viendraient ultérieurement à la connaissance des auteurs.

A

ABBAS

Photographe. – Né en 1944 en Iran.

Né iranien, Abbas a choisi la France comme lieu de résidence officielle, mais c'est, fondamentalement, un globe-trotter, classé un peu rapidement dans le photojournalisme (il est membre de la prestigieuse agence Magnum). Si, incontestablement, il est là où le monde bouge (en 1974 à Kinshasa, pour le fameux match Mohamed Ali-George Foreman), et d'abord sous sa forme la plus violente, dans la guerre et la révolution, il sera de plus en plus tenté par de vastes sujets. Un événement, appartenant à l'ordre de ceux qu'il avait coutume de couvrir, a clairement clivé sa vie et, par là même, son œuvre : la Révolution islamiste, dans son propre pays, qu'il photographie avec intensité dans ses premiers mois (1979-1980). Antérieurement à cette date, il n'a pas manqué d'être présent au Bangladesh, au Vietnam, au Chili. Après elle, il va multiplier les enquêtes photographiques portant sur la présence du religieux dans les sociétés contemporaines : *Allah O Akbar* (livre publié en 1994), mais aussi *Voyages en chrétientés* (2000) ou *Les Enfants du lotus* (2011), sur le monde bouddhiste. En titrant *Au nom de qui ?* un livre et plusieurs expositions (2009), Abbas avoue un propos qui n'hésite pas à se vouloir philosophique.

Pascal Ory

ABBASS Hiam

Actrice, réalisatrice, scénariste. – Née le 30 novembre 1960 à Deir Hanna, Israël.

Capable de jouer en arabe, en hébreu, en anglais et en français, conseillère de Steven Spielberg sur le tournage de *Munich* (2005), cette actrice palestinienne née en Israël vit en France depuis 1989. Elle y a suivi et épousé le comédien Zinedine Soualem, rencontré au cours d'une tournée théâtrale. Héroïne de *Noce en Galilée* (Kleifi, 1987), *La Porte du soleil* (Nasrallah, 2004), *La Fiancée syrienne* (Riklis, 2004), *Free Zone* (Gitaï, 2005), *Désengagement* (Gitaï, 2007), *Les Citronniers* (Riklis, 2008), elle a été engagée par

Jean Becker (*Dialogue avec mon jardinier*, 2007), Jean-Marc Moutout (*La Fabrique des sentiments*, 2008), Nicolas Saada (*Espions*, 2009), Patrice Chéreau (*Persécution*, 2009), Radu Mihaleanu (*La Source des femmes*, 2011).

Jean-Luc Douin

ABBOTT Berenice (Bernice Abbott)

Photographe. – Née le 17 juillet 1898 à Springfield, États-Unis ; morte le 9 décembre 1991 à Blanchard, États-Unis.

Berenice Abbott doit beaucoup à la France mais la France lui doit beaucoup aussi.

Née dans l'Ohio, elle a rejoint à l'âge de vingt ans la bohème new-yorkaise de Greenwich Village, où elle fait la connaissance de Man Ray. Tentée par la sculpture, elle suit en 1921 un itinéraire encore classique à l'époque : le complément de formation et l'adoubement par Paris, auprès d'Antoine Bourdelle mais aussi de Constantin Brancusi. La révélation vient deux ans plus tard, quand Man Ray, lui aussi installé à Paris, lui propose de devenir sa « tireuse » de laboratoire et qu'elle se passionne pour cet art jusque-là inconnu d'elle. Elle s'y impose avec une rapidité qui étonne, participant dès 1928 au premier Salon indépendant de la photographie, au Théâtre des Champs-Élysées. Une carrière de portraitiste mondaine s'offre à elle (Jean Cocteau, André Gide, James Joyce,...). Son dynamisme n'est pas seulement autocentré : fait rare, elle contribue aussi à faire connaître l'œuvre d'un confrère, le vieil Eugène Atget, qu'elle a connu juste avant sa mort (1927), dont elle est l'introductrice aux États-Unis, ce qui fonda sa réputation mondiale, et auquel elle ne consacrera pas moins de deux ouvrages. L'influence d'Atget est sans doute pour quelque chose dans le choix du retour de cette « piétonne de Paris » vers son pays natal, c'est à dire, en fait, vers New York, qu'elle va désormais regarder avec un œil attentif et empathique. Cette démarche lui vaudra le soutien du « Projet artistique fédéral » (FAP) rooseveltien (*Changing New York*, 1939). Trop farouchement solitaire et trop ostensiblement adepte du photographier-vrai, elle tombe dans l'oubli de son vivant et ne sera redécouverte qu'*in extremis* – comme Atget.

Pascal Ory

ABIRACHED Robert

Universitaire, critique, essayiste. – Né le 25 août 1930 à Beyrouth, Liban.

Arrivé à Paris en 1948, Robert Abirached prépare, au lycée Louis-le-Grand, le concours de l'École normale supérieure, où il est admis en 1952. Agrégé de lettres classiques, il commence une carrière de critique littéraire et dramatique à *Études*, qu'il quittera pour entrer à la *NRF* puis au *Nouvel Observateur*. Naturalisé français en avril 1965, il est élu assistant de littérature française à la Sorbonne avant de rejoindre, l'année suivante, l'université de Caen, où il crée l'un des premiers instituts d'études théâtrales. Il quittera ce poste en 1981 pour rejoindre Jack Lang, nouveau ministre de la Culture, qui le nomme directeur du Théâtre et des Spectacles. Il reste à ce poste, stratégique, jusqu'en 1988, date à laquelle il est élu professeur dans le département d'études théâtrales de Paris-X. Son expérience au sein du ministère, sa connaissance profonde de la scène française et internationale – il s'était engagé dans l'aventure du Festival mondial du théâtre de

Nancy dès sa création – vont irriguer sa recherche et sa réflexion. Sous sa direction seront publiés quatre volumes sur l'histoire de la décentralisation théâtrale et il consacrera deux ouvrages aux rapports du théâtre et du pouvoir. En 2011, il dirige, aux éditions de l'Avant-Scène, le volume sur le *Théâtre du XXe siècle.*

Chantal Meyer-Plantureux

ABRAGAM Anatole

Physicien. – Né le 15 décembre 1914 à Griva, alors Empire russe, aujourd'hui Lettonie ; mort le 8 juin 2011 à Paris, France.

Arrivé très précocement à Paris, Anatole Abragam effectue sa scolarité au lycée Janson-de-Sailly. En 1932, il entre à la Sorbonne et y commence, en 1937, une thèse de physique sous la direction de Jean Perrin. Mais celle-ci reste inachevée en raison de la guerre. Mobilisé en 1939, rendu à la vie civile en 1940, Anatole Abragam trouve un poste de professeur dans l'enseignement privé. En 1944, il s'engage dans les FFI. À la Libération, il opte pour l'École supérieure d'électricité, dont il sort diplômé en 1947. Il effectue alors une longue carrière au Commissariat à l'énergie atomique, d'abord comme chef de groupe puis chef de service, chef de département, enfin directeur de la physique. En 1960, il devient professeur titulaire de la chaire de magnétisme nucléaire au Collège de France. La Société française de physique en fait son président en 1967. Il prend sa retraite du CEA en 1980, du Collège de France en 1985. Comme le précise sa fiche biographique de l'Académie des sciences (section de physique) où il a été élu membre le 25 juin 1973, « son œuvre scientifique a été essentiellement consacrée au développement de la théorie du magnétisme nucléaire dont les applications sont bien connues, notamment au travers de l'imagerie par résonnance magnétique (IRM) ». Commandeur dans l'ordre de la Légion d'honneur, il est l'auteur de plusieurs ouvrages personnels de vulgarisation, *Réflexions d'un physicien* (1983) et *De la physique avant toute chose ?* (1987).

Vincent Duclert

ABRIL Victoria (Victoria Merida)

Actrice. – Née le 4 juillet 1959 à Madrid, Espagne.

Victoria Merida prend, à l'âge de seize ans, le nom d'Abril lors de ses débuts au cinéma dans *La Rose et la flèche* (Richard Lester, 1975). Elle est particulièrement remarquée à partir de 1977 dans les films de Vicente Aranda, mais c'est avec Pedro Almodóvar (*La Loi du désir*, 1988, *Attache-moi !*, 1990, *Talons aiguilles*, 1992, *Kika*, 1993) qu'elle acquiert une renommée internationale. Installée en France depuis 1982, elle joue dans des films français d'auteur comme *La Lune dans le caniveau* (Jean-Jacques Beineix, 1983) ou *Max mon amour* (Nagisha Oshima, 1985), ainsi que dans des comédies populaires, notamment en compagnie de Gérard Jugnot (*Nuit d'ivresse*, Bernard Bauer, 1986) et/ou sous sa direction (*Sans peur et sans reproche*, 1988, *Une époque formidable…*, 1991, *Casque bleu*, 1994), ou encore aux côtés et sous la direction de Josiane Balasko (*Gazon maudit*, 1995). Dans ces films, elle apparaît comme une parfaite icône de la femme libérée de la movida madrilène, pétillante, spirituelle et névrosée, déclinant sur un mode parfois burlesque le personnage tragi-comique qu'elle a créé, notamment chez Almodóvar. Elle mène parallèlement une carrière de chanteuse en Espagne.

Dimitri Vezyroglou

ACOGNY Germaine

Danseuse et chorégraphe. – Née en 1944 à Porto-Novo, alors Dahomey, aujourd'hui Bénin.

Franco-Sénégalaise d'origine yoruba, Germaine Acogny est considérée comme l'une des mères de la danse contemporaine africaine, pour avoir mis au point une technique à la croisée de certaines danses traditionnelles d'Afrique de l'Ouest et des danses de scène occidentales (classique, moderne et contemporaine), auxquelles elle s'est formée à Paris dans les années 1960. En 1968, elle fonde à Dakar son premier studio de danse. Entre 1977 et 1982, elle dirige l'École Mudra Afrique, créée à Dakar par le chorégraphe Maurice Béjart et le président sénégalais Léopold Sédar Senghor, sur le modèle de l'École Mudra fondée par Béjart à Bruxelles en 1970. Après la fermeture de Mudra Afrique, Germaine Acogny s'installe à Bruxelles et organise des stages de danse africaine en Europe, en Asie ou en Amérique, qui rencontrent beaucoup de succès. Avec son mari Helmut Vogt, elle fonde en 1985, à Toulouse, le Studio-École Ballet-Théâtre du 3e monde, puis retourne au Sénégal dix ans plus tard. En 1997, elle est nommée directrice artistique de la section danse d'Afrique en création, à Paris, et des Rencontres chorégraphiques de danse africaine contemporaine, fonction qu'elle assume jusqu'en septembre 2000. En 2004, elle inaugure l'École des sables, centre international de danses traditionnelles et contemporaines d'Afrique, située dans un village de pêcheurs, Toubab Dialaw, au Sénégal. L'école devient un lieu d'éducation professionnelle, un forum d'échange et de rencontres pour les danseurs d'Afrique et du reste du monde.

Sophie Jacotot

ADAMO Salvatore

Interprète, auteur et compositeur de chansons. – Né le 1er novembre 1943 à Comiso, Italie.

La chanson d'expression française a souvent été investie par des artistes belges originaires du *Mezzogiorno* italien (Giani Esposito, Frédéric François, Lara Fabian,…). En ce sens, le parcours migratoire et culturel d'Adamo a quelque chose d'exemplaire. Né en Sicile, il a quatre ans quand son père installe sa famille à Jemmapes pour travailler dans les mines. Bilingue, c'est en français que le jeune Salvatore écrit ses premières chansons et gagne, à dix-sept ans, un concours radiophonique. Entre 1963 et 1965, il devient une grande vedette en France, caracole en tête des ventes de 45-tours et remplit l'Olympia, à Paris. Étonnant succès que celui de cet auteur-compositeur-interprète de vingt ans à l'allure de gendre idéal, doté d'une curieuse voix androgyne légèrement éraillée et dont le répertoire est au rebours de la mode. Presque tous ses premiers tubes sont en effet des chansons d'amour mélancoliques traitées en ballades ou en slows : *Amour perdu*, *Tombe la neige*, *La Nuit*, *Mes mains sur tes hanches*… En pleine vague yéyé, il fait même de malicieuses incursions vers le tango (*Vous permettez, Monsieur ?*) ou la java (*Les Filles du bord de mer*), quand d'autres titres rappellent la « manière Brassens » (*Ma tête*).

Adamo, dont le public mêle les *baby-boomers* aux générations plus âgées, quittera parfois la thématique sentimentale pour évoquer – sur un mode plutôt consensuel – des sujets politiques. Le meilleur exemple reste son *Inch' Allah* de 1967, qui prêche la paix entre juifs et musulmans en pleine guerre des Six Jours. À partir du milieu des années 1970, bien qu'il continue à enregistrer et à se produire régulièrement, la carrière d'Adamo est davantage en demi-teinte. En France du moins, car il est devenu, dès ses débuts, l'un des chanteurs francophones les plus prisés à l'étranger, de l'Amérique du Sud à l'Asie. Dans ses tournées comme au disque, il chante en de multiples langues, quelquefois phonétiquement. *Tombe la neige* est une des chansons préférées des Allemands ou des Russes ; au Japon, où son interprète est une star, elle est quasiment annexée au folklore national. La vague rétro des années 2000 apporte à Adamo un regain de succès et d'hommages. Honoré en France et en Belgique, il a gardé la nationalité italienne en mémoire de son père. Et poursuit son chemin de « tendre jardinier de l'amour », comme le qualifiait son compatriote Jacques Brel.

Yves Borowice

ADAMOV Arthur (Arthur Adamian)

Auteur dramatique. – Né le 23 août 1908 à Kislovotsk, alors Empire russe, aujourd'hui Russie ; mort le 15 mars 1970 à Paris, France.

Arthur Adamov est le fils d'un riche propriétaire de puits de pétrole à Bakou. Les Adamian se fixent en Allemagne dès 1914, puis à Genève. Ruinée (le père joue au casino), la famille arrive à Paris en 1924. Adamov fréquente Le Dôme et rencontre le groupe surréaliste. En 1928, il fonde une petite troupe de théâtre et écrit sa première pièce – il a dès ce moment-là choisi d'écrire en français –, *Mains blanches*, qui dure cinq minutes. Parmi les amateurs qui la jouent, Tania Balachova et Raymond Rouleau. En 1940, apatride, Adamov part pour Marseille, où il est arrêté, et interné au camp d'Argelès. En 1941, il publie sa première grande traduction, *Le Livre de la pauvreté et de la mort*, de Rilke, qui reste encore aujourd'hui la seule traduction de référence de cet ouvrage en français. Puis ce seront des traductions d'auteurs russes – Tchékhov, Gogol, Gorki, Dostoïevski – et du Suédois Strindberg, dont il écrira une biographie et dont certains textes nourriront son propre théâtre : *Le Songe* et *La Sonate des spectres* l'inspireront particulièrement. C'est en 1950, après la guerre, qu'il écrit ses premières pièces, *La Grande et la Petite Manœuvre*, *L'Invasion* et *La Parodie*, servies par les plus grands metteurs en scène – Jean Marie Serreau (1950), Jean Vilar (1950), Roger Blin (1952) –, mais qui ne rencontreront guère de succès. C'est sa rencontre avec Bernard Dort et leur « éblouissement » commun pour Brecht en 1954 qui remettront en cause sa conception du théâtre : ses pièces prendront un tournant nettement politique. *Paolo Paoli*, *Ping Pong*, *Printemps 71* appartiennent à cette seconde manière. Il achève une dernière pièce, *Si l'été revenait* – proche de sa première inspiration – et se suicide en 1970. Intellectuel engagé dans les luttes de son temps (dès 1927 il participe à une manifestation en faveur de Sacco et Vanzetti et doit à l'intervention de Malraux de ne pas être expulsé de France), signataire du Manifeste des 121 (il écrit sur la guerre d'Algérie une pièce radiophonique, *Je ne suis pas français*), proche du PCF sans toutefois y adhérer, Adamov, naturalisé le 23 août 1957, fut l'un des grands rénovateurs de la scène française de l'après-guerre.

Chantal Meyer-Plantureux

ADELSWÄRD Renauld-Oscar d'

Militaire, homme politique et industriel. – Né le 18 décembre 1811 à Longwy, France ; mort le 18 février 1898 à Jersey, Royaume-Uni.

Fils d'un officier suédois qui, prisonnier de guerre en 1793, s'est trouvé interné à Longwy et a épousé une Française, Oscar entre à l'école militaire de Saint-Cyr en 1831 et réclame la qualité de Français en 1832. Officier d'état-major en 1836, il gravit les échelons militaires et participe à la campagne d'Afrique en 1841, comme capitaine à l'état-major d'Algérie. Il se distingue lors des combats contre Abd-el-Kader, est blessé et décoré en 1841 de la croix de la Légion d'honneur en août et de l'ordre militaire de l'Épée de Suède en décembre. Il quitte l'armée en 1844 et s'installe à Nancy. Commandant de la garde nationale, administrateur du bureau de bienfaisance, il est élu député à l'Assemblée constituante de 1848 et à la Législative en 1849. Il vote avec la droite, sauf sur la question de l'expédition de Rome et de la loi de 1850 sur la liberté de l'enseignement (Falloux-Parieu), manifestant ainsi son appartenance au culte protestant. Il développe et défend sans succès une proposition d'impôt sur le produit des capitaux engagés dans la banque et dans les opérations industrielles et commerciales. Incarcéré quelques jours lors du coup d'État de décembre 1850, d'Adelswärd quitte la vie politique jusqu'en 1863. Il tente alors de nouveau sa chance comme candidat de l'opposition, mais échoue. Parallèlement, il s'investit dans l'économie de la région : il rachète la Société nouvelle des mines, forges et hauts-fourneaux d'Herserange en 1861, fonde les Hauts-Fourneaux de Briey et figure parmi les pionniers de la sidérurgie lorraine. Il construit en 1865 l'usine du Prieuré à Mont-Saint-Martin, munie de deux hauts-fourneaux capables d'une production de quarante tonnes par jour. Il contribue en 1880 à la fondation de la Société des aciéries de Longwy, en compagnie, entre autres, de Robert de Wendel et de Gustave Raty, société dont il devient président du conseil d'administration. Sa participation à la défense de Longwy en 1870-1871 lui vaut la croix d'officier de la Légion d'honneur en décembre 1872.

Claire Zalc

ADONIS (Ali Ahmad Saïd Esber)

Écrivain. – Né le 1er janvier 1930 à Quassabine, Syrie, alors sous mandat.

Dire qu'Adonis a contribué à « faire la France » est problématique, puisque ce poète, né en Syrie et naturalisé libanais en 1962, écrit surtout en langue arabe et, en tant que passeur, a surtout œuvré, par ses traductions, à faire connaître la poésie française, de Baudelaire à Yves Bonnefoy, dans le monde arabe. Mais l'auteur du *Livre des migrations* vit, depuis la première guerre civile libanaise, principalement en France où il représente la Ligue arabe au sein de l'Unesco et, surtout, entretient un rapport ancien et étroit à la culture française, toute sa jeunesse s'étant passée dans la Syrie mandataire. De nombreux poètes et critiques de poésie français, et non des moindres, lui ont rendu hommage, d'Eugène Guillevic (*Douze Chants pour Adonis*) à Alain Jouffroy, aux yeux desquels il joue le rôle d'interlocuteur privilégié.

Pascal Ory

AFRICAINS (subsahariens)

L'usage du terme « Africains » présente certaines ambiguïtés. Il désigne couramment l'ensemble des migrants du sud du Sahara, par opposition aux originaires du Maghreb, qui sont pourtant tout autant africains. Pour éviter l'assignation raciale que l'on entend aujourd'hui derrière la référence à l'« Afrique noire », on parle le plus souvent de « Subsahariens ». Le fait est que la plus grande partie de ces migrants viennent des États francophones situés précisément au sud du Sahara et issus des anciennes Afriques occidentale et équatoriale françaises (AOF et AEF). En outre, le grand désert est devenu l'espace des circulations périlleuses et de toutes les aventures migratoires d'Afrique en Europe. Sont aussi regardés comme « Subsahariens » les migrants des autres Afriques, du Centre et de l'Est, et des îles, Madagascar ou les Comores. Depuis 1982, les dénombrements officiels distinguent les différentes nationalités. Le groupe des « Subsahariens », qui représente aujourd'hui 12 % des étrangers de France, a en effet connu une augmentation et une diversification sans précédent depuis trente ans : 18 000 en 1962, 240 000 en 1990 et plus de 440 000 en 2007. Maliens et Sénégalais (plus de 50 000 chacun) tiennent depuis toujours la première place, mais ils sont talonnés par les Ivoiriens, les Congolais (des deux Congo) et les Camerounais (entre 35 000 et 50 000). On ne dénombre pas moins de vingt-sept nationalités ayant au moins mille ressortissants en France.

Plus que pour les migrations maghrébines, le passé colonial subsaharien a déterminé les chemins de la migration que la géographie n'orientait pas forcément vers la France. Il a aussi nourri des représentations où l'infériorisation « nègre » fut la plus dévastatrice des peuples colonisés : « bons sauvages » ou « cannibales » sanguinaires, ils se trouvaient à l'antithèse de la « civilisation ». La glorification de la négritude par les phares des années 1930 (« torches noires qui éclairent le monde », selon Jean-Paul Sartre, en 1948) Léopold SÉDAR SENGHOR (1906-2001) et Aimé CÉSAIRE (1913-2008) a fait long feu. Elle n'a pu venir à bout des discriminations fondées sur la couleur de peau, qui définissent aujourd'hui la « condition noire » (Pape N'Diaye) et dont les effets sont vécus au quotidien par les émigrés venus d'Afrique subsaharienne. Leur commune appartenance à la partie noire de l'humanité est un marqueur fort, qui les relie depuis toujours à un ensemble beaucoup plus large, à travers une autre histoire, celle de l'esclavage et des territoires qui en sont issus, Antillais et autres habitants des îles. Il n'est pas excessif de considérer la présence des Noirs dans le peuplement français comme un premier apport collectif de cette migration, par la renégociation du rapport à l'universalité à laquelle elle oblige.

Prélude (avant 1914). Quoi qu'il en soit, les migrations des régions subsahariennes sont des migrations comme les autres. Les départs vers la France ont concerné en priorité des sociétés déjà rompues aux mobilités, notamment les Soninkés, très majoritaires encore aujourd'hui parmi les Subsahariens. Dans l'AOF du début du XXe siècle, les migrations des « gens du fleuve », Sénégalais, Maliens et Mauritaniens du moyen Sénégal, se transforment au gré des contraintes et de l'économie coloniales. L'émigration vers la France ne commence pas avant 1914, mais à Dakar surtout, les réseaux sont en place dès le début du siècle. De la navigation sur le fleuve à la navigation sur les cargos où ils travaillent dans la soute à charbon, les marins ont été les pionniers de l'émigration en métropole. On les retrouve à Marseille avec quelques Guinéens, et d'autres venus de la côte des Somalis ou de Madagascar, employés dans la marine de l'océan Indien. Circulant au-delà de la zone soudanaise, les Soninkés se retrouvent au Congo et contribueront plus tard à l'émigration des Congolais. Il reste qu'avant 1914, c'est dans les expositions coloniales que l'on voit les Africains en métropole. Version moderne du rôle de « curiosité » que l'on assignait aux quelques « spécimens » introduits en France dans les siècles antérieurs (voir Saartjie Baartman, la Vénus hottentote, morte à Paris en 1815), ces manifestations à visée à la fois récréatives et ethnographiques étaient l'occasion d'introduire en France des familles de diverses contrées africaines (mais aussi d'Indochine et de Nouvelle-Calédonie). Et pourtant, les élections de 1914 voient l'entrée à l'Assemblée nationale du premier député africain, Blaise DIAGNE, élu des « quatre communes » du Sénégal, où le droit de vote a cours depuis 1848, comme dans les autres « vieilles colonies ». Quelques étudiants et autres « évolués », comme on disait alors, sont les pionniers d'une tradition de migration intellectuelle qui caractérise aujourd'hui encore les Subsahariens de France.

Les tirailleurs de la Grande Guerre. La Première Guerre mondiale fut le moment de la grande découverte réciproque pour les Africains noirs et les métropolitains. Ce fut surtout, pour la métropole, l'occasion de contracter la « dette de sang », quand elle refusa de payer à son juste prix le sacrifice demandé aux soldats « indigènes ». La mobilisation conduisit sur le continent européen 134 000 soldats africains (et 34 000 Malgaches), surtout à partir de 1915. Elle en concerna davantage, entre 170 000 et 200 000 personnes selon les estimations de l'historien Marc Michel. À la différence des autres zones de l'empire et de Madagascar où l'on recruta aussi des travailleurs, l'AOF et l'AEF ne fournirent que des combattants. C'était conforme aux préjugés racialistes sur la « force noire », dont le futur général Mangin avait vanté l'intérêt militaire dans un livre de 1910. La désignation générique de « tirailleurs sénégalais » ne rend pas compte de la diversité des origines, mais pointe justement la part majoritaire des Sénégalais. L'AOF fournit la quasi-totalité de l'effort de guerre, les ethnies nomades étant laissées en dehors. Au Sénégal, en Guinée, dans le sud de la Mauritanie, les ponctions ont atteint les taux de l'Afrique du Nord, soit 2 % de la population. Le bilan humain estimé à 30 000 morts n'est pas seulement à la mesure de la boucherie que fut cette guerre. La fragilité de ces troupes, soumises à des conditions climatiques et à des maladies inédites, insuffisamment formées, tarde à être prise en compte. Les combattants connurent les grandes débâcles : les Dardanelles en 1915, Verdun et la Somme en 1916 et surtout le Chemin des Dames où l'engagement, sous la houlette de Mangin, tourne au massacre et fait scandale. Pour saluer la bravoure des soldats africains, notamment leur rôle dans la défense de Reims en 1918, un « monument aux Noirs » y fut inauguré par Daladier, en juillet 1924. Détruit par les Allemands en 1940, il a fallu attendre 2009 pour que sa reconstruction soit programmée. À Fréjus en revanche, un mémorial rappelle l'existence du principal lieu de cantonnement des troupes indigènes.

Les décennies de la « négritude » (1920, 1930). Les survivants furent rapatriés sans grands égards et rien ne changea dans les cercles coloniaux, si ce n'est une certaine autorité accordée aux anciens combattants dans leurs villages. Toutefois, la place des Africains n'était plus la même en métropole. Le goût pour l'exotisme colonial, qui avait émergé antérieurement, a laissé place à une « vogue nègre », qui s'étend dans les années 1920 et voit son point d'orgue avec l'Exposition coloniale de 1931. Les réclames comme celle du chocolat Banania renforcent les clichés des cartes postales de guerre. Les rythmes endiablés qui sont apportés par les jazzmen noirs américains ou l'érotisme de Joséphine BAKER confortent l'image des nègres bon enfant avec « le rythme dans la peau ». Au même moment, le stigmate de « nègre » est retourné en drapeau. D'un côté se développe un mouvement politique : Lamine SENGHOR, gazé décoré de la croix de guerre, militant communiste, qui fonde en 1926 le « comité de défense de la race nègre ». De l'autre, le mot « négritude », lancé en 1934 par *L'Étudiant noir* et magnifié par les voix de Senghor et Césaire, condisciples au lycée Louis-le-Grand, émerge d'un mouvement qui joue davantage sur le rayonnement culturel que sur le combat politique. Français des « vieilles colonies » et colonisés africains sont unis dans ce même mouvement. En 1921, le Martiniquais René MARAN (1887-1960) fut le premier Noir à obtenir le prix Goncourt pour son roman *Batouala. Véritable roman nègre.* Il faut dire qu'à côté de l'indécence coloniale, la France de la Troisième République refuse l'apartheid. Les Noirs américains ont l'impression d'y respirer. La vogue nègre, c'est aussi la reconnaissance des apports de l'Afrique dans une culture dont la France se voit comme le berceau. L'influence de l'art nègre s'étend des cubistes d'avant-guerre aux surréalistes et à l'École de Paris.

Face à cette visibilité culturelle, la présence numérique des Africains et Malgaches reste négligeable. L'historien Philippe Dewitte estime leur nombre à 2 500 en 1926. C'est le moment où les Soninkés, libres désormais de prendre le large, constituent les premières communautés de marins et dockers à Marseille, à Bordeaux, au Havre (800 en 1926 ? – sans doute le double). Paris est l'autre grand point de chute. La filière étudiante est confortée, le colonisateur octroie des bourses, souvent aux instituteurs formés localement (75 étudiants en 1926, dont 50 Malgaches).

Nouvelle guerre et marche vers les indépendances (1940-1960). La campagne de 1940 fut meurtrière pour tous, mais le sacrifice des troupes coloniales fut hors du commun. Sur les 180 000 « Sénégalais » et Malgaches mobilisés, un peu plus de 64 000 combattirent sur le front français. Les pertes, encore plus lourdes que lors de la Première Guerre mondiale (15 000 en quelques semaines), furent aggravées par le nettoyage racial auquel se livrèrent les troupes allemandes lors de la débâcle (Raffael Scheck, *Une saison noire*, Tallandier, 2007). Un lieu de mémoire, le « Tata de Chasselay », a été édifié dès novembre 1942 par les habitants de cette commune du Rhône, horrifiés par le massacre de 188 tirailleurs, fauchés à la mitrailleuse ou écrasés par des chars. La contribution de l'Afrique à la Libération est bien connue. Dès 1940, le gouverneur de l'AEF, Félix ÉBOUÉ, choisit le camp des forces françaises libres, et les Subsahariens sont nombreux parmi les « indigènes » qui débarquent en France en 1943. Quatorze Africains figurent parmi les compagnons de la Libération. Les résistants du Vercors ou des Vosges sont davantage oubliés (comme le Guinéen Addi BA, fusillé en décembre 1943 à Épinal). La reconnaissance reste difficile, comme en témoigne le long combat pour la « décristallisation » des pensions d'anciens combattants, gelées depuis les indépendances, et finalement votée en novembre 2006.

La période de l'Union française, qui a précédé les indépendances, a consolidé les liens spécifiques entre les élites africaines et la métropole : une collaboration élargie d'un côté, la montée des revendications d'indépendance de l'autre. À partir de 1946, des députés représentent l'Afrique et Madagascar au parlement (vingt en 1946, vingt-neuf en 1956) ; ils imposent entre autres l'abolition du code de l'indigénat et du travail forcé. Léopold Sédar Senghor et Félix HOUPHOUËT-BOIGNY participent à des ministères de la IVe République. Mais le refus du colonialisme grandit, dans les pays eux-mêmes comme sur les bords de Seine ou dans les universités, où le nombre des étudiants africains augmente : ils sont 800 en 1950 quand se constitue à Bordeaux la Fédération des étudiants d'Afrique noire, ils seront 2 000 cinq ans plus tard. Influencée par le marxisme et le panafricanisme, la revue *Présence africaine* réunit une fois de plus des intellectuels français, africains (le Sénégalais Cheikh Anta DIOP, l'Ivoirien Bernard DADIÉ, le Malgache Jacques RABEMANANJARA) et antillais (l'Haïtien René DEPESTRE). La maison d'édition éponyme, créée en 1949, est aujourd'hui encore un lieu privilégié pour la littérature et la pensée du monde noir francophone. Le processus d'accession à l'indépendance s'achève de façon assez pacifique au cours de l'année 1960. Les nouveaux États entrent dans une coopération plus ou moins étroite avec la France.

Migrants des Trente Glorieuses (1960-1980). L'émigration, qui commence alors vraiment, n'est pas le moindre des liens qui vont prolonger la relation avec la France. Elle est favorisée par les accords de libre circulation, auxquels tiennent les dirigeants africains comme le Quai d'Orsay. Les migrants, soumis seulement à un contrôle médical, ont la possibilité de demander la naturalisation au bout d'une année de séjour. Les réseaux soninkés connaissent une activité inédite. Des intermédiaires chargés de recruter parcourent les ports et la zone sahélienne pour le compte des entreprises françaises. Les migrants subsahariens sont alors appréciés comme les moins exigeants de tous et occupent les postes les plus ingrats. Manœuvres dans l'industrie, ils sont voués surtout au ramassage des ordures, au balayage des rues et autres tâches de nettoyage dans les restaurants et petites entreprises. Comptant moins de 18 000 personnes en 1962, le groupe des Africains non maghrébins passe à 82 000 en 1975, à la fin de la période de haute croissance économique. Les Sahéliens du fleuve Sénégal, partagés entre trois nationalités (Sénégal, Mauritanie, Mali), en représentent 70 %. C'est une immigration presque exclusivement masculine, orientée vers le projet du retour. Les hommes vivent entre eux au mieux dans des foyers, au pire dans des caves insalubres, pour les trois quarts en région parisienne. Soudés autour de traditions qui les lient à leur village et fidèles à la pratique d'un islam rigoriste et conservateur, professé au sein de confréries très influentes. La confrérie mouride regroupe des migrants d'un autre genre, marchands ambulants de statuettes, de masques et de colliers. En dépit de leur part modeste (mais très sous-estimée) parmi les migrants du travail, les Africains sont vite devenus bien visibles du fait de l'indignité de leurs conditions de vie. Après 1968, ils sont au centre des scandales du logement immigré. C'est la mort de cinq travailleurs, quatre Sénégalais et un Mauritanien, asphyxiés dans un taudis d'Aubervilliers à la Saint-Sylvestre 1970, qui conduit à la loi Vivien sur la résorption de l'habitat insalubre. C'est dans les foyers occupés par les Africains qu'a commencé dès 1970 le mouvement de grève des loyers, qui s'est étendu ensuite aux foyers Sonacotra et a duré plus de dix ans. Témoignant d'une combativité qui deviendra une constante dans le secteur du logement, les « silhouettes fantômes » des Trente Glorieuses (Philippe Dewitte) prennent ainsi (un peu) place parmi les hommes. Ce faisant, ils attirent sur eux une partie du malaise qui grandit à l'encontre des immigrés à partir du retournement de conjoncture des années 1974-1980. En décembre 1980, la presse se scandalise de la destruction, par la municipalité communiste de Vitry, d'un foyer destiné à cent trente Maliens.

Pendant ces décennies de croissance et de construction nationale après les indépendances, les pays de l'Afrique humide, guinéenne et centrale, Côte d'Ivoire, Cameroun, Congo ont été plutôt des pôles d'immigration pour leurs voisins. Ils envoyaient en France des étudiants, des stagiaires ou des artistes en quête de formation. Bourses et accords spécifiques maintenaient l'ancienne tradition de migration intellectuelle et favorisaient le maintien des réseaux de culture francophone (encore que certains pays ayant opté pour le socialisme, comme le Mali, le Congo ou le Bénin, se soient liés parallèlement à Cuba ou Moscou).

Installation et diversification des immigrations africaines au tournant des années 1980. L'immigration africaine est celle qui augmente le plus après 1980, passant de 158 000 Africains (hors Maghreb) recensés en 1982 à 380 000 en 1999. Les transformations sont aussi qualitatives : l'immigration familiale ayant succédé à celle des travailleurs, suspendue en 1974, il y a une féminisation significative

(47,6 % de femmes en 1999 contre 36 % en 1982) et une forte croissance du nombre de mineurs (moins de dix-sept ans). C'est le point de départ d'une autre vie pour les travailleurs solitaires des pays du fleuve, comme pour leurs familles, mal préparées au monde urbain et européen qui va leur imposer ses codes. Les mutations concernent aussi les origines. Parmi les recensés de 1999, près de 100 000 ne viennent pas de l'ex-empire français (Zaïrois et Angolais). De leur côté, les Congolais, les Ivoiriens et les Camerounais constituent des colonies de plus de 20 000 immigrés, les Malgaches, les Guinéens, les Gabonais sont bien plus nombreux. Ces nouveaux migrants sont les victimes de « la décennie perdue du continent » (Jacques Barou) : crises économiques et ajustements structurels imposés par le Fonds monétaire international, guerres civiles et dictatures. Ainsi, le Congo a connu deux guerres civiles, en 1993-1994, puis en 1997-1999 ; Madagascar des révoltes en 1991 et 2002 ; la Côte d'Ivoire est entrée en crise économique et politique depuis 1989. Dans les années 1980, les Subsahariens venaient au premier rang des demandes d'asile en France (43 % de l'ensemble en 1988), tout en étant majoritairement déboutés (à plus de 80 %). Ils n'étaient pas originaires des régions les plus troublées (Rwanda, Soudan, Liberia), ni les plus pauvres (Burkina, Niger), mais de pays disposant de réseaux déjà implantés en France.

La masse des nouveaux venus est constituée d'individus jeunes, urbanisés, avides de réussir. Partout, la croissance considérable du nombre de jeunes s'est accompagnée du sentiment que les États africains étaient incapables de leur assurer un avenir, ce qui explique l'exode qui se poursuit depuis des décennies, en dépit des risques inimaginables et des moyens mis en œuvre pour leur interdire l'accès de l'Europe. La nouvelle immigration, en général plus qualifiée, est d'une grande diversité quant à l'insertion sociale et professionnelle. Certains ont un contrat et se retrouvent à l'occasion dans les lycées comme maîtres auxiliaires ou dans les hôpitaux comme médecins ou infirmiers. D'autres sont chômeurs ou dans l'illégalité. Beaucoup, déscolarisés, ne croient qu'en leur chance et leur goût de l'aventure. Parmi eux, les femmes sont nombreuses, souvent plus que les hommes. Elles sont venues seules ou avec leurs enfants. Ce modèle individuel est éloigné des formes antérieures de migration collective des paysans illettrés du Sahel. Encore qu'au Mali ou au Sénégal, l'émigration soit désormais beaucoup plus urbaine.

S'installer dans un contexte hostile. Depuis les années 1980, les politiques d'immigration n'ont cessé de se durcir, à l'échelle de la France comme à celle de l'Europe. Après l'instauration des visas en 1986, la législation de l'endiguement semble viser spécifiquement l'immigration en provenance d'Afrique. L'avalanche législative a produit quantité de situations illégales, qui ont grossi le nombre des « sans-papiers ». Les luttes pour la régularisation de ces sans-papiers ont marqué les années 1990 (église Saint-Bernard à Paris) et se poursuivent au-delà des années 2000 (occupations place de la Bastille ou de la Cité de l'immigration par les travailleurs CGT). Encadrés par des associations et des syndicats, les originaires d'Afrique subsaharienne y sont surreprésentés et jouent un rôle moteur. Ils témoignent ainsi d'une bonne maîtrise des valeurs et des institutions françaises. La tension permanente autour de la légalité de leur présence aggrave le contexte dans lequel se fait la stabilisation des familles. Cette installation cumule les difficultés de très grands handicaps sociaux et d'une très forte discrimination. Toute une partie de la jeunesse franco-africaine n'a pas encore trouvé sa place dans la société et a tendance à s'inscrire dans une attitude de déviance, avec pour référence la culture des quartiers noirs américains. Par ailleurs, les relations organiques avec les pays d'origine et le repli religieux de certains migrants sont au cœur des questions sur l'ethnicité et la place des structures communautaires dans l'espace public français. La population franco-africaine, exclusivement urbaine, vit en effet très regroupée, habitant à près de 65 % en Île-de-France. En contrepoint aux cités de banlieue, souvent très périphériques, des familles vivent encore dans des taudis de centre-ville tandis que se sont développés des quartiers commerçants originaux comme Château-Rouge à Paris ou Noailles à Marseille. Ils sont nés de l'activité commerçante déployée par des entrepreneurs aussi divers par les origines (Sénégalais, Camerounais, Ivoiriens, etc.) que par le statut : camelot à même la rue, marchande de tissus ou coiffeuse, restaurateur éphémère ou grossiste courant les marchés à Dakar, New York ou en Chine. Ces quartiers attirent tous les Africains des environs en même temps que des multiples consommateurs d'exotisme ou des itinérants internationaux. Les projets de vie ne sont pas les mêmes pour tous, mais les mélanges se font entre Africains (français pour certains) d'origines différentes. Ils détiennent le record des mariages entre conjoints étrangers de nationalité différente (enquête TeO, 2010).

« Africultures » en France. Une nouvelle période de visibilité culturelle a pris forme au milieu de la décennie 1980. L'historien Philippe Dewitte voit dans la « mode black » de ces années une réplique de la « vogue nègre » de l'entre-deux-guerres. Il dénonce la complaisance superficielle qui se retrouve dans le film à succès *Black Mic Mac* (1986), où s'illustre l'acteur ivoirien Isaac de BANKOLÉ. La débrouille en milieu urbain au sein de réseaux hauts en couleurs donne certes une version romancée de la vie précaire des quartiers africains. Il reste que quelque chose est rendu des nouvelles dynamiques urbaines auxquelles contribuent les minorités venues de loin. Au même moment, Paris devient la plaque tournante des musiques africaines. La reconnaissance d'artistes comme Manu DIBANGO (né en 1933) s'était faite en dehors de France dans les années 1970, et les « Africa Fêtes » de Mamadou KONTÉ (?-2007), immigré en France en 1965, successivement balayeur et ouvrier d'usine, n'ont concerné que quelques immigrés de Seine-Saint-Denis. L'atmosphère pluriculturelle qui suit l'arrivée de la gauche au pouvoir en 1981, les radios libres changent la donne et favorisent le succès d'artistes comme Salif KEÏTA, Mory KANTE, Touré KUNDA, groupe sénégalais. Les musiques métisses sont à l'honneur dans les festivals et sur les scènes parisiennes, au moment où les Anglo-

Saxons inventent le terme de *world music* (1987). Ces artistes venus des pays francophones et qui ont tous un lien avec la France, y séjournent de façon plus ou moins durable. Ils circulent entre plusieurs pays subsahariens, sont passés par les Antilles et les États-Unis. Ils chantent en français, en anglais et dans les langues africaines. Un grand nombre d'entre eux voient leur art comme un engagement, leur contribution aux grands shows humanitaires contribue à leur succès. Les chanteurs sont maintenant dans le business des multinationales. Certains sont de vrais hommes d'affaires, comme le Sénégalais Youssou N'DOUR (né en 1959) ou le Zaïrois Papa WEMBA (né en 1949), figure emblématique de l'élégance ostentatoire initiateur de la SAPE (Société des ambianceurs et des personnes élégantes). Le milieu des rappeurs et du hip hop est davantage celui des enfants grandis dans les banlieues françaises : MC SOLAAR, né en 1969 à Dakar de parents tchadiens, arrivé à l'âge de six mois à Villeneuve-Saint-Georges (Val-de-Marne) ; BOOBA, né à Meudon en 1976 d'une mère franco-marocaine et d'un père sénégalais ; DISIZ LA PESTE, né en 1978, auteur de la bande originale du film *Taxi 2*, qui a vécu dans le quartier des Épinettes à Évry.

L'autre domaine largement médiatisé concernant les stars africaines en France est le sport. Yannick NOAH (de père camerounais) pour le tennis, Patrick VIEIRA (arrivé à huit ans du Sénégal) ou Claude MAKELELE (originaire du Zaïre) pour le football sont des idoles dont le parcours contribue à nourrir les rêves d'ascension sociale par le sport, et parfois à entretenir des filières migratoires douteuses.

L'empreinte africaine dans les arts plastiques dépasse le plus souvent le cadre de l'Hexagone, tant sont importantes les circulations des artistes dans la sphère de l'art mondialisé. Ainsi, le sculpteur sénégalais Ousmane SOW, dont les œuvres sont d'une expression saisissante (*Nubas*, *Little Big Horn*), né à Dakar en 1935, se forme en France à partir de 1957 comme kinésithérapeute psychiatrique, exerce à Montreuil jusqu'en 1984, avant de revenir au pays, puis de parcourir le monde pour sculpter et exposer.

L'émigration a permis d'enrichir la veine africaine de la littérature francophone, portée par des maisons d'édition comme Présence Africaine, Le Seuil ou Actes Sud. L'héritage de Senghor continue d'être porté très haut. Parmi les premiers, les Sénégalais Cheik Hamidou KANE (né en 1928, auteur de *L'Aventure ambiguë* en 1961) et Sembène OUSMANE (1923-2007), qui a publié *Le Docker noir* en 1956 et fit une carrière de réalisateur au cinéma. Les écrivains récents, moins hantés par l'histoire coloniale et la fracture identitaire, interrogent, à travers leur langue savoureuse et poétique, l'absurdité du monde et la place de l'Afrique. Ahmadou KOUROUMA (né en 1927 en Côte d'Ivoire, mort à Lyon en 2003) a obtenu le prix Renaudot en 2000 pour *Allah n'est pas obligé*. En 2006, ce prix revient au Congolais Alain MABANCKOU pour *Mémoires de porc-épic*. Comme beaucoup d'autres, ces écrivains africains, qui ont publié en France, y ont souvent fait leurs études. Ils sont davantage le produit d'une histoire commune que des étrangers écrivant en français. C'est une des spécificités de l'immigration postcoloniale.

Le caractère récent de la stabilisation explique en partie que les Africains noirs ou leurs descendants soient encore largement absents parmi les élus municipaux ou nationaux. L'assemblée d'aujourd'hui est en retrait par rapport à celle de la IVe République. Le parcours de Koffi YAMGNANE, Franco-Togolais élu maire de sa petite commune de Bretagne, puis secrétaire d'État (socialiste) à l'Intégration entre 1991 et 1993, est très atypique. Celui de l'ex-secrétaire d'État (UMP) Rama YADE davantage encore. Toutefois, le poids ancien des élites franco-africaines d'une part, le dynamisme civique des milieux populaires associatifs de l'autre constituent un potentiel politique dans une France qui compte de nombreux citoyens issus d'Afrique subsaharienne.

Marie-Claude Blanc-Chaléard

Bibl. : MICHEL Marc, *Les Africains et la Grande Guerre. L'appel à l'Afrique (1914-1918)*, Paris, Karthala, 2003 • DEWITTE Philippe, « Un siècle de présence africaine en France », *Historiens et géographes*, n° 383, juillet-août 2003, p. 345-358 • Les numéros spéciaux de la revue *Hommes et migrations* sont les plus informés : n° 1131 (avril 1990), « Les Africains noirs en France » ; n° 1239 (septembre-octobre 2002), « Africains, citoyens d'ici et de là-bas » ; n°s 1286-1287 (juillet-octobre 2010), « Les migrations subsahariennes ».

Voir aussi : CONGOLAIS, MALIENS, SÉNÉGALAIS.

AFTALION Albert Abram

Économiste. – Né le 21 octobre 1874 à Roustchouk (Roussé), alors exarchat bulgare autonome de l'Empire ottoman, aujourd'hui Bulgarie ; mort le 6 décembre 1956 à Pregny-Chambésy, Suisse.

Albert Abram Aftalion passe pour être l'économiste français le plus célèbre à l'étranger durant l'entre-deux-guerres. Il naît dans la communauté des juifs séfarades de la petite ville bulgare de Roussé – celle où verra également le jour, trente et un ans plus tard, Elias Canetti. La ville est secouée par la répression ottomane, qui suit le soulèvement indépendantiste d'avril 1876, puis par la guerre qui fait renaître de ses cendres la Grande Bulgarie en mars 1878. Ces événements entraînent un fort mouvement d'émigration de la minorité juive vers l'Europe occidentale, auquel la famille Aftalion participe. Elle s'installe en France, à Nancy, où Albert Aftalion arrive enfant et où il fait sa scolarité. Il étudie le droit et les sciences économiques jusqu'au doctorat, qu'il obtient dans les deux disciplines, respectivement en 1898 et 1899. En 1901, l'agrégation de droit vient couronner ce brillant parcours, qui avait favorisé sa naturalisation, attestée par un décret du 31 décembre 1897. Albert Aftalion resta un homme discret sur sa vie privée et aucun témoignage connu ne nous permet de connaître son rapport à ses origines bulgares.

C'est à Lille qu'il entame, en 1900, sa carrière universitaire ; une chaire d'économie politique et histoire des doctrines économiques est créée en juillet 1906 pour lui être immédiatement attribuée. Il poursuit son œuvre à la faculté de droit de Paris, à la chaire de statistique (1923-1934), puis à celle d'économie politique, jusqu'à sa retraite, en 1946. La renommée d'Albert Aftalion se forge d'abord dans le cadre de son enseignement. Ce maître, de nature austère et réservée, forme toute une génération d'économistes, qui lui rendent un vibrant hommage dans *L'Œuvre scientifique d'Albert Aftalion* (1945), signé entre autres par Jean Lhomme, Jacques Lecaillon, Georges-Henri Bousquet ou René Courtin.

Mais la notoriété acquise par les travaux d'Albert Aftalion dans l'entre-deux-guerres dépasse ces cercles et même les frontières françaises à partir de 1913, date à laquelle il formalise sa théorie des *Crises périodiques de surproduction*. Dans les années 1920, après s'être intéressé, dans *Les Fondements du socialisme* (1923), aux bouleversements économiques qui remuent le nouveau régime soviétique, il est un passeur important des États-Unis vers la France des méthodes statistiques appliquées à l'économie, à la fois dans son enseignement et dans ses recherches. Il les applique dans son ouvrage *Monnaie, prix, change* (1927), où il formule également une explication psychologique de la monnaie et du change, assez rapidement dépassée par de nouvelles théories. La portée de ses travaux l'appelle, dans les années 1920 et 1930, comme professeur invité à Londres, Bruxelles et Genève.

Mais l'homme ne reste pas confiné derrière les murs de l'université. Dès les années 1900 lui sont confiées des enquêtes d'expertise sur les ports maritimes allemands puis sur la situation du textile dans le nord de la France. Son engagement social s'exprime en 1906, lorsqu'il devient secrétaire général de la section du Nord de l'Association pour la protection légale des travailleurs (APLT), où il défend une vision interventionniste de l'État. Durant la Première Guerre mondiale, il contribue à perfectionner la logistique française, d'abord pour le ministère de la Marine marchande puis pour celui du Commerce, missions pour lesquelles il reçoit la Légion d'honneur en 1918. En 1923, il établit une évaluation des dommages causés par la guerre pour la Dotation Carnegie pour la paix.

La stature scientifique d'Albert Aftalion n'empêche pas la loi du 3 octobre 1940 sur le statut des juifs de lui être appliquée avec célérité : avant même la publication de la loi au *Journal officiel* du 18 octobre, l'assemblée de la faculté de droit de Paris, réunie le 10 octobre, annonce que les professeurs Aftalion, Oualid et Levy-Bruhl ne pourront pas reprendre leur service à la rentrée car « ils se trouvent malheureusement atteints par une réglementation nouvelle ». Le 16 juin 1941, un arrêté l'exclut définitivement de la fonction publique et il se réfugie à Toulouse. À la Libération, un arrêté du 4 octobre 1944 le rétablit rétroactivement dans ses fonctions, à compter du 21 décembre 1940. La même assemblée de la faculté de droit de Paris peut alors saluer le retour du brillant économiste, arrivé désormais en fin de carrière.

Anna Trespeuch-Berthelot

AGAMBEN Giorgio

Philosophe. – Né le 22 avril 1942 à Rome, Italie.

Giorgio Agamben est un philosophe italien nomade ; la France est l'un de ses principaux ports d'attache. Après des études de droit et une thèse de philosophie politique sur Simone Weil, il mène une carrière universitaire en Italie, entrecoupée de séjours à l'étranger. En France, il participe, en 1966 et en 1968, aux séminaires de Thor animés par Martin Heidegger. Puis il participe à l'animation de la philosophie et de l'esthétique françaises en tant que directeur de programme au Collège international de philosophie (1986-1992), mais aussi en tant que collaborateur régulier à *Futur antérieur*, revue critique de sciences sociales, et enfin à la tête de séminaires réguliers dans les universités parisiennes. Giorgio Agamben est donc présent dans la vie intellectuelle française non seulement à travers son œuvre qui, depuis *Stanze. Parole et fantasme dans la culture occidentale* (1977, trad. 1981), est largement traduite en français, mais aussi par ses engagements publics, notamment, en 2009, en faveur de Julien Coupat, ancien membre du groupe Tiqqun (1999-2001) dont il était proche.

La France est également omniprésente dans ses références intellectuelles. Jusque dans les années 1990, il nourrit sa réflexion sur la question du langage des travaux d'Émile Benveniste et de Jacques Lacan. Puis, il oriente ses recherches vers la philosophie politique et juridique ; dans son interrogation sur la violence, la souveraineté, le pouvoir et le biopouvoir percent les influences de Derrida, Foucault et Debord. Enfin, Giorgio Agamben est dans une position de passeur entre la France et l'Italie, à la fois quand il édite en Italie les manuscrits de Walter Benjamin découverts à la Bibliothèque nationale de France (de 1978 à 1986) et quand il introduit et traduit en italien *La Société du spectacle* et les *Commentaires sur la société du spectacle* de Guy Debord (1990).

Anna Trespeuch-Berthelot

AITKEN et STEEL

Ingénieurs mécaniciens. – William Aitken (ou Aitkins), né à Haddington, Royaume-Uni ; mort à une date inconnue ; John Steel (ou Steele), né à Colliery Dykes, Royaume-Uni, mort le 4 mars 1827 à Lyon, France.

Hydraulicien venu de Grande-Bretagne en 1802, naturalisé en 1810, William Aitken est l'introducteur en France de la roue « à l'anglaise », roue de structure métallique à augets emboîtée dans un coursier courbe avec vanne inclinée, dont il équipe un grand nombre de moulins et de filatures à partir de son atelier de Senonches (Eure-et-Loir). En 1818, il s'associe à John Steel, ancien collaborateur de Trevithick et l'ami de Robert Stephenson, pour produire, aux Ateliers de la gare à Ivry, des machines à vapeur fixes et de navigation maritime. En 1821, un brevet est déposé pour la machine Aitken-Steel à double expansion et trois cylindres. La tentative, en 1827, d'appliquer cette technique à la navigation se solde par un échec, la machine, alimentée par quatre chaudières en fer laminé, ayant explosé lors de la mise sous pression, en tuant John Steel. L'accident révéla la capacité des chaudières de tôle à exploser et pas seulement à se déchirer, comme on le pensait jusque-là. Après une longue éclipse, le principe du multi-cylindre fut repris, amendé et développé dans la machine *compound* mise au point par Georges-Henry Corliss aux États-Unis.

Anne-Françoise Garçon

AKERMAN Chantal

Cinéaste. – Née le 6 juin 1950 à Bruxelles, Belgique.

Issue d'une famille juive polonaise (ses grands-parents et sa mère ont été déportés à Auschwitz, sa mère seule en est revenue), Chantal Akerman fait, en 1971, un court passage à l'Institut national supérieur des arts du spectacle et de la réalisation (école belge de cinéma), puis part pour New York où elle fréquente l'Anthology Film Archives et découvre le cinéma expérimental américain. Installée à Paris, elle retournera à New York à plusieurs reprises, y tournera *Histoires d'Amérique* en 1988 et *Un divan à New York* en 1996. En Israël, elle réalise *Là-bas*

(2006). Fascinée par le rituel, l'utilisation du plan fixe, l'exil et les figures de l'étranger, l'errance et l'enfermement, les petits arrangements et la vie ordinaire, les sexualités minoritaires, elle a réalisé en 2000 une adaptation de *La Prisonnière* de Marcel Proust, *La Captive*, y retrouvant ses thèmes favoris : l'obsession amoureuse, les lieux clos, la répétition, la jalousie, l'interrogation sur le mystère des sexes. « Proust est mon demi-frère, dit-elle. Comme moi il parle de l'homosexualité, des juifs, de l'autre, cet éternel inconnu. »

Jean-Luc Douin

ALBANAIS

L'immigration albanaise en France est difficile à quantifier avec précision. Avant l'indépendance de l'Albanie en 1912, les migrants albanais se fondent dans la masse des sujets ottomans. Dans l'entre-deux-guerres, la Statistique générale de la France les regroupe sous la rubrique « Autres pays d'Europe ». Enfin, après la chute du communisme en 1991, une part non négligeable des Albanais venus en France se sont déclarés réfugiés kosovars. D'après l'Insee, il y a officiellement près de 5 500 Albanais en France en 2007.

La première vague d'émigration est favorisée par l'occupation du sud-est de l'Albanie par l'armée française (1917-1920) et par la présence de compagnies proposant l'envoi de main-d'œuvre vers l'Hexagone. Les premiers migrants économiques albanais sont aiguillés vers les bassins miniers du Pas-de-Calais et de la Loire dans le début des années 1920. Rapidement, un certain nombre se dirigent vers Paris et se regroupent dans le nord de la capitale pour former une « colonie albanaise » estimée à 600 individus en 1926. Ces migrants, pour la plupart des hommes et des ouvriers, se caractérisent par une forte mobilité géographique entre les quatre points principaux d'installation des Albanais en France (Paris, Saint-Étienne, Lyon, Nord), mais aussi avec d'autres régions industrielles ou portuaires. Beaucoup d'entre eux rentrent au pays après quelques années et peu finalement se sédentarisent. À Paris, leur nombre décroît rapidement : ils ne sont plus que 300 en 1936, 140 en 1945. Une partie de ceux qui restent deviennent petits commerçants. Certains enfants poursuivent l'ascension sociale comme, par exemple, l'universitaire stéphanois Alexandre ZOTOS (né en 1939), spécialiste de littérature française et balkanique. Cette première vague est renforcée par le phénomène de l'exil politique, surtout après la prise de pouvoir, fin 1924, d'Ahmet Zogu, qui devient roi en 1928. Paris, dans l'entre-deux-guerres, est aussi une scène politique albanaise. Les réfugiés logés à Paris continuent leur combat, intervenant dans la presse ou intéressant des hommes politiques français, comme Justin Godart, à la situation albanaise. C'est parmi ces exilés politiques et les étudiants présents en France que se constituent des groupes communistes, à Paris et surtout à Lyon où est édité un journal en albanais. Il ne semble pas qu'Enver HOXHA, futur dirigeant de l'Albanie communiste alors étudiant à Montpellier, ait joué un rôle dans ces réseaux. Malgré la présence de ces groupes et de quelques associations éphémères, la communauté albanaise met beaucoup de temps à s'organiser. Il faut attendre l'invasion de l'Albanie par l'Italie en avril 1939 pour qu'une fédération des Albanais de France soit créée. Elle servira à favoriser le retour au pays pour participer à la lutte de libération nationale ou à la construction de l'Albanie socialiste après 1945.

Alors que beaucoup d'Albanais rejoignent leur patrie, une partie de l'entourage du roi ZOG s'installe en région parisienne. Le roi lui-même fait plusieurs séjours en France et y décède en 1961, avant d'être inhumé au cimetière parisien de Thiais. La France voit également arriver quelques réfugiés politiques après 1945, en majorité originaires des régions albanophones de Yougoslavie. C'est parmi ces nouveaux installés que naît, en 1957, à Sucy-en-Brie, le danseur et chorégraphe Angelin PRELJOCAJ qui crée en 1985 sa propre compagnie, le Ballet Preljocaj, installée dans un premier temps à Champigny-sur-Marne avant de prendre résidence, en 1996, à Aix-en-Provence où il occupe, depuis 2006, le Pavillon noir en tant que Centre national chorégraphique. Cette petite communauté se regroupe en associations, édite sa propre revue et parvient à obtenir, en 1978, qu'une place parisienne du XVIIIe arrondissement porte le nom du héros national Gjergj Kastriot Skanderbeg (1405-1468), qui lutta contre les Ottomans au XVe siècle. Après la chute du communisme en 1991, l'Albanie connaît de fortes vagues d'émigrations vers la Grèce, l'Italie ou la Belgique. En comparaison, la France en accueille très peu. Parmi ces nouveaux migrants, il faut noter toutefois la présence du célèbre écrivain Ismail KADARÉ (né en 1936), qui partage sa vie entre Paris et Tirana, ou encore de la soprano Inva MULA (née en 1963). Aujourd'hui en France, la communauté qui se reconnaît albanaise regroupe sans distinction des personnes originaires d'Albanie et des albanophones en provenance des anciennes républiques de Yougoslavie (Kosovo, Macédoine et Monténégro).

Mickaël Wilmart

ALBATROS, Société des films de l'

En 1920, deux des réalisateurs de cinéma russes les plus renommés, Viatcheslav (Victor) Tourjansky et Alexandre Volkoff, qui ont choisi avec leur producteur, Iossif (Joseph) Ermoliev, le camp des Blancs, s'installent à Paris, considéré à l'époque comme la capitale du cinéma européen. La société Ermoliev-Cinéma loue les studios Pathé de Montreuil et, deux ans plus tard, au départ d'Ermoliev pour l'Allemagne, se transforme en Société des films de l'Albatros, sous la direction d'Alexandre Kamenka. Extrêmement féconde, cette société va produire des films de genres variés, fondés sur le dépaysement des décors, des costumes et des intrigues et dont les réalisateurs, les techniciens et les acteurs sont, au départ, presque tous des Russes blancs. Le succès est au rendez-vous, auprès d'un public français qui fait fête à certaines des vedettes des studios, Ivan Mosjoukine chez les hommes, Natalie Kovanko et Natalie Lissenko chez les femmes. L'Albatros se « francise » rapidement, Kamenka donnant sa chance à de jeunes réalisateurs européens, souvent issus de l'avant-garde de l'époque. Quelques-uns des films considérés par la suite comme des chefs-d'œuvre du cinéma muet ont été produits par l'Albatros, comme *Feu Mathias Pascal*, de Marcel L'Herbier (1926), *Un chapeau de paille d'Italie*, de René Clair (1928),

Les Nouveaux Messieurs (1929), de Jacques Feyder.

Le passage au cinéma parlant est fatal à plusieurs des comédiens, qui maîtrisent mal la langue française, et aux réalisateurs russes eux-mêmes, dont l'esthétique paraît soudainement datée. Mais l'Albatros continuera de produire jusqu'à la guerre. Les historiens du cinéma ont récemment redécouvert et revalorisé cette « école russe de Paris » – à laquelle il faut adjoindre les films tournés par Alexandre Volkoff et Viatcheslav Tourjansky pour la Société des cinéromans (*Michel Strogoff*, *Casanova*,...) –, qui aura nourri, une dizaine d'années durant, le rêve français.

Pascal Ory

ALBERT Dieudonné

Militant politique. – Né le 25 mai 1916 à Cueva de Vinroma, Espagne ; mort le 6 décembre 1988 à Béziers, France.

Originaire d'Agde (Hérault), mais né en Espagne et de nationalité espagnole, Dieudonné Albert exerça diverses professions, dont celle de coiffeur. Membre du Parti communiste, il s'engage dans les Brigades internationales durant la guerre d'Espagne, qu'il mène comme lieutenant. Il revient en France au début de 1939. Entré en résistance, il est membre des Francs-tireurs et partisans français (FTPF), dont il commande la formation pour le département de l'Hérault, en 1944, sous le nom de commandant Simon. En août de la même année, il devient commandant adjoint des Forces françaises de l'intérieur (FFI) de l'Hérault et dirige, en 1945, la caserne La Marseillaise à Béziers. De 1945 à 1948, Dieudonné Albert fut membre du comité fédéral de la Fédération communiste de l'Hérault. Il eut ensuite, durant quelques années, des responsabilités au sein du Parti communiste espagnol clandestin, car il était toujours de nationalité espagnole, puis il milita au sein de l'Association républicaine des anciens combattants (ARAC).

Michel Dreyfus

ALBERT Ier, Honoré Charles Grimaldi, prince de Monaco

Navigateur et océanographe. – Né le 13 novembre 1848 et mort le 26 juin 1922 à Paris, France.

Issu de plusieurs grandes familles aristocratiques françaises, « élevé dans le culte » de la France, selon lui « champion des causes généreuses », le prince étudie à Paris au collège Stanislas puis à La Chapelle-Saint-Mesmin. Il commence son apprentissage maritime à Lorient et le poursuit dans la marine espagnole. Il se met à la disposition de Napoléon III lors de la guerre de 1870, quitte le service dès le 12 septembre, ce qu'il regrette au moment du siège de la capitale. Passionné par le monde océanique, le prince est introduit dans les milieux scientifiques par le physiologiste Paul Regnard, son condisciple du collège Stanislas. Il dirige, de 1885 à 1915, vingt-huit campagnes océanographiques avec quatre navires successifs sur lesquels il accueille des scientifiques de diverses nationalités. Il présente ses résultats à l'Académie des sciences et dans de nombreuses sociétés savantes. Soucieux de large divulgation, il participe aux Expositions universelles de 1889 et de 1900, et fait bâtir à Monaco le Musée océanographique. Dans un contexte de tension, Albert Ier assigne un but de paix à la science et donne un caractère largement international à l'Institut océanographique, créé en 1906 pour dispenser un enseignement alors absent de l'université. Comme les Français sont nombreux dans le conseil d'administration et le comité de perfectionnement, la fondation passe à tort pour un « don à la France ». Le prince justifie son choix de Paris et son mécénat au profit de la Sorbonne par le fait que la capitale « a gagné la reconnaissance du monde intellectuel ». Désireux d'éclairer les origines de l'humanité, Albert Ier encourage les fouilles, crée un musée à Monaco, et à Paris l'Institut de paléontologie humaine. L'admission comme membre de l'Institut de France, distinction qui « imprime au travailleur une marque de la noblesse moderne », résonne comme la récompense suprême : correspondant depuis 1891, il est élu associé étranger de l'Académie des sciences en 1909. Son parcours de marin donne lieu à un récit autobiographique, *La Carrière d'un navigateur*, publié plusieurs fois entre 1902 et 1914.

Le prince fréquente à Paris le salon de Flore Singer et de la comtesse Greffulhe, qui intervient dans la création de l'Institut océanographique et avec qui il entretient une abondante correspondance à dominante musicale. Ami de Massenet et de Saint-Saëns, il accueille leurs créations à Monte-Carlo. Plus que sa seconde épouse, Alice Heine, catholique aux origines juives, c'est son exigence de justice qui le pousse à militer pour Dreyfus. Lors de deux visites à l'Élysée au début de l'année 1898, il aborde la question avec Félix Faure et essaie de le convaincre, en vain, de l'innocence du capitaine. Auguste Scheurer-Kestner ne trouve pas opportune la publication de la prise de position du prince dans la presse, sous prétexte qu'il est étranger, qu'il paraît naturellement lié au *syndicat* juif et que l'image de la principauté est trop mêlée au jeu dans l'opinion. Le prince vient en aide à des victimes de l'Affaire (le commandant Forzinetti ou l'abbé Pichot) et, finalement, fait publier par *Le Figaro*, le 3 juillet 1899, une lettre à Lucie Dreyfus, qu'il invite avec son mari au château de Marchais, propriété des princes de Monaco dans l'Aisne. Les antidreyfusards lui reprochent aussitôt d'avoir trahi la mémoire de ses ancêtres, hommes d'épée français.

Le dreyfusisme du prince, sa familiarité avec Guillaume II comme avec des personnalités françaises républicaines, en font une cible durable de la presse nationaliste française, notamment de *L'Action française*, durant la guerre. Pacifiste militant, le prince s'efforce sans relâche de rapprocher la France et l'Allemagne, comme lors des crises marocaines. La pose de la première pierre du Musée océanographique et son inauguration lui font caresser l'espoir d'une rencontre entre Guillaume II et le président de la République. Faisant, en juillet 1914, à Poincaré, Briand et Roche, le bilan de ses seize années de visite à Kiel, il regrette « l'abstention de la France » au rendez-vous diplomatique et mondain annuel des régates. La principauté est officiellement neutre lorsque la guerre éclate, mais Albert Ier ne tarde pas à prendre position en faveur des Alliés. Le 10 août, il assure Poincaré des « sentiments [qu'il] partage avec la France ». Il accueille des blessés à Monaco et met à la disposition du gouvernement français ses institutions parisiennes. Après le bombardement de la cathédrale de Reims, « aussi consterné que le meilleur des Français », il dénonce « une provocation au monde entier ». L'occupation de son domaine de Marchais nourrit en lui un ressentiment germanophobe dont l'exutoire est la publication d'une lettre ouverte à Guillaume II, *La Guerre allemande et la conscience universelle*, en décembre 1918. Un nouveau traité franco-monégasque, qui renforce l'influence française à Monaco, est signé en 1918. Le prince fonde de grands espoirs dans la Société des nations, mais est déçu par l'attitude de la France, qui ne permet pas l'admission de Monaco.

Jacqueline Carpine-Lancre
et Thomas Fouilleron

ALECHINSKY Pierre

Peintre et graveur. – Né le 19 octobre 1927 à Bruxelles, Belgique.

Né d'un père venu de Crimée et d'une mère wallonne, tous deux médecins à Bruxelles, Pierre Alechinsky a étudié les métiers du livre, l'illustration et la typographie à La Cambre, l'école supérieure des arts visuels de la capitale belge. Il devient membre du groupe Jeune peinture belge en 1947 et, dès 1949, après sa rencontre avec le poète Christian Dotremont, intègre le groupe CoBrA (Copenhague, Bruxelles, Amsterdam). Il rejoint, en 1951, après la dissolution de CoBrA, ses amis Appel et Corneille, déjà Parisiens d'adoption. Il multiplie les découvertes, comme celle d'une technique chinoise que lui montre Walasse Ting (le papier posé au sol, le corps penché en avant) et se perfectionne en gravure auprès d'un maître, Stanley William Hayter. Son œuvre se caractérise par une audace « imaginante » donnant naissance à un bestiaire de monstres violemment colorés qu'il expose à Paris (Galerie de France, puis galerie Lelong) et dans le monde entier. Il illustre des textes de ses amis comme Eugène Ionesco, Jean Tardieu, et en écrit lui-même (*Remarques marginales*, 1997 ; *Des deux mains*, 2004). Parmi les commandes officielles figurent, à Bruxelles, un mural au Théâtre de la place des Martyrs et, à Paris, le salon d'attente du ministère de la Culture et la petite rotonde de l'Assemblée nationale. Installé depuis soixante ans en France et ne s'étant jamais soucié de naturalisation, Alechinsky se dit « Belge par distraction » ou encore « non régnicole », du nom donné au citoyen qui paie ses impôts dans son pays d'adoption et non pas dans son pays d'origine. Il s'est fabriqué une « Belgique mentale », inspirée de ses années de jeunesse, qui nourrit son art, tout comme ses rencontres, lectures et voyages.

Julie Verlaine

ALEXAKIS Vassilis

Écrivain et dessinateur. – Né le 25 décembre 1943 à Athènes, Grèce.

Vassilis Alexakis a passé les dix-sept premières années de sa vie en Grèce. En 1961, il obtient une bourse qui lui permet de suivre des études de journalisme à Lille, où il demeure trois ans. Rentré dans son pays natal pour remplir ses obligations militaires, il le quitte en 1968 pour revenir en France, après le coup d'État instaurant la dictature des colonels. Il devient dessinateur humoristique et journaliste, et collaborera tout à tour au *Monde*, au *Monde des livres*, à France Culture. C'est au début des années 1970 qu'Alexakis développe une œuvre romanesque originale, marquée par une approche biculturelle et placée sous le sceau du bilinguisme, alternativement écrite et traduite dans les deux langues qu'il possède. Son quatrième roman, *Ταλγο* (1980), est ainsi le premier rédigé par l'écrivain en grec, avant qu'il ne le traduise lui-même en français (*Talgo*, 1983). Alors qu'il s'est déjà vu primé à de multiples reprises pour son roman *Avant* (1992), Alexakis utilise à nouveau le procédé littéraire pour *Η Μητρική γλώσσα* qui, publié dans sa version française sous le titre *La Langue maternelle*, décroche le prix Médicis en 1995. Cette consécration vient rappeler que la thématique de la quête identitaire traverse l'œuvre d'Alexakis, comme en témoignent plusieurs de ses autres romans (*Contrôle d'identité*, 1985 ; *Paris-Athènes*, 1989 ; *Les Mots étrangers*, 2002). Lauréat du Grand Prix du roman de l'Académie française en 2007 pour *Ap. J.-C.*, le romancier rappelle ses engagements politiques anciens en faveur des immigrés clandestins et des sans-papiers : « Dans un pays où le tiers de la population est issu de l'immigration, faire obstacle à l'arrivée de nouveaux étrangers est une façon de mettre en péril [...] l'identité française » (*Le Monde*, 7 décembre 2007).

Pierre-Frédéric Charpentier

ALEXEIEFF Alexandre

Cinéaste d'animation. – Né le 18 avril 1901 à Kazan, alors Empire russe, aujourd'hui Tatarstan, Russie ; mort le 9 août 1982 à Paris, France.

Cadet de la Marine tsariste après avoir passé son enfance à Constantinople, ce graveur et illustrateur arrive en France en 1921 et travaille comme décorateur et costumier pour Gaston Baty, Louis Jouvet, Georges Pitoeff. Il se tourne vers le cinéma en 1930, inventant avec son épouse, Claire Parker, le procédé de l'écran d'épingles. Il s'agit d'un écran percé de milliers de trous dans lesquels sont placées des épingles qui, plus ou moins enfoncées et éclairées en lumière oblique, permettent de créer des ombres portées qui évoquent des motifs, filmés image par image. Il réalise avec ce procédé *Une nuit sur le mont Chauve*, sur une composition musicale de Moussorgski (1934). Ce film fantastique est suivi du *Nez*, d'après Gogol (1963), ainsi que du prologue du *Procès* d'Orson Welles (1962), et de courts métrages publicitaires aux trucages raffinés pour les biscuits Brun, pour Monsavon, Esso et Renault.

Jean-Luc Douin

ALFONSO Celestino

Militant politique. – Né le 1er mai 1916 à Itumar-Ozaba, Espagne ; mort le 21 février 1944 à Paris, France.

Celestino Alfonso arrive très jeune en France, où il travaille ensuite comme ouvrier menuisier. En 1934, il adhère aux Jeunesses communistes et devient responsable du groupe d'Ivry-sur-Seine. Deux ans plus tard, il est volontaire pour l'Espagne républicaine, où il arrive le 27 août 1936. Il y combat comme mitrailleur, avec le grade de sergent, et est nommé lieutenant en 1937 ; l'année suivante, il est nommé commissaire politique à la 2e Brigade internationale, avec le titre de capitaine. Revenu en France en février 1939, il est interné au camp de Saint-Cyprien, s'en évade et revient à Paris dans des conditions très périlleuses. Il est à cette époque marié et père d'un enfant. Il entre dans la Résistance en 1942, est arrêté, déporté en Allemagne, mais, après six mois de camp, parvient à s'évader. Il rejoint alors les Francs-tireurs et partisans français (FTPF) et, au sein du groupe Manouchian, participe à de nombreux actes terroristes, notamment à l'exécution du général von Schaumburg, commandant du Grand Paris, puis, le 29 septembre 1943, celle du responsable du Service du travail obligatoire (STO), Julius Ritter. Arrêté le 17 novembre 1943 avec le groupe, Celestino Alfonso sera fusillé.

Michel Dreyfus

ALGÉRIENS

Dans l'histoire des migrations en France, celle des Algériens occupe une place essentielle et particulière. Essentielle en raison de son ancienneté et de son ampleur : elle se trouve, avec les Italiens et les Portugais, aux premiers rangs des apports de peuplement. Particulière, du fait de la longue histoire partagée entre l'Algérie et la France, histoire où la domination coloniale, à partir de 1830, puis la guerre de décolonisation de 1954 à 1962, ont laissé des traces profondes, dans la mémoire comme dans le traitement des migrants algériens et de leurs descendants. On ne peut comprendre les ambivalences qui entourent la composante algérienne au sein de la société française sans rappeler le contexte colonial, qui a longtemps servi de cadre aux migrations vers la France. Ces dernières, qui commencent avec la IIIe République, ne furent longtemps que des migrations internes, puisque, de 1865 à 1962, les migrants « indigènes » avaient la nationalité française. Ils n'en ont cependant pas moins fait l'objet d'une réglementation restrictive jusqu'en 1947, date du statut qui leur donne la pleine citoyenneté. Depuis l'indépendance, la complexité du rapport des migrants algériens et de leurs enfants (pour la plupart Français) à la nationalité française apparaît unique en son genre, tandis que se sont maintenues à leur égard des discriminations spécifiques.

Les Algériens de nationalité représentaient 12,9 % de la population étrangère en France en 2007, soit 475 000 personnes. Mais les originaires d'Algérie étaient plus de 700 000 et on estime à plus de 1,5 million le nombre des Algériens et Franco-Algériens du pays, descendance incluse.

La première migration coloniale. À la fin du XIXe siècle, l'appauvrissement des campagnes provoqué par la colonisation foncière favorise l'émigration des Kabyles vers la métropole. Un permis de circulation est institué en 1874 pour contrôler les départs. Ces premiers Kabyles, colporteurs pour certains, sont mis très vite au service de l'industrie : mineurs dans les houillères du Nord et du Pas-de-Calais, ouvriers des chantiers du métropolitain parisien, on les recrute pour briser les grèves dans les huileries et les raffineries marseillaises en 1907 et 1910. À la même époque, des troupes de saltimbanques viennent étancher la soif d'exotisme des métropolitains.

Comme ailleurs dans le monde colonisé, le premier grand mouvement vers la métropole est lié à la Première Guerre mondiale, du fait de la mobilisation de recrues et de la réquisition de travailleurs. En juillet 1914, une loi instaure la libre circulation pour faciliter la mobilisation des « indigènes ». Les Algériens, venus de nombreuses régions, sont les plus nombreux des coloniaux dans l'effort de guerre : 175 000 sont mobilisés, parmi lesquels la moitié sont des engagés volontaires. Près de 25 000 sont tués. À Douaumont (Meuse), à Notre-Dame-de-Lorette dans le Pas-de-Calais et surtout à la Ferme de Suippes (Marne), des stèles musulmanes rappellent leur engagement. La construction de la Grande Mosquée de Paris se voulait également une reconnaissance du sang versé par les musulmans lors de la Première Guerre mondiale. Inaugurée en juillet 1926, elle fut dénoncée par les premiers nationalistes nord-africains comme une mosquée conçue pour les « cocottes ». Souvent mis en avant sur les lignes de front, encensés par la propagande française, les tirailleurs, zouaves et spahis algériens, ne font pas moins l'objet d'une suspicion particulière. L'état-major craint, comme les colons, la contagion des idées de liberté et d'égalité présentes en métropole. Il en va de même pour les 80 000 travailleurs réquisitionnés sous l'autorité du ministère de l'Armement par le Service de l'organisation du travail colonial (SOTC), tenus à l'écart de la population dans des baraquements organisés selon des critères ethniques et soumis à une discipline militaire. Le contact avec le monde ouvrier français fut néanmoins l'occasion d'une première prise de conscience politique.

D'une guerre à l'autre : le « premier âge » (A. Sayad). Au lendemain du conflit, les départs vers la métropole s'accélèrent. De 1919 à 1924, environ 60 000 personnes tentent l'aventure, en particulier suite à la mauvaise récolte de 1921. Cependant, en 1924, des restrictions à l'émigration sont rétablies sous la pression des colons, qui craignent de perdre une main-d'œuvre à bas prix. En métropole, l'immigration est considérée comme indésirable, pour des raisons raciales. La presse mais aussi l'administration entretiennent le mythe de la sexualité débridée des Algériens. Un fait divers sanglant, l'assassinat de la rue Fondary en 1923, est l'occasion d'une campagne contre la violence des « Sidis », justifiant une surveillance accentuée.

Ces mesures n'empêchent pas de nouvelles arrivées. Les Kabyles dominent toujours, mais les zones d'émigration se multiplient. À leur arrivée, les migrants rejoignent leurs parents ou des groupes originaires du même *douar* qu'eux, susceptibles de les aider à se loger et à trouver un emploi. Ils s'installent dans les meublés et garnis des quartiers populaires, la Goutte-d'Or à Paris, Gerland à Lyon, la porte d'Aix à Marseille, des espaces où l'empreinte algérienne est toujours présente aujourd'hui. Cette communauté est presque exclusivement masculine. Les migrants ne restent pas longtemps (75 % rentrent au bout de huit à dix-huit mois en Algérie) et sont immédiatement remplacés à leur départ. Cette noria de travailleurs qui regarde vers le lieu de départ a été désignée par le sociologue Abdelmayek Sayad comme le « premier âge » de l'émigration algérienne.

Des infrastructures et des institutions spécifiques sont mises en place pour contrôler, assister et à l'occasion réprimer les « sujets musulmans ». Le Service des affaires indigènes nord-africaines (SAINA), créé en 1925, fait construire l'Hôpital franco-musulman de Bobigny en 1935, puis un cimetière musulman dans la même commune en 1937. Une Brigade nord-africaine est instaurée en 1934. Ces services spécifiques ont pour effet « d'isoler les Algériens du reste de la population française ou immigrée et de lui fermer pour longtemps l'accès à toutes les voies par lesquelles les étrangers se fondent généralement dans la société française » (Geneviève Massard-Guilbaud, *in* P. Rygiel (dir.), *Le Bon Grain et l'ivraie*, La Courneuve, Aux lieux d'être, 2006).

C'est dans l'émigration que se forge une conscience nationale. Dans les années 1920, le Parti communiste français (PCF) joue un rôle essentiel dans l'initiation des ouvriers algériens à la lutte syndicale et politique. Messali HADJ (1898-1974) s'installe à Paris comme ouvrier en 1923. Il y rencontre sa femme, Émilie Busquant, ainsi qu'Abdelkader HADJ ALI (1883-1957), militant de la section coloniale du PCF. En 1925, il adhère au PCF et à la CGTU. L'Étoile nord-africaine (ÉNA) naît à Paris en 1926 et prend part au comité de Front populaire. Après la dissolution de l'ÉNA en 1937, Messali Hadj organise le Parti du peuple algérien (PPA), première formation indépendantiste. Dès cette époque, les cafés sont le lieu essentiel de sociabilité et de politisation des ouvriers algériens.

L'effervescence politique se retrouve dans le domaine de la création artistique. Mahieddine BACHTARZI (1897-1986), ténor, acteur et homme de théâtre surnommé le « Caruso du désert » tourne en France avec sa troupe arabo-andalouse El Moutribia. Il se produit au Théâtre de la Madeleine, dirige les collections de disques arabes chez Gramophone, et chante l'appel à la prière à la Grande Mosquée de Paris lors de son inauguration. Avec Rachid KSENTINI (1887-1944) et Mohamed EL KAMAL (1919-1956), il anime les soirées des immigrés et se produit dans les meetings de l'ÉNA. Les premiers chanteurs de l'exil s'installent à la même période comme ouvriers : Cheikh EL HASNAOUI (1910-2002) et Slimane AZEM (1918-1983) arrivent en France en 1937. Mohamed IGUERBOUCHEN (1907-1966), premier compositeur de musique classique de type européen, collabore à la bande originale du film *Pépé le Moko* de Jean Duvivier (1936). Dans le domaine du chant lyrique, Leila BEN SEDIRA (1903-1982), née d'un couple mixte algérois, est soprano pensionnaire de l'Opéra-Comique dans les années 1930. Par ailleurs, les premiers sportifs algériens se distinguent dès cette période : Ahmed BOUGUERRA EL OUAFI (1898-1959), ouvrier de la Régie Renault, devient pour la France champion olympique du marathon en 1928 à Amsterdam, quand le footballeur Ali BENOUNA (1912-1980) intègre l'équipe nationale française en 1936, une première pour un « indigène ».

Pendant la Seconde Guerre mondiale, les nazis mettent en place une véritable propagande pour rallier les Nord-Africains à leur camp. Messali Hadj refuse de collaborer et rompt avec ceux qui se laissent tenter. Des Algériens participent à la Résistance, comme les communistes Mohamed LAKHDAR-TOUMI (1914-?) et Bouchafah SALAH (1903-1945), et surtout aux combats de la Libération. Le parcours de ces soldats est sorti de l'oubli, grâce au film de Rachid BOUCHAREB (né en 1953) *Indigènes*, sorti en 2006 et primé au Festival de Cannes. Le statut de mars 1944 et la loi du 20 septembre 1947 donnent aux « indigènes » algériens la citoyenneté française et instaurent la libre circulation entre l'Algérie et la métropole. La grande émigration a commencé.

La guerre d'Algérie : action sociale et répression coloniale. En 1954, 211 000 Algériens vivent en métropole. Ils sont 350 000 en 1962. Le conflit a précipité les arrivées, notamment de nombreuses familles qui fuient la guerre et les camps de regroupement. On compte 3 000 familles algériennes en France au début des années 1950 contre 25 000 environ en 1962. Beaucoup habitent dans des bidonvilles comme à Nanterre, la majorité se loge dans des hôtels meublés et des taudis.

Ces migrants souffrent de graves problèmes sociaux, dont le logement est l'un des plus importants et des plus durables. Malgré un statut juridique théoriquement privilégié, les « Français musulmans d'Algérie » subissent des discriminations multiples, ainsi les familles accèdent difficilement aux logements HLM. On a pu parler à cet égard de la « citoyenneté paradoxale des Français musulmans d'Algérie » (Alexis Spire). Ils payent aussi le prix de la guerre. La Sonacotral (Société nationale de construction pour les travailleurs algériens et leur famille), créée en 1956, construit des foyers pour les travailleurs isolés, autant pour remédier aux problèmes de logement, que pour contrôler le mouvement indépendantiste. Dans le contexte d'aggravation du conflit, la Ve République s'engage dans une politique sociale, financée par le Fonds d'action sociale (FAS), créé à cet effet en 1958. Elle sera étendue ensuite à tous les immigrés.

On date traditionnellement le début de l'insurrection algérienne du 1er novembre 1954. Le FLN l'emporte rapidement dans le combat face au nouveau parti de Messali Hadj – le Mouvement national algérien (MNA) – pour le contrôle de l'immigration et des cotisations. Mais les affrontements entre Algériens font plusieurs milliers de morts en métropole. Le FLN doit également faire face à la police métropolitaine, qui recourt à des moyens exceptionnels pour réprimer les activistes. En région parisienne, tout individu identifié comme « Nord-Africain » est susceptible d'être arrêté pour vérification d'identité au cours des nombreuses rafles qui ont lieu entre 1958 et 1961. Plus de 8 000 militants nationalistes sont détenus dans des camps d'internement. Et quand, au soir du 17 octobre 1961, les forces de la police parisienne, soutenues par le préfet Maurice Papon, chargent les manifestants algériens venus protester pacifiquement, à l'appel du FLN, contre le couvre-feu qui vient de leur être imposé, la répression prend des allures de pogrom. La date du 17 octobre est devenue symbolique des excès de la violence d'État contre les migrants colonisés.

L'immigration postcoloniale, moteur des Trente Glorieuses. À l'indépendance, la plupart des immigrés font le choix de la nationalité algérienne. Le refus de prendre la nationalité de l'ancien ennemi d'une part, le risque de n'être plus le bienvenu en Algérie d'autre part expliquent ce choix. Du côté algérien, la crise économique et la désorganisation qui suivent l'indépendance entraînent une explosion des départs vers la France. Du côté français, les accords d'Évian (19 mars 1962) avaient prévu la libre circulation entre les deux pays, surtout pour les Français d'Algérie. Après l'exode des rapatriés, on s'engage très vite dans une politique de limitation des entrées, admise par l'Algérie (accords en 1964 et 1968), qui met en place, à partir de 1965, une autorisation de sortie. Les arrivées se poursuivent malgré tout. L'Insee recense 470 000 Algériens en France en 1968, 710 000 en 1975.

Depuis la fin de la Première Guerre mondiale, les Algériens traversent d'eux-mêmes la Méditerranée et peu d'entreprises viennent recruter sur place (à la différence du Maroc) une main-d'œuvre qui ne demande qu'à venir travailler en France. Dans les années 1960-1970, l'Algérien est ainsi la figure paradigmatique du travailleur immigré. Les Algériens sont nombreux dans les grandes entreprises automobiles telles que la Régie Renault (entre 8 et 12 % des ouvriers de l'usine de Billancourt entre 1954 et 1962), Citröen, Hispano-Suiza ou Simca, ou celles du bâtiment comme Moinon. Ils travaillent également dans les ateliers des petites et moyennes entreprises de service (garages, hôtellerie-restauration, petit commerce) et dans la petite fonction publique (cantonniers). Cependant, les ouvriers algériens souffrent toujours d'une image négative aux yeux des employeurs, liée à la guerre d'Algérie, mais aussi à leur forte politisation. Quelle que soit leur ancienneté et leur qualification de départ, la progression professionnelle des Algériens est presque nulle. Lorsque la crise éclate au milieu des années 1970, ils sont parmi les premières victimes du chômage.

Les harkis, arrivés en métropole après l'indépendance, représentent un cas particulier. Soldats supplétifs de l'armée française, ils sont, pour certains, assassinés après le départ des Français d'Algérie ; 75 000 hommes, femmes et enfants sont accueillis en catastrophe, et dans des conditions déplorables, un peu partout en France. Beaucoup se retrouvent dans des cités de transit, à la périphérie des villes ou dans des camps forestiers. Leur nombre est évalué à 240 000 en 1975.

Dans les années 1960, le chanteur Dahmane EL HARRACHI (1926-1980) ou la chanteuse NOURA (née en 1942) popularisent la culture de *lghorba* (l'exil). On retrouve ce courant dans les Scopitone, juke-box en images qui avaient fait le succès des yé-yé (El Yazami, Gastaut, Yahi). La littérature algérienne de langue française s'est également développée dans l'émigration au lendemain de la Seconde Guerre mondiale (Mouloud FERAOUN, 1913-1962 ; Mouloud MAMMERI, 1917-1989). La génération suivante voit le succès de Mohamed DIB (1920-2003), Assia DJEBAR (née en 1936) ou encore Yacine KATEB (1929-1989, qui vécut en France entre 1952 et 1959), lequel met en scène l'immigration dans la pièce en arabe *Mohamed prends ta valise* (1971). Malgré la prédominance algérienne en France, la présence de plus en plus importante des Marocains et Tunisiens suscite l'affirmation d'une identité culturelle plus large, assignée mais aussi revendiquée comme maghrébine ou arabe. Le Mouvement des travailleurs arabes (MTA) voit ainsi s'unir en 1973 ouvriers maghrébins et étudiants des comités Palestine. Des grèves de travailleurs arabes éclatent à Marseille, Grenoble ou Paris. En 1974 commence une grève des loyers au sein des foyers Sonacotra, qui durera plusieurs années : on dénonce la gestion presque militaire des établissements, le manque d'intimité et l'insalubrité des bâtiments.

L'enracinement et les revendications des enfants. Dans les années 1970, la présence des Algériens est remise en cause plus tôt et plus profondément que celle des autres étrangers. Les agressions racistes se multiplient à leur égard (« ratonnades »). Le président Houari Boumediene en prend prétexte pour mettre fin à l'émigration vers la France dès 1973. En 1974, le gouvernement français suspend l'immigration de travail, puis l'immigration familiale, finalement rétablie en 1975 face à la mobilisation d'associations et à la nécessité de se conformer au droit européen. En 1977, Valéry Giscard d'Estaing échoue dans son projet d'expulser cinq cent mille Algériens, mais les expulsions de jeunes Algériens ayant grandi en France, coupables de délits mineurs, se multiplient. On tente aussi une politique de retours volontaires, avec le soutien du gouvernement algérien.

L'échec de ces mesures amène à rompre avec « l'illusion du provisoire » (A. Sayad) qui avait prévalu jusque-là, à la fois pour les immigrés algériens, la société française, et les gouvernements français et algériens : les Algériens resteront en France. C'est à cette époque qu'Abdelmalek SAYAD (1933-1998, lui-même immigré algérien) fait connaître ses travaux pionniers sur l'immigration. Son article paru en 1977 sur les « Trois âges de l'émigration algérienne » a fait date. Après le premier âge de la noria, le « deuxième âge » est celui qui voit les migrants rester pour des séjours de plus en plus longs, devenant des ouvriers urbains qui ne retournent au pays que pour les vacances. Quand les plus stables et qualifiés commencent à faire venir leur famille, on est à l'aube du « troisième âge ».

L'avènement médiatique des années beurs. Jusqu'aux années 1980, les enfants d'Algériens sont restés invisibles aux yeux de la majorité des Français. Une grande partie d'entre eux sont pourtant nés en France après 1963 et détiennent la nationalité française dès la naissance (étant nés en France de parents nés sur le territoire français) – souvent sans même le savoir. Ceux qui résident dans les cités de transit et les grands ensembles dégradés des banlieues ouvrières sont victimes du racisme policier et du chômage dû à la désindustrialisation qui s'accélère dans cette décennie. Ils surgissent brusquement dans l'espace public à partir de l'été 1981, avec la médiatisation des « rodéos urbains » des Minguettes, un grand ensemble de Vénissieux, dans la banlieue lyonnaise.

Au même moment, l'arrivée de la gauche au pouvoir met fin aux expulsions de jeunes et assouplit (temporairement) la procédure de regroupement familial des Algériens, jusque-là particulièrement contrôlée. Une politique de la ville se met en place, avec notamment les premières opérations « anti-été chaud ». Néanmoins, les crimes racistes perdurent au début des années 1980, comme celui d'Abdennbi Guemiah, lycéen de la cité de transit Gutenberg à Nanterre, assassiné par un voisin. Après une nouvelle agression, quinze jeunes de la cité des Minguettes entament une « Marche pour l'égalité et contre le racisme » à Marseille, le 3 octobre 1983. Les marcheurs, parmi lesquels Toumi DJAÏDJA, fils de harki, Djamel ATALLAH et le père Christian Delorme sont accueillis le 3 décembre 1983 à Paris par 100 000 personnes, et obtiennent la création de la carte de séjour de dix ans. Cette première mobilisation politique d'envergure nationale n'a cependant pas les effets que laissait espérer une telle prise de parole collective, inédite dans l'Histoire chez des enfants d'immigrés en France. Les descendants d'Algériens sont cantonnés dans des rôles d'intermédiaires entre les pouvoirs publics et les populations immigrées. Mais l'antiracisme est apparu comme une valeur nouvelle, portée par toute une génération adepte de la diversité culturelle.

Les jeunes d'origine algérienne prennent alors place dans le paysage culturel. L'humoriste SMAÏN (né en 1958) s'impose dans l'émission de télévision « Le Petit Théâtre » de Philippe Bouvard et fait ses premiers pas au cinéma. L'écrivain et réalisateur Mehdi CHAREF (né en 1952) rassemble plus de 550 000 spectateurs devant son premier long métrage, *Le Thé au harem d'Archimède*, qui relate le quotidien d'un jeune d'origine algérienne dans une cité de La Courneuve. C'est aussi l'époque de la *Douce France* chantée par le groupe Carte de Séjour, autour de Rachid TAHA (1986). L'exposition *Les Enfants de l'immigration* à Beaubourg en 1984 attire plus de 400 000 visiteurs. Cette effervescence est favorisée par la création, en 1983, de l'Agence du développement des relations interculturelles (ADRI), qui encourage des projets permettant la rencontre entre la culture d'origine des immigrés et celle de la société d'accueil.

L'immigration algérienne dans les années 1990-2000. Les nouveaux apports sont restés minces et n'ont pas été bien accueillis. La guerre civile algérienne qui éclate en 1991, au lendemain des élections législatives remportées par le Front islamique du salut (FIS), provoque la fuite de nombreux Algériens vers la France. Parmi eux, des intellectuels comme Anouar BENMALEK (né en 1956) et des artistes menacés par les islamistes comme le dessinateur de bande dessinée GYPS (né en 1967) ; mais aussi des islamistes menacés par le pouvoir militaire. Plus de 100 000 demandes d'asile politique sont déposées entre 1993 et 2003, seules 20 000 aboutissent. Plus récemment, face à l'étanchéité croissante des frontières et au durcissement des conditions de délivrance de visas aux Algériens, est apparu le phénomène des *Harragas*, décrit dans le film de Merzak ALLOUACHE (né en 1944) : « Ceux qui brûlent » leur passeport partent clandestinement par mer vers l'Espagne ou la Sardaigne. Ils sont souvent diplômés et appartiennent à la classe moyenne.

En 2008, sur les 23 000 Algériens admis au séjour en France, la plupart le sont en tant que conjoints de Français, comme étudiants, ou au titre du regroupement familial. Celui-ci reste la principale voie d'entrée en France. Il a permis un rééquilibrage démographique d'une immigration longtemps très masculine. Mais les procédures administratives rendent de plus en plus difficile la venue des familles. En 1998 a été instaurée la carte de « retraités », en vue de faciliter la circulation des travailleurs isolés qui vieillissent dans les foyers en France. On estime ainsi qu'en 1999 41 % des hommes algériens de soixante ans et plus vivaient en collectivité, dont une grande partie en foyer. Ce groupe est à la fois faiblement intégré à la société d'accueil et de plus en plus étranger à sa société d'origine.

La place des descendants d'Algériens dans la société française contemporaine est ambiguë. Dans les années 1990, ils incarnent la figure du « jeune de banlieue », vu comme un délinquant en puissance. Très vite, cette représentation se double d'une assignation à leur identité musulmane. Le débat autour du foulard de deux collégiennes de Creil, en 1989, puis la participation de la France à la première guerre du Golfe en 1991 braquent les projecteurs sur les populations maghrébines de France. Les attentats du GIA (Groupe islamique armé) de 1995 et ceux du 11 septembre 2001 aux États-Unis renforcent ce climat de suspicion. Conséquence d'un sentiment de rejet, la difficulté de certains de ces jeunes à se considérer comme des Français est apparue au grand jour lors du match France-Algérie du 6 octobre 2001 où *La Marseillaise* fut sifflée.

Ces représentations négatives sont à l'origine de fortes discriminations. L'enquête TeO menée en 2008 par l'Ined montre que les Algériens et leurs descendants sont le groupe le plus exposé au risque de chômage, devant les Marocains, les Tunisiens et les Africains subsahariens. Les immigrés algériens sont les plus nombreux en logement social (56 % contre 35 % pour l'ensemble des immigrés) et les moins nombreux à être propriétaires (moins de 15 % contre 35 % de l'ensemble des immigrés). Les immigrés algériens sont les plus nombreux à déclarer s'être déjà sentis discriminés dans l'accès à l'emploi et au logement.

Pour autant, une part importante des immigrés algériens ou des Français d'origine algérienne connaît des trajectoires sociales et professionnelles très réussies, qui passent parfois par des relations soutenues avec le pays d'origine. L'« Ethnic Business » favorise la diffusion des produits du Maghreb. Yasmina ZERROUG (née en ?) a lancé les produits de beauté de la marque « Charme d'Orient ». Yazid SABEG (né en 1950), patron de l'entreprise Communication et Système a été nommé commissaire à la diversité et à l'égalité des chances. On peut encore citer Arezki IDJEROUIDÈNE (né en 1955), pdg de l'entreprise GoFast, dont la compagnie d'aviation Aigle Azur est une filiale. Plus généralement, les descendants d'Algériens sont nombreux à avoir quitté la condition ouvrière de leurs parents. Ils ont accédé à la petite fonction publique et à l'enseignement, et sont également de plus en plus représentés dans les classes préparatoires scientifiques et les grandes écoles d'ingénieurs.

Au niveau politique, des militants ont pris une place croissante dans la société française, à l'image de Nordine IZNASNI (né en 1962), ancien de la « Marche des Beurs » et fondateur du MIB (Mouvement de l'immigration et des banlieues). Les Algériens étaient déjà nombreux dans les syndicats, leurs descendants sont de plus en plus représentés dans les conseils municipaux, et pris en compte comme électorat. Certains ont accédé à des responsabilités nationales, comme Fadela AMARA (née en 1964, secrétaire d'État chargée de la politique de la ville de 2007 à 2010) ou Azouz BEGAG (né en 1957, ministre délégué à la Promotion de l'égalité des chances de 2005 à 2007). On peut également citer les sénatrices Samia GHALI (née en 1968), Alima BOUMEDIENE-THIERY (née en 1956) et Bariza KHIARI (née en 1946).

Enfin, les descendants d'Algériens jouent un rôle de premier plan dans la culture française sous toutes ses formes. Citons les chanteurs de rap RIM'K (né en 1978) du 113, FREEMAN (né en 1972) d'IAM, le danseur de hip-hop Ali RAMDANI, dit Lilou (né en 1984). FAUDEL (né en 1978) et KHALED (né en 1960) ont popularisé la musique raï, originaire d'Oran, tandis que Souad MASSI (née en 1972) mélange airs traditionnels algériens et rock français. Hervé KOUBI est un danseur chorégraphe renommé, Kader BELARBI (né en 1962) est danseur étoile à l'Opéra de Paris, Malika LE MOAL BELARIBI (né en 1956) est chanteuse lyrique. Au cinéma, Roschdy ZEM (né en 1965) et plus récemment Hafsia HERZI (née en 1987) s'imposent comme des acteurs de premier plan. Enfin, on ne compte plus les Algériens et descendants d'Algériens qui se sont distingués en tant que sportifs sous le maillot français. Zinedine ZIDANE (né en 1972) est le plus célèbre d'entre eux, mais on peut aussi citer Djamel BOURAS (né en 1971), champion olympique de judo ou Brahim ASLOUM (né en 1979), champion olympique de boxe. La multiplicité des parcours, brillants ou plus modestes, montre que les Franco-Algériens sont présents dans tous les domaines. Ce n'est guère surprenant, eu égard à l'importance numérique de cette migration qui en a fait une composante majeure du peuplement. Il ne faut pas oublier parallèlement, tout le chemin qui s'accomplit collectivement, grâce aux Algériens immigrés et à leurs enfants, vers une France de la diversité.

Naïma Yahi et Muriel Cohen

Bibl. : BLANCHARD Emmanuel, *La Police parisienne et les Algériens (1944-1962)*, Paris, Nouveau Monde Éditions, 2011 • EL YAZAMI Driss, GASTAUT Yvan, YAHI, Naïma, *Générations. Un siècle d'histoire culturelle des Maghrébins en France*, Paris, Gallimard, 2009 • PITTI Laure, « Renault, la "forteresse ouvrière" à l'épreuve de la guerre d'Algérie », *Vingtième Siècle. Revue d'histoire*, n° 83, 2004 • SAYAD Abdelmalek, *La Double Absence : des illusions de l'émigré aux souffrances de l'immigré*, Paris, Seuil, 1999 • SPIRE Alexis, « Semblables et pourtant différents. La citoyenneté paradoxale des "Français musulmans d'Algérie" en métropole », *Genèse*, n° 53, 2003, p. 48-68 • STORA Benjamin, *Ils venaient d'Algérie : l'immigration algérienne en France (1912-1992)*, Paris, Fayard, 1992 • STORA Benjamin et AMIRI Linda, *Algériens en France : 1954-1962, la guerre, l'exil, la vie*, Paris, Éditions Autrement-Cité nationale de l'histoire de l'immigration, 2012 • TÉMIME Émile, « La politique française à l'égard de la migration algérienne : le poids de la colonisation », *Le Mouvement social*, n° 188, juillet-septembre 1999, p. 77-87.

Voir aussi : MAROCAINS, TUNISIENS.

ALLEMANDS

C'est à la fin du XVIIIe siècle que commence l'immigration allemande, s'amplifiant et se structurant dans la première moitié du XIXe siècle. Les Allemands forment alors la première immigration du travail de masse et représentent, en 1848, 35 % des étrangers à Paris. De ces débuts jusqu'à nos jours, cette immigration connaît de grands changements, tant en termes de flux que de profil. Non seulement elle n'a jamais été linéaire, s'étant construite de façon discontinue, mais elle est également hétéroclite, regroupant des corps de métier et des catégories socioprofessionnelles d'une grande variété. Dès le XIXe siècle, des intellectuels renommés côtoient des ouvriers aussi bien que des entrepreneurs à succès ou des contestataires politiques, et cette variété ne se dément pas au cours du temps. L'accueil fait à ces migrants évolue, lui aussi, en fonction des relations entre la France et le monde germanique – qui prend successivement la forme du Saint Empire romain germanique, de la Confédération germanique, de l'Empire allemand à partir de 1871, de l'Allemagne de Weimar puis de l'Allemagne nazie, et, après 1945, de la République fédérale d'Allemagne et de la République démocratique allemande, avant la réunification de 1990.

C'est là une spécificité de l'immigration allemande, pour laquelle la diplomatie joue un rôle aussi important que la situation économique et politique du pays d'origine. Entre la défaite de Sedan (1870) et la conférence de Potsdam (1945), les Allemands représentent l'ennemi juré, naturel et héréditaire, ressentiments que les dirigeants politiques des deux pays n'hésitent pas à exploiter dans leurs discours. Au moment des conflits, ils sont nombreux à fuir la France. C'est par exemple le cas lors de la guerre franco-prussienne de 1870-1871, durant laquelle les « ennemis de la nation » sont expulsés vers l'Allemagne – seuls 5 000 ressortissants allemands restent alors à Paris. De même, pendant la Première Guerre mondiale, l'image de l'Allemagne comme pays barbare rejaillit sur celle des migrants, alimentant la haine des Français à leur égard. Depuis la fin de la Seconde Guerre mondiale et les débuts de la réconciliation franco-allemande, en revanche, leur perception n'a cessé de s'améliorer, comme d'ailleurs celle de l'Allemagne : les près de 100 000 ressortissants – selon le recensement de 2007 – vivant en France sont aujourd'hui considérés sous un jour favorable.

Les bâtisseurs. Depuis la fin des guerres napoléoniennes et le début de l'industrialisation, la France manque de main-d'œuvre et constitue donc une terre d'accueil privilégiée pour des Allemands en quête de travail ; de 30 000 en 1830, ces derniers passent à 180 000 en 1848, dont plus d'un tiers à Paris. Il s'agit, dans une large mesure, d'une immigration ouvrière non qualifiée et artisanale, qui se concentre dans la capitale et dans quelques villes industrielles de l'est de la France. À côté des paysans fuyant la crise des campagnes allemandes, les « migrants de la faim », tous les corps de métier sont représentés : en 1847, les tailleurs, cordonniers et menuisiers allemands présents dans la capitale forment à eux seuls un groupe de 37 000 personnes, auxquelles s'ajoutent des maçons, serruriers, teinturiers, imprimeurs typographiques et lithographes, des facteurs d'instruments de musique, orfèvres, ouvriers boulangers et pâtissiers, ébénistes, coiffeurs etc., mais aussi des manœuvres travaillant sur les grands chantiers parisiens, des balayeurs de rue, des blanchisseuses et autres employées de maison.

Du fait de leur statut d'étranger et de leur faible qualification, la très grande majorité d'entre eux touche des salaires extrêmement bas. Mais certains, comme les tailleurs du luxe, font aussi fortune et acquièrent la nationalité française. La paupérisation vaut surtout pour les métiers les moins considérés. Les artisans allemands les plus défavorisés créent des sociétés de secours mutuel, la plus connue d'entre elles étant la Ligue des Justes, à l'initiative du tailleur Wilhelm WEITLING (1808-1871). Les migrants allemands vivant dans des conditions plus décentes sont souvent des diplômés des universités, auxquels les États de la Confédération germanique et l'économie allemande peinent à offrir des postes et qui s'exportent en même temps que les capitaux. Précisons qu'en raison des restrictions discriminatoires qui leur sont imposées en Allemagne dans un certain nombre de professions, les ressortissants allemands de confession israélite sont à cette époque surreprésentés au sein de l'immigration allemande.

Parmi les nombreux domaines de l'économie française que pénètrent à cette époque les immigrés allemands, l'imprimerie, le livre et la librairie sont bien représentés. Ainsi, le commerce international du livre est dominé par les filiales parisiennes des puissantes maisons d'édition de Francfort, Berlin, Leipzig et Nuremberg. Les Allemands importent ou développent sur place de nouvelles techniques d'impression typographique et lithographique, de même qu'ils introduisent des pratiques bibliographiques s'imposant comme norme en la matière. Ils sont également nombreux à s'implanter dans le monde scientifique. Sous l'égide du géographe Alexandre de HUMBOLDT, beaucoup de savants s'installent en effet à Paris, certains menant des carrières remarquables, notamment dans l'orientalisme et la philologie. Signalons également le poids acquis par les banques allemandes, dont la dynastie ROTHSCHILD n'est que l'exemple le plus connu ; parmi elles, un certain nombre étendent leurs activités au marché financier de Paris (Koenigswarter, Eichthal, Oppenheim, Leo, Homberg, Thurneissen, Worms, etc).

Alors que la France du XIXe siècle accueille de nombreux Allemands en quête d'emploi, le XXe siècle se caractérise davantage par l'implantation d'entreprises allemandes, même si les deux guerres qui opposent la France et l'Allemagne viennent interrompre cette dynamique. En témoigne l'histoire de grands groupes industriels, à l'instar de la maison BOSCH qui, dès 1899, est étroitement liée à l'avènement de l'industrie automobile française. En 1928, à l'initiative du comte de Lavalette, le projet Lavalette-Bosch voit le jour : des produits d'équipement automobile sont fabriqués en France sous licence de l'entreprise allemande et sont distribués par les Ateliers de construction Lavalette. En 1930, une nouvelle usine est construite dans la rue Michelet à Saint-Ouen près de Paris, mais dès la fin de la décennie, les salariés et les cadres allemands doivent quitter la France sur ordre du régime national-socialiste. Dès le début des années 1950 néanmoins, les anciens partenaires renouent avec leur coopération, qu'ils développent les années suivantes. Actuellement, Bosch France emploie plus de 8 000 personnes ; son siège principal est toujours à Saint-Ouen.

Avec aujourd'hui plus de 4 500 sites employant plus de 300 000 personnes, la France devient dans l'après-guerre le premier pays d'implantation à l'étranger des entreprises allemandes. Celles-ci sont présentes dans des secteurs variés, en particulier l'automobile, la mécanique, les télécommunications, les services commerciaux et financiers, les énergies renouvelables et les technologies vertes. En somme, depuis le début du XIXe siècle, l'émulation née de l'imbrication des espaces économiques franco-allemands et la mobilité du savoir-faire entre les deux pays constituent un apport important de l'immigration allemande à son pays d'accueil.

Les révolutionnaires. Les idéaux ont toute leur place à côté des considérations économiques, à commencer par l'idéal de liberté. Fascinés par les mouvements révolutionnaires qui ont lieu en France depuis la fin du XVIIIe siècle, les Allemands sont un certain nombre à se rendre à Paris pour les observer et y prendre part. En 1789, la première de ces révolutions suscite outre-Rhin l'enthousiasme des intellectuels, qui y voient un modèle pour leur pays, du moins jusqu'à l'apparition de la Terreur, qui soulève l'indignation générale. Les premières années, ces « pèlerins de la liberté » sont les bienvenus et sont d'ailleurs souvent admis au Club des jacobins, comme les publicistes Konrad Engelbert OELSNER (1764-1828), Gerhard Anton von HALEM (1752-1819) ou Gustav Graf von SCHLABRENDORFF (1750-1824). Preuve s'il en est du caractère ouvert et universaliste de la Révolution à ses débuts, plusieurs d'entre eux sont fait citoyens d'honneur de la République française, à l'image de Friedrich SCHILLER (1759-1805), Joachim Heinrich CAMPE (1746-1818) et Friedrich Gottlieb KLOPSTOCK (1724-1803).

Mais rapidement, au fur et à mesure que le mouvement se durcit, ces amis de la Révolution sont perçus comme des traîtres potentiels, puis comme des ennemis. Le destin de l'écrivain Jean Baptiste, baron de Cloots, plus connu sous le nom d'Anacharsis CLOOTS, atteste de ce processus de fermeture et d'exclusion progressives. Installé à Paris dès 1775 et ayant très tôt rejoint le Club des jacobins, ce Prussien féru des idéaux révolutionnaires est élu à la Convention en septembre 1792, un mois après avoir été naturalisé français. Il fut guillotiné au printemps 1794, accusé par Robespierre de préférer le genre humain au peuple français.

En 1848, le soulèvement de Paris est davantage l'affaire des ouvriers et des artisans. À la fois nombreux et fortement touchés par la pauvreté, les Allemands de la capitale nourrissent le mouvement révolutionnaire de février, contribuant à la chute de la monarchie et à la proclamation de la IIe République. Si les intellectuels allemands sont moins représentés parmi les insurgés, ils sont loin de se désintéresser du mouvement, comme l'illustre le cas d'Heinrich HEINE et de Karl MARX (1818-1883). Tous deux ont fui leur pays pour échapper à la répression et vivent en exil à Paris, depuis 1831 (et définitivement) pour le premier, entre 1843 et 1845, puis en 1848 pour l'autre. Déjà malade lors des journées révolutionnaires, le poète n'y participe pas, mais il a de la sympathie pour les revendications ouvrières et fréquente un temps les socialistes utopistes de l'école de Saint-Simon. Quant à Marx, familier des groupes révolutionnaires parisiens, il étudie durant son séjour les doctrines socialiste et communiste, qui nourriront sa théorie de la lutte des classes ; plus tard, il célèbrera la Commune de 1871 dans un texte adopté par l'Internationale.

Au lendemain des révoltes, bien des Allemands quittent la France, qu'ils fuient la crise économique ou participent à la révolution qui gagne l'Allemagne un mois plus tard. La légion démocratique franco-allemande, une troupe de deux mille hommes conduite par l'ancien officier Adalbert von BORNSTEDT (1808-1851) et le poète Georg HERWEGH (1817-1875), part ainsi en avril 1848 pour « libérer » l'Allemagne du Sud. De nombreux démocrates et socialistes fuient à nouveau leur pays pour la France au moment de la contre-révolution de 1849, mais tous ne sont pas les bienvenus. Si elle reste ouverte à l'immigration économique, la France bonapartiste se méfie en effet des réfugiés politiques d'outre-Rhin, à qui on attribue une part de responsabilité dans le soulèvement de 1848 et que l'on considère comme des fauteurs de troubles potentiels. Certains s'installent en France, mais d'autres sont expulsés, comme l'a été Marx, dès 1845, à la demande du gouvernement prussien, ou poursuivent leur chemin vers les pays anglo-saxons.

Sans doute est-ce un hasard, mais c'est un Allemand qui, cent vingt ans plus tard, devient en France le symbole de la révolte estudiantine. S'il n'est pas le seul leader du mouvement, Daniel COHN-BENDIT a fortement contribué à la dynamique de Mai 68. Occupant la Sorbonne et haranguant les foules, l'étudiant de Nanterre incarne à l'époque la critique de la société bourgeoise et la lutte contre l'autorité, qu'elle soit familiale ou étatique. L'exécutif français ne s'y trompe d'ailleurs pas, profitant d'un de ses voyages en Allemagne pour l'interdire de séjour… jusqu'en 1978, date à partir de laquelle il lance une autre révolution, celle de l'écologie, largement inspirée des Verts allemands.

Les combattants de la liberté et les artisans de la réconciliation. Un siècle après l'arrivée des premiers contestataires politiques d'outre-Rhin, la France constitue, dans les années 1930, un point de chute pour les Allemands fuyant le national-socialisme pour des raisons politiques et raciales : 30 000 Allemands, parmi eux de nombreux juifs, y sont installés en 1938. Après la défaite de la République à la suite de la guerre civile espagnole, 2 500 combattants allemands des brigades internationales rejoignent l'Hexagone. Confrontés à la méfiance des Français, ces immigrés vivent en outre dans une grande misère sociale et morale ; beaucoup sont internés, voire déportés vers des camps de concentration. Certains de ces hommes et femmes intègrent la Résistance ou les forces armées alliées, décidant de combattre activement l'occupant dans l'émigration, dans l'espoir de renverser le régime nazi. Regroupant à la fois des sociaux-démocrates, des protestants, des communistes, des soldats et des officiers de la Wehrmacht, déserteurs ou en service, cette résistance allemande est très variée.

Parmi les premières initiatives organisées, on relève les actions d'un groupe de jeunes communistes allemands à Paris dès l'été 1940. En accord avec les communistes français, ils fondent, en juin 1941, une organisation indépendante au sein de la Résistance, le TA (Travail allemand), qui se fait appeler, à partir de 1943, Comité « Allemagne libre » pour l'Ouest. Sa tâche est d'infiltrer la machine de guerre nazie, d'organiser la propagande et des actes de sabotage, y compris au sein de la Wehrmacht. Les militants qui ont une formation militaire sont envoyés dans le sud du pays pour rejoindre le maquis. Opère ainsi dans les Cévennes un groupe de maquisards presque exclusivement composé d'Allemands, sous le commandement d'Otto KÜHNE (1893-1955), un ex-député communiste du Reichstag. Le Comité « Allemagne libre » se charge également de prendre contact avec des militaires allemands pour les gagner à l'opposition antinazie. Ainsi, grâce au lieutenant-colonel Cäsar, baron von HOFACKER (1896-1944), qui utilise ses liens avec la Résistance, plusieurs officiers allemands présents à Paris participent à la préparation du putsch militaire du 20 juillet 1944. L'organisation infiltre également l'administration et l'armée allemandes dans un but de renseignement. En témoigne le cas de la résistante allemande Dora SCHAUL (1913-1999), qui travaille à la poste militaire à Lyon, où elle réussit à établir une liste presque complète des membres de la Gestapo de cette ville ; c'est sur cette liste, lue au service français de la BBC, qu'apparaît pour la première fois le nom de Klaus BARBIE (1913-1991). Parmi les unités des maquisards qui participent à la libération de Nîmes en août 1944, celle des Allemands est choisie pour marcher en tête du défilé de la victoire en brandissant le drapeau tricolore.

Si toutes ces actions font partie intégrante de l'organisation de la Résistance, il faut aussi rappeler qu'à la fin de la guerre un million de prisonniers allemands se trouvent en France, où ils sont souvent considérés comme une « réparation de guerre » par des Français ayant souffert de l'Occupation. Par manque de main-d'œuvre, le général de Gaulle souhaite les faire participer à la reconstruction du pays. En dépit de leur captivité et de fortes tensions entre vainqueurs et vaincus, il n'est pas rare que se nouent des relations cordiales et durables.

Parmi les nombreux liens qui unissent la France et l'Allemagne, celui de la lutte solidaire entre immigrés allemands et Français contre l'occupant nazi et le régime de Vichy reste le moins connu. Ces hommes et ces femmes sont pourtant les artisans de la paix, de la réconciliation et d'une amitié solide entre les deux peuples. Le cas de Joseph ROVAN, né Rosenthal, à Munich, de parents d'origine juive, qui fuit la dictature national-socialiste en 1934 et entre dans la clandestinité à Lyon, est représentatif de cette dynamique. Arrêté par la Gestapo en février 1944, le résistant est envoyé au camp de concentration de Dachau. Libéré en avril 1945, il publie à l'automne un article dans la revue *Esprit* intitulé « L'Allemagne de nos mérites », avec lequel il fonde sa réputation de médiateur entre la France et l'Allemagne, qu'il met au service de l'Europe dans les décennies suivantes. L'historien Alfred GROSSER, lui aussi juif allemand, exilé en 1933, et dont la famille fut en partie décimée à Auschwitz, a défendu l'idée qu'aucun crime, si inhumain soit-il, ne justifiait la condamnation globale de tout un peuple. Grâce à leur travail d'universitaires, Joseph Rovan et Alfred Grosser forment des générations d'étudiants des deux pays qui, à leur tour, œuvrent au rapprochement franco-allemand.

Les artistes et créateurs. En raison du rayonnement culturel de sa capitale, la France a toujours été une destination privilégiée pour les artistes allemands. Quel que soit leur champ d'activité, de la musique aux arts plastiques en passant par la création vivante, nombre d'entre eux y ont séjourné pour un temps plus ou moins long afin de partager des expériences artistiques, de découvrir de nouvelles techniques ou d'y faire carrière. C'est au XIXe siècle, en accompagnement de la démocratisation culturelle, que l'immigration d'artistes et de créateurs allemands débute réellement. Le monde de la musique y est bien représenté, de nombreux musiciens s'installant à Paris parallèlement à l'introduction de l'école allemande au début du siècle. Le plus célèbre d'entre eux est certainement le compositeur Giacomo MEYERBEER, une des figures les plus influentes de l'opéra français dans les années 1830-1840.

En participant de l'intérieur à la vie de mouvements culturels, ces artistes les enrichissent et contribuent à les faire évoluer. Tous ne parviennent certes pas à s'intégrer dans le milieu parisien de la culture, comme en témoigne la situation de Max LIEBERMANN (1847-1935), venu s'installer à Montmartre en 1873 pour étudier les méthodes des réalistes et des impressionnistes. Dans un contexte nationaliste, marqué par la guerre franco-prussienne de 1870-1871, le peintre est mal reçu par les critiques contemporains comme par ses pairs – Jean-Francois Millet refuse par exemple tout échange avec celui qu'il nomme « le Prussien » – et quitte Paris au bout de six ans. Mais d'autres vivent l'expérience inverse, à l'image de Max ERNST une cinquantaine d'années plus tard. Ayant quitté son pays pour Paris quatre ans seulement après la fin de la Première Guerre mondiale pour rejoindre les surréalistes français, l'artiste trouve pleinement sa place dans le groupe mené par André Breton et aura aussi et surtout eu une influence déterminante sur le mouvement surréaliste en art pictural, qui lui devra notamment l'introduction du frottage et du grattage.

Pour les artistes, le danger et l'impossibilité de continuer à vivre en Allemagne sont un autre motif de départ pour la France. Cela est particulièrement le cas dans les années 1930, alors que le national-socialisme s'installe outre-Rhin, obligeant bien des juifs allemands à fuir leur pays. Pour certains, la France n'est qu'une étape sur la route de l'exil. Ainsi en va-t-il de l'écrivaine communiste Anna SEGHERS (1900-1983), qui fuit son pays en 1933 pour s'installer en France avec sa famille, et dont le séjour parisien se termine en 1940 ; le début de l'occupation allemande et l'internement de son mari au camp du Vernet la contraignent en effet à quitter la ville, pour Marseille d'abord, puis pour le Mexique. D'autres, comme Gisèle FREUND, restent en France : quittant elle aussi son Allemagne natale en 1933, la photographe, d'origine juive, est naturalisée française trois ans plus tard et immortalise, au cours des années suivantes, de nombreuses personnalités, telles qu'André Malraux sur la terrasse de son appartement, Simone de Beauvoir en train de lire sur son divan ou encore François Mitterrand – à sa demande – lors de son arrivée au pouvoir en 1981.

Des décennies plus tard, des artistes continuent à quitter l'Allemagne, cette fois-ci pour échapper au poids du passé. C'est le cas d'Anselm KIEFER, l'un des plus célèbres peintres et sculpteurs allemands contemporains, qui, en 1992, s'installe à Barjac, dans les Cévennes. Lui qui, à travers ses travaux de jeunesse, cherche à « recréer une unité après Auschwitz », considère que la France l'a aidé à se détacher de l'histoire allemande et à développer un art plus universel. Depuis que le Louvre lui a commandé une œuvre et que le Collège de France lui a confié un cours, qu'il tient en français, l'artiste a d'ailleurs pratiquement intégré le patrimoine national.

Aujourd'hui, les artistes et créateurs allemands qui s'installent en France sont plus cosmopolites que jamais. S'ils viennent à Paris, c'est d'abord pour profiter des opportunités de sa vie culturelle. Il s'agit bien souvent d'acteurs polyglottes, à la carrière internationale, pour lesquels la capitale française n'est qu'un lieu de création et de passage parmi d'autres. En témoignent les trajectoires d'Ute LEMPER (née en 1963) et de Diane KRUGER (née en 1976), deux actrices qui, ayant travaillé quelques années à Paris, où elles ont atteint la notoriété, vivent désormais respectivement à New York et Londres. Il en va de même des acteurs de la mode, qu'ils soient mannequins ou créateurs. À côté des célébrités comme Karl LAGERFELD, héritier des tailleurs du luxe du XIXe siècle, devenu directeur artistique de Chanel en 1983, ou Claudia SCHIFFER (née en 1970), découverte par une agence de mannequins parisiens dans les années 1980, de nombreux anonymes tentent chaque année leur chance à Paris. Si tous n'y restent pas, certains parviennent à rejoindre l'aventure de la haute couture et contribuent à son succès.

Claire Demesmay
et Daniela Heimerl

Voir aussi : ALSACIENS-MOSELLANS.

ALLWRIGHT Graeme

Interprète, adaptateur, auteur et compositeur de chansons, comédien. – Né le 7 novembre 1926 à Wellington, Nouvelle-Zélande.

Le Trimardeur, sa première chanson (1965), comme bien d'autres par la suite, marquées par la thématique de l'errance (*Emmenez-moi*, *De passage*), résume le personnage de Graeme Allwright : un éternel colporteur, voyageant librement entre les arts, les pays, les métiers. Celui de la chanson ne l'a happé que tardivement, après qu'il a été ouvrier agricole, infirmier, plâtrier, professeur, apiculteur, mousse… Pour devenir comédien, il émigre d'abord à Londres, puis à Saint-Étienne (1948), où il épouse la petite-fille de Jacques Copeau. À trente-neuf ans, il débute dans la chanson à Paris, encouragé par Mouloudji. Passionné par le répertoire des *folksingers* états-uniens, il adapte en français ses préférés : Woody Guthrie (*Le Clochard américain*), Tom Paxton (*Jolie bouteille*), Pete Seeger (*Jusqu'à la ceinture*)… Et surtout le Canadien Leonard Cohen, dont il fait connaître la poésie tourmentée en France (*Suzanne*, *L'Étranger*). Il parvient à fidéliser un large public, séduit par ses traductions non édulcorées, ainsi que par sa voix douce et grave, toujours accompagnée par sa guitare et d'excellents musiciens. Il écrit et compose également, souvent à la manière de ses mentors. Langage simple et mélodies évidentes : nombre de ses chansons intègrent les carnets de chants et les veillées de feux de camp, faisant d'Allwright l'un des derniers contributeurs d'un folklore toujours chanté par les enfants du XXIe siècle (*Petit Garçon*, *Il faut que je m'en aille*). Mais, derrière les comptines faussement naïves, se profile souvent la critique sociale (*Petites Boîtes*, *Qu'as-tu appris à l'école ?*). Car il devient aussi un emblème de la culture contestataire des années 1960-1970, notamment par ses chansons antimilitaristes (*Johnny*), écologistes, voire utopistes (*Le Jour de clarté*). Il chante contre la guerre du Vietnam et les essais nucléaires français, se produit dans les usines Lip occupées, au Larzac ou dans les fêtes politiques. Globe-trotter dans l'âme, il se tient à l'écart du show-business et préfère alterner disques et spectacles avec de longs séjours à l'étranger, notamment dans l'océan Indien d'où il ramène chansons et musiciens. Anticonformiste comme son maître Brassens (qu'il adapte en anglais en 1985), c'est un mystique de la non-violence, comme en témoigne son dernier combat en date : à quatre-vingts ans passés, il écrit une *Marseillaise* avec des paroles pacifistes, qu'il cherche à substituer officiellement à l'hymne national.

Yves Borowice

ALMASY Paul

Photographe. – Né le 29 mai 1906 à Budapest, Hongrie ; mort le 23 septembre 2003 à Jouars-Pontchartrain, France.

Membre de l'importante communauté des photographes hongrois de Paris, Paul Almasy tranche cependant sur ses compatriotes par un itinéraire qui, au départ, l'apparente clairement au journalisme, et d'abord du côté de l'écrit puisqu'il s'agit d'un étudiant diplômé, attiré par les sciences politiques. Insensiblement, cependant, l'image et le reportage s'imposent à lui, en même temps qu'il s'enracine en France, qui lui accordera la nationalité en 1956. Son cosmopolitisme foncier le conduit à travailler souvent pour la presse suisse et pour les organisations internationales, telle l'Organisation mondiale de la santé ou celle du travail. Même si elle est souvent commandée, sa curiosité, toujours en éveil, le porte de l'exotisme remis en perspective (*Sur les traces de Stanley*) à la vie quotidienne de la France des Trente Glorieuses, sans exclusive. Son omniprésence journalistique (on a recensé sa participation à deux cent soixante-dix-huit titres différents) fait de lui un témoin souvent mis à contribution par les éditeurs.

Pascal Ory

ALMENDROS Nestor

Chef opérateur. – Né le 30 octobre 1930 à Barcelone, Espagne ; mort le 4 mars 1992 à New York, États-Unis.

Son père instituteur s'est exilé à Cuba après la guerre civile espagnole pour fuir le franquisme. Il l'y rejoint en 1948, signe des critiques de films et tourne des documentaires pour le régime castriste, avant de s'installer en France en 1961 à cause de la répression qui s'exerce à Cuba contre les homosexuels. Nestor Almendros s'impose alors comme l'un des grands chefs opérateurs de la Nouvelle Vague, signant la photographie des films de François Truffaut (*L'Enfant sauvage*, *Domicile conjugal*, *L'Histoire d'Adèle H.*, *La Chambre verte*, *Le Dernier Métro*, pour lequel il obtient un César en 1980), d'Éric Rohmer (*La Collectionneuse*, *Ma nuit chez Maud*, *Le Genou de Claire*, *L'Amour l'après-midi*, *La Marquise d'O.*, *Perceval le Gallois*, *Pauline à la plage*) et de Barbet Schroeder (*More*, *La Vallée*, *Maîtresse*). Il est aussi aux côtés de Maurice Pialat pour *La Gueule ouverte* (1974), de Jean Eustache pour *Mes petites amoureuses* (1974), de Joseph Losey pour *Les Routes du Sud* (1978). Très sollicité aux États-Unis, en particulier pour sa science des éclairages naturels, il obtient un Oscar en 1978 pour *Les Moissons du ciel* de Terrence Malick et signe la photographie de *Kramer contre Kramer* de Robert Benton (1978), ainsi que du *Choix de Sophie* d'Alan J. Pakula (1982).

Jean-Luc Douin

ALSACIENS-MOSELLANS

Pendant près d'un siècle, Alsaciens et Lorrains dits « de langue allemande », en réalité de dialecte germanique, ont été ballottés d'un État à l'autre. Un instituteur alsacien né en 1865 et qui a tenu son journal expliquait avoir eu cinq nationalités successives : né français à la fin du Second Empire, il devint allemand après le traité de Francfort de 1871, car ses parents ne firent pas usage du droit d'option et restèrent sur place. Il redevint français grâce à la victoire alliée de 1918, allemand de nouveau pendant les quatre années de ce que les Français « de l'intérieur » appellent l'Occupation, et français à la toute fin de sa vie. Il enseigna dans l'une et l'autre langue, au gré des instructions officielles.

Longtemps, on a parlé d'Alsace-Lorraine. C'était mal dire, car la partie occidentale de la Lorraine n'a jamais été incorporée à l'Allemagne. Nancy resta française. Avant la guerre de 1870, la France comptait un département de la Meurthe et un autre de la Moselle. La IIIe République naissante remania en conséquence les divisions administratives : à l'ancien département de la Meurthe, largement amputé, furent adjoints les arrondissements mosellans non annexés par l'Allemagne. Ainsi naquit le département de Meurthe-et-Moselle.

En 1871, toutes les personnes nées dans les territoires cédés à l'Allemagne, quelque soit leur domicile (même si elles habitent « à l'intérieur »), doivent rédiger une déclaration s'ils entendent conserver la qualité de Français. À défaut de cette démarche effectuée dans les délais prescrits, ils sont considérés comme Allemands, tant par les autorités de Berlin que par celles de Paris. Ceux qui exercent leur droit d'option sont obligés de partir : les fonctionnaires, tel l'instituteur de « La dernière classe » dans *Les Contes du lundi* d'Alphonse Daudet, retrouvent un poste en France ; les autres recommencent tout, souvent sur le versant occidental des Vosges, ou à Paris, parfois en Algérie où ils vont contribuer à mettre en valeur la plaine de la Mitidja. Mais d'autres Alsaciens ne peuvent se résoudre à tout abandonner et perdent le bénéfice de leur option.

À partir du 1er octobre 1872, les Alsaciens et les Mosellans qui franchissent la frontière sont, du point de vue français, des étrangers et, circonstance aggravante, des ressortissants d'un pays ennemi. Que l'administration les traite en étrangers est une chose. Que l'opinion les rejette en est une autre. Or on constate l'un et l'autre au cours des quatre décennies qui séparent les deux guerres franco-allemandes.

Les « ressortissants allemands » en France détiennent alors la troisième place au classement des étrangers par nationalité, derrière les Belges et les Italiens. Sur les 80 000 individus recensés de 1881 à 1901 et les 102 000 signalés en 1911, un certain nombre sont en réalité des Alsaciens ou des Lorrains-Mosellans. Parmi les bonnes d'enfants allemandes, très appréciées dans les familles bourgeoises parisiennes, il y a des Alsaciennes et d'autres qui, nées outre-Rhin, prétendent l'être, supposant l'origine plus acceptable.

Si le département de la Seine concentre la moitié des Allemands et des Allemandes natifs d'Alsace, les zones frontalières sont également très investies : Meurthe-et-Moselle, Vosges, Doubs et le jeune Territoire de Belfort où arrivent régulièrement des habitants de l'ancien arrondissement d'Altkirch, tout proche. Pour l'administration préfectorale, l'établissement de la véritable nationalité des Alsaciens s'apparente à un casse-tête. Qui est français ? Qui ne l'est pas, et par conséquent doit se soumettre à la loi du 8 août 1893, qui impose aux étrangers une déclaration de résidence là où ils s'installent ? Pour traiter de cas incertains, le préfet s'adresse parfois au garde des Sceaux, lequel tranche en fonction d'exemples antérieurs faisant jurisprudence.

L'opinion publique n'établit pas de telles distinctions. Tout patronyme alsacien ou lorrain à consonance germanique vaut à son titulaire regard soupçonneux, réflexions malveillantes et surnoms hostiles : « Chleus », « Teutons », « Boches » ou « Alboches ». La hantise du traître, antérieure à l'affaire Dreyfus mais attisée par elle, se concentre sur les étrangers que sont censés demeurer les Alsaciens ressortissants français, à l'instar du capitaine condamné. Le déclenchement des hostilités fait encore monter la pression. À Paris, début août 1914, autour de la gare de l'Est où se regroupent les soldats mobilisés, la foule saccage des brasseries alsaciennes et la police doit intervenir pour secourir des civils molestés, car supposés alsaciens.

Le nombre d'Alsaciens-Mosellans en France augmente au cours de la guerre : réfugiés civils d'abord, enfermés dans des camps spéciaux comme à Ornans (Doubs), déserteurs profitant des combats sur le sol français pour s'enfuir. Les soldats alsaciens faits prisonniers sont séparés des Austro-Allemands. Surtout, le titre d'« Alsacien-Lorrain » remplace la mention « sujet allemand » dans les documents officiels. Il faut attendre 1917-1918 pour que disparaisse toute discrimination à leur égard.

Dans la logique étatique, le déplacement d'une frontière a pour effet de créer des étrangers, avec toutes les conséquences qui en découlent.

Janine Ponty

Bibl. : PONTY, Janine, *L'Immigration dans les textes. France, 1789-2002* (deux cents documents analysés), Paris, Belin, 2004.

Voir aussi : ALLEMANDS.

ALSINA Carlos Roque

Pianiste et compositeur. – Né le 19 février 1941 à Buenos Aires, Argentine.

Lorsqu'en avril 1969 Carlos Roque Alsina rejoint Michel Portal, Vinko Globokar et Jean-Pierre Drouet pour fonder le New Phonic Art, il a déjà une solide expérience de la théorie et de la pratique des musiques contemporaines. Pianiste virtuose dès son plus jeune âge, il s'est formé lui-même à la composition avant de rejoindre le groupe d'activisme musical portègne Agrupación de Nueva Música. Il gagne l'Europe et étudie à Berlin, grâce à une bourse américaine. Il y rencontre Luciano Berio, Iannis Xenakis et Elliott Carter. La création, à Darmstadt en 1965, de son œuvre *Funktionen*, pour neuf exécutants, sous la direction de Bruno Maderna, marque une étape importante de sa carrière de compositeur. Il travaille ensuite jusqu'en 1969 aux États-Unis, revient en Europe et choisit de s'installer en France, avec ses compagnons du New Phonic. Il a composé plus d'une centaine d'œuvres importantes et a contribué à imposer et à légitimer l'improvisation, dans le domaine de la musique contemporaine « savante ». Les festivals de musique contemporaine, en France et à l'étranger, ont su reconnaître l'importance de son œuvre, qui a fait l'objet de plusieurs commandes publiques, dont celle du ministère de la Culture, *Phares et Rayonne-*

communauté artistique de Paris) s'installent durablement à Paris et en province où ils vivent de façon modeste. Ils exposent aux « Salons » – de 1800 à 1899, plus de cinq mille œuvres, fruit des efforts d'environ mille artistes américains, y sont accrochées –, aux Expositions universelles et dans les galeries. Le peintre américain Theodore Earl BUTLER (1861-1936) épouse, à Giverny, la belle-fille de Monet, Suzanne Hoschedé. La scène est immortalisée par Theodore ROBINSON (1852-1896) dans un tableau impressionniste dont le titre est tout un programme : *Marche nuptiale* (1892).

La Première Guerre mondiale ne marque pas le retour de tous les Américains aux États-Unis. L'armée américaine de John PERSHING (1860-1948) – famille d'origine alsacienne – collabore à la défense, puis à la victoire militaire de la France. Dans ses fourgons, elle amène une réserve de philanthropes américains, bien décidés à relever le pays de ses ruines.

Les « Années folles » : « Paris est une fête ». Ces derniers arrivants, mettant en œuvre les conceptions de la philanthropie américaine, participent à la reconstruction du pays, accablé par la guerre. L'American Red Cross, l'American Field Service, l'American Committee for Devasted France (le CARD), la Fondation Rockefeller, la Fondation Carnegie et quantité d'associations et d'initiatives privées – l'ensemble constituant, de la part de la philanthropie américaine non centralisée, une sorte de plan Marshall avant la lettre – attirent des citoyens américains. Leur influence va perdurer pendant l'entre-deux-guerres ; ils laissent des traces visibles de leur passage : restauration de la cathédrale de Reims et du domaine de Versailles, construction de la bibliothèque Carnegie de Reims, prise en charge de la lutte contre la tuberculose, construction et organisation du pavillon des États-Unis à la Cité universitaire de Paris, etc. Ils influent sur le changement social en important des formes modernes de développement et de fonctionnement des sociétés inspirées du progressisme américain : lecture publique, formation des infirmières et des assistantes sociales, etc. Nombreux sont leurs dirigeants ou leurs membres qui reçoivent la Légion d'honneur en remerciement de ce qu'ils font pour la France. Des réseaux d'amitié franco-américaine, efficaces et durables, se mettent en place.

À côté de cette communauté homogène représentée par les philanthropes foisonne, dans un Paris qui retrouve ses couleurs, une vague d'artistes américains. Deux cent mille Noirs ont combattu pendant les hostilités. Certains reprennent le chemin de la France et transmettent durablement le goût et la pratique du jazz à une minorité de jeunes qui s'emballent pour cette musique. Les artistes francophiles Sydney BECHET et Joséphine BAKER deviennent des icônes populaires.

De nombreux artistes américains ne réussissent pas à trouver leur place aux États-Unis. Le pays est en plein mouvement social et culturel – « L'Amérique d'abord » – de repli sur soi. Des musiciens, écrivains, peintres, sculpteurs, architectes, décorateurs, compositeurs, paroliers, amateurs et collectionneurs d'art s'installent en France. Ils forment, en partie, la « génération perdue ». Celle-ci est particulièrement célèbre, grâce à des écrivains comme Francis Scott FITZGERALD ou Ernest

HEMINGWAY. Ils fréquentent le salon de Gertrude STEIN et la librairie de Sylvia BEACH, au cœur du Quartier latin. Attirées par la créativité de Paris – ville réputée pour être le centre de la civilisation occidentale aussi bien que le lieu d'expression de l'avant-garde artistique –, ces personnalités, plus enclines au brassage culturel que le milieu des affaires, tissent avec les avant-gardes et avec les intellectuels français des liens de reconnaissance mutuelle, complexes et féconds. « Génération perdue », Paris « capitale de l'Amérique », ou Paris « rendez-vous des amazones américaines », « Harlem-sur-Seine », « New Orleans-sur-Seine », « Un Américain à Paris » : toutes ces expressions évoquent des avant-gardes américaines du monde des arts, de la littérature et du spectacle associées à des milieux français et assoiffées d'exotisme et d'innovation.

Par ailleurs, la reprise des activités industrielles et commerciales américaines appelle des milliers d'Américains à s'investir sur le terrain. L'économie libérale du pays d'accueil n'exerce aucun contrôle, aucune restriction, aucune discrimination à leur égard. Vers 1925, cinq mille ou six mille « foyers » américains (ils viennent en famille) évoluent dans le sillage du commerce et de l'industrie américaine. En plus des banquiers, assureurs, consultants, financiers, commerçants, vendeurs, négociants, représentants de commerce, on compte, en région parisienne, des avocats, des médecins ou chirurgiens, des dentistes, des hommes d'Église, des ingénieurs, des enseignants, des bibliothécaires, des journalistes, des diplomates, formant une ville dans la ville. Les rentiers et les retraités s'installent sur la Côte d'Azur.

Cette population entreprenante et industrieuse forme désormais le noyau dur de la communauté américaine de France. Il est composé essentiellement de Blancs, protestants, partisans du libre-échange, actifs, instruits, qualifiés, aisés voire nantis ou fortunés. Cette présence est soutenue et justifiée, en grande partie, par la croissance économique américaine, qui conduit les Américains à soigner leurs marchés extérieurs : la France en est un, et des Américains viennent sur place pour travailler (durement) et pour prendre physiquement possession du terrain, dans l'idée de ne pas laisser à d'autres le soin de diriger leurs affaires. Ils mettent la modernité industrielle à la portée de la France (tracteurs, automobiles, arts ménagers, radios, machines à coudre, machines à écrire, agroalimentaire, presse, cinéma, etc.). La puissance du dollar leur assure, face au franc, terriblement affaibli, un pouvoir d'achat considérable. On ne peut pas comprendre la présence américaine, dans les années 1920, si on ne s'intéresse pas aux conditions du change : avant guerre, en 1913, le dollar vaut 5,18 francs. En 1919, il est passé à 7,30 francs et il culminera en 1926 à 31,21 francs. La fréquentation touristique américaine connaît alors un développement exponentiel, ce qui explique la visibilité d'une communauté américaine, en principe discrète, à Paris et en province.

Ces conditions exceptionnelles permettent à une multitude d'institutions, d'associations et de clubs plus ou moins liés aux réseaux philanthropiques, de perdurer et d'assurer la cohésion et le développement de la communauté : l'American Hospital, l'American Church, l'American Pro-Cathedral of the Holy

Trinity, l'American Club, l'American Library in Paris, l'American Women's Club of Paris, etc. Ces institutions sont gérées et financées presque exclusivement par des fonds américains.

La fête de Thanksgiving ou encore la date anniversaire de l'indépendance des États-Unis (4 juillet 1776) sont des occasions de se retrouver entre soi, en famille, et de se reconnaître américain : « *Civis americanus sum* ». C'est une population qui a une tendance lourde au retour (la moitié environ chaque année), mais qui se renouvelle sans cesse par un flux constant d'arrivées. Des personnes solidement implantées en France ont conservé leur nationalité américaine. Certains Américains demandent cependant leur naturalisation : on a pu observer jusqu'à 1 800 naturalisés par an, essentiellement des femmes ayant épousé des Français et qui ont dû faire l'effort de s'immerger totalement dans le tissu social du pays.

Le choc de la dépression qui suit la crise de 1929 et surtout la déclaration de la Seconde Guerre mondiale provoque le retour puis le rappel aux États-Unis des civils américains (l'écrivain ARTHUR MILLER – 1891-1980 – est un des derniers à rentrer). Paris se vide de ses ressortissants américains.

Des Trente Glorieuses à la mondialisation. Les GI, débarqués sur les plages de Normandie, s'illustrent dans la libération du pays et les cimetières militaires américains marquent le paysage de l'Hexagone. Grâce au GI Bill (loi américaine qui aidait les soldats démobilisés à financer leurs études, formations, achat de logement ou fondation d'entreprise), on trouvera des soldats démobilisés dans les universités du pays. Des GI épousent des Françaises. Les soldats seront ensuite eux-mêmes remplacés par les collaborateurs du plan Marshall et par les troupes américaines de l'Otan (ce qui explique le pic des années 1960 dans les chiffres de l'Insee). Des villes comme Fontainebleau, Châteauroux, Verdun, Orléans, Toul, vont vivre pendant une quinzaine d'années à l'heure de l'*American Way of Life*. À la fin des années 1940 et pendant les années 1950, des écrivains noirs américains, chassés par le racisme et la misère, s'installent en France et forment un groupe d'expatriés qui compte, entre autres, James BALDWIN, Chester HIMES et Richard WRIGHT. Toujours plus de créateurs, d'interprètes, d'artistes et de vedettes appartenant à toutes les branches des arts, dans cette communauté américaine : avant la Seconde Guerre mondiale, ils venaient pour apprendre de la France, désormais, ce sont eux qui, majoritairement, apportent la modernité et le changement. L'American Center continue de tenir son rang grâce au puzzle de créations contemporaines (danse, musique, théâtre, etc.) qu'il offre au public parisien.

Après le départ des troupes de l'Otan, la présence américaine se stabilise autour de 25 000 personnes par an (on considère généralement que les chiffres officiels sont nettement sous-évalués). La moitié d'entre elles sont des résidents permanents, vivant en France depuis plus de quinze ans mais pas automatiquement naturalisés (les États-Unis ont longtemps été réticents à reconnaître le principe de la double nationalité). Comme pendant l'entre-deux-guerres, les Américains viennent aussi pour travailler. Ils sont originaires des grandes métropoles de la côte est : hommes d'affaires (21 %), professions libérales et indépendantes (18 %), chercheurs (9 %), enseignants (7 %), artistes (7 %), fonctionnaires internationaux (6 %) et 23 % de personnes sans profession parmi lesquelles 77 % de femmes. Le reste se partage entre étudiants (ce courant est attesté dès le XIXe siècle), hommes d'Église et, bien sûr, retraités et rentiers. Un dixième seulement de l'ensemble de cette population est noir. La répartition par sexe est de 56 % d'hommes et 44 % de femmes. L'Université américaine de Paris, privée, est fondée en 1962 par des membres de la communauté américaine pour permettre aux adolescents américains d'intégrer, dans les meilleures conditions de préparation possibles, les universités états-uniennes. Après une naissance, voire une enfance et/ou une adolescence sur le sol français, le fait de pouvoir terminer leurs études aux États-Unis permettra à ces jeunes dont les parents ont la nationalité américaine d'accumuler les années de résidence nécessaires pour justifier de leur nationalité américaine.

Les firmes américaines sont de plus en plus nombreuses : leur personnel de direction est américain mais les salariés sont français. Dans les années 1970, l'économie américaine emploie sur place plus de 350 000 Français. C'est dire l'importance économique pour la France de la présence américaine. Les firmes installées avant 1939 sont revenues ; on a vu apparaître de nouvelles enseignes : American Airlines, American Broadcasting Cies, Bank of America, Firestone, Campbell Soup Co…

Ce qui réunit ces Américains, c'est leur appartenance à un pays internationalement reconnu et la fierté de leur nationalité, revendiquée haut et fort. C'est également leur confiance en leur monnaie (même dans les périodes de dévaluation) et leur foi dans le dynamisme de leur pays. Ils sont imprégnés de l'idée de la supériorité américaine et applaudissent aux performances des États-Unis dans le monde. Ils ne sont pas empêchés d'agir par le fait de devoir oublier leurs origines. Ils ne sont pas concernés par cette honte d'être eux-mêmes que les pays d'accueil savent si bien imposer aux immigrants travailleurs, originaires des pays pauvres. Cela dit, il est clair que le 11 septembre 2001 et ses suites ont changé l'image de la puissance des États-Unis dans le monde et que les communautés américaines à l'étranger doivent en tenir compte.

Les Américains de France forment une minorité étrangère « surdéveloppée » qui a des armes pour se faire respecter (y compris ceux de ses membres qui n'appartiennent pas à l'élite mais qui bénéficient des égards liés à la possession du passeport américain). Ce statut privilégié ne signifie pas forcément facilités d'acculturation : en effet, les changements sociaux, économiques et culturels consécutifs à la présence américaine ne sont pas toujours consensuels dans le pays d'accueil. Des Français peuvent être irrités par la puissance des Américains et peu enclins à la supporter, ce qui fut le cas au cours de la guerre froide. L'antiaméricanisme français primaire, qui s'attaque aux idées plus qu'aux personnes, connaît un cycle de vie sinusoïdal et récurrent, parfois extrêmement violent. Il ne disparaît jamais complètement. Quant aux Américains eux-mêmes, ils ne sont guère tentés par l'expérience de l'assimilation. D'ailleurs, celle-ci est-elle encore un but à atteindre, alors que des pans entiers des populations des grandes mégapoles se mondialisent, indépendamment des affirmations et des revendications nationales de leur pays d'origine ?

Globalement, on peut dire que les migrants américains ont toujours formé une élite. Qu'elle soit sociale, culturelle et/ou économique, elle pose le problème de la migration en des termes nouveaux. Les historiens des migrations ont, jusqu'à présent, favorisé l'étude des mouvements migratoires des travailleurs pauvres vers les pays riches. C'est pourquoi la présence, en France, d'une population étrangère influente ne correspondant pas aux critères habituels, originaire des États-Unis d'Amérique, pays puissant et riche par excellence, les interpelle.

L'américanisation, voire la mondialisation, à laquelle cette élite minoritaire participe est certainement bien plus efficace que celle qui serait le fruit d'un groupe plus nombreux de travailleurs pauvres… C'est « la migration par le haut ».

Nicole Fouché

Bibl. : FINK Lois Marie, *American Art at the Nineteenth-Century Paris Salons*, Cambridge, Cambridge University Press, 1990 • FOUCHÉ Nicole, *Le Mouvement perpétuel. Histoire de l'Hôpital américain de Paris des origines à nos jours*, Toulouse, Érès, 1991 • ID., « Conditions d'entrée et de séjour des Américains en France (1919-1939) », *in* Philippe Rygiel, *Le Bon Grain et l'ivraie : la sélection des migrants en Occident, 1880-1939*, Paris, Aux Lieux d'être, 2006.

AMIATI (Maria-Theresa Abbiate)

Chanteuse. – Née en 1851 à Turin, alors Royaume de Piémont-Sardaigne, aujourd'hui Italie ; morte en 1889 au Raincy, France.

Paradoxalement, la spécialiste incontestée de la chanson patriotique dans les premières années de la IIIe République fut une Italienne. La jeune ouvrière immigrée commence par chanter des romances dans les cafés-concerts parisiens, mais c'est surtout après la défaite de 1870 qu'Amiati se fait un nom à l'Eldorado, sa scène de prédilection, avec des titres nationalistes écrits par quelques professionnels du genre. Martiale, elle crée le célèbre *Clairon* de Paul Déroulède en 1874, ou le pathétique *Fils de l'Allemand*, dans lequel une nourrice lorraine refuse sa « mamelle française » au bébé d'un soldat prussien. Mais quand d'autres chanteuses se cantonnent dans cette emphase pour exalter la revanche et les provinces perdues, Amiati adopte souvent une tonalité plus élégiaque, distillant d'une voix que l'on disait chaude et émouvante des couplets destinés à panser les blessures de la nation : *Le Maître d'école alsacien*, *Le Violon brisé*, *Une tombe dans les blés*,… Elle meurt à trente-huit ans, trop tôt pour laisser des traces phonographiques. Son répertoire sera repris par maints artistes jusqu'à la Grande Guerre.

Yves Borowice

AMILAKVARI Dimitri

Militaire. – Né le 31 octobre 1906 à Bazorkino, alors Empire russe, aujourd'hui Chermen, Russie ; mort le 24 octobre 1942 à El-Alamein, Égypte.

Né dans le Caucase, Dimitri Amilakvari est issu de la famille princière des Sadguinidzé, portant le titre d'Amilakvari comme grands écuyers de la couronne géorgienne. Ses parents émigrent en 1921, quand tombe la république de Georgie, et arrivent en 1922 en France. Pour vivre, il travaille un temps chez Citroën. Entré à Saint-Cyr en 1924, affecté en Algérie en 1926, il participe aux combats oubliés du début des années 1930, obtient deux citations. Capitaine en 1937, naturalisé en 1940, envoyé en Norvège en mai 1940, il débarque face au feu allemand, reçoit trois nouvelles citations et la Légion d'honneur. Revenu en France, il répond à l'appel du général de Gaulle en juin 1940, entraîne ses hommes, fournit un noyau de mille cent légionnaires aux Forces françaises libres, participe à la prise du Gabon et à la campagne d'Érythrée, qui rouvre la mer Rouge aux Alliés. S'il répugne à affronter des Français, même vichystes, en Syrie, il riposte aux agressions et entre à Damas. Lieutenant-colonel en septembre 1941, il se bat en Libye à partir de mars 1942, s'illustre dans la défense de Bir Hakeim face à Rommel, écrit alors que : « Nous étrangers, n'avons qu'une seule façon de prouver à la France notre gratitude pour l'accueil qu'elle nous a réservé : nous faire tuer pour elle. » À El-Alamein en octobre 1942, un mois après avoir été fait Compagnon de la Libération, il doit prendre un plateau tenu par les Italiens pour attirer les Allemands et permettre aux Anglais d'attaquer plus au nord : « Ce n'est pas la première fois que l'on nous demande quelque chose d'impossible, mais cette fois, c'est tellement con que cela peut réussir. » Contraint de se replier, il refuse d'être ramené par un blindé (« ma place est à la Légion, au milieu de mes hommes »), est tué presque aussitôt par un éclat d'obus, et entre dans la légende de la Légion étrangère.

Éric Vial

AMOROS Francisco

Sportif. – Né le 19 février 1770 à Valence, Espagne ; mort le 18 août 1848 à Paris, France.

Cet ancien colonel de l'armée espagnole est considéré comme l'un des initiateurs de la gymnastique en France. Décrété partisan des Français (*afrancescado*) après l'installation sur le trône d'Espagne de Ferdinand VII en 1813, Francisco Amoros s'installe à Paris. À la fin de sa carrière militaire, en 1795, après avoir été le gouverneur de l'infant François de Paule en 1797, il prend en effet le parti de l'empereur Napoléon Ier. Joseph Bonaparte, roi d'Espagne, le nomme intendant de police, puis ministre de l'Intérieur. Exilé, il obtient la nationalité française en 1816. Il développe alors une intense activité en faveur de l'adoption, par les autorités françaises, de la méthode d'éducation du pédagogue suisse Johann Heinrich Pestalozzi, expérimentée depuis 1807 à Madrid. Face au peu d'écho de ses thèses dans les milieux officiels, il se tourne vers des établissements privés. C'est au sein de l'institution Durdan, dans le Ve arrondissement, qu'il met en œuvre ses méthodes, à partir de 1818. Sur le plan de l'éducation physique, elles empruntent également au Prussien Friedrich Ludwig Jahn. Cette gymnastique aux agrès, faisant la part belle à la force et aux acrobaties, séduit les militaires français. Amoros est nommé en 1819 directeur du Gymnase normal militaire, situé à l'emplacement de l'ancien château de Grenelle. La diffusion et la réputation de sa méthode se font par la publication, en 1830, de son *Manuel d'éducation physique, gymnastique et morale*, réédité à de nombreuses reprises. Il n'en conserve pas moins quelques adversaires, parmi lesquels le Suisse Phokion Heinrich Clias, également installé à Paris. À la Chambre des députés, en 1832, alors que les crédits importants dont dispose son gymnase, sous l'autorité du ministère de la Guerre, sont débattus, des voix s'élèvent pour dénoncer des « exercices puérils et dangereux ». La révolution de 1848 a raison de son entreprise et le Gymnase est fermé par les républicains. Amoros meurt en août de cette année, d'une apoplexie. Toutefois, sa méthode servira par la suite de socle à l'éducation physique enseignée par l'école militaire de Joinville-le-Pont, fondée en 1852.

Stéphane Mourlane

ANATOL Manuel

Sportif. – Né le 8 mai 1903 à Irun, Espagne ; mort le 17 mai 1990.

Athlète massif et rapide, Manuel Anatol, né au Pays basque espagnol, se fait d'abord connaître dans son pays à travers ses performances en athlétisme : il devient champion d'Espagne sur 100 mètres, 200 mètres et 400 mètres. En même temps, il confirme ses talents de footballeur au poste de défenseur central, d'abord à Irun jusqu'en 1926, puis à l'Athletic Bilbao et au Real Madrid. Il émigre en France en 1929 pour évoluer au Racing club de Paris et vivre les débuts de l'aventure du football professionnel français. Rapidement naturalisé, Manuel Anatol honore seize sélections en équipe de France entre 1929 et 1934, mais ne participe ni à la Coupe du monde de 1930 ni à celle de 1934. Lors d'un match amical contre la Suisse à Colombes devant vingt mille spectateurs, le 23 mars 1930, il inscrit un but d'anthologie après avoir botté vigoureusement un coup franc à plus de 40 mètres des buts du portier helvétique.

Yvan Gastaut

ANDRÉ Rogi (Rosza Klein)

Photographe. – Née en 1905 ; morte en 1970.

Jeune photographe d'origine hongroise, Rogi André a été, à la fin des années 1920, l'épouse, éphémère, de son compatriote – et compagnon d'émigration – André Kertesz, mais c'est de manière autonome qu'elle va développer une œuvre, discrète, tout en restant essentiellement attachée à une seule forme : le portrait. On commence seulement à la redécouvrir.

Pascal Ory

ANDREWS Jerome

Danseur, chorégraphe et pédagogue. – Né en septembre 1908 à Plaistow, États-Unis ; mort le 26 octobre 1992 à Paris, France.

Boursier du Cornish College de Seattle, Jerome Andrews y apprend la danse classique et les danses de salon. En 1925, il se rend à Los Angeles pour étudier à la Denishawn, première école de danse moderne, fondée en 1915 par le couple de danseurs et chorégraphes Ruth Saint-Denis et Ted Shawn. Parallèlement, il se forme avec Martha Graham, dont il contribuera à transmettre la technique en France après la Seconde Guerre mondiale. Danseur virtuose, il travaille jusqu'en 1940 pour de grands chorégraphes modernes comme Hanya Holm, Doris Humphrey et José Limón, tout en menant des études sur les danses d'Asie, d'Afrique et d'Amérique centrale. Victime d'un accident en 1940, il découvre la méthode de rééducation de Joseph Pilates et commence à l'enseigner à New York, puis à Boston et à Chicago, avant de quitter les États-Unis en 1950 pour s'installer à Nice, où il donne une série de récitals. Sa rencontre avec Mary Wigman, à New York, en 1951, lors d'un stage, est pour lui une révélation. Il devient un disciple fidèle de la grande dame de la danse d'expression, qui le pousse à rechercher ce qu'il appelle une « danse profonde », porteuse de sens et intériorisée. En 1952, Jerome Andrews s'installe à Paris, ville qu'il a connue lors d'un séjour dans les années 1930, durant lequel il avait perfectionné sa technique classique. Au début des années 1950, la danse moderne américaine est presque inconnue en France. Avec Jacqueline Robinson et Karine Waehner, autres pionnières de la danse moderne en France, il fonde en 1953 les Compagnons de la danse, compagnie à laquelle s'associeront, jusqu'à sa dissolution en 1962, des danseurs d'origines diverses, la plupart formés par Andrews. En 1964, il fonde la Jerome Andrews Modern Dance Company avec la danseuse Noëlle Janoli. Parallèlement, il crée des duos pour Françoise et Dominique Dupuy et reprend son activité de pédagogue, notamment au sein des Rencontres internationales de danse contemporaines (RIDC), créées par les Dupuy en 1969, et de l'Institut de formation des enseignants de la danse et de la musique (IFEDEM). Avec Jacqueline Robinson, Françoise et Dominique Dupuy, Karine Waehner et d'autres danseurs qui revendiquent l'émergence d'une danse contemporaine spécifiquement française, il crée, au début des années 1970, l'appellation « École française de danse contemporaine », non pour fixer une doctrine ou une esthétique, mais pour matérialiser cet engagement militant. Continuant à enseigner jusque dans les années 1980, il a marqué de son influence un nombre important de chorégraphes en France, comme Elsa Wolliaston, José Montalvo ou Dimitris Kraniotis.

Sophie Jacotot

ANISSINA Marina

Sportive. – Née le 30 août 1975 à Moscou, alors URSS, aujourd'hui Russie.

Marina Anissina a vécu une enfance confortable dans l'URSS de Léonid Brejnev. Dotée d'une forte personnalité, elle se montre très douée sur la glace de la patinoire du CSKA Moscou. Spécialisée dans la danse sur glace, devenue discipline olympique en 1976, Marina Anissina envisage la compétition avec détermination. Elle est championne du monde junior en 1990, championne de Russie deux ans plus tard, avec son partenaire Ilia Averboukh. Mais lorsque ce dernier décide de changer de partenaire, Marina Anissina est plongée dans le désarroi, craignant de ne pas pouvoir poursuivre sa carrière. À la recherche d'un nouvel athlète pour reformer un couple, elle décide, aidée par une amie francophone, d'écrire une lettre au Français Gwendal Peizerat qui patine à Lyon et qu'elle a repéré après visionnage de nombreuses cassettes vidéos. Ironie du sort, Gwendal Peizerat se retrouve lui aussi sans sa partenaire (Marina Morel, qui décide d'arrêter la compétition), quelques semaines après avoir pris connaissance de la lettre à laquelle il pensait ne jamais répondre. Gwendal décide alors de contracter avec Marina, qu'il connaissait déjà comme adversaire. Au début de l'année 1993, un visa de trois mois en poche, la jeune Russe arrive à Lyon, où elle s'entraîne avec son nouveau partenaire sous la direction de Muriel Boucher-Zazoui, ancienne championne. Contrainte au sacrifice de quitter son pays, elle s'installe dans un centre d'hébergement et s'inscrit à l'université pour y apprendre le français. Les deux partenaires font des débuts si encourageants qu'ils sont présélectionnés pour les Jeux olympiques de Lillehammer, en 1994. Mais la naturalisation de Marina Anissina, bien que rapide, sera acquise trop tard pour que le couple puisse concourir sous les couleurs de l'équipe de France.

Malgré ces premiers pas prometteurs, l'adaptation de Marina Anissina à la vie lyonnaise est difficile, d'autant que la patineuse, qui vit désormais repliée sur elle-même dans un appartement, avec sa mère venue la rejoindre, ne s'autorise aucune distraction, consacrant tout son temps à sa réussite sportive, devenue le seul moteur d'une vie faite de privations. Mais cette abnégation de tous les instants porte heureusement ses fruits : le couple est sacré champion de France cinq années d'affilée entre 1996 et 2001 et, surtout, brille sur la scène internationale. Sur le programme *Roméo et Juliette* il remporte une médaille de bronze aux Jeux olympiques de Nagano, avec une originalité : Marina porte Gwendal à deux reprises, inversant de manière spectaculaire les rôles traditionnels. L'année 2000 est celle d'une première consécration : le couple devient en même temps champion du monde à Nice sur le programme *Carmina Burana* et champion d'Europe à Vienne. Puis, le 18 février 2002, après plusieurs mois de préparation intensive, c'est le titre olympique que Marina Anissina remporte à Salt Lake City aux côtés de Gwendal Peizerat avec le programme *Hymne à la liberté*, toujours avec ces inversés qui impressionnent les observateurs. Les deux héros du jour mettront un terme à leur carrière à l'issue de cette série de performances exceptionnelles. Marina Anissina, promue, comme son partenaire, au titre de chevalier de l'Ordre national du mérite en 1998, puis de chevalier de la Légion d'honneur en 2003, ne restera pas en France. Après avoir publié son autobiographie (*Je ne suis pas de glace*, 2007), la patineuse binationale est retournée vivre en Russie avec son mari et leurs deux enfants.

Yvan Gastaut

ANNEGARN Dick (Benedictus)

Interprète, auteur et compositeur de chansons, dessinateur. – Né le 9 mai 1952 à La Haye, Pays-Bas.

Fils de fonctionnaire européen et par là plus marqué par son adolescence bruxelloise que par sa petite enfance hollandaise, Dick Annegarn arrive à Paris à l'âge de vingt ans, pétri de folk et de poésie, avec une personnalité artistique déjà bien singulière. Repéré aux soirées musicales du Centre américain, il sort, en 1974, un premier disque où éclate d'emblée sa forte originalité : voix de *bluesman* sortie d'un physique à la Grand Duduche, accent et syntaxe à couper au couteau, jeu de guitare hors pair, textes surréalistes empreints de fulgurances et d'inventivité. Pendant quatre ans albums, grandes scènes et tournées drainent vers lui un vaste public. Se plaçant dès ses débuts sous le patronage d'Alfred Jarry (*Ubu*), son art des croquis baroques s'enracine dans quelques obsessions comme – entre autres – la relation subjective aux villes (*Bruxelles*, *Coutances*, *Lille*, *Le Blues de Londres*, *Nogent-sur-Marne*), la vie fantasmée du monde végétal (*Sacré Géranium*, *Transformation*, *Le Saule*, *Quelle belle vallée !*) et animal (la mouche *Mireille*, le merle *Albert*, le chien *Golda* ou son *Bébé éléphant*). En 1978, il annonce son retrait. Plutôt un adieu à l'industrie de la musique, car, de sa péniche des bords de Marne, il continue hors des sentiers battus à chanter, écrire, multiplier expériences artistiques et collaborations musicales, dessiner et s'engager dans les causes écologistes et alternatives. Son audience est devenue plus confidentielle, mais chacun de ses disques ou de ses spectacles est salué par les connaisseurs.

Yves Borowice

ANTHONY Richard (Richard Btesh)

Chanteur. – Né le 13 janvier 1938 au Caire, Égypte.

Un des premiers passeurs en France de la musique pop anglo-saxonne – sous une forme certes souvent affadie, destinée aux surprises-parties des *teenagers* des années 1960 –, Richard Anthony est le fils d'un industriel syrien. Sa mère est britannique. Il passe son enfance entre Égypte, Argentine et Royaume-Uni, avant d'arriver en France en 1951. Il abandonne vite ses études de droit pour se consacrer à la musique. À partir de son premier succès (*Nouvelle Vague* en 1959), il devient, pendant près d'une décennie, l'un des plus gros vendeurs de disques ainsi qu'un prince des hit-parades. Peu convaincant, aux oreilles des puristes, dans la peau d'un rocker, il va vite surfer sur toutes les modes avec un sens aigu, sinon de l'authenticité, du moins de l'air du temps. La majeure partie de ses chansons est constituée d'adaptations françaises de tubes d'outre-Atlantique : des standards de Chubby Checker (*Let's Twist Again*), de Ray Charles (*Fiche le camp, Jack*) ou de Simon & Garfunkel (*La Voix du silence*), des ballades (*J'entends siffler le train*, 1962, son record de ventes adapté de *500 Miles*), des hymnes hippies (*California Dreamin'* devenu *La Terre promise* en 1966)… Opportuniste, il s'aventure même vers le *protest song* en chantant Bob Dylan (*Écoute dans le vent*, 1964) et Boris Vian (*Le Déserteur*, 1966). Il se hissera encore quelquefois au sommet du box-office à la fin des années 1960 dans un répertoire de charme (*Aranjuez mon amour*) ou de fantaisie (*Le Sirop Typhon*). Avant de se démoder inexorablement par la suite, alimentant davantage la chronique par sa vie dispendieuse et ses démêlés avec le fisc que par son œuvre. Vivant à Los Angeles, il est devenu, dans les années 2000, un pilier du marché de la nostalgie et des tournées « Âge tendre et têtes de bois », où ses anciens admirateurs viennent applaudir l'idole de leur jeunesse.

Yves Borowice

ANTOINE (Antoni Cierplikowski)

Coiffeur. – Né le 24 décembre 1884 à Sieradz, alors Empire russe, aujourd'hui Pologne ; mort le 5 juillet 1976 à Sieradz, Pologne.

Antoni Cierplikowski naît dans une bourgade proche de Łódż. Sa vocation sera la coiffure pour dames. Dans ce domaine, la référence, au début du XXe siècle, est Paris. Il y arrive en 1901. Son talent lui permet de s'installer à son compte onze ans plus tard, au cœur du quartier des élégances, rue Cambon – quelques mois après l'ouverture, dans cette même rue, de la boutique de mode de Gabrielle Chanel. Entrepreneur avisé, il crée un véritable réseau international de salons, qu'on dirait aujourd'hui « franchisés » – jusqu'à cent vingt et un à son apogée. Ouvert à la nouveauté, il lance, le 1er mai 1919, dans la presse professionnelle de la coiffure, la coupe féminine de cheveux courts, dite « à la Jeanne d'Arc » (plus tard « à la garçonne »), qu'il a testée pendant la guerre : l'une des dates les plus importantes dans l'histoire mondiale de la coiffure, et dans l'histoire des femmes, contemporaine de plusieurs autres signes d'émancipation par rapport aux canons multiséculaires (abandon du corset, raccourcissement des robes, bronzage,...). Le grand maître de la coiffure pour dames française d'après-guerre, Alexandre de Paris, sera son disciple.

Pascal Ory

ANTONIADI Eugène-Michel (Eugenios Antoniadis)

Astronome. – Né le 1er mars 1870 à Constantinople, alors Empire ottoman, aujourd'hui Istanbul, Turquie ; mort le 10 février 1944 à Meudon, France.

Né dans une famille grecque de Constantinople, Eugène Antoniadi est passé à la postérité comme un remarquable observateur des planètes, à l'époque où l'observation visuelle à l'aide d'une lunette reste le principal moyen de connaissance des astres. Astronome professionnel, reconnu pour la grande qualité artistique des dessins et aquarelles qu'il tire de ses observations de la surface des astres, il est également, au-delà de sa spécialité, un homme de culture, érudit, linguiste et historien. Il débute, à l'âge de dix-huit ans, la longue série de ses observations astronomiques, qu'il mène d'abord avec des instruments rudimentaires à Constantinople et sur l'île de Prinksta, en mer de Marmara. Les résultats sont publiés dans *L'Astronomie* de Camille Flammarion, inaugurant ainsi une durable collaboration avec la revue et avec le *Bulletin de la Société astronomique de France*. En 1893, le jeune astronome amateur, âgé de vingt-trois ans, s'installe en France, hôte de l'observatoire privé de Flammarion, à Juvisy. L'écrivain et vulgarisateur français le rémunère sur ses propres fonds, et en fait son assistant à partir de 1895. Antoniadi participe à la Galerie astronomique de l'Exposition universelle de Paris en 1900, comme démonstrateur de l'attraction « La lune à un mètre ». Ses recherches s'orientent principalement vers la planète Mars, observée avec la lunette équatoriale Bardou de 240 mm, et lui valent peu après la direction de la section de Mars à la British Astronomical Association. Il quitte Flammarion, retourne à Contantinople après son mariage en 1902, et obtient du sultan la conduite d'importantes études archéologiques et photographiques consacrées à la basilique Sainte-Sophie, dont la somme est publiée en grec.

Il garde pendant ce temps le contact avec les grands noms de l'astronomie parisienne. En 1909, Henri Deslandres, le directeur de l'Observatoire de Meudon, lui confie l'usage de la grande lunette de Meudon, instrument à la fois visuel et photographique inauguré en 1896 et, par sa taille, le plus grand télescope d'Europe. Cette année-là, l'opposition martienne, un rapprochement très favorable de la planète Mars avec la Terre, permet une finesse exceptionnelle de l'image focale, dépourvue de toute trace de turbulence atmosphérique. Antoniadi devient ainsi l'astronome de Meudon, et peut affirmer : « J'ai vu Mars de plus près que quiconque ! » Il rend compte d'importantes découvertes relatives à la surface de la planète et est réputé pour avoir tranché l'énigme des « canaux de Mars », controversés depuis les travaux de l'Italien Giovanni Schiaparelli, et dont il affirme l'illusion dans de vigoureux articles, répudiant sur ce sujet l'héritage de Flammarion. Son ouvrage de synthèse de

1930, *La Planète Mars*, analyse les taches, marbrures et demi-tons observés à la surface de Mars, décrit leurs changements dans le temps et établit un planisphère qui sert de référence aux études martiennes ultérieures. L'astronome se livre également à des observations du noyau de la comète de Halley et des planètes Vénus et Mercure, communiquées à l'Académie des sciences et publiées dans *L'Astronomie*. Ses écrits scientifiques sont rédigés en grec, en anglais et en français. Il étudie les planètes avec la grande lunette jusqu'à la fin de sa vie et, grand connaisseur des langues anciennes, mène des recherches historiques sur l'astronomie grecque et égyptienne. Il est naturalisé français en 1928 et fait chevalier de la Légion d'honneur.

Anne Rasmussen

ANZANI Alessandro

Motoriste. – Né le 5 décembre 1877 à Gorla, Italie ; mort le 23 juillet 1956 à Merville-Franceville, France.

Issu d'une famille trop pauvre pour pouvoir suivre une formation d'ingénieur, le jeune Alessandro se révèle très doué pour la mécanique. Passionné de bicyclette, il fait la connaissance à Milan de Gabriel Poulain, coureur cycliste, futur champion du monde de vitesse, et, à son invitation, il s'installe, en 1900, à Saint-Nazaire. D'abord pistard comme Poulain, il passe rapidement à la motocyclette, devient pilote professionnel chez Gentil & Cie, bat le record du monde de vitesse à Anvers en 1905 et remporte le premier championnat du monde de motocyclette, à Oslo, en 1906, sur une Alcyon-Buchet. Avec les gains engrangés, il ouvre un atelier de construction mécanique, d'abord à Asnières en décembre 1906, puis à Courbevoie fin 1907, où il se spécialise dans la production de moteurs pour motocycles et pour avions. En novembre 1907, il monte un moteur 3-cylindres de 25 ch, sur l'avion d'Alfred Ritter de Pischoff, qui s'envole sur une centaine de mètres. Les frères Caudron lui passent commande, en 1909, pour leur grand biplan, qui réussit huit vols en ligne droite de 800 à 1 200 mètres ; Louis Blériot, enfin, traverse la Manche sur son *Blériot XI*, en juillet 1909, avec un moteur 3-cyl en éventail, refroidi par air, de 22-25 ch à 1 350 tr/min, caractérisé par une faible consommation en huile et en essence. La réussite du pilote fait la réputation du constructeur. En 1910, Anzani, en même temps qu'il devient le motoriste attitré des Caudron, inaugure la production de moteurs en Y et en étoile, dont les plus célèbres sont le 6-cyl de 60 ch refroidi par air, qui équipe l'hydro-aéroplane Caudron en 1912, et le 10-cyl de 100 ch, conçu en 1911 et proposé en 1912. Robuste, simple à monter et à démonter, d'un excellent rendement énergétique, ce moteur de 140 kg est homologué par l'armée française, puis par l'armée britannique en 1914, et équipe la plupart des avions-écoles. L'entreprise en produit plus de deux cent cinquante entre 1912 et 1917 – dont une centaine dans sa filiale britannique, la British Anzani Engine Company (BAEC) –, qui équipent les Caudron G3. À la fin de la guerre, Anzani délaisse l'aviation. Il s'essaye, en 1920, à la fabrication de voitures de course automobile, en même temps qu'il continue à produire des moteurs pour moto. Enfin, à l'approche de la cinquantaine, il se débarrasse de tous ses actifs, à l'exception de l'usine de

Monza, qu'il avait ouverte en 1914, et se retire, fortune faite, dans le Calvados, sans avoir jamais demandé sa naturalisation.

Anne-Françoise Garçon

AOKI Sadaharu

Pâtissier. – Né le 1er juillet 1968 à Tokyo, Japon.

Diplômé de l'école de pâtisserie de Machida (préfecture de Tokyo), Sadaharu Aoki a fait son apprentissage chez Chandon, une pâtisserie traditionnelle de Tokyo. Il arrive à Paris en 1991, fait un stage chez Jean Millet, un des tenants du classicisme pâtissier français, avant de poursuivre sa formation dans le restaurant du chef suisse Girardet. De 1995 à 1997, il revient à Paris comme chef d'entremets à la pâtisserie Couderc. En 1998, Sadaharu Aoki crée son propre atelier et travaille pour des restaurants, des hôtels, des réceptions, des défilés de haute couture. Il ouvre sa première pâtisserie en 2001, à Paris, et, en 2005, à Tokyo. Sa carrière est déjà honorée de nombreuses distinctions, en matière de dégustation comme de présentation.

Julia Csergo

APERGHIS Georges

Compositeur. – Né le 23 décembre 1945 à Athènes, Grèce.

Georges Aperghis s'est installé à Paris en 1963, l'année de l'assassinat, en Grèce, du leader de gauche Grigóris Lambrakis. Né dans une famille de plasticiens, il n'a pas opté immédiatement pour une carrière musicale et pour la composition. Formé à la musique de façon libre, non académique, en écoutant le Domaine musical, Pierre Schaeffer ou Iannis Xenakis, il est devenu une figure majeure de ce qui prend, dans les années 1970, le nom de « théâtre musical ». *La Tragique Histoire du nécromancien Hiéronimo et de son miroir* constitue, en 1971, une nouvelle façon d'associer la musique au texte et à la scène. En 1976, Georges Aperghis crée l'Atelier théâtre et musique (Atem), installé à Bagnolet puis au théâtre des Amandiers de Nanterre. Il y définit une pratique novatrice dans laquelle le texte et le théâtre ne sont pas seulement des prétextes au déploiement de l'art lyrique. Georges Aperghis peut passer de formes minimales (pour instruments seuls, par exemple) à de grandes formes d'opéra (*Avis de tempête*, créé à Lille en 2004). La diversité profuse des références qu'il fait dialoguer (Diderot, Freud, Klee,...) témoigne de la liberté d'une démarche dans laquelle tout peut devenir musique. Bien que vivant en France depuis plus de quarante-cinq ans, Aperghis continue à se présenter comme un compositeur grec, contribuant à faire de la vie musicale contemporaine le lieu d'un cosmopolitisme créateur.

Didier Francfort

APOLLINAIRE Guillaume (Wilhelm Apollinaris de Kostrowitzky)

Poète, critique d'art et romancier. – Né le 26 août 1880 à Rome, Italie ; mort le 9 novembre 1918 à Paris, France.

Celui que la postérité devait retenir comme l'un des plus grands poètes français est né d'une mère russe issue d'une famille de la petite noblesse polonaise et d'un père suisse italophone. Durant ses premières années, l'enfant suit sa mère dans ses nombreux déplacements et lui-même voyagera beaucoup dans l'Europe de la Belle Époque (Méditerranée, Belgique, Rhénanie, Prague, Balkans). Après un séjour sur la Côte d'Azur en 1896-1897, le jeune homme s'installe en 1899 à Paris, où ses premiers poèmes sont publiés deux ans plus tard dans *La Grande France*, alors qu'il gagne modestement sa vie comme employé de banque. Attiré par l'avant-garde littéraire et artistique, il se lie avec André Salmon, Alfred Jarry ou André Billy, fréquente à Montmartre les artistes du Bateau-Lavoir, comme Pablo Picasso, André Derain ou Max Jacob, et défendra les cubistes dans ses premiers textes critiques. En 1907, il entame cinq années d'une liaison difficile avec la peintre Marie Laurencin, après avoir décidé de vivre désormais de sa seule plume. La même année, deux romans érotiques signés des seules initiales « G. A. », *Les Exploits d'un jeune don Juan* et *Les Onze Mille Verges*, signent sa véritable entrée en littérature. Grâce à Paul Léautaud, il intègre *Le Mercure de France* en 1909 et y tiendra une chronique régulière à partir de 1911. En octobre 1910, un recueil de contes, *L'Hérésiarque et Cie*, lui vaut trois voix au Goncourt et accroît sa notoriété naissante. Toutefois, c'est à l'art poétique qu'il consacre l'essentiel de ses travaux. Les origines et le parcours du jeune Apollinaire, qui ne parlait que polonais et italien jusqu'à l'âge de sept ans, expliquent sans doute son désir de s'emparer de la langue française avec une modernité audacieuse et sa capacité à forger l'une des œuvres poétiques les plus originales de son temps. En avril 1913, son recueil *Alcools* assoit sa renommée dans les cercles littéraires. Apollinaire rédige des poèmes simultanéistes en disposant des syllabes sur une page, afin que les signes typographiques dispersés forment différentes figures géométriques, et publie son premier idéogramme, « Lettre océan », en juin 1914. Toujours féru de nouveauté, l'écrivain a participé, en décembre 1913, à l'un des tout premiers enregistrements sonores conservés en récitant plusieurs poèmes, parmi lesquels « Le Pont Mirabeau ». Ce penchant pour la novation inquiète certains, et *L'Intransigeant* met fin à sa collaboration avec le poète au printemps 1914. Des années plus tard, le critique Camille Mauclair s'autorisera même à ranger Apollinaire parmi les « adeptes de la décomposition de la raison et du goût », dans son essai *Les Métèques contre l'art français* (1930). Quand éclate la Première Guerre mondiale, l'écrivain veut s'engager dans l'armée française, mais son statut d'étranger le lui interdit. Une seconde démarche en décembre 1914 aboutit et enclenche le processus de naturalisation. Devenu artilleur, il rédige des poèmes où l'exaltation de la guerre moderne alterne avec le patriotisme (« Le glaive antique de la Marseillaise de Rude / S'est changé en constellation / Il combat pour nous au ciel »). Alors qu'il vient juste d'être naturalisé français, il est gravement blessé à la tête par un éclat d'obus devant Berry-au-Bac, le 17 mars 1916, et doit être trépané. Convalescent à Paris, il fait jouer en juin 1917 sa pièce, *Les Mamelles de Tirésias*, inventant au passage le terme « surréaliste » pour la qualifier. Il fait paraître son recueil de poèmes *Calligrammes*, en avril 1918 et figure encore comme témoin au mariage de Picasso. Affaibli par sa blessure, Apollinaire décède le 9 novembre 1918 de la grippe espagnole, dans un Paris qui résonne déjà des clameurs de la victoire.

Pierre-Frédéric Charpentier

APOSTOLO Marius

Syndicaliste. – Né en 1924 à Marseille, France ; mort en 2007 dans le Morbihan, France.

Fils d'un ouvrier d'entretien d'origine grecque qui avait fui la répression turque et d'une mère italienne, Marius Apostolo naquit en 1924 à Marseille. Ses parents, qui obtinrent la nationalité française en 1934, n'eurent pas suffisamment de moyens pour qu'il puisse prolonger ses études au-delà de la troisième année de l'école primaire supérieure. Marius Apostolo commença à travailler en 1940, bientôt comme employé aux écritures, en 1941-1942, puis comme comptable et secrétaire dans une entreprise de construction de grues automotrices. Ayant échappé au service militaire, comme l'ensemble de la classe 44, il entre en 1945 dans la Jeunesse ouvrière chrétienne (JOC), dont il sera bientôt un des responsables. Après avoir adhéré, quelque mois plus tard, à la CFTC, il rejoint peu après la CGT. Marié en juillet 1946, il devient un responsable régional puis national du Mouvement populaire des familles (MPF), chrétien de gauche, avant de le quitter, en 1954, en raison de désaccords. Embauché en 1952 comme ouvrier spécialisé à la Régie Renault à Billancourt, Marius Apostolo va acquérir des responsabilités dans la Fédération CGT de la Métallurgie, siégeant de 1963 à 1967 comme permanent à son bureau national. En 1965 et 1966, le Bureau international du travail (BIT) lui confie des missions d'éducation ouvrière en Algérie et en Syrie. Élu à la commission exécutive de la CGT en 1967, il entre deux ans plus tard à la Commission administrative, où il siègera jusqu'en 1978. De 1967 à 1983, il est le responsable du secteur « Immigration » de la CGT. Par ailleurs, il avait adhéré, en 1956, au Parti communiste. Mais, en 1988, il va être l'un des initiateurs de l'appel dit « des 44 », qui protestait contre la volonté du PCF d'imposer à la Centrale syndicale le soutien public au candidat communiste au premier tour des élections présidentielles ; il quitte le parti. Marius Apostolo laissait à sa mort un texte autobiographique qui sera publié en 2008 : *Traces de luttes (1924-2007). Mon engagement entre utopie et réalité.*

Michel Dreyfus

ARCHIPENKO Alexander

Sculpteur et peintre. – Né le 30 mai 1887 à Kiev, alors Empire russe, aujourd'hui Ukraine ; mort le 25 février 1964 à New York, États-Unis.

Principal sculpteur du mouvement cubiste, Archipenko a appris l'art à Kiev, sa ville natale, puis à Moscou, avant d'obtenir du tsar l'autorisation de venir s'installer à Paris en 1908. Il suit durant deux semaines les enseignements de l'École des beaux-arts, puis quitte l'établissement pour apprendre par lui-même en copiant les antiques au Louvre. Il loge, comme nombre d'artistes étrangers, à La Ruche, l'ancien Pavillon des machines de l'Exposition universelle de 1889, qu'un riche original a acquis, fait démonter et remonter dans le quartier de Vaugirard, où il sert toujours, aujourd'hui, d'habitations-ateliers d'artistes. De 1910 à 1921, Archipenko fréquente les artistes cubistes et expose avec eux au Salon d'automne, au Salon de la Section d'or et au Salon des indépendants (il est l'un des « placeurs » de la célèbre Salle 41 en 1911). En 1912, il invente les « Sculpto-peintures », des assemblages polychromes de bois, de métal et de verre, presque abstraits. Ses œuvres sont exposées en France, en Allemagne et aux États-Unis, et reconnues comme des étapes essentielles du bouleversement que connaît alors la sculpture occidentale. Désireux de fonder une école d'art, et rebuté par les obstacles que ce projet rencontre en France, Archipenko quitte Paris pour Berlin en 1921. Installé aux États-Unis en 1923, où il enseigne à New York et à Woodstock, il est naturalisé américain en 1928. Le musée Rodin lui consacre une rétrospective posthume en 1969, qui montre l'immense apport de ses œuvres et de ses écrits dans l'histoire de la sculpture en France.

Julie Verlaine

ARCHITECTES ESPAGNOLS exilés en France

L'exil des architectes espagnols républicains débute, pour la plupart d'entre eux, en 1939, par le séjour forcé dans les camps d'Argelès, de Gurs, de Saint-Cyprien. La grande majorité embarquera dans divers ports français pour l'Amérique latine et les États-Unis. Plusieurs étaient présents en 1937 en France pour la réalisation du pavillon de la République espagnole à l'Exposition internationale de Paris : ses concepteurs, Josep Lluís SERT (1902-1983), un des animateurs du GATPAC (groupe espagnol d'architectes et techniciens pour le progrès de l'architecture contemporaine), et Luis LACASA (1899-1966) ; à Paris, ils ont pour collaborateurs Antonio BONET (1913-1989), qui a travaillé dans l'agence de Le Corbusier, Domingo ESCORSA (1906-1988) et José Lino VAAMONDE. À partir de 1939, tous font le choix de l'exil et se dispersent : Sert aux États-Unis, Vaamonde au Venezuela, Lacasa en URSS, Bonet en Argentine ; seul Escorsa reste en France. La carrière d'architecte à Barcelone de Domingo Escorsa avait été interrompue par la guerre civile. Après l'Exposition – il était membre du Comité catalan pour le Pavillon de Paris –, il décide de rester en France. En 1947, il s'installe à Béziers, où il construit une clinique mutualiste et où il est associé à Pierre Jeanneret pour le projet du lycée technique Jean Mermoz, construit de 1950 à 1959, une réalisation remarquable, à laquelle collabore Jean Prouvé (inscrite au Patrimoine du XXe siècle). Le Corbusier le consulte en 1951 pour la construction des voûtes catalanes des maisons Jaoul à Neuilly-sur-Seine, et appuie en 1954 sa demande de naturalisation. Un autre architecte demeure en France : Gabriel PRADAL (1891-1965), militant du parti socialiste espagnol depuis 1919, architecte de la ville de Madrid (1921-1931), député d'Almeria, sa ville natale, aux cortès en 1931, commissaire politique durant la guerre civile. Interné au camp d'Argelès, il séjourne ensuite à Toulouse avec sa famille, participe en 1941 aux derniers travaux de l'hôpital Purpan à Toulouse (avec l'architecte Jean Valette) ; en 1946, il réalise la tombe de l'ancien chef du gouvernement de la République espagnole Francis Largo Caballero, au cimetière du Père-Lachaise à Paris. Présent en 1945 à Mexico à la réunion des cortès en exil, il représente la République espagnole au premier congrès de l'Union internationale des architectes à Lausanne en 1948. Il dirige en France, à partir de 1952, le périodique *El socialista* ; interdit par le gouvernement en 1961, celui-ci paraît à nouveau sous la forme d'une publication bilingue, *Le Socialiste* (sous couvert du Parti socialiste français), et dans lequel il rédige, à partir de 1964, de nombreux articles sous le nom de Pericles Garcia. On peut enfin mentionner Alfredo RODRIGUEZ ORGAZ (1907-1994), diplômé en 1930, en France en 1937 et 1938, puis en Colombie de 1939 à 1963 ; de retour en Espagne, il travaille au projet du lycée français de Madrid (avec Pierre Sonrel et Jean Duthilleul, 1970), à l'extension du lycée espagnol à Neuilly (1984) et à la réhabilitation du collège d'Espagne à la Cité universitaire de Paris (1980).

Gérard Monnier

ARCHITECTES NÉERLANDAIS actifs en France

À partir des années 1920, les contacts des architectes néerlandais novateurs avec la France prennent des formes à la fois concrètes et très diversifiées ; proche de Johannes DUIKER, Bernard BIJVOET (1889-1979) se limite à une collaboration discrète avec Pierre Chareau pour la conception exigeante et la réalisation raffinée d'une œuvre d'avant-garde de premier plan, la maison pour le docteur Dalsace à Paris, rue Saint-Dominique (1927-1932), tandis que Van Doesburg et Dudok vont réaliser en France des œuvres de premier plan. Théo VAN DOESBURG (Christian Emil Marie Küpper, *dit*, 1883-1931) est un peintre qui anime depuis 1917 la revue du groupe De Stijl ; attiré à Weimar de 1921 à 1922 par le Bauhaus, c'est en 1923, à Paris, dans le cadre de l'exposition consacrée au groupe, qu'il collabore avec Cornelis van Eesteren à un projet d'architecture sous forme de maquettes. De sa collaboration – en fait très limitée – avec Mallet-Stevens à la villa Noailles (1925), il passe au projet de la Brasserie de l'Aubette (1926-1928) à Strasbourg (avec l'aide de l'Allemand Oscar Nitzchké et du Suisse Denis Honegger, tous deux élèves d'Auguste Perret), une œuvre reçue et célébrée comme un aboutissement du projet De Stijl. Sa maison-atelier à Meudon (1930) confirme la part qu'il prend à expérimenter une architecture radicale. Willem DUDOK (1884-1974) reçoit en 1927 la commande du collège néerlandais à la Cité universitaire de Paris ; achevé en 1935, l'édifice est exceptionnel : il s'écarte du simplisme typologique des autres pavillons de la Cité, répartit les volumes utiles autour d'un patio, sur lequel ouvrent le hall et un grand salon. Des baies très variées animent des élévations au dessin moderne, et l'entrée « en baïonnette » s'écarte du dispositif monumental classique : des solutions qui suivent l'expérience acquise par l'architecte à l'hôtel de ville d'Hilversum.

Gérard Monnier

ARCHITECTES POLONAIS actifs en France

Facilitée par une tradition de familiarité avec la langue française, la venue des architectes polonais en France est ancienne et constante, qu'elle soit due au rayonnement culturel de Paris, au prestige de quelques maîtres ou, à certains moments, à un marché du travail favorable. Bruno ELKOUKEN (1893-1968) s'installe en 1920 à Paris, où il construit, dans un style moderne, de beaux immeubles de logements boulevard Raspail et une villa à Sceaux ; en 1930, il émigre aux États-unis. Adrienne GORSKA (1899-1969) est active à Paris dans les années 1930 ; Jean GINSBERG (1905-1983), actif à Paris dès 1930 ; Joseph BUKIET (1896-1984), né à Lods, diplômé de l'École des beaux-arts (1922, atelier Jaussely), devient architecte du gouvernement en 1933, et architecte du ministère des PTT ; Stéphane DU CHÂTEAU, actif en France à partir de la Reconstruction ; tous sont rapidement reconnus. Des architectes polonais ont été leurs collaborateurs, comme Bogdan ILINSNKI, dit André, assistant de Ginsberg à partir de 1948.

Arrivé en France avec sa famille en 1930, Jacques KALISZ (1926-2002) est l'élève d'Édouard Albert à l'École des beaux-arts, il participe à la reconstruction en Lorraine, collabore à l'AUA (Atelier d'urbanisme et d'architecture) de 1963 à 1972 et conduit une œuvre personnelle, où il affirme les structures primaires en acier (avec l'ingénieur Miroslav KOSTANJEVAC [1926-2002]), pour la piscine d'Aubervilliers (avec Jean Perrottet, 1969), ou en béton, pour le centre administratif de Pantin (1972). Il enseigne à l'École d'architecture de Paris-Villemin, de 1988 à 1991.

À partir de 1960, de nombreux jeunes architectes polonais, une fois diplômés, sont venus travailler en France, attirés par des perspectives professionnelles plus ouvertes, plus libres, et un marché de l'emploi alors favorable. Installés à demeure, ils ont été lauréats de concours, ont contribué à des opérations majeures et ont ouvert leur agence. Tous sont diplômés de l'une des facultés d'architecture des écoles polytechniques de Varsovie, Cracovie et Gdansk : Bogusław BRZECZKOWSKI, après des études à Gdansk, est diplômé en 1961, et vient en France en 1965 ; il est naturalisé français. Stanislas FISZER (né en 1935) est en France en 1965 et s'impose avec des projets pour le centre de Saint-Quentin-en-Yvelines et pour les Archives nationales – le CARAN – à Paris. Jan KARCZEWSKI (né en 1938) et EWA (née en 1939), après des études à Varsovie, sont en France en 1963. Krzysztof LUKASIEWICZ (diplômé à Varsovie) est en France en 1972 et devient assistant d'Émile Aillaud sur le chantier de La Nœ à Chanteloup (1964-1976). Henryk WLODARCZYK (né en 1927, diplômé à Gdansk) est à Paris en 1964, Andrzej WUJEK (né en 1935, diplômé à Łódż) est en France en 1963, de même que Witold ZANDFOS (né en 1938, diplômé à Varsovie), Marian ZIELENIECKI, en France en 1962, Edward ZOLTOWSKI (né en 1933), en France en 1958... Suivra une autre génération, qui poursuit et achève sa formation en France : celle d'Iwona BUCZKOVSKA, par exemple.

Gérard Monnier

ARCHITECTES SUISSES actifs en France

Autour de 1920, l'attrait de la France pour les architectes venus de la Suisse romande a deux composantes : le prestige culturel de Paris et la forte demande d'activité pour la reconstruction des villes détruites durant la guerre de 1914-1918. La venue à Paris de Charles-Édouard Jeanneret, le futur LE CORBUSIER, de son cousin Pierre JEANNERET et, à Reims, d'un architecte comme Otto MULLER présente ce double aspect et, dès 1924, Le Corbusier et Jeanneret, champions de la modernité, attirent des collaborateurs suisses, tels Pierre-André EMERY (1903-1982) ou Alfred ROTH (1903-1998), dans l'atelier de la rue de Sèvres. Le prestige de la formation à l'École des beaux-arts de Paris est un schéma plus classique, qui explique la venue à Paris de Jean TSCHUMI (1904-1962). Il prépare son diplôme, obtenu en 1932 dans l'atelier d'Emmanuel Pontremoli, et suit les cours de l'Institut d'urbanisme, puis devient le directeur artistique d'une importante entreprise de ferronnerie d'art, Edgar Brandt, avant d'ouvrir son agence à Paris en 1934. En 1943, il est à nouveau en Suisse, où il crée l'École d'architecture de Lausanne. Au lendemain de la guerre, à côté des bâtiments importants qu'il construit en Suisse, il est l'auteur des Laboratoires Sandoz (1949-1953) à Orléans. Après 1945, la Reconstruction attire à nouveau les architectes suisses. Daniel GIRARDET (né en 1918), élève de 1940 à 1946 à l'École polytechnique de Zurich, stagiaire en 1948 chez Denis HONEGGER (1907-1981) à Fribourg, puis, en 1949, collaborateur d'Auguste Perret à Paris, devient architecte, chef de groupe pour la reconstruction d'un quartier de Mulhouse (1950-1959). À ce titre, il engage comme collaborateur d'autres architectes suisses, tels Jean-Marc LAMUNIÈRE (né en 1925) ou Dolf SCHNEBLI (1928-2009). Alexandre SARRASIN (1895-1976), formé à la même école de 1913 à 1918, œuvre en France pour Électricité de France de 1950 à 1960. Maurice BRAILLARD (1879-1965), actif en Suisse et en France, réalise des projets audacieux dans les Alpes françaises dans les années 1920 et 1930. Son statut d'homme public – il est en Suisse député socialiste de 1931 à 1941, et même conseiller d'État (c'est-à-dire ministre) de 1933 à 1936, en charge du département des Travaux publics – donne à ses activités de bâtisseur frontalier une tonalité particulière. Le téléphérique du Salève (1932) est son œuvre la plus significative en France.

Pour les générations suivantes, la formation à Paris cesse d'avoir ces attraits et la formation des architectes à l'Université de Genève ou dans les écoles polytechniques fédérales, à Lausanne et à Zurich, très réputées, prend le relais, pendant que les architectes suisses en activité multiplient les chantiers à l'étranger. Ainsi Jean-Jacques HONEGGER (1903-1985), présent au Maroc dès 1949, y est en contact avec le Russe naturalisé français Vladimir BODIANSKY (1894-1966) et Marcel Lods, dont il partage les buts pour l'industrialisation de la construction et qu'il rejoint dans l'opération des Grandes Terres à Marly (1952-1960). Olivier VAUDOU (né en 1926), après ses études à l'École des beaux-arts (atelier Zavaroni), et Raymond LUTHI (né en 1929) s'installent en 1966 en France. Jacques BARDET (né en 1928) est élève d'Eugène Beaudouin à l'École d'architecture de l'Université de Genève. Au début des années 1960, après une première commande à Paris, il participe à l'effervescence des débats sur les « villages urbains » ; il construit aussi dans le cadre de la rénovation du quartier Basilique à Saint-Denis et produit La Nérac (1967-1969), au Val d'Yerres, antithèse du grand ensemble. Enfin, dans les années 1960 et 1970, les maisons coques, très originales, des Suisses romands Pascal et Claude HAÜSERMANN (nés en 1936 et 1931) essaiment en France, en particulier dans les Alpes, les Vosges, et font école.

Gérard Monnier

ARCHITECTES TESSINOIS actifs en France

Les architectes originaires du Tessin, canton suisse italophone, ont en commun de mettre en œuvre une géométrie rigoureuse et de manifester un sens des volumes primitifs : des qualités appréciées par les commanditaires en France, qui, dans les années 1980, souhaitent une modernité aimable. Luigi SNOZZI (né en 1932), diplômé en 1957 de l'École polytechnique de Zurich, installé en 1958 à Locarno, collabore avec Mario Botta et Vacchini. Il a étudié des projets urbains en France. Livio VACCHINI (1933-2007) est diplômé en 1958 de l'École polytechnique de Zurich puis réside à Stockholm et à Paris. Ses édifices publics rigoureux et élégants attirent l'attention. Il projette et réalise l'École d'architecture de Nancy (1993-1996) et, à Paris, reçoit de la Régie immobilière de la Ville de Paris la commande d'un immeuble de logements (1995) rue Albert. Aurelio GALFETTI (né en 1936) est diplômé en 1960 de l'École polytechnique de Zurich. Fervent de Le Corbusier, adepte du béton armé, il a fait de ses bains publics à Bellinzona (1967-1970) un manifeste pour une « architecture du territoire » : il est associé, de 1970 à 1974, à Livio Vacchini. En France, il construit à Paris pour la RIVP un immeuble de logements dans le XIIe arrondissement (1987-1988) et, à Chambéry, la médiathèque du Carré Curial (1989-1990). La principale figure est celle de Mario BOTTA. Né en 1943 à Mendrisio, diplômé de l'Institut universitaire d'architecture de Venise en 1969, il ouvre son agence à Lugano en 1970 et prend la tête des architectes tessinois, qui déclarent la « modernité inachevée ». Il remporte plusieurs concours en France (le centre culturel André Malraux à Chambéry, 1982 ; une médiathèque à Villeurbanne, 1984) ; son œuvre la plus connue est la cathédrale d'Évry (1988-1995).

Gérard Monnier

ARGENTO Asia (Asia Aria Anna Maria Vittoria Rossa)

Actrice, réalisatrice. – Née le 20 septembre 1975 à Rome, Italie.

Fille du cinéaste italien Dario Argento, spécialiste du cinéma d'épouvante, elle s'est construite un personnage de *bad girl*, provocante, impudique, gothique icône sexuelle. Elle a marqué de son empreinte les quatre films qu'elle a tournés en France : femme vouée aux passions dans la romance tzigane *Transylvania*, de Tony Gatlif (2006), amante possessive dans *Une vieille maîtresse*, adapté de Barbey d'Aurevilly par Catherine Breillat (2007), aventurière boudeuse et rebelle dans *Boarding Gate*, thriller d'Olivier Assayas (2007), et gourou dans *De la guerre* de Bertrand Bonnello (2008).

Jean-Luc Douin

ARHAB Rachid

Journaliste. – Né le 26 juin 1955 à Fort National, Algérie.

Né en Kabylie, Rachid Arhab suit ses parents, émigrés en Lorraine, où il passe son enfance. Diplômé du Centre universitaire d'enseignement du journalisme de Strasbourg, il entame sa carrière de journaliste entre 1977 et 1980 dans les bureaux régionaux de FR3, à Nancy, puis à Reims et Amiens. De

1980 à 1985, il est présentateur du journal de FR3 Paris-Île-de-France, de 1985 à 1990 grand reporter à Antenne 2, puis chef du service politique jusqu'en 1992. Parallèlement, il préside la Société des journalistes de la chaîne durant deux ans. Il est naturalisé français en 1992. De l'été 1992 à l'été 1994, il présente le journal télévisé de France 2. Il est ensuite grand reporter pour des magazines de France 2. À partir de 1996, il gravit les échelons de la hiérarchie rédactionnelle de France 2 : chef des informations, rédacteur en chef adjoint puis rédacteur en chef. De 1998 à 2000, il est coprésentateur, avec Carole Gaessler, du journal télévisé de 13 heures. Il est récompensé par le Sept d'or du meilleur présentateur de JT en 2000. De 2001 à 2006, il présente diverses émissions sur les antennes de France Télévisions, France 2, France 5 et France Ô. En janvier 2007, il est nommé au Conseil supérieur de l'audiovisuel (CSA) par le président de l'Assemblée nationale, Jean-Louis Debré. Au CSA, il préside les groupes de travail « déontologie » et « diversité » et suit les dossiers de la coopération internationale.

Patrick Eveno

ARIAS Alfredo

Auteur dramatique, metteur en scène, acteur. – Né le 4 mars 1944 à Lanus, Argentine.

Après une enfance difficile dans une banlieue populaire, Alfredo Arias fait ses études secondaires au lycée militaire de Buenos Aires et entreprend ensuite une licence en droit. Il s'inscrit aux cours de théâtre que dispense l'Alliance française, mais il est très vite rebuté par le répertoire désuet et poussiéreux qu'on lui inculque. Il a à peine vingt ans au milieu des années 1960 lorsqu'il découvre le succès en tant que plasticien avec le mouvement Di Tella, groupement d'artistes *underground* – parmi lesquels Roberto Platé, qui sera scénographe des premiers spectacles d'Arias à Paris – proposant expositions, happenings et performances. Communiste et homosexuel, Arias, qui a créé le groupe TSE, subit les premières vagues de répression et d'arbitraire en Argentine et décide de s'exiler : il s'installe à Paris en 1969 et monte son premier spectacle en France : *Eva Perón*, de son ami Copi, à l'Épée de Bois, avec une distribution franco-argentine : Facundo et Marucho Bo, Delphine Seyrig, Marcel Bozonnet et Jean-Claude Drouot. Cette première représentation fera la une des journaux, moins pour sa qualité que pour l'agression violente dont la troupe fut l'objet : un commando – peut-être venu de Buenos Aires – saccagea les décors et les costumes. En Argentine, la presse s'était déchaînée contre ce spectacle accusé de salir l'image d'Eva Perón. Ses spectacles suivants, *Histoire du théâtre*, *Comédie policière* et *Luxe*, vont immédiatement trouver leur public en France, mais c'est avec *Peines de cœur d'une chatte anglaise*, de Balzac, qu'Arias s'appropriera la langue et la culture françaises. Et c'est le monde de l'illustrateur Granville (que lui a fait découvrir Lila De Nobili) qui lui inspirera les masques et nourrira son imaginaire. Ses succès publics lui valent une nomination comme directeur du Centre dramatique national d'Aubervilliers en 1985 : il abandonne les créations biographiques pour se consacrer au répertoire européen. Il monte Schnitzler, Feydeau, Genet, Henry James, Goldoni, sans oublier les auteurs argentins et principalement Copi, dont il mettra en scène plusieurs pièces. Naturalisé français en 1999, Alfredo Arias a reçu en 2003 un Molière d'honneur pour l'ensemble d'une œuvre très diverse (théâtre, spectacle musical, opéra).

Chantal Meyer-Plantureux

ARMA Paul (Imre Weisshaus)

Compositeur. – Né le 22 octobre 1904 à Budapest, alors Autriche-Hongrie, aujourd'hui Hongrie ; mort le 28 novembre 1987 à Paris, France.

L'itinéraire de ce compositeur trop oublié suffirait à prouver que le folklorisme musical français n'est pas condamné à être lié aux attitudes d'enfermement culturel enracinées exclusivement dans les terroirs. Dans la Hongrie des années 1920, le jeune Imre Weisshaus, orphelin travaillant dans une imprimerie, est élève à l'académie Ferenc Liszt. Son maître le plus proche est Béla Bartók, qui l'initie à la fois à la connaissance des grands classiques et à une approche respectueuse et non figée des musiques populaires. Après cette phase de formation en Hongrie, Weisshaus voyage en Europe et en Amérique en donnant des concerts comme pianiste et des cours et conférences. En 1930, il décide de quitter définitivement la Hongrie et de s'établir en Allemagne. Proche du Bauhaus, de Bertolt Brecht et de Hanns Eisler, il est victime des violences nazies et quitte l'Allemagne en 1933. Il se réfugie en France. Il y trouve vite sa place et prend une part active dans la politique musicale du Front populaire. Engagé comme pianiste à la radio, il est associé à la « Commission interministérielle des loisirs de l'enfance » et fonde les Loisirs musicaux de la jeunesse (LMJ), organisme soutenu par Darius Milhaud, dont les Jeunesses musicales de France (JMF), créées pendant la guerre et soutenues par Vichy, ont fait oublier l'antécédence.

Dans la vie clandestine que lui imposent la guerre et l'Occupation, Paul Arma ne renonce pas à son travail de musicien. Il se consacre à recueillir chants de la Résistance et en découvre des centaines – les fruits de ses recherches sont à présent conservés au musée de la Résistance de Thionville (Moselle). Il met en musique des textes de Vercors, d'Éluard ou de Cassou.

Paul Arma devient après la guerre le principal spécialiste de la collecte et de l'harmonisation du folklore français, auquel il donne, par la complexité de l'harmonisation, la dignité de la musique savante. Comme son maître Béla Bartók s'était intéressé aux musiques bulgares, arabes ou turques, Arma inclut dans sa collection le chant de soldats américains. Rien d'exclusif dans son folklorisme. En ce sens, un immense changement s'est opéré entre les missions de recensement folkloriques que la IIIe République avait commandées à des musiciens comme Charles Bordes ou Louis-Albert Bourgault-Ducoudray, et les enquêtes qu'entreprend Arma.

Pianiste, producteur radiophonique dans plusieurs pays européens, il produit des disques, en particulier, en 1952, un disque de folklore français pour une firme new-yorkaise (Folkways Records). Il est souvent appelé à représenter la musique et le folklore français lors de conférences à l'étranger. Mais son activité de prédilection reste la composition. Il serait difficile d'enfermer dans un conservatisme rural ce musicien qui, en plus de ses centaines de compositions pour effectif instrumental classique (des cantates aux œuvres pour orchestre, pour quatuor, pour instrument seul,...), se lance avec passion dans les musiques électro-acoustiques avec, par exemple, un *Concerto pour bande magnétique*, créé à l'Unesco, à Paris, en 1961.

Naturalisé en 1958, Paul Arma reçut plusieurs prix et distinctions (prix de la Sacem, Légion d'honneur, officier des Arts et Lettres...). Cette reconnaissance institutionnelle n'a, injustement, pas conduit à entretenir le souvenir de ce musicien qui a ouvert une voie originale vers une modernité populaire.

Didier Francfort

ARMÉNIENS

On trouve très tôt des Arméniens sur l'actuel territoire de la France, mais il s'agit d'individus isolés comme saint GRÉGOIRE DE TALLARD, évangélisateur, vers 400, de ce bourg haut-alpin, saint GRÉGOIRE DE PITHIVIERS (Loiret), qui introduisit le pain d'épices en Occident, vers l'an 1000, puis, à la cour des papes d'Avignon ou autour de LÉON VI DE LUSIGNAN, dernier roi de Cilicie (Sud-Est anatolien), mort en exil à Paris en 1393. D'autres suivent, dont quelque 400 marchands persans vers 1680, que Colbert a voulu fixer pour favoriser le négoce ; ainsi, c'est à Pascal HAROUKIAN que l'on doit l'ouverture du premier café à Paris en 1672, et à Hovhannès ALTHOUNIAN, dit Jean Althen, esclave fugitif arrivé en 1736 à Marseille, la culture de la garance qui fit la fortune du Comtat Venaissin. Même renforcés de quelques prêtres, étudiants ou imprimeurs, les marchands s'évanouissent dans la crise économique du second XVIIIe siècle. Au XIXe, Paris accueille des intellectuels, artistes, étudiants fils de bourgeois de Constantinople, qui en rapportent souvent l'image d'une France quarante-huitarde et hugolienne, tandis que des marchands retrouvent Marseille : ils sont sujets russes, perses et ottomans, ces derniers faisant leur entrée vers 1870. S'y ajoutent de premiers rescapés des massacres ottomans de 1894-1896, puis de 1909. On estime ainsi à 4 000 les Arméniens en France en 1914, dont 1 500, ou peut-être le double, à Paris. Une petite communauté prend forme, avec ses journaux, à vrai dire éphémères, ses structures religieuses (l'église apostolique de Paris est consacrée en 1904) ou d'assistance, comme l'Union générale arménienne de bienfaisance, présente à Marseille puis dans la capitale. En 1895 arrive à Paris – où il mourra, après avoir été naturalisé en 1925 – le peintre, graveur, illustrateur très Belle Époque Edgard CHAHINE (1874-1947), né à Vienne (Autriche). Sont venus, sans doute à la même époque, les parents de Jacques Mikaël Der Mikaëlian (Jacques HÉLIAN, 1912-1986), chef d'orchestre de variétés très populaire dans les années 1950, né et mort à Paris, ou ceux de la première océanographe française, pionnière des cartes de pêche dans l'entre-deux-guerres, Anita CONTI, née Caracotchian (1899-1997).

Le traumatisme originel. Avec la Grande Guerre, des émigrés d'Amérique passent par la France pour se battre en Orient, et une unité à 90 % arménienne de la Légion étrangère combat sur ce front : à Verdun une plaque salue les 35 000 Arméniens morts pour la France. Mais tout bascule à partir de 1915, avec les massacres organisés par le gouvernement de Constantinople. Ils font sans doute au moins un million de morts sur les deux millions d'Arméniens de l'empire, puis la guerre se prolonge par des conflits entre les nationalistes turcs et l'éphémère État arménien d'Anatolie, ainsi qu'avec les Français, les Italiens, les Grecs. Quelque 600 000 survivants constituent une masse de réfugiés, qui se dirigent ensuite souvent vers la France : beaucoup se sont repliés en Syrie et au Liban, sous mandat français, et la France attire par son image comme par ses besoins considérables en main-d'œuvre : ses entreprises viennent recruter au Proche-Orient ou en Grèce, autre terre d'accueil provisoire. Et comme les États-Unis se ferment, ceux pour qui Paris aurait dû être une étape s'y arrêtent, comme les parents du chanteur et comédien Chahnourh Varinag Aznavourian (Charles AZNAVOUR) : celui-ci sera français du fait de sa naissance à Paris le 22 mai 1924, mais son père attendra vingt ans sa propre naturalisation. Ainsi, les élites antérieures et les exilés arméno-russes fuyant la révolution, comme les familles de Georges PITOËFF, Arthur ADAMOV ou Henri TROYAT, sont submergés par la vague des paysans anatoliens, des orphelins (ils étaient 132 000 en 1923) auxquels souvent des missionnaires ont appris un métier manuel, des titulaires d'un contrat nominatif, faisant ensuite venir leurs proches, des titulaires aussi, à partir de 1924, du « passeport Nansen » de la SDN comme apatrides sans droit au retour.

Ils arrivent surtout par Marseille, de 1922 à 1932, orphelins comme Missak MANOUCHIAN ou en famille comme, tout enfant, Achod Malakian (Henri VERNEUIL). Ceux qui n'ont pas de contrat sont regroupés dans des camps de fortune (ils sont ainsi 4 000 par exemple dans le quartier Oddo), d'autres s'entassent dans des hôtels misérables. C'est une main-d'œuvre non qualifiée pour le port, les huileries ou les savonneries ; certains se font valets de ferme en Aveyron ou dans le Gers. On va en trouver d'autres, bien plus nombreux, dans les mines de Gardanne, aux chantiers de La Seyne ou La Ciotat, dans le bâtiment à Nice, plus encore dans des usines de la vallée du Rhône et des alentours, de Lancey (Isère) au Creusot (Saône-et-Loire). Ils deviennent indispensables à la Société lyonnaise de soie artificielle à Décines (Rhône), aux Chaussures Pellet à Saint-Maurice-de-Beynost (Ardèche) ou aux Ateliers de construction de la Drôme à Valence. En région parisienne, ils travaillent à Renault-Billancourt, chez Panhard porte d'Ivry, ou dans les papeteries et biscuiteries d'Alfortville (Val-de-Marne). Ils dessinent ainsi une géographie remarquablement stable par la suite, avec une très forte identité construite sur la mémoire de la catastrophe originelle, conduisant par exemple les turcophones à apprendre, en exil, la langue arménienne. Moitié d'entre eux sont des soutiers de l'industrie française, des manœuvres qui la font fonctionner au niveau le plus modeste, facilitant la promotion des autochtones ou évitant le coût de la mécanisation quand elle serait possible. L'absence de qualification et d'attaches permet une forte circulation, puis la constitution de « petites Arménies » ou de « rues arméniennes », avec des regroupements liés au lieu d'origine (Tchenguilert à Alfortville, Malatia à Valence, etc. : l'unité apparente cache des clivages). À Paris, loin de la bourgeoisie déjà installée, les meublés de Saint-Michel et les baraques des périphéries est et sud-est laissent place à des quartiers de banlieues parfois encore rurales qui s'urbanisent ainsi – on raconte que les réfugiés sont 30 000 à Issy-les-Moulineaux (Hauts-de-Seine) et Alfortville, ce qui est dix fois trop, mais dit l'impression laissée – il faudrait ajouter Arnouville ou Sarcelles dans le Val-d'Oise. L'encadrement est assuré par les églises, des partis spécifiques, des associations comme l'Union arménienne de football de Valence, née en 1925 et longtemps vivace. Les effectifs globaux, eux, sont difficiles à estimer, le Bureau international du travail parle de 30 000 en 1926, mais oublie ceux qui sont russes, iraniens, grecs, bulgares, libanais ou syriens, voire turcs – ou français. On parle de 58 000 arrivées de 1922 à 1924 à Marseille, où les Arméniens seraient encore 20 000 en 1932.

Crise économique, adaptations, reconversions. La crise de 1929 ne stoppe pas toutes les arrivées. En témoigne l'installation de familles dont les enfants se distinguent ensuite, comme le musicien de variétés Georges Diram Wem (Georges GARVARENTZ, 1932-1993), né à Athènes, compositeur pour Johnny Hallyday (*Retiens la nuit*), Sylvie VARTAN (*Ce soir je serai la plus belle…*) ou pour des films comme *Un taxi pour Tobrouk* ; ou encore comme le premier ministre Édouard BALLADUR, né à Smyrne (Turquie) le 2 mai 1929, dont la famille avait obtenu la nationalité française en Turquie même, avant sa naissance, et arrive à Marseille en 1935. En 1939, une petite vague d'arrivées suit la cession par la France du *sandjak* d'Alexandrette à la Turquie.

Mais, à partir de 1931, les usines se vident, même si les apatrides sont parfois licenciés en dernier lieu. Certains se font marchands forains, ce qui demande peu d'argent, vendant ail, citrons ou spécialités orientales, fils, aiguilles ou bonneterie. Des réussites relatives permettent d'ouvrir des boutiques et des échoppes d'artisanat, qui s'ajoutent à celles que certains avaient pu créer dès l'arrivée, ayant quelques fonds ou reprenant leur métier de ferblantier, cordonnier, tailleur ou coiffeur. Ces reconversions augmentent les contacts avec les autochtones, facilitent l'intégration, mais réveillent aussi des stéréotypes remontant à Colbert : en 1932, le géographe Georges Mauco classe les Arméniens parmi de supposés « éléments inaptes au travail manuel et qui ne viennent en France que pour y employer leurs dispositions innées au trafic et au négoce ». Le commerce permet des réussites, comme pour Djebrail (Gabriel) BAHADOURIAN (1907-1991), né près d'Aksaray (Turquie), commerçant en Jordanie, rejoignant son frère boucher à Lyon en 1928, montant en 1936 à La Guillotière une épicerie orientale qui finit par occuper tout un pâté de maisons, et dont le nom est donné à la place voisine en 2003.

Une autre solution de fortune, mais porteuse d'avenir, se répand avec la crise : le travail à domicile, pratiqué dès 1925 avec, par exemple, la couture des tiges de chaussures à Belleville pour des commanditaires grecs. Une machine à coudre, une autoexploitation et une exploitation intrafamiliale intenses assurent des revenus supérieurs au salaire de base et rétablissent le contrôle traditionnel sur les femmes et les jeunes générations. Des districts industriels *ante litteram* naissent, portés par la solidarité communautaire, oublieux souvent des lois sociales et du fisc, mais réactifs et durables. Alfortville se voue à la confection ; Issy et sa voisine Clamart concentrent, à la fin du XXe siècle, le quart de la maille française, qui occupe 80 % d'Arméniens et 40 % de ceux d'entre eux qui y habitent ; et l'évolution technique est permanente d'où, toujours à la fin du XXe siècle, et en ajoutant Meudon, quelque cent ateliers de tissage avec métiers électroniques, cinq cents de montage, malgré la concurrence chinoise. Entre-temps, à la Libération, des chefs de famille, livreurs et intermédiaires, sont devenus grossistes au Sentier, et des maisons de commerce sont nées. Des réussites, passagères ou non, surgissent d'un milieu où on ne distingue guère, sinon par l'âge, ceux qui sont, ou pas, devenus français, et ceux qui le sont depuis leur naissance. Ainsi à Bourg-de-Péage et Romans (Drôme), les trois fils d'un ouvrier tanneur, KÉLOGLANIAN, créent, en 1960, une fabrique de chaussures ; simplifiant son nom, le plus jeune en fait une marque, Stéphane KÉLIAN, à grand succès avant des difficultés et un dépôt de bilan en 2005. Un autre fils d'ouvrier de la chaussure, Alain MANOUKIAN (né en 1946), ouvre boutique en 1973, crée une affaire de prêt-à-porter avec une première franchise en 1979 à Colmar ; la société est restée sous la direction familiale après la vente à un groupe en 2005. On ajoutera par exemple la *success story* antérieure et plus pérenne de Napoléon BULLUKIAN : né en 1905 à Malatya (Turquie), orphelin arrivé à Marseille en 1923, il est ouvrier à Saint-Chamond (Loire), artisan, puis fabriquant de chaussures à Lyon. Naturalisé dès 1928 et devenu promoteur immobilier, il développe sa société après guerre, investit dans le bouchon plastique et la capsule d'aluminium, produit à ses frais des modèles de cœur artificiel et, à sa mort, à Lyon le 12 avril 1984, légue son immense fortune à la Fondation de France. Mais ces itinéraires sont loin d'être généralisables, et deux des trois cités sont significativement tardifs ; l'ascension sociale est plutôt lente et intergénérationnelle : en 1944 à Issy, on compte 203 manœuvres et 44 ouvriers spécialisés sur 491 Arméniens interrogés, et si, en 1965, les manœuvres ne seraient plus que 4 % au plan national, en 1968 un tiers des Arméniens sont ouvriers. Ceux qui, trop jeunes pour y travailler durant la crise, n'ont pas été chassés des usines, y sont entrés à l'adolescence, mais avec une qualification, ou se sont tournés vers l'artisanat, là aussi avec une formation technique.

Intégration et continuité du flux. Entre-temps, l'absence de perspective de retour a accéléré l'acculturation linguistique et le souci d'accès à la nationalité française, au moins pour les enfants, même si, avant 1940, l'exogamie est rare et vue comme une trahison. Des rejets existent, certes, mais « Arménien, tête de chien » n'est pas pire que « Parigot, tête de veau » ; et malgré les dires de Georges Mauco, ses statistiques sur les entreprises montrent une image meilleure, aux yeux des employeurs, que celle des Grecs, à peine inférieure à celle des Polonais et des Espagnols. Et la guerre, comme pour d'autres, marque un tournant. La loi de 1928 sur les apatrides et les bénéficiaires du droit d'asile implique des mobilisations en 1939, en plus du volontariat. Certes, sous Vichy, la situation dicte des lettres destinées à bien faire distinguer Arméniens et juifs, mais la collaboration fait peu recette, et la participation à la Résistance est magnifiée par la figure de Missak Manouchian, plus d'autres moins connus, comme Napoléon Bullukian déjà cité. La Libération voit nombre de naturalisations, dès 1945, comme pour le peintre Garnik Zouloumian (CARZOU), né à Moligt (Syrie), et surtout en 1947 comme pour Henri Verneuil. Une autoreprésentation valorisante est permise par des carrières comme la sienne ou celle de Charles Aznavour, tandis que tout supposé problème d'intégration est oublié au vu des besoins criants de la Reconstruction puis des Trente Glorieuses. Des carrières brillantes commencent à passer par le système scolaire et universitaire, les Arts et Métiers à l'origine pour Verneuil, un peu plus tard l'ENA pour Édouard Balladur, ou Polytechnique pour Serge Tchurukdichian (Serge TCHURUK, né en 1937), pdg de Total de 1990 à 1995 et d'Alcatel-Alsthom puis Alcatel-Lucent de 1995 à 2006, ceci avant que l'Université s'ouvre bien plus largement, tout comme pour les autochtones, à la génération née après 1945.

L'intégration n'empêche pas des départs, et, au lendemain de la Libération, plus de 7 000 Arméniens quittent la France pour l'Arménie soviétique, mais, même sans y subir de répression spécifique, ils déchantent vite : en 1956, grâce à la présence du ministre français des Affaires étrangères, une manifestation à Erevan, cas rarissime en URSS, permet d'obtenir des retours en France – c'est l'itinéraire du dessinateur humoristique HOVIV (René Hovivian, 1929-2005), parti à dix-huit ans, revenu en 1964 après un séjour en Sibérie. Bien au-delà de ces retours, les arrivées continuent, nombreuses, nées parfois de choix personnels comme pour KIRAZ (Edmond Kirazian), arrivé de son Caire natal à Paris en 1946 pour peindre, et créant, à la fin des années 1950, ses « Parisiennes », présentes de *Jours de France* à *Playboy* et, dans la publicité, de Perrier à Canderel. Certains fuient le communisme, comme la famille de Sylvie Vartan, bulgare, mais dont le père est d'origine arménienne, qui arrive à Paris en décembre 1952. D'autres, plus nombreux, fuient les coups d'État nationalistes de Syrie, d'Irak ou d'Égypte, l'insécurité en Turquie avec les émeutes de 1955, les tensions à Chypre, la guerre civile au Liban après 1975, la révolution islamiste en Iran, tandis qu'un relâchement de l'étau soviétique permet d'autres départs, perdurant après l'indépendance arménienne de 1991 entre difficultés matérielles et effets du conflit du Haut-Karabagh. Ceci même si l'Amérique du Nord et l'Australie attirent davantage, et si la France limite les entrées depuis 1974. On citera Charles BERBERIAN (né en 1959), dessinateur-scénariste, coauteur, par exemple, de la bande dessinée *Monsieur Jean* depuis 1990, né à Bagdad (Irak), arrivé en France après son adolescence passée au Liban, ou le pianiste Vahan MARDIROSSAN (né en 1975 à Erevan, Arménie). Si les arrivants sont parfois mal vus par les « anciens » et accusés de ne pas s'intéresser à la « communauté », ils relancent les écoles spécifiques, les églises, etc.

Assimilation et arménité. D'une certaine façon, avant 1975, l'arménité semblait s'assoupir. La deuxième génération a joué l'assimilation ; la langue se perd, et *Haratch* (« En avant »), plus vieux quotidien français en langue étrangère, né en 1925, vivote (et meurt en mai 2009) ; les prénoms traditionnels passent en deuxième ou troisième position ; les mariages mixtes sont la norme, même dans les quartiers les plus arméniens. Dans le show business, il semble toujours falloir gommer la spécificité du nom pour percer, de Rosy VARTE, passée de la Comédie-Française dans maints rôles comiques, née Névarte Manovélian à Constantinople, à Gérard Daniel Kherlakian pionnier du rock français sous le nom de Danyel GÉRARD (né en 1939). Les arrivées du Proche-Orient ne sont pas le seul élément de réveil : dans la France en quête de racines des années 1970, la troisième génération, intégrée, cherche ses origines, prenant appui sur la commémoration du cinquantième anniversaire du génocide en 1965, avant d'autres actes de mémoire, des manifestations où l'on voit des élus français, ce qui provoque des tensions avec la Turquie, et des publications que celle-ci aurait voulu décourager. Des associations renaissent ou naissent, et les territoires sont marqués avec l'inauguration de l'église apostolique d'Issy en 1975, de la maison de la culture arménienne d'Alfortville en 1976, ou plus tard, en 2005, du centre du patrimoine arménien de Valence. Un temps, de nombreux Arméniens de France ont la tentation d'approuver l'Armée secrète arménienne de libération de l'Arménie (ASALA), née avec la guerre civile libanaise, et la violence politique déployée à partir du premier assassinat d'un diplomate turc, à Paris en 1975. Mais l'attentat d'Orly contre les Turkisch Airlines, le 15 juillet 1983, qui fait huit morts et une soixantaine de blessés, amène à condamner de telles méthodes. Les années 1980 et 1990 sont marquées par l'apparition de médias spécifiques, mais francophones ou bilingues, radios libres, revues comme *France-Arménie* ou *Les Nouvelles d'Arménie*. La concentration géographique donne un vrai poids politique aux Franco-Arméniens et la campagne pour la reconnaissance du génocide aboutit à une déclaration du président Mitterrand en 1984, à une loi en 2001 puis, en 2006, à une pénalisation de la négation : la situation est bloquée depuis, ce qui indigne certains, d'autres demandant si la vérité historique ne perd pas à être imposée par l'État. Par ailleurs, le séisme de 1988, qui fait 25 000 morts en Arménie alors soviétique, suscite une vague de solidarité et d'engagements, relayée par l'indépendance de 1991 et les convulsions de la région.

Tout ceci correspond à l'affirmation d'une identité tout à la fois française et arménienne, car si, au début des années 1990, il y a peut-être 350 000 Arméniens en France, ils sont français à 80 %. Cette affirmation fait souligner des racines invisibles, liées aux origines des mères, par exemple de la chanteuse Hélène SÉGARA (Hélène Rizzo, née en 1971), du champion automobile Alain PROST (né en 1955), ou de l'acteur et réalisateur Pascal LÉGITIMUS (né en 1959). Elle passe aussi par la création, avec des films comme, en 2006, *Voyage en Arménie*, de Robert GUÉDIGUIAN (né en 1953), habituellement chantre des milieux populaires de Marseille, où il est né, ou, en 2002, *Aram*, sur le Haut-Karabagh, de Robert KÉCHICHIAN (né en 1946), scénariste et réalisateur. Elle se traduit enfin, dans les communes les plus concernées, par des jumelages, dès 1967 à Bagneux (Hauts-de-Seine), en 1988 à Issy, en 1989 à Vienne et Villeurbanne (Rhône), en 1991 à Alfortville, etc., par des rues ou places appelées « d'Arménie », ou plus significativement « du 24 avril 1915 », à Décines dès 1965, Meyzieu ou Saint-Martin-d'Hères (Isère), Vitrolles ou Cabriès (Bouches-du-Rhône) dans les années 1990, enfin par des monuments, dès 1974 encore à Décines, en 1975 à Arnouville, dans les années 1980 à Issy, Aix-en-Provence (Bouches-du-Rhône) ou Saint-Étienne (Loire), de plus en plus souvent sous la forme d'un *khatchkar*, stèle traditionnelle à croix gravée, dès 1984 à Alfortville, à partir de 1990 à Paris, Grenoble (Isère) ou Arles (Bouches-du-Rhône)... Tout ceci correspond à l'inscription dans la société, dans le paysage peut-on dire, d'un groupe réputé très tôt intégré (avec quelques illusions rétrospectives), réellement assimilé, mais affichant une forte identité fondée avant tout sur le souvenir du génocide de 1915 et sur un lien affectif et symbolique avec l'Arménie redevenue indépendante : bref, à une contribution spécifique, tant collective qu'au travers d'individualités, au visage de la France contemporaine.

Éric Vial

Bibl. : DÉDÉYAN Gérard (dir.), *Histoire du peuple arménien*, Toulouse, Privat, 2007 • HUARD Jean-Luc, *Arméniens en Rhône-Alpes*, Grenoble, Dauphiné Libéré, 2008 • TER MINASSIAN Anahide, « Les Arméniens en France », *Les Temps modernes*, n°s 504-506, septembre 1988, p. 189-234 • VERNEUIL Henri, *Mayrig*, Paris, Robert Laffont, 1985.

Voir aussi : LÉGION ÉTRANGÈRE.

ARNAL (José Cabrero Arnal)

Dessinateur. – Né le 7 septembre 1909 à Barcelone, Espagne ; mort le 7 septembre 1982 à Antibes, France.

Ouvrier ébéniste puis mécanicien, passé au dessin, Arnal a déjà acquis une réputation de dessinateur d'histoires courtes en images pour la presse espagnole quand la victoire de Franco contraint à l'exil en France ce sympathisant affiché de la république, qui a pris les armes pour elle. Sa lutte antifasciste se poursuit sous l'Occupation, où il se retrouve déporté à Mauthausen. À la Libération, il entame une longue et fidèle collaboration à la presse communiste (quotidien *L'Humanité*) ou sympathisante (hebdomadaire pour la jeunesse *Vaillant*). Porté vers l'anthropomorphisme animalier, il crée, en 1946 le couple comique Placid et Muzo puis, en 1948, le personnage de Pif le chien, deux séries dont le succès assurera la survie au-delà même de la retraite puis de la mort de leur créateur. En 1969, *Vaillant*, déjà sous-titré *Le journal de Pif*, se transformera en *Pif gadget*. Les personnages inventés par Arnal auront accompagné toute une génération de jeunes lecteurs, pour la plupart sympathisants communistes, à une époque où le PCF avait la force de constituer à soi seul une véritable contre-culture (ici sur le terrain des *strips* Disney).

Pascal Ory

ARNAUDON Jacques

Chimiste. – Né en 1829 à Turin, alors Royaume de Piémont-Sardaigne, aujourd'hui Italie ; mort le 3 octobre 1893 à Vico Canavèse, Italie.

« On a peu de renseignements sur Jacques Arnaudon », reconnaît Josette Fournier, qui a écrit sa notice dans l'ouvrage *Itinéraires de chimistes 1857-2007. 150 ans de chimie en France avec les présidents de SFC* (2007). Fils du propriétaire d'une petite manufacture de peau, il s'y forme aux procédés de tannage et de teinture. C'est en 1855 qu'il arrive à Paris, pour étudier les procédures de teinture en usage aux Gobelins, dans le laboratoire de Michel-Eugène Chevreul. En juin 1857, il prend l'initiative avec ses amis E. Collinet, élève et préparateur de Jean-Baptiste Dumas, et Giuseppe Ubaldini, élève d'Antoine-Jérôme Balard et de Marcellin Berthelot, de fonder la Société chimique de Paris, ancêtre de la Société chimique de France. Cette création avait notamment pour but de donner un cadre structuré aux réunions qu'un groupe de jeunes chimistes tenaient chaque mardi, dans une salle de café du Quartier latin, pour y discuter de leurs travaux personnels et des publications faites en France et à l'étranger. Arnaudon en fut le premier président ; en 1858, il cédera sa place au Norvégien Hans Anton Rosing. À son retour à Turin en 1860, il entre à l'Arsenal en qualité de chimiste pour l'analyse des poudres, salpêtres, minerais et objets métalliques, et enseigne à l'Institut technique de la ville. Il y introduit un enseignement nouveau de sciences commerciales et fonde un musée industriel.

Vincent Duclert

ARNOTHY Christine (Christine Kovach de Szendrö)

Romancière et journaliste. – Née le 20 novembre 1930 à Budapest, Hongrie.

Issue d'un milieu hongrois aisé et francophile, Christine Kovach de Szendrö vit, adolescente, les drames du siège de Budapest au printemps 1945. Elle gagne Vienne avec les siens, puis s'établit à Paris. En 1954, elle remporte le Grand Prix Vérité du *Parisien libéré* et son récit autobiographique paraît l'année suivante sous le titre *J'ai quinze ans et je ne veux pas mourir*. Célébré par la critique française et anglo-saxonne, l'ouvrage connaît un succès planétaire. Mariée au directeur de presse Claude Bellanger, Christine Arnothy est journaliste littéraire de 1966 à 2004 et compte parmi les proches de François Mitterrand, avec qui elle publiera plusieurs entretiens. Elle poursuit sa carrière de romancière et se voit décerner le prix Interallié en 1980 pour son roman *Toutes les chances plus une*. Elle a également fait une incursion remarquée dans le roman noir, sous le pseudonyme de William Dickinson.

Pierre-Frédéric Charpentier

ARONOVITCH Ricardo

Chef opérateur. – Né le 4 janvier 1930 à Buenos Aires, Argentine.

Ce grand directeur de la photographie du cinéma latino-américain, qui collabora avec le Brésilien Ruy Guerra (*Os Fuzis*, 1964 ; *Tendres Chasseurs*, 1970) et l'Argentin Hugo Santiago (*Invasion*, 1969) s'est installé en France en 1969. Il y a retrouvé le Chilien Raoul Ruiz (*Le Temps retrouvé*, 1998 ; *Klimt*, 2006). Marqué par un goût pour l'imaginaire, il a fait bénéficier Alain Resnais de « son sens de la photo mystérieuse » pour *Providence* (1977). Il a été sollicité par Costa-Gavras (*Clair de femme*, 1979 ; *Missing*, 1982 ; *Hanna K.*, 1983), Yves Boisset (*L'Attentat*, 1972), Louis Malle (*Le Souffle au cœur*, 1971), Andrzej Zulawski (*L'important c'est d'aimer*, 1975).

Jean-Luc Douin

ARP Jean (Hans)

Peintre et sculpteur. – Né le 16 septembre 1886 à Strasbourg, alors Allemagne, aujourd'hui France ; mort le 7 juin 1966 à Bâle, Suisse.

Cofondateur du mouvement Dada, proche du surréalisme puis de l'abstraction, Jean Arp est d'abord poète avant de s'essayer à la peinture puis à la sculpture, art pour lequel il est le plus connu. Né dans la capitale du Reichsland d'Alsace, fils d'un père allemand et d'une mère alsacienne de nationalité française, il reçoit des prénoms allemands – Hans Peter Wilhelm – et français – Jean Pierre Guillaume, et écrit aussi bien en français qu'en allemand : ses œuvres en français seront publiées sous le titre *Jours effeuillés* (1966), et celles écrites en allemand sous le titre *Unsern täglichen Traum* (1955). Arp exprime tôt son désir de « dépasser les formes et les idées reçues », tant en littérature, avec la revue *Der Sturm*, qu'en art – à Weggis avant la guerre, il rejette l'influence du cubisme et du futurisme – ou en politique. Après la déclaration de guerre en 1914, refusant de combattre dans l'un ou l'autre camp, il se réfugie en Suisse où il se lie avec l'artiste Sophie Taeuber. Ensemble, ils créent des œuvres abstraites d'esprit Dada, nées d'un rejet viscéral de la guerre et du nationalisme. À Strasbourg, entre 1926 et 1928, ils participent, avec l'artiste néerlandais Theo Van Doesburg, à la transformation de l'Aubette, ancien bâtiment militaire, en un centre de loisirs. Naturalisés français en 1926, résidant de façon quasi permanente dans leur maison-atelier de Meudon (devenue, en 1979, la Fondation Arp), Arp et Taeuber-Arp se rapprochent des surréalistes, puis contribuent à fonder le groupe Abstraction-Création en 1931.

« Mes reliefs et mes sculptures s'intègrent naturellement à la nature », explique Arp, dont certaines œuvres comme les *Concrétions* et les *Torses* pourraient, dans la forêt, être confondues avec les pierres et les galets. Il anime des formes hybrides, mi-végétales mi-animales. En 1954, il reçoit le Grand Prix international de sculpture à la Biennale de Venise, puis le Grand Prix national des arts en 1963. Il est fait chevalier de la Légion d'honneur en 1960. En raison d'une donation (1973) et de plusieurs achats et legs, un grand nombre de ses œuvres sont aujourd'hui exposées au musée d'Art moderne et contemporain de Strasbourg, qui lui a consacré son espace central.

Julie Verlaine

ARRABAL Fernando

Auteur dramatique, écrivain, réalisateur de cinéma. – Né le 11 août 1932 à Melilla, Espagne.

Le père d'Arrabal, officier de l'armée espagnole, est arrêté en 1936, et condamné à mort pour « rébellion » (il refuse de rejoindre le franquisme). Cette condamnation sera commuée en une peine de trente ans de prison. Il s'évade dans des conditions mystérieuses en 1942 et personne n'entendra plus parler de lui. En 1967, son fils, en voyage en Espagne, sera lui-même arrêté et emprisonné par le régime franquiste, malgré une mobilisation allant jusqu'à François Mauriac et Samuel Beckett ; cinq ans plus tard, il publiera sa *Lettre au général Franco*, qui en fera l'un des Espagnols les plus menacés par le régime. La disparition de son père et le franquisme marqueront profondément Arrabal et expliquent en partie son univers théâtral, provocateur, peuplé de bourreaux et de victimes animés de pulsions sexuelles sado-masochistes. Son œuvre abondante (plus d'une centaine de pièces) et baroque – dont Arrabal donne cette définition : profusion, ordonnance rigoureuse et « démesure dans ce qu'elle peut avoir de plus écœurant et de plus merveilleux, l'excès, la

Beauté à travers l'excès » – a trouvé en Jorge Lavelli, Victor Garcia et Jérôme Savary des metteurs en scène inventifs à la hauteur de ce répertoire. Installé depuis 1955 à Paris, remarqué par Jean-Marie Serreau et présenté à l'éditeur Julliard, qui le publie et lui assure un revenu, marié en 1958 à une Française, Luce Moreau, qui traduira ses premières œuvres en français, Arrabal avait fondé en 1962 avec Alejandro Jodorowsky, Jacques Sternberg et Roland Topor le Mouvement panique, influencé par le surréalisme et la culture *underground*. Il a aussi écrit des livrets d'opéra et réalisé sept longs métrages, dont *Viva la Muerte* en 1971, d'après sa biographie *Baal Babylone*. Le « desterrado », comme il se définit, écrit désormais en français. Grand Prix du théâtre de l'Académie française en 1993, officier dans l'ordre des Arts et Lettres en 1995, il reçoit la Légion d'honneur des mains de Jack Lang en 2006. Mais sa plus grande fierté est sans doute son appartenance, fort active, au Collège de 'Pataphysique.

Chantal Meyer-Plantureux

ARROYO Eduardo

Peintre. – Né le 26 février 1937 à Madrid, Espagne.

Né sous les bombes en pleine Guerre d'Espagne, Eduardo Arroyo fait des études à l'école officielle de journalisme de Madrid. Il devance l'appel du service militaire, qu'il prolonge afin d'obtenir plus vite un passeport. En 1958, il fuit l'Espagne, animé d'un rejet viscéral de la dictature franquiste, qui l'obsède dans ses premières peintures (*Les Quatre Dictateurs*, 1963). À Paris, où il devient peintre alors qu'il rêvait d'être écrivain, il rencontre Gilles Aillaud et Antonio Recalcati et participe avec eux aux expositions manifestes de 1964-1965 autour des nouvelles figurations picturales (« nouvelle figuration » ou « figuration narrative »). Il participe à la contestation artistique (contre l'abstraction « molle » de la Nouvelle École de Paris) et politique (contre le franquisme, le gaullisme et le capitalisme) des années 1960 et 1970, avec des toiles (*La femme du mineur Pérez Martinez est rasée par la police*, 1970) et des livres (*Trente-Cinq Ans après*, 1974). Il retourne en Espagne au début des années 1970, y est arrêté puis expulsé. Il devient un réfugié politique en France, jusqu'en 1976, date à laquelle il récupère son passeport espagnol et retourne en Espagne, où il séjourne régulièrement tout en résidant en France. Une grande part de son travail évoque l'exil et les violences policières, même si la transition démocratique espagnole atténue la dimension contestataire de son propos et en renforce les dimensions comique et autobiographique. En 1998, le musée national de la Reine-Sofía de Madrid organise une rétrospective de son œuvre et, en 2003, une exposition itinérante présente ses toiles en Europe de l'Est. Parallèlement, l'artiste poursuit, avec le metteur en scène Klaus Michael Grüber, un travail de scénographe commencé en 1969 avec *Off Limits* (1969).

Julie Verlaine

ASIATIQUES (INDIENS DU SUD)

Le terme Asie du Sud désigne les pays issus de la décolonisation de l'Empire britannique des Indes. L'Asie du Sud est volontiers présentée comme « monde indien », en référence tant au rayonnement culturel qu'au poids poli-

L'immigration sud-asiatique en France selon le pays de naissance

Pays de Naissance	Ensemble			Hommes			Femmes		
	Ensemble	Français par acquisition	Étrangers	Ensemble	Français par acquisition	Étrangers	Ensemble	Françaises par acquisition	Étrangères
Maurice	29 950	18 950	11 000	11 950	7 450	4 500	16 800	11 500	6 500
Bangladesh	3 300	700	2 600	2 200	450	1 750	1 100	250	850
Inde	27 700	15 900	11 800	14 000	7 700	6 300	13 700	8 200	5 500
Pakistan	16 300	5 300	11 000	9 950	3 450	6 500	6 350	1 850	4 500
Sri Lanka	32 900	12 100	20 800	17 100	6 600	10 500	15 800	5 500	10 300

Source : Insee, recensement de la population, 2006

tique de l'Inde dans la région. Les parcours des populations liées à la France par un passé colonial commun (Pondichériens et Indo-Vietnamiens) se distinguent nettement de ceux des migrants originaires d'Inde du Nord, du Pakistan et du Bangladesh : ancienne puissance coloniale et destination « naturelle » pour les premières, la France n'est devenue une terre d'accueil pour les seconds que très récemment, dans les années 1970, lorsque la Grande-Bretagne a fermé ses portes à l'immigration en provenance du Commonwealth. Au sein de cette migration, les Tamouls forment le groupe ethnique le plus nombreux en France. Ils sont majoritairement hindous, avec d'importantes minorités chrétiennes (surtout chez les Pondichériens) et musulmanes. Les Pendjabis représentent le deuxième groupe ethnique en France des Asiatiques du monde indien. Ils sont d'origine pakistanaise, pour une majorité d'entre eux, les autres étant des sikhs indiens. Les Bengalis (originaires de l'État indien du Bengale occidental ou de l'actuel Bangladesh, pour ceux nés avant la partition de 1947) forment une petite communauté. Les Gujaratis, tous d'origine indienne, appartiennent à des castes marchandes, et comptent une majorité d'hindous, avec une importante minorité musulmane (Bohras, Khojas, Karanas et ismaéliens). Un problème se pose concernant l'immigration sud-asiatique en France : l'énorme écart entre les données du recensement et les estimations proposées par la littérature existante (de 110 150 à 310 000).

Des Lascars aux Marécars : variété et complémentarité des trajectoires migratoires. Les ports sont les premiers points d'ancrage des migrants sud-asiatiques en métropole. Au cours des XVIIe et XVIIIe siècles, des Lascars, des marins indiens de l'East India Company, s'installent en France, au détour d'escales portuaires telles que Bordeaux, Nantes ou La Rochelle. À ce premier courant migratoire s'ajoutent les domestiques, hommes et femmes, originaires des comptoirs, que des Français, négociants, nobles et négriers, ramènent avec eux. Au XIXe siècle, la présence indienne en France prend de nouveaux visages : outre des marins et des domestiques, des artistes, des hommes d'affaires et des maharadjahs y séjournent. Les spectacles de danseurs, saltimbanques et artistes de cirque venus du sous-continent connaissent un succès grandissant, en particulier à Paris pendant les expositions coloniales et universelles. Dans le même temps, la France, devient un lieu de passage ou de séjour plus ou moins long pour l'intelligentsia indienne, écrivains (Rabindranath TAGORE [1861-1941], notamment), peintres, mystiques et hommes politiques nationalistes, qui engagent un dialogue fécond avec les milieux intellectuels de l'Hexagone. Plus particulièrement, la maison de l'indologue Sylvain Lévi devint un lieu de rencontre pour la communauté indienne en voie de structuration. À la fin du XIXe siècle, la France reçut de plus en plus d'étudiants bengalis. La présence française à Chandernagor, comptoir situé dans la province britannique du Bengale, a conduit l'élite bengalie à nouer des liens avec les milieux intellectuels français. Ils ont ouvert la voie aux quelques étudiants, universitaires, cadres et fonctionnaires des organisations internationales qui se sont installés en France depuis l'indépendance.

L'implantation des marchands et hommes d'affaires est plus tardive, à la toute fin du XIXe siècle. Gujaratis pour la plupart, ils s'illustrent à Paris et à Anvers dans le négoce des perles de culture en provenance du golfe Persique, des diamants, des pierres colorées et de la soie. Ces premiers marchands gujaratis sont, pour la majorité, hindous ou jaïns. Une cinquantaine de familles indiennes très aisées vivent à Paris pendant l'entre-deux-guerres et un embryon de vie communautaire se développe autour de quelques grandes figures du monde des affaires (tel l'industriel Jehangir Ratanji Dadabhai TATA [1904-1993], fondateur d'Air India, né et enterré à Paris). Le IXe arrondissement constitue l'épicentre de cette communauté d'affaires. Durement touchée par la crise de 1929, elle diversifie ses activités, avec, par exemple, l'installation à Marseille de négociants karanas de Madagascar, qui importent des produits agricoles, en particulier l'huile et le savon, vers la métropole. Il faut, ensuite, attendre les années 1970 pour voir d'autres Gujaratis immigrer en France, des hindous et des musulmans (des sunnites, à la différence des Gujaratis de Madagascar, tous chiites), originaires du monde rural ou de petites villes. Dans le même temps, une poignée de Bangladais arrivent en France au lendemain de la sanglante guerre d'indépendance de 1971 (jusqu'à cette date, le Bangladesh faisait partie du Pakistan oriental).

Un autre mouvement migratoire important est celui qu'alimentent les rapatriés indo-vietnamiens, qui quittent l'Indochine en plusieurs vagues, au lendemain des indépendances, puis plus massivement en 1975, lors de la prise du pouvoir par les communistes. Parmi eux, outre des commerçants, figurent des fonctionnaires et des militaires. Fonctionnaires de l'administration coloniale, militaires et étudiants sont également bien représentés chez les Pondichériens, qui émigrent en nombre en 1962, après l'entrée en vigueur du traité de rétrocession des comptoirs français à l'Union indienne. Parmi les Pondichériens, ceux que l'on nomme les Indo-Vietnamiens ont suivi un parcours migratoire particulier et, quoique peu nombreux, ils ont joué un rôle essentiel dans l'établissement des communautés sud-asiatiques en France : ils furent les premiers commerçants indiens à développer, dès les années 1960, une activité commerciale dans le quartier du faubourg Saint-Denis. À ce titre, les Pondichériens et les Indo-Vietnamiens, plus particulièrement les Marécars, ont joué un rôle fondamental dans le développement des courants migratoires sud-asiatiques en France en mettant en place des réseaux d'entraide, dont vont bénéficier les vagues suivantes de migrants et qui ont contribué à l'édification d'une infrastructure commerçante sud-asiatique à Paris. L'arrivée ultérieure des Pakistanais et des Indo-Mauriciens s'est effectuée dans le quartier du Sentier grâce à l'hébergement fourni par les Marécars. Maîtrisant mieux les rouages administratifs et économiques, ces derniers ont développé des réseaux d'import-export qui fournissent l'ensemble des produits ethniques indiens aux commerçants d'Asie du Sud à Paris. Néanmoins, il faut attendre la décennie 1980 pour que l'immigration sud-asiatique en France franchisse un seuil démographique, avec l'apport des Pakistanais, des Bangladais, des sikhs et surtout des Sri-Lankais.

Des trajectoires résidentielles et professionnelles similaires. L'immigration sud-asiatique à partir des années 1970, qu'elle soit sikhe, pakistanaise, sri-lankaise ou bangladaise, suit le même modèle : la France est une destination de second choix, qui s'impose lorsque la Grande-Bretagne ferme ses portes, et la figure de l'émigré indien, pakistanais ou bangladais reste essentiellement masculine. À leur arrivée, les migrants sud-asiatiques ne passent ni par le foyer de travailleurs, ni par le logement social. Le rôle joué par l'entraide communautaire dans les parcours individuels, comme ressource mais aussi comme contrainte, est important pour comprendre cette similitude dans les trajectoires résidentielles. En effet, cette entraide, qui tient parfois de l'exploitation (appartements insalubres loués au prix fort à des compatriotes), permet au migrant de trouver un logement (mais aussi un travail), puis d'acheter un premier appartement, où il va loger des cousins et amis, à la fois pour des raisons d'ordre économique et par obligation morale. Ce schéma type est à la base de la singularité de l'insertion socio-spatiale des Sud-Asiatiques, qui est marquée par une dissociation entre lieux de résidence et lieux d'activité professionnelle.

À leur arrivée, ces divers groupes de la diaspora indienne vont investir l'économie urbaine, en grande partie informelle, fondée sur le travail clandestin : les liens étroits entre économie informelle, travail clandestin et immigration sud-asiatique se mettent en place et se perpétuent avec les vagues migratoires suivantes. Seules les Bangladais échappent à ce modèle. Si, dans les années 1970, l'élite très éduquée et politisée de Dhaka recrée en France un entre-soi, se retrouvant pour des spectacles de danse ou de musique ou au sein du club bengali, animé par des Bengalis indiens, les nouveaux arrivants ont peu de contacts avec cette élite et vont s'appuyer dans un premier temps sur les structures d'entraide et de solidarité déjà mises en place par les autres Sud-Asiatiques. Ils trouvent à s'employer principalement dans la restauration, dans le quartier de Strasbourg-Saint-Denis à Paris, qui est en train d'évoluer, au cours des années 1980, en quartier commerçant indo-pakistanais. Les réfugiés politiques constituent la troisième composante de l'immigration bangladaise en France : ce sont essentiellement des minorités religieuses (bouddhistes, hindous et chrétiens), qui obtiennent l'asile en vertu des persécutions religieuses dont elles sont victimes au Bangladesh. Aujourd'hui, les cinq principales catégories socioprofessionnelles investies par les Sud-Asiatiques sont : l'hygiène et les services domestiques ; le textile ; la restauration, le commerce et l'hôtellerie ; le bâtiment et les travaux publics ; les services urbains (sociétés de nettoyage, gardiennage, coursiers, manutentionnaires).

Vers une identité *deshi* ? Au-delà de certaines similitudes, l'immigration sud-asiatique en France forme un ensemble très hétérogène. Statut juridique, origine géographique ou ethnique, religion se croisent pour émietter les groupes. Les différentes trajectoires migratoires coloniales et post-coloniales se traduisent par un clivage fondamental entre populations francophones et non francophones. Les premières – Pondichériens, Indiens de Madagascar et Indo-Mauriciens – ont un bon niveau de français à leur arrivée en France et utilisent principalement cette langue, y compris dans l'univers familial. Les populations non francophones n'ont, quant à elles, aucune connaissance de la langue du pays d'accueil à l'arrivée et plusieurs années après, la maîtrise du français, chez une majorité d'adultes, reste faible. Il existe également un certain nombre de particularismes liés à des clivages religieux (ce qui génère l'établissement de lieux de culte communautaires à l'instar des gurudwara sikhs) et ethnolinguistiques importants. C'est ainsi que les sikhs sont devenus particulièrement visibles avec la loi de 2004 contre le port de signes religieux à l'école publique, qui conduisit à l'exclusion de quelques lycéens sikhs portant le turban.

Malgré tout, une identité sud-asiatique, ou identité *deshi*, prend forme en France. La cuisine, le cinéma, le sport (le cricket en particulier) et la musique bhangrâ – en dessinant les contours incertains d'un ensemble métissé où chacun est à la fois de plusieurs lieux et de plusieurs milieux – permettent peu à peu le gommage des frontières résultant de la Partition (c'est-à-dire le transfert de souveraineté qui s'est accompli de manière séparée, à partir de 1947, pour l'Inde et le nouvel État du Pakistan ; puis entre le Pakistan oriental, qui deviendra le Bangladesh, et le Pakistan occidental) et soutiennent un imaginaire diversifié, qui amène à relativiser la terre natale. L'économie et les entreprises ethniques tenues par ces immigrés deviennent des lieux de sociabilité et des points de rencontre des divers groupes de la diaspora indienne en France.

Anthony Goreau-Ponceaud

Bibl. : SERVAN-SCHREIBER Catherine et VUDDAMALAY Vasoodeven (dir.), « Diasporas indiennes dans la ville », *Hommes et migrations*, n°s 1268-1269, juillet-octobre 2007.

Voir aussi : MAURICIENS, PAKISTANAIS, SRI LANKAIS.

ATWOOD Jane Evelyn

Photographe. – Née en 1947 à New York, États-Unis.

Installée à Paris dès 1971, Jane Atwood a défini un style qui lui est propre, au travers d'un ordre de thématiques et d'une manière de les aborder. Ses sujets ont tous à voir avec l'exclusion : prostituées, prisonniers, infirmes, oubliés de l'Histoire de toute sorte, mais le plus spécifique est dans la manière dont l'artiste pénètre dans tous ces milieux – puisqu'il s'agit de cela : au prix d'une longue imprégnation, qui peut prendre plusieurs années, comme dans le cas, devenu fameux, de l'enquête sur les *Femmes en prison* (ouvrage publié, en français et en anglais, en 2000), sur un sujet qui superpose deux minorisations. Tôt reconnue et primée en France (*Paris-Match*, SCAM,...) comme aux États-Unis (où elle a été la première lauréate du prix W. Eugene Smith – du nom d'un membre de l'agence Magnum, devenu une référence dans l'univers du photojournalisme), Jane Atwood peut être considérée comme une autorité, dont les séries – citons encore *Jean-Louis : Vivre et mourir du sida* (1987) ou *Rue des Lombards* (2011) – font déjà date.

Pascal Ory

AULENTI Gae (Gaetana)

Architecte et muséographe. – Née le 4 décembre 1927 à Palazzolo dello Stella, Italie ; morte le 31 octobre 2012 à Milan, Italie.

Diplômée du Politecnico de Milan – où elle enseignera par la suite –, Gae Aulenti a développé ses nombreux talents, qui vont du design à l'architecture, principalement en Italie. Grande metteuse en scène des intérieurs, y compris dans le domaine théâtral, aux côtés de Luca Ronconi, elle se voit confier, en 1980, l'aménagement du musée d'Orsay, et, d'abord, de sa grande halle, qui marque une date dans l'histoire de la muséographie : on discute beaucoup de ses partis pris, mais on retient son nom, beaucoup plus que celui des architectes du projet dans son ensemble (Bardon, Colboc et Philippon, de l'agence ACT). On la retrouve participant, quelques années plus tard, au réaménagement du Centre Pompidou, marqué par un retour à des formes plus stables, contre la modularité initiale de la période Pontus Hulten.

Pascal Ory

AUTRICHIENS

L'émigration autrichienne en France ne constitue qu'une partie, le plus souvent restreinte, des migrations autrichiennes sur un plan mondial. Cette émigration fluctuante est aussi le reflet des relations ambivalentes entre les deux pays, faites de rivalités politico-militaires d'un côté et d'un profond respect mutuel en matière culturelle de l'autre.

Jusqu'au milieu du XVIIIe siècle, les mouvements migratoires entre l'Empire d'Autriche et la France se limitent à des groupes isolés ou à des visites ponctuelles, notamment d'hommes de lettres : Montesquieu se rend à Vienne en 1728, Rousseau passe également quelque temps en Autriche dans l'entourage du prince Eugène, Nerval séjourne à Vienne en 1839, où il rencontre Franz Liszt et s'éprend de Marie Pleyel ; dans l'autre sens, l'auteur dramatique autrichien Franz GRILLPARZER (1791-1872) séjourne à Paris en 1836, tout comme le directeur de théâtre viennois Carl CARL (1787 ou 1789-1854) en 1840... Ce n'est qu'avec l'essor de l'industrialisation, dans la seconde moitié du XIXe siècle, l'amélioration des moyens de transport et l'octroi du droit d'émigrer par une loi fondamentale d'État de 1867 que l'émigration autrichienne devient un véritable phénomène de masse. De 1876 à 1910, au moins cinq millions de personnes quittent l'Autriche-Hongrie : parmi elles, 70 % partent vers les États-Unis, le Canada, le Brésil et l'Argentine. En Europe, l'émigration se fait alors surtout vers l'Allemagne, tandis que des mouvements saisonniers gagnent le Danemark, la Suède et la France.

La « République d'Autriche » naît après la Première Guerre mondiale. Elle est imposée par les Alliés et leurs associés, à l'instigation de la France, qui déclarent son indépendance « inaliénable » (sauf par consentement du conseil de la Société des nations). Humilié, ruiné, exsangue, le nouvel État se trouve alors réduit à un huitième de la population de l'ancienne monarchie austro-hongroise. De 1919 à 1937, le principal pays d'accueil des émigrés autrichiens en Europe demeure l'Allemagne, suivie de la Roumanie et de l'Union soviétique. La France et la Belgique viennent ensuite : entre 1925 et 1930, 10 000 ouvriers autrichiens émigrent en France dans l'espoir de trouver un emploi. On recense 9 800 Autrichiens en 1931 (soit guère plus de 0,3 % des étrangers), des hommes pour les deux tiers. Sur un plan culturel, les relations amicales qui lient de nombreux écrivains autrichiens et français se poursuivent entre les deux guerres. C'est le cas de Stefan ZWEIG (1881-1942), ami de Romain Rolland avec lequel il correspond pendant plus de trente ans (de 1910 à 1942). Médiateur infatigable entre l'Autriche et la France, Zweig entretient par ailleurs des relations amicales, ou du moins épistolaires, entre autres avec André Gide, Jules Romains, Paul Valéry, Émile Verhaeren et Auguste Rodin.

L'avènement d'Hitler et la nazification de l'Autriche ouvrent une nouvelle phase dans l'émigration autrichienne. Après le démantèlement du mouvement ouvrier social-démocrate autrichien en février 1934, on estime à 3 000 le nombre d'Autrichiens ayant quitté leur pays de 1934 à 1938 pour raisons politiques. Au lendemain de l'Anschluss en mars 1938, le régime nazi entreprend l'expulsion systématique de la population juive d'Autriche. Sur les 55 000 juifs qui rejoignirent alors d'autres pays d'Europe, 1 600 trouvent refuge en France. Paris devient une des grandes capitales de l'exil autrichien, un lieu où se retrouvent surtout de nombreux intellectuels, artistes et écrivains comme Joseph ROTH (1894-1939), Franz WERFEL (1890-1945), Friedrich TORBERG (1908-1979) ou Hertha PAULI (1906-1973). Cafés et brasseries parisiens se transforment en lieux de convivialité privilégiés pour les migrants autrichiens. Joseph Roth, arrivé de Berlin dès 1933, fit du Café de Tournon un point de rencontre d'artistes, d'intellectuels et d'amis de langue allemande, alors que ses compatriotes, arrivés seulement au moment de l'Anschluss, préféreront se retrouver dans les cafés et restaurants situés autour du boulevard Poissonnière. Pour beaucoup, Paris devint véritablement une seconde patrie, un lieu d'affirmation de l'identité culturelle autrichienne, portée également par des journaux comme les *Nouvelles d'Autriche* ou *Die Österreichische Post* (Le courrier d'Autriche). En dehors de Paris, des cohortes similaires d'exilés autrichiens rallièrent le sud de la France : Marseille, Nice, Sanary-sur-Mer.

Pour beaucoup de ces antinazis, l'exil fut amer. La France, considérée depuis le XIXe siècle comme une terre d'asile, procéda, à la fin des années 1930, à un internement massif d'étrangers germanophones jugés « indésirables » dans soixante camps, dont les plus connus sont ceux du sud de la France : Rieucros (pour les femmes, en Lozère), Le Vernet (en Ariège), Les Milles (dans les Bouches-du-Rhône). Les opposants autrichiens au régime nazi furent ensuite livrés à la Gestapo. Depuis la France, 1 746 juifs autrichiens furent acheminés vers les camps d'extermination d'Auschwitz, de Majdanek et de Sobibor. Pourtant, des milliers d'Autrichiens prirent part à la résistance européenne au nazisme : en France, en Belgique, en Italie, en Yougoslavie. Quelque 4 000 d'entre eux luttèrent au sein des Forces françaises libres.

Depuis 1945, plus de un million d'Autrichiens ont quitté leur pays pour s'implanter à l'étranger. Une minorité s'établit en France. On en recensait 3 300 en 1990, tandis que l'on dénombrait environ 4 300 naturalisations depuis 1945. Leur nombre est en hausse depuis 2007, évalué à 4 700.

Outre l'entrée dans l'Union européenne, plusieurs initiatives bilatérales ont en effet contribué au rapprochement culturel entre la France et l'Autriche : ouverture du lycée français de Vienne en 1946, fondation de l'Institut français de Vienne en 1947, puis de l'Institut culturel autrichien à Paris en 1954 (rebaptisé aujourd'hui Forum culturel autrichien). Parmi les émigrés ayant joué un rôle central dans notre pays pour la compréhension de l'Autriche, une personnalité se dégage nettement : Félix KREISSLER (1917-2004). Réfugié en France depuis 1937, résistant de la première heure, déporté à Buchenwald, Kreissler a contribué sans relâche, non seulement à faire prendre conscience aux Autrichiens de l'existence et de la spécificité d'une nation autrichienne (*La Prise de conscience de la nation autrichienne*, 1980), mais encore à faire connaître l'histoire autrichienne en France. C'est ainsi qu'il fonda dès 1970 à l'université de Rouen le Centre d'études et de recherches autrichiennes (CERA) et, en 1975, une revue française spécifiquement dédiée aux études autrichiennes : *Austriaca*. Un autre émigré autrichien de renom, Richard THIEBERGER (1913-2003), créa en 1982 le Centre de recherches autrichiennes de l'université de Nice (CRAN). Ces émigrés autrichiens, auxquels il faut ajouter entre autres le nom de Gerald STIEG (né en 1941, professeur émérite à l'université de Paris-III), ont exercé une influence décisive sur la place de choix qu'occupe aujourd'hui la recherche sur l'Autriche dans les études germaniques en France.

Marc Lacheny

Bibl. : HORVATH Traude et NEYER Gerda (éd.), *Auswanderungen aus Österreich. Von der Mitte des 19. Jahrhunderts bis zur Gegenwart*, Vienne-Cologne-Weimar, Böhlau, 1996 • PASTEUR Paul, *L'Autriche. De la Libération à l'intégration européenne*, Paris, La Documentation française, 1999.

AVEDIKIAN Serge

Acteur, réalisateur. – Né le 1er décembre 1955 à Erevan, Arménie.

La carrière de ce comédien installé en France se traduit par une quinzaine de pièces de théâtre, une vingtaine de films, dont *La Diagonale du fou* de Richard Dembo (1983), *Le Voyage en Arménie* (2005) et *L'Armée du crime* (2009) de Robert Guédiguian, et surtout *Le Pull-Over rouge* de Michel Drach (1979), où il interprète Christian Ranucci.

Réalisateur de courts métrages, il a obtenu la Palme d'or à Cannes en 2010 pour *Chienne d'histoire*.

Jean-Luc Douin

AVELINE Claude (Eugen Avtsine)
Écrivain – Né le 19 juillet 1901 et mort le 4 novembre 1992 à Paris, France.

Les parents de celui qui deviendra Claude Aveline ont fuit l'antisémitisme russe et obtiendront la nationalité française en 1905. Amoureux de la langue française, généreux et passionné, leur fils devient le secrétaire de l'illustre Anatole France – auquel il rendra tout au long de sa vie un hommage filial –, puis éditeur de livres rares, et finit par se consacrer entièrement à l'écriture. Auteur doué, il pratique aussi bien la critique cinématographique (ami de Jean Vigo, il crée le prix qui porte son nom) que l'art radiophonique. Mais il se fait surtout un nom comme auteur d'une *Suite policière* à succès, inaugurée par *La Double Mort de Frédéric Belot* (1932) et, après la Deuxième Guerre mondiale, par un poème devenu populaire dans les écoles, le *Portrait de l'oiseau qui n'existe pas*, que peindront plus de deux cents artistes. Intellectuel engagé à gauche, écrivain de la Résistance publié aux Éditions de Minuit, auteur d'un roman (*Le Prisonnier*) qui annonce *L'Étranger* de Camus, Claude Aveline laisse des Mémoires en grande partie inédits, qui attendent un éditeur.

Pascal Ory

AXELOS Kostas
Philosophe. – Né le 26 juin 1924 à Athènes, Grèce ; mort le 4 février 2010 à Paris, France.

Naturalisé français en 1965, Kostas Axelos est né dans une famille francophile de la bourgeoisie progressiste et cosmopolite d'Athènes. Il fréquente l'école allemande et l'Institut français, où il acquiert une connaissance précise de la langue et de la culture françaises, et lit, dès l'adolescence, les grandes œuvres de la philosophie et de la littérature européennes. Fin 1941, à dix-sept ans, il s'engage dans les Jeunesses communistes. Communiste orthodoxe, résistant et combattant (« un vrai communiste doit savoir tenir une mitraillette d'une main et les poésies de Rilke de l'autre »), il prend part à la guerre civile qui déchire la Grèce. Arrêté, il s'évade d'un camp au péril de sa vie, à la fin de l'année 1944. À bord du *Mataroa*, sur lequel il s'est embarqué en décembre 1945 avec les boursiers du gouvernement français, il prend le chemin de l'exil, en compagnie de deux autres jeunes philosophes : Cornelius Castoriadis et Kostas Papaionnou. Condamné à mort par contumace, il ne sera amnistié qu'en 1956. En France, Axelos rompt avec l'engagement communiste, mais continue à considérer le marxisme, dont il est l'un des critiques lucides, comme un instrument d'analyse. Il ne se reconnaît dans aucun des courants de pensée de l'époque et ne témoigne guère d'intérêt pour la philosophie académique. Chercheur au CNRS (1950-1957) puis à l'École pratique des hautes études (1957-1959), où il achève ses thèses sur Marx et sur Héraclite, il sera chargé de cours à la Sorbonne (centre Censier) de 1962 à 1973. Axelos a rencontré André Breton, Pablo Picasso, Georges Bataille, Jacques Lacan, il est devenu l'ami de Claude Simon, de François Châtelet, d'Henri Lefebvre et de Jean Beauffret. Avec ce dernier, il organise en 1955 une décade à Cerisy sur Heidegger et traduit *Qu'est-ce que la philosophie ?* en 1957. Il collabore à la revue *Arguments* (fondée en 1956 et animée par Edgar Morin, Jean Duvignaud et Roland Barthes), qui propose initialement une révision du marxisme. Il en est le rédacteur en chef de 1960 à la disparition de la revue, en 1962. Aux Éditions de Minuit, il dirige une collection du même nom à vocation interdisciplinaire, qui accueillera ses principaux ouvrages. En tant que rédacteur en chef et directeur de collection, Axelos a joué un rôle important dans l'introduction en France de penseurs majeurs (Eugen Fink, Herbert Marcuse, Georg Lukàcs).

L'œuvre d'Axelos, nourrie par un dialogue permanent avec la pensée des présocratiques, le marxisme et la philosophie allemande (Hegel, Nietzsche et surtout Heidegger), s'organise pour l'essentiel en trois trilogies : « le déploiement de l'errance » (*Marx, penseur de la technique* en 1961, *Héraclite et la philosophie* en 1962, *Vers la pensée planétaire* en 1964), « le déploiement du jeu » (*Le Jeu du monde* en 1969, *Contribution à la logique* en 1977, *Pour une éthique problématique* en 1972) et « le déploiement d'une enquête » (*Arguments d'une recherche* en 1969, *Horizons du monde* en 1974, *Problèmes de l'enjeu* en 1979). La réflexion féconde des années 1960 et 1970 se prolonge dans plusieurs essais, jusqu'à la parution d'un dernier livre, *Ce qui advient*, en 2009. Ennemi des systèmes figés et des philosophies totalisantes, Axelos a développé une pensée à la fois sceptique et ouverte sur l'avenir, par son refus des certitudes définitives, par son souci de questionner l'horizon d'un monde sans destination. Philosophe du « jeu du monde », il a développé les concepts de « pensée planétaire », de « problématisation », de « systématique ouverte » (1984), pour tenter de penser la manière dont l'homme peut « jouer » (tout en étant « joué ») dans ce monde dominé par la technique et la globalisation, en le questionnant et en l'habitant poétiquement, articulant intimement pensée et style de vie. Si l'essentiel de son œuvre a été écrite en français, Axelos a appartenu à trois espaces culturels (grec, français et allemand), recherchant une synthèse de trois influences (l'esprit de la Grèce antique, la profondeur allemande, la finesse et le style de vie français). À travers les thèmes de l'errance et de la pensée planétaire, il s'est considéré comme un penseur « atopique », nullement apatride ou déraciné, mais « sans lieu ».

Stéphan Soulié

AXENFELD Auguste

Médecin. – Né le 25 octobre 1825 à Odessa, alors Empire russe, aujourd'hui Ukraine ; mort le 24 août 1876 à Paris, France.

Fils d'Isidor Aksenfeld et de Rosalie Horwitz, Auguste fait ses classes secondaires à Odessa. C'est à Paris qu'il commence ses études de médecine, tandis que son frère Henri devient artiste peintre. Élève des hôpitaux en 1846, il est interne en 1848 et suit les enseignements de Jean Baptiste Bouillaud, Stanislas Laugier puis Gabriel Andral. Il est récompensé par la médaille des épidémies lors des poussées de choléra de 1849 et 1854. En 1853, il soutient sa thèse de doctorat sur les accidents après trachéotomie chez les enfants atteints du croup. Il obtient l'agrégation de médecine en 1856 et consacre sa thèse aux influences nosocomiales. La même année, il est naturalisé français. Il devient médecin des hôpitaux en 1862, d'abord chef de service à Saint-Antoine puis à l'hôpital Beaujon. En 1867, il est nommé professeur de pathologie interne à la faculté de médecine de médecine de Paris en remplacement d'Édouard Monneret. Ses travaux de pathologie sont notamment consacrés aux maladies du système nerveux et il est l'auteur d'un traité des névroses. En particulier, il soigne Adèle Hugo en février 1872. Il est membre du groupe matérialiste de la faculté de médecine avec Paul Broca, Jean-Martin Charcot et Charles Robin, et réputé pour ses sympathies républicaines et anticléricales.

Anne Rasmussen

AZARIA Pierre (Bedros)

Industriel. – Né en décembre 1865 au Caire, Égypte ; mort en 1953.

Né dans la famille Azarian, commerçants orthodoxes d'origine arménienne, Bedros est scolarisé dans un collège de religieux français au Caire. Il arrive en France après le baccalauréat et intègre l'École centrale, où il prend le prénom de Pierre. À sa sortie, il devient administrateur délégué de la Société normande d'électricité, en 1888. En 1892, l'usine de Rouen est au premier rang des sites de production électrique en France. Naturalisé français en 1894, Azaria fonde en 1898 la Compagnie générale d'électricité (CGE) avec l'appui des frères Herbault et de la Banque française d'Afrique du Sud, société dont il est l'un des principaux actionnaires. Il épouse en 1901 Hélène Chauveau, fille d'un professeur de médecine et membre de l'Institut. Il est fait chevalier de la Légion d'honneur en 1904 et grand officier en 1931. Pierre Azaria assure la réussite de la CGE grâce au développement et à la multiplication des activités de production-distribution d'électricité. Il met à profit le retard de l'électrification urbaine pour constituer un réseau de stations centrales de production d'électricité dans les villes moyennes, tout en développant des activités industrielles (câbles, douilles, lampes, isolants). La stratégie de gestion décentralisée et de prudence financière s'appuie sur des alliances efficaces : le président de la CGE est Paul Doumer, Henri de Peyerimhoff, figure du syndicalisme patronal, est le père de son gendre et administrateur de la CGE. Au tournant des années 1930, le groupe industriel fondé par Pierre Azaria compte une cinquantaine de sociétés et emploie plus de vingt mille personnes. La main-d'œuvre féminine est fidélisée par la construction d'habitations et l'ouverture de crèches comme celle de l'usine d'Ivry-sur-Seine. De 1914 à 1930, le chiffre d'affaires est multiplié par quinze. Pierre Azaria préside le groupe de 1927 à 1937 sans chercher à en devenir l'un des grands actionnaires. Il en reste président d'honneur jusqu'à son décès.

Claire Zalc

AZNAVOUR Charles (Chahnourh Varinag Aznavourian)

Interprète, auteur et compositeur de chansons, comédien, éditeur musical. – Né le 22 mai 1924 à Paris, France.

Le plus célèbre Arménien de France est en réalité un titi parisien, devenu Français par droit du sol dès l'âge de deux ans. Ce fut plus compliqué pour le reste de la famille, arrivée en 1923 : Mamigon, le père, né en Géorgie, Knar, la mère, originaire de Turquie et rescapée du génocide de 1915, et la sœur aînée, Aïda, née à Salonique – elle deviendra aussi chanteuse et épousera le compositeur Georges Garvarentz. Il fallut attendre 1947 pour une naturalisation, après que Mamigon eut donné de nombreux gages de son patriotisme, en s'engageant dans l'armée en 1940 puis dans la Résistance communiste de la main-d'œuvre immigrée, aux côtés de Missak et Mélinée Manouchian, amis proches des Aznavourian. Auparavant, l'administration lui avait refusé la nationalité pour « assimilation insuffisante » – en fait une maîtrise trop hésitante du français. Charles cumule donc les syndromes de l'autodidacte et du fils d'immigré, pour lesquels l'intégration à la nation passe par la conquête de son idiome. Dans ses mémoires, ses interviews et ses chansons (*Autobiographie*, *Les Émigrants*), il rappelle souvent cette appropriation et son amour de la langue française, ainsi que sa fierté d'en être devenu un ambassadeur sur tous les continents.

Avant l'exil, ses parents étaient artistes, et ils inscrivent leurs rejetons à une école du spectacle. L'enfant de la balle se produit dans les fêtes arméniennes et interprète quelques petits rôles au théâtre, voire au cinéma. Sous l'Occupation, il bifurque vers la chanson en rencontrant le compositeur Pierre Roche, avec qui il forme un duo jusqu'en 1950. Leurs couplets n'obtiennent qu'un succès d'estime, malgré quelques bijoux très jazzy (*Le Feutre taupé*, 1948). Aznavour intègre l'entourage d'Édith Piaf, qui le conseille et le fait connaître en chantant ses œuvres (*Jézébel*, *Plus bleu que tes yeux*, 1951). D'autres adoptent aussi ses chansons, à l'instar de Juliette Gréco (*Je hais les dimanches*). Il ne cessera jamais cette activité d'auteur-compositeur, écrivant plus tard pour Gilbert Bécaud, les yé-yé (*Retiens la nuit* pour Johnny Hallyday, *La Plus Belle pour aller danser* pour Sylvie Vartan) et bien d'autres. Gestionnaire avisé, il finira d'ailleurs, en 1995, par racheter son éditeur musical (les éditions Raoul Breton), également dépositaire des œuvres de Charles Trenet.

S'imposer comme interprète sera plus ardu. Dans les années 1950, il est éreinté par la critique et parfois conspué par ses auditeurs. En un temps où triomphe un Luis Mariano, sa voix enrouée et son physique chétif cadrent mal avec l'horizon d'attente du public. Ses textes rugueux, tissés des mots et des maux du quotidien, sont jugés sulfureux par les bien-pensants (*Après l'amour*) ou trop prosaïques par l'intelligentsia (*Tu t'laisses aller*). Mais son obstination aura raison de ces réticences – à la manière de son personnage de *Je m'voyais déjà*. Un succès de radio dès 1955 (*Sur ma vie*), un Alhambra mémorable en 1960, une consécration au Carnegie Hall de New York en 1963 : en quelques années, Aznavour transmue ses handicaps en signature. Son timbre particulier se révèle fait pour le jazz (*For me, formidable*) et les mélismes orientalisants (*La Mamma*). Quant à son allure d'homme ordinaire, elle sert à merveille une poésie qui modernise et masculinise le genre de la chanson réaliste, obsédée par l'échec – professionnel, sentimental, existentiel – et la nostalgie (*Hier encore*, *La Bohème*, *Les Plaisirs démodés*...). « Avant lui, le désespoir était impopulaire », notait Jean Cocteau. Sa thématique amoureuse, où l'idylle est rarement béate, croise souvent les questions de société : ainsi de *Mourir d'aimer* (1971), inspirée de l'affaire Gabrielle Russier, ou de *Comme ils disent* (1972) chantée dix ans avant la dépénalisation de l'homosexualité. Les années 1960 et 1970 sont donc celles de son envol, faisant aujourd'hui de lui le plus mondialement célèbre des chanteurs français en activité. Dans la sphère anglo-saxonne, il est l'égal d'un Frank Sinatra, rompu au show à l'américaine – comme celui qu'il monte avec son amie Liza Minnelli en 1992.

Aznavour mène parallèlement une carrière d'acteur jalonnée de films marquants : *La Tête contre les murs* (Georges Franju, 1958), *Tirez sur le pianiste* (François Truffaut, 1960), *Un taxi pour Tobrouk* (Denys de La Patellière, 1961), *Le Tambour* (Volker Schlöndorff, 1979), *Ararat* (Atom Egoyan, 2002)... Un art consommé de comédien que l'on retrouve sur scène dans certaines interprétations à la gestuelle stylisée – Piaf le surnommait « le mime ».

Le registre de l'errance (*Emmenez-moi*, 1967) et celui des origines (*Ils sont tombés*, écrit en 1975 pour le soixantième anniversaire du génocide arménien) ont toujours irrigué son œuvre. Mais c'est surtout après le séisme de 1988 qu'Aznavour met sa notoriété au service de l'Arménie, créant une fondation très active. La République caucasienne l'a depuis adoubé héros national : une statue à Gyumri, une place à Erevan, une citoyenneté d'honneur, des missions diplomatiques auprès de la Suisse – où il est résident – et de l'ONU. Le dernier monstre sacré de la chanson a réussi le tour de force d'incarner un pan de la culture populaire française dans une parfaite fidélité à ses racines étrangères.

Yves Borowice

AZZARO Loris

Couturier. – Né le 9 février 1933 à Tunis, Tunisie ; mort le 20 novembre 2003 à Paris, France.

Né au sein de l'importante communauté italienne de Tunisie, Loris Azzaro se destine d'abord à l'enseignement, mais la couture et la parure l'attirent depuis longtemps et, pour son épouse, mannequin, il commence à créer des accessoires fantaisie qui rencontrent un vrai succès. Installé en France en 1962, il séduit la société hédoniste de cette décennie, entre Côte d'Azur et Paris de nuit. La robe « Trois Anneaux », que la jeune Marisa Berenson porte à l'automne 1968 – la maison Azzaro n'a que quelques mois d'existence – le lance définitivement. Son style, qui affiche clairement le substrat érotique de toute mode féminine, joue avec les matières les plus sexy (jersey de soie, lurex, vinyl,...). De Brigitte Bardot à Sharon Stone en passant par Romy Schneider, plusieurs générations d'actrices célèbres contribuent à la promotion du style Azzaro, identifié au glamour.

Pascal Ory

B

BADDOU Ali

Journaliste. – Né le 28 février 1974 à Paris, France.

Fils d'un diplomate marocain et petit-fils de militants de l'indépendance marocaine, Ali Baddou vit en France, aux États-Unis et au Maroc. Il est reçu à l'agrégation de philosophie en 1996. Collaborateur de Jack Lang à l'Assemblée nationale, il est ensuite, entre 2000 et 2002, conseiller technique au ministère de l'Éducation nationale. À partir de 2003, il exerce à France Culture, d'abord comme producteur et animateur du « Rendez-Vous des politiques », puis comme présentateur des « Matins de France Culture », où il remplace Nicolas Demorand, de septembre 2006 à juin 2009. En 2007, il rejoint l'équipe du « Grand Journal » sur la chaîne de télévision Canal Plus, d'abord comme chroniqueur littéraire (« Ali a lu »), puis comme « joker » de Michel Denisot.

Patrick Eveno

BAKER Joséphine (Freda Josephine McDonald)

Danseuse, chanteuse et actrice. – Née le 3 juin 1906 à Saint-Louis, États-Unis ; morte le 12 avril 1975 à Paris, France.

Après ses débuts sur les scènes du music-hall new-yorkais, en 1921, dans la revue *Shuffle Along*, Joséphine Baker est révélée en France par le spectacle *La Revue nègre*, présenté en octobre 1925 sur la scène du Théâtre des Champs-Élysées. Cette revue connaît un succès considérable et un écho médiatique retentissant, principalement grâce à la prestation chorégraphique de la jeune Joséphine, alors âgée de dix-neuf ans. La vision de cette danseuse noire à demi nue attise l'exotisme et l'érotisme caractéristiques du music-hall parisien, faisant éclore dans la foulée une série de spectacles « nègres ». Appréhendée en France à travers le prisme de l'exotisme et d'une africanité fantasmée, Joséphine Baker devient l'archétype de la femme noire tantôt sauvage, tantôt apprivoisée, dichotomie en adéquation avec les stéréotypes raciaux de l'époque. Sa danse, caractérisée par une mobilisation du bassin et des différentes articulations, un usage des dissociations et des tremblements, une maîtrise de la vitesse, s'allie à un vrai talent pour la comédie, avec des grimaces et des poses pittoresques. Ses apparitions sur scène provoquent de nombreux écrits et dessins (voir l'album *Tumulte noir* de Paul Colin en 1927), tantôt admiratifs devant ce corps souple, polyrythmique et expressif, tantôt virulents contre ces « contorsions nègres ». La danse de scène qu'elle exécute dans la *Revue nègre* est à l'origine du lancement, en 1925, dans les dancings parisiens d'une nouvelle danse de société très médiatisée et vouée à une longue postérité : le charleston, caractérisé par des mouvements saccadés faisant alterner les positions en dehors et en dedans des jambes. Auréolée de succès, Joséphine Baker décide de rester en France et reçoit la nationalité française en 1937, en épousant l'industriel Jean Lion. Véritable star du Paris de l'entre-deux-guerres, directrice de plusieurs dancings à la mode, elle est la tête d'affiche de nombreuses revues des Folies-Bergère et du Casino de Paris comme *La Folie du jour* (1926), où elle porte la fameuse ceinture de bananes, *Un vent de folie* (1927), ou encore *Paris qui remue* (1930). Outre ses talents chorégraphiques, elle interprète des chansons qui marquent durablement l'imaginaire des Français, comme *J'ai deux amours*, sur une musique de Vincent Scotto (paroles de Géo Koger et Henri Varna), en 1930. Parallèlement, elle entame une carrière au cinéma et tourne avec des réalisateurs comme Marc Allégret (*Zouzou*, 1934) ou Edmond T. Gréville (*Tam-Tam*, 1935). Surnommée la Vénus noire, ou encore la Perle noire, elle contribue elle-même à forger son personnage mythique en publiant plusieurs versions de ses *Mémoires* au cours de sa vie. Pendant la Seconde Guerre mondiale, elle s'engage dans la Résistance, travaillant pour les services de renseignements de la France libre, obtenant le grade de sous-lieutenant de l'armée de l'air, corps auxiliaire féminin. Après 1945, elle multiplie les galas de bienfaisance pour les victimes de guerre et commence à militer pour les droits civiques des Noirs américains et contre le racisme. Très appréciée des Français en tant qu'artiste, elle attire l'attention sur sa vie privée en adoptant, à partir de 1953, douze enfants de différentes origines avec lesquels elle vit au château des Milandes en Dordogne. À travers cette famille, constituée aux côtés de son dernier époux, le chef d'orchestre Jo Bouillon, elle souhaite matérialiser son idéal de réconciliation des races. Elle meurt en avril 1975, au lendemain d'un spectacle à Bobino célébrant ses cinquante ans d'histoire d'amour avec Paris.

Sophie Jacotot

BAKST Léon (Lev Samoilovich Rosenberg)

Peintre et décorateur de théâtre. – Né le 10 mai 1866 à Grodno, alors Empire russe, aujourd'hui Biélorussie ; mort le 28 décembre 1924 à Paris, France.

Léon Bakst étudie la peinture à l'Académie des beaux-arts de Saint-Pétersbourg. En 1891, il voyage en Italie, en Allemagne et en France, où il se lie avec le peintre russe Alexandre Benois, qui deviendra, lui aussi, un collaborateur privilégié des Ballets russes. Lors de son premier séjour parisien, entre 1893 et 1897, il fréquente l'académie Julian et peint principalement des portraits. De retour en Russie, il cofonde avec Serge Diaghilev, en 1899, la revue *Mir iskousstva* (Le monde de l'art), qui réunit des artistes russes prônant la recherche de procédés figuratifs nouveaux. Il réalise ses premiers décors de ballet en 1902 pour le Théâtre impérial de Saint-Pétersbourg (*Le Cœur de la marquise*, chorégraphie de Marius Petipa). Il collabore avec Michel Fokine dès les premières chorégraphies que celui-ci réalise pour ce même théâtre (*Les Sylphides*, 1907), mais aussi pour les ballets que Fokine compose, hors du théâtre Mariinsky, pour Anna Pavlova (*La Mort du cygne*, 1907) ou Ida Rubinstein (*Salomé*, 1908). À cette même époque, il enseigne à l'école Zvantseva à Saint-Pétersbourg, où l'un de ses élèves est Marc Chagall. En 1909, il suit Serge Diaghilev dans son entreprise française des Ballets russes, dont la première saison a lieu à Paris, ville qu'il ne quittera plus désormais. Ses décors et costumes, orientalisants, sensuels et chatoyants, aux coloris éclatants, contribuent en grande partie au succès des spectacles présentés par la troupe de Diaghilev lors des premières « Saisons russes » à Paris. Ses réalisations les plus célèbres en ce sens sont les costumes et décors de trois ballets de Michel Fokine : *Cléopâtre* en 1909, *Shéhérazade* et *L'Oiseau de feu* en 1910. D'autres scénographies sont réalisées dans un style plus sobre, comme dans *Le Spectre de la rose*, de Michel Fokine en 1911, ou *L'Après-Midi d'un faune*, de Vaslav Nijinski en 1912. À la fin de la Première Guerre mondiale, il est écarté des Ballets et remplacé par d'autres décorateurs comme Michel Larionov, Natalia Gontcharova, André Derain, Pablo Picasso ou Henri Matisse. Sa dernière collaboration avec les Ballets russes sera *La Belle au bois dormant*, en 1921.

Sophie Jacotot

BALACHOVA Tania

Actrice et pédagogue. – Née le 25 février 1902 à Saint-Pétersbourg, alors Empire russe, aujourd'hui Russie ; morte le 4 août 1973 à La Ferté-Macé, France.

En 1922, Tania Balachova présente un spectacle russe au théâtre Femina à Paris. Elle débute comme actrice de théâtre en 1924 dans *La Double Inconstance*, sous la direction de Raymond Rouleau, qu'elle épouse et qui lui donnera sa nationalité belge. De 1924 à 1944 – où elle sera Inès dans *Huis clos* de Sartre – elle enchaînera les rôles dans les mises en scène de son mari, en Belgique ou en France. Mais elle jouera aussi sous la direction de Charles Dullin, Gaston Baty, Louis Jouvet, Sacha Pitoëff, Albert Camus, Louis Ducreux ou André Barsacq et deviendra elle-même metteur en scène. *Les Bonnes* de Genet, en 1954, sera sa mise en scène la plus remarquée. Mais c'est en tant que pédagogue que Tania Balachova marquera la vie théâtrale française d'après-guerre. Elle commence comme professeur à l'École du Vieux-Colombier, avec Henri Rollan et Michel Vitold, puis elle crée son propre cours. Si elle s'inspire de la méthode Stanislavski, elle ne s'interdit pas des incursions dans d'autres types d'enseignement. Elle formera des générations de comédiens : Claude Régy, Antoine Vitez, Michael Lonsdale, Delphine Seyrig, Pierre Arditi, Josiane Balasko,... La liste est longue de ceux qui ont rendu hommage à son enseignement : sa qualité d'écoute, son respect de la personnalité de chacun, de son originalité, de ses capacités font d'elle l'un des meilleurs pédagogues de son temps.

Chantal Meyer-Plantureux

BALACHOWSKY Alfred Serge

Entomologiste. – Né le 15 août 1901 à Karotchka, alors Empire russe, aujourd'hui Russie ; mort le 24 décembre 1983 à Paris, France.

Alfred Balachowsky est le fils d'Arnold Balachowsky, propriétaire terrien, décédé en 1902, et de Charlotte de Féraudy, née à Dinan en 1876. À douze ans, il quitte la Russie pour la France, où il vit avec sa grand-mère au Mans. Après des études d'ingénieur à l'École nationale supérieure d'agronomie de Rennes, où il entre en 1921, il confirme la passion pour l'entomologie qu'il cultivait depuis sa Russie natale. Après sa thèse de doctorat ès sciences naturelles soutenue en Sorbonne en 1932, sur la biogéographie des cochenilles en Afrique du Nord, il débute une brillante carrière scientifique dans le domaine de l'entomologie médicale et agricole. Il est nommé chef de laboratoire à l'Institut Pasteur en 1943 puis, de 1961 à 1967, professeur d'entomologie générale et appliquée au Muséum national d'histoire naturelle. Ses titres et travaux reflètent la richesse de cette carrière.

Ses activités de résistant au sein de réseaux puis durant sa déportation à Dora (Deutsche Organisation Reichs Arbeit) et Buchenwald sont le reflet d'une autre richesse, celle de la conscience de son identité d'homme libre et de citoyen, français depuis 1932. Entré dans la Résistance en 1941 dans un réseau monté sous l'égide du SOE (Special Operation Executive), service de renseignements britannique en France occupée, il est engagé, en octobre 1942, au sein du réseau Prosper. Il est arrêté en juillet 1943 – sur dénonciation – par la Gestapo « comme chef de secteur du réseau Buckmaster-Prosper (FFC) sous l'inculpation de parachutage et de dépôt d'armes, installations et transports de postes émetteurs clandestins, aide aux agents ennemis et aviateurs tombés sur le sol français » (archives de l'Institut Pasteur). Incarcéré à Fresnes puis à Compiègne, il est déporté à Buchenwald le 16 janvier 1944, puis au tunnel de Mitelbau I-Dora et enfin ramené à Buchenwald le 1er mai 1944 pour travailler au Block 50 (source : Hygiene Institute der Waffen SS) à la fabrication du vaccin contre le typhus exanthématique destiné à l'armée allemande. Durant son séjour à Buchenwald au « bloc des cobayes », il profite de son poste pour sauver, au péril de sa vie, trois résistants : le Britannique Yeo Thomas, les Français Stéphane Hessel et Henri Peulevé. Libéré le 12 avril 1945 par l'armée américaine, il rentre en France le 24 avril 1945, honoré de nombreuses médailles et décorations.

Le « cahier-agenda » subtilisé par un détenu autrichien et remis à Balachowsky, son témoignage à Nuremberg le 29 février 1946 ont permis de reconstituer les expériences sur le typhus du bloc 46 et 50 dirigées par le SS Sturmbannfürher Dr Erwin Ding appelé Ding-Schuler. L'armée allemande utilise des vaccins contre le typhus de valeur inégale et les expérimente périodiquement sur les détenus à Buchenwald. La mise au point des différentes souches de vaccins, dont l'activité pouvait être augmentée par « passage » d'individu à individu à l'aide d'une inoculation intraveineuse, entraîne la mort brutale de la plupart de ces cobayes humains et l'exécution systématique des survivants par piqûre intracardiaque de solution concentrée de phénol. Le courage et l'engagement n'ont jamais fait défaut à Balachowsky. Les notes précises qu'il a prises durant sa détention sur les procédés d'expérimentation et sur le nombre de détenus sacrifiés « par souche de vaccins » furent des éléments capitaux au procès de Nuremberg.

Annick Opinel

BALDINI Nullo

Militant politique et coopérateur. – Né le 30 octobre 1862 et mort le 6 mars 1945 à Ravenne, Italie.

Né dans une famille de tradition garibaldienne, Nullo Baldini s'impliqua très jeune dans le champ associatif en mettant sur pied l'Association générale des travailleurs agricoles de Ravenne ; il en fut le secrétaire à partir de 1883. En 1901, il constitua la Fédération des coopératives de la province de Ravenne, Federcoop. En 1922, ce type de coopératives regroupait plus de quinze mille travailleurs agricoles dans toute la Péninsule. De 1919 à 1924, Nullo Baldini fut député du Parti socialiste italien au Parlement. En 1922, il refusa de rester à tête de la Fédération des coopératives de Ravenne, comme le lui proposèrent les fascistes en pleine progression, car il aurait été obligé de faire des concessions qu'il jugeait inacceptables. Il partit alors se réfugier en Grèce.

Peu après, il s'installa en France. Il se lia avec les antifascistes italiens, qui y arrivaient nombreux, et organisa des coopératives de production dans le bâtiment : elles permirent à ses compatriotes de trouver du travail, au moins de façon temporaire. Ces coopératives furent liées au Parti socialiste italien et, par l'intermédiaire de la CGT, à la CGIL, alors également en exil. Mais elles furent sévèrement critiquées par les communistes, qui estimaient qu'elles pratiquaient la « collaboration de classes ». Il ne semble pas que ces groupements furent en relation avec la coopération française de production au sein de laquelle la composante du bâtiment fut la plus importante, et ce de la fin du XIXe siècle aux débuts de la Ve République.

Après la chute de Mussolini en juillet 1943, le gouvernement Badoglio demanda à Nullo Baldini de revenir en Italie et de reconstruire la vieille organisation Federcoop. Il entreprit cette tâche dans des conditions difficiles et il eut la joie de voir la libération de Ravenne en décembre 1944, peu avant sa mort.

Michel Dreyfus

BALDUCCI Alberto

Syndicaliste. – Né le 28 septembre 1918, sans doute dans la province de Forli, Italie ; mort le 12 octobre 2004 à Hussigny Godbrange, France.

Alberto Balducci est le fils d'un ouvrier romagnol illettré, sans doute proche du mouvement anarchiste et arrivé en France en 1925 pour échapper à la répression du régime fasciste. L'aîné d'une famille de six enfants, il parle moins le français ou l'italien que le dialecte de sa province. À l'école primaire, il a la chance d'avoir un instituteur lui-même d'origine italienne et romagnole. Il obtient en 1931 son certificat d'études, tout en commençant à se forger par ses propres moyens une vaste culture personnelle. Devenu ouvrier métallurgiste dans le bassin de

Longwy-Villerupt, il entre, en 1935, aux Jeunesses communistes où, dans ce département, militaient de nombreux émigrés italiens. Très vite, il y occupe des responsabilités, de même qu'au PCF, auquel il adhère en 1936. Peu après, il est secrétaire de sa section d'Hussigny. Après avoir été licencié une première fois en 1935 pour avoir voulu mettre sur pied un syndicat, il adhère à la CGT en 1936 et s'implique fortement dans les grèves du printemps. En 1939, il veut s'engager sous les drapeaux, mais il se voit rejeté en raison de son militantisme au PC. Entré dans la clandestinité à partir de 1941, il rejoint alors la Résistance – pourtant, par la suite, il ne devait pas demander sa carte de résistant. Fin 1945, il choisit la mine et est embauché définitivement à Trieux le 1er septembre 1947. Sa femme, qu'il avait épousée à la fin des années 1930, le rejoint six mois plus tard. Il avait déposé, sans succès, deux demandes de naturalisation, en 1936 et en 1938 – pour faire, comme ses camarades de la classe 1918, son service militaire. Il fut finalement naturalisé en 1947.

Alberto Balducci peut alors donner toute sa mesure en raison de ses talents d'orateur et de sa capacité à s'adresser aux mineurs. Il participe aux grèves de 1947-1948 et, dans la foulée, élimine à peu près complètement les syndicats Force ouvrière de la profession dans cette région. En 1953, il devient secrétaire du syndicat des mineurs de fer puis, seul dirigeant communiste du bassin de Longwy, il est envoyé par son parti pour remettre de l'ordre dans le puissant syndicat CGT des mineurs. Devenu l'un des principaux dirigeants de la corporation minière, il mène, notamment en 1954, les grandes grèves pour la défense des gisements ferrifères et pour l'emploi. En 1959, il est élu au secrétariat de la Fédération et, en 1964, son secrétaire général. Il devait le rester jusqu'en 1966. À ce titre il participe à de nombreuses délégations syndicales, dans de multiples pays. Il fut aussi le secrétaire de l'Union départementale CGT de Meurthe-et-Moselle de 1965 à 1968, puis le secrétaire de la Région Lorraine de 1971 à 1978. En 1967, il fut pressenti pour entrer à la commission exécutive de la CGT, le « parlement » de cette organisation, mais il déclina cette offre en invoquant son âge. Jusqu'en 1980, il défend l'idée selon laquelle il était possible de sauver la « minette » de Lorraine.

Alberto Balducci milita aussi au Parti communiste, où il fit quelque peu figure d'exception puisqu'il fallut attendre son entrée au sein de la direction fédérale pour que les mineurs y soient représentés : l'appareil communiste favorisait les sidérurgistes au détriment des mineurs. Au sein de la fédération communiste du département de Meurthe-et-Moselle, il occupera parfois une position délicate en s'opposant notamment à la direction du Parti, tant sur la question du culte de la personnalité, après 1956, que sur l'affaire Kriegel-Valrimont, en 1960. En 1977, il refuse de conduire la liste du PC pour les élections municipales, car il ne veut pas qu'une confusion puisse apparaître entre ses responsabilités politiques et syndicales. En avril 1988, il exprimera à Georges Marchais son désaccord sur l'orientation du PC à l'égard du Parti socialiste et, en 1991, il déplorait, auprès d'un membre du comité central, la trop lente rénovation de son parti.

Michel Dreyfus

BALDUS Édouard

Photographe. – Né en 1813 à Grunebach, alors royaume de Prusse, aujourd'hui Allemagne ; mort en 1889 à Arcueil, France.

Peintre d'origine allemande – il sera naturalisé en 1856 –, Édouard Baldus choisit, comme beaucoup d'autres, de s'installer à Paris, en 1838, et d'y tenter une carrière classique, ponctuée par sa participation aux salons. Cette formation picturale éclaire à la fois la manière dont il abordera la photographie, dès lors que celle-ci s'émancipe des contraintes du daguerréotype, et la commande que lui passe l'administration des Monuments historiques, dans le cadre des missions dites « héliographiques ». Insensiblement, il élargit son champ vers le contexte contemporain, en couvrant divers aspects de la modernité Second Empire, à commencer par les chantiers ferroviaires, et peut être considéré comme l'un des premiers reporters, grâce à la commande portant, en 1856, sur les inondations de la vallée du Rhône.

Pascal Ory

BALDWIN James (James Arthur)

Romancier et essayiste. – Né le 2 août 1924 à New York, États-Unis ; mort le 1er décembre 1987 à Saint-Paul-de-Vence, France.

Né dans une famille pauvre de Harlem, James Baldwin devient prédicateur évangéliste avant d'aller vivre seul à Greenwich Village pour donner corps à ses aspirations littéraires. Marchant sur les traces de son aîné Richard Wright, il s'établit en France en 1948, se sentant ostracisé dans son pays natal par sa double condition de Noir et d'homosexuel. Il réside à Paris, où il fréquente l'intelligentsia de la Rive gauche. En 1953, il fait paraître son premier roman, en partie autobiographique, *Go Tell it on the Mountain* (traduit en français sous le titre *La Conversion*), qui le rend célèbre. Proche du Mouvement des droits civiques, il profite de son exil pour publier des textes dont le contenu homosexuel est explicite (*Giovanni's Room*, 1956 traduit en français sous le titre *La Chambre de Giovanni*) et de nombreux écrits engagés en faveur des Noirs. Retiré à Saint-Paul-de-Vence, il y meurt d'un cancer et sera inhumé à New York.

Pierre-Frédéric Charpentier

BALENCIAGA Cristobal (Cristobal Balenciaga Eizaguirre)

Couturier. – Né le 21 janvier 1895 à Getaria, Espagne ; mort le 23 mars 1972 à Valence, Espagne.

L'installation de Cristobal Balenciaga en France est différente de celle de ses pairs en haute couture, arrivés dans leur jeune âge. Celui qui, en 1937, ouvre sa maison à Paris, sur la prestigieuse avenue George-V et qui présente, dans la foulée, sa première collection parisienne a déjà quarante-deux ans. Il avait débuté dans son Pays basque natal, en 1919, et, dans les années 1920, il habillait la reine d'Espagne. Comme la date le fait comprendre, c'est la guerre civile qui le chasse et lui fait choisir la capitale mondiale de la mode féminine. Les années 1950 seront ses grandes années, au cours desquelles son classicisme dépouillé séduit la haute société et fait rêver bien des femmes, qui doivent se contenter de ses parfums – ou des uniformes des hôtesses d'Air France. Balenciaga marque aussi son milieu en jouant un rôle important dans la formation de deux générations de grands couturiers, André Courrèges ou Oscar de la Renta, Emmanuel Ungaro ou Hubert de Givenchy. C'est à ce dernier qu'on doit l'impulsion décisive qui a permis l'ouverture, dans sa ville natale de Getaria, d'un grand musée voué à l'œuvre du fils prodigue, revenu en Espagne en 1968 pour y mourir.

Pascal Ory

BALL Benjamin

Médecin aliéniste. – Né le 20 avril 1833 à Naples, alors Royaume des Deux-Siciles, aujourd'hui Italie ; mort le 23 février 1893 à Paris, France.

Fils d'un père anglais et d'une mère suissesse, il arrive dès son jeune âge à Paris, où il fait ses études secondaires au lycée Bonaparte. Toute sa vie il se considérera comme français, notamment par opposition à la nationalité anglaise. Externe en médecine en 1854, il commence son internat en 1855 dans le service de Jean-Jacques Moreau de Tours, à Bicêtre. Il soutient sa thèse en 1862 sur les embolies pulmonaires. Il est agrégé en 1866 et médecin des hôpitaux en 1870. Charles Ernest Lasègue, dont il est l'assistant à l'infirmerie spéciale de la préfecture de police, lui recommande de se consacrer à l'étude des maladies mentales. En 1877, Ball est candidat à la chaire de clinique des maladies mentales et de l'encéphale, qui vient d'être créée, contre une majorité d'aliénistes qui lui préfèrent Valentin Magnan. Ball est nommé, mais il est en conflit avec l'administration des Asiles et sa première leçon n'a lieu qu'en novembre 1879. Alors que son service est à l'hôpital Laënnec, son enseignement se tient dans le fief de Valentin Magnan, à Sainte-Anne. Les deux hommes entretiennent des relations difficiles et leur rivalité se développe également dans des controverses scientifiques qui portent sur le délire chronique ou la classification des maladies mentales. Les travaux de Ball portent en particulier sur les délires de persécution, la morphinomanie et le cocaïnisme. Il déploie une grande activité dans le champ de l'aliénisme. Ainsi, il fonde et dirige, en 1881, avec Jules Bernard Luys, la revue *L'Encéphale, journal des maladies mentales et nerveuses*. Il réunit en 1883 en un volume ses leçons sur les maladies mentales, qui constituent une somme sur l'aliénisme de son époque. Il est à la tête du comité d'organisation du premier congrès international de médecine mentale en 1889. Fait chevalier de la Légion d'honneur en 1880, il entre en 1883 à l'Académie de médecine dans la section de pathologie médicale, et préside la Société médico-psychologique en 1890. Malade, éloigné de son service pendant quelques années, il sera inhumé à sa mort au cimetière Montmartre.

Anne Rasmussen

BALTAZZI Jean (Ioannis)

Négociant et banquier. – Né le 13 novembre 1795 à Smyrne, alors Empire ottoman, aujourd'hui Izmir, Turquie ; mort le 18 février 1880 à Marseille, France.

Fils d'un négociant, sujet autrichien d'origine grecque orthodoxe, Ioannis Baltazzi arrive en juillet 1834 à Marseille, où il représente la société Baltazzi frères, établissement aux ramifications internationales (Constantinople, Smyrne, puis Londres et Vienne) qui développe le commerce avec le Levant tout en menant d'importantes opérations financières. L'année suivante, Jean épouse à Constantinople Catherine Petrocochino, avec laquelle il s'installe définitivement dans la capitale phocéenne. Il y est rejoint par son frère Théodore, en 1846, qui fonde une fabrique de savons, puis par Démétrius, qui prend la tête de la banque Démétrius Baltazzi et compagnie, laquelle connaît un essor rapide au moment de la révolution de 1848, attirant d'importantes liquidités de Constantinople, dans une ville en manque d'argent et de crédit. Démétrius obtient la Légion d'honneur en octobre 1850, mais quitte Marseille en 1862, à la suite de difficultés financières. Jean, quant à lui, reste à Marseille, où naissent ses quatre enfants. Son petit-fils, Jean Psichari, érudit et universitaire franco-grec, épousera en 1882 la fille d'Ernest Renan.

Claire Zalc

BALTHUS (Balthazar Klossowski de Rola)

Peintre. – Né le 29 février 1908 à Paris, France ; mort le 18 février 2001 à Rossinière, Suisse.

Voulant être, sur le modèle de ceux de la Renaissance, un « peintre dont on ne sait rien », Balthus a entretenu autour de sa personne plusieurs légendes mêlant le vrai au faux. D'ascendance polonaise par son père et russe par sa mère, de nationalité allemande – car tous deux sont des ressortissants prussiens –, il passe son enfance à Berlin puis en Suisse dans un milieu familial passionné par l'art et la littérature. À son père historien d'art succède comme mentor le poète Rainer Maria Rilke, qui entretient une liaison avec sa mère. Installé à Paris en 1924, Balthus se lie d'amitié avec des surréalistes notoires comme Giacometti et Miró. Ses œuvres troublantes, empreintes d'onirisme et d'érotisme, sont exposées à Paris dans la galerie de Pierre Loeb et ses illustrations prennent place dans la revue *Minotaure*. Malgré des affinités évidentes, Balthus garde ses distances à l'égard du groupe surréaliste et produit une œuvre singulière, qui n'est connue que tardivement grâce à une rétrospective de 1983 présentée au MNAM (Paris) et au MOMA (New York). Il obtient la nationalité française en 1930 et fait son service militaire au Maroc. En septembre 1939, il est mobilisé dans l'armée française en Alsace, puis démobilisé en décembre pour des raisons encore obscures. De 1961 à 1977, il est nommé par André Malraux (contre l'avis de l'Institut, dont Balthus n'est pas membre) directeur de l'Académie de France à Rome, dont il supervise l'importante rénovation ainsi que la transformation du prix de Rome, avant de finir sa vie en Suisse.

Julie Verlaine

BALTRUSAITIS Jurgis

Historien de l'art. – Né en 1903 à Moscou alors Empire russe, aujourd'hui Russie ; mort le 25 janvier 1988 à Paris, France.

Historien de l'art, disciple d'Henri Focillon – et même son gendre, ayant épousé sa belle-fille –, Jurgis Baltrusaitis n'a pourtant jamais eu de carrière en ce domaine. L'histoire de son pays natal, la Lituanie, mais aussi son goût profond pour des objets jugés en son temps comme secondaires, voire incongrus, en ont décidé autrement. Reste une œuvre. Fils d'un poète, le jeune homme est arrivé en France en 1923 pour étudier le théâtre, mais sa rencontre avec Focillon va mettre au centre de son œuvre la culture visuelle. Docteur en Sorbonne, il enseigne à l'université de Kaunas, alors capitale de la Lituanie, de 1933 à 1939. Ses premiers travaux font de lui un chercheur reconnu dans le monde étroit des spécialistes de l'art roman. La guerre mondiale puis la guerre froide précipitent la Lituanie dans le drame et Baltrusaitis dans un exil définitif. Il fait clairement le choix du camp atlantiste (Congrès pour la liberté de la culture), mais, plus encore, sous l'égide de « la vie des formes » chère à Focillon, d'une recherche méticuleuse des *Aberrations* visuelles (1957) et, particulièrement, des *Anamorphoses* (1955). La clé de voûte de son œuvre est, en 1955, sa synthèse sur *Le Moyen Âge fantastique*. Excédant de beaucoup le cercle des amateurs d'art, les ouvrages de cet analyste méticuleux, qu'aucune université d'Europe ou d'Amérique n'appellera en son sein (il sera seulement un éphémère professeur invité de quelques-unes d'entre elles) figureront en bonne place dans la bibliothèque des amoureux de l'étrange, des enfants du surréalisme et des psychanalystes.

Pascal Ory

BANCIC Olga

Résistante. – Née le 10 mai 1912 à Kichinev, alors Empire russe, aujourd'hui Moldavie ; morte le 10 mai 1944 à Stuttgart, Allemagne.

Olga Bancic était issue d'une famille juive ; son père était un petit fonctionnaire. Elle milita très jeune aux Jeunesses communistes et elle fut arrêtée à seize ans par la police roumaine, à la suite d'une grève à laquelle elle avait participé dans l'entreprise de matelas où elle travaillait. Relâchée, elle reprit son militantisme, mais, après une seconde arrestation, elle quitta son pays pour aller s'installer en France. Elle y fut étudiante à la faculté des lettres. En 1938, elle épousa un ancien des Brigades internationales, Alexandre Jar, dit Dubois, né vers 1911 en Roumanie.

À partir des débuts de l'Occupation, Olga Bancic participa aux activités de l'Organisation secrète (OS), puis rejoignit les Francs-tireurs et partisans de la Main-d'œuvre immigrée (FTP-MOI), organisation animée par le Parti communiste clandestin. Elle fit partie du groupe Manouchian. Sous le pseudonyme de Pierrette, Olga Bancic assura le transport des armes et des munitions lors des actions. Elle fut, par la suite, chargée du dépôt des armements.

Arrêtée le 16 novembre 1943, Olga Bancic fut jugée à partir du 15 février 1944 par la cour martiale du tribunal allemand auprès du commandant du Grand Paris, dans le « procès des 23 », ou procès du groupe Manouchian, connu maintenant sous le nom de « L'Affiche rouge ». Elle était la seule femme de ce procès et fut condamnée à mort. Déportée en Allemagne, elle fut une nouvelle fois condamnée à mort à Stuttgart et guillotinée, ou décapitée, dans la cour de la prison le 10 mai 1944, le jour de son trente-deuxième anniversaire. Elle laissait une fille, née en 1939, qu'elle avait prénommée Dolorès. Olga Bancic est devenue le symbole des femmes étrangères engagées dans la Résistance.

Son mari, qui avait aussi participé aux activités du 1er détachement FTP-MOI, regagna la Roumanie après guerre.

Michel Dreyfus

BANKOLÉ Isaac, ou Isaach, de

Acteur. – Né le 12 août 1957 à Abidjan, Côte d'Ivoire.

Né Zachari Bankolé en Côte d'Ivoire, de parents originaires du Bénin et grands-parents du Nigeria, c'est en 1975 qu'il arrive en France et que, parallèlement à des études scientifiques, il se lance dans la comédie et intègre le cours Simon. Ses débuts au cinéma datent de 1984, et, deux ans plus tard, la comédie à succès *Black Mic-Mac*, de Thomas Gilou, lui apporte notoriété et reconnaissance (César du meilleur espoir masculin en 1987). Il alterne dès lors les rôles comiques du cinéma populaire (*Les Keufs*, 1987, Josiane Balasko ; *Vanille fraise*, 1989, Gérard Oury) et les compositions du cinéma d'auteur (*Noir et blanc*, 1986, Claire Devers ; *Chocolat*, 1988, Claire Denis ; *S'en fout la mort*, 1990, Claire Denis), tout en travaillant également au théâtre, notamment avec Patrice Chéreau. Sa carrière s'internationalise peu à peu : il tourne quatre fois avec le cinéaste américain Jim Jarmusch, mais travaille également avec le Portugais Pedro Costa, le Malien Cheick Oumar Sissoko ou le Danois Lars von Trier. Installé aux États-Unis depuis 1997, Isaac de Bankolé joue sous la direction de réalisateurs comme Julian Schnabel ou Michael Mann, mais fait également des apparitions dans la série télévisée *24 Heures chrono* ou dans le James Bond *Casino Royale* (Martin Campbell, 2006), continuant donc à circuler aisément entre cinéma populaire et cinéma d'auteur. En 2010, il travaille de nouveau avec Claire Denis pour *White Material*, co-écrit par la réalisatrice avec Marie N'Diaye ; un rôle où il retrouve l'aura lumineuse et trouble qui l'avait distingué dans ses grands rôles des années 1980.

Dimitri Vezyroglou

BANU Georges

Essayiste et critique. – Né le 22 juin 1943 à Bucarest, Roumanie.

Après des études théâtrales au Conservatoire de Bucarest, Georges Banu, qui écrit dans des revues culturelles roumaines, arrive à Paris le 31 décembre 1973, avec en poche la lettre qu'il a reçue de Bernard Dort, à qui il avait envoyé ses premiers articles. Il devient assistant à l'Institut d'études théâtrales de la Sorbonne, mais est obligé de faire des enquêtes dans le métro pour survivre. Il franchira par la suite tous les échelons universitaires, formant des générations d'étudiants à l'étude des grands metteurs en scène contemporains et des spectacles internationaux. Voyageur et spectateur infatigable, Georges Banu fréquente toutes les scènes du monde, traquant le talent, la nouveauté, l'originalité au cœur de la plus petite troupe, chez l'auteur débutant, le metteur en scène inconnu, l'apprenti scénographe. Sa curiosité, son ouverture d'esprit en font le confident des artistes, dont il analyse l'œuvre dans des ouvrages qui restent la trace la plus précieuse de la vie théâtrale des années 1980 à nos jours. En 1990, il crée, avec Michelle Kokosowski, l'Académie expérimentale des théâtres qui, durant plus de dix ans, enregistrera les traces textuelles et iconographiques du théâtre mondial. De Tadeusz Kantor à Bob Wilson, de Jerzy Grotowski à Judith Malina, de Luc Bondy à Anatoli Vassiliev, la scène moderne a été auscultée lors de manifestations (ateliers, débats, cycle autour d'« Une œuvre à questionner »), qui bénéficient de la collaboration de lieux prestigieux tels le Théâtre d'art de Moscou ou le Festival de São Paulo. « Universitaire impliqué », comme il se définit lui-même, Georges Banu s'interroge désormais sur sa position de spectateur de théâtre au cœur du monde contemporain, sur les notions de mémoire et d'oubli. Codirecteur de la revue *Alternatives théâtrales*, directeur de la collection « Le temps du théâtre » aux éditions Actes Sud, Banu a été, de 1994 à 2000, président de l'Association internationale des critiques de théâtre. Devenu français par son mariage avec l'universitaire Monique Borie en 1976 – il perd en même temps la nationalité roumaine –, Georges Banu a repris sa nationalité originelle en 1990 après la chute de Ceauşescu et a suscité depuis lors des échanges culturels féconds entre la France et la Roumanie.

Chantal Meyer-Plantureux

BARATTO Mario et TRENTIN-BARATTO Francesca

Universitaires et essayistes italiens. – Mario : né en 1920 à Chioggia, Italie ; mort en 1984 à Venise, Italie. Francesca : née en 1919 et morte en 2010 à Venise, Italie.

Mario Baratto arrive à Paris en 1951, où il rejoint Francesca Trentin, sœur du syndicaliste Bruno Trentin et fille de Silvio Trentin, exilé en France dès 1926 avec sa famille. Francesca, arrivée en France très jeune, sera la seule de la famille à avoir la double nationalité française et italienne. En 1951, elle est maître-assistant de lettres modernes à Dijon, avant d'entrer à la Sorbonne en 1958, au département des Études italiennes. C'est grâce à elle que Mario Baratto, qu'elle épousera en 1956, obtient en 1953 un poste de lecteur d'italien auprès des Écoles normales d'Ulm, Sèvres, Fontenay et Saint-Cloud, jusqu'en 1966. Il y marquera profondément des générations d'étudiants, mais c'est peut-être son activité extra-universitaire qui sera la plus importante. Francesca Trentin-Baratto réunit chaque semaine dans leur appartement parisien des intellectuels, metteurs en scène et acteurs français et italiens ; dans la « galaxie » Baratto, on retrouve aussi bien Jean Vilar, Patrice Chéreau, Bernard Dort, Giorgio Strehler ou Roland Barthes qu'Enrico Berlinguer (secrétaire du Parti communiste italien, auquel Mario Baratto adhérera) ou des hommes politiques français. Mario Baratto contribuera à renouveler la connaissance des auteurs dramatiques italiens : Luigi Pirandello, Ruzzante, Vittorio Alfieri et surtout Carlo Goldoni (il collaborera à la mise en scène des *Rustres* de Vilar), qui connaîtra une vogue particulière en France après la parution en 1971 de son ouvrage de référence, *Sur Goldoni*. Il donne de nombreuses conférences dans les théâtres – Théâtre des Nations/Sarah Bernhardt, TNP,... –, à l'Institut culturel italien et au Centre international de dramaturgie, suscitant des échanges fructueux entre les cultures italienne et française. Les Baratto rentreront à Venise en 1966. Mario enseignera à l'université de Cagliari, puis à celles de Pise et de Venise ; Franca sera lectrice de littérature française à l'université de Venise jusqu'en 1985 et animera l'Alliance française de Venise ainsi que l'Institut vénitien d'histoire de la Résistance, pratiquement jusqu'à sa mort, continuant ainsi son rôle de passeuse entre ses deux patries.

Chantal Meyer-Plantureux

BARBER Eunice

Sportive. – Née le 17 novembre 1974 à Freetown, Sierra Leone.

Les deux titres de championne du monde obtenus en heptathlon en 1999 et en saut en longueur en 2003 font d'Eunice Barber l'une des athlètes françaises les plus reconnues. C'est à l'école de son quartier de Freetown, capitale de la Sierra Leone, qu'elle pratique l'athlétisme, avant de s'inscrire, à quatorze ans, au club de sport de l'Alliance française. Elle y est repérée par l'attaché culturel de l'ambassade, passionné d'athlétisme, qui lui offre l'opportunité de venir s'entraîner épisodiquement en France. Au moment où la guerre civile se déclare dans son pays, Eunice Barber accepte, en 1992, la proposition de venir s'installer durablement afin de se donner plus encore les moyens d'améliorer ses performances sportives. De la France, elle ne connaît que très peu de chose, elle qui, comme ses compatriotes anglophones, rêvait plutôt de New York ou de Londres. L'adaptation à Reims est d'ailleurs difficile, notamment sur le plan scolaire. Elle vit dans une petite chambre du Centre régional d'éducation physique et des sports (CREPS), avant de s'installer avec une autre expatriée dans un appartement d'une ZUP de la ville. Les résultats sportifs ne sont alors guère convaincants : elle abandonne au cours de l'heptathlon des Jeux olympiques de Barcelone en 1992, puis termine cinquième lors de l'olympiade suivante, à Atlanta. En 1999, sa carrière prend un nouveau tour avec le titre de championne du monde d'heptathlon. Elle vient d'obtenir la nationalité française, demandée afin de pouvoir bénéficier de structures d'entraînement plus élaborées que dans son pays d'origine. Sa carrière suit à partir de ce moment une ligne sinusoïdale entre succès (outre les deux médailles aux championnats du monde de 1999 et 2003, elle est médaillée d'argent en heptathlon en 2003 et 2005 et médaillée de bronze en saut en longueur en 2005) et déceptions (en particulier son abandon lors de l'heptathlon de 2001 et ses échecs aux Jeux olympiques). À partir de 2003, elle doit faire face à l'heptathlonienne suédoise Carolina Klüt, qui domine la discipline. En 2006, Eunice Barber quitte les pages sportives des médias pour défrayer la chronique des faits divers. Son arrestation pour un banal contrôle de police à proximité du Stade de France aboutit à sa condamnation pour « refus d'obtempérer, mise en danger de la vie d'autrui, outrages et violences sur personnes dépositaires de l'autorité publique ». L'athlète, tout en reconnaissant sa réaction virulente, s'estime victime du racisme des policiers. Dans les médias et sur son site internet personnel, elle stigmatise plus généralement les manifestations de rejet dont elle aurait été victime depuis son arrivée en France. Elle n'hésite pas à jouer de la provocation lorsqu'elle s'oppose au boycott ou au port d'un badge par les athlètes français participant aux Jeux olympiques de Pékin en 2008. Elle déclare qu'en matière de droits de l'homme « ce n'est pas la France qui va donner des leçons à la Chine. Il y a tellement de "Noirs et d'Arabes" qui se font "incendier" en France ». Sa non-qualification pour cette olympiade sonne le glas de ses ambitions sportives. Elle s'installe alors aux États-Unis, où elle s'entraînait déjà une partie de l'année à la fin de sa carrière sportive.

Stéphane Mourlane

BARBIZON, Groupe de

Barbizon, petit village en lisière de la forêt de Fontainebleau sur la commune de Chailly-en-Bière, fut le centre géographique et spirituel d'une colonie de peintres paysagistes des années 1830 jusqu'aux années 1870. Inventé a posteriori en Angleterre dans les années 1890, probablement par le critique et marchand d'art David Croal Thompson, le vocable « École de Barbizon » est empreint de préoccupations commerciales, cherchant à vanter les mérites de cette production, plus facilement vendable que les tableaux de Monet ou des impressionnistes, tout en rappelant l'influence anglaise. En fait d'école, ce fut surtout un rassemblement saisonnier informel d'artistes, ne partageant ni programme ni manifeste, mais un attachement au travail sur chevalet en plein air, autour de motifs végétaux et minéraux, dont le rendu pictural laisse deviner l'émotion de l'artiste devant une nature en perpétuelle métamorphose. Les étrangers sont nombreux dans cette colonie d'artistes, qui commence à se former lors des premiers séjours de Camille Corot en forêt de Fontainebleau en 1821-1822, puis se renforce chaque été autour de Théodore Rousseau, Charles-François Daubigny et Jean-François Millet. C'est d'ailleurs le Grec Stamati BULGARI (1777-1847), arrivé à Chailly en 1821, représenté par Corot à plusieurs reprises assis devant son chevalet en plein air, qui donne, dans ses *Souvenirs* (1835), la première description connue de la colonie d'artistes qui travaillent sur le motif dans la forêt environnante.

Parmi les pionniers, fortement influencés par Corot, figure Narcisse Virgile DIAZ DE LA PEÑA (1807-1876), fils d'exilés espagnols réfugiés à Bordeaux. Tôt orphelin, Diaz est élevé par un pasteur retiré à Meudon et passe son adolescence en vagabondages dans les bois ; mordu par un serpent, il est amputé d'une jambe. Cette infirmité l'empêche de faire plus tard le voyage en Orient comme d'autres peintres. Apprenti décorateur dans une fabrique de porcelaine, il s'initie à la peinture en autodidacte, au Louvre et dans les environs de Paris. En 1836, il rencontre Rousseau et découvre Barbizon, où il trouve, jusqu'à sa mort quarante ans plus tard, l'essentiel des motifs de sa peinture. Son succès est rapide et durable : sa peinture de paysages est appréciée pour sa capacité à restituer la lumière par des touches de matière fluide, autant d'« éblouissantes joailleries solaires » (Henri Focillon). Il est un pilier de l'auberge Ganne, centre névralgique de la sociabilité de Barbizon à partir de 1824 (aujourd'hui musée départemental de l'École de Barbizon).

C'est après 1848, lorsque s'ouvre l'âge d'or de Barbizon, que les artistes étrangers y sont les plus nombreux et les plus actifs. L'Américain William Morris HUNT (1824-1879) y est amené par Millet, qu'il a connu dans l'atelier de Thomas Couture en 1850. Aux Salons de 1852 et 1853, Hunt, qui s'y est établi, expose avec le Groupe de Barbizon, désormais identifié sous cette étiquette dans le paysage artistique français. Devenu l'ami intime de Millet, il est témoin à son mariage, à Barbizon en 1853, et achète ses œuvres. De retour aux États-Unis, il se fixe à Boston où il forme des élèves au pleinairisme et fait connaître auprès des musées et des collectionneurs privés les artistes de Barbizon. Parmi ceux-ci figurent ses compatriotes William Perkin BABCOCK (1826-1899), également originaire de Boston, élève de Thomas Couture, proche de Millet dont il signe l'acte de décès en 1875 ; George INNESS (1825-1894), l'un des plus grands paysagistes, qui arrive de New York à Barbizon en 1854 et y travaille sous l'influence profonde de Corot.

Les artistes flamands, belges et suisses sont également nombreux, autour de Martinus Antonius KUYTENBROUWER (1821-1897), né aux Pays-Bas, venu à Paris dans l'atelier d'Isabey où, en 1847, il se lie avec Johan Barthold JONGKIND. Il s'installe chaque été, à partir de 1848, à Barbizon et passe le reste de l'année entre la Belgique et la France. Il est naturalisé français en 1876 et s'installe définitivement à Chailly. Ses scènes de chasses et travaux des champs, et surtout ses paysages, en font un membre à part entière du Groupe de Barbizon, qui est également enrichi des travaux des frères DE COCK, Xavier (1818-1896) et César (1823-1904), nés à Gand, domiciliés en France à partir de 1852 ; de ceux de Camille VAN CAMP (1834-1891), qui arrive à Paris en mai 1859 et se rend immédiatement à Barbizon pour travailler sur le motif dans la forêt. Ce dernier mène de front une double carrière, belge et française, tout en collaborant comme illustrateur à l'*Illustrated London News*. Parmi les artistes originaires de Suisse, David SUTTER (1811-1880), très lié avec Diaz et Rousseau, séjourne à Barbizon et expose au Salon avec eux, tout en étant professeur d'esthétique à l'École des beaux-arts entre 1865 et 1870. Il est naturalisé français en 1872, après plusieurs expositions remarquées d'œuvres exclusivement composées de vues de Barbizon et des environs. Également Suisse naturalisé français à la fin de sa vie, Karl BODMER (1809-1893) s'installe à Barbizon en 1849, après avoir voyagé en Amérique du Nord, et y travaille jusqu'à la fin de sa vie. Le lieu a aussi séduit des artistes originaires d'Europe de l'Est, en particulier roumains, à l'instar de Nicolae GRIGORESCU (1838-1907), fils d'un ouvrier agricole, apprenti chez un peintre d'icônes à l'âge de dix ans, d'abord spécialisé dans les toiles religieuses et les décorations de monastères. Il arrive à Paris en 1862, passe quelques mois dans l'atelier de Sébastien Cornu et se rend à Barbizon la même année. Son œuvre est marquée dès lors par une profonde influence des artistes qu'il y côtoie durant une dizaine d'années. De retour en Roumanie, il y introduit le pleinairisme auprès de ses nombreux élèves, puis revient en France s'installer en Bretagne avant de mourir en Roumanie en 1907. Ses nombreuses toiles, des paysages de Chailly et Barbizon, sont pour la plupart conservées au musée Simu de Bucarest.

Le goût pour cette peinture fut tel que Barbizon devint un lieu de pèlerinage pour les artistes de la génération suivante et fit là, à proprement parler, école. Les disciples de Grigorescu, comme Ion ANDREESCU (1850-1882), George Demetrescu MIREA (1854-1934), Alexandru DJUVARA (1858-1913), s'y pressent dans les années 1870 et 1880 et exposent dans les Salons parisiens des toiles regroupées sous l'appellation École de Barbizon. Le succès qu'ils rencontrent est grand, tout comme celui des paysagistes hongrois Mihály MUNKÁCSY (1844-1900) et Laszlo de PAAL (1846-1879), qui ont d'abord étudié à Vienne, Munich et Düsseldorf avant de se rendre à Barbizon et d'y séjourner, à partir de 1873.

Barbizon, à la fois foyer de création et bannière de ralliement, a attiré des dizaines de jeunes peintres étrangers, et nombre d'entre eux se sont fixés dans le village ou aux alentours. Les œuvres qu'ils ont créées en installant leur chevalet en plein air dans la forêt accompagnent l'entrée de l'art français dans la modernité.

Julie Verlaine

BARNEY Natalie (Natalie Clifford Barney)

Femme de lettres. – Née le 31 octobre 1876 à Dayton, États-Unis ; morte le 2 février 1972 à Paris, France.

Fille d'un magnat américain des chemins de fer, Natalie Barney apprend le français grâce à la lecture de Jules Verne. Installée à Paris, elle y accomplit ses études avant de faire son entrée dans le monde. Lesbienne assumée, elle multiplie les conquêtes amoureuses, se liant successivement avec Liane de Pougy, Renée Vivien ou Colette, tout en entretenant une amitié durable avec Rémy de Gourmont. En 1900, elle fait paraître à compte d'auteur son premier recueil de poèmes publié en français, *Quelques portraits-sonnets de femmes*, l'un des textes fondateurs de la littérature homosexuelle féminine. Le scandale est si retentissant que son père l'oblige à rentrer aux États-Unis et rachète le tirage complet de l'ouvrage pour le détruire. Après la mort de son père en 1902, Natalie Barney regagne la France, organisant chez elle, à Neuilly, des soirées artistiques dédiées à Sappho. À partir d'octobre 1909, elle s'installe au 20 de la rue Jacob et y ouvre l'un des principaux salons littéraires du Tout-Paris littéraire et artistique de la Belle Époque. En 1920, son essai, *Pensées d'une Amazone*, mêle affirmation féministe et dénonciation pacifiste. Durant l'entre-deux-guerres, Natalie Barney accueille dans son salon l'avant-garde littéraire et lance, en 1927, une Académie des femmes pour protester contre la présence exclusive des hommes à l'Académie française. Après la Seconde Guerre mondiale, son salon connaîtra une ultime phase de notoriété autour d'auteurs comme Truman Capote ou Marguerite Yourcenar, avant que l'écrivain se consacre à la rédaction de ses Mémoires (*Souvenirs indiscrets*, 1960). En 1966, les milieux intellectuels franco-américains s'émeuvent de la voir, à quatre-vingt-dix ans, menacée d'expulsion. C'est cependant à l'hôtel Meurice que Natalie Barney s'éteint, six ans plus tard.

Pierre-Frédéric Charpentier

BARSKI Georges

Biologiste et virologue. – Né en 1909 à Varsovie, alors Empire russe, aujourd'hui Pologne ; mort le 20 septembre 1985 à Paris, France.

D'origine juive polonaise, Georges Barski effectue toutes ses études secondaires et supérieures à Varsovie, où il obtient son doctorat ès sciences. Attiré par la recherche française, et ayant perdu toute sa famille, exterminée en Pologne, il émigre à Paris et poursuit des études de spécialisation à l'Institut Pasteur. Il devient, en 1947, directeur du laboratoire de culture de tissus au service de la virologie de cet institut, et entre au CNRS. En 1958, Georges Barski est chargé de la création, à l'Institut Gustave-Roussy, d'un laboratoire analogue, dont il assure la direction durant vingt ans. D'intenses recherches le conduisent à prouver l'existence de cellules d'un type nouveau, les cellules dites « hybrides ». Georges Barski est le père de la scénariste et écrivain Odile Barski.

Vincent Duclert

BARTHOLONY François

Banquier. – Né le 2 mars 1796 à Genève, Suisse ; mort le 9 juin 1881 à Sécheron, Suisse.

Descendant d'une famille de soyeux protestants originaires de Florence, réfugiés en Suisse pour cause de religion, François perd son père à l'âge de cinq ans. À dix-huit ans, il quitte Genève, en compagnie de son frère aîné, pour Paris, où ils sont employés dans la banque Lapanouze, puis associés, en janvier 1823. Visionnaire saint-simonien, François investit dans le développement des chemins de fer, auquel il consacre énergie et moyens financiers, proposant pour la construction de nouvelles lignes la garantie d'intérêt des investissements par l'État. Président de la Compagnie de chemins de fer de Paris-Orléans de 1839 à 1877, il instaure la participation des employés aux bénéfices, crée la première caisse de secours et de retraite des cheminots. Il développe les liens entre industrie et réseau ferroviaire, fonde la Compagnie des chemins de fer du Centre en 1845 et souscrit plus de trois millions de francs au syndicat de la ligne Paris-Lyon. Il fonde la Compagnie de Lyon-Genève, dont il est président jusqu'en 1861, et tente également de promouvoir les canaux. Parallèlement, les activités bancaires de François Bartholony touchent à l'épargne populaire : il préside la Caisse d'épargne de Paris de 1868 à 1878 et participe à la création de la Société générale. Naturalisé français, il partage son temps entre la France et la Suisse, où il achète une propriété sur les bords du lac de Genève, à Sécheron, qui accueille le vieux Lamartine ou le jeune Maupassant.

Claire Zalc

BARTOŠEK Karel

Historien. – Né le 30 juin 1930 à Skuteč, alors Tchécoslovaquie, aujourd'hui République tchèque ; mort le 8 juillet 2004 à Paris, France.

L'« ouvrier-historien tchèque », comme il se définit lui-même, émigra tardivement en France : à l'âge de cinquante-deux ans, le 27 décembre 1982, c'est un homme en larmes qui est contraint à l'exil pour devenir l'« historien français d'origine tchèque », identité qu'il se résout à assumer même après 1989 et la possibilité qui lui est donnée de revenir, à de nombreuses reprises, dans son pays natal, mais comme visiteur ; car la France est devenue sa « nouvelle patrie », écrit-il. Le parcours de Karel Bartošek est donc celui d'un dissident et son travail d'historien est indissociable d'une vie elle-même éreintée par l'histoire du second XXe siècle.

Il naît dans une famille ouvrière de Bohême de l'Est. Pendant ses études à la faculté de lettres de Prague, comme beaucoup de jeunes gens de sa génération, il devient un militant fervent du Parti communiste et met, dans la première moitié des années 1950, sa plume de jeune historien au service du Parti en signant des articles doctrinaux, à l'instar de celui intitulé « Le rôle honteux des occupants américains en Bohême de l'Ouest en 1945 » (1951). Mais après le tournant de 1956, il condamne publiquement le stalinisme et l'intervention soviétique en Hongrie, ce pour quoi il est interdit d'activité à l'université.

En 1960, Karel Bartošek entre par défaut à l'Institut d'histoire de l'Académie des sciences et il y entreprend des recherches historiques sur la résistance anti-nazie, qui trouvent notamment leur aboutissement dans *Insurrection de Prague*, ouvrage remarqué en Tchécoslovaquie et à l'étranger. Au sein du Comité pour l'histoire de la Résistance, il travaille avec d'autres intellectuels éclairés tchèques à une histoire libérée des entraves idéologiques et ouverte sur l'international ; le Comité parvient même à organiser en 1963, à Karlovy Vary, un congrès sur la résistance européenne auquel participent des chercheurs occidentaux. L'intérêt de Karel Bartošek est principalement centré sur la France, notamment sous l'influence de son épouse Suzanne Chastaing, qui enseigne le français. Au fil des années, leur appartement pragois devient un repaire d'intellectuels anticonformistes et francophiles et, par là, un vecteur de la culture et de l'historiographie françaises, notamment celle des *Annales*, en Tchécoslovaquie.

En 1968, il participe sur place au Printemps de Prague, en publiant plusieurs papiers retentissants ; l'arrivée des chars soviétiques et le retour de l'oppression totalitaire créent chez lui une blessure profonde, à la hauteur de l'espoir qu'il avait mis dans ce soulèvement. Non seulement il démissionne du Parti communiste, mais il en expose les raisons dans un article qui paraît dans *Les Temps modernes* et lance un appel public : « Nous n'avons pas droit de nous taire ! » Le régime les lui fait aussitôt payer : il perd son poste de chercheur et doit subvenir aux besoins de sa famille en étant chauffagiste, pompeur d'eau ou encore homme de ménage dans un garage. Mais il continue d'écrire, de publier et de résister, figurant naturellement au nombre des intellectuels signataires de la Charte 77. La police d'État – la StB – le surveille et le menace. En 1972, il est incarcéré pendant six mois. Plus tard, alors qu'il est hospitalisé, la StB fait même parvenir un faux avis de décès à son épouse et à ses trois enfants. Cette tension provoque l'exil en France, dans un premier temps, de sa famille. Dans les conditions matérielles et intellectuelles misérables qui lui sont faites, il poursuit cependant son œuvre d'historien, qui portera désormais sur la nature répressive du régime communiste. Entre 1975 et 1982, il interviewe, en cachette de la police secrète, onze acteurs de la vie politique et culturelle du pays, qui furent prisonniers politiques. Il se constitue donc des archives d'« histoire orale » à une époque où il ignore que cette démarche historiographique prend de l'envergure à l'Ouest.

En 1982, le régime l'autorise à quitter le pays, au prix de la déchéance de sa nationalité tchécoslovaque. En France, ses amis Armand Frémont, Annie Kriegel et François Bédarida l'aident à trouver un poste à l'Institut d'histoire du temps présent (IHTP) du CNRS. Son pays d'accueil lui offre la naturalisation. En 1986, il reprend la revue de François Maspero *L'Alternative* et en fait *La Nouvelle Alternative (Revue pour les droits et les libertés démocratiques en Europe de l'Est)*. Tribune internationale pour les dissidents du bloc soviétique européen, la revue est aussi – et demeure depuis la chute du rideau de fer – une revue scientifique consacrée à l'Europe centrale et du Sud-Est. L'exilé poursuit les recherches sur le système répressif, entamées dans son pays natal ; il exploite donc les témoignages récoltés naguère, mais aussi le dépouillement, dès 1990, des archives du Comité central du Parti communiste de Tchécoslovaquie. En 1996, ces recherches aboutissent à la publication des *Aveux des archives : Prague-Paris-Prague*. En 1997, il est l'auteur du chapitre sur l'Europe centrale et balkanique du *Livre noir du communisme*, mais il regrette qu'à sa réception l'ouvrage donne une vision simplificatrice du communisme dont, mieux que quiconque, il connut les ambitions, les contradictions et les écueils.

Anna Trespeuch-Berthelot

BASCH Victor (Viktor-Wilhelm-Vilmos Langsfeld)

Professeur de littérature allemande et d'esthétique. – Né le 18 août 1863 à Pest, alors Empire autrichien, aujourd'hui Budapest, Hongrie ; mort le 10 janvier 1944 à Neyron, France.

L'assassinat sauvage de cette figure accomplie d'intellectuel de gauche et de son épouse, tous deux âgés de quatre-vingts ans, est devenu le symbole d'une barbarie dont Victor Basch fut la cible privilégiée dès les années 1930. Dans la soirée du 10 janvier 1944, Joseph Lécussan et Paul Touvier, encadrant un groupe de miliciens français, accompagnés de quelques soldats allemands commandés par August Moritz, lieutenant du SIPO-SD de Lyon, viennent arracher les deux vieillards à leur domicile. Ils les emmènent en rase campagne, aux environs du village de Neyron, dans l'Ain, où ils les exécutent sommairement et laissent sur leur corps un tract portant : « Le juif paye toujours. »

Victor Basch (autorisé à prendre ce nom en 1884 par le ministère de l'Intérieur hongrois) quitte très jeune la Hongrie avec sa famille, vers l'âge de deux ans. Si, plus tard, il maîtrisa la langue allemande, jamais il n'apprit le hongrois et, durant toute sa vie, il ne fit pas plus de trois séjours de six semaines dans son pays natal ; malgré tout, explique-t-il, « études et culture française, tout cela est superficiel et factice, le fond hongrois demeure ». Il grandit auprès de son père adoptif, Raphaël Basch, journaliste et homme politique libéral de renom qui, après avoir sillonné l'Europe, trouve refuge en France, pays qu'il voit comme « la salvatrice du peuple juif, la libératrice de toutes les nations opprimées [...] la libératrice de la démocratie universelle », se souvient Victor Basch. Le jeune garçon fait des études secondaires dans une école juive parisienne, puis au lycée Condorcet. Bien qu'ayant suivi des études de philosophie à la Sorbonne, c'est l'agrégation en langues vivantes qu'il présente, et obtient, en 1884, sur les conseils de Louis Liard. Ses « aptitudes spéciales » favorisent l'obtention de sa naturalisation française en 1887. La même année, c'est à Budapest que Victor Basch épouse Ilona (Hélène) Fürth. En 1885, il entre dans sa carrière universitaire en tant que germaniste : il est nommé maître de conférences de langue et de littérature allemandes à la faculté de lettres de Nancy, puis à celle de Rennes en 1887. En 1897, il soutient sa thèse principale sur « L'esthétique de Kant » et sa thèse complémentaire sur « La poétique de Schiller ». Malgré une simple mention « honorable », il peut quitter Rennes pour Paris, où il est nommé professeur sur la chaire de littérature allemande de la Sorbonne en 1906. En 1921, il quitte la germanistique pour des cours d'esthétique et de science de l'art. En 1928, la première chaire d'esthétique créée à la Sorbonne lui est attribuée. Il occupe à l'université une place de passeur entre l'Allemagne et la France. Cette position, qui tient en partie à ses origines, est relevée, non sans ambiguïté, dès la soutenance de ses thèses. Le jury oppose, en effet, le charisme et la clarté à l'oral de Victor Basch – qualité attribuée à « l'esprit français » – au trait « germain » de son écriture. Durant toute sa carrière académique, Victor Basch contribue à forger en France l'esthétique en tant que science de l'art, en s'appuyant sur les courants allemands de psychologie subjective. En août 1937, il préside le deuxième Congrès international d'esthétique et de science de l'art. Tenant l'œuvre d'art pour une source individuelle d'apaisement, il confère à celle-ci un pouvoir de réconciliation entre les peuples, notamment ceux de France et d'Allemagne, à laquelle il ne cesse d'œuvrer dans sa vie publique.

Son engagement politique, de sensibilité socialiste, naît au moment de l'affaire Dreyfus. Convaincu de l'innocence du capitaine par un ami de son père dès 1897, Basch se lance dans ce combat où il est en première ligne, aux côtés de Jaurès, lors du procès pour la révision de la condamnation de Dreyfus, qui se tient en août-septembre 1899 à Rennes, où il vit et enseigne. Parallèlement, il adhère à la Ligue des droits de l'homme, qui devient sa principale tribune. Dès sa fondation, en 1898, il crée à Rennes la première section de province, dont il devient président en 1906. Puis, en 1907, il entre au comité central, avant d'en devenir le vice-président, en 1909, et enfin le président, en 1926. Il espère atténuer la rancœur, née sous la République de Weimar, à l'égard du traité de Versailles en approfondissant les relations avec les représentants allemands de la Ligue des droits de l'homme. Dès l'arrivée au pouvoir d'Hitler, le 30 janvier 1933, il multiplie les prises de parole et les articles antifascistes. La manifestation du 6 février 1934 lui apparaît comme une menace directe : il participe à la contre-manifestation du 12 février 1934, contre l'avis de la plupart des autres dirigeants de la Ligue. Il œuvre, de même, au rassemblement des forces politiques et syndicales de gauche, entre lesquelles il joue un rôle de conciliateur et, le 14 juillet 1935, c'est lui qui préside les Assises de la paix et de la liberté qui scellent l'alliance dite « Rassemblement populaire », dont, le 12 janvier suivant, il présente dans *L'Œuvre* le programme commun. Dans cette perspective, il prônera l'intervention en Espagne, prendra position contre les accords de Munich et protestera contre le pacte Molotov-Ribbentrop.

Cet activisme lui attire la haine des milieux d'extrême droite. Le 28 novembre 1930, il est agressé et blessé par un groupe de Camelots du roi, de Croix-de-Feu et de Jeunes Patriotes. L'*Action française* de Charles Maurras multiplie les attaques *ad hominem* contre « le métèque Basch », et après le 6 février 1934, contre « Victor Basch, juif hongrois et comme tel professeur en Sorbonne ». Sous l'Occupation, les Allemands perquisitionnent son domicile parisien à deux reprises, y saisissant de nombreux livres et ma-

BECHET Sidney

Clarinettiste et saxophoniste de jazz. – Né le 14 mai 1897 à La Nouvelle-Orléans, États-Unis ; mort le 14 mai 1959 à Garches, France.

Le buste de Sidney Bechet à Juan-les-Pins représente le lien particulier qui unit ce musicien, de notoriété américaine secondaire de son vivant, à un pays – la France – qui lui a offert succès et consécration. C'est en effet dans les dix dernières de sa vie, entre 1949 et 1959, que Sidney Bechet, installé en France, a réellement assis sa réputation de « magicien du jazz » au vibrato caractéristique (pour ses admirateurs) ou de virtuose facile (pour les plus critiques).

Sidney Bechet reçoit, à La Nouvelle-Orléans, une formation technique (clarinette) et théorique (solfège) de la part de George Baquet et de Louis « Papa » Tio, lui permettant de maîtriser, dans les *big bands*, les contre-chants soutenant les solistes. Son choix ultérieur du saxophone, au son plus puissant, a accompagné son passage au rôle de leader. Après s'être installé à Chicago, Sidney Bechet découvre l'Europe avec le Southern Syncopated Orchestra de Will Marion Cook, qu'il a intégré en 1919, puis au sein de plusieurs ensembles le conduisant, pour une première fois, à Paris au tout début des années 1920. C'est avec la tournée européenne de la *Revue nègre*, derrière Joséphine Baker, qu'il joue à nouveau dans la capitale, au Théâtre des Champs-Élysées, en octobre 1925. Il se produit également avec l'orchestre de Nobel Sissle au club Les Ambassadeurs. Cette première période française se solde toutefois par un séjour de onze mois dans la prison de Fresnes, suite à une échauffourée après un concert dans la boîte de jazz Chez Florence, à Pigalle (décembre 1928). Son expulsion du territoire français (1929) a fait suite à cette incarcération. Malgré quelques enregistrements à succès (en tant que clarinettiste et saxophoniste ténor) dans le sillage du revivalisme *New Orleans* et des collaborations prestigieuses (Louis Armstrong, Duke Ellington), son succès reste modéré, à tel point qu'il monte, en pleine crise des années 1930, avec son collègue trompettiste Tommie Ladnier, une éphémère affaire de pressing à Harlem. Après une carrière américaine à la fortune relative, son retour en France en 1949, à l'occasion d'une invitation à la salle Pleyel pour le Festival international de jazz de Paris (où il joue avec Charlie Parker et Kenny Clarke), lui offre une soudaine célébrité de premier plan. Il se produit régulièrement, dans les années 1950, au Vieux-Colombier à Paris, ainsi qu'à Juan-les-Pins et, après son mariage en 1951, s'installe définitivement en France. Emporté par un cancer du poumon en 1959, il est enterré à Garches.

Ses standards les plus célèbres – les plus enregistrés et les plus vendus – rendent d'ailleurs hommage à ce pays d'élection : *Les Oignons* (1949), *Promenade aux Champs-Élysées* (1951), *Petite Fleur* et *Dans les rues d'Antibes* (1952), ou encore *Montmartre Boogie Woogie* (1954). Pour la firme Vogue, sa maison de disques, la carrière française de Bechet est une inépuisable source de profit : la multiplication des enregistrements et des galas (avec l'orchestre de Claude Luter et, à partir de 1953, celui d'André Réwéliotty), ses apparitions dans plusieurs films français des années 1950 (on peut mentionner *Série noire*, de Pierre Foucault en 1953), finissent toutefois d'asseoir auprès des critiques et des amateurs de jazz une réputation de facilité. Lorsque Bechet s'est essayé à la composition de musique de ballets et d'opérettes, il n'a en effet ni rencontré le succès public ni remporté l'adhésion des critiques. Néanmoins, Bechet a inventé, en France, un style original, s'appuyant à la fois sur la tradition de La Nouvelle-Orléans et celle du blues du Mississippi, tout en s'inspirant des rythmes de danses à la mode.

Jean-Sébastien Noël

BECK Béatrix

Romancière. – Née le 30 juillet 1914 à Villars-sur-Odon, Suisse ; morte le 30 novembre 2008 à Saint-Clair-sur-Epte, France.

Née en Suisse d'une mère irlandaise, Béatrix Beck est la fille du poète belge Christian Beck, lui-même d'ascendance balte et italienne. Elle n'est âgée que de quelques jours quand la guerre oblige ses parents à venir s'installer en France. Après la mort de son père en 1916, elle doit vivre seule avec sa mère et mener des études qui lui permettront d'obtenir une licence de droit. Elle milite en parallèle au Parti communiste. En 1936, elle épouse un juif apatride, dont elle aura une fille, la future écrivain et peintre Bernadette Szapiro. Son mari ayant été tué au front en 1940, elle traverse des années difficiles. C'est en 1948 qu'elle fait paraître son premier roman, le premier d'une suite de cinq textes autobiographiques. L'ouvrage la fait remarquer par André Gide, qui, en souvenir de l'amitié qu'il avait conçue pour Christian Beck, l'engage comme secrétaire. En 1952, son troisième roman, *Léon Morin, prêtre*, obtient le prix Goncourt et la révèle au grand public. L'ouvrage permet à Béatrix Beck d'être naturalisée française le 12 janvier 1955, et sera adapté avec succès en 1961 au cinéma par Jean-Pierre Melville, avec Jean-Paul Belmondo dans le rôle-titre. L'écrivain intègre aussi le jury Femina, mais en démissionne en 1960 pour protester contre l'attribution du prix à un roman qu'elle juge antisémite. N'ayant pas renoncé à ses engagements, elle voit son immeuble ravagé par un attentat durant la guerre d'Algérie. Partie enseigner aux États-Unis et au Canada, elle connaît une baisse de notoriété avant de publier *La Décharge*, qui reçoit le prix du Livre Inter en 1979. Dans les années qui suivent, elle rédige de courts romans et des nouvelles, jusqu'à ce que la mort de sa fille la fasse renoncer à l'écriture en 1997, l'année même où elle se voit décerner le Grand Prix de littérature de l'Académie française pour l'ensemble de son œuvre.

Pierre-Frédéric Charpentier

BECK Yvan (Ivan Bek)

Sportif. – Né le 29 octobre 1909 à Belgrade, Serbie ; mort le 2 juin 1963 à Sète, France.

Ivan Bek commence très tôt sa carrière de footballeur, en 1925, au sein de ce qui se nomme alors le royaume des Serbes croates et slovènes, rebaptisé Yougoslavie en 1929. Ses clubs sont successivement le BSK à Belgrade puis le FK.Mačva à Šabac. Les bonnes performances de cet attaquant à la technique impeccable, qui enchante les foules, lui ouvrent les portes de l'équipe nationale dès 1927. Dans le championnat de France encore amateur des années 1920, l'un des meilleurs clubs, le FC.Sète, met en place un système d'« amateurisme marron » consistant à recruter des joueurs originaires notamment de l'Europe de l'Est, qui poursuivent officiellement leurs études en France, mais qui consacrent une bonne partie de leur temps à la pratique du football, tout en recevant des rémunérations non officielles. C'est à ce titre qu'Ivan Bek arrive en France, en mai 1928, et devient rapidement un joueur sétois emblématique, tout en étudiant à la faculté de Montpellier. En 1934, Sète, devenu club professionnel, et son attaquant vedette, Ivan Bek, sont à leur apogée : les « Dauphins » remportent le doublé (victoire en championnat de France et en coupe de France). Les statuts de la FIFA n'interdisant pas encore l'engagement d'un joueur pour une seconde équipe nationale, Ivan Bek, ancien international yougoslave ayant porté le maillot à sept reprises, entame avec succès une procédure de naturalisation en 1933, qui lui permet d'intégrer l'équipe de France. Sélectionné à cinq reprises entre 1935 et 1937, l'attaquant ne parvient toutefois pas à s'imposer ni à marquer un quelconque but. Ayant modifié l'orthographe de ses noms et prénoms, Yvan Beck poursuit avec davantage de succès sa carrière dans les clubs de l'AS. Saint-Étienne et du Nîmes Olympique entre 1935 et 1942.

Pendant la Seconde Guerre mondiale, Yvan Beck intègre la Résistance, au sein de laquelle il opère sous le pseudonyme de « Capitaine Tito » en référence au brassard qu'il portait à Sète et à l'admiration qu'il porte au chef de file de la résistance yougoslave à Hitler. Il dirige notamment le maquis FTP de Bayons dans les Basses-Alpes, contribuant à la libération de prisonniers dans la citadelle de Sisteron. À la Libération, revenu à Sète, Yvan Beck n'est plus en mesure de jouer au football et tombe dans l'anonymat. Il trouve un emploi de docker, loin de sa gloire passée. Une collecte en sa faveur est organisée en 1951 par le président du club sétois, Georges Bayrou. Il est enterré au cimetière du Py. Une rue porte son nom dans le port de pêche cher à Paul Valéry et à Georges Brassens.

Yvan Gastaut

BECKETT Samuel

Auteur dramatique, écrivain, metteur en scène. – Né le 13 avril 1906 à Foxrock, alors Royaume-Uni, aujourd'hui Irlande ; mort le 22 décembre 1989 à Paris, France.

Samuel Beckett fait des études de langue – dont le français – au Trinity College de Dublin et découvre la France pour la première fois l'été 1926. Lecteur d'anglais à l'École normale supérieure de 1928 à 1930, puis assistant de français au Trinity College, il écrit en 1931 un petit essai sur Proust. Après l'assassinat de Paul Doumer en 1932, une vague de xénophobie oblige Beckett à regagner l'Irlande. Il ne s'installera définitivement à Paris qu'en 1937 et rencontre la pianiste Suzanne Deschevaux-Dumesnil, qui abandonnera sa carrière de concertiste pour se dévouer entièrement à celle de son mari (il l'épousera en 1948). À la déclaration de guerre en 1939, Beckett, qui est en Irlande, revient en France, déclarant préférer « la France en guerre à l'Irlande en paix ». Il s'engage dans la Résistance et recevra à ce titre, le 30 mars 1945, la croix de guerre ainsi que la médaille de la Résistance. Il commence à écrire une première pièce en français, *Eleutheria* (qui restera inédite jusqu'à sa mort), puis, en 1948, la première version de *En attendant Godot*. Sa femme la propose à trente-cinq directeurs de théâtre, sans succès, jusqu'au jour où elle la fait lire à Roger Blin, qui décide de la mettre en scène. C'est Jean-Marie Serreau, directeur – au bord de la faillite – du Théâtre de Babylone, qui accepte d'héberger le spectacle en janvier 1953 : « Les Pensées de Pascal jouées par les Fratellini », s'enthousiasmera Anouilh. *Fin de partie*, *Actes sans paroles I* suivront. En 1960, Samuel Beckett commencera en anglais *Happy Days* (*Oh les beaux jours*), pièce qui sera créée à New York en 1961 et qu'il ne traduira en français qu'en 1962. Durant toute sa carrière, Samuel Beckett écrira alternativement en français et en anglais, pièces et romans. En 1969, il reçoit le prix Nobel de littérature, qu'il considère comme une « catastrophe », lui qui refuse les interviews et les mondanités : c'est son éditeur Jérôme Lindon qui ira le chercher. À partir de 1975, Beckett mettra lui-même en scène ses pièces : *En attendant Godot*, *Comédie* à Berlin, *Happy Days* à Londres, *Pas*, qu'il monte à Paris en 1978 avec Delphine Seyrig et Madeleine Renaud. Si le théâtre a éclipsé les autres facettes de son œuvre, Beckett n'en a pas moins été un romancier et un poète, et a réalisé un film expérimental, *Film*, avec Buster Keaton en 1965. Il meurt à Paris, quelques mois après sa femme.

Chantal Meyer-Plantureux

BÉGUIN Albert

Écrivain, traducteur, critique et directeur de revue. – Né le 17 juillet 1901 à La Chaux-de-Fonds, Suisse ; mort le 3 mai 1957 à Rome, Italie.

Après des études à La Chaux-de-Fonds et une licence de lettres à l'université de Genève, Albert Béguin s'installe en 1924 à Paris. Il y tient une librairie, effectue plusieurs traductions d'auteurs allemands (E.T.A. Hoffmann, Jean Paul, Goethe) et devient enseignant. En 1937, les éditions des Cahiers du Sud publient sa thèse, *L'Âme romantique et le rêve. Essai sur le romantisme allemand et la poésie française*. Entre 1937 et 1946, Béguin occupe la chaire de littérature française à l'université de Bâle. Engagé dans la dénonciation du nazisme au cours des années 1930, il choisit de participer activement au combat des idées sous l'Occupation. En mars 1942, il fonde à Neuchâtel les *Cahiers du Rhône*, à la fois revue et maison d'édition, qui se consacreront presque exclusivement à la littérature française jusqu'en 1945, et dont l'activité se poursuivra jusqu'en 1957. Déclinée en trois séries, bleue, blanche et rouge, la publication se fait connaître pendant la guerre en participant à la défense des écrivains accusés par Vichy d'être les « mauvais maîtres » de la littérature française et d'avoir contribué au désastre de 1940. Béguin coordonne les deux grands numéros thématiques de 1942, « Génies de France » et « Controverse sur le génie de la France », et organise encore en 1943 le numéro d'hommages à Henri Bergson. Les Éditions des Cahiers du Rhône publient en outre des textes littéraires d'écrivains résistants comme Bernanos, Éluard ou Aragon (*Les Yeux d'Elsa*, 1942). Albert Béguin retourne vivre à Paris en 1946. Il y reprend une riche œuvre critique traitant des grandes figures littéraires françaises (Péguy, Bloy, Nerval, Pascal, Balzac). Après le décès d'Emmanuel Mounier en 1950, il prend la direction de la revue *Esprit*, qu'il dirige jusqu'à sa mort.

Pierre-Frédéric Charpentier

BELBOULI Taoufik

Sportif. – Né le 10 décembre 1954 à Bennane, Tunisie.

Arrivé en France en 1982, auréolé de plusieurs titres de champion de Tunisie des poids lourds (entre 1978 et 1981), ce boxeur demande la nationalité française afin de donner une dimension plus internationale à sa carrière. Il est champion de France en 1986 et intègre la très réputée écurie de boxeurs dirigés par la famille Acariès. Le 25 mars 1989, il obtient la consécration en remportant le titre de champion du monde WBA des lourds-légers face à l'Américain Michael Greer. Il est cependant déchu de ce titre l'année suivante pour ne pas l'avoir remis en jeu. En novembre 1990, il tente en vain de reconquérir cette ceinture de champion du monde. Une certaine inconsistance, aux dires des spécialistes, l'empêche de mener une carrière plus brillante. Avec vingt neuf victoires sur trente et un combats, dont vingt-trois avant la limite, Taoufik Belbouli présente néanmoins un palmarès très honorable.

Stéphane Mourlane

BELGE DE LA BANDE DESSINÉE, école

Dès le milieu des années 1920, la bande dessinée – entendue comme une forme d'expression narrative suggérant le déroulement d'une histoire au moyen d'une succession de dessins organisés en séquences – se développe, pour les productions francophones, aussi bien en France qu'en Belgique. Dessinateurs, scénaristes et éditeurs belges de bande dessinée ont contribué individuellement ou collectivement à enrichir, diffuser et renouveler le genre en France depuis l'entre-deux-guerres jusqu'à la fin des années 1960, avant un effacement relatif au sein d'une création mondialisée.

En 1926, le Belge Georges Remi, plus connu sous son pseudonyme d'HERGÉ, anime *Totor, C.P. des Hannetons* dans le journal le *Boy-Scout*, puis devient responsable, deux ans plus tard, du supplément jeunesse du quotidien *XXe Siècle*, le *Petit Vingtième*, où naît le célèbre duo formé par le journaliste Tintin et son chien Milou. L'éditeur Casterman édite leurs aventures en albums, qui sont commercialisés en France avec un succès croissant. Dans les années 1930, un autre éditeur belge joue un rôle important dans la diffusion de la bande dessinée en France : ce sont les éditions Gordinne, dont le siège est à Liège, qui publient des recueils de bandes dessinées illustrés par des Belges comme Albert FROMENTEAU (1916-1988) et Alexis PECLERS (1920-1985) ou par des Français, Étienne Le Rallic et Marijac. S'inspirant du succès rencontré par le *Journal de Mickey*, créé à Paris en octobre 1934 par Paul Winkler, Dupuis, un éditeur belge spécialisé dans la presse familiale, se lance en 1938, avec l'hebdomadaire *Spirou*, dans la bande dessinée de jeunesse. L'entreprise est, dès ses débuts, franco-belge, d'abord par la nationalité de ses principaux dessinateurs : Rob-Vel, pseudonyme de Robert Velter, le père du héros éponyme, est français, tandis que Fernand DINEUR (1904-1956), dont les héros Tif et Tondu ont un grand succès, est belge. Sont traduites en français des bandes dessinées italiennes (*Dino e Dario*, par Kurt Caesar) et américaines (*Dick Tracy*, par Chester Gould). *Spirou* est diffusé en Belgique et dans le nord de la France en 1938-1939. Le contingentement du papier durant la Seconde Guerre mondiale marque un temps d'arrêt pour nombre d'entreprises éditoriales. Cette période renforce néanmoins l'intérêt des éditeurs belges, francophones et même néerlandophones, pour le marché luxembourgeois et français. C'est ainsi que, privé du marché néerlandais du fait de l'occupation des Pays-Bas par l'Allemagne nazie, l'éditeur flamand Meeuwissen lance une version en langue française de son périodique *Bravo !*

À la Libération, *Spirou*, qui est désormais diffusé dans toute la France, promeut le travail d'un groupe d'auteurs parfois présenté comme « l'École de Marcinelle », du nom d'une banlieue de Charleroi où sont établies les éditions Dupuis. Parmi les dessinateurs créateurs de héros marquants pour plusieurs générations de jeunes lecteurs figurent JIJE, pseudonyme de Joseph Gillain (1914-1980), l'un des piliers de l'équipe, mentor des plus jeunes, inventeur de Jerry Spring et créateur de Fantasio, le compagnon de Spirou ; André FRANQUIN (1924-1997), qui reprend *Spirou et Fantasio* en 1946 et invente le personnage du Marsupilami, puis celui de Gaston Lagaffe ; Eddy PAAPE (Édouard Paape, 1920-2012), qui reprend quant à lui *Valhardi* en 1946, puis lance la série *Marc Dacier* en 1958 ; Victor HUBINON (1924-1979), qui, pendant plus de trente années, dessine *Buck Danny* ; MORRIS, pseudonyme de Maurice de Bevere (1923-2001), dont le personnage de Lucky Luke apparaît à la fin de 1946 dans *L'Almanach Spirou* édité par Dupuis ; PEYO, pseudonyme de Pierre Culliford (1928-1992), inventeur du duo *Johan et Pirlouit*, puis, avec *La Flûte à six schtroumpfs* (1958), des Schtroumpfs, lutins bleus mondialement connus. Outre les dessinateurs, le groupe compte quelques auteurs uniquement scénaristes dont Jean-Michel CHARLIER (1924-1989), qui écrit les intrigues des séries *Buck Danny* et *Marc Dacier*. Le Français René Goscinny y a également sa place, notamment comme scénariste de *Lucky Luke*.

Graphisme dynamique, bulle arrondie, dialogues simples et spontanés, intrigues compréhensibles par tous : telles sont les caractéristiques de l'École de Marcinelle, auxquelles certains opposent trait pour trait le graphisme plus statique, les textes plus longs et les phylactères rectangulaires de leurs confrères et concurrents bruxellois, parfois également regroupés sous l'appellation d'« École de Bruxelles ». L'un des principaux représentants en est Hergé, qui est interdit de publication jusqu'en 1946 pour avoir écrit dans le journal collaborateur *Le Soir* durant la guerre. À cette date est créé l'hebdomadaire *Le Journal de Tintin*, publié par les Éditions du Lombard ; deux ans plus tard, le journal est diffusé en France, par Dargaud. Même si Hergé et ses héros Tintin et Milou, Quick et Flupke, Jo, Zette et Jocko en sont les piliers, d'autres noms se font une place. Edgar P. JACOBS (1904-1987) présente au public belge puis français les aventures de Blake et Mortimer, Paul CUVELIER (1923-1978) celles du jeune Corentin ; les Français Jacques Martin, auteur d'*Alix* puis de *Lefranc*, et Jean Graton, auteur de *Michel*

Vaillant à partir de 1957, font également partie du groupe bruxellois. La loi française du 16 juillet 1949 sur les publications destinées à la jeunesse, moralisatrice en droit et protectionniste de fait, a eu un effet plutôt favorable pour les publications belges, moins sujettes à la censure. Pendant une vingtaine d'années, les journaux *Spirou* et *Tintin* sont les deux titres les plus prestigieux de la bande dessinée en France. Alors que la BD se diffuse dans la presse sous forme de bandes quotidiennes et devient un secteur dynamique de l'économie du livre, les auteurs et éditeurs belges renoncent à tout référent national visible et lissent leurs histoires selon un standard français (uniformes, panneaux de signalisation...) qui les dénationalise.

La forte imbrication des milieux professionnels des deux pays est toujours visible lors de la création de l'hebdomadaire *Pilote*, en 1959 à Paris, sur un projet défendu notamment par Charlier et Goscinny, concrétisé grâce à des capitaux français, avec le soutien de Radio Luxembourg. Le mouvement s'inverse alors et plusieurs auteurs belges sont attirés à leur tour par des revues et des éditeurs français. Outre Charlier, Morris et Hubinon collaborent à *Pilote* les Belges Maurice TILLIEUX (1921-1978), créateur de Gil Jourdan et de magnifiques paysages parisiens pour *Spirou* et dessinateur pour *Pilote* de la série *Zappy Max : ça va bouillir* ; MITACQ, pseudonyme de Michel Tacq (1927-1994), père de la Patrouille des castors dans *Spirou*, qui dessine dans *Pilote* les aventures de Jacques Le Gall ; ou encore GREG, pseudonyme de Michel Régnier (1931-1999), l'inventeur d'Achille Talon. Parmi les Français, il faut citer Albert Uderzo (*Astérix*) et Fred (*Philémon*). À partir des années 1960 et sous l'influence des nouvelles revues consacrées partiellement ou exclusivement à la BD, comme *Pilote* mais aussi plus tard *Hara-Kiri*, *L'Écho des savanes, Métal hurlant* et *Fluide glacial*, et grâce à des maisons d'édition comme la belge Casterman, les françaises Les Humanoïdes associés et Futuropolis, la bande dessinée s'ouvre à des publics adultes et connaît une grande diversification des formats et des styles graphiques.

En France comme en Belgique, le « neuvième art » et ses dessinateurs pionniers sont reconnus et mis à l'honneur avec, en 1989, l'ouverture à Bruxelles du Centre belge de la bande dessinée (CBBD), dont le premier président est Bob DE MOOR (1925-1992), néerlandophone et francophone, inventeur du détective Barelli et de Cori le Moussaillon, et bras droit d'Hergé. En 2009, outre les vingt ans du Centre, sont célébrées l'ouverture du musée Hergé à Louvain-la-Neuve et l'inauguration, au sein du Centre national de la bande dessinée et de l'image d'Angoulême, du musée de la Bande dessinée, dont les collections permettent d'apprécier la grande fécondité, à travers l'Histoire, des collaborations franco-belges dans le domaine de la BD.

Julie Verlaine

BELGES

L'intérêt porté à l'histoire de l'immigration belge en France est inversement proportionnel à son importance, car elle a occupé une place considérable au XIXe siècle. Une telle indifférence face à un phénomène majeur demande explication. Sans doute, son ancienneté joue-t-elle en sa défaveur.

D'autre part, ceux qui descendent d'immigrés belges n'ont pas de revendication particulière à faire aboutir. La présence de Flamands des deux côtés de la frontière ou l'illusion longtemps entretenue d'une langue commune – le français –, alors que le conflit linguistique actuel met en évidence le rejet du français hors des terres wallonnes, tout concourt à l'effacement de ce pan d'histoire. Ajoutons que l'espace belge fut conquis par la France révolutionnaire, qui le divisa en neuf départements ; en revanche, avant Louis XIV, les Pays-Bas espagnols englobaient la région située autour de Lille. L'actuelle frontière date de 1815.

Une immigration d'extrême proximité. Quand, au recensement de 1851, la France décompte pour la première fois sa population étrangère, les Belges figurent en tête avec 128 000 individus. Ce chiffre, important pour l'époque, va continuer d'augmenter. Il franchit le cap des 200 000 en 1861, pour culminer à 482 000 en 1886. Aux données officielles, déjà considérables, il convient d'ajouter les frontaliers domiciliés dans leur pays et les saisonniers venant seulement l'été. Firmin Lentacker, dans sa thèse sur la frontière franco-belge, estime les premiers à 25 000 vers 1886 et à 40 000 en 1911, les seconds à 50 000, soit un apport de près de 100 000 Belges supplémentaires à certains moments de l'année. Au total, ils ont donc dépassé le demi-million.

L'accroissement numérique ne s'explique pas uniquement par les flux migratoires, mais par la naissance d'enfants belges, liée à la stabilisation d'une partie des immigrés, qui ont fait venir leur épouse ou contracté un mariage mixte en un temps où « la femme suit la condition de son mari », c'est-à-dire qu'elle devient belge s'il l'est lui-même. Selon le recensement de 1891, il semble que 44 % des 465 000 Belges soient nés sur place. Ceux-là deviendront français à leur majorité en vertu du droit du sol. La chute qui s'ensuit (287 000 en 1911) s'explique davantage par les naturalisations que par les sorties du territoire.

À eux seuls, les Belges ont représenté 40 % de tous les étrangers. Aucune autre nationalité n'atteindra un pareil taux, en raison de la diversité croissante de l'origine des migrants dans les périodes suivantes. Jusqu'à l'extrême fin du XIXe siècle, les Belges se maintiennent en tête du classement, devant les Italiens et les Allemands.

Leur concentration est exceptionnelle. En 1886, près des deux tiers vivent dans le département du Nord. Une ville comme Roubaix compte plus de Belges que de Français. Wazemmes et Fives, deux localités rattachées à Lille depuis 1858, en ont presque autant. L'immigré belge privilégie également les abords immédiats de la frontière dans les Ardennes, de Givet à Sedan, et la Meurthe-et-Moselle au cœur du bassin de Longwy. Le petit tiers restant se répartit entre la Seine, à Paris et quelques communes voisines (Clichy, Levallois, Saint-Ouen, Saint-Denis), le Pas-de-Calais autour de Lens et Liévin, enfin des départements agricoles comme l'Oise, l'Aisne, la Marne, la Somme, où leur extrême dispersion contraste avec leur concentration dans les secteurs industriels frontaliers.

Ces migrants sont, en majorité, de pauvres gens qui fuient la misère et acceptent les métiers pour lesquels il n'est pas besoin de formation particulière : ouvriers agricoles, manœuvres dans les manufactures et les usines. D'autres, qui possèdent une profession, partent quand leur spécialité est frappée par la crise : crise de l'industrie textile au milieu du XIXe siècle, crise du charbon ensuite, qui provoque le départ de mineurs du Borinage. À une époque où n'existe guère de législation du travail, ils acceptent des tâches pénibles, des horaires illimités pour des salaires un peu supérieurs à ce qu'ils pourraient gagner chez eux, mais minorés par rapport à ceux pratiqués à l'égard de la main-d'œuvre française.

Les Flamands l'emportent largement sur les Wallons car, contrairement à ce que nous observons aujourd'hui, la partie flamande de la population belge est, au XIXe siècle, celle qui cumule les handicaps : paysans chargés d'enfants qu'ils ne parviennent pas à nourrir ou salariés des mines mal payés. D'ailleurs dans le Nord, pour parler des Belges, on dit les « Flamints ».

La situation évolue au cours du siècle. Un tableau peint en 1848 met l'accent sur les arrivants, les hommes seuls, la noria incessante. Cinquante ans plus tard, les familles stabilisées envoient leurs enfants à l'école, qui fait d'eux des petits francophones ; d'ailleurs, le maître interdit de parler flamand, même dans la cour de récréation (une mesure dirigée contre tous les dialectes, non pas spécialement contre la langue flamande). À côté de Belges en cours d'intégration se poursuit le mouvement incessant de saisonniers et de frontaliers.

Revenons à Roubaix. Située à quelques kilomètres de la frontière, l'agglomération concentre tous les paramètres d'une immigration d'extrême proximité. Ville-champignon peuplée par des immigrants, elle constitue une exception dans l'histoire urbaine française. Abritant 9 000 habitants au début du XIXe siècle, elle en compte 125 000 en 1896, dont une majorité de Belges et de Français d'origine belge. Sans eux, l'industrie textile n'aurait pas pu se développer pareillement. De 1815 à 1850, la dominante migratoire provient de Gand, vieille cité textile flamande, et se caractérise par une forte mobilité, un faible enracinement. De 1850 à 1880, période la plus faste de l'essor industriel roubaisien, la présence belge devient majoritaire, caractérisée par une population de type familial, entassée dans les courées toutes neuves où les Belges vivent entre eux, ne se mêlant pas aux Français. La fin du siècle et le début du suivant offrent une double image, à la fois celle d'immigrés naturalisés qui participent aux grèves ouvrières et parfois adhèrent au Parti ouvrier français (POF) de Jules Guesde. Mais dans le même temps, l'arrivée de frontaliers s'accélère, facilitée par la construction de lignes de tramways et de chemins de fer locaux. À la fin du XIXe siècle, il y a donc ceux qui ont fait souche à Roubaix et ceux qui n'y viennent que pour travailler. Afin de réduire le temps et le coût des transports, les Flamands quittent leur village et viennent loger au plus près de la frontière ; ils contribuent ainsi au développement de cités belges situées juste de l'autre côté de la ligne frontalière. Les mouvements quotidiens se substituent aux mouvements hebdomadaires. Ces frontaliers ne dépensent pratiquement rien sur place et emportent leur paye. Tandis que les plus anciens s'élèvent dans l'échelle sociale, les nouveaux venus contribuent à perpétuer d'anciens comportements, tant de leur part que de celle des employeurs et des autres ouvriers.

Tourcoing, encore plus proche de la frontière qu'elle jouxte littéralement, vit le même phénomène avec encore plus d'intensité. De 1894 à 1904, la ville compte 55 % d'immigrants définitifs, 26 % d'immigrants temporaires et 22 % de frontaliers. Ensuite, la première catégorie s'amenuise par suite des naturalisations, si bien que, de 1905 à 1915, les frontaliers comptent pour 43 % et, de 1919 à 1929, pour 64 %. Un tel processus est de nature à brouiller l'image du Belge bien intégré.

Les réactions xénophobes. Un sujet d'étonnement pour le lecteur non averti est que les Belges aient pu susciter les mêmes reproches que ceux dont les milieux xénophobes gratifient les immigrés actuels. Il faut se replacer deux siècles en arrière et admettre qu'en règle générale, les populations locales accueillent mal ceux qui viennent d'ailleurs, surtout s'ils arrivent nombreux et que leur présence entraîne un risque de concurrence sur le marché du travail. Les Belges, Flamands ou non, l'ont éprouvé en leur temps de grande migration. Avec des pointes à des moments précis, notamment lors des crises économiques.

C'est le cas en 1847-1848. Dès janvier 1847 dans les Ardennes, des émeutes prennent pour cible les cloutiers belges accusés de ruiner la profession. Des patrons du textile lillois sont forcés de se séparer de leurs ouvriers flamands, car la foule menaçante aux portes des usines crie « À bas les Belges ! », « À mort les Belges ! ». Le 17 mars 1848, la foule saccage la gare de Lille pour réclamer le renvoi des Belges employés par la compagnie de chemins de fer. Des rixes éclatent, des coups sont portés contre les gêneurs et la presse locale rapporte les faits, leur donnant une publicité qui fait monter la pression : *Le Messager du Nord* du 31 mars 1848 accuse les Belges qui « restent parmi nous et enlèvent aux Français le pain du travail ».

Une autre période de tension extrême se situe à la fin du siècle, liée cette fois à la montée du nationalisme, à la crainte de l'étranger en général, traître potentiel, et à la peur de la guerre. Des incidents xénophobes se déroulent en 1892 dans des cités du Pas-de-Calais, où les Français molestent des mineurs belges, exigeant leur départ. En 1901, pire encore, Lens et Liévin enregistrent le cas de rixes mortelles contre des houilleurs flamands.

Hormis ces phases de rejet virulent sévit la xénophobie ordinaire, faite de mépris, d'accusations globalisantes et de quolibets. Les Belges seraient des « travailleurs au rabais », des « briseurs de grève » (on dit aussi des « jaunes »), des « voleurs », des « délinquants », des planqués car, en tant qu'étrangers, ils échappent au service militaire devenu obligatoire en 1889 pour les Français. Traités de « pots au burre » (en référence aux pots de beurre que les frontaliers apportent avec leur repas du jour), de « popols » (sujets du roi Léopold), de « cloutjes » (en rapport avec leurs sabots), de « Flamints », même s'ils viennent de Wallonie. Bref, inassimilables.

Témoin, une chanson de carême de 1897 composée en patois roubaisien et qui eut grand succès : « À Roubaix, c'qui domine / Et j'vous l'jure mes amis / Qu'chet pu traite que l'vermine / Qu'cha ronge pu les ouvris [ouvriers] / Chet tous ces pots au burre / Qui vintent de tout l'pays / Ouvrer cha j'vous l'assure / Toudis à moitié prix. / *Refrain* : / J'n'aime pas les pots au burre / Tout le monde comprendra cha / Chest la peste et j'vous l'jure / À Roubaix y n'a qu'cha. » À croire qu'ils viennent tous d'arriver !

En 1907, Émile Morel, auteur d'un roman intitulé *Les Gueules noires*, généralise lui aussi : « Du côté où sournoisement les cabarets sont venus se placer, le coron a pris la funeste manie de grouper les Borains et les Flamands, tous gens brutaux et ivrognes [...]. » Déjà Maheu, le héros d'Émile Zola dans *Germinal* (1885), exprimait son mépris des Belges briseurs de grève.

Jusqu'au sous-préfet d'Hazebrouck qui, peu avant le déclenchement des hostilités, signale au ministre de la Guerre la présence, sur le mont des Cats, d'un couvent de trappistes « renfermant une centaine de pères et de frères dont la très grande majorité est de nationalité étrangère. La plupart sont des Belges. Beaucoup ont eu maille à partir avec la justice de leur pays [...]. Ce monastère est une position stratégique des plus importantes, situé à 3 km de la frontière belge. En cas de guerre, il y aurait danger pour la défense nationale. »

Ce n'est pas exactement ainsi que les choses se sont déroulées. En août 1914, bien que neutre, la Belgique est envahie par l'armée allemande et, fuyant les combats, des Belges se précipitent sur les routes, au nord vers les Pays-Bas, au sud vers la France. Subitement, l'opinion se retourne en faveur de « la petite Belgique lâchement agressée » et des quelque 250 000 réfugiés belges. S'y ajoutent les saisonniers bloqués par l'invasion en plein été. Des secours s'organisent, privés ou publics ; des bénévoles se mobilisent. Certains Belges vont rester en France toute la durée de la guerre, s'employer dans les usines de munitions, et parfois se fixer définitivement. La sympathie alors manifestée à leur égard contraste avec le mauvais accueil, vingt-six ans plus tard, réservé aux réfugiés belges de mai 1940. La capitulation rapide et le refus du roi Léopold III de gagner Londres indignent les Français, qui croient encore – pour quelques semaines – en leur capacité de résister à la Wehrmacht.

L'hostilité envers les Belges n'a plus cours aujourd'hui, mais une forme de mépris perdure avec les « blagues belges » de mauvais goût, qui se transmettent de proche en proche. Néanmoins, elles concernent les habitants de Belgique, non pas les immigrés et leurs descendants. L'intégration a fait son œuvre.

Belges en France ou Belges de langue française ? Quittons les zones frontalières pour la région parisienne. En 1886, le département de la Seine compte 12 % des ressortissants belges en France, ce qui le place en deuxième position derrière celui du Nord. Et ce poids relatif augmente au XXe siècle.

Au recensement de 1901, on enregistre 28 000 Belges à Paris, peut-être le double en raison des clandestins. Les femmes sont majoritaires, car elles trouvent facilement à s'employer dans la confection ou le service domestique. Très jeunes, elles viennent des campagnes flamandes, et, à l'âge du mariage, regagnent leur village. Les hommes exercent divers métiers, dans le bâtiment, la voirie. On les retrouve parmi les forts des Halles.

La grande ville attire aussi la bohème artistique, jeunes peintres qui installent au Louvre leur chevalet et s'initient en effectuant des copies des grands maîtres du passé, chanteurs d'opéra et danseurs en herbe. La plupart de ces jeunes vivent dans un dénuement qui n'a rien à envier à celui des travailleurs manuels. Peu d'entre eux parviennent à percer et à laisser un nom.

Ceux qui émergent appartiennent plutôt au monde littéraire et musical au sens large du terme. Leur comportement vis-à-vis du pays d'accueil permet de les diviser en trois catégories : ceux qui deviennent français par naturalisation, ceux qui, tout en vivant ici, gardent par fierté ou par habitude la nationalité belge et ceux dont le séjour en France n'est que temporaire ou intermittent.

Au premier groupe appartient César FRANCK, compositeur et organiste, professeur au Conservatoire de Paris, titulaire de l'orgue de l'église Sainte-Clotilde. Également les frères Rosny natifs de Bruxelles, l'AÎNÉ, écrivain prolifique, auteur de *La Guerre du feu*, et son cadet de trois ans, ROSNY LE JEUNE (1859-1948). Plus près de nous, le poète et peintre Henri MICHAUX. Encore plus près, Françoise MALLET-JORIS, auteur du *Rempart des béguines*, membre de l'Académie Goncourt. Rappelons aussi que le géographe Firmin LENTACKER (1915-2011) vit le jour à Gand, suivit ses parents en région parisienne et devint français adolescent du fait de la naturalisation de son père. Dans un tout autre registre, la « Petite Danseuse de quatorze ans » immortalisée par Degas se nommait Marie VAN GOETHEM : née à Bruxelles en 1865, elle arriva à Paris pour apprendre la danse classique : si elle s'arrêta en chemin, sa sœur cadette, Charlotte, fit une carrière complète dans le corps de ballet de l'Opéra de Paris, où elle dansa jusqu'en 1907 et enseigna jusqu'en 1933.

Mais plus nombreux sont les Belges émigrés de façon définitive, écrivains notamment, qui n'ont pas souhaité devenir français. Le meilleur exemple est celui de Maurice MAETERLINCK. Flamand, il s'installe à Paris à partir de 1889, se lie d'amitié avec Debussy, qui va mettre en musique son *Pelléas et Mélisande*. Prix Nobel de littérature en 1911, Maeterlinck refuse les pressions répétées des membres de l'Académie française qui, pour l'admettre parmi eux, exigent qu'il se fasse naturaliser. Rien n'y fit : « Belge je suis, Belge, je mourrai », déclare-t-il dans *Le Belge de Paris* en 1929. Georges SIMENON a quitté sa ville natale de Liège pour Paris à l'âge de dix-neuf ans. Mais son choix de la France ne fut pas exclusif, il vécut dix ans aux États-Unis et finit ses jours en Suisse. En outre, il est toujours resté en relations avec le pays de ses parents, y compris pour quelques missions officielles.

Deux chanteurs appartiennent à ce groupe. Jacques BREL, né à Schaerbeek, une commune de Bruxelles, gagna Paris en 1953 et connut le succès trois ans plus tard. Un succès mondial certes, mais qui le ramenait toujours en France, jusque pour y mourir. Il a, dans plusieurs chansons, célébré ses origines (*Le Plat Pays*), quitte à fustiger ses compatriotes flamands (*Les Flamandes*, *Ces gens-là*). Son rejet des valeurs patriotiques et militaires l'a tenu écarté de démarches administratives qui auraient ressemblé à un reniement de ses convictions. Annie CORDY est également restée belge. Née à Laaken la même année que Brel, elle arriva à Paris en 1950. Chanteuse très populaire, elle a expliqué sa position :

« J'habite Bièvres depuis quarante ans. J'ai épousé un Français. La plupart des gens pensent que je suis française. Mais [...] on a une seule patrie. Mes racines sont en Belgique. La France est mon pays, la Belgique est ma patrie. »

On pourrait multiplier les exemples de Belges plus anonymes, qui passent l'essentiel de leur vie en France, apparemment totalement intégrés, à cette exception près.

Enfin, que dire de Belges qui n'ont pas émigré ou n'ont séjourné en France que par intermittences, mais dont l'œuvre contribue au rayonnement de la langue et de la culture françaises. Le poète Émile VERHAEREN repose dans son village natal près d'Anvers et a toujours vécu en Belgique, à l'exception de voyages dont celui où il mourut accidentellement à Rouen. Amélie NOTHOMB possède un bureau à Paris, mais est domiciliée en Belgique. Le baryton José VAN DAM, né en 1940, toujours bruxellois, a grandement contribué à faire connaître la musique française au Théâtre royal de la Monnaie qu'il a fréquenté pendant quarante ans et où il fit ses adieux à la scène en 2010 ; à l'Opéra de Paris, il fut Escamillo dans *Carmen* de Georges Bizet et a créé *Saint-François d'Assise* d'Olivier Messiaen.

Quant à Marguerite YOURCENAR, bien que née à Bruxelles, elle a toujours été française en vertu du droit du sang, puisque son père, Michel de Crayencour, appartenait à une vieille famille du nord de la France.

Aujourd'hui, le constat est implacable : les Belges, passés sous la barre des 100 000 en 1962, n'étaient plus que 84 400 en 2007. Les arrivés récents ne se cantonnent pas aux zones frontalières, mais privilégient Paris et le soleil de la Provence : comportement de retraités français, britanniques ou autres et non plus typiquement belges.

Janine Ponty

Bibl. : LENTACKER Firmin, *La Frontière franco-belge. Étude géographique des effets d'une frontière internationale sur la vie de relations*, Lille, Librairie Giard, 1974 • MORELLI Anne (dir.), *Les Émigrants belges*, Bruxelles, EVO Histoire, 1998 • DAVID Michel, GUILLEMIN Alain et WARET Philippe, « L'intégration des Belges à Roubaix », *Cahiers de Roubaix*, n° 3, 1998.

BELLMER Hans

Artiste plasticien. – Né le 13 mars 1902 à Kattowitz, alors Allemagne, aujourd'hui Katowice, Pologne ; mort le 23 février 1975 à Paris, France.

L'ouvrier Bellmer découvre la peinture, et tout particulièrement le dessin, sous l'égide de Georges Grosz. Il vit à Berlin comme dessinateur dans la publicité, jusqu'à ce que l'arrivée au pouvoir du nazisme le conduise à produire une œuvre exceptionnelle, témoignant à la fois de sa révolte politique et de ses hantises érotiques, une *Poupée* articulée, et bientôt désarticulée, sculpture-objet dont il donnera plusieurs répliques et dont il multipliera désormais les photographies et, surtout, les dessins. Les surréalistes reconnaissent en Bellmer un des leurs et c'est à Paris qu'il s'installe en 1938. La traversée de la guerre est pénible pour cet Allemand, d'abord emprisonné en 1939 au camp des Milles, puis contraint à la clandestinité sous l'Occupation. La reconnaissance internationale viendra plus tard. Jusqu'au bout, Bellmer creusera le même sillon, qui le situe très naturellement dans la continuité d'un Sade – auquel il dédiera plusieurs œuvres – ou d'un Oskar Kokoschka, celui d'une mise en scène plastique du désir de femme.

Pascal Ory

BELLUCCI Monica (Monica Anna Maria)

Actrice. – Née le 30 septembre 1964 à Citta di Castello, Italie.

La carrière de cet ancien mannequin est aussi internationale que française. Si elle a fait profiter Mel Gibson, Spike Lee, Terry Gilliam ou Giuseppe Tornatore de son aura sensuelle, l'épouse de l'acteur Vincent Cassel a tourné majoritairement dans son pays d'adoption, de *L'Appartement* de Gilles Mimouni (1996), qui lui vaut une nomination aux Césars dans la catégorie Meilleurs Espoirs féminins, à *Un été brûlant* de Philippe Garrel (2011). En particulier, dans *Irréversible* de Gaspar Noé (2002), *Combien tu m'aimes ?* de Bertrand Blier (2005), *Le Deuxième Souffle* d'Alain Corneau (2007), *Ne te retourne pas* de Marina de Van (2009).

Jean-Luc Douin

BEN AMMAR Tarak

Producteur, distributeur. – Né le 12 juin 1949 à Tunis, Tunisie.

Fils du ministre tunisien Mondher Ben Ammar, neveu de la deuxième épouse du président Habib Bourguiba, Tarak Ben Ammar a fondé la société de production Carthago Films, qui accueille de nombreuses productions dans ses studios tunisiens, en particulier des péplums et films bibliques. Décoré en 1984 de la Légion d'honneur par François Mitterrand, il a financé de nombreux films français, parmi lesquels *Les Magiciens* de Claude Chabrol (1976), *L'Adolescente* de Jeanne Moreau (1979), *Deux heures moins le quart avant Jésus-Christ* de Jean Yanne (1982), *L'Autre* de Bernard Giraudeau (1991), *Mayrig* d'Henri Verneuil (1991), *L'Or noir* de Jean-Jacques Annaud (2011). Conseiller du groupe Vivendi, il est également actionnaire principal de Quinta Communication, qui distribue des films en Europe et regroupe une grande partie des industries techniques du cinéma français, tels que le laboratoire LTC, spécialisé dans le domaine de l'image, SIS, les Auditoriums de Joinville et Boulogne, Ciné-Stéréo et Acousti, spécialisés dans le domaine du son. Il est actionnaire d'Éclair, propriétaire des laboratoires de développement et de tirage des pellicules en France, et de la chaîne de télévision bretonne TV Breizh.

Jean-Luc Douin

BEN JELLOUN Tahar

Poète, romancier et traducteur. – Né le 1er décembre 1944 à Fès, Maroc alors sous protectorat français.

Né dans le Maroc colonial, Tahar Ben Jelloun étudie d'abord dans une école primaire franco-arabe à Fès, puis au lycée français de Tanger, enfin à l'université de Rabat. Il devient alors professeur de philosophie. Dès cette époque, il écrit en français ses premiers poèmes, édités sous le titre *Hommes sous linceul de silence*, en 1971. La même année, l'arabisation de l'enseignement, décidée par le pouvoir marocain, l'incite à quitter son pays natal pour la France. Il soutient un doctorat en psychiatrie en 1975, tout en commençant une collaboration avec *Le Monde*. Son œuvre restera longtemps confidentielle, mais se révèle déjà redevable à son pays d'adoption (*Hospitalité française*, 1984). C'est en 1985 que Ben Jelloun fait connaître son nom à un large public avec la publication du roman *L'Enfant de sable*, dont la suite, *La Nuit sacrée*, se voit décerner le prix Goncourt deux ans plus tard. Il reçoit la nationalité française en 1991.

Alternant recueils de poésie et romans – qu'il traduit lui-même en arabe –, Tahar Ben Jelloun est également un intellectuel soucieux des enjeux de son temps, comme en témoigne la publication de son essai pédagogique, *Le Racisme expliqué à ma fille* (1997). Il est fait grand officier de la Légion d'honneur en 2008. Cela ne l'empêche pas de prendre parti, en 2010, contre la politique sécuritaire du gouvernement, appelant, dans une lettre ouverte, Nicolas Sarkozy à « être le président de tous les Français, y compris des Français d'origine étrangère » (*Le Monde*, 6 septembre 2010). L'année suivante, il saluera le « Printemps arabe ». Membre de l'Académie Goncourt depuis 2008, Tahar Ben Jelloun est l'un des écrivains francophones contemporains les plus traduits dans le monde.

Pierre-Frédéric Charpentier

BENAZZI Abdellatif

Sportif. – Né le 20 août 1968 à Oujda, Maroc.

Abdellatif Benazzi est né dans une famille issue d'une dynastie noble, qui possède la plus grande minoterie de la ville d'Oujda. Enfance plutôt repliée : surnommé « Tabbouz », le « grassouillet », trop grand, trop bien nourri, il subit sarcasmes et humiliations de la part d'autres enfants. Mais il aime le sport : après diverses expériences, il s'oriente vers le rugby à XV, qu'il découvre à l'âge de quatorze ans sous la houlette d'un éducateur. Même si le rugby n'est pas populaire, considéré comme un sport importé par la colonisation, le jeune Benazzi persévère jusqu'à être sélectionné en équipe junior marocaine en 1985. Entre autres qualités, ses capacités physiques (1,97 mètre pour plus de 110 kilos) attirent le regard : au poste de deuxième ligne ou de troisième ligne centre, il est considéré, à l'âge de dix-huit ans, comme le meilleur joueur du royaume.

Parlant à peine le français, Abdellatif Benazzi est recruté par le club de Cahors. Mais il trouve rapidement ses marques, devenant le meilleur marqueur d'essais du championnat de France lors de la saison 1988-1989. Il rejoint logiquement l'un des meilleurs clubs français, l'Agen.SU, au sein duquel il évoluera plus d'une décennie jusqu'en 2001.

Sa naturalisation obtenue en 1990, il peut prétendre à l'équipe de France. La même année, le sélectionneur Jacques Fouroux fait appel à lui pour une rencontre amicale de l'équipe de France face à l'Australie, disputée à Sydney. C'est la première des soixante-dix-huit sélections d'Abdellatif Benazzi chez les Bleus, avec lesquels il obtient un beau palmarès jusqu'en 2001. Il participe à trois phases finales de Coupe du monde en 1991, 1995 et 1999. Lors de l'édition de 1995, en Afrique du Sud, les Bleus se hissent en demi-finale face à l'Australie. Le 17 juin 1995, au Kings Park Stadium de Durban, sous une pluie battante rendant le terrain quasiment impraticable, la France est menée à quelques secondes de la fin (15-19). Benazzi marque l'essai de la victoire qui fait chavirer les supporters français. Il est refusé par l'arbitre pour quelques centimètres : la France ne disputera pas en finale de la Coupe du monde. Elle y parviendra toutefois quatre ans plus tard, en Angleterre, avec un Abdellatif Benazzi promu au rang de capitaine en 1996. Les Bleus remportent une demi-finale de légende face aux All Blacks de Jonah Lomu, le 31 octobre 1999, à Twickenham (victoire 43 à 31). Mais, quelques jours plus tard, ils s'inclinent en finale contre l'Australie (12-35).

Le Franco-Marocain participe également à huit Tournois des Cinq puis des Six Nations, marquant de nombreux essais et réalisant le Grand Chelem en 1997. La même année, alors qu'il est toujours en activité, il est nommé au Haut Conseil à l'intégration par Jacques Chirac. Devenu un modèle d'intégration par le sport et apprécié par les Français, il reçoit, le 9 mars 2000, les insignes de chevalier de la Légion d'honneur des mains de Martine Aubry, alors ministre de l'Emploi et de la Solidarité. Quelques jours plus tard, lors de la première visite officielle en France du roi Mohammed VI, il est reçu à l'Élysée, considéré également comme un porte-drapeau des relations franco-marocaines.

Après un dernier challenge sportif pendant deux saisons en Angleterre, au club de Saracens, Abdellatif Benazzi raccroche définitivement les crampons en mai 2003, à l'âge de trente-quatre ans. L'ancien rugbyman s'investit alors dans des actions éducatives en France et au Maroc : président de l'association Noor, il mène une action au Maroc visant à l'insertion des enfants par la pratique du sport, notamment par le ballon ovale.

Yvan Gastaut

BENJAMIN Walter

Philosophe, écrivain, critique littéraire et traducteur. – Né le 15 juillet 1892 à Berlin, Allemagne ; mort le 26 septembre 1940 à Portbou, Espagne.

Paris est pour Walter Benjamin la « ville d'élection [...] à la fois comme terre d'exil et comme métaphore directrice de son œuvre » (Martin Jay). Dès mars 1933, l'écrivain et critique littéraire fuit en effet le régime nazi, qui le menace à cause de ses origines juives et de ses convictions marxistes. Son attachement à la France se traduit dans le surnom que ses amis allemands en viennent à lui donner : « Tiens tiens », en référence à ce tic de langage qui imprègne son discours même lorsqu'il parle en allemand. La capitale française est aussi le sujet de son chef-d'œuvre, initié en 1927 et laissé inachevé par son suicide en septembre 1940 : dans *Paris capitale du XIXe siècle. Le livre des passages*, Walter Benjamin a l'ambition de saisir l'émergence de la modernité dans des signes aussi divers que la mode, l'architecture, les transports, la photographie, la littérature, les commerces, etc. Pour ce travail, il accumule des notes à la Bibliothèque nationale, qui lui sert de refuge alors que ses conditions de vie souffrent de la plus grande précarité.

Si l'œuvre de Benjamin apparaît majeure depuis la fin des années 1960, son auteur ne fut guère plus, de son vivant, qu'un « écrivain juif allemand, [...] connu, mais non célèbre, pour ses contributions à des magazines et des rubriques littéraires de journaux » (Hannah Arendt). Sa vie fut ponctuée de deuils, de déceptions amoureuses et d'échecs à imposer sa démarche intellectuelle atypique.

Né dans la haute bourgeoisie berlinoise intégrée, il passe par des études de philosophie tout en suivant en parallèle des cours d'histoire de l'art et d'histoire de la littérature, ainsi que ceux de Georg Simmel, sociologue de la culture. Durant la Première Guerre mondiale, plusieurs stratagèmes lui permettent d'échapper à la conscription. En 1917, il se réfugie en Suisse, où il demeure jusqu'à la soutenance en 1919, à l'université de Berne, de sa thèse de doctorat consacrée au *Concept de critique d'art dans le romantisme allemand.* En 1925, il présente devant l'université de Francfort une thèse d'État sur « L'origine du drame baroque allemand ». Mais son travail est refusé et Walter Benjamin n'est pas habilité à enseigner dans le supérieur. Dès lors, il vit moins de ses rares ouvrages publiés que de critiques culturelles paraissant dans revues et journaux, d'émissions de radio et, surtout, de traductions. Parmi ces dernières, citons les *Tableaux parisiens* de Baudelaire, publiées en 1923 avec une introduction devenue célèbre, « La tâche du traducteur », des textes de Proust, œuvre sur laquelle il travaille à Paris en 1926 avec l'écrivain Franz Hessel, de Saint-John Perse, de Kafka, qu'il contribue, avec Alexandre Vialatte, à faire connaître en France. La tâche que s'assigne Walter Benjamin est de construire une esthétique nouvelle au travers d'une redéfinition de la notion de critique. Considérant que la signification de l'œuvre d'art est inachevée, il voit le devoir du critique dans l'explicitation du secret intérieur de chaque œuvre, au prix de la perte de l'aura – processus accentué par l'avènement du capitalisme et la réduction des œuvres d'art à leur valeur d'échange. Cette démarche subit l'influence de trois de ses principaux amis et interlocuteurs. Le premier est Gershom Scholem, qui s'est installé en Palestine et lui fait découvrir les grands courants de la mystique juive. Le deuxième est Berthold Brecht, qui lui ouvre le champ du marxisme hétérodoxe avec des auteurs comme Lukacs. Enfin, il échange avec Theodor W. Adorno sur sa théorie critique de la société moderne développée au sein de l'Institut de recherches sociales de Francfort (« École de Francfort »), fondé en 1923.

En France, ses travaux sont connus de personnalités intellectuelles de premier plan, qui appuient sa demande de naturalisation – restée vaine – en 1936 : parmi elles figurent Louis Aragon, André Gide, Jules Romains, Jean Paulhan, Paul Valéry, Lucien Lévy-Bruhl, Adrienne Monnier ou encore Louis Guilloux. En mai 1939, il donne une conférence sur Baudelaire à la décade annuelle de Pontigny ; à l'automne suivant, il est invité par son ami Georges Bataille à faire une communication devant le Collège de sociologie. Mais le 3 septembre 1939, comme tous les citoyens du Reich en territoire français et bien qu'il ait été déchu de sa nationalité allemande le 11 juillet précédent, il doit gagner un centre de tri puis est envoyé dans un camp de travailleurs près de Nevers. Libéré, il regagne Paris le 25 novembre et ne se résout à quitter la ville qu'au lendemain de l'entrée des troupes allemandes, pour se réfugier dans les Pyrénées. Ses amis parviennent à lui obtenir un visa pour les États-Unis à la fin du mois d'août 1940 et il passe clandestinement et péniblement en Espagne. Mais là, les autorités le renvoient vers la France, faute d'une autorisation de sortie du territoire français. Walter Benjamin absorbe alors une dose mortelle de morphine.

Anna Trespeuch-Berthelot

BENOIS Alexandre (Alexandre Nikolaïevitch Benois)

Peintre et décorateur de théâtre. – Né le 4 mai 1870 à Saint-Pétersbourg, alors

Empire russe, aujourd'hui Russie ; mort le 9 février 1960 à Paris, France.

Né dans une famille d'ascendance française et italienne, fils de l'architecte de cour Nicolas Benois, Alexandre Benois étudie le droit à Saint-Pétersbourg avant de se consacrer à la peinture et à l'histoire de l'art. À partir de 1894, il se rend régulièrement à Paris et peint à Versailles une série d'aquarelles qu'il intitule *Les Dernières Promenades de Louis XIV*. Aux côtés de Serge Diaghilev et de Léon Bakst, il anime la revue artistique *Mir istkousstva* (Le monde de l'art), prônant un renouveau pictural russe inspiré de l'art occidental. Après avoir réalisé les décors pour le ballet *Sylvia*, au Théâtre Mariinsky en 1901, il consacre une grande partie de son travail aux décors de ballet, collaborant dès 1907 avec le chorégraphe Michel Fokine (*Le Pavillon d'Armide*). Fort de son expérience et de son anticonformisme en matière de décors, il participe aux premières années de l'aventure des Ballets russes, compagnie créée par Serge Diaghilev et rapidement installée à Paris. Dans ce cadre, il crée les décors de *Giselle* (1910), *Petrouchka* (1911) et *Le Rossignol* (1914) de Fokine, mais, par la suite, Diaghilev lui préfère des décorateurs plus avant-gardistes, comme Natalia Gontcharova, Michel Larionov, Pablo Picasso ou André Derain. De 1918 à 1926, il est conservateur au musée de l'Ermitage à Leningrad, puis revient s'installer définitivement à Paris. Au sein de la compagnie d'Ida Rubinstein, il collabore avec les chorégraphes Bronislava Nijinska (*Boléro* en 1928, *La Valse* en 1929, sur les musiques de Maurice Ravel, etc.) et Léonide Massine (*Les Enchantements d'Alcine*, sur une musique de Georges Auric, en 1929 ; *Amphion*, sur une musique d'Arthur Honegger en 1931, etc.). Il travaille aussi pour le théâtre, l'opéra et le cinéma : il est chef décorateur du *Napoléon* d'Abel Gance en 1927. En 1955, il publie, en anglais, le premier tome de ses *Mémoires*.

Sophie Jacotot

BENVENISTE Émile

Linguiste. – Né le 27 mai 1902 à Alep, Syrie ; mort le 3 octobre 1976 à Versailles, France.

Émile Benveniste est un des maîtres de la linguistique contemporaine. Il a largement contribué à la reconstruction des formes de l'indo-européen, notamment dans sa thèse de doctorat sur les *Origines de la formation des noms en indo-européen* (1935). Ouvert au dialogue avec les anthropologues – il fonde avec Claude Lévi-Strauss la revue *L'Homme* (1961) –, avec les philosophes et avec les historiens, il envisage les structures du langage en relation avec celles de l'organisation sociale et des représentations. Enfin, ses travaux enrichissent le mouvement structuraliste, en contribuant, sur les pas de Ferdinand de Saussure, à l'édification d'une sémiologie générale (*Problèmes de linguistique générale*, 2 t., 1966, 1974).

Né en Syrie dans une famille désargentée – ses parents sont inspecteurs des écoles juives –, il est envoyé étudier à Paris dès l'âge de onze ans, car l'Alliance israélite universelle lui offre une bourse. Mais il refuse le chemin vers le rabbinat qu'on a tracé pour lui : après avoir obtenu son baccalauréat en 1918, il suit des études à la faculté de lettres et à l'École pratique des hautes études, est reçu à l'agrégation de grammaire en 1922 et s'inscrit à l'École des langues orientales. Durant ces années d'études, il est engagé dans le groupe Philosophies, proche des surréalistes, et, en juillet 1925, signe le manifeste des intellectuels contre la guerre du Rif, guerre qui s'achève peu de temps avant qu'il ne soit lui-même envoyé au Maroc pour y faire son service militaire (entre juin 1926 et février 1927). Après avoir enseigné au collège Sévigné puis, en Inde, auprès des enfants du riche industriel parsi Tata (1924-1925), il devient directeur d'études à l'École pratique des hautes études en 1927 et, dix ans plus tard, professeur de grammaire comparée au Collège de France. Frappé d'aphasie, il cessera d'enseigner en 1969. Le rayonnement intellectuel d'Émile Benveniste, membre de l'Académie des inscriptions et belles lettres (1960), traversa les frontières françaises, amplifié par ses missions à l'étranger et sa présidence de nombreux congrès internationaux.

Sa naturalisation française se déroula en deux temps. Admis aux droits civils le 3 mai 1921, il obtient la nationalité française en octobre 1924. Ce statut ne le protégea pas des persécutions nazies pendant l'Occupation : son appartement et ses manuscrits furent pillés ; son frère Henri mourut en déportation.

Anna Trespeuch-Berthelot

BENZI Roberto

Chef d'orchestre. – Né le 12 décembre 1937 à Marseille, France.

Issu d'une famille italienne de Marseille, cet enfant de l'immigration révèle des dons très précoces pour la musique. Son père enseigne le solfège et peut ainsi repérer les dons musicaux et l'oreille absolue de son enfant, qui apprend vite le solfège, commence le piano à quatre ans et reçoit ses premières leçons d'André Cluytens, (célèbre chef d'origine belge), avant d'avoir dix ans. En 1948, à onze ans, il est devenu un véritable chef d'orchestre. Son itinéraire précoce inspire le cinéma, et deux films musicaux de Georges Lacombe sont consacrés à sa carrière fulgurante : *Prélude à la gloire* (1949) et *L'Appel du destin* (1952). Sa longue carrière lui a permis de diriger les plus célèbres orchestres, particulièrement en France et aux Pays-Bas. Il était l'époux de la cantatrice Jane Rhodes, décédée en 2011.

Didier Francfort

BERBEROVA Nina

Romancière, nouvelliste et biographe. – Née le 26 juillet 1901 à Saint-Pétersbourg, alors Empire russe, aujourd'hui Russie ; morte le 26 septembre 1993 à Philadelphie, États-Unis.

Née d'un père arménien haut fonctionnaire du tsar et d'une mère russe, Nina Berberova vit, adolescente, les tourments de la révolution et de la guerre civile. Considérée par le régime comme appartenant à l'intelligentsia, elle doit quitter l'Union soviétique en 1922 avec son mari, le poète Vladislav Khodassevitch, pour vivre successivement à Berlin puis à Prague. Arrivés à Paris en 1925, ils n'ont qu'un statut d'apatrides et traversent des années difficiles. Nina Berberova vit d'emplois précaires à Billancourt au contact des émigrés russes pauvres, dont le vécu servira d'inspiration aux nombreux textes et nouvelles qu'elle fait paraître dans les publications russophones de Paris, comme *Poslednie Novosti* (Les dernières nouvelles) ou *Russkaia mysl* (La pensée russe). Il faudra toutefois attendre 1992 pour que *Bijankurskie prazdniki* soit enfin publié en français sous le titre *Chro-*

niques de Billancourt. De 1932 à 1938, l'écrivain publie trois romans en russe, qui retiennent l'attention de la critique, tandis que, en 1936, sa biographie de Tchaïkovski suscite la controverse en évoquant ouvertement l'homosexualité du musicien. Ayant difficilement supporté l'épreuve de la Seconde Guerre mondiale et estimant n'être pas reconnue à sa juste valeur dans son pays d'adoption, Nina Berberova décide d'émigrer en 1950 aux États-Unis, où elle enseigne le russe à l'université Yale en 1958 et reçoit la nationalité américaine l'année d'après. Ce n'est qu'à partir de 1985 que ses écrits sont enfin redécouverts en France, avec la première traduction, chez l'éditeur Actes Sud, de son roman *L'Accompagnatrice*, qui sera adapté au cinéma en 1992 par Claude Miller. En 1989 paraît son autobiographie, *C'est moi qui souligne*. Une grande partie de l'œuvre de Nina Berberova est traduite en français avant que l'écrivain ne décède en 1993.

Pierre-Frédéric Charpentier

BERDIAEV Nicolas (Nikolaï Aleksandrovitch Berdiaev)

Philosophe. – Né le 19 mars 1874 à Kiev, alors Empire russe, aujourd'hui Ukraine ; mort le 24 mars 1948 à Clamart, France.

Berdiaev a participé à la renaissance spirituelle de l'« Âge d'argent » russe au début du XXe siècle avant de devenir, dans la France de l'entre-deux-guerres, une figure majeure de la philosophie « existentielle » et du personnalisme chrétien. Il est né à Kiev dans une famille de l'aristocratie moscovite. Sa grand-mère maternelle, descendante de la comtesse de Choiseul, était française et sa mère, qui vécut une partie de son enfance en France, le fut également de cœur et d'esprit. Le jeune Berdiaev est donc très précocement familier de la langue et de la littérature françaises. En rupture avec son milieu social, il se détourne de la carrière militaire pour entrer en philosophie et s'engager, durant les années 1890, dans le combat social-démocrate, ce qui lui vaut trois années d'exil au nord de la Russie. Mais il rompt rapidement avec le marxisme et participe, au début du siècle, au renouveau de la pensée religieuse, dans le sillage de Chestov, Strouvé et Boulgakov. Après avoir bénéficié d'une liberté d'expression relative et précaire durant les premières années de la Révolution russe, Berdiaev, professeur à l'université de Moscou depuis 1920, est expulsé de Russie dès 1922. Il s'établit en France en 1924. À Paris, devenu à ses yeux « le centre russe », il relance l'Académie religieuse et philosophique russe fondée à Berlin au début de son exil ainsi que la revue *Put'* (La voie), créée à Moscou en 1916, qui devient un organe important de l'émigration. Dès la publication, en 1927, d'*Un nouveau Moyen Âge*, la pensée de Berdiaev trouve un écho favorable chez les intellectuels catholiques. Cet « orthodoxe congénital » élabore en effet un spiritualisme « supraconfessionnel ». Sa philosophie « existentielle » s'alimente à des sources russes (Dostoïevski, Tolstoï, Soloviev...), allemandes (Boehme, Schopenhauer, Nietzsche) et scandinaves (Ibsen, Kierkegaard). Sa philosophie de l'« acte créateur », cherche un sens nouveau au christianisme dans la « divino-humanité », dans la définition d'un humanisme « théo-andrique » exaltant la liberté créatrice de l'homme « enraciné » en Dieu et se dressant contre l'objectivation de l'existence humaine, c'est-à-dire l'immersion dans le monde extérieur des objets et de la technique réduisant l'homme en esclavage. Analyste critique du communisme et adversaire du collectivisme, Berdiaev n'en nourrit pas moins une aversion profonde pour le « bourgeoisisme » de l'Occident capitaliste. Réservé à l'égard de la philosophie universitaire française, dont le rationalisme laïc manquerait d'âme et dont l'universalisme passionné ferme les esprits à la diversité des cultures, Berdiaev est davantage attiré par la « France secrète » de ses lectures de jeunesse (Bloy, Baudelaire, Huysmans...), qui cultivait le sens du tragique chrétien. Il témoigne cependant un réel intérêt au renouveau métaphysique incarné par Louis Lavelle, René Le Senne et Jean Wahl, s'intègre aux lieux de sociabilité et d'échange philosophiques (l'Union pour la vérité, les décades de Pontigny) et participe aux réunions organisées chez Gabriel Marcel, « seul endroit en France où furent discutés des problèmes phénoménologiques et existentiels ».

Berdiaev a joué un rôle de passeur culturel entre l'Orient et l'Occident et, plus précisément, entre la Russie, l'Allemagne et la France, pays où il contribue à la connaissance de Dostoïevski et de Jacob Boehme, mais également à la redécouverte de la spiritualité d'Orient, au renouveau des études patristiques (notamment grâce à ses travaux sur Grégoire de Nysse). « Anarchiste religieux » dont la mère se sentait plus catholique qu'orthodoxe et dont la femme est allée jusqu'à la conversion au catholicisme, Berdiaev a favorisé, au sein de celui-ci, un œcuménisme fécond. Bien qu'adversaire du thomisme, il partage avec Jacques Maritain l'exigence d'une révolution spirituelle. Il réunit chez lui, pendant quelques années, des écrivains et des philosophes catholiques (Charles du Bos, Gabriel Marcel, Louis Massignon, Étienne Gilson, Stanislas Fumet, Emmanuel Mounier). Il est également l'initiateur de rencontres interconfessionnelles (avec le R. P. Gillet, le père Lucien Laberthonnière, le pasteur Boegner et Wilfred Monod) et participe à l'aventure de la revue *Esprit.* Deux de ses livres – *De la destination de l'homme, essai d'éthique paradoxale* et *De l'esclavage et de la liberté de l'homme* – ont exercé une influence incontestable sur les intellectuels des années 1930 et 1940 se rattachant au personnalisme, particulièrement sur Emmanuel Mounier qui, en 1948, saluera en Berdiaev « le premier humaniste de l'Europe nouvelle ». S'il a assumé une part d'atavisme français hérité de sa mère, Berdiaev est resté, au soir de sa vie, un « romantique russe du début du siècle » (*Essai d'autobiographie intellectuelle*, 1965), nostalgique de la terre natale où le retour est impossible. À quelques exceptions près, ses travaux publiés en France ont été traduits du russe et, à la fin de la Seconde Guerre mondiale, c'est en patriote qu'il salue, avec une ferveur qui lui sera parfois reprochée, la victoire du stalinisme sur le nazisme. Refusant de s'enfermer dans l'identité d'émigré et croyant en une forme de messianisme et d'universalisme russes, Berdiaev a donné sens à son exil en prenant en charge la mission de la Russie qui est, à ses yeux, d'unir Orient et Occident.

Stéphan Soulié

BERGAMINI Louis

Syndicaliste. – Né le 13 juillet 1929 à Palazzolo di Sona, Italie ; mort le 20 juillet 1998 à Méricourt, France.

La famille de Louis Bergamini arriva en France en 1930 s'installant dans le Nord-Pas-de-Calais, à Montigny-en-Gohelle, puis à Billy-Montigmy. Il travailla à la mine à l'âge de quatorze ans, puis obtint le CAP de mineur. Il milita bientôt à la Jeunesse ouvrière chrétienne (JOC), où il était entré en 1943. Il en devint l'un des responsables dans la région Nord-Pas-de-Calais, puis, de 1952 jusque 1956, il fut permanent régional de la JOC et chargé des régions minières de France. Il se maria en 1956 et s'installa à Méricourt-sous-Lens, où habitait Joseph Sauty, un de ses maîtres en syndicalisme.

Il reprit, en 1956, son activité de mineur de fond au puits n° 6 de Courrières en tant qu'abatteur et rejoignit l'année suivante l'équipe des permanents du syndicat CFTC Nord-Pas-de-Calais, pour le secteur d'Hénin-Liétard. Il en devint le vice-président, puis succéda, en 1962, au secrétariat général du syndicat Nord-Pas-de-Calais, à Joseph Sauty, devenu président. En 1967, il devint également secrétaire général de l'Union départementale CFTC. En 1970, il prit la succession, au secrétariat général de la Fédération des mineurs CFTC, de Jean Bornard. De 1970 à 1991, Louis Bergamini participa, avec son organisation, à tous les combats pour la représentation du syndicalisme d'inspiration chrétienne, dans la profession et au plan interprofessionnel. Il signa de nombreux accords sur la mise en place des comités d'entreprise, la formation professionnelle continue, la réduction de la durée du travail, la révision des classifications.

La Fédération des mineurs CFTC mena également des actions sur le plan européen pour une politique de l'énergie, pour la fixation d'un prix directeur de l'énergie, de garanties pour l'écoulement du charbon vers les centrales thermiques et la sidérurgie ainsi que pour des perspectives de reconversion. De 1974 à 1989, Louis Bergamini représenta la Fédération des mineurs CFTC au comité consultatif de la CECA.

Au plan interprofessionnel, Louis Bergamini appartint au bureau de l'Union régionale CFTC du Nord-Pas-de-Calais, dont il fut le président de 1967 à 1987. Élu vice-président de la confédération CFTC, il participa à ce titre au Commissariat général du plan ainsi que, de 1984 à 1994, au Conseil économique et social à Paris. À partir de 1970, il devint membre de la Commission économique de développement régional (CODER) et il siégea au conseil d'administration des Houillères du bassin du Nord et du Pas-de-Calais et des Charbonnages de France.

Michel Dreyfus

BERGMAN Boris

Auteur de chansons, écrivain, comédien. – Né le 31 août 1944 à Londres, Royaume-Uni.

D'ascendance russe et de nationalité britannique, Boris Bergman franchit la Manche avec ses parents en 1958. L'adolescent bilingue et épris d'écriture s'oriente vers le métier de parolier et connaît un premier succès avec *Rain and Tears* (1968), interprété par le groupe Aphrodite's Child. Il devient, dans les années 1970, l'un des auteurs les plus prisés du show-business, écrivant pour toutes les vedettes, de Richard Anthony à Michel Delpech en passant par Dalida, Mireille Mathieu, Patrick Juvet, France Gall, Nana Mouskouri, Gérard Lenorman, etc. Les deux tubes les plus notables de cette première période sont des adaptations de thèmes internationaux, sur les musiques de l'Italien Nino Rota (*Parle plus bas*, leitmotiv du film *Le Parrain*, chanté par Tino Rossi en 1972) et du Brésilien Jorge Ben (*Fio Maravilla*, titre-phare de Nicoletta en 1973). Mais il finit par se lasser de ces facilités propres à la variété commerciale. Préfiguré par des collaborations avec Juliette Gréco ou Christophe, le tournant stylistique s'opère par la rencontre d'Alain Bashung, lui-même à la recherche d'un second souffle. Pendant quatre ans, de 1977 à 1981, Bergman écrira presque toutes ses chansons, lâchant la bride à ses penchants surréalistes et à son goût pour les jeux de mots, la polysémie, l'écriture automatique. Entre noirceur et dérision, ses vers épousent le phrasé, les raucités et les sonorités rock de Bashung. Le public plébiscite *Gaby oh Gaby* (1980) et *Vertige de l'amour* (1981), deux titres qui consacrent leur interprète. Par la suite, les deux artistes ne se retrouveront que ponctuellement. Bergman reste un parolier de premier plan (pour Paul Personne, Maxime Le Forestier…) et un adaptateur hors pair, y compris du français vers l'anglais (album *Monsieur Gainsbourg revisited*, 2006). Il s'essaye également à d'autres formes d'écriture comme le roman, le scénario, la comédie musicale et a tenu des rôles remarqués au cinéma (par exemple dans *Jésus de Montréal* de Denys Arcand, 1989).

Yves Borowice

BERGSON Henri

Philosophe. – Né le 18 octobre 1859 et mort le 3 janvier 1941 à Paris, France.

La pensée de Bergson, figure dominante de la philosophie française du début du XXe siècle, a connu un rayonnement européen et mondial qui lui valut le prix Nobel de littérature en 1928. Philosophe de l'intuition – opposée à l'analyse –, de la durée et de l'élan vital, il opère, à la fin du XIXe siècle, une rupture avec la tradition philosophique, pour proposer ce que sectateurs comme adversaires appelleront la « philosophie nouvelle ». Dans les *Données immédiates de la conscience* (1889), *Matière et mémoire* (1896), *L'Évolution créatrice* (1907) et les *Deux Sources de la morale et de la religion* (1932), il ouvre ainsi un chemin métaphysique qui s'écarte du rationalisme héritier du cartésianisme et du criticisme kantien.

Bergson (dérivation du patronyme Bereksohn) est le fils d'un musicien juif polonais émigré et d'une Anglaise descendante d'une famille juive de médecins. Après avoir passé ses premières années en Angleterre, il vit en France à partir de 1866. En 1869, alors que ses parents sont repartis à Londres, le jeune Bergson reste seul à Paris : pensionnaire de l'institution Springer, il accomplit au lycée Condorcet de brillantes études secondaires, qui lui ouvrent les portes de l'École normale supérieure en 1878. Si, à cette date, Bergson n'est pas encore pleinement français au regard du droit, la question de l'« assimilation » ne se pose guère pour ce jeune bourgeois élégant, qui a manifesté précocement une parfaite maîtrise d'une culture classique française très marquée par le poids des humanités et de la rhétorique. Ayant atteint la majorité civile, Bergson fait enregistrer à la mairie du Ve arrondissement de Paris, le 5 novembre 1880, la déclaration d'option de la nationalité, qui lui permet d'accéder à la qualité de Français : il ne s'agit donc pas d'une naturalisation par décret. Rue d'Ulm, Bergson appartient à la brillante génération des Jaurès, Durkheim, Lévy-Bruhl. En 1881, il est reçu second à l'agrégation, derrière l'obscur Lesbazeilles, mais devant Jaurès. Après un passage par les lycées d'Angers puis de Clermont, où il sera également chargé de cours à l'université, et la soutenance de ses thèses, c'est le retour attendu à Paris, où il obtient rapidement la khâgne du lycée Henri-IV. Après l'échec de ses candidatures à la Sorbonne en 1894 et 1898, Bergson est maître de conférences à l'École normale supérieure (1898) avant d'entrer au Collège de France (1900). En 1901, il est élu membre de l'Académie des sciences morales et politiques, qu'il présidera en 1914. La publication dans la *Revue de métaphysique et de morale*, en 1903, d'un article manifeste, « Introduction à la métaphysique », élargit l'horizon de réception de son œuvre au-delà des frontières de la philosophie universitaire. Mais c'est le succès controversé du vitalisme dc *L'Évolution créatrice* (1907) qui le fait connaître.

Parfois présenté comme le « premier philosophe médiatique » (François Azouvi), Bergson fut pourtant un philosophe discret, en contraste avec les débordements mondains dont ses leçons au Collège de France furent le théâtre. Le bergsonisme est devenu, avant la Grande Guerre, une mode intellectuelle, jusqu'à l'instrumentalisation et, parfois, la déformation, déplorée par Bergson lui-même. Référence privilégiée pour les symbolistes (Tancrède de Visan), il inspire également des acteurs du renouveau de la pensée catholique (Charles Péguy, le philosophe moderniste Édouard Le Roy et, avant sa conversion au thomisme, Jacques Maritain). Bergson fut une sorte d'antidote pour les tenants de la jeune droite nationaliste qui fustigeaient, à l'image de Gilbert Maire et d'Henri Massis, le scientisme desséchant de la Nouvelle Sorbonne. Mais il y eut également une extrême gauche bergsonienne, incarnée notamment par Georges Sorel, l'auteur des *Réflexions sur la violence* (1908). Au sein de la philosophie universitaire, Bergson rencontre une opposition philosophique réelle, mais mesurée. Au moment où les enjeux idéologiques de la controverse apparaissent de façon plus manifeste, l'inquiétude grandit cependant devant le succès incontrôlé du bergsonisme. Mais ni les virulentes attaques rationalistes (celle de Julien Benda notamment) ni la campagne de l'Action française, dont il est victime en raison de ses origines juives, n'empêcheront Bergson d'être élu à l'Académie française en février 1914. Pendant la Première Guerre mondiale, Bergson prend part à la mobilisation intellectuelle au service de la patrie. Dans son discours du 8 août 1914 à l'Académie des sciences morales et politiques, il fait ainsi de « la lutte engagée contre l'Allemagne » par la France « la lutte même de la civilisation contre la barbarie ». Le 12 décembre, il dénonce le militarisme germanique et l'attitude des intellectuels allemands signataires du « Manifeste des 93 », opposant la France, incarnation du droit, à la brutalité germanique. Au service du rayonnement de la France, il souligne le rôle prééminent de la pensée française dans l'histoire mondiale de la philosophie, dans un texte rédigé en 1915 en vue de l'Exposition universelle de San Francisco. En réponse à sa mise en accusation de la philosophie allemande, le philosophe Hermann Cohen ne manquera pas de rappeler l'héritage germanique de Bergson à travers le yiddish parlé par son père. L'action de Bergson fut également diplomatique : en février 1917 et, de nouveau, en juin 1918, il est envoyé auprès du président Wilson en tant que représentant officiel de la France, afin de favoriser l'intervention américaine qu'il accueillit avec ferveur : la « France adorée » était sauvée. Après la guerre, Bergson présidera, de 1922 à 1925, la Commission de coopération intellectuelle de la SDN. Bergson atteint le sommet de la reconnaissance officielle en 1930 (grand croix de la Légion d'honneur). Mais l'entre-deux-guerres est marqué par les débuts du reflux du bergsonisme. En 1929 paraît le violent pamphlet de Georges Politzer, *La Fin d'une parade philosophique, le bergsonisme*, et l'accueil, en 1932, des *Deux Sources de la morale et de la religion* est mitigé. L'évolution spirituelle de Bergson l'amène, en dépit de son attachement à ses origines juives, au seuil de la conversion au catholicisme. La montée de l'antisémitisme et la persécution des juifs en 1940 lui interdiront néanmoins d'aller jusqu'au baptême : il se devait de rester, dans la souffrance, solidaire de sa communauté. Bergson s'éteint le 3 janvier 1941. Si Georges Politzer le présente dans « Après la mort de Bergson » comme un traître à l'égard de la tradition française héritée des Lumières, il reçoit l'hommage académique de Paul Valéry, qui prononce ces mots : « il ne manquait que le Panthéon ».

Stéphan Soulié

BERRY John

Acteur et réalisateur. – Né le 6 septembre 1917 à New York, États-Unis ; mort le 29 novembre 1999 à Paris, France.

Acteur depuis l'enfance, assistant de Billy Wilder pour *Assurance sur la mort* en 1944, il entame une carrière de réalisateur (signant entre autres avec *Casbah* en 1948 un remake de *Pépé le Moko*) lorsqu'il est placé sur la liste noire des inquisiteurs maccarthystes. Il s'exile en France au début des années 1950, après avoir signé un documentaire pour soutenir les Dix d'Hollywood (liste de dix réalisateurs, auteurs, producteurs suspectés de sympathies communistes). Il y a signé des succès commerciaux, avec Fernandel (*Don Juan*, 1956), mais surtout avec Eddie Constantine (*Ça va barder* et *Je suis un sentimental* en 1955, *À tout casser* en 1968). Dans *Oh Que Mambo !* (1958) il fait tourner Dario Moreno, mais aussi Poiret et Serrault, Jean Carmet et Alberto Sordi dans le rôle d'un certain Marlou Brando… Conjoint de l'actrice Myriam Boyer, il double Charles Bronson dans *Adieu l'ami* (1968) et *Le Passager de la pluie* de René Clément (1969).

Jean-Luc Douin

BERTA Renato

Chef opérateur. – Né le 2 mars 1945 à Bellinzone, Suisse.

Formé à Rome, complice des cinéastes de la Nouvelle Vague suisse (Alain Tanner, Claude Goretta, Michel Soutter, Daniel Schmidt), Renato Berta est affilié au cinéma d'auteur. Apprécié pour son sens du cadrage et sa dextérité à explorer des palettes de lumière, il été un collaborateur précieux pour Jean-Luc Godard (*Sauve qui peut, la vie*, 1980), René Allio (*Retour à Marseille*, 1980), Patrice Chéreau (*L'Homme blessé*, 1982), Jacques Rivette (*Hurlevent*, 1984), Éric Rohmer (*Les Nuits de la pleine lune*, 1984), André Téchiné (*Rendez-vous*, 1984, *Les Innocents*, 1987), Benoît Jacquot (*Corps et biens*, 1986), Louis Malle (*Au revoir les enfants*, 1987, *Milou en mai*, 1989), Claude Berri (*Uranus*, 1990), Alain Resnais (*Smoking/No smoking*, 1993, *On connaît la chanson*, 1997, *Pas sur la bouche*, 2003), Robert Guédiguian (*Le Promeneur du Champ-de-Mars*, 2004).

Jean-Luc Douin

BERTHOLLET Claude Louis

Chimiste. – Né le 9 décembre 1748 à Talloires, alors Royaume de Piémont-Sardaigne, aujourd'hui France ; mort le 6 novembre 1822 à Arcueil, France.

Issu d'une dynastie savoyarde de notaires et d'avocats, Berthollet naît à Talloires, à proximité d'Annecy, ville de langue et de culture françaises qui appartient au royaume du Piémont et où l'influence intellectuelle de Genève se fait sentir. « Médecin par formation, chimiste par vocation », selon la formule de l'historien des sciences René Taton, Claude Louis Berthollet fait des études de médecine à Annecy, puis dans la capitale piémontaise, Turin, où il arrive en 1766, sans fortune, mais bénéficiant de bourses. Il y obtient son doctorat en médecine en mai 1770 et part pour Paris à la fin de la même année. Selon sa biographe Michelle Sadoun-Goupil, Turin offre alors peu de débouchés universitaires, et nombre d'étudiants poursuivent leur cursus dans les grandes villes d'Allemagne, de France ou d'Angleterre. À Paris, Berthollet est placé sous la protection du médecin genevois Théodore Tronchin et devient « médecin ordinaire » de Mme de Montesson, au service du duc d'Orléans, qui ouvre à Berthollet les portes des salons et du laboratoire de sa maison. C'est probablement en songeant à faire carrière médicale en France, et aux fins d'obtenir le titre de docteur régent de la faculté de médecine de Paris, que Berthollet dépose une demande de naturalisation. Celle-ci lui est accordée par une lettre de naturalité de février 1778, venue de Versailles et enregistrée au Parlement, stipulant que Berthollet travaille en France depuis sept ans, qu'il désire se fixer dans le royaume et le nommant sujet régnicole. Tout en publiant ses premiers travaux de chimie, qui le font recevoir comme adjoint-chimiste à l'Académie des sciences (1780), il devient docteur régent de la faculté de médecine, et se marie avec Marguerite-Marie Baur.

En 1784, sa nomination comme directeur des Teintures auprès de la manufacture royale des Gobelins le libère des nécessités de la tutelle d'un protecteur comme de celles du dévouement à une clientèle : il se consacre alors à ses recherches chimiques. Formé au temps du règne du phlogistique (théorie relative à la combustion), sous Louis XVI, son œuvre scientifique se développe dans la proximité de Lavoisier, avec lequel il travaille de façon étroite, et dans le sillage de la « révolution chimique ». Il participe ainsi, en 1783, aux premières expériences sur la synthèse de l'eau, réalisées dans le cercle de l'Arsenal réuni autour d'Antoine Lavoisier. En 1785, lors d'une séance publique de l'Académie, Berthollet annonce son adhésion définitive au système de Lavoisier. Pendant la Révolution, chimiste de grande notoriété, il contribue à l'effort de guerre de l'an III par son travail sur la fabrication du salpêtre et son enseignement sur la préparation des poudres. Il participe aux travaux de plusieurs commissions créées par la Convention, notamment celle des Poids et Mesures, et travaille avec Lavoisier et Guyton de Morveau à la création d'une nouvelle nomenclature chimique. Il devient professeur de chimie à l'École normale de l'an III, puis à l'École polytechnique, qu'il contribue à fonder. Il participe à la formation de l'Institut national, en 1795, où il est nommé membre de la première classe. En étroite association avec Gaspard Monge, il entre en relation avec Bonaparte lors de leur mission en Italie sur le rapatriement en France des œuvres d'art confisquées (1796), puis dans le cadre de l'expédition d'Égypte, où il a les pleins pouvoirs pour la création de l'Institut du Caire. Il bénéficie du soutien sans faille de Napoléon, qui l'aide financièrement et ne lui ménage pas les honneurs. Berthollet est nommé sénateur en décembre 1799, puis fait membre de la Légion d'honneur lors de sa création en 1803, grand officier en 1805, et comte de l'Empire, comme tous les sénateurs, en 1808. Votant au Sénat la déchéance de Napoléon, il est nommé par Louis XVIII membre de la Chambre des pairs en juin 1814. Refusant toutefois de mener une vraie carrière politique, il privilégie durant toute sa vie ses recherches scientifiques. Celles-ci sont consacrées à l'élaboration d'une théorie des réactions chimiques, qui auront une postérité posthume dans le développement de la chimie physique. Il connaît la célébrité auprès de ses contemporains, notamment en tant que principal animateur, avec Pierre-Simon de Laplace, de la Société d'Arcueil, qui réunit à partir de 1801 un brillant milieu de physiciens et chimistes tels que Louis-Joseph Gay-Lussac, Louis-Jacques Thénard et François Arago, en lien avec l'École polytechnique. Leurs travaux sont publiés dans les volumes des mémoires d'Arcueil. Berthollet est, à la fin de sa vie, maire d'Arcueil durant quelques mois. C'est là qu'il meurt d'un anthrax et qu'il est enterré lors de funérailles solennelles.

Anne Rasmussen

BESREDKA Alexandre Mikhalovich

Médecin et biologiste. – Né le 27 mars 1870 à Odessa, alors Empire russe, aujourd'hui Ukraine ; mort le 28 février 1940 à Paris, France.

Né d'un père précepteur, Alexandre Besredka accomplit toutes ses études secondaires et supérieures à Odessa, où il soutient sa thèse de biochimie en 1892 (« Évolution de la conception stéréochimique »). L'année suivante, il rejoint Paris et l'Institut Pasteur pour entrer comme préparateur dans le service d'Élie Metchnikoff et pour parfaire ses études, cette fois en médecine. Titulaire d'une seconde thèse en 1897 (*Abcès sous-phréniques*), il devient, en 1905, chef de laboratoire à l'Institut Pasteur ; ses recherches, comme l'indique le site de l'Institut, portent sur les endotoxines, la vaccination par virus sensibilisé, la désensibilisation anaphylactique (connue sous le nom de méthode de Besredka). La naturalisation française intervient en

1910, année de sa titularisation comme professeur à l'Institut Pasteur. Il collabore aux travaux de Metchnikoff sur l'étude de la fièvre typhoïde, qui sont cependant interrompus par la guerre. Mobilisé comme infirmier puis comme aide-major dans différents laboratoires de bactériologie, dont le Val-de-Grâce, il est démobilisé en 1919 et retourne à l'Institut Pasteur, où il succède à Metchnikoff à la tête de son service. Développant des recherches sur l'immunité des infections intestinales (dysenterie, typhoïde, choléra), il s'éloigne de la théorie immunitaire de son patron et défend l'hypothèse d'une immunité locale, propre à chaque organe. Il s'oriente, à partir de 1933, vers l'étude des cancers. La mission scientifique de l'Institut Pasteur à laquelle il participe en URSS en 1933, aux côtés de Paul Giroud, Michel Macheboeuf et Eugène Wollman, a notamment pour but d'élaborer une méthode de culture de l'agent du typhus, en vue d'un vaccin futur. Président de l'Œuvre de secours aux enfants, il s'implique particulièrement, dans la dernière année de sa vie, dans l'assistance aux confrères et enfants juifs fuyant l'antisémitisme nazi.

Vincent Duclert

BETSEN Serge

Sportif. – Né le 25 mars 1974 à Kumba, Cameroun.

Arrivé en France à l'âge de neuf ans avec sa famille, Serge Betsen commence à jouer au rugby dès son enfance à Clichy-la-Garenne. Il rejoint en 1992 le club du Biarritz Olympique, dont il devient le capitaine et avec lequel il est trois fois champion de France (2002, 2005, 2006). Évoluant au poste de troisième ligne aile, il fonde sa réputation sur de rugueux plaquages, qui lui valent les surnoms de « sécateur » ou de « faucheuse ». Appelé une première fois en équipe de France en 1997 pour affronter l'Italie, il ne retrouve ensuite la sélection qu'à l'occasion du tournoi des Six Nations en 2000. Il compte soixante-trois sélections jusqu'à l'annonce de sa retraite internationale en 2008. Vainqueur de trois tournois des Six Nations (2002, 2004 et 2007), il participe à deux Coupes du monde (2003 et 2007). Il est capitaine de l'équipe de France à l'occasion d'un match contre le pays de Galles, le 26 août 2007. Meilleur joueur du championnat de France en 2002, il achève sa carrière en Angleterre au Wasps de Londres (2008-2011). S'il avoue avoir été victime de propos racistes sur les terrains, il en limite la portée. Il n'en reste pas moins qu'en publiant son autobiographie (*Faire le soleil*, 2005), il entend donner à son parcours une valeur emblématique : « Comment le gosse de Kumba, au Cameroun, allait devenir le Serge de Clichy, puis le Betsen de toute la planète ovale. » Il renoue les liens avec son pays d'origine à la suite d'une visite en 2001. En 2004, il fonde la Serge Betsen Academy, qui utilise « le rugby comme vecteur d'intégration sociale, d'accès à l'éducation pour les enfants défavorisés de Yaoundé ». Parallèlement à sa carrière de joueur de rugby professionnel, Serge Betsen s'est mêlé au monde de l'entreprise. Il dirige, entre 2004 et 2011, un établissement de spa à Biarritz. Avec Serge Betsen Consulting, il propose aussi aux entreprises de « s'inspirer des moments de réussite d'une équipe sportive et s'approprier les clefs de succès d'une équipe performante ».

Stéphane Mourlane

BIANCIOTTI Hector

Romancier. – Né le 18 mars 1930 à Calchin Oeste, Argentine ; mort le 12 juin 2012 à Paris, France.

Né de parents piémontais installés en Argentine, Hector Bianciotti avouera plus tard s'être engagé, à l'âge de quinze ans, « dans le délicat labyrinthe de la langue française » en apprenant par le journal local la mort de Paul Valéry. C'est, en effet, lors de son passage au petit séminaire franciscain de Moreno, entre 1942 et 1948, que l'adolescent pauvre découvre en traduction la littérature française. En 1955, il décide de partir en Italie sur les traces de son histoire familiale dans ce qu'il considère être un retour à l'Europe. Il vit cependant à Rome puis à Naples dans un profond dénuement, qui le conduit à s'établir quatre ans en Espagne. Installé à Paris en février 1961, il parvient à être embauché l'année suivante comme lecteur par Gallimard, mais il doit attendre 1969 pour que son ami et premier éditeur, Maurice Nadeau, lui demande de collaborer à la *Quinzaine littéraire*. En 1973, il devient critique littéraire au *Nouvel Observateur* et collaborera plus tard au *Monde des livres*, à la demande de Josyane Savigneau. Ayant déjà publié plusieurs romans en espagnol, il reçoit en 1977 le prix Médicis étranger pour son *Traité des saisons*. Intervenue en 1981, sa naturalisation française marque un tournant dans son œuvre, puisque Bianciotti décide désormais d'écrire ses livres dans sa langue d'adoption. En 1985, son roman *Sans la miséricorde du Christ* obtient le prix Femina. Quatre ans plus tard, l'écrivain quitte Gallimard pour Grasset, où il contribue à la découverte de nombreux auteurs. Il continue lui-même à écrire, entamant une suite autobiographique en 1992 et rassemblant en volume ses textes sur les écrivains français classiques (*Une passion en toutes lettres*, 2001). Succédant à André Frossard, Hector Bianciotti fait son entrée à l'Académie française en janvier 1997.

Pierre-Frédéric Charpentier

BIBESCO Marthe (Marthe Lahovary, princesse Bibesco)

Romancière et essayiste. – Née le 28 janvier 1886 à Bucarest, Roumanie ; morte le 28 novembre 1973 à Paris, France.

Cousine d'Anna de Noailles, Marthe Bibesco doit à la carrière diplomatique de son père de suivre ce dernier à Paris, à l'âge de six ans. Elle se fait vite à sa patrie d'adoption, dont elle maîtrise déjà parfaitement la langue. Mariée à seize ans au prince Georges Bibesco, elle découvre les milieux artistiques et mondains parisiens. Encouragée à écrire par Maurice Barrès, elle fait paraître son premier livre en 1903, *Les Huit Paradis*, qui sera honoré par l'Académie française. La princesse choisit peu après de s'éloigner d'un époux volage pour mieux se consacrer à l'écriture. Elle fait la connaissance de l'abbé Mugnier, avec qui elle nouera une amitié durable, et qui accompagnera plus tard sa conversion au catholicisme. Liée également au Kronprinz Guillaume d'Allemagne, Marthe Bibesco vit péniblement l'épreuve du premier conflit mondial, durant lequel elle retourne à Bucarest s'engager comme infirmière bénévole. Après la guerre, son hôtel particulier du quai Bourbon devient l'un des rendez-vous du Tout-Paris littéraire. Elle n'en poursuit pas moins son œuvre : journal intime, romans, essais. En 1924, *Le Perroquet vert* rencontre un vif succès et assoit sa renommée littéraire, tandis qu'*Au bal avec Marcel Proust* (1928) est l'un des premiers témoignages consacrés à l'écrivain à avoir été publiés. La princesse fréquente alors l'intelligentsia européenne de l'entre-deux-guerres et les cercles politiques de la Société des nations. Elle donne en outre des articles à *Vogue*, à *Paris-Soir* ou au *Saturday Evening Post*, parfois sous le pseudonyme de Lucie Décaux. Ruinée après la saisie, en 1948, de ses biens familiaux par le régime communiste roumain, elle se fixe définitivement à Paris. Elle publie en 1960 son autobiographie, *La Nymphe Europe*, et reçoit la Légion d'honneur deux ans plus tard.

Pierre-Frédéric Charpentier

BICH Marcel

Industriel. – Né le 29 juillet 1914 à Turin, Italie ; mort le 30 mai 1994 à Neuilly-sur-Seine, France.

Fils d'un ingénieur italien, Marcel Bich arrive en France avec ses parents en 1925 ; la famille obtient la nationalité française en 1930. Licencié en droit, Marcel devient le directeur de la production des Encres Stephens puis, en 1944, cofonde l'entreprise de Porte-plumes, porte-mines et accessoires (PPA). Le lancement en 1950 du stylo à bille « Cristal » vaut à l'entreprise de s'imposer progressivement comme le leader mondial des stylos à bille. L'entreprise rachète le brevet déposé à Paris en 1938 par le Hongrois László Biró après avoir perdu un procès pour contrefaçon ; afin de lutter contre le plagiat, le stylo est marqué « Bic », appellation commerciale adoptée en 1953. Le recours à la publicité (slogan, Tour de France ...) permet au nom de se faire marque (1960). Le développement de l'entreprise s'appuie sur une large ouverture vers l'international, via exportations et implantations à l'étranger. Après le stylo jetable (1,5 million de stylos vendus par jour en 1960...), l'entreprise investit en 1973 dans le briquet puis, en 1975, dans le rasoir jetable. Seul échec commercial : le parfum jetable, tenté à la fin des années 1980. Marcel Bich a bâti un empire industriel, autofinancé jusqu'au début des années 1970, où il introduit 20 % des actions de sa société en bourse. Réputé pour une gestion autoritaire et paternaliste, il est également connu comme amateur de voile : ses bateaux concourent à de nombreuses reprises dans la Coupe de l'America. Un an avant sa mort, il abandonne sa succession à l'un de ses onze enfants, son fils Bruno.

Claire Zalc

BIDEAU Jean-Luc

Acteur. – Né le 1er octobre 1940 à Genève, Suisse.

Une enfance française lui fait passer son baccalauréat à Paris, réussir le Conservatoire, et débuter au TNP. Dirigé par Raymond Rouleau, Jean Vilar, Roger Planchon, il interprète Musset, Sartre, Crébillon fils, Alexandre Dumas, Strindberg, puis, en Suisse, Dürrenmatt, Sarraute, Brecht, Stoppard, tout en s'affirmant, au début des années 1970, comme l'un des comédiens les plus cocasses de la Nouvelle Vague suisse dans les films d'Alain Tanner (*Charles mort ou vif*, *La Salamandre*), Michel Soutter (*James ou pas*, *Les Arpenteurs*), Claude Goretta (*Le Jour des noces*, *L'Invitation*). De retour en France, il devient un comédien incontournable, tant sur les planches qu'à l'écran et à la télévision. *Voyage en grande Tartarie* de Jean-Charles Tacchella (1974), *Inspecteur Lavardin* de Claude Chabrol (1986), *La Fille de D'Artagnan* de Bertrand Tavernier

(1994), où il joue Athos, sont parmi ses rôles marquants, avec celui qu'il interprète dans la série *H* sur Canal Plus aux côtés de Jamel Debbouze, Éric et Ramzy, de 1998 à 2002. Il a intégré la Comédie-Française de 1988 à 1998.

Jean-Luc Douin

BILAL Enki (Enes Bilalovic)

Dessinateur et cinéaste. – Né le 7 octobre 1951 à Belgrade, alors Yougoslavie, aujourd'hui Serbie.

Né d'un père bosniaque, musulman et laïque, et d'une mère tchèque et catholique, Enki Bilal grandit dans la Yougoslavie non alignée de Tito. Sa famille s'exile en France en 1960, avant d'obtenir la naturalisation en 1967. Bilal suit des cours à l'École des beaux-arts, puis travaille, au début des années 1970, pour le magazine *Pilote*, où il rencontre Pierre Christin. Tous deux férus de science-fiction, ils collaborent à des bandes dessinées où se mêlent l'étrange et la contre-culture, comme *La Croisière des oubliés* (1975), puis à des albums au propos plus politique, évoquant la guerre civile espagnole (*Les Phalanges de l'ordre noir*, 1979) et le régime soviétique (*Partie de chasse*, 1983). Bilal devient son propre scénariste pour *La Foire aux immortels* (1980), où un Paris futur et délabré, sous la coupe d'un régime fasciste, sert de décor aux aventures d'Alcide Nikopol, hôte involontaire d'un dieu égyptien. La hantise du totalitarisme se ressent également dans la suite de cette trilogie (*La Femme piège* et *Froid Équateur*, 1986 et 1992), qui assoit définitivement la réputation de Bilal, récompensé par le grand prix du Festival d'Angoulême en 1987. Se définissant comme un artiste multimédia, il réalise également des longs métrages (*Bunker Palace Hotel*, 1989) et réalise des décors et costumes pour le cinéma et le théâtre. Ses origines yougoslaves, ainsi que son statut de déraciné en France, se révèlent un élément essentiel de son imaginaire et de ses œuvres graphiques et cinématographiques. Les années de guerre en ex-Yougoslavie le marquent profondément. Il en fait un événement séminal pour une nouvelle série, entamée avec *Le Sommeil du monstre* (1998), qui présente l'histoire prospective de trois orphelins nés à Sarajevo en 1993, et dont les aventures se poursuivent jusqu'à *Quatre ?* (2007). En 2006, Bilal est invité à créer l'illustration du timbre français « Europa », sur le thème de l'intégration.

Julie Verlaine

BING Ilse. — *Voir* PARIS, École de.

BING Siegfried, ou Samuel

Marchand d'art et collectionneur. – Né le 26 février 1838 à Hambourg, alors Confédération germanique, aujourd'hui Allemagne ; mort le 6 septembre 1905 à Vaucresson, France.

Promoteur en France de l'art japonais et de l'Art nouveau, Siegfried Bing est né dans une riche famille d'industriels de Hambourg. Il s'installe à Paris sous le Second Empire comme décorateur industriel de céramiques. Pendant la guerre franco-prussienne, qu'il passe en Belgique, il se lance dans le commerce de l'art oriental, en particulier japonais. Son activité transférée à Paris connaît un grand succès dans les années 1870-1895 : la demande est de plus en plus forte pour des objets d'art japonais, anciens comme nouveaux. Avec son rival et collègue en commerce d'art japonais, Tadamasa Hayashi (1853-1906), Bing est à l'origine du développement du japonisme en Occident : par la revue mensuelle qu'il fonde en 1888, *Le Japon artistique*, et qu'il publie simultanément en anglais, en français et en allemand durant trois années ; par les expositions d'art japonais, en particulier des céramiques et des estampes (*Ukiyo-e*), qu'il organise dans sa galerie ; par sa clientèle, qui compte Mary Cassatt, Vincent Van Gogh et les frères Goncourt ; et par sa collection privée de réputation internationale. S'éloignant de l'Orient pour se rapprocher de l'industrie, Bing publie une enquête, commandée par le gouvernement français, sur *La Culture artistique en Amérique* (1896), dans laquelle apparaît son intérêt pour le design. Il rouvre sa galerie et y organise le premier Salon international de l'Art nouveau, mêlant délibérant des objets d'art, de design et de décoration dans des intérieurs d'architectes. Les critiques sont violentes, tout comme lors de son exposition Munch en 1896 ou lors de l'inauguration de son propre pavillon « Art nouveau Bing » à l'exposition universelle de Paris en 1900. Les grandes ventes de ses collections en 1904 et 1906 confirment l'importance du rôle que Bing a tenu en France dans la diffusion de l'art japonais et de l'Art nouveau.

Julie Verlaine

BINGHAM Robert J.

Photographe. – Né vers 1824 au Royaume-Uni ; mort en 1870 à Paris, France.

Chimiste de formation, Robert J. Bingham s'est proclamé l'inventeur du procédé dit « du collodion humide ». Ce qui est certain, c'est qu'il reçoit d'Henry Cole, directeur du South Kensington Museum, le soin de rendre compte photographiquement de certains objets ou sections des Expositions universelles de Londres (1851) et de Paris (1855). À cette date, il ouvre un studio à Paris, se spécialisant dans le portrait – principal débouché commercial de la photographie de l'époque – et, plus original, dans la reproduction d'œuvres d'art. Son catalogue, très apprécié des amateurs, est en soi un témoignage révélateur du goût dominant de son époque (Cabanel, Delaroche, Meissonier,...). Associé au marchand de tableaux Adolphe Goupil, Robert J. Bingham devient un auxiliaire reconnu de la critique et de l'histoire de l'art et même des artistes, de Gustave Moreau à Gustave Courbet. L'ère de la médiation gravée s'achève, celle de la médiation photographique commence.

Pascal Ory

BIRKIGT Marc ; MATEU BISA Damian (Damià)

Industriels et motoristes. – Marc Birkigt : né le 8 mars 1878 à Genève, Suisse ; mort le 15 mars 1953 à Versoix, Suisse. Damian Mateu Bisa : né en 1863 à Llinars del Vallés, Espagne ; mort le 7 décembre 1935 à Barcelone, Espagne.

Damian Mateu Bisa et Marc Birkigt lancent ensemble, en 1904, l'entreprise automobile Hispano-Suiza, Fábrica de automóviles, Sociedad anónima (*suiza* signifiant « suisse »), et la développent en créant une filiale française et une filiale suisse. L'équation de départ est simple : un ingénieur de talent, Birgikt, formé à l'École de mécanique de Genève, attiré par le dynamisme de Barcelone et qui, depuis 1900, s'est fait remarquer comme concepteur de moteurs à essence ; un entrepreneur, Mateu Bisa, avocat de formation, fils d'un grand négociant en métaux tôt disparu, dont il assure précocement la succession ; une ville, enfin, la plus industrielle d'Espagne, haut lieu de la construction mécanique et de la culture. Directeur technique, Birgikt conçoit des moteurs et châssis remarquablement innovants, solides et confortables, qui vont séduire les grands carrossiers et placer Hispano-Suiza à la première place des voitures de grand luxe. Homme d'affaires avisé et influent, fort du soutien d'Alphonse XIII et de la Banque d'Espagne, Mateu Bisa conduit la société avec l'habileté souhaitée et donne aux diverses agences et filiales l'autonomie qui favorise l'adaptation aux marchés nationaux. Démarrée en 1911, la filiale parisienne acquiert son indépendance en 1923 et devient la Société française Hispano-Suiza. L'histoire est, à partir de ce moment, celle d'un aller-retour entre motorisation automobile et motorisation aéronautique. Les innovations et les savoir-faire expérimentés durant la Grande Guerre par la filiale française, en lien étroit avec Georges Guynemer, « l'as des as » et chef de la célèbre « Escadrille des Cigognes », rejaillissent sur la qualité des moteurs dans l'entre-deux-guerres. Hispano-Suiza présente alors des modèles automobiles qui sont de très grand luxe tout en demeurant sportifs : la H6, équipée d'un 6 cyl de 32 ch, présentée en 1923 à Paris, la J12 à 12 cyl, en 1931. De son côté, le Nieuport-Delage de Sadi Lecointe, équipé d'un moteur Hispano-Suiza, atteint en 1926 la vitesse de 375 km/h et bat le record du monde de vitesse en avion. En 1936, c'est l'inflexion. Nationalisée, la Société française Hispano-Suiza abandonne définitivement l'automobile. Motoriste aéronautique, elle demeure un fleuron de la production aéronautique française, spécialisée dans les systèmes de transmission de puissance et les systèmes de régulation moteur, avec pour clients les plus grands motoristes et avionneurs : Boeing, Rolls-Royce, Eurocopter. Intégrée en 1968 dans la SNECMA, Hispano-Suiza est actuellement filiale du groupe Safran.

Anne-Françoise Garçon

BIRKIN Jane (Jane Mallory)

Actrice, chanteuse. – Née le 4 décembre 1946 à Londres, Royaume-Uni.

Fille d'un commandant dans la Royal Navy ayant aidé la Résistance française pendant la Seconde Guerre mondiale en transportant de nuit des combattants de la France libre entre l'Angleterre et la Normandie, Jane Birkin est révélée dans *Blow up* de Michelangelo Antonioni (1966). Décidée à tenter sa chance en France, elle rencontre Serge Gainsbourg sur le plateau de *Slogan* (1968) : le chanteur devient le pygmalion de cette lolita en jeans et « je ne sais quoi de garçon manqué ». Voix enfantine, accent anglais prononcé, elle enregistre avec lui des chansons qui la hissent au sommet du hit-parade. Ravissante idiote, puis égérie d'un cinéma d'auteur, elle tourne avec Zidi, Audiard, Leconte, Deville, Doillon, Rivette, Varda, Godard, Tavernier. Et signe un film autobiographique : *Boxes* (2006). Le temps passant, Jane Birkin est devenue, à l'instar d'une Romy Schneider, une figure populaire d'étrangère proche.

Jean-Luc Douin

BISCHOFFSHEIM Louis Raphaël

Banquier et philanthrope. – Né le 22 juin 1800 à Mayence, alors France, aujourd'hui Allemagne ; mort le 13 novembre 1873 à Paris, France.

Fils de Raphaël Bischoffsheim, fournisseur des armées à Mayence et président de sa communauté juive, Louis Raphaël est affilié à d'autres grandes familles de banquiers, les Goldschmidt, les Cahen d'Anvers et les Bamberger, qui nouent entre eux des alliances matrimoniales et commerciales. La disparition soudaine de son père et les événements de 1815 le conduisent à abandonner ses études au lycée de Mayence et à se lancer dans les affaires. Embauché comme employé dans la banque de Hayum Goldschmidt à Francfort-sur-le-Main, il se fiance avec la fille du banquier et fonde sa propre banque à Amsterdam en 1820. Son affaire prend rapidement de l'ampleur et Louis ouvre des succursales à Anvers (1827), à Londres (1836) et à Paris (1846). En 1850, il quitte la Hollande pour la capitale française. Intéressé par de nombreuses entreprises commerciales et financières, Louis Bischoffsheim finance la Compagnie du chemin de fer du Midi, participe à la fondation de la Société générale, de la Banque de Paris et des Pays-Bas, du Crédit foncier colonial et de la Banque franco-égyptienne. Président de l'Association philotechnique, membre du comité central de l'Alliance israélite, il consacre une partie importante de sa fortune à des œuvres de charité et notamment à la formation professionnelle. En 1864, il fait construire une salle de spectacle rue Scribe afin de donner des spectacles au profit des écoles professionnelles, salle qui devient le Théâtre de l'Athénée. Louis reçoit la Légion d'honneur en 1868.

Claire Zalc

BISCHOFFSHEIM Raphaël Louis

Banquier, homme politique et mécène. – Né le 22 juillet 1823 à Amsterdam, Pays-Bas ; mort le 20 mai 1906 à Paris, France.

Fils du banquier Louis Bischoffsheim, Raphaël s'installe à Paris pour poursuivre des études à l'École centrale, dont il sort en 1842, puis entreprend un voyage à travers l'Europe, l'Afrique et l'Asie, avant de s'installer comme banquier dans la capitale française en 1848, commandité par son père et associé à son cousin Salomon Goldschmidt. Après une carrière comme ingénieur en Italie, il fonde, en 1873, à la mort de son père, une nouvelle banque, Bischoffsheim et compagnie. Enrôlé en 1870 pour défendre la capitale, il se distingue au combat à Champigny ; il sera naturalisé français en 1880. Il entame alors une carrière politique : député des Alpes-Maritimes de 1881 à 1885, de 1889 à 1890 et de 1893 à 1906, il est membre de l'Union républicaine. Passionné d'astronomie, il finance l'Observatoire de Paris, l'Observatoire du parc Montsouris, l'Observatoire du pic du Midi et fonde l'Observatoire de Nice. Chevalier de la Légion d'honneur depuis 1885, il est élu membre libre de l'Académie des sciences en 1890.

Claire Zalc

BISHOP Tom (Thomas Bishopswerder)

Universitaire. – Né le 21 février 1929 à Vienne, Autriche.

Tom Bishop a raconté dans ses Mémoires, écrits en français, *Le Passeur d'océan : carnets d'un ami américain* (1989) comment, jeune juif autrichien chassé de son pays natal par l'Anschluss, il a signé, en 1939, un pacte définitif avec la culture française, avant de suivre sa famille aux États-Unis, où l'attendait une brillante carrière universitaire à l'université de New York (NYU), dont il deviendra, entre autres, directeur du Center for French Civilization and Culture. Médiateur capital entre ses deux pays de cœur, l'*ami américain* Tom Bishop, familier de Samuel Beckett et d'Alain Robbe-Grillet, a, par ses travaux, les colloques et manifestations qu'il a pris en charge, beaucoup contribué à faire mieux connaître outre-Atlantique les écrivains et intellectuels français. L'auteur de *From the Left Bank* (1997) a été couronné d'un Grand Prix de l'Académie française pour l'ensemble de son œuvre.

Pascal Ory

BISSET Jacqueline (Jacqueline Fraser)

Actrice. – Née le 13 septembre 1944 à Weybridge, Royaume-Uni.

Son père est écossais, sa mère, française, avait fui l'offensive allemande à bicyclette, en 1940, pour s'embarquer à bord d'un transport de troupes britanniques. Jacqueline Bisset fait ses études au lycée français Charles de Gaulle à Londres, et devient mannequin pour payer ses cours de théâtre. Sa carrière est essentiellement anglo-saxonne, mais elle a tourné en France quelques rôles marquants, au premier rang desquels *La Nuit américaine* de François Truffaut (1973) et *Le Magnifique* de Philippe de Broca avec Jean-Paul Belmondo (1973). Également : *Les Marmottes* d'Élie Chouraqui (1993) et *La Cérémonie* de Claude Chabrol (1995).

Jean-Luc Douin

BLAIR Betsy (Elizabeth Winifred Boger)

Actrice. – Née le 11 décembre 1923 à à Cliffside Park, États-Unis ; morte le 13 mars 2009 à Londres, Royaume-Uni.

Danseuse et chanteuse de ballet à Broadway, cette rousse aux longues jambes épouse Gene Kelly en 1940, tourne avec George Cukor, Anatole Litvak, Joseph Mankiewicz et Delbert Mann (*Marty*, Palme d'or au Festival de Cannes en 1955, est son plus gros succès), mais voit sa carrière compromise par ses convictions marxistes. Inscrite sur la Liste noire par les maccarthystes, elle se réfugie à Paris. Elle tournera avec Bardem (*Grand-Rue*, 1956), Antonioni (*Le Cri*, 1957), Bolognini (*Quand la chair succombe*, 1962), rencontrera le réalisateur britannique Karel Reisz, qu'elle épouse. À Paris, elle fonde une petite maison de production qui finance un film de Joris Ivens inspiré par Jacques Prévert, fréquente les artistes engagés à gauche (Signoret, Semprun, Reggiani...). Elle a travaillé avec Claude Berri (*Mazel Tov*, 1969), Francis Girod (*Descente aux enfers*, 1986) et Costa-Gavras (*La Main droite du diable*, 1988).

Jean-Luc Douin

BLANCHARD Maria. — *Voir* PARIS, École de.

BLANQUI Jean Dominique

Homme politique. – Né le 23 avril 1757 à Drap, alors République de Gênes, aujourd'hui France ; mort le 31 mai 1832 à Paris, France.

Petit propriétaire, manufacturier, écrivain, partisan du rattachement de Nice à la France – qui le fait français en 1792 –, il est élu député à la Convention en mai 1793, proteste contre l'arrestation des girondins, est lui-même incarcéré en octobre, libéré en octobre 1794 : il retrouve l'assemblée puis siège aux Cinq-Cents du Directoire. Bonapartiste, il est sous-préfet de Puget-Théniers à 1800 à 1814, date à laquelle l'arrondissement passe au Piémont, et à Marmande durant les Cent-Jours. La Restauration l'exclut de la vie politique et, classé étranger, il doit demander sa naturalisation, aisément obtenue. Il s'installe en Eure-et-Loir, dans un domaine hérité par son épouse. Il meurt victime de l'épidémie de choléra de 1832.

Deux de ses fils sont plus connus : JÉRÔME-ADOLPHE, né le 21 novembre 1798 à Nice devenue française, mort le 28 janvier 1854 à Paris, économiste libéral disciple de Jean-Baptiste Say, directeur de l'École supérieure de commerce de Paris de 1830 à sa mort, député en 1848 ; son frère ennemi, AUGUSTE, né le 7 février 1805 à Puget-Théniers (Alpes-Maritimes), mort le 1er janvier 1881, républicain et socialiste, perpétuel conspirateur – il passera trente-sept années en prison et ce qui lui vaut le surnom de « l'Enfermé » –, théoricien du coup de force par un petit groupe et de la dictature dite « temporaire », à ce titre référence tant de Lénine que de Mussolini.

Éric Vial

BLOT Jean (Alexandre Blokh)

Écrivain. – Né le 31 mars 1923 à Moscou, alors URSS, aujourd'hui Russie.

Cosmopolite : le qualificatif convient bien à Jean Blot, et son roman le plus remarqué s'en réclame (*Les Cosmopolites*, 1976). Soviétique de naissance, berlinois de passage, français d'installation et de passeport, anglais d'éducation : le jeune homme polyglotte, qui a réussi à échapper aux persécutions antisémites, saisit, au sortir de la guerre, l'opportunité de devenir interprète à l'ONU. Il passera ensuite à l'Unesco. Son métier et ses goûts le conduisent à résider successivement aux États-Unis, en Grèce, en Corée, en Suisse, pour finir par jeter l'ancre à Paris. Maître-passeur, il traduit des auteurs russes, analyse Albert Cohen, Nabokov ou Mandelstam, médite sur la tragédie juive (*Le Juif Margolin*, 1998). Son identité la plus profonde est sans doute la langue et la littérature (*Le Roman, poésie de la prose*, 2010). La France le découvre petit à petit. L'Académie française lui décerne en 1986 un « prix d'Académie » pour l'ensemble de son œuvre.

Pascal Ory

BLOUNT sir Edward Charles

Banquier. – Né le 16 mars 1809 à Bellamour, Royaume-Uni ; mort le 15 mars 1905 à East Grinstead, Royaume-Uni.

Issu d'une ancienne famille catholique et fils d'un député fondateur de la Provincial Bank of Ireland, Edward apprend le français grâce au père Malvoisin, un prêtre français émigré. Il s'installe en 1827 à Londres, où il fréquente la jeunesse libérale, est envoyé comme attaché d'ambassade à Paris en 1829, puis nommé au consulat britannique à Rome en 1830. En 1831, il lance à Paris, avec l'appui de son père, la Banque Edward Blount père et fils puis s'associe avec Charles Laffitte en 1834 et se consacre au financement du chemin de fer en France. Il propose la construction de la ligne Paris-Rouen, inaugurée en mai 1843. Puis Blount et Laffitte créent de nombreuses compagnies ferroviaires dans l'Ouest (Rouen-Le Havre, Dieppe-Fécamp, Paris-Caen-Cherbourg…), qui forment, en 1855, la Compagnie des chemins de fer de l'Ouest, dont il devient président en 1880 ; le banquier anglais participe également aux entreprises ferroviaires des Rothschild, finance le PLM, et détient, à la fin des années 1850, neuf sièges dans les conseils des compagnies ferroviaires françaises : un record. Mais il investit également dans l'industrie minière et sidérurgique, préside la Compagnie générale des eaux, fait partie du comité directeur de la Réunion financière et préside la Société générale de 1886 à 1901. Il met à profit ses origines anglaises pour développer les relations économiques entre les deux pays, est fait chevalier du Bain et chevalier commandeur en Angleterre, commandeur de la Légion d'honneur en France, en 1884. Il reçoit ses lettres de grande naturalisation, mais subit en 1894 une campagne de presse critiquant le contrôle par un étranger des chemins de fer du pays, à la suite de quoi il démissionne de ses fonctions à la Compagnie de l'Ouest. En 1901, il quitte définitivement la France pour se retirer dans son manoir du Sussex.

Claire Zalc

BLUMENFELD Erwin

Photographe. – Né le 26 janvier 1897 à Berlin, Allemagne ; mort le 4 juillet 1969 à Rome, Italie.

Dadaïste allemand, il a pris, par provocation, un pseudonyme à la fois transparent et anglo-saxon, Jan Bloomfield (comme son compatriote Helmut Herzfeld avait adopté celui de John Heartfield), et s'installe d'abord aux Pays-Bas. Il continue son errance par la France, en 1936, et gagne les États-Unis en 1941, après une année passée dans une série de camps d'internement, accusé tantôt d'être « sujet allemand », tantôt « militant antifasciste ». Il deviendra un nom reconnu de la photographie de mode. Sa séquence française est décisive pour son orientation finale, puisque c'est là qu'il opte résolument pour la photographie, qu'il commence à travailler pour les magazines de mode et de beauté (*Verve*, édition française de *Vogue*, *Votre beauté*), qu'il rencontre Cecil Beaton et connaît sa première exposition personnelle. Il continuera, aux États-Unis, à travailler pour des commanditaires français (L'Oréal).

Pascal Ory

BLUMENKRANZ Bernhard

Historien. – Né le 12 juin 1913 à Vienne, alors Autriche-Hongrie, aujourd'hui Autriche ; mort le 4 novembre 1989 à Paris, France.

Bernhard Blumenkranz a profondément renouvelé l'histoire du peuple juif. Il naît dans une famille d'origine polonaise, commence ses études dans sa ville natale, où il soutient un mémoire sur Tacite et les juifs et où se dessine son attrait pour le mouvement sioniste. En 1933, il s'installe à Paris et y entame une thèse sur « Les Pères de l'Église latins et les juifs et le judaïsme ». En 1939, l'ex-Autrichien est sommé de gagner le camp de Mesly-en-Maine, puis celui de Gurs en 1940 ; enfin, il est enrôlé dans la Compagnie des travailleurs étrangers, d'où il s'évade pour trouver refuge dans un camp d'accueil et de travail en Suisse, en 1942. Il y demeure et soutient à Bâle, en 1946, une première thèse en théologie sur les sermons anti-juifs de saint Augustin (*Die Judenpredigt Augustin*). En 1947, la France lui offre un poste au CNRS, où il fera désormais toute sa carrière. Dans le cadre de sa thèse d'État, dirigée par Henri-Irénée Marrou, il met en valeur l'apport juif à la culture médiévale dans *Juifs et chrétiens dans le monde occidental : 430-1096* (1960). Puis il s'intéresse de manière novatrice aux sources iconographiques du Moyen Âge (*Le Juif médiéval au miroir de l'art chrétien*, 1966). Son apport est majeur en ce qui concerne l'*Histoire des juifs de France* (1972). Le rayonnement scientifique de Bernhard Blumenkranz dépasse le seul domaine des publications. En 1961, il fonde la Commission française des archives juives, qui œuvre à la sauvegarde des archives des communautés juives et, en 1971, monte l'équipe de recherche Nouvelle *Gallia judaica*, qui a pour objectif de renouveler le *Dictionnaire géographique de la France, d'après les sources rabbiniques* d'Heinrich Gross (1897). Il forme de nombreux chercheurs dans le cadre de la sixième section de l'École pratique des hautes études, puis de l'université Paris-III Sorbonne-Nouvelle. Selon sa volonté, il repose à Jérusalem, sur le mont des Oliviers.

Anna Trespeuch-Berthelot

BOAL Augusto

Théoricien, homme de théâtre et homme politique. – Né le 16 mars 1931 et mort le 2 mai 2009 à Rio de Janeiro, Brésil.

Docteur en chimie, Augusto Boal mène parallèlement des activités théâtrales. Il devient, en 1956, directeur du théâtre Arena de Rio, jusqu'en 1971, date à laquelle il publie *Le Théâtre de l'opprimé* : il est arrêté et torturé pour cela. Contraint à l'exil, il s'installe à Paris et forme le groupe du Théâtre de l'Opprimé : ce groupement propose des techniques d'intervention qui permettent aux différents publics de devenir « spect-acteurs » et de mettre au jour des situations d'oppression. Son « théâtre invisible », proche de l'agit-prop, consiste à jouer dans des lieux publics des situations comme si elles étaient réelles pour faire apparaître les différents systèmes de domination auxquels le peuple est soumis. Enseignant à l'Institut d'études théâtrales de l'université Paris-III, Boal monte des spectacles au Théâtre de la Tempête et au Théâtre du Soleil, provoquant l'enthousiasme d'un public jeune et militant. En 1986, à la chute de la junte militaire, Boal rentre au Brésil et y installe le Centre du Théâtre de l'Opprimé. En 1992, il est élu *vereador* (député) à Rio de Janeiro, sur la liste du Parti des travailleurs de Luiz Inácio Lula da Silva, et met en place le « théâtre législatif », qui entend enseigner au peuple la façon de créer des lois et transformer le spect-acteur en législateur. Son Théâtre de l'Opprimé était présent au Forum social mondial de Porto Alegre en 2002.

Chantal Meyer-Plantureux

BOLI Basile

Sportif. – Né le 2 janvier 1967 à Abidjan, Côte d'Ivoire.

C'est à Adjamé, quartier d'Abidjan, que Basile Boli, fils d'un ancien tirailleur sénégalais, découvre le football. Il arrive en France à l'adolescence, au début des années 1980. C'est dans la banlieue parisienne, au club de Romainville, qu'il pratique le football avec l'ambition de rejoindre le Paris Saint-Germain. Face au manque d'intérêt des recruteurs parisiens, il intègre, avec son frère aîné Roger, le centre de formation de l'AJ.Auxerre. Doté d'un potentiel physique et athlétique hors du commun, il fait ses premiers pas en équipe professionnelle à seize ans. À partir de la saison 1983-1984, il devient pour sept saisons l'un des meilleurs défenseurs centraux de France, contribuant à la bonne tenue de l'AJ.Auxerre dans le championnat de première division. Fort apprécié du public, il est aussi très choyé par son entraîneur, Guy Roux, qui en fait son fils spirituel. En 1990, Bernard Tapie parvient à l'attirer à Marseille, où sa carrière prend une nouvelle dimension.

Aux côtés de Carlos Mozer, Didier Deschamps, Jean-Pierre Papin ou Chris Waddle et sous les ordres de l'entraîneur belge Raymond Goethals, il devient l'un des piliers de l'Olympique de Marseille et l'idole des supporters : véritable tour de défense, il n'hésite jamais à se porter vers l'offensive grâce à un excellent jeu de tête. Le 29 mai 1991, dans le stade Bari, l'Olympique de Marseille échoue de peu en finale de la Coupe d'Europe des clubs champions, perdue à la séance des tirs aux buts (0-0 ; 5 tirs au but à 3). La France entière, qui attendait le premier succès de l'un de ses clubs dans la plus prestigieuse des compétitions après l'échec stéphanois une décennie plus tôt, est gagnée par la déception. L'image de Basile Boli en pleurs, errant sur la pelouse à la fin du match, est retenue comme le symbole du désarroi des millions d'amateurs de football en France. Mais ce dernier aura l'occasion de prendre sa revanche : deux ans plus tard, le 26 mai 1993, l'Olympique de Marseille a de nouveau l'occasion de remporter le trophée suprême en Europe, renommé entre-temps la « Ligue des champions ». Dans le stade de Munich, l'adversaire est le redoutable Milan.AC, qui se présente comme favori. À la quarante-quatrième minute de la rencontre, sur un corner tiré par son coéquipier Abedi Pelé, Basile Boli surgit dans les airs et prolonge de la tête le ballon dans le fond des filets milanais. Il s'agit du seul but du match (1-0), qui offre à l'Olympique de Marseille le titre de champion d'Europe. Il devient un véritable héros, entrant au panthéon du football français. Devant les caméras de télévision, il laisse exploser sa joie et efface ainsi les « larmes de Bari ». Après l'expérience marseillaise, qui tourne court avec l'affaire du match truqué « Marseille-Valenciennes » en 1994, sa carrière se poursuit jusqu'en 1997 aux Glasgow Rangers.FC, à l'AS.Monaco et au sein du club japonais de l'Urawa Red Diamonds.

Naturalisé français, Boli choisit de jouer pour les Bleus et évolue en équipe de France à quarante-cinq reprises, entre 1986 et 1993. Mais l'équipe de France est alors à un creux de son histoire et il n'a pas l'occasion de briller chez les Bleus, ni de participer à une phase finale de Coupe du monde.

Fait chevalier de la Légion d'honneur en 2008, il s'est reconverti dans des actions éducatives et caritatives en Afrique, notamment en Côte d'Ivoire, où il a créé une structure d'accueil pour les enfants défavorisés. Il anime également des émissions télévisées, avant d'entrer en politique au sein de l'UMP, qui le nomme en 2007 secrétaire national en charge du codéveloppement. En 1994, avec le journaliste Claude Askholovitch, il a publié, aux éditions Grasset, son autobiographie : *Black Boli.*

Yvan Gastaut

BONDY Luc

Metteur en scène de théâtre et d'opéra. – Né le 18 juillet 1948 à Zurich, Suisse.

Né en Suisse dans une famille de longue tradition théâtrale (son arrière-grand-père dirigeait le théâtre de langue allemande de Prague, son grand-père fut l'assistant de Max Reinhardt et sa mère fut danseuse avant que sa carrière ne soit interrompue par les lois antijuives du IIIe Reich), Luc Bondy a fait ses études en France et a débuté son métier de metteur en scène en Allemagne : toute sa carrière s'effectuera dans un constant va et vient entre la langue française et la langue allemande. Il a suivi les cours de Jacques Lecoq et participé aux stages de l'Université internationale de théâtre. En Allemagne, il fait découvrir des auteurs français (Genet, Ionesco, Beckett, Yasmina Reza, Sacha Guitry) et codirige la Schaubühne (1985-1987), alors qu'en France, il impose Schnitzler (*Terre étrangère* en 1984 et *Le Chemin solitaire* en 1989), tout en montant les grands classiques. Il met en scène aussi de nombreux opéras (dont *Cosí fan tutte* ou *Le Couronnement de Poppée*) et crée les opéras modernes de Philippe Boesmans (*La Ronde*, *Le Conte d'hiver*, *Mademoiselle Julie*). Il travaille à Salzbourg et assure, depuis 1995, la direction du Festival de Vienne où il fait jouer des auteurs contemporains, avec une prédilection pour Peter Handke et Botho Strauss. Il se définit comme le « représentant juif d'une culture Mitteleuropa », même si sa carrière de metteur en scène ne se limite pas à cet univers. En 2012, il a dirigé le Théâtre national de l'Odéon, Théâtre de l'Europe.

Chantal Meyer-Plantureux

BONINGTON Richard Parkes

Peintre. – Né le 25 octobre 1802 à Arnold, près de Nottingham, Royaume-Uni ; mort le 23 septembre 1828 à Londres, Royaume-Uni.

Passeur entre l'Angleterre et la France, Bonington a influencé fortement la première génération des peintres romantiques français, à qui il fait découvrir l'œuvre de Constable et de Turner. En 1817 à Calais, où son père ouvre une fabrique de lacets, il apprend, auprès de François Francia, la technique anglaise de l'aquarelle. Il poursuit son apprentissage à Paris, à l'École des beaux-arts et dans l'atelier d'Antoine-Jean Gros, où il rencontre Eugène Delacroix. Aquarelliste et peintre à succès, il donne à la peinture sombre et sérieuse de Théodore Géricault un contrepoint gai et virtuose. Ses paysages normands et vénitiens, marines et ciels surtout, montrent une manière légère et lumineuse. Il traite aussi des sujets historiques dans un style troubadour. Sa carrière est courte (il meurt à l'âge de vingt-six ans), mais brillante : ses œuvres influencent durablement la jeune génération romantique, notamment Eugène Delacroix, Paul Huet et Eugène Isabey, tout en renouvelant l'intérêt pour l'estampe, à travers sa participation au volume normand des *Voyages pittoresques dans l'ancienne France* d'Isidore Taylor et Charles Nodier (1825).

Julie Verlaine

BONNEY Thérèse (Mabel)

Photographe. – Née le 15 juillet 1894 à Syracuse, États-Unis ; morte le 15 janvier 1978 à Paris, France.

Étudiante à Berkeley et Radcliffe, Thérèse Bonney – de lointaine ascendance poitevine –, qui a rencontré Jacques Copeau aux États-Unis pendant la Première Guerre mondiale, achève son cursus universitaire à la Sorbonne, où elle soutient, en 1921, une thèse de doctorat en littérature française. Puis elle crée sa propre entreprise de reproductions photographiques, spécialisée dans l'architecture et les arts décoratifs, et publie avec sa sœur Louise divers beaux-livres destinés au public anglophone. Elle joue un rôle important dans la diffusion à l'étranger du style Art déco et de la modernité architecturale française, glissant de Mallet-Stevens à Jean Prouvé.

L'année 1939 marque pour elle un tournant. Elle s'y découvre un talent de photojournaliste, saisissant la guerre (sur le front finlandais de 1940) aussi bien que ses souffrances (*Europe's Children*, 1943). À la Libération, couverte de décorations, elle s'installe à demeure dans un village alsacien détruit aux trois quarts, et « miss Bonney » cesse de photographier. La Médiathèque française de l'architecture et du patrimoine conserve aujourd'hui une grande partie de ses collections.

Pascal Ory

BÖRLIN Jean

Danseur et chorégraphe. – Né le 13 mars 1893 à Härnösand, Suède ; mort le 6 décembre 1930 à New York, États-Unis.

Formé à l'école du Ballet royal suédois de Stockholm, Jean Börlin est engagé dans ce même ballet dès 1905, puis nommé soliste en 1913 par le chorégraphe russe Michel Fokine, qui est momentanément (1913-1914) à la tête de la compagnie. Il suit l'enseignement de celui-ci et voyage en Europe centrale au lendemain de la Grande Guerre pour se former à la danse moderne, alors en plein essor. En 1920, il est engagé par Rolf de Maré, riche industriel suédois, qui est à l'initiative de la création des Ballets suédois, nouvelle compagnie basée au Théâtre des Champs-Élysées, à Paris, sur le modèle des Ballets russes de Serge Diaghilev. Dès son premier récital en 1920, sa virtuosité pousse la critique française à voir en lui un nouveau Nijinski. Il devient rapidement le chorégraphe de la troupe et signe les vingt-quatre programmes qui composent le répertoire des Ballets suédois, jusqu'à leur dissolution en 1925. Proche des avant-gardes de son temps (cubisme, expressionnisme, surréalisme), il développe une esthétique chorégraphique résolument moderne, allant parfois jusqu'à une plastique non dansée, capable d'enthousiasmer ou d'exaspérer le public parisien. Pour la conception des décors et costumes de ses ballets, il s'entoure de collaborateurs comme Fernand Léger (*Skating Rink*, 1922), Giorgio de Chirico (*La Giara*, 1924), Francis Picabia (*Relâche*, 1924, accompagné de la projection, à l'entracte, du film *Entr'acte* de René Clair) ou Tsuguharu Foujita (*Tournoi singulier*, 1924). Quant aux musiques des ballets, elles sont composées par Germaine Tailleferre (*Le Marchand d'oiseaux*, 1923), Darius Milhaud (*La Création du monde*, 1923), Arthur Honegger (*Skating Rink*), Erik Satie (*Relâche*) ou Cole Porter (*Within the Quota*, 1923), tandis que Jean Cocteau (*Les Mariés de la tour Eiffel*, 1921) ou Blaise Cendrars (*La Création du monde*) signent les livrets. Jean Börlin meurt jeune, alors qu'il préparait un ballet pour le Metropolitan Opera de New York.

Sophie Jacotot

BOROWCZYK Walerian

Cinéaste. – Né le 2 septembre 1923 à Kwilcz, Pologne ; mort le 3 février 2006 au Vésinet, France.

Après une formation de plasticien à l'Académie des arts de Varsovie, d'où il sort diplômé en 1951, il est d'abord affichiste de cinéma (Grand Prix national du graphisme en 1953), puis se lance dans la réalisation de courts métrages d'animation, en collaboration avec le maître polonais du genre, Jan Lenica (*La Maison*, 1958, qui lui vaut une reconnaissance internationale). En 1958, il s'installe définitivement en

France, où il tourne de nombreux courts métrages, notamment avec Chris Marker (*Les Astronautes*, 1959). Son œuvre est immédiatement reconnue comme majeure (*Les Jeux des anges*, 1964). En 1967, il réalise son premier long métrage (en papier découpé), *Le Théâtre de Monsieur et Madame Kabal* mais il abandonne ensuite l'animation et tourne des films à dominante érotique (*Goto, l'île d'amour*, 1968, *Blanche*, 1971, *Contes immoraux*, 1974, *La Bête*, 1975), constituant une œuvre singulière, fondée sur le fétichisme et la transgression, proche du surréalisme. *L'Histoire du péché* (1975, tourné lors de son unique retour en Pologne) est nominé quatre fois au Festival de Cannes. À partir du milieu des années 1970, il se retrouve contraint de tourner des films purement alimentaires (il participe au tournage d'*Emmanuelle V* en 1987 et réalise des téléfilms érotiques pour la télévision). C'est seulement dans les années 1980 qu'il parvient à renouer avec des œuvres plus personnelles (*Docteur Jekyll et les femmes*, 1981, *Cérémonie d'amour*, 1988), mais ce seront ses dernières réalisations. Depuis sa mort, l'œuvre de Borowczyk fait l'objet d'une réévaluation positive.

Dimitri Vezyroglou

BORY Jean-Marc

Acteur. – Né le 17 mars 1934 à Noville, Suisse ; mort le 31 mars 2001 à Locmaria, France.

Jean-Marc Bory réussit à s'imposer aussi bien sur scène qu'à l'écran, pour deux publics assez différents. Au cinéma, son nom est associé à des films signés Bernardo Bertolucci, Luchino Visconti, Michel Deville ou Pierre Kast. Une voix remarquable et une présence en général discrète, pour un comédien qui avait commencé en fanfare comme partenaire de Jeanne Moreau dans *Les Amants* de Louis Malle – succès de scandale resté fameux jusqu'aux États-Unis, où il sera à l'origine d'une célèbre décision de la Cour suprême, définissant la notion de « pornographie ». Jean-Marc Bory, lui, se refusera à faire passer sa carrière avant son goût pour les planches, où il aura accompagné trois générations de metteurs en scène du théâtre public, de Georges Wilson à Jean Louis Martinelli, du TNP au TNS, jouant Kleist (dirigé par Éric Rohmer), Thomas Bernhardt ou Heiner Müller, fréquemment invité au Festival d'Avignon, primé par le Syndicat de la critique.

Pascal Ory

BOSNIAQUES. — *Voir* YOUGOSLAVES.

BOSQUET Alain (Anatole Bisk)

Poète, romancier et essayiste. – Né le 28 mars 1919 à Odessa, alors Russie, aujourd'hui Ukraine ; mort le 8 mars 1998 à Paris, France.

« Naître en Russie, grandir en Belgique, fuir aux États-Unis, apprendre la paix en Allemagne, vivre en France : cela ne fait pas sérieux. C'est mon destin. » Descendant par son père d'une famille belgo-alsacienne installée dans l'empire des tsars au XIXe siècle, Anatole Bisk naît dans les tourments de la guerre civile russe, qui contraint les siens au départ. Après une étape en Bulgarie, la famille Bisk s'établit en 1925 en Belgique. En 1938, Anatole suit, à l'Université libre de Bruxelles, des études de philologie romane et participe au lancement d'une revue littéraire, mais la guerre interrompt ses travaux. Mobilisé en 1940, il rejoint à sa demande l'armée française après la capitulation belge et réside en zone non occupée à l'issue de la défaite. Parvenu à New York en 1942, il devient secrétaire de rédaction à l'organe de la France libre, *La Voix de France*, fonde la revue *Hémisphères* avec Yvan Goll et fréquente l'intelligentsia européenne en exil. Engagé dans l'armée américaine, il travaille au QG d'Eisenhower à la préparation du débarquement en Normandie et figurera comme membre du Conseil de contrôle allié à Berlin après la guerre. C'est en 1951 qu'il s'installe de façon définitive à Paris, reprend des études en Sorbonne et décide de se consacrer pleinement à l'écriture. De là naît une production écrite abondante et polymorphe, qui conduit Alain Bosquet du journalisme (*Combat*, *Le Monde*, *Le Figaro*) au roman, en passant par l'essai critique, mais surtout à une œuvre poétique de premier plan, qui se rattache au courant surréaliste (*Premier Testament*, 1957, *Deuxième Testament*, 1959). En 1967, son recueil *Quatre Testaments et autres poèmes* reçoit le Grand Prix de la poésie de l'Académie française. Naturalisé français en 1980, Bosquet obtient le prix Goncourt de la poésie en 1989 et préside l'académie Mallarmé de 1993 à sa mort.

Pierre-Frédéric Charpentier

BOSSCHÈRE Jean de

Romancier, poète et illustrateur. – Né le 5 juillet 1878 à Uccle, Belgique ; mort le 17 janvier 1953 à Châteauroux, France.

Né près de Bruxelles, Jean de Bosschère suit ses parents en Flandre et mène des études à l'Académie royale des beaux-arts d'Anvers, de 1896 à 1900. Au cours des années suivantes, il se rend fréquemment à Paris et se lie d'amitié avec de nombreux écrivains français. À partir de 1905, il publie des articles sur l'art et la littérature, puis plusieurs monographies sur l'art flamand. Dès cette époque, il illustre, dans un style Art nouveau, les textes littéraires d'auteurs comme Oscar Wilde ou Antonin Artaud. Après un exil à Londres au cours de la Première Guerre mondiale, il part vivre à Rome, à Bruxelles, puis s'installe, en mars 1926, à Paris. Rédigé en 1923-1924, le manuscrit de son roman *Marthe et l'enragé* est refusé par Gallimard, avant d'être édité en 1927 par Émile-Paul Frères. En dépit du soutien actif d'André Suarès et des louanges publiées à son sujet par Artaud dans *La Nouvelle Revue française* de septembre 1927, le livre connaît un échec commercial. L'épisode persuade Bosschère de demeurer dorénavant en retrait de la vie littéraire parisienne, pour mieux se consacrer à son œuvre. En 1933, il fait paraître *Satan l'Obscur*, roman psychologique largement autobiographique narrant la double liaison d'un homme avec une femme et sa fille. Installé à La Châtre en 1938, il traverse des années difficiles en raison de l'insuccès chronique de ses livres, et bientôt de l'Occupation. Se dénommant lui-même « l'Obscur », il tient, à partir de 1946, son *Journal d'un rebelle solitaire*, demeuré inédit. En 1948 et 1950 paraissent deux volumes d'anthologies de ses poèmes. C'est en 1944 que l'écrivain avait décidé d'ôter une consonne à son patronyme, peut-être afin de faciliter sa demande de naturalisation française, qu'il obtient en 1951. Jean de Bosschère décède deux ans plus tard à l'hôpital de Châteauroux.

Pierre-Frédéric Charpentier

BOSSU, architectes étrangers collaborateurs de Jean

Dès le projet de la reconstruction de la cité de cheminots de Tergnier dans l'Aisne (1946), le nom d'un architecte étranger, Mannes DEGRAAF, est mentionné dans l'équipe qui travaille au projet avec Jean Bossu, Raymond Sénevat, Pierre Dupré et Roger Aujame. Degraaf travaille ensuite en Sarre. Outre Nahir HEIKAL (en 1970-1971), les collaborateurs étrangers sont venus vers Jean Bossu par intérêt pour son investissement dans l'identité formelle du projet ; ils y voient à la fois un héritier de Le Corbusier et une alternative au rationalisme de Marcel Lods. En outre, à côté du charisme du patron, direct et accessible (opposé au « maître » Auguste Perret), ils apprécient sa rigueur et son intensité dans l'application au travail, son exigence du résultat. Par ailleurs, Jean Bossu est en pointe dans la reconnaissance de l'architecture vernaculaire et la problématique de la hiérarchie des composantes urbaines. On mettra ici en avant trois noms remarquables : Pivarski, García-Garvis et Kostanjévac.

Georges PIVARSKI est né le 21 décembre 1923 en Yougoslavie. Diplômé à la faculté d'architecture de Belgrade (1950), après plusieurs années d'exercice dans la section d'architecture d'un grand bureau d'études, il fonde une agence d'architecture. Sans motivation économique, mais souhaitant compléter sa formation à dominante technologique, il arrive en France en 1957 et entre comme collaborateur à l'agence de Jean Bossu, où il retrouve un compatriote, l'ingénieur Miroslav Kostanjévac. En 1960, il quitte l'agence, travaille en Argentine (1960-1963). À son retour à Paris, il retourne chez Jean Bossu (1963-1968), où il participe aux projets pour Revin et Fumay, La Réunion (hôtel des postes à Saint-Denis, 1962-1968 ; ZUP de la Pointe-des-Galets, 1965 ; habitat pavillonnaire type, 1965-1966), Saint-Jean-de-Monts (1964-1968), au projet de concours pour les Halles (1967-1968), au projet pour Fleury-les-Aubray (1960-1972), et au projet, qui interprète un programme complexe, pour l'hôtel de ville d'Amsterdam (concours 1967). Pour le projet de préfecture à Tiaret (1964-1971), il met au point les solutions fonctionnelles et travaille en parallèle aux études Artère résidentielle et « Projet de ville de 30 000 habitants » (1966). Après avoir collaboré avec Hermant au projet de musée Chagall à Nice, il entre ensuite dans l'agence d'un architecte « qui travaillait dans l'esprit de Le Corbusier » (*dixit* Pivarski), Jean Prédeval, avant d'entrer dans l'importante agence Legrand, Rabinel et Debuis, où il reste jusqu'à sa retraite.

Alfonso GARCÍA-GALVIS est colombien. Diplômé de l'École d'architecture de Bogota (1961), il obtient une bourse qui lui permet de se rendre à Paris en 1964, suit les cours de l'Institut d'urbanisme et sera le collaborateur de Jean Bossu de mai 1964 à novembre 1965 (Saint-Denis, Fleury-les-Aubray, Artère résidentielle), avant de revenir travailler à Bogotá. Miroslav KOSTANJÉVAC (1926-2002), ingénieur-architecte, arrive en France en 1956 et obtient rapidement un emploi dans le CETAC (Cabinet d'études techniques d'architecture et de construction), dirigé par René Sarger, qui participe à la reconstruction d'Orléansville en Algérie (1955-1964). Il collabore au projet de Jean Bossu pour le centre commercial Saint-Réparatus. À partir de 1964, à la tête de son propre bureau d'études, il participe aux projets pour La Réunion ou pour l'île Maurice. Ingénieur brillant, il est apprécié pour sa contribution aux structures tendues. Il participera à la création de l'Unité pédagogique d'architecture 5 (UP 5), avec Jean Bossu, Pierre Bigot et Georges Maurios.

Xavier Dousson

BOUCOURECHLIEV André

Compositeur et théoricien musical. – Né le 28 juillet 1925 à Sofia, Bulgarie ; mort le 13 novembre 1997 à Paris, France.

La figure singulière et riche de cet « apatride asilé bulgare » – selon ses propres termes – a énormément compté dans l'affirmation de la place de Paris au cœur du bouillonnement musical de la seconde moitié du XXe siècle. Il fallait des passeurs mettant Paris (et Royan) en relation avec ce qui se faisait à New York, Cologne ou Milan. Celui que ses amis surnommaient affectueusement « Boucou » sut jouer ce rôle. Jeune pianiste virtuose bulgare, il fut formé à Dresde et acquit son éducation classique dans un collège français. Il apprend, par ailleurs, l'allemand, le russe, l'anglais et l'italien. Élève au Conservatoire de Sofia en 1946, il est invité à Paris en 1948 comme lauréat d'un concours d'interprétation. Logiquement, le musicien bulgare s'affirme d'abord comme pianiste. Un jury présidé par Alfred Cortot sanctionne l'achèvement de sa formation à l'École normale de musique de Paris. Il donne alors un concert à la salle Gaveau, puis poursuit sa formation auprès de Walter Gieseking. Mais il fait aussi profession d'« écrivain de musique » en consacrant un livre à Schumann. En 1954, Boucourechliev épouse Jeanne Bayet, sœur de François Bayet, résistant, mort en déportation. Il est naturalisé en 1956. Suit une carrière de critique et théoricien de la musique ainsi que de compositeur, en contact avec le Domaine musical de Paris et la classe d'Olivier Messiaen au Conservatoire national. Ses premières compositions se placent dans le courant électro-acoustique. Le travail de l'écriture n'est pas pour lui de l'ordre d'un moment unique où le compositeur suit une inspiration. Il travaille sur l'interaction des interprètes (*Archipel I*, 1967), intègre comme matériau des bribes de quatuors de Beethoven, sur le rapport des sons de la voix et de l'instrument avec la bande magnétique qui peut les déformer. En même temps qu'il effectue son travail de compositeur, Boucourechliev écrit des ouvrages de musicologie sur Debussy, Beethoven ou Stravinski. Ce ne sont pas des activités parallèles, mais bien une œuvre globale de musicien, qui à la fois compose et écrit. Dans *Ombres pour orchestre de chambre de onze instrumentistes. Fugue sur le nom de B.E.E.T.H.O.V.E.N*, il apparaît bien comme un classique contemporain, « à rebours de l'histoire », mais jouant librement sur les références les plus diverses, de la poésie de Mallarmé ou de Celan à la prose de Joyce ou de Proust. La dernière composition de Boucourechliev date de 1995 ; c'est un trio (soprano, flûte et piano) intitulé *Trois Fragments de Michel-Ange.*

Le rôle de passeur de « Boucou », sa parfaite connaissance de l'histoire de la musique, sa grande culture littéraire, sa maîtrise des enjeux de débats qui, de Royan à Darmstadt, animaient et divisaient la communauté cosmopolite des mélomanes avides d'émotions neuves parcourent ses critiques publiées dans les revues qu'il affectionnait : la *NRF*, *Preuves*, *Esprit*. Pédagogue, homme de radio, ayant même tenté des expériences de télévision sur Arte, chevalier de la Légion d'honneur, commandeur des Arts et Lettres, ce compositeur est une figure forte, qui a contribué à maintenir la France au cœur d'une histoire des avant-gardes musicales européennes après la dislocation des systèmes stricts, sériels et dodécaphoniques, concrets ou électroniques.

Didier Francfort

BOUMSONG Jean-Alain

Sportif. – Né le 14 décembre 1979 à Douala, Cameroun.

En 1993, Jean-Alain Boumsong, alors âgé de quatorze ans, arrive du Cameroun avec sa famille pour s'installer dans la banlieue parisienne, à Palaiseau. Doué pour le basket-ball, il choisit toutefois de pratiquer le football en prenant une licence à l'US.Palaiseau. Repéré pour son potentiel athlétique et son efficacité défensive, il voit plusieurs clubs se presser pour s'attacher ses services, alors qu'il n'a que dix-huit ans. Souhaitant que leur enfant puisse continuer ses études en mathématiques à l'université (il obtient un DEUG en mathématiques et informatique appliquée aux sciences en 1999), les parents de Jean-Alain Boumsong choisissent la ville du Havre, son université et son club de football. En 2000, sa carrière connaît un nouvel essor lorsqu'il signe à l'AJ.Auxerre pour quatre saisons, conformément au souhait de Guy Roux. En Bourgogne, il forme une défense centrale très étanche avec son coéquipier Philippe Mexès. Naturalisé français, il hésite à rejoindre l'équipe nationale camerounaise et choisit l'équipe de France, au sein de laquelle il sera sélectionné à vingt-sept reprises entre 2003 et 2009, portant même le brassard de capitaine lors du match amical France-Hongrie du 31 mai 2005 à Metz (2-1). Si sa carrière en bleu n'a pas eu l'éclat escompté, Jean-Alain Boumsong a poursuivi un beau parcours européen dans des clubs de prestige tels les Glasgow Rangers en 2004-2005, Newcastle United en 2005-2006, la Juventus de Turin en 2006-2008, l'Olympique lyonnais en 2008-2010 puis le Panathinaikos d'Athènes.

Yvan Gastaut

BOURBAKI Nicolas

Mathématicien fictif créé en 1935 à Besse-en-Chandesse, France.

Parmi les mathématiciens ayant exercé la majeure partie de leur activité en France, Nicolas Bourbaki est sans conteste l'un des plus influents du XXe siècle. Or, s'il est bien connu qu'il n'a jamais existé – c'est le nom de plume adopté par un groupe de mathématiciens en 1935 –, l'origine étrangère du personnage est rarement soulignée. C'est en décembre 1934 que de jeunes scientifiques, dont Henri Cartan, Jean Dieudonné, André Weil et Claude Chevalley, décident de travailler collectivement à la rédaction d'un nouveau traité d'analyse. Soulignons que ce groupe compte un mathématicien d'origine polonaise, Szolem Mandelbrojt, né à Varsovie en 1899, nommé au Collège de France en 1938. Ayant adopté dès l'année suivante le pseudonyme Nicolas Bourbaki, qui tire son origine de canulars de normaliens, le collectif développe un projet de grande ampleur. Nouvel

Euclide, Bourbaki, aidé de ses « collaborateurs », se lance dans la rédaction des *Éléments de mathématiques*, dont seule la première partie, à peu de choses près, sur « les structures fondamentales de l'analyse », paraîtra à partir de 1940. L'ambition du traité est considérable, puisqu'il ne vise à rien moins que de reprendre les mathématiques à leurs débuts et les reconstruire sur des bases générales, abstraites et unifiées. Dans les années qui suivent la Seconde Guerre mondiale, le collectif se renouvelle tout en s'ouvrant à des collaborations étrangères, notamment avec des mathématiciens américains. Symbole d'une réaffirmation de la puissance des mathématiques pures, autonomes et développées « pour l'honneur de l'esprit humain », Bourbaki exerce une grande influence sur l'image et le contenu des mathématiques de cette époque, alors que ses membres fondateurs deviennent des acteurs de premier plan de la communauté sur un plan national et international. On évoque sa figure lors de la réforme des mathématiques dites « modernes », dans les années 1970.

Mais Bourbaki est aussi un personnage tragi-comique, construit pour l'essentiel par la première génération de ses « collaborateurs », des mathématiciens nés dans la première décennie du XXe siècle. Dans la biographie imaginaire qu'ils rédigent, Bourbaki naît en 1886 à Cucuteni (Moldavie). Son parcours universitaire le mène de Kharkov en Russie à Paris et Göttingen en 1906, où il suit les cours d'Henri Poincaré et de David Hilbert. Bourbaki aurait ensuite soutenu une thèse à l'université de Kharkov, avant d'être nommé à l'université de Dorpat (aujourd'hui Tartu, en Estonie). En 1917, on le retrouve en Poldévie, nation imaginaire du Caucase. Réfugié en Iran, il passe par les Indes avant d'échouer à Paris, où ses idées mathématiques ne sont pas reconnues. Vivant d'expédients précaires, le « mathématicien inconnu » est la risée de la jeunesse des écoles, avant de rencontrer la troupe de collaborateurs qui le rendra célèbre. Inspiré de la biographie de certains membres du groupe et de l'histoire de mathématiciens d'Europe de l'Est échoués à Paris pendant l'entre-deux-guerres, cette figure permet au groupe de se libérer de la tutelle de leurs maîtres parisiens, dont ils rejettent les principes mathématiques et les valeurs, et de se projeter dans le rôle de transmetteurs d'un savoir venu de l'étranger. Le parallèle entre le manque de reconnaissance du mathématicien et la difficile réception des idées abstraites venues d'Allemagne est évident. Dans le faire-part de son décès qui circule – prématurément – en 1968, Bourbaki apparaît cependant comme bien français. À part les grands ancêtres allemands du siècle précédent, il n'est pleuré que par des mathématiciens français.

David Aubin

BOVE Emmanuel (Emmanuel Bobovnikoff)

Écrivain et journaliste. – Né le 20 avril 1898 et mort le 13 juillet 1945 à Paris, France.

Emmanuel Bobovnikoff naît d'un père juif russe et d'une mère luxembourgeoise. Scolarisé à Paris, à l'École alsacienne jusqu'en 1910, puis au lycée Calvin à Genève, et achèvera ses études en 1915 en Angleterre, où il avait été mis en pension. Il retourne en France en 1916, où la mort de son père l'oblige à multiplier les petits emplois pour subvenir à ses besoins. En 1917, le jeune homme est incarcéré un mois à la prison de Santé à cause de son patronyme, jugé douteux, et de revenus incertains. Parti accomplir son service militaire au printemps 1918, il échappe à la guerre et se marie, en 1921, avec une femme d'un milieu aisé. Le couple s'installe à Vienne, en Autriche, où Emmanuel Bove rédige ses premiers textes littéraires et écrit en parallèle de nombreux romans populaires sous le pseudonyme de Jean Vallois. De retour à Paris en 1923, il devient journaliste au *Quotidien* et francise son nom. Sa nouvelle *Le Crime d'une nuit*, publiée dans *Le Matin*, est remarquée par Colette, qui lui offre son appui pour la publication de son premier roman : *Mes amis*, paru en 1924, rencontre un important succès, qui vaut à son auteur quelques voix au prix Femina et le prix Figuière en 1928. Débordant d'activité, Emmanuel Bove ne va plus cesser d'écrire romans et nouvelles dont la solitude et l'absurde sont les thèmes récurrents. Il collabore aussi à de nombreux titres de la presse française, parmi lesquels *Paris-Soir*, *Marianne*, *Vendredi* ou *Regards*. Marqué par la défaite de 1940, Bove refuse la publication de ses textes sous l'Occupation et part en 1942, avec sa seconde femme, à Alger, écrivant pour *Fontaine* ou *L'Arche*. Membre du Conseil national des écrivains, il regagne Paris en 1944 où il décède l'année suivante d'une pneumonie. Admirée par des auteurs comme Rainer Maria Rilke, Samuel Beckett ou Peter Handke, l'œuvre de Bove sera tirée de l'oubli trois décennies après la mort de son auteur.

Pierre-Frédéric Charpentier

BRANCO Paulo

Producteur de cinéma. – Né le 3 juin 1950 à Lisbonne, Portugal.

Fuyant la dictature de Salazar alors qu'il était encore étudiant, Paulo Branco s'établit à Londres puis à Paris. Il travaille d'abord comme programmateur et exploitant, notamment avec Frédéric Mitterrand. Il commence sa carrière de producteur en 1979 avec *Amour de perdition*, de son compatriote Manoel de Oliveira, qu'il continuera à accompagner sur nombre de ses films. Très rapidement, il devient un des principaux producteurs indépendants du cinéma européen : producteur attitré de Raoul Ruiz, du *Territoire* (1981) à *Klimt* (2006), il collabore aussi fréquemment avec le Suisse Alain Tanner (*Dans la ville blanche*, 1983, *Requiem*, 1998), l'Allemand Wim Wenders (*L'État des choses*, 1982, *Jusqu'au bout du monde*, 1991), la Belge Chantal Akerman (*La Captive*, 2000, *Demain on déménage*, 2004), le Polonais Andrzej Zulawski (*La Fidélité*, 2000), mais aussi les Français Mathieu Amalric, Édouard Baer, Jacques Doillon, Christophe Honoré, Michel Piccoli ou André Téchiné. En tant que producteur, il détient le double record du nombre de films sélectionnés au Festival de Cannes et de films nominés pour la Palme d'or, et s'est vu décerné plusieurs prix (Meilleur producteur européen, décerné par le Parlement de Strasbourg). Paulo Branco est le militant d'un cinéma d'auteur, se battant contre l'uniformisation de la production cinématographique, cherchant à faire vivre une production indépendante des grands circuits. Il a également interprété de petits rôles au cinéma (notamment dans *1900*, Bernardo Bertolucci, 1976).

Dimitri Vezyroglou

BRANCUSI Constantin

Sculpteur. – Né le 19 février 1876 à Hobita, Roumanie ; mort le 16 mars 1957 à Paris, France.

Pionnier de l'abstraction en sculpture, référence majeure des artistes surréalistes et minimalistes, Constantin Brancusi est né dans un petit village d'Olténie, aux pieds des Carpates, qu'il quitte très jeune pour étudier l'art, et la sculpture en particulier, à Craiova, Bucarest, Munich puis Paris, où il arrive le 14 juillet 1904. Son envoi au Salon d'automne de 1906 est remarqué par le président du jury, Auguste Rodin, qui lui propose de rejoindre son atelier, alors au faîte de sa gloire. Vite persuadé qu'« il ne pousse rien dans l'ombre des grands arbres », Brancusi cherche et trouve sa propre voie entre 1909 et 1925 : il travaille sur des sujets sur lesquels il ne cesse ensuite de revenir, oiseaux, colonnes, baisers, en particulier. Les formes simples de ses œuvres, souvent ovoïdes, sont proches de réalisations primitives non occidentales, que Brancusi découvre alors (*Muse endormie*, 1910). Situé impasse Ronsin dans le XVe arrondissement de Paris, son atelier devient progressivement aussi le lieu d'exposition de ses sculptures. À la mort de Brancusi en 1957, l'atelier est légué dans sa totalité (œuvres achevées et ébauches, meubles, outils, bibliothèque, discothèque, photographies) à l'État français, sous réserve que celui-ci s'engage à le reconstituer à l'identique. Après une première reconstitution partielle en 1962 à l'intérieur des collections du musée au Palais de Tokyo, sa réplique exacte est réalisée en 1977, face au nouveau Centre Georges Pompidou.

Artiste international, Brancusi a participé à tous les principaux salons et manifestations artistiques occidentales. Dans les expositions à logique nationale, il représente la Roumanie : en 1913 à Munich pour l'Internationale Kunstausstellung, en 1924 à Venise à la Biennale. Mais, dans les expositions collectives, il est présenté comme un artiste français, ainsi aux États-Unis en 1922 (vingt et une sculptures, dont seize appartenant au collectionneur John Quinn, conseillé par Henri-Pierre Roché, sont montrées au sein d'une présentation de l'art contemporain français) et en URSS en 1928, à Moscou puis Leningrad. Lui-même refuse de choisir : « en art il n'y a pas d'étrangers », ajoute-t-il à une pétition signée en faveur de Tristan Tzara dans la dispute qui l'oppose, en 1922, à André Breton. Il propose ses œuvres aussi bien à la France (son atelier, mais aussi *Le Coq*, une sculpture monumentale qu'il espère voir un jour dressée au milieu de Paris, sur les Champs-Élysées, comme un symbole de la France) qu'à la Roumanie : dès 1921, il souhaite élever, dans son village natal, un monument à la mémoire des combattants de la Grande Guerre. Ce projet se réalise en 1937 à la demande de la ligue des femmes roumaines : la « Voie des Héros » à Tirgu-Jiu, classée au Patrimoine mondial de l'humanité par l'Unesco, comprend, outre une *Colonne sans fin* et une *Table du silence*, une *Porte du baiser*, arc de triomphe moderne, qui célèbre l'amour et la paix universels, invitant à la promenade et à la méditation.

Julie Verlaine

BRANT Mike (Moshé Brand)

Interprète et auteur de chansons. – Né le 1er février 1947 à Famagouste, Chypre britannique, aujourd'hui Chypre du Nord ; mort le 25 avril 1975 à Paris, France.

Né sur la route de Palestine où émigraient ses parents juifs polonais après la guerre (sa mère est rescapée d'Auschwitz), Moshé passe son enfance dans un kibboutz. Fanatique de *soul music* et des crooners états-uniens, il chante dans les chorales religieuses, puis les grands hôtels, avant d'intégrer le Lakat Karmon, fameuse troupe ambassadrice du folklore israélien. En 1969, dans un night-club de Téhéran, il est remarqué par Sylvie Vartan, qui l'emmène en France. Lancée par d'efficaces producteurs, sa carrière prend d'emblée une tournure fracassante avec *Laisse-moi t'aimer* (1970). Physique viril de playboy latin, look romantique, accent prononcé, voix puissante, slows lyriques sur fond d'arrangements sirupeux : la « recette » Mike Brant fonctionne à merveille pendant cinq ans. À un rythme frénétique, il enchaîne enregistrements, tournées et tubes : *Qui saura ?*, *C'est ma prière*, *Rien qu'une larme*… Mais, dépressif et rêvant à un autre parcours que celui de chanteur de charme pour minettes hystériques, il abuse des drogues et multiplie les tentatives de suicide. La dernière le foudroie en pleine gloire, à vingt-huit ans, contribuant à en faire un des mythes de la variété des années 1970, à l'instar d'un Claude François décédé trois ans plus tard.

Yves Borowice

BRASSAÏ (Gyula Halasz)

Photographe, peintre et sculpteur. – Né le 9 septembre 1899 à Brasov, alors Autriche-Hongrie, aujourd'hui Roumanie ; mort le 8 juillet 1984 à Nice, France.

Le père de Gyula Halasz est un universitaire francophone, mais ce n'est qu'à vingt-cinq ans que son fils, qui a suivi des études artistiques à Budapest puis à Berlin, s'installe en France. Il a tâté du journalisme, mais c'est à Paris qu'il s'avoue photographe, sous le pseudonyme de Brassaï (« natif de Brasov »), par amour pour la capitale, où il fréquente et photographie aussi bien les élites que les bas-fonds. Ce sont, au reste, ces derniers qui le rendent précocement célèbre, avec la publication, en 1933, de son *Paris de nuit*, qui fait date, à plus d'un titre : comme vision nocturne, entre naturalisme et lyrisme, d'un Paris des marges et des souterrains, traité avec sensualité, dans de grands effets de clair-obscur, et comme ouvrage mettant en valeur – fait nouveau à l'époque – l'identité d'un auteur photographique, même si les premiers lecteurs sont d'abord attirés par le thème et par le texte de Paul Morand, sous le nom duquel il est vendu. Totalement intégré à la vie artistique parisienne, Brassaï tire le portrait de Picasso comme de Sartre et est choisi en 1946 pour illustrer *Paroles*, de Jacques Prévert, recueil emblématique de l'après-guerre français. Tôt considéré comme le parangon d'une sorte d'« École de Paris » photographique, il est, en 1978, le premier titulaire du Grand Prix national de photographie. De son passé de journaliste, Brassaï conserve une facilité d'écriture qui fait de lui l'auteur complet de tous ses livres d'après-guerre, en particulier les deux qu'il consacre à son ami Henri Miller (*Henri Miller, grandeur nature*, 1975, *Henri Miller, rocher heureux*, 1978), qui, de son côté, préfacera son principal texte littéraire, *Histoire de Marie* (1949). Il s'est aussi exprimé au travers de la sculpture, du dessin, de la peinture et de la tapisserie.

Pascal Ory

BRAUN-BLANQUET Josias

Botaniste. – Né le 3 août 1884 à Coire, Suisse ; mort le 20 septembre 1980 à Montpellier, France.

Josias Braun est issu d'un milieu modeste. Après avoir mené des études de commerce et étudié en autodidacte la botanique alpine, il se lance dans des études de botanique à l'université de Zurich et suit les cours d'enseignants renommés, comme Eduard Rübel et Carl Schroeter. En 1907-1908, il étudie à Genève dans le sillage de John Briquet, à l'origine de la nomenclature botanique internationale, qui développe l'intérêt de Braun pour la systématique et la taxinomie. Il commence à publier des articles scientifiques. En 1913, Josias Braun arrive à Montpellier, attiré par l'enseignement du botaniste Charles Flahault, sous la direction duquel il prépare un doctorat consacré à la végétation des Cévennes méridionales. En 1915, il épouse Gabrielle Blanquet, qui étudie la botanique dans le laboratoire de Flahault. Il prend alors le nom de Braun-Blanquet et associe son épouse à nombre de ses publications scientifiques. De retour en Suisse en 1916, il devient assistant d'Eduard Rübel puis lecteur à l'université de Zurich de 1922 à 1926, tout en étant privat-docent (titre académique) à l'École polytechnique fédérale. Étayant la notion d'association végétale, fondée sur celle d'espèces caractéristiques, il fait la démonstration de la correspondance entre les associations végétales et la nature du sol. En 1927, il s'installe à Montpellier, où il succède à Jules Pavillard, lui-même successeur de Charles Flahault, à la tête de l'Institut botanique. Il publie en 1928 à Berlin, en allemand, son œuvre majeure, consacrée à la phytosociologie. En 1930, il fonde à Montpellier la Station internationale de géobotanique méditerranéenne et alpine, qu'il dirige pendant plus de cinquante ans. L'école dite de Montpellier-Zurich essaime rapidement en Europe centrale et méridionale et consacre l'approche phytosociologique. Il lance en 1948 la revue *Vegetatio*, organe international de la géobotanique. À la fin de sa carrière, Josias Braun-Blanquet poursuit ses travaux avec sa fille.

Anne Rasmussen

BRAUNER Victor

Peintre. – Né le 15 juin 1903 à Piatra Neamt, Roumanie ; mort le 12 mars 1966 à Paris, France.

« Peindre c'est la vie, la vraie vie, ma vie », écrit Brauner dans ses carnets : une phrase reproduite sur sa tombe, qui place justement l'existence de cette figure majeure de la communauté roumaine de Paris sous le signe de la création picturale. Après une enfance partiellement vécue en exil en Allemagne et en Autriche suite aux révoltes moldaves, Brauner fréquente durant une courte période l'École des beaux-arts de Bucarest (1919-1921) et, sensible au mouvement Dada, fonde à Bucarest la revue *75 H. P.*, qui n'a qu'un numéro (1924). Installé définitivement en France à partir de 1930, il y rencontre ses compatriotes Constantin Brancusi et Tristan Tzara, et découvre avec intérêt l'œuvre des surréalistes, en particulier d'Yves Tanguy. Sa première exposition parisienne, en 1934, est présentée par André Breton et montre des œuvres fortement autobiographiques et mythologiques, critiquant violemment la société occidentale bourgeoise représentée sous les traits du repoussant Monsieur K. Plus tard, ses *Crépuscules* et ses *Chimères* donnent des visions d'un monde fantastique intérieur dont le développement est sans doute lié à la perte de son œil gauche (« pressentie » dans un célèbre autoportrait de 1931). À l'été 1940, Brauner, juif roumain sans papier, trouve refuge à Perpignan. Il ne parvient pas à obtenir de visa pour quitter la France et est caché par René Char dans les Hautes-Alpes où, dans des conditions de vie précaires, il réinvente la peinture à la cire, qu'il dote de propriétés alchimiques. Brauner rompt avec le groupe surréaliste après avoir participé à l'Exposition internationale du surréalisme en 1947 à la galerie Maeght. À partir de 1961, il travaille à Varengeville, près de Dieppe. Naturalisé français en 1963, il est choisi pour représenter la France à la Biennale de Venise en 1966, mais meurt avant d'avoir pu assister à cette consécration. Après sa mort, certaines de ses œuvres les plus importantes ainsi que ses archives sont données au Musée national d'art moderne à Paris, qui a publié sa riche correspondance (2005) et en entreprend la numérisation.

Julie Verlaine

BRÉGUET Abraham-Louis

Mécanicien et horloger. – Né le 10 janvier 1741 à Neufchâtel, Suisse ; mort le 17 septembre 1823 à Paris, France.

La carrière d'Abraham-Louis Bréguet est celle, classique, d'un artisan de son époque, le génie technique et commercial en plus. Natif de Neuchâtel en Suisse, tôt orphelin de père, il est formé à l'horlogerie, métier de son beau-père. Arrivé en 1762 en France, il fait son apprentissage chez un horloger de Versailles, fréquente les ateliers de Ferdinand Berthoud et Jean-Antoine Lépine et se lie avec l'abbé Marie, dont il suit l'enseignement scientifique au collège Mazarin. En 1775, il s'installe à son compte, quai de l'Horloge ; en 1784, il est reçu maître dans la corporation des horlogers. Mais la fondation en 1787 de la Société Bréguet et compagnie pour le commerce d'horlogerie témoigne d'une ambition technique et commerciale plus ample et du passage de la boutique artisanale à l'atelier de précision, drainant à lui une sous-traitance de haut-vol. Bréguet est sans conteste l'inventeur de la montre moderne, depuis le remontage automatique, qui fut son premier succès commercial en 1780, jusqu'à la montre-bracelet, inventée en 1810, en passant par la substitution en 1783, du ressort-timbre aux anciens timbres des montres à répétition et l'invention du régulateur à tourbillon, dont il dépose brevet en 1801. Une esthétique neuve, le style Bréguet, qui fait de la montre un objet élégamment fonctionnel, flatte le goût d'une clientèle de haut vol irrésistiblement attirée par la modernité mécanique. Il fournit l'aristocratie française, anglaise, espagnole, russe, invente la « montre à souscription », qui lui amène une clientèle aisée, adapte ses modèles au marché ottoman en réponse au blocus napoléonien. Ami du grand horloger anglais Arnold – ils prendront chacun le fils de l'autre en apprentissage –, il forme de grands mécaniciens comme l'Anglais John Collier ou l'Espagnol Agustin de

Bétancourt, dont il devient l'ami et avec qui il élabore, en 1796, un télégraphe visuel, différent du télégraphe Chappe. La parution en 1822 du premier catalogue de la maison : *Horlogerie pour l'usage civil et pour les sciences, de Bréguet et fils*... témoigne de son œuvre dans le domaine des sciences appliquées : fabrication en 1815 d'un chronomètre de marine à double barillet ; mise au point du thermomètre bi-métallique, qui servira à l'expérimentation scientifique tout au long du XIXe siècle. À sa mort, il est horloger de la Marine, membre de l'Académie des sciences et du Bureau des longitudes. Naturalisé depuis 1792, Abraham-Louis Bréguet est le fondateur d'une dynastie d'industriels et de savants qui, tous, se distinguèrent par leur aptitude à l'innovation.

Anne-Françoise Garçon

BREL Jacques

Auteur-compositeur-interprète et acteur. – Né le 8 avril 1929 à Schaerbeek, Belgique ; mort le 9 octobre 1978 à Bobigny, France.

L'un des plus grands noms de la chanson française est né dans une commune de l'agglomération (aujourd'hui région) bilingue de Bruxelles. Sa famille est francophone, bien que, comme beaucoup de familles belges, elle ait des origines partiellement flamandes. Jacques Brel, qui a enregistré des chansons en flamand, entretiendra des rapports compliqués avec la Flandre, chantée, explicitement ou non, dans plusieurs de ses œuvres, mais dont il critique l'étroitesse et le nationalisme. Jacques Brel grandit dans un milieu bourgeois (son père dirige une entreprise) et dans la culture catholique-sociale, qui aura marqué de son empreinte toute l'histoire de la Belgique jusqu'à l'éclatement de l'identité belge par la mise en avant des critères linguistiques. Comme tant d'autres artistes ou intellectuels belges, il s'affirmera à la fois contre le conservatisme moral et social de ce milieu, tout en y puisant, via, en particulier, le scoutisme, des ressources pour s'en forger un humanisme, qui ira se radicalisant, jusqu'aux confins d'une posture libertaire qui le rapprochera des deux autres noms assimilés à lui comme maîtres de la même génération, Georges Brassens et Léo Ferré, dont il ne partagera cependant pas les engagements explicites. Arrivé à Paris en 1953, celui qui a choisi d'être auteur-compositeur-interprète restera toute sa vie un musicien autodidacte, bien soutenu par de grands arrangeurs, au premier rang desquels François Rauber. Les principaux médiateurs parisiens de la chanson, Bruno Cocatrix et Jacques Canetti, le remarquent et l'encouragent. Le public lui fait fête à partir de 1956 (*Quand on n'a que l'amour*). L'année 1959 est celle de son premier triomphe scénique à Bobino avec *La Valse à mille temps* et *Ne me quitte pas*. Le temps de « l'abbé Brel » (Brassens) est dépassé. S'impose un grand dramatique de la scène, dont chaque récital est un engagement physique qui suscite l'admiration. L'annonce, en 1966, qu'il va cesser de chanter sur scène – promesse qu'il respectera – trouble son public. Il a alors atteint les sommets de son art (*Ces gens-là*, *Mathilde*, *La Chanson des vieux amants*...) et ses disques de studio, qu'il produira jusqu'à sa mort, auront un peu moins d'impact, même si son tout dernier, en 1977, rend un son original, qui séduit (*Les Marquises*). Désormais, il accorde plus d'importance au cinéma, où il prend peu à peu ses marques (*Mon oncle Benjamin*, *L'Emmerdeur*...), et au théâtre chanté (*L'Homme de la Mancha*). Brel se retire au milieu des années 1970 aux îles Marquises, d'où il ne revient que pour mourir. En 1968, Mort Schuman avait composé un spectacle musical en anglais, qui rencontrera un grand succès à travers le monde, intitulé *Jacques Brel is Alive and Living in Paris*. Brel survit au travers de ses enregistrements, mais aussi des nombreuses reprises (David Bowie, Johnny Hallyday, M, Nina Simone...), qui témoignent de la pérennité de son œuvre.

Yves Borowice

BRÉSILIENS

Durant les XVIIIe et XIXe siècles, la France constitue un fort pôle d'attraction pour les élites brésiliennes, dirigeants, intellectuels ou artistes. Certains séjournent régulièrement à Paris : ainsi, dans la seconde moitié du XIXe siècle, les écrivains, hommes politiques et riches héritiers José NABUCO (1813-1878) puis Eduardo PRADO (1860-1901). Cas plus rare, celui de José Bonifácio de ANDRADE E SILVA (1763-1838), « patriarche de l'indépendance » brésilienne, exilé en France de 1823 à 1829.

À la Belle Époque et dans l'entre-deux-guerres, le noyau de Brésiliens se maintient autour d'un millier. Alberto SANTOS-DUMONT, pionnier de l'aviation, s'installe à Paris en 1898 et ne retourne au Brésil qu'en 1928. Les étudiants brésiliens restent les plus nombreux des étudiants latino-américains. Parmi eux, Juscelino KUBITSCHEK (1902-1976), futur président de la République, formé en chirurgie. Certains artistes ne restent que quelques années, tel le musicien Villa LOBOS (1923-1925 puis 1927-1930). D'autres y font leur vie, comme le peintre moderniste Cícero DIAS (1907-2003), ami de Blaise Cendrars. Lié à la Résistance, il transmet en Angleterre le poème de Paul Éluard, *Liberté*. En 1940, Luís Martins de SOUSA DANTAS (1876-1954), ambassadeur du Brésil depuis 1922, sauva cinq cents personnes en passant outre ses consignes et en attribuant largement des visas.

Après guerre, l'accroissement du nombre d'étudiants est stimulé par la création de la Maison de l'Amérique latine en 1945, de l'IHEAL (Institut des hautes études d'Amérique latine) en 1954 et par la construction de la Maison du Brésil à la cité universitaire de Paris. C'est le moment où le poète musicien Vinicius de Moraes est secrétaire de l'ambassade du Brésil. Dans le contexte de guerre froide, le célèbre écrivain Jorge AMADO (1912-2001), exilé pour ses liens avec le Parti communiste brésilien, doit écourter son séjour en France (1947-1950). Ce refus de séjour n'est levé qu'en 1965 grâce à André Malraux.

La situation change avec la dictature militaire (1964-1979). Aux militants exilés s'ajoutent des étudiants, des intellectuels et des artistes qui prennent leurs distances avec la dictature. C'est le cas de l'ex-président Kubitschek, de 1964 à 1969, et des économistes Celso FURTADO (1920-2004) et Fernando CARDOSO (né en 1931), anciens étudiants à Paris (et futurs responsables politiques au Brésil), accueillis comme professeurs par un monde universitaire avec lequel ils restent liés de nos jours. Les frontières administratives entre les exilés politiques et les autres sont confuses, car beaucoup de militants ne sont pas des réfugiés relevant de l'Office français de protection des réfugiés et apatrides (OFPRA), à la fois par crainte d'être prisonniers du statut et du fait des réticences des responsables français. En 1968-1969, les étudiants brésiliens représentent presque la moitié des étudiants boursiers latino-américains de l'Académie de Paris. Le groupe des exilés se renforce après 1973, avec ceux qui avaient trouvé refuge dans un Chili démocratique. Associés aux réfugiés chiliens, ils bénéficient d'un bon accueil en France.

Depuis la fin des années 1980, la migration brésilienne se diversifie. Elle conserve un profil qualifié (30 % de cadres), mais s'élargit à une migration économique modeste et à un petit noyau de footballeurs. Parmi les 14 000 personnes nées au Brésil et recensées en métropole en 2007 (dont la moitié est naturalisée), les étudiants sont nombreux, situation liée aux accords culturels franco-brésiliens, renforcés durant l'année du Brésil (2005), et par la présidence de Luiz Inácio Lula da Silva. Le secteur « employés » (30 %), dominé par les emplois « domestiques », est largement féminisé (il reflète parfois une déqualification professionnelle). La dominante féminine, caractéristique de la migration brésilienne, découle ainsi des secteurs « étudiants » (surtout dans les filières littéraires, plus « féminines ») et « employés ». Actuellement, l'image du militant exilé s'estompe et le rayonnement culturel brésilien dépasse la modestie démographique du groupe avec vingt-six associations culturelles inscrites à « Ponto de Cultura na França », liant l'université Paris Ouest et le ministère de la Culture brésilien.

Le cas de l'immigration brésilienne en Guyane est à part. Elle gonfle les effectifs des Brésiliens de l'espace français depuis les années 1970 (32 500 recensés en 2007). Migration de la misère, massivement irrégulière, elle est l'objet d'accords renouvelés entre la France et le Brésil (en 2001, 2008 et 2009) et l'occasion de malheureuses expulsions, y compris en métropole.

Marie-Christine Volovitch-Tavares

Bibl. : MUZART DA FONSECA Idelette et ROLLAND Denis (dir.), *L'Exil brésilien en France*, Paris, L'Harmattan, 2008 • « France-Brésil », *Hommes et Migrations*, n° 1281, 2009 • « Brésil/Brasil », *Latitudes, Cahiers lusophones*, n° 23, avril 2005 • KASPI André et MARES Antoine, *Le Paris des étrangers* (voir les articles consacrés aux Brésiliens), Paris, Imprimerie nationale, 1990 • MARES Antoine et MILZA Pierre, *Le Paris des étrangers depuis 1945* (voir les articles consacrés aux Brésiliens), Paris, Publications de la Sorbonne, 1995.

Voir aussi : CHILIENS.

BRITANNIQUES ET IRLANDAIS

Les migrations des Britanniques vers la France voisine, sans jamais avoir été numériquement comparables à celles des Italiens, des Polonais, des Portugais ou des Algériens, n'en représentent pas moins des flux anciens, massifs, notamment au cours des périodes 1815-1850 et 1990-2010, et aux motivations variées (religieuses, politiques, économiques, climatiques, thérapeutiques). Quant aux migrations irlandaises, elles se confondent en partie avec celle des Britanniques, tout en s'en distinguant par certains aspects.

Catholiques et techniciens sous l'Ancien Régime. À l'époque moderne, l'émigration britannique vers la France est une émigration de refuge ou d'exil, discontinue et temporaire. Elle se différencie ainsi de celle des Italiens ou des marranes dans le Sud-Ouest. Les vagues de réfugiés d'outre-Manche ont donc des effectifs généralement faibles et instables. À partir de la Réforme anglicane (1534), des communautés catholiques s'installent sur le continent, en France notamment, où la plupart restent jusqu'à la Révolution. Des royalistes s'exilent à la suite de la révolution anglaise et de la guerre civile (1640 et 1650), formant des communautés assez importantes mais très mobiles, en particulier à Paris.

Les migrations changent d'échelle à la fin du XVIIe siècle. Le roi catholique Jacques II est déposé en 1688, vaincu en Irlande en 1691 par son gendre, le protestant Guillaume III, avant que les successeurs « jacobites » de Jacques II ne soient de nouveau défaits à plusieurs reprises par la nouvelle dynastie (1715 et 1746). Des catholiques anglais, et surtout irlandais, se réfugient alors plus nombreux en France. Des couvents, des monastères, des établissements d'enseignement destinés à former les prêtres sont créés : en 1789, on dénombre une trentaine d'implantations différentes, regroupant un millier de religieux, à Paris, Cambrai, Boulogne-sur-Mer, Rouen ou Dunkerque. Plus largement, de nombreux Irlandais quittent l'île au fur et à mesure des progrès de la colonisation anglaise. L'exil des « Oies sauvages » (les aristocrates catholiques et leurs troupes) a été massif entre 1690 et 1692 (quelque 14 000 hommes ainsi que 10 000 femmes et enfants). Il est suivi d'une émigration régulière, jusqu'en 1783, quand les lois pénales frappant de discrimination les catholiques irlandais sont en partie abrogées. Certains de ces émigrés irlandais deviennent des négociants prospères, par exemple à Nantes où ils dirigent une douzaine de maisons de commerce au milieu du XVIIIe siècle, à Cognac, où Richard HENNESSY (1724-1800) fonde une maison de commerce en eaux-de-vie en 1765.

Les « jacobites » (Anglais, Écossais et Irlandais confondus) s'installent principalement à Saint-Germain-en-Laye, autour de Jacques II, qui vit là jusqu'à sa mort en 1702, avec une cour prête à s'installer outre-Manche le moment venu, ainsi qu'à Paris et dans les ports de l'ouest de la France, Nantes en premier lieu. Parmi les Écossais et les Irlandais, certains officiers passent au service du roi de France et forment ensuite des régiments spécifiques, notamment une « Brigade irlandaise », qui compte encore trois régiments en 1789 et ne sera dissoute qu'en 1791, limitant la dispersion de ces groupes dans la société française. Quant à la garde écossaise du roi, créée au début du XVe siècle dans le cadre de l'Auld Alliance franco-écossaise (1295-1560), elle ne disparaîtra pour de bon qu'en 1830.

Un mouvement parallèle est constitué par les ouvriers, techniciens et entrepreneurs britanniques venus en France vendre avantageusement leurs machines et leur savoir-faire, en avance sur ceux de la France. L'historien britannique J. R. Harris a estimé à un millier leurs effectifs au cours du XVIIIe siècle. Ils se confondent en partie avec l'émigration jacobite, à l'instar de John HOLKER (1719-1786), ancien officier de la rébellion jacobite de 1746, installé à Rouen à partir de 1750, et qui introduit là deux des machines essentielles de la révolution industrielle dans le textile, la *jenny* de Hargreaves et le *water-frame* d'Arkwright.

Devenu grand fonctionnaire, « inspecteur général des manufactures étrangères », il multiplie les manufactures à travers le pays, tout en diffusant les techniques mises au point outre-Manche. Des Anglais, souvent poursuivis pour dettes dans leur pays, s'installent également sur les littoraux français, du Nord à la Normandie.

S'ajoutent à ces émigrés des voyageurs, aux effectifs incertains, qui passent quelque temps en France (Calais, Boulogne, Paris...) : les écrivains Tobias Smollett et Laurence Sterne, l'agronome Arthur Young, l'économiste Adam Smith et le philosophe David Hume, ou l'homme politique Horace Walpole. La France fait alors partie du « Grand Tour » aristocratique, sur le chemin de la Suisse, de l'Italie ou de l'Allemagne. Dans les milieux aisés français, on s'enthousiasme alors pour les lettres, le parlementarisme et l'esprit de tolérance anglais, et pour une série d'autres modes caractéristiques de l'« anglomanie » (1754) : la nourriture (le roastbeef, le pudding, le punch), les vêtements (le frac, la redingote), les courses de chevaux et les chiens, les jardins, les voitures et les meubles anglais.

Des flux ininterrompus sous la Révolution et l'Empire. La Révolution française et les guerres entre les deux pays (1793-1802, 1803-1815) freinent ces flux, sans les interrompre complètement. Nombre de religieuses, de religieux et de nobles quittent la France. À l'inverse, certains radicaux sont attirés par la Révolution, à l'instar de Thomas PAINE (1737-1809), élu député de la Convention en 1792 avant d'être emprisonné puis expulsé, ou du chimiste Joseph PRIESTLEY (1733-1804), également élu en 1792 sans qu'il eût siégé. À partir d'octobre 1793, cependant, les sujets des puissances étrangères sont l'objet d'arrestations, de confiscations et d'expulsions. Un millier de Britanniques auraient été arrêtés sous la Terreur, avant d'être, pour l'essentiel, relâchés lors de Thermidor. De leur côté, les Irlandais Unis, inspirés par la Révolution française et dirigés par Theobald WOLFE TONE (1763-1798), bénéficient du soutien français et d'un débarquement de troupes, lors de leur rébellion contre la tutelle britannique, qui échoue en 1798.

Le nombre de prisonniers de guerre britanniques en France pendant les guerres de la Révolution et de l'Empire est incertain, mais à la suite de la paix d'Amiens (1802), 7 000 personnes sont rapatriées en Angleterre. Lors de cette paix, et de nouveau pendant la première Restauration (1814), de nombreux Britanniques viennent en France pour quelques jours ou quelques mois. En mai 1803, la reprise du conflit est suivie par l'arrestation d'un millier d'Anglais encore présents en France. S'y ajoutent ensuite de nombreux prisonniers de guerre, regroupés dans une douzaine de dépôts. En 1814, quelque 20 000 d'entre eux sont ainsi libérés, même si certains Britanniques ont été élargis auparavant pour des motifs variés, dont les demandes de manufacturiers établis en France, où l'on souhaite les employer en raison de leur qualification technique.

1815-1870 : l'apport britannique à l'industrialisation française. Sous la Restauration, voyages et installations reprennent librement, et différents types de migrations s'organisent. Les résidents britanniques – environ

12 500 en 1831, soit 12 % des étrangers – constituent alors le groupe allogène le plus important. Pour les milieux aristocratiques et rentiers, la vie en France présente de nombreux attraits ; une nouvelle vague d'anglomanie touche les catégories aisées de la capitale. À Paris, plusieurs milliers de Britanniques constituent une population qui a ses salons, ses cabinets de lecture, son journal quotidien (*Galignani's Messenger*), ses quartiers (rue de la Paix, rue Castiglione, rue de Rivoli) et ses personnalités, à l'instar de George Bryan BRUMMELL (1778-1840), dit « Beau Brummell », qui importe le dandysme en France.

Cela dit, la période 1815-1848 connaît l'essor d'une autre population, celle des ouvriers, techniciens, ingénieurs et entrepreneurs britanniques qui, forts de l'avance technique acquise depuis la fin du XVIIIe siècle, ont joué un rôle essentiel dans les débuts de l'industrialisation française. Ces migrants – peut-être 10 000 dans les années 1840 – sont présents dans plusieurs productions de l'industrie textile : coton, laine, jute, lin, tulle et dentelle ; des centaines de tullistes britanniques s'installent ainsi dans le Calaisis, de la Restauration aux années 1850. Dans la construction mécanique et la fonderie, les spécialistes britanniques sont particulièrement recherchés, à l'instar des *puddlers* du sud du pays de Galles, où l'industrie du fer est alors la plus avancée au monde. Il s'agit donc, pour l'essentiel, d'ouvriers qualifiés, dont la figure est proche de l'artisan d'Ancien Régime. Cependant, dans les années 1840, les entrepreneurs William MACKENZIE (1794-1851) et Thomas BRASSEY (1805-1870) jouent un rôle clé dans la construction de plusieurs des premières grandes lignes françaises de chemin de fer, dont l'emblématique Paris-Rouen-Le Havre (1841-1847). Pour cette dernière, ils font appel non seulement à un ingénieur britannique, Joseph LOCKE (1805-1860), mais aussi à des milliers de terrassiers et d'ouvriers venus d'outre-Manche pour construire les voies et les voitures, avant de conduire les trains ou de les entretenir.

La crise économique qui commence en 1847, les journées révolutionnaires de février 1848 et les manifestations xénophobes qui les suivent, à Rouen et Calais, contraignent de nombreux Anglais au départ. Le rattrapage technique français réduit le rôle de pionniers industriels jusqu'alors joué par les Britanniques. En 1851, 20 357 d'entre eux sont recensés en France, sous une appellation unique d'« Anglais » qui inclut les Gallois, les Écossais, voire les Irlandais. La population britannique en France continue désormais d'augmenter, mais décroît par rapport aux autres (Allemands, Suisses, Italiens...), même si la France est, de loin, sa première destination européenne.

Les liaisons entre les deux pays sont transformées entre 1830 et 1870 par les chemins de fer et par les bateaux à vapeur dont des lignes régulières relient Calais et Boulogne-sur-Mer, Dieppe, Le Havre ou Saint-Malo à des ports britanniques. On peut désormais aller de Londres à Paris en moins de vingt-quatre heures. Les Britanniques s'installent en premier lieu à Paris, dans le Nord, le Pas-de-Calais et en Seine-Inférieure, mais aussi à Nice, Pau, Biarritz et Chamonix, où ils sont parmi les pionniers de l'alpinisme, entre 1854 et 1865. Les raisons de ces séjours prolongés sont assez bien identifiées : outre les raisons économiques, des motifs thérapeutiques, la douceur du climat et de la vie conduisent des Britanniques aisés à venir vivre en France, à l'instar du philosophe John Stuart MILL (1806-1873), qui passe les dernières années de sa vie à Avignon. Certains entrepreneurs à succès s'intègrent, à l'image des Waddington, dont l'entreprise, établie sur les bords de l'Avre (Eure-et-Loir) depuis 1792 reste en activité jusqu'en 1961, et dont plusieurs membres de la famille font des carrières politiques, notamment William Henry WADDINGTON, nommé président du Conseil par Jules Grévy en 1879.

Sous le Second Empire, Paris devient également un centre actif du mouvement révolutionnaire « *fenian* » irlandais.

1871-1914 : un recul relatif. Entre 1871 et 1914, les déplacements, plus rapides et de moins en moins coûteux, se multiplient et se banalisent. Le voyage en France s'élargit à la moyenne et à la petite bourgeoisie britannique, par exemple à l'occasion des Expositions universelles (64 000 visiteurs britanniques en 1878, plus de 100 000 en 1900). Le nombre de migrants augmente également, mais dans une faible mesure – il s'agit surtout d'une population aisée de rentiers, de professions libérales et d'aristocrates. En 1911, 40 000 Britanniques vivent en France, dont 15 765 dans la Seine, concentrés dans les arrondissements de l'Ouest parisien ; les stations balnéaires (Nice, Cannes, Menton, Biarritz...) à la mode continuent d'attirer des visiteurs fortunés. Mais la France n'occupe plus qu'une place mineure parmi les destinations des Britanniques et des Irlandais, qui sont alors au premier rang des émigrants européens : les vingt-deux millions de Britanniques et Irlandais qui émigrent entre 1815 et 1914 représentent quelque 35 % du total des émigrants européens, alors que la population du Royaume-Uni ne dépasse pas 10 % de celle de l'Europe. Ce décalage s'explique d'une part par la place privilégiée occupée depuis longtemps par les États-Unis dans l'émigration britannique et, plus encore, irlandaise ; et d'autre part par l'horizon impérial : les Britanniques sont incités, voire forcés, à émigrer vers les colonies de peuplement (Australie, Nouvelle-Zélande, Canada, Afrique du Sud) par les sociétés philanthropiques, les autorités locales et religieuses. Ils ne participent pas de l'importante immigration industrielle en France à partir des années 1880.

Les quelques dizaines de milliers de Britanniques présents en France constituent cependant un réseau de chambres de commerce, d'institutions scolaires, d'organisations caritatives, de cabinets médicaux et juridiques, de sociétés de bienfaisance, de clubs de sport également. Des journaux anglais paraissent non seulement à Paris, mais aussi à Nice, Cannes ou Biarritz. Outre-Manche, le français est, de loin, la première langue étrangère enseignée. Malgré une présence numérique limitée, les transferts culturels sont nombreux, la Grande-Bretagne apparaissant autant comme un modèle que comme une rivale. Par exemple, le Havre Athletic Club, fondé en 1872 par des employés anglais, est le premier club de football et de rugby en France. Richard WALLACE (1818-1890), collectionneur et philanthrope, a doté Paris des fontaines qui portent son nom. Comme d'autres, le comédien de music-hall Harry RELPH, dit « Little Tich » (1867-1928), mène sa carrière des deux côtés de la Manche ; le clown George FOOTIT (1864-1921) forma avec Chocolat un tandem célèbre à la Belle Époque. On compte aussi des trajectoires individuelles plus tragiques, à l'instar d'Oscar WILDE, venu vivre en France après une peine de prison outre-Manche pour homosexualité.

Des flux bouleversés par les deux guerres. Pendant la Première Guerre mondiale, les jeunes « Tommies » débarquent pour combattre l'Empire allemand, aux côtés des Français : 118 000 en 1914, 910 000 fin 1915, 1 848 000 en 1918. La plupart des 732 000 morts britanniques de la Première Guerre mondiale périssent sur les champs de bataille français, qui deviennent ensuite, comme les cimetières militaires, des lieux de mémoires très visités par les Britanniques. L'Irlande fournit pour sa part un peu plus de 200 000 combattants volontaires.

Dans l'entre-deux-guerres, le tourisme britannique avance sur la voie de la démocratisation et la France demeure la première destination – 850 000 Britanniques se rendent en France en 1930. Cette transhumance représente un flux financier significatif. Le nombre de résidents (47 400 en 1921, 30 200 en 1936) et leur proportion par rapport à la population étrangère diminuent. Cependant, le réseau des quelque trente-cinq consulats, des chambres de commerce et des associations britanniques (sportives, de jeunesse, d'anciens combattants) connaît un dynamisme important, dans la capitale mais aussi en province. La vie littéraire parisienne attire aussi de nombreux écrivains, la plupart pour peu de temps. Mais, en raison de l'ordre moral qui prévaut en Irlande, plusieurs écrivains irlandais s'installent durablement à Paris : James JOYCE, qui s'y établit de 1920 à 1939 et y publie *Ulysse* en 1922, ou Samuel BECKETT, présent à partir de 1939 avant d'écrire en français une partie de son œuvre.

Au cours de la « drôle de guerre », les forces britanniques installées en France atteignent environ 400 000 hommes. Avec la défaite, la plupart sont rapatriées depuis les plages de Dunkerque. En décembre 1940, l'armée allemande fait arrêter les Britanniques vivant en zone occupée (rien qu'en région parisienne, le nombre d'arrestations s'élève à 1 452) et les interne dans différents camps (Drancy, Saint-Denis, Montreuil, Noisy-le-Sec, Boulogne, Romainville et Besançon, où 3 000 femmes, enfants et personnes âgées sont regroupés). En zone non occupée, l'administration de Vichy place la plupart des Britanniques en liberté surveillée, en les astreignant à séjourner dans une localité précise. Par ailleurs, entre 1941 et 1944, l'Intelligence Service parachute ou achemine par mer quelque 500 agents (dont une quarantaine de femmes) auprès des réseaux français de résistance ; ils jouent un rôle important lors du débarquement de juin 1944, auquel les Britanniques participent aux côtés des Américains et des Canadiens.

Depuis 1945 : d'une infusion continue à une irruption croissante. Après la Seconde Guerre mondiale, la France devient une destination d'autant plus populaire que les liaisons s'améliorent et que le tourisme se démocratise : 200 000 visiteurs britanniques en 1947, 1 million en 1960, 3 millions en 1980. En 2009, les Britanniques représentent, avec 16 millions de touristes, la première clientèle étrangère (sur un total de 77 millions), même si ce chiffre global ne distingue pas les véritables vacanciers des visiteurs de passage.

À la faveur de la diversification des échanges entre les deux pays (séjours linguistiques, assistants de langue, déplacements professionnels et touristiques, etc.), le nombre de couples binationaux se multiplie. Des carrières artistiques s'épanouissent des deux côtés de la Manche, à l'instar de celles de la chanteuse Petula CLARK et de Jane BIRKIN, venue en 1968 tenter sa chance comme actrice ; devenue la compagne de Serge Gainsbourg, cette dernière s'établit en France. On peut également citer le chanteur Michael JONES, né en 1952 d'une mère normande et d'un père gallois débarqué en France pendant la guerre et qui a grandi au pays de Galles, les actrices britanniques Charlotte RAMPLING et Kristin SCOTT-THOMAS, ou encore la chanteuse Emily LOIZEAU, née en 1976 d'un père français et d'une mère anglaise. Tout en vivant outre-Manche, les architectes Richard ROGERS (né en 1933) et Norman FOSTER (né en 1935) contribuent au patrimoine français, avec le Centre Georges Pompidou à Paris et le viaduc de Millau respectivement.

Pour les raisons évoquées, l'immigration britannique reste faible pendant l'essentiel du XXe siècle : 12 800 Britanniques vivent en France en 1946 (0,7 % des étrangers), 18 300 en 1968 (0,7 %), 34 180 en 1982 (0,9 %). À partir de la fin des années 1980, cependant, les installations se multiplient : il s'agit de Britanniques, souvent issus de la *middle class*, en activité ou jeunes retraités, qui acquièrent une propriété dans la campagne française. Ils sont attirés par ce qu'ils jugent être une meilleure qualité de vie : le climat, la nourriture et le vin, le mode de vie, les services publics, le système de santé, les bas prix immobiliers, voire, parfois, les opportunités d'emploi. Un tournant est peut-être constitué par la parution de *Une année en Provence* (*A Year in Provence*, 1989), de Peter MAYLE (né en 1939), Britannique qui dresse un tableau flatteur de la vie rurale dans le Lubéron où il s'est installé. Ce best-seller a été adapté outre-Manche en série à la télévision, où plusieurs autres programmes ont ensuite vanté les vertus d'une installation en France (*No going back*, *A place in France*, etc.).

Ceux des migrants qui ne sont pas retraités exercent parfois un travail, qui peut être à domicile et/ou à temps partiel, ou une activité à caractère artistique, artisanal, touristique ou culturel, qui peut représenter un supplément de ressources à des rentes. La majorité sont des néo-ruraux, des citadins installés dans des campagnes, ce qui a conduit certains chercheurs à analyser cet engouement comme l'extension logique d'une quête de ruralité idéale, une « contre-urbanisation », loin des modèles migratoires classiques, puisque motivée par des logiques de consommation plus que de production, de mode de vie plutôt que de gain économique (Buller et Hoggart). La préservation supposée des espaces ruraux français contraste, aux yeux de ces migrants, avec l'urbanisation et les fortes densités britanniques. Leur intégration est plutôt réussie. Le *Dordogneshire* est le département favori de ces résidents (6 300 en 2007), en raison d'atouts qualitatifs liés à son territoire, à son image et aux valeurs qui lui sont attachées. Le département compte ses équipes de cricket, ses clubs et ses pubs, ses journaux et son village anglais (Eymet), ses entreprises spécialisées, tandis que l'essentiel des destinations de l'aéroport de Bergerac concerne le Royaume-Uni. Les Britanniques sont nombreux en Aquitaine (13 100 en 2007), mais aussi en Midi-Pyrénées (13 500), en Île-de-France (20 500), en Poitou-Charentes (13 000), en Bretagne, en Languedoc-Roussillon, dans le Nord-Pas-de-Calais, ou dans certaines villes comme Chamonix, Nice, Toulouse ou Saint-Germain-en-Laye, forte de son lycée international. En 2007, les Britanniques sont, avec 145 622 ressortissants, plus nombreux qu'ils n'ont jamais été ; ils représentent 4 % des étrangers, soit le septième groupe national vivant en France et le troisième parmi les Européens. S'y ajoutent de nombreuses résidences secondaires, pour lesquelles ils constituent ainsi le premier groupe de propriétaires étrangers en France ; de secondaires, ces résidences peuvent devenir principales. Certaines installations risquent d'être remises en cause par les aléas économiques ou monétaires, comme depuis la crise de 2008, ou personnels. Si les migrations de retour sont mal connues, il semblerait que deux tiers de ceux qui s'étaient installés en Dordogne au début des années 1990 soient maintenant repartis au Royaume-Uni, notamment en raison du décalage entre leurs aspirations, souvent nourries par de brefs séjours de vacances, et les réalités d'une résidence durable. Mais d'autres s'installent aujourd'hui, à travers des réseaux d'agents immobiliers britanniques, désormais établis de longue date. Comme le montrent ces circulations, l'histoire des migrations trans-Manche s'écrit aussi au présent.

Fabrice Bensimon

Bibl. : GERBOD Paul, *Voyage au pays des mangeurs de grenouilles*, Paris, Albin Michel, 1991 • BULLER Henry et HOGGART Keith, *International Counter-Urbanization, British Migrants in Rural France*, Aldershot, Avebury, 1994.

BROOK Peter

Metteur en scène et réalisateur. – Né le 21 mars 1925 à Londres, Royaume-Uni.

Les parents de Peter Brook, juifs d'origine lettone, partent pour Paris en 1907 puis pour Liège et Ostende avant de s'installer définitivement à Londres durant la Première Guerre mondiale où leur nom, Bryck, fut transformé par un responsable des passeports en Brook. Le jeune Peter Brook, pensionnaire dès son plus jeune âge, fait des études de littérature comparée au Magdalena College d'Oxford où il monte en 1944 son premier spectacle. Les leçons de musique de Madame Bieck le marquent profondément, lui ouvrant « la voie du théâtre autant que celle de la vie ». Il fait ses véritables débuts de metteur en scène à Stratford avec *Peines d'amour perdues* de Shakespeare et est nommé, en 1947, directeur artistique à Covent Garden, où il monte le *Boris Godounov* de Moussorgski et la *Salomé* de Richard Strauss dans une scénographie de Salvador Dalí. Après plusieurs mises en scène de Shakespeare, mais aussi d'auteurs contemporains (Cocteau, Anouilh, Sartre, Roussin), Peter Brook obtient la reconnaissance internationale avec la création, en 1955, de *Titus*

Andronicus. Il continuera à explorer le répertoire shakespearien, montant les pièces les moins connues. Au début des années 1960, après *Marat/Sade* de Peter Weiss, il s'intéresse au théâtre documentaire avec *US*. Dès cette époque, le travail sur le corps et l'improvisation (il a rencontré Jerzy Grotowski) deviennent essentiels dans sa pratique théâtrale. Par ailleurs, il réalise plusieurs films, dont *Moderato cantabile*, d'après Marguerite Duras, et *Sa Majesté des mouches*, sur un scénario de William Golding.

En 1968, Jean-Louis Barrault demande à Peter Brook d'animer un atelier international ; ce sera la préfiguration du Centre international de création théâtrale (CIRT) dont il devient directeur en 1970, date de son installation à Paris. Avec le CIRT, Brook voyage et tente de rapprocher des cultures éloignées, en particulier la culture africaine et la culture occidentale. Après des années de nomadisme, il se fixe en 1974 aux Bouffes du Nord, vieux théâtre à l'italienne délabré mais qui, selon lui, est proche aussi du théâtre élisabéthain La Rose. C'est dans cet espace que Brook montera aussi bien *La Cerisaie* que *Le Mahâbhârata*, *La Conférence des oiseaux* que *Hamlet*. *Une flûte enchantée*, qu'il crée en 2010, recevra le Molière du spectacle musical (il avait reçu celui du metteur en scène en 1991 avec *La Tempête*) et Peter Brook sera récompensée en 2011 du Molière d'honneur pour l'ensemble de son œuvre. Officier de la Légion d'honneur, commandeur des Arts et Lettres, Peter Brook, dont « le travail aux Bouffes du Nord pendant plus de trente ans a marqué singulièrement la scène culturelle parisienne », a reçu la médaille de vermeil de la Ville de Paris en janvier 2011.

Chantal Meyer-Plantureux

BRUCE Patrick. — *Voir* PARIS, École de.

BRUNI Carla (Carla Gilberta Bruni Tedeschi)

Mannequin, chanteuse, actrice. – Née le 23 décembre 1967 à Turin, Italie.

Issue d'une riche famille italienne éprise d'art – père industriel et compositeur, mère pianiste –, sœur de Valéria Bruni-Tedeschi, la jeune Carla grandit en France à partir de l'âge de sept ans. Elle interrompt ses études à l'orée de sa vingtième année pour devenir mannequin, une des top models les plus remarquées du monde de la mode. Malgré quelques apparitions au cinéma, c'est dans la chanson qu'elle essaye de percer, avec des succès variés. Son mariage avec Nicolas Sarkozy, en 2008 – elle est alors encore de nationalité italienne et sera naturalisée quelque temps après – transforme une artiste affectée d'une image de dilettantisme en une figure people internationale. À partir de ce moment, une part importante de son temps et de son crédit sera consacrée à des patronages humanitaires (lutte contre le sida, l'illettrisme...), tendance couronnée par la création, en 2009, de la Fondation Carla-Bruni-Sarkozy.

Pascal Ory

BRUNI TEDESCHI Valéria

Actrice. – Née le 16 novembre 1964 à Turin, Italie.

Sœur aînée de Carla Bruni, et donc belle-sœur du président de la République française Nicolas Sarkozy (2007-2012), elle avait neuf ans lorsque sa famille a quitté l'Italie par peur des enlèvements perpétrés par les Brigades rouges. Entrée à l'école des Amandiers de Nanterre après des études littéraires, égérie de Patrice Chéreau, elle a joué chez Jacques Doillon (*L'Amoureuse*, 1987), Patrice Chéreau (*Hôtel de France*, 1987, *La Reine Margot*, 1993, *Ceux qui m'aiment prendront le train*, 1997), Noémie Lvovsky (*Oublie-moi*, 1994, *La vie ne me fait pas peur*, 1999), Laurence Ferreira Barbosa (*Les gens normaux n'ont rien d'exceptionnel*, 1993, qui lui vaut le César du Meilleur Espoir féminin), Claude Chabrol (*Au cœur du mensonge*, 1998), François Ozon (*5x2*, 2003), Romain Goupil (*Les Mains en l'air*, 2010). Elle a réalisé *Il est plus facile pour un chameau...*, prix Delluc du premier film 2003) et *Actrices* (2007).

Jean-Luc Douin

BRUNSCHWIG Henri

Historien. – Né le 2 juin 1904 à Mulhouse, alors Empire allemand, aujourd'hui France ; mort le 20 juillet 1989 à Wengen, Suisse.

L'« un des plus grands historiens de l'Afrique noire », selon Léopold Sédar Senghor, est d'abord guidé par ses origines vers l'étude du monde germanique. Cet élève de Marc Bloch et de Lucien Febvre à l'université de Strasbourg, ville revenue dans le giron français en 1918, maîtrise parfaitement l'allemand et, de 1931 à 1935, à l'époque où le national-socialisme s'installe, séjourne à Berlin, où il est attaché à l'Institut français. Ses recherches portent alors sur *La Crise de l'État prussien à la fin du XVIIIe siècle et la genèse du romantisme allemand*, thèse soutenue en 1946 et rééditée en 1973 sous le titre *Société et romantisme en Prusse*. Germaniste, il le demeure en dirigeant les émissions en langue allemande de l'ORTF de 1945 à 1974.

Mais, en 1938, un tournant est intervenu dans sa carrière d'enseignant. De retour à Paris, il est nommé au lycée Henri-IV, où lui est confiée, en 1938, la classe préparatoire à l'École coloniale. Cet enseignant à la réputation consciencieuse en vient ainsi à l'histoire de l'Afrique noire moderne, qui est alors un champ presque vierge. Il en collecte les archives, fixe les jalons et approfondit l'étude jusqu'à la fin de sa carrière, en 1975. Cette dernière est interrompue par la guerre, durant laquelle il est prisonnier de guerre à Lübeck, où il partage son quotidien avec Fernand Braudel. Puis elle se poursuit à l'École nationale de la France d'outre-mer, où il y occupe la chaire d'histoire de la colonisation, à partir de 1948, date à laquelle il commence aussi à professer à Sciences-Po. En 1962, il poursuit son enseignement de l'histoire africaine en tant que directeur d'études à la Sixième section de l'École pratique des hautes études, ainsi qu'en Afrique.

Sur un sujet délicat – la colonisation française, à une époque marquée par les décolonisations –, le souci de porter un éclairage à la fois politique, économique et culturel (*Mythes et réalités de l'impérialisme colonial français 1871-1914*, 1960) et sur le temps long (*L'Avènement de l'Afrique noire : du XIXe siècle à nos jours*, 1963) donne à ce chercheur rigoureux toute sa place dans l'École des Annales. Autant que les archives le lui permettent – il est réticent à l'usage de sources orales –, il s'efforce de ne pas se cantonner au point de vue des colonisateurs (*Noirs *et Blancs dans l'Afrique noire française*, 1983).

Anna Trespeuch-Berthelot

BUGATTI Ettore

Industriel et motoriste. – Né le 15 septembre 1881 à Milan, Italie ; mort le 21 août 1947 à Neuilly-sur-Seine, France.

Design, innovation, vitesse : ces trois termes caractérisent parfaitement l'œuvre d'Ettore Bugatti. Mais Bugatti, c'est aussi une marque, synonyme de sport, d'élégance et de richesse, l'un des fleurons de l'industrie française du luxe ; un son, celui caractéristique de ses moteurs, et une couleur, le « bleu bugatti », qui revêtait ses modèles. Né à Milan, d'un père horloger, il reçoit sa formation aux Beaux-Arts de la ville et fait preuve d'une précocité mécanique exceptionnelle. En 1898, il construit son premier tricycle automobile ; en 1901, il fait forte impression à l'Exposition industrielle de Milan pour l'originalité du moteur qu'il présente. Dietrich, qui souhaitait ajouter un volet automobile à son entreprise de constructions mécaniques et ferroviaires en Alsace, le recrute en 1902. Mais il ne s'entend ni avec l'industriel ni avec Mathis, son ingénieur principal. Il quitte la société en 1904, occupe divers emplois dans l'automobile, se marie en 1907 et part travailler chez Deutz Gasmotoren-Fabrik à Cologne, tout en travaillant, dans sa cave, à la construction d'un véhicule léger. Deux ans plus tard, il quitte Deutz, revient en Alsace et fonde sa propre affaire à Molsheim. À partir de ce moment et jusqu'en 1939, date de la mort accidentelle de son fils et le début des difficultés pour l'entreprise, Bugatti travaille en trois directions : l'automobile, l'avion et le train. Côté automobile, plusieurs modèles font sa fortune : la T13, la Peugeot Bébé des débuts et, dans l'entre-deux guerres, la T35, aux records de victoires encore inégalés à ce jour, tandis que la T41, « La Royale », impressionne avec son moteur de 12 643 cm^3, sans toutefois trouver son public. Côté aviation, en 1916, alors qu'il est exilé à Paris, il conçoit le moteur X-16, utilisé par les Américains sous le nom de King-Bugatti, puis, dans l'entre-deux-guerres, il réalise, en association avec Louis-Charles Bréguet, le « gyroplane », premier moteur d'hélicoptère. Il imagine pour le Bréguet 20 « Leviathan », présenté au salon du Bourget en 1921, un moteur étonnant, composé de quatre 8 cyl de 250 ch couplés et débrayables sur un même arbre porte-hélice, resté à l'état de prototype, en raison des vibrations qu'il provoquait sur l'appareil et, entre 1937 et 1939, construit le mythique Bugatti 100P, profilé pour battre des records de vitesse, mais qui n'a jamais volé. Compétiteur né, Ettore Bugatti ne redoute pas l'échec, dont certains sont cuisants, et sait rebondir. Côté train, en effet, il conçoit en 1932, à la demande de Raoul Dautry, le fameux autorail Bugatti « Présidentiel », un modèle monocaisse transportant quarante-huit voyageurs, qu'il équipe du moteur de la T41 « Royale » précisément, dont la vitesse à l'essai atteint les 172 km/h en 1933 et 192 km/h en 1934. L'entreprise fournit quatre-vingt-huit autorails au total, qui circulent, jusqu'en 1958, sur les réseaux de diverses Compagnies, puis de la SNCF.

Deux événements tragiques conduisent l'entreprise à sa perte : l'accident mortel de Jean Bugatti, fils d'Ettore, qui venait de succéder à son père et se tue, en 1939, alors qu'il essayait la T57C sur le circuit familial ; la guerre et l'Occupation. Ettore Bugatti est dépossédé de son entreprise. Il la récupère à la Libération, est naturalisé français, mais disparaît peu après. Les efforts de son deuxième fils, Antoine, pour relancer l'affaire familiale sont vains. Ni le nom, ni le savoir-faire ne disparaissent cependant. Rachetée par Hispano-Suiza en 1964, l'entreprise Bugatti devient, en 1977, filiale de la Snecma, en association avec la société Messier. Désormais intégré au groupe Safran, Messier-Bugatti-Dowty est leader mondial du freinage aéronautique et de la production de trains d'atterrissage. Quant au monde de l'automobile, il a refusé la disparition de la marque et du capital qu'elle représente. Après un vaine tentative italienne, l'usine de production de Molsheim a redémarré, sous les auspices du groupe VAG, et propose depuis 2005 la prestigieuse Bugatti-Thirion.

Anne-Françoise Garçon

BUIRGE Susan

Danseuse, chorégraphe et pédagogue. – Née le 19 juin 1940 à Minneapolis, États-Unis.

Susan Buirge commence la danse dès l'enfance et découvre la danse moderne à l'université du Minnesota, où elle obtient un diplôme en communication. En 1962, elle bénéficie d'une bourse qui lui permet d'étudier à la Juilliard School of Music (Dance Division) à New York, auprès de grandes figures de la danse moderne américaine comme José Limon, Martha Graham et Louis Horst. C'est là qu'elle crée sa première pièce, le solo *Trilogy* (1962). C'est là également qu'elle rencontre le chorégraphe Alwin Nikolais, dont elle rejoint la compagnie (1963-1967). Elle dansera aussi pour celle de Murray Louis, danseur et chorégraphe proche de Nikolais. Elle enseigne dès 1964 et, à partir de 1967, commence à prendre des distances avec l'esthétique de ses maîtres. Son travail rejoint alors les courants minimalistes abstraits (extrême sobriété du geste et processus répétitifs) tout en défendant une danse sensuelle. En 1970, elle s'installe en France et fonde, à Paris, le « Dance Theatre Experience », qui devient en 1975 le « Susan Buirge Project ». Son studio de danse devient un lieu de rencontre et d'expérimentation important pour les danseurs et chorégraphes français de cette époque. À travers son enseignement et ses créations (une cinquantaine, datant presque toutes de la période française), elle contribue à introduire en France les innovations de la danse postmoderne américaine : performances dans des lieux insolites (l'aérodrome d'Aix-en-Provence pour la pièce *Charge Alaire* en 1982 ou l'IMEC – Institut mémoires de l'édition contemporaine –, près de Caen, avec *En dessous* en 2005), remise en question du rôle du chorégraphe et de la relation au public, collaboration avec des plasticiens et des vidéastes (usage inédit de la vidéo en temps réel dans le solo *Televanilla*, créé à New York en 1968). Son esprit de recherche et son investissement politique font d'elle une figure incontournable du développement de la danse contemporaine en France dans les années 1970 et 1980. En 1989, elle voyage hors d'Europe (Éthiopie, Grèce, Syrie, Japon, Taïwan et Inde) afin d'étudier d'autres traditions chorégraphiques. En 1990, elle danse son dernier solo, *Grand Exil*, et se consacre dès lors à la recherche, à la chorégraphie et à l'écriture (publication de son journal de voyage, du récit de certaines créations, de ses carnets...). Dans les années 1990, le Japon devient pour elle une nouvelle terre d'accueil, lui permettant de poursuivre ses recherches sur les relations entre les arts traditionnels et l'art contemporain. De 1999 à 2007, la compagnie de Susan Buirge est en résidence à l'abbaye de Royaumont, dans le cadre du Centre de recherche et de composition chorégraphiques (CRCC), qui deviendra, en 2008, le Programme recherche et composition chorégraphiques (PRCC). En avril 2008, Susan Buirge quitte la France pour le Japon, tout en demandant la nationalité française. Ses archives sont déposées à l'IMEC.

Sophie Jacotot

BULGARES

Jusqu'au XIXe siècle, les Bulgares font partie de ces peuples européens qui dépendent de l'Empire ottoman, et les autorités françaises ne les identifient pas autrement que comme sujets du sultan. S'ils sont alors peu nombreux en France, quelques figures du mouvement national bulgare séjournent à Paris. C'est le cas d'Aleksandăr STOJLOVIČ (1810-1891), qui vient étudier les mathématiques et la médecine dans les années 1830-1840, et y devient un actif militant de la cause bulgare, approchant notamment Guizot et demandant la création d'un exarchat bulgare ; il sera pour cela surnommé Aleksandăr Eksarh, francisé en Alexandre Exarque. La France ne devient pas davantage une destination privilégiée pour les émigrés de la nouvelle Bulgarie, qui s'établissent plus souvent dans les pays voisins ou à Istanbul. Ils n'étaient guère plus de 743 en 1911, où ils sont recensés pour la première fois. Surtout parisiens, ils sont souvent ouvriers et certains se tournent vers le socialisme ; c'est le cas de Christian RAKOVSKY (1873-1941), d'origine bulgare mais Roumain, étudiant en médecine dans les années 1880, puis collaborateur à *L'Humanité* pour les Balkans entre 1902 et 1904.

Un véritable flux se dessine dans les années 1920 : selon le recensement de 1926, les Bulgares sont alors 2606 dans le pays. Il s'agit d'une émigration économique, mais certains viennent en s'engageant dans la Légion étrangère. D'autres fuient la répression qui s'abat sur les agrariens et les communistes après le coup d'État mené en 1923 par les conservateurs de l'Entente nationale. Le pic est atteint en 1931, le recensement compte 4542 Bulgares ; ils ne sont plus que 2797 en 1936, auxquels s'ajoutent à cette date 536 naturalisés d'origine bulgare. 40 % d'entre eux vivent dans le département de la Seine. Parmi les 1500 qui habitent Paris *intra-muros*, on compte de nombreux juifs, souvent artisans (tailleurs ou bottiers), et une forte proportion d'ouvriers. Dans le monde des artistes s'est illustré le peintre Jules PASCIN (Julius Mordecai Pincas), issu d'une famille juive italo-espagnole de Vidin, arrivé à Paris en 1905, surnommé le « Prince de Montparnasse ». Il se suicide en 1930. Dans les années 1930, le producteur musical Jacques CANETTI, issu d'une famille juive de Roussé (et frère cadet d'Élias), fait débuter à Radio Cité Édith Piaf et Charles Trenet ; dans les années 1950, il engage dans son Théâtre des Trois Baudets Georges Brassens, Jacques

Brel, Serge Gainsbourg, ou encore Pierre Dac et Francis Blanche. Le Paris d'entre-deux-guerres devient le siège d'une « Amicale bulgare » : ses membres fêtent la Saint-Basile, le 13 janvier, ou se retrouvent le 2 juin à Chaville pour célébrer le poète national Christo Boteff. Ailleurs en France, de micro-colonies se constituent dans les régions industrielles du Nord-Est et dans le Midi.

L'activité politique est limitée. Mais le reflux des républicains espagnols, au début de l'année 1939, amène en France des brigadistes bulgares, qui font l'expérience des camps d'internement comme celui de Gurs. L'ancien secrétaire de la Ligue des droits de l'homme en Bulgarie, Jacques ACHER, parti en 1936 en Espagne, meurt ainsi peu après son arrivée à Paris, en mars 1939. Alors que leur pays choisit le camp nazi, des Bulgares rejoignent la Résistance. Dans le sud de la France, on peut citer Ovtcharoff JORDAN (« Marcel »), communiste actif en Bulgarie et ancien brigadiste, qui agit dans la région niçoise où il est abattu en août 1944 près de Grasse, ou Rudolf KOLÏO, membre des FTP-MOI dans la région de Marseille. En région parisienne aussi, des communistes bulgares intègrent les FTP : grâce à leur connaissance du russe, ils participent notamment à l'évasion de prisonniers soviétiques. On voit des Bulgares intégrer les rangs des FFI à Marseille, Lyon, Nice, Aix-en-Provence ou en Corrèze. Raflés, notamment à l'été 1942, de nombreux juifs sont déportés. Jeanne ESKENAZY est arrêtée par la Gestapo à Paris en tant que résistante et la seule de sa famille à revenir de Birkenau. En août 1944, un Comité de résistance bulgare en France participe aux combats de la libération de Paris, en prenant l'initiative de l'occupation des bâtiments consulaires le 22 août. L'itinéraire d'un Georges STOYANOFF est emblématique de cette période : communiste, il quitte la Bulgarie en 1926 et devient coiffeur à Paris, puis entre dans les FTP pour finir la guerre dans l'armée du général de Lattre de Tassigny.

Après 1945, la mouvance communiste est importante. Un Comité d'unité et de défense bulgare, association liée au Parti communiste français, prend le relais de l'ancienne Amicale, et fait paraître un journal en français, *La Bulgarie nouvelle*. Quand, en 1946, la Bulgarie devient une démocratie populaire, les frontières se ferment et la France accueille des réfugiés. De nouvelles associations y publient des bulletins, cette fois hostiles au nouveau régime, comme *L'Ouvrier libre*, édité par « l'organe des syndicalistes bulgares libres en exil. Force Ouvrière ».

Éxilées ou attirées par la France, des personnalités se distinguent. La plus connue est sans doute la chanteuse Sylvie VARTAN. Arrivée en France à l'âge de huit ans avec sa famille, en 1952, elle devient une vedette populaire dans les années 1960. La musique classique est surtout représentée par le pianiste Youri BOUKOFF (1923-2006), boursier du gouvernement français en 1946 et qui reste en France où il est l'élève d'Yves Nat au Conservatoire de Paris, avant de mener une carrière internationale prestigieuse. On peut aussi citer le violoniste Luben YORDANOFF (1926-2011), élève du Conservatoire de Paris puis premier violon à l'Orchestre de Paris, père du comédien Wladimir YORDANOFF (né en 1954). Le domaine littéraire est alors moins représenté ; Nora MITRANI (1921-1961), dont les parents se sont installés à Paris dans les années 1930, devient écrivain surréaliste et sociologue, et aussi la compagne de Julien Gracq. Son frère, Michel MITRANI (1930-1996), réalisateur pour la télévision et le cinéma (*Les Guichets du Louvre*, en 1974), est aussi scénariste et acteur. Dans le domaine des arts plastiques, Christo Javacheff, dit CHRISTO, qui vit à Paris entre 1958 et 1964, se rend célèbre en enveloppant des objets de tissus et plastiques et pour avoir emballé le Pont-Neuf en 1985. Dans le champ des sciences humaines, deux personnalités se détachent. L'historien des idées Tzvetan TODOROV, arrivé en France en 1963 et naturalisé dix ans plus tard, concentre, au CNRS, ses recherches sur le thème de l'altérité. Installée à Paris en 1964, la sémiologue et psychanalyste Julia KRISTEVA participe à la revue *Tel Quel*, et devient l'épouse de Philippe Sollers.

Depuis 1989-1990 et la chute du régime communiste, les possibilités de venir en France sont plus nombreuses. Des artistes décident d'y poursuivre leur carrière. C'est le cas d'Alexandre TCHOBANOV, metteur en scène et chorégraphe à Sofia jusqu'en 1989, aujourd'hui naturalisé français. Deux jeunes romancières, Rouja LAZAROVA (née en 1968) et Denitza BANTCHEVA (née en 1969), choisissent également Paris et la langue française pour continuer leur œuvre littéraire à partir de 1991. L'ambassade bulgare et le centre culturel sont désormais associés à la vie artistique et collective ; l'ambassade accueille la communauté bulgare de Paris lors de la fête nationale, le 3 mars. Par ailleurs, le tissu associatif s'est récemment enrichi. Les paroisses orthodoxes bulgares continuent de jouer un rôle dans la vie de la communauté : à Paris, une paroisse Saint-Euthyme de Tarnovo est fondée en 1981, tandis que d'autres existent aussi à Lyon, Lille et Strasbourg. Une Association des étudiants bulgares en France est fondée en 1998 et entend s'adresser aux 3 000 étudiants fréquentant les universités françaises et surtout parisiennes (d'après l'Agence des Bulgares à l'étranger, en 2004). Une nouvelle Alliance France-Bulgarie est créée en 1993 pour développer les liens entre les deux pays et des écoles sont fondées dans les années 2000 à Paris, Strasbourg, Toulouse et Lyon. Signe des temps, l'Association franco-bulgare pour la Bulgarie, depuis 2001, privilégie Internet et son site pour créer un lien entre les Bulgares résidant en France ; selon l'Insee, ils étaient plus de 7 500 en 2006.

Jean-Philippe Namont

Bibl. : www.bulgaria-france.net • *La Bulgarie nouvelle. Organe du Comité d'unité et de défense bulgare*, Paris, 1945-1946 • *Bulletin d'information de l'Association des réfugiés bulgares en France*, Paris, 1957.

BULLARD Eugene Jacques

Aviateur. – Né le 9 octobre 1894 à Colombus, États-Unis ; mort le 12 octobre 1961 à New York, États-Unis.

Fils de parents d'origine antillaise et creek nés esclaves, tôt orphelin de mère, Eugene fugue face aux punitions paternelles, mais aussi parce qu'il est à la recherche de cette France égalitaire vantée par ce même père. Errant avec des gens du voyage, un moment palefrenier et jockey, passager clandestin sur un vapeur allemand en 1912, il est débarqué en Écosse, y multiplie les petits métiers, se fait boxeur, artiste de music-hall, part en tournée et en 1913 réalise son rêve : vivre à Paris. Ce n'est pas pour longtemps. En 1914, entre francophilie et solidarité avec ses amis mobilisés, il s'engage dans la Légion étrangère, se bat sur la Somme, en Artois, en Champagne. Blessé à Verdun en mai 1916, inapte au service, soigné à Lyon, il étonne un journaliste du *Saturday Evening Post* par l'assurance que lui ont donné la guerre et l'absence de discrimination raciale. Apprenant qu'on peut être aviateur avec des infirmités qui éloignent de toute tranchée, il parie qu'il le sera, est formé à Cazaux et à Tours, reçoit son brevet en mai 1917. Malgré les préjugés de l'organisateur du Lafayette Flying Corps, escadrille financée par des Américains de France, il effectue, en septembre, sa première mission, un vol de reconnaissance sur Metz, en enchaîne une vingtaine, compte deux victoires dont une homologuée, intéresse encore plus la presse américaine. Mais une rixe avec un officier français donne à ses supérieurs l'occasion de l'écarter ; il est reversé dans l'infanterie en janvier 1918, exclu du mémorial de l'escadrille et démobilisé en octobre 1919. Ne pouvant redevenir boxeur, batteur médiocre mais bon directeur artistique, il crée un orchestre de jazz, puis un club de sport à Paris, épouse, en 1923, la fille d'une comtesse dont il a deux filles. À la fin de 1924, il ouvre une boîte de nuit, où l'on croise Joséphine Baker, Louis Amstrong, Scott Fitzgerald, le prince de Galles, Hemingway – qui s'inspire de lui pour deux personnages. À la veille de la guerre, il informe les services secrets français des bavardages de clients, agents allemands qui n'imaginent pas qu'un Noir puisse les comprendre. En juin 1940, il fuit Paris, veut retrouver son ancien régiment, se voit confier une mitrailleuse à Orléans par un camarade de la Grande Guerre, est blessé, et, par Biarritz et Lisbonne, rejoint New York. Là, il vit de petits métiers, garçon d'ascenseur en particulier, même s'il revient en 1952 en France comme musicien et interprète d'Armstrong. Un faible dédommagement pour ses biens détruits à Paris lui permet d'acheter un petit appartement à Harlem ; en 1954, il est invité à venir ranimer la flamme de l'Arc de triomphe et, en 1958, le général de Gaulle le fait chevalier de la Légion d'honneur, avant de saluer en lui un vrai héros français ; lui, il explique que, si les États-Unis sont sa mère, la France est sa maîtresse et qu'ils les aime, mais différemment. Il est enterré en uniforme de légionnaire, conformément à son souhait. L'armée américaine le fait sous-lieutenant à titre posthume en 1994.

Éric Vial

BULOZ François

Journaliste. – Né en 1803 à Vulbens, Suisse ; mort le 12 janvier 1877 à Paris, France.

Sous la Restauration, François Buloz vient terminer ses études au lycée Louis-le-Grand à Paris ; il est typographe, correcteur puis prote d'imprimerie et débute en littérature comme traducteur de l'anglais. Dès 1830, il collabore à la *Revue des Deux Mondes*, fondée en 1829, qui absorbe le *Journal des voyages* en 1830. En janvier 1831, l'imprimeur Affray rachète la *Revue* ; François Buloz en devient rédacteur en chef. À partir de juillet 1831, la *Revue* devient bimensuelle. En 1833, Buloz la rachète à Auffray. Son objectif est de développer l'analyse de la vie politique, littéraire, économique et financière, tout en comparant ce qui se passe en France avec le reste du monde, notamment les États-Unis. Il fait appel aux écrivains les plus célèbres de l'époque, Alfred de Vigny, Alexandre Dumas, Honoré de Balzac, Sainte-Beuve, Georges Sand, Victor Hugo, etc. François Buloz écrit peu, mais lit tout, relit, impose des coupes ou des modifications à ses auteurs, les plus brillants soient-ils. Considéré par beaucoup comme un tyran acariâtre, il impose sa *Revue* au monde politique et intellectuel français. Barbey d'Aurevilly, qui lui consacre trois pages dans le bihebdomadaire *Figaro* en 1863, commence par cette phrase : « c'est une des plus désagréables puissances de ce temps ». En 1834, il rachète la *Revue de Paris*, qu'il laisse dépérir, mais dont il conserve les abonnés. En 1838, il succède au baron Taylor comme commissaire royal auprès de la Comédie-Française ; il est révoqué en 1848. En 1850, il annexe à la *Revue* un *Annuaire des Deux Mondes*. Le succès de la *Revue des Deux Mondes* est remarquable : 2 500 abonnés en 1848, 25 000 en 1870. Libérale sous la monarchie, plus conservatrice sous le Second Empire, mais opposante à Napoléon III, elle soutient Adolphe Thiers. Le fils de François, Charles, lui succède à la direction de la revue.

Patrick Eveno

BUÑUEL Luis

Cinéaste. – Né le 22 février 1900 à Calanda, Espagne ; mort le 29 juillet 1983 à Mexico, Mexique.

D'origine espagnole, naturalisé mexicain, conçu, selon ses dires, à l'hôtel Ronceray, passage Jouffroy, ce grand cinéaste surréaliste fit ses classes artistiques en 1925 à Paris, fréquentant les brasseries de Montparnasse et le Quartier latin, devenant assistant de Jean Epstein. C'est là que, en collaboration avec Salvador Dalí, il tourne *Un chien andalou* (1929), dont Louis Aragon organise une projection au Studio des Ursulines, et l'introduit dans son cercle au café Cyrano de Pigalle. Buñuel poursuit avec *L'Âge d'or* (1930), produit par un couple de mécènes férus d'avant-garde, le vicomte et la vicomtesse de Noailles. Chahuté au Studio 28 par des manifestants qui aspergent l'écran d'encre et cassent les fauteuils, cet éloge de l'amour fou est interdit. L'avènement de la république ramène Buñuel à Madrid en 1931 après un bref séjour à Hollywood ; la guerre civile le repousse à Paris, puis à New York où il est monteur de documentaires culturels pour le MOMA, de 1938 à 1943. Installé au Mexique de 1946 à 1964, il y réalise vingt films. La rencontre avec le producteur Serge Silberman et le scénariste Jean-Claude Carrière le convainc d'accumuler ses séjours en France à partir de 1964. Il y signe *Le Journal d'une femme de chambre* d'après Octave Mirbeau (1964), *Belle de jour* d'après Joseph Kessel (1966), *Tristana* (1970), *Le Charme discret de la bourgeoisie* (1972), *Le Fantôme de la liberté* (1974), *Cet obscur objet du désir* (1977), ces trois derniers films illustrant, comme il le dit dans *Mon dernier soupir*, « la recherche de la vérité, qu'il faut fuir dès qu'on croit l'avoir trouvée, du rituel social implacable ; recherche du hasard, de la morale personnelle, du mystère qu'il faut respecter ».

Jean-Luc Douin

BUONARROTI Filippo

Homme politique. – Né le 11 novembre 1761 à Pise, alors Grand-Duché de Toscane, aujourd'hui Italie ; mort le 16 septembre 1837 à Paris, France.

Descendant du frère de Michel-Ange, avocat en 1782, intéressé par la philosophie (Helvétius, Locke, Morelly, Rousseau, surtout), hostile au grand-duc de Toscane, il participe à des sociétés secrètes, s'intéresse à la révolution batave, se passionne pour celle de 1789, dont il se fait propagandiste en Corse. Là, il est proche des Bonaparte, publie un *Giornale patriotico*, administre des biens confisqués à l'Église, croit découvrir des formes de propriété communautaire primitive. Un moment chassé de l'île, emprisonné à Livourne, il est libéré sur pression diplomatique, regagne la Corse, mais est chassé par les partisans de Paoli et doit se réfugier à Paris. Naturalisé grâce à Robespierre, envoyé en mission dans le Midi, il gère pour la France les territoires conquis à l'est de Menton en 1794-1795 et y forme des patriotes italiens à la propagande révolutionnaire. Arrêté après Thermidor, il rencontre François-Noël Babeuf en prison à Paris : ensemble, ils élaborent une doctrine communiste, que, une fois libéré, il diffuse au Club du Panthéon, dont il est cofondateur et dont il anime l'aile gauche, tout en plaidant auprès du Directoire pour « révolutionner » l'Italie afin de faciliter l'avancée des troupes françaises, même si son souci d'unité du pays est repoussé au nom des intérêts de la France. Il est aussi, toujours avec Babeuf, le principal théoricien de la conjuration des Égaux, collectiviste et égalitariste, supprimant l'héritage et la monnaie, malthusienne en économie au nom du « bonheur commun » et de la Constitution de 1793. Ses idées progressant à Paris avec la crise de l'hiver 1795-1796, le Directoire réagit : arrestations, procès, exécution de Babeuf, incarcération de Buonarroti mais sous des régimes de moins en moins durs jusqu'à ce qu'il puisse, en 1806, s'installer à Genève, où il reprend l'action clandestine, participant en 1812 à la tentative de Malet contre Napoléon. Sous la Restauration, il vit à Bruxelles, complote encore, rejoint la Charbonnerie, publie en 1828 une *Histoire de la conspiration pour l'égalité, dite de Babeuf* fort remarquée, rentre à Paris en 1830, fonde des loges maçonniques, conspire toujours, suscitant le mythe d'un complot international dont il serait le pivot, et surtout inspire Louis Blanc, Auguste Blanqui, François-Vincent Raspail. Arrêté encore une fois en 1833, il meurt aveugle et miséreux. Au total, il est une des sources du socialisme français du XIXe siècle, revendiqué par le communisme pour sa doctrine et ses allures d'ancêtre des « révolutionnaires professionnels », et contribuant à l'image de la France « pays des révolutions ».

Éric Vial

BURRI René

Photographe. – Né le 9 avril 1933 à Zurich, Suisse.

Formé à l'École des arts appliqués de Zurich, René Burri s'est ensuite partagé entre la Suisse, la France et le monde, qu'il parcourt comme reporter, pour des magazines (*Life*) comme pour des agences (il entre chez Magnum en 1959). Sa curiosité a peu de limites : portraits de personnalités, en particulier d'artistes, saisis dans leur travail et leur intimité (Tinguely, Le Corbusier : deux Suisses), portrait collectif de peuples (*Les Allemands*, 1963), vues de Paris, architectures (exposition *Utopia*, 2005), images de guerre,... Certaines de ses séries (Che Guevara) sont entrées dans le patrimoine mondial des images.

Pascal Ory

BUSCH Eva (Eva Zimmermann)

Chanteuse et comédienne. – Née le 22 mai 1909 à Berlin, Allemagne ; morte le 20 juillet 2001 à Munich, Allemagne.

Fille illégitime d'un chef d'orchestre gendre de Wagner et d'une cantatrice apatride, la jeune Eva apprend le piano, le chant, la danse et participe à l'aventure avant-gardiste du cabaret berlinois des années 1920. Elle épouse le comédien et chanteur Ernst Busch, figure de l'intelligentsia communiste. À l'arrivée de Hitler au pouvoir, le couple, bientôt déchu de sa citoyenneté allemande, entame une errance internationale puis se sépare en 1937. Eva se fixe à Paris et y devient chanteuse. Le public applaudit sa beauté germanique et la finesse de ses interprétations, exécutées en un français impeccable. Bien que puisant dans un répertoire sentimental assez anodin, ses chansons sont un modèle de subtilité et de sens de la syncope. *Bel-Ami*, enregistré en français et en allemand, est son plus grand succès (1940). L'Occupation ne la dissuade pas d'afficher son antinazisme et d'aider ses amis juifs. Malgré une parfaite intégration au milieu du music-hall, elle est arrêtée en 1941 et déportée pendant trois ans comme « politique » au camp de Ravensbrück. Après la guerre, elle rejoint Paris et reprend une discrète carrière internationale, qui la conduit souvent en Allemagne, où elle jouit d'une grande estime.

Yves Borowice

C

CACIULEANU Gigi (Gheorge)

Danseur et chorégraphe. – Né le 13 mai 1947 à Bucarest, Roumanie.

Formé au ballet classique à Bucarest et au Bolchoï, le jeune Caciuleanu découvre la danse contemporaine auprès de Miriam Raducanu et se fait connaître hors des frontières de son pays grâce au concours international de Cologne. Il y rencontre l'œuvre de Pina Bausch, qui le marque durablement. En 1973, il obtient l'asile politique en France, rejoint Rosella Hightower à Nancy et lui succède à la tête du Ballet du Grand Théâtre de Nancy. Chargé, en 1978, par Michel Guy de créer le Théâtre chorégraphique de Rennes – devenu, sous le ministère de Jack Lang, l'un des premiers « centres chorégraphiques nationaux » –, il le dirigera pendant quinze ans. Depuis lors, Caciuleanu a repris son chemin d'artiste international, créant sa propre compagnie à Paris puis, plus tard (2007), en Roumanie, tout en exerçant, depuis 2001, les fonctions de directeur du Ballet national du Chili. À l'origine du « Manifeste de l'alter danse » (2005), il se présente comme « artiste globalisé », situé au centre de son triangle personnel Santiago-Paris-Bucarest.

Pascal Ory

CALAFERTE Louis

Romancier, dramaturge, poète et essayiste. – Né le 14 juillet 1928 à Turin, Italie ; mort le 2 mai 1994 à Dijon, France.

Né en Italie un jour de fête nationale française, Louis Calaferte a passé la plus grande partie de son enfance à Lyon, où ses parents se sont installés peu après sa naissance. Issu d'un milieu modeste, il lui faut travailler en usine dès l'âge de treize ans. En janvier 1947, il se rend à Paris avec l'espoir de devenir acteur et est engagé au Théâtre de l'Odéon comme figurant. Il commence à écrire de nombreux textes et, à peine âgé de vingt ans, fait jouer avec succès sa première pièce au théâtre d'Angers. Il reniera plus tard ses premiers écrits, hormis *Clotilde du Nord*, rédigé en 1950 et monté cinq ans plus tard par Michel Piccoli. Soutenu et encouragé par Joseph Kessel, il fait publier son premier roman, *Requiem des Innocents*, en 1952. L'engouement du public révèle le nom de Louis Calaferte et tire ce dernier de ses difficultés matérielles. À peine reconnu comme l'une des têtes de file de la jeune génération des écrivains d'après-guerre, l'écrivain choisit de revenir vivre dans la région lyonnaise. C'est là qu'il entame, en 1956, l'écriture d'un récit autobiographique, *Septentrion*, qui sera censuré pour pornographie à sa sortie en 1963 et qui restera interdit à la vente pendant deux décennies. Des années 1960 aux années 1980, Calaferte se consacre au théâtre, ses « pièces baroques » succédant aux « pièces intimistes », tout en écrivant des poèmes et des essais. À partir de 1980, il fait paraître le premier de ses seize volumes de carnets, retraçant près de quarante années de son existence. Lauréat du Grand Prix national des lettres en 1992, Louis Calaferte publie la même année l'un de ses textes les plus célèbres, en même temps que les plus controversés, *La Mécanique des femmes*, qui lui vaut d'être qualifié de misogyne et de pornographe par une partie de la critique.

Pierre-Frédéric Charpentier

CAMPION Léo

Humoriste et anarchiste. – Né le 2 mars 1905 et mort le 6 mars 1992 à Paris, France.

Grandi en France, mais de nationalité belge, il rejoint la Belgique en 1922 où il défraye la chronique par son activisme antimilitariste. Après la guerre, il retournera en France. Militant fidèle à ses convictions anarchistes, il réussit à les concilier à un engagement maçonnique dont il fera plus tard la théorie (*Le Drapeau noir, l'équerre et le compas*, 1978), mais, surtout, à un esprit critique qui se situe entre la satire et le « loufoque » à la Pierre Dac – dont il fut souvent le complice (*Signé Furax*). Fondateur du principal hebdomadaire satirique belge de l'après-guerre (*Pan*, 1944), Léo Campion fut avant tout une voix et une figure connues des auditeurs de radio et des téléspectateurs, un « second rôle » apprécié des films comiques français de l'époque – et un régent du collège de 'Pataphysique.

Pascal Ory

CAMPOLONGHI Luigi

Homme politique. – Né le 14 août 1876 à Pontremoli, Italie ; mort le 21 décembre 1944 à Settimo Vittone, Italie.

Jeune militant et journaliste socialiste d'origine bourgeoise, Luigi Campolonghi fuit l'Italie pour échapper à la répression lancée en 1898 contre les publications et les activistes socialistes. À Marseille, il se lie aux socialistes et aux radicaux français, devient correspondant d'importants journaux transalpins, s'engage dans l'organisation syndicale des immigrés, sur la base de la francophilie et d'une identité nationale italienne à construire. Expulsé après trois ans, il prend de l'importance dans le journalisme italien, puis revient comme correspondant du *Messagero* en France, s'y installe de façon permanente, collabore au *Petit Parisien*. En 1914, il milite pour l'entrée en guerre de son pays, puis représente à Paris son beau-frère, Leonida Bissolati, devenu ministre, et multiplie les contacts dans le monde politique français. Opposant de Mussolini dès 1922, il crée une section italienne de la Ligue des droits de l'homme, structure d'assistance indispensable aux partis en exil et lieu de discussion pour les réfugiés politiques hors de ces partis, et tente d'alerter les Français sur le danger fasciste, avec des hauts et des bas dus à l'évolution des rapports entre Paris et Rome. En 1939, il contribue à créer un Comité national italien, quasi-gouvernement en exil qui veut organiser les volontaires italiens aux côtés de la France, mais est freiné par les prudences gouvernementales. Il est frappé d'hémiplégie en 1940. Rentré en Italie à la chute de Mussolini, il y est surpris par l'occupation allemande et meurt dans le Val d'Aoste avant la fin de celle-ci.

Éric Vial

CANADIENS, QUÉBECOIS

Quand, en 1763, la France a abandonné la Nouvelle-France, elle a laissé derrière elle 70 000 personnes, dont seules les élites et une partie de l'armée sont revenues en Europe.

Pendant les deux siècles et demi qui ont suivi, une fraction de ces Canadiens a aspiré à la France, certains y sont revenus à l'occasion de séjour d'études ou de voyages d'agrément avec retour aux sources. Jusqu'aux années 1960, le mouvement était univoque : les hommes politiques, les journalistes et des étudiants venaient se nourrir de culture française, littéraire comme gastronomique ; à l'instar d'Hector FABRE (1834-1910), premier délégué du Canada en France en 1882. Leurs contacts se trouvaient surtout parmi les courants catholiques conservateurs : ces visiteurs représentaient, pour cette minorité de Français, la nostalgie de l'Ancien Régime, d'un temps antérieur à la Révolution.

Les deux guerres mondiales ont fait venir, au sein des troupes britanniques, des soldats canadiens, dont certains parlaient français, ce qui a causé des rencontres étonnantes en Normandie. Des cimetières de morts canadiens sont répartis dans la campagne française, de Vimy (Pas-de-Calais) aux plages de la Manche, créant ainsi une autre forme de présence canadienne.

Dès lors, ces Canadiens ne sont plus des témoins du passé mais des représentants de la modernité nord-américaine. C'est particulièrement vrai après 1944, quand la confédération canadienne peut servir de modèle institutionnel efficace lors de la genèse de l'Europe. Des fonctionnaires et militaires canadiens sont postés à Paris dans les bureaux de l'Organisation européenne de coopération économique et dans ceux du commandement intégré de l'OTAN : de multiples contacts se nouent avec leurs partenaires français.

À partir des années 1950, les étudiants canadiens – la plupart sont québécois – viennent se former à Paris, à un moment où leurs propres établissements restent de faible envergure. Ils sont alors environ 4 000 chaque année, surtout en sociologie et en lettres, qui, au retour au pays, perpétuent la tradition française ; quelques-uns restent en France pour des raisons diverses, privées ou professionnelles. Dans le même temps, et, dans une certaine mesure jusqu'au début du XXIe siècle, les romanciers et les chanteurs de langue française trouvent dans le vieux pays un marché plus vaste que le leur et souvent favorable : de Félix LECLERC (1914-1988) à GAROU (né en 1972), de Gabrielle ROY (1909-1983) à Nancy HUSTON (qui, de langue anglaise, écrit désormais en français). Un courant d'échanges régulier s'est mis en place de lui-même, mais il a été accéléré par les suites du « Vive le Québec libre ! » du général de Gaulle (24 juillet 1967) : les organismes de la coopération ont multiplié les échanges de fonctionnaires ou d'enseignants ; dès 1961, la délégation générale que le Québec avait à Paris a été dotée d'un statut de quasi-ambassade. Les Canadiens qui bénéficient de ces relations sont uniquement des Québécois, car les Canadiens anglais ne viennent que marginalement en France : ils préfèrent Londres ou New York.

Toutefois, à partir des années 1980, les échanges à divers niveaux se poursuivent mais avec moins d'intensité, et les Québécois sont moins nombreux à venir étudier en France. Alors que leurs universités se sont modernisées et que l'Accord de libre-échange nord-américain les oriente plus vers les États-Unis, ils jugent que les établissements français restent médiocres, avec un encadrement peu disponible et des conditions matérielles souvent très insuffisantes. Ils ne sont plus qu'environ 400 à venir en moyenne chaque année, alors que plus de 3 000 étudiants français partent étudier à Montréal ou Québec. En 2010, beaucoup de Québécois sont moins convaincus de la primauté de la culture française que ne l'étaient leurs parents et sont moins poussés à franchir l'Atlantique.

En revanche, les adeptes canadiens de la généalogie restent nombreux à écumer les archives départementales à la recherche de leurs ancêtres. Le lien historique demeure d'ailleurs primordial et les célébrations des grandes dates communes – 450ᵉ anniversaire du premier voyage de Jacques Cartier en 1984, 400ᵉ de la fondation de Québec en 2008 – donnent lieu à la venue en France d'officiels canadiens, pas seulement québécois, et de nombreux touristes.

Jacques Portes

Bibl. : PORTES Jacques, *Le Québec et le Canada au XXᵉ siècle*, Paris, Armand Colin, 1994 • SIMARD Sylvain, *Mythe et reflet de la France*, Ottawa, Presses de l'université d'Ottawa, 1987.

CANDILIS Takis

Producteur de télévision. – Né le 27 octobre 1954 à Paris, France.

Fils de l'architecte grec Georges Candilis, Takis Candilis est un passionné de cinéma, qui se lance très tôt dans l'écriture de scénarios et dans la réalisation. Il est successivement assistant-décorateur, assistant-réalisateur, réalisateur de courts métrages. En 1982, il tourne son premier long métrage, *Transit*. À partir de 1984, il passe du côté de la production et fonde, en 1988, sa propre société, Tara Productions, qui se spécialise dans les émissions culturelles pour la télévision. En 1990, il rejoint Caméras Continentales, la plus importante société de production de programmes culturels, puis Ellipse (groupe Canal Plus), en 1994, et Hamster Productions en 1995. En 1999, Étienne Mougeotte le nomme directeur de la fiction de TF1. En 2002, il est directeur général adjoint de TF1, toujours en charge de la fiction, mais aussi de la filiale TF1 Production. En mars 2008, après l'éviction de Patrick Le Lay et d'Étienne Mougeotte, il rejoint le Groupe Lagardère, comme directeur général puis président directeur général de Lagardère Entertainment, société qui regroupe les activités de production et de distribution audiovisuelle du groupe.

Patrick Eveno

CANDILIS-WOODS-JOSIC, agence d'architecture

Après ses études à l'École polytechnique nationale d'Athènes, Georges CANDILIS (né grec le 29 mars 1913 à Bakou, alors Empire russe, aujourd'hui Azerbaïdjian, mort le 10 mai 1995 à Paris, France) gagne Paris en 1945 ; attiré par Le Corbusier, il intègre l'équipe du chantier de l'unité d'habitation à Marseille, où il rencontre l'Américain Shadrach WOODS (né en 1923 et mort en 1973 à New York, États-Unis). On les retrouve en 1951 au Maroc, à l'ATBAT (Atelier des bâtisseurs), le dispositif organisé par l'ingénieur Vladimir Bodiansky ; à Casablanca, Candilis et Woods construisent des immeubles d'habitation (1951-1952) dans le Quartier des Carrières centrales, réalisation présentée au neuvième CIAM (Congrès international d'architecture moderne) à Aix-en-Provence en 1953 ; Candilis participera ensuite au Team 10 (groupe d'architectes formé pour repenser l'architecture et l'urbanisme, dans les années 1960-1970). Rejoints en 1954 par Alexis JOSIC (né en 1921 à Becej, alors Yougoslavie, aujourd'hui Serbie, mort le 10 mars 2011), l'agence – dans un processus unique d'intégration de professionnels étrangers – débute en France une démarche brillante, inscrite dans la production de masse de logements, stimulée par de grands opérateurs, comme la Caisse des dépôts, qui crée la SCIC (Société coopérative d'intérêt collectif) en 1954. Après l'« Opération Million » pour la construction de grands ensembles d'habitation, l'agence Candilis-Josic-Woods réalise à Bobigny (Seine-Saint-Denis) la Cité Emmaüs (sept cent trente-cinq logements, 1956-1962) et, pour le compte du Commissariat à l'énergie atomique, l'extension de Bagnols-sur-Cèze (Gard, 1956-1961), une opération très remarquée par la critique. Le système constructif (murs porteurs, dalles et remplissage) est dissimulé sous un enduit peint et permet la mise au point de barres et de tours (avec un plan en ailes de moulin), implantées sur une trame orthogonale. Un dessin rigoureux des percements et une polychromie – adaptée de celle du Néerlandais Rietveld – qui insiste sur l'unité des parois verticales produisent une grande élégance formelle, comme à La Viste, à Marseille (mille logements pour la SCIC, 1959-1962). Avant de se dissocier, en 1969, l'agence s'engage dans des opérations majeures à Toulouse (ZUP Le Mirail, 1961-1966, et université du Mirail, 1967-1975) et à Berlin (Université libre, 1969). À l'écart de l'esthétique structurelle (Perret, Le Corbusier), Candilis-Josic-Woods a affirmé une alternative séduisante, proche de la modernité nordique, adaptée à l'économie tendue du logement social.

Gérard Monnier

CANETTI Georges (Georg)

Médecin et biologiste. – Né le 23 janvier 1911 à Roustchouk, Bulgarie ; mort le 27 août 1971 à Vence, France.

L'histoire familiale de Georges Canetti, celle d'une brillante famille juive séfarade, est déterminante dans la construction de son identité française et européenne. De Bulgarie, la famille part s'établir en Angleterre de 1911 à 1913, puis en Autriche (Vienne) jusqu'en 1921, en Suisse (Zurich), puis en Allemagne (Francfort-sur-le-Main) de 1921 à 1923, de nouveau à Vienne de 1924 à 1926, enfin à Paris, où Canetti passe son baccalauréat en 1928. Les bulletins scolaires du Wöhler-Realgymnasium de Francfort, du Bundes-Realgymnasium de Vienne ou encore ceux des lycées parisiens Janson-de-Sailly et Carnot attestent des aptitudes scolaires de Canetti. En 1929, il retourne à Vienne pour y suivre des études de médecine, qu'il poursuit de 1931 à 1936 à Paris, où il soutient sa thèse en 1939. Cette diversité culturelle permet à Georges Canetti de s'exprimer dans plusieurs langues, notamment en espagnol et en allemand, langues familiales, ainsi qu'en français. Il entretient avec ses frères une abondante correspondance, témoignage précieux de leurs relations affectives et intellectuelles. Georges Canetti obtient la nationalité française en 1933, son frère Nissim Jacques, producteur musical à Paris, l'obtient en 1938. Son autre frère, Elias, d'expression allemande, Prix Nobel de littérature en 1981 – à titre d'auteur autrichien –, reste apatride jusqu'en 1952, où il adopte la nationalité britannique. Notons que ce statut présentait au moins un avantage : les apatrides n'étaient pas concernés, même après 1938, par les lois de Nuremberg, contrairement aux juifs autrichiens, et ne pouvaient donc être expulsés d'Autriche, où Elias vivait. Les archives, pourtant riches, révèlent peu de choses sur la nationalité d'origine de Georges. Il est fort probable que Georges fut d'abord turc comme le fut son père en raison de l'ancien rattachement de la Bulgarie à l'Empire ottoman et comme le laisse supposer un visa du vice-consulat de la République turque de 1928 (archives de l'Institut Pasteur, fonds Canetti).

La carrière scientifique de Georges Canetti ne peut être dissociée de son histoire personnelle. Victime, en 1934, d'une tuberculose pulmonaire et admis au Sanatorium des étudiants de France, à Saint-Hilaire-du-Touvet, il décide de consacrer ses travaux à cette maladie. Sa thèse de doctorat en médecine porte sur *Les Réinfections tuberculeuses latentes du poumon*. Son approche de la maladie est complète, il est à la fois bactériologiste, histologiste et historien de la tuberculose. Mettant à profit ses séjours en hôpital, où il subit douze interventions entre 1943 et 1952, il est l'auteur de nombreuses publications et d'ouvrages majeurs, dont *Le Bacille de Koch dans la lésion tuberculeuse du poumon* (1946) et surtout *Primo Infection et réinfection dans la tuberculose pulmonaire* (1954). En 1938, il entre à l'Institut Pasteur, puis est nommé chef de laboratoire en 1954, chef du service d'épidémiologie et de prophylaxie expérimentale de la tuberculose, professeur et enfin vice-président du conseil d'administration.

On retiendra de la vie de Georges Canetti, de cette mosaïque culturelle et intellectuelle, de ses travaux, de son engagement envers la France (bien que réformé, il obtient en 1939 sa mobilisation comme médecin auxiliaire au Val-de-Grâce), un parcours cohérent, aller-retour permanent et enrichissant entre sujet et objet.

Annick Opinel

CANETTI Jacques (Nissim)

Directeur artistique, producteur de spectacle. – Né le 30 mai 1909 à Roustchouk, aujourd'hui Roussé, Bulgarie ; mort le 7 juin 1997 à Suresnes, France.

S'il existait un prix Nobel pour les découvreurs de talents, Jacques Canetti l'aurait certainement obtenu, à l'image de son frère aîné Elias, à qui l'on décerna celui de littérature… Peut-être devait-il cette intuition légendaire et cette ouverture d'esprit à une jeunesse très cosmopolite. Lorsqu'il arrive à Paris avec sa mère en 1927, ce juif séfarade de bonne famille né sur le Danube, aux confins de la Bulgarie et de la Roumanie, a déjà vécu à Manchester, Lausanne, Vienne ou Francfort, et il parle quatre langues. Passionné de musique, il étudie à HEC puis est embauché par la firme Polydor, où il s'impose par son dynamisme et son éclectisme : il enregistre Maurice Ravel et Marlene Dietrich (en français), fait traverser l'Atlantique à des inconnus nommés Louis Armstrong ou Duke Ellington pour des tournées de « jazz hot », et produit le premier 78-tours d'une certaine Môme Piaf en 1935. La même année, il devient directeur artistique de la station Radio-Cité, que fonde Marcel Bleustein-Blanchet. Il y révolutionne les émissions de chanson, comme son « Music-Hall des jeunes » qui lance Charles Trenet en solo (1937). Bien que naturalisé français en 1938, il est contraint par les lois antijuives de Vichy de trouver refuge à Alger – où il crée un théâtre de chansonniers.

De la Libération à la fin des années 1960, Jacques Canetti va jouer un rôle clef dans l'anoblissement de la chanson et l'émergence des auteurs-compositeurs-interprètes. Il révèle une pléiade d'artistes de tout premier plan aux Trois Baudets, un petit cabaret qu'il ouvre en 1947 au pied de Montmartre. Georges Brassens, Jacques Brel, Mouloudji, Francis Lemarque, Serge Gainsbourg, Guy Béart, Boris Vian, Henri Salvador, Catherine Sauvage, Boby Lapointe, Anne Sylvestre ou Juliette Gréco ne constituent qu'un échantillon de ceux qui lui doivent leurs débuts sur scène, et souvent au disque puisqu'il continue d'assurer la direction artistique de Polydor puis de Philips. Exigeant mais sachant qu'une œuvre s'accouche dans la confiance et la patience, il n'hésite pas à convaincre lui-même les artistes auxquels il croit, comme le Québécois Félix Leclerc en 1950. Tout aussi impressionnant est son palmarès de découvreur d'humoristes : Pierre Dac, Francis Blanche, Robert Lamoureux, Raymond Devos, Fernand Raynaud, Jean Yanne… Opposé aux nouvelles méthodes de marketing, il quitte Philips en 1962 pour fonder sous son nom un label indépendant, qui produira des fleurons comme les premiers albums de Serge Reggiani, Jeanne Moreau, Jacques Higelin et Brigitte Fontaine. Si son sens de la découverte s'émoussa un peu par la suite, il n'en reste pas moins l'un des plus grands serviteurs de la chanson française.

Yves Borowice

CANOVA Antonio

Sculpteur. – Né le 1er novembre 1757 à Possagno, alors République de Venise, aujourd'hui Italie ; mort le 13 octobre 1822 à Venise, alors Royaume lombard-vénitien, aujourd'hui Italie.

Issu d'une famille de tailleurs de pierre de la région de Trévise, Canova apprend la sculpture avec Giuseppe Bernardi à Venise, avant d'entrer à l'Académie de Rome en 1779. Signes d'un succès rapide et international, les commandes viennent de toute l'Europe dans les années 1790-1800 solliciter le plus illustre représentant du néo-classicisme en sculpture. Les académiciens français le nomment membre associé de l'Institut en 1802 et le proclament citoyen d'honneur de la république. Également désireux de l'attirer en France, Bonaparte lui commande un portrait sculpté, le *Mars pacificateur* (1803-1808), et lui propose la place de directeur général des Musées, que Canova refuse, comme David avant lui. Lors de ses trois séjours à Paris entre 1802 et 1815, il sculpte plusieurs portraits de l'entourage féminin de l'Empereur, dont la mère de Napoléon (*Madame Letizia*, 1804) et l'impératrice Marie-Louise (*Concordia*, 1810). La célèbre *Pauline Borghèse en Vénus victorieuse* (1804) illustre un art mêlant froideur et volupté, dont les deux singularités sont l'extrême polissage et la légère polychromie des marbres. Mais la statue colossale de Napoléon, qu'il réalise en 1810, déplaît à l'Empereur, qui interdit son exposition. Après Waterloo, Canova est chargé d'obtenir la restitution des œuvres d'art livrées par les États pontificaux à la France en application du traité de Tolentino. Sa mission d'« emballeur », selon le mot de Talleyrand, est couronnée de succès. Son ami, le théoricien du néo-classicisme Quatremère de Quincy, lui consacre un éloge posthume en 1834. Son influence sur la création française des années 1820-1850 est visible dans l'œuvre des sculpteurs Antoine-Denis Chaudet et Jean-Jacques Pradier et celle des peintres Anne-Louis Girodet et François Gérard.

Julie Verlaine

CANUDO Ricciotto

Écrivain et critique. – Né le 2 janvier 1879 à Gioia del Colle, Italie ; mort le 10 novembre 1923 à Paris, France.

C'est à lui que l'on doit, dès 1908, le terme de « septième art » pour qualifier le cinéma. Installé à Paris en 1910, féru d'avant-garde littéraire et artistique, il publie un premier essai sur le cinéma en 1911, fonde une revue (*Montjoie !*), signe en 1914 avec Blaise Cendrars un « appel aux étrangers vivant en France », les invitant à s'engager après la déclaration de la guerre. Il rejoint lui-même la Légion étrangère. En 1920, il publie un texte intitulé « Défendons le cinématographe ! », lutte pour faire entrer en 1921 le cinéma au Salon d'automne, publie en 1923 un *Manifeste du septième art*, lutte contre la censure, fonde le premier « ciné-club », s'illustre par de mémorables passes d'armes avec Louis Delluc.

Jean-Luc Douin

CAPA Robert (Endre Ernö Friedmann)

Photographe. – Né le 22 octobre 1913 à Budapest, alors Autriche-Hongrie, aujourd'hui Hongrie ; mort le 25 mai 1954 à Thai Binh, Vietnam.

Robert Capa est devenu un mythe du photojournalisme, autour de trois lieux symboliques : Espagne, Magnum, Indochine ; les circonstances de sa mort en faisant un martyr de cette profession, avant son ami David Seymour. Mais sa biographie est plus complexe. Endre Ernö Friedmann, juif hongrois, associe très tôt le journalisme photographique et l'engagement antifasciste. Installé à Paris comme tant d'autres artistes hongrois dans l'entre-deux-guerres, il y devient André Friedmann et bientôt Robert Capa, nom sonore, laissant entendre une identité américaine – et aussi un clin d'œil à Frank Capra, cinéaste américain d'origine sicilienne et de convictions démocrates. En 1936, il part avec sa compagne Gerda Taro témoigner de la guerre civile espagnole, du côté républicain. Sa fameuse *Mort d'un républi-*

cain espagnol, parue le 23 septembre 1936 dans les pages du magazine français *Vu*, a suscité une abondante polémique sur son authenticité ; son caractère d'icône, tout à la fois politique et photographique, ne fait, quoi qu'il en soit, aucun doute. Dès 1938, c'est pour la presse américaine – le nouveau magazine *Life*, inspiré de *Vu* – qu'il est envoyé sur le front sino-japonais – là aussi du côté de l'agressé. Désormais, plusieurs des photos de Capa vont incarner des moments essentiels de la Seconde Guerre mondiale : le débarquement en Sicile, le débarquement en Normandie ou *La Tondue de Chartres*. On le retrouve ensuite à la naissance de l'État d'Israël comme à la fin de la guerre d'Indochine, où il trouve une mort qui n'est pas « posée ». Doté d'une énergie considérable, séducteur, capable d'affabulation (il intitule son autobiographie *Slightly out of Focus*, 1947 ; trad. franç. *Juste un peu flou*, Delpire, 2003), Capa laisse une œuvre d'une force étonnante. En 1947, il est, aux côtés de David Seymour et de Marie Eisner, la personnalité dominante des fondateurs de l'agence Magnum, première grande coopérative de photographes. En 2008, la découverte au Mexique de trois mille cinq cents négatifs de la guerre d'Espagne, principalement de Capa, Seymour et Taro, a confirmé que tout ce qui touche à Capa conserve un caractère éminemment romanesque.

Pascal Ory

CAPOCCI Oreste

Syndicaliste. – Né en 1888 à Paris, France ; mort en 1950.

Issu d'une famille d'origine italienne, Oreste Capocci fut d'abord ouvrier tailleur puis représentant de commerce. Il commença à militer aux Jeunesses socialistes et, jusqu'à la Grande Guerre, se consacra presque uniquement à l'action antimilitariste. En 1912, il adhéra au Parti socialiste SFIO, où il poursuivit cette action, en particulier grâce à ses talents d'orateur. Mobilisé d'août 1914 à septembre 1919, Oreste Capocci s'investit alors au sein de la CGT où il se rangea très vite, ensuite, parmi les dirigeants de la tendance réformiste. En 1921, il devint le secrétaire de la Chambre syndicale des employés de la région parisienne. Dès lors, sa vie se confondit avec le syndicalisme. Après la scission de la CGTU, survenue fin 1921, il participa à la reconstruction de l'Union des syndicats ouvriers confédérés CGT de la Seine. En 1923, il entra à la Commission exécutive de la CGT et, en 1929, devint le secrétaire général de la Fédération nationale des syndicats d'employés, tout en exerçant dans la Confédération de multiples responsabilités. Il fut également candidat pour le Parti socialiste SFIO aux élections municipales de 1929 dans le quartier parisien de la Madeleine. Lors de la réunification de la CGT en 1936, Capocci fut un des principaux animateurs de la tendance ex-confédérée, défendant l'incompatibilité entre mandats politiques et syndicaux et prônant également le ralliement de la CGT réunifiée à la Fédération syndicale internationale (FSI). Il resta le responsable de sa fédération jusqu'à la Seconde Guerre mondiale, durant laquelle il se déclara hostile à Vichy et à la Charte du travail, participant à la Résistance, dont il sera médaillé. À nouveau secrétaire de la Fédération CGT des employés à la Libération, il fut, au sein de la Confédération, un des animateurs de la tendance Force ouvrière, qui devait créer le syndicat du même nom fin 1947. Au sein de FO, il continua d'être secrétaire permanent de la Fédération des employés et cadres.

Michel Dreyfus

CARDIN Pierre (Pietro)

Couturier et mécène. – Né le 2 juillet 1922 à San Biagio di Callalta, Italie.

Ses parents, Vénitiens ruinés par la guerre, émigrent en France quand le petit Pietro n'a que deux ans. Il grandit en province et suit le cursus classique de tailleur, montant à Paris à la fin de la guerre. Les grandes maisons le remarquent et il participe au lancement de celle ouverte, en 1946, par Christian Dior. Entre-temps, il s'est fait connaître du monde de la scène en collaborant avec Christian Bérard, entre autres aux masques et costumes du film de Jean Cocteau *La Belle et la Bête*. Cette double présence sur le terrain de la couture et des arts du spectacle signe la marque de Pierre Cardin, qui ouvre boutique en 1950, en rachetant une maison spécialisée dans les costumes de scène – activité qu'il poursuivra, contribuant, par exemple, de manière décisive à l'identité vestimentaire des Beatles comme du héros masculin de la série télévisée anglaise *Chapeau melon et bottes de cuir*. S'il présente sa première collection en 1953 et donnera à son époque un style fait de simplicité formelle et d'audace bien tempérée (robe chasuble, col Mao,...), qui plaît aux élites comme au grand public, il fait scandale dans son milieu non par ses créations mais par ses options commerciales. Dès 1957, en effet, il ouvre une ligne de prêt-à-porter, contrevenant aux règles de la Chambre syndicale de la couture, qui l'exclut de ses rangs. L'avenir lui donnera raison, et plusieurs de ses pairs suivront sa voie. Soucieux de diffuser sa création au-delà d'un cercle restreint, Cardin recourt systématiquement à la licence, ce qui assure à sa griffe une diffusion mondiale, et, pour finir, dans des domaines très étrangers à la couture. Devenu un homme d'affaires à larges revenus, Pierre Cardin peut consacrer une partie de sa fortune au mécénat. L'« Espace Cardin », sur les Champs-Élysées, à partir de 1970, ou le festival du château de Lacoste en témoignent. L'importance de ce rôle explique sans doute qu'il ait été le premier couturier élu, en 1992, à l'Académie des beaux-arts.

Pascal Ory

CARLSON Carolyn

Danseuse et chorégraphe. – Née le 7 mars 1943 à Oakland, États-Unis.

Née d'une famille originaire de Finlande, elle étudie la danse classique au San Francisco Ballet et à l'université de l'Utah, où elle rencontre Alwin Nikolais. Elle danse dans sa compagnie, l'Alwin Nikolais Dance Theatre, à New York, de 1965 à 1972. Lorsque celle-ci participe, en 1968, au Festival international de danse de Paris (FIDP), avec la pièce *Imago* de Nikolais, Carolyn Carlson obtient le prix de la meilleure interprète. Elle revient en France en 1971 pour travailler, en tant que chorégraphe, avec la compagnie d'Anne Béranger. Elle y crée *Rituel pour un rêve mort*, dont la charge poétique bouleverse la cour d'honneur du palais des Papes, lors du Festival d'Avignon de 1972. En 1973, elle est invitée par Rolf Liebermann, alors directeur de l'Opéra de Hambourg, à participer à une soirée en hommage au compositeur Edgard Varèse, à l'Opéra de Paris. Elle y crée le solo *Densité 21,5*. Nommé à la direction de l'Opéra de Paris, Liebermann fonde pour elle le GRTOP (Groupe de recherches théâtrales de l'Opéra de Paris), en 1975. Jusqu'en 1980, elle monte, dans la rotonde du palais Garnier, des œuvres en rupture avec la tradition de ce temple du ballet, contribuant à faire connaître et à développer, en France, la danse contemporaine et le travail d'improvisation. À la fin du mandat de Liebermann à la tête de l'Opéra de Paris, elle part travailler à La Fenice de Venise (1980-1985), où elle fonde le Teatro Danza, avec son compagnon, le compositeur René Aubry. C'est là qu'elle crée, en 1983, son solo mythique, *Blue Lady*, qui décrit les âges et humeurs de la vie féminine. De retour à Paris en 1985, elle s'installe ensuite à Helsinki (1991-1992), puis à Stockholm où elle dirige le Cullberg Baletten (1993-1995). À son retour en France, en 1995, elle crée différentes pièces pour le Nouveau Théâtre d'Angers et s'installe, en 1999, avec sa compagnie à l'Atelier de Paris, un studio situé à La Cartoucherie de Vincennes. La même année, elle est nommée directrice du secteur danse de la Biennale de Venise, fonction qu'elle assume jusqu'en 2002. En 2004, on lui confie la direction artistique du Ballet du Nord, rebaptisé CCN de Roubaix Nord-Pas-de-Calais, et, en juin 2011, elle est prend également les rênes du Théâtre du Chaudron, à La Cartoucherie de Vincennes. Auteur de plus d'une centaine de chorégraphies, Carolyn Carlson a publié des recueils de poèmes et de dessins.

Sophie Jacotot

CARROUY Édouard

Militant illégaliste. – Né le 28 janvier 1883 à Montignies-Lez-Lens, Belgique ; mort le 27 février 1913 à Paris, France.

Employé à douze ans dans une raffinerie de sucre, Édouard Carrouy devient ensuite tourneur sur métaux à Bruxelles. Anarchiste à partir de 1906, administrateur du journal *Le Révolté*, il fréquente le Groupe révolutionnaire belge et la communauté d'Émile Chapeliers à Boitsfort, et se lie avec celui qui sera un de ses coaccusés, le futur Victor Serge. En 1908, il fait la connaissance de Jules Bonnot à Genève, avant de s'installer à Paris en décembre 1909, dans la communauté de Romainville, où il retrouve ses camarades belges, Raymond Callemin, surnommé Raymond la science, et Octave Garnier, qui éditent *L'Anarchie*. En compagnie de Jeanne Belardie, il s'initie à l'illégalisme crapuleux, s'essayant à la fabrication de fausse monnaie et aux cambriolages. Dénoncé par un comparse occasionnel, il est contraint de quitter Paris. En 1911, retrouvant Bonnot, celui que ses compagnons surnomment « le rouquin » se lance véritablement dans le banditisme à grande échelle. Alors commence l'équipée qui, pendant un an, va défrayer la chronique. Vols de voitures, cambriolages, homicides : l'attentat de la rue Ordener, en décembre, au cours duquel un garçon de recette est blessé en plein jour par un bandit qui s'enfuit en automobile ; le crime de Thiais, où un rentier de quatre-vingt onze ans et sa bonne sont assassinés dans la nuit du 2 au 3 janvier 1912. Carrouy est arrêté à la gare de Lozère le 4 avril, porteur de deux brownings. Interrogé, il nie toute participation à l'attentat de la rue Ordener et au crime de Thiais, mais ses empreintes digitales le confondent. De leur côté, Bonnot et Garnier ont été tués au cours de leur arrestation. Après une instruction de neuf mois, Carrouy est renvoyé devant la chambre des mises en accusation avec vingt-et-un co-inculpés, pour divers vols et, surtout, le double assassinat de Thiais. L'affluence au palais est énorme. Bénéficiant de circonstances atténuantes inattendues, Carouy est condamné le 27 février 1913 par la cour d'assises de la Seine aux travaux forcés à perpétuité. « Courageux verdict » que salue *Le Temps*. Dans sa cellule, il s'empoisonne quelques heures après le verdict en absorbant une pastille de cyanure qui était dissimulée dans le talon de sa chaussure. « J'ai eu peu de joie, peu de bonheur ; je vous l'avoue du fond de ma conscience, j'ai peut-être commis des erreurs. Tous mes rêves de bonheur se sont effondrés au moment où je croyais qu'ils allaient devenir réalité. C'est pourquoi, n'ayant pas connu les joies de la vie, je quitterai le royaume des atomes sans regrets. »

Anne-Claude Ambroise-Rendu

CARZOU Jean (Karnik Zouloumian)

Peintre. – Né le 1er janvier 1907 à Alep, alors Empire ottoman, aujourd'hui Syrie ; mort le 12 août 2000 à Périgueux, France.

Né dans l'actuelle Syrie, Karnik Zouloumian a grandi en Égypte. Il arrive en France en 1924 avec le projet de devenir architecte, mais c'est la peinture qui l'absorbe. Fidèle au Salon des indépendants dès 1929, il se révélera aussi fidèle au choix du figuratif, à contre-courant de toute une modernité dont il sera – par exemple dans son discours de réception à l'Académie des beaux-arts, en 1977 – un critique sans ménagement. Un large public apprécie son art méticuleux et volontiers crépusculaire, abondamment diffusé. La scénographie des grandes institutions culturelles françaises des années 1950 (Comédie-Française, Opéra de Paris) aura eu son moment Carzou (*Les Indes galantes*, 1952).

Pascal Ory

CASALS Pablo (Pau Caslas y Defillo)

Musicien interprète, chef d'orchestre et compositeur. – Né le 29 décembre 1876 à El Vendrell, Espagne ; mort le 22 octobre 1973 à San Juan, États-Unis.

Pablo Casals aurait pu n'être que l'un des principaux interprètes de l'histoire du violoncelle, fondateur, en 1904, avec le pianiste Alfred Cortot et le violoniste Jacques Thibaud, d'un trio resté fameux. Mais sa solidarité avec la République espagnole, écrasée par Franco en 1939, va transformer le virtuose en une figure exemplaire de musicien engagé dans la lutte antifasciste. Le Catalan Casals s'installe alors en Catalogne française, dans la petite ville de Prades. Comme il se refuse désormais à poursuivre une carrière de concertiste tant que la dictature ne sera pas tombée, c'est à Prades que va se créer, autour de lui, à partir de 1950, le festival international de musique qui porte aujourd'hui son nom, complété depuis sa mort par un concours de composition et une académie de musique de chambre.

Pascal Ory

CASANOVA Giacomo Girolamo

Écrivain et diplomate. – Né le 2 avril 1725 à Venise, alors République de Venise, aujourd'hui Italie ; mort le 4 juin 1798 à Dux, Bohême, Saint Empire romain germanique, aujourd'hui Duchcov, République tchèque.

La vie de Casanova aura été immortalisée par la parution de ses Mémoires,

Histoire de ma vie jusqu'à l'an 1797, qui ont contribué par là même à sa légende. Le texte a été rédigé entre 1789 et 1798 par l'aventurier-diplomate, qui a tenu à ce qu'il le soit en français. Ce témoignage unique sur l'Europe des Lumières contient des descriptions de la France du règne de Louis XV, où Casanova a côtoyé Voltaire, Rousseau, Crébillon ou Fontenelle, ainsi que ses impressions critiques sur la Révolution française. Le texte ayant connu de nombreuses variantes, il faudra attendre les années 1960-1962 pour que l'édition franco-allemande Brockhaus-Plon en propose une version intégrale, sous le titre *Histoire de ma vie*, parue dans la collection « Bouquins ». Le manuscrit original a été acquis par la Bibliothèque nationale de France en 2010. Il a donné lieu à une nouvelle édition de l'ensemble dans la même collection « Bouquins » en 2013.

Pierre-Frédéric Charpentier

CASARÈS Maria (María Victoria Casares Pérez)

Actrice. – Née le 21 novembre 1922 à La Corogne, Espagne ; morte le 22 novembre 1996 à Alloue, France.

Fille d'un homme politique républicain espagnol, Maria Casarès quitte l'Espagne avec ses parents en 1936. Elle fait ses études au lycée Victor-Duruy à Paris. Elle rencontre l'acteur Alcover et sa femme Gabrielle Colonna-Romano, sociétaire de la Comédie-Française, qui la poussent à faire du théâtre. Elle échoue une première fois au Conservatoire en 1939, à cause de son accent, et sera finalement reçue en 1942. Elle entre dans la classe de Béatrix Dussane. En 1944, elle crée la première pièce d'Albert Camus, *Le Malentendu*, puis ce sera *L'État de siège* en 1948 et *Les Justes* en 1949. Elle passe deux années à la Comédie-Française (1952-1954) et signe ensuite un contrat avec Jean Vilar : elle jouera au TNP et à Avignon jusqu'en 1960. Elle enchaîne les succès et tourne dans le monde entier. En 1966, elle crée la Mère dans *Les Paravents* de Genet, mis en scène par Roger Blin, et retrouve ce même rôle dix-sept ans plus tard dans la mise en scène de Patrice Chéreau. Malgré de beaux rôles dans *Les Enfants du Paradis* de Marcel Carné, dans *Les Dames du bois de Boulogne* de Robert Bresson, dans *La Chartreuse de Parme* de Christian Jaque, dans *Orphée* et *Le Testament d'Orphée* de Jean Cocteau, Maria Casarès préférera toujours le théâtre. Devenue française par son mariage avec André Schlesser le 27 juin 1978, elle recevra, en 1990, le Grand Prix national du théâtre. Bernard Sobel lui donnera ses derniers grands rôles à Gennevilliers dans *Hécube* d'Euripide en 1988 (pour lequel elle obtient un Molière et le prix du Syndicat de la critique), dans *Lear* de Shakespeare (1993), où elle tient le rôle titre, et dans *Les Géants de la montagne* de Pirandello (1994), œuvre inachevée et testamentaire sur le théâtre. À sa mort, en 1996, la comédienne a légué son domaine de La Vergne à la commune d'Alloue, en Charente, pour « remercier la France d'avoir été une terre d'asile ». « Ceux qui m'ont faite, ce sont les Français, le pays qui m'a faite, c'est la France », déclarait-elle en 1980 à un journal espagnol.

Chantal Meyer-Plantureux

CASERIO Santo Geronimo

Militant anarchiste. – Né le 8 septembre 1874 à Motta, Italie ; mort le 16 août 1894 à Lyon, France.

Ses activités anarchistes conduisent Caserio à s'exiler en Suisse puis en France pour échapper à la police italienne. À Sète, où il s'établit, il devient boulanger. En poignardant le président de la République Sadi Carnot, le 24 juin 1894, il entre, à vingt ans, dans l'Histoire. Mais il y entre presque à titre posthume, tant l'instruction de son affaire est rapidement menée : condamné à mort par la cour d'assises du Rhône, il est exécuté moins de deux mois après son acte. Revendiquant fermement la légitimité de son geste au nom de la défense contre des gouvernements qui emploient fusils, chaînes et prisons, Caserio affirme vouloir détruire la bourgeoisie et les gouvernements. Au lendemain de son crime, Mme Carnot reçoit d'ailleurs une photographie de Ravachol légendée « Il est bien vengé ». Fidèle à ses convictions, Caserio refuse les secours de la religion et lance, en italien, à la foule, exceptionnellement recueillie, amassée autour des bois de justice : « Courage, les amis ! Vive l'anarchie ! » Le lieu d'exécution a été modifié afin d'éviter des attroupements dangereux pour l'ordre public. La foule applaudit à la chute du couteau, mais l'interpellation de Caserio a été entendue, suscitant quelques émules. La République lui doit le vote de la troisième et dernière des « lois scélérates », brimant la propagande anarchiste.

Le discours savant contemporain insiste peu sur la nationalité de Caserio. Alexandre Lacassagne, dans l'ouvrage qu'il consacre au crime et à l'autopsie de Sadi Carnot, n'emploie même jamais le mot « Italien ». Si le roi Humbert associe l'Italie entière au deuil de Mme Carnot et rappelle que Carnot a été frappé le jour anniversaire de Solférino, « jour sacré aux deux nations pour une gloire commune », ce qui domine l'évaluation savante de l'assassin c'est bien plutôt sa qualité d'anarchiste – ou de fou dangereux. En revanche, la presse et la foule s'émeuvent. Quand *Le Matin* exprime son soulagement que le chef de l'État n'ait pas été frappé par un Français, *Le Petit Journal* explique que « la nationalité de l'assassin et ses funestes affiliations révolutionnaires expliquent le fatal coup de poignard ». À Lyon, le consulat d'Italie est assiégé et, dans de nombreuses villes de France, des Italiens sont pourchassés et battus, des commerces pillés ou incendiés. À Grenoble, des ouvriers armés de pelles et de pioches vont déloger les ouvriers italiens travaillant sur des chantiers. Mais l'émotion retombe aussi vite. À Marseille, la municipalité et la préfecture prennent des mesures pour protéger les Italiens résidant dans la ville – qui, au lendemain du crime, s'abstiennent généralement d'aller travailler. Les représentants de la presse lyonnaise publient un communiqué qui, certes, excuse « les entraînements auxquels a donné lieu au premier moment le crime monstrueux commis [...] par un misérable étranger », mais condamne la continuation de violences, dont les mobiles n'ont plus rien de patriotique.

Anne-Claude Ambroise-Rendu

CASSATT Mary

Peintre. – Née le 22 mai 1844 à Allegheny, États-Unis ; morte le 14 juin 1926 au Mesnil-Théribus, France.

Après plusieurs séjours à Paris et en Europe, au cours desquels elle étudie avec les artistes français Jean-Léon Gérôme et Charles Bellay, Mary Cassatt s'installe en France en 1874 ; elle y réside jusqu'à sa mort en 1926. En 1876, elle se lie d'amitié avec Edgar Degas. Celui-ci la peint visitant le Louvre en compagnie de sa sœur Lydia, l'encourage à pratiquer l'estampe, où elle excelle, et l'invite à participer à une exposition de la Société anonyme coopérative, dont les artistes sont aujourd'hui connus sous le nom d'impressionnistes. Exposée à plusieurs reprises dans les galeries Durand-Ruel et Vollard, elle constitue sa propre collection d'œuvres, où Édouard Manet et Berthe Morisot figurent en bonne place. Elle conseille également des collectionneurs d'art américains (Henry O. Havemeyer, Samuel Avery, James Stillman) et les incite à acquérir des œuvres impressionnistes, notamment celles de Degas, qu'elle introduit aux États-Unis. Rejointe en France par sa famille, elle ne retourne à Philadelphie qu'à de rares occasions, malgré les nombreuses distinctions et expositions que lui offre son pays natal. En France, sa nationalité étrangère lui vaut d'être exclue de la Société des peintres-graveurs et de ses expositions collectives en 1891, tout comme Pissarro, danois d'origine. Progressivement cependant, les trois principaux freins à sa reconnaissance – être une femme, étrangère de surcroît, et préférer l'estampe à la peinture – deviennent les facteurs de son succès, aussi bien en France, où Joris-Karl Huysmans, commentant ses œuvres estivales (dont *Automne*, 1880, qu'elle donne au musée du Petit-Palais à Paris en 1923), la présente comme « une artiste qui ne doit plus rien à personne », qu'aux États-Unis, où elle est présentée *in absentia* comme une artiste américaine, engagée aux côtés des suffragettes. En 1894, elle fait l'acquisition du château de Beaufresne, près de Beauvais, qu'elle réhabilite et où elle mourra.

Julie Verlaine

CASTELLS Manuel

Sociologue. – Né le 9 février 1942 à Hellín, Albacete, Espagne.

Considéré par d'aucuns comme l'un des principaux sociologues de notre temps depuis la publication en trois volumes de *L'Ère de l'information* (1996-1998) – traduit en dix-huit langues et sans cesse réédité depuis –, Manuel Castells a été formé et a commencé sa carrière de chercheur en France. Ce jeune militant anarchiste, précoce et brillant étudiant en droit et en sciences économiques à Barcelone, doit fuir l'Espagne franquiste à l'âge de vingt ans, pour des raisons politiques. Il s'exile à Paris où, doté d'une bourse de réfugié politique, il passe une licence de droit, spécialité économie politique (1964). C'est mu par la volonté d'étudier la lutte ouvrière qu'il prend contact avec Alain Touraine, lequel l'oriente, contre son gré, vers un sujet de thèse de troisième cycle en sociologie urbaine, dans laquelle il commence à s'intéresser aux entreprises de hautes technologies. Avant même de soutenir sa thèse en 1967, il est nommé assistant dans le département de sociologie de la faculté de Nanterre. Parallèlement, il se forme aux méthodes américaines (analyses statistiques, enquêtes, codages de questionnaires) à l'École des hautes études et il se donne alors pour ambition de « rompre avec les Bourdieu ou Lefebvre [...] qui passaient leur temps à bavarder et à écrire comme des philosophes » ; il se sent alors plus d'affinités intellectuelles avec Raymond Boudon. Mais, en juin 1968, il est expulsé de France, au même titre que Daniel Cohn-Bendit : ses convictions l'avaient conduit à se rapprocher des militants du Mouvement du 22-mars. Après avoir reçu de l'Unesco un poste d'enseignement de six mois au Chili et avoir enseigné à Montréal pendant un an, il est autorisé à revenir en France en janvier 1970.

Nommé à l'École des hautes études en sciences sociales, il monte une équipe spécialisée en sociologie urbaine. Ses essais *La Question urbaine* (1972) et *Monopolville* (1974) sont influencés par le structuralisme et le marxisme de Louis Althusser et de Nicos Poulantzas. Après la mort de Franco, il retourne en Espagne, où il participe activement à la transition démocratique, mais l'université madrilène refuse de lui offrir un poste. En France, il se désinvestit du milieu de la recherche, qu'il juge toujours trop philosophique et théorique et qui, en outre, ne lui accorde pas le poste de directeur d'études convoité. En 1979, il quitte donc le Vieux Continent et c'est à partir de sa chaire de sociologie urbaine à l'université de Berkeley qu'il se tourne vers l'étude des réseaux et des mutations de l'information, fondement de sa renommée mondiale. Pour autant, en 1983, alors que son ouvrage *The City and the Grassroots*, le résultat de ses recherches françaises dans les années 1970 pour obtenir son doctorat d'État, est couronné par le prix Wright Mills du meilleur livre de sciences sociales aux États-Unis, son auteur choisit de le traduire de l'anglais en français pour pouvoir soutenir son travail en Sorbonne et obtenir ainsi le plus haut grade de l'université française : « J'étais et je reste un produit français, avec une implantation américaine, un produit hybride. »

Anna Trespeuch-Berthelot

CASTELOT André (André Storms)

Écrivain, producteur de radio et de télévision. – Né le 23 janvier 1911 à Anvers, Belgique ; mort le 18 juillet 2004 à Neuilly-sur-Seine, France.

Fils de Paul Éloi Storms et de Gabrielle Castelot, femme de lettres française, André Castelot est élevé à Paris, mais ne sera naturalisé qu'en 1961. Sa mère devient la muse, la maîtresse et la collaboratrice d'Alphonse de Châteaubriant, romancier classé régionaliste, prix Goncourt 1911 pour *Monsieur des Lourdines*, et par ailleurs, à partir des années 1930, grand admirateur d'Adolf Hitler. En 1934, André Castelot est secrétaire particulier d'Alphonse de Châteaubriant. À partir de 1935, il signe sous le nom de sa mère des chroniques théâtrales dans *Le Petit Journal*, quotidien du Parti social français (PSF) du colonel de La Rocque. Durant la Seconde Guerre mondiale, il participe en tant que chroniqueur théâtral à l'hebdomadaire collaborationniste *La Gerbe*, fondé par Alphonse de Châteaubriant. Historien autodidacte, il découvre la vulgarisation grâce à une « enquête » romancée sur Louis XVII, qu'il publie dans *La Gerbe*. C'est le thème de son premier ouvrage historique, *Louis XVII ou l'énigme résolue*, publié en 1947 chez Perrin. La même année, il fonde et dirige chez le même éditeur la collection « Présence de l'Histoire ». Il se spécialise dans les biographies d'hommes et de femmes illustres. Il se fait connaître par ses livres, ses articles dans *Historia*, mais surtout grâce aux deux émissions qu'il fonde avec Alain

Decaux : « La Tribune de l'Histoire » à la radio, et « La caméra explore le temps » à la télévision. La première dure de 1951 à 1997 – ce qui constitue, à l'époque, un record dans l'histoire des radios du service public. En 1956, il accepte la proposition de Stellio Lorenzi de réaliser en images ce qu'il faisait à la radio. L'émission s'appelle d'abord « Énigmes », puis prend son nom définitif en 1957. « La caméra explore le temps » s'arrête en 1966, le directeur de l'ORTF ayant cédé aux voix dénonçant la « dérive » gauchisante de l'émission et les sympathies communistes de Stellio Lorenzi. Parallèlement et depuis lors, André Castelot multipliera les biographies historiques, sur Louis XVII, madame Royale, Philippe Égalité, Marie-Antoinette, Bonaparte, l'Aiglon, etc. Il aura, au total, écrit plus de quatre-vingts livres et participé à la création de « sons et lumières » et de grands spectacles historiques, notamment avec le metteur en scène Robert Hossein.

Patrick Eveno

CASTORIADIS Cornélius

Philosophe, économiste, psychanalyste. – Né le 11 mars 1922 à Constantinople, alors Empire ottoman, aujourd'hui Istanbul, Turquie ; mort le 27 décembre 1997 à Paris, France.

Militant révolutionnaire, animateur du groupe Socialisme ou barbarie et philosophe de l'imagination sociale, Castoriadis incarne une critique du totalitarisme qui, sans concession pour le libéralisme, n'a jamais renoncé au projet d'une transformation radicale de la société. Il est né à Constantinople dans une famille de la bourgeoisie grecque, amoureuse des livres et de la musique. Quelques mois après sa naissance, la menace militaire jeune-turque contraint ses parents à s'installer à Athènes. Castoriadis a décrit son père comme un « voltairien démocrate », farouchement anticlérical et antiroyaliste, épris de la France, où il avait vécu quelques années. Le jeune Cornélius apprend ainsi très tôt la langue de son futur pays d'accueil et récite, enfant, des poèmes en français. Au seuil de l'adolescence, il se passionne pour la philosophie et le marxisme. À quinze ans, sous la dictature de Metaxás, il entre aux Jeunesses communistes, avant de créer une organisation dissidente puis d'adhérer au parti trotskiste de Spiros Stinas. Sous l'occupation allemande, il suit des études de droit, d'économie et de sciences politiques. Manifestant un intérêt marqué pour la philosophie, il participe à des séminaires sur Kant, sur Hegel et travaille sur Max Weber. Fin 1944, alors que les communistes tentent de se rendre maîtres d'Athènes, Castoriadis prédit, contre l'avis des plus optimistes de ses camarades, la constitution d'un régime de type soviétique, en contradiction avec le projet révolutionnaire de création d'une société sans classe. Fin 1945, il décroche une bourse d'études afin de préparer à Paris une thèse en philosophie, ce qui lui permettra d'échapper à la guerre civile qui suivra la guerre. Il s'embarque ainsi sur le *Mataroa*, navire qui emporte à son bord, vers la France, toute une génération de jeunes intellectuels grecs (dont les philosophes Kostas Axelos et Kostas Papaioannou). À la Sorbonne, son premier contact avec la philosophie universitaire se révèle extrêmement décevant. Après avoir commencé une thèse, il délaisse rapidement l'Université. Dès son arrivée à Paris, il a rejoint le mouvement trotskiste et rencontré le philosophe Claude Lefort. Castoriadis combat la représentation de l'URSS comme « État ouvrier dégénéré », soutenant qu'il s'agit d'une société de classes organisant une nouvelle forme d'exploitation – c'est le thème du « capitalisme bureaucratique ». Sous le pseudonyme de Chaulieu, emprunté à un personnage de Balzac, il développe une pensée antistalinienne et libertaire, qui le conduit à la rupture avec le parti trotskiste dès 1948. Ces idées s'approfondissent au sein du groupe Socialisme ou barbarie formé avec Lefort en 1949 et dissous en 1967, mais dont les idées d'autonomie et d'autogestion ont inspiré, plus ou moins souterrainement, le mouvement de Mai 68. À partir de 1964, Castoriadis rompt avec le marxisme et, plus généralement, avec l'historicisme hégélien. Jusqu'en 1970, il demeure en France un étranger potentiellement sous la menace d'une expulsion – expérience qu'avait vécue son père. Fonctionnaire international à l'OCDE, il est protégé par son statut, qui, en revanche, lui interdit toute activité militante subversive. Il écrit donc sous différents pseudonymes et ne prend pas une part active aux événements de Mai 68. Pendant plusieurs années, craignant une enquête policière, il hésite à demander sa naturalisation, mais, rassuré par un informateur autorisé, il la sollicite et l'obtient en 1970. Il peut désormais signer ses livres sous son nom et décide de démissionner de l'OCDE, dont le travail administratif et gestionnaire l'ennuie.

La pensée de Castoriadis, dont l'ouvrage majeur est *L'Institution imaginaire de la société* (1975), systématise des idées développées pendant la période de Socialisme ou barbarie. À l'écart des paradigmes dominants, existentialiste et structuraliste, elle propose une réflexion originale sur le « social-historique », sur « l'imaginaire social » au service d'une « auto-institution » de la société. Castoriadis n'a eu de cesse de penser un projet radical d'autonomie – de l'individu comme de la collectivité – capable de créer une démocratie véritable. Le philosophe devient parallèlement psychanalyste à partir de 1973, en rupture avec le lacanisme. En 1980, à près de soixante ans, il accède à une position académique en tant que directeur d'études à l'École des hautes études en sciences sociales.

L'attachement non seulement affectif, mais intellectuel de Castoriadis à son pays natal a été souvent souligné. L'étude de la Grèce ancienne devient, dans les années 1970, un thème central de son œuvre. La tentation est grande d'y voir l'effet d'une nostalgie un peu sentimentale de la *polis* athénienne. Mais, à travers la naissance conjointe de la philosophie et de la démocratie au ve siècle avant J.-C., il s'agit de penser la manière dont une société et ses individus se transforment eux-mêmes (*Ce qui fait la Grèce*, 2004-2010, 3 t.) : dans l'expérience grecque, celle notamment de la démocratie directe, se trouvent les germes d'une autonomie politique et philosophique dont il faut inlassablement renouveler le projet dans la critique des démocraties représentatives ou de délégation, que Castoriadis qualifie d'oligarchies libérales.

Stéphan Soulié

CAVALCANTI Alberto (Alberto de Almeida)

Scénariste, producteur et réalisateur. – Né le 6 février 1897 à Rio de Janeiro, Brésil ; mort le 23 août 1982 à Paris, France.

Cosmopolite, il a fait des études d'architecture à Genève, a été documentariste en Grande-Bretagne dans les années 1930, est retourné au Brésil à la fin des années 1940 pour tenter de redonner une impulsion au cinéma national et a tourné en Allemagne (collaborant avec Bertold Brecht) et en Italie. En France, où il s'est installé dans les années 1920 et a demandé la nationalité française en 1926, cet homme à la fois féru d'avant-garde et attaché au réel a été le décorateur de *L'Inhumaine* de Marcel L'Herbier (1924), a travaillé avec les musiciens Darius Milhaud et Maurice Jaubert et adapté Guy de Maupassant et Théophile Gautier.

Jean-Luc Douin

CAVANNA François

Journaliste et écrivain. – Né le 22 février 1923 à Nogent-sur-Marne, France.

Né d'un père maçon italien émigré d'Émilie-Romagne, naturalisé en 1939, et d'une mère française, François Cavanna a raconté dans *Les Ritals* son enfance tissée d'exclusion et de chaleur humaine. À partir de 1939, muni d'un brevet, il égrène les petits boulots, y compris en Allemagne au STO. Après guerre, il se veut dessinateur de presse, mais poursuit sa carrière erratique. Il devient collaborateur régulier du magazine *Zéro*. En 1960, il fonde avec Georges Bernier, dit le professeur Choron, le mensuel *Hara-Kiri*, « journal bête et méchant », qui paraît jusqu'en 1986. Organe provocateur, multipliant les détournements, les romans-photos, les plaisanteries et les visuels entre scatologie et pornographie, plusieurs fois interdit, *Hara-Kiri* accompagne la génération du baby-boom dans sa contestation des ordres établis. Dans l'onde de choc de Mai 68, Cavanna fonde *Hara-Kiri Hebdo*, qui est interdit en novembre 1970 après la publication, à la mort du général de Gaulle, d'une couverture titrée « Bal tragique à Colombey : un mort ». L'hebdo est alors remplacé par *Charlie Hebdo*, qui se maintiendra jusqu'en 1982. Directeur de journal, éditorialiste, chroniqueur, Cavanna publie de nombreux livres, entre humour et satire, et, sur le tard, des romans historiques. Mais son plus grand succès de librairie demeure *Les Ritals*, qui marie avec grâce la nostalgie de l'enfance et d'un monde disparu avec un antiracisme de bon aloi.

Patrick Eveno

CAZENAVE Hector

Sportif. – Né le 13 avril 1914 à Montevideo, Uruguay ; mort le 27 septembre 1958 sans doute à Montevideo, Uruguay.

Hector Cazenave est le petit-fils d'un carrossier des Basses-Pyrénées parti s'installer à Montevideo. À l'heure où le football uruguayen est auréolé par un prestige acquis aux cours des compétitions internationales (tournois olympiques de 1924 et de 1928, Coupe du monde de 1930), les joueurs issus de l'émigration française sont alors recherchés. À la faveur du décret du 10 août 1927 permettant la naturalisation de tous les étrangers nés de parents français, Hector Cazenave possède, pour les clubs français friands de footballeurs sud-américains, un atout appréciable. Compte tenu du strict contingentement de joueurs étrangers dans les années 1930, il peut prétendre à la naturalisation, laissant la possibilité à son club de recruter d'autres footballeurs non nationaux. Engagé par le FC.Sochaux en 1936 pour trois saisons, il se retrouve, en compagnie de son « compatriote » Pedro Duhart, sous les ordres d'un entraîneur uruguayen, l'emblématique

Conrad Ross. Un an plus tard, pour prix de quelques arrangements de la Fédération française avec la FIFA, passant outre le principe de trois années de résidence dans l'Hexagone pour pouvoir jouer pour l'équipe nationale, Hector Cazenave intègre l'équipe de France, pour huit sélections. En 1938, il fait partie des vingt-deux sélectionnés pour la Coupe du monde. Titulaire sur l'aile gauche de la défense, il contribue à la victoire française face à la Belgique, le 5 juin 1938, en huitième de finale à Colombes (3-1), mais ne peut empêcher la défaite, une semaine plus tard, face à l'Italie en quart de finale, toujours à Colombes devant soixante mille spectateurs (1-3). Sa carrière sous le maillot tricolore ne dure pas et, au début de la Seconde Guerre mondiale, Hector Cazenave, après avoir remporté la Coupe de France en 1936 et le titre de champion de France en 1938 avec le FC.Sochaux, continue sa carrière en Uruguay au sein de son club formateur, le Defensor Sporting Club de Montevideo, où il évolue jusqu'en 1943.

Yvan Gastaut

CELAN Paul (Paul Pessach Antschel)

Poète. – Né le 23 novembre 1920 à Cernauti, alors Roumanie, aujourd'hui Tchernivtsi, Ukraine ; mort le 20 avril 1970 à Paris, France.

Rattacher Paul Celan à la France prête à discussion. Quand, en 1970, il se noie dans la Seine – tout laisse penser à un suicide –, il n'est connu que dans les pays de langue allemande, où il a été couronné, en 1960, du prestigieux prix Büchner, et d'une poignée de poètes français qu'il a traduits, comme René Char et André du Bouchet, dont il fut proche. Mais c'est quand même en France, qu'il avait découverte en 1938 lors d'un premier séjour d'études – sa famille le voyait à cette époque devenir médecin –, qu'il a décidé de s'installer en 1948, après avoir quitté son pays natal et séjourné brièvement à Vienne ; et c'est en France, pas en Autriche, qu'il étudiera la philologie germanique. Naturalisé français en 1955 et marié à une Française, la graveuse Gisèle Lestrange, il entrera en 1959 à l'École normale supérieure de la rue d'Ulm comme lecteur d'allemand, cette langue dans laquelle il a décidé d'écrire toute son œuvre poétique, à la fois vraie langue maternelle, puisqu'il est né dans une famille juive germanophone de Bukovine, et langue du génocide nazi, qui a tué ses deux parents, et des millions d'autres. Depuis sa mort, sa figure et son écriture ont joué un rôle capital dans la poésie mais aussi la philosophie françaises.

Pascal Ory

CENDRARS Blaise (Frédéric-Louis Sauser)

Romancier et poète. – Né le 1er septembre 1887 à La Chaux-de-Fonds, Suisse ; mort le 21 janvier 1961 à Paris, France.

Originaire d'un milieu bourgeois francophone, Frédéric Sauser est né d'un père suisse-allemand et d'une mère écossaise. Très jeune, il parcourt le monde avec ses parents, de l'Égypte au Népal. À peine âgé de seize ans, il est envoyé en apprentissage à Moscou, puis à Saint-Pétersbourg, où il est le témoin des événements révolutionnaires de 1905. Il décide ensuite de partir seul en train à travers l'Empire russe et voyage jusqu'en Chine. Après de multiples pérégrinations, il revient en Suisse en 1909 pour étudier la philosophie et la médecine à l'université de Berne, mais il choisit de s'expatrier à New York au bout de deux ans. En 1912, il s'installe à Paris et commence à y nouer de nombreuses amitiés dans les domaines littéraire et artistique. La même année, il fait paraître *Les Pâques* (plus tard renommé *Pâques à New York*) sous le pseudonyme de Blaise Cendrars, et fonde, avec Emil Szittya, la revue *Les Hommes nouveaux*. Un an plus tard, il publie *La Prose du Transsibérien et de la petite Jehanne de France*, un long poème créé en simultané avec les illustrations de la peintre Sonia Delaunay. À la déclaration de guerre, Blaise Cendrars corédige, avec l'écrivain italien Ricciotto Canudo, le manifeste du 29 juillet 1914, appelant les étrangers à combattre en faveur de la France. Lui-même donne l'exemple en signant, le 3 août suivant, un engagement dans la Légion étrangère. Après plusieurs mois de combat au cours desquels sa bravoure a été reconnue, l'écrivain est promu caporal à titre exceptionnel en juin 1915. Engagé dans la grande offensive de Champagne en septembre, Cendrars est grièvement blessé au bras et amputé au-dessus du coude droit. Réformé avec la croix de guerre, il obtient la naturalisation française le 16 janvier 1916. Profondément marqué par sa mutilation, il apprend à écrire de la main gauche, rédige de nombreux poèmes et livre, avec *J'ai tué* (1918), un bref récit de sa guerre. Lié à l'avant-garde littéraire, il devient directeur des éditions de la Sirène et collabore à la revue *Littérature*. En 1923, il travaille aux côtés de Darius Milhaud et de Fernand Léger au livret de *La Création du monde* pour les Ballets suédois. Ayant cessé son compagnonnage avec le surréalisme, il part au Brésil en 1924 et en revient avec un premier roman, *L'Or* (1925), qui, rompant avec l'écriture poétique, paraît chez Grasset et rencontre un énorme succès. En 1926, Cendrars publie *Moravagine*, un roman du dédoublement où l'écrivain se met lui-même en représentation, et dont il proposera en 1956 une version réécrite. En 1929, il fait paraître *Les Confessions de Dan Yack*, qui échoue à remporter le prix Goncourt. Au cours des années 1930, l'écrivain diversifie sa production littéraire en contribuant, comme grand reporter, au succès du quotidien de Pierre Lazareff, *Paris-Soir*. En 1939-1940, il est correspondant de guerre pour l'armée britannique, puis il se retire, sous l'Occupation, à Aix-en-Provence et renonce à écrire trois années durant. En août 1943, il décide de rassembler ses souvenirs. Une fois la Libération venue, il fait publier, de 1945 à 1949, quatre volumes (*L'Homme foudroyé*, *La Main coupée*, *Bourlinguer* et *Le Lotissement du ciel*) d'une autobiographie souvent librement réinterprétée. Il se consacre également à plusieurs essais, rédigeant notamment les textes du premier album de photographies de Robert Doisneau, *La Banlieue de Paris* (1949). De retour à Paris en 1950, il y mène divers projets, parmi lesquels plusieurs émissions radiophoniques, avant d'être frappé par un accident vasculaire cérébral en 1960. Fait commandeur de la Légion d'honneur par André Malraux, il décède peu après. Il repose au cimetière des Batignolles jusqu'en 1994, avant que sa dépouille ne soit inhumée une nouvelle fois à Tremblay-sur-Mauldre, dans les Yvelines.

Pierre-Frédéric Charpentier

CENTELLES Agusti (Agusti Centelles i Osso)

Photographe. – Né en 1909 à Valence, Espagne ; mort le 1er décembre 1985 à Barcelone, Espagne.

Passionné très jeune par la photographie, le Catalan Centelles est le photographe le plus connu de son temps dans son pays, ses clichés étant publiés dans les principaux journaux de la Généralité. Contraint de s'exiler en France en 1939, interné dans un camp, il participe aux actions de la Résistance française, mais choisit de rentrer en Espagne, où il mène une vie discrète de photographe industriel et publicitaire. À la mort de Franco, il récupère en France – grâce à une famille de l'Aude, qui les avaient religieusement gardés – quatre mille négatifs, qui acquièrent alors une valeur documentaire et sentimentale considérable. Leur auteur finit sa vie célébré dans son pays à l'égal des plus grands photojournalistes et lèguera ses photographies, devenues des œuvres, à « l'humanité » et au « peuple espagnol ».

Pascal Ory

CEPPI Daniel

Dessinateur et scénariste de bande dessinée. – Né le 3 avril 1951 à Genève, Suisse.

Toujours résident dans son pays natal, où il dessine, entre autres, pour *La Tribune de Genève*, Daniel Ceppi a publié l'essentiel de son œuvre en France. Depuis ses débuts, en 1977, et malgré une participation active à l'illustration de romans pour la jeunesse, sa réputation est fondée sur la série mettant en scène le personnage de Stéphane Clément. Ce globe-trotteur malgré lui, dans la grande tradition du roman d'aventures classique, transposé dans le monde globalisé d'aujourd'hui, assure à son auteur la fidélité des amateurs.

Pascal Ory

CERETTI Giulio

Syndicaliste. – Né le 11 octobre 1903 à Sesto Fiorentino, Italie ; mort en juin 1985.

Giulio Ceretti travailla comme ajusteur et ouvrier métallurgiste de 1913 à 1920, puis se fit professeur de français. Secrétaire de la Fédération des métallos de Florence de 1920 à 1924, puis de la section de Florence du PCI, il arriva en France en juin 1927.

Il fut alors menacé par la police, arrêté, relâché, puis sous menace d'un arrêté d'expulsion. Mais, s'étant réfugié à Lyon, il put échapper à la police jusqu'en 1934. Il exerça comme manœuvre dans un atelier de sculpture d'objets religieux, puis comme comptable dans une coopérative. Animateur du travail antifasciste parmi les ouvriers italiens du Rhône, il créa une école du PCI. Il vécut à Toulon à partir de 1929 et fut remarqué l'année suivante par Maurice Thorez. Il prit, peu après à Paris, la direction des Groupes communistes de langue italienne. Sa lutte contre les trotskistes favorisa son ascension : le VIIe Congrès du PC (1932) l'élut au comité central avec le responsables du Groupe de langue polonais, Joseph Kostecki-Kolosk, dit Dumont. Toutefois, il resta un membre important du PCI. En mai 1934, il devint un des dirigeants de la Main-d'œuvre immigrée (MOI).

En 1934, Gulio Ceretti fit un premier voyage en URSS et dès lors, son activité fut uniquement française. Il fut un des collaborateurs les plus proches d'Eugen Fried, le délégué de l'Internationale communiste qui suivait les affaires du PC français, puis responsable des services financiers et commerciaux du PC, dont le rôle fut considérable pendant la guerre d'Espagne. Président du Comité d'aide internationale à la République espagnole, il assista, fin septembre 1936, à la réunion chez Maurice Thorez où fut décidée la constitution des Brigades internationales ainsi que l'organisation d'un réseau de transport d'armes pour l'Espagne. Il se vit confier la charge de ce dernier, à travers, notamment, la compagnie France-Navigation, créée en avril 1937.

Ses relations avec les hommes d'affaires, établies en accord avec le PC et le Komintern, se doublaient de liens avec des hommes politiques importants : c'était donc un homme de confiance, comme le soulignait, en mai 1943, Maurice Thorez dans un rapport à Moscou. Pendant l'été 1938, Giulio Ceretti prospecta dans les pays de l'Europe du Nord afin de mettre en place une série de « planques » destinées à un éventuel repli de la direction du PC. Il s'efforça d'intervenir auprès de Léon Blum afin d'inciter Édouard Daladier à renoncer à exercer des représailles contre les responsables syndicaux communistes lors de la grève générale de novembre 1938 ; mais Léon Blum refusa de le recevoir.

Giulio Ceretti semble avoir été troublé par le Pacte germano-soviétique en août 1939. Il n'en participa pas moins à toutes les réunions importantes de la direction du PC pendant les semaines difficiles qui suivirent. Il put rejoindre l'URSS fin 1939, où des comptes lui furent demandés sur la compagnie France-Navigation. Les accusations portées contre lui firent long feu et il continua d'appartenir à l'appareil du Komintern dans la capitale, puis, à partir d'octobre 1941, à Oufa dans l'Oural. En 1941, il s'occupa de la libération des communistes français, ex-prisonniers de guerre des Allemands, internés dans les camps soviétiques.

Il reprit ensuite place au PCI et collabora avec son principal dirigeant, Palmiro Togliatti. De retour en Italie en 1945, il fut député à l'Assemblée constituante, puis député au Parlement jusqu'en 1963, année de son élection au Sénat. Le Xe Congrès du PCI (1962) l'avait élu à son comité central. Il revint plusieurs fois en France après la guerre, notamment lors de la publication en français de son ouvrage, *À l'ombre des deux T. 40 ans avec Palmiro Togliatti et Maurice Thorez* (Julliard, 1973).

Michel Dreyfus

CERRITO Fanny. — *Voir* DANSEURS ET DANSEUSES ITALIENS.

CHAGALL Marc

Peintre. – Né le 7 juillet 1887 à Vitebsk, alors Empire russe, aujourd'hui Biélorussie ; mort le 28 mars 1985 à Saint-Paul-de-Vence, France.

Chagall séjourne en France une première fois entre 1910 et 1913, après avoir reçu, à Saint-Pétersbourg, l'enseignement artistique de Léon Bakst et admiré avec lui les icônes anciennes. Il habite à La Ruche, avec Soutine, Lipchitz et Modigliani. La déclaration de guerre de l'été 1914 le surprend en Allemagne et le force à rentrer en Russie. Il revient en France en 1923, déçu par la révolution bolchevique de 1917 qui l'avait nommé commissaire aux Beaux-Arts et lui avait permis de travailler à des décors destinés au Théâtre juif. Exilé en France avec sa femme Bella, il sera naturalisé en 1937. À côté de sa production picturale de plus en plus reconnue, il illustre des ouvrages commandés par Ambroise Vollard, parmi lesquels figurent un roman de Gogol, les *Fables* de La Fontaine et la Bible.

Menacé par le régime de Vichy en raison de sa religion juive, Chagall parvient à s'enfuir aux États-Unis, où il demeure jusqu'en 1948, avant de revenir en France et de finir sa vie au bord de la Méditerranée. Il découvre alors l'art du vitrail et donne des pièces aux cathédrales de Metz et de Reims. À la demande d'André Malraux, il décore le plafond de l'Opéra Garnier, en 1964. Les dix-sept toiles illustrant le message biblique qu'il offre à la France en 1966 sont à l'origine de la création, en 1973, du musée national Marc Chagall à Nice.

« Si je n'étais pas juif, je ne serais pas devenu artiste », déclare Chagall, qui affirme aussi : « Je suis né une seconde fois en France [en 1910]. » Il a néanmoins toujours préféré être présenté comme un artiste juif et russe, plutôt que comme l'un des membres de la cosmopolite École de Paris. Dans ses premières œuvres parisiennes, il use d'ailleurs, avec le cubisme et le fauvisme, de la même liberté que lorsqu'il combine dans ses motifs les souvenirs de la Russie et les images de Paris. Son célèbre *Autoportrait à sept doigts* (1912-1913) associe la vue de la tour Eiffel par la fenêtre de l'atelier à celle, dans le cadre de son chevalet, de son tableau dédié *À la Russie, aux ânes et aux autres* : à la revendication d'une triple identité russe, juive et parisienne s'ajoute un manifeste pour un art hybride et novateur. Ses sources d'inspiration – la Bible, la mythologie, la littérature – l'amènent à travailler sur ces identités mêlées, parfois conflictuelles : un lien ambivalent et fragile au monde juif traditionnel et à son folklore, un attachement à la Russie « éternelle » et une avidité à cerner la modernité de son époque, qu'il donne à voir dans ses toiles aux sujets oniriques, dans ses poèmes (écrits en yiddish, en russe et en français), comme dans les vitraux des cathédrales françaises.

Julie Verlaine

CHAPLIN Géraldine

Actrice. – Née le 31 juillet 1944 à Santa-Monica, États-Unis.

Fille aînée de Charlie Chaplin et d'Oona O'Neill, elle fit sa première apparition à l'écran à l'âge de huit ans, dans *Les Feux de la rampe* (1952), réalisé par son père. Elle se destine à la danse lorsque David Lean lui confie le rôle de l'épouse d'Omar Sharif dans *Docteur Jivago* (1965). Épouse du cinéaste espagnol Carlos Saura, elle devient la vedette de ses films de 1967 à 1979 (*Cría Cuervos* en 1975 est le plus grand de cette période). Parallèlement, cette Américaine n'a jamais cessé de paraître dans des films hollywoodiens (chez Robert Altman, Alan Rudolph) ou anglais (avec Richard Lester), mais aussi, avec un sens de la fantaisie, dans des films français : *Noroît* et *L'Amour par terre* de Jacques Rivette, *Le Voyage en douce* de Michel Deville, *Les Uns et les autres* de Claude Lelouch, *La vie est un roman* d'Alain Resnais, *Boxes* de Jane Birkin. *Le Moine* de Dominik Moll, *Americano* de Matthieu Demy.

Jean-Luc Douin

CHARCHOUNE Serge. — *Voir* PARIS, École de.

CHARLEBOIS Robert. — *Voir* QUÉBÉCOIS, chanteurs.

CHARLIER Jean-Michel. — *Voir* BELGE DE LA BANDE DESSINÉE, école.

CHARPAK Georges

Physicien. – Né le 1er août 1924 à Dabrowica, Pologne ; mort le 29 septembre 2010 à Paris, France.

« Étranger. À expulser » : telle est la mention portée sur le livret d'écrou de Georges Charpak, à la centrale d'Eyssies (Lot-et-Garonne) après sa condamnation pour fait de résistance en décembre 1943. Quelques mois plus tard, il est interné à Dachau. Originaire d'une famille juive polonaise, le jeune homme était arrivé à Paris en 1931. Il y revient dès la libération du camp par l'armée américaine et entre à l'École des mines de Paris, grâce à quoi il obtient sa naturalisation. En 1948, son diplôme d'ingénieur civil des Mines en poche, il entre au CNRS et prépare, sous la direction de Frédéric Joliot-Curie, un doctorat en physique nucléaire, qu'il soutient en 1954. Son goût conjoint pour l'étude des particules naissantes et pour l'instrumentation scientifique le conduit au CERN, à Genève, qu'il intègre en 1959 pour travailler sur la mesure de l'anomalie du moment magnétique du muon, et dont il devient chercheur permanent en 1963. C'est au CERN qu'il conçoit et développe les détecteurs qui ont renouvelé la physique des particules : chambres à étincelles, chambres à dérive, et celui pour lequel il obtient le prix Nobel en 1992 : la chambre proportionnelle multifils (MWPC), un million de fois plus rapide que la chambre à bulles avec une précision identique et dont les données numérisées en sortie étaient directement exploitables pour la reconstruction cinématique des collisions. Les « détecteurs de Charpak » ont permis, entre autres, la découverte du quark charme en 1974 et la mise en évidence des bosons intermédiaires en 1983. Professeur associé à l'ESCPI à partir de 1980, titulaire de la chaire Joliot-Curie en 1984, Charpak s'attache à mettre ses découvertes sur les détecteurs gazeux au service de la biologie et de l'imagerie médicale et met au point, en collaboration avec les médecins, des procédés radiographiques économes en radiations et de bonne qualité. Ce « déraciné, physicien, citoyen du monde », comme il se décrit dans ses mémoires publiées en 2008, adopte avec panache et passion des positions tranchées et militantes. Il soutient activement les chercheurs soviétiques dissidents ; il lance, en 1995, avec le soutien de l'Académie des sciences, le programme La Main à la pâte, destiné à restructurer l'enseignement des sciences à l'école primaire en France et en Europe ; il plaide pour le développement d'une énergie nucléaire, harmonieuse et maîtrisée. En hommage à son combat pour redonner le goût de la science à la jeunesse, le ministère de l'Enseignement supérieur et de la Recherche a lancé en 2009 un prix Goût des sciences, destiné à récompenser l'excellence dans la vulgarisation scientifique, et, en 2010, un prix de thèse Charpak (science ou enseignement de la science). Le fonds d'innovation de l'ESPCI Paris Tech porte désormais son nom.

Anne-Françoise Garçon

CHARYN Jerome

Écrivain, scénariste de bande dessinée. – Né le 13 mai 1937 à New York, États-Unis.

Jerome Charyn appartient clairement à la littérature américaine, à laquelle il a donné une trentaine de romans depuis 1964, dont une dizaine de policiers, organisés autour de la figure de l'enquêteur Isaac Sidel (*Blue Eyes*, 1973 ; trad. franç. *Zyeux bleus*, 2002). Son œuvre est peu à peu devenue l'exploration des bas-fonds et de l'inconscient chargé d'une société déglinguée. Mais le rapport que cet observateur, apparemment très concentré sur New York (voir sa chronique *Metropolis*, publiée en 1987 ; trad. franç., 2000), entretient avec la France est étroit. Il a passé une partie importante de son existence à Paris et c'est à la bande dessinée d'expression française qu'il a déjà donné, depuis 1986, pas moins d'une douzaine de scénarios, dessinés par plusieurs grands noms du neuvième art, de François Boucq (*La Femme du magicien*, 1993) à Jean-Claude Denis (*Bande à part*, 1998) en passant par Jacques de Loustal (*White Sonya*, 2000).

Pascal Ory

CHEB MAMI (Mohamed Khelifati)

Auteur, compositeur et chanteur de raï. – Né le 11 juillet 1966 à Saïda, Algérie.

Cheb Mami voit le jour dans le quartier le plus pauvre de la ville de Saïda, située dans l'arrière-pays oranais. En 1982, il se présente à une célèbre émission de télévision, « *Alhane wa Chabab* » (« Mélodies et jeunesse »). Il n'est classé que second lors de la finale : le public crie au scandale. Mais son interprétation, ce soir-là, de *Ya del marsam*, un standard de la chanson oranaise, le fait remarquer de producteurs de raï. Très vite, il enregistre des cassettes. Pour l'adolescent qu'il est encore, le parcours classique du chanteur de raï de l'époque démarre : il anime les fêtes de mariages, les cabarets de la côte oranaise et multiplie les enregistrements. Sa musique mélange les chants traditionnels et les instruments occidentaux. Sa voix aiguë et puissante, ses textes moins crus que ceux de ses aînés plaisent à un public féminin. En 1985, il se rend en France pour s'acheter du matériel et travailler quelques mois. Il enchaîne les concerts dans les bars parisiens et, devant le succès, s'y installe définitivement. Il enregistre alors le premier disque pop-raï hors d'Algérie, *Ouach etsalini ?* (« Que me veux-tu ? »). Désigné « Prince du raï », il participe au Festival de Bobigny et, en 1989, se produit en pionnier des *chebs* (« jeunes ») sur la scène de l'Olympia à Paris. Avec Khaled, il contribue alors à populariser le raï en France hors des frontières communautaires. Très vite, il fera des tournées aux États-Unis, où il enregistre le premier album de raï outre-Atlantique, *Let me Raï*, en 1990. Son album *Meli Meli* (1998) le consacre définitivement. On y trouve la chanson *Parisien du Nord*, interprétée en duo avec le rappeur K-Mel. Cette alliance des musiques emblématiques des jeunes immigrés du Maghreb a été saluée par un disque d'or. Adepte des métissages, Cheb Mami coopère souvent avec des chanteurs internationaux : Sting pour *Désert rose* en 1999 ou encore, dans l'album *Du Sud au Nord* (2003), avec Zucchero, Asvoad ou Corneille.

Laurent Martino

CHÉDID Andrée (Andrée Saab)

Romancière, poétesse et dramaturge. – Née le 20 mars 1920 au Caire, Égypte, alors protectorat britannique ; morte le 6 février 2011 à Paris, France.

Descendante d'une famille de chrétiens maronites du Liban ayant émigré en Égypte dans les années 1860, Andrée Saab grandit dans un univers multiculturel où l'arabe se mêle au français et à l'anglais. En 1934, elle voyage Europe, puis retourne en Égypte poursuivre ses études à l'Université américaine du Caire et obtient sa licence de lettres. Elle se marie en 1942 avec Louis-Antoine Chédid et le suit l'année suivante au Liban, où elle fait paraître – en anglais – un recueil de poésies sous le nom d'Andrée Chédid. En 1946, le couple gagne Paris et acquiert la nationalité française. L'épisode fixe la décision d'Andrée Chédid d'écrire désormais dans la langue de son pays d'adoption. Encouragée par René Char, elle fait paraître ses premiers poèmes, avant d'entamer près d'un quart de siècle de collaboration avec l'éditeur Guy Lévis Mano, de *Textes pour un poème* (1950) à *Prendre corps* (1973). À partir de la fin des années 1960, elle rédige également plusieurs pièces de théâtre, dont *Le Montreur* (1969). Le nom d'Andrée Chédid reste cependant davantage associé à sa production romanesque, en particulier à ses deux plus célèbres écrits, *Le Sixième Jour* (1960) et *L'Autre* (1969), qui seront l'un et l'autre adaptés au cinéma. Écrivaine du « double-pays » (selon le titre de l'un de ses recueils), elle développe dans ses livres ses thèmes de prédilection que sont le lien entre Orient et Occident, une foi indéfectible en l'humain et le questionnement sur l'altérité. Lauréate du prix Mallarmé en 1976, Andrée Chédid obtient le prix Goncourt de la poésie en 2002 et sera faite grand officier de la Légion d'honneur en 2009. Elle était respectivement la mère et la grand-mère des chanteurs Louis Chédid et Matthieu – dit « M » –, pour lesquels elle a écrit des textes de chansons (« Je dis aime », 1999).

Pierre-Frédéric Charpentier

CHEN Qigang

Compositeur. – Né en 1951 à Shanghai, Chine.

La carrière musicale de Qigang Chen en Chine, ancien élève du Conservatoire de Beijing, a été brusquement interrompue par la Révolution culturelle. Il fut victime, comme bien des membres de sa famille (son père était un peintre et calligraphe célèbre), des exactions commises contre les intellectuels et les artistes, et envoyé dans un camp de rééducation « idéologique ». Le système universitaire en partie rétabli en 1977 lui permet de se présenter à des examens, de suivre des cours de composition au Conservatoire national et de demander à s'inscrire en 3e cycle à l'étranger. Il obtient ainsi l'autorisation de se rendre à Paris en 1984, où il devient l'élève unique de la classe d'Olivier Messiaen jusqu'en 1988. Il travaille également avec Ivo Malec, Claude Ballif et Betsy Jolas. Il a été naturalisé français en 1992. Diplômé en musicologie, lauréat de plusieurs prix musicaux, il a construit une œuvre qui, d'une certaine façon, part d'hommages à son maître Messiaen pour assumer des éléments de culture chinoise. Ses premiers opus, tels que *Souvenir pour flûte et harpe* (1985) ou *Voyage d'un rêve pour sextet* (1987), illustrent cette sensibilité respectueuse de la tradition et se démarquent de la logique de rupture des avant-gardes. En 1988, le compositeur passe à l'écriture orchestrale avec *Yuan* (« Origines »), qui reflète la question de l'exil et du rapport de sa musique aux traditions chinoises. Des œuvres comme *Énergie spirale* (1996) et *Énergie contemplative* (1997) font référence à la philosophie chinoise. Qigang Chen a composé en 1996 *Un instrument de silence*, qui est une forme de concerto pour guqin, cithare à sept cordes sans chevalets, marquant une nouvelle étape dans le travail de composition de ce compositeur.

Didier Francfort

CHENG François (Chéng Bàoyī)

Romancier, poète, essayiste et traducteur. – Né le 30 août 1929 à Nanchang, Chine.

François Cheng naît dans le sud de la Chine dans une famille de lettrés, ses parents s'étant rencontrés comme étudiants étrangers aux États-Unis. Après avoir été scolarisé dans le Sichuan de 1937 à 1945, il mène des études littéraires à l'université de Nankin. En 1948, alors que la guerre civile fait rage en Chine, l'occasion lui est donnée de suivre sa famille à Paris, après que son père a été appelé à participer aux travaux fondateurs de l'Unesco. Épris de la culture française et lecteur de ses grands auteurs classiques, il choisit de demeurer en France lorsque ses parents et ses trois frères émigrent aux États-Unis. Au cours d'une décennie de difficultés et de solitude, le jeune homme vit d'expédients, tout en s'adaptant à la langue et aux réalités de son pays d'adoption. Étudiant boursier, il parvient à intégrer, en 1960, le Centre de linguistique chinoise. Il rejoint l'université Paris VII en 1969, puis entre, en 1974, à l'Institut national des langues et civilisations orientales. Au cours de sa carrière universitaire, il livre de nombreux essais sur la civilisation orientale, parmi lesquels *L'Écriture poétique chinoise* (1977) ainsi qu'une série de traductions dans les deux langues, notamment celle des grands poètes français en langue chinoise. Naturalisé français en 1971, François Cheng se consacre tardivement au roman. En 1998, *Le Dit de Tianyi* obtient le prix Femina et rencontre un important succès public. Honoré par de nombreux prix et distinctions, l'écrivain appartient, depuis 2004, au Haut Conseil de la francophonie, après avoir été, en 2002, le premier Asiatique élu à l'Académie française. Dans son discours de réception, François Cheng ne se reconnaissait pas « d'autre mérite que celui d'avoir, avant tout, aimé sa langue d'adoption au point, il est vrai, d'en faire sa chair et son sang ». L'écrivain est le père de la sinologue Anne Cheng.

Pierre-Frédéric Charpentier

CHENG-TCHENG

Militant ouvrier et écrivain. – Né le 6 février 1900 à Itcheng, Chine ; mort en janvier 1997 en Chine.

Orphelin de père, élevé par sa mère avec ses trois frères et sœurs, Cheng-Tcheng fut l'élève des missionnaires américains de Nankin. À partir de 1911, il commença à fréquenter les révolutionnaires de la Ligue jurée, autour de Sun Yatsen. Le 1er janvier 1912, à Nankin, il assista à la proclamation de la République. Après avoir combattu dans les rangs des républicains, il se réfugia dans un monastère, qu'il quitta en 1916. Il entra alors à l'école des chemins de fer de Shanghai, puis à l'université jésuite française L'Aurore, de Nankin. Chef de train sur la ligne Pékin-Han Kéou, il devint président des syndicats des chemins de fer de la confédération du Nord. Cheng-Tcheng était de ces Chinois qui voulaient s'inspirer de l'Occident pour réformer la Chine. Ainsi, le 22 octobre 1919, il s'embarqua pour l'Angleterre où il arriva le 22 novembre, et d'où il gagna très vite la France où il devait demeurer dix ans.

Il y avait alors deux mille étudiants chinois en France, parmi lesquels Deng Xiaoping et Zhou Enlai, qu'il fréquenta à Lyon. Alternant travail salarié et études, Cheng-Tcheng résida d'abord à Paris, puis à Vendôme. Il y adhéra au Parti socialiste SFIO et assista, en décembre 1920, au congrès de Tours. Il semble qu'il entra l'année suivante à l'École nationale d'agriculture de Montpellier, y obtint en 1924 une licence en sciences, puis son DES d'histoire naturelle. Il travailla dans les magnaneries des Pyrénées, des Cévennes, des Alpes ; ainsi que, quelque temps, en usine en Italie, à Padoue. Il quitta Montpellier en 1927.

À la fin des années 1920, Cheng-Tcheng fut lié au mouvement communiste, puis anarchiste français. Il avait fréquenté, à Montpellier, le Groupe d'études sociales anarchiste et la Société d'études populaires, l'une des plus anciennes universités populaires de France, fondée en 1898. Cheng-Tcheng était influencé par Pierre Kropotkine. En 1926 à Sète, il donna une conférence, « La Chine pacifique », pour le Groupe ouvrier espérantiste. Sans rien dissimuler des traits rétrogrades de la civilisation chinoise, il y montrait son pays victime de l'impérialisme européen, qu'il distinguait de la tradition progressiste de l'Europe. En 1928, il publia en français un ouvrage intitulé *Ma mère*, dans lequel il évoquait son enfance et les cruelles traditions chinoises à l'égard des femmes. Paul Valéry, qui le connut à Sète, sa ville natale, jugea cet ouvrage digne d'être publié dans *Commerce*, la revue qu'il dirigeait. Le premier chapitre parut donc dans la livraison du printemps, précédé d'un article de Valéry en personne, « Préface au livre d'un Chinois », qui abordait la question des rapports entre Orient et Occident. Cheng-Tcheng fournit ainsi à Paul Valéry l'occasion de préciser son orientalisme.

Après un séjour à Paris où il enseigna, Cheng-Tcheng retourna en Chine et donna des cours à l'Université. En 1945, il fut chargé d'organiser l'Université à Taïwan. Mais cette île devint, quatre ans plus tard, le bastion des nationalistes et Cheng-Tcheng fut accusé de communisme ; chassé de l'Université, il fut placé en résidence surveillée, puis libéré. En 1965, il vivait aux États-Unis chez sa fille. Il séjourna ensuite en France et retourna définitivement en Chine en 1978. En 1985, il reçut la Légion d'honneur à l'ambassade de France à Pékin.

Michel Dreyfus

CHERTOK Léon

Psychiatre et psychanalyste. – Né le 31 octobre 1911 à Lida, alors Empire russe, aujourd'hui Biélorussie ; mort le 6 juillet 1991 à Deauville, France.

Léon Chertok est né dans une famille juive d'origine lituanienne, non pratiquante mais traditionaliste. Dans ses Mémoires, il se dit « russe et juif, litwak comme on dit chez nous » et évoque son enfance en Litwakie, dans une région biélorusse sous domination russe jusqu'à la Première Guerre mondiale, puis alternativement bolchevique et polonaise : « En famille : moi je parlais russe, mais mes parents parlaient yiddish. Et avec ma sœur, on parlait polonais. » À l'âge de six ans, il fréquente le Heder, école juive où il apprend l'hébreu et le russe, puis il acquiert la « culture shtetl » à Lida où règne une grande diversité des langues, des cultures et des opinions. Du fait des quotas qui limitent l'accès des juifs aux études médicales en Pologne, il part étudier la médecine à Prague, où il se forme également à la psychanalyse. Il soutient sa thèse en 1938. Devant l'avancée nazie, il gagne Paris en 1939 : il souligne qu'il a ainsi connu trois occupations allemandes dans trois pays différents, en Russie en 1915, à Prague en 1939, en France en 1940. Engagé volontaire dans l'armée de 1939, il participe dès sa démobilisation à des actions de résistance et, en 1941, entre dans la clandestinité. Il s'engage dans le groupe Solidarité, issu de la section juive de la Main-d'œuvre immigrée, et dans le Mouvement national contre le racisme, participant au sauvetage d'enfants et de familles juives persécutés. Il est récompensé par la croix de guerre. Après le conflit, il complète sa formation aux États-Unis, à l'hôpital de Mount Sinai à New York, dans un service de médecine psychosomatique. De retour en France, il obtient son doctorat en médecine à Paris en 1948 et entame une analyse auprès de Jacques Lacan, menée jusqu'en 1954. En 1948-1949, il est l'assistant de Marcel Montassut à l'hôpital psychiatrique de Villejuif, où il participe à la création, en 1950, du Centre de médecine psychosomatique, qu'il codirige jusqu'en 1963. L'hypnose se situe au cœur de sa pratique de psychothérapeute et de sa réflexion sur la compréhension des maladies mentales. En 1957, il fonde, aux côtés de Michel Sapir et Pierre Aboulker, la Société française de médecine psychosomatique. Il milite pour la « redécouverte » de l'hypnose, délaissée après l'époque des travaux de Jean-Martin Charcot, Hippolyte Bernheim et Pierre Janet, et plaide pour sa diffusion dans la psychanalyse. Il entre ainsi en conflit avec les institutions de la psychanalyse française, dont il dénonce le dogmatisme. Il n'est pas admis à la Société psychanalytique de Paris et se revendique en situation d'« hérétique » et de « résistant », selon les sous-titres de ses Mémoires. Il se rapproche de philosophes comme Isabelle Stengers. De 1963 à 1972, il est chef du service de médecine psychosomatique de l'Institut de psychiatrie La Rochefoucauld à Paris, puis directeur du Centre Déjerine de médecine psychosomatique, où il développe un laboratoire d'hypnose. Sa position non conformiste est renforcée par ses contacts avec la psychiatrie soviétique : il est un introducteur de la psychanalyse en terre soviétique, notamment en organisant les premières rencontres psychanalytiques de Tbilissi.

Anne Rasmussen

CHERUBINI Luigi

Compositeur. – Né le 14 septembre 1760 à Florence, alors Grand-Duché de Toscane, aujourd'hui Italie ; mort le 15 (ou le 13) mars 1842 à Paris, France.

Fils d'un célèbre claveciniste, montrant très jeune des dispositions pour la composition, Cherubini a suivi des études musicales à Bologne et à Milan, avant de faire carrière à Londres puis d'être présenté par le violoniste Viotti à la reine Marie-Antoinette, en 1785. Il s'installe définitivement en France en 1788 et y fonde une troupe lyrique italienne. Son premier opéra « français » est *Lodoiska* (1791). Les événements se précipitent et le compositeur sait s'y adapter. L'Opéra-Italien est dissout : Cherubini compose davantage pour orchestre. Il est inspecteur de l'Institut national de musique, qui deviendra le

Conservatoire, dont il sera le premier directeur. Son opéra *Médée* (1797) passe pour être le premier drame musical romantique français. Franc-maçon, ne se posant pas la question d'un changement de nationalité ou de l'adoption d'une nationalité française, Cherubini a su s'adapter aux changements politiques majeurs. Pourtant, Napoléon ne l'apprécie guère, aussi Cherubini se rend-il, en 1805, à Vienne, où il rencontre Beethoven et Haydn. De retour à Paris, ses œuvres lyriques ne rencontrant pas le succès escompté, il se tourne vers la musique religieuse (*Messe en fa*, 1809). D'abord écarté de la direction du Conservatoire par la Restauration, il est recruté par Louis XVIII comme surintendant de la Chapelle royale, retrouve le Conservatoire comme professeur de composition puis, en 1822, comme directeur. Il compose une messe pour le sacre de Charles X. Comblé d'honneurs, membre de l'Institut, chevalier puis commandeur de la Légion d'honneur, il est encore honoré, à sa mort, de véritables funérailles nationales.

Les fonctions pédagogiques et institutionnelles de Cherubini sont telles qu'il peut être considéré comme le formateur d'une école française de composition, où figureraient un Auber ou un Fromenthal Halévy. Il est resté célèbre durant tout le XIXe siècle pour son cours de contrepoint, souvent utilisé comme manuel dans les classes de conservatoires. Il a, par ailleurs, fait du Conservatoire un centre actif de diffusion de la musique en favorisant l'action de la Société des concerts du Conservatoire. C'est dire que son importance dans l'histoire de la musique française ne se réduit pas à ses démêlés avec le jeune Berlioz, ni à l'autoritarisme dont il a pu faire preuve en dirigeant l'établissement auquel il avait fini par s'identifier. Ses compositions, longtemps oubliées, ont été redécouvertes grâce aux interprétations de Riccardo Muti.

Didier Francfort

CHESSEX Jacques

Romancier, poète et essayiste. – Né le 1er mars 1934 à Payerne, Suisse ; mort le 9 octobre 2009 à Yverdon-les-Bains, Suisse.

Originaire du canton de Vaud, Jacques Chessex fait ses études à Fribourg et obtient une licence de lettres à l'université de Lausanne, après avoir rédigé un mémoire sur Francis Ponge. En 1954, il fait paraître son premier recueil de poèmes, *Le Jour proche*, et en publiera près d'une trentaine durant sa carrière. À l'âge de vingt-deux ans, le suicide de son père le marque profondément et aura une influence durable sur son œuvre, dont la solitude, l'impuissance et la mort formeront les thèmes récurrents. Chessex attend 1962 pour publier, chez Gallimard, son premier roman, *La Tête ouverte*. Très vite, l'écrivain se distingue par un style provocant, en opposition avec le rigorisme calviniste et l'étroitesse provinciale qu'il dit ressentir dans sa région d'origine. Tout en exerçant comme professeur de français à Lausanne, il continue d'écrire poèmes et romans, auxquels s'ajoutent divers essais critiques. En 1973, Chessex devient le premier auteur étranger – et à ce jour le seul Suisse – à obtenir le prix Goncourt avec son roman *L'Ogre*, paru chez Grasset et narrant l'histoire d'un homme écrasé par le suicide d'un père. Reconnu par le milieu littéraire, l'écrivain devient chroniqueur à *La Nouvelle Revue française* et membre correspondant de l'académie Goncourt. Bien qu'il demeure en Suisse, Chessex s'intéresse à l'héritage littéraire de la France, via Voltaire, Sade, Flaubert et Maupassant, à qui il consacre plusieurs ouvrages. Lauréat du prix Mallarmé pour *Les Aveugles du seul regard* en 1992, il devient membre du jury Médicis quatre ans plus tard. Après avoir été fait chevalier de la Légion d'honneur en septembre 2002, il reçoit, l'année suivante le Grand Prix du rayonnement français de l'Académie française. Jacques Chessex meurt en 2009 lors d'une réunion publique, alors qu'il venait d'apporter son soutien au cinéaste Roman Polanski.

Pierre-Frédéric Charpentier

CHESTOV Lev, ou Léon (Isaakovitch Schwarzmann)

Philosophe et écrivain. – Né le 31 janvier 1866 à Kiev, alors Empire russe, aujourd'hui Ukraine ; mort le 20 novembre 1938 à Paris, France.

Chestov fut une des figures de la renaissance spirituelle de l'« Âge d'argent » russe au début du XXe siècle, avant de s'établir en France au temps de la maturité. Il y passera les dix-sept dernières années de son existence sans en prendre la nationalité. Ce passeur entre Orient et Occident, pourfendeur du rationalisme hérité de la civilisation grecque, est le fils d'un riche négociant en tissu, juif libre penseur, mais grand connaisseur de la littérature hébraïque, qui ouvrait sa maison à l'élite culturelle de Kiev et de Saint-Pétersbourg. Chestov découvre sa vocation littéraire au début des années 1890, après avoir achevé des études de droit. Pendant une vingtaine d'années, il voyage beaucoup en Russie et en Europe, partageant son temps entre les servitudes que lui impose la gestion de l'entreprise familiale et les études qu'il consacre notamment à Shakespeare, Dostoïevski, Nietzsche et Tolstoï. Peu après les révolutions russes, qui ne l'ont guère enthousiasmé, il quitte Moscou pour Kiev avant d'émigrer vers la Suisse, puis, en avril 1921, vers la France, où il espère vivre de sa plume. À Paris, il participe à la vie culturelle de l'émigration russe. Auteur reconnu dans son pays, il n'est pas encore traduit en France. Il accède à la notoriété dans les milieux littéraires et philosophiques parisiens en 1922 : il enseigne à la Sorbonne au sein de l'Institut d'études slaves – enseignement qu'il assurera jusqu'en 1936 –, publie dans la *Nouvelle Revue française* un article important sur Dostoïevski et son ami et traducteur Boris de Schloezer, qui, à son tour, lui consacre une étude importante dans le *Mercure de France*. L'année 1923 marque une étape décisive dans son intégration au milieu intellectuel parisien : *Les Révélations de la mort. Dostoïevski-Tolstoï* et *La Nuit de Gethsémani*, écrit à l'occasion du tricentenaire de Pascal, sont bien accueillis et il participe à la troisième décade de Pontigny, à l'invitation de Paul Desjardins et de Charles du Bos, avec lesquels il noue des relations amicales. En 1924, il rencontre chez Jules de Gaultier l'écrivain d'origine roumaine Benjamin Fondane, qui deviendra son disciple. De 1926 à 1929, Chestov organise lui-même des réceptions auxquelles sont conviés hommes de lettres et philosophes. La *Revue philosophique*, dirigée par Lucien Lévy-Bruhl, lui ouvre ses pages : son attaque, en 1926, contre le rationalisme d'Edmund Husserl (traduction d'un article publié en Russie en 1917) et la controverse qui s'ensuit contribuent à la connaissance de la phénoménologie en France. Passeur entre la Russie, l'Allemagne et la France, Chestov se rend fréquemment de l'autre côté du Rhin, fait venir à plusieurs reprises Husserl à Paris et, grâce à lui, découvre Kierkegaard, dont la pensée fait écho à sa philosophie existentielle. Malgré sa notoriété, Chestov connaît des difficultés à faire éditer ses œuvres complètes en français. L'entreprise est lancée en 1926 par les jeunes éditions de la Pléiade, mais seuls trois volumes paraîtront de son vivant. Néanmoins, ses derniers livres ont été édités en traduction française avant de paraître en russe, sa langue d'écriture : *Le Pouvoir des clés* (1928), *Sur la balance de Job* (1929), *Kierkegaard et la philosophie existentielle* (publié en 1936 grâce à un Comité des amis de Léon Chestov présidé par Lévy-Bruhl et où figure son ami Nicolas Berdiaev, autre philosophe émigré russe) et enfin *Athènes et Jérusalem* (1938). Quelques mois avant sa mort, Chestov prononce à Radio-Paris des conférences sur Dostoïevski et Kierkegaard qui élargissent son public.

Adversaire des systèmes, Chestov a lutté contre les prétentions arrogantes du rationalisme. Il appelle à se libérer du carcan de la logique et de la science, qui brident la liberté créatrice et pétrifient la vie, afin de réintroduire le mystère et le tragique au cœur de l'expérience existentielle de l'individu, expérience dont il faut sauvegarder la précieuse singularité. Libre héritier des traditions juive et orthodoxe, mais hors de toute attache confessionnelle, Chestov a élaboré un spiritualisme profondément religieux dans lequel la « question de Dieu » est celle du mystère irréductible. En opposant Jérusalem – la révélation biblique – à Athènes – l'héritage rationaliste grec –, il oppose la foi qui « mène à la liberté » à la raison qui « mène à la nécessité ». Sa pensée, en situation d'extraterritorialité, entretient avec l'Occident une relation à la fois d'ouverture et d'altérité critique. Marquée par l'expérience du voyage et de l'exil, c'est une pensée de l'entre-deux, qui assume le déracinement d'une conscience philosophique voulue libre.

Stéphan Soulié

CHEUNG Maggie (Maggie Cheung Man-yuk)

Actrice. – Née le 20 septembre 1944 à Hong-Kong.

Élevée en Angleterre, retournée à Hong-Kong pour y être mannequin, actrice de série télévisées, Maggie Cheung devient une vedette du cinéma asiatique en tournant avec Jackie Chan, puis avec ces grands auteurs que sont Wong Kar-waï et Tsui Hark. Le premier en fait la star d'*In the Mood for Love* et de *2046*. Elle épouse en 1998 le cinéaste français Olivier Assayas, qui lui a donné le rôle d'une Musidora moderne dans *Irma Vep* (1996) et celui d'une droguée cherchant à récupérer son fils dans *Clean* (2004), rôle qui lui vaut le prix d'interprétation féminine au Festival de Cannes. Elle est également présente dans *Augustin, roi du kung-fu* d'Anne Fontaine (1999).

Jean-Luc Douin

CHILIENS

Du XIXe siècle à la première moitié du XXe, on trouve en France des petits groupes de Chiliens, mais peu s'y installent. Il s'agissait surtout d'étudiants, connaissant déjà le français, parfois venus avec l'appui financier de la France (des bourses ou, déjà en 1825, les frais de voyage). À leurs côtés, des Chiliens impliqués dans les échanges économiques et techniques des deux pays, et ceux qui étaient attirés par le rayonnement culturel de la France. Ceux qui s'y fixent sont des cas particuliers, tel José de San Martin, général des indépendances d'Argentine, du Chili et du Pérou. Au XXe siècle, la France reste le passage obligé d'étudiants, d'artistes et d'écrivains, comme les futurs prix Nobel, Gabriela Mistral (années 1920-1930) puis, après guerre, Pablo Neruda.

Mais l'histoire de l'immigration chilienne en France est surtout étroitement liée à l'histoire des réfugiés politiques. Le 11 septembre 1973, le coup d'État militaire, dirigé par le général Pinochet, interrompt brutalement le gouvernement d'Unité populaire (1970-1973), présidé par Salvador Allende, à la faveur duquel se développait un puissant mouvement de réformes sociales par la voie démocratique. L'extrême dureté de la répression de la dictature militaire dura jusqu'à la fin des années 1980 et entraîna vers l'exil des milliers de Chiliens. La France fut l'un des pays les plus accueillants pour eux. Les Chiliens, qui n'étaient que 500 dans les années 1960, sont plus de 1 000 dès 1974, près de 2 500 un an plus tard, plus de 6 000 dans les années 1980 et près de 10 000 à la fin du siècle.

Les liens culturels antérieurs et la solidarité de larges secteurs de la société française avec la démocratie chilienne ont amené le gouvernement français à un large accueil des exilés chiliens (droit au séjour, au travail, statut de réfugié OFPRA, six mois d'hébergement avec couverture sociale et bases de français). L'accueil est coordonné par des administrations et des associations humanitaires, surtout la Cimade et France Terre d'asile, qui participent parallèlement à un large mouvement de solidarité (partis, syndicats et associations). Le nombre de réfugiés chiliens croît jusqu'à la fin de la dictature (1988-1989), renforcé par les regroupements familiaux, les naissances et une petite immigration économique.

Les exilés chiliens sont jeunes (en majorité moins de trente-cinq ans), avec, dès le départ, de nombreuses femmes et des familles. Essentiellement issus des classes moyennes, avec une scolarité secondaire (35 %) et universitaire (40 %), ils sont étudiants (presque la moitié) et cadres de la fonction publique, membres de professions libérales, artistes. Ils retrouvent difficilement des emplois à ces niveaux. Toutefois des solidarités professionnelles ou l'appui de municipalités facilitent certaines insertions. Ainsi, dans le milieu universitaire, l'ancien ministre de l'Agriculture du gouvernement Allende, Jacques CHONCHOL (né en 1926), est devenu professeur à l'IHEAL (Institut des hautes études d'Amérique latine) et l'écrivain et diplomate Armando URIBE (né en 1933), professeur à Paris I. Parmi les nombreux artistes que l'exil a conduits en France, citons l'ex-directeur des Beaux-Arts, le peintre José BALMÉS (né en 1927), les chanteurs frère et sœur Isabel (née en 1939) et Angel (né en 1943) PARRA ou le groupe Quilapayun, le metteur en scène Oscar CASTRO (né en 1947) et son « théâtre Aleph » et le cinéaste Raul RUIZ naturalisé français (mais enterré au Chili en août 2011, selon son vœu).

Des exilés animent des associations (encore une vingtaine dans les années 1990) et, de 1974 à 1984, ils publient plus de deux cents revues (souvent éphémères) et réalisent trente-neuf films. Leur dénonciation de la dictature reprend force lors de « l'Affaire Pinochet » en Angleterre (1988) et du procès des bourreaux des Français (2010). Le retour à la démocratie au Chili, qui a supprimé les « listes d'indésirables », permet des retours au pays, mais rarement pour y vivre. Signe d'enracinement en France, alors qu'en 2007 les personnes nées au Chili étaient plus de 11 000, seules 4 500 étaient recensées de nationalité chilienne.

Marie-Christine Volovitch-Tavares

Bibl. : GAILLARD Anne Marie, *Exils et retours, itinéraires chiliens*, Paris, L'Harmattan/CIEMI, 1997 • PROGNON Nicolas, *Les Exilés chiliens en France, entre exil et retour (1973-1994)*, Éditions universitaires européennes, 2011.

CHINOIS

Les Chinois ont une forte tradition d'émigration. Depuis les Temps modernes, ils ont dessiné, par leur mobilité, une géographie des « Chinois d'outre-mer » qui s'est considérablement étendue au XIXe siècle. La France n'a pris place dans cette géographie qu'à partir du XXe siècle, assez en retrait jusqu'aux années 1970. Elle figure aujourd'hui au premier rang des pays européens de la diaspora chinoise. Le terme *diaspora* fait ici référence à la solidarité et à la singularité des liens qui unissent les territoires de l'émigration chinoise, au-delà même de leur ancrage dans la terre d'origine, qui est resté longtemps plus symbolique que réel (E. Ma Mung). Ce phénomène explique que la plus grande partie des Chinois de France ne soit pas venue de Chine, mais de la diaspora. Nombreux dans les pays de l'ancienne Indochine, des Chinois « ethniques » sont venus comme réfugiés, avec la nationalité vietnamienne, cambodgienne ou laotienne. Naturalisés français pour la plupart, ils ne sont pas comptés parmi les 72 000 personnes de nationalité chinoise recensées en 2007. Ce chiffre n'intègre pas non plus les nombreux migrants non régularisés, qui arrivent au sein des flux activés récemment depuis plusieurs régions de Chine. Les apports de cette immigration, que le regard du pays d'accueil tend à confondre dans un ensemble culturel homogène, sont donc complexes et divers.

***Coolies* de la Grande Guerre et colporteurs du Zhejiang.** Au XIXe siècle, peu de Chinois venaient en Europe. En revanche, les puissances européennes organisaient une partie des migrations en introduisant des *coolies* chinois dans les territoires coloniaux, après l'abolition de l'esclavage. Dans le même esprit, le gouvernement français procéda à un recrutement massif de travailleurs chinois pour soutenir l'effort de guerre à partir de 1917. Ce furent les débuts de la présence chinoise en France. Ces 100 000 travailleurs sous contrat ont été recrutés dans différentes régions de la Chine, des provinces septentrionales à celle de Canton au sud. Avec un statut comparable à celui des coloniaux, ils furent employés à l'arrière et sur le front (terrassement des tranchées, transport des munitions), et participèrent aux opérations de déminage à la fin de la guerre. La grande majorité est repartie à la fin du contrat. Quelque 3 000 d'entre eux demeurèrent en France, ouvriers dispersés dans les régions industrielles et dans l'agglomération parisienne. Un sort particulier doit être fait aux quelque 2 000 recrutés originaires de la ville de Qingtian, dans la province du Zhejiang, dont la moitié demeura en France. Ces colporteurs ont fait de l'Îlot Chalon, quelques rues proches de la gare de Lyon, à Paris détruites lors de la construction de la gare TGV, leur quartier général. Déjà à la fin du XIXe siècle des marchands les avaient précédés, traversant la Sibérie pour atteindre Moscou et Berlin, puis Londres, Amsterdam et Paris. Il s'agissait souvent de modestes colporteurs d'objets en pierre dure, spécialité de leur région montagneuse du Zhejiang, mais certains se sont enrichis. Dans son récit biographique recueilli par Marie Holzman, Tsong-heng Liang évoque Scié Tongfa, devenu diplomate à l'ambassade de Chine à Paris, et son père, arrivé de cette région à la fin du XIXe siècle, établi à Paris, antiquaire fortuné et marié à une Française.

Entre la Première Guerre mondiale et 1975, les migrations chinoises vers l'Europe, et notamment la France, représentent des flux modestes, mais ne se tarissent pas totalement. Les originaires du Zhejiang continuent à arriver. Définis par leur ville de départ, les Qingtian sont rejoints, dans les années 1930, par les Wenzhou (ville côtière éloignée de Qingtian d'une soixantaine de kilomètres). Les produits colportés changent : les « articles de Paris » (articles bon marché liés à la mode, bijoux fantaisie, foulards...) et la petite maroquinerie les mettent en contact avec les grossistes juifs du quartier Arts et Métiers, dans le IIIe arrondissement. Peu à peu, au cours des années 1930 et 1940, ils ont quitté l'Îlot Chalon pour s'établir dans ce quartier dans lequel leur présence est encore très visible aujourd'hui, et en adopter les activités, notamment le travail du cuir. Les nouvelles arrivées ont été réduites, mais non arrêtées après la Révolution chinoise de 1949.

Dès les années 1910, mais surtout pendant les années 1920 et 1930, l'Europe et en particulier la France exercent une réelle attraction sur les jeunes élites chinoises. Les uns pouvaient compter sur l'aide de leurs familles pendant leurs études et, s'ils décidaient de s'établir en exil, pour leurs premiers investissements. D'autres, pour des raisons idéologiques ou économiques, cherchèrent à combiner travail en usine et études. On repère parmi eux de futurs leaders politiques, de ZHOU ENLAI (1898-1976) à DENG XIAOPING (1904-1997) et CHEN YI (1901-1972). Sur les quelques 2 000 étudiants-ouvriers des années 1920, 4 à 500 demeurèrent dans notre pays.

Ces populations diverses ont assuré la continuité de la présence chinoise en France dans une période où celle-ci se réduisait malgré tout à de faibles effectifs. On dénombrait environ 3 000 Chinois en 1926, 2 000 après les retours liés à la guerre sino-japonaise puis européenne, 3 000 à nouveau en 1975. C'est cette population que décrit Tsong-heng Liang (p. 143) lorsqu'il quitte le consulat de Chine au début des années 1950 : « Vieux ouvriers de la Grande Guerre, immigrés du Wenzhou des années vingt et trente, étudiants et religieux, tels étaient en gros les Chinois qui composaient le paysage de la diaspora à Paris. »

Boat people et réfugiés : le grand mouvement des années 1970-1980. La reprise contemporaine de l'émigration a pour premier espace de départ non la Chine, mais la péninsule Indochinoise. Quittant l'Asie du Sud-Est, les exilés ont gagné l'Europe, l'Amérique du Nord, l'Australie, élargissant l'espace de la diaspora chinoise.

Entre 1970 et 1985, quelques trois à quatre millions de personnes ont fui le Vietnam, le Cambodge, le Laos. Parmi ces exilés, les minorités chinoises, particulièrement malmenées par les pouvoirs en place au cours de la décennie 1970, étaient surreprésentées. Au Laos, où les Chinois constituaient une minorité urbaine et commerçante de quelques 30 000 individus, près de la moitié du groupe a quitté le pays entre 1975 et 1982, essentiellement pour des motifs économiques. Au Cambodge, les Sino-Khmers avaient les mêmes motivations de fuir leur pays que les Khmers, d'abord la terreur khmère rouge puis, après l'entrée des Vietnamiens en janvier 1979, la famine. Les Sino-Vietnamiens, enfin, constituaient la minorité chinoise la plus nombreuse d'Indochine : près de 2 millions de personnes, dont 1,3 million dans le Sud-Vietnam. Environ un demi-million d'entre eux a quitté le pays entre 1975 et 1980. La plus grande partie des départs a eu lieu après le durcissement politique de 1978, marqué par l'abolition du commerce privé et par la suspicion qui pèse sur la minorité chinoise lorsque l'entrée des Vietnamiens au Cambodge entraîne un conflit armé avec la Chine. Au total, les chercheurs ont évalué à 50 % les membres des minorités chinoises parmi les réfugiés des camps. Leur proportion est probablement plus élevée encore parmi ceux qui ont été accueillis dans les pays occidentaux. Les Chinois, urbains et disposant de réseaux extérieurs, ont souhaité plus fréquemment émigrer en Occident que les paysans khmers par exemple ; ils ont plus facilement réussi à mener à bien ce projet.

Les nouvelles migrations. Depuis le milieu des années 1980, la Chine est à son tour concernée par la reprise de l'émigration. C'est une des conséquences des bouleversements économiques et sociaux entraînés depuis 1979 par les réformes successives, jalonnant le passage de l'économie socialiste planifiée à « l'économie de marché socialiste ». Des facteurs contradictoires (perte de statut du fait de la restructuration des entreprises d'État, enrichissement lié à l'activité privée, etc.) ont joué en faveur des départs, avec des combinaisons différentes selon les milieux sociaux et les régions. On peut identifier trois composantes et c'est leur addition qui explique la croissance en France des effectifs de ceux qui possèdent ou ont possédé la nationalité chinoise. Notons cependant que ces Chinois, malgré cette croissance récente, restent moins nombreux dans notre pays que les ressortissants de chacun des trois pays de l'ancienne Indochine.

Le premier groupe, sans doute le plus important, est celui des jeunes migrants natifs des provinces du Fujian et du Zhejiang : ils partent pour rejoindre des membres de leur famille ou des originaires de leur localité, déjà implantés en Occident. Au-delà des difficultés du parcours, ces jeunes ne plongent pas dans l'inconnu. Ainsi, les émigrés du sud de la province du Zhejiang, que l'on appelle indifféremment en France les Zhejiang ou les Wenzhou, continuent à se diriger de façon préférentielle vers les grandes villes européennes, est en particulier Paris.

Dans la région portuaire de Wenzhou s'est développée une classe de petits entrepreneurs récemment enrichis. C'est en son sein que se recrutent les nouveaux arrivants. Jusqu'en 1997, ils entraient en France sans visa et de manière clandestine. Aujourd'hui, ils entrent avec un visa touristique de l'espace Schengen ; les voyages sont organisés par des réseaux de passeurs, en échange d'une somme réglée au moment du départ ou de l'arrivée en France. Les migrants mobilisent leur épargne et empruntent le reste à des membres de leur famille, qu'ils rembourseront avec les gains de leur travail. Les immigrés du Zhejiang se mettent au service des entrepreneurs déjà établis, dans la maroquinerie (en recul), la confection, la restauration ou le commerce alimentaire, en attendant de payer leurs dettes, de réunir de nouvelles économies et de devenir patron à son tour. C'est ce mécanisme qui explique la croissance du nombre des entreprises. La création d'entreprises est facilitée grâce aux tontines (*hui*), système de prêt sans intérêt reposant sur la solidarité d'un groupe de créditeurs (souvent des parents), qui constituent un fonds pour financer le projet de l'un d'entre eux. Mais, tant que la situation administrative des immigrants reste irrégulière, il ne peut s'agir que d'emplois non déclarés. L'absence de régularisation est un des problèmes majeurs. Dans les années 1990, bien des Chinois de Paris sont allés rapidement s'établir en Italie ou en Espagne pour bénéficier d'une régularisation annoncée. Plus récemment, ce sont majoritairement des Chinois du Zhejiang qui ont constitué le groupe dit du « Troisième collectif », qui a participé, de 1996 à 1998, à la lutte pour la régularisation des sans-papiers. Au total, 7 674 Chinois ont obtenu une carte de séjour ; ils représentaient 10 % des régularisés de cette opération. Aujourd'hui, il existe encore un nombre, impossible à évaluer, d'immigrants chinois du Zhejiang en situation irrégulière. L'existence d'une main-d'œuvre irrégulière à faible coût est, de fait, une véritable nécessité pour le fonctionnement de certaines activités comme la confection parisienne (il s'agit d'ailleurs d'un mode de fonctionnement structurant dans la confection urbaine, comme l'a montré l'historienne Nancy Green). En donnant la préférence aux ateliers dont les prix sont les plus bas, sans s'intéresser de trop près aux caractéristiques et aux conditions de travail des ouvriers, les entreprises qui ont pignon sur rue réduisent ainsi leurs coûts de façon drastique. Elles se protègent des rigueurs de la loi par un système complexe d'intermédiaires.

Une deuxième composante est apparue voici quelques années. Ce sont des cadres moyens, techniciens et employés, victimes des restructurations industrielles et originaires du Nord-Est du pays. Il s'agit de femmes et d'hommes de plus de quarante ans, qui sont rentrés dans les entreprises d'État dès la fin de leurs études et qui ont ainsi bénéficié d'un statut protégé doté de nombreux avantages (gratuité du logement et des études pour leur enfant unique). Avec la réorganisation économique des années 1990, ils ont perdu ce statut et leur âge limite les possibilités de trouver un nouvel emploi en Chine, dans un marché du travail saturé. L'émigration est alors envisagée comme une voie de reclassement social, permettant notamment de payer les études des enfants. De plus, face à la désorganisation de leur société, qui a atteint souvent leur couple, ils l'envisagent aussi comme une occasion de reconstruire leur vie personnelle. Ne disposant pas, comme les Zhejiang, d'un milieu d'accueil en France, ils font appel, pour partir, à de véritables sociétés d'émigration installées dans les grandes villes, ayant pignon sur rue, comme agences de voyage ou entreprises de commerce international. Le voyage est d'ailleurs plus facile. L'épargne de ces Chinois du Nord leur permet le plus souvent de régler leur déplacement sans s'endetter et, grâce à leur statut antérieur, ils bénéficient parfois d'un visa d'affaires d'un pays de l'espace Schengen. Mais lorsque la validité de leur visa est périmée, ils sont dans la même situation d'irrégularité que leurs compatriotes du Zhejiang. Ils n'ont d'autre recours que de se mettre au service des autres communautés chinoises, plus structurées. Ils travaillent dans la confection et la restauration. Le fait de parler la langue nationale et de lire les idéogrammes est un atout pour les femmes, qui trouvent des emplois de garde d'enfants, beaucoup de familles wenzhou bien installées souhaitant donner à leurs enfants des connaissances sur la langue et l'écriture enseignées en Chine.

La troisième composante, celle des Chinois qualifiés et des intellectuels, s'intègre à une mobilité planétaire, qui lie les grandes villes chinoises aux métropoles occidentales. Des diplômés, des entrepreneurs à la recherche de nouveaux débouchés, de nouvelles techniques, d'un apprentissage linguistique se dirigent surtout vers l'Amérique du Nord. Mais Paris participe de ce mouvement, avec d'autres métropoles européennes. La mobilité des étudiants, voulue par les autorités chinoises, a aussi entraîné des migrations durables, qui ont bénéficié d'abord aux pays d'Amérique du Nord, les plus attractifs, mais qui concernent de façon croissante les pays européens. De nombreux étudiants chinois passent une ou deux années universitaires dans les universités françaises. Enfin, des artistes et écrivains chinois, parfois dissidents, vivent en Occident, exerçant leur métier ou survivant grâce à des traductions, des vacations d'interprétariat, des cours de langue ou de calligraphie chinoise. Ainsi, peu de personnes connaissaient en France le nom de l'écrivain et peintre GAO XINGJIAN, exilé depuis 1988, avant que les journalistes ne soient allés le voir dans son appartement HLM de Bagnolet pour lui annoncer qu'il venait de recevoir le prix Nobel de littérature 2000. Avant lui, l'écrivain, poète et calligraphe François CHENG, lauréat de nombreux prix, dont le Femina en 1998, académicien depuis 2002, avait connu bien des années difficiles en France, pays qu'il avait pourtant choisi par amour pour sa culture.

***Chinatowns*, nouveaux territoires de la ville-monde.** Les statistiques chinoises qui évaluent les « Chinois d'outre-mer » estimaient à 200 000 le nombre de Chinois et de descendants vivant en France. Population essentiellement urbaine, les Chinois ont contribué à la transformation de certains quartiers et acclimaté des pratiques nouvelles, contribuant à l'ouverture multiculturelle de la société. Les *Chinatowns*, qui constituent les territoires visibles de la diaspora dans tous les pays d'émigration chinoise, ont fait leur apparition à Paris après l'arrivée des réfugiés d'Indochine.

L'Île-de-France concentre la grande majorité des Chinois de France. Malgré leur dispersion initiale dans des centres d'hébergement en province, les réfugiés ont préféré la région parisienne. La concentration est encore plus forte pour les nouveaux venus, qui arrivent le plus souvent à l'aéroport de Roissy et rejoignent les réseaux connus ou les pôles d'emploi communautaire. Pour les Parisiens, deux quartiers ont l'image de quartiers chinois, celui de la porte de Choisy dans le XIIIe arrondissement, dans le sud de la capitale, et le quartier de Belleville, dans le nord-est. Rappelons toutefois que c'est le quartier Arts et Métiers, dont on a vu l'investissement ancien par les commerçants du Zhejiang, qui comprend la concentration la plus dense d'entreprises chinoises. Les grossistes en maroquinerie et en confection, sous-traitants du Sentier, y font travailler nombre de migrants récents, souvent en situation irrégulière. Dans ce quartier cosmopolite, les devantures avec des caractères chinois ont tendance à se multiplier, sans atteindre le niveau de visibilité de Belleville ou du XIIIe. Le vieux quartier multiculturel de Belleville, où la dominante maghrébine (musulmans, puis juifs tunisiens) s'était affirmée entre 1950 et 1970, a connu une vague chinoise à partir des années 1990. Quantité de commerces aux enseignes clinquantes (restaurants, supermarchés, marchands de cassettes chinoises) ont transformé l'allure des artères principales, tandis qu'à l'arrière se développaient des activités plus informelles, voire illégales (marchands de sommeil, cabinets médicaux clandestins, etc). Le quartier est devenu un espace de ressources pour tous les Chinois nouveaux arrivants, et les originaires du Zhejiang jouent, là aussi, le rôle dominant. Mais la *Chinatown* par excellence, désormais au programme des « Paris-tours », c'est l'espace singulier des tours et des dalles autour de la porte de Choisy. Le paysage est celui d'une opération de rénovation urbaine conduite entre 1965 et 1975 ; l'installation des réfugiés est la conséquence de la désaffection des autochtones pour ce type d'architecture. Les réfugiés désireux de quitter les centres d'hébergements s'y sont installés, souvent à plusieurs familles dans un logement, point de départ d'une concentration ethnique considérable. Les Cambodgiens étaient majoritaires dans le peuplement initial, beaucoup étant d'ethnie chinoise. Ils ont investi les galeries commerçantes vides jusqu'alors et ont construit un territoire, auquel ils ont donné une visibilité inconnue dans l'espace parisien. La densité de population a beaucoup diminué. Des familles sont allées s'installer à l'extérieur, en banlieue, comme à Marne-la-Vallée où on retrouve certaines concentrations (à Lognes, 26 % de la population est d'origine asiatique). En revanche, le poids économique et commercial du quartier s'est maintenu et même renforcé. La mise en scène de soi déborde des restaurants et multiples commerces qui se renouvellent dans cet espace et dans les rues adjacentes. Les manifestations du nouvel an chinois constituent désormais un événement parisien, qui renforce à la fois l'appropriation territoriale et son acceptation dans la société d'accueil. On a un peu oublié les origines de ce défilé festif. La première « danse du Lion », plus modeste, fut organisée en 1985 par l'association Rencontre et culture franco-asiatique, fondée dans le cadre de la paroisse locale Saint-Hippolyte pour faciliter l'insertion des réfugiés et le mélange des cultures (A. Raulin, in *L'Année sociologique*, n° 1, 2008). Dans cette organisation, les Vietnamiens catholiques, plus nombreux au départ, ont été vite dépassés par les Chinois et par les initiatives des grands commerçants TANG frères ou Paris-Store. Autant que les touristes, le quartier attire les Chinois de l'agglomération, qui viennent s'y promener, s'y approvisionner (plusieurs grands supermarchés s'y trouvent, dont trois appartiennent aux frères Tang), s'y retrouver entre eux, mais aussi travailler dans ce qui est devenu un grand pôle économique. Tang frères et Paris-Store importent des produits de Chine, de Hong-Kong, de Thaïlande et même des États-Unis, et les redistribuent dans les épiceries et restaurants de France, et ailleurs en Europe occidentale. Les réseaux de service aux entreprises se sont renforcés (assurances, services juridiques) et les grandes banques chinoises se sont installées dans le secteur. Dans les années 1990, 3 000 Asiatiques travaillaient dans le XIIIe arrondissement, alors que seulement 1 000 y résidaient. Ces fonctions multiples connectées à l'échelle planétaire sur fond de folklore ethnique contribuent à la transformation en ville-monde de la métropole parisienne.

La fierté d'appartenir à la diaspora chinoise est renforcée par le développement de la Chine contemporaine comme grande puissance économique. Si, aujourd'hui, les jeunes Français d'origine chinoise, formés à l'école publique, connaissent des parcours professionnels comparables à ceux des autres Français, ils demeurent porteurs d'une culture où l'esprit d'entreprise s'allie au sentiment d'appartenir à une très ancienne civilisation. Les activités commerciales se développent, on l'a vu, comme corollaire à l'immigration, l'investissement est en majorité inscrit dans les logiques du commerce ethnique. En 1991, les restaurants, salons de thé et traiteurs représentaient 65 % des commerces chinois répertoriés en région parisienne, davantage encore en province. Mais les activités se diversifient sans cesse (soins esthétiques, arts martiaux, matériel audiovisuel), tandis que se sont développés quantité de services liés au commerce (cabinets de conseils, import-export) ou aux domaines de pointe (paramédical, nouvelles technologies). Une attitude culturelle décomplexée permet de concilier l'attachement aux particularismes et à la tradition avec les exigences d'un milieu d'accueil peu favorable aux manifestations communautaires. Dans les années 1990, le désir d'avoir un enseignement du chinois dans un lycée du XIIIe arrondissement a ainsi pris la forme d'une demande de langue vivante nouvelle, au profit de tous, comme l'anglais ou l'espagnol. Le contexte s'est révélé favorable, puisque le chinois est devenu une langue d'avenir.

Michelle Guillon

Bibl. : CATTELAIN Chloé (dir.), « Les modalités d'entrée des ressortissants chinois en France », *Migrations Études*, n° 108, juillet-août 2002, p. 1-14 • CONDOMINAS Charles et POTTIER Richard, *Les Réfugiés originaires de l'Asie du Sud-Est*, Rapport au président de la République, La Documentation française, 1982 • COSTA-LASCOUX Jacqueline et LIVE Siu-Sion, *Paris XIIIe, lumières d'Asie*, Paris, Autrement, mai 1995 • GUILLON Michelle et TABOADA-LEONETTI Isabelle, *Le Triangle de Choisy, un quartier chinois à Paris*, Paris, CIEMI, L'Harmattan,

1986 • HOLZMAN Marie et TSONG-HENG LIANG, *Chinois de Paris*, Paris, Seghers, 1989 • MA MUNG Emmanuel, *La Diaspora chinoise, géographie d'une migration*, Paris, Géophrys, 2000.

Voir aussi : ASIATIQUES, VIETNAMIENS.

CHOCOLAT. — *Voir* FOOTIT ET CHOCOLAT.

CHOPIN Frédéric (Fryderyk Franciszek)

Compositeur et pianiste. – Né le 1er mars 1810 à Zelazowa Wola, alors Empire russe, aujourd'hui Pologne ; mort le 17 octobre 1849 à Paris, France.

Les liens du compositeur national polonais avec la France sont multiples, depuis son père, originaire de Marainville-sur-Madon, en Lorraine, jusqu'à son exil final en France, où il s'installe dès 1831. Comparé de son temps à Mozart, Chopin est d'abord un enfant prodige admiré par la bonne société du duché de Varsovie, dont l'autonomie, au sein de l'Empire russe, est alors à peu près respectée. Varsovie est dominée dans les années 1820 par le « style brillant » de Johann Nepomuk Hummel et par la musique de l'Irlandais John Field, qui triomphe alors en Russie. Le jeune Chopin commence à composer dans cet esprit, tout en manifestant son attachement, d'origine familiale, à la culture paysanne et aux chants populaires de Mazovie ou de Cujavie. Alors que l'autonomie du duché se restreint, Chopin se rapproche du groupe d'artistes et de poètes qui veulent donner à leur art un caractère patriotique. Ses premières *Polonaises* et son *Rondeau de concert à la Krakowiak* (1828) reflètent cette volonté. La douleur d'assister à la mort de sa sœur en 1827, la tuberculose qui l'atteint, un amour impossible à déclarer marquent sa jeunesse, conforme à un modèle romantique. Chopin est alors avide de musiques nouvelles, de bel canto italien. En 1829 et 1830, il triomphe en concert à Varsovie, mais il rêve d'une reconnaissance à Vienne et à Paris. Il quitte la Pologne le 2 novembre 1830, quelques semaines à peine avant le début de l'insurrection.

Le succès espéré ne l'attend pas à Vienne, où il apprend douloureusement l'échec et la brutale répression de l'insurrection. À l'été 1831, il est à Paris. Les débuts de la monarchie de Juillet sont marqués par l'affrontement romantisme/classicisme. Chopin admire particulièrement Friedrich Kalkbrenner. Il fréquente les exilés, donne un concert philanthropique à leur profit en 1835. On le retrouve à la Société littéraire polonaise, mais il ne se sent guère une âme d'agitateur politique et se trouve plus à l'aise dans la vie mondaine parisienne, en partie grâce au soutien amical de la célèbre Delfina Potocka. Ses compositions sont reconnues par Hector Berlioz, Franz Liszt, Mendelssohn, Schumann. En obtenant, en 1835, la nationalité française, il peut voyager en Europe sans passer par les tracasseries de l'administration tsariste. Invité à jouer devant la famille royale, il préfère les concerts de salon devant un auditoire choisi, composé du cercle amical des exilés polonais et des romantiques. Il vit avec George Sand, de 1836 à 1847, une existence passionnée de Majorque à Nohant, résidence de sa compagne. Ils se séparent violemment en 1847. De plus en plus affaibli, Chopin voyage au Royaume-Uni. Son dernier concert à Paris a lieu le 16 février 1848, quelques jours à peine avant la révolution qui allait mettre fin à la monarchie de Juillet. Ce fut aussi son dernier triomphe. Frédéric

Chopin est enterré au Père-Lachaise ; son cœur a été transféré à Varsovie : un symbole ? Revendiqué comme musicien national en Pologne, alors qu'une partie de ses biographes français insistent sur son origine ou ses affinités avec la France, considéré comme un modèle universel de créateur, en particulier depuis les vers que Cyprian Kamil Norwid lui a consacrés dans *Fortepian Szopena* (1865-1866), il est la victime posthume d'un excès de commémoration qui a fait oublier sa musique pour ne retenir que son image. Il a pourtant profondément modifié la musique pour piano. Vladimir Jankélévitch a décrit le mystérieux phénomène qui entoure cette œuvre écrite par un compositeur apparu comme un « météore » et qui « nous entretient dans cet état d'ébriété poétique que l'homme nocturne éprouve chaque fois qu'il prend conscience de son mystère ».

Didier Francfort

CHRISTIAN Gérard-Joseph

Savant, technologue et administrateur. – Né en 1778 à Verviers, alors Pays-Bas autrichiens, aujourd'hui Belgique ; mort en 1832 à Argenteuil, France.

Arrivé à Paris en 1813, lié à Fourcroy et Chaptal, grâce auxquels il avait obtenu la chaire de physique et chimie expérimentale de l'École centrale de Namur, Gérard-Joseph Christian devient directeur du Conservatoire royal des arts et métiers en décembre 1816. Il occupe cette charge jusqu'en 1831. Durant ce temps, il est membre de la plupart des commissions et conseils ayant en charge les questions techniques : inspection des produits en douane, enseignement technique, manufactures, expositions des produits de l'industrie. Christian est un acteur essentiel du « moment technologique », qui bat son plein dans le Paris des années 1820 avec, sur le terrain, le foisonnement des ateliers de mécanique, chimie et métallurgie, et, dans le débat d'idées, les écrits de Lenormand, Francœur, Borgnis, la publication de revues comme *Les Annales de l'industrie* (1820-1827), le *Bulletin des sciences technologiques*, ou encore *L'Industriel* (1826-1830), qu'il dirige. Tous cherchent à définir une ligne scientifique pour l'industrie, terme qui désigne encore à cette date la capacité à produire, au sens le plus large. Par ordonnance en date du 25 novembre 1819, le Conservatoire devient une « haute école d'application des sciences aux arts industriels ». Lenormand salue l'ouverture des chaires de géométrie et de mécanique appliquée aux arts, de chimie industrielle et d'économie industrielle, fondement, à ses yeux, de la science industrielle. Christian, lui, adopte la position de surplomb qui convient au directeur de l'établissement et, dans les *Vues sur le système général des opérations industrielles*, propose de remplacer la technologie, jugée trop descriptive, par la « technonomie », censée poser un *nomos* de la *technè*, c'est-à-dire des règles générales ordonnatrices de la capacité à produire, en englobant l'approche analytique de la technique dans une approche systémique centrée sur l'étude des registres opératoires. Son *Traité de mécanique industrielle* (1822-1825) esquisse une théorie de la conception des machines et propose au mécanicien de disjoindre, dans sa pensée conceptuelle, la connaissance de la machine stricto sensu, celle des moyens de transmission et celle des opérations industrielles, toutes susceptibles d'évolution divergente. Trop difficile à comprendre et à définir institutionnellement, alors qu'elle heurtait de plein fouet l'économie industrielle de Jean-Baptiste Say, l'œuvre de Christian tomba dans l'oubli, et y resta jusqu'à l'émergence, dans les années 1960, de la cybernétique et de la pensée systémique.

Anne-Françoise Garçon

CHRISTIE William Lincoln

Claveciniste, chef d'orchestre. – Né le 19 décembre 1944 à Buffalo, États-Unis.

William Christie obtient ses diplômes à Harvard et à Yale. Ralph Kirkpatrick et Kenneth Gilbert le forment au clavecin et à la musique baroque. C'est pour ne pas être enrôlé dans l'armée américaine, en guerre au Vietnam, qu'il s'établit en France en 1971. Il devient un spécialiste de la musique baroque française dans diverses formations, avant de fonder, en 1979, Les Arts florissants. L'ensemble tire son nom d'une œuvre de Marc-Antoine Charpentier et se spécialise dans le répertoire français de Lully à Rameau. Professeur au Conservatoire de Paris, chef invité, Christie forme les chanteurs aux techniques et à l'interprétation baroques et fait de Thiré, en Vendée, où il réside, un lieu patrimonial de référence. Naturalisé en 1995, il a été élu à l'Académie des beaux-arts en 2008.

Didier Francfort

CHRISTINÉ Henri

Compositeur. – Né le 27 décembre 1867 à Genève, Suisse ; mort le 23 novembre 1941 à Nice, France.

Chef d'orchestre reconnu dans le milieu du music-hall parisien, Christiné réussira à mener de front une carrière – de compositeur surtout mais parfois aussi de parolier – dans le domaine de la chanson comme dans celui de l'opérette. Sa réputation nationale et internationale est définitivement installée à partir de 1918 par le triomphe de *Phi Phi*, opérette dont la popularité sera emblématique de la sortie de guerre. Plusieurs des plus grands succès de son époque (*Elle est épatante, Je connais une blonde, La Petite Tonkinoise, Valentine*...) seront signés Christiné, passé maître dans la mise en musique de textes à l'érotisme bon enfant, « typiquement français ».

Pascal Ory

CHRISTO (Christo Vladimiroff Javacheff)

Artiste plasticien. – Né le 13 juin 1935 à Gabrovo, Bulgarie.

Élève de l'Académie des beaux-arts de Sofia – dont sa mère avait été, avant sa naissance, secrétaire générale –, le jeune Javacheff réussit à quitter la Bulgarie communiste en 1956. En 1958, il est à Paris, où il rencontre sa future épouse, Jeanne-Claude de Guillebon, avec laquelle il travaillera en complémentarité. Même si l'œuvre de Christo est parfois réduite par le grand public à l'emballage de lieux sous de gigantesques enveloppes – le Pont-Neuf à Paris en 1985, le Reichstag à Berlin en 1995... –, elle est, de fait, beaucoup plus variée. Il s'est fait connaître en juin 1962 en barrant une rue de Paris d'un haut mur de barils de pétrole, en référence et protestation au Mur de Berlin (*Rideau de fer*), a déroulé une « muraille de Chine » de nylon blanc en Californie, inaugurée par hasard le jour de la mort officielle de Mao Tsé-toung (*Running Fence*), a entouré une douzaine d'îles et îlots au large de la Floride de larges bandes rose fuschia (*Surrounded Islands*). Ce réenchantement du monde est prévu pour être éphémère (en général deux semaines), les seules traces étant en amont les dessins préparatoires de l'artiste, dont la vente finance ses installations, et en aval les photographies et vidéos de son œuvre. Installés à New York dès 1964, Jeanne-Claude et Christo ont été naturalisés américains.

Pascal Ory

CHUNG Myung-whun

Chef d'orchestre. – Né le 22 janvier 1953 à Séoul, Corée du Sud.

Après une formation de haut niveau qui l'a conduit de Séoul à New York, ce jeune chef, représentatif de la première génération de grands interprètes issus des pays émergents d'Asie, commence une carrière européenne qui, de la Sarre et du Teatro communale de Florence, le conduit en 1989 à la tête de l'orchestre du nouvel Opéra de Paris, inauguré cette année-là pour le bicentenaire de la Révolution française. Cette confiance accordée à un chef encore peu connu provoque bien des discussions, mais elle enracine définitivement Myung-whun Chung en Europe et, particulièrement, en France, où il est, entre autres récompenses, élu par l'Association de la critique « artiste de l'année » en 1991. Il quitte ses fonctions en 1994. On le retrouvera au début du XXIe siècle à la fois à l'Académie Sainte-Cécile de Rome et directeur musical de l'Orchestre philharmonique de Radio-France. Sa discographie témoigne, de même, d'un intérêt tout particulier pour la musique française du XXe siècle, au premier rang de laquelle Olivier Messiaen. Se vivant comme un citoyen du monde, Myung-whun Chung a mis sa réputation au service de plusieurs organisations internationales, dont l'Unicef.

Pascal Ory

CICAL Leiber ou Libert

Militant. – Né le 23 février 1892 à Tziganaski, Roumanie ; mort à une date inconnue.

Leiber Cical contracta en août 1914, un engagement volontaire au 1er régiment de la Légion étrangère. Il fut libéré le 21 février 1919 avec la croix de France et sept citations ; cet engagement lui permit d'obtenir la nationalité française en juin 1922. Il adhéra au Parti communiste. En 1925, il était un des animateurs de la fraction communiste de la 13e section de l'Union des coopérateurs, une des plus importantes coopératives de la région parisienne. Il fut aussi un des administrateurs de la coopérative ouvrière, La Vente populaire. Toutefois, l'engagement communiste dans la coopération fut faible : en 1930, il ne représentait que 5 % des forces de ce mouvement.

La police suivait avec assiduité les activités militantes de Leiber Cical. Il assista au IVe congrès national de la CGTU à Bordeaux en 1927. Puis il fit partie de la délégation française qui se rendit à Moscou, toujours en 1927, pour le dixième anniversaire de la Révolution russe.

Leiber Cical devint un des responsables des éditions du Parti communiste. Propriétaire de l'Imprimerie centrale au 5, rue Érard, pour le compte du PC, il la dirigea à partir de 1926. Il s'occupa également de la Bibliothèque de l'Humanité, rue du Faubourg Saint-Denis, qui employait cinq personnes. Leiber Cical fut également, fin 1929-début 1930, commissaire aux comptes de la Banque ouvrière et paysanne (BOP).

Cette dernière avait été impulsée par le Parti communiste, qui dirigeait au même moment la coopérative La Bellevilloise, dont il avait pris la direction au début de la décennie 1920. Mais la BOP disparut au début des années 1930. Est-ce la raison pour laquelle Leiber Cical intéressa moins la police à partir de cette date ? Il semble cependant s'être occupé jusqu'en 1935 d'une autre entreprise éditoriale du PC, les Éditions sociales internationales, avant d'être remplacé par Léon Moussinac.

Michel Dreyfus

CICCOLINI Aldo

Pianiste. – Né le 15 août 1925 à Naples, Italie.

Aldo Ciccolini a été l'élève de Paolo Denza, héritier de Ferruccio Busoni, puis de Marguerite Long et Alfred Cortot. Après des débuts remarqués au San Carlo, il obtient à Paris, en 1949, le premier prix du concours Marguerite Long-Jacques Thibaud. Il est resté un interprète majeur, jouant avec les plus grands chefs, de Furtwängler à Münch ou Celibidache. Si Liszt et Beethoven figurent toujours en bonne place dans son répertoire, s'il a fait découvrir en France la richesse des compositions d'Albéniz ou de Granados, Aldo Ciccolini a été reconnu comme un interprète majeur de la musique française pour piano. Il a donné aux œuvres de Satie ou de Chabrier leur place aux côtés de Ravel ou Debussy. En 1971, il a adopté la nationalité française et a commencé, au Conservatoire national, une nouvelle carrière de pédagogue, tout en poursuivant celle de soliste. Un maître respecté, malgré sa grande discrétion médiatique.

Didier Francfort

CINGRIA Charles-Albert

Romancier et essayiste. – Né le 10 février 1883 à Genève, Suisse ; mort le 1er août 1954 à Genève, Suisse.

Né d'un père turco-dalmate et d'une mère polonaise, Charles-Albert Cingria interrompt ses études pour voyager à travers l'Europe et se consacrer à l'écriture. Il collabore ainsi avec Charles Ramuz aux *Pénates d'argile* (1904), présenté comme le premier essai de littérature « romande ». En 1915, il s'établit à Paris et fréquente notamment Jean Cocteau, Paul Claudel, Max Jacob ou Marcel Jouhandeau. L'appui de Jean Paulhan lui vaut d'intégrer le cercle des rédacteurs de la *Nouvelle Revue française*, où il publie nombre de textes courts, truculents et baroques, rendant compte de lectures, rencontres et ballades à bicyclette sur les routes de France, plus tard rassemblés en volumes (*Stalactites*, 1941, *Bois sec bois vert*, 1948). Après avoir vécu la guerre dans son pays natal, il revient en France en 1944 et partage son temps entre Paris et Aix-en-Provence, avec de fréquents séjours en Suisse. Malade, Cingria rentrera à Genève pour y mourir.

Pierre-Frédéric Charpentier

CIORAN Emil

Écrivain. – Né le 8 avril 1911 à Rasinari, alors Autriche-Hongrie, aujourd'hui Roumanie ; mort le 20 juin 1995 à Paris, France.

Né dans la Transylvanie encore austro-hongroise, Emil Cioran (qui signera souvent E. M. Cioran) est d'abord, dans son nouveau pays, la Roumanie, un jeune philosophe remarqué, qui s'exalte *Sur les cimes du désespoir* (1934) et, nourri de Schopenhauer et de Nietzsche, marque une évidente proximité avec les thèses de l'extrême droite fasciste de la Garde de fer (*La Transfiguration de la Roumanie*, 1936). Mais la bourse qu'il obtient du gouvernement français en 1937 lui permet de s'installer en France – il ne retournera jamais en Roumanie – et de s'éloigner du champ politique pour se livrer désormais, et jusqu'à sa mort, à la délectation morose, vivant très chichement au Quartier latin, en contact avec quelques amis choisis. Assez vite, il n'écrit plus guère qu'en français et c'est dans cette langue que paraîtront les textes qui feront, très lentement et surtout après sa mort, sa réputation. Les titres des deux plus connus, *Précis de décomposition* (1949) et *De l'inconvénient d'être né* (1973), résument assez bien cette pensée, volontiers aphoristique, d'une ironie noire, qui ne s'épargne pas, y compris en ce qu'elle assume le paradoxe d'un « suicidé de la société » qui ne se suicide jamais.

Pascal Ory

CIPRIANI Amilcare

Militant politique. – Né le 18 octobre 1843 à Anzio, alors États pontificaux, aujourd'hui Italie ; mort le 2 mai 1918 à Paris, France.

Élevé au cœur de la Romagne « rouge », ce patriote, volontaire à Solférino en 1859, participe à l'expédition des Mille de Giuseppe Garibaldi puis émigre en Égypte. Volontaire de nouveau contre l'Autriche en 1866, puis contre les Turcs en Crète, il fuit l'Égypte en 1867 après une rixe où il a tué deux policiers. À Londres, photographe, il hésite entre Mazzini et Marx, rejoint Paris juste avant la Commune, y est nommé chef d'état-major. Capturé dans une tentative de marche sur Versailles début avril 1871, il sera déporté en Nouvelle-Calédonie. Il revient en Italie en 1881, est arrêté illico. Élu député, ce qui lui vaudrait la liberté, il voit son élection invalidée par le gouvernement, mais, rejugé, il est enfin absout en 1888. Revenu en France, il s'éloigne des anarchistes en fondant une Union des peuples latins, tout en protestant contre leur exclusion de la Seconde Internationale. En 1897, on le trouve encore en Grèce, se battant de nouveau contre les Turcs. À la fin de sa vie, le vieux militant est devenu une figure emblématique du quartier de Montmartre.

Éric Vial

CISOWSKI Thadée (Tadeusz)

Sportif. – Né le 16 février 1927 à Laski, Pologne ; mort le 24 février 2005 à Charnay-lès-Mâcon, France.

Issu d'une famille polonaise qui émigre en Lorraine en 1933, Tadeusz Cisowski connaît très tôt l'univers de la mine puisque, comme son père et ses frères, dès l'âge de quatorze ans, il descend chaque jour travailler dans les puits. Sa seule distraction : jouer au football le dimanche à la pointe de l'attaque du petit club de l'US.Piennes (Meurthe-et-Moselle). Très talentueux, il est remarqué par le FC.Metz, qui, en 1947, lui propose de signer son premier contrat professionnel. Sa carrière connaît une ascension fulgurante : c'est dans la capitale, au Racing, club au style alors très offensif, que « Ciso » s'impose comme une vedette. Naturalisé français et prenant le nom de Thadée, il devient l'un des avants-centres les plus redoutés de l'après-guerre en terminant meilleur buteur du championnat en 1956, 1957 et 1959 et en signant une moyenne de buts exceptionnelle : 206 pour 286 matchs entre 1947 et 1962. Son remarquable sens du but et sa puissance de frappe obligent les défenseurs adverses à user de tous les moyens pour arrêter « Ciso », ce qui lui vaut d'être souvent blessé (notamment deux fractures de la jambe). Sa carrière chez les Bleus en est écourtée : treize sélections entre 1951 et 1958 – pour, tout de même, onze buts, dont un quintuplé inscrit lors d'un France-Belgique (6-3), le 11 novembre 1956 en phase qualificative pour la Coupe du monde 1958. Blessé, il ne participe pas à l'aventure suédoise des Bleus et, après avoir été l'idole d'une génération, finit sa carrière dans un certain anonymat, ayant bien du mal à poursuivre dans l'encadrement ou l'entraînement. Un jubilé en son honneur a été organisé au Parc des Princes le 8 mai 1973.

Yvan Gastaut

CLARK Petula (Sally Olwen)

Chanteuse. – Née le 15 novembre 1932 à Epsom, Royaume-Uni.

Petula est une enfant de la balle, née d'un père imprésario et d'une mère chanteuse. Montée sur scène dès l'âge de dix ans, elle figure déjà, deux ans plus tard, au générique d'un film et enregistre sa première chanson sur disque en 1949. Sa carrière est donc déjà longue au Royaume-Uni, semée de grands succès commerciaux, quand, au début des années 1960, elle commence à se faire connaître en France, où elle conquiert tout de suite une large audience, séduite par son accent et son dynamisme. Elle épouse un Français, Claude Wolff, et s'installe en France. Elle atteint son apogée en 1964, avec le succès international de *Downtown*, qu'elle interprète en quatre versions linguistiques différentes et qui lui vaut un Grammy Award. La plupart de ses chansons sont des versions françaises de chansons anglophones et, tout en consacrant une part importante de son temps au public français, elle continue par ailleurs à figurer au top des classements britanniques, américains et canadiens – au Canada un de ses fans est le pianiste classique Glenn Gould, qui lui a consacré un long texte, enthousiaste. Associée par les Français à la mode yé-yé, Petula passe mal le cap des années 1970 et disparaît peu à peu de la scène, tout en continuant, jusqu'au XXIe siècle, à enregistrer des disques, la plupart du temps en anglais. Sa troisième carrière est de nouveau principalement anglophone, avec de nombreux succès dans des comédies musicales créées ou reprises à Londres ou Broadway. Chevalier des arts et lettres, Petula Clark est commandeur dans l'ordre de l'Empire britannique.

Yves Borowice

CLARKE Kenny (Kenneth Spearman Clarke ; après sa conversion à l'islam : Liaquat Ali Salaam)

Batteur, chef d'orchestre et compositeur de jazz. – Né le 9 janvier 1914 à Pittsburgh, États-Unis ; mort le 26 janvier 1985 à Montreuil-sous-Bois, France.

Écrire que Kenny Clarke, considéré comme l'un des inventeurs de la technique moderne des batteurs de jazz et comme l'un des pères du *be-bop*, est une figure majeure du jazz tient de la tautologie ; son influence sur le jazz hexagonal dépasse son rapport direct à la France.

Clarke fait quelques apparitions ponctuelles en France dans les années 1940 : ainsi participe-t-il, avec l'orchestre de Dizzy Gillespie, à un concert historique, salle Pleyel en 1948. Lors de ce séjour parisien, il rencontre Darius Milhaud, qui tient à l'écouter jouer et s'entretient avec lui. L'année suivante, il participe, avec James Moody, Max Roach, Sidney Bechet et Miles Davis, au Festival international de jazz de Paris et s'installe en France pour deux ans. C'est en 1956 que Kenny Clarke quitte définitivement les États-Unis pour Paris. Figure emblématique des soirées au Blue Note parisien du 27 de la rue d'Artois, il accompagne les artistes américains de passage et s'illustre notamment dans une collaboration fréquente avec le pianiste Bud Powell et le contrebassiste Pierre Michelot (trio surnommé The Three Bosses). Clarke reste le batteur en résidence du Blue Note, de 1959 à 1966. Intégrant, dès son arrivée en France, le très populaire orchestre de Jacques Hélian, il participe, auprès de Miles Davis, en 1957, aux légendaires sessions d'enregistrement de la musique d'*Ascenseur pour l'échafaud* de Louis Malle. René Urtreger, Pierre Michelot et Barney Wilen comptent également parmi les musiciens. Avec ce dernier, il participe à la bande originale du film d'Édouard Molinaro *Un témoin dans la ville* (1959). En 1960, il crée, avec le pianiste Francy Boland, sa propre formation, le Boland-Clarke Big Band, dans laquelle il tient le rôle de leader et Boland celui d'arrangeur. Jusqu'en 1971, cet orchestre à géométrie variable accueille de très nombreux invités et enregistre une trentaine d'opus, le plaçant ainsi au niveau technique des meilleures formations américaines. Celui qui a révolutionné l'art du batteur de jazz, libérant le contrebassiste de son rôle simplement rythmique, joue et enregistre à Paris avec les plus grands. En 1963, il conduit un quintette qui se produit au Club Saint-Germain et, l'année suivante, figure dans la formation en quartet dirigée par Dexter Gordon, qui enregistre au Blue Note la fameuse session *Our Man in Paris*. En 1965, Clarke et le batteur Dante Agostini fondent à Paris une école de batterie, grâce au soutien financier du facteur d'instrument Selmer, rue de la Fontaine-au-Roy. Par ailleurs, les mêmes ouvrent une classe de batterie au Conservatoire de Saint-Germain-en-Laye, soutenus par le saxophoniste Jean-Louis Chautemps, qui y dirigeait déjà une classe de jazz. Le duo crée par la suite une nouvelle école de batterie à Montreuil-sous-Bois. Cette activité pédagogique a suscité de nombreuses vocations, en particulier chez des percussionnistes issus du Conservatoire et ouverts au jazz, comme par exemple Bernard Lubat. Après un court retour à New York, entre 1977 et 1979, Kenny Clarke s'installe à nouveau en France jusqu'à sa mort.

Jean-Sébastien Noël

CLAVIÈRE Étienne

Homme politique. – Né le 27 janvier 1735 à Genève, alors République de Genève ; mort le 8 décembre 1793 à Paris, France.

Étienne Clavière est de ceux qui illustrent la relativité de la notion d'étranger entre Ancien Régime et débuts de la Révolution, et l'appel aux capacités extérieures. Fils d'un négociant d'origine dauphinoise, banquier, il est l'un des chefs démocrates genevois chassés du pouvoir en 1782 par les Bernois, les Sardes et les Français. Exilé, il s'installe à Suresnes, administre une compagnie d'assurance sur la vie, critique son compatriote Necker et se pose en son successeur possible, devient le principal collaborateur de Mirabeau en matière économique, fait s'enrichir Brissot dans des spéculations américaines en 1788, participe à la Société des amis des Noirs puis au Club des jacobins, intervient dans les débats sur les finances publiques. Suppléant à l'Assemblée législative en 1791, imposé par Brissot comme ministre à Roland et Dumouriez, il devient ministre des Contributions le 15 mars 1792. Il veut rationaliser les mesures fiscales de la Constituante, esquisser un cadastre général de la France, développer la production de poudre à canon du fait de l'imminence de la guerre, défendre la monnaie métallique contre les assignats, qu'il entend gager sur les seuls biens nationaux et réserver à la liquidation des dettes anciennes. Dumouriez lui reproche de vouloir détourner la guerre des Pays-Bas vers la Rhénanie et Coblence, afin de ménager Londres : il le fait renvoyer par le roi le 20 juin, le jour où l'Assemblée lui retire la gestion des assignats. Il retrouve le ministère le 10 août, une fois le roi destitué, veut de nouveau limiter les émissions d'assignats et financer la guerre par l'impôt et non par la planche à billets. Il se heurte au laxisme fiscal de la Convention, ne peut défendre les prérogatives de son ministère face au Comité des finances présidé par Joseph Cambon. Par ailleurs, il envisage des « caisses d'économie », caisses d'épargne alimentées par une cotisation légère pendant trente ans, prêtant à 4,5 %, offrant une rente viagère, sorte de pension de retraite, aux gagnants d'une loterie annuelle, et aux autres, simplement, leur capital abondé. Accusé par les montagnards d'être agent de l'étranger et de freiner l'émission d'assignats dans un dessein antipatriotique, il partage le sort des girondins. Décrété d'arrestation sous la pression de l'émeute du 2 juin 1793, consigné chez lui, décrété d'accusation le 9 et démis de son ministère seulement le 13, il est arrêté le 8 décembre ; connaissant d'avance le verdict qui l'attend, il se suicide d'un coup de couteau au cœur dès sa première nuit en prison.

Éric Vial

CLOOTS Anacharsis (Jean-Baptiste, baron de Cloots)

Homme politique. – Né le 24 juin 1755 au château de Gnadenthal, « Val-de-Grâce », alors Prusse, aujourd'hui Allemagne ; mort le 24 mars 1794 à Paris, France.

Héritier d'une riche famille d'origine hollandaise installée près de Clèves, il publie en 1786 des *Vœux d'un gallophile* prévoyant le rattachement de la rive gauche du Rhin à la France. Il court l'Europe, mais s'installe à Paris fin 1789, prêche l'exportation de la Révolution, se veut « orateur du genre humain à l'Assemblée nationale de France » et « baron en Allemagne, citoyen en France », délivre des certificats de civisme aux « pélerins de la liberté » étrangers. En 1792, il lance *L'Orateur universel*, et devient français par décret le 26 août avec onze autres « hommes qui, par leurs sentiments, leurs écrits et leur courage, s'en sont montrés particulièrement dignes », comme Bentham, Washington, Kościuszko, Schiller. En septembre, il est élu député de l'Oise, et préside le Club des jacobins pendant vingt jours, à la fin de 1793. Il irrite Robespierre par ses liens avec Roland puis Brissot et le monde de la banque, et en même temps par son extrémisme et son athéisme militant. S'il échappe à l'application du décret du 1er août 1793 prévoyant l'arrestation les étrangers non domiciliés au 14 juillet 1789, il se collète avec Marat, qui le traite de « mouchard berlinois » et de « Prussien ». Il est hué au Club des jacobins comme « agent de Brissot-Brunswick ». Le 24 décembre 1793, Robespierre et Saint-Just le font exclure de l'Assemblée avec Thomas Paine, lui imputant à crime richesse, athéisme, bellicisme, contacts à l'étranger. Il est arrêté deux jours après, et guillotiné au terme d'un procès expéditif. Son itinéraire est emblématique de l'attraction qu'exerçait la France sur maints intellectuels, de l'ouverture aux étrangers des débuts de la Révolution et de leur participation à celle-ci, mais aussi de la xénophobie que crée la « fièvre obsidionnale » née de la guerre et débouchant sur la Terreur.

Éric Vial

CLUYTENS André

Chef d'orchestre. – Né le 26 mars 1905 à Anvers, Belgique ; mort le 3 juin 1967 à Neuilly-sur-Seine, France.

La présence en France de musiciens d'origine belge a largement contribué à réconcilier les traditions et les répertoires français et germanique. La carrière d'André Cluytens illustre cette synthèse. Il est en effet autant connu pour ses interprétations de Ravel et de Berlioz que de Wagner ou Beethoven. Fils d'un chef d'orchestre anversois et d'une cantatrice, ancien élève du conservatoire d'Anvers, il commence sa carrière comme chef de chœur. De culture flamande, il est très tôt fasciné par la France. En 1927, il doit remplacer au pied levé son père pour diriger les *Pêcheurs de perles* de Bizet. Il dirige, dans les années 1930, l'orchestre du Capitole de Toulouse, les orchestres de Bordeaux, Lyon et Vichy. À la veille de la Seconde Guerre mondiale, il entreprend les démarches pour sa naturalisation, qui ne sera effective qu'en 1945. En 1946 commence pour lui une grande carrière parisienne à l'Opéra-Comique, dont il devient le directeur musical, à la Société des concerts du Conservatoire, où il succède en 1949 à Charles Münch, au théâtre national de l'Opéra, où il dirige Wagner et Richard Strauss. Il mène une carrière internationale qui le conduit à Berlin, à New York, à Vienne. Il est le premier chef français à diriger à Bayreuth en 1955 (dans *Tannhäuser*). Devenu directeur de l'Orchestre national de Belgique en 1960, il ne cesse pas d'être invité sur les plus grandes scènes. Son passage à Bayreuth en 1965 pour *Parsifal* est particulièrement remarqué. La maladie dont il souffre à la fin de sa vie l'oblige à ralentir le rythme de ses concerts et à renoncer à l'invitation du Metropolitan de New York.

Didier Francfort

COHEN Albert

Romancier et diplomate. – Né le 16 août 1895 à Corfou, Grèce ; mort le 17 octobre 1981 à Genève, Suisse.

Descendant d'une famille de notables juifs séfarades, Albert Cohen quitte l'île de Corfou après une vague de pogroms, qui pousse ses parents à émigrer en 1900 vers Marseille. L'antisémitisme rattrape l'enfant le jour de ses dix ans, lorsque celui-ci se fait traiter de « sale youpin » en public par un marchand ambulant. L'insulte et l'humiliation inspireront l'un des derniers écrits du romancier, *Ô vous, frères humains* (1972), une réflexion douce-amère sur l'identité et la discrimination. Entre-temps, Albert Cohen a traversé la France de la Belle Époque. Élève au lycée Thiers, il se lie avec l'un de ses condisciples, Marcel Pagnol, et obtient son baccalauréat en 1913. Le déclenchement du premier conflit mondial le fait quitter la France pour s'exiler à Genève, où il mène des études de droit, gravite dans les milieux pacifistes et découvre le sionisme. Devenu citoyen suisse en 1919, il s'établit à Paris pour lancer, six ans plus tard, l'éphémère *Revue juive*, qui compte Albert Einstein et Sigmund Freud dans son comité de rédaction. Fonctionnaire au Bureau international du travail, Cohen publie également les deux premiers volumes d'une suite romanesque (*Solal*, 1930, et *Mangeclous*, 1938). Avec la défaite de 1940, l'écrivain se réfugie à Londres, est chargé de mission du Congrès juif mondial auprès du général de Gaulle et collabore au journal *La France libre*. Après la guerre, il redevient diplomate tout en continuant à écrire. Il faut cependant attendre 1968 pour que, avec *Belle du Seigneur*, roman-fleuve entamé lors des années 1930 et maintes fois remanié depuis lors, Albert Cohen atteigne la consécration littéraire. Considéré comme l'un des plus grands textes de la littérature francophone du XXe siècle, il permet à son auteur de recevoir le Grand Prix du roman de l'Académie française et d'être fait chevalier de la Légion d'honneur.

Pierre-Frédéric Charpentier

COHN-BENDIT Daniel

Homme politique. – Né le 4 avril 1945 à Montauban, France.

Fils d'une intendante de lycée française et d'un avocat allemand ami d'Hannah Arendt, exilé en 1933, Daniel Cohn-Bendit opte pour l'Allemagne, qui dispense de service militaire les enfants de persécutés. Après la mort de ses parents durant son adolescence et des études dans un internat de pédagogie libertaire près de Francfort, il rejoint, en France, son frère aîné, Gabriel, qui, lui, est de nationalité française. Étudiant en sociologie à Nanterre, militant anarchiste, il fonde le Mouvement du 22-mars, précurseur du Mai 68 français. En le qualifiant de « juif allemand », le dirigeant communiste Georges Marchais inspire malgré lui un des slogans emblématiques de la contestation : « Nous sommes tous des juifs allemands ». Visé le 21 mai par une interdiction de séjour, qu'il transgressera parfois, mais qui n'est levée qu'en 1978, Cohn-Bendit vit à Francfort, y milite aux Grünen (« Verts ») à partir de 1984, en devient maire adjoint, chargé des questions multiculturelles, en 1989. Député européen depuis 1984, il est élu en alternance, sur des listes écologistes, en Allemagne et en France. En 2009, tête de liste côté français (Europe écologie), il obtient des résultats flatteurs : 20,86 % dans sa circonscription régionale, 16,28 % au plan national. Il est devenu un personnage central de la gauche française, même s'il en heurte une partie en s'affichant partisan d'un « réformisme écologico-social lié à une tradition libertaire qui est effectivement non étatique », voire « social-libéral » ou « libéral-libertaire ». Se refusant à « faire de la politique nationale en Allemagne ou en France », il ne souhaite pas se présenter aux élections présidentielles françaises. Ce qui n'empêche pas le souvenir de Mai 68 – voire l'antisémitisme – de rester vif chez ses détracteurs.

Éric Vial

COLAGRECO Mauro

Cuisinier. – Né le 5 octobre 1976 à La Plata, Argentine.

De nationalités argentine et italienne, Mauro Colagreco étudie dans son pays natal. Il est formé à la cuisine entre 1998 et 2000 dans une école hôtelière de Buenos Aires et fait son apprentissage dans les prestigieux restaurants de la ville. Il arrive en France en 2000, suit des cours de français et reprend sa formation au lycée hôtelier de La Rochelle. Il la poursuit chez Bernard Loiseau en 2002. Après la mort du grand chef, il s'installe à Paris, où il travaille chez Alain Passard, puis au Plazza Athénée, auprès d'Alain Ducasse. En avril 2006, il reprend, à Menton, le restaurant de Jacques Chibois. Désigné « Jeune espoir Gault & Millau » en octobre 2006, il reçoit sa première étoile Michelin en février 2007 et est proclamé « Chef de l'année » en 2009. En 2010, le Guide Gault & Millau lui attribue quatre toques.

Julia Csergo

COLLIER John

Mécanicien et filateur. – Né en 1782 à Newport, Royaume-Uni ; mort en 1835 à Paris, France.

En 1791, Charles Albert et Thomas Travers sont à Manchester, pour le compte du négociant Boyer-Fonfrède, qui veut débaucher des ouvriers filateurs et faire de Toulouse un « nouveau Manchester ». C'est donc en clandestin que James Collier quitte l'Angleterre pour la France. Son frère John, alors âgé de onze ans, le rejoint en 1793. La tentative toulousaine fait long feu, mais une opportunité plus sérieuse se présente, en 1798, à Coye-la-Forêt, près de Chantilly (Oise). La société Albert, Collier et Cie y installe une « filature de coton, lin chanvre et laine à la mécanique » avec pour commanditaire le banquier suisse Abraham de Rougemont. John se forme à la mécanique de précision auprès du grand horloger Abraham-Louis Bréguet. Les frères Collier représentent parfaitement le dynamisme de la contrebande technique, hommes et machines, qui a permis à la France, malgré ou parce qu'elle était en révolution, de ne jamais perdre le contact avec l'innovation britannique. En 1805, ils s'installent à Paris, comme filateurs et mécaniciens. Reconnus parmi les meilleurs, ils adaptent ou perfectionnent les cylindres pour l'impression, une machine à filer la laine en gros, des cylindres pour les cardes ; ils inventent pour l'industrie du châle la Lucy, qui donne un meilleur fil que la Jenny. En 1814, James retourne à Londres, tandis que John, resté à Paris, cultive l'échange technique entre les deux capitales, pour son plus grand profit et celui de l'industrie textile. Le baron André de Neuflize, féru de techniques, lui commande une machine à tondre les draps, qu'il exécute selon le modèle déposé par Price en 1817. L'objectif est éminemment social : « mettre un terme à l'esprit séditieux des tondeurs ». Mieux acceptée à Sedan qu'en Isère, où les ouvriers tondeurs manifestent aux cris de : « Vive le roi ! À bas la tondeuse, vivent les tondeurs ! Brisons ! Cassons ! Hardi ! », la Tondeuse est présentée lors d'ateliers publics à Elbeuf, Limoux, Reims, Vienne, Vire, à Verviers (aux Pays-Bas) et à Paris, et les avis des mécaniciens recueillis pour d'éventuelles améliorations. La machine, censée remplacer quarante ouvriers, vaut à John une réputation accrue, son enrichissement et sa naturalisation en 1819. Après sa mort, sa femme Juliana poursuit son activité et dépose, en 1838, un brevet améliorant la peigneuse, dont les droits sont rachetés, lors de la faillite de l'entreprise en 1844, par Benoît-Aimé Seillière, propriétaire et directeur de la filature de Schirmeck (Bas-Rhin), fondée en 1817 par son beau-père John Heywood, également venu de Manchester.

Anne-Françoise Garçon

COMBIN Nestor

Sportif. – Né le 29 décembre 1940 à Las Rosas, Argentine.

Ce footballeur argentin, formé au club de Colon San Lorenzo de Rosario, est recruté en 1959 par l'Olympique lyonnais. Attaquant prolifique, il marque soixante-huit buts sous les couleurs lyonnaises, qu'il porte jusqu'en 1964, année de la victoire en Coupe de France. Il traverse alors les Alpes pour jouer dans les principaux clubs italiens : Juventus de Turin (1964), Varese (1965), Torino (1966) et Milan.AC (1969), club avec lequel il remporte la Coupe intercontinentale. Naturalisé français, il est sélectionné une première fois en 1964 en équipe nationale. S'ensuivent sept autres sélections et une participation à la Coupe du monde 1966, au cours de laquelle il ne dispute qu'un seul des trois matchs de l'équipe de France. En 1970, il est de retour en France au FC.Metz, puis en deuxième division au Red Star (1973). Nestor Combin est l'auteur de cent dix-sept buts en championnat de France. Il achève sa carrière de footballeur au niveau amateur à Hyères, en 1976.

Stéphane Mourlane

COMORIENS

Les Comoriens viennent d'un archipel situé dans l'océan Indien, entre la côte orientale de l'Afrique et Madagascar. L'histoire de leur immigration suit le modèle de l'Afrique subsaharienne, tout en étant très singulière. Les pionniers de l'émigration sont des *navigater*, marins des Messageries maritimes ou de la Compagnie des Indes, que l'on trouve à Marseille dès la fin des années 1940, parfois au Havre ou à Dunkerque. L'archipel est alors une colonie française, rattachée à Madagascar. L'indépendance n'intervient qu'en 1975, après un référendum qui entraîne la sécession de l'île de Mayotte, les habitants ayant voté pour le maintien sous administration française. L'insuffisance chronique des revenus tirés d'une économie surtout agricole, puis l'instabilité politique qui suit l'assassinat du président Ahmed Abdallah en 1989 ont constitué des facteurs d'émigration. Le mouvement s'amplifie dans les années 1980 et devient familial. Le contexte est pourtant hautement défavorable : la France, fermée à l'immigration du travail depuis 1974, durcit continuellement sa législation. Cela concerne Mayotte, la France à portée de rames, où l'endiguement connaît une escalade (il a été question de remettre en cause le droit du sol pour lutter contre les accouchements des mères comoriennes sur le territoire de l'île). Les portes de la France n'étaient guère plus ouvertes. Les migrants allaient rejoindre les réseaux activés par les marins de jadis, devenus entre-temps dockers ou ouvriers et rejoints par quelques femmes. Il est vrai que, pour une part, la nationalité française facilite les choses. La « conservation » ou la « réintégration » étaient possibles dans les années après l'indépendance. Le regroupement familial est légal. Mais l'illégalité est bien là, pour eux comme pour bien des Africains : dans le quartier du Panier à Marseille, quartier d'accueil des nouveaux venus, 40 % des Comoriens auraient été en situation irrégulière en 1995. Si on ajoute à cela un courant plus faible en provenance de Mayotte (des Français donc), on comprend que la statistique soit hésitante. Les associations et les autorités comoriennes considèrent que les émigrés comoriens sont environ 100 000, dont 40 000 en région parisienne et 30 000 à Marseille. Le recensement de 2007 ne compte que 16 500 personnes de nationalité comorienne (mais 23 666 nées aux Comores).

La cohésion communautaire, qui est l'une des caractéristiques de cette immigration, passe par une vie associative très active. D'une part, les Comoriens sont de fervents musulmans. Les imams, les écoles coraniques jouent un rôle majeur dans le contrôle social. Le ramadan est suivi par tous, y compris quand la pratique religieuse fléchit, chez les jeunes générations. D'autre part, la cohésion communautaire se fonde sur l'originalité des traditions et l'intensité des liens entretenus avec le territoire des origines. Difficiles à évaluer, les remises des migrants jouent un rôle considérable dans l'économie de l'État comorien. Mais la grande affaire des Comoriens est *Ndola Anda*, le « grand mariage » par lequel les fils entrent dans la vie d'hommes. Le coût de cet événement clef du système social, qui ne peut avoir lieu qu'au pays, a longtemps joué un grand rôle dans le projet d'émigrer. La vie en émigration (en « diaspora » dit-on) conduit à la multiplication sur place des « petits mariages », qui sont aussi l'occasion de dépenses considérables et qui soudent la communauté, d'autant que l'endogamie est très pratiquée.

Dernière singularité des Comoriens, leur spécialisation professionnelle dans les métiers de la restauration, côté cuisines : ils sont plongeurs, cuisiniers ou, plus rarement serveurs. Ces conditions de vie très dures, souvent insalubres et en deçà du droit légal du travail, ont leur part dans l'acculturation des Comoriens. Ils adoptent assez facilement les nouvelles pratiques alimentaires, sans trop s'arrêter aux interdits de l'islam. Après plus de vingt ans de présence, cette migration a connu des mutations. La taille des familles a diminué, on est passé de sept enfants en moyenne à trois à cinq, mais les jeunes sont nombreux. Ce sont pour beaucoup des jeunes de cités HLM (quartiers Nord de Marseille, Seine-Saint-Denis). Plutôt désireux de ne pas être confondus avec les « Africains », les Comoriens auraient souhaité se faire oublier, mais n'échappent pas au racisme. En 1995, un jeune Franco-Comorien est assassiné à Marseille par des colleurs d'affiche du Front national. Comme les autres enfants des quartiers populaires, les jeunes Franco-Comoriens, les *Washko* comme ils s'appellent eux-mêmes, ont suivi des parcours variables. Si des garçons parfois déviants sont envoyés « faire un stage au pays », une élite est en voie de formation. Les traditions sont remises en cause et une nouvelle génération d'associations est désormais tournée vers la vie en France. En même temps, des écrivains comme Salim Hatibou, arrivé dans les quartiers Nord de Marseille au début des années 1980 ou du musicien-chanteur Chebli Msaidié, qui monte son premier orchestre dans la ville phocéenne en 1995 apportent une touche comorienne dans l'univers des cultures métissées.

Marie-Claude Blanc-Chaléard

Bibl. : *Hommes et Migrations*, n° 1215, n° spécial « Les Comoriens en France », sept.-oct. 1998, p. 5-19 • DIRECHE-SLIMANI Karima et LE HOUÉROU Fabienne, *Comoriens à Marseille. D'une mémoire à l'autre*, Paris, Autrement, 2002.

COMPAGNONS DE LA LIBÉRATION, étrangers parmi les

Parmi les mille trente-huit membres de l'ordre de la Libération, institué dès novembre 1940 par le général de Gaulle, on compte cinquante-trois étrangers, en plus de quinze « sujets coloniaux », et des cas particuliers du général Eisenhower, du sultan Mohammed V, de Churchill et du roi Georges VI. Il s'agit surtout de soldats s'étant illustrés dans les Forces françaises libres (FFL), en particulier dans la 13e demi-brigade de la Légion étrangère, ralliée à de Gaulle après s'être battue en Norvège, engagée ensuite à Dakar, au Gabon, en Syrie contre Vichy, ou contre les forces de l'Axe en Érythrée, à Bir Hakeim, El Alamein, en Tunisie, en Italie, dans les Vosges, en Alsace et les dernières unités allemandes dans le sud des Alpes. Légionnaires depuis l'avant-guerre ou engagés par la suite, plusieurs sont morts au combat, comme leur chef Dimitri AMILAKVIRI (1906-1942), comme des Italiens tombés face à leurs compatriotes, dont Augusto BRUSCHI, né le 8 mars 1920 à Calistano (Italie), venu en Corse avec son père, engagé comme ses quatre frères en 1938, mort le 14 mars 1941 en Érythrée ; ou comme Imre KOCSIS, né le 3 novembre 1910 à Balatonaderices (Hongrie), engagé en 1938, tué le 3 décembre 1944 à Bourbach-le-Haut (Haut-Rhin). D'autres ont retrouvé, après guerre, leur ancien métier ou sont entrés dans l'administration française, comme Maurice BONTÉ, né le 22 septembre 1904 à Zonnebeke (Belgique), redevenu ouvrier agricole après la guerre et mort le 24 août 1958 à Cosne-sur-Loire (Nièvre) ; Philippe SASSOON, Britannique né à Beyrouth (Liban) le 3 juillet 1913, ayant rejoint les Forces françaises à Damas en juin 1941, naturalisé en 1948 et exerçant ensuite sa profession en France, avant de mourir à Sanary (Var) le 13 décembre 1983 ; ou Jaime TURRELL Y TURRULL, né le 30 octobre 1904 à Barcelone (Espagne), engagé en 1924, continuant une carrière militaire jusqu'à la guerre d'Algérie, puis employé au consulat de France à Oran, mort le 13 avril 1964 à Oran (Algérie). D'autres ont eu un destin plus original, comme l'aumônier Stanislas MALEC-NATLACEN, né le 2 octobre 1913 à Ljubljana (Yougoslavie/Slovénie), étudiant à Paris, qui, après la guerre, a travaillé pour la Croix-Rouge et l'Organisation internationale des réfugiés à Innsbruck, puis est parti en Australie, où il est mort le 5 août 2004, à Brisbane ; ou John HASEY, né le 2 novembre 1916 à Brockton (Massachusetts), mort le 9 mai 2005 à Arlington (Virginie), étudiant de Columbia devenu vendeur chez Cartier pour rester en France, ambulancier en 1939, rejoignant la France libre à l'été 1940, faisant, après 1945, carrière à la CIA. Enfin, des officiers tchèques rentrés dans leur pays ont été limogés au début des années 1950 du fait de leurs liens avec l'Occident, comme Otto WAGNER, né le 28 mars 1902 à Prague (République tchèque) et mort le 20 mai 1974 à Jihlava (*id.*), reçu à Saint-Cyr en 1923, rejoignant les FFL en 1941, et qui dut se faire manœuvre pour survivre ; ou Bohumil VAZAC, né le 5 novembre 1913 à Hradeck Kralové (République tchèque), passé de l'armée tchèque en Angleterre aux FFL en avril 1941, qui put, lui, venir en France en 1958, a été réhabilité dans son pays après 1989 et est mort le 22 juillet 2003 à Châlons-en-Champagne. D'autres ont eu un itinéraire comparable durant la guerre, mais dans d'autres unités. Ainsi, Victor MIRKIN, né le 19 décembre 1909 à Ekaterinoslav (Russie), dont la famille a fui la révolution, est devenu avocat à Paris, Londres puis Haïfa, avant de rejoindre les FFL en Syrie et de combattre dans le 1er bataillon d'infanterie de marine jusqu'à sa mort, le 24 novembre 1944 à Grosmagny (Territoire de Belfort). De même, Léon BOUVIER, né le 28 septembre 1923 à Vienne (Autriche), de parents polonais, arrivé à Paris à dix ans comme collégien, rentré en Pologne en 1939, réussit à gagner l'Égypte, à s'engager dans le 1er bataillon de marine des FFL en mentant sur son âge, s'illustre à Bir Hakeim, perd son bras droit, devient, après guerre, diplomate, ambassadeur au Paraguay en 1975 puis au Chili, au Danemark en 1985, et meurt le 23 juillet 2005 à Paris. Jean BRASSEUR, lui, né le 9 septembre 1914 à Verviers (Belgique), mort le 21 mai 1992 à Paris, officier au long cours, entré sous le nom de Kermadec dans la marine FFL, puis au 1er régiment de fusiliers marins ; naturalisé en 1947, il alterne ensuite les commandements, dont celui en second de la *Jeanne d'Arc*, les postes d'attaché naval puis militaire à Bonn, Madrid et Londres, est membre de l'état-major particulier du général de Gaulle en 1960, devient administrateur de sociétés en 1974. On ajoutera Romain GARY, aviateur et, à côté de l'action militaire, l'archéologue devenu diplomate Joseph HACKIN.

La Résistance intérieure est également représentée, y compris dans les colonies, avec Aloysius ODERVOLE, né en 1907 à Ifé (Nigeria), sergent garde-frontière, arrêté avec deux résistants béninois, donc sujets coloniaux français, à Porto-Novo (Dahomey/Bénin), jugé et exécuté avec eux à Dakar le 10 novembre 1941. Entre FFL et Résistance, le Hollandais Jan DOORNIK, né le 26 juin 1905 à Paris, en mission en France occupée dès septembre 1940, rejoint par d'Estienne d'Orves, trahi, arrêté et exécuté avec lui le 29 août 1941 au mont Valérien (Hauts-de-Seine). Albert KOHAN, né le 13 septembre 1886 à Tagantcha (Russie), étudiant à Liège, participant à la guerre de 1914-1918 dans les services d'espionnage belges, naturalisé français en 1924, devenu industriel, participe à la création du mouvement Libération-Sud, est chargé de la coordination des services de renseignements des MUR (Mouvements unis de la Résistance) en zone Sud, et meurt dans un accident d'avion le 17 décembre 1943 dans le Sussex, alors qu'il rejoignait l'Angleterre. Le Suisse Henri SCHAERRER, né le 13 octobre 1916 à Gwalior (Inde), naturalisé en 1938, est, lui, membre dès 1940 du réseau Alliance, spécialiste du vol de documents militaires allemands, arrêté en juillet 1941 avec des plans de la base de sous-marins de Bassens en Gironde, et fusillé le 13 novembre 1941 au mont Valérien. Henri MANIGART, né le 10 mai 1898 à Namur (Belgique), mort le 23 mai 1982 à Aubervilliers (Seine-Saint-Denis), à la tête d'une entreprise de cordonnerie, a créé dès 1940 un réseau d'évasion de prisonniers de guerre, fourni près de trois mille faux papiers, fait évader plus de trois cents aviateurs alliés, puis aidé neuf mille réfractaires au STO, sans compter l'activité de propagande et de sabotage, et la participation à la libération de la banlieue Nord de Paris. Citons enfin Tibor REVESZ-LONG, né à Budapest (Hongrie) le 1er juin 1902, devenu docteur en médecine à Paris en 1932, engagé en 1939, installé à l'été 1940 dans la Drôme d'où viennent ses beaux-parents, très tôt résistant, spécialiste des télécommunications, clandestin à partir de mars 1943, formant des opérateurs, supervisant les liaisons avec Londres, naturalisé en 1945 et reprenant alors son métier de médecin à Chabrillan, puis à l'hôpital de Crest avant sa retraite en 1973 et son décès à Crest le 2 novembre 1976.

Le choix ne pouvait être qu'arbitraire et les itinéraires résumés en trop peu de mots ; ceux cités ici représentent leurs camarades et, plus encore peut-être, tous ceux qui, étrangers ou nés étrangers, et sans avoir été faits « compagnons », ont participé à la France libre et à la Résistance française – on renverra aussi, pour représenter ceux-ci, aux cousins FONTANOT, à Stéphane HESSEL, à Michel MANOUCHIAN, à Manuel DIAZ ou aux Espagnols de la 2e DB.

Éric Vial

COMPANEEZ Nina (Nina Kompanetzeff)

Scénariste et réalisatrice de films et téléfilms. – Née le 26 août 1937 à Boulogne-Billancourt, France.

Nina Companeez est issue d'une famille juive russe qui fuit le stalinisme puis le nazisme et s'installe à Paris en 1936. Son père, Jacques, qui hispanise son nom de famille, est un scénariste et dialoguiste de cinéma reconnu. Il introduit Nina dans le milieu cinématographique. Elle débute à dix-huit ans comme monteuse, puis passe à la rédaction de scénarios et à la réalisation. De 1961 à 1971, elle est la scénariste attitrée de Michel Deville, notamment pour *Ce soir ou jamais*, *Benjamin ou les Mémoires d'un puceau*, *L'Ours et la poupée* ou *Raphaël ou le débauché*. Elle passe ensuite à la réalisation avec *Faustine ou le bel été*. Mais c'est la réalisation de téléfilms qui la fait connaître du grand public et reconnaître par ses pairs. *Les Dames de la côte* en 1979 et *L'Allée du roi* en 1995 la consacrent comme auteur de grandes sagas familiales, très appréciées du public – et des diffuseurs.

Patrick Eveno

CONGOLAIS (Brazzaville)

Les Congolais représentent, depuis 1999, la troisième nationalité d'Afrique subsaharienne en France, derrière les Maliens et les Sénégalais. À la différence de ces derniers, originaires des villages soninkés, les Congolais ont relevé, dès les premiers flux des années 1960, d'une émigration essentiellement urbaine, surtout constituée d'étudiants et de stagiaires, davantage préoccupés de formation et de réussite individuelle que de solidarités ethniques. Brazzaville, ancienne capitale de l'AEF, regroupe plus du tiers de la population de la République du Congo. Avec le port de Pointe-Noire, « Brazza » est le grand pôle de départ des émigrés vers la France. L'augmentation numérique des années 1980 s'est accompagnée d'une diminution de la part des étudiants, mais l'immigration est toujours d'origine urbaine et la part des femmes n'a cessé d'augmenter. On ne recensait pas plus de 8 500 Congolais en 1982, ils étaient 46 069 en 2007, dont un peu plus de 50 % de femmes. Le cas du Congo est emblématique de la poussée des migrations en provenance d'Afrique guinéenne et centrale lors du dernier quart de siècle : une jeunesse devenue pléthorique (les 15-29 ans représentaient le tiers de la population de Brazzaville en 1990) dont les perspectives d'avenir au pays semblent anéanties entre le mal-développement et les guerres civiles. La démocratisation espérée en 1991, après vingt-huit ans de dictature socialiste, a plongé le Congo dans le chaos des luttes de milices et des recompositions ethniques, notamment à Brazzaville. Les Congolais ont, pour autant, rarement obtenu le statut de réfugié politique quand ils le demandaient (44 % des entrées en 1988 et 2000). Au contraire, la croissance de l'immigration a commencé à la veille de l'instauration des visas (1986) et alors que des mesures restrictives touchaient l'entrée des étudiants. Les voies d'entrée sont multiples, nationalité française pour certain(e)s, regroupement familial pour d'autres ou « débrouille » autour d'un visa de touriste. La précarité est fréquente en bout de course et le taux de chômage est aussi élevé que pour les Africains d'origine sahélienne (autour de 20 %). Les familles se retrouvent d'ailleurs dans les mêmes quartiers HLM que les Maliens ou Sénégalais, ce qui peut conduire à des mélanges dans le tissu social (associations de femmes).

Les Congolais n'en conservent pas moins des traits spécifiques qui les distinguent des migrants sahéliens, et les rapprochent des Camerounais ou des Ivoiriens. La place des migrants qualifiés est plus grande, ce qui permet à certains, exilés parfois depuis plusieurs années ou recrutés par l'Éducation nationale, d'exercer comme enseignants (notamment dans les matières scientifiques) ou en profession libérale (avocats, médecins). Les femmes aussi sont instruites (90 % les jeunes Brazzavilloises ont fréquenté l'école et 20 % des 20-24 ans ont un niveau secondaire). Elles émigrent souvent seules et les ménages monoparentaux ne sont pas rares. La répartition sur le territoire porte la marque d'une immigration longtemps universitaire : Lille, Lyon, Toulouse, Bordeaux, Grenoble, et Reims. Les Congolais résident pour 60 % en Île-de-France, où ils sont plus dispersés que les Maliens ou les Sénégalais. La vie associative n'a rien de comparable à celle de ces derniers. En revanche, le rôle des paroisses peut être important pour ces migrants à majorité chrétienne. Les missions catholiques encadraient les populations du Sud Congo où le réseau d'éducation laïque était peu développé. Et, depuis le retour de la liberté de culte en 1991, le phénomène des « Églises du réveil » (« Kimbaguistes », groupes de prières) a pris un essor considérable et se retrouve dans l'émigration. Là encore, cette singularité est partagée par tous les groupes originaires de l'Afrique francophone centrale et guinéenne : le protestantisme y tient une place importante (15 %) à côté du catholicisme (55 % d'après l'enquête TeO, qui signale environ 12 % d'agnostiques et 8 % de musulmans).

Dans le Paris des Africains où se mêlent volontiers les nationalités, il est difficile d'isoler les Congolais. Ils se distinguent néanmoins par le rôle tout à fait singulier joué par le mouvement des « sapeurs », très illustratif d'une identité citadine. Le mouvement de la Société des ambianceurs et des personnes élégantes (SAPE) est apparu à Brazzaville après 1968, au sein de la jeunesse Bacongo dont l'ethnie venait d'être éliminée politiquement. Il s'est développé comme un phénomène social, avec ses rituels et ses lieux d'exhibition (défilés, concours). Le « sapeur » est une sorte de dandy décalé totalement soumis au règne de l'apparence et à la tyrannie de la mode. Paris fait naturellement figure de lieu mythique dans l'imaginaire des jeunes sapeurs. On les retrouve dans les flux des années 1980, à une époque où se développait l'engouement de la mode « black ». Ils contribuent à une mise en scène de l'élégance africaine, avec un succès à l'exportation, qui génère un « business ». Le chanteur zaïrois Papa WAMBA (né en 1949), véritable icône pour les jeunes Congolais, est devenu ambassadeur de la SAPE sur les scènes occidentales (Italie) et a créé sa propre marque. Pour la plupart, ces jeunes « sapeurs » vivent dans la précarité, à l'instar de Charles Moko, héros du roman d'Alain MABANCKOU, *Bleu blanc rouge*, Grand Prix littéraire de l'Afrique noire en 1998. Également distingué par le prix Renaudot 2006, Alain Mabanckou fut étudiant en France (en droit à Paris-Dauphine) ; il enseigne la littérature francophone aux États-Unis. Il témoigne comme d'autres (on peut y intégrer les écrivains de l'ex-Zaïre, comme Pius Ngandu NKASHAMA (né en 1946), auteur des *Mémoires d'un primitif en Essonne 91*), de l'existence d'une sphère littéraire transnationale autour de l'axe franco-africain. Les Congolais sont très présents depuis longtemps dans les équipes de football de première et de deuxième division. Moins réputés que les Zaïrois dont ils sont très proches, ils ont leur part dans la *world music* ou les groupes de hip-hop (Ärsenik).

Marie-Claude Blanc-Chaléard

Bibl. : DOUMA Jean-Baptiste, *L'Immigration congolaise en France*, Paris, L'Harmattan, 2003 • GANDOULOU Justin-Daniel, *Au cœur de la sape. Mœurs et aventures d'un Congolais à Paris*, Paris, L'Harmattan, 1989 • INED-INSEE, *Documents de travail-168*, « Trajectoires et origines. Enquête sur la diversité des populations en France. Premiers résultats. Octobre 2010 ».

Voir aussi : AFRICAINS, MALIENS, SÉNÉGALAIS.

CONSTANT Benjamin (Constant de Rebecque)

Journaliste, écrivain, homme politique. – Né le 25 octobre 1767 à Lausanne, Suisse ; mort le 8 décembre 1830 à Paris, France.

Fils d'un colonel d'un régiment suisse au service de la Hollande, Benjamin Constant passe sa jeunesse entre Suisse, Hollande, Bavière, Écosse et Angleterre. Séducteur ou facilement amoureux, il épouse et divorce, cultive le concubinage et le libertinage. En 1794, sa rencontre avec Germaine de Staël, avec qui il entretiendra une liaison jusqu'en 1810, est décisive : il se lance dans des études sur la religion, la philosophie politique et la littérature, ainsi que dans l'activité politique à Paris. Tour à tour directorien (*De la force du gouvernement actuel de la France et de la nécessité de s'y rallier*, publié en 1796), bonapartiste (nommé au Tribunat en 1799, il est évincé en 1802, mais se ralliera pour finir à l'Empereur lors des Cent-Jours) et royaliste (député de la Sarthe puis de Strasbourg sous la Restauration), il devient le chantre du libéralisme à la française. Il poursuit également une œuvre romanesque (*Adolphe*, *Cécile*, qui content ses histoires d'amour). Chef de l'opposition libérale sous la Restauration, il prend souvent la parole à la Chambre et dans la presse. Parfois accueilli par Bertin au *Journal des débats*, il collabore au *Mercure de France* entre 1815 et 1817, puis, lorsque ce dernier est censuré, à *La Minerve française* et à *La Renommée*. Libéral tempéré, il réclame la liberté de la presse et d'expression, mais se plie à toutes les rigidités de la monarchie censitaire. La monarchie de Juillet, qui apparaît comme le triomphe des idées dont il a tant souhaité l'avènement, l'encense et paie ses dettes. Elle lui réserve même des funérailles nationales, le 12 décembre 1830. La postérité conservera surtout le souvenir de l'auteur d'*Adolphe*, précoce roman de la passion amoureuse et de ses incertitudes. L'époque la plus récente a remis en lumière le penseur politique – et l'amant de Mme de Staël.

Patrick Eveno

CONSTANT Marius

Compositeur et chef d'orchestre. – Né le 7 février 1925 à Bucarest, Roumanie ; mort le 15 mai 2004 à Paris, France.

Ancien élève de Dinu Lipatti et de Georges Enesco, Marius Constant arrive en France en 1944. Il suit les cours des enseignants les plus prestigieux : Arthur Honegger, Tony Aubin, Olivier Messiaen et Nadia Boulanger. Au début des années 1950, il est engagé dans l'aventure de la musique concrète en rejoignant le Groupe de recherche musicale de Pierre Schaeffer, mais ne s'en tient pas à une orientation stylistique unique et cherche des couleurs sonores nouvelles, intégrant des éléments aléatoires, des techniques électroacoustiques. Marius Constant participe à la fondation de France Musique et dirige cette station (1954-1969). Il continuera cette mission de diffusion radiophonique des musiques nouvelles au Service des créations musicales de l'ORTF. En 1963, il fonde un ensemble consacré aux musiques contemporaines, mais dont le nom, Ars Nova, est un hommage à la musique du XIVe siècle. Ce qui ne l'empêche pas de combattre dans tous les postes institutionnels qu'il a occupés pour la reconnaissance des classiques contemporains tels que Edgard Varèse, John Cage ou Hans Werner Henze. La musique de scène et de ballet l'intéresse particulièrement ; il compose pour Maurice Béjart ou Roland Petit. Leonard Bernstein crée, en 1959, ses *Vingt-Quatre Préludes pour orchestre*. Une œuvre dédiée au peintre anglais Joseph Turner est créée au Festival d'Aix-en-Provence en 1957. En 1993, il est élu à l'Académie des beaux-arts, au fauteuil d'Olivier Messiaen. Si son rôle de passeur, de découvreur, de pédagogue et de diffuseur des musiques nouvelles est aujourd'hui aisément reconnu, son œuvre musicale, comme compositeur, est trop oubliée alors qu'elle avait été, en son temps, considérée comme importante. Une figure de la vie musicale française à redécouvrir.

Didier Francfort

CONSTANTINE Eddie (Edward Constantinowsky)

Chanteur et acteur. – Né le 29 octobre 1917 à Los Angeles, États-Unis ; mort le 25 février 1993 à Wiesbaden, Allemagne.

D'origine russe, cet Américain préféra tenter sa chance à Paris dans les cabarets d'après-guerre à la mode que de risquer de perdre du temps à Hollywood, qui le dédaignait. Remarqué par Édith Piaf qui le fait engager pour *La P'tite Lili*, une opérette qu'elle chante avec lui, il est propulsé vedette en interprétant le rôle de l'agent secret Lemmy Caution dans *La Môme vert-de-gris* de Bernard Borderie (1953), d'après une série noire de Peter Cheney. Eddie, le tombeur de ces dames qu'il traite de « poules » et de « gonzesses », devient la coqueluche du box-office des années 1950 grâce à ce personnage d'agent du FBI flegmatique et porté sur les cigarettes, le whisky et les « p'tites pépées ». *Cet homme est dangereux*, *Les femmes s'en balançent*, *Vous pigez ?*, *Ces dames préfèrent le mambo*, *Comment qu'elle est*... ont décliné les exploits de cet humoristique macho, entrecoupés par *Ça va barder*, *Ce soir les jupons volent*, *Le Grand Bluff*, *Du rififi chez les femmes*, où Eddie jouait d'autres casseurs pour John Berry, Carlo Rim ou Alex Joffé.

Jusqu'au jour où Michel Deville releva le niveau (*Lucky Jo*, 1964) et où, outre ses inénarrables séries B et son écurie de course, Eddie put ajouter des films d'auteur à son palmarès : *Alphaville* avec Jean-Luc Godard (1965), *Lions's Love* avec Agnès Varda (1969), puis des films de Rainer Werner Fassbinder, quand, à la fin des années 1960, il partit s'installer en Allemagne.

Jean-Luc Douin

COOK Adam

Pianiste et compositeur exerçant dans le Paris de Vincente Minelli en 1951.

On l'aura compris, il s'agit d'un personnage de fiction : interprété par Oscar Levant, dans le film *Un Américain à Paris*. Ce pianiste est le meilleur ami du héros, Jerry Mulligan, peintre américain vivant à Paris (interprété par Gene Kelly). La confrontation musicale avec un chanteur français (interprété par Georges Guétary) est édifiante : l'Amérique nouvelle et son jazz, face à la vieille Europe et à ses valses viennoises. Adam Cook est sans le sou et rêve de créer son concerto pour piano : dans son rêve, il interprète tous les rôles et tient tous les pupitres. Le « musicien américain vivant à Paris » est à cette époque un stéréotype, sans qu'il soit nécessaire de mentionner le Conservatoire de Fontainebleau ou la classe de composition de Nadia Boulanger, par lesquels sont passés, en effet, de nombreux musiciens d'outre-Atlantique.

Didier Francfort

COPI (Raùl Damonte Botana)

Dessinateur et auteur dramatique. – Né le 20 novembre 1939 à Buenos Aires, Argentine ; mort le 14 décembre 1987 à Paris, France.

Copi quitte l'Argentine lorsque, après le coup d'État qui a chassé Perón, son père, directeur de journal, doit s'exiler. Il le suit d'Haïti à New York puis s'installe en France, seul, en 1963. C'est par le dessin d'humour – le dessin lui permet de s'exprimer, car il maîtrise très mal le français – qu'il se fait connaître au *Nouvel Observateur* grâce à son personnage, une dame assise, avec un gros nez et des cheveux raides, parfois flanquée d'un poulet, qui, en argentin, se dit *copi*. Il avait écrit et monté sa première pièce à Buenos Aires en 1962 (*Un angel para la señora Lisca*), mais c'est à Paris qu'il écrit l'essentiel de son œuvre. La pièce iconoclaste *Eva Perón*, montée par Alfredo Arias, marquera les débuts d'un dramaturge inclassable, dont l'œuvre oscille entre cauchemar et burlesque, scandale et poésie. Son théâtre est celui de la solitude, de la difficulté d'être, de la destruction de la cellule familiale et de l'affirmation homosexuelle. Jorge Lavelli monte, en 1971, sa pièce *L'Homosexuel ou la difficulté de s'exprimer*, dans laquelle Copi joue le rôle-titre, un travesti délirant en bas résille. Ses pièces puisent dans les stéréotypes des genres mineurs et utilisent une langue très simple, mais légèrement décalée, que serviront admirablement Lavelli, Arias et, depuis sa mort, Marcial Di Fonzo Bo. Copi meurt du sida quelques semaines après la création de sa dernière pièce, *Une visite inopportune*, dans laquelle il mettait en scène sa propre mort.

Chantal Meyer-Plantureux

CORALLI Jean. — *Voir* DANSEURS ET DANSEUSES ITALIENS.

CORDY Annie (Léonie Cooreman)

Chanteuse, comédienne. – Née le 16 juin 1928 à Bruxelles, Belgique.

Interprète d'environ six cents chansons, d'une quarantaine de films, d'une trentaine de rôles télévisés, d'une douzaine de comédies musicales et d'autant de pièces de théâtre, « Nini la Chance » – comme elle se nomme dans ses Mémoires – aura été une valeur sûre de la culture populaire française pendant plus d'un demi-siècle. Dotée d'une formation artistique polyvalente (danse, piano, comédie), la gamine de Laeken fait ses classes dans les radio-crochets et les cabarets bruxellois avant d'être appelée à Paris, en 1951, pour mener la revue du Lido, puis du Moulin-Rouge. C'est le début d'une triple carrière essentiellement placée sous le signe d'un abattage fantaisiste remarquable, pour celle que Maurice Chevalier adoube « plus attrayant petit clown féminin du music-hall français ». Dans l'opérette tout d'abord, avec *La Route fleurie*, en compagnie de Bourvil et Georges Guétary (1952), ou *Visa pour l'amour* avec Luis Mariano (1961-1964). Quand le genre s'essoufflera, elle le prolongera par la comédie musicale à l'américaine (*Hello Dolly !* en 1972). Dans la chanson ensuite, pour une fortune sans éclipse depuis ses premiers succès des années 1950 (*Les Trois Bandits de Napoli*, *Fleur de papillon*) jusqu'à ses tubes des années 1970 et 1980 où dominent de fantasques personnages féminins incarnés avec force déguisements, pas de danse et plissements de nez : *La Bonne du curé* (1974), *Frida Oum Papa*, *Tata Yoyo*... Son énergie comique, ses musiques entraînantes, sa prédilection pour les accents et les onomatopées (*Cho Ka Ka O*, 1985) lui valent les faveurs du public enfantin, à l'ère de la massification de la télévision. L'amuseuse publique sait toutefois baisser la garde et une partie moins connue de son répertoire révèle une artiste sensible et douée, par exemple, pour le jazz. Mais c'est surtout dans sa carrière cinématographique et télévisuelle qu'Annie Cordy aura l'occasion d'exprimer sa veine dramatique, dans des films comme *Le Passager de la pluie* (René Clément, 1969) ou *Rue Haute* (André Ernotte, 1976).

Si elle a élu domicile en France, « la plus française des Belges » reste très attachée à sa terre et à sa ville natales (*Annie-Paris, Annie-Bruxelles*, 1981), où elle est populaire et honorée. Au cours des années 2000, se définissant avant tout comme brabançonne, nostalgique de la Belgique joyeuse de son enfance, elle plaide dans les médias pour son unité politique. Le roi Albert II l'anoblit en 2004. Sur son blason de baronne, elle a fait figurer les masques de la commedia dell'arte.

Yves Borowice

CORNELISSEN Christian

Syndicaliste. – Né le 31 août 1864 à Bois-le-Duc, Pays-Bas ; mort le 21 janvier 1942 à Domme, France.

De nationalité hollandaise, Christian Cornelissen milita d'abord sous le pseudonyme de Rupert, en Hollande, dans le mouvement anarchiste. Il traduisit le *Manifeste du Parti communiste* en hollandais en 1891 et, deux ans plus tard, il fut un des fondateurs du National ArbeidSecretariaat (NAS), organisation syndicale proche de la CGT française, constituée en 1895 et influencée par le syndicalisme révolutionnaire. En 1893 eut lieu également le troisième congrès de la Seconde Internationale à Zurich. Christian Cornelissen y fit la connaissance du français Fernand Pelloutier. Durant ce congrès, il se solidarisa également avec les anarchistes, qui en furent exclus. Christian Cornelissen vécut ensuite en Belgique. Au congrès suivant de la Seconde Internationale (Londres, 1896), il s'opposa, mais en vain, à l'exclusion définitive des anarchistes de cette organisation. La même année, il comparut devant les assises de Liège pour association de malfaiteurs.

À partir de 1898, il vécut en France, où il s'installa à Clamart, dans la Seine. Il était resté en contact avec les anarchistes hollandais. Il se lia aussi aux anarchistes français et notamment avec les Étudiants socialistes révolutionnaires internationalistes (ESRI) ; enfin, il retrouva Fernand Pelloutier. En 1907, il collaborait aux *Temps nouveaux* et au *Libertaire* ; au même moment, il manifestait son soutien au mouvement anarchiste-communiste de Hollande. En 1910, il écrivait dans *La Bataille syndicaliste*, et il militait à la fédération communiste révolutionnaire de la Seine, d'inspiration anarchiste. En 1913, il joua un rôle important dans l'organisation du congrès syndicaliste international.

Durant la Grande Guerre, il se rallia à l'Union sacrée et défendit cette orientation dans plusieurs écrits, ce qui contribua à l'éloigner de certains anarchistes. Il se consacra dès lors principalement à des études économiques. Son *Traité général de sciences économiques*, dans lequel il réfutait la théorie de la valeur travail, défendue notamment par Karl Marx, fut publié en 1944.

Michel Dreyfus

CORTÁZAR Julio

Romancier et traducteur. – Né le 26 août 1914 à Bruxelles, Belgique ; mort le 12 février 1984 à Paris, France.

« Le premier devoir de l'intellectuel exilé devrait être […] de se voir tel qu'il est. » Julio est le fils d'un diplomate argentin en poste à Bruxelles et, alors que l'enfant vient de naître, la famille doit fuir la Belgique à cause de la Première Guerre mondiale. Après dix-huit mois passés à Barcelone, sa famille regagne l'Argentine en 1918 et demeure à Buenos Aires, où le jeune Cortázar profite de son temps libre pour lire quantité de livres, en particulier ceux de Jules Verne. Au cours de ses études de littérature et de philosophie, il découvre le surréalisme grâce à la lecture de Jean Cocteau et devient professeur de littérature française à l'Université nationale de Cuyo, dans la province de Mendoza. C'est la dictature militaire de Perón qui l'incite à quitter l'Argentine pour la France, où il s'établit en 1951. Il y développe, en espagnol, une œuvre novatrice, qui emprunte ses références au surréalisme (*Historias de cronopios y de famas / Cronopes et Fameux*, 1962), à l'esthétique du jazz et au Nouveau Roman. L'une de ses nouvelles, *Las babas del diablo* (*Les Fils de la Vierge*, 1959), inspire Michelangelo Antonioni pour son film *Blow-up*, tandis qu'un autre récit, *L'Autopista del Sur* (*L'Autoroute du Sud*, 1966) sera adapté par Jean-Luc Godard dans *Week-end*. Situé politiquement à l'extrême gauche, l'écrivain est un défenseur de la cause des droits de l'homme en Amérique latine et soutient la révolution castriste à Cuba. Son militantisme le conduit à refuser son intégration à l'Oulipo, pour lui trop exclusivement littéraire et désengagé. Cortázar participe ainsi, en 1966, au tribunal Russell sur le Vietnam. Naturalisé français en 1981 en même temps que Milan Kundera, il décède trois ans plus tard d'une leucémie et sera inhumé au cimetière du Montparnasse.

Pierre-Frédéric Charpentier

CORVETTO Luigi

Homme politique. – Né le 12 juillet 1756 à Gênes, alors République de Gênes, aujourd'hui Italie ; mort le 21 mai 1821 à Nervi, alors Royaume de Piémont-Sardaigne, aujourd'hui Italie.

Avocat, nommé par Bonaparte au gouvernement provisoire de la République ligure puis président du directoire exécutif de 1798, écarté par tirage au sort, Luigi Corvetto dirige en 1804 la Banque de Saint-Georges, qui gère la dette de la République. Quand Napoléon annexe Gênes, il le fait conseiller d'État en France, puis comte. Corvetto travaille au code de commerce de 1807, pour le commerce maritime, et contribue à la partie « des attentats contre les propriétés » du code pénal de 1810. Maintenu en poste par Louis XVIII, naturalisé français, il préside le comité des finances du Conseil d'État et la commission qui suit les réquisitions dans les départements alors occupés, d'où ses contacts avec les dirigeants de l'Europe coalisée comme le duc de Wellington. Ministre des Finances de septembre 1815 à décembre 1818, il règle la facture des Cent-Jours et de l'occupation, les dettes antérieures, contourne la chambre « introuvable » ultraroyaliste qui refusait de reconnaître la dette de l'Empire et nuisait au crédit du pays, pousse à sa dissolution en 1816 pour redonner confiance aux prêteurs étrangers, et peut ainsi négocier des emprunts et obtenir la libération anticipée du territoire. Il crée la Caisse des dépôts et consignations pour entre autres amortir la dette publique, réorganise la Bourse et le statut des cambistes, autorise la première Caisse d'épargne et de prévoyance. Il subit des attaques xénophobes, entre jalousies et rancunes liées à la dissolution de 1816, et il tombe après une tempête boursière dont l'opinion le rend responsable, mais Louis XVIII lui marque sa gratitude en le nommant ministre d'État, membre du conseil privé, etc. Il refuse cependant la pairie, et retourne à Gênes pour mourir moins d'un an plus tard.

Éric Vial

COSEY (Bernard Cosendai)

Dessinateur et scénariste de bandes dessinées. – Né le 14 juin 1950 à Lausanne, Suisse.

Patrie de l'« inventeur » de la bande dessinée *Rodolphe Töpffer*, la Suisse, après ce coup d'essai – et de maître –, sera longtemps une terre peu propice à la bande dessinée. C'est à l'orée des années 1970, quand la BD commence à accéder au statut d'art à part entière, qu'émerge Cosey – d'abord, au reste, dans un milieu franco-belge (*Le Soir-Jeunesse*, *Tintin*) déjà vieillissant et pour une série d'aventures planétaires aux ressorts classiques (*Jonathan*) –, qui rencontrera un grand succès. Cosey changera de dimension en publiant des œuvres plus originales, tels *À la recherche de Peter Pan*, dans la tradition du retour sur soi alpin, ou *Saïgon-Hanoï*, qui inaugure, en 1992, l'exigeante collection « Aire libre » (Dupuis), et aussi en donnant à *Jonathan*, qu'il a continué, une dimension initiatique, voire mystique, plus prononcée, d'ambiance asiatique, Cosey militant explicitement pour la défense de l'identité tibétaine face à l'impérialisme chinois.

Pascal Ory

COSMA Vladimir

Compositeur de musique. – Né le 13 avril 1940 à Bucarest, Roumanie.

Né dans une famille de musiciens roumains, Vladimir Cosma a suivi des études classiques au Conservatoire national de Bucarest. Très jeune, il s'intéresse au jazz, musique alors considérée comme décadente. Sa famille quitte la Roumanie communiste en 1963 pour Paris, où il poursuit ses études au Conservatoire national supérieur et devient l'élève de Nadia Boulanger. Cette formation l'amène à débuter une carrière de violoniste concertiste à travers le monde et à composer notamment des œuvres pour orchestre, symphonique ou à cordes. C'est dans le milieu des années 1960 que ses rencontres avec le compositeur et arrangeur Michel Legrand, puis avec le réalisateur Yves Robert, l'amènent à se tourner vers la musique de cinéma. Il est devenu un des compositeurs incontournables dans ce domaine, ayant à son actif plusieurs centaines de musiques de films, dont certaines deviennent rapidement des succès mondiaux. Ses mélodies, travaillées et caractérisées, par exemple, par l'introduction d'instruments peu usités au cinéma comme la flûte de Pan ou le lyricon, ont accompagné des comédies françaises populaires (*Le Grand Blond avec une chaussure noire*, *Les Aventures de Rabbi Jacob*, *Le Dîner de cons*…). Ces succès cinématographiques sont aussi discographiques ; une fois commercialisées, certaines de ses bandes-son, comme celle de *La Boom*, ont propulsé Vladimir Cosma au zénith du hit-parade. Au-delà des comédies, il s'adapte à tous les registres, du film *Diva* aux adaptations télévisées comme *Michel Strogoff*. Parallèlement à sa carrière dans le cinéma, Vladimir Cosma aborde le jazz ou encore un style plus folklorique, comme dans sa collaboration avec Georges Zamfir. Des comédies musicales à la direction d'orchestre, il a pu montrer l'étendue de son art : adaptation de la trilogie de Marcel Pagnol pour l'Opéra de Marseille (*Marius et Fanny*), adaptation des fables de La Fontaine pour orchestre symphonique, avec l'orchestre de la Radio suisse romande (*Eh bien ! Dansez maintenant*), *Cantate 1209*, qu'il dirige lui-même en l'église Sainte-Madeleine de Béziers à l'occasion du huit centième anniversaire du sac de la ville, etc. Musicien populaire, doublement césarisé pour « meilleure musique de film », primé dans le monde entier, Vladimir Cosma n'était jamais retourné dans son pays d'origine jusqu'à un concert à l'Athénée de Bucarest, temple national de la musique roumaine, en juillet 2011.

Aymeric Jeudy

COSSERY Albert

Écrivain. – Né le 3 novembre 1913 au Caire, Égypte ; mort le 22 juin 2008 à Paris, France.

Albert Cossery est né au sein d'une famille de chawams (descendants d'immigrants de la Grande Syrie, pour la plupart chrétiens, installés en Égypte à l'époque ottomane). Comme beaucoup d'enfants des élites proche-orientales jusqu'au temps des nationalismes arabes, il fait ses études dans des établissements français et c'est en français qu'il commence à écrire, rejoignant le groupe animé au Caire par Georges Henein. À l'issue de la Seconde Guerre mondiale, Cossery s'installe définitivement à Paris. Il s'installe, même, très précisément dans la chambre d'un hôtel qu'il ne quittera plus jusqu'à sa mort, La Louisiane, niché au cœur de Saint-Germain-des-Prés. « Je suis avec Albert Cossery : je ne m'ennuie pas. » Il y mène une vie de sage élégant détaché des contingences, habité par l'amour de la littérature, des femmes et de son peuple du Nil. Il publiera moins d'une dizaine de livres, tous situés dans une Égypte populaire haute en couleurs, entre misère, humour et philosophie, chargés d'une sorte de rébellion douce, mais néanmoins radicale (*Mendiants et orgueilleux*, *Les Fainéants dans la vallée fertile*, *Les Couleurs de l'infamie*...). La France le découvre sur le tard grâce à l'éditrice Joëlle Losfeld, qui réédite un à un tous ses livres. Elle le couronne en 1990 du Grand Prix de la francophonie.

Pascal Ory

COSTA-GAVRAS (Konstantínos Gavras)

Cinéaste. – Né le 12 février 1933 à Loutra-Iraias, Grèce.

C'est en 1955 que ce natif du Péloponnèse arrive à Paris pour faire à la fois des études à la Sorbonne et l'apprentissage de la liberté (la Grèce vit alors sous un régime autoritaire). Il bifurque des lettres au cinéma en entrant à l'IDHEC, devient assistant d'Yves Allégret, René Clair, Jacques Becker, Jacques Demy, René Clément... et réalise *Compartiment tueurs* (1963), que son succès autorise à se lancer dans l'aventure de *Z* (1968), qui est une condamnation du régime des colonels en Grèce. Le film est un phénomène mondial. Costa-Gavras enchaîne sur *L'Aveu* (1970), qui fustige les procès de Prague, *État de siège* (1973), puis *Section spéciale* (1975), qui relate la création, par le gouvernement de Vichy, d'une instance juridique destinée à juger les résistants ou présumés tels. Palme d'or à Cannes en 1982 pour *Missing* (hommage aux victimes chiliennes de la dictature de Pinochet), Ours d'or à Berlin en 1989 pour *Music Box* (consacré aux criminels nazis réfugiés aux États-Unis), il réalise en 2002 *Amen*, sur l'attitude de l'Église catholique face à la Shoah.

Il est président de la Cinémathèque française entre 1982 et 1987, puis, à partir de 2007, membre du comité de parrainage de la coordination française pour la Décennie de la culture de paix et de non-violence et du comité de soutien de l'Association Primo Levi, qui s'occupe des soins et soutiens aux personnes victimes de la torture et de la violence politique. « C'est la culture française qui m'a élevé, qui a fait de moi un homme », dit-il.

Jean-Luc Douin

COURTOIS Roger

Sportif. – Né le 30 mai 1912 et mort le 5 mai 1972 à Genève, Suisse.

Attaquant de petite taille mais de grande classe, Roger Courtois commence sa carrière de footballeur dans le club genevois de l'Urania. Repéré par les dirigeants du FC.Sochaux, il rejoint les rangs du club doubiste en 1933. Son efficacité est telle que, en six mois, Roger Courtois devient international français, car il possède la double nationalité française et suisse. Il participe à vingt et une rencontres de l'équipe de France entre 1933 et 1940, puis à une vingt-deuxième lors d'un match amical contre le Portugal le 23 mars 1947 à Colombes (1-0), à l'occasion duquel il porte le brassard de capitaine. Sans la Seconde Guerre mondiale, au cours de laquelle il est mobilisé et fait prisonnier pendant la débâcle de juin 1940, ce joueur à la longévité de carrière exceptionnelle aurait sans doute atteint des records de buts inscrits. Avant le conflit, il est en effet le meilleur buteur du Championnat de France avec cent cinquante et un buts. Pendant le conflit, c'est au FC.Lausanne-Sport qu'il peut poursuivre sa carrière, avant de revenir à Sochaux en 1945. Il faut attendre 1957, alors qu'il est âgé de quarante-quatre ans, pour voir Roger Courtois disputer son dernier match de première division avec l'AS.Troyes-Savinienne. Inscrit sur la liste des vingt-deux sélectionnés pour la Coupe du monde 1938, il reste remplaçant, le sélectionneur Gaston Barreau lui préférant l'attaquant rouennais Jean Nicolas. Sa meilleure prestation sous le maillot bleu est sans doute celle effectuée lors d'un match amical France-Hongrie le 19 mai 1935, à Colombes, où il est l'auteur des deux buts qui assurent la victoire française.

Yvan Gastaut

CROATES. — *Voir* YOUGOSLAVES.

CROISSET Francis de (Franz Wiener)

Auteur dramatique. – Né le 28 janvier 1877 à Bruxelles, Belgique ; mort le 8 novembre 1937 à Neuilly-sur-Seine, France.

Né dans une famille d'artistes d'origine séfarade, Franz Wiener s'installe à Paris à l'âge de vingt ans et s'impose, sous un pseudonyme emprunté à la résidence normande de Gustave Flaubert, dans le monde du théâtre de boulevard, alors à son apogée. Ses comédies légères obtiennent un succès aussi vif qu'éphémère, mais il est prolifique. En 1916, il met un comble à son ascension artistique en remplaçant Gaston Arman de Caillavet aux côtés de Robert de Flers. C'est de cette collaboration que naissent les œuvres les plus remarquables (*Les Vignes du seigneur*, *Les Nouveaux Messieurs*...), surtout s'il associe ces qualités d'amuseur au talent musical d'un Reynaldo Hahn (*Ciboulette*, 1923).

Pascal Ory

CROMMELYNCK Fernand

Auteur dramatique, directeur de théâtre. – Né le 19 novembre 1886 à Paris, France ; mort le 17 mars 1970 à Saint-Germain-en-Laye, France.

Né dans une famille belge passionnée par le théâtre, Fernand Crommelynck passe son enfance et son adolescence entre la France et la Belgique. Il écrit sa première pièce en 1906, une comédie en un acte (*Nous n'irons plus au bois*), qui sera créée au Théâtre du Parc de Bruxelles. La même année, il rédige la première version du *Sculpteur de masque*, qui sera immédiatement traduite et jouée à Moscou. *Les Amants puérils*, composé en 1911, ne sera joué que dix ans plus tard. Entretemps, la guerre est survenue et Crommelynck fonde à Bruxelles le Théâtre volant, où il offre des spectacles gratuits aux nécessiteux. Après guerre, il vivote en fournissant quelques piges aux journaux parisiens. Le succès foudroyant du *Cocu magnifique*, créé en 1920 par Aurélien Lugné-Poe, mettra un terme à ces années de vaches maigres. « Ce Molière en état d'ébriété », comme l'a qualifié François Mauriac, a imaginé, à partir de l'*Othello* de Shakespeare, une farce qui repose en grande partie sur le comique de gestes. La pièce connaîtra un succès phénoménal : Meyerhold la montera en 1922 dans une optique constructiviste révolutionnaire, qui fera date dans l'histoire du théâtre russe. Crommelynck écrit ensuite quelques pièces – *Tripes d'or*, monté par Jouvet en 1925, *Carine ou la Jeune Fille folle de son âme*, *Une femme qu'a le cœur trop petit* –, puis c'est une longue période de silence à partir de 1935, date à laquelle il ouvre son propre théâtre sur le boulevard Saint-Germain à Paris. De 1940 à 1945, il dirige le Théâtre des Galeries à Bruxelles, avant de s'installer de nouveau, et définitivement, en France.

Chantal Meyer-Plantureux

CROTTI Jean-Joseph. — *Voir* PARIS, École de.

CRUMB Robert

Dessinateur. – Né le 30 août 1943 à Philadelphie, États-Unis.

Robert Crumb demeurera comme le premier grand agitateur du monde américain des *comics*, contrôlé jusque-là par un code très moralisateur et le genre de la bande quotidienne (*strip*), façon *Peanuts*, et celui des super-héros pour les *comic books*. Lui va identifier son œuvre à la contre-culture des années 1960. Son *Fritz the Cat*, tout comme son *Mister Natural* s'imposeront vite comme des figures exemplaires d'un univers non conformiste, partagé entre hédonisme et cynisme, mais, quoi qu'il en soit, toujours radical. Crumb est aussi le premier auteur de bande dessinée qui ait systématiquement pratiqué l'autobiographie, au grand scandale des puritains (*Mes problèmes avec les femmes*). Diffusé très tôt en France – tout comme son compatriote et apparenté Gilbert Shelton – par l'entremise des magazines *Actuel* ou *L'Écho des savanes*, Crumb choisit l'Hexagone en 1995 pour s'y installer et y mener une vie retirée. Il a reçu en 1999 le Grand Prix du Festival d'Angoulême et publié en France et en français son grand œuvre des dernières années, rien de moins que *La Genèse* en bande dessinée (2009).

Pascal Ory

CRUSE Herman

Négociant. – Né en 1790 à Segeberg, alors duché de Holstein, aujourd'hui Allemagne ; mort en 1855 à Bordeaux, France.

Fils d'un pasteur luthérien, formé au commerce dans une compagnie de Hambourg, Herman Cruse s'installe à

Bordeaux en novembre 1815 en tant que commis-négociant de la maison Sollberg, d'origine danoise. En 1819, il s'établit à son compte et s'associe avec Hans Hirschfeld, venu d'Altona, près de Hambourg, pour fonder, à Bordeaux, une maison de commerce dans le quartier des Chartrons. Les deux associés développent leurs réseaux entre le Sud-Ouest et l'Europe baltique, se spécialisant dans le commerce du vin et le commerce à commission. Mais la maison développe également des liens avec l'Amérique du Nord, l'Angleterre, l'Irlande et la Russie et s'impose, au début du Second Empire, comme l'une des entreprises girondines les plus prospères. En 1852, le prince-président visite les chais de la maison Cruse et la famille fait l'acquisition du château Laujac à Bégadan, dans le Médoc. Le fils aîné, Hermann Cruse II, marié en 1848 avec la fille d'une prestigieuse famille de la région, Suzanne-Sophie Lawton, prend la succession, en 1855, en spécialisant avec succès l'entreprise dans l'armement maritime et le négoce des vins.

Claire Zalc

CSAKY Jozsef. — *Voir* PARIS, École de.

CUEVAS Georges, marquis de (Jorge Cuevas Bartholin)

Mécène et directeur de compagnie de ballet. – Né le 26 mai 1885 à Santiago, Chili ; mort le 22 février 1961 à Cannes, France.

Fils d'un homme politique et diplomate chilien, Georges de Cuevas est naturalisé citoyen américain en 1940 et fonde à New York, en 1943, sa première compagnie, le Ballet international. En 1947, il quitte les États-Unis pour s'installer en France et rachète le Nouveau Ballet de Monte-Carlo, qu'il rebaptise Grand Ballet de Monte-Carlo, puis Grand Ballet du marquis de Cuevas, en 1951. Passionné de danse classique, il prolonge à sa manière la tradition entamée par les Ballets russes de Diaghilev en finançant, grâce à la fortune de son épouse, Margaret Rockefeller-Strong, sa compagnie, qui monte plus de cent œuvres en quinze ans. Il s'associe à des maîtres de ballet de renom, comme Léonide Massine, Bronislava Nijinska ou John Taras, et propose des programmes mêlant des reprises, notamment d'œuvres classiques du XIXe siècle, et des créations. La troupe, composée d'une majorité de danseurs étrangers, compte des solistes de renom (Rosella Hightower, Serge Golovine, George Skibine, David Lichine, Marjorie Tallchief, Liane Daydé…) et tourne dans le monde entier à partir de 1948, tout en étant principalement basée à Paris. Parallèlement, le marquis mène une brillante vie mondaine, organisant des fêtes somptueuses qui ont fortement marqué les imaginaires contemporains, comme son bal sur le lac de Chiberta, près de Biarritz, en 1953, qui réunit trois mille invités en costumes du XVIIIe siècle. Le marquis est également resté célèbre pour le duel qui l'a opposé, en présence de nombreux photographes et journalistes, au danseur et chorégraphe Serge Lifar, en 1958, à propos d'une querelle portant sur un ballet de ce dernier. Devenue l'International Ballet of the Marquis de Cuevas en 1958, la compagnie est dissoute en 1962 après la mort de son directeur, survenue un an plus tôt dans sa villa cannoise.

Sophie Jacotot

CULOT Maurice

Architecte. – Né en 1939 à Séville, Espagne.

Diplômé en 1964 de l'École nationale supérieure d'architecture de La Cambre, à Bruxelles, Maurice Culot entreprend de rassembler les documents sur l'architecture Art déco en Belgique, fonde en 1968 l'Atelier de recherche et d'action urbaines (ARAU), qui milite pour la protection du patrimoine de Horta, et ouvre les Archives d'architecture moderne (AAM), organisme privé, qui devient un important centre de documentation et d'édition. À Paris, responsable du département Archives et histoire de l'Institut français d'architecture, créé en 1981, il organise le Centre d'archives d'architecture du XXe siècle, ouvert au public depuis 1989. Il milite pour la réhabilitation des personnalités modérées de l'architecture de l'entre-deux-guerres.

Gérard Monnier

CUNARD Nancy

Poétesse, essayiste et éditrice. – Née le 18 mars 1896 à Nevill Holt, Royaume-Uni ; morte le 17 mars 1965 à Paris, France.

Arrière-petite-fille du fondateur de la célèbre ligne de paquebots du même nom, Nancy Cunard voit le jour dans une famille de l'aristocratie anglaise. Après la séparation de ses parents en 1910, elle vit avec sa mère et fréquente plusieurs institutions en Allemagne et en France. En rupture avec son milieu familial, elle s'installe à Paris en 1920, y côtoyant les avant-gardes littéraires et artistiques de Montparnasse. Elle y acquiert une réputation scandaleuse en devenant l'égérie du photographe Man Ray et en multipliant les liaisons avec Aldous Huxley, Tristan Tzara, Ezra Pound et surtout Louis Aragon, qui se souviendra d'elle dans son roman érotique, *Le Con d'Irène* (1927). Déjà auteure de trois recueils de poèmes rédigés en anglais, Nancy Cunard choisit de se fixer en 1928 près de La Chapelle-Réanville, dans l'Eure, pour y lancer The Hour Press, une petite maison d'édition spécialisée dans la poésie expérimentale et qui publiera notamment l'un des tout premiers poèmes de Samuel Beckett. De 1928 à la guerre, elle entame une longue décennie d'activisme politique, ponctuée par plusieurs essais critiques ayant pour thèmes la défense des Noirs ou l'antifascisme. De retour à Paris à la fin des années 1930, elle rassemble des textes d'écrivains dans des brochures favorables aux républicains espagnols et coéditées avec Pablo Neruda (*Los poetas del mundo defienden al pueblo español*, 1937). Ayant regagné Londres au début de la Seconde Guerre mondiale, elle sert la Résistance française comme traductrice. Après la guerre, l'écrivain vit alternativement en Angleterre et en France, mais son état de santé s'est dégradé en raison d'un alcoolisme chronique. Nancy Cunard meurt à Paris dans la salle commune de l'hôpital Cochin, deux jours après avoir été ramassée sur la voie publique. Elle repose au cimetière du Père-Lachaise.

Pierre-Frédéric Charpentier

CURBELO Carlos

Sportif. – Né le 28 avril 1954 à San José de Mayo, Uruguay.

Encore adolescent, Carlos Curbelo commence une carrière de footballeur professionnel dans son club de l'Athletico Cerro de Montevideo avec une étonnante précocité. Repéré par l'AS. Nancy-Lorraine, qui prospecte en Amérique du Sud à la recherche d'un avant-centre, il signe un contrat avec Claude Cuny, son président, alors qu'il n'a pas encore dix-huit ans. Après quelques années d'exercice dans le championnat de France, celui qui est arrivé au poste d'attaquant se reconvertit, curieusement, en libéro (qui joue derrière les autres défenseurs) de grande classe, qui rassure sa défense et relance le jeu tout en pouvant, selon les circonstances, se placer aux avant-postes pour marquer des buts. En 1975, Carlos Curbelo effectue des démarches en vue de sa naturalisation française, qu'il obtient quelques mois plus tard grâce au soutien de son club. À vingt-deux ans, l'Uruguayen de Lorraine est promis à une belle carrière en équipe de France, au sein de laquelle il souhaite évoluer. Exempté du service militaire au titre de soutien de famille, il dispute deux matchs amicaux avec les Bleus face à la Pologne et à la Hongrie, respectivement en avril et en mai 1976. Mais la FIFA, plus attentive que par le passé aux questions de nationalité, retrouve la trace de quatre sélections avec l'équipe « espoirs » uruguayenne et l'empêche de poursuivre sa carrière d'international français. Après avoir vécu huit saisons en Lorraine, où il remporte une Coupe de France avec l'AS.Nancy en 1978, il s'engage avec l'OGC.Nice en 1980 pour huit autres saisons, jusqu'en 1988. Son état d'esprit impétueux et sa fidélité suscitent l'admiration des supporters nancéens puis niçois. À la fin de sa carrière, Carlos Curbelo rejoint son pays natal tout en conservant un attachement pour la France. Son fils, Gaston, né à Nancy et parti en Uruguay avec ses parents, reviendra en France en 2000 pour jouer, tout comme son père, avec l'AS.Nancy-Lorraine jusqu'en 2010.

Yvan Gastaut

CURIE Marie (Maria Salomea Sklodowska)

Physicienne. – Née le 7 novembre 1867 à Varsovie, alors Empire russe, aujourd'hui Pologne ; morte le 4 juillet 1934 à Sancellemoz, France.

Le 20 avril 1995, les dépouilles de Marie Curie et de son mari sont transférées au Panthéon. Des étudiants de l'université Pierre-et-Marie-Curie remontent lentement la rue Soufflot, portant les deux cercueils, au rythme de la *Suite en ré majeur n° 3* de Bach. De part et d'autre, deux cents élèves du lycée Marie-Curie de Sceaux tiennent dans leurs bras les symboles chimiques des atomes. « En transférant les cendres de Pierre et Marie Curie dans le sanctuaire de notre mémoire collective, la France n'accomplit pas seulement une œuvre de reconnaissance, déclare François Mitterrand. La cérémonie d'aujourd'hui prend un éclat particulier puisque entre au Panthéon la première femme de notre histoire honorée pour ses propres mérites. » Le discours du président de la République évoque la dette que la France a contractée à l'égard d'une femme et d'une savante née en Pologne. « J'attendais depuis longtemps ce jour, ayant eu l'occasion d'ajouter quelques cendres illustres au Panthéon de nos gloires. Je me serais senti comme en dette à l'égard du pays si je n'avais pu, avant de quitter moi-même mes responsabilités, y ajouter les noms de Pierre et de Marie Curie. Qui symbolisent dans la mémoire des peuples la beauté de chercher jusqu'au sacrifice de soi. À travers ces deux noms qui unissent deux peuples amis, la République rend à tous les serviteurs de la science, dont beaucoup sont ici, l'hommage qui leur est dû. Car ils témoignent d'une des plus hautes facultés de l'homme, la soif de connaître et le désir de créer. Au nom du pays tout entier qui m'entend, je remercie la mémoire de Pierre et de Marie Curie et je remercie la tradition maintenue parmi les leurs, parmi leurs disciples, parmi tous ceux qui s'intéressent aux chances de l'homme. » L'un des « leurs », le professeur au Collège de France et Prix Nobel de physique Pierre-Gilles de Gennes, parlant lui aussi place du Panthéon, exalta « le travail acharné d'un homme et d'une femme [qui] a mis le XXe siècle dans une situation dramatique de puissance et de responsabilité ». Il ajouta : « À nous, à nos enfants de savoir répondre à ce défi. En gardant présent à notre esprit l'exemple de ce couple, exténué mais heureux, et totalement pur, qui a changé la face du monde. » Quatre-vingt-dix ans avant cet hommage solennel de la France à la première femme entrée au Panthéon pour ses mérites personnels, Marie Curie, au faîte de sa carrière scientifique, se voyait au contraire précipitée au purgatoire de la République et de la nation.

L'obtention, le 10 décembre 1903, du troisième prix Nobel de physique pour la découverte de la radioactivité, avait placé le couple de savants « à la "une" de la presse », comme l'écrit Anna Hurwic, l'une des biographes de Pierre Curie, en 1995. Des journaux populaires, souvent marqués à droite, présentent Marie Curie sous des traits mystérieux, presque démoniaques. La gloire du couple exacerbe des critiques, qui visent plus directement Marie Curie, véritable anomalie dans un monde où la République et la science n'acceptent pas les femmes, leur refusent les places et les honneurs. La mort accidentelle de Pierre Curie, renversé par un camion hippomobile, le 19 avril 1906, laisse Marie Curie isolée et vulnérable en face de cette presse à scandale et de la curiosité malveillante de l'opinion pour une femme, une veuve et une étrangère. Bien que l'année 1906 soit celle de la réhabilitation du capitaine Dreyfus par la cour de cassation, l'affirmation des valeurs dreyfusardes, la défense de la justice, la lutte contre l'antisémitisme et la xénophobie semble oubliées. Marie Curie concentre les fantasmes et les soupçons d'un inconscient collectif tourmenté par la menace de la guerre et la peur du déclin national – incluant celui de la virilité des hommes, alors elle-même en crise, comme l'a montré l'historien André Rauch.

De multiples difficultés lui sont faites avant qu'elle ne puisse succéder à son mari à la chaire de radioactivité de la Sorbonne. On lui consent d'abord le seul titre de chargée de cours. Le 24 janvier 1910, l'Académie des sciences rejette également sa candidature. La presse et son public se coalisent à son sujet. La revue *Excelsior* publie le 9 janvier 1911 une analyse graphologique et sociomorphologique de la physicienne. Cette initiative douteuse participe à la vive polémique qui s'est instaurée en France, opposant ceux qui proclament que « le cerveau n'a pas de sexe » et ceux qui avancent que les femmes ne peuvent être les égales des hommes. Les insinuations se multiplient sur une présumée insuffisance scientifique de Marie Curie, qui serait désormais révélée au grand jour. Mais Marie Curie conserve la pleine et entière confiance du collaborateur de Pierre Curie, André Debierne. Celui-ci l'assiste dans sa découverte du radium métallique pur, qui lui vaut, seule cette fois, un deuxième prix Nobel, de chimie, en 1911. Au premier congrès Solvay réuni à Bruxelles le 30 octobre 1911 par l'ingénieur et philanthrope belge, Marie Curie est honorée pour ses travaux par les plus grands physiciens, dont les Allemands Max Planck et Albert Einstein. Rien n'y fait, pourtant, sur la scène française. Marie Curie demeure une étrangère victime de la xénophobie nationale. Alors qu'elle se trouve encore en Belgique, *Le Journal* révèle sa liaison amoureuse avec Paul Langevin, collègue et ami du couple. La presse à scandale prend fait et cause pour l'épouse « française » déshonorée par « l'étrangère ». Puis les attaques contre Marie Curie prennent un tour politique. *L'Action française*, organe du « nationalisme intégral » conçu par Charles Maurras, et *La Libre Parole*, fondée par l'idéologue à succès de *La France juive*, dénoncent la corruption venue de l'étranger. Le journal d'Edouard Drumont s'interroge en une : « Madame Curie va-t-elle rester en Sorbonne ? » Le 23 novembre 1911, *L'Œuvre*, hebdomadaire antisémite et xénophobe, publie des lettres intimes, assorties d'un éditorial vengeur, « Pour une mère ». Déchaîné, le rédacteur en chef Gustave Téry y écrit notamment : « Mme Curie, “la Vierge vestale du radium”, n'était pas un “parangon de vertu” mais une Polonaise ambitieuse qui s'était, pour la gloire, accrochée aux basques de Curie et s'agrippait maintenant à celle de Langevin. » Une foule agressive entoure la maison des Curie à Sceaux ; des sifflements et des cris se font entendre : « Dehors l'étrangère ! », « Voleuse de mari ! »

Avec André Debierne, Marguerite Borel, l'épouse du mathématicien et directeur de l'École normale supérieure Émile Borel, décide d'emmener Marie Curie rue d'Ulm, où elle sera en sécurité dans son appartement de fonction. Marguerite, romancière sous le nom de Camille Marbo, et qui est aussi la fille du doyen de la faculté des sciences de Paris, alerte en vain son père, qui conseille un départ pour la Pologne, au moment même où le ministre de l'Instruction publique, Théodore Steeg, menace de révoquer Émile Borel. Mais celui-ci ne cède pas, déclarant solennellement au ministre : « Mme Curie demeurera chez moi tant qu'elle le voudra. » Un petit groupe de savants, que des liens de solidarité unissent depuis l'affaire Dreyfus, lance alors une contre-offensive, qui réussit : « C'est grâce à cinq d'entre nous (M. et Mme Borel, M. et Mme Perrin, André Debierne) qui la défendirent contre le monde entier et endiguèrent l'avalanche de boue qui menaçait de l'engloutir, que Marie Curie resta en France. Mais sans nous elle serait retournée en Pologne et nous aurions été dans l'avenir marqués d'une honte éternelle », se souvient Marguerite Borel dans ses *Souvenirs et rencontres*. Il faut aussi ajouter les noms de Paul Painlevé, de Paul Langevin, qui se bat en duel avec Gustave Téry, de Raymond Poincaré, cousin du mathématicien et avocat du Syndicat de la presse parisienne : il obtient de son président que cessent les articles sur la vie privée de Marie Curie. La cohésion de ce petit groupe et sa capacité d'intervention auprès du pouvoir politique comme de l'Université de Paris sont parvenues à s'opposer à l'engrenage nationaliste et au conformisme des élites républicaines.

L'achèvement de l'Institut du radium en 1914, la création, pendant la guerre, des unités chirurgicales mobiles appelées « Les petites Curies », sa présence sur le front où elle réalise des radios sur les blessés, puis son activité internationale au sortir de la guerre, l'image qui devient la sienne auprès des femmes de l'entre-deux-guerres, sa mort au service de la recherche, la lignée de scientifiques qui lui succède construisent, par étapes, la figure d'une personnalité nationale, icône vivante de la science et de la gloire françaises. Symbole du premier féminisme, personnage de cinéma et de théâtre après sa mort, Marie Curie devient, en 1981, alors que François Mitterrand accède à la présidence de la République, l'héroïne d'une biographie romancée de Françoise Giroud, *Marie Curie, une femme honorable*. En 1995, au terme du second septennat socialiste, elle entre au Panthéon. Première femme à être honorée pour ses mérites propres, elle aura entre-temps subi les humiliations que la France et la République infligèrent aux étrangères. Si on inscrit généralement son histoire dans la geste des « valeurs républicaines », on constate aussi que la reconnaissance de la nation à son encontre fut tardive et difficile. En 1934, sa mort fut ignorée par la République et ses obsèques se déroulèrent dans la quasi-indifférence de sa patrie d'adoption, à qui elle avait pourtant tant donné.

Vincent Duclert

CUVELIER Paul. — *Voir* BELGE DE LA BANDE DESSINÉE, école.

CZIFFRA György

Pianiste. – Né en 1921 à Budapest, Hongrie ; mort en 1994 à Morsang-sur-Orge, France.

Sans ce grand pianiste, on aurait presque pu, en France, oublier François Liszt, malgré les souvenirs de Marie d'Agoult et de George Sand. Cziffra est, en effet, passé en France comme l'interprète privilégié d'une musique de piano peu à peu reléguée, au cours du XXe siècle, dans une image dévalorisée de virtuosité gratuite. Il a su redonner à la musique de Liszt tout son prestige en ne l'isolant pas dans une « magyarité » exclusive ; il a contribué aussi à la reconnaissance de Bartók en France. Mais il s'est illustré également dans le grand répertoire romantique pour piano (Chopin ou Schumann), dans Couperin ou Rameau. Son jeu passe pour fuir les épanchements incontrôlés et l'usage excessif de la pédale. Il est parfois jugé sec, fantasque, recherchant trop la reconnaissance du public populaire, mais, en dépit de ces critiques, il reste reconnu comme un des grands interprètes de son siècle.

Le rapport de la famille Cziffra à la France est complexe. Son père était rom et jouait du cymbalum dans les restaurants parisiens vers 1910 ; il est expulsé de France pendant la Grande Guerre, comme ressortissant d'une puissance ennemie. Ce musicien de cabaret est le premier professeur du jeune György, qui devient vite un enfant prodige, jouant dans des cirques ou des tournées européennes, composant, admis dès l'âge de neuf ans à l'Académie Liszt de Budapest, où il suit l'enseignement d'Ernst von Dohnány. Puis, il sert dans l'armée hongroise, est fait prisonnier, revient en Hongrie où il complète sa formation musicale, tout en jouant parfois dans des bars pour financer ses études. Son hostilité au régime communiste et une première tentative de fuite lui valent alors la prison, dans un bagne où on lui fait transporter des pierres : les mauvais traitements provoquent des douleurs articulaires ; il devra garder au poignet un bracelet de cuir. Sa carrière reprend en Hongrie avec la déstalinisation, il obtient le premier prix Liszt en 1955, enregistre, et profite d'un concert à Vienne pour quitter la Hongrie. Arrivé à Paris, gare de l'Est, le 29 novembre 1956, il débute au Châtelet dans un concert mémorable dès le 2 décembre. Sa carrière est spectaculaire. Le « virtuose au bracelet de cuir » est vite assimilé à une sorte de réincarnation de Liszt. Cziffra est une figure médiatique, prêt à affronter le grand public de la télévision (« Le Grand Échiquier » de Jacques Chancel, 1973), mais il met cette popularité au service d'une conception presque sacerdotale de la musique et de la fonction du musicien. En 1966, il fonde, aux côtés des époux Mazoyer, le Festival de musique de La Chaise-Dieu. Naturalisé français en 1968, « Georges » Cziffra acquiert et sauve de la ruine un monument historique : la chapelle royale Saint-Frambourg à Senlis (Oise). Cet édifice, restauré aux frais du pianiste, reçoit des vitraux de Miró. Cziffra y installe la fondation qui porte son nom, depuis 1974, et assure la promotion de jeunes musiciens. Très affecté en 1981 par la mort accidentelle de son fils, chef d'orchestre, Cziffra retourne quelquefois en Hongrie dans les années 1980, en particulier à Zalaegerszeg, où il enregistre. Les signes de libéralisation du gouvernement de Kádár ne suffisent pas à le convaincre de remettre en cause son engagement anticommuniste. À la fin de sa vie, le site de Senlis est devenu le symbole de cet engagement pour la musique et pour la défense du patrimoine historique français, représentant un peu ce qu'était devenu Weimar pour Liszt.

Didier Francfort

D

DA ROIT Fausto

Syndicaliste. – Né le 20 mai 1928 à La Valle Agordina, Italie ; mort à une date inconnue.

Fils d'un émigré en France qui travailla dans les mines de charbon et qui fit venir sa famille en 1930, Fausto Da Roit fréquenta l'école primaire publique jusqu'au certificat d'études primaires, obtenu en juin 1940, puis travailla chez un marchand de vaches, de février 1943 à 1946. Il devint mineur à la fin de 1947, puis fut embauché en 1951 dans une mine d'antimoine du Cantal.

Fausto Da Roit avait découvert la Jeunesse ouvrière chrétienne en 1947 et, bientôt, il contribua à la création d'une section jociste. Toutefois, dans ce bassin minier déchristianisé où les immigrés étaient majoritairement anticléricaux, l'action jociste était plus individuelle que collective. Une nouvelle fédération, dénommée Vallée de l'Allier, fut constituée. Fausto Da Roit fit partie de ses premiers dirigeants et participa à ce titre au congrès de la JOC à Vincennes, toujours en 1947. Quatre ans plus tard, il devint permanent de la province jociste du Centre. Sur le plan national, il participa à la rédaction de *La Jeunesse ouvrière* et fut rattaché à la branche « apprentis ».

Après son départ de la JOC en 1955, Fausto Da Roit suivit une formation de fraiseur à Issy-les-Moulineaux, dans un centre géré par la CFTC : il voulait entrer dans l'industrie pour y militer. Il se fit d'abord embaucher dans une entreprise de métallurgie à Ivry-sur-Seine, puis, en 1957, il fut embauché comme fraiseur P3 dans une usine de la banlieue parisienne. Il travailla à l'implantation de la CFTC dans cette entreprise où seule la CGT était présente. Près de deux ans lui furent nécessaires avant de faire véritablement exister la CFTC. Dix ans plus tard, le syndicat, devenu CFDT, était majoritaire. Fausto Da Roit fut, durant plusieurs années, délégué syndical, délégué du personnel et représenta la CFTC, puis la CFDT, au comité d'entreprise de son usine. Il fut aussi membre de l'intersyndicale Thomson-CSF jusqu'à son départ de l'entreprise.

Fausto Da Roit fut également administrateur de l'association Joie par la santé, dont la JOC avait participé à la création. Cette association ouvrit ensuite un centre de rééducation professionnelle de cent vingt places dans la Sarthe, dirigé par un ancien permanent jociste. En 1975, ce dernier proposa le poste à Fausto Da Roit. Il accepta et travailla dans ce cadre jusque fin 1983, date à laquelle il partit en pré-retraite. La famille resta dans la Sarthe jusqu'en 1987, avant de retourner à Issy-les-Moulineaux où elle avait déjà vécu de 1963 à 1975. Fausto Da Roit poursuivit alors son militantisme au sein des retraités de la CFTC.

Son épouse était une ancienne permanente de la JOCF et le couple fut toujours reconnaissant à la JOC de ce qu'elle leur avait apporté.

Michel Dreyfus

DABAYA Tientcheu Vencelas

Sportif. – Né le 28 avril 1981 à Yaoundé, Cameroun.

La carrière d'haltérophile de Dabaya commence dans son pays d'origine, pour lequel il participera aux Jeux olympiques d'Athènes de 2004 – il est à cette occasion le porte-drapeau de la délégation camerounaise. Mais il vit en France depuis 1999 et reçoit la nationalité française en 2004. Entre 2005 et 2008, il est sacré chaque année champion de France dans sa catégorie des moins de 69 kilos. Troisième au Championnat du monde de 2005, il obtient la consécration en 2006 en devenant champion du monde. L'année suivante, il est aussi champion d'Europe. Aux Jeux olympiques de Pékin, il obtient la médaille d'argent, enrichissant ainsi le palmarès français, vierge depuis 1976. Sa réussite est favorisée par le soutien que lui accorde l'armée de terre, son employeur.

Stéphane Mourlane

DALBERG Emmerich Joseph de

Homme politique. – Né le 31 mai 1773 à Mayence, alors Saint Empire romain germanique, aujourd'hui Allemagne ; mort le 27 avril 1833 à Herrnsheim, alors Confédération germanique, aujourd'hui Allemagne.

Neveu du prince-primat et grand-duc de Francfort, il étudie à Zurich, Göttingen, etc., commence une carrière dans la chancellerie impériale à Ratisbonne puis à Vienne, publie une défense de l'accueil aux nobles français émigrés, devient conseiller en Bavière. Ambassadeur du duché de Bade à Paris en 1803, défenseur des intérêts allemands, il rédige les buts de guerre de la coalition de 1804-1805 contre la France, repris en 1814, mais négocie aussi le mariage d'une fille de l'impératrice Joséphine et d'un petit-fils du duc de Bade – dont il gère pendant un an l'administration, introduisant le code Napoléon et assainissant les finances. Quand le duché est intégré à la Confédération germanique, ce proche de Talleyrand, lié à lui par des spéculations financières, passe au service de Napoléon. Naturalisé français en 1809, c'est l'un des négociateurs du mariage de l'Empereur avec Marie-Louise d'Autriche. Conseiller d'État et duc en 1810, il prépare un traité de commerce avec les États-Unis, mais, surtout, mise en 1813 sur une restauration monarchique avec une base constitutionnelle, négocie avec l'Europe coalisée, participe au gouvernement provisoire de Talleyrand en 1814, pousse à l'adoption d'une charte par Louis XVIII, qui en fait un ministre d'État, membre du conseil privé, et un des quatre plénipotentiaires français au congrès de Vienne. Pair de France en 1815, il ne peut siéger à la chambre haute qu'après une nouvelle naturalisation, fin 1816. Il a été nommé peu avant ambassadeur à Turin, poste occupé jusqu'en juillet 1820 et au retour au pouvoir des ultraroyalistes. Libéral constitutionnel, philhellène, il se rallie à Louis-Philippe en 1830, mais, pour raisons de santé, doit refuser l'ambassade de France en Russie, se retire sur ses terres et y meurt.

Éric Vial

DALÍ Salvador

Peintre. – Né le 11 mai 1904 et mort le 23 janvier 1989 à Figueras, Espagne.

« Les événements les plus importants qui puissent arriver à un peintre contemporain sont au nombre de deux : 1. être espagnol ; 2. s'appeler Gala Salvador Dalí. » Ce célèbre passage du *Journal d'un génie* (1964) évoque la revendication récurrente par Dalí de ses origines catalanes et de ce qu'il appelle sa « loufoquerie congénitale ». Né d'un père notaire et républicain et d'une mère fervente catholique, baptisé du prénom d'un frère décédé, Dalí étudie la peinture en Catalogne, dont il fréquente l'avant-garde artistique ainsi que les milieux anarchistes, ce qui lui vaut d'être exclu de l'École des beaux-arts de Madrid et d'être brièvement emprisonné. À partir de 1927, l'influence du surréalisme parisien, et en particulier de l'œuvre d'Yves Tanguy, est perceptible dans ses peintures. À Paris en 1928, il est introduit à la vie artistique par Joan Miró. Le scandale du film réalisé avec Luis Buñuel, *Un chien andalou*, légitime son adhésion au groupe surréaliste, effective en 1929. Ayant acquis une stabilité affective par sa liaison avec Gala Éluard, il affirme alors son style en peinture avec des images oniriques, scatologiques et sexuelles, produites selon une méthode qu'il baptise « paranoïaque-critique » et que célèbre André Breton. Ses prises de positions politiques ambiguës, notamment à l'égard des fascismes, et sa passion affichée pour l'argent, conduisent à son exclusion du groupe surréaliste durant la Seconde Guerre mondiale, qu'il passe en Italie puis en Virginie. Après la guerre, se partageant entre la France, l'Espagne et les États-Unis, Dalí entreprend de créer un mythe autour de sa personne, apparaissant dans des tenues extravagantes à la ville et sur les écrans. L'étrangeté de son œuvre lui assure un succès populaire et institutionnel. Il est élu en 1972 membre associé étranger de l'Académie des beaux-arts française et plusieurs musées (Catalogne, Ohio et Floride) ou espaces d'exposition (Montmartre) sont consacrés aujourd'hui à la présentation de son œuvre. Fait marquis de Pubol par le roi Carlos Ier en 1982, Dalí a désigné l'État espagnol comme légataire de son œuvre.

Julie Verlaine

DALIDA (Iolanda Cristina Giolitti)

Chanteuse. – Née le 17 janvier 1933 au Caire, Égypte ; morte le 3 mai 1987 à Paris, France.

Née au sein de la communauté italienne d'Égypte – elle reçoit en 1954 le diadème de Miss Égypte –, Iolanda Giolitti s'installe à Paris cette même année, qui voit Nasser, au moment de la crise de Suez, attaquer les « étrangers », encourageant l'exil des Italiens, juifs et Grecs. Celle qui a d'abord été

« Dalila » joue la carte d'un exotisme tempéré, qui assure son succès à partir de 1956 (*Bambino*). Le public et les médias – à commencer par la nouvelle station Europe 1, animée par celui qui sera un temps son mari, Lucien Morisse – font fête à *Ciao, amore, ciao* ou aux *Enfants du Pirée*. La distinction « disque de diamant », récompensant vingt-cinq ans de succès ininterrompus, est inventée pour elle. À la fin des années 1960, sa carrière prend une nouvelle tournure, où il faut voir un effet de drames privés qui l'atteignent durement, jusqu'à une tentative de suicide, et sa rencontre avec le grand médiateur français de la pensée tibétaine, Arnaud Desjardins, qui devient son compagnon. Elle marie désormais des chansons dans sa tradition sentimentale (*Gigi l'amoroso*) à des œuvres plus graves, où passent nettement les ombres de sa vie privée (*Il venait d'avoir dix-huit ans*, *Mourir sur scène*…). La Dalida qui reprend *Avec le temps* de Léo Ferré assoie sa légitimité culturelle, sans pour autant perdre son lien avec les publics les plus populaires. Ses engagements discrets mais remarqués (en faveur des homosexuels, en faveur de François Mitterrand…) rendent plus complexe son image. Quand elle se suicide, à cinquante-quatre ans, l'émotion du public est grande, confirmant son statut de très grande vedette, représentative à la fois de la chanson française, en France comme à l'étranger, et d'un destin de femme amoureuse et malheureuse conforme aux stéréotypes de la culture populaire, mais vérifié par sa biographie. Le succès considérable de l'exposition organisée en 2007 en son honneur par la Ville de Paris (Bertrand Delanoë fut l'un de ses amis) a confirmé la pérennité de son souvenir.

Yves Borowice

DALY (Daley) César Denis

Architecte. – Né le 18 juillet 1811 à Verdun, France ; mort le 11 janvier 1894 à Wissous, France.

Fils d'un officier irlandais prisonnier de guerre, César Daly séjourne à Londres jusqu'en 1828, puis à Paris. Élève libre de Félix Duban, il fonde, en 1840, à Paris la *Revue générale de l'architecture et des travaux publics*, premier périodique moderne, avec des correspondants à l'étranger, où il réunit les plumes les plus prestigieuses, et participe aux débats contemporains. Il est chargé, en 1844, de la restauration de la cathédrale d'Albi. Le 8 avril 1848, il prend la nationalité française. Fouriériste, il visite les États-Unis (1857-1858) ; archéologue, il séjourne en 1869 en Égypte et en Syrie. Il multiplie, à partir de 1864, les publications sur les édifices récents. À partir de 1888, la revue s'étiole et Daly entreprend un *Dictionnaire universel d'architecture*, resté inachevé.

Gérard Monnier

DANSEURS ET DANSEUSES ITALIENS en France (XIXe siècle)

Le monde du ballet au XIXe siècle est fortement marqué par la prééminence, notamment au théâtre de l'Opéra de Paris, de danseurs et de danseuses, mais aussi de maîtres de ballet et de professeurs italiens ou d'origine italienne. C'est le cas du danseur et maître de ballet Jean CORALLI (Giovanni Coralli Peracini, Paris, 1779-1854). Issu d'une famille bolonaise, Jean Coralli est formé à l'École de l'Opéra de Paris et débute comme danseur dans ce théâtre en 1802, avant de se produire sur les scènes de Londres, Milan, Venise et Lisbonne. Il commence à composer des chorégraphies à Vienne, avant d'être nommé maître de ballet au Théâtre de la Porte-Saint-Martin en 1825. Lorsque l'entrepreneur Louis Véron prend la direction de l'Opéra de Paris en 1831, Jean Coralli y est nommé maître de ballet, poste qu'il conserve jusqu'en 1848, en dépit des changements de direction. Il y règle de nombreux divertissements d'opéra et une dizaine de ballets, dont certains parmi les plus renommés de l'ère romantique. En 1836, *Le Diable boiteux* met en scène la danse espagnole dite « cachucha », qui donne à Fanny Elssler, danseuse autrichienne à la carrière internationale, ses heures de gloire sur la scène de l'Opéra de Paris. En 1841, il crée les parties de groupe de *Giselle* (Jules Perrot composant les parties solo), puis *La Péri* en 1843, deux ballets qui, sur un livret de Théophile Gautier, voient triompher la ballerine Carlotta GRISI (Caronne Adele Giuseppina Maria Grisi ; Visinida, Istrie, actuelle Croatie 1819-Genève, 1899). Carlotta Grisi se forme à l'école de danse de la Scala, à Milan. En 1834, elle rencontre à Naples le danseur français Jules Perrot, qui devient son maître, puis son partenaire de scène et son compagnon. Jusqu'à leur séparation en 1842, ils dansent ensemble à travers l'Europe, sur les scènes de Londres, Vienne, Milan, Munich, Naples et Paris. Carlotta Grisi se produit dans la capitale française dès 1836-1837, mais elle est véritablement appréciée par le public parisien à partir de sa prestation, avec Perrot, en 1840, dans l'opéra *Zingaro*. En 1841, elle est engagée à l'Opéra de Paris, où elle connaît une carrière brillante et touche un salaire faramineux. Son interprétation du rôle-titre dans le ballet *Giselle* en 1841 est restée célèbre dans l'histoire du ballet romantique. Sa virtuosité technique, notamment dans l'usage des pointes, et la sensibilité de son interprétation ont marqué le public français. Elle danse en Russie dans les années 1850 avant de faire ses adieux à la scène en 1854 et de se retirer en Suisse où elle termine sa vie.

Parmi les Italiens ayant marqué le ballet romantique en France, la famille Taglioni, véritable dynastie de danseurs et chorégraphes, est emblématique, à commencer par Philippe TAGLIONI (Filippo Taglioni, Milan, 1777-Côme, 1871). Initié à la danse par son père, Carlo Taglioni, il fait ses débuts dans des rôles travestis sur les scènes italiennes où l'on voit alors peu de danseuses, puis vient se perfectionner à Paris auprès du danseur et professeur de l'Opéra Jean-François Coulon. En 1800, il obtient une place modeste dans ce théâtre, avec un rôle dans *La Dansomanie* de Pierre Gardel. Il est engagé en 1803-1804 comme premier danseur et maître de ballet à Stockholm, où naît sa fille Marie TAGLIONI, le 23 avril 1804, de son union avec la danseuse suédoise d'ascendance polonaise Sophie Karsten. Occupant les mêmes fonctions dans différents théâtres européens, Philippe fait débuter sa fille à Vienne en 1822, dans *Réception d'une jeune nymphe à la cour de Terpsichore*. En 1827, le père et la fille sont engagés à l'Opéra de Paris. Philippe Taglioni compose alors des divertissements d'opéra et une dizaine de ballets, dont *La Sylphide*, créé pour sa fille en 1832 et considéré comme le premier ballet romantique. À partir de 1837, Philippe Taglioni devient maître de ballet à Saint-Pétersbourg, avant de se retirer en 1855 près du lac de Côme. Parallèlement, la renommée de Marie Taglioni ayant séduit le public parisien par sa virtuosité et sa grâce évanescente ne cesse de croître. Elle se produit à Londres, Vienne, Berlin, Milan ou Saint-Pétersbourg, mais c'est à l'Opéra de Paris qu'elle connaît ses plus grands succès (*La Fille mal gardée*, *La Laitière suisse*, *La Fille du Danube*, etc.). En 1845, Jules Perrot conçoit pour elle et trois autres ballerines romantiques renommées, Carlotta Grisi, Lucile Grahn et Fanny Cerrito, un *Pas de quatre* qui fait sensation. Après avoir quitté la scène en 1847, Marie Taglioni devient professeur de la classe de perfectionnement de l'Opéra de Paris. En 1860, elle compose pour son élève Emma Livry la chorégraphie du ballet *Le Papillon*, créé à l'Opéra, sur une musique de Jacques Offenbach. Après la guerre de 1870, elle vit à Londres où elle donne des leçons de danses de société, avant de rejoindre son fils en 1880 à Marseille, où elle meurt le 22 avril 1884. Sa rivale Fanny CERRITO (Francesca Cerrito, Naples, 1871-Paris, 1909) est formée à l'école du Teatro San Carlo de Naples, puis se perfectionne auprès de maîtres de ballet comme l'Italien Carlo Blasis et les Français Jules Perrot et Arthur Saint-Léon, ce dernier devenant son époux en 1845. Remarquée dès ses débuts à Naples en 1832, elle effectue une carrière internationale, comme la plupart des ballerines de son époque, à Vienne (1836), Milan (1838), Londres (1840), Saint-Pétersbourg (1855) ou Moscou (1856), mais c'est à Paris qu'elle connaît la consécration entre 1847 et 1855. Outre ses qualités d'interprète, notamment dans le registre des danses de caractère, elle est l'une des premières femmes ayant composé des ballets, comme *Gemma*, créé en 1854 à l'Opéra national de Paris, sur un livret de Théophile Gautier. Plusieurs générations après, Carlotta ZAMBELLI (Milan, 1875-1968) est l'une des dernières ballerines italiennes à avoir marqué le paysage de la danse classique en France. Elle se forme à la Scala avant d'être engagée comme première danseuse à l'Opéra de Paris par le directeur Pedro Gailhard en 1894. En 1898, elle succède à Rosita Mauri dans les ballets *La Maladetta* de Joseph Hansen et *La Korrigane* de Louis Mérante. En 1920, dix ans avant de faire ses adieux à la scène, elle prend en charge la classe de perfectionnement de l'École de l'Opéra de Paris, où elle enseigne jusqu'en 1955, formant toute une génération de danseuses, notamment les étoiles Lycette Darsonval et Yvette Chauviré.

Sophie Jacotot

DANSEURS ET DANSEUSES RUSSES en France (XXe siècle)

Lorsque l'imprésario Serge DIAGHILEV organise la première « Saison russe » à Paris en 1909, il entraîne dans son sillage de nombreux danseurs russes qui vont œuvrer dans sa compagnie, active jusqu'à sa mort, en 1929. Pour certains, telle Ida RUBINSTEIN (Lydiya Lvovna Rubinstein ; Kharkov, alors Russie, aujourd'hui Ukraine, 1885-Vence, France, 1960), les Ballets russes ne sont qu'une première étape dans leur carrière française. Issue d'une riche famille de Saint-Pétersbourg, elle prend des leçons de mime et de théâtre, puis se tourne vers la danse en étudiant auprès de Michel Fokine, alors chorégraphe du Théâtre Mariinsky à Saint-Pétersbourg. En 1909, elle danse le rôle-titre de *Cléopâtre* à Paris, puis celui de *Shéhérazade* en 1910, aux côtés de Vaslav Nijinski, avant de quitter les Ballets russes pour fonder sa propre compagnie. En 1911, elle danse *Le Martyre de Saint-Sébastien*, adapté pour elle par Gabriele d'Annunzio et chorégraphié par Fokine, sur des décors de Léon Bakst. Grande figure du monde théâtral français de l'entre-deux-guerres, elle s'associe à des chorégraphes comme Bronislava Nijinska (*Boléro*, 1928) et collabore avec des compositeurs comme Arthur Honegger (*Jeanne d'Arc au bûcher*, 1939). Parmi les danseurs russes ayant choisi de demeurer en France, il faut compter Serge LIFAR (Kiev, alors Russie, aujourd'hui Ukraine, 1904-Lausanne, Suisse, 1986). Élève de Bronislava Nijinska à Kiev, il est engagé par Diaghilev en 1923. Après la dissolution de la compagnie en 1929, il entre à l'Opéra de Paris. Danseur brillant, vedette de la vie mondaine parisienne, il devient rapidement étoile, puis maître de ballet du théâtre de l'Opéra jusqu'en 1958 (hormis la période de la Libération, durant laquelle il dirige le Nouveau Ballet de Monte-Carlo), faisant traverser à l'établissement les heures les plus sombres de son histoire sous l'Occupation, non sans compromis, voire, pour certains, compromission. Serge Lifar reste, quoi qu'il en soit, pendant un quart de siècle, la personnalité la plus importante de la danse classique française. À l'inverse, d'autres danseurs de la troupe de Diaghilev vont se tourner vers une carrière internationale après avoir laissé une empreinte forte sur le monde de la danse en France. C'est le cas de Michel FOKINE (Mikhail Mikhailovitch Fokine ; Saint-Pétersbourg, Russie, 1880-New York, États-Unis, 1942). Premier chorégraphe des Ballets russes à Paris (*L'Oiseau de feu*, *Shéhérazade*, *Petrouchka*, etc.), il travaille aussi en Scandinavie et en Grande-Bretagne après son départ définitif de la Russie en 1918. À partir de 1923, il s'installe aux États-Unis, mais revient périodiquement en Europe pour collaborer avec Ida Rubinstein, les Ballets de Monte-Carlo et les Ballets russes de Wassily de Basil. Pour contrebalancer l'influence de Fokine, Diaghilev donne, dès 1912, au danseur Vaslav NIJINSKI (Nižinskij Vaclav Fomič ; Kiev, alors Russie, aujourd'hui Ukraine, 1889-Londres, 1950) l'opportunité de composer des chorégraphies pour les Ballets Russes, dont il était jusque-là le danseur-vedette, transfuge lui aussi du Théâtre Mariinsky. Issu d'une famille de danseurs polonais, Nijinski a marqué ses contemporains par sa danse puissante et virtuose (*Petrouchka*, *Le Spectre de la rose*, etc.), redonnant à la danse masculine ses lettres de noblesse. Quant aux œuvres qu'il chorégraphie et présente à Paris (*L'Après-Midi d'un faune* en 1912, *Jeux* et *Le Sacre du printemps* en 1913), elles ont suscité des controverses, voire des scandales, du fait de leur audace formelle et thématique. Réhabilitées à la fin du XXe siècle, elles font désormais figures d'œuvres majeures, fondatrices de la modernité en danse. La sœur de Nijinski, Bronislava NIJINSKA (Minsk, alors Russie, aujourd'hui Biélorussie, 1891-Los Angeles, États-Unis, 1972), suit elle aussi

Diaghilev à Paris dès 1909. Elle devient l'une des chorégraphes de la compagnie dans les années 1920 (*Noces* en 1923, *Le Train bleu* et *Les Biches* en 1924), avant de travailler pour Ida Rubinstein, les Ballets de Monte-Carlo ou pour sa propre compagnie. Elle s'installe aux États-Unis en 1938, ouvre une école de danse à Los Angeles et continue à composer des œuvres pour diverses compagnies, y compris celle du Marquis de Georges de Cuevas, en France, après la Seconde Guerre mondiale. De même, pour Léonide MASSINE (Leonid Fedorovitch Myassin, Moscou, Russie, 1896-Weseke, Allemagne, 1979), la période française est un tremplin. Formé à l'École du Théâtre Bolchoï à Moscou, il est engagé par Diaghilev à Paris en 1913 et devient l'étoile masculine des Ballets russes après le départ de Nijinski en 1915, ainsi que le chorégraphe principal de la compagnie jusqu'en 1921 (*Contes russes*, *Le Tricorne*, *Parade*, etc.). À partir de ce moment-là, il est invité à créer ou à remonter ses œuvres pour les plus grandes compagnies de ballet en Europe ou aux États-unis. D'autres danseurs venus en France dans le sillage des Ballets russes ont marqué le monde de la danse, notamment dans le domaine de la pédagogie, tels Boris KNIASSEF (Saint-Pétersbourg, Russie, 1900-Paris, France, 1975). Formé à la danse à Saint-Pétersbourg, il émigre en 1917 à Sofia, puis à Paris en 1924. Il danse dans les compagnies de Wassily de Basil, de Bronislava Nijinska et aux Ballets des Champs-Élysées. Maître de ballet à l'Opéra-Comique de 1932 à 1934, il ouvre une école de danse en 1937 et aura pour élèves de futures étoiles comme Yvette Chauviré ou Ludmila Tcherina.

Sophie Jacotot

DARUI Julien

Sportif. – Né le 16 février 1916 à Oberkorn, Grand-Duché de Luxembourg ; mort le 13 décembre 1987 à Dijon, France.

Même s'il est né au Luxembourg avec une ascendance méridionale, Julien Darui a grandi de l'autre côté de la frontière, en Lorraine, dans le café de ses parents à Audun-le-Tiche (Moselle). Doté d'une grande souplesse et d'excellents réflexes, il développe très tôt une vocation de gardien de but de football. À force de travail et d'abnégation, il deviendra l'un des plus spectaculaires portiers français : excellent dans les sorties aériennes tout autant que dans les sorties au-devant des adversaires qui se présentent face à lui, il lui arrive même de participer au jeu pour relancer son équipe ou parer à une percée adverse. Julien Darui, qui ne garde de ses origines luxembourgeoises qu'un lointain souvenir, effectue toute sa carrière dans la partie nord de la France : après avoir lancé sa carrière à l'OFC.Charleville-Mézières, il évolue dans différents clubs lillois (Olympique lillois, OICL.Lille, EF.Lille-Flandres, Lille.OSC) mais aussi au Red Star pendant deux saisons en pleine guerre (1940-1942), puis au CO.Roubaix-Tourcoing entre 1945 et 1953, club avec lequel il remporte un titre de champion de France en 1947. Entre 1939 et 1951, naturalisé français, Julien Darui est sélectionné à vingt-cinq reprises en équipe de France, devenant un joueur de légende. Sa carrière internationale connaît la consécration lorsqu'il est retenu dans une sélection européenne pour affronter la redoutable équipe d'Angleterre dans un match resté fameux : en mai 1947 à Glasgow, malgré d'innombrables arrêts spectaculaires, il ne peut éviter la cuisante défaite de l'équipe du continent sur le score de 6 buts à 1. Le statut du gardien de but des Bleus n'a pas été ébranlé pour autant ni en France, où il est une grande vedette, ni chez les Britanniques, qui le considèrent comme l'un des meilleurs gardiens de but de tous les temps. Sa carrière de joueur terminée, Julien Darui suit le destin de la plupart des anciens professionnels : ne s'éloignant guère du milieu du football, il entraîne plusieurs clubs, parmi lesquels le SO. Montpellier et l'Olympique lyonnais, mais sans grand succès. En 1956, il est engagé par le cirque Pinder pour participer à des spectacles de plongeon et essuyer des tirs de penalty proposés à des spectateurs comblés. Grâce à sa popularité, il rencontre un énorme succès avant de se retirer à Dijon, où il exploite un débit de boissons jusqu'à la fin de ses jours. Le quotidien *L'Équipe* le sacre meilleur gardien de but français de tous les temps en 1999.

Yvan Gastaut

DASSIN Joe (Joseph)

Interprète et compositeur de chansons. – Né le 5 novembre 1938 à New York, États-Unis ; mort le 20 août 1980 à Papeete, Polynésie française.

Côté banjo, côté violon : dans une de ses dernières chansons, Joe Dassin – alors devenu une des vedettes les plus populaires des années 1970 – revenait sur ses deux amours à lui : les États-Unis et la France. Il est un pur produit du melting-pot américain. Son père, le cinéaste Jules Dassin, est d'origine ukrainienne. Sa mère, Béatrice Launer, est une violoniste virtuose issue d'une famille juive hongroise. Ils s'établissent à Los Angeles, où grandit leur fils, avant que, en 1950, le maccarthysme ne contraigne les Dassin à l'exil : Londres, Paris, puis Athènes pour Jules, qui se remarie avec l'actrice Melina Mercouri. Une adolescence cosmopolite pour Joe, qui fait ses études dans divers pays européens et les termine dans le Michigan par un doctorat d'ethnologie. Excellent guitariste, nouvelliste à ses heures, assistant sur les films de son père, il cherche sa voie lorsque, en 1965, la firme CBS-France lui propose d'enregistrer un disque. Davantage adepte du *folksong* qu'enfant du rock, il chante des adaptations de standards états-uniens ou latino-américains (*Bip-bip*, *Guantanamera*). Ce mélodiste instinctif ne cessera d'ailleurs de puiser son inspiration dans les répertoires d'outre-Atlantique ou d'Italie, à l'instar de ses trois plus grands succès : *Les Champs-Élysées* en 1969 (*Waterloo Road*), *L'Amérique* en 1970 (*Yellow River*) et *L'Été indien* en 1975 (*Africa*, de Toto Cutugno) – des adaptations souvent signées du parolier Pierre Delanoë.

Dès 1967, avec *Les Dalton*, il installe pour une dizaine d'années dans les variétés sa voix chaude et grave, sa dégaine décontractée, son large sourire et son léger strabisme. De ballades jazzy ou folk en slows langoureux et ritournelles fantaisistes, il aligne les tubes : *Siffler sur la colline*, *La Bande à Bonnot*, *Le Petit Pain au chocolat*, *La Fleur aux dents*, *Et si tu n'existais pas*, *Il faut naître à Monaco*… Disques, tournées et shows télévisés en font un pilier de l'industrie musicale, tandis que sa carrière s'internationalise. Il chante et enregistre en anglais, italien, allemand, espagnol, grec, russe et japonais. Sa gaieté et son romantisme de bon aloi occultent des incursions vers des thématiques plus sombres (*Marie-Jeanne*), plus sociales (*Le Portugais*), ainsi que ses interprétations – magistrales et dans sa langue maternelle – du répertoire de la *folk-music*. Mais le surmenage, l'intempérance et une fragilité cardiaque récurrente abrègent sa carrière. À l'âge de quarante-deux ans, il est terrassé par un infarctus à Tahiti, léguant nombre de chansons durablement gravées dans la mémoire collective.

Yves Borowice

DASSIN Jules (Julius)

Cinéaste. – Né le 18 décembre 1911 à Middletown, États-Unis ; mort le 31 mars 2008 à Athènes, Grèce.

Victime du maccarthysme qui sévit aux États-Unis dans les années 1950, contraint de s'exiler, l'auteur des *Démons de la liberté* (1974), de *La Cité sans voiles* (1948), des *Bas-Fonds de Frisco* (1948) se retrouve à Londres en 1950, y tourne son meilleur film, *Les Forbans de la nuit*, avec Richard Widmark et Gene Tierney, avant de s'installer à Paris, le temps de tourner *Du rififi chez les hommes* (1955), d'après Auguste Le Breton : un film célèbre pour la minutie avec laquelle ses héros préparent le casse d'une bijouterie, avec un parapluie pour récupérer les gravats. Le film est couronné du prix de la mise en scène à Cannes, et du prix d'interprétation à Jean Servais décerné par l'Académie du cinéma français. Le temps aussi de produire *Celui qui doit mourir*, avec Pierre Vaneck (1957), qu'il réalisera en Grèce, où il se fixe avec Melina Mercouri, sa seconde femme.

Jean-Luc Douin

DAUMAN Anatole

Producteur de cinéma. – Né le 7 février 1925 à Varsovie, Pologne ; mort le 8 avril 1998 à Paris, France.

Arrivé avec ses parents en France peu après sa naissance, Anatole Dauman est encore adolescent quand il s'engage dans la Résistance – il reçoit la croix de guerre à la Libération. À l'âge de vingt-quatre ans, il crée, avec Philippe Lifchitz, la société de production Argos Films, qui, d'emblée, se signale par une politique de production de documentaires confiés à de jeunes réalisateurs (*L'Affaire Manet* et *Les Fêtes galantes : le peintre Watteau*, 1949, Jean Aurel ; *Les Désastres de la guerre*, 1951, Pierre Kast ; *Les Crimes de l'amour : Mina de Vanghel*, 1952, Maurice Clavel et Maurice Barry). En 1955, il est le producteur, engagé et courageux, du *Nuit et brouillard*, d'Alain Resnais, dont il produira aussi *Hiroshima, mon amour* (1958), pour lequel il lui fait rencontrer Marguerite Duras, et *L'Année dernière à Marienbad* (1960). À partir de ce moment, Dauman devient l'un des plus importants producteurs du cinéma d'auteur français, sensible tant aux démarches formelles qu'aux projets militants. Il travaille avec Jean Rouch (*Chronique d'un été*, 1960), Robert Bresson (*Au hasard Balthazar*, 1965), Jean-Luc Godard (*Masculin féminin*, 1965) ou encore Marceline Loridan et Joris Ivens (*Le Dix-Septième Parallèle*, 1967). À partir des années 1970, il entretient des collaborations durables avec certaines des figures les plus importantes du cinéma mondial, auxquelles il apporte son soutien, parfois en coproduction : Volker Schlöndorff (*Le Coup de grâce*, 1976 ; *Le Tambour*, 1978 ; *Le Faussaire*, 1981), Walerian Borowczyk (*Contes immoraux*, 1973 ; *La Bête*, 1975), Nagisha Oshima (*L'Empire des sens*, 1976 ; *L'Empire de la passion*, 1978), Chris Marker (*Sans soleil*, 1982 ; *Level Five*, 1996) ou Wim Wenders (*Paris, Texas*, 1984 ; *Les Ailes du désir*, 1987 ; *Jusqu'au bout du monde*, 1990). Il aura été aussi, plus ponctuellement, le producteur d'Alain Robbe-Grillet (*La Belle Captive*, 1982) ou d'Andreï Tarkovski (*Le Sacrifice*, 1986).

Dimitri Vezyroglou

DAVE (Wouter Levenbach)

Chanteur et animateur de télévision. – Né le 4 mai 1944 à Amsterdam, Pays-Bas.

Fils d'un professeur d'anglais et d'une danseuse classique, polyglotte comme nombre de ses compatriotes néerlandais, un temps attiré par des études de théologie, Dave débarque à Paris en 1965 et connaît une première décennie difficile, malgré quelques 45-tours et une participation à la comédie musicale *Godspell*, avec Daniel Auteuil et Armande Altaï. C'est entre 1974 et 1979 qu'il s'impose en vedette de variétés, caracolant en tête des hit-parades et sur les plateaux de télévision. Mèche blonde, yeux bleus, sourire étincelant, col pelle à tarte et paillettes : le néoromantique au timbre clair et à l'étonnant registre vocal égrène d'efficaces bluettes, souvent adaptées de succès anglo-saxons – comme *Trop beau* (*Sugar Baby Love*) ou *Vanina* (*Runaway*) – voire de standards de jazz comme *Dansez maintenant* (la *Moonlight Serenade* de Glenn Miller). Ces adaptations sont signées de Patrick Loiseau, son compagnon et parolier fétiche, tout comme les chansons originales : *Du côté de chez Swann*, *Lettre à Hélène*... Par la suite, Dave ne renouera jamais plus avec un tel succès et restera associé à cette nostalgie *seventies*, malgré des albums aux tonalités parfois plus graves (*Dernier Regard*, 1993). À partir des années 1990, on le voit de plus en plus en animateur ou invité d'émissions télévisées, où l'ancien « chanteur à minettes », qui ne fait pas mystère de son homosexualité, brille par son humour incisif. Il est également l'auteur d'une autobiographie qui, par-delà l'anecdote, est un témoignage décapant sur les mœurs et rouages du show business (*Soit dit en passant...*, 2003).

Yves Borowice

DE AJURIAGUERRA Julian

Neuropsychiatre et psychanalyste. – Né le 7 janvier 1911 à Deusto, Espagne ; mort le 24 mars 1993 à Villefranque, France.

Né au Pays basque espagnol, il grandit à Bilbao et, à l'âge de seize ans, gagne Paris où il fera ses études de médecine. Il devient externe en psychiatrie à l'hôpital Sainte-Anne, et interne à la Salpêtrière. Il est formé à la psychologie dans le sillage de Henri Piéron, Henri Wallon et Jean Piaget, à la psychiatrie en suivant les cours de Gaëtan Gatian de Clérambault et Paul Guiraud, et à la neurologie par les enseignements d'André Thomas et de Jean Lhermitte, dont il devient l'assistant au Laboratoire d'anatomie du système nerveux. Il consacre sa thèse à la douleur dans les affections du système nerveux central, étudiée comme une fonction. Il obtient, en 1938, le prix Déjerine pour un travail sur les polynévrites expérimentales.

Ses études et le début de son parcours professionnel sont entrecoupés par la guerre. Il rejoint les républicains lors de la guerre civile espagnole, puis revient en France en 1939. Il s'engage ensuite activement dans la Résistance.

Son œuvre scientifique est consacrée à l'étude des fonctions mentales, perceptives et motrices, et de leur développement chez l'adulte et surtout chez l'enfant. Il passe l'agrégation à titre étranger et devient professeur agrégé de neurologie et de psychiatrie en 1946. Il prend la direction du Laboratoire d'anatomie pathologique du Centre neuro-chirurgical de l'hôpital Henri-Rousselle de Paris, où il anime un groupe de recherche et de rééducation en neuro-psychiatrie infantile. En 1950, il est naturalisé français et obtient la reconnaissance de son titre de médecin. Durant toute sa carrière, il poursuit son activité de recherche et d'enseignement en France et en Espagne, et notamment au Pays basque.

Soucieux de traverser les frontières disciplinaires, son travail de clinicien donne naissance à de grandes synthèses. Il publie avec Henry Hécaen, en 1948, une étude « neuro-psycho-pathologique » sur le cortex cérébral, qui ouvre la voie à une nouvelle discipline, la neuro-psychologie. Il se tourne également vers la psychanalyse et entreprend une analyse didactique avec Sacha Nacht. Associé au psychanalyste René Diatkine, il crée la revue *Psychiatrie de l'enfant* et tient une consultation vouée aux troubles de la psychomotricité et du langage. Julian de Ajuriaguerra s'installe ensuite à Genève. Il y est élu à la faculté de médecine en 1958 et y dirige, jusqu'en 1975, la clinique universitaire de psychiatrie Bel-Air, où il fait se rencontrer neurologues et psychanalystes. Il y mène des recherches cliniques, psychologiques, sur le développement de l'enfant, dans la lignée de Jean Piaget – on lui doit en particulier un manuel classique de psychiatrie de l'enfant (1971) – et sur la destructuration du sujet âgé. Figure charismatique, il est élu au Collège de France en 1976 où il fonde une chaire de neuropsychologie du développement de l'enfant. Malade, il cesse ses activités en 1986.

Anne Rasmussen

DE CHIRICO Giorgio

Peintre et sculpteur. – Né le 10 juillet 1888 à Volos, Grèce ; mort le 20 novembre 1978 à Rome, Italie.

Artiste adoré puis détesté des surréalistes, Giorgio De Chirico est né en Grèce d'un père sicilien ingénieur des chemins de fer, et d'une mère turque d'origine italienne, chanteuse d'opéra. Il a gardé de son enfance un fort goût pour la mythologie et l'art antique. Après la mort de son père, il étudie l'art à Munich avant de suivre, en 1911, son frère Alberto Savinio, peintre lui aussi, à Paris. Apollinaire, dont il exécute un célèbre *Portrait prémonitoire* en poète voyant, affublé de lunettes d'aveugle, s'enthousiasme pour la profonde originalité de l'œuvre de De Chirico et qualifie ses peintures d'« étrangement métaphysiques ». Ce terme est repris par De Chirico quand, de retour en Italie en 1915, mobilisé à Ferrare, il fonde le mouvement Pittura metafisica. À Rome, les critiques sont hostiles à celui qu'ils considèrent comme « un étranger non diplômé ignorant de la grande peinture italienne » ; à Paris, les efforts réalisés par De Chirico pour se rapprocher des normes classiques exaltées alors par le fascisme mussolinien aboutissent à son rejet violent par les surréalistes. André Breton, René Magritte et Yves Tanguy, qui ont découvert avec passion ses œuvres des années 1910, comme *Le Cerveau de l'enfant* (1914), sont profondément déçus par les plus récentes et organisent la contre-exposition *Ci-gît Giorgio De Chirico* (1928). Ce n'est qu'en 1983 et surtout en 2009 que d'importantes rétrospectives parisiennes ont redonné une place importante, au sein des avant-gardes artistiques des années 1910-1920, à l'artiste et en particulier à ses œuvres métaphysiques, d'une simplicité trompeuse car présentant des objets incongrus et des perspectives aberrantes. « Pour qu'une œuvre d'art soit vraiment immortelle, il faut qu'elle sorte complètement des limites de l'humain », déclare De Chirico, dont les représentations d'êtres oniriques ont influencé plusieurs générations d'artistes, à commencer par les surréalistes.

Julie Verlaine

DE MAX Édouard (Eduard Alexandru Max)

Acteur. – Né le 14 février 1869 à Jassy, Roumanie ; mort le 28 octobre 1924 à Paris, France.

Après quelques années passées dans un pensionnat suisse, le jeune Roumain Eduard Max part pour Paris en 1884. Il entre au Conservatoire en 1889 dans la classe de Gustave Worms avec Aurélien Lugné-Poe et Marguerite Moreno. En tant qu'étranger, De Max doit y rester deux ans avant de présenter le concours. Premier prix de tragédie, il débute sous la direction de Porel à l'Odéon, rejoint la Renaissance aux côtés de Sarah Bernhardt puis, à la mort de l'actrice, reprend son rôle dans *L'Aiglon* et succède à Antoine dans *Le Roi Lear* : il ne quittera plus la scène jusqu'à sa mort. Malgré la haine que lui voue Francisque Sarcey, le critique le plus influent de l'époque, Édouard De Max – il est juif, étranger et ne cache pas son homosexualité – est très vite considéré comme l'un des plus grands tragédiens de son temps. Il joue aussi bien dans les créations (*Pelleas et Mélisande* en 1893 au Théâtre de l'Œuvre) que dans le répertoire classique. Il refusera néanmoins de jouer Molière (il n'accepta que le petit rôle de M. Loyal dans *Tartuffe* pour la célébration du tricentenaire de l'auteur), considérant qu'il fallait être français pour l'interpréter. En revanche, toute sa vie, il endossera le costume de Néron dans *Britannicus* : ce sera avec ce rôle qu'il débutera à la Comédie-Française le 31 décembre 1915. Comme le souligne un critique, « un vrai tragédien est entré dans la Maison de Molière », où il prendra la succession de Mounet-Sully. De Max, qui avait tout fait pour s'enrôler en 1914 et qui avait été rejeté de l'armée – et même de la Croix-Rouge – comme ressortissant roumain, s'était engagé en 1916 dans l'armée d'Orient comme officier-interprète pour « payer la dette de reconnaissance qu'il estimait avoir contractée envers le pays qui l'avait accueilli ».

Chantal Meyer-Plantureux

DE MOOR Bob. — *Voir* BELGE DE LA BANDE DESSINÉE, école.

DE NITTIS Giuseppe

Peintre. – Né le 25 février 1846 à Barletta, alors Royaume des Deux-Siciles, aujourd'hui Italie ; mort le 21 août 1884 à Saint-Germain-en-Laye, France.

Attiré dès ses débuts par le paysage et les effets de lumière, De Nittis s'exerce autour de Naples et dans ses Pouilles natales, avant de visiter Rome, Florence (il influence de manière déterminante le groupe des Macchiaioli, peintres paysagistes) et Paris où, après avoir signé un contrat avec le marchand Frédéric Reitlinger en 1868, il s'installe définitivement, sauf entre 1870 et 1873. Ses réceptions du samedi sont fort prisées du microcosme littéraire et artistique parisien. À l'invitation de Degas il participe en 1874 à la première exposition impressionniste. Ses peintures à l'huile, mais aussi ses pastels de grande taille (un médium qu'il a contribué à faire reconnaître) triomphent lors de l'Exposition universelle de 1878, où il reçoit une médaille d'or et la Légion d'honneur. En 1882, il fonde, avec le marchand d'art Georges Petit et deux autres artistes, l'Espagnol Raimundo Madrazo y Garreta et le Belge Alfred Stevens, l'Exposition internationale de peinture, afin d'aider et de faire connaître les artistes étrangers à Paris, dans un contexte de durcissement du nationalisme pictural.

Julie Verlaine

DE NOBILI Lila

Costumière, décoratrice de théâtre, d'opéra, de cinéma. – Née le 3 septembre 1916 à Castagnola, Italie ; morte le 19 février 2002 à Paris, France.

Née dans une riche famille italienne, Lila De Nobili étudie la peinture à l'Académie des beaux-arts de Rome et se fixe à Paris en 1943. Grâce à son oncle maternel, le peintre Marcel Vertès, elle est introduite dans le milieu de l'art parisien et entre comme dessinatrice de mode chez *Vogue*. Mais c'est surtout grâce à son amie d'enfance Françoise Lugagne, qui est alors l'épouse du comédien et metteur en scène Raymond Rouleau, que Lila De Nobili signera, en 1947, son premier décor de théâtre. Elle deviendra la collaboratrice de Rouleau, créant costumes et décors pour plus d'une vingtaine de ses spectacles, aussi bien au théâtre – *Un tramway nommé désir* adapté par Cocteau en 1949 ou *Hedda Gabler* avec Ingrid Bergman en 1962 – qu'au cinéma – *Les Sorcières de Salem* d'Arthur Miller avec Simone Signoret et Yves Montand en 1957. Les grands noms de la mise en scène, mais aussi les institutions (palais Garnier ou Comédie-Française) font appel à elle. Luchino Visconti sera l'un des plus fidèles ; Lila De Nobili signera, entre autres, les costumes de *La Traviata* avec Maria Callas. Elle crée à Paris, au début des années 1960, les Ateliers du costume, dans la tradition italienne du XIXe siècle, dont elle est la dernière représentante. Elle accepte une ultime collaboration avec Visconti en 1973 et se consacre ensuite à la peinture.

Chantal Meyer-Plantureux

DECAISNE Joseph

Botaniste. – Né le 7 mars 1807 à Bruxelles, alors France, aujourd'hui Belgique ; mort le 8 février 1882 à Paris, France.

Né à Bruxelles sous l'Empire français, de père picard et de mère flamande, Joseph Decaisne arrive à Paris vers 1820. Il fera toute sa carrière au Muséum d'histoire naturelle, dès son embauche comme garçon jardinier en 1824 et jusqu'à sa mort. S'il apprend le jardinage sur le tas, il acquiert également, probablement en suivant les cours du Muséum, des connaissances scientifiques suffisamment étendues pour figurer parmi les naturalistes reconnus de son époque. Remarqué par

Adrien de Jussieu, il devient aide-naturaliste à la chaire de botanique rurale. Il remplace en 1850 Charles Brisseau de Mirbel comme professeur titulaire de la chaire de culture. Le 19 avril 1847, il est reçu dans la section d'économie rurale de l'Académie des sciences, qu'il préside en 1865. Il résidera toute sa vie, avec sa mère, dans le logement qu'il possédait au Muséum. Pendant le siège de Paris, en 1870-1871, il tentera de réparer les dégâts causés par les bombardements allemands et de sauver les plantes des serres endommagées. À sa mort, il léguera une grande partie de son herbier au Jardin botanique d'État de Bruxelles.

Ses écrits reflètent sa double culture pratique et scientifique : il est aussi bien collaborateur des publications horticoles (*Revue horticole*, *Flore des serres et des jardins*, *Le Bon Jardinier*, *Maison rustique*) qu'auteur de descriptions des plantes collectées par les expéditions scientifiques et (avec Le Maout) d'une *Flore des champs et des jardins* et d'un *Traité général de botanique*, de travaux sur les algues, le gui, l'igname, la ramie, la garance etc. Responsable du jardin fruitier créé au Jardin des Plantes à la fin du XVIIIe siècle, il publiera une œuvre pomologique en neuf volumes intitulée *Jardin fruitier du Muséum ou Iconographie de toutes les espèces et variétés d'arbres fruitiers cultivés dans cet établissement avec leur description, leur histoire, leur synonymie*, etc. La description des espèces et variétés fruitières l'incitera à concevoir une étude expérimentale sur la variabilité du poirier, dont il tirera des conclusions théoriques sur les limites de l'espèce.

Cristiana Oghina-Pavie

DEL DUCA Cino (Pacificio)

Entrepreneur. – Né 25 juillet 1899 à Montedinove, Italie ; mort le 24 mai 1967 à Milan, Italie.

Pacificio (qui adoptera le prénom de Cino en 1945) est le fils d'un artisan italien, d'opinions garibaldiennes. Colporteur, il débute très jeune dans l'édition et l'imprimerie en vendant des fascicules populaires. En 1923, il est emprisonné par les fascistes durant quelques mois, ce qui lui permet d'écrire son premier roman, *Le Prince charmant*. Il s'installe ensuite à Milan où il édite des hebdomadaires et des romans sentimentaux. Mais il doit se réfugier en France en 1932, où il publie d'abord les traductions des livres qu'il éditait en Italie. En 1935, sur le nouveau modèle à l'américaine en plein essor en Europe, il crée un hebdomadaire pour enfants, *Hurrah !*, dont le succès est immédiat (250 000 exemplaires) et fonde les Éditions mondiales en 1937. À la déclaration de guerre, il s'engage dans la légion garibaldienne, qui combat aux côtés de l'armée française. Sous l'Occupation, tout en continuant ses activités d'éditeur, il est membre du Comité italien clandestin. En 1947 commence une nouvelle étape de sa carrière d'éditeur de presse avec le lancement de l'hebdomadaire *Nous Deux*, qui devient le symbole de la presse de cœur : le tirage en dépasse 1,5 million d'exemplaires en 1955. Dans le même esprit, il lancera *Intimité*, *Tarzan* ou *L'Intrépide*, des magazines de mode (*Modes de Paris*) et de tricot, soit, au total, treize titres qui vendent à 5 millions d'exemplaires. Le « roman-photo » trouve son berceau dans la presse Del Duca. Cino n'hésite jamais à arrêter des magazines qui marchent mal ou à les fusionner pour assurer leur survie. Son groupe étend ses activités en Italie, avec son frère Domenico resté au pays, mais aussi en Grande-Bretagne et en Allemagne. Pour produire ses magazines en héliogravure couleur, il investit, en 1954, dans une grande imprimerie moderne à Maisons-Alfort près de Paris, suivie d'autres à Blois et à Milan. En 1962, il aborde les hebdomadaires de télévision avec *Télé-jeunes*, qui, devenu *Télé-poche* en 1966, dépasse bientôt le million d'exemplaires. Depuis 1953, il est également entré dans la production cinématographique, avec de grands films comme *Touchez pas au grisbi*, *Marguerite de la nuit* ou *L'Avventura*.

Naturalisé français en 1957, Del Duca peut élargir ses activités à la presse quotidienne, interdite aux étrangers. Il devient pleinement propriétaire de *Franc-Tireur*, qu'il soutenait financièrement depuis la guerre. Ce quotidien du mouvement de résistance éponyme a connu de beaux jours entre 1945 et 1948, avec un tirage de 350 000 exemplaires, mais, en 1957, ses ventes sont tombées à 70 000. Del Duca décide alors de le transformer en un journal populaire à l'anglaise, sous le titre de *Paris-Journal*, mais, en dépit d'une intense campagne de publicité, les ventes stagnent à 80 000 exemplaires. Il change alors d'imprimerie et recrute des journalistes pour remplacer l'ancienne équipe. En septembre 1959, une nouvelle formule au format tabloïd, avec de grandes photos et des pages en quadrichromie, part à la conquête du public sous le titre *Paris-Jour*. Le succès est lent à se dessiner : la diffusion n'atteint 100 000 exemplaires qu'en janvier 1961 et 200 000 en mars 1962. Les stars, les bandes dessinées, les jeux, sans oublier la *pin-up* en page 3 commencent à séduire. Mais les recettes publicitaires sont insuffisantes, et le déficit annuel dépasse 20 millions de francs. À sa mort en 1967, sa veuve, Simone, maintient l'œuvre de son époux. Mais elle ne supporte guère la contradiction et *Paris-Jour* reste un gouffre financier. Tentant de réduire la masse salariale, elle se heurte à une grève des journalistes et décide d'arrêter le quotidien, en janvier 1972. En 1981, sans héritier, elle cède les Éditions mondiales et consacre sa fortune au mécénat, selon le vœu de son époux. Milliardaire, possédant une écurie de courses et recevant sur un grand pied, Del Duca, resté fidèle à la tradition familiale, était président de la légion garibaldienne. En 1952, il avait créé la Fondation Del Duca, dont les bourses étaient destinées à aider les écrivains de langue française. En 1975, Simone crée à son tour la Fondation Simone et Cino Del Duca, qui finance les arts et la recherche, reprise après sa mort par la Fondation de France.

Patrick Eveno

DELAUNAY Sonia (Sara Elievna Stern, *alias* Terk)

Peintre. – Née le 14 novembre 1885 à Gradijsk, alors Empire russe, aujourd'hui Ukraine ; morte le 5 décembre 1979 à Paris, France.

Figure majeure de la peinture et des arts appliqués au XXe siècle, Sonia Delaunay est longtemps restée dans l'ombre de son mari Robert. Après des études à Saint-Pétersbourg, Sonia Stern, *alias* Terk, suit des cours de dessin à Karlsruhe puis s'installe à Paris en 1906. Là, son goût de la couleur – atavisme slave, selon certains critiques – s'exalte sous l'influence de

Gauguin et de Van Gogh. Privée de l'obligatoire accord de sa famille pour prolonger son séjour en France, elle contracte en 1908 un mariage blanc avec le critique d'art, collectionneur et marchand allemand Wilhelm Uhde, dont elle divorce pour épouser le peintre Robert Delaunay deux ans plus tard. Couple d'artistes actif de l'avant-garde artistique et littéraire, Sonia et Robert Delaunay créent ensemble des œuvres qu'ils appellent « simultanées », et qu'Apollinaire qualifie d'« orphiques ». Plutôt que la peinture, Sonia Delaunay expérimente le « simultanéisme » avec des textiles et des objets qu'elle vend pour faire vivre sa famille, et en mettant en forme picturale le poème de Blaise Cendrars *La Prose du Transsibérien et de la petite Jehanne de France* (1913), ode au Paris fantasmé des étrangers. Surpris par la guerre en Espagne, le couple Delaunay y vit ainsi qu'au Portugal, jusqu'en 1920. De retour en France, Sonia Delaunay ouvre un atelier et un magasin de mode où elle présente ses robes simultanées. Elle est membre du groupe Tchérez (« À travers »), animé par des artistes et écrivains russes de Paris et destiné à multiplier les passerelles entre les deux cultures. Elle contribue également à fonder le groupe Abstraction-Création en 1931, puis se tourne vers l'art public, réalisant notamment avec son mari les fresques du Pavillon de l'Air pour l'Exposition universelle de 1937. Après la mort de Robert en 1941, elle est reconnue pour ses œuvres géométriques comme la série des *Rythmes couleurs*, mais aussi comme actrice historique de l'art abstrait en France. Les importantes donations qu'elle et son fils Charles Delaunay font au Musée national d'art moderne en 1964 comprennent des œuvres qui sont aujourd'hui parmi les fleurons de l'institution.

Julie Verlaine

DELHAIZE, groupe Louis-

Le groupe de distribution est né de Jacques Delhaize, Belge de Charleroi, négociant en vins, qui développe le principe du succursalisme au milieu du XIXe siècle. Ses enfants créent chacun une entreprise de distribution autour de cette idée, et deux d'entre eux, Georges et René, traversent la frontière belge pour s'installer dans le nord et l'est de la France au début du XXe siècle. Georges créé les Docks du Nord à Lille, René achète Sanal à Nancy et Sadal à Strasbourg. En 1929, André Bouriez, un neveu des Delhaize, entre à la Sanal de Nancy ; son fils, Philippe Bouriez, reprendra en 1969 le groupe familial pour lancer Cora en région parisienne.

Claire Zalc

DELIGNE Pierre

Mathématicien. – Né le 3 octobre 1944 à Bruxelles, Belgique.

Né un mois après la libération de Bruxelles, Pierre Deligne se souvient que « la vie en Belgique, à cette époque, tout de suite après la guerre, était difficile. Dans ma famille, mon frère, ma sœur et moi sommes la première génération qui a fréquenté l'université ; mon père, administrateur de sociétés financières, n'avait même pas terminé ses études secondaires. Il aurait voulu que je devienne ingénieur, métier "concret" qui me permettrait, à ses yeux, de bien gagner ma vie, mais je pensais que l'important était de faire ce que l'on aime : or j'aimais les mathématiques » (*Hommes de science. 28 portraits*, entretiens et photographies de Marian Schmidt, 1990). Alors qu'il étudie à l'Athénée Adolphe-Max il se passionne, à l'âge de quatorze ans, pour la théorie des ensembles du groupe Bourbaki. En entrant à l'université de Bruxelles, il découvre qu'il est possible de faire carrière dans les mathématiques. L'un de ses professeurs, Jacques Tits, que le Collège de France allait recruter en 1973, lui conseille d'aller à Paris pour continuer ses études. Tits l'emmène au séminaire Bourbaki et lui présente Alexandre Grothendieck, qui exercera sur lui une grande influence. Pierre Deligne suit également les cours de Jean-Pierre Serre au Collège de France. En 1966, il retourne à Bruxelles pour passer ses examens de licence et accomplir ses obligations militaires, puis il regagne Paris, « bien que les professeurs de Bruxelles eussent préféré me voir rester en Belgique ». Il soutient en Belgique sa thèse, *Théorème de Lefschetz et dégénérescence de suites spectrales*, avant de rejoindre, la même année (1968), l'Institut des hautes études scientifiques de Bures-sur-Yvette, où il est nommé en 1970 professeur permanent. Deux ans plus tard, il soutient une seconde thèse, cette fois à l'université d'Orsay, sur la *Théorie de Hodge*. Après plusieurs séjours à Moscou et aux États-Unis, il est nommé en 1984 professeur à l'Institute for Advanced Study de Princeton, où il réside : « Pour l'essentiel, ce n'est qu'un changement pour le changement : il me semble en effet dangereux de passer sa vie entière au même endroit. »

Titulaire de la médaille Field (1978) et du prix Crafoord conjointement avec Alexandre Grothendieck, Pierre Deligne a dirigé ses recherches vers la géométrie algébrique et ses applications mathématiques. La preuve de la conjoncture de Weil et la découverte de la théorie de Hodge mixte figurent parmi ses principales découvertes scientifiques, lesquelles ont été assombries par une vive polémique avec Alexandre Grothendieck relativement à la paternité de certains résultats. Savant très internationalisé, Pierre Deligne a conservé la nationalité belge et a été élevé au rang de vicomte par le roi Albert II.

Vincent Duclert

DELLA NEGRA Rino

Sportif, résistant. – Né en 1923 à Vimy, France ; mort le 21 février 1944 au mont Valérien, France.

Le père, italien, de Rino, est un briquetier qui suit le mouvement des chantiers avant de s'installer à Argenteuil. Cette commune de l'Est parisien compte de nombreux Italiens, qui se regroupent le plus souvent en fonction de leur origine régionale : les Della Negra s'installent aux côtés d'autres Vénitiens dans le quartier de Mazagran. À quatorze ans, Rino Della Negra trouve à s'employer comme apprenti-ajusteur chez le constructeur automobile Chausson, à Asnières. À ses heures de loisirs, il pratique le football au sein du Football Club Argenteuil, puis au sein de la Jeunesse sportive argenteuillaise. Attaquant très rapide, il est recruté à dix-neuf ans par le Red Star Olympique qui vient de remporter une quatrième coupe de France en 1942. Sa carrière sera de courte durée. Appelé par le Service du travail obligatoire (STO), il rejoint la résistance clandestine. Il est intégré au 3e détachement italien de la FTP-MOI. Au sein de cette organisation communiste, bien que non adhérent au parti, il mène plusieurs opérations armées contre l'occupant allemand. Au cours de l'une d'entre elles, le 12 novembre 1943, il est blessé, puis arrêté au moment où le groupe Manouchian est démantelé par les Renseignements généraux. Rino Della Negra figure avec Manouchian parmi les vingt-deux membres du groupe fusillés, le 21 février 1944, à grand renfort de publicité. Plus que ses exploits sportifs, Della Negra doit donc sa postérité à son engagement. Il reste que le football, dont il n'a été finalement, par la force des choses, qu'un espoir, tient sa place dans la mémoire de ce résistant. On rappelle volontiers que les derniers mots adressés à son jeune frère avant son exécution ont été : « Envoie le bonjour et l'adieu à tout le Red Star. » En 2004, le club audonien lui a rendu hommage en dévoilant une plaque commémorative dans l'enceinte du stade Bauer.

Stéphane Mourlane

DEMIÉVILLE Paul

Sinologue. – Né le 13 septembre 1894 à Lausanne, Suisse ; mort le 23 mars 1979 à Paris, France.

Grand spécialiste de philosophie bouddhique et de littérature chinoise, ce fils de professeur de médecine suisse est avant tout un polyglotte et un esprit cosmopolite. Il fait ses études à Munich, Londres, Édimbourg et Paris, où il soutient une thèse de musicologie en 1914. Puis il apprend le chinois, le sanskrit, le pâli, le japonais, qui s'ajoutent à sa maîtrise de l'anglais, de l'allemand et de l'italien. À l'École des langues orientales vivantes, c'est sous l'influence du sinologue Édouard Chavannes et de l'indianiste Sylvain Lévi qu'il déplace son intérêt vers les études bouddhiques. De 1919 à 1931, il séjourne successivement en Indochine (1919-1924), en Chine (1924-1926) et au Japon (1926-1930), où il enseigne et participe à la recherche au sein d'institutions essentiellement françaises : l'École française d'Extrême-Orient à Hanoi et la Maison franco-japonaise à Tokyo. À partir de 1930, ayant obtenu la nationalité française, il poursuit sa carrière dans son pays d'adoption. En 1931, il est nommé professeur de chinois à l'École des langues orientales vivantes. En 1945, il devient directeur d'études à la quatrième section de l'École pratique des hautes études. En 1946, il est élu au Collège de France comme titulaire de la chaire de langue et civilisation chinoises laissée vacante par Henri Maspero, mort en déportation. En 1951, il entre à l'Académie des inscriptions et belles-lettres. Jusqu'à sa retraite en 1964, l'autorité intellectuelle de Paul Demiéville, érigée sur une bibliographie foisonnante, a rayonné en Europe et aux États-Unis, et avec elle la sinologie française.

Anna Trespeuch-Berthelot

DENNER Charles

Acteur. – Né le 28 mai 1926 à Tarnów, Pologne ; mort le 10 septembre 1995 à Dreux, France.

Arrivé en France à l'âge de quatre ans, Charles Denner est issu d'une famille juive de l'Est polonais. Réfugié avec sa famille à Brive-la-Gaillarde sous l'Occupation, il entre, à seize ans, dans la Résistance en compagnie de son frère Alfred et, dans le Vercors, participe activement à des combats qui lui vaudront la croix de guerre. C'est après la Libération qu'il effectue sa formation théâtrale, à l'école de

Charles Dullin ; il intègre en 1948 le Théâtre national populaire de Jean Vilar, qui l'emploie également au Festival d'Avignon, notamment en 1951 dans *Le Prince de Hombourg*, de Kleist, où il donne la réplique à Gérard Philipe. Sa riche carrière théâtrale se poursuit jusqu'à la fin des années 1960, marquée par des collaborations prestigieuses ; outre Jean Vilar, il joue sous la direction de Jean Cocteau, Albert Camus, Georges Wilson ou André Barsacq. C'est aux côtés de Gérard Philipe qu'il débute au cinéma en 1955, dans *La Meilleure Part* d'Yves Allégret, avant d'entamer une carrière sous la direction de plusieurs des chefs de file ou épigones de la Nouvelle Vague. Après un second rôle dans *Ascenseur pour l'échafaud* (Louis Malle, 1957) et une belle composition à la télévision dans *Les Joueurs* (Marcel Bluwal, 1960), d'après Gogol, il obtient son premier grand rôle en 1962 grâce à Claude Chabrol, qui lui offre le rôle-titre de *Landru*, dans lequel il est particulièrement remarqué – Chabrol l'avait choisi en particulier après avoir vu son interprétation de Gori dans *La Résistible Ascension d'Arturo Ui* de Brecht, dans une mise en scène de Vilar et Wilson en 1960. Outre Chabrol, qu'il retrouve à deux reprises en 1964-1965, il apparaît dans des films de Costa-Gavras (*Compartiments tueurs*, 1965, et *Z*, 1968) ou de Claude Sautet (*Mado*, 1976). Il devient aussi une figure familière du cinéma populaire, grâce à Jean-Paul Rappeneau, José Giovanni ou Henri Verneuil. Mais les deux réalisateurs à l'univers desquels il sera définitivement associé sont Claude Lelouch (*Le Voyou*, 1970 ; *L'Aventure c'est l'aventure*, 1972 ; *Toute une vie*, 1974 ; *Si c'était à refaire*, 1976 ; *Robert et Robert*, 1978) et François Truffaut qui, après avoir mis en valeur sa vitalité folle et généreuse, mais aussi sa sombre inquiétude dans *La mariée était en noir* (1968) et *Une belle fille comme moi* (1972), lui offre, en 1977, son plus beau rôle, celui de son alter ego dans *L'Homme qui aimait les femmes*.

Dimitri Vezyroglou

DENOËL Robert

Éditeur. – Né le 9 novembre 1902 à Uccle, Belgique ; mort le 2 décembre 1945 à Paris, France.

Après avoir vécu à Bruxelles et à Liège, où il débute dans le métier d'éditeur, Robert Denoël s'installe en 1928 à Paris. Associé avec l'Américain Bernard Steele, il fonde les éditions Denoël et Steele, dont l'un des coups d'éclat sera la publication du premier roman de Louis-Ferdinand Céline, *Voyage au bout de la nuit* (1932), qui manque de peu le prix Goncourt, mais remporte le Renaudot et assure sa renommée. Au cours des années 1930, Denoël mène une politique éditoriale audacieuse, qui lui permet de concurrencer les éditions Gallimard, en publiant des auteurs reconnus, comme Artaud, Aragon ou Vitrac, ainsi que les premiers textes d'Elsa Triolet et de Nathalie Sarraute. Il apporte également un souci particulier à la publication de grands textes politiques contemporains et éclectiques (Hitler, Roosevelt, Staline). Le nom de l'éditeur reste cependant entaché par la vive polémique qui entoure la parution des deux premiers pamphlets antisémites de Céline (*Bagatelles pour un massacre*, 1937 et *L'École des cadavres*, 1938), si bien que Steele préfère rompre l'association et rentrer aux États-Unis, laissant Denoël poursuivre ses activités sous son seul nom. En

1939, Denoël lance la revue *Notre combat*, qui rassemble des écrivains prestigieux dans la lutte contre l'Allemagne, mais l'Occupation contraint l'éditeur à retirer de son catalogue les livres antifascistes et antifranquistes, tandis que les auteurs juifs sont proscrits. C'est sous le nom des Nouvelles Éditions françaises que Denoël lance, dès 1940, la collection « Le juif et la France », qui rassemble quatre essais (dont *Comment reconnaître le juif ?* de George Montandon), tandis que la maison mère édite *Les Beaux Draps* (1941) de Céline ainsi que *Les Décombres* (1942) de Lucien Rebatet. Poursuivi à la Libération, Robert Denoël meurt assassiné en pleine rue à Paris, alors que son procès allait s'ouvrir.

Pierre-Frédéric Charpentier

DER NERSESSIAN Sirarpie

Historienne de l'art. – Née en 1896 à Constantinople, alors Empire ottoman, aujourd'hui Istanbul, Turquie ; morte le 5 juillet 1989 à Paris, France.

Sirarpie Der Nersessian est un des piliers de l'arménologie du XXe siècle. En 1915, orphelines, elle et sa sœur sont contraintes de fuir la guerre et le génocide qui menace le peuple arménien. Parvenue à Paris en 1919 après quelques années d'études à Genève, Sirarpie entre à la Sorbonne, où elle obtient une licence de lettres en 1920 puis un diplôme d'études supérieures en 1921. Sous l'influence d'un oncle qui fut patriarche de l'Église arménienne et de ses professeurs Henri Focillon, Charles Diehl et Gabriel Millet, elle mène des recherches sur l'art arménien au Moyen Âge. Après être devenue l'assistante de Gabriel Millet à l'École pratique des hautes études (1922) et avoir obtenu le diplôme de cette école, la mention « très honorable » vient couronner, en 1937, ses deux thèses : la première porte sur *L'Illustration du roman de Barlaam et Joasaph* et la seconde sur des manuscrits enluminés arméniens du XIIe au XIVe siècles. Mais on a offert à Sirarpie Der Nersessian d'enseigner aux États-Unis ; c'est là qu'elle fera sa carrière d'universitaire, au Wellesley College puis au Centre de recherche d'études médiévales et byzantines de Dumberton Oaks. À l'issue de celle-ci, en 1963, l'historienne de l'art revient s'installer en France. Commence alors une retraite très active, durant laquelle elle dynamise l'étude de la civilisation arménienne en multipliant les conférences au Collège de France et à l'École pratique des hautes études, et en dirigeant la *Revue des études arméniennes*.

Anna Trespeuch-Berthelot

DES OMBIAUX Maurice (Maurice Desombiaux)

Écrivain gastronomique. – Né le 16 mars 1868 à Beauraing, Belgique ; mort le 21 septembre 1943 à Paris, France.

Maurice Desombiaux (qui obtient, en 1936, la substitution de son nom de plume à son patronyme par jugement de tribunal) a suivi toutes ses études en Belgique. Abandonnant son orientation vers le notariat, il entre à l'âge de dix-neuf ans dans l'administration de l'Enregistrement et des Domaines, où travaille son père. Attiré par l'art et la littérature, il rejoint les rangs de la revue la *Jeune Belgique* avant de rompre sa collaboration en mai 1895 et de fonder son propre mouvement, doté d'une revue, *Le Coq rouge*, où il signe de divers pseudonymes et milite pour la liberté de l'art. Proche de Georges Eekhoud, Émile Verhaeren, André

Gide, Félicien Rops, Paul Fort, il contribue à quantité des revues littéraires et artistiques qui se créent, et se fait un nom par ses coups de plume et ses critiques renommés. Il publie dès 1888 divers ouvrages, sans grand succès. En 1898, *Mes tonelles. Contes de Thudinie*, région dont son père est natif et où il a passé une partie de sa vie, marque son entrée dans le monde littéraire. Il se lancera dès lors dans une production extrêmement prolifique de contes, de légendes locales, de romans naturalistes, qui lui valent un succès croissant et la reconnaissance des milieux littéraires les plus autorisés de l'époque. En 1902, il participe à la création de l'Association des écrivains belges. Défenseur du patrimoine culturel wallon, fondateur de La Jeune Wallonie, il est aussi l'auteur d'un *Essai sur l'art wallon ou gallo-belge* (1912) et de guides touristiques sur cette région. Au moment de l'invasion allemande de la Belgique, il gagne le front belge en France et fonde la *Revue belge*, où il développe alors une pensée d'orientation nationaliste.

Maurice des Ombiaux a manifesté très tôt un grand intérêt pour le bien-manger et le bien-boire, dont il traite souvent dans sa littérature. Toutefois, ses premiers ouvrages gastronomiques ne datent que de 1907 – *Petit Manuel de l'amateur de Bourgogne* – et de 1913 – *Petit Traité du Havane*. C'est à partir de son installation définitive à Paris, en 1921, qu'il s'oriente véritablement vers des publications épicuriennes sur les vins et sur la table, qui lui valent l'enthousiasme et la consécration des milieux gastronomiques. Devenu chroniqueur, membre de l'Académie des gastronomes, il préside de nombreux jurys et manifestations gastronomiques. Il organise chez lui des « Parties de Bourgogne » très courues. Concurrent de Curnonsky pour le titre de « Prince des gastronomes », une élection organisée par le journal *Paris Soir* en 1927, il manque de peu cette élection et aurait déclaré : « Songez donc, un Belge sacré Prince des gastronomes français ! » Curnonsky le nomme « vice-roi de la gastronomie » avant qu'on lui décerne le prix du « Roi de la treille ». Sacré « Chantre du génie bourguignon », citoyen d'honneur de Nuits-Saint-Georges et de Meursault, officier de la Confrérie du Tastevin, il voit sa réputation décliner à la veille de la guerre. Devenu démarcheur en vins et en cigares, il meurt à Paris, dans la misère. La Wallonie redécouvre aujourd'hui un de ses premiers écrivains spécifiques.

Julia Csergo

DESPRETZ César (César-Mansuète)

Chimiste et physicien. – Né le 4 mai 1791 à Lessines, alors Pays-Bas autrichiens, aujourd'hui Belgique ; mort le 15 mars 1863 à Paris, France.

Après une scolarité effectuée en Belgique, César Despretz devient maître d'études au lycée de Bruges. Rapidement, il gagne Paris pour y suivre de brillantes études de physique et de chimie. Dès 1818, il est nommé répétiteur de chimie à l'École royale polytechnique auprès de Louis Joseph Gay-Lussac, et y est même, en 1831 et 1832, professeur. Il est déjà, à cette époque, professeur de physique au collège Henri-IV. Sa thèse de physique soutenue en 1832, il devient professeur adjoint à la Sorbonne et est titularisé en 1847. Entre-temps, il a été naturalisé, en 1838. L'Académie des sciences l'élit en son sein en 1841, et il préside la compagnie en 1858. Spécialiste, à l'origine, de thermodynamique, il multiplie les recherches et les découvertes, comme l'invention du premier four électrique, du dilatomètre, ou la transformation du carbone en diamant. En 1822, il a découvert, par hasard, le sulfure d'éthyle dichloré, ce fameux « gaz moutarde » que l'artillerie allemande utilisera pour la première fois pour un usage militaire en juillet 1917 à Ypres (d'où son autre nom d'ypérite).

Vincent Duclert

DETMERS Maruschka

Actrice. – Née le 16 décembre 1962 à Schoonebeek, Pays-Bas.

La défection d'Isabelle Adjani pour tourner *Prénom Carmen* (1984), Lion d'or à Venise, a propulsé cette « brune, sauvage, instinctive » (Godard *dixit*) dans une carrière où elle a démontré qu'elle avait d'autres atouts qu'un corps affolant. Démonstration vérifiée chez Jacques Doillon (*La Pirate*, 1984), Gérard Oury (*La Vengeance du serpent à plumes*, 1984), Claude Zidi (*Deux*, 1989), Manuel Poirier (*Te quiero*, 2001), et à la télévision chez Alain Tasma, Jean-Daniel Verhaeghe, Caroline Huppert, Jacques Fansten.

Jean-Luc Douin

DEUTSCH Ludwig (ou Louis) et PASINI Alberto

Peintres. – Ludwig Deutsch : né le 13 mai 1855 à Vienne, Autriche ; mort le 17 mai 1935 à Paris, France ; Alberto Pasini : né le 3 septembre 1826 à Busseto, Italie ; mort le 15 décembre 1899 à Cavoretto, Italie.

« Peintres-voyageurs » (Lynne Thornton), Pasini et Deutsch figurent parmi les introducteurs à Paris de l'orientalisme, qu'ils popularisent et académisent. Élève de l'Académie des beaux-arts de Parme, Pasini travaille à Paris après 1851. Grâce à Chassériau, qui lui cède sa place, il part en 1855 pour la Perse avec la mission du diplomate Prosper Bourée, qui compte aussi parmi ses membres Arthur de Gobineau. D'autres voyages, à Constantinople, en Syrie, viendront ensuite nourrir une œuvre essentiellement composée de paysages, régulièrement montrés au Salon (*Les Captifs*, 1880). Exposé par le marchand d'art parisien Goupil, récompensé maintes fois, officier de la Légion d'honneur en 1878, Pasini est l'un des artistes orientalistes les plus connus, un autre étant Ludwig Deutsch. Celui-ci d'abord étudiant à l'Académie des beaux-arts de Vienne, s'installe à Paris où il est l'élève de Jean-Paul Laurens, et expose au Salon à partir de 1879. Après 1883, son œuvre est consacrée aux scènes de la vie quotidienne en Égypte, où il s'est rendu à de nombreuses reprises (*El-Azhar*, 1890 ; *Le Tribut*, 1897). Aux demeures qu'il a occupées, à Pigalle et dans le Midi, il a donné un décor mauresque avec les objets rapportés de ses voyages, notamment des étoffes et des carreaux de céramique. Il participe à l'Exposition universelle de 1900 à Paris dans la section autrichienne, et obtient une médaille d'or. Il est naturalisé français en 1907 et son prénom est alors francisé en Louis.

Julie Verlaine

DEUTSCH Max

Compositeur, chef d'orchestre, pédagogue. – Né le 17 novembre 1892 à Vienne, Autriche ; mort le 22 novembre 1982 à Paris, France.

Issu d'une famille juive viennoise, admirateur de Brahms et de Mahler, Max Deutsch a d'abord été l'élève d'Arnold Schoenberg, qu'il suit à Amsterdam après la Première Guerre mondiale. Il est ensuite à Berlin, où il fréquente les milieux communistes (« spartakistes »). Il y fonde un ensemble instrumental et y compose pour la scène et pour le cinéma. En 1924, il s'installe à Paris, devient pianiste de bar, compose pour les revues des valses et des tangos. En même temps, il fait découvrir Alban Berg aux Parisiens. Il est proche de figures intellectuelles et artistiques aussi différentes que Georges Bernanos et Tristan Tzara, Jean Cocteau ou Vladimir Jankélévitch. En 1925, il fonde un théâtre juif à Paris. Il fait partie des étrangers engagés volontaires dans la Légion étrangère au début de la Seconde Guerre mondiale. Après celle-ci, il se consacre surtout à l'enseignement et transmet l'héritage schoenbergien à de jeunes compositeurs bénéficiaires de bourses de l'Unesco, comme György Kurtág ou Luis de Pablo. Il a composé une symphonie chorale sur un texte de Péguy : *Prière pour nous autres mortels*.

Didier Francfort

DEVEREUX Georges (György Dobo)

Ethnopsychiatre. – Né le 13 septembre 1908 à Lugoj, alors Hongrie, aujourd'hui Roumanie ; mort le 28 mai 1985 à Paris, France.

Issu d'une famille juive de la province du Banat, György Dobo se formera en voyageant, d'abord en Allemagne, ensuite en France – où il fréquente, à l'École pratique des hautes études, les séminaires de Marcel Mauss et des anthropologues Lucien Lévy-Bruhl et Paul Rivet –, enfin aux États-Unis, où il rencontre la psychanalyse. Mais c'est à son retour en France, après la Deuxième Guerre mondiale, qu'il entre en analyse. Devenu Georges Devereux, il développe au Kansas, au contact de patients de culture amérindienne (*Psychothérapie d'un Indien des plaines*, 1951 pour l'édition anglaise), les principes de ce qui sera l'ethnopsychiatrie, essai de synthèse entre les deux disciplines. Une partie de ses travaux paraîtront aux États-Unis et en anglais, mais c'est en France qu'il peut, pour finir, installer son enseignement – en 1964, dans le cadre de la sixième section de l'École pratique des hautes études, créée après la guerre (aujourd'hui EHESS) – et, avec l'aide de jeunes chercheurs comme Tobie Nathan, le faire mieux connaître (1970 : publication de ses *Essais d'ethnopsychiatrie générale* ; 1978 : création de la revue *Ethnopsychiatrica*). En 2013, Arnaud Desplechin réalise un film inspiré du livre de 1951 (*Jimmy P.)*

Pascal Ory

DI FONZO BO Marcial

Acteur et metteur en scène. – Né le 19 décembre 1968 à Buenos Aires, Argentine.

Marcial Di Fonzo Bo est né dans une famille d'artistes dont deux des membres, Facundo Bo et Marucha Bo, du groupe Tse, ont déjà émigré en France pour fuir la dictature. Il les rejoint et s'installe à Paris en 1987 : il commence par exercer tous les métiers à l'intérieur du groupe Tse, avant d'entrer à l'école du Théâtre national de Bretagne en 1991, pour trois ans. À sa sortie, il fonde, avec Christian Colin, le Théâtre des Lucioles. Il rencontre Claude Régy, qui le mettra en scène en 1995 dans *Paroles du sage*, puis dans *La Terrible Voix de Satan* de Grégory Motton et dans *Quelqu'un va venir* de Jon Fosse. Il entamera ensuite une longue collaboration avec Matthias Langhoff : de *Richard III* de Shakespeare (rôle pour lequel il a été lauréat du prix de la révélation théâtrale du Syndicat de la critique) à *L'Enfant prolétaire* d'Osvaldo Lamborghini en 2004, pour lequel il obtient le prix du meilleur acteur, et avec d'autres metteurs en scène comme Élise Vigier. Marcial Di Fonzo Bo fait entendre une voix singulière, mettant son talent au service de textes rares et souvent étrangers. Depuis 1999, metteur en scène, il s'attache à redonner aux pièces de son compatriote Copi leur place dans le paysage théâtral contemporain.

Chantal Meyer-Plantureux

DIAGHILEV Serge (Sergueï Pavlovitch Diaguilev)

Directeur de compagnie de ballet. – Né le 31 mars 1872 à Selishche, alors Empire russe, aujourd'hui Russie ; mort le 19 août 1929 à Venise, Italie.

Né dans une famille de la petite noblesse russe, Serge Diaghilev apprend la musique et suit les cours du compositeur Nikolaï Rimski-Korsakov au Conservatoire de Saint-Pétersbourg, tout en menant des études de droit, de 1890 à 1894. Il se tourne ensuite vers les arts plastiques et se lie aux peintres Léon Bakst et Alexandre Benois, avec lesquels il fonde, en 1899, la revue *Mir iskousstva* (Le monde de l'art), défendant la peinture impressionniste et post-impressionniste. Il est nommé brièvement « attaché de mission spéciale » auprès du prince Sergueï Volkonski, alors directeur des théâtres impériaux, mais tombe en disgrâce dès 1901, sous le prétexte de son homosexualité. Dès lors, il cherche à promouvoir l'art russe auprès des Parisiens, en présentant une exposition de peintures au Salon d'automne de 1906, en organisant des concerts et en produisant l'opéra *Boris Godounov* de Modeste Moussorgski à l'Opéra de Paris en 1908. C'est à cette époque qu'il ajoute la particule « de » à son nom dans sa correspondance avec les mécènes français. En 1909, il propose la première saison russe de ballets au Théâtre du Châtelet, avec des danseurs et des danseuses issus du Théâtre Mariinsky à Saint-Pétersbourg (Adolph Bolm, Tamara Karsavina, Ana Pavlova, Vaslav Nijinski...). L'expérience étant couronnée de succès, Diaghilev décide de créer une compagnie régulière, les Ballets russes, basée principalement à Paris, dont il assure la direction pendant vingt ans, jusqu'à sa mort. Ni danseur ni chorégraphe, il est pourtant la pierre angulaire de cette compagnie qui a laissé une empreinte très profonde dans les imaginaires, ainsi que dans le monde du ballet en France. Diaghilev a notamment su organiser la collaboration de peintres (Léon Bakst, André Benois, Pablo Picasso...), d'écrivains (Jean Cocteau...), de compositeurs (Claude Debussy, Igor Stravinski, Maurice Ravel, Erik Satie, Manuel de Falla...), de chorégraphes (Michel Fokine, Vaslav Nijinski, Léonide Massine, Bronislava Nijinska...) et enfin de danseurs et de danseuses (Ninette de Valois, Marie Rambert, Serge Lifar...) de talent, expliquant le succès durable de sa compagnie, et le souvenir qu'elle a laissé au-delà de sa disparition même.

Sophie Jacotot

DIAZ Manuel

Homme politique et entrepreneur. – Né le 10 novembre 1924 en Espagne, mort le 11 novembre 2010 à Paris, France.

Arrivé en France en 1939, à l'âge de quinze ans, à Millau (Aveyron), avec ses parents réfugiés républicains, il prend le maquis sous l'Occupation puis rejoint l'armée d'Afrique, ce qui lui vaudra la croix de guerre et la vice-présidence d'une association de résistants. À la Libération, il fait fortune dans le bâtiment et les travaux publics, crée en 1960, par fusion, l'Européenne d'entreprise, qui compte plusieurs milliers de salariés et qui fusionne elle-même, à la fin des années 1970, avec d'autres avant de devenir une filiale du groupe Vinci. Il a vendu ses parts dans les années 1980, mais administre ou possède diverses sociétés, entre finance et BTP, et garde une forte influence dans le monde de l'entreprise, s'intéressant de près en particulier à la construction du viaduc de Millau. Après avoir été longtemps militant de la SFIO, il participe au financement de la campagne présidentielle de Jean Lecanuet en 1965, puis rejoint le Mouvement des radicaux de gauche en 1973, entre à son bureau national en 1975 et en est le principal mécène. Conseiller municipal depuis 1973, il devient maire de Millau en 1978, puis, écarté en 1980 de son parti, adhère aux radicaux valoisiens. En 1983, il est élu du XVIIe arrondissement de Paris, et sera adjoint aux maires de Paris, Jacques Chirac puis Jean Tibéri, jusqu'en 2001.

Éric Vial

DINEUR Fernand. — *Voir* BELGE DE LA BANDE DESSINÉE, école.

DIOME Fatou

Romancière. – Née en 1968 à Niodior, Sénégal.

Fatou Diome a très tôt choisi de s'émanciper des traditions familiales en allant étudier le français, de l'école primaire à l'université de Dakar. Ayant épousé un Français, elle le suit à Paris en 1990, mais elle se voit rejetée par sa belle-famille. Après son divorce, la jeune femme vit dans la précarité, avant d'achever ses études universitaires à Strasbourg, où elle réside depuis 1994. Elle publie son premier livre en 2001, *La Préférence nationale*, un recueil de nouvelles inspiré par son expérience personnelle. En 2003, *Le Ventre de l'Atlantique*, roman largement autobiographique, révèle son nom en devenant un best-seller. L'ouvrage sera traduit dans de nombreuses langues, tandis que Fatou Diome continue à écrire. Mobilisée en faveur de l'intégration et contre le racisme, elle fait dire à l'un de ses personnages : « Ah, sacrée France, c'est peut-être parce qu'elle porte un nom de femme qu'on la désire tant ! »

Pierre-Frédéric Charpentier

DION Céline

Chanteuse, actrice. – Née le 30 mars 1968 à Repentigny, Canada.

L'itinéraire exceptionnel de Céline Dion – l'une des chanteuses les plus connues au monde à l'orée du XXIe siècle – en fait essentiellement une artiste québécoise qui, dès ses vingt-deux ans, s'est lancée, et avec succès, dans une carrière internationale, où la dimension anglophone est vite devenue prédominante. Couronnée de nombreux Grammy Awards, intervenant à la cérémonie des Oscars ou, pilier de la programmation du Caesar's Palace de Las Vegas, la chanteuse participe même à l'investiture du président Clinton ou à la campagne de son épouse. Sur ce chemin, la place de la France est secondaire. Elle se manifeste surtout par la nécessité où s'est trouvée l'artiste à ses débuts de lancer certains disques directement en France et, par la suite, de se faire adouber chanteuse de la francophonie par des prestations dans les lieux stratégiques comme l'Olympia ou les soirées des « Enfoirés ». *D'eux* (1995) reste présentement le disque francophone le plus vendu de l'Histoire. Soucieuse de ne pas couper ses liens avec son pays natal ni avec la chanson française, Céline Dion continue à se produire sur les Plaines d'Abraham (2008, 2013) ou à sortir des disques en français avec des chanteurs français (*Sans attendre*, 2012), qui rencontrent toujours un grand succès populaire, sinon critique.

Pascal Ory

DJANDOUBI Hamida

Proxénète. – Né en 1949 en Tunisie ; mort le 10 septembre 1977 à Marseille, France.

Dans la nuit du 3 au 4 juillet 1974, Hamida Djandoubi torture pendant plus des trois heures son amie, avant de la transporter mourante dans un cabanon près de Marseille, où il l'étrangle. Le corps est découvert quelques jours plus tard. Dénoncé par une adolescente qu'il a violée, Djandoubi est arrêté et reconnaît les faits. Cet ancien ouvrier agricole, arrivé en France en 1968, a été amputé des deux tiers d'une de ses jambes à la suite d'un accident du travail. Son avocat le présentera comme ayant été jusque-là un garçon doux, honnête et travailleur, que ce drame aurait transformé. À l'audience, il apparaît comme un proxénète aguerri et brutal. Il avait forcé son amie à se prostituer et elle l'a dénoncé. Même si la police n'a pas donné suite, Djandoubi a voulu se venger de cette trahison : il l'a torturée et exécutée sous les yeux de deux autres jeunes filles qu'il prostituait. Présenté comme un « colossal danger social » par les experts psychiatres, il est qualifié d'« âme démoniaque » par le procureur général, qui réclame contre lui la peine capitale. Le jury de la cour d'assises des Bouches-du-Rhône lui refuse les circonstances atténuantes et il est condamné à mort le 25 février 1977 pour assassinat, viols, tortures, coups et blessures avec préméditation. Le président Valéry Giscard d'Estaing décide « de laisser la justice suivre son cours ». C'est la troisième grâce qu'il refuse à un condamné. Son exécution, le 10 septembre 1977, à la prison des Baumettes, relance le débat sur la peine de mort. Il est le dernier condamné à mort à avoir été décapité en France avant l'abolition de la peine de mort, quatre ans plus tard.

Anne-Claude Ambroise-Rendu

DMITRIEFF Élisabeth (Elivieta Loukinitcha Koucheleva)

Militante politique. – Née le 1er novembre 1851 à Volok, alors Empire russe, aujourd'hui Russie ; morte à une date inconnue en Russie.

Très jeune militante socialiste, émigrée en 1868 en Suisse à la faveur d'un mariage blanc, elle est déléguée, en 1870, à Londres par la section russe de l'Internationale et, de là, envoyée par Karl Marx à Paris, en 1871, au début de la Commune. Elle participe à la direction de l'Union des femmes pour la défense de Paris et les soins aux blessés, première organisation féministe à vocation de masse. Elle s'y occupe de questions comme la création d'ateliers coopératifs, se bat sur les barricades durant la Semaine sanglante, parvient à gagner Genève, puis la Russie en octobre 1871 et, selon les auteurs, épouse un condamné politique pour lui éviter l'exécution et le suit en Sibérie jusqu'à sa mort, ou épouse un chef de truands, l'accompagne en relégation, de 1876 à leur divorce en 1900, puis vivote à

Moscou, où sa trace se perdrait après la révolution d'Octobre.

Éric Vial

DÖBLIN Alfred

Romancier et essayiste. – Né le 10 août 1878 à Stettin, alors Allemagne, aujourd'hui Szczecin, Pologne ; mort le 26 juin 1957 à Emmendingen, Allemagne.

Élevé dans un milieu juif aisé, Alfred Döblin n'est âgé que de dix ans lorsque son père quitte sa mère ; celle-ci s'installe alors avec Alfred et ses quatre frères et sœurs à Berlin. Il y mène des études de médecine, qui lui permettront de devenir neurologue en 1905, tout en s'intéressant à l'avant-garde artistique et littéraire. En 1910, il entame une collaboration avec la revue expressionniste *Der Sturm*, en y écrivant des textes théoriques. Alfred Döblin épouse, en 1912, Erna Reiss, dont il aura quatre fils, Peter, Wolfgang, Klaus et Stephan. Mobilisé dans les services sanitaires, il passe la Première Guerre mondiale à l'arrière du front, tout en écrivant plusieurs romans qui seront publiés au lendemain du conflit (*Wallenstein*, 1920). Rendu à la vie civile après l'armistice, l'écrivain est le témoin de la révolution spartakiste (mouvement social et communiste allemand fondé en 1916) qui déchire Berlin au début de l'année 1919, et dont il tirera une tétralogie, *Novembre 1918*, publiée de 1939 à 1949. Sympathisant du mouvement, Döblin rédige ses premiers articles politiques dans la presse berlinoise de gauche, où il critique la social-démocratie allemande pour ses compromissions avec les milieux conservateurs. Sous la République de Weimar, il devient président de la Société des écrivains allemands, se rapproche du Parti communiste et fait, en 1926, des lectures publiques à Dresde en compagnie de Bertolt Brecht. L'année suivante, il commence la rédaction d'un roman ayant pour sujet le monde populaire et interlope de la capitale allemande. *Berlin Alexanderplatz* paraît en octobre 1929. Renouvelant l'art romanesque, il assurera une renommée mondiale à son auteur. L'ouvrage est adapté deux ans après au cinéma. En 1933, Alfred Döblin se résout cependant à quitter l'Allemagne après l'incendie du Reichstag par les nazis. Il gagne la Suisse avec les siens et s'installe, en septembre 1933, à Paris. Jusqu'en 1940, il milite dans les associations venant en aide aux réfugiés allemands juifs et antifascistes, tandis que, jugé obscène et décadent, *Berlin Alexanderplatz* est brûlé en autodafé dans l'Allemagne national-socialiste. La famille Döblin obtient la nationalité française en octobre 1936, le patronyme étant lui-même francisé en Doeblin ou Doblin. Durant la « drôle de guerre », Alfred Döblin s'engage auprès du commissariat général à l'Information, afin de participer aux actions de la propagande française destinées à l'Allemagne, tandis que deux de ses fils partent aux armées sous l'uniforme français – Wolfgang (Vincent), préférant le suicide à la capture en juin 1940. Témoin de la défaite et de l'exode, l'écrivain en retire un récit d'une grande acuité, qui ne sera que tardivement publié en français (*Vie et destin*, 2002). Réfugié à Marseille, il obtient du consulat américain un visa provisoire qui lui permet, avec son épouse et son plus jeune fils, de gagner Lisbonne et, de là, les États-Unis, où ils parviennent en septembre 1940. Demeurant à Los Angeles, ils décident de se convertir au catholicisme en 1941, mais leur choix restera largement incompris aux yeux de la communauté juive en exil. En octobre 1945, Alfred Döblin est l'un des premiers écrivains à rentrer en France. Il se voit alors nommé chargé de mission militaire, dépendant du commandement de la zone d'occupation française en Allemagne, à Baden-Baden puis à Mayence. Il veille au contenu des publications en allemand, avant que lui soit confiée la tâche de lancer une publication mensuelle, *Das goldene Tor* (« La porte d'or »). Déçu par l'après-guerre, il est un temps séduit par le modèle est-allemand, avant de retourner vivre à Paris en 1953. Il succombe à la maladie de Parkinson ; Erna se suicidera trois mois plus tard à Paris. Les deux époux reposent aux côtés de Wolfgang dans le petit cimetière d'Housseras, dans les Vosges.

Pierre-Frédéric Charpentier

DÖBLIN Wolfgang (Wolfgang Doeblin, Vincent Doblin)

Mathématicien. – Né le 17 mars 1915 à Berlin, Allemagne ; mort le 21 juin 1940 à Housseras, France.

Wolfgang Döblin est le deuxième fils du romancier Alfred Döblin. Ce dernier, dont les œuvres ont été interdites dès l'arrivée d'Hitler au pouvoir, quitte Berlin pour Zurich en février 1933 après l'incendie du Reichstag. Wolfgang ne rejoint sa famille en Suisse que quelques mois plus tard, après avoir obtenu son *Abitur*. La famille émigre en France à l'automne 1933 et s'installe à Paris. Inscrit à la faculté des sciences, Wolfgang Döblin suit, à l'Institut Henri-Poincaré, l'enseignement d'Arnaud Denjoy, de Georges Darmois et de Maurice Fréchet, sous la direction duquel il s'inscrit pour le doctorat, en janvier 1936. Lorsqu'il soutient sa thèse, en mars 1938, il a déjà publié, en collaboration avec Paul Lévy, une première note dans les *Comptes rendus de l'Académie des sciences* et participé, en octobre 1937, au colloque international de Genève sur les probabilités. Naturalisé français en octobre 1936, il choisit de se faire appeler Vincent Doblin, tout en continuant à utiliser son prénom allemand Wolfgang et son patronyme qu'il orthographie Doeblin, pour ses publications et sa correspondance scientifique. Incorporé dans l'armée française en octobre 1938 pour effectuer son service militaire, il refuse à quatre reprises de suivre la préparation d'élève-officier, à laquelle ses titres universitaires lui donnaient accès. La mobilisation générale, en septembre 1939, le maintient sous les drapeaux. Cantonné à Givet (Ardennes) en tant que télégraphiste au 291e régiment d'infanterie, il se présente à ses camarades de régiment comme alsacien. Durant la « drôle de guerre », il poursuit ses travaux mathématiques et travaille sur la solution de l'équation de Chapman-Kolmogorov, qui fait l'objet d'un « pli cacheté » qu'il envoie en février 1940 à l'Académie des sciences, où il est enregistré sous le numéro 11 668. La publication de ce pli, ouvert le 18 mai 2000, dans les *Comptes rendus de l'Académie des sciences*, permettra la redécouverte des travaux précurseurs de Döblin dans le domaine des probabilités.

Lors de l'attaque allemande, Döblin, dont le régiment a été envoyé en Sarre sur la ligne Maginot, se bat héroïquement. Cité à l'ordre du régiment le 19 mai 1940, il recevra à titre posthume la croix de guerre avec palmes et la médaille militaire. Son bataillon ayant été encerclé, il quitte son unité dans la nuit du 20 au 21 juin 1940. Arrivé à Housseras (Vosges), il se retrouve au milieu d'un millier de soldats en déroute. À l'approche des premiers soldats allemands, Döblin, après avoir brûlé ses papiers d'identité et ses dernières notes de travail dans le fourneau d'une ferme, se suicide d'une balle dans la tête, le 21 juin au matin. Il est enterré l'après-midi dans une fosse commune avec les soldats français et allemands tués au cours des combats. Ce n'est qu'en 1944 que son corps est identifié et en 1945 que sa famille, à la suite des recherches entreprises par une de ses amies, Marie-Antoinette Tonnelat, est informée de sa mort.

Thérèse Charmasson

DOMBROWSKI Jaroslaw

Militaire. – Né le 12 juillet 1836 à Jitomir, alors Empire russe, aujourd'hui Ukraine ; mort le 23 mai 1871 à Paris, France.

Noble polonais sans fortune, officier dans l'armée du tsar, Dombrowski participe à l'organisation de la révolte de 1863 contre la domination russe. Arrêté, évadé en 1865, il arrive à Paris, s'y lie aux opposants socialistes, est proche des idées de Giuseppe Garibaldi, veut servir la République en 1870, mais est rejeté et arrêté. Rallié à la Commune en mars 1871, il se voit confier un commandement puis celui de toute la rive droite, mais ne peut imposer ses choix tactiques et meurt sur une barricade à l'est de Montmartre durant la Semaine sanglante. Comme Élisabeth Dmitrieff, Léo Fränkel ou Walery Wroblewski, il incarne les étrangers – vingt mille, d'après certains auteurs – qui ont fait le choix de la Commune. Les Versaillais ont souligné le caractère international de l'insurrection, pour la condamner ; ainsi lit-on dans *Le Figaro* du 18 mai 1871 un appel à l'extermination de « tous les Polonais interlopes, tous les Valaques de fantaisie, qui ont régné deux mois sur la plus belle [...] ville du monde » pour « en finir avec la vermine démocratique et internationale ».

Éric Vial

D'ORA (Dora Philippine Kallmus, dite Madame)

Photographe. – Née à Vienne, Autriche ; morte le 28 octobre 1963 à Frohnleiten, Autriche.

Une des rares femmes photographes professionnelles en Autriche au début du XXe siècle, elle ouvre un studio à Vienne en 1907, en s'associant à un homme, Arthur Benda. Elle devient « Madame D'Ora » et s'impose comme portraitiste de la bonne société austro-hongroise. Après la chute de la double monarchie, elle ouvre un deuxième studio à Paris et finit par s'installer en France en 1927. Elle y restera jusqu'à la fin des années 1950, contrainte de se cacher pendant l'Occupation, victime de l'antisémitisme. L'âge d'or de Madame D'Ora se situe dans l'entre-deux-guerres, où toutes les personnalités à la mode (et de la mode, en particulier) auront passé devant son objectif.

Pascal Ory

DOVE Arthur. — *Voir* PARIS, École de.

DREYER Carl Theodor

Cinéaste. – Né le 3 février 1889 et mort le 20 mars 1968 à Copenhague, Danemark.

C'est grâce au succès public de l'une de ces comédies, *Le Maître du logis* (1925) que le grand cinéaste danois Carl Theodor Dreyer fut invité à venir travailler en France. Il propose trois sujets à la société Générale de films, qui le sollicitait par l'intermédiaire de son vice-président, le duc d'Ayen : Marie-Antoinette, Catherine de Médicis et Jeanne d'Arc. « Nous n'arrivions pas à nous décider. On a tiré au sort avec trois allumettes. Je suis tombé sur Jeanne d'Arc », a t-il raconté. C'est à partir d'un texte de Joseph Delteil qu'il tire son scénario, se documentant auprès de l'historien Jean Champion, demandant à son décorateur Jean Hugo de s'inspirer des *Très Riches Heures du duc de Berry*. Si l'on reconnaît dans le film Antonin Artaud et Michel Simon dans de petits rôles, c'est la comédienne Renée Falconetti, de la Comédie-Française, qui est restée emblématique de *La Passion de Jeanne d'Arc* (1928). Dreyer scrute son visage, filme une scène où l'actrice se fait réellement raser la tête. Le film fut rejeté par le clergé parisien, auquel les producteurs l'avaient projeté afin de s'attirer leurs bonnes grâces. Les catholiques jugèrent le film trop sévère pour les hommes d'Église et exigèrent quelques coupures. Quatre années plus tard, c'est encore en France que Dreyer tourne son premier film parlant, *Vampyr*.

Jean-Luc Douin

DRUMMOND sir Jack Cecil

Chercheur scientifique. – Né le 12 janvier 1891 à Londres, Royaume-Uni ; mort dans la nuit du 4 au 5 août 1952 à Lurs, France.

« Lurs, France, 5 août. – Sir Jack Drummond, 61 ans, conseiller scientifique au ministère du Ravitaillement durant la Seconde Guerre mondiale, sa charmante et brune épouse et leur fille de onze ans ont été sauvagement massacrés aujourd'hui, très tôt, dans les collines des Alpes françaises où ils se trouvaient en vacances » (*New York Times* du 6 août 1952). Les Drummond campaient non loin de la route. C'est un agriculteur habitant la Grand-Terre, à quelques cent soixante mètres de la scène du crime, Gustave Dominici, qui découvre les corps. Les Drummond, qui vivaient à Nottingham, se rendaient sur la Côte d'Azur. Depuis 1946, sir Jack Drummond, nutritionniste, était directeur de recherches pour une grande chaîne pharmaceutique de Grande-Bretagne.

L'enquête, engagée très rapidement, se heurte à des impasses. Le crime semble à peu près sans motif, ouvrant la voie aux hypothèses les plus fantaisistes. Le *Sunday Express* affirme que sir Jack aurait franchi les lignes ennemies pendant la guerre, en grand uniforme de la Home Guard avec l'accord secret des nazis. *L'Humanité* (12 août 1952) l'accuse de collaboration avec les nazis et évoque un « crime des services secrets ». L'idée fait son chemin : sir Jack avait un « rendez-vous » à Lurs, il a été abattu par quelqu'un qu'il connaissait... Mais ces différentes propositions n'empêchent pas l'enquête de piétiner. Le coup de théâtre survient avec les aveux faits deux mois plus tard par Gustave Dominici, le suspect n° 1 – et suspect parce qu'il a beaucoup menti –, qui dénonce son père Gaston. Gaston avoue, puis il se rétracte et ne cessera plus de clamer son innocence. La condamnation à mort de Gaston par les assises de Digne, le 28 novembre 1954, si elle clôt un premier chapitre de cette affaire judiciaire, ne met pas fin aux interrogations : pour certains, sir Jack Drummond aurait été un agent de l'Intelligence Service, victime d'un crime politique, et Gaston un innocent injustement condamné. Dominici bénéficie d'une commutation de peine en 1957 puis d'une grâce complète en 1960.

Anne-Claude Ambroise-Rendu

DU CHÂTEAU Stéphane

Architecte. – Né le 30 août 1908 à Solwyczegodzk, alors Empire russe, aujourd'hui Russie ; mort en 1999 à Paris, France.

Après des études d'ingénieur à Lvov, en Pologne, Stéphane Du Château est sous-lieutenant de l'armée polonaise en France en 1940, où il suit les cours de l'École nationale supérieure des beaux-arts et de l'Institut d'urbanisme de Paris. De 1945 à 1949, il collabore, dans l'agence de Briaud de Laujardière, à la reconstruction de Caen, puis dirige Tubetal, une entreprise de construction tubulaire. En 1953, Du Château prend la nationalité française, au moment où il ouvre à Paris un bureau d'études de construction, qui sera l'outil de ses recherches dans le domaine de pointe des structures spatiales, où il prend sa place à côté des pionniers, de Robert Le Ricolais, de Konrad Wachsmann et de Zygmunt StanislawMakowski, Polonais comme lui, qui travaille à Londres. Assemblant des barres et des nœuds en acier moulé, le système Tridirectionnel SDC est employé pour la coupole sphérique de la centrale du barrage de Granval (1957, Marty arch.). Nouvel *Homo faber*, dans la France de la croissance et de l'urbanisation, Du Château répond à la demande de grands équipements, impliquant de vastes espaces couverts ; la couverture de la piscine du Stade français à Boulogne-Billancourt (50 x 50 m, 1962, Thomas, Plateau, Maillart arch.), l'auvent de la tribune du stade à Laval (1965-1969, Saint Arroman arch.) sont les œuvres les plus marquantes. L'Ordre des architectes lui fait une place en 1967, tandis que les brevets protégeant les systèmes se multiplient : Pyramitec (1960), Tridimatec (1965), Unibat (1968), Sphérobat (1984). Ce dernier système est appliqué à des constructions en aluminium par Péchiney-Bâtiment (poutre monumentale de la gare de Lyon-Part-dieu, 1985, Gacho et Giroded arch.), couverture mobile de la mosquée Hassan II à Casablanca (1991, Pinseau arch.). Le succès de ces structures spatiales en France, qui s'étend à l'étranger (États-Unis, Iran), marque un moment fort dans la contribution des ingénieurs au nouvel art de bâtir.

Gérard Monnier

DUCHARME Réjean

Écrivain. – Né le 12 août 1941 à Félix-de-Valois, Canada.

Caractère farouche, vivant en reclus dans son Québec natal qu'il a fort peu quitté, Réjean Ducharme se tient tout à fait à l'écart de la société culturelle française – et certains, dans son pays, affirment même qu'il ne serait que l'Émile Ajar de la comédienne Luce Guilbeault. Quoi qu'il en soit, le parolier de quelques-unes des meilleures chansons de Robert Charlebois (*Mon pays*) est l'auteur d'une œuvre au ton unique, découverte en 1966 dès la sortie de son premier livre, *L'Avalée des avalées*, et cette publication, comme toutes celles qui ont suivi, a eu lieu non à Montréal mais à Paris, chez Gallimard. La langue française y a gagné un auteur au verbe sonore et enflammé, rapproché de Rimbaud ou de Céline, autrement dit irrécupérable.

Pascal Ory

DUFRESNE Diane

Chanteuse, peintre. – Née le 30 septembre 1944 à Montréal, Canada.

Formée à la chanson à texte dans les cabarets rive-gauche de Paris, la Québécoise Diane Dufresne s'impose avec un répertoire rock, sur des paroles souvent signées de Luc Plamondon. Elle participe à l'aventure de *Starmania* – le disque de 1978 puis l'opéra-rock créé en 1979 au palais des Congrès de Paris –, mais elle souhaite ensuite tracer un chemin plus personnel, où les arts plastiques jouent un rôle important et où la chanteuse, plus enracinée dans son pays natal, alterne et mélange les genres, chante Gainsbourg, Higelin, Kurt Weil.

Pascal Ory

DUHART Pierre (Pedro)

Sportif. – Né le 25 avril 1910 et mort en janvier 1956 à Montevideo, Uruguay.

Joueur de football formé au grand club du Nacional de Montevideo, Pedro Duhart est le fils de Martin Duhart, un Français originaire des Basses-Pyrénées, parti s'installer en Uruguay à la fin du XIXe siècle. À la faveur du décret du 10 août 1927 permettant la naturalisation de tous les étrangers nés de parents français, Pedro Duhart possède, pour les clubs français friands de joueurs sud-américains, un atout appréciable. Compte tenu du strict contingentement de joueurs étrangers dans les années 1930, il peut prétendre à la naturalisation, laissant la possibilité à son club de recruter d'autres footballeurs non nationaux. En disgrâce au sein du Nacional en 1933, après quelques années d'une brillante carrière au poste d'inter gauche et deux sélections dans l'équipe nationale uruguayenne, Pedro Duhart cède aux sirènes des recruteurs français, et notamment de Robert Dargein, directeur-adjoint de l'ambitieux FC.Sochaux, placé sous la direction d'un entraîneur lui aussi uruguayen, l'emblématique Conrad Ross. Pedro Duhart, heureux de revenir dans le pays de son père, s'installe avec son épouse en Franche-Comté durant l'été 1934. Vedette, il focalise alors l'attention des journalistes sportifs de l'Hexagone, qui se passionnent pour ce Sud-Américain aux origines françaises, mais qui ne connaît aucun rudiment de notre langue. Immédiatement, Pedro devient « Pierre » et la perspective d'une carrière internationale en équipe de France s'offre à lui, car, en plus du décret de 1927, un traité signé entre la France et les pays d'Amérique latine lui donne la possibilité d'être automatiquement naturalisé. Toutefois, sa sélection chez les Bleus suscite quelques controverses, non seulement en raison de son passé d'international uruguayen, mais aussi parce que le principe en cours – prouver au moins trois années de résidence sur le territoire national – n'est pas respecté. Qu'à cela ne tienne, au prix de quelques arrangements entre Fédération française de football et Fédération internationale de football association, Pierre Duhart est aligné pour le match amical Italie-France (2-1) le 17 février 1935, à Rome, quelques mois seulement après son arrivée en France. Champion de France en 1935 et vainqueur de la Coupe de France avec le FC.Sochaux, Pierre Duhart est sélectionné à six reprises en équipe de France jusqu'en 1937. Après trois saisons à Sochaux, où il évolue aux côtés de son « compatriote » Hector Cazenave, puis deux autres au FC.Charleville-Mézières en deuxième division, il retourne définitivement en Uruguay au début de la Seconde Guerre mondiale.

Yvan Gastaut

DUMONT Marcel. — *Voir* KOLORK.

DUNCAN Isadora (Angela Isadora Duncan)

Danseuse et chorégraphe. – Née le 27 mai 1877 à San Francisco, États-Unis ; morte le 14 septembre 1927 à Nice, France.

Élevée en Californie par une mère musicienne, avec ses quatre frères et sœurs, Isadora Duncan s'initie très jeune à la danse et devient membre de la compagnie théâtrale d'Augustin Daly, à New York, à partir de 1895. En 1899, elle quitte les États-Unis pour l'Europe afin de réaliser ses aspirations et donner corps à une danse libérée. Elle interprète ses premiers récitals, qui lui ouvrent les salons artistiques de Londres, Paris et Munich. Ses danses, totalement inédites, séduisent les médias et le Tout-Paris mondain. Dans une simple tunique hellénisante, les pieds nus, elle interprète de façon personnelle la musique (Gluck, Chopin, Beethoven…), selon une gestuelle qu'elle veut dépourvue de toutes conventions et de toutes contraintes, privilégiant l'émotion comme source du mouvement. En 1903, elle publie à Leipzig son manifeste, *La Danse de l'avenir*, et voyage en Grèce avec sa famille, recréant *Les Suppliantes* d'Eschyle. Elle ouvre en Allemagne, à Grünewald, en 1905 sa première école de danse, fréquentée par celles qu'on appellera ensuite les « Isadorables », telle Lisa Duncan. Elle rencontre alors le metteur en scène Edward Gordon Craig, dont elle a une fille, avant de s'installer à Paris auprès du millionnaire Paris Singer, dont elle a un fils. Proche des avant-gardes de son temps, elle inspire de nombreux artistes, comme le sculpteur Antoine Bourdelle, le dessinateur Jules Grandjouan ou les peintres André Dunoyer de Segonzac ou Maurice Denis. La mort de ses deux enfants, noyés en 1913, et le début de la guerre font évoluer sa danse, avec une gestuelle plus intériorisée et terrienne (*Ave Maria*, *Symphonie inachevée*, *Les Funérailles*…). Parallèlement à l'enseignement qu'elle dispense dans son école de Meudon (qu'elle met à disposition de la Croix-Rouge au début de la guerre), elle continue de se produire en Europe, aux États-Unis et en Amérique du Sud. En 1921, elle est invitée à fonder une école de danse à Moscou, où elle épouse le poète russe Serge Essenine. Le contenu politique de certaines de ses danses, déjà présent dans *La Marseillaise* en 1915, s'accentue (*Mère* et *Étude révolutionnaire* en 1921, *Chants russes* en 1924). Séparée d'Essenine, elle rentre en France en 1924, où elle vit entre Paris et Nice et donne quelques spectacles, dont *Sonate* (sur une musique de Franz Liszt et des poèmes de Jean Cocteau). En 1927, elle meurt accidentellement en voiture, étranglée par son écharpe, laissant derrière elle de nombreux disciples, des Mémoires (*Ma vie*), une aura médiatique considérable et un prestige dans le champ chorégraphique, qui la placent au rang de pionnière de la modernité en danse.

Sophie Jacotot

DUNCAN Lisa (Elizabeth Milker)

Danseuse, pédagogue et chorégraphe. – Née le 27 décembre 1898 et morte le 24 janvier 1976 à Dresde, Allemagne.

Lisa Milker est l'un des enfants que la danseuse Isadora Duncan a pris sous son aile dans son école de danse à Grünewald en Allemagne, où enseignait principalement sa sœur, Elizabeth Duncan. Les six petites filles les plus talentueuses de l'école, parmi lesquelles Lisa, furent choisies par Isadora pour vivre auprès d'elle et participer à ses spectacles. Elles furent surnommées les « Isadorables » par le critique français Fernand Divoire en 1909 et interprétèrent plus de soixante-dix représentations avec Isadora, dans toute l'Europe, entre 1905 et 1909. En 1912, les Isadorables s'installent avec Isadora Duncan dans sa nouvelle école de Meudon, dans le bâtiment du Grand Hôtel de Bellevue. Elle quittent la France pour les États-Unis dès le début de la Première Guerre mondiale et se produisent notamment au Carnegie Hall de New York. En 1917, Isadora autorise les six Isadorables à prendre le nom de famille Duncan pour des raisons professionnelles. Elles se séparent d'Isadora à partir de 1921 et chacune commence sa carrière personnelle. Après une tournée aux États-Unis en 1923-1924, avec Anna et Margot Duncan, Lisa s'installe à Paris et entame une collaboration avec le danseur et chanteur Georges Pomiès. Ensemble, ils créent notamment, entre 1930 et 1932, *Tango* sur une musique de George Auric, *Danseuse de Delphes* et *Clair de lune* sur des musiques de Claude Debussy. Parmi les Isadorables, Lisa est celle qui a su le mieux prendre ses distances avec la danse libre de son maître pour créer son propre style. Attachée à la France et opposée au nazisme, elle se réfugie en province pendant la Seconde Guerre mondiale. L'après-guerre à Paris se révèle difficile et elle repart pour Dresde, sa ville natale, quelques années avant sa mort.

Sophie Jacotot

DUNCAN Raymond

Danseur et pédagogue. – Né le 1er novembre 1874 à San Francisco, États-Unis ; mort le 14 août 1966 à Cavalaire-sur-Mer, France.

Troisième de quatre enfants, Raymond Duncan est le frère aîné de la danseuse Isadora Duncan, avec laquelle il partage toute sa vie une passion pour la Grèce antique. Il conçoit, en 1891, une théorie du mouvement qu'il nomme *kinematics*, selon laquelle le mouvement au travail et dans la vie quotidienne a pour finalité l'épanouissement du travailleur, et non la production ou le gain. Partageant la quête artistique de sa sœur, il l'assiste dans ses recherches picturales et livresques sur la Grèce antique. En 1898, il quitte les États-Unis pour l'Europe et visite Londres, Athènes, Berlin et Paris. Après un séjour en Grèce en 1903, il adopte, avec sa femme, Pénélope Sikelianou, un mode de vie inspiré de l'Antiquité, s'habillant de toges et de sandales, utilisant du mobilier et des poteries qu'il fabrique lui-même et se nourrissant de manière frugale. Entre 1909 et 1911, il donne, avec sa femme, une série de représentations aux États-Unis, mettant notamment en scène l'*Électre* de Sophocle à New York en 1910, en utilisant les mouvements d'un chœur à l'antique. De retour à Paris, il fonde, au 31 de la rue de Seine, l'Akademia, une école où sont dispensés, jusque dans les années 1980, des cours de danse ou de philosophie, des ateliers d'artisanat, des concerts et des conférences. Inspirée de l'Académie platonicienne, cette école a pour visée de forger une véritable technique de vie, réalisant la synthèse du travail, des arts et de l'activité physique. Outre son activité pédagogique et artistique, il publie des poèmes, des pièces de théâtre, ainsi que des ouvrages exposant sa philosophie, qu'il imprime sur sa propre presse. Dans un documentaire réalisé pour la télévision britannique sur Saint-Germain-des-Prés, dont Raymond Duncan est l'une des figures pittoresques de l'après-guerre, Orson Welles l'interviewe en 1955 dans son école de la rue de Seine (*Around the World with Orson Welles*).

Sophie Jacotot

E

EBERHARDT Isabelle

Romancière. – Née le 17 février 1877 à Genève, Suisse ; morte le 21 octobre 1904 à Aïn Sefra, Algérie, alors Territoires du Sud sous commandement militaire français.

Déclarée « enfant illégitime » à sa naissance, Isabelle Eberhardt voit le jour en Suisse d'une mère russe d'ascendance germanique et d'un père russe arménien converti à l'islam. C'est lui qui concourt à son éducation et qui fera de sa fille une polyglotte accomplie : outre le grec et le latin, elle maîtrise l'allemand, le russe, le français, l'italien, mais aussi le turc et l'arabe. Elle se passionne également pour la littérature et lit beaucoup. En 1897, Isabelle Eberhardt quitte Genève pour Bône, alors située dans l'un des trois départements français d'Algérie. La découverte du Maghreb constitue le tournant majeur de son existence et la source de son œuvre littéraire. Fascinée par la culture arabe, convertie à l'islam, elle se travestit et endosse l'identité masculine de Mahmoud Saadi, ce qui lui permet de fréquenter les lieux réservés aux hommes. Elle en rapporte des textes journalistiques empreints d'un réalisme qui rompt avec la littérature orientalisante en vogue à l'époque. Critique à l'égard de la colonisation française, elle se fait expulser par les autorités en 1900. L'année suivante, son mariage avec un spahi indigène fait scandale à Marseille, mais lui permet d'acquérir la nationalité française et de revenir en Algérie. Elle y mène alors une vie de nomade, qui fait d'elle un témoin privilégié du mode de vie arabe et de la civilisation islamique. Correspondante pour le journal arabe *Akhbar*, elle suit les opérations militaires aux confins marocains. Le 21 octobre 1904, elle trouve la mort à Aïn Sefra lors de la crue soudaine d'un oued. Isabelle Eberhardt laisse des nouvelles et des articles, un journal intime (*Mes journaliers*, 1923) et un roman inachevé qui ne seront publiés qu'après son décès, ses œuvres complètes n'étant que tardivement rassemblées, à la fin des années 1980.

Pierre-Frédéric Charpentier

ÉCOUEN, Groupe d'

À partir de 1856, un groupe de peintres parisiens abandonne la capitale pour s'installer à Écouen, à cinq lieues au nord de Paris ; la ville n'est alors qu'un gros bourg rural d'un millier d'habitants. Autour d'Édouard Frère se groupent ses élèves étrangers : le Belge naturalisé français Léon DANSAERT (1830-1909, maire d'Écouen de 1879 à 1895), les Anglo-Saxons George BOUGHTON (1833-1905) et James Crawford THOM (1835-1898). Deux figures importantes ont également participé ponctuellement au travail du Groupe d'Écouen : Henry BACON (1839-1912), peintre, journaliste et homme de lettres d'origine américaine, sorte de globe-trotter artistique, que l'on retrouve plus tard à Pont-Aven, et la peintre impressionniste Mary CASSATT, qui fait de fréquents séjours à Écouen. L'enthousiasme du critique et théoricien John Ruskin assure le succès artistique et commercial, principalement outre-Manche, d'un groupe d'artistes bien intégrés à la vie de la cité, à qui ils font don d'un ensemble d'œuvres.

Julie Verlaine

EDWARDS & Cie

Ingénieurs mécaniciens. – Humphrey Edwards : né au Royaume-Uni ; mort en 1829 en France. Henry Hinde Edwards : né en 1800 à Plymouth, Royaume-Uni ; mort en 1861 en France.

On doit à Humphrey Edwards l'introduction en France de la machine à vapeur à deux cylindres. Arrivé en France en 1814, après avoir travaillé avec Arthur Woolf, l'inventeur du nouveau système, il obtient, en mai 1815, un brevet d'importation « pour perfectionnements apportés aux machines à vapeur dites à haute pression et à double effet de rotation ». Associé à Antoine-Scipion Périer, banquier, administrateur des Mines d'Anzin, fondateur de la Compagnie du gaz et à Achille Chaper, polytechnicien, ingénieur des mines et maître de forges, il relance à Paris la fonderie de Chaillot, qui devient un haut lieu de production et de formation aux nouvelles techniques industrielles. Gaspard de Prony, appelé pour expertiser les qualités d'économie de la machine, en 1821, invente à cette occasion le frein dynamométrique, dit « frein de Prony », ensuite couramment utilisé pour mesurer l'effet des machines à vapeur. Plus compacte, et moins gourmande en combustible que la machine de Watt, la machine de Woolf remporta un succès considérable en France. Le fils d'Humphrey, Henry Hinde, lui succède à la direction de l'entreprise en 1829. Ingénieur en chef du matériel et de la traction du Chemin de fer de Paris à Strasbourg à partir de 1848, il est l'un des fondateurs de la Société des ingénieurs civils.

Anne-Françoise Garçon

EDWARDS Michaël

Historien de la littérature et écrivain. – Né le 29 avril 1938 à Londres, Royaume-Uni.

Formé à l'université de Cambridge, où il sera *scholar* de Christ's College, Michaël Edwards se voue d'abord à l'histoire de la littérature française, consacrant sa thèse de doctorat à Racine. Mais, installé en France – et marié à une Française –, il va progressivement inverser ses perspectives et devenir en terre française un spécialiste reconnu de la littérature anglophone, de William Shakespeare à Samuel Beckett. Cette expertise est couronnée en 2002 par son élection au

Collège de France, où il occupe une chaire d'étude de la création littéraire en langue anglaise. À la tête d'une œuvre désormais écrite principalement en langue française, il est, en 2013, élu à l'Académie, où il succède à Jean Dutourd. La poésie occupe une place importante dans la vie de Michaël Edwards, qu'il compose, elle aussi, dans les deux langues.

Pascal Ory

ÉGYPTIENS

L'immigration égyptienne en France est assez ancienne. Elle est aujourd'hui essentiellement une immigration de travail, qui réunit quelque 15 000 personnes, concentrées dans l'agglomération parisienne et sa banlieue.

Elle fut d'abord constituée par un apport très particulier, celui des populations minoritaires protégées par la France, et notamment des juifs et des Européens, ayant massivement quitté le pays à la suite de la politique de Nasser en 1956-1958, puis après la guerre de 1967. L'implantation culturelle française en Égypte, héritée de l'expédition de Bonaparte, explique sans doute le fait qu'une bonne partie de l'élite juive et « européenne d'Égypte » ait choisi la langue française, puis la France comme terre d'exil. C'est ainsi que DALIDA, Iolanda Cristina Gigliotti, née de parents calabrais au Caire, est devenue une star française ; Claude FRANÇOIS est né à Ismaïlia, d'un père lui-même « Français d'Égypte » ; Alain GRESH, fils de Henri Curiel, militant communiste juif italien d'Égypte, qui prit la nationalité égyptienne lors de l'abolition des Capitulations et fut expulsé en 1950, puis assassiné à Paris en 1978, est un journaliste français ; l'ethnopsychiatre Tobie NATHAN est né au Caire ; Benny LÉVY (né Pierre Victor) est arrivé en France avec ses parents à l'âge de sept ans ; le romancier Gilbert SINOUÉ, le journaliste et écrivain Robert SOLÉ, le chanteur Richard ANTHONY (né Richard Btesh) sont nés en Égypte, le dernier d'un père industriel syrien… Quant à Omar SHARIF, né à Alexandrie d'une famille libanaise sous le nom de Michel Demitri Chalhoub, il est le seul à avoir islamisé son nom sur les conseils du réalisateur Youssef Chahine. Chrétien maronite d'origine, converti à l'islam pour pouvoir épouser la comédienne égyptienne Faten Hamama, il devenu très jeune une star, notamment en France, où il vit, et aux États-Unis. Cette immigration des minoritaires s'est accompagnée de celle, beaucoup plus réduite et toujours provisoire, d'une certaine élite égyptienne de la culture qui a pu faire étape à Paris, voire s'y installer. Cette immigration est très faible et, en dehors de canaux classiques de la coopération culturelle (invitations officielles, programmes d'échanges…), les artistes et intellectuels égyptiens s'exportent assez peu en France.

Une tout autre émigration, beaucoup plus récente, est repérable autour de certains métiers, comme celui de marchand de fruits et légumes sur les marchés ou de restaurateur (notamment dans la restauration rapide de type « snack »). Arrivés dans les années 1970-1980, poussés par la pression démographique dans leur pays, les immigrés égyptiens sont, en France, associés, dans leur sociabilité et leur activité, à la population maghrébine. Ils restent le plus souvent confinés dans des métiers à faible qualification, et il y a peu de cadres diplômés égyptiens en France. Cela s'explique certainement par l'absence de maîtrise de la langue française, les élites égyptiennes étant majoritairement anglophones. Ils tiennent des cafés où l'on peut consommer le narguilé, des échoppes où l'on vend des kebabs, et ils concurrencent les Libanais et les Arméniens dans le domaine de l'épicerie orientale en cassant les prix, mais ils sont surtout présents sur les étals de fruits et légumes des grands marchés (à Belleville et sur le marché d'Aligre à Paris). À partir de cette spécialisation, certains ont bâti des réussites économiques. Mais ces cas sont rares et la plupart des vendeurs égyptiens de fruits et légumes se contentent de faire les marchés et de vanter la marchandise avec humour, persévérance et bagout.

Cette immigration égyptienne, assez peu repérable en temps normal pour qui ne reconnaît pas l'accent et le dialecte du Nil, a eu une visibilité exceptionnelle au moment de la révolution égyptienne du printemps 2011. Alors que l'occupation de la place Tahrir au Caire se prolongeait, les Égyptiens de France se sont regroupés dans des lieux symboliques, près de leur ambassade et de leurs consulats, mais aussi dans certains quartiers (comme autour du métro Couronnes, à Belleville), pour soutenir la mobilisation de leurs compatriotes au pays. Ils ont fréquemment été rejoints dans ces lieux par les Tunisiens, tout juste libérés de leur tyran.

Leyla Dakhli

Bibl. : SOLÉ Robert, *Mazag*, Paris, Seuil, 2000 • YANNAKAKIS Ilios, *Alexandrie 1860-1960. Un modèle éphémère de convivialité : Communautés et identité cosmopolite*, Paris, Autrement, « Mémoires Villes », 1992.

EISNER Lotte Henriette

Historienne. – Née le 5 mars 1896 à Berlin, Allemagne ; morte le 25 novembre 1983 à Paris, France.

Témoin et analyste passionnée du cinéma expressionniste allemand (elle lui a consacré trois livres essentiels : *L'Écran démoniaque* en 1952, *F.W. Murnau* en 1965, et *Fritz Lang* en 1984), celle que Bertolt Brecht appelait affectueusement « die Esinerin » doit s'exiler en France en 1933 car, juive et intellectuelle de gauche, elle figure sur la liste noire des nazis. Elle est internée au camp de concentration de Gurs, dans les Pyrénées, où le régime de Vichy place les indésirables avec les combattants de l'armée républicaine espagnole vaincue par le franquisme, réussit à s'en évader et se cache jusqu'à la fin de la guerre sous une fausse identité dans un village du sud de la France.

En 1945, Henri Langlois lui propose d'occuper à ses côtés le poste de conservateur en chef à la Cinémathèque française. Les deux tiers des trésors rassemblés dans l'actuel musée de la Cinémathèque proviennent de son inlassable travail de collectionneur.

Jean-Luc Douin

ELIADE Mircea

Mythologue. – Né le 13 mars 1907 à Bucarest, Roumanie ; mort le 22 avril 1986 à Chicago, États-Unis.

Comme Emil Cioran et Eugène Ionesco, Mircea Eliade est de ces intellectuels roumains qui ont choisi de s'installer en Occident à l'issue de la Seconde Guerre mondiale. Comme le premier, et plus encore que lui, il y arrive lesté d'une vraie expérience politique roumaine, qui n'en fait pas un novice, et d'une expérience clairement rattachable au fascisme, qui restera largement occultée jusqu'à sa mort. Élève, à l'université de Bucarest, de Nae Ionescu, maître à penser de l'extrême droite roumaine, il manifeste ses sympathies pour la Garde de fer, dont Codreanu est le chef charismatique, et publie des textes en ce sens. Mais son caractère le porte à la spéculation intellectuelle. Sa quête de l'identité religieuse « indo-européenne » le conduit en Inde, où il séjourne plusieurs années et dont il revient avec une thèse sur le yoga, devenant ainsi en Occident l'un des précoces initiateurs de la discipline. Titulaire, à l'âge de vingt-cinq ans, d'une chaire de philosophie indienne à l'université de Bucarest, il commence en 1940 une carrière d'attaché culturel, qui le conduit successivement à Londres et à Lisbonne – où il écrit un ouvrage à l'éloge de Salazar. À partir de 1944 et de la chute de la dictature proallemande d'Antonescu, Eliade est transformé en chercheur et essayiste. La France, en la personne de Georges Dumézil, l'accueille sans préjugé. Ses livres, désormais publiés pour la plupart en français ou en anglais, l'imposent comme historien des religions (c'est la chaire que lui attribue l'université de Chicago en 1959) ou, plus précisément, comme mythologue, travaillant sur la longue durée (*Le Mythe de l'éternel retour*, 1949) comme sur les formes modernes du mythe (*Les Mythes du monde moderne*, 1953), mêlant étude et vulgarisation (*Mythes, rêves et mystères*, 1957). À la fin de sa vie, son œuvre est devenue l'une des sources du mouvement *New Age*.

Pascal Ory

ELKABETZ Ronit

Actrice. – Née le 27 novembre 1966 à Beer-Sheva, Israël.

Issue d'une famille juive d'origine marocaine, elle a déjà commencé une prometteuse carrière en Israël lorsqu'elle rejoint le Théâtre du Soleil d'Ariane Mnouchkine. Puis, de retour en Terre promise, elle passera derrière la caméra en signant *Prendre femme* (2004) et *Les Sept Jours* (2007), deux films voués à parler de la condition des femmes en Israël, lutter contre un environnement patriarcal et répressif. Elle crève l'écran dans *Alila* d'Amos Gitaï (2002), où elle interprète une femme flic hystérique ; dans *Mon trésor* de Keren Yedaya (2003), où elle campe une femme droguée au tapin ; dans *La Visite de la fanfare* d'Eran Kolirin (2007), où elle donne libre cours à ses irrésistibles mimiques. Le cinéma français vient de prendre la mesure du talent de cette comédienne fiévreuse, expressionniste, réincarnation d'Anna Magnani. *La Fille du RER* d'André Téchiné (2009), *Cendres et sang* de Fanny Ardant (2009), *Tête de Turc* de Pascal Elbé (2010) et *Les Mains libres* de Brigitte Sy (2010) justifient qu'elle partage son temps désormais entre Tel-Aviv et Paris.

Jean-Luc Douin

EMILFORK Daniel (Daniel Zapognikof)

Acteur, metteur en scène et auteur dramatique. – Né le 7 avril 1924 à San Felipe, Chili ; mort le 17 octobre 2006 à Paris, France.

Daniel Emilfork est né au Chili, où ses parents, juifs d'Odessa, s'étaient réfugiés pour fuir les pogroms, mais il ne s'y sentira jamais chez lui : « Nous n'étions pas de vrais gens. Nous étions d'abord des étrangers. » Il arrive à Paris en 1949 et donne des leçons d'espagnol chez Berlitz, tout en s'inscrivant aux cours de Tania Balachova, en même temps que Delphine Seyrig, Michael Lonsdale, Bernard Fresson,

Antoine Vitez et Denise Péron, qu'il épouse la même année. Lui qui connaissait à peine la langue française lorsqu'il est arrivé a, toute sa vie, rendu hommage à cette langue et à la littérature française : « Je me rends compte que je rêve en français. C'est devenu comme ma propre langue. » « La vieille gargouille », « descendant de la reine de Sabah et du roi Salomon », comme se définit Daniel Emilfork, qui a pris la nationalité française, va incarner durant plus de cinquante ans, à cause d'un physique étonnant et d'une diction particulière, tous les personnages de traîtres et de monstres. C'est Patrice Chéreau, le premier, qui rendra justice à son immense talent en lui donnant le rôle de York dans *Richard II* en 1970 et lui offrira la direction d'un cours à l'école des Amandiers (1982-1984). Sa carrière, aussi bien théâtrale que cinématographique, oscillera entre seconds rôles uniquement fondés sur son physique et véritables personnages. Il mettra en scène *Zalmen ou la folie de Dieu*, une pièce d'Élie Wiesel dans laquelle il est un vieux rabbin, rôle qu'il disait avoir adoré jouer. Mais c'est avec la trilogie *Archéologie, La Journée des chaussures* (1988) *et Comment te dire ?* (1997), qu'il écrit et met en scène avec son alter ego Frédéric Leidgens, puis avec *Pueblo Horno* en 2000 et *Lettre ouverte à Renée Saurel* en 2003 que Daniel Emilfork se livrera réellement, dans des spectacles essentiellement autobiographiques.

Chantal Meyer-Plantureux

EMMANUEL Arghiri

Économiste. – Né le 22 juin 1911 à Patras, Grèce ; mort le 14 décembre 2001 à Paris, France.

Le parcours de cet économiste, critique des analyses marxistes du sous-développement, est atypique. Après des études d'économie et de commerce poursuivies dans son pays natal, il décide, en 1937, d'aller travailler pour le secteur privé dans l'ex-Congo belge. En 1942, il rejoint les Forces grecques libres du Moyen-Orient, avec lesquelles il participe au soulèvement contre le gouvernement grec en exil au Caire en avril 1944. Il est alors arrêté, condamné à mort, avant d'être finalement amnistié en 1945. Puis il revient au Congo où il reprend son travail. En 1957, à l'âge de quarante-six ans, il part pour la France où il entreprend des études d'histoire de l'art à l'École du Louvre (1957-1960). Puis, de 1961 à 1968, il mène à son terme un doctorat de troisième cycle à l'École pratique des hautes études, sous la direction de Charles Bettelheim. Sa carrière universitaire est courte : il est d'abord directeur d'études au département d'économie de l'université Paris VII (1969-1972), puis professeur associé à l'Institut d'étude du développement économique et social (Paris I) jusqu'à sa retraite en 1980.

L'essai tiré de sa thèse, *L'Échange inégal : essai sur les antagonismes dans les rapports économiques internationaux* (1969) connaît une réception internationale. Il montre que le libre-échange qui régit le commerce international dessert durablement les pays en voie de développement : considérant que les exportations des pays capitalistes vers ces pays incorporent moins d'heures de travail que les importations en provenance de ces pays, les firmes des pays développés font un surprofit dont les salariés, mieux payés que ceux des pays en voie de développement, bénéficient. L'économiste pointe donc du doigt la responsabilité des travailleurs des pays riches. En 1981, il suscite un débat avec *Technologie appropriée ou technologie sous-développée* : il se montre favorable aux firmes multinationales, vecteurs de technologie de pointe, plutôt qu'au développement de type autarcique qui, appuyé sur des technologies obsolètes bien qu'adaptées, condamne les pays à la stagnation. Son parcours biographique tout autant que son parcours intellectuel témoignent d'un refus de se laisser enfermer dans quelque modèle que ce soit.

Anna Trespeuch-Berthelot

EMPAIN Édouard

Industriel. – Né le 20 septembre 1852 à Belœil-en-Hainaut, Belgique ; mort le 22 juillet 1929 à Woluwe-Saint-Pierre, Belgique.

Fils d'instituteur, Édouard Empain commence sa carrière comme dessinateur dans la Société métallurgique de Nivelles, puis crée, en 1875, sa propre société, la Compagnie française des chemins de fer et tramways, en 1881 la Compagnie générale des railways à voie étroite et, la même année, la Banque Empain. Ses activités se développent en Belgique et en France, son principal marché jusqu'en 1900. Sa fortune se construit sur le développement des transports urbains et interurbains : il participe à la fondation, en 1898, de la Compagnie du chemin de fer métropolitain de Paris, dont il est l'actionnaire prépondérant et qui reste propriété de la famille Empain jusqu'en 1949. Il contribue également à développer les tramways et crée, en 1903, la Société parisienne pour l'industrie des chemins de fer et des tramways électriques, dite Parisienne électrique, et, la même année, la Société d'électricité de Paris. Le groupe étend également ses activités en Égypte, au Congo ou encore en Chine et en Russie. En 1907, Édouard Empain est fait baron par le roi des Belges.

Claire Zalc

ENESCO Georges (George Enescu)

Compositeur, violoniste, pianiste, chef d'orchestre et pédagogue. – Né le 19 août 1881 à Liveni, Roumanie ; mort le 4 mai 1955 à Paris, France.

Le compositeur national, célébré en Roumanie, même à l'époque du régime communiste qu'il avait fui et largement critiqué, a entretenu avec la France des relations étroites. Tout en restant un musicien roumain, il fait partie des étrangers qui ont fait la France, tant ses œuvres essentielles s'inscrivent dans le double contexte des deux pays. Dès son enfance, dans une zone rurale de Moldavie, George Enescu est initié à la musique par ses parents qui lui offrent un violon, confient son éducation à un virtuose rom, puis le présentent au compositeur Édouard Caudella, qui le fait s'inscrire au Conservatoire de Iaşi. Il est tôt considéré comme prêt à une véritable carrière internationale et suit les cours de Robert Fuchs et de Josef Hellmesberger au Conservatoire de Vienne. Il connaît, dès l'âge de douze ans, le succès comme violoniste à Vienne mais c'est à Paris qu'il s'installe en 1895, pour suivre les cours de Jules Massenet et de Gabriel Fauré. Il est parfaitement à l'aise dans un groupe amical qui comprend Alfred Cortot, Pablo Casals, Jacques Thibaud, Maurice Ravel, Paul Dukas, Florent Schmitt. C'est de ce séjour parisien que datent ses premières compositions importantes, celles restées les plus connues d'un large public, en particulier son *Poème roumain*, créé en 1897 au Châtelet par Édouard Colonne, ou ses *Rhapsodies roumaines* (1901-1902). Il mène une carrière internationale d'interprète et de compositeur, fréquente les salons, celui de la princesse Bibesco, puis la cour de la reine Carmen Sylva en Roumanie, est salué par Debussy ou Mahler. Enesco reste en Roumanie pendant la Première Guerre mondiale, puis réside alternativement en France et en Roumanie entre ses tournées. Dans les années 1920, il acquiert une villa à Meudon, reçoit la Légion d'honneur et devient membre correspondant de l'Académie des beaux-arts. Parmi les œuvres qu'il compose alors figure l'opéra souvent considéré comme son œuvre maîtresse – même si beaucoup moins populaire que ses suites dans le caractère populaire roumain –, *Œdipe*, sur un livret d'Edmond Fleg, œuvre achevée en 1930 et créée le 10 mars 1936 à l'Opéra de Paris sous la direction de Philippe Gaubert. Son écriture musicale sort alors des canons néoromantiques, du wagnérisme, qu'il avoue toujours vénérer, et intègre des éléments expérimentaux (les quarts de ton).

Le compositeur est en grande partie oublié au profit du virtuose et du pédagogue. L'enregistrement du double concerto pour violon de Bach en 1932, sous la direction de Pierre Monteux, révèle l'élève le plus étonnant d'Enesco, Yehudi Menuhin. Ce rôle de pédagogue a été marquant pour toute une génération de violonistes (Christian Ferras, Ivry Gitlis, Arthur Grumiaux), mais aussi pour le pianiste Dinu Lipatti. Pendant la Seconde Guerre mondiale, Enesco vit en Roumanie, à Bucarest et dans sa villa des Carpates. Il revient à la vie de virtuose après la guerre, grâce à l'amitié de David Oistrakh et d'Emil Guilels. Il donne ainsi des concerts à Moscou mais le régime communiste confisque une partie de ses biens et il choisit de s'installer définitivement en France. Il y compose un quatuor, une symphonie de chambre. Marcel Mihalovici accompagne ses derniers moments créatifs. Il est inhumé au Père-Lachaise.

Didier Francfort

EÖTVÖS Péter

Compositeur et chef d'orchestre. – Né le 2 janvier 1944 à Székelyudvarhely, alors Hongrie, aujourd'hui Roumanie.

Ayant grandi à Budapest dans une atmosphère musicale, le jeune Eötvös obtient, en 1970, une bourse pour poursuivre ses études en Allemagne, où il devient le plus proche collaborateur de Stockhausen, tout en faisant ses premiers pas comme compositeur d'opéras de chambre. Pierre Boulez le remarque et le fait venir auprès de lui au sein de l'IRCAM (Institut de recherche et coordination acoustique/musique), lui en confiant la direction du premier concert, en 1978. L'année suivante il prend, toujours sous l'égide de Boulez, la direction de l'Ensemble intercontemporain, la plus prestigieuse formation de musique contemporaine française. Il reste à la tête de celle-ci jusqu'en 1991, longévité exceptionnelle. L'une de ses œuvres les plus connues, *Chinese opera*, a été créée, en 1986, pour le dixième anniversaire de l'Ensemble. Depuis lors, la plupart des œuvres lyriques d'Eötvös (*Les Trois Sœurs*, *Le Balcon*...) ont été des commandes de maisons d'opéra ou de festivals français.

Pascal Ory

EPHRUSSI Boris

Généticien. – Né le 9 mai 1901 à Moscou, Russie ; mort le 2 mai 1979 à Paris, France.

De nationalité roumaine, Boris Ephrussi naît à Moscou, dans une famille juive aisée. Il y effectue toute sa scolarité ainsi que, en 1918-1919, une année à la faculté des sciences. En 1920, il émigre à Paris où il obtient, en 1922, sa licence ès sciences, avec des certificats de zoologie, botanique et embryologie. Il commence une thèse sous la direction de Charles Perez, en bénéficiant du cadre de recherche du laboratoire de zoologie de la Sorbonne. Il se rapproche aussi de l'Institut Pasteur en y effectuant plusieurs stages dont l'un aboutit à la publication d'un premier article, écrit en collaboration avec Serge Metalnikow (« Phagocytose et virulence des microbes »), et d'une note commune avec André Lwoff. En 1924, il entre au laboratoire d'embryologie comparée du Collège de France en qualité d'attaché. Il y conduit deux thèses, finalement dirigées par le biochimiste Louis Rapkine (embryogenèse de l'oursin) et l'embryologiste Emmanuel Fauré-Fremiet (culture *in vitro* des tissus animaux). Comme le soulignent Richard M. Burian et Jean Gayon dans un article de 1992 consacré au « cas de Boris Ephrussi » dans la revue *Sciences sociales et santé*, « à la différence d'autres pionniers de l'école française de génétique moléculaire (comme André Lwoff ou Jacques Monod à l'Institut Pasteur), Boris Ephrussi n'a jamais développé ses travaux dans un contexte de recherche médicale ». Il est naturalisé français dans les années 1930. Ses recherches vont bénéficier de l'aide décisive de l'Institut de biologie physico-chimique fondé grâce à des capitaux d'Edmond de Rothschild. Après un séjour au Caltech en 1934-1935, il retrouve ses recherches en France, qu'il doit quitter au moment de l'Occupation. Grâce à Rapkine, il peut échapper à la persécution antisémite en rejoignant l'université américaine Johns-Hopkins. De retour en France, il intègre le CNRS qui l'autorise à créer, au début des années 1960, le Centre de génétique moléculaire fondé à l'initiative de la Délégation générale à la recherche scientifique et technique, une institution de mission interministérielle créée en 1958 par le général de Gaulle, dans la continuité de l'élan donné à la recherche par Pierre Mendès France. Il attire dans cette nouvelle structure des chercheurs aussi prestigieux (et d'origine étrangère) que Piotr Slonimski ou Vittorio Luzzati, qui lui rendra hommage dans un entretien, en octobre 2000. Au CGM, qui deviendra par la suite l'un des plus gros laboratoires français de génétique moléculaire, Boris Ephrussi invente et développe la génétique somatique. En 1969, le CNRS lui décerne sa médaille d'or. En 1974, il reçoit le prestigieux Louisa Gross Horwitz Prize de l'université de Columbia pour ses travaux majeurs sur l'embryologie.

Vincent Duclert

EPSTEIN Jean

Cinéaste et théoricien. – Né le 25 mars 1897 à Varsovie, Pologne ; mort le 3 avril 1953 à Paris, France.

Enfance en Pologne et études en Suisse pour ce passionné de cinéma qui abandonne la médecine pour rencontrer Blaise Cendrars et Abel Gance, puis devenir l'assistant de Louis Delluc. Il tourne documentaires ou fictions dans lesquels il cherche une forme susceptible d'exprimer les états d'âme de ses personnages (*L'Auberge rouge*, d'après une nouvelle de Balzac, 1928). Par son climat onirique et envoûtant, *La Chute de la maison Usher* en 1928, d'après Edgar Poe, est l'un des chefs-d'œuvre du cinéma fantastique français. Révolutionnaire en ceci qu'il le tourne hors studios, en Bretagne, *Finis Terrae* (1929) impose un réalisme rarement vu jusqu'alors en même temps puissance cosmique d'évocation de l'espace et du temps. Figure majeure de l'avant-garde française, Jean Epstein est également l'auteur d'une œuvre théorique considérable, amorcée dès 1921 par la publication de son essai *Bonjour cinéma* et poursuivie par quelques essais remarquables : *Le Cinématographe vue de l'Etna*, *L'Intelligence du cinématographe*, *Le Cinéma du diable*.

Jean-Luc Douin

ERNST Max

Peintre et sculpteur. – Né le 2 avril 1891 à Brühl, Allemagne ; mort le 1er avril 1976 à Paris, France.

Max Ernst fait un premier séjour à Paris en 1913, après des études de philosophie et de psychologie à l'université de Bonn. Entre 1914 et 1918, il est mobilisé dans l'armée allemande. L'expérience traumatisante des tranchées le pousse à rompre avec les valeurs familiales et les traditions artistiques pour rejoindre le mouvement Dada de Cologne. De retour en France en 1922, il est membre du groupe surréaliste, qu'il représente dans la célèbre toile *Au rendez-vous des amis* (1922). En 1940, il est interné en raison de sa nationalité allemande au camp des Milles, près d'Aix-en-Provence ; l'année suivante, Varian Fry l'aide à passer aux États-Unis, où il est naturalisé. Marié à Peggy Guggenheim, puis à Dorothea Tanning, il prend part à la vie artistique américaine et encourage le développement de l'expressionnisme abstrait. En 1949, Ernst rentre en Europe où il reçoit, cinq ans plus tard, le grand prix de sculpture de la Biennale de Venise, ce qui lui vaut d'être officiellement exclu du groupe surréaliste. En 1958, il est naturalisé français. Depuis lors, de nombreuses expositions lui ont rendu hommage dans toutes les grandes capitales. Dans ses peintures et ses collages réalisés d'une manière semi-automatique (comme *La Femme 100 têtes*, 1929), il s'agit, selon le principe surréaliste, de détruire pour recomposer. Il invente plusieurs techniques comme le frottage, le grattage, puis le *dripping*, pour réaliser des peintures où il lui arrive de se représenter par le biais de son alter ego Loplop, et dont les thèmes récurrents sont le sexe, la violence et l'anticléricalisme. Ernst illustre également de nombreux livres en allemand, en anglais et en français : ce sont les trois langues, et les trois cultures, qu'il présente comme les siennes. Ses sculptures forment un ensemble relativement distinct, dans lequel domine un bestiaire fantastique mis à l'honneur dans les plus grands musées, et notamment le musée national d'Art moderne de Paris.

Julie Verlaine

ERRA Mercedes

Chef d'entreprise. – Née le 23 septembre 1954 à Sabadell, Espagne.

Arrivée en France à l'âge de six ans, Mercedes Erra entre à HEC et se forme chez Saatchi et Saatchi au conseil en communication, dont elle deviendra en France l'une des figures prédominantes. Aux abords de la quarantaine, elle crée, au sein du groupe Havas, sa propre entreprise, BETC (Babinet Erra Tong Cuong), qui s'impose dans le secteur. En 2005, elle devient présidente exécutive de Euro RSCG Worldwide. Au sein de la nouvelle génération des chefs d'entreprise, elle se distingue par son vigoureux engagement en faveur du droit des femmes (Human Rights Watch, Fondation Elle,...). Cas exemplaire d'intégration économique des immigrés de la première génération, Mercedes Erra est devenue, en 2010, présidente du conseil d'administration de la Cité nationale de l'histoire de l'immigration (CNHI).

Pascal Ory

ERRÓ (Gudmundur Gundmundsson)

Peintre. – Né le 19 juillet 1932 à Olafsvik, Islande.

Gudmundur Gudmundsson étudie le dessin à Reykjavik, puis à Oslo ; lors d'un voyage d'études qui le conduit en France, en Allemagne et en Espagne, il est séduit par le petit village de Castell del Ferró et décide de prendre le pseudonyme de Ferró, plus tard Erró. En 1955 à Ravenne, il étudie la mosaïque et fait la connaissance de l'artiste français Jean-Jacques Lebel, puis, l'année suivante, celle d'Alain Jouffroy et de Roberto Matta à la Biennale de Venise. Il s'installe à Paris en 1958 et commence à accumuler les images produites en masse par la société de consommation, à les confronter les unes aux autres dans des collages puis des tableaux, tout en participant aux performances de ses amis. Proche des artistes du Pop Art, il en détourne les principes dans ses *scapes*, grandes compositions accumulatives, saturant l'espace de la toile avec des motifs banals ou politiques, en lien avec l'actualité (*Allende*, 1974, ou la série des « Intérieurs américains », dans lesquels s'immiscent les Vietcongs et Mao). « La peinture, dit-il, est la forme privée de l'utopie : le plaisir de contredire, le bonheur d'être seul contre tous, la joie de provoquer. » Les commandes affluent : Erró réalise plusieurs peintures murales, en 1982, sur un immeuble d'Angoulême, un hommage aux créateurs de la bande dessinée rassemblant « tous les héros de notre enfance, de Tintin à Batman », en 1989 pour le bicentenaire de la Révolution française (*Les Révolutionnaires*), ou encore, en 1990, à la Cité des sciences et de l'industrie de La Villette (*Les Savants*). Partageant sa vie entre Paris, Formentera et Bangkok, il retourne également à plusieurs reprises en Islande, où un musée qui lui est consacré ouvre en 2001 à Reykjavik. Préoccupation déjà marquante à ses débuts, la dénonciation de la violence guerrière du XXe siècle ne le quitte pas : « Je suis content de participer à cette œuvre d'histoire. Je suis très fier de voir entrer quelques-uns de mes tableaux dans les livres scolaires. »

Julie Verlaine

ESCUDERO Leny (Joaquin Leni)

Chanteur. – Né le 5 novembre 1932 à Espinal, Espagne.

Pour une amourette : une seule chanson a suffi à rendre populaire Leny Escudero, sa voix voilée et son allure dégingandée. On est en 1962, et le fils de républicains espagnols réfugiés en Mayenne sort son premier disque, qui rencontre un succès qu'aucun des suivants n'atteindra. Mais il a suscité autour de lui un courant de sympathie qui, selon les cas, s'arrête à la période des ballades (*Ballade à Sylvie*) ou l'accompagne ensuite sur un chemin moins facile, où la gravité l'emporte souvent. Certaines de ses chansons des années 1990 atteignent un degré de dramatisme analogue aux grands Brel (*La Grande Farce*).

Pascal Ory

ESPAGNOLS

Originaires d'un pays frontalier du Sud, tardivement industrialisé et où la transition démographique débuta tard, les migrants espagnols furent des centaines de milliers à venir en France, soit pour des raisons économiques, soit pour chercher un refuge politique. Entre le début du XIXe siècle et les années 1970, l'histoire de l'Espagne fut en effet marquée par une succession de guerres civiles et de dictatures. Les deux types de migrations s'entrecroisèrent à maintes reprises et nombreux sont ceux qui firent souche de ce côté-ci des Pyrénées.

1789-1914 : une présence frontalière précoce. Dès la signature du traité des Pyrénées, qui fixa définitivement la frontière en 1659, on assista à des mouvements sud-nord, marqués dans un premier temps par leur aspect saisonnier, lié aux campagnes agricoles. En outre, à partir des années 1850, des Murciens et des Andalous initièrent une émigration importante vers l'Algérie française, s'implantant notamment en Oranie.

Le recensement de 1851 faisait état de 29 000 Espagnols en France, soit seulement 7,9 % de la population étrangère du pays. Plus de la moitié d'entre eux vivaient dans cinq départements du Sud-Ouest : Basses et Hautes-Pyrénées, Gers, Lot-et-Garonne et Gironde. Si les quatre premiers embauchaient essentiellement des ouvriers agricoles, Bordeaux, alors grand port atlantique, offrait beaucoup de travail peu qualifié, sur les docks ou dans les industries de transformation.

En 1901, ce chiffre avait presque triplé, passant à 80 000 personnes, tout en baissant en pourcentage (7,7 %). Cette fois, les migrants, venus de Catalogne, d'Aragon et du Levant, étaient plutôt attirés par l'autre extrémité de la frontière, le long du golfe du Lion, entre les Pyrénées-Orientales et l'Hérault, où ils trouvaient à s'employer comme ouvriers agricoles, notamment dans la vigne et les cultures fruitières. Marseille comptait aussi une colonie espagnole, issue surtout des Baléares et du pays valencien ; outre le travail sur le port et dans l'industrie, beaucoup s'adonnaient au commerce de produits en provenance de leurs régions d'origine.

Le XIXe siècle des conflits et des exils. Les nombreuses vicissitudes de la vie politique espagnole au XIXe siècle furent à l'origine de plusieurs vagues d'exil. En 1808, la destitution de Charles IV par les armées de Napoléon Ier et l'installation de son frère Joseph Bonaparte sur le trône d'Espagne provoquèrent une insurrection à Madrid et des guérillas dans tout le pays. Néanmoins, une partie des élites influencées par les Lumières participa à ce gouvernement et nombre de militaires prêtèrent serment au nouveau souverain. À l'occasion du retour des Bourbons en Espagne, en 1813, environ 12 000 *afrancesados* (« partisans des Français ») durent fuir la colère populaire, constituant le premier exil massif en France. Si quelques intellectuels, tels Juan MELÉNDEZ VALDÉS (1754-1817) ou Leandro FERNÁNDEZ DE MORANTÍN (1760-1828), gagnèrent Paris, la plupart d'entre eux s'installèrent en Aquitaine. Quelques années plus tard, face à l'absolutisme et à l'autoritarisme de Ferdinand VII, se produisit une nouvelle vague de départs, de libéraux cette fois, dont le peintre Francisco GOYA (1746-1828), qui mourut à Bordeaux en 1824.

Entre 1833 et 1840, une guerre de succession opposa les monarchistes libéraux, partisans de la régente Marie-Christine et de sa fille Isabelle, et les absolutistes regroupés autour de l'infant don Carlos de Bourbon, dits « carlistes ». Après leur défaite, quelque quatre mille d'entre eux prirent le chemin de la France, les nobles et les officiers supérieurs allant s'installer à Bourges, où don Carlos avait été assigné à résidence par la monarchie de Juillet, tandis que les simples soldats restaient dans les régions frontalières du Pays basque et du Roussillon – le fait que la majorité de ces troupes carlistes se composât de Basques, de Navarrais, de Catalans et d'Aragonais permit une immersion rapide dans des sociétés d'accueil aux cultures et aux langues proches. Lors des deux guerres suivantes entre les descendants de don Carlos et les pouvoirs en place (1846-1849 ; 1872-1876), des mouvements identiques se reproduisirent.

À la fin du XIXe siècle, une nouvelle catégorie d'exilés politiques espagnols apparut, suite à la propagation et à l'enracinement dans la Péninsule des idées de la Première Internationale : les anarchistes. Ainsi, en juillet 1909, la Semaine tragique, au cours de laquelle une tentative d'insurrection fut réprimée dans le sang à Barcelone, entraîna la fuite de nombreux militants vers la France.

1914-1936 : l'essor décisif. Restée neutre durant la Première Guerre mondiale, la monarchie espagnole vendit aux différents belligérants des produits miniers et agricoles, ce qui entraîna un enchérissement des denrées alimentaires et de véritables disettes dans les régions soumises au système latifundiaire. D'autant que l'émigration vers les anciennes colonies latino-américaines, échappatoire habituelle à la misère, se révélait impossible en raison de l'arrêt des voyages transatlantiques de passagers. Ces phénomènes, conjugués au fait que des industriels français envoyèrent des recruteurs en Espagne, entraînèrent, à partir de 1915, le passage en France d'environ 200 000 immigrés, essentiellement masculins. Si 150 000 d'entre eux furent embauchés dans l'agriculture, essentiellement au sud de la traditionnelle ligne Bordeaux-Marseille, au moins 15 000 obtinrent une carte de travailleur industriel et rejoignirent des destinations nouvelles : les usines de production pour la défense des départements de la Seine, du Rhône et de la Loire. Ils constituèrent aussi la main-d'œuvre majoritaire du port de Bordeaux, essentiel à partir de l'arrivée des troupes nord-américaines en 1917. Contrairement à ce qui se passa avec le Portugal, l'absence de tout traité de main-d'œuvre entre la France et l'Espagne conduisit à de nombreux abus de la part des employeurs français envers ces travailleurs non protégés.

Fin 1918, la majorité des Espagnols rentrèrent au pays. Toutefois, confrontés à des difficultés persistantes, plusieurs décidèrent de reprendre le chemin de la France dès 1919 ou 1920, cette fois accompagnés de leur famille, voire de voisins et d'amis ; ils s'installèrent généralement dans les régions qu'ils avaient connues pendant le conflit. L'incidence de la guerre de 1914-1918 se mesure clairement dans les chiffres : de 106 000 en 1911 (9,2 % des étrangers), ils passèrent à 255 000 en 1921 (16 %). Durant les dix années suivantes, selon le processus classique des chaînes migratoires, leur présence en France augmenta régulièrement : 322 000 en 1926, 352 000 en 1931. En 1911, ils représentaient déjà la troisième nationalité immigrée en France, derrière les Italiens et les Belges. La croissance des effectifs leur permit de conserver cette place en 1926, derrière les Italiens et les Polonais. À cette date, la Seine était devenue leur deuxième département d'accueil, mais la majorité d'entre eux continuait d'être dénombrée dans les régions frontalières : soit à l'est, l'Hérault, les Pyrénées-Orientales et l'Aude (plus de 97 000 en 1926, soit près du tiers). Ils y travaillaient avant tout dans l'agriculture – 30 % des 55 000 actifs espagnols étaient alors ouvriers agricoles ; soit à l'ouest, en Gironde et dans les Basses-Pyrénées (40 000 au total), où ils se répartissaient entre les emplois industriels de Bordeaux, le vignoble, la pêche et la garde des ovins.

Durant cette période, de véritables « Petites Espagnes » apparurent dans des espaces urbains marqués par le regroupement spatial des migrants et l'ouverture de commerces ethniques : marchands des quatre saisons, cafés, épiceries, boulangeries, salons de coiffure, etc. La plus importante d'entre elles, née dans les années 1880, se développa au cœur du centre-ville dégradé de Bordeaux, à proximité du marché des Capucins ; une autre fut lotie et construite par les migrants eux-mêmes au pied des immenses usines de la Plaine Saint-Denis lors de la Première Guerre mondiale. La monarchie d'Alphonse XIII, désireuse d'encadrer ses sujets, d'éviter leur déchristianisation au contact de la société française et leur politisation par leurs compatriotes libertaires en exil, y encouragea la création de paroisses espagnoles, telles celles fondées par des pères clarétains à la Plaine Saint-Denis et à Marseille ou par des Jésuites à Bordeaux. Outre leur rôle religieux, elles fournissaient des aides matérielles à leurs ouailles et fondèrent des sociétés de secours mutuels, comme le Hogar de los Españoles à Saint-Denis.

En revanche, dans les villes de la frange littorale du Languedoc-Roussillon, comme Perpignan, Béziers et Montpellier, les Espagnols étaient tellement nombreux (en 1936, Perpignan comptait 21 560 habitants espagnols, soit 25 % de sa population) qu'ils vivaient répartis sur tout l'espace communal, tant dans les centres-villes anciens que dans les périphéries en expansion. Dans ces villes, dès la fin du XIXe siècle, des notables espagnols, notamment de gros importateurs catalans de produits alimentaires (agrumes, fruits secs), furent à l'origine de la création de sociétés de secours mutuels laïques destinées à aider leurs compatriotes : Colonia Española de Béziers, Casa de España de Montpellier. Celles-ci comptaient de très nombreux adhérents dans les campagnes viticoles voisines, ce qui leur permettait d'offrir des services à la fois matériels (soins médicaux, indemnités, aides aux veuves) et culturels (alphabétisation, cours de catalan et d'espagnol, pièces de théâtre, concerts) dans de vastes locaux qu'elles avaient acquis.

À partir de 1931, on assista à une inversion de la tendance migratoire, et cela en lien avec deux facteurs historiques. D'une part, les conséquences de la crise de Wall Street, qui entraînèrent de nombreux licenciements dans le secteur industriel, notamment à partir des décrets sur les quotas de travailleurs étrangers dans l'industrie et les services de 1932 et 1934. D'autre part, la proclamation de la Seconde République en Espagne, en avril 1931, et ses premières mesures (journée de huit heures, salaire minimum, promesses de réforme agraire), qui décidèrent nombre d'émigrés récents à rentrer, surtout que, faute d'un traité de main-d'œuvre entre les deux pays avant fin 1933, ils ne bénéficiaient pas des secours aux chômeurs alloués par les municipalités. Ainsi, lors du recensement de mars 1936, il ne restait plus que 253 000 Espagnols en France, soit une diminution de 28 %.

Intellectuels républicains et prolétaires anarchistes. Dans les années 1920 et 1930, l'Espagne continuait à être marquée par de profonds clivages économiques et sociaux, qui entraînèrent une importante radicalisation politique, tant à gauche qu'à droite, ce qui déboucha finalement sur la guerre civile en 1936.

Les aléas de la vie politique espagnole et le refus de participer à la guerre du Rif au Maroc espagnol contre les troupes indépendantistes d'Abd el-Krim continuèrent à alimenter l'exil vers la « patrie des droits de l'homme » toute proche. En septembre 1923, le coup d'État du général Miguel Primo de Rivera, avalisé par Alphonse XIII, avait inauguré une sévère répression politique et syndicale, qui entraîna de nombreux départs. Ces exilés se scindaient en deux groupes, étrangers l'un à l'autre : les intellectuels républicains, tels le philosophe Miguel de UNAMUNO (1864-1936), réfugié à Paris puis à Hendaye, ou l'écrivain Vicente BLASCO IBAÑEZ (1867-1928), installé à Menton, qui évoluaient dans les cercles intellectuels et politiques français ; les militants libertaires, en général prolétaires, répartis entre le Languedoc-Roussillon, Marseille, Lyon, Bordeaux et la région parisienne. Ces derniers acceptaient des conditions de logement précaires et des emplois de manœuvres dans l'industrie ou le bâtiment, car ils vivaient leur situation comme temporaire, leur principale motivation étant de rentrer faire la révolution en Espagne. Si leurs contacts avec le mouvement anarchiste français étaient rares, ils s'adressaient à leurs compatriotes économiques pour éveiller leur conscience politique via des meetings, des représentations théâtrales militantes et la diffusion de leur presse.

Dès la proclamation de la République en 1931, les uns et les autres rejoignirent leur patrie, mais, suite à l'échec de l'insurrection d'octobre 1934, ceux qui échappèrent à l'emprisonnement reprirent une fois encore le chemin de la France... pour rentrer lors de la victoire du gouvernement de Front populaire espagnol en février 1936.

Dès qu'il fut clair que le coup d'État des généraux putschistes de juillet 1936 se transformait en conflit durable, de nombreux membres des diverses colonies espagnoles de France partirent se battre pour défendre la République, notamment des jeunes gens, y compris avant la création des Brigades internationales (BI). En effet, l'immense majorité des migrants économiques soutenait le gouvernement républicain, comme l'ont montré les scènes de liesse dans les différents quartiers espagnols lors de la proclamation de la République puis à l'occasion de la victoire du Front populaire. La guerre d'Espagne, opposant l'armée des généraux rebelles soutenus par Mussolini et par Hitler et les républicains uniquement aidés par l'URSS et les BI, fut le prélude de la Seconde Guerre mondiale.

1936-1978 : un exode sans précédent et une émigration de grande ampleur. La question de l'accueil des réfugiés se posa très vite, avant celle de l'exil de masse. En 1938, le gouvernement français réussit à faire face à l'accueil des femmes et des enfants basques exilés, entre autres grâce à la solidarité de particuliers, de municipalités de gauche, de syndicats et d'églises, les hommes repartant au front via la frontière est. Mais, fin janvier 1939, l'arrivée des troupes franquistes en Catalogne jeta sur les routes des centaines de milliers d'Espagnols, militaires et civils confondus. La déferlante de la *retirada* prit de court les autorités françaises, d'ailleurs peu disposées à accueillir les « rouges » espagnols, alors violemment stigmatisés par une presse xénophobe. Entre le 28 janvier (ouverture de la frontière aux civils) et le 1er mars, près de 450 000 personnes passèrent la frontière. Les militaires furent désarmés à leur entrée en France puis parqués à même le sable derrière des barbelés dans d'immenses espaces nus sur les plages du Roussillon, sur lesquels ils durent édifier eux-mêmes des baraques à Argelès-sur-Mer, Saint-Cyprien et au Barcarès… Afin de pallier le manque de place et d'enfermer les réfugiés jugés dangereux, tels les membres étrangers des BI, d 'autres camps de concentration furent créés, entre autres à Agde (Hérault), Bram (Aude), Gurs (Basses-Pyrénées), Le Vernet (Ariège).

Progressivement, environ 170 000 réfugiés civils, femmes, enfants et personnes âgées, furent évacués vers quelque quatre-vingts départements et des centres d'hébergement hâtivement mis en place dans des usines ou des prisons désaffectées, d'anciennes exploitations agricoles, des bâtiments et des forteresses militaires à l'abandon, etc.

Les hommes qui avaient des proches en France pouvant répondre d'eux purent quitter les camps assez vite. Mais, pour l'immense majorité, à partir de mai, l'unique moyen de sortir était de produire une « invitation » à venir travailler dans le secteur agricole. La plupart des demandes émanèrent d'exploitants du Midi. Par ailleurs, dès mars, puis juillet 1939, deux organismes prirent en main les départs de volontaires vers l'Amérique latine, notamment le Mexique.

Cependant, fin mai 1939, face au faible nombre de rapatriements en Espagne et de ré-émigrations, un décret enjoignit à tous les réfugiés de s'enrôler dans des Compagnies de travailleurs étrangers (CTE), des unités militarisées d'environ deux cent cinquante hommes commandées par des officiers français. Ils étaient 55 000 en février 1940. La plupart de ces Espagnols furent affectés à des travaux en lien avec la Défense nationale dans tout le pays, sauf en région parisienne : ligne Maginot, camps militaires, usines d'armement, voies ferrées, réseau routier, etc. En 1940-1942, un certain nombre d'autres eurent la chance de pouvoir quitter la France pour l'Amérique latine, notamment quand il s'agissait d'intellectuels ou de scientifiques ; s'ils furent majoritairement accueillis par le Mexique de Lazaro Cardenas, des flux moins importants rejoignirent la République dominicaine, l'Argentine, le Chili, etc.

En mai 1940, environ 5 000 des membres des CTE trouvèrent la mort lors de l'avancée des troupes allemandes. Bien d'autres furent faits prisonniers et déportés dans des stalags allemands avant d'être séparés des soldats français. Comme l'armée française leur avait refusé le statut de militaire et que Franco ne voulut pas les reconnaître en tant que ressortissants espagnols, quelque 7 500 d'entre eux furent dirigés vers le camp de concentration autrichien de Mauthausen, d'où plus de 4 700 ne revinrent pas.

En septembre 1940, le gouvernement de Vichy transforma les CTE en Groupements de travailleurs étrangers (GTE), qui constituèrent, entre autres, des réservoirs captifs de main-d'œuvre pour l'organisation Todt, soit en France pour la construction du mur et des bases sous-marines de l'Atlantique, soit dans des usines d'armement et des bases militaires en Allemagne.

Malgré la surveillance étroite et la répression, les exilés espagnols commencèrent très tôt à résister à l'Occupation, soit en région parisienne, soit dans les zones rurales où ils travaillaient comme bûcherons. Au sein de l'Association des guérilleros espagnols (AGE), ils participèrent massivement aux maquis du sud de la France, mais également du Vercors et du Centre Bretagne. À la Libération, beaucoup d'entre eux furent reconnus comme membres des Forces françaises de l'intérieur (FFI).

Quand, à partir du déclenchement de la guerre froide au printemps 1947, les exilés durent admettre que les Alliés ne les aideraient pas à délivrer l'Espagne, ils s'installèrent tant bien que mal en France, toujours dans l'attente de la chute du régime franquiste. La majorité d'entre eux était libertaire, faute de liens avec leurs homologues français, et suite à de profondes dissensions internes, ils perdirent progressivement de leur influence et de leurs capacités d'action. En revanche, les militants du Parti communiste d'Espagne (PCE), mieux organisés et pouvant compter sur l'appui d'un PCF, alors au faîte de sa gloire, surent s'adapter puis faire du prosélytisme auprès des migrants économiques des années 1960-1970, malgré l'interdiction du PCE par le gouvernement français en 1950.

Si, entre 1944 et 1956, il y eut de nombreux passages de frontière clandestins, motivés essentiellement par le regroupement des familles et l'exil des antifranquistes pris au piège en 1939, ce fut la création de l'Institut espagnol d'émigration (IEE) en 1956 et la signature d'un accord de main-d'œuvre avec l'Office national d'immigration (ONI) en 1961 qui motivèrent des dizaines de milliers de départs, soit dans le cadre de contrats de travail préalablement signés pour ceux qui ne disposaient pas de relais familiaux ou amicaux, tels les Galiciens ou les Andalous (environ 20 %), soit de manière individuelle grâce à la reprise des chaînes migratoires brisées par la guerre civile, la Seconde Guerre mondiale et la fermeture de la frontière.

Cette vague migratoire fut exceptionnelle par son ampleur. Les effectifs passèrent de 289 000 en 1954 à 442 000 en 1962, et, en 1968, les Espagnols devinrent la première nationalité étrangère en France, avec 607 000 ressortissants. On observe alors deux nouveautés majeures : d'une part, une plus large répartition sur le territoire liée aux contrats avec la sidérurgie lorraine ou les Charbonnages de France ; d'autre part, la présence de très nombreuses femmes venues travailler seules dans le service domestique dans plusieurs métropoles. Elles n'accompagnaient plus un homme en tant qu'épouse, fille, sœur ou mère, mais étaient souvent elles-mêmes à l'origine de nouvelles chaînes migratoires. C'est d'ailleurs à cette époque qu'apparut le stéréotype de Conchita, actualisation du modèle de la bonne à tout faire bretonne du début du siècle, Bécassine.

C'est l'Île-de-France qui, au total, attira le plus de migrants dans les années 1960, avec 145 000 d'entre eux en 1968, soit un quart de l'ensemble, les hommes trouvant majoritairement du travail dans le bâtiment et la métallurgie, les femmes dans le service domestique – employées de maison avant leur mariage dans les arrondissements aisés de Paris et dans sa banlieue résidentielle, elles devinrent souvent ensuite concierges et/ou femmes de ménage.

À partir de 1974, les mesures visant au retour des immigrés, dont la prime gouvernementale de 10 000 francs, conjuguées au développement de l'économie espagnole, puis au début de la transition démocratique, entraînèrent de nombreux retours ; ainsi, les Espagnols n'étaient plus que 498 000 en 1975 et 321 000 en 1982. Depuis ces dates, au fur et à mesure des départs en retraite, on assiste à des retours au pays. Cependant, nombre de ces anciens émigrés choisissent de garder une résidence en France, où leurs enfants ont souvent fait souche.

Aujourd'hui, la France compte parmi ses élites politiques, culturelles et sportives de nombreux descendants des différentes vagues migratoires espagnoles du XXe siècle, tels la première adjointe au maire socialiste de Paris, Anne HIDALGO ; le député-maire communiste de Tremblay-en-France, François ASENSI (né en 1945) ; le député-maire socialiste d'Évry, Manuel VALLS ; le journaliste David PUJADAS ; les acteurs José GARCIA (né en 1966), Sergi LÓPEZ et Jean RENO ; les chanteurs Manu CHAO (né en 1961), Olivia RUIZ (née en 1980), Carmen Maria VEGA (née en 1984), Damien SAEZ (né en 1977) ; l'ancien entraîneur de l'équipe de France de football Raymond DOMENECH (né en 1952).

Au fil de plus d'un siècle (1850-1970), l'immigration et les exils espagnols ont beaucoup apporté à la France, dans le Midi tout d'abord, puis à travers pratiquement tout le pays : défrichements pour la vigne et nouvelles pratiques culturales dans le Languedoc-Roussillon et en Provence (riziculture), travail dans l'industrie et la construction dans le Rhône, le Nord, l'Est et surtout en Île-de-France. Quelques-uns d'entre eux ont acquis une place de premier plan dans le domaine de la peinture – Pablo PI-

CASSO, Salvador DALÍ –, de la musique – Pablo CASALS – ou de la haute couture – Paco RABANNE, Cristobal BALENCIAGA.

Natacha Lillo

Bibl. : DREYFUS-ARMAND Geneviève, *L'Exil des républicains espagnols en France. De la guerre civile à la mort de Franco*, Paris, Albin Michel, 1999 • LILLO Natacha, *La Petite Espagne de la Plaine Saint-Denis*, Paris, Autrement, 2004 • *Migrances*, hors-série, « L'immigration espagnole en France », 3e trimestre 2007.

ESPAGNOLS DE LA 2e DB

Parmi les républicains espagnols internés dans des camps français en 1939, trois cents à trois cent cinquante, engagés dans la Légion étrangère, sont envoyés en Algérie, puis, après le débarquement américain en Afrique du Nord, rejoignent les unités gaullistes, en particulier la deuxième division blindée (2e DB) du général Leclerc, alors en formation. Ils combattent en France à partir du débarquement de Normandie, en particulier dans la 9e compagnie du régiment de marche du Tchad, dite *la Nueve*, du capitaine Raymond Dronne. Le 24 août 1944, Leclerc donne mission à ce dernier de passer les lignes allemandes du sud de Paris, d'annoncer l'arrivée imminente du reste de la division, de se joindre aux insurgés. Ainsi, appuyés par trois chars Sherman, les premiers blindés à rentrer dans Paris par les portes d'Orléans et d'Italie et à atteindre la place de l'Hôtel-de-Ville seront onze véhicules semi-chenillés baptisés « Guadalajara », « Madrid », « Teruel », « Ebro », « Guernica », ou « Santander » par leurs équipages, pour qui la guerre a commencé à l'été 1936, outre-Pyrénées, et ne doit s'arrêter qu'à la chute de Franco.

Éric Vial

ESPOSITO Giani

Comédien et chanteur. – Né le 23 août 1930 à Etterbeek, Belgique ; mort le 1er janvier 1974 à Neuilly-sur-Seine, France.

Né en Belgique d'un père italien et d'une mère française, ayant grandi en Italie, Giani Esposito choisit tôt le théâtre et la France. Sa beauté ténébreuse le prédestinait aux rôles romantiques et, très vite, le cinéma le remarque. On le retrouvera dans les films les plus divers, signés souvent de grands noms, du Jean Renoir de *French Cancan* au Pasolini du *Decameron*. Toujours des seconds rôles, même s'il sait se faire remarquer. Le grand public le découvrira sur le petit écran, dont il devient un familier (*Gerfaut*, *Le Chevalier tempête*…). Mais c'est sur une autre scène que va s'exprimer le plus librement sa créativité, celle des cabarets rive-gauche, La Rose rouge et surtout L'Écluse, où il met sa voix grave au service de textes atypiques (*Le Clown*, *Un noble rossignol*…). En 1970, il est le narrateur de l'inclassable oratorio rock de Gérard Manset, *La Mort d'Orion*. Il commence à publier des poèmes. Sa mort prématurée brise net un artiste en plein essor.

Pascal Ory

EXTER Alexandra. — *Voir* PARIS, École de.

F

FABIAN Lara

Chanteuse. – Née le 9 janvier 1970 à Etterbeek, Belgique.

Ayant grandi entre la Belgique, l'Italie et le Québec, Lara Fabian a développé, à partir du Canada, une carrière résolument internationale, couronnée de nombreux prix et, témoignage de sa popularité, de plusieurs disques d'or, voire de platine. Elle dispose de la double nationalité belge et canadienne. En même temps, le choix majoritaire de la chanson francophone en a fait, dès l'origine, une voix bien entendue et très présente dans l'espace musical français.

Pascal Ory

FAINSILBER Samson

Acteur. – Né le 18 mai 1904 à Jassy, Roumanie ; mort le 19 décembre 1983 à Paris, France.

Fils de Mateï Roussou (né en Bessarabie en 1880, mort en 1965), médecin mais aussi auteur et critique théâtral connu sur la place parisienne, Samson Fainsilber, naturalisé français le 2 décembre 1914, entre très jeune au Conservatoire dans la classe de Gabriel Signoret et débute au théâtre Albert-Ier à Paris en 1922. Parallèlement, il entame en 1929 une carrière au cinéma, et interprète, l'année suivante, Schomburg dans *La Fin du monde* d'Abel Gance, qui inaugure la longue liste des rôles de juifs plutôt antipathiques. Au théâtre, dans des pièces aussi ambiguës que l'*Ezéchiel* d'Albert Cohen en 1931 à l'Odéon, ou la *Judith* de Jean Giraudoux, montée par Jouvet la même année, il parvient pourtant, grâce à son talent et à sa sensibilité, à donner à de tels rôles une humanité douloureuse qui déjoue les réactions du public. Chassé de la scène par les lois antijuives durant l'Occupation, il se réfugie dans un chalet en montagne et entreprend d'écrire *L'Acteur de théâtre*, qui paraîtra à la fin de 1944. Après guerre, il jouera dans presque tous les films d'Alain Resnais ; le Zoltan Forbek de *La vie est un roman* (1982) sera son dernier rôle.

Chantal Meyer-Plantureux

FARÈS Nadia

Actrice, chanteuse. – Née le 20 décembre 1973 à Marrakech, Maroc.

De père marocain et de mère russe arménienne, Nadia Farès a été élevée à Nice et se destinait à la musique (elle a enregistré un disque produit par Luc Besson), mais c'est au cinéma qu'elle a fait carrière, débutant en 1992 dans *Les Amis de ma femme* de Didier Van Cauwelaert, poursuivant en 1994 avec *Elles n'oublient jamais* de Christopher Frank, puis chez Alexandre Arcady, Claude Lelouch, et, en 2000, dans *Les Rivières pourpres* de Mathieu Kassovitz ; en 2005, dans *L'Ex-Femme de ma vie* de Josiane Balasko. Entretemps, sa passion pour le chanteur des Trust, Bernie Bonvoisin, se traduit par plusieurs films où il la dirige comme réalisateur : *Les Démons de Jésus* (1997), *Les Grandes Bouches* (1999). Elle doit incarner la chanteuse Dalida dans un biopic écrit et réalisé par Liza Azuelos.

Jean-Luc Douin

FAVRE Joseph

Journaliste gastronomique. – Né en 1849 à Vex, Suisse ; mort en 1903 à Boulogne-sur-Seine, France.

Joseph Favre est apprenti cuisinier dans son Valais natal, avant de poursuivre le cursus classique d'un chef talentueux au XIXe siècle, à travers un tour européen des grands hôtels et restaurants. À Paris, il est surtout employé par Chevet, traiteur en vogue dont la maison est située au Palais-Royal. En 1877, Joseph Favre fonde le premier journal culinaire écrit par un chef, *La Science culinaire*, imprimé à Genève. Très attentif à la défense du statut social des cuisiniers, Favre s'impose comme une autorité dans la profession. Son association, l'Union universelle pour le progrès de l'art culinaire, fondée en 1879, rencontre un grand succès auprès des chefs français dispersés dans le monde entier. La branche parisienne de cette Union prend le nom d'Académie de cuisine en 1883. L'année précédente, Favre avait lancé, à Paris cette fois, une nouvelle série de *La Science culinaire*.

À côté de multiples articles publiés dans la presse, le grand œuvre de Favre, réédité encore très récemment, est son *Dictionnaire universel de cuisine* (1889), qui compte plusieurs milliers d'entrées. Il y affiche on ne peut plus clairement son but : mettre la science culinaire à la portée de tous. Progressiste et humaniste, soucieux de démocratiser la cuisine, Favre veut également que l'alimentation serve à renforcer la santé. Son œuvre, qui précède celle du docteur Édouard de Pomiane (Edward Pomian Pozerski), Parisien d'ascendance polonaise, s'inscrit dans le courant médico-gastronomique, qui connaîtra un grand essor au XXe siècle.

Denis Saillard

FEDER Adolphe. — *Voir* PARIS, École de.

FEHER Émeric

Photographe. – Né en 1904 à Becej, Hongrie ; mort le 1er janvier 1966 à Paris, France.

Arrivé en France en 1926, Feher est d'abord employé dans l'industrie automobile. Il découvre sa voie en devenant électricien-éclairagiste chez les photograveurs Deberny et Peignot, et rejoindra le groupe de l'agence Alliance-photo. Engagé volontaire en 1939, il sera naturalisé français. Son œuvre appartient à l'école dite plus tard « humaniste », en ce qu'elle saisit à Paris, en Bretagne ou en Corse, le paysage sensible et l'homme au travail. Malgré sa présence à la grande exposition rétrospective *Photography*, au MOMA de New York, en 1937, Feher restera dans l'ombre de son compatriote Brassaï ou de son alter ego Doisneau, astreint comme ce dernier aux travaux de commande. Il disparaît trop tôt, à la veille de la découverte de ces artistes jusque-là considérés par la société comme de simples artisans. Modeste reconnaissance posthume, les dix-sept mille négatifs de son fonds ont été achetés en 1982 par la Caisse nationale des monuments historiques et des sites.

Pascal Ory

FEJTÖ François (Ferenc Fischl)

Historien et politologue. – Né le 31 août 1909, à Nagykanizsa, Hongrie ; mort le 2 juin 2008 à Neuilly-sur-Seine, France.

Que ce soit sous sa plume de journaliste, d'historien ou d'essayiste, ou encore dans les cours qu'il dispensa à Sciences-Po (1972-1984), François Fejtö ne cessa de livrer un regard aiguisé sur l'histoire contemporaine des pays de l'Est, et cet intellectuel, qui mourut presque centenaire, s'imposa comme un grand humaniste, héritier de l'universalisme européen des Lumières. Fils d'un libraire, imprimeur et directeur de journal, il grandit dans le milieu de la bourgeoisie juive libérale bien intégrée à la société hongroise de province, mais, à l'âge de seize ans, il choisit de se convertir au catholicisme. En 1927, il s'engage dans des études de lettres et de linguistique, qu'il poursuit à Budapest où il s'insère dans un groupe d'étudiants marxistes ; parmi eux, le poète hongrois Attila Joszeph (qui se suicide en 1938) et Laszlo Rajk deviennent ses amis proches. Après avoir payé d'un an de prison ses activités politiques (1932-1933), il se tourne, en 1934, vers le parti social-démocrate. En 1935, il cofonde avec Attila Joszeph une revue antifasciste de premier plan, *Szep Szo*. Mais, en 1938, le durcissement du régime de l'amiral Horthy le contraint à s'expatrier. Il trouve refuge à Paris où il établit des contacts avec l'équipe d'*Esprit*. Son séjour en France, qu'il envisageait comme transitoire, se prolonge avec la guerre. Sous l'occupation nazie, il s'exile dans le Lot où il entre dans un réseau de résistance. À la Libération, il choisit de retourner à Paris. Quand il entre à l'Agence France-Presse en 1944 pour couvrir l'actualité des pays de l'Est, il ne se doute pas alors qu'il restera à ce poste pendant trente ans. La France devient en effet sa seconde patrie en lui offrant le statut de réfugié politique en 1949, puis la naturalisation en 1955.

De sa position de spécialiste de l'Europe du bloc communiste, François Fejtö émet des analyses critiques du stalinisme qui sont largement à contre-courant du milieu intellectuel français des années 1950. Sa première protestation publique date de 1949 : il quitte le poste qu'il détenait depuis 1947 dans le bureau de presse de l'ambassade de Hongrie en France pour protester contre l'affaire Rajk, et publie un article de défense de son ami dans *Esprit*. Puis, en 1952, encouragé par Raymond Aron, il publie le premier *opus* de son *Histoire des démocraties populaires* (*L'Ère de Staline : 1945-1952*, 1952), qui sera suivi de deux autres tomes (*Après Staline : 1953-1968*, 1969 et *La Fin des démocraties populaires*, 1992) et fera l'objet d'une vingtaine de traductions. En 1956, l'année où il proteste contre la répression soviétique dans son pays natal (*La Tragédie hongroise ou une révolution socialiste anti-soviétique*, 1956), il s'engage dans la révision du marxisme orthodoxe en participant à la fondation de la revue *Arguments* avec Edgar Morin, Jean Duvignaud et Kostas Axelos.

Son œuvre, couronnée en 1993 par le prix de l'Assemblée nationale, est abondante : outre ses contributions aux grandes revues intellectuelles françaises (*Esprit*, *Commentaire*, *Études*, *Les Temps modernes*), il est l'auteur d'ouvrages d'histoire (notamment *Joseph II. Un Habsbourg révolutionnaire*, 1953 ; *Requiem pour un empire défunt : histoire de la destruction de l'Autriche-Hongrie*, 1988 ; *Hongrois et juifs : histoire millénaire d'un couple singulier, 1000-1997 : contribution à l'étude de l'intégration et du rejet*, 1997) et d'essais sur le judaïsme (*Dieu et son juif*, 1960 ; *Dieu, l'homme et son diable* : *méditation sur le mal et le cours de l'Histoire*, 2005). En 1986, il a publié ses *Mémoires. De Budapest à Paris*.

Anna Trespeuch-Berthelot

FELDMAN Valentin

Philosophe. – Né le 23 juin 1909 à Saint-Pétersbourg, alors Empire russe, aujourd'hui Russie ; mort le 27 juillet 1942 au mont Valérien, France.

Originaire d'un milieu juif laïc aisé, Valentin Feldman devient orphelin de père en 1916 et ne survit qu'à grand'peine aux convulsions de la guerre civile russe. Émigré en France avec sa mère en 1922, il est scolarisé au lycée Henri-IV, où il mène de brillantes études, qui le conduiront au premier prix de philosophie du Concours général de 1927. Disciple de Victor Basch en Sorbonne, il participe aux travaux du Centre international de synthèse animé par Henri Berr et collabore également à des revues universitaires, comme la *Revue de synthèse*, les *Annales de sociologie* ou le *Journal de psychologie*. Feldman est naturalisé en janvier 1931. En 1936, il publie un essai, *L'Esthétique française contemporaine*, premier ouvrage de vulgarisation paru en France sur la science esthétique, et traduit le roman socialiste de Nicolas Ostrovski, *Et l'acier fut trempé*. Adhérant au Parti communiste en 1937, il soutient activement le Front populaire, s'engage en faveur de l'Espagne républicaine et milite à l'Union des intellectuels français (UIF). En parallèle, il est enseignant, reçu à l'agrégation de philosophie en 1939. Engagé volontaire en septembre, en dépit d'une maladie de cœur, il témoignera, dans son *Journal de guerre*, de la défaite de mai-juin 1940, où son courage au feu lui vaut la croix de guerre. Dès l'automne 1940, il intègre la Résistance et rédige les textes de *L'Avenir normand* clandestin à Dieppe. Soumis au statut des juifs, il est révoqué par le régime de Vichy en août 1941. Passé à la clandestinité, il participe à l'action directe à Rouen, avant d'être arrêté en février 1942 après le sabotage d'une usine. Incarcéré et torturé cinq mois durant, il est condamné à mort et refuse de demander sa grâce. Au moment d'être fusillé, Valentin Feldman lance aux soldats allemands : « Imbéciles, c'est pour vous que je meurs ! »

Pierre-François Charpentier

FÉRAT Serge. — *Voir* PARIS, École de.

FERENCZI Joseph (Joseph Ferenczy)

Éditeur. – Né en 1855 à Baja, alors Empire d'Autriche, aujourd'hui Hongrie ; mort en 1934 à Paris, France.

Originaire d'une famille juive de Hongrie, Joseph Ferenczy émigre en 1879 à Paris. C'est en 1896 qu'il fonde la maison d'édition J. Ferenczy, qui deviendra ultérieurement Ferenczi & Fils. Après avoir essuyé des procès pour avoir publié des revues grivoises, l'éditeur décide, en 1908, de réorienter sa production en se spécialisant dans l'édition populaire à bon marché. Il lance de multiples collections et fascicules (« Le Livre épatant », *Zigomar*) lui permettant d'offrir au public des livres dans des domaines aussi variés que le roman policier, la science-fiction, le récit d'aventure ou la littérature pour la jeunesse. Le succès de ses publications attire à lui des auteurs comme Jean de La Hire, Colette ou Georges Simenon. Joseph Ferenczi meurt en 1934 et sa maison d'édition sera aryanisée sous l'Occupation. L'éditeur est le grand-oncle des journalistes Thomas et Aurélien Ferenczi.

Pierre-Frédéric Charpentier

FERNANDEZ Luis

Sportif. – Né le 5 octobre 1959 à Tarifa, Espagne.

Arrivé en France, en provenance de Barcelone, le 16 novembre 1966, à la mort de son père, en compagnie de sa mère et de ses cinq frères et sœurs, Liuis Fernandez est accueilli tout d'abord par deux oncles à Vénissieux, dans la banlieue lyonnaise, avant de s'installer un peu plus loin dans une des premières tours du quartier des Minguettes. Il commence à jouer au football à l'AS.Minguettes avec une licence portant la mention « étranger ». Sa nationalité constitue un obstacle à sa carrière de footballeur professionnel. En raison des règlements de la Fédération française de football, qui n'admet que deux étrangers par équipe, le club de Nancy refuse de l'engager, tandis qu'au Paris-Saint-Germain, où il débute en 1978, il est évincé de l'équipe à la suite du recrutement de deux joueurs étrangers confirmés. Ce sont ces circonstances qui le conduisent à demander sa naturalisation, qu'il obtient en janvier 1981. Alors qu'à cette époque il prétend se sentir « autant français qu'espagnol », il vit de manière beaucoup plus intense son assimilation lorsqu'il endosse le maillot de l'équipe de France, à partir de 1982 (soixante sélections jusqu'en 1992). Il évolue au milieu du terrain, aux cotés, notamment, de Michel Platini, dans une équipe qui remporte, en 1984, le championnat d'Europe des nations. En 1986, son transfert au Matra-Racing dirigé par Jean-Luc Lagardère constitue pour l'époque un record, symbole de l'entrée dans le « foot-business ». Luis Fernandez reste néanmoins marqué par son milieu d'origine, notamment lorsqu'éclot dans l'opinion la question des banlieues, dont les Minguettes constituent un symbole. Son jeu et son comportement sur le terrain, souvent à la limite de la régularité, deviennent, d'une certaine manière, l'expression des incivilités et des violences qui défraient la chronique. Il conserve des liens très forts avec l'Espagne, pays dont il a longtemps parlé la langue à la maison, où il a passé la plupart de ses vacances et où sa mère est retournée aux côtés de nombreux membres de sa famille. Sa carrière d'entraîneur, marquée par la victoire de son équipe, le Paris-Saint-Germain, en Coupe d'Europe des vainqueurs de coupe en 1996, le conduit à l'Athletic Bilbao (1996-2000), à l'Espanyol Barcelone (2003-2004) et au Betis Séville (2006-2007). Animateur d'une émission de radio depuis 2003, il n'a de cesse de vanter les mérites du championnat de son pays d'origine, tout en étant un observateur très avisé du football français.

Stéphane Mourlane

FEYDER Jacques (Jacques Léon Louis Frédérix)

Cinéaste. – Né le 21 juillet 1885 à Ixelles, Belgique ; mort le 24 mai 1948 à Prangins, Suisse.

Jacques, qui prendra Feyder pour nom de scène, débute comme acteur de théâtre en 1908 ; puis il est figurant au cinéma, notamment chez Louis Feuillade (on l'aperçoit en 1915 dans un épisode des *Vampires*) et chez Gaston Ravel, dont il devient l'assistant, de 1912 à 1915, avant de passer lui-même à la réalisation chez Gaumont. C'est en 1921 qu'il connaît la gloire avec *L'Atlantide*, flamboyante adaptation de Pierre Benoît. Avec *Crainquebille* (1922), *Visages d'enfants* (1923), *Gribiche* (1925) et *Carmen* (1926), il s'impose comme l'un des meilleurs réalisateurs du cinéma français, célébré comme tel par la presse spécialisée, sachant allier recherches formelles et récit populaire. Sa renommée est telle qu'il est engagé à Berlin en 1928 pour y adapter *Thérèse Raquin* d'Émile Zola ; cette même année – celle de sa naturalisation française – il tourne aussi, à Paris, la brillante comédie *Les Nouveaux Messieurs* (un temps interdite par la censure pour atteinte à la dignité des parlementaires), en même temps qu'il signe un contrat à Hollywood, où il dirige notamment Greta Garbo dans *The Kiss* (1929) pour la MGM. De retour en France, il s'inscrit à la marge du réalisme poétique avec ses chefs-d'œuvre *Le Grand Jeu* (1934), *Pension Mimosas* (1935) et *La Kermesse héroïque* (1935), dans lesquels il met en valeur le talent d'actrice de son épouse, Françoise Rosay. *La Kermesse héroïque*, dont l'action se situe dans les Flandres du XVIIe siècle, à l'époque de l'occupation espagnole, cause un scandale dans son pays natal, la communauté flamande s'y estimant implicitement insultée par la représentation de l'attitude de certains Belges vis-à-vis de l'occupant allemand durant la Première Guerre mondiale. La notoriété de Feyder est alors à son apogée (prix international de la mise en scène au Festival de Venise en 1936). À la fin des années 1930, il voyage entre la Grande-Bretagne (*Le Chevalier sans armure*, 1937, où il dirige Marlene Dietrich), l'Allemagne (*Les Gens du voyage*, 1938), la France (*La Loi du Nord*, 1939, avec Michèle Morgan) et la Suisse (*Une femme disparaît*, 1941, son dernier film), où il termine sa vie.

Dimitri Vezyroglou

FILIPACCHI Henri et Daniel

Henri Filipacchi, éditeur. – Né en 1900 à Smyrne, alors Empire ottoman, aujourd'hui Izmir, Turquie ; mort le 10 septembre 1961 à Marnay-sur-Seine, France. Père de Daniel Filipacchi, journaliste, éditeur de presse, producteur de radio et de disques. – Né le 12 janvier 1928 à Paris, France.

Issu d'une famille d'armateurs originaire de Venise installée dans l'Empire ottoman, Henri Filipacchi passe en France à la chute de l'empire. Arrivé à Marseille avec sa mère, en 1922, il rejoint Paris, où il gagne sa vie en jouant du violon dans les bars du quartier du Montparnasse. Il épouse Édith Besnard, fille du sculpteur Robert Besnard et petite-fille du peintre et académicien Albert Besnard. Il travaille dans une imprimerie spécialisée dans les ouvrages de luxe, l'Imprimerie du livre, dont il devient directeur en 1926. En 1931, Henri Filipacchi s'associe à Jacques Schiffrin pour créer la Bibliothèque de la Pléiade. De santé fragile, il doit quitter Paris ; il devient libraire itinérant au volant d'un camion transformé en une sorte de bibliobus. René Schoeller, directeur général de la Librairie Hachette, le remarque et l'embauche en 1934 : Henri Filipacchi dirigera le service distribution d'Hachette. Directeur des Messageries Hachette au début de l'Occupation, il est ainsi amené à participer à la confection de la « liste Otto » (livres interdits par l'occupant). Écarté, à la Libération, de la direction d'Hachette, il réfléchit à l'adaptation de la formule du *pocket book* anglo-saxon et lance en 1953, avec l'aide de Guy Schoeller, le Livre de poche, qui connaît un grand succès. Il est le père de Daniel Filipacchi, grand patron de presse et grand amateur de jazz.

Patrick Eveno

FILIPPETTI Tommaso

Syndicaliste. – Né le 21 juillet 1896 à Gualdo Tadino, Italie ; mort entre le 20 avril et le 1er mai 1945 au camp de Bergen-Belsen, Allemagne.

Les quatre frères Filippetti étaient originaires de la cité de Gualdo Tadino, qui fournit un nombre important de mineurs de fer à la Lorraine. Tommaso Filippetti arriva en Lorraine en 1919 après avoir été mobilisé pendant la Première Guerre mondiale sous l'uniforme italien. Il se maria trois ans plus tard à Audun-le-Tiche, en Moselle, et eut six enfants. Installé à Villerupt (Meurthe-et-Moselle), puis à Esch-sur-Alzette au Luxembourg, il trouva d'abord un emploi dans une usine sidérurgique de Meurthe-et-Moselle, avant de travailler comme mineur de fer dans une entreprise filiale d'ARBED et du Creusot à Audun-le-Tiche.

En novembre 1928, le gouvernement du Grand-Duché de Luxembourg décida d'expulser cinquante-cinq antifascistes italiens au motif qu'ils étaient « communistes » et, parmi eux, Tommaso Filippetti, ce que dénonça *L'Humanité* le 6 décembre. Henri Barbusse intervint avec une cinquantaine de personnalités françaises, belges et luxembourgeoises et l'expulsion fut finalement suspendue pour onze d'entre eux, dont Tommaso Filippetti. Il milita à la CGT et aux côtés des antifascistes italiens de la Ligue italienne des droits de l'homme (LIDU). Venu s'installer à Audun-le-Tiche en 1935, il continua à militer à la LIDU et fut actif dans le soutien à l'Espagne républicaine.

En septembre 1939, Tommaso Filippetti fut muté au site d'Algrange (Moselle) des mines de l'ARBED. Pendant la Seconde Guerre mondiale, il appartint au groupe de résistance « Mario », le plus important du département de la Moselle, alors annexée à l'Allemagne. Affilié au mouvement de résistance communiste Front national et aux FTPF, ce groupe avait été mis sur pied à l'été 1941 par un instituteur messin, Jean Burger.

Tommaso Filippetti fut arrêté par la Gestapo le 3 février 1944 au fond de la mine avec quatorze mineurs, dont deux de ses frères, Mariano et Filippo. Ils furent emprisonnés au SS Sonderlager du Fort de Queuleu à Metz (Moselle annexée), puis déportés au camp de Natzweiler-Struthof (Bas-Rhin annexé). Tommaso Filipetti fut envoyé au camp de Dora et, de là, fut transféré au camp de Bergen-Belsen. Il y mourut du typhus, après la libération du camp par les Anglais. Son frère Mariano était mort en mars 1945 au camp de Dora. Pour honorer le combat des frères Filipetti, leur ville natale décida de donner le nom de « place des Martyrs de la Liberté » à la place centrale de la commune.

Michel Dreyfus

FINALY Horace

Banquier. – Né le 30 mai 1871 à Budapest, Hongrie ; mort le 19 mai 1945 à New York, États-Unis.

Fils d'un financier juif hongrois et petit-neveu d'Horace Landau, banquier proche des Rothschild, Horace Finaly arrive à Paris avec sa famille au début des années 1880. Il fait ses études au lycée Condorcet en compagnie de Fernand Gregh, de Robert de Flers ou encore de Marcel Proust. Son père obtient la naturalisation française en 1890 pour toute la famille et, après l'obtention de sa licence en droit, Horace effectue son service militaire au 54e régiment d'infanterie, avant de séjourner à Londres. Il est formé à la finance par son père, qui le fait entrer, en 1900, à la Banque de Paris et des Pays-Bas, où il effectue une brillante carrière, marquée par le sens des changements économiques et politiques à l'échelle internationale : il développe les relations avec les puissances montantes (États-Unis, Japon) et n'hésite pas à multiplier les voyages à l'étranger. Nommé directeur général de Paribas en 1919, il contribue à orienter les participations de la banque dans les domaines industriels porteurs : chimie, construction électrique, pétrole, et à diriger les investissements vers l'Europe orientale, mais surtout le Proche-Orient. Il tente de contrer les intérêts allemands dans ces territoires, travaillant de concert avec Philippe Berthelot, secrétaire général du Quai d'Orsay. Favorable aux prémices de la construction européenne, il soutient l'hebdomadaire *L'Europe nouvelle* de Louise Weiss, il est proche de personnalités politiques de gauche de l'entre-deux-guerres, comme Paul Painlevé ou Léon Blum. Sous le Cartel des gauches, il occupe un bureau au ministère des Finances. Victime de campagnes de presse antisémites virulentes pendant les années 1930, il est l'un des rares banquiers à soutenir le Front populaire, ce qui contribue à l'isoler au sein de Paribas : le président de la banque, Émile Moreau, ancien gouverneur de la Banque de France et hostile au Front populaire, le désavoue en 1937. Horace Finaly démissionne de la direction générale. Il a servi de modèle aux personnages de banquier chez Giraudoux ou Proust, son ami d'enfance. En août 1940, il trouve refuge à New York, où il meurt à la fin de la guerre. Il est inhumé à Paris.

Claire Zalc

FITZGERALD Scott (Francis Scott Key) et Zelda (Zelda Sayre)

Romanciers. – Scott Fitzgerald : né le 24 septembre 1896 à Saint Paul, États-Unis ; mort le 21 décembre 1940 à Hollywood, États-Unis. – Zelda Fitzgerald : née le 24 juillet

1900 à Montgomery, États-Unis ; morte le 10 mars 1948 à Asheville, États-Unis.

Avec le recul, Scott et Zelda Fitzgerald apparaissent comme des représentants emblématiques de la *Lost Generation* (« Génération perdue ») des écrivains anglophones installés à Paris au début des années 1920. Fils d'un modeste commis-voyageur, le jeune homme s'intéresse à la littérature et intègre Princeton en 1913. L'intervention des États-Unis dans le premier conflit mondial le conduit à s'engager, mais les hostilités cessent avant qu'il ait pu combattre. Il rencontre à la même époque une jeune fille anticonformiste, Zelda Sayre, et l'épouse en 1920, grâce à l'argent que lui a procuré la publication de son premier roman *This Side of Paradise* (*L'Envers du paradis*). Le couple décide de s'installer à Paris en 1922, profitant, comme beaucoup d'autres Américains, du cours avantageux du dollar. Résidant à Montmartre, Scott et Zelda Fitzgerald sont des figures marquantes du *Jazz Age* dans la capitale française, et se lient avec Hemingway. C'est ensuite sur la Côte d'Azur que Scott rédige *The Great Gatsby* (*Gatsby le Magnifique*, 1925). Cette histoire de New-Yorkais fortunés et oisifs se solde par un demi-échec commercial, mais aura une influence considérable sur la littérature anglo-saxonne du second XXe siècle. De son côté, Zelda publie un roman autobiographique en 1932, *Save me this Walz*. La crise de 1929 annonce le déclin du couple Fitzgerald. Victime de ses excès, Zelda est internée en hôpital psychiatrique, tandis que le dernier roman de Scott, *Tender is the Night* (*Tendre est la nuit*, 1934), ne se vend pas. Rentré aux États-Unis, Scott Fitzgerald écrit des scénarios pour Hollywood et meurt d'une crise cardiaque à la fin de 1940. Zelda s'éteint huit ans plus tard.

Pierre-Frédéric Charpentier

FLAHAUT Émile Amour

Syndicaliste. – Né vers 1837 ; mort à une date inconnue.

Émile Flahaut était ouvrier marbrier de nationalité belge et habitait Paris lorsqu'il prit part aux IIIe et IVe congrès de la Première internationale (Bruxelles, 1868, Bâle, 1869). Il y fut délégué de l'association ou de la Chambre syndicale des marbriers de Paris.

Au congrès de Bâle, Émile Flahaut participa aux travaux de la Ve commission, « De l'action des sociétés de résistance sur l'émancipation des travailleurs ». En le présentant à ce congrès disait-il, la société des marbriers de Paris avait « voulu prouver que l'esprit de nationalité avait disparu, puisqu'elle a tenu à se faire représenter au congrès par un étranger qu'elle avait déjà choisi comme président de son syndicat ». Il ajouta que les ouvriers français comptaient « sur la solidarité des travailleurs du monde entier pour opérer la transformation sociale sans révolution brutale ». Il se prononça également pour « le droit d'abolir la propriété individuelle du sol et de faire entrer le sol dans la communauté » ; en revanche, il s'abstint dans le vote ayant pour but de déterminer si ce droit devait s'exercer immédiatement. Il s'abstint également dans le vote sur l'abolition ou la limitation du droit d'héritage.

Impliqué dans le troisième procès intenté à l'Internationale, il fut, le 8 juillet 1870, renvoyé des fins de la prévention, sans amende ni dépens. Son avocat avait affirmé qu'il ne faisait en aucune façon partie de l'Internationale. Conformément à ses déclarations au congrès de Bâle, il est possible qu'il n'ait été adhérent que de cœur.

Émile Flahaut revint ensuite vivre à Bruxelles, car il n'est pas fait mention de lui sous la Commune. Un rapport de police du 18 juillet 1875 indique que, depuis son arrivée dans la capitale belge, il avait pris une part active aux activités de l'Internationale. Il appartint à la section internationale des marbriers de Bruxelles et assista en tant que délégué de cette organisation au congrès régional belge qui se tint à Bruxelles en décembre 1874.

Michel Dreyfus

FOKINE Michel. — *Voir* DANSEURS ET DANSEUSES RUSSES.

FONDA Jane

Actrice. – Née le 21 décembre 1937 à New York, États-Unis.

Fille de l'acteur Henry Fonda, elle a déjà commencé une carrière d'actrice lorsqu'elle arrive à Paris en 1963 pour tourner *Les Félins* de René Clément, avec Alain Delon. Rencontrée quelques années plus tôt à New York, Simone Signoret la prend sous son aile. C'est en France que Jane Fonda découvre l'engagement politique. Elle y devient l'épouse de Roger Vadim de 1965 à 1972, tourne avec lui *La Ronde* (1964), *La Curée* d'après Émile Zola, *Barbarella* (1968), devenant un sex-symbol des années 1960. Elle a déjà retrouvé les États-Unis lorsqu'elle tourne *Tout va bien* de Jean-Luc Godard et Jean-Pierre Gorin, en 1972, où elle interprète une journaliste gauchiste enquêtant sur le patronat et affirmant des idées féministes.

Jean-Luc Douin

FONDANE Benjamin (Benjamin Wechsler)

Philosophe, poète, critique littéraire. – Né le 14 novembre 1898 à Jassy, Roumanie ; mort le 2 ou 3 octobre 1944 à Auschwitz, alors Gouvernement général, aujourd'hui Pologne.

Benjamin Fondane est né en Moldavie dans un milieu intellectuel juif très cultivé. Son grand-père paternel fut un poète important et son grand-père maternel un hébraïste érudit. Les fils de ce dernier éditaient des revues et journaux juifs et l'un d'eux écrivit une *Histoire des juifs de Roumanie*. Héritier d'une double tradition, roumaine et juive, le jeune lycéen de Jassy entre précocement en littérature sous le pseudonyme de Fundoianu. À Bucarest, où il s'installe en 1919 pour achever ses études secondaires, il collabore au quotidien « national-sioniste » *Le Salut* et écrit dans des revues littéraires d'avant-garde. Il publie en 1919 son premier ouvrage philosophique, *Judaïsme et hellénisme*. En 1921, dans la préface de *Images et livres de France*, il s'identifie à la littérature française (« je l'ai vécue », écrit-il) et souligne la dépendance de la littérature roumaine à l'égard de celle-ci. Après l'échec du théâtre d'avant-garde Insula, qu'il a créé en 1922, et alors qu'il est déjà un poète reconnu en Roumanie, il s'installe à Paris en 1923, accueilli par Rémy de Gourmont, qui le charge de sa bibliothèque personnelle. Fondane entretient une relation ambivalente à son pays d'origine : non sans une certaine arrogance, il le considère, sur le plan littéraire, comme une « colonie française », trop étroite pour assurer son épanouissement individuel. En faisant le choix de la langue française, Fundoianu, devenant Fondane, se compose, non sans difficulté, une nouvelle identité littéraire (*Exercice de français*, 1925). Il continue néanmoins à collaborer, dans les deux langues, à des revues roumaines et fréquente à Paris ses compatriotes expatriés (Voronca, Sernet, Brancusi puis Lupasco et Cioran). Pour subvenir à ses besoins, il travaille, à partir de 1926, dans une société d'assurances, avant d'entrer à la Paramount, en 1930, comme scénariste et assistant metteur en scène. La rencontre de Léon Chestov en 1924 est à l'origine de sa « conversion » à la philosophie. À partir de 1932, Fondane collabore aux *Cahiers du Sud*, dont il tient la rubrique « philosophie vivante ». Il publie en 1936 *La Conscience malheureuse*, recueil d'essais sur Chestov, Kierkegaard, Bergson, Heidegger, Husserl, Nietzsche, Gide. Se réclamant des deux premiers, Fondane critique la tradition philosophique rationaliste. Sa pensée « existentielle », pensée de l'« irrésignation » (refus de se résigner aux « évidences » de la raison), articule critique de l'héritage philosophique grec, dialogue avec la tradition spirituelle juive – en dehors de toute observance confessionnelle – et recherche, dans la Bible, d'une alternative à la pensée rationnelle de l'Occident. Son essai posthume, *Le Lundi existentiel et le dimanche de l'Histoire*, engage un dialogue critique avec l'existentialisme sartrien. À travers les motifs de l'émigrant, du juif errant ou du lépreux, l'exil et la question de l'identité sont au cœur de sa poésie (*Ulysse* en 1933, *Titanic* en 1937). La nationalité française, que Fondane sollicite à la fin de l'année 1934, trois ans après son mariage avec la Française Geneviève Tessier, lui est accordée en 1938 – une souscription lancée par les *Cahiers du Sud* lui permet de s'acquitter de droits de sceau élevés. Mobilisé en 1940, fait prisonnier, il s'évade avant d'être repris puis libéré pour raisons de santé. Les textes qu'il écrit sous l'Occupation (dont *Baudelaire et l'expérience du gouffre*) ne seront publiés qu'après sa mort – et, bien souvent, véritablement connus seulement à partir des éditions ou rééditions réalisées depuis les années 1980. Le 7 mars 1944, Fondane est arrêté sur dénonciation. Ses amis, dont Jean Paulhan, obtiennent sa libération en tant qu'époux d'une « aryenne », mais il refuse de se séparer de sa sœur Line, internée en même temps que lui à Drancy. Déporté le 30 mai 1944, il est assassiné dans la chambre à gaz d'Auschwitz-Birkenau.

Stéphan Soulié

FONTANOT Nerone, Spartaco (*dit* Paul) et Jacques

Combattants de la Résistance. – Nerone : né le 20 juin 1921 à Trieste, Italie ; mort le 27 septembre 1943 à Poitiers, France. – Spartaco : né le 17 janvier 1922 à Monfalcone, Italie ; mort le 21 février 1944 au mont Valérien, France. – Jacques : né le 10 novembre 1926 à Saint-Germain-en-Laye, France ; mort le 27 juin 1944 à Saint-Sauvant, France.

Giuseppe, père de Nerone et de Jacques, et son frère Giacomo, père de Spartaco, communistes, sont chassés en 1923 des chantiers navals de Monfalcone, près de Trieste, par le fascisme. Après quelques mois en Égypte, ils arrivent en 1924 dans le Nord de la France, où on cherche des charpentiers, puis, avec leurs familles, en banlieue Ouest de Paris. Ils se fixent à Nanterre en 1929, participent à la campagne des municipales de 1935, aux grèves de 1936, tout en hébergeant parfois les chefs communistes italiens. Nerone est apprenti-tôlier, milite, colle en 1940 des affiches pour le PCF clandestin avec Spartaco. Quand Giuseppe est enfermé à la Santé puis à Gurs jusqu'en mars 1941, et de nouveau avec son épouse en septembre 1942, Nerone se fait bûcheron en Normandie, travaille dans un garage de Chatellerault, doit passer à la clandestinité – après avoir volé une Roneo et laissé un bon de réquisition au nom de la Résistance. Il multiplie les attentats et les sabotages, tue un cadre de la milice, est arrêté en juillet 1943, torturé et exécuté. À la Libération, à titre posthume, il est fait sous-lieutenant et reçoit la Légion d'honneur. Son cousin Spartaco, tourneur, participe à des sabotages de la MOI, l'organisation des immigrés FTP. Après l'arrestation de ses parents en mars 1943, passé à la clandestinité, lieutenant FFI sous les ordres de Missak Manouchian, il multiplie lui aussi les attentats : contre la caserne de Rueil, contre les fascistes italiens fêtant le 10 juin 1943 à Paris l'anniversaire de la déclaration de guerre à la France, ou encore contre Julius Ritter, colonel SS supervisant le STO. Douze lui sont attribués par « l'affiche rouge » de la propagande allemande quand il est arrêté, jugé sommairement avec le reste du groupe Manouchian, et exécuté. Au président de la cour martiale lui demandant pourquoi, Italien, il se bat dans la Résistance française, il a répondu que « pour un ouvrier le pays où il se trouve est sa patrie ». Jacques, enfin, colleur clandestin d'affiches, élève d'un lycée technique, est arrêté comme ses parents en mars 1943, interné arbitrairement dans la Vienne, libéré avec d'autres par un raid FTP, mais son groupe est très vite encerclé en forêt, et il est tué au combat avec trente et un de ses camarades.

Si leurs itinéraires tragiques ont pu être partagés par d'autres, leur concentration dans une même famille et les liens de celle-ci avec les appareils communistes en font, à la Libération, un des symboles de la participation étrangère à la Résistance, encore que le coup de couteau dans le dos mussolinien et une italophobie traditionnelle fassent généralement minorer la place des Italiens dans la Résistance.

Éric Vial

FOOTIT (Tudor Hall) et CHOCOLAT (Rafael Padilla)

Artistes de cirque. – Tudor Hall : né le 24 avril 1864 à Manchester, Royaume-Uni ; mort le 29 août 1921 à Paris, France. – Rafael Padilla : né vers 1868 à Cuba ; mort le 4 novembre 1917 à Bordeaux, France.

Footit arrive en France en 1880. La célébrité lui viendra à partir du moment où, en 1886, il fera équipe avec Chocolat, devant des parterres mêlés, mais dans l'ensemble plutôt chic : les cirques où ils se produisent sont des établissements sédentaires, installés dans les beaux quartiers de Paris, comme le Nouveau Cirque, rue Saint-Honoré. La figure de Footit donne ses lettres de noblesse au « clown blanc », qui accable son partenaire. Chocolat, Noir né esclave, cristallise le racisme du parterre, qui rit devant ses outrances, mais admire son agilité athlétique. Franc-Nohain recueille leurs Mémoires, Toulouse-Lautrec les dessine. Le duo éclate en 1910 et, séparés, les deux clowns périclitent rapidement.

Pascal Ory

FORD George Burdett

Architecte. – Né le 24 juin 1879 à Clinton, États-Unis ; mort le 13 août 1930 à New York, États-Unis.

Après des études à Harvard College (1899), poursuivies au Massachusetts Institute of Technology (1900-1901), et un passage à Paris dans l'atelier Pascal à l'École des beaux-arts, George Burdett Ford entame sa carrière professionnelle en 1907 à New York dans l'agence de Georges S. Post, où, pendant une dizaine d'années, il œuvre à la fois comme architecte et comme urbaniste consultant. Il enseigne la question urbaine à l'université de Columbia et contribue à l'élaboration de la loi foncière de 1916, qui, reprenant les notions françaises du gabarit, introduit la réglementation des volumes, laquelle sera déterminante pour les gratte-ciel en gradins. En 1917, il est en France, où il a des responsabilités dans la mission de la Croix-Rouge américaine. Après 1918, l'association Renaissance des cités lui confie une étude d'urbanisme pour la reconstruction de la ville de Reims, victime des destructions militaires de la Grande Guerre ; il poursuit cette étude jusqu'en 1920. Son projet, inspiré du *zoning*, n'est pas accepté par la ville. Il reste de cette tâche un ouvrage, destiné aux architectes chargés de la reconstruction, *L'Urbanisme en pratique*. De retour aux États-Unis, il est consultant pour le Plan régional de New York, travaille pour plusieurs municipalités et enseigne à Harvard ; il est le fondateur, en 1925, du périodique *City Planning*. Son apport pratique en France est aussi à chercher dans le style des deux tours d'habitation construites à Villeurbanne en 1931 par Môrice Leroux.

Gérard Monnier

FORLANI Remo

Écrivain, scénariste, critique. – Né le 12 février 1927 et mort le 25 octobre 2009 à Paris, France.

À la Libération, Remo Forlani fait partie de l'association d'éducation populaire Travail et culture ; il y rencontre Alain Resnais, dont il partage la passion pour la bande dessinée et la littérature populaire. Il prépare avec lui des adaptations des aventures de Red Ryder, de Fred Harman, de *L'Île noire* d'Hergé, participe, avec Roland Dubillard, à l'élaboration de *L'alcool tue*, et signe le script de *Toute la mémoire du monde* (1956), documentaire d'Alain Resnais sur la Bibliothèque nationale. Il rédige les scénarios de films d'esprit très divers, tels *Sans famille* (1958), *Tintin et le mystère de la Toison d'or* (1961), *Tintin et les oranges bleues* (1964), *L'amour c'est gai, l'amour c'est triste*, pour Jean-Daniel Pollet (1968), *La Bande à Bonnot* (1969), *Les Volets clos*, pour Jean-Claude Brialy (1973). Il figure parmi les créateurs du grand magazine pour la jeunesse *Pilote*. Auteur d'une trentaine de livres de souvenirs et de récits, sur les sujets les plus variés, il témoigne d'une large curiosité. Surtout, durant plus de cinquante ans, il aura été le chroniqueur du cinéma à la voix rauque sur les ondes de Radio-Luxembourg, devenue RTL.

Patrick Eveno

FORNI Raymond

Homme politique. – Né le 20 mai 1941 à Belfort, France ; mort le 5 janvier 2008 à Paris, France.

Issu d'une famille d'immigrés piémontais, orphelin de père – un ferblantier itinérant – à l'âge de onze ans, Raymond Forni doit quitter le lycée car tôt marié et chargé de famille, travaille à la chaîne chez Peugeot, se syndique, part au service militaire – entretemps, il est devenu français, à l'âge de dix-sept ans, reprend ses études par correspondance, est bachelier en 1962, et finance ses études de droit avec un emploi de surveillant dans un lycée.

Avocat à partir de 1968, brillant orateur, il perce en 1972 en défendant une professeure de philosophie jugée pour avoir parlé de sexualité en cours. Adhérent à la SFIO puis au PS, membre du CERES, il a alors entamé une carrière d'élu municipal (1971-1977, 1983-2008), départemental (1976-1982, 1987-2001) régional (président du Conseil de Franche-Comté, 2004-2008) et de député (1973-1985, 1988-1993, 1997-2002). À l'Assemblée nationale, il combat les cartes d'identité dites « infalsifiables », au nom des faux papiers qui sauvèrent des milliers de vie sous l'Occupation, notant que les terroristes ont, eux, des passeports de complaisance. Après la victoire de la gauche en 1981, il préside la commission des lois et sera, entre autres, rapporteur du projet de loi abolissant la peine de mort. Vice-président de l'Assemblée (1991-1993, 1998-2000), il en est élu président en 2000, devenant ainsi le quatrième personnage de l'État. Il dit à son épouse : « Tu te rends compte, moi, le petit macaroni, comme on m'appelait… », et évoque devant ses collègues « la République qui accueille, qui éduque, qui rassemble, sans distinction de race, d'origine, de couleur, de religion », rappelant n'être pas « né Français », ajoutant : « La France m'a tout donné, et c'est peut-être pour cela que, mon sang et mon cœur se mêlant, je crois à l'Europe par-dessus tout. » Cet « enfant de la République » – titre d'une biographie qui lui est consacrée en 2002 –, hostile aux longues peines de prison au nom de la réhabilitation, sait aussi faire la part entre les difficultés des migrants et l'« indiscipline sociale ». Il meurt foudroyé par une leucémie.

Éric Vial

FOUJITA Léonard. — *Voir* PARIS, École de.

FRANCE Cécile de

Actrice. – Née le 17 juillet 1975 à Namur, Belgique.

Installée à Paris depuis 1992 pour suivre les cours de l'école d'art dramatique de la rue Blanche et mener une expérience de cracheuse de feu au Quartier latin, cette « titi grunge » n'en oublie pas moins de défendre la culture flamande, d'incarner *Sœur Sourire* (2009) et de tourner pour les frères Dardenne (*Le Gamin au vélo*, 2011). Mais c'est bien en France qu'elle s'est épanouie, passant de *L'Auberge espagnole* de Cédric Klapisch (2002), qui lui vaut le César du meilleur espoir féminin, à *La confiance règne* d'Étienne Chatiliez (2004), où elle campe une Bécassine triviale, de *Quand j'étais chanteur* de Xavier Giannoli (2004) à *Un secret* de Claude Miller (2006) et à *L'Instinct de mort* de Jean-François Richet (2008). Gavroche à gouaille, Cécile de France incarne des femmes qui savent ce qu'elles veulent et manient le franc-parler.

Jean-Luc Douin

FRANCK César

Compositeur, organiste, pédagogue. – Né le 8 novembre 1822 à Liège, alors Pays-Bas,

aujourd'hui Belgique ; mort le 8 novembre 1890 à Paris, France.

En 1904, Claude Debussy, répondant à une enquête de Paul Landormy, trouva des mots demeurés célèbres pour caractériser la « clarté », la « fantaisie » et l'« élégance » de la musique française. « Et César Franck ? » lui demande-t-on. « Oh ! César Franck n'est pas français, il est belge. » Les « franckistes » devaient répondre. Dans l'hommage qu'il rendit en 1907 à son maître, le chef de file de cette phalange des disciples de Franck, Vincent d'Indy – par ailleurs fort nationaliste –, répondait implicitement à l'affirmation de Debussy : le pays wallon, qui a vu les premières années de Franck, est bien français « non seulement de cœur et de langue mais encore d'aspect extérieur ». Pour d'Indy comme pour tous les élèves du « père Franck », même les plus proches de l'Action française et des courants hostiles à l'idée même de naturalisation d'un étranger, le compositeur liégeois est un cas à part, car il représente un pays « gaulois d'aspect, germain d'habitudes et de voisinage », dont les habitants sont naturellement français de cœur et d'esprit.

César Franck a étudié la musique au Conservatoire de Liège, mais, dès l'âge de treize ans, il les poursuit à Paris sous la direction d'Antoine Reicha. Il y obtient un premier prix de piano très remarqué, mais son père l'en retire pour qu'il mène une carrière, plus rentable, de concertiste, et la famille retourne en Belgique. Les espoirs fondés sur le jeune prodige n'ayant pas porté leurs fruits, César Franck peut ensuite revenir à Paris, où il devient professeur de musique et compositeur. Grâce à l'aide de Franz Liszt, il crée un oratorio, *Ruth*, au Conservatoire. Il s'émancipe enfin de la tutelle paternelle et épouse, en pleine révolution de février 1848, une de ses élèves. Il compose un poème symphonique, *Ce qu'on entend sur la montagne*, un opéra, *Le Valet de la ferme*, mais gagne surtout la notoriété comme organiste dans diverses églises parisiennes, avant de devenir, en 1859, titulaire de la tribune de la nouvelle basilique Sainte-Clotilde, où il dispose d'un des plus beaux instruments de Cavaillé-Coll. César Franck a adopté la nationalité française au moment de la guerre de 1870-1871, mais ce choix est expliqué différemment selon ses biographes. Pour d'Indy, César Franck a été touché par l'événement, « qui ne pouvait laisser indifférente aucune âme française ». D'autres biographes, plus prosaïquement, signalent qu'il peut ainsi reprendre le poste de François Benoist, professeur d'orgue au Conservatoire de Paris, parti en retraite. La période qui suit est brillante. Les élèves affluent : outre d'Indy, Charles Bordes, Gabriel Pierné, Ernest Chausson, Louis Vierne, Guy Ropartz, Henri Duparc, Augusta Holmès, Julien Tiersot… Il semble que toute une génération soit passée par cette classe. Franck est reconnu, décoré de la Légion d'honneur (1885) et élu à la tête de la Société nationale de musique. C'est également, pour le compositeur, une phase créatrice : l'oratorio les *Béatitudes* (achevé en 1879), des pièces pour orgue, de la musique de chambre (dont un célèbre quintette), des pièces symphoniques… Tous ses élèves conserveront une haute estime pour l'œuvre de leur maître et sa relation sensible à la musique.

Didier Francfort

FRANQUIN André. — *Voir* BELGE DE LA BANDE DESSINÉE, école.

FREUND Gisèle (Gisela)

Photographe. – Née le 19 décembre 1908 à Berlin, Allemagne ; morte le 30 mars 2000 à Paris, France.

Issue du milieu intellectuel juif berlinois, précocement encouragée à l'autonomie, la jeune Gisela fréquente l'Institut für Sozialforschung, siège de l'École de Francfort, aujourd'hui magnifiée, en son temps marginalisée et persécutée par les nazis comme haut-lieu du « bolchevisme culturel ». Norbert Élias l'oriente vers une recherche sur l'histoire de la photographie, art qui la passionne, et en France, pays qu'elle admire. C'est à Paris qu'elle se réfugie à l'arrivée au pouvoir du nazisme, comme c'est en Sorbonne qu'elle soutient, en 1935, une thèse de doctorat pionnière sur « La photographie en France au XIXe siècle ». La photographie devient, d'autre part, son métier, en même temps qu'elle obtient la nationalité française par son mariage. La libraire Adrienne Monnier, amie des plus grands noms de la littérature française et étrangère, l'introduit dans la société artistique parisienne ; le Parti communiste dont elle est compagne de route, dans la société intellectuelle (Congrès international pour la défense de la culture, 1935). Son regard militant s'exprime dans la série sur la Dépression, qu'elle saisit en Angleterre pour le compte du magazine *Life*. Sa familiarité avec Gide, Malraux ou Joyce s'exprime dans des portraits devenus fameux – genre pour lequel elle passe précocement (1938) à la couleur. Réfugiée, pendant la guerre, en Amérique, elle choisit plutôt celle du Sud, où elle fréquente le cercle de Victoria Ocampo. De grandes séries sur le Mexique précolombien ou la Terre de feu témoigneront de la découverte de ces nouveaux horizons.

Revenue en France à la Libération, Gisèle Freund participe, en 1947, à la fondation de l'agence Magnum. Son œil critique lui vaut des déboires dans l'Argentine de Perón, comme dans les États-Unis de McCarthy, qui la blacklistent mais, avec le temps, sa double qualité d'artiste et d'intellectuelle, auteur de plusieurs ouvrages de témoignage et de réflexion sur son métier (*Photographie et société*, 1974, *Mémoire de l'œil*, 1977), lui vaudra de finir en gloire, honorée en France par le Grand Prix national de la photographie, sujet, en 1991, d'une grande rétrospective au Centre Pompidou. Quand, en 1981, sur le modèle de Valéry Giscard d'Estaing qui avait fait le choix de Jacques-Henri Lartigue, le nouveau président de la République française, François Mitterrand, décide de faire faire son portrait officiel par un artiste connu, son choix se portera sur Gisèle Freund.

Pascal Ory

FREUNDLICH Otto

Peintre et sculpteur. – Né le 10 juillet 1878 à Stolp, alors Empire allemand, aujourd'hui Słupsk, Pologne ; mort le 9 mars 1943 dans le camp d'extermination de Sobibor, alors Gouvernement général, aujourd'hui Pologne.

Artiste abstrait encore méconnu aujourd'hui, Otto Freundlich a joué un rôle essentiel dans les circulations artistiques européennes de l'entre-deux-guerres, entre l'Allemagne et la France notamment. Après des études d'histoire de l'art à Berlin, Munich et Florence, il se rend à Paris en 1908-1909, où il rencontre Picasso, Braque et Gris.

Sa pensée comme son œuvre se radicalisent après 1918 : il est l'un des membres fondateurs du Groupe de Novembre, rassemblant des artistes et des architectes expressionnistes allemands ; il écrit dans le journal radical *Die Aktion*, puis, une fois installé à Paris après 1924, il devient le correspondant en France de plusieurs autres périodiques allemands de gauche. Il s'intègre au groupe Abstraction-Création, qui rassemble l'avant-garde abstraite parisienne, et développe un style constructiviste inspiré par un « communisme cosmique » (*Mon ciel est rouge*, 1933). Ses travaux sur le vitrail, qui ont une influence majeure sur le développement ultérieur de cette pratique, manifestent son idéal collectiviste de la création artistique. Alors que le régime nazi juge ses œuvres « dégénérées » et les interdit en Allemagne, Freundlich contribue à fonder à Paris le Salon des réalités nouvelles, en 1939, avec Kandinsky et Kupka, entre autres. Interné comme sujet allemand au début de la Seconde Guerre mondiale, il se réfugie avec sa compagne, l'artiste Jeanne Kosnick-Kloss, dans les Pyrénées, où les tentatives de ses amis de lui faire quitter la France échouent. Dénoncé, il est déporté en mars 1943 et tué à son arrivée au camp de Sobibor, dans la voïvodie de Lublin. Le musée de Pontoise conserve et expose celles de ses toiles qui n'ont pas été détruites durant la guerre.

Julie Verlaine

FRÉVILLE Jean (Eugène Schkaff)

Syndicaliste. – Né le 25 mai 1895 à Kharkov, Russie ; mort le 23 juin 1971 à Paris, France.

Fils d'un financier et homme d'affaires, Eugène Schkaff, qui allait être connu sous le nom de Jean Fréville, arriva avec ses parents de Russie en France en 1903. Le jeune Eugène vécut dans un milieu bourgeois aisé et entreprit des études de droit et de philosophie. Durant la Première Guerre mondiale, il séjourna en Russie avec sa famille, puis revint en France en 1919. Après son doctorat en droit, il prépara l'agrégation de droit, soutint en 1925 un second doctorat de droit sur « La dépréciation monétaire en France ». Il désirait faire une carrière universitaire, mais il dut y renoncer en raison de ses opinions marxistes. Naturalisé français en 1925, il s'inscrivit au Barreau de Paris et se maria quatre ans plus tard.

Il rencontra Maurice Thorez en 1927, à Moscou aux fêtes du Xe anniversaire de la révolution d'Octobre. Les deux hommes se lièrent d'une longue amitié. Au lendemain de ce voyage, Eugène Schkaff adhéra au PC où il milita chez les intellectuels. En 1928, grâce aux relations d'affaires de son père, dont Anatole de Monzie était l'avocat, il entra au cabinet de celui-ci. En 1931, sous le pseudonyme de Jean Fréville qu'il n'allait plus quitter, il devint critique littéraire à *L'Humanité*. En 1932, il participa au lancement de l'Association des écrivains et artistes révolutionnaires (AEAR), qui était la section française de l'Union internationale des écrivains révolutionnaires. Après avoir été, durant les années 1932-1934, un sympathisant du groupe oppositionnel « Que faire ? », il s'en écarta en 1935 ; cependant, il conserva des liens avec certains de ses membres, comme Victor Fay. En 1936, il publia son premier roman *Pain de brique*, qui obtint le prix Renaissance deux ans plus tard.

Le nom de Jean Fréville est principalement lié à la biographie de Maurice Thorez, *Fils du peuple*, publiée en 1937. Maurice Thorez avait demandé à Jean Fréville de se charger de rédiger sa biographie, à partir d'éléments qu'il lui aurait fournis oralement. Jean Fréville accepta, mais se fit alors aider. Le texte fut prêt au printemps 1935, mais dut attendre près de deux ans avant de recevoir l'imprimatur par les responsables de l'Internationale communiste. Jean Fréville signa alors son travail par un acrostiche, « Fréville a écrit ce livre », glissé dans une longue phrase incongrue : « Ferrailles rongées et verdies, informes lacis, larges entonnoirs aux escarpements crayeux, ravinés, immenses tranchées creusées en labyrinthes, infranchissables vallonnements, ravagés, embroussaillés » ; les premières lettres de cette phrase forment effectivement l'acrostiche. L'écriture de *Fils du peuple* donna lieu à de nombreuses controverses, mais ce qui est sûr, c'est que son contenu politique fut contrôlé au plus haut niveau des instances de l'Internationale communiste.

Mobilisé en mars 1940, Jean Fréville fut démobilisé le 11 juillet suivant à Nice. Il y collabora au journal clandestin *Pensée et action* et publia poèmes et nouvelles en l'honneur de la Résistance. En novembre 1945, il devint chef adjoint de Maurice Thorez, quand celui-ci fut nommé ministre d'État par le général de Gaulle. Puis il publia de nombreux essais. Membre du comité de rédaction de *La Nouvelle Critique* depuis sa fondation (1948), il fut l'un des présidents de l'Institut Maurice Thorez. À sa mort, il reçut l'hommage du secrétariat du Comité central. Cependant, depuis la disparition de Maurice Thorez en 1964, il s'était trouvé très isolé au sein du PCF.

Michel Dreyfus

FRIEDMANN Gloria

Plasticienne. – Née en 1950 à Kronach, Allemagne.

L'œuvre plastique de Gloria Friedmann a pris forme en France, pays qu'elle a rejoint en 1977 pour s'y établir définitivement. Travaillant d'abord à Paris, puis à Aignay-le-Duc, sur divers médiums – photographie, textile, verre, aluminium –, elle réfléchit à l'humanité et à ses errances. Ses œuvres, souvent présentées comme militantes et écologistes, ne visent cependant pas à illustrer les agressions humaines sur la nature, mais à rendre compte des incertitudes et des contradictions de la société occidentale contemporaine. Une importante réflexion sur la vie et la mort convoque ainsi les animaux, au centre des installations de la série des *Représentants* (1994) et la nourriture, dans les *Parias* (1993-1998). Une partie de son travail porte également sur l'histoire allemande, et en particulier sur le nazisme. Dans l'installation *Deutschland Bild* (« Image de l'Allemagne »), un cerf naturalisé, tel un totem de Hitler, est juché sur un tapis, bordé de troncs d'arbres et constitué d'une photographie montrant un marathon passant par la porte de Brandebourg. Des œuvres de Gloria Friedmann se trouvent aujourd'hui dans les collections publiques françaises, en particulier au FRAC Bourgogne, et sont régulièrement exposées (« Happy End », Musée de Saint-Étienne, 2004).

Julie Verlaine

FROLOW Vladimir

Ingénieur, militant politique. – Né le 20 août 1890 à Saint-Pétersbourg, alors Empire russe, aujourd'hui Russie ; mort en 1973 à Faverolles-sur-Cher, France.

Vladimir Frolow était le fils d'un ingénieur à Saint-Pétersbourg, membre de l'Académie des sciences d'Ukraine, futur prix Lénine et prix Staline. Vladimir Frolow vint en France avant 1914 pour y mener des études supérieures à la Sorbonne, mais il retourna en Russie en raison d'une tuberculose. Il y obtint, après la guerre, un diplôme d'ingénieur des constructions civiles à l'Institut polytechnique de Pétrograd. Il se maria en 1917, dans cette ville, avec Anna Gretchakowsky, issue de la noblesse héréditaire, diplômée d'histoire de l'art, et ils eurent un fils, Nikita, né en 1922. Vladimir Frolow revint seul en France, en 1923, pour y préparer une thèse de doctorat, et sa femme le rejoignit ensuite, puis ses deux frères Serge et Anatole. Serge sortit premier de l'École d'agronomie coloniale de Nancy et fit ensuite une carrière de météorologue ; Anatole devint spécialiste d'art byzantin et professeur à la Sorbonne. Vladimir Frolow fut naturalisé français en 1928.

Il avait commencé en 1923 une carrière d'ingénieur, comme chef du service d'études à la Compagnie cotonnière du Niger. De 1929 à 1932, il fut chef du service des études hydrauliques de Syrie. En 1934, il soutint sa thèse de doctorat d'ingénieur, préparée sous la direction du professeur Léon Lutaud, de la faculté des sciences de Paris. Depuis 1932, il se consacrait à la recherche scientifique, d'abord au Laboratoire de géographie physique et de géologie dynamique de la faculté des sciences de Paris, ensuite à la Caisse nationale des sciences (1937) et enfin au CNRS comme chargé de recherches, en 1939 ; il devait être maître de recherches en 1946. En 1948, il devint vice-président de l'Association internationale d'hydrologie et participa aux travaux de l'Unesco sur la zone aride.

Il adhéra au Parti communiste en 1934, à son retour de Syrie. Selon sa fille, Jeanne Laberrigue-Frolow, il y était parti « avec des idées profondément généreuses ». Il en revint révolté contre la colonisation telle qu'il l'avait découverte ; sa perception du monde était désormais faite d'athéisme et de marxisme. Il participa alors au Comité de vigilance des intellectuels antifascistes, où il fréquenta notamment Paul Rivet et Frédéric Joliot-Curie ainsi qu'à l'Union des intellectuels français. Il était aussi proche de Marcel Prenant, qui travaillait à la Sorbonne, ainsi que d'Ernest Kahane, avec lequel il militait au groupe Jeune Science (1936-1937).

Vladimir Frolow fut mobilisé en septembre 1939 dans le même régiment que Louis Aragon, qui en dressa le portrait dans son roman, *Les Communistes*, sous les traits du météorologue Gréboff. Il fut ensuite affecté aux recherches intéressant la défense nationale. Le 11 juin 1940, il quitta Paris pour la Touraine. De retour à Paris en septembre 1940, il reprit contact avec le PC clandestin et entra dans la Résistance, dans le groupe de l'Université libre. En janvier 1941, il échappa de peu, avec sa famille, à la Gestapo. Il resta à Paris pendant toute l'Occupation, militant dans les organisations du PC et du Front national universitaire. Il était, en particulier, chargé de la direction d'un triangle, groupe de trois militants, comprenant Frédéric Joliot-Curie et Victor Henri. Parmi d'autres fugitifs accueillis à son domicile, rue Claude-Bernard, il hébergea un mathématicien juif et sa femme, biologiste au laboratoire de Marcel Prenant, et organisa leur départ vers la Suisse. À l'été 1944, il participa aux combats de la Libération dans un maquis du Loir-et-Cher, au cours desquels son fils, Nikita, fut tué.

Après la guerre, il n'eut aucune responsabilité au sein de l'appareil du PC, tout en restant proche de ce dernier. Il resta fidèle à ses engagements politiques jusqu'à la fin de sa vie.

Michel Dreyfus

FROMENTEAU Albert. — *Voir* BELGE DE LA BANDE DESSINÉE, école.

FRY Varian

Journaliste. - Né le 15 octobre 1907 à New York, États-Unis ; mort le 13 septembre 1967.

Son statut officiel de journaliste, à la veille de la Seconde Guerre mondiale, ne rend pas compte du rôle historique qu'a eu, l'espace d'une année, Varian Fry. Installé à Marseille, devenu, à l'été 1940, le lieu de convergence de milliers de « personnes déplacées » cherchant, pour diverses raisons, à échapper aux Allemands ou à Vichy et à gagner l'étranger, il dispose des moyens légaux et financiers que lui a fournis l'Emergency Rescue Committee américain, relayé sur place par le vice-consul Heram Bingham, pour distribuer le viatique que constitue un visa pour les États-Unis. Au total, jusqu'au départ forcé de Fry, en septembre 1941, c'est près de deux mille visas qui auront été attribués à des personnalités françaises ou étrangères, en fonction de critères où la notoriété culturelle peut jouer un rôle quand ces personnalités s'appellent André Breton ou Marc Chagall, Max Ophuls ou Max Ernst. Dès 1945, Fry publiera un livre de témoignage, *Surrender on Demand* (traduit en français sous le titre *La Liste noire*), qui rencontre peu d'échos. Suivant un cheminement classique, cette contribution à la lutte contre le nazisme et ses alliés n'acquerra une certaine visibilité qu'au bout d'une génération. Distingué in extremis avant sa mort par la France, qui le décore de la Légion d'honneur, Varian Fry sera, en 1995, le premier Américain entré au mémorial israélien de Yad Vashem comme « Juste entre les nations ».

Pascal Ory

FTP-MOI

Au sein de l'organisation armée de résistance créée sous l'égide du Parti communiste français et sous le nom de Francs-tireurs et partisans (FTP) se constitue, à partir d'avril 1942, une structure autonome rassemblant principalement, quoique pas exclusivement, des immigrés, la Main-d'œuvre immigrée (MOI), nom repris de l'organisation communiste d'avant-guerre en charge de ce secteur. N'ayant aucune indulgence à attendre de la part de Vichy ni des Allemands, les membres de la FTP-MOI sont des jusqu'au-boutistes courageux, qui se vouent aux opérations les plus dangereuses. À l'été 1943, il sont placés sous l'autorité de Missak MANOUCHIAN, Arménien arrivé en France en 1925, ouvrier et écrivain, dont le Parti a fait, en 1935, un permanent, rédacteur en chef de l'organe communiste à destination de la communauté arménienne de France, *Zangou*. Le groupe Manouchian est en fait la FTP-MOI, qui aura à son actif une trentaine d'opérations de commando – dont l'exécution d'un important officier général allemand et plusieurs attaques de trains – en moins de quatre mois.

À la mi-novembre, les Renseignements généraux français réussissent à démanteler l'organisation, dont presque tous les membres sont arrêtés. Vingt-quatre d'entre eux sont livrés aux Allemands, qui décident de mettre en scène leur procès et leur châtiment. Vingt-trois sont condamnés à mort. Trois sont de nationalité française, les autres sont, outre deux Arméniens dont Manouchian, des Espagnols antifranquistes, comme Celestino ALFONSO, des Italiens antifascistes, comme Spartaco FONTANO, et majoritairement des juifs d'Europe centrale comme l'ingénieur Joseph BOCZOZ (1905-1944), d'origine hongroise, en charge des attaques contre les trains. Les vingt-deux hommes sont fusillés au mont Valérien le 21 février 1944, la seule femme, Olga BANCIC, sera décapitée, un peu plus tard, à Stuttgart. Après le procès, la propagande allemande apposera sur les murs de France une « affiche rouge », dénonçant la « libération par l'armée du crime » et donnant, pour ce faire, l'image photographique de dix des membres de cette bande. L'objectif est à l'évidence de mettre en avant l'origine étrangère des condamnés, dont les noms sont donnés – sept sont qualifiés de « juifs », un d'« Espagnol rouge », un de « communiste italien ». Louis Aragon écrira en 1955 un poème (*Strophes pour se souvenir*) qui, mis en musique et interprété par Léo Ferré sous le titre *L'Affiche rouge*, rendra justice aux stigmatisés de l'affiche, exhibés par la propagande nazie « parce qu'à prononcer vos noms sont difficiles », ces « vingt et trois étrangers et nos frères pourtant », « vingt et trois qui criaient la France en s'abattant ».

Pascal Ory

FUKSAS Massimiliano

Architecte. – Né le 8 janvier 1944 à Rome, Italie.

Diplômé de l'université romaine La Sapienza en 1970, Massimiliano Fuksas, après avoir ouvert une agence dans cette ville, vient en France en 1986 et ouvre une agence à Paris, trois ans plus tard. Il remporte plusieurs commandes dans le domaine des équipements municipaux avec des projets souvent originaux, qui séduisent des jurys et des maîtres d'ouvrages attentifs à sortir des sentiers battus, comme la médiathèque de l'espace Diderot (1989-1991) à Rezé (Loire-Atlantique). Il réhabilite un ensemble d'habitation à Paris dans le XIe arrondissement (1992-1999) et construit un immeuble sur pilotis (1993-1997) dans la ZAC des Bords-de-Seine à Clichy (Hauts-de-Seine). On le retrouve en 2001-2004 en charge de l'habitat et des équipements de la ZAC de Tremblay-en-France, en 2006-2008 du Zénith d'Amiens. Ses succès sont constants dans les équipements universitaires, à Brest (École d'ingénieurs 1990-1992, UFR des arts, 1992-1994), comme à Limoges (restauration, transformation et extension de l'immeuble Turgot de la faculté de droit et sciences économiques, 1994-1996). Sa réalisation la plus connue, après concours, est située près de Bordeaux, à Talence, sur le campus de l'université Bordeaux III, la Maison des arts (maître d'ouvrage : Conseil régional d'Aquitaine), dont le programme complexe comporte un théâtre, une salle d'exposition, une station de radio et les locaux de cinq départements d'arts. Les volumes orthogonaux aveugles, sur ossature en béton, sont bardés d'une tôle de cuivre oxydée, qui a pris avec le temps une couleur verte intense (1994-1995). Très présent sur la scène internationale (il dirige la section architecture de la Biennale de Venise de 1998 à 2002 et ouvre une agence en Chine), Fuksas reçoit à Paris, en 1999, le Grand Prix national d'architecture.

Gérard Monnier

FULLER Loïe (Mary Louise)

Comédienne, danseuse et chorégraphe. – Née le 15 janvier 1862 à Fullersburg, États-Unis ; morte le 1er janvier 1928 à Paris, France.

Comédienne depuis l'enfance, dans le milieu du vaudeville, du cirque et du burlesque, Loïe Fuller découvre sa vocation pour la danse un soir de 1891 où elle improvise le rôle d'une femme sous hypnose, dans la comédie musicale *Quack Medical Doctor*, sur une scène du Massachusetts. Elle crée alors sa *Danse serpentine* à New York, en 1892, explorant les effets produits par la manipulation de draperies sous des projecteurs électriques multicolores. Ses danses connaissent un tel succès qu'elles sont reprises aussitôt par de nombreuses imitatrices. Elle s'installe à Paris, où elle trouve un public favorable, en 1892. C'est là qu'elle va mener l'essentiel de sa carrière, principalement sur les scènes de music-hall (Folies-Bergère), ne cessant de perfectionner les composantes de ses solos (lumières, costumes, chorégraphies). Elle s'impose rapidement comme une véritable égérie de la Belle Époque, adulée par le monde littéraire et artistique parisien. Les frères Lumière filment l'une de ses imitatrices en 1896 et de nombreux artistes symbolistes ou Art nouveau s'inspirent de ses mouvements de voiles, produisant des motifs floraux ou animaux. En 1900, elle fait construire un théâtre qui porte son nom au sein de l'Exposition universelle de Paris. Elle y accueille notamment la troupe japonaise d'Otojiro Kawakami dont fait partie la danseuse Sada Yacco, qui subjugue le public français. En 1908, Loïe Fuller publie une première fois ses Mémoires et forme une compagnie, Les Ballets fantastiques, qui se produit jusqu'en 1939, après la mort de sa fondatrice.

Sophie Jacotot

FUNCK-BRENTANO Frantz (Jacques Chrétien Frantz)

Historien. – Né le 15 juin 1862 à Schuttrange, Grand-Duché de Luxembourg ; mort le 13 mai 1947 à Montfermeil, France.

Frantz Funck-Brentano est né au Luxembourg d'un père luxembourgeois qui, s'étant engagé, en tant que médecin, pour la France dans la guerre de 1870, avait été récompensé par la Légion d'honneur et l'accès à la nationalité française. À sa majorité, le jeune Frantz opte lui aussi pour la nationalité française. Après des études à l'École nationale des chartes (1882-1885), il fait toute sa carrière à la bibliothèque de l'Arsenal, dont il devient conservateur du département des manuscrits et des estampes. Après un doctorat ès lettres obtenu en 1897, il produit une œuvre considérable qui se situe à mi-chemin entre l'érudition et la vulgarisation historiques. De sa formation de chartiste, il conserve un goût pour le Moyen Âge, qui s'illustre dans le choix du sujet de sa thèse principale – « Les origines de la guerre de Cent Ans, Philippe le Bel en Flandres » (1896) – tout autant que dans les deux volumes qu'il rédige en 1922-1923 pour la collection « L'Histoire de France racontée à tous » dont il est, par ailleurs, le directeur. Mais il devient aussi un spécialiste reconnu de l'Ancien Régime, dans la mesure où il exploite le riche fonds des Archives de la Bastille, qu'il a à sa disposition à la bibliothèque de l'Arsenal. Ses ouvrages connaissent un véritable succès auprès du grand public cultivé : citons *L'Affaire du collier* (1901), réédité neuf fois jusqu'en 1958, ou encore son *Drame des poisons, études sur la société du XVIIe siècle et plus particulièrement la cour de Louis XIV* (1899), réédité onze fois jusqu'en 1977. Frantz Funck-Brentano se distingue également par ses talents de conférencier, qu'il fait valoir à de nombreuses reprises en France et à l'étranger, notamment dans le cadre des Alliances françaises. Il est aussi auteur de pièces de théâtre et de ballets.

Chez ce membre de l'Institut entré à l'Académie des sciences morales et politiques en 1928, l'engagement auprès de l'Action française est intervenu dès 1905, à l'occasion des commémorations de Fustel de Coulanges ; il se traduira dans des articles pour la presse maurrassienne, mais aussi dans son œuvre d'historien, nationaliste (*Jeanne d'Arc*, 1912) et pourfendeur de la Révolution (*La Révolution française*, 1935 ; *Marat ou le mensonge des mots*, 1941).

Anna Trespench-Berthelot

G

GADEN Christian

Négociant. – Né en 1777 à Pampow, alors Mecklembourg, aujourd'hui Allemagne ; mort en 1854 à Bordeaux, France.

Issu d'une famille protestante, Christian Gaden émigre à Bordeaux lorsqu'il a une vingtaine d'années. Employé d'un marchand bordelais originaire de Basse-Saxe, il s'établit à son compte en 1803 en fondant, avec Karl Klipsch, la maison C. Gaden & Klipsch. Installée sur le quai des Chartrons, cette société devient l'une des premières maisons de négoce de vin de Bordeaux sous la monarchie de Juillet, exemple des succès du transfert du savoir-faire commercial allemand. Charles Gaden épouse la fille d'un négociant allemand, Wilhelmine Bencke, avec laquelle il a un fils en 1809, Hermann, qui se marie avec la fille de Klipsch, illustrant la stratégie d'implantation des notables allemands dans le commerce bordelais. Hermann obtiendra la naturalisation française en 1870.

Claire Zalc

GAINSBOURG Serge (Lucien Ginsburg)

Auteur, compositeur, interprète de chansons, acteur, écrivain. – Né le 2 avril 1928 et mort le 2 mars 1991 à Paris, France.

Le statut national du futur Serge Gainsbourg est suffisamment foisonnant pour qu'on lui fasse ici un sort particulier. Il est représentatif de la complexité des situations dans lesquelles la législation des étrangers et ses variations plongent ceux dont elle régit l'existence. Lucien, le second fils du pianiste Joseph Ginsburg, est né étranger par la décision de ses parents, qui ont préféré engager une procédure de naturalisation de toute la famille étrangère (outre Lucien, Joseph, son épouse Olga et la sœur jumelle de Lucien, Liliane), plutôt que de continuer à faire bénéficier leurs enfants de la naturalisation automatique, sur simple déclaration, qui avait, en revanche, joué pour leur première fille, Jacqueline. La naturalisation globale intervient donc seulement en 1932.

Les épreuves de ces Ginsburg n'étaient pas finies pour autant. Huit années plus tard, Vichy commençait à remettre tout en cause, au cas par cas, pour les naturalisés de la loi, relativement libérale, de 1927. Le 18 juin 1943 était ainsi prononcé le retrait de la nationalité française pour l'ensemble de cette famille, immigrée de Russie via la Turquie en 1921 et, présentement, réfugiée en zone Sud. L'avis ne sera cependant jamais transformé en décret de déchéance avant la chute du régime.

Lucien Ginsburg sera donc resté français jusqu'à la Libération. « Serge Gainsbourg », lui, en illustrera les annales de manière paradoxale. Nourri de Baudelaire et de Prévert, de Ravel et de Kosma, l'auteur du *Poinçonneur des Lilas* s'affirme dans un premier temps comme l'étoile montante d'une chanson rive-gauche identifiée à la France de l'après-guerre. Au contraire de la plupart de ses camarades, il saura s'ouvrir au cinéma (*Je t'aime, moi non plus*), à la télévision (*Anna*) et d'abord, sur le plan musical, à toutes les influences capables d'enrichir sa création, du jazz au rock, du yéyé au reggae. C'est d'ailleurs sa *Marseillaise* reggae de 1979 qui réveillera de vieux démons. L'académicien Michel Droit mettra en cause l'artiste, en faisant clairement allusion aux origines juives de celui qui, à l'époque, est considéré assez généralement comme un provocateur. Sauf, peut-être, par l'intéressé lui-même : Gainsbourg sera plus affecté qu'on ne l'aurait cru par l'attaque. Il protestera de son patriotisme et continuera jusqu'à la fin à jouer au chat et à la souris avec une culture qui, depuis lors, l'a reconnu comme l'un des plus remarquables enfants prodiges.

Pascal Ory

GALL François Joseph (Franz Joseph)

Anatomiste et neurologue. – Né le 9 mars 1758 à Tiefenbronn, alors Duché de Bade, aujourd'hui Allemagne ; mort le 22 août 1828 à Montrouge, France.

Né au sein de la famille Gallo, d'origine milanaise, catholique, Franz Joseph Gall a pour précepteur son oncle qui est prêtre. Il fait ses études à Bade, puis s'inscrit en faculté de médecine à Strasbourg, où il contribue à la constitution des collections d'anatomie comparée. C'est à Vienne qu'il obtient le titre de docteur et qu'il débute en 1785 une pratique médicale classique au sein de l'hôpital des sourds-muets. Il mène des recherches en neuro-anatomie. Intéressé par les travaux anatomiques de Pieter Camper sur l'angle facial, il se livre à des études sur la conformation crânienne de ses sujets d'observation et à des dissections du cerveau. Comme l'a souligné Georges Lantéri-Laura, ses travaux portent moins sur l'organe du cerveau que sur les relations possibles, de nature causale, entre l'organisation du cortex cérébral et des fonctions mentales.

En 1798, il rend publiques ses observations sur la physiologie intellectuelle, annonçant la publication d'un ouvrage sur sa doctrine, qu'il baptisera « cranioscopie » et que ses disciples nommeront « phrénologie ». Il commence à enseigner avec son assistant Johann-Caspar Spurzheim. Suspecté de matérialisme, Gall est interdit d'exercice par l'empereur François II en 1802. Il quitte Vienne en mars 1805 et, avec Spurzheim, parcourt alors les villes européennes en y donnant des conférences, où il rencontre la faveur de ses auditeurs à Berlin, Dresde, Halle, Copenhague, Hambourg, Amsterdam, Leyde, Francfort, Karlsruhe, Heidelberg, Munich, Zurich, Strasbourg. Il arrive, en octobre 1807, à Paris et s'installe à Montrouge, en quête d'un refuge et d'un revenu. Dès son arrivée, Gall est invité à disséquer des cerveaux au Muséum national d'histoire naturelle devant les sommités des naturalistes français et lors de nombreuses séances publiques. Il publie en 1808, en français, ses *Recherches sur le système nerveux* et son *Introduction à la physiologie du cerveau*. Ses propositions fondamentales sur la connaissance des fonctions cérébrales sont exposées dans son ouvrage *Sur les fonctions du cerveau et sur celles de chacune de ses parties* (1822-1825). Gall propose des distinctions entre des territoires du cerveau, non pas sur des critères morphologiques, mais sur des critères fonctionnels, en cherchant à localiser des penchants et des facultés. Il mène, dans son cabinet parisien, une activité médicale brillante et lucrative, et reçoit une clientèle de notables. Ses théories connaissent une certaine vogue et son cours annuel remporte un succès public pendant une dizaine d'années, tout en étant la cible des caricaturistes. Son œuvre anatomique et physiologique a ses partisans, comme Jean Bouillaud et François Broussais, mais aussi de vifs critiques, tels Georges Cuvier et René Laënnec, si bien que sa candidature à l'Académie des sciences échoue. Il rencontre l'hostilité du pouvoir : de Napoléon d'abord, qui refuse que les Français en soient « réduits à recevoir des leçons d'anatomie d'un Allemand » et qui considère le phrénologiste comme un charlatan, puis de Louis XVIII, après l'assassinat du duc de Berry. La dénonciation de l'inadéquation de la phrénologie à la morale chrétienne ne l'empêche toutefois pas de poursuivre en toute liberté son enseignement et son activité médicale. À sa mort, la faveur médiatique accordée à ses travaux est passée. Ses écrits ayant été mis à l'index par l'Église de Rome, Gall est inhumé civilement au cimetière du Père-Lachaise.

Anne Rasmussen

GALLIANO John (John Carlos Antonio Galliano Guillen)

Couturier. – Né le 28 novembre 1960 à Gibraltar, Royaume-Uni.

Né dans un milieu modeste de Gibraltariens (père anglais d'origine italienne, mère espagnole) installés à Londres en 1966, John Galliano se fait connaître, sous sa griffe, dès sa sortie du CSM (Central Saint-Martins College), mais c'est à Paris, où il expose ses collections à partir de 1990, qu'il est reconnu. En 1995, il devient directeur artistique de Givenchy et, l'année suivante, chez Dior, dont, au début des années 2000, il finit par superviser l'ensemble de la stratégie d'image, couture et parfum, réussissant totalement dans son entreprise de modernisation. Son style associe à une technicité reconnue, influencée par les grands classiques, Madeleine Vionnet au premier rang, un sens aigu de la théâtralité, voire de la provocation, qui fait parler de « porno chic ». Commandeur de l'ordre de l'Empire britannique et chevalier de la Légion d'honneur, John Galliano est tombé de son socle en février 2011, dans des circonstances théâtrales (injures à caractère antisémite), qui ont montré les limites de ladite provocation.

Pascal Ory

GAMBETTA Léon

Homme politique. – Né le 2 avril 1838 à Cahors, France ; mort le 31 décembre 1882 à Ville-d'Avray ou Sèvres, France.

Petit-fils d'un commerçant ligure venu fonder, en 1818 à Cahors, une épicerie, Le Bazar génois, avant de repasser les Alpes en laissant l'affaire à son fils, lequel épouse la fille d'un pharmacien du cru, Léon Gambetta monte à Paris faire son droit, devient français en 1859, avocat en 1860. La même année, à propos de l'unité italienne, il déclare à son père que « malgré [s]a nouvelle qualité de Français, [il] considère la lutte de ces braves gens comme une affaire de famille, une idée de race, une véritable société d'eux à [lui] », et regrette ensuite de ne pas être Italien, tant Napoléon III lui semble bien installé. Mais il fréquente les ténors de l'opposition républicaine et perce en 1868 en défendant les promoteurs d'un monument à Baudin, député tué lors du coup d'État de 1851. En 1869, il porte le programme radical dit « de Belleville », est élu député, se trouve à l'avant-scène lors de la proclamation de la république en 1870 et, ministre de l'Intérieur, quitte en ballon Paris encerclé pour organiser la guerre à outrance, ce qui lui vaut d'être traité de fou furieux par Thiers. Il démissionne au début de 1871, est élu député par neuf départements, choisit le Bas-Rhin par protestation, se repose, épuisé, en Espagne durant la Commune, est réélu en juillet. Il plaide le légalisme, les compromis avec les monarchistes modérés pour fonder la République, dont il est l'éloquent « commis-voyageur », jugé en son temps comme l'un des plus brillants orateurs politiques. Il fait campagne contre Mac-Mahon après la dissolution de la Chambre, en 1877, l'invitant à « se soumettre » ou « se démettre ». La victoire des républicains le porte à la présidence de la Chambre. Trop populaire pour ne pas inquiéter les modérés, qui lui reprochent aussi son débraillé, il est désormais jugé trop modéré par les radicaux. Quand Jules Grévy se résigne à l'appeler à diriger un ministère à la fin de 1881, il ne peut rassembler les leaders républicains et tombe dès janvier, moins d'un an avant de mourir d'une péritonite non diagnostiquée. Monarchistes et nationalistes n'avaient jamais pas manqué de lui reprocher ses origines, tels, en 1877, à la Chambre, De Mun et La Rochefoucault, duc de Bisaccia. Deux ans plus tard, un journal le caricaturait en berger italien. Sa disparition prématurée et son rôle en 1870 suscitèrent une monumentalisation étendue. C'est ce Gambetta-là dont la France a gardé le souvenir.

Éric Vial

GANZ Axel

Journaliste et éditeur. – Né le 25 juillet 1937 à Auggen, Allemagne.

Orphelin d'un père mort à Stalingrad et d'une mère tuée par la phtisie au sortir de la guerre, Axel Ganz est élevé par sa grand-mère dans le pays de Bade occupé par les Français. En 1959, il entre comme journaliste à l'*Offenburger Tageblatt*, puis intègre le groupe Burda en 1961. De 1963 à 1965, il est envoyé comme correspondant à Paris. Spécialiste reconnu du mariage du texte et de la photo, il rejoint le groupe Bauer à Hambourg en 1970, puis Grüner + Jahr, une des filiales du groupe Bertelsmann, le premier conglomérat multimédia européen. Il est envoyé à Paris en novembre 1978 pour y créer une filiale de presse magazine, Prisma Presse. Pendant près de trente ans, il lance des hebdomadaires et des mensuels sur le marché français : *Géo* en 1979, adaptation d'un titre allemand, puis des créations originales. Commence alors une histoire à succès dans une presse française en crise. Travailleur acharné, exigeant avec ses salariés mais généreux sur les salaires, Axel Ganz révèle les recettes de son savoir-faire : « Sentir les opportunités, avoir le courage de s'y attaquer, les réaliser dans un souci de perfection. Un produit de presse est intuitif, mais il faut contrôler ses intuitions. Il ne faut rien laisser au hasard. Tout doit être travaillé, retravaillé, vérifié, testé, mis en cause, re-testé... Tout cela avec une grande rigueur. » Sur le marché des féminins, considéré à l'époque comme saturé, Prisma Presse lance successivement le mensuel *Prima* (1982) et l'hebdomadaire *Femme actuelle* (1984). Dans le secteur de la presse économique, il lance, en octobre 1991, *Capital*, qui s'installe rapidement à la première place. Il innove également en installant en France la presse people avec *Voici* (1987) et *Gala* (1993). À soixante-huit ans, en 2005, il est contraint de quitter la direction du groupe de presse qu'il a fondé et pour lequel il a créé une vingtaine de magazines, mais, francophile et Européen convaincu, Axel Ganz demeure parisien et tropézien.

Patrick Eveno

GAO XINGJIAN

Écrivain, traducteur, peintre et cinéaste. – Né le 4 janvier 1940 à Ganzhou, Jiangxi, Chine.

Fils d'un père banquier et d'une mère actrice à ses heures, qui lui donne le goût de la création artistique, Gao Xinjian passe la première décennie de son existence en Chine dans la tourmente de l'invasion japonaise et de la guerre civile. Sous le régime communiste, il étudie à l'Institut des langues étrangères de Pékin et y reçoit son diplôme de français en 1962. Ayant attiré l'attention des autorités par ses aptitudes linguistiques, il entame la traduction en mandarin d'auteurs comme Ionesco, Prévert, Michaux ou Robbe-Grillet, et contribue par là même à mieux faire connaître la littérature d'expression française auprès du lectorat chinois. Victime de la Révolution culturelle, Gao Xingjian doit accomplir six années de camp de rééducation à la campagne et se résout à détruire de nombreux manuscrits. Il lui faudra attendre 1979, trois ans après la mort de Mao, pour pouvoir voyager hors de Chine et visiter ainsi l'Italie et la France. De 1980 à 1987, il rédige une abondante production littéraire, sous la forme de romans, de pièces et d'essais. Inspiré par Artaud, Brecht et le théâtre de l'absurde, l'écrivain produit une œuvre dramatique d'une grande richesse, qui séduit le public chinois, mais qui alerte la censure en raison des critiques implicites qu'elle renferme à l'égard de la société communiste. En 1983, pendant le « mouvement contre la pollution intellectuelle », le pouvoir chinois condamne puis interdit sa pièce à succès, *Arrêt de bus*. Un responsable du parti va même jusqu'à affirmer qu'il s'agit du texte le plus pernicieux écrit depuis la création de la République populaire. Deux ans plus tard, *L'Homme sauvage* suscite à nouveau la polémique, avant que *L'Autre Rive* ne soit censurée en 1986, sans même avoir pu être représentée. Ces attaques réitérées ont le mérite de faire connaître le nom de l'écrivain à l'étranger. Ne pouvant cependant plus monter en Chine aucune de ses pièces à cause de leur trop grande liberté de ton jugée subversive, Gao Xingjian est contraint à l'exil. Parti en 1987 vers l'Europe, il se trouve en 1989 à Paris au moment des massacres de la place Tian'anmen. En signe de protestation, il démissionne du Parti communiste chinois et s'inspirera de l'épisode pour sa pièce, *La Fuite* (1992). La France lui accorde peu après l'asile politique. En 1990, il fait paraître à Taipei son plus célèbre roman, *La Montagne de l'âme*, fondé sur un récit de voyage dans la Chine rurale et faisant intervenir des personnages anonymes désignés par de simples pronoms (« Toi », « Moi », « Il »). L'ouvrage sera traduit en français en 1995. Dès lors, Gao Xingjian est à un tournant de son œuvre, puisque, en 1993, sa pièce de théâtre *Au bord de la vie* est son premier texte rédigé en français. Désormais, il écrira de plus en plus dans la langue de son pays d'adoption. Fait chevalier de l'ordre des Arts et Lettres en 1992, il est naturalisé français en 1997. Non sans paradoxe, il revient à un immigré, écrivain français de fraîche date, par ailleurs totalement inconnu du public comme d'une grande partie de la critique, d'apporter en 2000 à la France son treizième prix Nobel de littérature. L'Académie suédoise lui reconnaît « une œuvre de portée universelle, marquée d'une amère prise de conscience et d'une ingéniosité langagière ». Toujours en 2000, Gao Xinjian propose, avec *Le Livre d'un homme seul*, un récit autobiographique revenant sur les années douloureuses vécues en Chine à l'époque du maoïsme. Les années 2000 lui permettent de diversifier son art. Déjà auteur d'une riche œuvre picturale et calligraphique – certaines réalisations ornant la couverture de ses livres –, il écrit un opéra (*La Neige en août*, 2002) et se lance dans l'écriture cinématographique en réalisant deux longs métrages. Écrivain de l'exil, il a fait paraître en 2012 sa dernière pièce de théâtre en date, *Chronique du Classique des mers et des monts*.

Pierre-Frédéric Charpentier

GARCIA Victor

Metteur en scène. – Né en décembre 1934 à Tucuman, Argentine ; mort le 29 août 1982 à Paris, France.

Après avoir entamé des études de médecine puis d'architecture, Victor Garcia se tourne vers le théâtre. Il monte sa première pièce de Federico García Lorca – qui sera son auteur de prédilection –, *Le Maléfice de la phalène*, en Argentine, puis part, en 1962, à Paris suivre l'université du Théâtre des nations. Il se liera d'amitié avec Jean-Marie Serreau et André Louis Périnetti, qui soutiendront sans faille son travail. Au Théâtre des nations, il met en scène, en espagnol – Garcia ne parle pas un mot de français lorsqu'il arrive en France – *Le Petit Retable de Don Cristobal*. Impressionné par la qualité plastique de la réalisation, Jean-Marie Serreau lui demande de le reprendre au Pavillon Marsan. Son premier spectacle en français, *Ubu roi* (dont le scénographe est Jérôme Savary), présenté au concours des jeunes compagnies, ne remporte pas de prix (alors que ses précédents spectacles en espagnol avaient été récompensés), car jugé un peu trop iconoclaste. C'est avec la création, en 1966, à Dijon puis au Théâtre des arts à Paris, du *Cimetière des voitures* de Fernando Arrabal que Victor Garcia se fera connaître, principalement pour ses constructions de l'espace scénique d'une grande inventivité. En 1969, la rencontre avec l'actrice catalane Nuria Espert marque un tournant dans sa carrière. Il met en scène avec elle trois spectacles, *Les Bonnes* de Jean Genet, *Yerma* de Garcia Lorca et *Divines Paroles* de Ramón del Valle-Inclán (cette pièce inaugurera en 1976 le nouveau Théâtre de Chaillot), pour lesquels il est primé dans de nombreux festivals internationaux. *Gilgamesh*, en 1979, et *Calderon* (sur un texte de Calderón de la Barca), en 1981, qui lui permettent de réinvestir l'espace de Chaillot, seront ses dernières mises en scène.

Chantal Meyer-Plantureux

GARGALLO Pablo. — *Voir* PARIS, École de.

GARIBALDI Joseph (Giuseppe)

Chef militaire et symbole politique. – Né le 4 juillet 1807 à Nice, France ; mort le 7 juin 1882 à Caprera, Italie.

Garibaldi est-il un étranger qui a fait la France, ou un Français qui a fait l'Italie ? Il est né français à Nice, alors annexée depuis quinze ans et où ses parents, originaires de Ligurie, s'étaient installés ; son acte de naissance est en français. Mais il devient piémontais à l'âge de sept ans, quitte à redevenir français en théorie en 1860, avec sa ville natale. Mais plus même qu'une célébrité mondiale, c'est alors, pour l'Italie naissante, un mythe national et révolutionnaire. Car, entre-temps, ce marin influencé par des saint-simoniens a été conspirateur mazzinien tentant un coup de main à Gênes à 1834, puis, réfugié en Amérique du Sud, corsaire pour la République du Rio Grande del Sud face au Brésil, participant à la défense de l'Uruguay, puis, encore, commandant des armées de la République romaine de 1848 écrasée par la France ; il a participé à la guerre du Piémont contre l'Autriche en 1859, conquis la Sicile et Naples, en somme fait l'unité italienne. Tout ceci avant de tenter en vain de prendre Rome, de guerroyer de nouveau contre l'Autriche en 1866 et, en septembre 1870, de proposer, toujours en vain, ses services à la France redevenue républicaine, d'arriver tout de même à Marseille, acclamé par la foule, d'obtenir de Gambetta méfiant de rassembler quelques mobilisés et des volontaires : ils affluent, Italiens, Espagnols, Polonais, voire Grecs ou Égyptiens, 4 500 en octobre, 18 000 mi-décembre, commandés par ce malade perclus de rhumatismes porté en voiture, mais en première ligne, défaisant des Prussiens à Châtillon-sur-Saône, leur faisant quitter Dijon et la défendant, seuls, côté français, jusqu'à s'emparer d'un drapeau ennemi. Les conservateurs, apeurés et haineux, nient leurs exploits, les accablent de sarcasmes, les qualifient d'écrevisses parce que leur chemise est rouge et qu'ils iraient à reculons. Ils accusent Garibaldi de vols et d'exactions quand il vient à l'Assemblée où, sans être candidat, il a été élu à Dijon, Nice et Paris : la foule l'applaudit, mais il commet l'erreur de démissionner avant de vouloir s'expliquer à la tribune et, quand, un mois après, Alger le réélit, il est invalidé le 10 mars 1871, au prétexte qu'il serait étranger, seul Niçois alors à l'être resté. Victor Hugo le défend et démissionne aussi. La Commune, à l'inverse, voudrait qu'il la préside, mais il refuse. Rentré à Caprera, il remâche son amertume, préside, en 1889, la très gallophobe commémoration des Vêpres siciliennes, et en 1881, quand la France impose son protectorat en Tunisie, écrit qu'ainsi, elle « forcerait l'Italie à se souvenir que Nice et la Corse n'étaient pas plus françaises que [lui n'était] Tartare ». À sa mort, la majorité républicaine de la Chambre française suspend pourtant ses travaux en signe de deuil, pendant que les monarchistes continuent de poursuivre sa mémoire de leurs invectives.

Éric Vial

GARIBALDI Sante

Entrepreneur et militaire. – Né le 16 octobre 1885 à Rome, Italie ; mort le 4 juillet 1946 à Bordeaux, France.

Petit-fils de Giuseppe Garibaldi, envoyé à dix-huit ans apprendre les métiers du bâtiment et la cartographie en Égypte, entre construction d'Héliopolis par Édouard Empain et expédition aux sources du Nil, il est, en 1912, volontaire avec ses frères dans la guerre gréco-turque. En 1914, il entre dans la légion garibaldienne, organisée par ses père et oncle, qui se bat en Argonne pour la France avant d'être démobilisée, ses pertes énormes plaidant peu pour l'entrée en guerre de l'Italie. Après celle-ci, il combat encore, cette fois dans l'armée de son pays. Démobilisé comme commandant, il dirige des chantiers de travaux publics de part et d'autre des Alpes. Il est antifasciste, lié aux nouvelles légions garibaldiennes levées dans l'immigration en France lorsque, en 1924, Mussolini semble pouvoir s'effondrer avec l'affaire Matteotti, jusqu'à ce que la reprise en main de l'Italie et la découverte du double jeu de son frère Ricciotti, porte-drapeau des légions mais agent de Rome, signent la faillite de celles-ci. Il reste ensuite en France : spécialiste du béton armé, il s'est occupé de la reconstruction des régions dévastées, continue depuis Paris, s'installe en 1927 en Dordogne, en 1933 à Bordeaux, où il construit entre autres le stade municipal. Il s'oppose de nouveau au fascisme quand celui-ci se fait gallophobe à partir de 1935, détermine une scission sur cette base parmi les garibaldiens de France, tout en restant lié à ses frères, demeurés dans l'orbite fasciste. Il veut créer une légion de volontaires en 1939, mais il est freiné par les autorités françaises, soucieuses de ménager Mussolini – dont il approuve d'ailleurs la neutralité. Résistant, arrêté en 1941 et 1943, déporté alors d'un camp de concentration à un autre jusqu'à Dachau, où il côtoie Léon Blum ou le chancelier Schussnigg, libéré à Bolzano en avril 1945, il participe aux dernières actions de la Résistance transalpine, mais sa santé est minée : il sera fait commandeur de la Légion d'honneur à titre posthume et déclaré « mort pour la France ».

Éric Vial

GARIN Maurice

Sportif. – Né le 3 mars 1871 dans le Val d'Aoste, Italie ; mort le 19 février 1957 à Lens, France.

Originaire de la région du Val d'Aoste, Maurice Garin exerce à partir de treize ans le métier de ramoneur en Savoie, ce qui lui vaut, avec ses mensurations (1,62 m, 60 kg), son surnom de « petit ramoneur » lorsqu'il commence sa carrière cycliste en 1892. Il fait ses débuts dans le Nord au Vélo-Club maubeugeois. Très vite, il inscrit de grandes courses à son palmarès. Il gagne notamment Paris-Roubaix à deux reprises (1897 et 1898), Bordeaux-Paris (1902), Paris-Brest-Paris (1901). La presse le présente comme un coureur hargneux et combattif, ce qui lui vaut aussi le surnom de « bouledogue blanc ». Considéré à cette époque comme un coureur français, il n'est pourtant naturalisé qu'à la fin de l'année 1901. Il s'illustre alors en remportant la première édition du Tour de France en 1903 sous le maillot de l'équipe La Française dans laquelle court aussi son frère César (son autre frère Ambroise est également coureur professionnel). Le quotidien sportif *L'Auto*, qui crée la course tout en en fabriquant la mythologie à longueur de colonnes, manifeste son admiration. Le directeur du journal et de la course, Henri Desgrange, fait de Garin un « héros de légende ». L'année suivante, il confirme en remportant de nouveau l'épreuve dans un climat délétère marqué par des agressions contre des coureurs de la part du public et de nombreuses irrégularités qui conduisent à des sanctions. Son déclassement et sa suspension pour deux ans, décidés par l'Union vélocipédique de France, font débat. *L'Auto* soutient ce « routier hercule », tout comme les trois coureurs classés de la deuxième à la quatrième place, eux aussi disqualifiés. Garin n'a de cesse de réfuter les accusations de tricherie. Quoi qu'il en soit, et l'affaire demeure confuse, sa carrière de cycliste professionnel n'y survit pas. Il s'installe alors à Lens, où il tient un atelier de réparation. Entre 1944 et 1954, il dirige une équipe cycliste à son nom. Il tire ainsi profit de l'aura que lui vaut son statut de premier vainqueur de la Grande Boucle, véritable passion nationale. Pour la même raison, le nom de Maurice Garin figure en bonne place dans toutes les mémoires des passionnés de la petite reine.

Stéphane Mourlane

GAROU. — *Voir* QUÉBÉCOIS, chanteurs.

GARY Romain (Roman Kacew)

Romancier et diplomate. – Né le 8 mai 1914 à Vilna, alors Empire russe, aujourd'hui Lituanie ; mort le 2 décembre 1980 à Paris, France.

De toutes les existences menées sa vie durant, Romain Gary aura conservé en lui l'« image féerique d'une France de héros et de vertus exemplaires » (*La Promesse de l'aube*), à laquelle son œuvre fait abondamment référence. À peine né, Roman Kacew est déporté dans le centre de la Russie avec sa mère, Mina Owczynska, car leurs origines juives les rendent suspects aux yeux des Russes, alors que la Première Guerre mondiale vient d'éclater. De retour à Vilna – désormais Wilno, la polonaise – une fois la paix revenue, Roman Kacew est abandonné par son père à onze ans, et élevé seul par sa mère. À cette époque, il découvre les auteurs classiques, en particulier français, tandis que Mina multiplie les petits boulots ; mais l'antisémitisme ambiant de la Pologne des années 1920 les pousse à l'exil. Après avoir vécu encore deux ans à Varsovie, ils partent vers la France et s'établissent en 1928 à Nice, où Mina tient une pension. Roman mène ses études, lit les auteurs français contemporains et commence à écrire ses premiers textes dans sa langue d'adoption. Après son baccalauréat obtenu en 1933, Roman va faire son droit à Paris et rédige en français le manuscrit de son premier roman, *La Geste grimaçante*, demeuré inédit. Au printemps 1935, ses deux premières nouvelles, *L'Orage* et *La Petite Mère*, sont publiées dans l'hebdomadaire *Gringoire*, avec lequel il rompra bientôt, en raison de l'antisémitisme du titre. Roman Kacew est naturalisé français le 5 juillet 1935 et obtiendra sa licence de droit trois ans plus tard. En 1937, le jeune homme suit une préparation militaire supérieure à l'École de l'air, mais, en mars 1939, il sera le seul élève-officier recalé à l'examen final, sa naturalisation étant jugée trop récente. En juin 1940, il part, depuis le Maroc, rejoindre le général de Gaulle à Londres et s'engage dans les Forces aériennes françaises libres, au sein desquelles il sert au Moyen-Orient, en Afrique du Nord et en Europe. C'est à cette époque qu'il prend le pseudonyme de Gary (« brûle ! » en russe). Aviateur rattaché au Groupe de bombardement Lorraine, il est grièvement blessé lors d'une mission en janvier 1944. Décoré de la croix de guerre, il termine le conflit comme capitaine et figure parmi les mille trente-huit Compagnons de la Libération. En 1945, il publie chez Calmann-Lévy son premier roman, *Éducation européenne*, qui obtient le prix de la Critique. Marié la même année à la romancière anglaise Leslie Blanch, Romain Gary entame alors une carrière de diplomate qui, quinze années durant, le mènera tour à tour à Sofia, Berne, New York, Londres, La Paz, avant de devenir consul général de France à Los Angeles, de 1957 à 1960. Il se trouve en Bolivie quand lui parvient l'annonce de l'attribution du prix Goncourt 1956 à son cinquième roman, *Les Racines du ciel*. Séparé de corps avec Leslie Blanch, Romain Gary rencontre l'actrice américaine Jean Seberg en 1959 aux États-Unis et décide de s'établir avec elle l'année suivante à Paris. La même année, son récit autobiographique, *La Promesse de l'aube*, rencontre un important succès critique et public. Après avoir quitté le corps diplomatique en 1961 et figuré brièvement dans le cabinet du ministre de l'Information en 1967-1968, il décide de se consacrer entièrement à l'écriture, et tourne également deux longs métrages. Ce gaulliste de toujours, qui avait revêtu une dernière fois son uniforme de la France libre aux obsèques du général de Gaulle en 1970, choisit de mettre fin à ses jours le 2 décembre 1980. Il reçoit des funérailles militaires aux Invalides. On découvrira, après son décès, que l'écrivain avait écrit plusieurs autres romans sous le pseudonyme d'Émile Ajar, notamment *La Vie devant soi*, lauréat du prix Goncourt 1975, ce qui fait de Romain Gary le seul auteur à avoir jamais remporté deux fois le plus prestigieux des prix littéraires français.

Pierre-Frédéric Charpentier

GASPAR Lorand

Poète et traducteur. – Né le 28 février 1925 à Tîrgu Mures, Roumanie.

Issu de la minorité hongroise de Transylvanie, Lorand Gaspar subit les affres de l'histoire européenne, quand sa région natale est annexée par la Hongrie en 1940. Le jeune homme s'inscrit en 1943 à l'Université polytechnique de Bucarest, mais doit partir à l'armée quelques mois plus tard, avant d'être détenu dans un camp de travail, dont il s'évade en 1945. Réfugié en France la même année, il y mène des études de médecine, qui lui permettront de devenir chirurgien des hôpitaux de Jérusalem, Bethléem et Tunis, tout en menant des recherches de médecine neurocognitive. Sans éprouver le besoin de disjoindre ses deux centres d'intérêt, il commence une abondante œuvre poétique, avec la parution, en 1966 chez Flammarion, de son premier recueil de poèmes, *Le Quatrième État de la matière*, qui reçoit le prix Mallarmé. Poète du « nomadisme définitif » et de la lumière, Lorand Gaspar rappellera plus tard l'importance que revêtait à ses yeux le choix d'écrire dans sa langue d'adoption : « Je n'ai rien à dire sur mon usage du français comme langue d'expression, à part le fait très simple qu'une interaction du destin et de ma volonté ont abouché ma vie à la vie de cette langue, que mon souffle est désormais lié à sa chimie. » Chez Gallimard, il fait paraître certains de ses textes poétiques les plus accomplis, de *Sol absolu* (1972) à *Patmos et autres poèmes* (2001), ainsi que des récits (*Égée, Judée*, 1993). Maîtrisant le hongrois, le roumain, l'allemand, le français, l'anglais, le latin, le grec et l'arabe, l'écrivain a également traduit des textes de Spinoza, Rilke, D. H. Lawrence ou Georges Séféris. Lorand Gaspar est un auteur reconnu qui s'est vu décerner le Grand Prix de poésie de l'Académie française en 1993, puis le prix Goncourt de la poésie en 1998. La revue *Europe* lui a consacré un numéro spécial en 2005, tandis qu'il poursuit son œuvre poétique (*Derrière le dos de Dieu*, 2010).

Pierre-Frédéric Charpentier

GEDDES Patrick

Urbaniste. – Né le 2 octobre 1854 à Ballater, Royaume-Uni ; mort le 17 avril 1932 à Montpellier, France.

Originaire d'Écosse, Patrick Geddes travaille, en 1877 et 1878, à Roscoff, en Bretagne, dans la station de biologie marine créée par le professeur Lacaze-Duthiers de la Sorbonne, comme biologiste. En 1878, il publie à Paris, en français, son mémoire *Sur la chlorophylle animale et la physiologie des planaires verts*, tout en suivant, à l'École de médecine, les cours de Lacaze-Duthiers, de Wurtz et de Gautier. Mais il est connu aujourd'hui pour ses travaux sur l'urbanisation et sur l'éducation. Après avoir enseigné la sociologie de 1914 à 1924 en Inde à l'université de Bombay, c'est la France qu'il choisit, en 1924, pour fonder un établissement d'enseignement supérieur à Montpellier, le Scots College (Collège des Écossais), qui se définit comme université internationale. Son autorité dans ces domaines se traduit par des conséquences pratiques, tel, en 1925, le plan d'urbanisation de Tel-Aviv.

Gérard Monnier

GEHRY Frank Owen (Frank Owen Goldberg)

Architecte. – Né le 28 février 1929 à Toronto, Canada.

Ses parents, d'origine polonaise, se sont installés dans l'Ontario. Architecte diplômé d'Harvard (1956-1957), Frank Gehry est d'abord salarié dans diverses agences, dont celle d'André Remondet à Paris (1961). Il ouvre en 1962 sa propre agence à Los Angeles. Ses projets, peu conventionnels, l'imposent à d'importants maîtres d'ouvrage à travers le monde. Il reçoit, en 1989, le prix Pritzker. Il a peu construit en France, essentiellement un édifice pour Disneyland à Marne-la-Vallée (1989-1992) et, surtout, à Paris-Bercy l'American Center (1993), reconverti en Cinémathèque française.

Gérard Monnier

GEORGE Yvonne (Yvonne de Knops)

Chanteuse, comédienne. – Née en 1896 à Liège, Belgique ; morte le 22 avril 1930 à Gênes, Italie.

Morte à trente-trois ans, n'ayant enregistré qu'une vingtaine de chansons sur les deux cents que comptait son répertoire de scène, autant huée qu'applaudie de son vivant, Yvonne George n'est guère connue que par les historiens du music-hall ou par les admirateurs de Robert Desnos qui, fou d'amour, lui dédia le poème *J'ai tant rêvé de toi*. Pourtant, bien avant ses « héritières » Juliette Gréco ou Barbara, elle initia un type d'interprétation fondé sur un art de comédienne et une expressivité multiforme, au service de genres aussi différents que le folklore marin (*Valparaiso*), la parodie (*Impressions de dancing*), la veine poétique (*Toute une histoire*) ou la chanson réaliste (*Pars*, son plus grand succès). Cet éclectisme, son style rugueux, son étrange silhouette de velours vert au visage de pierrot éperdu ainsi que ses inclinations pour les amours lesbiennes et les paradis artificiels l'écartent du public populaire lorsque Paul Franck la fait débuter à l'Olympia en 1920. C'est surtout dans les cabarets de nuit, comme Chez Fysher, qu'elle gagne l'admiration des avant-gardes. Jean Cocteau la fait jouer au théâtre, Man Ray la photographie, Van Dongen la dessine, Georges Auric lui harmonise des chansons... À partir de 1924, elle finit pourtant par s'imposer au music-hall, tout en continuant à déchaîner passions et controverses. On l'engage même au Moulin-Rouge, à Londres, à New York. Mais cet envol est brisé par la tuberculose : après deux ans de sanatorium, elle s'éteint en 1930, dans un de ces ports qu'elle avait tant chantés.

Yves Borowice

GEREMEK Bronislaw

Historien. – Né le 6 mars 1932 à Varsovie, Pologne ; mort le 13 juillet 2008 dans l'ouest de la Pologne.

Bronislaw Geremek est un intellectuel européen connu à la fois pour son œuvre d'historien de l'exclusion et pour celle d'homme politique, artisan de la démocratisation de la Pologne et de son intégration dans l'Union européenne. Né d'un père instituteur, juif et laïc, il survit avec sa mère au ghetto de Varsovie. De son père et de son frère qui sont déportés, seul son frère revient. Au cours de ses études d'histoire, entreprises à Varsovie, il choisit de faire porter ses recherches sur la France. En 1956, il est accueilli à la sixième section de l'École pratique des hautes études – devenue plus tard l'École des hautes études en sciences sociales –, qu'il considérera désormais comme sa deuxième maison ; il y revient en 1957. De 1962 à 1965, il est chargé de cours à la Sorbonne. Son travail sur les « marginaux parisiens » au Moyen Âge s'inscrit dans les problématiques de l'École des Annales, dont il tente de se faire le passeur vers une Pologne dominée par l'histoire événementielle. En France, l'intérêt suscité par ses recherches chez Fernand Braudel, Georges Duby ou encore chez son ami Jacques Le Goff est tel que, dès 1968, son étude du *Salariat dans l'artisanat parisien aux XIIIe-XVe siècle* y est traduite et publiée.

1968, c'est aussi l'année où l'intervention des troupes du pacte de Varsovie à Prague provoque sa démission du Parti communiste, auquel il avait adhéré à l'âge de dix-huit ans. S'ouvre une période de sa vie où il devient une figure de la dissidence polonaise. En 1980, l'enseignant à l'université de Varsovie est le héraut du milieu intellectuel auprès des ouvriers des chantiers navals de Gdansk. Geremek devient un proche conseiller de Lech Walesa au sein du syndicat Solidarnosc. Le régime du général Jaruzelski l'emprisonne pendant un an en 1982, puis encore pendant trois mois en 1983. En 1988-1989, il œuvre à la passation pacifique du pouvoir entre le Parti communiste et Solidarnosc. Dans cette Pologne transformée, il devient un homme politique de premier plan : élu député à la Diète dès 1989, il accède aux fonctions de ministre des Affaires étrangères en 1997 et préside à l'adhésion de la Pologne à l'OTAN (1999), puis il est élu député européen dès que se réalise son vœu – l'entrée de la Pologne dans l'Union européenne, en 2004. Son mandat est interrompu par la mort – un accident de voiture sur la route de Bruxelles. Que ce soit à la tribune de ces instances politiques, à celle du Collège de France (1992), dans ses essais (*Le Devenir européen et le défi prométhéen*, 2004) ou à la présidence de la Fondation Jean-Monnet pour l'Europe, il œuvra non seulement à « faire l'Europe », mais aussi à « faire les Européens » (2007).

Anna Trespeuch-Berthelot

GÉRÔME Raymond (Raymond de Backer)

Acteur, metteur en scène, auteur. – Né le 17 mai 1920 à Koekelberg, Belgique ; mort le 3 février 2002 aux Lilas, France.

Directeur artistique du Théâtre national de Bruxelles, Raymond de Backer, devenu Raymond Gérôme, s'installe à Paris en 1954. Artiste omniprésent, il écrira des romans, des poèmes et des pièces de théâtre, mettra en scène classiques et modernes et promènera son élégance flegmatique dans quantité de pièces, de films et de téléfilms. À peu près complètement absent du théâtre public et du répertoire de l'avant-garde, Raymond Gérôme contribuera surtout à faire mieux connaître le théâtre anglais au public français, de Richard Brinsley Sheridan à Peter Schaffer en passant par Bernard Shaw.

Pascal Ory

GHEORGHIU Virgil

Romancier. – Né le 15 septembre 1916 à Valea Albă, Roumanie ; mort le 22 juin 1992 à Paris, France.

En 1949, *La Vingt-Cinquième Heure* rend célèbre le nom de Virgil Gheorghiu, un jeune écrivain originaire de Moldavie. Ayant fui la Roumanie par anticommunisme en 1944 avec son épouse, Gheorghiu a émigré clandestinement en France pour s'installer à Paris en 1948. Son expérience nomade dans l'Europe chaotique de l'immédiat après-guerre lui a fourni la substance du roman en partie autobiographique que le directeur littéraire de Plon, le philosophe Gabriel Marcel, fait immédiatement traduire en français et dont il rédige la préface. L'ouvrage devient un best-seller mondial et sera adapté sur grand écran en 1967 par Henri Verneuil. Comme s'il souhaitait rompre avec cet héritage univoque, Virgil Gheorghiu se fait ordonner prêtre de l'Église orthodoxe roumaine à Paris en mai 1963 et poursuit son œuvre littéraire, écrivant désormais en français, jusqu'à son décès.

Pierre-Frédéric Charpentier

GHOSN Carlos

Entrepreneur. – Né le 9 mars 1954 à Porto Velho, Brésil.

Né au sein de la communauté libanaise du Brésil, Carlos Ghosn commence ses études à Beyrouth et les termine à Paris à partir de 1970. Il est reçu à l'École polytechnique (son école d'application sera celle des Mines). Ses compétences et son ouverture internationale vont faire de lui une personnalité importante du monde français de l'automobile, au travers de deux entreprises dominantes. Chez Michelin, où il travaille pendant dix-huit ans, il termine directeur des opérations en Amérique du Nord, présidant à l'acquisition d'Uniroyal Goodrich. Entré dans le groupe Renault en 1996, il y sera, là aussi, à partir de 1999, l'homme d'une alliance avec un concurrent étranger, ici le Japonais Nissan, dont il devient le pdg. La réussite de sa stratégie de restructuration, qui bouleverse les habitudes japonaises autant que françaises, conduit Louis Schweitzer à lui proposer de lui succéder, d'abord, en 2005, comme pdg de Renault puis, en 2009, comme président du conseil d'administration. Sa pensée du management, discutée mais remarquée, en fait un des rares dirigeants d'entreprise français connu à l'échelle planétaire. Populaire au Japon, où il a même fait l'objet d'un manga, il s'est beaucoup investi dans la reconstruction physique et spirituelle du pays après la catastrophe de Fukushima, en 2011.

Pascal Ory

GIACOMETTI Alberto

Sculpteur et peintre. – Né le 10 octobre 1901 à Borgonovo, Suisse ; mort le 11 janvier 1966 à Coire, Suisse.

Né dans la haute vallée des Grisons d'un père artiste peintre, Alberto Giacometti étudie l'art à Genève, puis à Paris, où, à son arrivée en 1922, il entre dans l'atelier d'Antoine Bourdelle à Montparnasse. Même si l'essentiel de ses créations sont réalisées dans sa « caverne-atelier » du XIVe arrondissement de Paris, rue Hippolyte-Maindron, il retourne régulièrement en Suisse travailler dans les ateliers de son père. Proche du surréalisme à partir de 1930, son œuvre forme un écho avec celles de Joan Miró et de Jean Arp, avec qui il expose à la galerie Pierre de Paris. Concentrant son intérêt sur les têtes puis sur des corps en déplacement, il prend comme modèles, pour ses portraits sculptés et peints, son frère Diego et sa propre femme Annette. Ses sculptures sont de taille minuscule durant la période 1941-1945 où il s'est réfugié à Genève ; elles deviennent filiformes et allongées à son retour à Paris (*Trois hommes qui marchent*, 1948) et sont exposées en 1951 à la galerie Maeght, en 1956 à la Biennale de Venise, où Giacometti représente la France, puis, depuis 1964, à la fondation Maeght à Saint-Paul-de-Vence. L'œuvre de Giacometti, aujourd'hui reconnue dans le monde entier, a inspiré des textes remarquables à des écrivains et des poètes (Georges Bataille, Francis Ponge) comme à des philosophes (Jean-Paul Sartre, Maurice Merleau-Ponty). Pour gérer sa postérité et encourager la recherche sur son œuvre, sa veuve a créé par testament une Fondation Alberto et Annette Giacometti, reconnue d'utilité publique en 2003, dont le siège se situe à Paris.

Julie Verlaine

GIAP (Groupe international d'architecture prospective)

Le groupe est créé en mars 1965 à Paris à l'initiative de Paul Maymont, Walter JONAS (1910-1979), Georges Patrix, Michel Ragon, Nicolas SCHÖFFER (1912-1992), Ionel SCHEIN et Yona FRIEDMAN (né en 1923). En mai un *Manifeste* est publié. Il adopte des positions qui annoncent celles des groupes Archigram en Grande-Bretagne et des Métabolistes au Japon. Plusieurs architectes étrangers, qui s'imposeront plus tard, rejoignent le GIAP : les Suisses Jacques BARDET (né en 1928) et Pascal Häusermann, l'Anglais Arthur Quarmby et Édouard Utudjian, d'origine arménienne. Sont aussi approchés les Allemands Frei OTTO (né en

1925) et Werner RUHNAU (né en 1922), le Japonais Kisho KUROKAWA (1934-2007). Le doyen du GIAP, Édouard UTUDJIAN, est depuis l'avant-guerre le spécialiste de l'architecture et de l'urbanisme souterrain. Les travaux de Pascal HÄUSERMANN (né en 1936) et de son épouse Claude HAÜSERMANN-COSTY (née en 1931) feront école (Chanéac, Jacques Couelle…), tout comme ceux d'Arthur QUARMBY (né en 1934), auteur de *House and Garden* (1965) et de *Plastics and architecture* (1974). Cette conception de l'habitat, sous forme de cellules qui se connectent les unes aux autres, se développe ensuite en appliquant la technique de structures gonflables. La connection des cellules – projet Plug-In City – sera un des thèmes favoris du groupe Archigram. Antti LOVAG (né en 1925), qui s'installe en 1947 à Paris, prône l'« autoconstruction » et l'« habitalogie », des thèmes qui deviennent la préoccupation de nombreux architectes des années 1960-1970. Ce principe d'évolutivité de l'habitat, de sa mobilité, de son extrême économie de moyens, développé à travers des formes organiques, se propose de laisser à l'habitant une liberté d'adaptation dans l'extension ou la combinaison des cellules entre elles.

Gérard Monnier

GILLES (Jean Villard)

Chanteur, comédien, écrivain. – Né le 2 juin 1895 à Montreux, Suisse ; mort le 26 mars 1982 à Saint-Saphorin, Suisse.

Georges Brassens ou Léo Ferré s'accordaient à voir en Gilles un des inventeurs de la chanson d'auteur moderne. Originaire du canton de Vaud, ce passionné d'art dramatique est formé à Paris par Jacques Copeau au théâtre du Vieux-Colombier, puis en Bourgogne dans la troupe des Copiaus (1924-1929), expérience artistique et communautaire fondée sur une discipline exigeante et sur une approche globale des arts de la scène : théâtre, chant, danse, mime, masques… Un apprentissage que Gilles fait fructifier en bifurquant vers la chanson en 1932, formant avec un autre « Copiau », Aman Maistre, le duo Gilles et Julien. Celui-ci va, pendant six ans, imposer un style résolument novateur au music-hall. D'abord par une scénographie faisant la part belle à l'alternance des voix et à la stylisation gestuelle, par lesquelles les deux compères, en pantalon et chandail de matelot, transforment les chansons en mimodrames – préfigurant l'art performatif d'un Yves Montand ou des Frères Jacques. Par leur répertoire ensuite, signé en partie de Gilles, même s'ils ne dédaignent pas d'interpréter d'autres auteurs. D'une poésie qui évite les facilités, ils alternent folklore revisité, rengaines de marins, parodies drolatiques (*Parlez pas d'amour*) et surtout chansons marquées par un fort engagement social : *Dollar* (1932), *Vingt Ans* ou encore *La Belle France* en 1936, qui devient l'emblème chanté du Front populaire. S'ils mènent une carrière à succès dans le champ du spectacle, enregistrant chez Columbia et se produisant dans les grandes salles de l'époque, ils chantent également dans les fêtes et manifestations militantes.

Les duettistes se séparent en 1938. Sous l'Occupation, Gilles rejoint Lausanne et y ouvre un cabaret, auquel il insuffle un esprit antinazi. Il continue d'écrire : *14 Juillet*, ou encore *Les Trois Cloches*, dont Édith Piaf et les Compagnons de la chanson feront un succès mondial après-guerre. En 1947, il revient à Paris et fonde le cabaret Chez Gilles, avenue de l'Opéra. Jusqu'à l'aube des années 1960, il y chante ses œuvres en duo avec Albert Urfer et y promeut des artistes majeurs comme Jacques Brel, Mouloudji, Catherine Sauvage… Outre ses chansons, Gilles est également l'auteur de pièces de théâtre, de mémoires (*Mon demi-siècle et demi*) et de nombreux poèmes empreints d'une verve humaniste, au lyrisme tempéré par un humour corrosif. L'un d'entre eux, *La Venoge*, fait office d'hymne vaudois.

Yves Borowice

GIROD Paul

Ingénieur et industriel. – Né en 1878 à Fribourg, Suisse ; mort en 1951 à Cannes, France.

Après des études de chimie au Technicum de Suisse, Paul Girod est employé dans l'établissement suisse de la Société chimique des usines du Rhône, puis, en 1898, à la Société franco-suisse d'électrochimie. Il est considéré, avec Henry Gall et Jules Barut, comme l'un des pionniers des innovations dans le domaine de l'énergie hydraulique. Il découvre le procédé de fabrication électrométallurgique du vanadium et se voit confier par son employeur, une société de production de faïencerie, la direction d'une usine à Albertville. En 1899, il fonde à Genève la Société d'électrométallurgie, dont l'usine est à Venthon, en Savoie, puis, en décembre 1904, ouvre l'usine d'Ugine ainsi que la centrale hydroélectrique des Mollières. À la Belle Époque, l'aciérie d'Ugine, munie de quatre fours électriques, fait de Paul Girod, naturalisé français en 1910, le principal producteur français de ferroalliages. En 1914, deux mille cinq cents ouvriers travaillent dans ses entreprises. Il y mène une politique paternaliste qui se heurte à une certaine réticence du milieu local uginois. Mais la situation financière de ses établissements reste difficile, la concurrence dans le secteur étant particulièrement rude. Certes, la guerre introduit une massification de la demande d'acier et Paul Girod parvient à mobiliser certains soutiens, venus des milieux d'affaires suisses puis parisiens et, pour finir, des milieux gouvernementaux français. Néanmoins, l'évolution générale de l'électrométallurgie, marquée par un mouvement de concentration, conduit à sa mise à l'écart au lendemain de la Première Guerre mondiale. Il contribue, dans l'entre-deux-guerres, au développement de plusieurs usines italiennes (Cogne, Val d'Aoste), puis à la construction des aciéries lorraines de Thionville ; il est employé comme ingénieur-conseil par les Hauts-Fourneaux de la Chiers à Longwy. Puis il se retire des affaires, tout en continuant ses recherches.

Claire Zalc

GIROUD Françoise (Lea France Gourdji)

Journaliste. – Née le 21 septembre 1916 à Genève, Suisse ; morte le 19 janvier 2003 à Neuilly-sur-Seine, France.

Fille de Salih Gourdji, directeur de l'Agence télégraphique ottomane, réfugié politique en Suisse puis en France, et de Elda Faragi, tous les deux Turcs et juifs séfarades, Françoise Giroud est naturalisée française en 1929, avec sa mère et sa sœur Djenane. Titulaire d'un diplôme de dactylo à l'âge de seize ans, elle est, dans les années 1930, script-girl de Marc

Allégret ou de Jean Renoir, assistante metteur en scène, puis scénariste durant la Seconde Guerre mondiale, tout en servant comme agent de liaison dans la Résistance. Mais c'est Djenane qui est la grande résistante de la famille ; elle sera déportée pour ses activités. Françoise Giroud entame une carrière de journaliste à *Paris-Soir*, replié à Lyon durant la guerre. À la Libération en 1945, elle devient, et demeure jusqu'à 1953, directrice de la rédaction du nouveau magazine féminin *Elle*, créé par Hélène Gordon-Lazareff ; elle collabore également aux autres titres du groupe dirigé par Pierre Lazareff, mari d'Hélène : *France-Soir*, *L'Intransigeant*, *Le Journal du dimanche*, *France-Dimanche*. Elle écrit alors de nombreux « portraits », qui sont ensuite publiés en recueils. En 1951, elle rencontre Jean-Jacques Servan-Schreiber, la passion amoureuse de sa vie en dépit de toutes les trahisons, qui la conduisent un temps au désespoir et dont elle se remet grâce à Jacques Lacan. En 1953, elle participe, avec Servan-Schreiber, à la fondation de *L'Express*, qui soutient la carrière politique de Pierre Mendès France. Animatrice hors pair, elle attire au journal des plumes célèbres, tels François Mauriac ou Albert Camus, tout en formant de jeunes journalistes. Elle est également une des animatrices de la vie politique et culturelle parisienne. En 1964, *L'Express* est transformé en *news magazine* sur le modèle de l'américain *Time*. Françoise Giroud dirige le magazine jusqu'en 1974, mais la vente de *L'Express* par Jean-Jacques Servan-Schreiber la contraint à abandonner l'œuvre de sa vie. Elle entame alors une brève carrière politique sous la présidence de Valéry Giscard d'Estaing : secrétaire d'État chargée de la Condition féminine de juillet 1974 à août 1976, puis secrétaire d'État à la Culture jusqu'en mars 1977. À partir de 1983, elle est éditorialiste au *Nouvel Observateur*.

Françoise Giroud a marqué le journalisme français à double titre : en tant que directrice de rédactions et en tant que féministe. À *Elle* puis à *L'Express*, elle est la première femme à assumer, et pendant trente ans, des postes aussi élevés dans la hiérarchie journalistique, particulièrement dans la presse politique. À *L'Express*, elle tient la rédaction d'une poigne de fer et réécrit les articles de la plupart des rédacteurs. Elle a formé toute une génération de femmes journalistes, telles Christine Ockrent, Catherine Nay ou Michèle Cotta. Son combat féministe peut sembler plus discret, mais il est permanent : le droit des femmes à l'égalité passe par l'affirmation de leur personnalité, de leurs capacités à exercer tous les métiers. Il a pour condition nécessaire la maîtrise de la maternité par le droit à l'avortement et à toutes les formes de contraception. Parallèlement à sa carrière de journaliste, elle publie plus d'une trentaine d'ouvrages : recueils d'articles (*Le Tout-Paris*, *Nouveaux Portraits*, *La Nouvelle Vague*), souvenirs autobiographiques (*Leçons particulières*, *Profession journaliste*, *Arthur ou le bonheur de vivre*), biographies, principalement de femmes (*Marie Curie*, *Alma Mahler*, *Jenny Marx*, *Cosima Wagner*, *Lou Andreas-Salomé*, *Christian Dior*) et des romans (*La Comédie du pouvoir*, *Le Bon Plaisir*). Sens de la formule et plume acérée : ses ouvrages rencontrent un large succès et certains sont adaptés pour le cinéma. Elle a eu deux enfants, un fils, décédé à l'âge de vingt ans, et une fille, la psychanalyste Caroline Eliacheff.

Patrick Eveno

GITAÏ Amos (Amos Weinraub ; nom hébraïsé en 1966).

Cinéaste. – Né le 11 octobre 1950 à Haïfa, Israël.

Son père était architecte du Bauhaus, installé en Palestine en 1929 pour fuir les nazis. Amos Gitaï commencera des études d'architecture, interrompues par la guerre du Kippour, à l'issue de laquelle il s'engage dans une carrière de cinéaste. En 1982, son documentaire *Journal de campagne* déclenche une polémique et l'oblige à quitter Israël pour vivre à Paris. Il y reste une dizaine d'années, tournant un peu partout dans le monde des films produits par Channel Four ou par des producteurs français (Richard Copans, Thierry Garrel-Arte, Laurent Truchot). Puis il retourne s'installer en Israël. Michel Propper devient bientôt l'un de ses principaux partenaires financiers. Jugé trop européen par certains de ses compatriotes, considéré comme subversif, il a trouvé en France une complicité qui lui a permis de signer *Plus tard tu comprendras* (2008), d'après un récit autobiographique de Jérôme Clément parti à la découverte de l'histoire de ses grands-parents maternels, juifs russes naturalisés français, déportés et gazés à Auschwitz, et *Roses à crédit* (2011), d'après le roman d'Elsa Triolet. Le Festival d'Avignon lui a ouvert ses portes en 2009, lui permettant de mettre en scène *La Guerre des fils de lumière contre les fils des ténèbres*, d'après *La Guerre des juifs* de Flavius Josèphe, spectacle repris à l'Odéon-Théâtre de l'Europe.

Jean-Luc Douin

GITLIS Ivry

Violoniste. – Né le 22 août 1922 à Haïfa, alors Palestine sous mandat, aujourd'hui Israël.

Virtuose précoce, le jeune Ivry, issu d'un milieu modeste, complète sa formation musicale initiale par des séjours prolongés en France, en Angleterre et aux États-Unis, auprès des plus grands maîtres, de Jacques Thibaud à Jasha Heifetz. Les interprétations de Gitlis affirment une personnalité capable de passer du registre classique (Paganini, Tchaïkovski...) au plus contemporain (il est le dédicataire d'œuvres de Bruno Maderna ou Iannis Xenakis). On peut aussi le retrouver, en 1968, accompagnant Yoko Ono dans une *jam session* supervisée par les Rolling Stones. Très préoccupé de faciliter la découverte de la musique par un large public, Ivry Gitlis a parrainé plusieurs initiatives en ce sens, du Festival de Vence, où Léo Ferré pouvait côtoyer Martha Argerich et Michel Legrand, à l'association Inspiration(s). Très attaché à la France, Ivry Gitlis y réside principalement.

Pascal Ory

GIVERNY, peintres de

Giverny entre dans l'histoire de l'art en 1883, quand Claude Monet s'installe avec sa famille dans la maison du Pressoir, puis fait aménager le jardin, devenu le célèbre cadre des *Nymphéas*. À partir de 1887, des artistes de diverses nationalités, parmi eux de nombreux Américains, se rendent à Giverny pour peindre en plein air, attirés en premier lieu par la lumière des paysages faits d'eau et d'arbres, mais également par la présence de Monet, bien que celui-ci ne se soit jamais posé en maître. Une première génération d'artistes, composée notamment des Américains Willard METCALF (1858-1925), Louis RITTER (1854-1892), Theodore WENDEL (1859-1932) et John Leslie BRECK (1860-1899) se caractérise par des séjours surtout estivaux, et une peinture proche de celle de l'École de Barbizon. À partir de 1890, des artistes s'installent à Giverny de façon quasi permanente et s'attachent plus à décrire la vie de famille, à l'instar du couple MACMONNIES, Frederick (1863-1937) et Mary (1858-1946). Enfin, à partir de 1905, une troisième génération développe une prédilection pour les nus entourés de riches motifs décoratifs et les sujets caractéristiques de Giverny (peupliers, meules, scènes de village). Le Musée d'art américain inauguré en 1992 par la fondation américaine Terra est devenu en 2008 le musée des Impressionnismes.

Julie Verlaine

GLANZBERG Norbert

Compositeur de musique classique, de musique de films et de chansons. – Né le 12 octobre 1910 à Rohatyn, alors Autriche-Hongrie, aujourd'hui Ukraine ; mort le 25 février 2001 à Neuilly-sur-Seine, France.

De formation classique, Norbert Glanzberg a étudié au Conservatoire de Wurtzburg auprès de Hermann Zilcher. Après avoir fait ses débuts de chef d'orchestre dans cette même ville en 1928 (il y dirige le *Corregidor* d'Hugo Wolf), il devient pianiste, chef-assistant et chef de chœur à Aix-la-Chapelle, rencontrant à la fois Béla Bartók, Alban Berg et Emmerich Kálmán – qui lui permet d'entrer au théâtre Admiralspalast. Glanzberg collabore avec le cinéaste Billy Wilder pour *Le Faux Mari* (*Der falsche Ehemann*, 1931), dont il compose la bande originale, signant là son premier succès avec la chanson *Attrape-moi*, popularisée par les Comedian Harmonists. C'est ce même jeune Glanzberg qui compose, la même année, la musique du premier film de Max Ophuls, *Dann schön lieber Libertrann.* Cible, parmi d'autres compositeurs de musique de films allemands stigmatisés en tant que juifs, de la revue *Das deutsche Film*, Glanzberg rejoint Paris en 1933. Musicien « étranger », ne bénéficiant pas, à ce titre, des mêmes droits que les musiciens français, il joue la nuit dans les boîtes de Pigalle ou dans un théâtre yiddish, logeant dans un foyer de réfugiés du quartier de la gare de l'Est. Sa rencontre avec Django Reinhardt, en 1936, lui ouvre les portes de certains cabarets. Mais si Glanzberg signe, dans le Paris des années 1930, ses premiers succès, notamment pour l'égérie du music-hall parisien Lys Gauty, il ne peut bénéficier de ses droits d'auteur, gelés par la SACEM en 1941. Enrôlé en 1939 dans l'armée polonaise basée en Angleterre, il est démobilisé l'année suivante et s'installe en zone Sud, où l'imprésario Felix Marouani l'engage comme pianiste d'Édith Piaf. Dénoncé en 1943, il est incarcéré, mais l'actrice Marie Bell obtient sa libération. Le compositeur Georges Auric et l'écrivain René Laporte lui permettent ensuite de s'installer à Antibes. Les années consécutives à la Libération et la décennie suivante sont, pour Glanzberg, des années fastes : accompagnateur de Charles Trenet et de Tino Rossi lors de tournées internationales, il compose la musique de *Padam, Padam* pour Édith Piaf (1948), puis, dix ans plus tard, *Mon manège à moi* (1958). Également interprété par Yves Montand, Francis Lamarque, Georges Guétary, Lucienne Delyle ou Colette Renard (pour laquelle il écrit le succès *Ça, c'est la musique* en 1958), Glanzberg est alors une figure remarquable du monde de la chanson française. Progressivement marginalisé dans les années 1960 et 1970, il compose occasionnellement des chansons pour Mireille Mathieu, Pétula Clark ou Dalida.

À partir des années 1980, Norbert Glanzberg publie une série d'œuvres de musique classique, rattachées à ses origines juives et à la mémoire du génocide – ainsi, en 1983, un cycle de neuf lieder pour baryton et piano, *Holocaust Lieder* et, l'année suivante, onze *Holocaust Songs* pour mezzo soprano et orchestre. Par ailleurs, il compose en 1985 sa *Suite yiddish* pour deux pianos, inspirée d'Isaac Bashevis Singer (*Le Magicien de Lublin*). La notoriété de ce compositeur de formation savante et de style, au départ et à l'arrivée, postromantique allemand, au parcours brisé par l'antisémitisme, reste pourtant attachée à ses mélodies populaires, immortalisées par Piaf ou Montand.

Jean-Sébastien Noël

GLEHN Alfred de

Ingénieur mécanicien. – Né le 15 septembre 1848 à Sydenham, Royaume-Uni ; mort le 8 juin 1936 à Mulhouse, France.

Né en Angleterre d'un père balte et d'une mère écossaise, Alfred de Glehn fut l'un des meilleurs concepteurs français de locomotives. Après des études d'ingénieur au King's College de Londres, il passe en France et devient ouvrier aux Chantiers et ateliers de l'océan au Havre, en 1869. Il participe à un service d'ambulance pendant la guerre de 1870, passe au Polytechnicum de Zurich, où il complète sa formation technique, et se présente en 1872 à la Société alsacienne de construction, sise à Mulhouse. Il convainc le directeur de la section Locomotives, Édouard Beugniot, de le prendre à l'essai, sans être payé. Deux ans après, en 1875, il en devient le chef du bureau d'études. En 1878, il remplace Beugniot, décédé, à la direction de la section. En 1879, il crée la SACM Belfort, où il transfère progressivement tout le secteur construction de Mulhouse. En 1886, enfin, il est nommé administrateur-directeur de la SACM.

De concert avec Édouard Beugniot et Gaston du Bousquet, ingénieur centralien, responsable de la traction à la Compagnie du Nord, Alfred de Glehn est le concepteur et le constructeur de deux locomotives qui marquèrent leur époque et furent d'importantes têtes de lignées : la 701-Nord, première locomotive compound européenne à quatre cylindres, et l'Atlantic-Nord, machine à quatre cylindres décroisés, caractéristique du compoundage Bousquet-De Glehn, une locomotive conçue pour parcourir trois cents kilomètres en trois heures, attelée à un train de trois cents tonnes. Performantes, fiables et particulièrement adaptables, ces machines furent utilisées par de nombreuses compagnies en Europe, Grande-Bretagne comprise, jusque dans le milieu du XXe siècle.

Membre de la Société industrielle de Mulhouse, Glehn se retire de la production industrielle en 1904 et jette son dévolu sur la conception des cités ouvrières. Il travaille à la définition de logements confortables pour les ouvriers, défend et fait appliquer les principes hygiénistes, rénove le musée d'histoire naturelle de la ville. Déporté par les Allemands en camp de concentration durant la Première Guerre mondiale, il en sort à la demande de Siemens et des dirigeants des chemins de fer allemands. Il se réfugie en Suisse, puis revient à Mulhouse à la fin de la guerre, pour y terminer sa vie.

Anne-Françoise Garçon

GLOBOKAR Vinko

Compositeur et tromboniste. – Né le 7 juillet 1934 à Anderny, France.

La Lorraine sidérurgique est une « terre de brassage », fière de son patrimoine italo-polonais. La présence d'une communauté de mineurs d'origine slovène est moins connue. C'est de cette communauté qu'est issu Vinko Globokar. Il se peut que le goût pour les cuivres soit une forme de culture migrante. Le phénomène de la fanfare n'est pas uniquement lié à un système culturel d'origine, mais facilite « fonctionnellement » les échanges. C'est donc le trombone qu'apprend Globokar et qu'il continue à pratiquer lorsque sa famille quitte la Lorraine pour retourner en Slovénie. À Ljubljana, dans la Slovénie yougoslave titiste, il devient tromboniste de jazz. Il revient en France grâce à une bourse d'études, pour suivre des cours au Conservatoire national, puis poursuit sa formation à Cologne et à Berlin. René Leibowitz et Luciano Berio sont ses principaux professeurs de composition. Son instrument inspire bien des compositeurs contemporains, tels que Luciano Berio, Mauricio Kagel ou Karlheinz Stockhausen, qui lui dédient des œuvres qu'ils créent. Il est, à la fin des années 1960, l'un des fondateurs de l'ensemble d'improvisation New Phonic Art, avec Michel Portal, Carlos Roque Alsina et Jean-Pierre Drouet. Les souvenirs de musiques balkaniques sont fréquents dans ses œuvres, qui font référence à la région, en particulier à ses danses (*Kolo*), mais ses compositions, plus d'une centaine, ne se limitent pas à un genre. Il s'intéresse particulièrement aux démarches aléatoires et au rapport entre la création individuelle et les masses sonores.

Didier Francfort

GODARD Jean-Luc

Cinéaste. – Né le 3 décembre 1930 à Paris, France.

Installés à Paris après leur mariage, les parents de Jean-Luc Godard vont très vite revenir habiter en Suisse, d'où sa mère est originaire (elle appartient à la tribu protestante des Monod) et dont le père a adopté la nationalité en 1938. À leur image, le cinéaste (qui a choisi la nationalité suisse en 1950 pour éviter de faire son service militaire) ne cessera de faire des allers-retours entre les deux pays, passant son enfance dans le canton de Vaud, poussé par la guerre chez une tante en Bretagne, puis à Vichy, faisant ses études au lycée Buffon à Paris, puis à la Sorbonne, revenant à Genève ou Lausanne, s'installant à Paris au début des années 1950 pour faire ses classes de critique aux *Cahiers du cinéma*, émigrant à Grenoble en 1973 « pour être moins capital », avant de revenir s'installer à Rolle, sur le lac Léman en 1978. Déterminé à rester Vaudois depuis *Sauve qui peut (la vie)* (1990), cette grande figure de la Nouvelle Vague n'aura cessé d'être entre deux patries : « J'aurai toujours été en va-et-vient entre la France et la Suisse, avec une famille d'un côté du lac et une autre de l'autre côté. Je ne suis de nulle part, à la fois ici et ailleurs, mais ni ici ni ailleurs. » Il aura tourné et vu produire ses films en France de 1957 à 1978, reflétant une certaine atmosphère parisienne – Champs Élysées/Montparnasse (*À bout de souffle*, 1959), quartier de la porte Saint-Denis (*Une femme est une femme*, 1961), boulevards de la prostitution (*Vivre sa vie*, 1962), métro aérien et République (*Masculin féminin*, 1966), banlieue morose digne de Raymond Queneau (*Bande à part*, 1964), nuit électrique (*Alphaville*, 1965), bistrots, brasseries, hôtels, salles de cinéma de quartier… sans oublier la traversée de la France dans *Pierrot le fou* (1965).

Jean-Luc Douin

GODFROID Bibiane

Journaliste. – Née en 1954 à Bruxelles, Belgique.

Diplômée en droit et en journalisme, Bibiane Godfroid entame à vingt-cinq ans une carrière à RTL. Elle gravit les échelons de la rédaction de RTL-TV : reporter, chef des informations en 1984, présentatrice du journal télévisé de 19 heures, de 1985 à 1989, rédactrice en chef adjointe en 1986, directrice adjointe des programmes en 1988. En 1990, elle rejoint Canal J, la chaîne jeunesse du groupe Canal +, puis, en 1991, Antenne 2. De 1992 à 1996, elle est directrice de la programmation de France 2. Elle retourne au groupe Canal en 1996 où elle devient directrice de l'antenne et de la programmation de la chaîne cryptée, puis directrice générale, adjointe en 2000 et exécutive en 2002. Depuis 2003, elle est présidente de Fremantlemedia France, une société de production audiovisuelle qui travaille pour toutes les chaînes francophones.

Patrick Eveno

GOLDBECK Fred

Musicologue et critique musical. – Né le 13 février 1902 à La Haye, Pays-Bas ; mort le 6 novembre 1981 à Paris, France.

Fred Goldbeck s'est installé à Paris en 1925, après une formation musicale européenne très diversifiée. Il écrit dans la *Revue musicale* et publie plusieurs ouvrages sur l'art du chef d'orchestre ou les grands compositeurs du XXe siècle. Avec sa compagne, la pianiste Yvonne Lefébure, il passe en 1940 en zone Sud, puis en Espagne. Producteur de radio à Radio France, il a rencontré les plus grands chefs – on lui doit ainsi une célèbre interview de Wilhem Furtwängler en avril 1953.

Didier Francfort

GOLDIN Mitty (Mitty Goldenberg)

Directeur de music-hall et de théâtre. – Né le 17 mars 1895 en Roumanie ; mort le 29 juin 1956 à Paris, France.

C'est surtout comme entrepreneur de spectacles que cet ancien premier ténor de l'église métropolitaine de Bucarest, arrivé en France après la Grande Guerre et auteur-compositeur à ses heures, a marqué l'histoire de la chanson. En 1934, il rachète le Plaza, un théâtre en faillite du boulevard Poissonnière, et en fait l'A.B.C. Grâce à la sagacité artistique de son patron, ce « théâtre du rire et de la chanson » devient vite une salle de référence et de consécration, en un temps où crise économique et cinéma parlant nuisent au spectacle vivant. Il initie une formule éclectique et rythmée de tour de chant, où se succèdent plusieurs vedettes pour quelques chansons. Pendant vingt ans, l'A.B.C. sera le passage obligé de tous les artistes confirmés, la scène d'adieux des vieilles gloires (Mayol en 1938, Mistinguett en 1949), mais surtout celle des débuts parisiens de futures étoiles : Tino Rossi (1934), Édith Piaf (1937), Charles Trenet (1938), Yves Montand (1944), parmi bien d'autres. Les années 1950 sont celles d'une bifurcation vers l'opérette (comme *La Route fleurie*, composée par Francis Lopez, qui tiendra l'affiche quarante mois). Goldin, que ses origines juives ont contraint à l'exil durant l'Occupation et qui a également dirigé des théâtres (Mogador, Capucines), passe la main en 1955. L'A.B.C. lui survivra jusqu'en 1964, date à laquelle il devient un cinéma.

Yves Borowice

GOLDMANN Lucien

Philosophe et sociologue. – Né en 1913 à Bucarest, Roumanie ; mort le 3 octobre 1970 à Paris, France.

Après une enfance vécue dans une petite ville de province roumaine, Lucien Goldmann entame des études de droit à Bucarest, où il se familiarise avec la pensée marxiste. Il les poursuit à Vienne, où il découvre l'œuvre de Georg Lukács, qui nourrira sa pensée. Arrivé à Paris en 1934, il entreprend un doctorat d'économie politique à la faculté de droit, puis une licence d'allemand et une autre de philosophie en Sorbonne. La guerre est, pour lui, le temps des fuites, mais aussi celui des rencontres. En 1940, réfugié à Toulouse, il est interné dans un camp dont il parvient à s'échapper ; c'est à ce moment qu'il noue une amitié durable avec le résistant et futur historien Jean-Pierre Vernant. Pour fuir les nazis qui occupent la zone Sud à partir de novembre 1942, Lucien Goldmann passe clandestinement en Suisse où il est de nouveau interné dans un camp de réfugiés. C'est le psychologue Jean Piaget qui intervient pour sa libération. Il le prend comme assistant et lui obtient une bourse de doctorat en philosophie à l'université de Zurich. À la Libération, Goldmann choisit de s'installer à Paris, où il entre au CNRS. Sa thèse suisse, rédigée en allemand, est traduite en français et publiée en 1948 sous le titre *La Communauté humaine et l'univers chez Kant*. Il la complète avec une deuxième thèse, en lettres, qui porte sur Pascal et Racine : c'est son ouvrage le plus débattu et resté le plus célèbre, intitulé *Le Dieu caché* (1956). En 1959, il est élu directeur d'études à l'École pratique des hautes études, où il crée une chaire de sociologie de la littérature et de la philosophie, qui croise les problématiques d'autres intellectuels marxistes tels qu'Adorno, Marcuse, Althusser ou Sebag, avec lesquels il engage une dialogue. En 1961, l'Institut de sociologie de l'Université libre de Bruxelles l'invite à fonder un Centre de sociologie de la littérature, où il poursuivra ses recherches à partir de 1964.

Outre son travail de reformulation et d'approfondissement du marxisme sur les pas de Georg Lukács, Lucien Goldmann lègue une méthode sociologique applicable aux œuvres littéraires et philosophiques, révélatrice de la « vision du monde » – comprise ici comme vision de classe – structurant chacune d'elle. Cette connaissance, qu'il entend établir de manière scientifique, n'est possible qu'en envisageant la « totalité » des faits : la littérature ne peut être dissociée du politique, lui-même indissociable de l'économique ni du social. Ainsi, dans *Le Dieu caché* s'attache-t-il à décrypter la « vision tragique » qui structure les productions jansénistes en tenant compte des évolutions de la noblesse de robe. Il ne souscrit pas au courant structuraliste formé autour de Claude Lévi-Strauss puis de Michel Foucault, leur reprochant de ne pas tenir suffisamment compte de l'inscription historique des faits sociaux. Si l'hégéliano-marxisme est au fondement de sa démarche intellectuelle, Lucien Goldmann est resté en marge de tout engagement politique. Il a tout au plus manifesté, dans les dernières années de sa vie, de la sympathie pour l'expérience autogestionnaire en Yougoslavie ou pour le mouvement de Mai 68 en France.

Anna Trespeuch-Berthelot

GOLDONI Carlo

Auteur dramatique. – Né le 25 février 1707 à Venise, alors République de Venise, aujourd'hui Italie ; mort le 5 février 1793 à Paris, France.

Après avoir fait des études de droit qui lui permettent d'exercer le métier d'avocat, Carlo Goldoni devient le poète attitré d'une compagnie théâtrale pour laquelle il écrit tragédies et tragicomédies, avant de se tourner définitivement vers la comédie, inspirée par la commedia dell'arte et surtout par Molière, qu'il considère comme son maître. Avec *Momolo, honnête homme* en 1738, Goldoni entreprend ce qu'il appellera sa réforme : insuffler à une « forme morte » (la commedia dell'arte) des éléments de la réalité contemporaine. En 1745, Goldoni écrit le canevas du *Serviteur de deux maîtres*, qu'il destine à l'un des plus célèbres *truffaldini*, Sacchi, canevas qui sera entièrement rédigé en 1753. À partir de son engagement au théâtre de San Angelo à Venise en 1748, Goldoni produit des dizaines de comédies qui tournent le dos à la tradition et lui apportent le succès ; cela lui vaut aussi de nombreuses attaques, parmi lesquelles la polémique la plus importante, provoquée par l'auteur dramatique Gozzi, va le pousser à quitter l'Italie. Il répond alors à l'invitation du Théâtre-Italien de Paris qui, durant son long voyage, a fusionné avec l'Opéra-Comique : cet événement, qui paraît à Goldoni de bon augure – « le nouveau genre l'emportait sur l'ancien » –, lui causera une grande déception : on ne lui commandera que des canevas destinés à assurer la recette. Nommé professeur d'italien des filles de Louis XV, Goldoni quitte le Théâtre-Italien en 1765 et s'installe à Versailles. Il revient à Paris en 1770 avec une pension allouée par le roi. Il connaît le succès avec la création, au Théâtre-Français, de sa pièce *Le Bourru bienfaisant*, jouée par Préville : « Je n'ai pas seulement composé ma pièce en français, mais je pensais à la manière française quand je l'ai imaginée ; elle porte l'empreinte de son origine dans les pensées, dans les images, dans les mœurs, dans le style », confie Goldoni dans ses *Mémoires*, écrits en français et qui paraîtront en 1783. Privé de sa pension royale en 1792 par l'Assemblée législative issue de la Révolution, Goldoni mourra dans la misère au moment même où la Convention nationale venait de lui accorder une rente.

Chantal Meyer-Plantureux

GOLDSCHMIDT, Georges-Arthur

Traducteur et écrivain. – Né le 2 mai 1928 à Reinbek, Allemagne.

Le travail d'intercesseur entre culture allemande et culture française de Georges-Arthur Goldschmidt s'éclaire, comme il le racontera lui-même dans des textes à tonalité autobiographique (*La Traversée des fleuves*, *Le Recours*...), par ses origines et sa jeunesse. Son père, magistrat, un juif allemand converti au protestantisme, n'en sera pas moins déporté par les nazis. C'est en France que son fils trouve refuge : sa fascination pour la langue et la littérature (françaises) naît de cet exil et de ce sauvetage. Le rescapé de la Shoah, caché par des « Justes », sera naturalisé français en 1949, passera l'agrégation d'allemand et enseignera en collège. Mais, pour l'essentiel, il se vouera à la traduction française de textes écrits dans la langue paternelle, et pas des plus confortables : Kafka, mais surtout Nietzsche et, parmi ses contemporains, Peter Handke. Prix Joseph-Breitbach pour l'ensemble de son œuvre, Georges-Arthur Goldschmidt a donné son nom à un programme d'aide aux jeunes traducteurs littéraires.

Pascal Ory

GOLÉA Antoine (Siegfried Goldman)

Critique musical. – Né le 30 août 1906 à Vienne, alors Autriche-Hongrie, aujourd'hui Autriche ; mort le 12 octobre 1980 à Paris, France.

Toute une génération de mélomanes et d'auditeurs de France Musique se souvient de la pugnacité d'Antoine Goléa dans la légendaire « Tribune des critiques de disques », émission d'Armand Panigel (né lui-même à Bursa, Turquie). Il était excessif, partial, drôle, convaincant, érudit, curieux, puriste, défenseur passionné de Debussy, de Schoenberg, de Boulez, de Messiaen, hostile à Richard Strauss. Avant de devenir ce musicologue et ce critique radiophonique célèbre et redouté, Antoine Goléa a été, comme il l'a avoué lui-même dans une truculente autobiographie, un « violoniste raté ». Né à Vienne dans une famille roumaine juive, il reçoit, d'abord, poussé par son père, une éducation musicale au Conservatoire de Bucarest. Malgré son premier prix de violon (décerné par un jury présidé par Georges Enesco) et son oreille absolue, il renonça à la carrière de violoniste. Ayant suivi l'enseignement du lycée français de Bucarest, il passe le baccalauréat à Montpellier. Il s'installe en 1929 à Paris et épouse la soprano Colette Herzog. Auteur de plusieurs ouvrages d'esthétique de la musique, de musicologie, d'entretiens avec des compositeurs, critique musical dans la presse, Antoine Goléa a écrit des poèmes mis en musique par André Jolivet. Membre de l'Académie Charles-Cros, il a exercé en France, des années 1950 aux années 1970, une forme de magistère moral sur la création musicale contemporaine.

Didier Francfort

GOLIC Andrej

Sportif. – Né le 10 février 1974 à Banja Luka, alors Yougoslavie, aujourd'hui Bosnie-Herzégovine.

Bora Golic, le père d'Andrej, est un joueur de handball de haut niveau. Plusieurs fois champion de Yougoslavie avec le club de Banja Luka, il poursuit sa carrière de joueur en France à Sochaux et à Mulhouse avant de devenir entraîneur à Bordeaux puis à Nîmes. Nombreux sont alors les handballeurs yougoslaves à évoluer en France, où ils bénéficient du prestige que leur pays a acquis dans les grandes compétitions internationales. La famille Golic est réunie à Bordeaux en 1988. Le fils Andrej ne s'adapte pas et, après six mois seulement, fait le choix de retourner chez sa grand-mère à Banja Luka. Comme son père, par le passé, il joue dans le club local. Mais la détérioration de la situation en ex-Yougoslavie le conduit à retrouver ses parents en 1991. De père bosniaque et de mère macédonienne, il ne se reconnaît pas dans les recompositions nationales qui suivent la dislocation de son pays d'origine. Il fait donc le choix en 1999 de demander la nationalité française afin de pouvoir revêtir le maillot de l'équipe de France de handball. Il est alors le demi-centre de l'équipe du Montpellier HB, dont il accompagne, depuis 1992, la progression. Champion de France en 1995 puis en 1999, le club héraultais domine dès lors le handball français. Andrej Golic est champion de France à sept reprises. Il remporte aussi avec son club la Ligue des champions en 2003. Sa carrière en équipe de France (cent quarante-neuf sélections) est marquée par le titre de champion du monde en 2001. Avec les « Costauds », selon la formule médiatique qui fait la gloire de cette équipe, il obtient également la troisième place aux championnats du monde de 2003 et 2005. Ses relations avec le pays dans lequel il a passé les dix-sept premières années de sa vie restent toutefois très fortes. À l'occasion d'un match France-Yougoslavie en juin 1999, il fait part dans la presse de son émotion, avouant mieux connaître les paroles de l'hymne yougoslave que celles de *La Marseillaise*. Plusieurs fois, il évoque sa nostalgie pour ce qu'il considère comme le « plus beau pays du monde » et qui n'existe plus. À la fin de sa carrière, il effectue une ultime saison au RK Zagreb, en 2006.

Stéphane Mourlane

GOLL Yvan (Isaac Lang)

Poète. – Né le 29 mars 1891 à Saint-Dié, France ; mort le 27 février 1950 à Neuilly-sur-Seine, France.

Yvan Goll présente le cas atypique d'un écrivain né français revenu en France après avoir changé deux fois de nationalité. Il est originaire d'une famille de petits entrepreneurs juifs des Vosges. Après la mort de son mari, la mère d'Isaac s'installe à Metz, alors ville allemande, et demande la naturalisation pour son fils afin qu'il puisse être inscrit au lycée. Il poursuit des études de droit, qui le mèneront également aux universités de Strasbourg, Fribourg et Munich. Toute l'œuvre de l'écrivain sera marquée par sa double appartenance aux cultures française et allemande. C'est en 1912, sous la signature d'Yvan Lazang, que paraît son premier recueil de poésies (*Lothringische Volkslieder*), ensuite traduites en français : *Chansons populaires lorraines*. Deux autres ouvrages sont publiés à Berlin en 1914, avant que Goll ne quitte l'Allemagne pour la Suisse, afin d'échapper à la Première Guerre mondiale. Il participe à la nébuleuse pacifiste autour de Romain Rolland (*Requiem pour les morts d'Europe*, 1917), fréquente les milieux d'avant-garde avec Jean (Hans) Arp et Tristan Tzara et épouse la journaliste allemande Clara Aischmann. En 1915, son plaidoyer pacifiste, *Élégies internationales*, est son premier texte paru en français sous le pseudonyme d'Yvan Goll.

Le couple s'installe à Paris en 1919 et y côtoie une large part de l'intelligentsia des années d'entre-deux-guerres. Déchu de sa nationalité allemande par les nazis en 1933, Goll fuit la persécution raciale en s'exilant aux États-Unis de 1939 à 1947. Il y publie *Chansons de France* (1940), fonde en 1943 la revue poétique franco-américaine *Hémisphères* et obtient la nationalité américaine en 1945. De retour en France, mais affaibli par la maladie, il rédige son testament en allemand

(*Traumkraut*). Il meurt d'une leucémie en 1950 et sera inhumé au Père-Lachaise. Depuis 1991, la fondation Yvan et Claire Goll décerne un prix international de poésie francophone.

Pierre-Frédéric Charpentier

GONTCHAROVA Natalia. — *Voir* PARIS, École de.

GONZÁLEZ Julio

Sculpteur. – Né le 21 septembre 1876 à Barcelone, Espagne ; mort le 27 mars 1942 à Arcueil, France.

Julio González et son frère Joan (1868-1908) sont initiés à la sculpture par leur père, un orfèvre catalan, puis étudient ensemble à l'École des beaux-arts de Barcelone. Leurs premières œuvres, des objets décoratifs en fer forgé, attirent l'attention. La famille González quitte l'Espagne pour Paris en 1900. Julio y retrouve Picasso et rencontre ses amis parisiens. Il subvient à ses besoins en réalisant des bijoux et des objets en métal, et exécute quelques masques en métal repoussé. Très éprouvé par la mort brutale de Joan en 1908, Julio abandonne la carrière artistique pendant une vingtaine d'années, durant lesquelles il travaille notamment comme soudeur chez Renault, pendant la guerre. Il revient à la sculpture en 1926, comme assistant de Picasso durant quelques années, et comme artiste lui-même. Il évolue progressivement vers l'abstraction (*Femme se coiffant*, 1934) et participe aux travaux du groupe Cercle et carré à partir de 1932. Les dimensions de ses œuvres augmentent, tout comme l'intensité de leur message politique : en 1937, la *Montserrat* (aujourd'hui au Stedelijk Museum d'Amsterdam), présentée au Pavillon espagnol de l'Exposition internationale, symbolise la révolte de la femme catalane devant la souffrance et l'injustice. Malgré un regain d'inspiration, González est obligé de cesser son activité en raison des restrictions de guerre. Après sa mort, sa fille Roberta, également artiste, entreprend de faire reconnaître à titre posthume le travail de son père, en donnant, notamment, au musée national d'Art moderne un ensemble d'œuvres remarquables et enfin remarquées.

Julie Verlaine

GORDON BENNETT Jr. James

Entrepreneur. – Né le 10 mai 1841 à New York, États-Unis ; mort le 14 mai 1918 à Beaulieu-sur-Mer, France.

James est le fils du patron du principal quotidien new-yorkais de l'époque, le *New York Herald*, James Gordon Bennett senior. Succédant à son père à la fin des années 1960, James junior s'illustre d'emblée en finançant l'expédition de Stanley, à la recherche de Livingstone. En 1877, souhaitant mettre de la distance entre lui et la société puritaine des États-Unis, il s'installe à Paris, bien décidé à continuer à diriger à distance. Dix ans plus tard, c'est à Paris qu'il crée le *New York Herald Tribune*, quotidien international de langue anglaise devenu, en 1966, l'*International Herald Tribune* et, en 2013, l'*International New York Times*. Mécène du sport, Gordon Bennett financera les deux coupes automobile et aéronautique qui portent son nom.

Pascal Ory

GORDON-LAZAREFF Hélène

Journaliste. – Née le 8 septembre 1909 à Rostov, alors Empire russe, aujourd'hui Russie ; morte le 16 février 1988 au Lavandou, France.

Fille de Boris Gordon, riche industriel du tabac russe émigré à la suite de la révolution d'Octobre, Hélène Gordon, poursuit ses études au lycée Victor-Duruy puis en Sorbonne. Mariée jeune à un ingénieur chimiste, dont elle divorce rapidement, elle se lance dans l'ethnologie en 1930 et se spécialise dans l'étude des Dogons. *L'Intransigeant* publie ses reportages en Afrique. En 1935, elle rencontre Pierre Lazareff, directeur des informations de *Paris-Soir*. Fils d'un émigré juif russe naturalisé en 1902 et de mère française, Pierre Lazareff est né français. Ils se marient le 18 avril 1939 à Paris. Dès lors, Hélène Gordon renonce à l'ethnologie pour se consacrer au journalisme. En 1940, ils émigrent tous les deux à New York : parfaitement bilingue, elle travaille au *New York Times*, tandis qu'il dirige *La Voix de l'Amérique*. De retour à Paris à la Libération, Pierre Lazareff reprend *Défense de la France* et le transforme en *France-Soir* à la fin 1944. Le succès est rapide. De son côté Hélène Gordon-Lazareff lance, le 21 novembre 1945, le premier numéro de *Elle*, magazine féminin qu'elle dirige durant trente ans. Avec le soutien de Hachette, la reprise de *L'Intransigeant* et le lancement de *France-Dimanche*, le couple semble régner sur le Tout-Paris des médias. Dans leur résidence de Louveciennes ils reçoivent les politiques, les artistes, les entrepreneurs et les journalistes. Pierre Lazareff participe à la création du magazine de reportage télévisé *Cinq colonnes à la une*, aux côtés de Pierre Desgraupes, Pierre Dumayet et Igor Barrère. Il meurt d'un cancer à soixante-cinq ans, en 1972. Hélène Gordon a développé *Elle*, créé des éditions étrangères, mais la maladie qui finira par l'emporter l'obligera à quitter la direction de l'hebdomadaire.

Patrick Eveno

GORGULOFF Paul

Médecin et assassin. – Né en 1895 à Labinskaia, alors Empire russe, aujourd'hui Russie ; mort le 14 septembre 1932 à Paris, France.

Issu d'une famille de paysans caucasiens aisés, Paul Gorguloff a fui la Russie après la révolution de 1917. Il s'installe en France, exerce illégalement la médecine auprès d'une clientèle de réfugiés russes peu fortunés, puis son sort s'améliore, grâce à l'argent de ses épouses successives. Le 6 mai 1932, il assassine à coups de pistolet le président de la République Paul Doumer, venu assister à une vente aux enchères au profit de l'Association des écrivains combattants. Immédiatement arrêté, Gorguloff est à deux doigts de se faire lyncher par les hommes présents sur les lieux. On croit d'abord à un attentat terroriste, mais le procès qui s'ouvre devant la cour d'assises de la Seine, le 25 juillet 1932, ne confirme pas cette hypothèse. À l'audience, Gorguloff affirme qu'il défend la cause d'un « Parti vert » très anticommuniste, tandis qu'un témoin émigré russe prétend au contraire qu'il est un agent soviétique. Son geste, qui demeure incompréhensible, ne suscite pas de mouvements populaires hostiles aux émigrés russes, mais une série de gestes symboliques accomplis par l'émigration russe. Ainsi à Lyon, les chauffeurs de taxis chôment-ils le 13 mai, jour des obsèques du président Doumer. Les experts chargés de statuer sur l'état mental de Gorguloff invoqueront le caractère russe : « Il n'a pas de troubles mentaux, pas d'anomalies mentales, affirment-ils. Mais il a pourtant une mentalité particulière. Elle est d'ordre ethnique. Gorguloff, en effet, est russe, russe du Sud. Il a, de plus, des tendances littéraires. C'est un imaginatif », « Pour le juger, il faut le placer dans son milieu. Un Russe n'a pas la même mentalité que nous » (propos rapportés par *Le Figaro*). Déclaré responsable, l'accusé est donc condamné à mort. L'arrêt par lequel la cour de cassation rejette son pourvoi précise que la justice voit dans son crime un assassinat de droit commun et non un crime politique. Gorguloff est exécuté le 14 septembre à la prison de la Santé, malgré les protestations de la Ligue des droits de l'homme. Il laisse dans sa cellule quelques pages de Mémoires, « La chanson de la mort ».

Anne-Claude Ambroise-Rendu

GORZ André (Gerhard Hirsch)

Écrivain et journaliste. – Né le 9 février 1923 à Vienne, Autriche ; mort le 22 septembre 2007 à Vosnon, Aube.

Né en Autriche d'un père juif et d'une mère catholique, également détachés de toute religion, le jeune Gerhard Hirsch commence à changer de nom (Gérard Horst) à l'instigation de ses parents, qui le mettent à l'abri en Suisse, où il mène à bien des études d'ingénieur. Mais la philosophie et l'écriture le meuvent beaucoup plus et c'est en tant que journaliste économique qu'il entre, en 1955, à *L'Express*, où il prend le pseudonyme de Michel Bosquet. C'est sous ce nom qu'il participe, en 1964, à la fondation du *Nouvel Observateur*, aux côtés de Jean Daniel, qui accordera beaucoup d'importance à ce brillant esprit. En parallèle à cette activité connue, Gérard Horst développe, au contact de Jean-Paul Sartre, une réflexion politique de plus en plus personnelle. En 1961, il entre au comité de la revue *Les Temps modernes*, où il exerce une influence grandissante. Là, comme dans l'écriture de ses grands livres de théorie économique et politique, il est André Gorz. Révélé en 1958 par son autobiographie philosophique, *Le Traître*, Gorz manifeste une préoccupation de l'autonomie du sujet qui le conduit à une critique de plus en plus radicale de l'économisme marxiste (*Le Socialisme difficile*, 1967). Sa découverte de l'œuvre d'Ivan Illich accélère son passage à une conception plus ouverte à l'écologie, dont il devient l'un des maîtres à penser (*Écologie et politique*, 1975). Ses *Adieux au prolétariat* (1980) signent cette prise de distance, qui est, en même temps, la condition d'une critique renouvelée des valeurs utilitaristes (*L'Immatériel*, 2003). À l'âge de quatre-vingt-quatre ans, Gerhard Hirsch se suicide, avec la compagne de sa vie, Dorine, atteinte d'une grave maladie évolutive. Un an auparavant, il avait publié sur elle et pour elle sa *Lettre à D. Histoire d'un amour*.

Pascal Ory

GOURFINKEL Nina

Essayiste. – Née en 1900 à Odessa, alors Empire russe, aujourd'hui Russie ; morte en 1984 à Dijon, France.

Nina Gourfinkel, née dans une famille juive aisée, étudie les lettres classiques à l'université de Petrograd lorsque débute la révolution russe. Elle suit d'abord passionnément les événements, puis s'en détourne et décide, en 1925, de s'installer en France, « l'autre patrie », comme elle titrera le deuxième tome de son œuvre biographique, consacré à sa vie à Paris entre 1925 et 1945. Elle quitte la Russie en emportant l'éblouissement des batailles esthétiques théâtrales qu'elle tente, sans grand succès, de faire partager aux hommes de théâtre français. Elle écrit quelques articles sur le sujet pour la *Revue de l'Institut d'études slaves*, qui éveilleront enfin l'attention de Léon Chancerel. Il lui propose de publier dans la collection qu'il vient de créer une *Histoire du théâtre russe contemporain* (1931), puis s'attellera avec elle à la traduction du livre de référence sur le théâtre à l'époque, *Ma vie dans l'art* (1934) de Constantin Stanislavski, paru en 1925 en Russie. Durant la guerre, elle fuit Paris occupé et va prendre part, à Toulouse, au Comité d'assistance à la population juive, financé par les Américains. Après la guerre, elle crée le Centre d'orientation sociale des étrangers (COSE), auquel elle se consacrera pendant près de quarante ans. Elle reprend aussi son travail de diffusion de la culture russe en France ; elle publiera de nombreux ouvrages sur les grands auteurs russes, Gorki, Tchékhov, Gogol, entre autres. Elle aura été le véritable passeur, en France, des expériences théâtrales novatrices des années 1920 en Union soviétique.

Chantal Meyer-Plantureux

GRABAR Pierre

Biologiste. – Né le 10 septembre 1898 à Kiev, alors Empire russe, aujourd'hui Ukraine ; mort le 28 janvier 1986 à Paris, France.

La première partie de la vie de Pierre Grabar, avant son arrivée en France en 1921, se déroule dans la Russie de la guerre et de la révolution bolchevique. Ayant grandi dans une famille aristocratique (son père Nicolaï est un haut magistrat, sa mère est née baronne Élisabeth de Prittwitz), il effectue sa scolarité au lycée privé Naoumenko « réputé pour l'étude des langues anglaise, allemande et française » (service des archives de l'Institut Pasteur, « Repères chronologiques de Pierre Grabar »). En 1916, il est envoyé sur le front, en Galicie, en qualité d'aide sanitaire. De retour à Kiev après trois mois de service, il entre à l'École polytechnique dans la section agronomie. En 1917, il devient élève-officier à l'École des pages de l'empereur à Saint-Pétersbourg. « Russe blanc » durant la guerre civile, arrêté et condamné à mort par les bolcheviques, il parvient à se réfugier au Danemark en 1921, puis à rejoindre la France où, avec plusieurs camarades d'exil, il pratique l'élevage de poules dans une ferme abandonnée près de Nice. L'expérience tourne court, en raison d'une épidémie de grippe aviaire. En 1922, il reçoit une bourse d'enseignement supérieur et s'inscrit à l'École des hautes études industrielles de Lille, dans la section de chimie. Pour compléter ses maigres ressources, Pierre Grabar travaille de nuit au laboratoire des mines d'Ostricourt. Diplômé ingénieur-chimiste en 1924, il devient chef de fabrication dans une usine d'engrais près d'Arras. En 1926, il rejoint l'université et la recherche françaises, où il fera désormais toute sa carrière. En qualité de chef de laboratoire à la clinique médicale B de la faculté de médecine de Strasbourg, il conduit des travaux sur le syndrome d'azotémie par manque de sel. Sa thèse de doctorat ès sciences, consacrée à « L'équilibre sanguin entre les chlorures et l'urée et sa signification physiologique », est soutenue en 1930 à l'université de Strasbourg, un an après sa naturalisation française. Il devient assistant de Maurice Nicloux à la chaire de chimie biologique, toujours à la faculté de médecine de Strasbourg. Ses recherches s'intéressent aux problèmes de filtration rénale et leurs impacts sur les virus bactériophages et enzymes. Il effectue, durant les années 1930, de nombreux stages et voyages scientifiques, notamment comme boursier de la Rockfeller, d'abord en Angleterre (au laboratoire Henry Dale) puis au Danemark (laboratoire Carlsberg), enfin aux États-Unis à la Columbia University et à la station maritime de Woods Hole. Entre-temps, il a suivi le cours de microbiologie de l'Institut Pasteur (1936-1937), institution qui l'accueille aussitôt et le charge de la représenter (avec le biologiste Louis Martin) au Canada à l'occasion du cinquantenaire de sa fondation. Nommé en 1938 chef de laboratoire, il oriente ses recherches vers le développement de méthodes immunochimiques, « domaine dont il est le pionnier en France ». Il attire à l'Institut Pasteur de nombreux élèves et stagiaires qui viennent se former auprès de lui. En 1939, il est mobilisé dans le service de Michel Weinberg, médecin biologiste lui aussi originaire de Russie (Odessa), et chargé de la production des vaccins et sérums pour l'armée. « Pendant la débâcle, note l'Institut Pasteur [service des archives cité], il a mission d'évacuer la collection bactérienne de l'Institut dans la propriété d'André Lwoff à Banyuls. En septembre, il rejoint sa famille en Vendée, puis rentre à Paris. » Il reprend le cours de ses travaux, publie une monographie sur *L'Ultrafiltration* (Hermann) et obtient le grade de docteur ès sciences naturelles à la Sorbonne. À la Libération, il prend la direction d'un des grands services de l'Institut Pasteur, celui de la chimie microbienne et, en 1960, celle de l'Institut de recherche sur le cancer du CNRS à Villejuif. Les honneurs le consacrent comme un scientifique de premier plan : président de la Société biologique de France en 1954, chevalier de la Légion d'honneur la même année (officier en 1964), lauréat en 1958 du prix international Von Behring en immunologie, lauréat du Gairdner Award en 1963, membre de l'Académie nationale de médecine en 1969 (année de sa retraite officielle de l'Institut Pasteur), lauréat de la médaille d'or Robert Koch. Après sa mort, sa fille Ludmila rédigera, en 1993, des *Souvenirs sur mon père, Pierre Grabar* dont le tapuscrit est conservé aux archives de l'Institut Pasteur, tandis que Jean-Émile Courtois s'est chargé, pour le *Bulletin de l'Académie nationale de médecine*, de l'éloge funèbre de Pierre Grabar (1986).

Vincent Duclert

GRAVA Roger (Ruggero Grava Revelli)

Sportif. – Né le 22 avril 1922 à Claut, Italie ; mort le 4 mai 1949 à Superga, Italie.

Originaire du Frioul, il émigre en France, alors qu'il n'a qu'un an, avec sa mère venue rejoindre son père travaillant en France. La famille Grava s'installe, dans les années 1930, à Saint-Ouen. Apprenti mécanicien, il commence à jouer au football en 1939 à l'AS.Roma, un club d'Italiens de la région parisienne. Il porte ensuite les couleurs d'Amiens, puis brièvement de Nancy, avant de rejoindre très rapidement le club de Bordeaux-Guyenne. À la fin de la guerre, il rejoint le CO.Roubaix-Tourcoing, nouvellement fondé. Avec ses qualités d'attaquant, il contribue grandement à la conquête du titre de champion de France en 1947. Il se fait ainsi remarquer par le prestigieux Torino, champion d'Italie au cours des trois précédentes saisons. Il rejoint donc la capitale piémontaise en 1948, aux côtés d'un autre Français d'origine italienne, Émile Bongiorni. Il peine toutefois à s'imposer au sein de l'équipe du Torino. Il figure parmi l'équipe qui disparaît dans la tragédie aérienne de Superga, qui, le 4 mai 1949, bouleverse toute l'Italie. Il est enterré à Saint-Ouen.

Stéphane Mourlane

GRAY Eileen

Décoratrice et designer. – Née le 3 août 1878 à Enniscorthy, alors Royaume-Uni, aujourd'hui Irlande ; morte le 31 octobre 1976 à Paris, France.

Depuis sa visite, en 1900, à l'Exposition universelle, Eileen Gray alterne, au cours de sa formation artistique, les séjours à Londres et à Paris, avant de s'y fixer en 1905. Son intérêt pour les techniques (laque, tapisserie, mobilier) comme l'engouement des collectionneurs (Jacques Doucet) pour les arts décoratifs orientent ses choix. Décoratrice, elle expose au Salon des artistes décorateurs en 1913, accède aux commandes des personnalités du monde de la mode et du luxe (décor, en 1919, de l'appartement de la modiste Suzanne Talbot à Auteuil) et ouvre, en 1922, la galerie Jean Désert, rue du Faubourg-Saint-Honoré. Dans les années suivantes, après sa rencontre avec les architectes de l'avant-garde hollandaise (la revue *Wendingen* publie son travail en 1925), elle abandonne la ligne d'une carrière typiquement Arts déco et, avec l'aide de son compagnon Jean Badovici, élabore des projets d'édifice à l'agencement particulièrement ingénieux, dans un style moderne radical. En 1929, elle est parmi les membres fondateurs de l'Union des artistes modernes (UAM). Elle conçoit et dessine un mobilier à la fois raffiné et sommaire (fauteuil Transat, fauteuil Bibendum). Sur le littoral, à Roquebrune-Cap-Martin, la villa E.1027, construite pour Badovici (1926-1929), synthétise par son style camping le nouvel attrait pour le mode de vie au soleil de l'été. Dans le nouveau contexte de l'accès aux loisirs, Eileen Gray est invitée en 1937 par Le Corbusier à exposer un projet de Centre de vacances dans le cadre de son pavillon des Temps Nouveaux, sa dernière manifestation artistique publique. Les aléas du marché de l'art, depuis la vente de la collection Jacques Doucet en 1972, ont contribué à une redécouverte de l'œuvre d'Eileen Gray. Depuis 2002, le Musée national d'Irlande lui consacre une exposition permanente.

Gérard Monnier

GRECS

Les Grecs n'ont jamais été très nombreux en France. Mais ceux qui y sont venus, en plusieurs vagues d'immigration au cours des deux derniers siècles, se sont, pour la plupart, implantés et ont marqué de façon diverse son paysage culturel et économique.

C'est du côté des intellectuels qu'il faut chercher une première véritable présence hellénique en France, plus précisément dans le Paris des Lumières. Des hommes de lettres, issus des communautés de langue grecque alors dispersées dans l'Empire ottoman, l'Autriche et la Russie, furent attirés par le rayonnement de la capitale française. Ils cherchèrent à y développer l'héritage grec classique, où ils voyaient à la fois un élément des idées nouvelles et la base d'une conscience nationale : tel CORAYS (Adamantios Koraïs, 1748-1833), qui débattait de philologie avec les hellénistes français et correspondait avec les élites de la diaspora hellénique.

Ces hommes ont joué un rôle essentiel non seulement dans le mouvement grec vers l'indépendance, mais aussi dans le grand élan philhellène du début du XIXe siècle, qui a associé Victor Hugo, Delacroix et d'autres à la défense de la « liberté » des Grecs contre la « tyrannie » ottomane, dans la lignée des aspirations de 1789. Les liens ainsi créés se sont perpétués ensuite tout au long du XIXe siècle, Paris continuant à attirer les intellectuels du petit État grec ou de la diaspora. Si l'on y ajoute quelques commerçants et artisans, tailleurs, fourreurs venus de Kastoria, on arrive, à la fin du siècle, à un petit effectif de quelques centaines de personnes, difficile à apprécier dans la mesure où beaucoup de régions de la Grèce appartiennent encore à l'Empire ottoman, à l'Italie ou à l'Angleterre, et où les catégories utilisées pour le recensement des étrangers prêtent donc à confusion.

Mais, au début du XIXe siècle, c'est la ville de Marseille qui attire le plus de Grecs. Il s'agit d'une catégorie particulière de riches négociants qui ont profité de la période troublée de la Révolution et des guerres napoléoniennes pour s'insérer dans le commerce de la ville. Forçant le blocus anglais, assurant le ravitaillement en blé de la France, ils bénéficient de mesures favorables du Directoire. Ces marchands appartiennent à de grandes familles déjà installées dans les grands ports de la Méditerranée orientale et dans les capitales de l'Europe centrale. La riposte turque à l'insurrection grecque de 1821 fait fuir d'autres négociants vers le port phocéen, qui profite, tout au long du siècle, de ce vaste réseau de relations commerciales entretenu par des liens familiaux soigneusement perpétués. Il se crée ainsi de véritables dynasties, les Rodocanachi, les Zarifi, les Zafiropoulo, qui marquent profondément Marseille, jouent un rôle important dans sa modernisation industrielle et financière et financent largement artistes et architectes. Le quartier des Allées, où ils édifient villas et hôtels particuliers, prend des allures de petite colonie grecque, autour de l'église orthodoxe qui accompagne toute présence hellénique à l'étranger et attire aussi artisans et petits commerçants grecs de la ville.

Tout cela ne représente encore que quelques centaines de personnes à la fin du XIXe siècle. Mais les Grecs des Bouches-du-Rhône sont alors les plus nombreux en France : ils constituent presque la moitié des 2 225 ressortissants helléniques recensés en 1901.

Ce n'est qu'au XXe siècle qu'on peut parler d'une véritable immigration grecque, en vagues successives mêlant motivations politiques et économiques.

La première a lieu pendant la Première Guerre mondiale. L'État français recrute la main-d'œuvre qui lui fait défaut dans ses colonies, mais songe aussi à faire venir des travailleurs européens. Lorsque, en 1916, le consul de France à Rhodes signale la présence de réfugiés dans les îles du Dodécanèse, l'idée de les recruter est rapidement adoptée.

Il s'agit de Grecs installés depuis des siècles sur les côtes orientales de la mer Égée, qui fuient les persécutions liées à la politique de « turquification » de l'Empire ottoman. Réfugiés dans le Dodécanèse alors sous administration italienne, ils y ont trouvé une situation économique interdisant toute installation durable. L'appel de la France trouve donc un écho favorable non seulement chez eux, mais aussi auprès de la population autochtone, d'autant plus que les candidats au départ peuvent emmener leur famille et sont assurés de trouver à l'arrivée un emploi et de bonnes conditions d'accueil.

C'est ainsi que, durant l'été 1916, plusieurs bateaux venus ravitailler l'armée française d'Orient repartent chargés de quelque 6 779 Grecs. Disséminés à travers le pays, la plupart des hommes sont affectés comme ouvriers non qualifiés dans les usines métallurgiques, chimiques, électriques, dans les mines et dans toutes les activités liées à la Défense. On les trouve dans les régions industrielles, dans la région parisienne, mais aussi dans la vallée du Rhône. À Grenoble se constitue ainsi une petite communauté employée à la fabrication des brodequins et uniformes des soldats, et à la biscuiterie Brun qui produit les rations de combat. À Pont-de-Chéruy, près de Lyon, la société Grammont met à la disposition des arrivants des logements, une crèche, un restaurant collectif – et même une église et une école ! Dans la région de Marseille, à Port-de-Bouc, Port-Saint-Louis-du-Rhône, Salin-de-Giraud, on voit s'installer une population grecque bien différente des riches négociants du siècle précédent.

Le mouvement ralentit très vite, l'État français refusant dorénavant les familles. Au total, 24 300 Grecs ont été ainsi introduits. Tous ne sont pas restés en France et, en 1921, on n'en recense que 12 771. C'est encore très peu, mais ces petites communautés constituent des noyaux autour desquels vont s'agglomérer de nouveaux immigrants dans les années 1920.

L'échange de populations qui fait suite à la désastreuse expédition grecque contre la Turquie amène en Grèce, en 1922-1923, une nouvelle vague de réfugiés : un million et demi de personnes, dans un pays qui en compte alors cinq, cette fois sur un territoire à peu près identique à celui d'aujourd'hui, mais encore très pauvre. L'accueil est difficile et l'émigration transocéanique, qui a touché des milliers de Grecs avant la guerre, est réduite du fait des quotas imposés par les États-Unis. La France est donc perçue comme un but possible, au moins comme étape avant la traversée de l'Atlantique.

Dans cette deuxième vague migratoire, les réseaux familiaux et villageois jouent à plein, permettant aux parents, aux amis – et même à de futures épouses recrutées sur photo – de venir rejoindre les petites communautés déjà constituées. Les nouveaux venus, au début très majoritairement de sexe masculin, s'emploient surtout comme ouvriers dans les industries de transformation : on en recense 6 580 en 1926, sur 18 588 ressortissants helléniques. La dynamique est stoppée dans les années 1930 : les arrivées sont compensées par les départs dus à la crise et au chômage. Beaucoup de Grecs s'enracinent cependant en France, on le voit à la féminisation de la population : 40 % de femmes sur les 16 515 Grecs recensés en 1936, la diminution de l'effectif s'expliquant, outre les départs, par les nombreuses naturalisations (il y a 2 215 naturalisés d'origine grecque en 1936).

Au cours de ces années, nombre de Grecs sont passés du statut d'ouvrier à celui de travailleur indépendant qui correspond mieux à leur tradition : on les trouve façonniers à domicile du vêtement ou du cuir, épiciers, restaurateurs, coiffeurs. C'est le cas à Marseille, à Paris où leurs petites boutiques, comme celles d'autres « Orientaux », juifs et arméniens, font la couleur du Belleville de l'entre-deux-guerres. La région parisienne accueille dorénavant plus de la moitié de la population grecque. Peu nombreuse en banlieue, avec quelques exceptions comme Sartrouville ou Yerres, celle-ci se concentre à Paris, qui continue aussi à accueillir artistes et intellectuels grecs. Ils viennent y faire leurs études (le pavillon grec de la Cité universitaire est construit en 1933) et certains d'entre eux s'y installent définitivement : tels les éditeurs d'art Christian ZERVOS (1889-1970) et TÉRIADE (1897-1983), qui ont fortement contribué à imposer les plus grands noms du XXe siècle.

Ailleurs, les petites communautés de la vallée du Rhône se sont étoffées et organisées afin de maintenir la fidélité à l'orthodoxie et l'enseignement de la langue grecque. C'est le cas, à Grenoble, du quartier de la Croix-Rouge, avec son église, son école, ses cafés – ou encore de Pont-de-Chéruy où l'on aurait appelé le quartier grec « quartier du Réveil » à cause des fêtes et des danses qui y duraient fort tard !

Après la guerre, la forte croissance économique de la France amène une nouvelle vague d'immigration grecque, bien inférieure à celle que reçoit alors l'Allemagne. Elle ne concerne que quelques centaines de personnes par an, le maximum étant atteint en 1962 avec 1 023 entrées, et commence à décroître dès la fin des années 1960, avant de quasiment disparaître à la suite du coup d'arrêt mis à l'immigration en France en 1974.

Les nouveaux arrivants de cette période viennent des régions montagneuses du nord de la Grèce, de Macédoine surtout, chassés par la misère et le chômage. Ce sont, pour la plupart, des jeunes qui partent tenter leur chance, auprès d'un parent, d'un ami – la Macédoine est l'une des régions où se sont installés ces réfugiés de 1922, dont une petite partie se trouve en France. Ils arrivent sans qualification, le plus souvent sans contrat, sont recrutés comme manœuvres, comme ouvriers spécialisés dans le bâtiment ou dans les industries mécaniques, notamment l'industrie automobile de la région parisienne, et se font régulariser sans difficulté.

D'autres travaillent dans les ateliers du cuir ou du vêtement, embauchés par des compatriotes. Mais la condition ouvrière est vue comme temporaire et ceux qui décident de rester en France ont pour objectif, comme les générations précédentes, de s'établir à leur compte : parfois très modestement (marchands de marrons, par exemple), parfois en ouvrant leur propre atelier, leur restaurant, la cuisine grecque étant devenue à la mode.

Il est toutefois difficile de saisir précisément le mouvement migratoire des Grecs depuis 1945 : on ne peut chiffrer les retours définitifs en Grèce, et encore moins les allées et venues résultant des difficultés à s'établir d'un côté comme de l'autre. Or celles-ci sont nombreuses du fait des régimes politiques très répressifs qu'a connus la Grèce entre 1945 et 1974, qui ont poussé à l'exil nombre d'opposants.

C'est ainsi qu'arrivent à Paris, en décembre 1945, une centaine de jeunes étudiants grecs. L'Institut français d'Athènes leur a obtenu des bourses d'études afin qu'ils échappent aux persécutions : la plupart d'entre eux ont participé à la Résistance honnie de la droite monarchiste et des Britanniques qui la soutiennent. D'autres suivront, du fait de la guerre civile qui dure jusqu'en 1949.

Parmi ces réfugiés, beaucoup ont choisi de rester et sont devenus des personnalités célèbres : Cornélius CASTORIADIS, Iannis XÉNAKIS, Georges CANDILIS et tant d'artistes, écrivains, historiens, cinéastes… D'autres ont tenté de revenir en Grèce, mais la relative détente du milieu des années 1960 est stoppée par la dictature des colonels, qui amène en France de nouveaux réfugiés, dont, là encore, beaucoup d'intellectuels et d'artistes comme Mikis THÉODORAKIS (né en 1925) ou Mélina MERCOURI (1920-1994).

On ne peut guère suivre de façon précise cette histoire mouvementée. De fait, le nombre de ressortissants grecs en France n'a jamais dépassé, depuis 1946, le chiffre de 11 820 personnes, atteint au cours de l'année 1968. Et il ne cesse de baisser depuis : 9 580 en 1975, 6 735 en 1990. Les derniers recensements ne comptabilisent plus les Grecs vu la faiblesse de l'effectif : quelques centaines de personnes aujourd'hui.

Non que la présence hellénique ne soit plus visible en France. Il existe actuellement une quinzaine de communautés institutionnalisées, dont les membres représentent au total 35 000 personnes selon les autorités grecques. Mais la plupart d'entre eux sont de nationalité française et les nouveaux arrivants, en nombre très réduit, sont surtout des étudiants.

C'est que les Grecs se sont généralement bien intégrés dans la population française. Mais si l'on ne peut plus parler aujourd'hui de « quartiers » grecs, les références culturelles sont toujours présentes, à des degrés divers selon les individus. La naturalisation ne prive pas les Grecs de leur nationalité hellénique et beaucoup d'entre eux gardent un contact régulier avec leur pays d'origine, souvent même une maison, un appartement. Les mariages mixtes étant nombreux, les époux, les épouses et les enfants adoptent souvent les traditions, culinaires par exemple ! La religion elle-même reste présente, bien qu'à des occasions de plus en plus rares : un baptême, la fête de Pâques si symbolique. Les cours de grec moderne, de danses traditionnelles et les manifestations culturelles et festives attirent aussi amis et sympathisants.

On peut ainsi parler, pour ces Grecs d'origine, d'une identité culturelle double, ouverte à la fois sur la France et sur les traditions séculaires de l'hellénisme.

Joëlle Fontaine

Bibl. : KANONIDIS Dominique, « Essai sur l'immigration grecque en France au XXe siècle », mémoire de maîtrise de l'université Paris-I Panthéon-Sorbonne, Centre de recherches sur l'histoire des mouvements sociaux et du syndicalisme, octobre 1992 • COLLECTIF, *La Diaspora hellénique en France*, Champs helléniques modernes et contemporains, Paris, EFA, 2000.

GREEN Julien (Julian Hartridge)

Romancier, diariste et essayiste. – Né le 6 septembre 1900 et mort le 13 août 1998 à Paris, France.

Fils d'une famille de la bonne société américaine établie à Paris en 1893, Julian est scolarisé au lycée Janson-de-Sailly, quand éclate la Première Guerre mondiale. Converti au catholicisme avec une partie de sa famille en 1916, il s'engage l'année suivante dans la Croix-Rouge américaine et participe au conflit comme sous-lieutenant d'artillerie dans l'armée française. Démobilisé en 1919, il part pour la première fois aux États-Unis pour y achever ses études et écrire en anglais son premier livre. Rentré à Paris, c'est en français qu'il fait paraître, en 1924, sous le nom de Théophile Delaporte, un *Pamphlet contre les catholiques de France*, qui attire l'attention de la critique sur le jeune écrivain franco-américain. Inspiré par James Joyce, il adopte le nom définitif de Julien Green pour publier, en 1926, son premier roman, *Mont-Cinère*. Trois ans plus tard, la parution de *Léviathan* lui permet d'accéder à la notoriété. Tout au long de l'entre-deux-guerres, Green participe à la vie littéraire parisienne aux côtés de nombreux intellectuels français et européens, comme Jacques et Raïssa Maritain ou le théologien suisse Charles Journet. En juin 1940, il fuit la France de Vichy et se réfugie à New York. Mobilisé en 1942, il participe aux émissions radiophoniques de *Voice of America* destinées à l'Europe. Rentré en France en 1945, l'écrivain reprend sa production romanesque en donnant à lire des textes interrogeant son rapport à la foi. De 1928 à sa mort, Julien Green a tenu, presque sans interruption, un journal intime qui sera publié en dix-huit volumes et contribuera à le faire davantage connaître que ses ouvrages de fiction. Souvent primé, Julien Green obtient le Grand Prix de littérature de l'Académie française en 1970 et entre l'année suivante sous la Coupole. Sans jamais avoir cessé d'écrire, il s'éteint en 1998.

Pierre-Frédéric Charpentier

GREG. — *Voir* BELGE DE LA BANDE DESSINÉE, école.

GREGOR Nora (Eleonora Hermina)

Actrice, chanteuse. – Née le 3 février 1901 à Görz, Autriche-Hongrie, aujourd'hui Gorizia, Italie ; morte le 20 janvier 1949 par suicide à Santiago du Chili, Chili.

Héroïne d'opérettes en Autriche sous la direction de Max Reinhardt, puis actrice (elle tourne, entre autres, sous la direction de Carl Dreyer), cette chanteuse s'illustre en 1930 dans un film de Jacques Feyder (*Olympia*). Après une carrière enviée à Hollywood, elle épouse le vice-chancelier d'Autriche. L'annexion de l'Autriche par l'Allemagne nazie contraint le couple à l'exil en France, ce qui lui donne l'occasion de jouer le rôle de Christine de la Chesnaye dans *La Règle du jeu* de Jean Renoir (1939). La déclaration de guerre entre la France et l'Allemagne la pousse à fuir au Chili avec son mari. Elle y tourne, en 1945, *Le Moulin des Andes* de Jacques Rémy, de son vrai nom Raymond Assayas, réfugié lui aussi, père du cinéaste Olivier Assayas.

Jean-Luc Douin

GREGORIO Eduardo de

Scénariste et cinéaste. – Né en 1942 à Buenos Aires, Argentine ; mort le 13 octobre 2012 à Paris, France.

Eduardo de Gregorio s'est installé à Paris en 1971 après des études de philosophie et de lettres. Scénariste pour Bernardo Bertolucci (*La Stratégie de l'araignée*, 1970) et pour Jean-Louis Comolli (*La Cécilia*, 1976), il est surtout devenu l'artisan d'intrigues de Jacques Rivette (*Céline et Julie vont en bateau*, 1974 ; *Duelle*, 1976 ; *Noroït*, 1976 ; *Merry-go-round*, 1978). Bulle Ogier est la vedette de plusieurs des films au gothique poétique qu'il réalise : *Sérail* (1976), *La Mémoire courte* (1979), *Aspern* (1985 d'après Henry James). Suivirent *Corps perdus* (1990) et *Tangos volés* (2002). Comme chez Rivette, comme chez Borges, l'univers de ce nostalgique du XIXe siècle, qui multiplie les références culturelles, est celui de vieilles maisons, d'atmosphères insolites, de jeux de domination, d'exploration labyrinthique d'un passé trouble. Il y regarde des femmes enquêter entre rêve et réel sur des fantômes du passé.

Eduardo de Gregorio a enseigné à la Sorbonne Nouvelle et à la Fondation européenne pour les métiers de l'image et du son.

Jean-Luc Douin

GREVEN Alfred

Producteur de cinéma. – Né le 9 octobre 1897 à Elberfeld, Allemagne ; mort le 9 février 1973 à Cologne, Allemagne.

Héros de l'aviation allemande durant la Grande Guerre, ami de Hermann Göring, Alfred Greven débute dans la production cinématographique en 1933. Il gravit progressivement les échelons de la toute-puissante UFA (Universum Film AG) et, en 1940, c'est lui que Joseph Goebbels, ministre de la Propagande du Reich, choisit pour diriger la société Continental-Films, que les nazis créent à Paris après l'armistice pour prendre pied dans la production française. Cet esthète francophile, admirateur du cinéma français (notamment *La Grande Illusion*, de Renoir, mal vu du IIIe Reich), fait de la Continental un pôle d'excellence du cinéma européen, convaincu que la médiocrité du cinéma allemand depuis 1933 ne peut être compensée, face à Hollywood, que par un bon cinéma français. Contrevenant aux directives de Goebbels, il s'applique d'ailleurs à produire des films de divertissement et non de propagande. Protégée de la pénurie de matériel par des privilèges dus à son statut, la Continental produit une trentaine de films entre 1941 et 1944, parmi lesquels certaines des œuvres les plus marquantes de la période, comme *La Symphonie fantastique* (Christian-Jaque, 1941), *Les Inconnus dans la maison* (Henri Decoin, 1941), *Au bonheur des dames* (André Cayatte, 1943), et surtout *Le Corbeau* (Henri-Georges Clouzot, 1943) ; Fernandel et Tino Rossi font partie de ses vedettes. Des techniciens et réalisateurs juifs ont travaillé à la Continental, comme Jean-Paul Le Chanois, qui était également communiste et résistant ; certains témoignages (René Richebé) assurent que cette situation était connue de Greven, qui ne se souciait pas de politique, mais seulement de produire des films de qualité. Il peut même se montrer provocateur à l'égard de ses autorités de tutelle, par exemple en produisant une adaptation de Zola (*Au bonheur des dames*), alors que cet auteur est mis à l'index du régime nazi, mais, par ailleurs, il n'hésite pas à jouer de l'autorité que lui confère son statut d'occupant pour contraindre certains acteurs à travailler pour lui (Edwige Feuillère). Ce personnage ambigu et insaisissable échappa à l'arrestation à la Libération et retourna en Allemagne, où il continua ses activités de producteur jusque dans les années 1960.

Dimitri Vezyroglou

GREZ-SUR-LOING, Groupe de

Colonie d'« artistes du bout du monde », selon le nom d'une association locale contemporaine, Grez-sur-Loing (Seine-et-Marne) a attiré, entre 1860 et 1914, plus de trois cents artistes, des peintres mais aussi des écrivains et des musiciens, dont une grande majorité d'étrangers, créant un cosmopolitisme qui fait la singularité historique du lieu. Trois événements, en 1860, sont à l'origine de ce peuplement artistique : l'arrivée du train, qui met le village à deux heures de Paris, l'achat et la rénovation de l'auberge par le couple Chevillon et enfin la visite de Camille Corot qui peint le pont de Grez et entraîne dans son sillage des cohortes de jeunes peintres pleinairistes. Les pionniers sont les quatre frères italiens PALIZZI, surtout Joseph (1813-1888), qui prend pension à l'auberge et y construit un atelier, peint l'enseigne de l'hôtel et y séjourne quinze ans.

C'est en 1870 qu'arrivent les premiers Anglo-Saxons, tous des élèves de Carolus-Duran. Ils se rendent d'abord à Barbizon puis à Grez, comme l'Irlandais Franck O'MEARA (1853-1888), qui arrive en 1873 et restera treize années ; il y attire ses camarades d'atelier comme les Américains John Singer SARGENT (1856-1925) et Hiram BLOOMER (1845-1911), alors versés dans le paysagisme, le second exposant à l'Exposition universelle de 1878, section États-Unis, un tableau intitulé *Vieux Pont de Grez*, acheté par l'État français. « Vrai repère de bohémiens », selon Sargent, Grez attire également les écrivains Robert Louis STEVENSON et August STRINDBERG (1849-1912), qui rendent compte, dans leurs écrits, de l'ambiance animée des soirées d'été.

Outre Strindberg et sa famille, de nombreux artistes scandinaves sont installés à Grez dans les années 1870-1880, parmi lesquels le Suédois Carl LARSSON (1850-1919), qui arrive à Paris en 1877 après des études à l'Académie de Stockholm. Son séjour à Grez, en 1882, marque un tournant majeur dans sa carrière (la série de ses échecs au Salon est rompue), dans son style (il découvre l'aquarelle et travaille sur les effets de lumière) et dans sa vie privée. Il rencontre en effet sa future compagne, la Suédoise Karin BERGÖÖ (1859-1928), une peintre ayant trouvé, comme de nombreuses artistes femmes dans cette colonie d'artistes, un espace de moindre contrainte sociale, morale et esthétique. À leur retour en Suède, les artistes de Grez font l'objet d'une exposition importante, *Les Peintres des bords de Seine* (1885) ; les Larsson sont par ailleurs les inventeurs du style suédois dans les arts décoratifs et le design. Venus de plus loin encore, un groupe de Japonais, dont Seiki KURODA (1866-1924), habite quelques années à Grez-sur-Loing. La mairie-musée de la commune recueille aujourd'hui quelques souvenirs de ce moment de créativité bouillonnante.

Julie Verlaine

GRIS Juan (José Victoriano Gonzalez)

Peintre. – Né le 23 mars 1887 à Madrid, Espagne ; mort le 11 mai 1927 à Boulogne-Billancourt, France.

Juan Gris est moins connu que Pablo Picasso et que Georges Braque, en raison notamment de sa mort prématurée. Il joue néanmoins un rôle essentiel dans l'élaboration du cubisme synthétique et son développement à Paris entre 1912 et 1919. Il est révélé au public parisien au Salon des indépendants de 1912, avec la toile cubiste *Hommage à Picasso* (Arts Institute, Chicago). Le titre en est significatif : c'est à son compatriote que Gris, arrivé en 1906 de Madrid où il a abandonné ses études d'ingénieur pour la peinture, doit son intégration réussie dans le milieu artistique parisien. Picasso lui a trouvé un atelier près du sien au Bateau-Lavoir à Montmartre et l'a initié à ses réflexions sur le cubisme et à la vie artistique parisienne. Après 1912, Gris connaît lui aussi le succès. Mis à l'abri des soucis financiers grâce à un contrat passé avec le marchand Daniel-Henry Kahnweiler, il travaille à briser les contours et remodeler les volumes, ainsi qu'à coller des matériaux composites sur des toiles (les « papiers collés »).

Son statut d'Espagnol immigré, s'il lui interdit de revenir en Espagne – où il est recherché par la justice pour avoir fui le service militaire obligatoire –, lui évite d'être mobilisé en 1914, contrairement à la plupart de ses amis peintres. Malgré une situation financière précaire (Kahnweiler étant en exil, Gris dépend de la bienveillance de Gertrude Stein et de Marie Vassilieff, deux étrangères installées à Paris), les quatre années de guerre sont une période de création prolifique et de transmission des principes cubistes à la jeune génération. Ses œuvres n'échappent pas au nationalisme ambiant, célébrant, dans l'identité française, des qualités de rationalité et de latinité. Après la guerre, son œuvre, devenue plus « pure », plus classique, est reconnue. Après sa première exposition personnelle à la galerie Simon en 1923, Gris prononce, en 1924, en Sorbonne une conférence « Sur les possibilités de la peinture », qui est traduite en plusieurs langues. Ses œuvres entrent dans des collections prestigieuses, comme celle d'Alphonse Kahn. Il quitte le Bateau-Lavoir pour s'installer à Boulogne, près de la maison de Kahnweiler, qui lui fait rencontrer les surréalistes. Gris tente de se faire naturaliser français en 1926, mais il meurt en 1927, avant que n'aboutisse la procédure. Prolongeant de façon posthume son engagement de marchand et d'ami, Kahnweiler entreprend de rédiger la première monographie sur Gris, qui est publiée en 1946 et qui évite que l'artiste ne disparaisse complètement dans l'ombre gigantesque de son compatriote et néanmoins rival, Pablo Picasso.

Julie Verlaine

GRISI Carlotta. — *Voir* DANSEURS ET DANSEUSES ITALIENS.

GRODECKI Louis

Historien de l'art. – Né le 1910 à Varsovie, Pologne ; mort en 1982 à Paris, France.

Louis Grodecki est un historien de l'art médiéval, spécialiste du vitrail et de l'architecture religieuse. Malgré les moyens modestes de son père, tapissier, le jeune Varsovien entame des études d'histoire de l'art dans sa ville natale. Encouragé par Charles Sterling, son aîné de neuf ans déjà exilé en France, il quitte lui aussi la Pologne, en 1929. À Paris, il devient l'élève et le disciple d'Henri Focillon, sous la direction duquel il entame une thèse en 1936, un an après avoir obtenu sa naturalisation française. La guerre noue sa rencontre avec l'objet qui deviendra l'épicentre de sa recherche : le vitrail. En effet, il est amené à travailler sur les caisses de vitraux mises à l'abri des bombardements. Il modifie le sujet de sa thèse principale, qui porte désormais sur le vitrail du XIIe siècle. Sa carrière universitaire commence tardivement : après un séjour à l'université de Princeton en 1948-1949, durant lequel il découvre l'œuvre d'Erwin Panofsky, il exerce la fonction de conservateur au musée des Plans et Reliefs, de 1951 à 1959. Il obtient son premier poste de professeur à l'âge de cinquante ans, en 1960, à l'université de Strasbourg. Il sera élu à l'université Paris-Sorbonne en 1970, à la chaire occupée jadis par son maître Focillon.

Outre sa production personnelle sur les vitraux (citons *Le Vitrail roman*, 1977 ; *Le Vitrail gothique*, 1984 ; *Les Vitraux de Notre-Dame de Paris*, 1981 ; *Les Vitraux de Chartres*, 1976), il est un acteur important de l'entreprise internationale baptisée, en 1952, Corpus vitraerum, qui se donne pour tâche d'étudier scientifiquement tous les vitraux occidentaux. Il publie le premier opus français du Corpus en 1959 et il préside son comité international de 1975 à 1982. Il œuvre à la reconnaissance du vitrail comme élément à part entière de l'histoire de l'art, en organisant d'importantes expositions (Rotterdam, 1952, musée des Arts décoratifs de Paris, 1953). Son goût pour l'architecture se traduit dans son travail scientifique (*L'Architecture ottonienne au seuil de l'art roman*, 1958 ; *L'Architecture gothique*, 1979), mais aussi par son investissement précoce dans la préservation du patrimoine français : membre du Conseil supérieur des monuments historiques dans les années 1950, il est, à partir de 1955, secrétaire de la *Revue des monuments historiques*.

Anna Trespeuch-Berthelot

GROENSTEEN Thierry

Historien et théoricien de la bande dessinée. – Né le 18 avril 1957 à Uccle, Belgique.

Bien qu'il n'ait été ni le premier critique, ni le premier historien, ni le premier théoricien de la bande dessinée, Thierry Groensteen a publié dans tous ces domaines des textes décisifs, à commencer par sa thèse de doctorat, soutenue en France en 1996 et publiée en 1999 sous le titre *Système de la bande dessinée*. Critique de BD dans les colonnes du *Monde*, de 1986 à 1990, il avait dirigé, de 1984 à 1988, les réputés *Cahiers de la bande dessinée*. C'est à lui qu'on doit, entre autres, le premier ouvrage d'envergure sur les mangas, et encore à lui, associé au Français Benoît Peeters, l'étude de référence sur Rodolphe Töpffer : *Töpffer, l'invention de la bande dessinée* (1994). Installé en France auprès du Centre national de la bande dessinée et de l'image (CNBDI) d'Angoulême, dont il sera directeur du musée de 1993 à 2001, Groensteen a été le fondateur de ce qui est aujourd'hui la principale revue d'histoire et de théorie du *9e Art*, ainsi intitulée à sa fondation en 1996, qu'il a dirigée jusqu'en 2008 (*Neu-*

vième Art à partir de 2006). Se rapprochant de la création, il a contribué, en 1993, à la mise en place de l'Ouvroir de bande dessinée potentielle (Oubapo) et poursuit comme éditeur (Les éditions de l'An 2, associées aujourd'hui aux éditions Actes Sud) un travail de défrichement et de promotion d'une bande dessinée exigeante. Il était particulièrement bien placé pour entreprendre la première histoire de la bédéphilie (*Un objet culturel non identifié*, 2006).

Pascal Ory

GROETHUYSEN Bernard

Philosophe, historien. – Né le 9 janvier 1880 à Berlin, Allemagne ; mort le 17 septembre 1946 à Luxembourg, Grand-Duché du Luxembourg.

À la croisée de différentes disciplines, Bernard Groethuysen a élaboré une anthropologie philosophique et historique dont l'objet principal est de reconstituer la formation de l'« esprit bourgeois » en France et, plus profondément, de faire la généalogie du sujet moderne. Esprit européen, au carrefour de plusieurs cultures, il a également été un médiateur intellectuel de premier ordre entre l'Allemagne et la France. Fils d'un bourgeois aisé du Bas-Rhin et d'une émigrée russe parlant français, Groethuysen a été élevé dans un milieu cosmopolite. Il entame une carrière universitaire à Berlin, où il a achevé ses études (ses maîtres sont Stumpf, Simmel et Dilthey) et soutenu une thèse de doctorat en philosophie sur la sympathie, en 1904. Dès cette époque, il fait des séjours à Paris dans le cadre de recherches sur Leibniz, puis pour préparer sa thèse d'habilitation sur le débat constitutionnel au début de la Révolution française, soutenue à Berlin en 1908. Jusqu'en 1932, date de son installation à Paris avec sa compagne, la traductrice Alix Guillain, il partagera son temps entre l'Allemagne et la France. Entré en relation avec les milieux littéraires et philosophiques français, il jouit rapidement d'une réelle autorité intellectuelle – en 1910, l'École des hautes études sociales l'invite ainsi à présenter une étude sur Wilhelm Dilthey. Opposé à la guerre, il raconta s'être naïvement rendu à l'ambassade d'Allemagne, au début de l'été 1914, pour presser l'ambassadeur d'en empêcher le déclenchement. Interné près de Châteauroux au début du conflit, en tant que ressortissant d'une nation ennemie, il reçoit le soutien de ses amis français, le critique Charles du Bos et le philosophe germaniste Charles Andler, et peut-être celui d'Henri Bergson. Dans les années 1920, Groethuysen collabore à *La Nouvelle Revue française* et fait partie du comité de lecture de la maison Gallimard, où il fonde la collection « Bibliothèque des idées », inaugurée en 1927 par la publication de son maître ouvrage, le premier tome des *Origines de l'esprit bourgeois en France*. Cette version, allégée et adaptée au public français de l'édition allemande, fut accueillie comme un travail précurseur, mais déplut à l'historien Lucien Febvre, qui lui ferma la porte des *Annales*. En tant qu'auteur, préfacier, éditeur, traducteur, Groethuysen a contribué à la connaissance, en France, de la littérature et de la philosophie allemandes : il publie, en 1926, une *Introduction à la pensée philosophique allemande depuis Nietzsche*, joue un rôle important dans la réception de la phénoménologie et de Martin Heidegger. Il est également l'un des introducteurs de Robert Musil et de Franz Kafka, dont il préface la première édition française du *Procès*. Symétriquement, il fait découvrir en Allemagne les pensées de Montesquieu, Diderot, Rousseau et défend l'« esprit de finesse » français, qu'incarnèrent pour lui Montaigne et Pascal. En contrepoint, il aurait projeté d'écrire un livre sur l'« esprit de système allemand ». Intellectuel sociable, il participe aux décades de Pontigny, au cercle de Gabriel Marcel, aux soirées d'Alexandre Koyré. En 1931 paraît son *Anthropologie philosophique*, ouvrage théorique qui s'inscrit dans le prolongement de l'herméneutique de Dilthey : il ne s'agit pas d'expliquer (au sens de la constitution d'un savoir objectif extérieur), mais de comprendre la réalité humaine. Politiquement, Groethuysen se déclare marxiste et communiste, sans s'engager de façon effective. En 1932, peut-être inquiété pour des déclarations prétendument « anti-allemandes » sur fond de montée du nazisme et de l'antisémitisme, il quitte Berlin et fait de Paris sa résidence permanente. En 1937, il obtient la nationalité française. C'est au Luxembourg, où il vécut les derniers mois de la guerre, qu'il s'éteint, laissant une œuvre inachevée (le recueil posthume *Philosophie de la Révolution française*, publié en 1956, assemble des éléments qui devaient former le deuxième tome des *Origines*). L'ami de Malraux, Gide, Paulhan et Martin du Gard fut un homme de dialogue, maître dans l'art de la conversation : son rayonnement intellectuel s'expliquait en partie par son « génie oral » (selon l'expression de Malraux).

Stéphan Soulié

GROSSER Alfred

Historien et politologue. – Né le 1er février 1925 à Francfort-sur-le-Main, Allemagne.

Alfred Grosser est non seulement un spécialiste de l'Allemagne contemporaine, mais aussi un artisan majeur de la réconciliation puis du dialogue franco-allemands depuis 1945. En 1933, son père, pédiatre, enseignant à la faculté de médecine et médecin-chef d'un hôpital de Francfort, est frappé de plein fouet par les mesures antisémites, malgré son statut d'ancien combattant. Alfred trouve refuge avec sa famille à Saint-Germain-en-Laye, où son père meurt brutalement, très peu de temps après leur arrivée. L'école est le vecteur d'assimilation française pour le jeune Alfred, qui surmonte vite l'épreuve de l'apprentissage du français. Il est naturalisé français par un décret en date du 1er octobre 1937. Réfugié en 1940 dans le Var, il y obtient son baccalauréat en 1942. La menace d'une révision de sa naturalisation par le régime de Vichy est écartée grâce aux lettres de recommandations de ses professeurs. À Marseille, il enseigne dans une école confessionnelle catholique, puis participe à la libération de la ville. Après la guerre, Alfred Grosser reprend le fil de ses études. Il lui faut attendre 1947 pour présenter – et obtenir – l'agrégation d'allemand, car il est alors nécessaire, pour devenir fonctionnaire, d'être français depuis dix ans. Le jeune agrégé part à l'automne 1947 dans son pays natal, missionné par le ministère de la Guerre pour enquêter sur les conditions de vie outre-Rhin. Il revient avec un reportage sur la jeunesse allemande publié dans *Combat*, qui le fait connaître. Alfred Grosser, persuadé que la réconciliation passe par l'éducation, est associé à la fondation du Comité français d'échanges avec l'Allemagne nouvelle, présidé par Emmanuel Mounier, dont il devient secrétaire général ; de 1949 à 1967, il en rédigera les éditoriaux du bulletin, *Allemagne*, contribuant à la renaissance du dialogue franco-allemand par l'organisation de conférences données par des personnalités allemandes à la Sorbonne. En 1950-1951, il travaille pour l'Unesco à la création d'un institut international consacré aux problèmes de la jeunesse ; à partir de 1965, il poursuivra cet engagement au sein du conseil d'administration de l'Office franco-allemand pour la jeunesse. Quand, en France, il est fait grand officier de la Légion d'honneur, il est, en Allemagne, fait grand officier du Mérite. Parallèlement, il effectue, dans sa carrière universitaire, une conversion de la germanistique vers la science politique et l'histoire contemporaine. Après avoir été pensionnaire à la Fondation Thiers, puis assistant d'allemand à la faculté de lettres de Paris (1951-1955), il entre à la Fondation nationale des sciences politiques et à Sciences-Po, dont il devient l'un des enseignants les plus remarqués, tout en intervenant à l'École des hautes études commerciales (HEC) ou à l'École polytechnique, à la Johns Hopkins University ou à Stanford University. Son souci de médiation passe aussi par l'écriture journalistique. Il est chroniqueur pour de nombreux journaux : *La Croix* (1955-1965 et depuis 1984), *Le Monde* (1965-1994), *Ouest-France* (depuis 1973) et *L'Expansion* (1979-1989).

Il a à son actif une œuvre de référence sur l'Allemagne contemporaine (*La République fédérale d'Allemagne*, 1963, 10e éd. 1995), la politique extérieure de la France (*Affaires extérieures. La politique de la France (1944-1989)*, 1989) et les relations internationales (*Les Occidentaux*, 1978), mais aussi une réflexion sur les origines du sectarisme, les atteintes aux droits de l'homme et la nécessité de fonder une éthique et une mémoire communes (*Dix Leçons sur le nazisme* [dir.], 1976 ; *Le Crime et la mémoire*, 1989 ; *Les Identités difficiles*, 1996).

Anna Trespeuch-Berthelot

GROTHENDIECK Alexandre

Mathématicien. – Né le 28 mars 1928 à Berlin, Allemagne.

Alexandre Grothendieck est un mathématicien apatride, qui sera lauréat de la médaille Fields en 1966. Son père, Sacha Schapiro Grothendieck, est un anarchiste juif d'origine ukrainienne. Il rencontre à Berlin Hanka Grothendieck, une protestante de Hambourg qui partage ses convictions. En 1933, la montée de l'hitlérisme conduit le couple à quitter l'Allemagne pour l'Espagne, où ils s'engagent dans la guerre civile. Né hors mariage, leur fils Alexander les rejoint en France en 1939. Sacha Grothendieck est bientôt emprisonné dans l'Ariège, avant d'être déporté à Auschwitz, où il meurt en 1942. « Indésirables », Hanka et Alexander Grothendieck sont, quant à eux, internés au camp de Rieucros, en Lozère. Malgré son internement, le jeune Grothendieck parvient à poursuivre ses études dans la clandestinité, puis, avec l'aide du Secours suisse, termine son baccalauréat au Collège cévenol du Chambon-sur-Lignon.

Étudiant à l'université Montpellier à partir de 1945, Grothendieck y poursuit des recherches mathématiques solitaires sur la théorie de la mesure. Débarquant à Paris en 1948, il fait la rencontre d'Henri Cartan, professeur à l'École normale supérieure, et fréquente le groupe Bourbaki qui formera, jusqu'à la rupture, sa véritable patrie d'appartenance. À la suggestion de Jean Dieudonné, Grothendieck rejoint Laurent Schwartz à Nancy, où il soutient en 1953 une thèse de doctorat, immédiatement remarquée, sur les espaces vectoriels topologiques. Toujours apatride, Grothendieck ne peut être naturalisé que s'il régularise sa situation militaire, ce qu'il refuse de faire. « Les perspectives pour moi, en tant qu'étranger en France, écrit-il rétrospectivement, de trouver un gagne-pain comme mathématicien, semblaient pourtant des plus problématiques. » Après quelques années d'errance, au Brésil, aux États-Unis et en France, il obtient, en 1959, un poste de chercheur à l'Institut des hautes études scientifiques (IHES) créé par Léon Motchane. Pendant les années qu'il y passe, il révolutionne la géométrie algébrique et forme une génération d'élèves dans ce domaine. En 1966, la médaille Fields lui est attribuée, mais il refuse d'aller la recevoir à Moscou pour protester contre l'emprisonnement d'écrivains russes.

En 1970, apprenant que l'IHES a été partiellement subventionné par les militaires, il démissionne avec fracas. Pendant deux ans, il occupe un poste temporaire au Collège de France. Fondateur du groupe écologiste « Survivre et vivre », il désire y transformer son enseignement en conséquence, mais il essuie le refus des professeurs du Collège de France. Professeur à l'université de Montpellier depuis 1973, il prend officiellement sa retraite en 1988, non sans avoir essuyé de nombreux revers professionnels du fait de son désenchantement grandissant vis-à-vis du monde mathématique français. Pendant ses années montpelliéraines, il rédige de vastes méditations, mathématiques ou non, dont *Récoltes et semailles*. En 1977, il tente, sans succès, de mobiliser ses collègues contre le statut des étrangers en France, qui interdit à quiconque de porter secours à un étranger en situation irrégulière. En 1988, Grothendieck refuse le prestigieux prix Crafoord qui lui a été attribué par l'Académie royale des sciences de Suède.

David Aubin

GROUCHY Jean de

Médecin et généticien. – Né en 1926 à Deventer, Pays-Bas ; mort en 2003.

Ses études de médecine, Jean de Grouchy les poursuit en France, où il obtient son doctorat en 1953. L'année suivante, il entre au CNRS. Ami de Jérôme Lejeune, avec qui il effectue son service national, il s'engage dans la cytogénétique humaine encore balbutiante. Tout en continuant sa carrière au CNRS, il développe son propre laboratoire et contribue à faire de la génétique humaine une discipline à part entière. Éditeur des *Annales de génétique*, organisateur de congrès internationaux, il s'applique à vulgariser ce nouveau savoir dans de nombreux ouvrages très personnels dont, en 1965, *Le Message héréditaire*, préfacé par Jérôme Lejeune.

Vincent Duclert

GRUBY David

Médecin dermatologue et parasitologiste. – Né le 20 août 1810 à Kis-Kèr, alors Hon-

grie, aujourd'hui Bačko Dobro Polje, Serbie ; mort le 14 novembre 1898 à Paris, France.

David Gruby est issu d'une famille de petits paysans propriétaires juifs allemands ou autrichiens, immigrés en Hongrie depuis un demi-siècle. Il fait ses études de médecine à Budapest, puis à Vienne, où il est reçu docteur en médecine en août 1839, puis docteur en ophtalmologie en 1840. Son intérêt le porte vers la micrographie, et il publie le résultat de ses premières études microscopiques d'anatomie pathologique en 1840. On lui propose une chaire de professeur hors cadre à Vienne s'il accepte de se convertir au catholicisme. Il refuse et s'installe à Paris au printemps 1841 après un voyage d'étude en Europe. Il entre à l'hôpital parisien des Enfants-Trouvés, dans le service du docteur Jacques-François Baron, où il crée un centre de microscopie et mène des recherches en parasitologie. Il développe principalement des études d'anatomie pathologique et de dermatologie consacrées aux nouveau-nés. Il met en valeur, en 1841, le champignon microsocopique, cryptogame responsable de la teigne, et démontre ainsi l'origine mycosique des teignes et du muguet (*Mémoire sur une végétation qui constitue la vraie teigne*, 1841). Il décrit la teigne de l'enfance, qui porte aujourd'hui le nom de « teigne de Gruby-Sabouraud ». Il étudie également les cryptogames à l'origine des maladies de la pomme de terre et, en zoologie, l'organe de la pourpre chez le *murex brandaris*. En 1846, il est légalement admis à résider en France et à y jouir des droits civils. Appuyé d'une lettre de recommandation de Mathieu Orfila, avec des soutiens illustres du milieu médical parisien, il est naturalisé français le 6 mai 1848 par le gouvernement provisoire de la République, et obtient les droits de citoyen français. En 1849, il s'engage auprès des services de la Ville de Paris lors de l'épidémie de choléra. Ses cours d'anatomie et de physiologie sont fameux, et les plus grands noms y assistent, tels Pierre Flourens, François Magendie, Henri Milne-Edwards ou Claude Bernard. Sa consultation privée est elle aussi réputée dans le Tout-Paris, et parmi ses patients figurent Alexandre Dumas père et fils, Frédéric Chopin, Alphonse de Lamartine, George Sand, Alphonse Daudet ou Léon Gambetta. À la suite d'un long processus, soutenu par de nombreux notables qui ont bénéficié de ses soins, il reçoit de l'Empereur, en mai 1854, l'autorisation officielle d'exercer la médecine en France, qu'il n'avait pas attendue pour pratiquer. Intéressé par l'hypnotisme et la suggestion, il fut appelé le « derviche guérisseur ». Ses travaux sur la teigne et la pelade sont à l'origine de controverses, à une époque où les mécanismes de la contagion ne sont pas encore établis. Certains de ses confrères, comme Ernest Bazin, ont lancé l'anathème de charlatanisme à son encontre, notamment du fait de son intervention par suggestion sur les malades nerveux. Il fonde un musée personnel d'histoire naturelle dans sa maison de Montmartre, rue Lepic, et installe, sur le toit, un observatoire astronomique et météorologique. Il s'engage dans la guerre de 1870 en transformant sa maison en ambulance. Après son décès – il est retrouvé mort dans son cabinet –, on découvrira dans sa maison quinze mille préparations microscopiques et plus de deux mille clichés de photographies scientifiques.

Anne Rasmussen

GRUNBERG-MANAGO Marianne

Biologiste. – Née le 6 janvier 1921 à Petrograd, alors URSS, aujourd'hui Saint-Pétersbourg, Russie ; morte le 3 janvier 2013 à Paris, France.

Marianne Grunberg-Manago est née dans une famille russe d'artistes, qui décide, par sécurité, d'émigrer en France alors que Marianne n'a que neuf mois. Après des études de biologie physico-chimique, elle rejoint le laboratoire de biologie marine de Roscoff. Sa thèse, soutenue en 1947, porte sur l'action de l'oxygène sur les anaérobies stricts. Elle connaît, en 1954, une soudaine notoriété lorsque, en stage au laboratoire de biologie moléculaire de Severo Ochoa à New York, elle participe à la découverte de l'enzyme polyribonucléotide nucléotidyltransférase, essentielle pour la compréhension des processus d'hérédité. De retour en France, elle réalise toute sa carrière à l'Institut de biologie physico-chimique, où elle est nommée chef de laboratoire (1959), puis chef de service (1967). Professeure associée de l'université Harvard en 1967, elle devient professeure de biochimie à l'université Paris-VII (1972-1982). Élue membre de l'Académie des sciences en 1982, elle en devient présidente en 1995. Elle a été élevée au rang de grand officier de la Légion d'honneur le 30 janvier 2008.

Vincent Duclert

GUÉTARY Georges (Lambros Worloou)

Chanteur et acteur. – Né le 8 février 1915 à Alexandrie, Égypte ; mort le 13 septembre 1997 à Mougins, France.

Né au sein de l'importante communauté grecque d'Alexandrie, Lambros Worloou, envoyé en France en 1934 pour y suivre des études commerciales, y retrouve surtout son oncle, le pianiste Tasso Janopoulo, qui fait duo avec le violoniste Jacques Thibaud. À son contact, comme à celui de la cantatrice Ninon Vallin, le jeune neveu affirme des talents de chanteur. Il tâte des variétés à la veille de la guerre, mais c'est sous l'Occupation qu'il est lancé grâce à sa rencontre avec Francis Lopez, qui, pour celui qui est devenu Georges Guétary, en souvenir de la ville basque où il a trouvé refuge, compose plusieurs succès populaires, souvent teintés d'exotisme (*Robin des bois*, *Honolulu*, *Chic à Chiquito*...). Sa voix claire lui permet de développer une double carrière de chanteur de music-hall et d'opérette. Dans ce dernier répertoire, où il se produit encore à plus de soixante-dix ans, il atteint son sommet en 1965 dans *Monsieur Carnaval*, sur une musique de Charles Aznavour. Son cosmopolitisme lui permet de se faire entendre à Broadway et à Hollywood. Il figure au générique de nombreux films français, de cape et d'épée à la comédie musicale, et passe à la postérité des cinéphiles avec son rôle dans *Un Américain à Paris*, de Vincente Minnelli, apogée du mythe parisien d'Hollywood.

Yves Borowice

GUÉVRÉKIAN Gabriel

Architecte. – Né le 21 novembre 1900 (ou 1892) à Constantinople, alors Empire ottoman, aujourd'hui Istanbul, Turquie ; mort le 29 octobre 1970 à Antibes, France.

Avec sa famille d'origine arménienne, Gabriel Guévrékian séjourne, dans son enfance, à Téhéran, puis réside à Vienne, où, en 1915, il est élève de l'Académie des arts appliqués, dont il sort diplômé en 1919. Il est le collaborateur, jusqu'en 1922, de deux animateurs de l'école viennoise d'architecture, Oskar Strnad et Josef Hoffmann. Installé à Paris de 1922 à 1933, il travaille dans des agences en vue, celles d'Henri Sauvage et de Robert Mallet-Stevens, dont il est un temps le chef d'atelier (1922-1924). En 1925, à l'Exposition internationale des arts décoratifs, sa contribution, dénommée « Jardin d'eau et de lumière », attire l'attention par sa géométrie et son évocation d'un jardin persan. Il devient, dans la presse, l'inventeur du « jardin cubiste », au point de susciter des commandes distinguées, telle celle de Charles de Noailles, dont la villa à Hyères (Var) lui fournit le cadre d'un jardin géométrique, un damier rigoureux, sur un plan triangulaire, dont les compartiments, construits en mosaïque, soulignent la pente ; il est complété à sa pointe par une sculpture de Jacques Lipchitz, qui pivote dans une rotation continue sur un socle cylindrique (1926-1927). Un second jardin pour le couturier Jacques Heim est destiné à sa villa de Neuilly (1926-1927), attribuée à Guévrékian (le permis de construire est signé par Ernest Denis, un professionnel du XIIIe arrondissement). Guévrékian est membre, de 1930 à 1931, du comité de patronage de *L'Architecture d'aujourd'hui*. À Téhéran, de 1933 à 1937, il construit plusieurs édifices pour le gouvernement, gagne ensuite le Royaume-Uni puis les États-Unis, où il enseigne, de 1949 à 1969, à l'université de l'Illinois. Sa carrière est portée par l'attrait successif des deux centres artistiques majeurs du début du XXe siècle, Vienne et Paris. En retour, il obtient une reconnaissance qui doit tout au goût d'une élite du monde des arts, fascinée par l'actualité cosmopolite.

Gérard Monnier

GUILLAUME Charles-Édouard

Physicien et métrologue. – Né le 15 février 1861 à Fleurier, Suisse ; mort le 13 juin 1938 à Sèvres, France.

Charles-Édouard Guillaume a passé toute sa vie professionnelle au Bureau international des poids et mesures (BIPM), à Sèvres, près de Paris. Découvreur de l'invar et de l'élinvar, il reçoit le prix Nobel de physique en 1920. Ce fils d'horloger fait ses études au Polytechnicum de Zurich, dont il sort en 1882 avec un doctorat ès sciences. Le BIPM, ouvert en 1875, le recrute dès 1883 comme maître-assistant. L'étalonnage des thermomètres à mercure, qu'il réalise alors, débouche sur un *Traité de thermométrie*, publié en 1889. À la demande de l'artillerie, il établit la détermination absolue des étalons à bout et rend possible la définition de normes de fabrication identiques dans tous les ateliers d'armement. Puis, il s'intéresse aux étalons géodésiques, pour lesquels il préconise l'emploi des alliages nickel-cuivre. La barre d'acier-nickel à 36 % de nickel, que la société Fourchambault-Commentry lui met entre les mains, au printemps 1896, présente à l'analyse des propriétés inattendues : l'alliage ne montre aucune dilatation. Il croit à une erreur, réitère les mesures, et comprend sa découverte. L'invar – pour « invariable » – est né. Dans le même moment, il découvre la platinite, acier-nickel à 46 % de nickel, dont le coefficient de dilatation est identique à celui du platine. La société Fourchambault-Commentry, alors dirigée par Henri Fayol, lui donne toute latitude pour poursuivre les recherches dans l'atelier d'Imphy. L'extrême précision requise, au 1/10 000e près, par exemple pour mettre en évidence l'action du carbone sur l'instabilité de l'invar, oblige l'atelier à perfectionner ses méthodes. Cela rend possible, en retour, la production de l'élinvar, autre alliage d'acier, à 36 % de nickel et 12 % de chrome, dont Guillaume met en évidence l'élasticité invariable. Les retombées scientifiques et économiques de ces découvertes sont énormes. Adopté pour la mesure de la base du tunnel du Simplon, effectuée sous la direction de Guillaume, l'usage de l'invar s'est généralisé dans la géodésie. Il sert actuellement dans la métrologie, l'instrumentation, l'optique de précision, la microélectronique et l'aérospatiale. La platinite a remplacé le platine dans la fabrication des ampoules électriques. Enfin, l'élinvar a trouvé une utilisation immédiate dans l'industrie horlogère. Il demeure l'allliage le plus utilisé pour la fabrication des spiraux de montres et de chronomètres.

Anne-Françoise Garçon

GURVITCH Georges (Georgij Davydovič Gurvič)

Philosophe, sociologue. – Né le 24 octobre 1894 à Novorossisk, alors Empire russe, aujourd'hui Russie ; mort le 12 décembre 1965 à Paris, France.

La pensée de celui qui se présenta, non sans exagération, comme doublement « exclu de la horde » des sociologues et de celle des philosophes s'est élaborée à la frontière entre différentes disciplines (droit, philosophie, sociologie) et au point de rencontre de différentes influences intellectuelles : russe, française et allemande. Gurvitch est né au bord de la mer Noire dans une famille aisée – son père était un banquier important – d'origine juive, convertie, semble-t-il, à l'orthodoxie. Après avoir obtenu le baccalauréat à Riga, il suit des études de droit (1912-1914) et fréquente durant l'été les universités de Heidelberg et Leipzig, où il se familiarise avec la philosophie allemande et l'œuvre d'Henri Bergson. En 1915, il soutient, à l'université de Petrograd, un mémoire sur l'idée des droits de l'homme chez Rousseau. L'expérience de la révolution russe est doublement matricielle pour ce jeune socialiste familier de la pensée de Proudhon : elle exerce une influence directe sur l'élaboration de sa pensée sociologique et sur la formation de ses idées politiques. L'observation des conseils ouvriers affermit son inclination pour la démocratie directe et la « planification collectiviste non étatique fondée sur une démocratie économique pluraliste et une propriété fédéraliste ». En 1920, Gurvitch est nommé à l'université de droit de Tomsk en Sibérie occidentale, mais il prend bientôt le chemin de l'exil. Après un passage à Riga, il s'installe à Berlin, où il soutient une thèse sur Johann Fichte. Parallèlement, de 1922 à 1924, il enseigne à la faculté de droit de l'Université russe de Prague. En 1925, il choisit de s'établir en France – trouvant là « une patrie selon ses exigences et y nourrissant un patriotisme souvent ombrageux » (témoignage de Georges Balandier) –, mais collabore jusqu'en 1931 aux *Annales contemporaines*, importante revue de l'émigration russe. Grâce à Léon Brunschvicg, il donne, de 1927 à 1929, des cours libres à la Sorbonne, qui participent à l'introduction en France de la phénoménologie et de l'existentialisme allemands (*Les Tendances actuelles de la philosophie allemande*, 1930). Mais il contribue surtout au développement de la philosophie et de la sociologie du droit social. Ses thèses françaises, soutenues en 1932 et développées trois ans plus tard dans *L'Expérience juridique et la philosophie pluraliste du droit*, lui permettent, en 1935, de succéder à Maurice Halbwachs à l'université de Strasbourg, après avoir enseigné au collège Sévigné à Paris et assuré une suppléance à l'université de Bordeaux. Après la publication, en 1937, de *Morale théorique et science des mœurs* (sur le rapport entre sociologie de la vie morale et philosophie morale), il se tourne définitivement vers la théorie sociologique. En 1939, Gurvitch, qui a été naturalisé le 17 avril 1929, est mobilisé sur la ligne Maginot, ce qui n'empêchera pas le régime de Vichy de le révoquer, en application du statut des juifs, et de lui retirer la nationalité française. Exilé à New York, il participe, sous le patronage du gouvernement de la France libre, à la fondation de l'École libre des hautes études, dont il dirige l'Institut français de sociologie. En publiant une *Déclaration des droits sociaux* en 1944, il espéra, en vain, influer sur la reconstruction de la France dans le sens de la démocratie industrielle et de l'autogestion.

En 1945, Gurvitch retrouve Strasbourg, avant d'être nommé à la Sorbonne (1948), puis élu à l'École pratique des hautes études (1950). Cherchant à faire la jonction entre la tradition théorique française et la démarche empirique des sociologues américains, dont il est un interlocuteur très critique, il joue un rôle essentiel dans l'organisation institutionnelle de la sociologie : il fonde le Centre d'études sociologiques (1946), les *Cahiers internationaux de sociologie*, la « Bibliothèque de sociologie contemporaine » aux Presses universitaires de France et l'Association des sociologues de langue française (1958), dirige des ouvrages collectifs, dont un monumental *Traité de sociologie* (1960). Sa théorie sociologique, exposée notamment dans *Dialectique et sociologie* (1962), revendique une identité française tout en revisitant de façon critique la tradition durkheimienne. En cherchant une sorte de synthèse entre la pensée de Marx et celle de Marcel Mauss, à qui il reprend l'idée de fait social total, il tente d'ouvrir une voie nouvelle pour penser l'interpénétration des consciences individuelles et collectives, le passage de l'individu aux groupes et à la société globale. Son opposition à la guerre d'Algérie (il figure sur la seconde liste des signataires du Manifeste des 121) lui vaut des insultes xénophobes et antisémites (« métèque », « juif errant ») et des menaces qui seront mises à exécution en 1962 (une bombe arrache la porte de son appartement). Ses derniers travaux témoignent de son intérêt pour la sociologie de la connaissance, mais également de sa volonté de réfléchir à l'avenir du socialisme en revisitant les œuvres de Saint-Simon et surtout celles de Proudhon et de Marx, qu'il cherche à réconcilier.

Stéphan Soulié

H

HAAN Edmond

Sportif. – Né le 25 mai 1924 à Schorndorf, Allemagne.

Edmond Haan effectue toute sa carrière de joueur de football professionnel à Strasbourg, à l'exception d'un « prêt » pendant une saison à Nîmes, club avec lequel il est sacré champion de France de deuxième division en 1950. Meilleur buteur de ce championnat, et vainqueur de la Coupe de France avec Strasbourg en 1951, cet ailier gauche est appelé en équipe de France. Il y dispute quatre matchs amicaux entre 1951 et 1953, à un moment où les résultats sont décevants. Edmond Haan dispute toutefois 253 matchs en première division et marque 56 buts. À la fin de sa carrière, il devient entraîneur de l'équipe réserve du RC.Strasbourg au cours de la saison 1960-1961. Il entraîne ensuite, jusqu'en 1972, le FC.Kronenbourg.

Stéphane Mourlane

HACKIN Joseph

Archéologue et résistant. – Né le 8 novembre 1886 à Boevange-sur-Attert, Grand-Duché du Luxembourg ; mort en mer le 24 février 1941.

Fils d'un cocher, lycéen en France, passionné d'archéologie, il étudie aux Hautes Études et à Sciences-Po, devient secrétaire d'Émile Guimet en 1907 et, naturalisé français en 1911, conservateur-adjoint, deux ans plus tard, du musée constitué par celui-ci. Après avoir combattu pendant la Première Guerre mondiale, de la Marne à la Serbie, il retrouve son musée et le dirige à partir de 1923. Il fouille en Afghanistan en 1924, dirige la maison franco-japonaise à Tokyo de 1930 à 1933, participe à la « Croisière jaune » Citroën. Il fouille encore de 1934 à 1939 en Afghanistan, étudiant en particulier les bouddhas géants de Bâmiyân. En 1940, il refuse le poste de représentant de la France à Kaboul offert par Vichy, rejoint Londres, y coordonne les groupes de Français libres dans le monde. Il est envoyé par le général de Gaulle, en février 1941, représenter la France libre en Inde – mais son bateau est torpillé et il meurt dans le naufrage, ainsi que son épouse, Marie Parmentier, elle aussi née luxembourgeoise (le 7 janvier 1905 à Rombas, en Moselle alors allemande), française par mariage en 1928. Ancienne élève de l'École du Louvre, associée à ses recherches, elle avait suivi son mari à Londres, participant à l'organisation du Corps féminin de la France libre. Tous deux ont été faits, à titre posthume, Compagnons de la Libération.

Éric Vial

HADDAD Hubert

Romancier, poète et essayiste. – Né en 1947 à Tunis, alors protectorat français, aujourd'hui Tunisie.

Né d'un père juif tunisien et d'une mère algérienne émigrés en France, Hubert Haddad a passé son enfance à Paris dans le quartier populaire de Ménilmontant. Après des études littéraires, il publie un premier recueil de poèmes (*Le Charnier déductif*, 1967) et fonde la revue littéraire surréaliste *Le Point d'être*, qui fait notamment paraître des inédits d'Antonin Artaud. S'ensuit une œuvre pléthorique d'une cinquantaine de titres, mêlant romans, essais, théâtre et nouvelles. En 1999, avec *L'Univers*, il renouvelle le genre romanesque en utilisant la forme d'un dictionnaire. L'ouvrage, qui évoque par ce biais le parcours d'un amnésique à la recherche de son identité, remporte un important succès critique. Écrivain multiforme, Haddad offre à lire une encyclopédie de la littérature et de l'écriture avec *Le Nouveau Magasin d'écriture* (2006), tandis qu'il remporte plusieurs prix pour son roman *Palestine*, paru en 2007.

Pierre-Frédéric Charpentier

HAFFKINE Waldemar Mordecai

Médecin. – Né le 15 mars 1860 à Odessa, alors Empire russe, aujourd'hui Ukraine ; mort le 26 octobre 1930 à Lausanne, Suisse.

Issu d'une modeste famille juive d'Odessa, Waldemar Haffkine mène des études de médecine tout en militant contre le tsar et à la Ligue juive d'autodéfense. À l'université d'Odessa, il devient l'élève du biologiste Ilya (futur Élie) Metchnikov. Mais celui-ci décide de quitter la Russie pour rejoindre l'Institut Pasteur. Haffkine soutient sa thèse en 1884 et demeure assistant au musée de Zoologie d'Odessa. Mais sa qualité juive et son refus de se convertir au christianisme orthodoxe le contraignent à renoncer à une carrière universitaire. En 1888, il parvient à émigrer en Suisse où il rejoint l'université de Genève. Puis il gagne Paris où il retrouve, à l'Institut Pasteur, Metchnikov. Il s'engage dans des recherches sur le choléra et décide, en 1892, de s'inoculer un essai de vaccin. Le résultat est positif, et le geste de Waldemar Haffkine connaît une grande renommée. En 1893 et 1896, il effectue deux campagnes de vaccination en Inde. À Bombay, confronté à une épidémie de peste bubonique, il s'investit dans la mise en point d'un vaccin qui se révèle un succès. Il décide de demeurer en Inde et prend la direction du laboratoire de recherche contre la peste. Victime d'une machination en 1902 (il est accusé d'avoir empoisonné des villageois du Penjab), il finit par être disculpé dans ce qui ressembla à une « petite affaire Dreyfus ». Il demeure à Calcutta jusqu'à sa retraite, puis regagne la France, avant de s'installer à Lausanne et d'embrasser le judaïsme orthodoxe. Il crée en 1929 la Fondation Haffkine, qui soutient la diffusion de la religion juive en Europe centrale et orientale.

Vincent Duclert

HAHN Reynaldo

Compositeur. – Né le 9 août 1874 à Caracas, Venezuela ; mort le 28 janvier 1947 à Paris, France.

Reynaldo Hahn n'a passé que trois ans dans son Venezuela natal. Sa famille, proche du président Antonio Guzmán Blanco, quitte le pays en 1878, à la fin de son septennat, et s'installe à Paris. Carlos Hahn, père de Reynaldo, était originaire de Hambourg, alors que sa mère était vénézuélienne. En France, la vie de salon de cette famille aisée favorise la carrière de Reynaldo, élève d'Albert Lavignac et de Jules Massenet au Conservatoire. Il compose à treize ans une mélodie restée célèbre, *Si mes vers avaient des ailes*, rencontre des écrivains qu'il met en musique, tels Daudet et Verlaine. En 1894, il fait la connaissance de Marcel Proust : la passion amoureuse qu'ils entretiennent se transformera ensuite en durable amitié. La reconnaissance musicale de Reynaldo Hahn est rapide. En 1897, les Concerts Colonne créent *Nuit d'amour*, son premier poème symphonique ; en 1898, l'Opéra-Comique fait de même pour *L'Île du rêve*, sur un livret tiré de Pierre Loti. Raynaldo Hahn voyage, compose un grand nombre de pièces pour piano, de mélodies, de musiques de scène et de ballets. Il dirige le *Don Juan* de Mozart à Salzbourg (1906). Après la guerre, devenu professeur de chant à l'École normale de musique, il compose ses œuvres les plus populaires, des opérettes et comédies musicales qui le font côtoyer fréquemment les milieux à la mode autour d'Yvonne Printemps, de Sacha Guitry, d'Arletty – avec laquelle il a enregistré. Pendant la Seconde Guerre mondiale, dénoncé comme étant d'origine juive, il se réfugie sur la Côte d'Azur. De retour à Paris en 1945, il est élu à l'Académie des beaux-arts et est même nommé directeur de l'Opéra de Paris, mais la maladie l'emporte peu après. Le charme de sa *Ciboulette* est tel que l'on a souvent du mal à penser qu'il fut aussi un compositeur capable de susciter toute une gamme d'émotions, jusqu'aux plus tragiques (*Quintette pour piano et cordes*).

Didier Francfort

HAÏTIENS

En 2006, en France (métropole et départements d'outre-mer), selon les chiffres officiels de l'Insee – à relativiser, compte tenu de l'immigration clandestine difficilement quantifiable –, on compterait 59 405 Haïtiens immigrés, dont 33 078 femmes. Une partie importante demeure en Guyane (20 948 étrangers de nationalité haïtienne en 2007, dont 11 486 femmes) et en Guadeloupe (11 170 dont 5 964 femmes). Officiellement, les flux migratoires sont féminins à plus de 50 %. L'immigration haïtienne se développe aujourd'hui principalement dans le bassin « caribo/nord-américain » (République dominicaine, Cuba, Porto-Rico, Bahamas, îles Turques-et-Caïques, Honduras, Venezuela, départements français d'Amérique) avec une prévalence du phénomène boat people, immigration illégale amorcée sous le régime de Jean-Claude Duvalier dans les années 1970. C'est à cette même période que se développe l'émigration vers la France, nation multi-territoriale. Les premiers Haïtiens en France hexagonale étaient majoritairement des étudiants. Aujourd'hui, on retrouve les immigrés dans l'agriculture, le bâtiment et travaux publics, la restauration, et les services. Dans les DOM, le mouvement migratoire a été favorisé par des entrepreneurs à la recherche de main-d'œuvre : en Guyane (1970) et en Guadeloupe, pour le travail dans les champs de canne à sucre et à Saint-Martin (1990) – Jean-Bertrand Aristide est également renversé en 1991 – pour la reconstruction des hôtels, notamment après le cyclone Hugo en 1989.

La Saint-Domingue devient « Haïti » en 1804 quand Jean-Jacques Dessalines – qui succède à Toussaint Louverture à la tête de la révolution – remporte la victoire face à la France. Pourtant, l'Histoire a maintenu des liens spécifiques entre les Haïtiens et la France. Malgré l'embargo politique et la dette française, les tensions existantes, la France demeure un modèle. La société haïtienne (plus particulièrement Port-au-Prince) se calque, par mimétisme, sur l'ancien colonisateur : éducation, gouvernement, langue officielle. La francophilie est le premier facteur qui attire les migrants haïtiens vers l'espace francophone. Pendant la période duvaliériste de François « Papa Doc » Duvalier (1957-1971) et de ses macoutes, les intellectuels et professionnels haïtiens (écrivains, enseignants, philosophes, médecins, etc.), mulâtres instruits de la bourgeoisie haïtienne, quittent le pays pour fuir les persécutions, mais aussi pour rejoindre les bastions de la langue française où une foule d'enseignants en français était demandée (Afrique, Canada et France métropolitaine). Ainsi, à côté d'une main-d'œuvre bon marché, les Haïtiens offrent à la France, depuis longtemps, une contribution littéraire et intellectuelle. Anténor FIRMIN (1850-1911), égyptologue haïtien, publie à Paris *De l'égalité des races humaines* en 1887. En Haïti, la « Génération de la Ronde » (1898-1927) – Georges SYLVAIN (1866-1925), Etzer VILAIRE (1872-1951), Charles MORAVIA (1875-1938), Edmond LAFOREST (1876-1915) – est un mouvement littéraire qui vise à faire d'Haïti une province culturelle française. Puis, des intellectuels haïtiens contribuent à forger une littérature « nègre » en France dans les années 1930. En effet, parallèlement, au mouvement Harlem Renaissance, qui anime les quartiers noirs de la ville de New York, Jean PRICE-MARS (1876-1969), auteur de *Ainsi parla l'oncle* (1929), s'illustre dans le mouvement nègre en France (1919-1939) en participant à l'émergence et à l'existence de *La Revue du monde noir* à Paris (1931), ou en y présidant le Congrès des écrivains et artistes noirs en 1956 ; il inspire nombre des chantres de la pensée nègre – Aimé Césaire, Léopold Sédar Senghor et bien des auteurs Haïtiens connus aujourd'hui –, en les incitant « à cesser d'être des pasticheurs pour devenir des créateurs ». De grandes œuvres haïtiennes sont publiées en France après la Seconde Guerre mondiale : *Gouverneur de la rosée* de Jacques Roumain (1944), *Compère général soleil* (1955) et *Les Arbres musiciens* (1957) de Jacques Stéphen Alexis.

Les auteurs contemporains haïtiens – René DEPESTRE (né en 1926), Jean

MÉTELLUS (né en 1937), FRANKÉTIENNE (né en 1936), Lyonel TROUILLOT (né en 1956), Gary VICTOR (né en 1958), Anthony PHELPS (né en 1928), Dany LAFERRIÈRE (né en 1953), Marie-Célie AGNANT (née en 1953), Stanley PÉAN (né en 1966)... – ont acquis leurs lettres de noblesse au sein de la littérature francophone. De nombreux salons du livre en France (parisiens, hexagonaux ou ultramarins) ont consacré nombre d'éditions à Haïti et ses auteurs. Ce sont des auteurs de langue française, qui écrivent en français – dans des registres variés allant du familier au très soutenu, voire même inventif chez Frankétienne par exemple – et en créole. Dans le domaine des arts chorégraphiques, les talents venus d'Haïti se déploient dans la Caraïbe, francophone notamment, et dans le monde. Par exemple, Jeanguy SAINTUS (né en 1964) et sa compagnie Ayikodans qui se sont produits maintes fois en Guadeloupe, ainsi qu'à la Fondation Cartier à Paris.

Stéphanie Melyon-Reinette

Bibl. : DELACHET-GUILLON Claude, *La Communauté haïtienne en Île-de-France*, Paris, L'Harmattan, 1996 • LAËTHIER Maud, *Être migrant et haïtien en Guyane*, Paris, CTHS, 2010 • MELYON-REINETTE Stéphanie, *Haïtiens à New York City – entre Amérique noire et Amérique multiculturelle*, Paris, L'Harmattan, coll. « Minorités & sociétés », 2009.

HALBAN Hans von

Physicien. – Né le 24 janvier 1908 à Leipzig, Allemagne ; mort le 28 novembre 1964 à Paris, France.

Appartenant par son père à une famille juive polonaise, par sa mère à une famille d'officiers austro-prussien, Hans von Halban effectue sa scolarité à Leipzig où il est né et où son père est professeur de chimie. En 1928, sa famille s'installe à Zurich, où il soutient, en 1936, un doctorat de physique à l'Institut fédéral de technologie. Il séjourne durant un an dans le laboratoire de Niels Bohr à l'Institut de physique de l'université de Copenhague. Là, travaillant sur l'eau lourde avec Otto Frisch, il découvre ses immenses propriétés. Il est alors invité, en 1937, à rejoindre l'équipe qui, autour de Frédéric Joliot-Curie, Francis Perrin et Lew Kowarski, travaille au Collège de France sur la fission nucléaire. Au moment de l'invasion de la France en mai 1940, Joliot-Curie ordonne à Halban et Kowarski d'emporter vers l'Angleterre, via Bordeaux, la provision d'eau lourde et un gramme de radium de Marie Curie. La mission réussit et Halban est accueilli à l'université de Cambridge, à la demande du premier ministre Winston Churchill. Parti pour participer au projet Manhattan, il en est finalement exclu pour avoir rencontré à Londres Joliot-Curie. Il reste en Angleterre, où il dirige un laboratoire d'Oxford lié au Centre de recherche atomique d'Harwell. En 1954, Pierre Mendès France, alors président du Conseil, lui confie la mission de construire le futur Laboratoire de l'accélérateur linéaire d'Orsay, près de Saclay et du Commissariat à l'énergie atomique. En 1958, Halban succède à Frédéric Joliot-Curie à sa direction, mais sa carrière scientifique s'interrompt en 1961, du fait de sa santé fragile.

Vincent Duclert

HALPERN Bernard

Immunologiste. – Né le 2 novembre 1904 à Tarnos-Ruda, alors Empire russe, aujourd'hui

Ukraine ; mort le 23 septembre 1978 à Paris, France.

Bernard Halpern, né dans un village ukrainien au sein d'une modeste famille juive, fait, dès son enfance, l'apprentissage de multiples langues : le polonais, le russe, le yiddish et l'hébreu sont parlés dans sa famille, et le français, l'allemand, le grec, le latin lui sont enseignés par un prêtre catholique uniate, qui l'initie à la littérature française. En 1915, sur ordre du pouvoir tsariste, il est déporté avec sa famille dans un camp de travaux forcés en Sibérie. Libéré par les bolcheviques, il rentre dans son village d'Ukraine, qui est en butte aux pogroms en 1920. À l'âge de seize ans, Bernard Halpern doit fuir seul, sans papiers ni ressources, en Pologne, où il achève ses études secondaires à Tarnopol. Après son baccalauréat et au terme de nombreuses requêtes, il obtient un visa pour la France. Il arrive en 1925 à Nancy, où il entame des études de médecine, puis s'installe en 1927 à Paris. Externe des hôpitaux, il entre au laboratoire de biologie expérimentale du professeur Jean Gautrelet à la faculté de médecine de Paris, où il passera du rang de garçon de laboratoire au statut de principal collaborateur. En 1932, il est chargé de cours à l'École pratique des hautes études. Il obtient son doctorat de médecine en 1936 avec une thèse consacrée au venin de vipère. Il est naturalisé français, mais ne dispose pas des cinq années de résidence après la naturalisation, condition alors requise pour prétendre à un poste à l'université. Aussi fait-il le choix de l'industrie et prend-il, en 1937, la direction des laboratoires de recherches pharmacodynamiques de la société Rhône-Poulenc, qui est alors, avec l'Institut Pasteur, un acteur majeur de l'émergence de thérapeutiques nouvelles. En 1940, Bernard Halpern se réfugie en zone Sud, où il exerce la médecine générale dans un village de l'Ardèche jusqu'à ce que la législation de Vichy le lui interdise. Il réintègre les laboratoires Rhône-Poulenc déplacés à Lyon et travaille au premier antihistaminique utilisé en clinique humaine, qui suscite l'intérêt allemand. Il trouve alors refuge à Genève, avec sa famille, tandis que sa mère est morte au camp de Bergen-Belsen. Après la guerre, de retour en France, il quitte Rhône-Poulenc pour le CNRS, où il est recruté comme maître de recherche dans le laboratoire de Pasteur-Vallery-Radot à l'hôpital Broussais et où il travaille notamment avec Jean Hamburger. En 1947, il est nommé chef de laboratoire à la faculté de médecine de Paris, et, en 1948, directeur de recherche au CNRS. Il y développe ses travaux sur les antihistaminiques et les antianaphylactiques dérivés de la phénotiazine. La pharmacologie l'a conduit aux médicaments anti-allergiques. Sa carrière scientifique prend ensuite un virage, qui le conduit au champ de l'immunologie.

À partir de 1955, il dirige le centre de recherches allergiques et immunologiques de l'Association Claude Bernard/Institut national d'hygiène (INH) à l'hôpital Broussais. L'INH devient l'Inserm en 1964 et Bernard Halpern en dirige l'unité de recherches en immunobiologie, de 1966 à 1976. Nommé directeur à l'École pratique des hautes études, il est élu à la chaire de médecine expérimentale du Collège de France en 1961, à l'Académie des sciences en 1964 et à l'Académie de médecine en 1976. Il est commandeur de la Légion d'honneur.

Anne Rasmussen

HALTER Marek

Écrivain. – Né le 27 janvier 1936 à Varsovie, Pologne.

Survivant de la Shoah puis de la déportation par les Soviétiques en Asie centrale, Marek Halter quitte la Pologne avec les siens en 1950 pour s'établir en France. Après des études aux Beaux-Arts et plusieurs voyages, il fonde, en 1968, la revue *Éléments*, afin de favoriser le dialogue israélo-arabe. En 1976, son premier roman, *Les Fous et les rois*, se voit décerner le prix Aujourd'hui et devient un best-seller. Ardent défenseur des droits de l'homme, l'écrivain est le cofondateur d'Action internationale contre la faim en 1979 et de SOS Racisme en 1984. En 1983, son livre, *La Mémoire d'Abraham*, qui narre deux millénaires d'histoire juive, obtient le prix du Livre Inter ; il se vendra à cinq millions d'exemplaires à travers le monde. Aujourd'hui, Marek Halter préside deux universités françaises en Russie et dirige un mensuel bilingue franco-russe, *Les Nouvelles françaises*.

Pierre-Frédéric Charpentier

HANDKE Peter

Écrivain, auteur dramatique, scénariste, traducteur. – Né le 6 décembre 1942 à Griffin, Autriche.

Peter Handke publie ses premiers textes littéraires dans le journal *Fackel* (« La torche ») du lycée de Tanzenberg. Il entreprend ensuite des études de droit à l'université de Graz, mais, dès 1965, se consacre entièrement à l'écriture lorsque l'éditeur Suhrkamp accepte son premier manuscrit, *Les Frelons*. C'est pour le théâtre que Peter Handke va principalement écrire jusqu'en 1973 : *Outrage au public* (l'une des *Pièces parlées*), sa première pièce, déclenche, en 1966, un scandale lors de sa présentation à Francfort. Handke refuse tout héritage et veut réinventer un théâtre, qui ne doit pas « raconter une histoire, jouer une fable ». *Gaspard* en 1967, *Le pupille veut être tuteur* en 1969, *La Chevauchée sur le lac de Constance* en 1970, *Les gens déraisonnables sont en voie de disparition* en 1973 creusent la question fondamentale pour Handke : qu'est-ce que parler ? Mais, parallèlement, Handke écrit des récits de voyage, des romans et un journal, *Le Poids du monde*. Entre 1973 et 1979, Handke séjourne à Paris (c'est son second séjour), où ses pièces sont créées : *La Chevauchée sur le lac de Constance* en 1974, *Les gens déraisonnables sont en voie de disparition* en 1977, *Par les villages* en 1982 sont mises en scène par Claude Régy. Luc Bondy monte *L'heure où nous ne savions rien l'un de l'autre* en 1994 et Jean-Claude Fall *Voyage au pays sonore ou l'art de la question* en 1995. Cette pièce, qui devait entrer au répertoire de la Comédie-Française, a été déprogrammée en 2006 par l'administrateur, Marcel Bozonnet, en raison des positions proserbes de Peter Handke. Une autre pièce, *Le Voyage en pirogue ou la pièce du film de la guerre*, qui s'interroge sur les responsabilités dans les guerres des Balkans, a été très mal accueillie lorsqu'elle a été jouée en Allemagne et en Autriche. Elle a été publiée en 2006 en France, où Peter Handke vit depuis 1991.

Chantal Meyer-Plantureux

HANEKE Michael

Cinéaste. – Né le 23 mars 1942 à Munich, Allemagne.

C'est par une mise en scène sèche et brutale, délestée de tout sentiment, déroutante, habile à interpeller le regard du spectateur et à lui laisser faire sa propre lecture, que ce cinéaste autrichien dénonce les violences sociales et politiques, les systèmes totalitaires, les rituels punitifs. C'est en France qu'il trouve l'essentiel de ses financements : MK2, Alain Sarde et Arte pour *Code inconnu* (2000) et *La Pianiste* (2001), Margaret Menegoz pour *Le Temps du loup* (2003), *Caché* (2005) et *Le Ruban blanc* (2009). Juliette Binoche et Isabelle Huppert font partie de ses actrices fétiches.

Jean-Luc Douin

HANTAÏ Simon

Peintre. – Né le 7 décembre 1922 à Bia, Hongrie ; mort le 12 septembre 2008 à Paris, France.

Après des études à l'École des beaux-arts de Budapest, Simon Hantaï quitte son pays, en 1948, lorsque le Parti communiste entreprend d'éliminer ses adversaires politiques. Installé en France en 1949, il est naturalisé français en 1966. En 1982, il représentera la France à la Biennale de Venise. Son œuvre est d'abord proche du surréalisme : sa première exposition, en 1953, à la galerie À l'étoile scellée, est présentée par André Breton. Hantaï rompt avec le surréalisme en 1955 et se rapproche de l'abstraction, défendue par l'artiste Georges Mathieu et exposée par le galeriste Jean Fournier. Dans ses œuvres, il rend hommage au « fou littéraire » Jean-Pierre Brisset puis au poète Pierre Reverdy, tous deux joueurs de mots. Lui joue avec l'écriture picturale, mettant au point de nouveaux gestes en peinture : après le grattage et le frottage, c'est le pliage qu'explore méthodiquement Hantaï, avec en tête, sans doute, des souvenirs de l'art populaire hongrois (séries *Mariales* de 1960 à 1968 ; *Toiles pour Reverdy* en 1969 ; *Les Blancs*, 1973-1974 ; *Les Tabulas* à partir de 1974). Hantaï a toujours refusé de parler de son œuvre et a critiqué l'institutionnalisation de l'art et son marché. Il se retire complètement après Venise, à l'exception de l'année 1997-1998 où son œuvre fait l'objet de trois rétrospectives nationales (Renn Espace et musée d'Art moderne à Paris ; musée d'Art moderne à Céret) et d'un essai par Georges Didi-Huberman, *L'Étoilement*. Son approche plastique des formes et des couleurs, notamment à travers les pliages, a influencé la jeune scène artistique française, en particulier le collectif BMPT (Buren-Mosset-Parmentier-Toroni) et le groupe Supports/Surfaces.

Julie Verlaine

HARSÁNYI Tibor

Compositeur, chef d'orchestre, pianiste. – Né le 27 juin 1898 à Magyarkanizsa (Kanjia), alors Hongrie, aujourd'hui Serbie ; mort le 19 septembre 1954 à Paris.

Issu d'une famille hongroise de Voïvodine, Harsányi est un compositeur significatif de l'École de Paris. Après des études musicales à Budapest, où il a été l'élève de Kodály, il a suivi une carrière cosmopolite, de Venise à Berlin ou Amsterdam. Il reste aujourd'hui essentiellement connu pour sa version musicale de *L'Histoire du petit tailleur*, dont une version classique a été enregistrée par Georges Prêtre et Peter Ustinov. Son œuvre ne se limite pas à cette production pour récitant et petit orchestre, mais il est cependant difficile aujourd'hui d'accéder à ses œuvres symphoniques, à sa musique pour piano ou voix : elles restent à redécouvrir.

Didier Francfort

HARTNER Rona

Chanteuse et actrice. – Née le 9 mars 1973 à Bucarest, Roumanie.

Rona Hartner est née dans une famille installée à Bucarest, dont la maison est rasée par les opérations drastiques décidées sous l'égide de Nicolae Ceauşescu. Élevée par des parents mélomanes, elle suit, à la chute du régime communiste, les cours d'art dramatique d'Olga Tudorache à l'université de Bucarest. Parallèlement à ses débuts de comédienne, elle crée un groupe de rock alternatif, accueilli avec un certain succès dans la Roumanie postcommuniste. Refusant d'apporter son soutien au leader d'extrême droite Vadim Tudor, qui la sollicite, elle est l'objet d'une campagne de calomnies lui prêtant une relation avec le président Emil Constantinescu. Explorant le rock, le jazz, le gospel, Rona Hartner se rend pour la première fois en France en 1995 lors d'un festival à Lille, puis y revient à l'occasion de son interprétation dans le long métrage *Gadjo Dilo* de Tony Gatlif sorti en 1997. Ce film, dont elle est la véritable égérie, la fait connaître en France. C'est à cette occasion qu'elle découvre la culture et la musique tsiganes. Elle réside dès lors en France et lance sa carrière de chanteuse avec la sortie de son premier album, *Seule à Paris*. Rona Hartner explore les sons tsiganes, électro, jazz balkanique. Dans le sillage de son parcours atypique, elle va travailler avec David Lynch, DJ Click, DJ Tagada ou encore Romano Swing. Sillonnant les festivals provinciaux, les petites scènes parisiennes, elle s'entoure de musiciens gitans, écrit des chansons avec le parolier Claude Lemels et a déjà produit une dizaine d'albums. Des reprises de Maria Tanase aux airs traditionnels, Rona Hartner opère dans chacune de ses chansons le mélange des genres ; de Frida Kahlo aux peines d'une immigrée d'Europe de l'Est, elle crée et compose des chansons qui font la synthèse de tout ce qu'elle a pu rencontrer. Charismatique, intégrant un temps la « bande à Ruquier », elle s'inscrit dans le paysage culturel et médiatique français en participant, par exemple, à l'album *On n'est pas là pour se faire engueuler* où la scène française rend hommage à Boris Vian. Évoquant souvent la question de l'identité, elle offre, en 2008, dans son album *Nationalité vagabonde*, le résultat d'une dizaine d'années de travail en France en s'adressant aux « citoyens de la nation humaine ». Interrogée par la télévision roumaine en 2010, elle déclare avoir écrit à Nicolas Sarkozy pour lui demander la nationalité française qu'elle obtient à la fin de la même année.

Aymeric Jeudy

HARTUNG Hans

Peintre. – Né 21 septembre 1904 à Leipzig, Allemagne ; mort le 7 décembre 1989 à Antibes, France.

Figure majeure de l'abstraction en peinture, Hans Hartung est également un héros de la lutte contre le nazisme. Il est né à Leipzig d'un père médecin, peintre et musicien à ses heures. Après des études littéraires à Dresde et Leipzig, il gagne Paris où il réside entre

1926 et 1931, approfondissant la technique de sa peinture abstraite. Il revient ensuite en Allemagne, séjourne en Scandinavie avec sa femme, l'artiste norvégienne Anna-Eva Bergman, et aux Baléares. Son opposition au nazisme bouleverse sa vie jusqu'en 1945 : refusant de rester en Allemagne, Hartung séjourne sans papiers en France entre 1934 et 1938. Sans ressources aussi, et il continue de dessiner à l'encre noire sur du papier fourni par des serveurs de café. Il est soutenu par le peintre d'origine américaine Henri Goetz et par le sculpteur espagnol Julio Gonzalez, dont il épouse la fille, Roberta. Lorsque la guerre éclate, il se fait inscrire sur la liste des volontaires contre l'hitlérisme. Mobilisé en décembre, il rejoint la Légion étrangère et est envoyé en Indochine, puis en Afrique du Nord. Démobilisé, il se cache dans le Lot avant de passer clandestinement en Espagne en 1943. Il est arrêté et incarcéré pendant sept mois. Il traverse la Méditerranée et s'engage à nouveau dans la Légion. Grièvement blessé lors de l'attaque de Belfort en novembre 1944, il est amputé de la jambe droite. Il est naturalisé français en 1945, décoré de la croix de guerre et de la médaille militaire.

Dans la France de la Libération, Hartung jouit d'un immense prestige parmi les intellectuels et les artistes. Remarié avec Anna-Eva Bergman, il se consacre à la peinture et reprend des expérimentations abstraites commencées dans les années 1920. Ses toiles sont présentées seules pour la première fois à Paris en 1947 par la galerie Lydia Conti ; suivent des centaines d'expositions dans les galeries, les fondations et les musées du monde entier ainsi que des distinctions internationales, à commencer par le Grand Prix de peinture de la Biennale de Venise, en 1960. Remarquable graveur, Hartung est également réputé pour avoir inventé ses propres outils (brosses, pistolets, tuyaux d'arrosage) et avoir utilisé des matériaux nouveaux, en particulier la peinture acrylique. Hartung et sa femme finissent leur vie dans une maison érigée selon leurs plans à Antibes en 1968. Celle-ci, après leur mort, est devenue le siège d'une fondation destinée à gérer et promouvoir leur œuvre.

Julie Verlaine

HASSNER Pierre

Politologue. – Né le 31 janvier 1933 à Bucarest, Roumanie.

En 1948, les parents de Pierre Hassner, de confession juive, issus de la bourgeoisie de Bucarest, fuient le régime communiste qui se met en place en Roumanie. De ce déracinement, Pierre Hassner gardera la marque : « J'ai [...] toujours regardé avec envie ceux à qui leur origine ou leur vocation avaient donné un sentiment d'identité, de communauté ou d'appartenance qui me faisaient cruellement défaut », écrira-t-il plus tard. À quinze ans, le jeune homme passe cependant sans difficulté du lycée français de Bucarest au lycée Janson-de-Sailly de Paris. Il entre à l'École normale supérieure en 1952 et obtient l'agrégation de philosophie en 1955. En 1953, sa rencontre avec Raymond Aron est déterminante : son maître lui obtient une bourse Rockefeller (1956-1959) et l'oriente vers la science politique et l'analyse des relations internationales. Le jeune chercheur brûle alors de « savoir qui allait l'emporter, du totalitarisme ou de la liberté ». Jusqu'en 2003, sa carrière universitaire se déroulera à cheval entre la France – à l'Institut d'études politiques de Paris – et l'Italie – à la Johns Hopkins University de Bologne. Il sera, à plusieurs reprises, professeur invité dans les universités américaines, canadiennes et suisses. En 2003, le prix Tocqueville vient couronner son œuvre.

Avec un regard qui n'a pas cessé d'être philosophique, Pierre Hassner a d'abord analysé la question de l'équilibre militaire entre le bloc soviétique et le bloc occidental. Après le Printemps de Prague, il accorde une importance nouvelle aux sociétés, particulièrement celles d'Europe de l'Est, dans l'ébranlement du système bipolaire. Le monde né de la chute du mur de Berlin est, de même, observé par lui sans complaisance, toujours dominé par la violence et le conflit. La démocratie demeure menacée par le totalitarisme et la tolérance par le fanatisme, les États n'ayant toujours pas trouvé les moyens institutionnels et éthiques de garantir la paix et l'équité (*La Violence et la paix* : tome 1 : *De la bombe atomique au nettoyage ethnique*, 1993 ; tome 2 : *La Terreur et l'Empire*, 2003).

Anna Trespeuch-Berthelot

HAVILAND David

Industriel. – Né le 4 mars 1814 à New Castle, États-Unis ; mort le 13 décembre 1879 à Limoges, France.

Quaker américain, David Haviland exploite avec son frère un commerce de céramiques à New York. En 1839, il décide d'importer de la porcelaine dure française aux États-Unis et émigre avec sa famille en France. Il travaille en 1841 chez des amis quakers fabricants de porcelaine à Foëcy et s'installe à Limoges l'année suivante. Il y fonde un atelier de décoration de porcelaines, qu'il achète aux fabricants locaux et expédie à son frère resté outre-Atlantique. Les exportations croissent rapidement : en 1853, David Haviland obtient une médaille à la World Fair de New York, mais la guerre de Sécession met un terme à l'aventure commerciale américaine et David Haviland se replie sur Limoges : il fonde, en 1864, la société française Haviland et compagnie. Cette fabrique de porcelaines mise sur une production haut de gamme, intègre en son sein les fonctions de décoration et de fabrication et s'impose à la tête du secteur dans les années 1860, contribuant à la prospérité de l'industrie porcelainière limousine. L'entreprise sera reprise par son fils aîné, Charles Edward, tandis que le cadet, Théodore, fondera en 1892 sa propre manufacture, qui fait appel à des artistes de renom, telle Suzanne Lalique.

Claire Zalc

HAYAKAWA Sessue (Kintaro Hayakawa)

Acteur de cinéma. – Né le 10 juin 1889 à Nanaura, Japon ; mort le 23 novembre 1973 à Tokyo, Japon.

Fils de notables – son père était gouverneur de province –, le jeune Kintaro s'installe aux États-Unis pour poursuivre ses études et devient, par hasard, acteur à Hollywood, qui se sert de lui comme l'Asiate de service. Révélé au monde entier par *Forfaiture* de Cecil B. DeMille (*The Cheat*, 1915), qui marque durablement les premiers cinéphiles français comme premier chef-d'œuvre de cet art nouveau, il s'éloigne peu à peu des studios américains, au cours des années 1920, et fait plusieurs séjours en France. En 1937, il s'y installe pour tourner un film avec Max Ophuls (*Yoshiwara*, d'après un roman de Maurice Dekobra) et finit par y demeurer jusqu'à la Libération. Il tourne dans huit films français, jouant même, en 1944, dans une adaptation théâtrale de *Forfaiture*, comme il en a joué, en 1937, un remake, dirigé par Marcel L'Herbier. Reconnu comme ayant aidé la Résistance française, Sessue Hayakawa reprend une carrière internationale et connaît un dernier grand succès avec *Le Pont de la rivière Kwaï* (1957), film anglais adapté du roman français de Pierre Boulle. Dans les années 1960, il rentre au Japon, où l'attend une dernière carrière : celle de maître zen.

Pascal Ory

HAYDEN Henri. — *Voir* PARIS, École de.

HÉBERT Anne

Écrivain. – Née le 1er août 1916 à Sainte-Catherine-de-Fossambault, Canada ; morte le 22 janvier 2000 à Montréal, Canada.

Née dans une petite ville du Québec, grandie dans la capitale provinciale, passée à Montréal, Anne Hébert a atteint la quarantaine quand elle franchit une dernière étape et s'installe à Paris. La mort de sa mère n'y est sans doute pas pour rien. Elle y restera un tiers de siècle, ne rentrant au pays natal que pour y mourir. Entre-temps, la femme poète, la scénariste, l'auteure dramatique s'est affirmée comme romancière. *Kamouraska* la fait connaître (1970), le prix Femina couronne, en 1982, *Les Fous de Bassan*. Le Québec couvre de lauriers une œuvre dont l'écho, en France, n'atteint pas celui d'Antonine Meillet.

Pascal Ory

HEIDSIECK Florens-Louis (Florenz-Ludwig)

Entrepreneur. – Né le 23 novembre 1749 à Borgholzhausen, alors Saint Empire romain germanique, aujourd'hui Allemagne ; mort le 17 octobre 1828 à Reims, France.

Florenz-Ludwig Heidsieck émigre en France, à Reims, à l'âge de vingt-huit ans. Il s'engage dans le négoce du textile et, naturalisé français, se marie avec la fille d'un riche entrepreneur du secteur. Mais il développe aussi, peu à peu, une production de vins qui, presque immédiatement, séduisent une large clientèle. C'est en 1785 qu'il fonde sa maison de champagne, dont le nom s'impose à Versailles quand la reine Marie-Antoinette en fait la louange. Avec Johann-Joseph Krug, Florenz-Ludwig Heidsieck est l'un des deux Allemands à avoir fondé un de ces établissements devenus à l'étranger des symboles de l'identité française.

Denis Saillard

HEINE Henri (Harry, puis Heinrich)

Poète, journaliste et essayiste. – Né le 13 décembre 1797 à Düsseldorf, alors Saint Empire romain germanique, aujourd'hui Allemagne ; mort le 17 février 1856 à Paris, France.

Perçu aujourd'hui comme l'un des grands initiateurs du rapprochement entre les cultures allemande et française, Harry Heine voit le jour dans une famille juive aisée et libérale. En 1811, il est le témoin de l'entrée de l'armée française dans sa ville natale. De cette époque datent sa sympathie pour la France et son admiration pour Napoléon, dont il se sentira toute sa vie redevable pour avoir introduit en

Allemagne les idées nouvelles de liberté et d'égalité. Heine apprend le français durant sa scolarité et commence à rédiger ses premiers écrits poétiques à l'âge de seize ans. En 1820, un bref essai, *Die Romantik*, est son premier livre publié. Dans les années qui suivent, il fait paraître de nombreux poèmes (*Poèmes* ; *Gedichte*, 1822), qui font de lui l'un des grands poètes de l'époque romantique, mais également des tragédies (*Almansor*, 1821), ainsi que des récits de voyage (*Tableaux de voyage ; Reisebilder*, 1826). Ce sont surtout ces derniers qui vont assurer sa notoriété dans les milieux littéraires. Le climat politique de réaction qui entoure la Restauration contraint toutefois Heine à se convertir au luthéranisme en 1825, pour pouvoir mener carrière dans l'administration prussienne. Il prend alors le prénom de Heinrich, qui sera plus tard francisé en Henri lors de son séjour en France. En juin 1831, il s'installe à Paris et y demeurera jusqu'à la fin de ses jours. À sa francophilie naturelle s'ajoute désormais la profonde conviction que l'Allemagne, en revenant à ses traditions, s'enfonce dans la régression, quand la France incarne l'émancipation, la monarchie de Juillet lui semblant le modèle du régime politique moderne. Lié avec Balzac, Hector Berlioz, George Sand et Alfred de Musset, l'écrivain devient le correspondant politique et littéraire de l'*Allgemeine Zeitung* et fait, en 1833, le choix original de publier simultanément à Hambourg et à Paris une compilation de ses articles dans les deux langues, *Französische Zustände* / *Particularités françaises*. En parallèle, il entame une collaboration avec la *Revue des Deux Mondes*, dans laquelle il publie des articles sur l'Allemagne et certains extraits traduits de ses *Reisebilder*. C'est en 1835 que la première édition de ses poèmes en français paraît dans *La France littéraire*. Alors que ses livres sont désormais censurés outre-Rhin, l'écrivain, qui vivait jusque-là dans une certaine précarité, reçoit en 1843 une rente du gouvernement français, qui assure ses moyens de subsistance. Touché par la maladie, Heine se retrouve paralysé en 1848, mais continue à écrire ; la même année, ses poésies sont traduites par Gérard de Nerval. En 1855, l'éditeur Calmann-Lévy commence la publication des *Œuvres complètes de Henri Heine* avec la traduction française de quatre de ses ouvrages, dont son essai de 1844, *Deutschland*, paru sous le titre *De l'Allemagne*. Heine s'éteint l'année suivante et sa dépouille est inhumée au cimetière de Montmartre. Dans son testament rédigé en 1851, il écrivait : « La grande affaire de ma vie était de travailler à l'entente cordiale entre l'Allemagne et la France et à déjouer les artifices des ennemis de la démocratie qui exploitent à leur profit les animosités et les préjugés internationaux. » Même si la Bibliothèque nationale de France a acquis ses manuscrits originaux en 1996, Heine n'a cependant pas eu dans son pays d'accueil la même postérité littéraire que nombre de ses compatriotes.

Pierre-Frédéric Charpentier

HELLENS Franz (Frédéric Van Ermengen)

Romancier, poète et essayiste. – Né le 8 septembre 1881 et mort le 20 janvier 1972 à Bruxelles, Belgique.

Frédéric Van Ermengen naît dans une famille bourgeoise flamande installée à Bruxelles, avant de faire ses études à Gand. Il fréquente les milieux intellectuels de la ville, publie des poèmes dans des revues et fait paraître des textes critiques sur la peinture (Ensor, Spilliaert). Ses premiers écrits romanesques annoncent le « réalisme fantastique » belge et le font remarquer de la critique (*En ville morte*, 1906, *Les Hors-le-vent*, 1909). Chassé de Belgique par l'invasion allemande de 1914, l'écrivain trouve refuge en France. En 1915, sa découverte de la Côte d'Azur provoque un choc esthétique qui aura une profonde influence sur son œuvre future. Il rencontre Matisse et Modigliani, s'imprègne des avant-gardes littéraires et rédige une abondante production littéraire. Rentré après la guerre à Bruxelles, il fonde en 1921 la revue *Signaux de France et de Belgique*, qu'il renommera *Le Disque vert*. De 1922 à 1925, la revue publie notamment les premiers textes d'Henri Michaux, tandis qu'Hellens traduit le poète russe Serge Essenine. Proche de Jean Paulhan, l'écrivain s'intéresse au genre fantastique et rejoint le groupe de *La Nouvelle Revue française*. Auteur polyvalent, il rédige des poèmes, une trilogie autobiographique entamée en 1926 avec *Le Naïf*, tandis que, en 1932, il commence la rédaction d'un journal – toujours inédit – qu'il tiendra jusqu'à sa mort. Farouche partisan de l'indépendance de l'écriture, il se réfugie dans la création littéraire durant le second conflit mondial (*Nouvelles Réalités fantastiques*, 1941). Installé en 1947 à La Celle-Saint-Cloud, il y demeurera jusqu'en 1971. L'édition définitive de son roman *Mélusine* lui vaut le Grand Prix de la Société des gens de lettres en 1956 et il obtient, en 1964, le Grand Prix de littérature française hors de France.

Pierre-Frédéric Charpentier

HEMINGWAY Ernest (Ernest Miller)

Romancier. – Né le 21 juillet 1899 à Oak Park, États-Unis ; mort le 2 juillet 1961 à Ketchum, États-Unis.

La vie et l'œuvre d'Ernest Hemingway sont indissociables de Paris, où l'écrivain a séjourné durant les années 1920. Grandi dans un milieu très conservateur, il interrompt ses études pour devenir journaliste. L'entrée en guerre des États-Unis lui permet de servir dans la Croix-Rouge italienne, et il est blessé en 1918. Il s'installe avec sa femme, en janvier 1922, à Paris et se lie à la même époque avec d'autres expatriés américains, tels Ezra Pound, John Dos Passos ou Scott Fitzgerald, figures de ce que Gertrude Stein appellera la *Lost Generation* (la « Génération perdue »). En 1926, Hemingway fait paraître à New York son roman, *The Sun also Rises* (*Le soleil se lève aussi*), qui contribue à la notoriété du groupe. Sa fascination pour la capitale française sera durable : « Paris valait toujours la peine, et vous receviez toujours quelque chose en retour de ce que vous lui donniez. » Au printemps 1927, l'écrivain se convertit au catholicisme pour pouvoir se remarier et rentre l'année suivante aux États-Unis. Hemingway devra attendre la fin de la Seconde Guerre mondiale pour retrouver la France. En juin 1944, il débarque en Normandie comme correspondant de guerre et retrouve Gertrude Stein à Paris, le 25 août, après la libération de la ville. En 1954, le prix Nobel de littérature lui assure une consécration internationale. De 1957 à 1960, il rassemble ses souvenirs de l'entre-deux-guerres, qui donneront *Paris est une fête*, paru de manière posthume, après son suicide. En 1966, Hemingway sera le premier auteur étranger contemporain publié dans la « Bibliothèque de la Pléiade », chez Gallimard.

Pierre-Frédéric Charpentier

HENEIN Georges

Écrivain. – Né en 1914 au Caire, Égypte ; mort le 18 juillet 1973 en France.

Comme tous les enfants des élites chrétiennes d'Égypte à son époque, Georges Henein (père copte, mère italienne) est éduqué en français et complète sa formation à Paris, où il goûte au surréalisme et en reste marqué pour la vie. « Art et liberté » est le drapeau sous lequel, de retour au Caire, il réunit autour de lui des esprits libres et amoureux de la littérature, aux rangs desquels Albert Cossery et Edmond Jabès. Par la suite, il continuera à naviguer entre les deux pays, jusqu'au choix définitif, dans les années 1960, de la France, où il travaillera, entre autres, à *Jeune Afrique* puis à *L'Express*. Son œuvre, appréciée d'une poignée d'amateurs, est bien résumée par le sous-titre du recueil de ses *Œuvres* que préfacera en 2006 Yves Bonnefoy : *Poésies, récits, essais et articles*. Connu de son vivant surtout pour ces derniers, Henein commence, post mortem, à faire entendre sa voix de poète.

Pascal Ory

HEREDIA José-Maria de (José Maria de Heredia Girard)

Poète. – Né le 22 novembre 1842 à la plantation La Fortuna, Cuba, alors colonie espagnole ; mort le 3 octobre 1905 à Houdan, France.

Descendant par sa mère d'une famille française de planteurs installés à Cuba, José-Maria de Heredia est venu en France à l'âge de neuf ans pour y mener des études au collège de Senlis. Après avoir un moment envisagé de poursuivre des études de droit à La Havane, il commence à rédiger ses premiers poèmes en français, mais ne parvient pas à obtenir l'équivalence de son baccalauréat. En 1861, le veuvage de sa mère lui permet de revenir avec elle s'installer définitivement à Paris. Inscrit de 1862 à 1865 en tant qu'étudiant étranger à l'École nationale des chartes, il y mène de brillantes études, mais choisit de développer son œuvre poétique. Après avoir fait la rencontre, décisive, de Leconte de Lisle en 1863, il collabore à l'élaboration des trois volumes de poésies du *Parnasse contemporain*, édités en 1866, 1871 et 1876, tout en donnant des textes littéraires à la *Revue des Deux Mondes*, au *Journal des débats* ou au *Temps*. Ayant noué des liens d'amitié avec les grands poètes reconnus du temps, tels François Coppée, Catulle Mendès ou Sully Prudhomme, Heredia est vite perçu comme l'un des chefs de file du mouvement parnassien et comptera plus tard Henri de Régnier et Pierre Louÿs parmi ses gendres. Il bâtit sa renommée grâce à une poésie ciselée qui renouvelle tout particulièrement l'art du sonnet. Plus connu des milieux littéraires que du grand public, ce n'est qu'en 1893 que le poète fait paraître son recueil *Les Trophées* qui, très attendu, voit sa première édition vendue en quelques heures. Ce succès permet à Heredia, naturalisé français la même année, de l'emporter sur Émile Zola et Paul Verlaine en entrant à l'Académie française en 1894. Il devient conservateur de la Bibliothèque de l'Arsenal en 1901 et cofonde la Société des poètes français l'année suivante.

Pierre-Frédéric Charpentier

HERELLE Félix d'

Microbiologiste. – Né le 25 avril 1873 à Montréal, Canada, ou à Paris, France ; mort le 22 février 1949 à Paris, France.

Une incertitude demeure sur le lieu de naissance de ce personnage hors du commun, médecin explorateur et incessant voyageur, scientifique découvreur, savant idéaliste, dont le destin inspira l'écrivain américain Lewis Sinclair (Prix Nobel en 1930) pour son roman *Arrowsmith*, publié en 1926. Orphelin de père à six ans, résidant avec sa mère et son frère à Paris où il est élève au lycée Louis-le-Grand, Félix d'Herelle s'engage en 1893 dans l'armée française, avant même d'avoir terminé ses études secondaires. Il déserte l'année suivante, part en Belgique, voyage en Turquie et en Grèce, se marie, s'installe au Canada, où il monte une distillerie pour fabriquer du whisky à partir de sirop d'érable (1897-1901), participe à une mission géologique à la recherche d'or dans le Labrador, crée et dirige avec son frère une chocolaterie jusqu'en 1901, date à laquelle il fait faillite. Il décide alors de se former en microbiologie afin de prétendre à un poste de chef de laboratoire à l'hôpital général du Guatemala, où il mène des recherches sur la fièvre jaune. Il y demeure de 1901 à 1906. Puis il voyage au Mexique, où il travaille comme bactériologiste du gouvernement, et en Amérique centrale. Ses recherches ininterrompues le dirigent vers la compréhension du bactériophage. En 1911, il est finalement appelé à l'Institut Pasteur et travaille aussitôt sur le bacille dysentérique avec d'autres pastoriens comme Camille Delezenne, Alexandre Salimbeni (d'origine italienne) ou Édouard de Pomiane. La même année, il présente sa première communication sur le contrôle biologique des locustes. Il participe à de nombreuses missions scientifiques de l'Institut Pasteur, en Argentine, en Algérie, en Turquie, en Tunisie et au Mexique. En 1917, il aboutit à la découverte des bactériophages, ultravirus permettant de combattre plusieurs épidémies. Fidèle aux méthodes de Pasteur, il lance des expérimentations dans le monde entier. Il publie en 1921 un ouvrage de synthèse sur ses récentes recherches, *Le Bactériophage : son rôle dans l'immunité*. La même année, il quitte l'Institut Pasteur pour devenir conservateur à l'Institut de médecine tropicale de Leyde (Hollande). Quatre ans plus tard, il prend la direction du département de bactériologie au Conseil sanitaire et quarantenaire d'Égypte, financé par la Société des nations et installé à Alexandrie. Puis il se rend en Inde pour se mettre au service du gouvernement afin de lutter contre le choléra au moyen d'un traitement par bactériophages. En 1928, il est invité par l'université Yale à donner un enseignement de bactériologie. Il multiplie les congrès scientifiques. C'est au tour de la Russie soviétique, en 1934, de l'inviter à développer les recherches sur le bactériophage, mais il doit quitter précipitamment Kharkov pour échapper aux purges staliniennes. De retour à Paris en 1936, comme l'indique sa fiche biographique des archives de l'Institut Pasteur, il crée, rue Olivier-de-Serres, le laboratoire de production de bactériophages pour traitement thérapeutique, dont il devient le directeur scientifique. Il retrouve une collaboration suivie avec l'Institut Pasteur et l'Institut du radium afin de progresser dans la connaissance des propriétés des bactériophages, recherches qui aboutissent à remettre en cause la théorie de leur caractère enzymatique et d'envisager une disposition virale. En 1938, il publie un nouvel ouvrage de référence, *Le Phénomène de la guérison des maladies infectieuses*. Entre 1940 et 1944, il est mis en résidence surveillée, avec sa famille, par les autorités de Vichy pour cause de nationalité canadienne ; il en profite pour écrire son autobiographie, « Les pérégrinations d'un microbiologiste », restée inédite à ce jour. L'Institut Pasteur lui rend hommage, en 1947, pour le trentième anniversaire de sa publication relatant la découverte du bactériophage. L'Académie des sciences l'honore de son prix Petit-d'Ormoy en 1948.

Vincent Duclert

HERGÉ. — *Voir* BELGE DE LA BANDE DESSINÉE, école.

HERMANT André

Architecte. – Né le 13 juin 1908 à Anvers, Belgique ; mort le 7 mai 1978 à La Ferté-Gaucher, France.

Après des études à l'Institut d'urbanisme de l'université de Paris, André Hermant est, à l'École spéciale d'architecture, élève de l'atelier Perret ; il en sort diplômé en 1933. Il travaille ensuite chez Roux-Spitz, adhère en 1936 à l'Union des artistes modernes (UAM) et réalise, pour l'Exposition internationale de 1937, le Pavillon du caoutchouc, un pas remarquable dans le programme des lieux d'exposition. Pour *L'Architecture d'aujourd'hui*, dont il est membre du comité de rédaction depuis 1932, il rédige des études thématiques qui manifestent son intérêt pour les techniques constructives. Directeur technique de la revue en 1939, il la quitte pour participer à la création, en 1941, de *Techniques et architecture*. Aux côtés d'Auguste Perret, il participe activement à la reconstruction du Havre, en particulier de la Porte Océane, et il construit le collège Joliot-Curie. Animateur ardent, vice-président de l'UAM (1948-1952), il crée en 1949, avec René Herbst, la section « Formes utiles », qui joue un grand rôle pour entraîner la reconnaissance du design par le public du Salon des arts ménagers. En 1952, il fonde le Cercle d'études architecturales (CEA), qui réunit l'élite des architectes de sa génération. En 1962, la Direction des musées de France lui confie le réaménagement des salles du musée des Antiquités nationales à Saint-Germain-en-Laye ; dès lors, Hermant, naturalisé français en 1963, est considéré comme un spécialiste de l'architecture des musées, et il effectue successivement l'installation d'un musée dans le Petit Palais à Avignon (1961-1965), la construction de la Galerie nationale de la tapisserie à Beauvais (1968-1975) et le musée Marc Chagall à Nice (1969). André Hermant, par l'unité de sa démarche, est peut-être celui des élèves de Perret qui accomplit le mieux la synthèse entre une approche intellectuelle de la modernité et ses applications pratiques à des programmes ambitieux et raffinés.

Gérard Monnier

HERMÈS, maison

En choisissant, dans les années 1820, de s'installer à Paris, le harnacheur-sellier allemand (mais né, en 1801, à Krefeld, donc dans la partie rhénane de l'Allemagne annexée à la France) Thierry Hermès vise la haute société de la capitale, au sein de laquelle le cheval occupe une place de choix. Il ouvre, en 1837, son atelier dans le quartier, en plein essor mondain, de la Madeleine.

Comme beaucoup d'artisans du luxe français, il profite des premières expositions universelles parisiennes (1855 puis 1867) pour faire reconnaître internationalement son savoir-faire. Les cours étrangères s'intéressent à lui, à commencer par la cour impériale russe. Désormais, la maison Hermès s'affirme comme une référence mondiale dans le domaine du cuir. L'installation rue du Faubourg-Saint-Honoré parachève cette entrée dans le « grand monde ». L'intelligence des successeurs de Thierry Hermès (familles Hermès puis Dumas-Hermès) sera de savoir régulièrement élargir le champ de leur expertise : à la bagagerie, aux accessoires de l'automobile et, pour finir, à des objets sans lien avec le cuir mais déclinant la notion de luxe sur d'autres plans. L'entre-deux-guerres verra le lancement du « carré Hermès » – inspiré des expériences de la modéliste polonaise Lola Prusac, née à Łódź (1895-1985) –, tout comme le passage à la bijouterie, suivie plus tard par la joaillerie et les parfums. La boutique Hermès du faubourg deviendra un champ d'expérimentation remarqué pour l'art de l'étalagisme. L'arrivée, en 2010, du groupe LVMH dans le capital de la société suscitera les inquiétudes du personnel et du public sur la survie du style – et du modèle de management – Hermès.

Pascal Ory

HEROLD Jacques (Herold Blumer)

Artiste plasticien. – Né le 10 octobre 1910 à Piatra Neamt, Roumanie ; mort le 11 janvier 1987 à Paris, France.

Élève de l'École des beaux-arts de Bucarest, Herold Blumer suit un chemin presque classique chez les artistes roumains de l'époque en décidant de s'installer à Paris. Il y rencontre, comme il le souhaite, l'avant-garde, identifiable à cette époque au groupe surréaliste, auquel il s'intègre. Un temps assistant de Constantin Brancusi, il trouve sa voie dans la peinture, une peinture volontiers violente, qui tranche, écorche et déchiquète. Sa rencontre avec Henri Ey, Jacques Lacan et Gilbert Lély nourrit sa découverte du marquis de Sade. Chemin faisant, l'illustration de textes prend une place croissante dans son œuvre : outre Sade, il accompagne ainsi Georges Bataille, Gherasim Luca ou Michel Butor, qui, avec Patrick Waldberg, devient un de ses principaux commentateurs. Dans la grande galaxie surréaliste, son étoile, encore discrète, s'est mise à grandir.

Pascal Ory

HERRERA Helenio

Sportif. – Né le 10 avril 1910 à Buenos Aires, Argentine ; mort le 9 novembre 1997 à Venise, Italie.

Les parents d'Helenio Herrera, émigrés andalous, quittent l'Argentine en 1914 pour s'établir au Maroc, alors protectorat français. Helenio obtient alors la nationalité française et commence à jouer au football au RC.Casablanca, avant d'être engagé comme défenseur central par le Stade français, Charleville et le Red Star, avec lequel il gagne la Coupe de France 1942. À ce moment, il entreprend une formation d'entraîneur au sein de l'École normale d'éducation physique. Il appartient à la première promotion de moniteurs-entraîneurs de football, qui constitue l'une des pièces du dispositif sportif mis en place par le régime de Vichy. Il mène ensuite une carrière itinérante d'entraîneur de football professionnel du Stade français (1945-1948), puis de plusieurs clubs espagnols, dont le FC.Barcelone (1958-1960). Il connaît cependant le succès et la gloire avec l'Inter de Milan entre 1960 et 1968. Le président, l'entrepreneur Angelo Moratti, qui recrute depuis 1958 des joueurs à grand frais, souhaite voir son équipe dirigée avec fermeté. Herrera ne tarde pas à se montrer à la hauteur de sa réputation d'homme à poigne, adepte de l'ascétisme et du moralisme. Les résultats suivent, puisque l'Inter de Milan remporte trois titres de champion d'Italie (1963, 1965 et 1966) et deux coupes d'Europe des clubs champions (1964 et 1965). La presse en fait un « magicien ». Sur le plan de l'évolution du jeu, il est souvent présenté comme l'inventeur du *catenaccio* (cadenas). Bien qu'il en réfute le caractère exclusivement défensif, cette organisation de jeu fait sa réputation. Il est appelé à diriger brièvement l'équipe d'Italie, qui, pourtant, gardera longtemps, au moins aux yeux des observateurs étrangers, l'empreinte du système de jeu d'Herrera. Par ailleurs, celui que l'on surnomme en France « le sorcier » voit dès le début des années 1960 ses méthodes suspectées de « doping », selon la formule de l'époque. Les rumeurs ne l'empêchent pas de poursuivre sa carrière d'entraîneur dans les années 1970 à l'AS.Roma (1968-1973) et de retourner à l'Inter (1973-1974) et à Barcelone (1979-1981). Herrera reste considéré comme l'un des entraîneurs les plus marquants de l'histoire du football.

Stéphane Mourlane

HERREWEGHE Philippe

Chef d'orchestre, chef de chœur. – Né le 2 mai 1947 à Gand, Belgique.

Initiateur, dans sa ville natale, en 1970, du Collegium vocale Ghent, l'une des premières formations spécialisées en musique baroque, Philippe Herreweghe fonde, sept ans plus tard, en France, la Chapelle royale, vouée au répertoire français. En 1991, il élargira le champ du retour aux instruments d'époque aux répertoires classique et romantique en créant l'Orchestre des Champs-Élysées, dont il prend la direction. Entre-temps, il aura attaché son nom aux Académies musicales de Saintes, l'un des premiers festivals de musique ancienne de France. En 1990, il a été élu, par un panel de journalistes européens, « personnalité musicale de l'année ».

Pascal Ory

HERVÉ Lucien (Laszlo Elkan)

Photographe. – Né le 7 août 1910 à Hódmezővásárhely, alors Autriche-Hongrie, aujourd'hui Hongrie ; mort le 26 juin 2007 à Paris, France.

Lazslo Elkan s'installe en France en 1930. Modéliste dans les plus grandes maisons de couture, de Patou à Chanel, il s'intègre à la société française par le biais du militantisme syndical au sein de la CGT, qui fait de lui un membre indocile du Parti communiste, dont il sera exclu à deux reprises, juste avant la Seconde Guerre mondiale (1938) et juste après (1947). Naturalisé français en 1938, il découvre la photographie aux côtés d'un Hongrois, Nicolas Müller, qui travaille et le fait travailler pour l'hebdomadaire *Marianne*. Il fait la guerre de 1939 dans les rangs de l'armée française, se retrouve prisonnier, s'évade d'un camp de Prusse orientale et rejoint la Résistance, où il est définitivement « Lucien Hervé », et s'illustre dans le Vercors. À la Libération, cette force de la nature pourrait aussi bien s'engager dans une carrière politique (il a codirigé le mouvement de résistance des prisonniers de guerre aux côtés de François Mitterrand) que dans la peinture (il a exposé au Salon d'automne). Sa rencontre avec Le Corbusier décide de sa grande bifurcation vers la photographie d'architecture, dont il devient l'un des maîtres reconnus mondialement – y trouvant la synthèse de ses aspirations initiales. Alvar Aalto, Oscar Niemeyer ou Jean Prouvé figurent parmi ses commanditaires. Même s'il peut exercer son talent sur les abbayes cisterciennes ou les sites archéologiques du Proche-Orient, ce sont ses clichés de Rezé, Chandigarh ou Brasilia qui feront la réputation du photographe de « l'homme construit » (titre d'un livre d'Olivier Beer à lui consacré, paru en 2001). Depuis 2004, un prix « Lucien Hervé et Rodolf Hervé » (en souvenir de son fils, photographe et vidéaste) signale le travail d'un jeune photographe en début de carrière.

Pascal Ory

HESSEL Stéphane (Stefan)

Diplomate et militant. – Né le 20 octobre 1917 à Berlin, Allemagne ; mort le 27 février 2013 à Paris, France.

Fils de l'écrivain allemand Franz Hessel, il arrive en France en 1924 avec sa mère, l'héroïne du roman d'Henri-Pierre Roché puis du film de François Truffaut *Jules et Jim*. Bachelier à l'âge de quinze ans, il oscille entre lettres (London School of Economics) et sciences politiques, est naturalisé français en 1937, intègre l'École normale supérieure en 1939. Mobilisé, prisonnier, évadé, il fait le lien entre les services spéciaux de la France libre et l'état-major anglais à Londres en mars 1941, part en mission en France en mars 1944, est arrêté, déporté entre autres à Buchenwald et Dora et s'évade lors d'un transfert. Reçu au concours des Affaires étrangères à la fin de 1945, en poste à l'ONU, il sert de secrétaire lors de la rédaction de la Déclaration universelle des droits de l'homme, participe au cabinet de Pierre Mendès France en 1955, occupe des postes à Paris mais aussi Saigon, Alger, New York, Genève. Affirmant : « Immigré moi-même, le sort des travailleurs immigrés ne pouvait que m'intéresser », il a créé en 1962 l'Association de formation des travailleurs africains et malgaches, participé au cabinet du ministre de la Coopération, Pierre Abelin, en 1974 et présidé l'Office pour la promotion culturelle des immigrés de 1975 à 1977. Retraité en 1983, engagé au Parti socialiste puis à Europe Écologie, il est encore, entre autres, membre du Haut Conseil de l'intégration de 1990 à 1994 ou médiateur pour des sans-papiers en 1997. Il soutient hautement les Palestiniens, prônant le boycott, non d'Israël mais des produits issus des colonies non reconnues internationalement. Ajouté à l'étonnant succès, fin 2010, d'un très bref livre, *Indignez-vous !*, vendu à plusieurs millions d'exemplaires, cela lui vaut les foudres de défenseurs systématiques d'Israël et l'appui d'ennemis enragés de celui-ci, alors que sa position est plus nuancée, entre éloge de la non-violence et respect des lois européennes.

Éric Vial

HIDALGO Anne

Femme politique. – Née le 19 juin 1959 à Cadix, Espagne.

Les parents d'Anne Hidalgo s'installent en France en 1961. Anne grandit à Lyon. Devenue inspectrice du travail, elle est nommée à Paris en 1984. Entrée au Parti socialiste dix ans plus tard, elle est, de 1997 à 2002, membre de plusieurs cabinets ministériels. En 2001, elle est élue conseillère de Paris sur la liste conduite par Bertrand Delanoë, qui emporte la mairie. Elle en devient la première adjointe, fonction dans laquelle elle est reconduite après les élections de 2008, en charge de l'urbanisme et de l'architecture. En 2012, elle annonce qu'elle briguera la succession de Bertrand Delanoë, qui ne se représente pas.

Pascal Ory

HIDEN Rodolphe (Rudolf)

Sportif. – Né le 9 mars 1909 à Graz, alors Autriche-Hongrie, aujourd'hui Autriche ; mort le 11 septembre 1973 à Vienne, Autriche.

Ce gardien de but de football à la personnalité orageuse et parfois incontrôlable a commencé sa carrière dans le club de sa ville natale, le Grazer.AK, avant de faire ses débuts professionnels en 1927 au sein du club viennois du Wiener.AC, avec lequel il remporte deux coupes d'Autriche, en 1928 et 1932. Très tôt, il est appelé à garder les buts de l'équipe nationale autrichienne qui brille alors sur la scène internationale. Entre 1929 et 1933 Rudolf Hiden est sélectionné à vingt reprises dans cette redoutable *wunderteam*. Lors d'une rencontre amicale France-Autriche, organisée le 12 février 1933 au Parc des Princes à Paris, Hiden annihile avec un brio exceptionnel toutes les tentatives des Bleus, qui s'inclinent lourdement (0-4). Le Racing Club de Paris s'attache ses services sans tarder en lui faisant signer un contrat pendant l'été 1933 : il évoluera dans le club de la capitale durant sept saisons, au cours desquelles il est la véritable idole des supporters, qui apprécient ses facéties. Au cours de la saison 1935-1936, devenu capricieux, celui que les journalistes considèrent comme le meilleur gardien de but du monde refuse de jouer durant plusieurs mois, réclamant un meilleur salaire. Cela n'empêche pas Hiden, avec son coéquipier autrichien Gustave Jordan, de remporter le doublé en 1936 (vainqueur du championnat de France et de la Coupe de France), puis à nouveau deux coupes de France en 1939 et 1940. Naturalisé français en 1937, alors que l'annexion de l'Autriche par l'Allemagne nazie se prépare, celui qui se prénomme désormais Rodolphe connaît une unique sélection en équipe de France, lors d'une rencontre amicale entre la France et le Portugal, qui réunit, sous le maillot frappé du coq, trois Autrichiens naturalisés (Hiden, Jordan et Hiltl) au Parc des Princes (3-2) le 28 janvier 1940, en pleine « drôle de guerre », devant dix-neuf mille spectateurs. La FIFA n'ayant pas encore règlementé ce point, les sélections de Rodolphe Hiden en équipe d'Autriche ne l'empêchent pas de jouer désormais pour le Onze de France. La guerre porte un coup d'arrêt à sa carrière, alors qu'il n'a que trente et un ans : mobilisé au sein de l'armée française, il s'éloigne des terrains. Il ne retrouvera le monde du ballon rond qu'au cours des années 1950 et 1960, pour entraîner diverses équipes du championnat d'Italie.

Yvan Gastaut

HIGHTOWER Rosella

Danseuse et pédagogue. – Née le 10 janvier 1920 à Ardmore, États-Unis ; morte le 4 novembre 2008 à Cannes, France.

De père indien choctaw et de mère irlandaise, Rosella Hightower commence son apprentissage de la danse classique avec Dorothy Perkins à Kansas City, où sa famille avait emménagé pour des motifs professionnels. Lors de son passage dans cette ville en 1937, le chorégraphe Léonide Massine l'invite à rejoindre le Ballet russe de Monte-Carlo, qu'il est sur le point de fonder. Rosella Hightower s'installe en France en 1938 et rejoint cette compagnie, qu'elle suit à New York après le début de la Seconde Guerre mondiale. En 1941, elle devient soliste au Ballet Theatre de New York, puis rejoint les Ballets russes de Wassily de Basil en 1946 (la compagnie porte alors le nom d'Original Ballet russe). Acclamée étoile en mars 1947, lorsqu'elle remplace au pied levé la ballerine Alicia Markova dans *Giselle*, au Metropolitan Opera House de New York, elle intègre cette même année le Nouveau Ballet de Monte-Carlo, sous la direction du marquis Georges de Cuevas. Elle travaillera pendant quinze ans au sein de cette compagnie, dont elle sera l'étoile vedette, jusqu'à la mort du marquis de Cuevas, en 1961. Première ballerine américaine qui acquiert une telle notoriété sur les scènes européennes, elle a marqué par son interprétation de grands ballets du répertoire (*Petrouchka*, *La Sylphide*, *La Belle au bois dormant*, remontée pour elle par Bronislava Nijinska) et par ses rôles dans les créations des années 1950 de Léonide Massine, John Taras, David Lichine ou Françoise Adret. À partir de 1949, elle se produit tous les étés au casino de Deauville avec les Ballets du marquis de Cuevas, rendez-vous auquel elle reste fidèle jusqu'en 1962. Elle se retire alors de la scène et, avec les professeurs José Ferran et Arlette Castanier, y fonde à Cannes le Centre de danse international Rosella Hightower, qui devient ensuite l'École supérieure de danse de Cannes Rosella Hightower. Cette école pluridisciplinaire demeure, au début du XXIe siècle, l'un des centres de formation en danses classique, contemporaine et modern jazz les plus prestigieux en France. Elle quitte la direction de l'école en 2001 et nomme son successeur, l'ancienne étoile de l'Opéra Monique Loudières, remplacée en 2009 par Paola Cantalupo, étoile des Ballets de Monte-Carlo. Parallèlement à son école, Rosella Hightower dirige plusieurs grandes compagnies de ballet : le Ballet de l'Opéra de Marseille (1969-1972), le Ballet du Grand Théâtre de Nancy (1973-1974), le Ballet de l'Opéra de Paris (1981-1983), avant de diriger le Ballet de la Scala de Milan (1985-1986). En 1988, elle fait un retour à la scène dans *L. et eux la nuit* du chorégraphe contemporain François Verret, puis, en 1991, dans *Harold et Maud*, que le chorégraphe suisse Étienne Frey conçoit pour elle.

Sophie Jacotot

HILTL Henri (Heinrich)

Sportif. – Né le 8 octobre 1910 à Vienne, alors Autriche-Hongrie, aujourd'hui Autriche ; mort le 25 novembre 1982.

Avant-centre robuste et percutant de l'Austria de Vienne jusqu'en 1934, Heinrich Hiltl compte une sélection au sein de l'équipe d'Autriche, qui domine alors le football européen, lorsqu'il signe un contrat avec l'Excelsior. AC de Roubaix en 1934. Pendant de nombreuses saisons, jusqu'en 1948, celui qui devient, après naturalisation française, Henri Hiltl se distingue dans le championnat de France de première division en marquant de nombreux buts. En 1947, il est l'un des artisans du titre de champion de France remporté par son club. Hiltl ne quitte Roubaix que pour la saison 1939-1940, durant laquelle il porte les couleurs du Racing Club de Paris. Après l'annexion de l'Autriche par l'Allemagne nazie en 1938, Henri Hiltl confirme son attachement à la France en se mettant à disposition des Bleus. Il sera sélectionné à deux reprises pour jouer à la pointe de l'attaque, la FIFA n'empêchant pas encore à un joueur naturalisé de représenter son pays d'accueil après avoir porté les couleurs de son pays d'origine. Une première fois, le 28 janvier 1940, en pleine « drôle de guerre », lors d'une rencontre amicale entre la France et le Portugal, qui réunit sous le maillot frappé du coq, trois Autrichiens naturalisés (Hiltl, Hiden et Jordan) au Parc des Princes (victoire 3-2), puis le 24 décembre 1944, à l'occasion d'une rencontre amicale entre la France et la Belgique au Parc des Princes (victoire 3-1).

Yvan Gastaut

HIMES Chester (Chester Bornar)

Romancier. – Né le 29 juillet 1909 à Jefferson City, États-Unis ; mort le 12 novembre 1984 à Alicante, Espagne.

Originaire d'une famille afro-américaine modeste, Chester Himes connaît, au cours de son adolescence, la précarité et la violence. Arrêté pour vol à main armée, il découvre en prison la littérature et rédige un premier roman, qui paraît en 1945. Le suivant, *La Croisade de Lee Gordon* (*Lonely Crusade*, 1947) est mieux reçu en France qu'aux États-Unis, ce qui pousse Himes à émigrer en 1953 vers Paris, où il côtoie ses compatriotes James Baldwin et Richard Wright. En 1957, une rencontre avec le fondateur de la Série noire chez Gallimard, Marcel Duhamel, amène une inflexion décisive de son œuvre vers le roman policier. Paru l'année suivante, *La Reine des pommes* (*A Rage in Harlem*) remporte le Grand Prix de littérature policière et fait de Himes l'une des références du genre. À la fin des années 1960, l'écrivain part s'établir en Espagne, où il poursuit sa production.

Pierre-Frédéric Charpentier

HITTORF Jacques Ignace (Jakob Ignaz)

Architecte. – Né en 1792 à Cologne, alors Saint Empire romain germanique, aujourd'hui Allemagne ; mort en 1867.

Né allemand dans une ville qui devient française en 1794 et dont les citoyens deviennent français en 1801, Hittorf redevient allemand en 1815, avant de recevoir, en 1842, de Louis-Philippe, à nouveau la nationalité française. Il s'est en effet installé en 1810 à Paris, où il travaille chez l'architecte François-Joseph Bélanger, avant de devenir l'élève de Charles Percier. Il parcourt l'Europe de 1819 à 1823. En Sicile, il est un des tout premiers architectes à signaler la polychromie du temple grec antique. À ce titre, il va être un des principaux protagonistes engagés dans ce grand débat international, où Ingres lui donne son appui et qui est conclu par sa publication du petit temple de Sélinonte ainsi que par l'ouvrage *L'Architecture polychrome* (1851), dont l'influence s'étendit à la génération de Charles Garnier. Par ailleurs, Hittorf est un professionnel actif, reconnu très tôt par la commande royale, puis municipale. À la suite de Bélanger, nommé architecte du roi en 1814, il est l'architecte des cérémonies de la Restauration : pompes funèbres de Louis XVIII, mariage du duc de Berry, sacre de Charles X. Il est, par ailleurs, chargé, en 1824, de restaurer la salle Favart et en 1827 de reconstruire le Théâtre de l'Ambigu, ce qu'il fera dans un style classique rehaussé par la polychromie. Il achève dans cet esprit l'église Saint-Vincent-de-Paul (1831-1844), commencée par Jean-Baptiste Lepère – dont il a épousé la fille. Il est, à partir de 1833, l'architecte de la place de la Concorde, des Champs-Élysées et de la place de l'Étoile ; il construit, de 1833 à 1840, les fontaines à vasque de la Concorde, et, sur les Champs-Élysées, les cafés, le Diorama et, en 1841, le Cirque d'été, où sont associées la polychromie et l'ingéniosité constructive de la charpente en bois. En 1852, il est l'architecte du Cirque Napoléon (actuel Cirque d'hiver), dont le décor est un manifeste d'architecture parlante, et construit la mairie du Ier arrondissement. Avec Henri Labrouste et les rationalistes, Hittorf est un de ces architectes de culture classique qui assimilent les procédés constructifs modernes ; ses contemporains goûtent le « style grec » de la longue façade de la gare du Nord, inaugurée en 1863, qui habille avec habileté les halls des trains et leurs charpentes métalliques.

Gérard Monnier

HOFFMANN Jules

Biologiste. – Né le 2 août 1941 à Echternach, alors Allemagne, aujourd'hui Grand-Duché du Luxembourg.

Très tôt intéressé par l'entomologie, Jules Hoffmann effectue l'essentiel de ses études à l'université de Strasbourg, où il dirigera le laboratoire de biologie humorale des insectes. Pionnier des recherches sur l'immunité innée, dans l'enjeu dépasse les frontières de ces seules espèces, il est, à ce titre, couronné, en 2011, du prix Nobel de physiologie (médecine), distinction qu'il partage avec deux autres chercheurs. L'année suivante, ce Luxembourgeois qui a, en 1970, été naturalisé français, est élu à l'Académie française.

Pascal Ory

HOFFMANN Stanley

Historien et politologue. – Né le 27 novembre 1928 à Vienne, Autriche.

Universitaire français attaché, depuis 1955, à l'université Harvard, Stanley Hoffmann est une grande figure de « passeur » entre la France et les États-Unis. Né à Vienne, il n'y passe en réalité que quelques semaines. Sa mère, une Autrichienne qui fut conquise par Nice lors d'un voyage précédent, décide de s'y installer. Il est élevé seul par elle, ne rencontrant son père, un Américain, que quatre fois dans sa vie. D'origine juive mais voltairienne, la mère de Stanley Hoffmann lui donne une éducation laïque. En 1936, ils déménagent à Neuilly-sur-Seine pour la scolarité du garçon. Sous l'Occupation, juifs au regard des autorités nazies et, de surcroît, apatrides – car sa mère refuse de prendre la nationalité allemande après l'Anschluss –, ils se réfugient à Nice puis dans un petit village de l'Hérault, où Stanley découvre « la France profonde ». À la Libération, ils reviennent à Paris. N'ayant été naturalisé français qu'en 1947, le jeune garçon brillant ne peut pas prendre la voie de l'École normale supérieure et se tourne vers Sciences-Po, dont il obtient le diplôme en 1948. Pendant son doctorat en droit (1953), n'étant pas autorisé à présenter le concours de l'École nationale d'administration et ayant été séduit par l'enseignement et la souplesse des relations entre étudiants et professeurs lors d'un séjour à Harvard (1950-1951), il choisit, en 1955, de rejoindre cette université, où il fera toute sa carrière universitaire.

La France devient son objet d'étude. Dans son enseignement et dans ses ouvrages, publiés à la fois aux États-Unis et en France, il s'efforce de clarifier auprès des Américains les arcanes de l'histoire contemporaine et de la politique intérieure françaises (*Le Mouvement Poujade*, 1956 ; *De Gaulle artiste de la politique*, 1973 ; *Essais sur la France : déclin ou renouveau ?*, 1974 ; *L'Expérience Mitterrand* [dir.], 1988) tandis qu'il décrypte pour les Français la politique extérieure des États-Unis (*Le Dilemme américain : suprématie ou ordre mondial*, 1982 ; *L'Amérique vraiment impériale ?*, 2003). Correspondant de l'Académie des sciences morales et politiques depuis 1996, ce « Français à l'étranger » reste attaché à la France par la langue, pour laquelle il a une « passion », et par ses amitiés.

Anna Trespeuch-Berthelot

HOHENLOHE-WALDENBURG-BARTENSTEIN, Ludwig Aloysius Joachim, prince de

Militaire. – Né le 18 aout 1765 à Bartenstein, alors Saint Empire romain germanique, aujourd'hui Schrozberg, Allemagne ; mort le 30 mai 1829 à Lunéville, France.

Sa carrière est celle d'un officier noble de l'Ancien Régime : il sert d'abord le Palatinat, puis, en 1792, commande un régiment pour le compte des princes français émigrés, passe au service des Pays-Bas face aux troupes françaises, puis de l'Autriche et du Wurtemberg. Il entre enfin à celui de la France de Louis XVIII, lève et commande en 1815 la Légion étrangère royale, devenue en 1816 Légion de Hohenlohe. Dissoute en 1831 par Louis-Philippe, elle sera à la base de ce qui devient alors la Légion étrangère, à laquelle elle léguera certaines traditions, dont le pas lent des unités d'Ancien Régime. Le prince avait reçu en 1827 la « grande naturalisation », assurant tous les droits politiques et régularisant après coup ses titres de maréchal et pair de France, entorse à la légalité soulignée par l'opposition, dont le comte de Briqueville, député bonapartiste, qui, dans *Le Constitutionnel*, en profite pour rappeler les précautions juridiques prises, au contraire, pour naturaliser Masséna.

Éric Vial

HOLMÈS Augusta

Compositrice. – Née le 16 décembre 1847 et morte le 28 janvier 1903 à Paris, France.

Augusta Holmès est issue d'une famille anglo-irlandaise, installée à Paris dans le même immeuble qu'Alfred de Vigny, son parrain, puis à Versailles. La jeune Augusta maîtrise l'anglais, le français, l'allemand et l'italien. C'est à Versailles qu'elle présente ses premières compositions, sous le pseudonyme, masculin et exotique, d'Hermann Zenta. La *Chanson de la caravane* obtient un réel succès. Elle fréquente les milieux parnassiens et wagnériens, devient la compagne de Catulle Mendès, alors marié à Judith Gauthier, suit les cours de César Franck et adopte la nationalité française en 1871. Saint-Saëns lui propose le mariage, elle le repousse mais reste une amie proche. Elle participe aux pèlerinages wagnériens à Bayreuth, tout en étant saluée par Franck comme une de ses élèves les plus brillantes. En 1877, les œuvres d'Augusta Holmès sont sifflées par un public hostile à toute forme de wagnérisme. Elle est alors défendue par quelques critiques, qui se plaisent à louer la « virilité » de son style. Le poème symphonique sur un thème national devient alors, d'une certaine façon, sa spécialité (*Irlande*, *Pologne*, *Ludus pro patria*...). Son œuvre – dont seul un chant de Noël, *Trois anges sont venus ce soir*, était resté dans le répertoire de façon constante – est, depuis peu, redécouverte.

Didier Francfort

HONEGGER Arthur

Compositeur. – Né le 10 mars 1892 au Havre, France ; mort le 27 novembre 1955 à Paris, France.

Arthur Honegger a voulu conserver sa nationalité suisse, mais il a largement apporté à la vie musicale et culturelle parisienne après avoir décidé, en 1911, de quitter le Conservatoire de Zurich pour s'inscrire à celui de Paris. Élève de Charles-Marie Widor et de Vincent d'Indy, condisciple de Darius Milhaud et de Jacques Ibert, il se réclame de l'esthétique d'Igor Stravinsky et ne quitte pas Paris, même lors de l'Occupation. Fasciné par le mouvement, les machines, le sport, la radio, le cinéma, il choisit de s'inscrire dans les courants et les réseaux de la vie culturelle française, en étant membre éminent du Groupe des Six (avec Georges Auric, Louis Durey, Darius Milhaud, Francis Poulenc et Germaine Tailleferre) et en fréquentant Jean Cocteau, Pablo Picasso, Paul Claudel ou Max Jacob. Les sujets religieux – du *Roi David* en 1921 à *Jeanne d'Arc au bûcher* en 1938 – qu'il choisit mettent en évidence des tendances de la société française. En 1953, il est nommé membre étranger de l'Académie des beaux-arts et, en 1954, fait grand officier de la Légion d'honneur. L'œuvre d'Honegger est foisonnante, des poèmes symphoniques aux opérettes, mêlant stylistiquement modernité et tradition, ce compositeur jugé parfois conservateur ayant défendu, par exemple, les débuts d'Olivier Messiaen.

Didier Francfort

HONGROIS

Jusqu'à la fin du XIXe siècle, la présence hongroise en France est réduite. Pour avoir vainement tenté de soustraire Hongrie et Transylvanie aux Habsbourg, le prince Ferenc II Rakoczi doit y séjourner en 1713-1717. Entre 1827 et 1834, le pianiste et compositeur Franz LISZT fait à son tour un long séjour parisien. Après 1848, quelques proscrits choisissent la France, fréquentant ainsi la famille Teleki-de Gérando, à Montmorency et à Paris. Le peintre Mihály Munkácsy rencontre, dans les années 1870-1880, un succès public et officiel, mais c'est en Autriche-Hongrie qu'une riche carrière l'attend. C'est surtout à partir de 1900 que Paris devient un lieu de formation et de création pour des artistes tels que les peintres József RIPPL-RÓNAI (1861-1927), proche des nabis puis des fauves, ou Béla CZÓBEL (1883-1976), élève à l'Académie Julian, qui participe au Salon d'automne de 1905. Matisse a pour élève, entre 1906 et 1911, Vilmos PERLROTT-CSABA (1880-1955). Le poète Endre ADY (1877-1919), de son côté, y découvre le symbolisme à partir de 1904. Avant 1900 toutefois, un flux migratoire se développe. Des ouvriers agricoles et industriels s'installent alors en région parisienne et dans le Nord-Pas-de-Calais. En 1914-1918, les Hongrois, considérés comme ressortissants d'une nation ennemie, doivent quitter le pays sous peine d'être internés dans des camps, comme l'écrivain transylvain Aladar KUNCZ (1885-1931), venu en France en 1912, en fait l'expérience, détenu au château de Noirmoutier puis à l'île d'Yeu.

Après 1920, la France devient la première destination de l'émigration hongroise, mais les effectifs restent modestes. Les recensements les sous-estiment en évoquant près de 13 500 Hongrois en 1926, 19 000 en 1931, et 12 000 en 1936. La légation de Hongrie opte quant à elle pour une estimation vraisemblable de 40 000 personnes en 1928, en tenant compte, en plus des ressortissants de l'État issu de la dissolution de l'Autriche-Hongrie, des hungarophones de Tchécoslovaquie et de Roumanie (de Transylvanie surtout). La région parisienne accueille des artisans et des ouvriers de l'industrie, surtout à Paris intra-muros dans les années 1920. Dans le Nord-Pas-de-Calais, deuxième foyer, on compte plus de 3 000 mineurs en 1926, et plus de 1 500 ouvriers du textile. C'est aussi dans le textile que travaillent des immigrants hongrois à Creutzwald ou à Falck en Lorraine, puis à Colmar et Grenoble dans les années 1930.

Ce flux migratoire s'explique par des raisons économiques et politiques. L'ancien président de la République hongroise Mihály Károlyi quitte le pays lors de l'éphémère régime communiste de la République des Conseils (mars-août 1919). Puis le régime conservateur de l'amiral Horthy convainc des socialistes et des communistes de s'installer en France, où ils sont influents auprès des immigrants. À Lens, une section hongroise de la CGT des mineurs du Pas-de-Calais existe dès 1923, et des sections de la SFIO sont fondées à partir de 1924. L'association Világosság (« Clarté »), depuis 1924, est une émanation du parti social-démocrate hongrois en exil. La même année, Károlyi fonde une section hongroise de la Ligue des droits de l'homme, active chez les mineurs. Les communistes militent dans les sections hongroises de la CGTU (dès 1923 à Paris, 1925 dans le Pas-de-Calais), dans la sous-section hongroise du PCF (créée en 1924, elle compte trois cents militants vers 1925, surtout parisiens, avant une diffusion dans le Nord, le Pas-de-Calais, l'Isère, le Rhône). Entre 1924 et son interdiction en 1929, paraît le journal *Párisi Munkàs* (« L'ouvrier de Paris »). C'est en réaction, avec le soutien de l'État, que se structure une colonie hongroise en théorie apolitique. En 1925, l'Association hongroise fondée à Paris par les conservateurs fédère le club des lutteurs, l'association des étudiants hongrois de Paris, le syndicat des journalistes, etc. Elle prend le contrôle de la Société hongroise de secours mutuels de Paris en 1926 et crée un dispensaire. Le gouvernement hongrois soutient ces associations en 1928-1929 en finançant un journal, le *Párizsi Magyarság* (« Les Hongrois de Paris »), anticommuniste. Le dispensaire se dote d'antennes dans le Pas-de-Calais, où sont aussi organisés des cours de hongrois pour les enfants. C'est là et à

Paris que des missions catholique et protestante sont créées. Le gouvernement hongrois rémunère, à partir de 1927, prêtres et pasteurs. Un prêtre dit ainsi la messe dominicale à l'église des étrangers, rue de Sèvres à Paris ; un autre officie à Roubaix. Un premier pasteur salarié par l'État arrive, quant à lui, en 1929 pour organiser la mission protestante autour du temple de la rue Saint-Antoine. Mais c'est la Maison hongroise, rue de Vaugirard à Paris, qui fédère les associations à partir de juillet 1928 avec le soutien du gouvernement horthyste, ce qui lui vaut d'être boycottée par les communistes, qui organisent une vie collective alternative. Cette Maison devient le siège de l'Association hongroise, mais aussi des missions, du dispensaire, d'une agence de placement, d'un conseil juridique et de plusieurs autres associations. En province, des groupes locaux se constituent, comme le Cercle catholique Saint-Étienne à Roubaix ; d'autres sont signalés, dans les années 1920, à Hénin-Liétard, Valenciennes, Creutzwald, Falck, Ensisheim (en Alsace), ou encore Lyon et, dans la décennie suivante, à Colmar, Mont-Saint-Martin (Meurthe-et-Moselle), Grenoble, Digoin (Saône-et-Loire), et ce jusqu'à Alger.

La dépression des années 1930 provoque de nombreux retours : il n'y a plus, vers 1939, qu'environ 20 à 30 000 Hongrois en France, au lieu d'environ 40 000 vers 1930, y compris les naturalisés et les ressortissants d'autres États. L'action associative est alors nécessaire : les missions religieuses s'adjoignent ainsi des « sœurs sociales », notamment pour rendre visite aux malades, et des classes sont créées à Paris, Lens et Grenoble. La Maison hongroise assure une mission d'entraide avec le soutien financier de la légation et du consulat général. Si l'action politique passe au second plan, entraînant en 1936 la fin du boycott de la Maison par les communistes, ces derniers s'affirment en regroupant, dans des « comités du 1er Septembre » (en référence à une manifestation tenue en 1930 à Budapest), près de 1 500 ouvriers de Paris et du Nord-Pas-de-Calais dès 1931 ; en 1937, ils s'allient avec les socialistes dans un climat de front populaire. En 1938, le pôle communiste se renforce avec le ralliement de Mihály Károlyi, à la tête d'une Association des Hongrois amis de la France.

Dans l'entre-deux-guerres, artistes et écrivains hongrois continuent de séjourner ou de s'installer en France. L'écrivain Sandor MARAI (1900-1989), notamment, est à Paris le correspondant du *Frankfurter Zeitung* dans les années 1920. Mais on pense surtout au photographe, peintre, sculpteur et écrivain BRASSAÏ (Gyula Halász), qui s'installe dans la capitale en 1924 ; sa fréquentation des milieux artistiques et de la nuit parisienne conduit au succès de son recueil de photographies *Paris la nuit*, en 1932. Son collègue André (Andor) KERTÉSZ (1894-1985), qui francise son prénom en arrivant à Paris en 1923, y travaille jusqu'en 1936 avant son départ définitif pour les États-Unis, pays dont il deviendra citoyen. Robert CAPA (Endre Ernő Friedmann), fuyant Berlin en 1933 pour Paris, y fondera en 1947 l'agence Magnum avec Henri Cartier-Bresson. En 1930, Victor VASARELY arrive à Paris ; c'est là qu'il fonde le Op Art, notamment avec, en 1938, son œuvre intitulée *Zebra* ; la

Fondation Vasarely, à Gordes et Aix-en-Provence, date quant à elle des années 1970.

De nouveaux retours en Hongrie se produisent en 1939-1940, tandis que l'Association des Hongrois amis de la France organise l'enrôlement de 3 000 volontaires dans l'armée française. Pendant l'Occupation, alors que les juifs hongrois de France sont déportés, seule la Maison hongroise est libre d'assurer ses missions d'entraide, avec les missions religieuses. Mais la majorité des associations de province cesse toute activité. Le prêtre de la mission catholique, Antal Uhl, est expulsé pour avoir aidé des juifs hongrois à qui le consul général a fourni de faux passeports, tandis que l'agence israélite de la Maison hongroise rencontre des difficultés avec les Allemands. Ce sont plus de mille Hongrois vivant en France qui participent à la Résistance ; une plaque apposée à la Maison hongroise, l'actuelle ambassade, donne les noms de 112 résistants hongrois morts pour la France. Des petits groupes se forment dès 1940, surtout à Paris, dans le Pas-de-Calais et à Grenoble. En 1943, est créé le MFM (Magyar Függetlenségi Mozgalom, le Mouvement pour l'Indépendance hongroise), communiste, qui fait notamment paraître le journal *Magyar Szemle* (« Revue hongroise »). Mais des Hongrois participent aussi à la Main-d'œuvre immigrée ; parmi les vingt et un portraits de « l'Affiche rouge », en 1943, ceux de Jozsef BOCZOV (1905-1944), Tamás ELEK (1924-1944) et Imre BÉKÉS-GLASZ (?-1944) se trouvent au côté des autres membres du groupe Manouchian, fusillés au mont Valérien. Les communistes du MFM prennent, à la Libération, le contrôle de la colonie (notamment de la Maison hongroise), en formant des groupes du Pas-de-Calais à Alger en passant par Nevers, Toulouse, Lyon ou Marseille, et comptant 2 500 membres en 1945. La Mission catholique, quant à elle, hostile aux communistes, est expulsée de la Maison hongroise en 1947.

À partir de 1945, la transformation de la Hongrie en une démocratie populaire provoque une nouvelle vague d'émigration politique, d'abord pour 8 000 à 10 000 personnes marquées à droite, puis pour des éléments modérés. Ce sont environ 12 000 Hongrois qui arrivent dans l'Hexagone au début des années 1950 ; les nouveaux arrivants sont majoritaires. Parmi eux, on compte la famille de la romancière Christine ARNOTHY, ou un certain Pál SARKOZY (né en 1928). L'activité communiste décline vite, dès avant 1956, mais surtout après : le MFM, entre-temps devenu FMDE (Franciaországi Magyarok Demokratikus Egyesülete, Association démocratique des Hongrois de France), tout comme la presse communiste, sont alors interdits ; en 1948, la section hongroise du PCF ne compte que 100 à 200 membres, et la FMDE 1 550 dans toute la France, même si la Maison hongroise continue d'assurer cours et aide médicale, et si quelques associations fonctionnent. Les communistes sont surtout influents dans le Pas-de-Calais ou à Grenoble. Alors que la préfecture de police de Paris compte environ 4 000 adhérents dans des organisations hostiles au régime en 1956, l'activité politique des exilés de droite s'organise. On trouve la section française de la MHBK (Magyar Harcosok Bajtàrsi Közössége, Communauté fraternelle des Combattants hongrois), qui prend le nom officiel en France d'Association des anciens combattants hongrois et veut « libérer » la Hongrie ; en 1956, elle compte environ 1 100 adhérents. Les modérés, des sociaux-démocrates aux libéraux, choisissent le Conseil national hongrois, formé à l'échelle mondiale de partisans du gouvernement de 1945-1947. Il est dirigé en France par Pál AUER (1885-1978), ancien ministre de Hongrie à Paris en 1945-1947. Des journaux paraissent, comme le mensuel *Ahogy Lehet* (« Autant que possible »), dirigé par le poète Lorand GASPAR, financé par les États-Unis.

Après l'écrasement de l'insurrection de Budapest en 1956, c'est près de 10 000 Hongrois qui se réfugient en France, parfois avant un départ pour l'Amérique du Nord. Ces gens jeunes, qui ont participé au mouvement révolutionnaire, sont au départ acquis à l'idée d'un socialisme sans tutelle soviétique. Certains se retrouvent autour de l'historien François FEJTÖ, du journaliste puis sociologue au CNRS Pierre KENDE et du sociologue Tibor MÉRAY (il dirige, de 1957 à 1989, le journal *Irodalmi ùjság*, la « Gazette littéraire hongroise », qui se focalise sur la situation politique en Hongrie) et animent, dans les années 1980, la Ligue hongroise pour la défense des droits de l'homme et du citoyen. Des revues existent alors, comme *Magyar füzetek* (les « Cahiers hongrois », dirigés par Kende de 1978 à 1988), et *Magyar mühely* (« L'atelier hongrois », de 1962 à 1989), qui rendent compte de l'évolution hongroise, sur le plan politique pour la première, sur le plan littéraire pour la seconde, laquelle est aussi une maison d'édition pour les écrivains hungarophones interdits par le régime. C'est aussi en 1956 que le pianiste virtuose György (Georges) CZIFFRA choisit la France ; en 1966, il fonde le Festival de la Chaise-Dieu, en Auvergne.

À partir de 1989, un nouveau flux migratoire se développe pour des raisons économiques et dans le contexte de l'intégration de la Hongrie à l'Union européenne, mais il est limité. Les estimations sont variables : l'Insee fait état de 10 000 Hongrois en France en 1999, tandis que la Mission catholique hongroise évoque 30 000 personnes en 2003. Une église protestante à Paris, une mission catholique et diverses associations continuent de structurer la communauté.

Jean-Philippe Namont

Bibl. : JANICAUD Benjamin, « L'immigration hongroise en France au XXe siècle (1919-1989): vie politique et associative », *Historiens et géographes*, n° 383, juillet 2003, p. 313-323.

HOPPER Edward. — *Voir* PARIS, École de.

HORST Horst P. (Horst Paul Albert Bohrmann)

Photographe. – Né le 14 août 1906 à Weissenfels, Allemagne ; mort le 19 novembre 1999 à Palm Beach Gardens, États-Unis.

Venu en France pour y suivre une formation d'architecte auprès de Le Corbusier, Horst Bohrmann rencontre le baron balte Georg (devenu Georges, puis George) Hoyningen-Huene, lui-même installé en France depuis les années 1920, responsable de la photographie pour l'édition française du magazine *Vogue*. Sous l'influence de celui qui devient son amant, il découvre la photographie et succède, en 1935, à Hoyningen-Huene, parti pour les États-Unis où il travaillera principalement pour le *Harper's Bazaar*. À son tour, il traversera l'Atlantique au moment de la guerre. Le succès que les deux hommes rencontreront dans leur troisième et définitive terre d'adoption en matière de photographie de mode et d'intérieur n'empêchera pas Horst P. Horst de publier, en 1971, un livre nostalgique de *Salute to the Thirties*, années essentiellement parisiennes. L'une des plus célèbres photographies de Horst et de l'histoire de la photographie (*Le Nouveau Corset Detolle*, connue sous le nom de *The Mainbocher Corset*) a été l'une des toutes dernières photographies prises dans les studios *Vogue* avant le déclenchement de la Seconde Guerre mondiale.

Pascal Ory

HUBINON Victor. — *Voir* BELGE DE LA BANDE DESSINÉE, école.

HUIDOBRO Borja

Architecte. – Né le 10 octobre 1936 à Santiago du Chili, Chili.

Borja Huidobro entre, avec Henri Ciriani, en 1969 dans l'Atelier d'urbanisme et d'architecture (AUA), société coopérative d'architectes et d'urbanistes fondée en 1960 par Jacques Allegret, Jean Perrottet, Jean Tribel et Georges Loiseau, une des agences les plus actives dans les années 1960 et 1970. En 1970, l'AUA devient une société civile d'études, qui regroupe l'ensemble des salariés permanents, tous services confondus : secrétariat, travaux, chantier, descriptif, dessin. En 1973, l'effectif approche la cinquantaine. La pratique de l'AUA, qui est pluridisciplinaire et fait une place aux sciences sociales, séduit les jeunes architectes. Huidobro participe à l'opération du quartier de l'Arlequin à Grenoble (1966-1972), et mène à bien celle du parc des Coudrays, à Maurepas-Élancourt (1974), avec Michel Courajoud et Henri Ciriani, construit des logements et une école maternelle à Montreuil en 1985. À partir du concours du siège du ministère des Finances (1982-1989), Huidobro est associé à Paul Chemetov, et ils quittent l'AUA, qui est dissoute en 1986. Leur domaine commun d'activité, jusqu'en 2006, est d'abord celui des équipements publics : bibliothèques et médiathèques (Évreux, Chalons-en-Champagne, Rueil, Villejuif, Marne-la-Vallée), collèges et lycées. La réhabilitation de la Galerie de l'évolution au Museum d'histoire naturelle de Paris (1994) est saluée comme une grande réussite. Depuis 1994, Huidobro a une activité d'architecte indépendant à l'étranger (à Santiago du Chili), tout en demeurant actif en France.

Gérard Monnier

HULTEN Pontus (Carl Gunnar Pontus Vougt)

Directeur de musée et historien d'art. – Né le 21 juin 1924 et mort le 25 octobre 2006, à Stockholm, Suède.

Pontus Hulten a redéfini en France les missions d'un musée d'art contemporain ainsi que les fonctions de directeur de musée. Après des études d'histoire de l'art et d'ethnographie à l'université de Stockholm, il choisit comme sujet de thèse une étude comparative entre Vermeer et Spinoza et séjourne à Paris, où il prend une part significative dans l'activité de la galerie Denise René, noyau européen de l'abstraction géométrique. De retour en Suède en 1959, il devient directeur du Moderna Museet, où il expérimente ses conceptions muséographiques : ouverture du musée à de nouveaux publics, élargissement des domaines des collections et promotion de l'art américain, en particulier le Pop Art. De 1974 à 1981, il est appelé en France pour diriger le nouveau Centre Georges Pompidou, qu'il place sous le signe de la pluridisciplinarité (arts plastiques, cinéma, théâtre, livre). Il défend une politique d'acquisition qui comble les importantes lacunes des collections publiques françaises, par l'achat, notamment, d'œuvres de De Chirico, Dalí et Miró. Il est le commissaire général des quatre premières grandes expositions de la série *Paris* : *Paris-New York* (1977), *Paris-Berlin* (1977), *Paris-Moscou* (1979), et *Paris-Paris* (1981). En 1985, il fonde, dans la capitale française, un Institut des hautes études en arts plastiques, qui reçoit des artistes boursiers français et étrangers à l'occasion de séminaires qu'il dirige avec Daniel Buren jusqu'en 1992. Figure pionnière du commissaire d'exposition international – ou *curator* –, Hulten poursuit sa carrière aux États-Unis, en Italie et en Suisse, organisant des expositions majeures (*Futurismo i futurismi*, 1985 ; *Le Territoire de l'art*, 1990). Il fait don de sa collection personnelle au Moderna Museet, qui la présente dans un espace imaginé par Renzo Piano.

Julie Verlaine

HUMBOLDT Alexandre de (Alexander von)

Naturaliste, voyageur, explorateur. – Né le 14 septembre 1769 et mort le 6 mai 1859 à Berlin, alors Royaume de Prusse, aujourd'hui Allemagne.

Alexandre de Humboldt a représenté en son temps un exemple achevé de savant, celui qui sait équilibrer les recherches en cabinet et les explorations *in situ*. D'abord préoccupé de minéralogie, il ne cesse d'élargir ses curiosités, appliquant aux objets les plus divers, du climat à la zoologie, les règles de la méthode scientifique. Il pose les bases de la géographie physique. À partir de 1808, il reçoit le titre de chambellan du roi de Prusse. Son frère, Wilhelm, linguiste et philosophe, fondera à Berlin l'université qui aujourd'hui porte leur nom. La place qu'occupe la France dans une vie si évidemment allemande est cependant considérable. Comme beaucoup de membres des élites prussiennes, les deux frères Humboldt ont pour mère une descendante de huguenots chassés de France par la révocation de l'édit de Nantes. Alexandre, qui découvre en 1790 à la fois la France et la Révolution, en gardera jusqu'à sa mort une profonde francophilie et de prudentes convictions libérales. Il choisit de séjourner à Paris presque continûment pendant vingt ans (1804-1824), au retour du très long voyage d'exploration des Amériques qu'il y a conduit, entre 1799 et 1804, en compagnie du Français Aimé Bonpland. Il en rapportera son ouvrage le plus ambitieux et le plus connu, *Voyage aux régions équinoxiales du nouveau continent*, œuvre monumentale de trente volumes, qu'il écrit et publie en français entre 1807 et 1834. Membre associé de l'Académie des sciences, Alexandre de Humboldt sera président de la Société française de géographie, dont il a été l'un des fondateurs.

Pascal Ory

HUSTON Nancy

Romancière et essayiste. – Née le 16 septembre 1953 à Calgary, Canada.

L'existence de Nancy Huston a été marquée dès l'origine par l'ouverture sur le monde. Délaissée par sa mère à l'âge de six ans, elle vit en Allemagne, sillonne l'Amérique, du New Hampshire à New York, en passant par la Colombie-Britannique. Très tôt attirée par la langue française, elle vient à Paris en 1973 pour achever ses études à l'École des hautes études en sciences sociales, où, sous la direction de Roland Barthes, elle rédige un mémoire de maîtrise sur la question du tabou linguistique. Les premiers textes qu'elle publie sont des essais (*Jouer au papa et à l'amant*, 1979 et *Dire et interdire*, 1980). Ce n'est qu'après la mort de Barthes qu'elle décide de se lancer dans l'écriture romanesque ; elle fait paraître en 1981 *Les Variations Goldberg*. Intellectuelle engagée, Nancy Huston a milité dans les mouvements féministes des années 1970 et mis sa plume au service de ses idées. Outre plusieurs essais consacrés à la sexualité, son roman paru en 1985, *Histoire d'Omaya*, attire l'attention de la critique en relatant de façon crue l'histoire d'une femme victime d'un viol collectif et obligée de se reconstruire seule. L'écrivaine mène dès lors une double activité, prenant l'habitude, à partir de *Cantique des plaines* (1993), d'écrire d'abord ses romans en anglais puis de les traduire elle-même en français, tandis qu'elle rédige directement dans sa langue d'adoption ses essais et les articles qu'elle donne à la presse (*Elle*, *Le Monde*). En 1998, la parution de son roman *L'Empreinte de l'ange* lui permet de rencontrer le succès populaire. Déjà primée à plusieurs reprises, la romancière obtient, en 1996, le prix Goncourt des lycéens et le prix du Livre Inter pour *Instruments des ténèbres*, et elle se voit décerner le prix Femina en 2006 pour *Lignes de faille*. Mariée avec Tzvetan Todorov, Nancy Huston a acquis la nationalité française en 1981.

Pierre-Frédéric Charpentier

HUTCHINSON Hiram

Entrepreneur. – Né le 10 novembre 1808 à Middleton, États-Unis ; mort en 1869.

Cet ingénieur américain a très tôt saisi l'importance des découvertes de Charles Goodyear en matière de vulcanisation du caoutchouc. Lors d'un séjour en France, il acquiert de celui-ci le brevet qui lui permet de créer, en 1853, la Compagnie européenne de caoutchouc souple et d'ouvrir la première usine française dans cette filière, qu'il installe dans le Loiret, près de Montargis, à Châlette-sur-Loing. On y produit d'abord des chaussures (sous la marque L'Aigle), mais l'entreprise saura se diversifier. En 1869, la reconstruction en métal des ateliers est l'occasion, pour le jeune Gustave Eiffel, de se faire connaître. Aujourd'hui encore, le nom Hutchinson est celui d'une grande entreprise du secteur, de taille mondiale (Hutchinson Worlwide). Devenue société anonyme en 1889, elle est restée d'identité française, intégrée depuis les années 1970 au groupe Total – et le site de Châlette-sur-Loing y occupe toujours une place de choix.

Pascal Ory

I

IBÁÑEZ Paco

Musicien et chanteur. – Né le 20 novembre 1934 à Valence, Espagne.

Au printemps 1939, à la fin de la guerre civile espagnole, la famille du jeune Paco s'exile en France. L'année suivante, après l'arrestation de son père, espagnol républicain, et son incarcération aux camps de Saint-Cyprien puis d'Argelès, il retourne en Espagne avec sa mère et ses frères. En 1948, ils reviennent clandestinement en France. Jeune, en même temps qu'il apprend le métier d'ébéniste, Paco étudie le violon puis s'oriente vers la guitare. Au début des années 1950, il arrive à Paris. Il y découvre le peintre vénézuélien Jesús Rafael Soto, ainsi que la chanteuse Carmela. Ensemble, ils forment le groupe Los Yares. Il découvre également les œuvres de Georges Brassens et Atahualpa Yupanqui, qui vont devenir ses deux grandes sources d'inspiration. Il rencontre le second en février 1968 à Manresa, en Catalogne espagnole, et interprète en castillan *La Mauvaise Réputation* (*La mala reputación*), ainsi que *La Chanson de l'Auvergnat* (*Canción para un maño*) de Brassens. Il va mettre en musique des poèmes classiques, qu'il accompagne à la guitare : Luís de Góngora – *La más bella niña* (« La petite fille la plus belle ») –, Miguel Hernández – *Andaluces de Jaén* (« Andalous de Jaén ») –, Rafael Alberti – *Balada del que nunca fue a Granada* (« Ballade de celui qui n'est jamais allé à Grenade ») –, Federico García Lorca, José Ortega, Francisco de Quevedo… Il compose également de la musique pour des pièces de théâtre, comme *La zapatera prodigiosa* (*La Savetière prodigieuse*) de Lorca.

Chanteur engagé, Paco Ibáñez est longtemps censuré dans l'Espagne de Franco. Lors de la représentation qu'il donne le 12 mai 1969 à la Sorbonne, il est présenté comme la voix libre de l'Espagne. Retourné un temps vivre dans le pays natal, il revient en France. Lors d'une tournée en Amérique latine, il rencontre au Chili Salvador Allende, peu avant le coup d'État de

Pinochet. Il ne retournera en Espagne qu'en 1990. En France, il aura été une sorte d'ambassadeur de la culture espagnole. Il crée, en 1966, La Barranca (Le ravin), qui organise les deux premiers Festivals espagnols du théâtre de la Commune, à Aubervilliers. En 1970, il organise à Paris la Semaine de la chanson ibérique. Il participe également à des commémorations de l'exil républicain espagnol. Pour l'une d'elles, il se produit à Paris le 25 juillet 2004, date anniversaire de la libération de la ville, place de la Bastille ; il y reprend des chants inspirés d'artistes exilés après la guerre civile – Rafael Alberti, Luis Cernuda... –, rendant hommage aux républicains espagnols de la 2e division blindée (9e compagnie du 3e régiment de marche du Tchad, appelée *La Nueve*), premiers éléments de la France libre à rentrer dans Paris le soir du 24 août 1945. Il participe ainsi à la première reconnaissance publique française de ce fait, minoré pendant près de cinquante ans.

Paco Ibáñez a refusé par deux fois la médaille de l'ordre des Arts et Lettres.

Stéphane Leroy

IGLESIAS Julio

Chanteur. – Né le 23 septembre 1943 à Madrid, Espagne.

Type achevé du chanteur de charme latin, Julio Iglesias a développé une carrière internationale, comme en témoigne la pratique systématique des duos avec voix célèbres, de Frank Sinatra à Stevie Wonder, en passant par Dalida ou Nana Mouskouri. Même si son centre de gravité commercial s'est vite déplacé vers les États-Unis, sa capacité à chanter, parfois à créer, en français ses plus grands succès (*Je n'ai pas changé*, *Vous les femmes*...) ou à intégrer à son répertoire des classiques d'Édith Piaf ou de Johnny Hallyday, explique que la France ait été le pays qui en aura fait, dans les années 1970, l'un de ses chanteurs les plus populaires.

Pascal Ory

ILLICH Ivan

Philosophe. – Né le 4 septembre 1926 à Vienne, Autriche ; mort le 2 décembre 2002 à Brême, Allemagne.

Le jeune Ivan naît et grandit sous le signe d'un destin cosmopolite et tragique, le couple parental se retrouvant victime de l'antisémitisme et des conflits nationaux des Balkans – père croate, mère d'origine allemande, d'une famille juive convertie au catholicisme. Sa mère passe en Italie pendant la guerre et c'est là que la vocation religieuse touche le jeune homme, que la hiérarchie catholique promet à un grand avenir au sein de la diplomatie vaticane. Décevant ces projets, le brillant diplômé de l'Université grégorienne choisit la modernité américaine et la pauvreté des quartiers portoricains de New York. En 1956, il s'installe à Porto Rico, où il est nommé vice-recteur de l'Université catholique. C'est dans cette île, à Cuernavaca, qu'il crée ce qui va devenir, sous le nom de Centre interculturel de documentation (CIDOC), le laboratoire d'un travail critique, de plus en plus radical, des institutions et des valeurs dominantes en Occident : l'Église – dont il s'éloigne –, mais aussi le système scolaire, le système médical et, pour finir, la société industrielle dans son ensemble. Au début des années 1970, la revue *Esprit* se fait en France l'écho de cette pensée novatrice qui, même si elle paraît sous le nom d'Ivan Illich, est généralement le fruit d'un travail collectif associant des personnalités de plusieurs horizons et de plusieurs pays. De ce fait, les grands textes qui vont faire sa célébrité à partir de *Libérer l'avenir* (1971) – *Une société sans école*, *Némésis médicale*, *La Convivialité* – n'ont pas de statut linguistique très défini. À l'apogée de son rayonnement au milieu de la décennie 1970, la pensée d'Illich, qui fera de lui, à partir d'*Énergie et équité* (1973), un des maîtres de l'écologie politique, rencontrera par la suite moins d'écho.

Pascal Ory

INDIENS. — *Voir* ASIATIQUES (Indiens du Sud).

INDO-PAKISTANAIS. — *Voir* ASIATIQUES (diasporas indiennes).

IONESCO Eugène (Eugen Ionescu)
Auteur dramatique. – Né le 26 novembre 1909 à Slatina, Roumanie ; mort le 28 mars 1994 à Paris, France.

La famille Ionescu s'installe à Paris en 1911 et le jeune Eugène fait ses études en France. Il ne retourne à Bucarest qu'en 1922 et doit apprendre le roumain, qu'il « ignorait jusque-là ». Il entre en 1929 à la faculté des lettres de Bucarest et prépare une licence de français. Il y rencontre Rodica Burileanu, qu'il épousera en 1936. Il déploie une intense activité de poète et de critique dans différentes revues, puis enseigne le français dans un collège et dans des séminaires orthodoxes. En 1938, il obtient une bourse de l'Institut français de Bucarest pour préparer une thèse à Paris sur « Le péché et la mort dans la poésie française depuis Baudelaire ». Installé en France, Ionesco continuera à adresser des articles aux meilleures revues roumaines. Durant la guerre, il rentre en Roumanie puis revient en France où sa fille naîtra en 1944. En 1950, date à laquelle il obtient la nationalité française, est créée sa première pièce, *La Cantatrice chauve*, aux Noctambules, dans une mise en scène de Nicolas Bataille, puis, l'année suivante, *La Leçon* au Théâtre de poche. En 1954, Gallimard publie le *Théâtre I*, mais c'est avec la création de *Rhinocéros* à l'Odéon, dans une mise en scène de Jean-Louis Barrault, puis montée au Royal Court par Orson Welles avec Laurence Olivier, que Ionesco connaîtra véritablement le succès. En 1962, outre la sortie du *Roi se meurt*, considéré aujourd'hui comme un classique, Ionesco publie *Notes et contre-notes*, qui fait le point sur ses conceptions théâtrales et littéraires. En 1966, la création de *La Soif et la faim*, par Jean-Marie Serreau à la Comédie-Française, provoque un scandale. Il est néanmoins élu à l'Académie française en 1970 au fauteuil de Jean Paulhan et sera publié de son vivant dans la « Bibliothèque de la Pléiade ». En 1989, il recevra un Molière d'honneur, mais c'est la situation en Roumanie qui le préoccupe : devant la Commission politique européenne (malade, il a demandé à sa fille de lire son discours), il dresse un réquisitoire sévère contre le régime roumain et s'insurge contre le « génocide culturel ». Il écrira de nombreux articles sur la situation politique dans son pays et la responsabilité des intellectuels français, « ses adversaires politiques », qui l'avaient insulté lorsqu'il dénonçait les régimes communistes. Après la chute du régime communiste, Ionesco deviendra membre d'honneur de l'Académie des lettres de Roumanie : « Je suis Français depuis longtemps, mais les événements me font redevenir Roumain. »

Chantal Meyer-Plantureux

IRANIENS

L'immigration iranienne en France a suivi trois vagues principales. Dans un premier temps, à partir de l'entre-deux-guerres, ce sont surtout les membres de l'élite qui viennent suivre leurs études en France. Dès cette période, on y trouve une proportion remarquable d'opposants au régime du chah. C'est certainement le cas d'André HOSSEIN (1905-1983), père du comédien et metteur en scène Robert Hossein, ou celui de Serge REZVANI, peintre et écrivain arrivé en France à l'âge de un an.

De manière assez significative, c'est également en France qu'avait choisi de s'installer celui qui deviendra l'ayatollah Rouhollah KHOMEINI (1902-1989), élisant domicile à Neauphle-le-Château, en région parisienne, en 1978, pour y préparer la révolution islamique. Cette dernière, qui bouleverse l'Iran à partir de 1979, est à l'origine de la deuxième vague d'immigration iranienne, constituée de réfugiés, le plus souvent des socialistes ou des libéraux. À ceux-ci s'ajoutent les jeunes gens fuyant la guerre contre l'Irak à partir de 1980. Puis une partie de l'élite intellectuelle est chassée par la « révolution culturelle » mise en place par le régime islamiste à partir de 1980. Cette immigration forme le corps des Iraniens de France, aujourd'hui encore très présents par le biais d'associations culturelles, professionnelles, ou humanitaires et militantes. Parmi les personnalités politiques, la France a accueilli le premier président de la République islamique d'Iran, Adolhassan BANI SADR (né en 1933) à partir de 1981 ; Shapour BAKHTIAR (1914-1991), qui fit ses études dans les années 1930 à la Sorbonne avant de partir servir dans les brigades internationales en Espagne en 1936, et servit même dans l'armée française en 1940 contre les nazis. Il revint comme réfugié au lendemain de la révolution islamique, après avoir été dissident sous le régime du chah, puis dernier premier ministre « d'ouverture ». Il fut assassiné en 1991 à Suresnes. Son assassin, emprisonné en France depuis, a été libéré en 2010, probablement dans le cadre des négociations pour la libération de la Française Clotilde Reiss.

La France a également accueilli la femme du chah Farah PAHLAVI (née en 1938), qui fut elle aussi étudiante à Paris, où l'on raconte qu'elle rencontra son futur époux.

On le comprend, cette immigration est très particulière et forme société en France, dans les différentes régions d'implantation, et particulièrement à Paris. Les exilés ou enfants d'exilés sont fortement représentés dans les métiers de l'art : REZA, photojournaliste, exilé depuis 1981 ; Ali MAHDAVI (né en 1974), artiste, publicitaire, styliste, directeur artistique du Crazy Horse ; Marjane SATRAPI, dessinatrice et réalisatrice, auteure de la bande dessinée à succès *Persépolis*, qui raconte l'itinéraire de sa famille, fuyant la République islamique. L'écrivain Chahdortt DJAVANN (née en 1976) a pour sa part quitté la République islamique en 1993 et est devenue, après l'obtention de la nationalité française en 2002, une pourfendeuse du régime.

Depuis le milieu des années 1990, une émigration économique est apparue. La dégradation de la situation économique accélère la fuite des cerveaux, et les étudiants restent en France après leurs études. Cette immigration est plus difficile à chiffrer, puisqu'une partie se fait à travers des filières clandestines. Les Iraniens rejoignent en grande partie la région parisienne, mais aussi certaines communautés comme celle de Toulouse ou de Nice.

Leyla Dakhli

IRLANDAIS. — *Voir* BRITANNIQUES.

ISOU Isidore (Ioan-Isidore Goldstein)

Poète, essayiste, peintre et cinéaste. – Né le 29 janvier 1925 à Botosani, Roumanie ; mort le 28 juillet 2007 à Paris, France.

Né dans une famille juive du nord de la Roumanie, Ioan-Isidore Goldstein est un enfant précoce qui, dès l'adolescence, lit les grands auteurs et les philosophes. C'est en 1942 qu'une phrase mal traduite de Keyserling lui fait entrevoir la possibilité d'un nouveau système d'écriture poétique et musicale rejetant les mots au profit des lettres et des sons. Il rédige aussitôt le *Manifeste de la poésie lettriste*. Le lettrisme est conçu comme un système de pensée intégral, touchant à tous les domaines de la création et de la vie. En 1944, la censure communiste de sa revue littéraire, *Da*, le convainc d'émigrer. Arrivé à Paris en août 1945, il côtoie les milieux intellectuels de la capitale et anime, le 8 janvier suivant, la première manifestation lettriste. Encouragé par Raymond Queneau et Jean Paulhan, il publie plusieurs manifestes en français sous son nom de plume (*Introduction à une nouvelle poésie et à une nouvelle musique*, 1947). Explorant des domaines aussi variés que la poésie, la musique, le théâtre, les sciences ou l'économie, il livre notamment, en 1949, un *Traité d'économie nucléaire. Le Soulèvement de la jeunesse*, dont le propos préfigure une partie de l'esprit de Mai 1968. On lui doit de nombreux concepts littéraires et artistiques : « hypergraphie », « discrépance », « méca-esthétique intégrale » ou « aphonisme ». En 1951, la projection de son film, *Traité de bave et d'éternité*, fondé sur la dissociation du son et de l'image, fait scandale à Cannes, mais aura une influence durable sur les œuvres futures de Chris Marker, Jean-Luc Godard, ou Guy Debord – qui se réclamera d'abord du lettrisme avant de créer l'Internationale situationniste. Isou est naturalisé français durant les années 1980. En 2000, une conférence à la Sorbonne marque sa dernière apparition publique, tandis que la somme de ses réflexions, *La Créatique et la novatique*, paraît trois ans plus tard.

Pierre-Frédéric Charpentier

ISTRATI Panaït

Romancier. – Né le 10 (ou 11) août 1884 à Brăla, Roumanie ; mort le 16 avril 1935 à Bucarest, Roumanie.

Orphelin de père peu après sa naissance, Panaït Istrati grandit dans un milieu rural pauvre de Valachie, aux confins des influences roumaine, grecque, turque et ukrainienne. À peine âgé de douze ans, il doit gagner sa vie en multipliant les petits travaux. Voyageant à travers la Méditerranée et l'Europe comme soutier sur des paquebots du Service maritime roumain, il profite de son temps libre pour s'instruire en lisant les classiques russes et français. C'est en 1919 qu'il découvre en Romain Rolland un maître à penser, dont l'humanisme pacifiste le bouleverse. Acculé au désespoir par la pauvreté et la maladie, Istrati parvient à nouer contact avec Romain Rolland après avoir tenté de se suicider à Nice en 1921. Touché par son style comme par son vécu, l'écrivain favorise son installation à Paris en 1922 et la publication en français de ses quatre premiers romans, qui constitueront le cycle des *Récits d'Adrien Zograffi* (1923-1926). Ces livres établissent la notoriété de celui que Rolland surnomme le « Gorki des pays balkaniques ». Istrati poursuivra une œuvre prolixe dans la même veine romanesque, mais suscitera aussi une vive polémique avec le Parti communiste français et Henri Barbusse après avoir écrit l'un des tout premiers récits de voyage hostiles au régime soviétique (*Vers l'autre flamme. Après seize mois en URSS*, 1929). Très affaibli par la tuberculose, le romancier retourne un temps à Nice avant de regagner son pays natal en 1930. Il y poursuit son œuvre (*Méditerranée. Coucher du soleil*, 1935), mais décède au sanatorium de Bucarest au début de 1935. Alors que Panaït Istrati avait acquis de son vivant une renommée internationale, son œuvre connaît un purgatoire de plusieurs décennies, ses livres ayant été tour à tour interdits en France par les nazis, puis en Roumanie à l'époque communiste. Il faudra attendre les années 1960 pour le redécouvrir.

Pierre-Frédéric Charpentier

ITALIENS

L'immigration des Italiens tient une place exceptionnelle dans l'histoire des migrations en France. Elle reste à ce jour la plus longue, la plus nombreuse, celle dont l'empreinte est la plus durable. Des années 1880 à la fin des années 1960, les originaires d'Italie ont représenté entre le quart et le tiers des étrangers recensés dans le pays. Parmi les millions de Transalpins qui ont traversé la frontière au cours de ce siècle d'immigration, beaucoup ont laissé une trace sans toujours s'installer. Ils constituaient, en 1999, le premier groupe des Français d'origine étrangère (20 %).

Une longue histoire commune. La circulation transalpine qui s'intensifie au XIXe siècle ouvre un nouveau chapitre dans l'Histoire qui, depuis longtemps, voit se mêler le destin des deux sœurs latines. Héritière de la *provincia romana*, la Provence est demeurée une terre de voisinage et d'acculturation. Elle connaît, la première, l'afflux des immigrants : c'est là que commence *L'Invasion*, titre sans équivoque d'un roman de Louis Bertrand publié en 1903. C'est là que se déroulent les pogroms anti-italiens de la fin du siècle (les « vêpres marseillaises » en juin 1881, Aigues-Mortes en août 1893). On est loin du temps où « Leonardo » honorait de sa présence la cour de François Ier, où marchands et banquiers (les fameux « Lombards ») faisaient la prospérité de Lyon, où les acteurs de la commedia dell'arte inventaient le théâtre dans le royaume de France. L'Italie d'alors, divisée en cités et États, rayonnait sur sa voisine. L'hostilité au pouvoir de la « France italienne », incarné par les reines Médicis et leurs ministres, les Concini ou Mazarin, a d'ailleurs suscité les premières « hystéries anti-italiennes » (J.-F. Dubosc, *La France italienne*, 1997). Mais quand commence la grande migration du XIXe siècle, les rôles sont inversés. Depuis la Révolution, c'est l'influence française qui s'est projetée sur la Péninsule. La « Grande Nation » s'est imposée, nourrissant outremonts des rêves de liberté et de modernité, suscitant aussi déception et ressentiment par son avidité conquérante. C'est ainsi que l'Empire napoléonien départementalise le nord de l'Italie et vassalise le royaume de Naples. Puis vint le temps de l'exil en France des combattants de la liberté comme Mazzini, premiers *fuorusciti*, relayés par les exilés socialistes de l'Italie libérale. Pour se construire comme État unifié, cette dernière dut faire appel à sa voisine. En échange de la courte intervention de Napoléon III contre l'Autriche en 1859, la frontière fut redessinée et, après plébiscite, Niçois et Savoyards sont devenus français. Parmi les Niçois émerge la figure de Giuseppe GARIBALDI, héros de l'Unité mais tout autant héros de la République française, qu'il défend avec ses chemises rouges contre les Prussiens en 1870. Un de ses fils est élu de la Commune de Paris. Le garibaldisme va perdurer dans l'émigration comme idéal franco-italien en faveur de la république et de la liberté. L'un des pères de la république n'était-il pas Léon GAMBETTA, fils de commerçants italiens de Cahors ? Les garibaldiens sont des combattants et, à chaque guerre, en 1914 comme en 1939, on les trouve à la pointe de l'engagement militaire. L'évolution du garibaldisme fut complexe, comme l'histoire de ce temps où la France et l'Italie furent souvent ennemies. Mais l'association refondée en 1945, toujours vivante, porte l'histoire commune de la Résistance.

Les Italiens et la construction de la France industrielle. Les effectifs s'envolent au début de la Troisième République. De 163 000 recensés en 1876, le nombre passe à 420 000 en 1911. Même si ce mouvement n'a alors rien de comparable à celui qui s'oriente vers le Nouveau Monde, la France est la première destination en Europe. Il s'agit d'Italiens du Nord pour près de 80 %, quelque 30 % de Piémontais et 20 % de Toscans. Les autres viennent de Lombardie et d'Émilie-Romagne, très peu de Vénétie, plus lointaine à l'est. Les enfants ont été les premiers sur les chemins de l'émigration, mendiants et musiciens loués à leurs parents par un *padrone*, vendeurs de statuettes d'albâtre ou demi-esclaves dans des verreries non loin de Lyon ou de Paris. Les colporteurs qui traversent les Alpes, les charbonniers ou bûcherons qui y travaillent saisonnièrement, les ouvriers agricoles du Midi et du Languedoc viticole sont aux avant-postes du mouvement qui s'amplifie après la guerre de 1870-1871. Les *contadini* (paysans) s'ébranlent alors massivement, fuyant la crise agraire de l'Italie nouvelle et prêts à louer leurs bras pour les tâches les plus dures de l'économie industrielle. L'apport de ces prolétaires se révèle vite indispensable dans les secteurs les plus modernes de l'industrie, boudés par les Français attachés à leur exploitation agricole. C'est ainsi que, après 1900, le Comité des forges, qui réunit les patrons de la grande sidérurgie lorraine, entretient des filières de recrutement par le truchement d'intermédiaires (*padroni*, aumôniers italiens). Les prolétaires italiens sont également indispensables dans les industries marseillaises (80 % des salariés des huiles et pétroles), ils assurent le démarrage, puis l'essor de l'électrochimie et de l'électrométallurgie alpines (trois quarts des ouvriers d'Ugine ou de la Maurienne). Le bâtiment devient très vite un marqueur professionnel et les Italiens vont s'imposer, relayant les Limousins. À la différence de la grande industrie, le bâtiment s'accommode de logiques artisanales, sur fond d'auto-exploitation et d'exploitation des compatriotes. Au-delà, la variété des activités est infinie et tous les secteurs font appel aux Transalpins. Ces derniers ont leur réputation comme bottiers, gantiers ou glaciers. Manœuvres bon marché, ils permettent la survie des métiers du meuble dans le faubourg Saint-Antoine à Paris. Les femmes travaillent également, comme ouvrières du textile, dans la confection à domicile, comme bonnes à tout faire ou nourrices dans le Midi.

De multiples chaînes migratoires unissent un coin de France à un village outremonts. L'exemple des Placentais du Val Nure installés à Nogent-sur-Marne est connu, notamment parce que le père de l'écrivain François CAVANNA appartenait à cette chaîne des maçons de Nogent venus de la vallée apennine. La colonie est fortement atomisée, issue d'un pays où l'unité nationale n'est pas achevée dans les têtes (on parle de « campanilisme » pour désigner l'esprit de clocher à l'italienne). Des territoires s'organisent autour de cafés, d'hôtels, de boutiques « produits d'Italie » et de l'emploi fourni par quelques patrons ou entrepreneurs déjà installés. Comme pour le migrant venu de province, l'horizon du paysan italien descendu de sa montagne est d'accéder au travail indépendant.

Cela pourrait rapprocher, mais l'heure est au rejet. Les prolétaires français, fragilisés en temps de crise, s'en prennent violemment à ces misérables arrivés depuis peu, qu'ils désignent par des sobriquets méprisants, variables selon les lieux : *Babi* à Marseille (où un habitant sur cinq est italien), *Lucchesi* en Corse, *Italboche* en Lorraine, et plus généralement, *macaroni*. Les agressions se multiplient à la fin du siècle, et plusieurs affaires tournant au lynchage sont devenues emblématiques de l'histoire de la xénophobie en France : les « vêpres marseillaises » en 1881, la tuerie d'Aigues-Mortes en 1893 et les troubles à Lyon et dans la région après l'assassinat de Sadi Carnot par l'anarchiste italien Santo Geronimo CASERIO en 1894. Dans tous les cas, l'excitation nationaliste l'emporte sur la concurrence ouvrière : la haine de l'étranger nourrit les identités nationales en construction, et les Italiens en font les frais plus que les autres. L'affaire Caserio installe pour sa part la figure du terroriste étranger, promise à un certain avenir.

À la Belle Époque, après 1900, les tensions se calment et l'immigration connaît un nouvel élan. Malgré l'instabilité des individus, la place collective des Italiens est désormais durable et leur apport dans le devenir économique et social du pays est bien visible. Leur proximité avec les milieux populaires et ouvriers français s'est doublée de véritables engagements. Ils ont contribué aux progrès du mouvement ouvrier français, en Lorraine et plus encore à Marseille où, en 1900, l'intellectuel socialiste Luigi CAMPOLONGHI conseille à ses compatriotes de rejoindre les syndicats français. La culture ouvrière leur doit davantage encore puisque c'est aux Piémontais que l'on doit l'invention de la valse musette et la sacralisation de l'accordéon comme instrument identitaire des bals populaires. Le genre musette est issu du métissage, réalisé dans le quartier parisien de la Bastille, entre les apports instrumentaux de deux migrations, celle des provinciaux auvergnats et celle étrangers italiens. Le nom de CHARLES PEGURI (1879-1930) est attaché au premier succès du musette, *Aubade d'oiseaux*. Dans le champ de l'autre culture, rappelons que les écrivains, musiciens et peintres italiens passent – Filippo Tommaso MARINETTI (1876-1944) ou Gabriele D'ANNUNZIO (1863-1938) – ou s'installent à Paris (Amedeo MODIGLIANI), contribuant au cosmopolitisme artistique de la capitale. En 1914, la colonie a commencé à se franciser. Dans le Sud-Est, les naturalisations sont nombreuses après la loi de 1889, au grand dam de l'État d'origine. Parmi les enfants formés à l'école, certains vont « mourir pour la France ». Dès la déclaration de guerre, alors que l'Italie est encore neutre, un fort mouvement d'engagement se produit dans la Légion étrangère, mais surtout dans le régiment garibaldien mené au combat sur le front de l'Argonne par les fils de Garibaldi. Bien des engagés poursuivent la guerre dans leur pays après 1915. Ce fut le cas de Lazare PONTICELLI, fêté comme le dernier poilu français à la veille de sa mort en 2008.

Entre-deux-guerres, la grande époque. La période qui s'ouvre en 1919 constitue à maints égards la grande époque de la présence italienne en France. Malgré la mise en place des contrôles et du contrat de travail en 1917, les flux débordent, dépassant parfois les 100 000 entrées par an. Le nombre de Transalpins double entre la guerre et le pic de 1931, où l'on en recense près de 900 000, soit un tiers des étrangers de France. Le bassin de recrutement, toujours majoritairement en Italie du Nord, se renforce à l'est, où la Vénétie et le Frioul deviennent de grandes zones de départ. Il faut dire que les lois de quotas ont bloqué le chemin des États-Unis au moment où s'additionnaient les raisons d'émigrer : économie dévastée, troubles révolutionnaires et violences fascistes du *biennio rosso* (1919-1920). Alors commence l'exode antifasciste, amplifié après l'installation de la dictature de Mussolini. L'antifascisme concerne aussi bien les milieux populaires et militants de base que les responsables de partis, arrivés après 1926. Ce nouveau *fuoruscitisme* va donner son identité à la vague d'émigration d'entre-deux-guerres. Les Italiens participent aux combats ouvriers de l'époque, sont plus syndicalisés que les autres étrangers et on entonne *Bandiera rossa* dans les manifestations communes. Certaines journées plus particulièrement italiennes figurent d'ailleurs en bonne place dans la mémoire de gauche de cette période, comme la manifestation de 1927 en faveur de Sacco et Vanzetti ou l'enterrement des frères Rosselli, intellectuels antifascistes assassinés par le groupe d'extrême droite la Cagoule, en 1937. La part des antifascistes est restée minoritaire parmi les émigrés (environ 10 %), mais leur engagement imprègne l'époque. Il rayonne par les élites en exil (la librairie de Silvio TRENTIN à Toulouse était un pôle intellectuel et politique). Il s'étend en milieu ouvrier au temps du Front populaire au sein d'associations comme l'UPI (Unione popolare italiana). Et il finit par l'emporter : tandis que, en l'Italie, la génération politique qui a fait la République après 1945 est souvent passée par l'exil outremonts, en France, une partie du « peuple de gauche » trouve là ses racines. Des études ont souligné le poids des responsables syndicaux et élus communistes d'origine italienne, comme en Lorraine. Élargi au socialisme, l'héritage est également puissant dans les Bouches-du-Rhône, le Nord ou en banlieue parisienne. Catherine Tasca, socialiste, plusieurs fois ministre, est la fille d'Angelo TASCA, ex-fondateur du Parti communiste italien.

Les antifascistes font partie des « indésirables » pour ceux qui dénoncent alors la « France dépotoir » (le journal *Gringoire*, 1937), mais l'opinion voit aussi les Italiens comme des « suppôts de Mussolini ». Il est difficile d'évaluer l'influence réelle du régime sur la masse des migrants. Via les consulats, puis les missions catholiques après les accords de Latran (1929), la pression était forte. Le pouvoir mussolinien avait mis la main sur les associations et les notables de la colonie, comme le restaurateur POCCARDI (boulevard des Italiens à Paris), assuraient au fascisme un certain contrôle du marché de l'emploi. Les *fasci* n'ont jamais recruté qu'une minorité (parfois très remuante, comme dans les Alpes-Maritimes après 1938), mais l'offre d'assistance (colonies de vacances gratuites en Italie pour les enfants, voyage offert aux futures mères pour qu'elles accouchent au pays) a rencontré un certain succès, auprès des plus démunis en particulier.

En réalité, la masse des migrants se tenait à l'écart de la vie politique, n'ayant pour horizon que le travail et l'avenir des enfants. Du côté de l'emploi, l'importance de l'industrie était confirmée et la place des Italiens dans le bâtiment continuait de s'affirmer avec la multiplication des entreprises petites et moyennes, bien placées grâce à leur savoir-faire et leur coût de main-d'œuvre avantageux. Les chantiers de la reconstruction avaient attiré du monde dans le quart Nord-Est, Paris avait dépassé Marseille au premier rang des villes d'accueil, mais de la Normandie à la Corse, la présence italienne était générale et, dans la majorité des départements, les Italiens étaient les plus nombreux des étrangers. Du côté des fortes densités, la nouveauté principale concerne le Sud-Ouest agricole. Des exploitants et ouvriers sont recrutés par contrat en Vénétie, dans le Trentin et le Frioul. Ils viennent avec leur famille, leurs bagages, souvent leur matériel et quelques bêtes. Ces agriculteurs s'installent comme métayers, voire comme propriétaires. Ils ont sauvé de la désertification certains départements comme le Lot-et-Garonne ou le Gers, auxquels ils ont apporté, en sus du peuplement, leur savoir-faire agricole, introduisant le maïs et multipliant les productions fruitières et légumières.

Le nombre aidant, la vie communautaire était intense, toujours structurée sur la base de réseaux villageois, mais avec des mélanges et une identification plus forte à l'Italie, stimulée par le régime et les luttes politiques. Ce contexte a marqué la génération nombreuse des enfants qui grandirent dans le monde ouvrier des « Ritals », décrit par François Cavanna. Les familles ont en effet migré en grand nombre ou se sont formées à la faveur de mariages mixtes (c'est le cas des parents de Cavanna). La « deuxième génération » italienne, formée à l'école élémentaire et au patronage, s'est fondue parmi les enfants des milieux populaires, partageant les mêmes loisirs, le sport, le cinéma, les bals. D'où le choc des plus jeunes quand, à la déclaration de guerre, on les exclut de la distribution de masques à gaz dans les écoles. Parmi les plus âgés, plusieurs vont s'engager dans la Résistance, certains par conviction communiste comme les cousins FONTANOT de Nanterre (exécutés parmi les membres du groupe MANOUCHIAN), d'autres pour effacer le stigmate italien et être reconnus comme Français.

Du rejet à la glorification. Il faut dire qu'à la veille de la Seconde Guerre mondiale, l'origine italienne est lourde à porter. La haine xénophobe des années 1930 a creusé un fossé. Celui-ci devient infranchissable lorsque se produit, en juin 1940, le « coup de poignard dans le dos », l'agression de Mussolini contre la France à demi vaincue, suivie de l'occupation italienne dans le Sud-Est. De son côté, la République finissante s'était appliquée à décourager les Italiens qui voulaient s'engager à ses côtés en septembre 1939. La formation d'une légion garibaldienne sur le modèle de 1914 avait été refusée et les engagés de la Légion étrangère devaient rester cantonnés en Algérie. Et, à la Libération, on célébra les héros espagnols, mais pour les Italiens, on porta plus d'attention aux querelles de frontière du côté des Alpes qu'au sacrifice des résistants et maquisards. Pourtant, au sein de la Main-d'œuvre immigrée comme dans les maquis du Sud-Est ou du Sud-Ouest, leur contribution fut décisive, bien supérieure à la part italienne de la population.

Il faudra attendre de nombreuses années après 1945 pour que cette hostilité disparaisse et que l'immigration transalpine devienne « transparente », libérée des stigmates qui la poursuivaient. En 1946, le général de Gaulle souscrit à l'idée de certains démographes selon laquelle l'immigration latine serait à limiter au profit d'origines nordiques, plus salutaires à l'avenir du peuplement. Le grand mouvement migratoire des Trente Glorieuses (1945-1975) n'en commence pas moins par une vague presque exclusivement italienne (à l'exception du courant venu d'Algérie). La main-d'œuvre, sélectionnée à Milan dans les services de l'Office national d'immigration, participe à la « bataille de la production » dans les régions industrielles, le Nord, la Lorraine, la région Rhône-Alpes ou la banlieue parisienne. Les entreprises italiennes du bâtiment activent leurs filières, mais le recrutement se modifie et, au milieu des années 1950, les méridionaux sont devenus plus nombreux. Originaires de Calabre, Pouilles, Sicile ou Sardaigne, ils sont employés à la mine ou sur les chantiers. Beaucoup ne sont que de passage et, quelques années plus tard, la France cesse d'être une destination prioritaire pour les Italiens. C'est la fin d'une histoire, au moment où l'Italie devient partenaire de la France au sein de la Communauté européenne (fondée à Rome en 1957).

Il faudra toutefois quarante ans pour passer des 570 000 Italiens recensés en 1968 aux 175 000 de 2008 (ce qui les place au sixième rang des étrangers de

France). Et, pendant ces quarante années, se sont superposées les multiples générations d'un périple collectif qui s'était déroulé pendant près d'un siècle. Il y eut une première étape, celle de l'invisibilité. Les quartiers où s'installaient les derniers arrivés n'étaient guère remarqués. Les traits de la vie communautaire (vie associative autour des missions, pèlerinages, vacances en Italie) étaient enfouis dans les pratiques communes de la société de consommation à la française. Tandis que les anciens de la vague d'entre-deux-guerres vieillissaient dans de meilleures conditions que par le passé, la génération des enfants connaissait une mobilité sociale comparable à celle des Français de milieu ouvrier, les hommes devenant ouvriers qualifiés ou chefs de chantier, les femmes secrétaires ou employées. La réussite d'une assez forte minorité d'entrepreneurs, créateurs ou autres professions libérales renforcera l'illusion d'une « assimilation facile », quand viendra en débat la question de l'intégration des immigrés, dans les années 1980. Jusque-là, nul ne mesurait l'importance de la constellation de personnalités d'origine italienne, témoignage visible de la fertilisation de la société par l'immigration. Les pages de ce dictionnaire ne prennent pas en compte tous les héritiers « remarquables » de cette migration ancienne, car beaucoup étaient pleinement français à la naissance ; ainsi, le célèbre footballeur Michel PLATINI (né en 1955), petit-fils d'un mineur piémontais émigré à Jœuf en Lorraine, mais né de parents français. Conformément à la dominante ouvrière de leur histoire, le sport est l'un des domaines où les Italiens se sont le plus illustrés (football, cyclisme). Eu égard à la diversité de cette migration, les destins hors pair sont partout. La politique a été évoquée, l'entreprise devrait l'être aussi, dans les secteurs du bâtiment et de l'alimentaire notamment. Signalons toutefois un autre domaine où la concentration est singulière : le monde du spectacle – cirque (les BOUGLIONE, les FRATELLINI), cinéma (Lino VENTURA, Serge REGGIANI), chanson (Yves MONTAND), humoristes (COLUCHE, 1944-1986).

Depuis le grand déclin des flux de travailleurs, les mouvements se sont poursuivis. Un courant d'exil modeste, médiatisé par quelques affaires (Cesare Battisti menacé d'extradition en 2004), avait suivi la répression des « années de plomb » dans la décennie 1980. Surtout, les échanges économiques et culturels intensifiés au plus haut niveau peuvent expliquer que les Italiens soient redevenus les plus nombreux de nos voisins immédiats (175 000 en 2007, au deuxième rang des Européens, loin derrière les Portugais). Parallèlement, le passé d'immigration s'est inscrit dans le double champ de l'Histoire et de la mémoire. Quand la France découvre son passé d'immigration, cela commence par les Italiens. Il revient à François Cavanna d'avoir écrit avec *Les Ritals* (Belfond, 1978), le premier ouvrage à succès sur une communauté immigrée, celle des Italiens de Nogent-sur-Marne. Peu après, l'historien Pierre MILZA (né en 1932), lui-même fils d'un employé d'hôtel italien et d'une ouvrière française, installait l'immigration comme objet d'histoire dans sa thèse sur les relations franco-italiennes au XIXe siècle. Il fondait peu après le Centre d'étude et de documentation de l'émigration italienne

(CEDEI). Du côté des migrants et de leurs enfants, le *revival* commencé à la fin des années 1970 avec le mouvement associatif a été encouragé par l'État italien dans la décennie suivante. En 1985, une loi réserve douze sièges au Parlement pour les Italiens à l'étranger, organisés dans le cadre homogène des *Comites*. À l'heure d'Internet, les *Italiani nel mondo* sont encouragés à se penser en diaspora, ce qui séduit certains descendants avides de retrouver leurs racines. Une dynamique nouvelle émerge, un marché s'est ouvert pour des revues luxueuses (*La Voce*, *Radici*), qui parlent des émigrés, de la France et de l'Italie, dans les deux langues. Cette réémergence culturelle rend compte de la constante renégociation des identités dans une société pétrie de diversité.

Marie-Claude Blanc-Chaléard

Bibl. : MILZA Pierre, *Voyage en Ritalie*, Paris, Plon, 1993 • VIAL Éric, « Les Italiens en France », *Historiens et géographes*, n° 383, juil-août 2003, p. 251-265.

Voir aussi : SAVOYARDS.

IVENS Joris

Cinéaste. – Né le 18 novembre 1898 à Nimègue, Pays-Bas ; mort le 28 juin 1989 à Paris, France.

Surnommé « le Hollandais volant », épris d'humanisme fraternel, ce grand documentariste militant a filmé la condition ouvrière, les peuples en révolution et les inégalités sociales en URSS, en Belgique, aux Pays-Bas, en Espagne, en Chine, aux États-Unis, en Indonésie, en Europe centrale, puis en Italie, au Mali, à Cuba, au Chili, au Vietnam (*Le 17e Parallèle*, 1967), au Laos (*Le Peuple et ses fusils*, 1969, dont le ministre de la Culture, André Malraux, limita la diffusion au seul territoire français afin d'éviter de froisser Hanoï), à nouveau en Chine (*Comment Yu Kong déplaça les montagnes*, 1976). Il codirige avec Gérard Philipe *Les Aventures de Till l'Espiègle* en lui trouvant un financement en Allemagne de l'Est (1974), s'établit en France en 1976, y tourne un court métrage poétique (*La Seine a rencontré Paris*, 1957), participe avec Alain Resnais, Jean-Luc Godard, William Klein, Claude Lelouch et Agnès Varda au film collectif *Loin du Vietnam* (1967), redevient globe-trotter à partir de ce pied-à-terre où il croise ses amis sympathisants de gauche, Serge Reggiani, Simone Signoret, Yves Montand, Jorge Semprun, Joseph Losey, l'historien Georges Sadoul, l'écrivain Vladimir Pozner. *Pour le mistral* est un film sur le vent, la Provence et Van Gogh. Il a épousé la cinéaste Marceline Loridan, avec laquelle il cosignait ses films depuis 1967.

Jean-Luc Douin

IZIS (Izrael Biderman, Israëlis Bidermanas)

Photographe. – Né le 17 janvier 1911 à Marijampolé, alors Empire russe, aujourd'hui Lituanie ; mort le 16 mai 1980 à Paris, France.

Israëlis Bidermanas (pour l'appeler par le nom lituanien adopté lors de l'accession de ce pays à l'indépendance en 1918) choisit, comme tant d'autres juifs de l'ancien Empire russe, de s'installer en France (« Heureux comme Dieu en France ») et, comme tant d'autres futurs photographes, il ambitionne de devenir peintre. Les nécessités économiques en décident autrement. Quand la guerre éclate, il tient un magasin de photographie dans un quartier populaire de Paris. L'Occupation le force à chercher refuge dans le Limousin, où il est arrêté, torturé, mais libéré par la Résistance. Après la guerre, il commence une carrière de reporter pour le magazine communiste *Regards*, avant de rejoindre le nouveau *Paris Match* de 1949. Ses reportages sur les sujets les plus divers, des scènes de rue au monde du travail, répondent à ses portraits, saisis généralement sur le vif, de ses amis artistes, de Marc Chagall à Jacques Prévert, et des célébrités du temps, d'Édith Piaf à Grace Kelly. Précocement révélé au public (*Paris des rêves*, 1950, ou encore *Le Cirque d'Izis*, avec un texte de Prévert, des peintures de Chagall, 1965), Izis a vu ensuite d'autres contemporains « humanistes » mis en avant, avant qu'une nouvelle génération ne redécouvre ce doux mélancolique.

Pascal Ory

J

JABÈS Edmond

Poète. – Né le 16 avril 1912 au Caire, alors Empire ottoman, aujourd'hui Égypte ; mort le 2 janvier 1991 à Paris, France.

Edmond Jabès est né dans une famille juive francophone d'Égypte. Il publie des poèmes dès la fin des années 1920 et correspond avec Max Jacob. Lors d'un voyage à Paris en 1935, il le rencontre et se lie également avec Paul Éluard, André Gide, Philippe Soupault ou Roger Caillois. Marqué moralement par l'épreuve de la Seconde Guerre mondiale, il intègre le groupe de *La Nouvelle Revue française*, fonde en 1947 au Caire, avec Georges Henein, les éditions surréalistes de La Part du Sable et y publie la même année son premier recueil de poésies, *Le Fond de l'eau*. En 1956, la nationalisation du canal de Suez par Nasser entraîne l'expulsion des juifs d'Égypte et le départ de Jabès vers la France. Le traumatisme du déracinement forcé et la découverte de l'exil constituent un tournant majeur dans son œuvre. Ils font naître chez l'écrivain un double questionnement, sur sa judéité comme sur l'essence de la littérature, dont la transposition littéraire culminera avec l'écriture d'un vaste cycle, *Le Livre des questions*, dont les sept volumes paraissent de 1963 à 1973. À la fois exigeante et accessible, l'écriture de Jabès, qui mêle de courts fragments de romans, de récits et de poèmes, illustre le désarroi des écrivains juifs témoins de la Shoah sans avoir pu agir et exprime l'indicible : « L'écrit n'est pas un miroir. Écrire, c'est affronter un visage inconnu. » Elle sera louée par la critique et aura une influence notable sur des auteurs comme Maurice Blanchot ou Jacques Derrida. Un autre cycle de trois volumes, *Le Livre des ressemblances*, paraît de 1976 à 1980, complété par la parution posthume du *Livre de l'hospitalité*, en 1991. Edmond Jabès a été naturalisé français en 1967, l'année même où son œuvre est mise en avant par la France à l'Exposition universelle de Montréal. Cinq ans avant son décès, il est fait officier de la Légion d'honneur.

Pierre-Frédéric Charpentier

JACCOTTET Philippe

Poète, traducteur et critique. – Né le 30 juin 1925 à Moudon, Suisse.

Après avoir vécu son enfance dans la petite ville de Moudon, Philippe Jaccottet suit ses parents à Lausanne et se découvre très tôt une vocation pour la poésie, offrant dès l'âge de quinze ans à ses parents un premier recueil de ses textes, *Flammes noires*. Fortement marqué par le second conflit mondial, Jaccottet publie en mai 1945 sa première œuvre poétique, *Trois Poèmes aux démons* – reniés par la suite, ils sont aujourd'hui considérés comme perdus – ainsi qu'un *Requiem* en hommage aux victimes de la guerre. Après avoir obtenu sa licence de lettres à l'université de Lausanne, il part s'installer en 1946 à Paris où, pour le compte de l'éditeur suisse Henry-Louis Mermod, il accomplit une abondante œuvre de traduction (Thomas Mann, Giuseppe Ungaretti, Friedrich Hölderlin, Robert Musil, Rainer Maria Rilke, Giacomo Leopardi ou encore l'*Odyssée*). Mermod lui donne également l'occasion de rencontrer Francis Ponge et Jean Paulhan et, par l'intermédiaire de ce dernier, d'intégrer le cercle des auteurs de *La Nouvelle Revue française*. Jaccottet deviendra l'un des critiques réguliers de la revue, qu'il ouvrira sur de nouveaux horizons poétiques, en particulier la littérature d'expression germanique. Gallimard publie son recueil de poèmes *L'Effraie* en 1953. C'est l'année même où le poète décide de s'établir avec sa femme dans la Drôme provençale, à Grignan, « le lieu avant tous les autres » (interview de septembre 2000). Après plusieurs années difficiles, il publie simultanément deux recueils (*Éléments d'un songe* et *L'Obscurité*, 1961), avant de livrer une œuvre exigeante faite de poèmes, de carnets et d'essais. Proche d'écrivains et de poètes comme Yves Bonnefoy, André Dhôtel ou Henri Thomas, Philippe Jaccottet a su développer une écriture de la perception et de la compréhension du monde, parfois inspirée par l'art poétique japonais, qui lui a valu d'obtenir le prix Goncourt de la poésie en 2003.

Pierre-Frédéric Charpentier

JACKSON frères

Métallurgistes, entrepreneurs. – James : né le 14 mars 1772 et mort le 27 avril 1829 à Lancaster, Royaume-Uni. William : né le 12 janvier 1796 à Lancaster, Royaume-Uni ; mort le 19 septembre 1858 à Paris, France ; John : né en 1797 à Preston, Royaume-Uni ; mort le 22 octobre 1862 à Boulogne-sur-Mer, France ; James : né en 1798 à Lancaster, Royaume-Uni ; mort le 6 juillet 1862 à Saint-Seurin, France ; Charles : né en 1805 à Manchester, Royaume-Uni ; mort le 29 juillet 1857 à Lyon, France.

Les Jackson sont les introducteurs en France de l'acier au creuset, une technique mise au point en Grande-Bretagne et mal connue de la métallurgie continentale. James, le père, homme d'affaires plus qu'industriel, se lance tour à tour dans la filature de coton et le négoce, puis, en 1812, dans la production d'acier et de limes à Birmingham. Comprenant l'opportunité que représente le marché français, il émigre avec une partie de sa famille, prospecte en Normandie, choisit de s'installer à Trablaine, près de Saint-Étienne, l'un des rares bassins de production en France à conjuguer les cultures techniques de la houille et de l'acier. À force de demandes, il reçoit l'aide du gouvernement pour équiper l'usine et débaucher des ouvriers britanniques. Le brevet d'importation de dix ans obtenu en janvier 1819 « pour des procédés de fabrication de l'acier cémenté et de l'acier fondu » procure à l'entreprise la stabilité juridique dont elle a besoin. James Jackson laisse la responsabilité de la production à ses fils, et s'installe à Paris en 1825, de manière à assurer les arrières commerciaux de l'entreprise et assouvir sa soif d'affaires, jusqu'à son retour au pays. L'association, en 1828, de James, le fils, avec Léon Talabot, pour la mise sur pied de l'usine du Saut-du-Tarn (Tarn), témoigne de la réputation du savoir-faire « Jackson ». Pourtant, lorsque, en 1830, William, John, James et Charles fondent la société « Jackson frères » et installent leurs ateliers à Assailly, l'entreprise n'a pas atteint le niveau souhaité de rentabilité. Les débuts hasardeux ont donné le ton, cependant. Les frères travaillent entre eux, techniquement et financièrement, rachètent progressivement les aciéries concurrentes, renforcent leur assise stéphanoise en s'associant avec les Dorian et les Holtzer et nouent des liens matrimoniaux étroits avec les Peugeot à Hémardincourt. En 1834, ils élargissent une production centrée sur la quincaillerie et la production d'outils, à l'acier pour ressort. Le développement de la machine-outil et le cycle ferroviaire qui s'enclenchent dans les années 1840 font le reste. William et Charles sont naturalisés en 1845. En 1853, la Compagnie des forges et aciéries Jackson compte trois usines, utilise treize machines à vapeur et affiche un capital de 6 millions de francs. La société Jackson frères, Pétin, Gaudet & Cie, constituée en 1857, conforte l'entreprise dans la production d'acier et devient, en 1903, la Compagnie des forges et aciéries de la Marine et d'Homécourt, absorbée dans le groupe Creusot-Loire en 1970.

Anne-Françoise Garçon

JACOBS Edgar P. — *Voir* BELGE DE LA BANDE DESSINÉE, école.

JACOBS Marc

Styliste. – Né le 9 avril 1963, à New York, États-Unis.

Élève de la Parsons School of Design, Marc Jacobs signe sa première collection dès 1986. Ses talents l'imposent bientôt dans le monde de la couture, mais aussi du parfum, des montres et des bagages. Il entre en 1997 chez Louis Vuitton comme directeur artistique et a élargi, depuis lors, son assise au sein du groupe LVMH, y développant, entre autres, sa propre marque. Au début du XXIe siècle, l'empreinte de Marc Jacobs est forte dans le système international du luxe français.

Pascal Ory

JANSEM Jean (Jean-Havanes Semerdjian)

Peintre et illustrateur. – Né en 1920 à Seuleuze, alors Empire ottoman, aujourd'hui Turquie.

Le jeune Semerdjian est né dans une localité proche de Bursa (Brousse) au lendemain du génocide arménien, au moment même où la Grèce perd l'Ionie. Sa famille choisit d'abord la Grèce (Thessalonique), puis passe en France au début des années 1930. La vocation de peintre de celui qui signera Jean Jansem s'éveille précocement. Partagée entre, d'une part, la représentation de victimes de la persécution ou de scènes tauromachiques et, de l'autre, celle de l'élégance chorégraphique ou de paysages apaisés, l'œuvre de Jansem, qu'elle soit picturale, dessinée ou lithographiée, est à la fois très connue du public, en France comme à l'étranger – deux musées lui sont consacrés au Japon – et guère reconnue de la critique, peu sensible aux choix figuratifs d'un artiste dont la joliesse peut être interprétée comme une réponse à une expérience traumatique.

Pascal Ory

JAPONAIS

La présence japonaise en France est un phénomène qui n'émerge véritablement que dans la seconde moitié du XXe siècle, après une longue période d'ignorance réciproque entre les deux pays. La première rencontre officielle entre Français et Japonais a lieu en 1615, à l'occasion d'une escale de trois jours à Saint-Tropez faite par une délégation de catholiques japonais envoyée auprès du pape. Le Second Empire est marqué par un rapprochement politique, commercial et culturel sensible entre les deux pays. En témoignent, en 1858, la signature à Edo du traité de paix, d'amitié et de commerce et, en 1867, l'Exposition universelle de Paris à laquelle assistent des représentants du pouvoir shogunal. Néanmoins, la France n'apparaît pas comme une destination prioritaire pour les gouvernements successifs de l'ère Meiji, qui envoient de nombreux scientifiques et intellectuels dans d'autres pays européens comme l'Allemagne ou l'Angleterre. Au tournant du siècle, la situation évolue sensiblement. L'entre-deux-guerres est une « première période d'épanouissement de la migration japonaise en France » (Yatabe, 1992), notamment celle des peintres à Paris (on en compte près de quatre cents à cette époque). L'École de Paris exerce une attraction majeure. Ainsi, TSUGUHARU Fujita (1886-1968) – FOUJITA –, le « plus français des peintres japonais », s'installe à Paris dans la seconde moitié des années 1910 et y fréquente Pablo Picasso, Chaïm Soutine et Amadeo Modigliani. Après un retour au Japon durant la Seconde Guerre mondiale, il revient en France en 1949, se convertit au catholicisme et adopte la nationalité française en 1955. Le quartier de Montparnasse est le centre de gravité de l'activité intellectuelle, littéraire et picturale de la communauté japonaise. Les premiers restaurants japonais apparaissent durant cette période, notamment dans le XVIe arrondissement où résident la plupart de ces artistes. Le rayonnement de Paris au Japon se fonde essentiellement sur la culture, portée par la renommée des grands écrivains français, et par l'activité d'institutions comme la Maison franco-japonaise. Mise en place en 1924 à Tokyo par Paul Claudel, qui y est alors ambassadeur de France, celle-ci a conservé jusqu'à aujourd'hui son rôle de promotion culturelle de la France au Japon. Interrompues totalement pendant la Seconde Guerre mondiale, les migrations d'intellectuels japonais en France reprennent dans le courant des années 1950 et se maintiennent comme l'une des composantes importantes des flux migratoires actuels. S'y rattachent les séjours d'étudiants japonais en France (environ deux mille cinq cents par an), qui viennent se former en musique, en gastronomie, en arts appliqués. Parallèlement, les années 1970 à 1990 sont marquées par l'internationalisation de l'économie japonaise. La France devient l'une des principales destinations européennes des investissements japonais directs à l'étranger (7 milliards d'euros en 2005), derrière l'Angleterre, mais devant l'Allemagne. Ces investissements concernent surtout des secteurs industriels (construction, équipement de bureaux) et se concentrent en Île-de-France, en Aquitaine et en Rhône-Alpes. On compte aujourd'hui environ quatre cents sociétés japonaises en France, qui suscitent une régulière mobilité professionnelle de cadres et techniciens japonais. En 2004, le ministère japonais des Affaires étrangères évalue à environ 35 000 le nombre de Japonais séjournant en France pour plus de trois mois. Résidant de un à cinq ans en France pour la plupart, ils se répartissent entre les expatriés et leurs familles, les actifs indépendants (dans l'art, la restauration, le commerce) et les étudiants. On trouve surtout des femmes dans ces deux dernières catégories et, avec plus de 60 % de femmes, les Japonais constituent la plus féminine des populations immigrées en France. Concentrés en région parisienne et notamment dans le centre et l'ouest de Paris intra-muros, les immigrés japonais sont à l'origine du développement d'une offre commerciale et culturelle japonaise qui connaît aujourd'hui un vif succès en France, tant dans le domaine de l'artisanat et de la culture traditionnelle que dans celui de la culture urbaine contemporaine (manga, design, mode, musique).

Hadrien Dubucs

Bibl. : DUBUCS Hadrien, *Habiter une ville lointaine. Le cas des migrants japonais à Paris*, thèse de doctorat en géographie, Poitiers, Université de Poitiers, 2009 • YATABE Kazuhiko, « Les Japonais en France, Parcours d'adaptation et ethnicité : dialogue ou autarcie ? », thèse de doctorat en sociologie, Paris, EHESS, 1992.

JEANNERET Pierre

Architecte. – Né le 22 mars 1896 et mort le 4 décembre 1967 à Genève, Suisse.

Brillant élève de l'École des beaux-arts de Genève (peinture, sculpture, architecture), Pierre Jeanneret en sort diplômé en 1915. À Paris en 1918, il travaille dans l'agence des frères Perret, puis collabore avec son cousin Charles-Édouard Jeanneret, devenu Le Corbusier : d'abord aux premières commandes de celui-ci, de 1922 à 1924, puis, jusqu'en 1940, à la « direction bicéphale » (Hélène Cauquil) de l'atelier ouvert en 1924 rue de Sèvres. Il est à la fois un partenaire critique de Le Corbusier, un chef d'atelier et un ami. Il se charge de l'élaboration pratique des projets, engage les choix constructifs, anime l'équipe des collaborateurs, visite les chantiers. Il met l'accent sur le rationalisme de la construction, sur les dispositifs mobiles et est co-auteur des brevets. Homme de gauche, Jeanneret, à l'occasion de la préparation de l'Exposition internationale de 1937, s'écarte, avec Charlotte Perriand, des choix idéologiques de Le Corbusier. En 1940, à la fermeture de l'atelier, Jeanneret est à Grenoble ; il est proche des milieux de la Résistance. À Paris en 1947, il étudie à nouveau des projets de bâtiments et, en 1950, élabore à Béziers le projet du lycée technique Jean-Moulin (1950-1959), avec la collaboration de Domingo Escorsa, un architecte espagnol en exil, et de Jean Prouvé. En 1950, il est appelé à Chandigarh, en Inde, où son activité ne se limite pas à la réalisation des édifices de Le Corbusier. Il répond à de nombreuses commandes de logements, d'équipements publics et de mobilier ; directeur de l'École d'architecture de Chandigarh, architecte en chef de l'État du Penjab, il séjourne en Inde jusqu'en 1964.

Gérard Monnier

JIJE. — *Voir* BELGE DE LA BANDE DESSINÉE, école.

JODOROWSKI Alejandro

Écrivain, cinéaste, auteur dramatique, scénariste de bande dessinée. – Né le 7 février 1929 à Tocopilla, Chili.

Né au sein de la communauté juive émigrée d'Europe centrale en Amérique latine, Alejandro Jodorowski a quitté son pays natal au début des années 1950 et commencé une longue et très riche traversée des continents comme des arts, qui a fini par converger vers la France et la bande dessinée, sans que cet esprit curieux et fécond ait jamais renoncé à suivre toutes les voies qui s'offraient à lui. Si c'est au Mexique qu'il tourne les deux films, devenus cultes de l'avant-garde baroque (*El topo*, 1970, et *La Montagne sacrée*, lointainement inspiré de René Daumal, 1973) qui ont assuré sa place au sein de l'histoire du cinéma, dès 1953, il participe à la vie artistique française, comme assistant de deux figures typiques de la scène parisienne, Maurice Chevalier et le mime Marceau. Cette capacité à mettre son talent au service de projets artistiques variés, en même temps que la constante préoccupation d'une lecture symbolique de l'univers expliquent son rôle actif – et, à vrai dire, dominant – au sein du groupe Panique (1962-1973), aux côtés, entre autres, de Roland Topor et de Fernando Arrabal. Il reviendra épisodiquement au cinéma, sans y retrouver le succès des années 1970 (*Tusq*, 1980 ; *Santa sangre*, 1989), mais c'est la bande dessinée qui, à partir des années 1980, devient l'art qui l'accueille le mieux, même si sa contribution, en tant que scénariste, juxtapose initiatives radicalement novatrices et travaux alimentaires. Ses collaborations les plus remarquées restent celles qui l'associent à l'Argentin Juan Gimenez (série *La Caste des Méta-Barons*, 1992-2003), à François Boucq (série *Bouncer*, 2001-2009) et, surtout, à Moebius. Publié en 1981, le premier album de la série *L'Incal* a représenté une date dans l'histoire de la bande dessinée de science-fiction fantastique et un sommet de l'œuvre de son auteur, Moebius. Notons que le succès de cette formule renouvelant la BD a généré la création d'une demi-douzaine de séries dérivées (dont *La Caste des Méta-Barons*), dessinées par plusieurs artistes mais ayant en commun d'avoir toujours comme scénariste l'inépuisable Jodorowski. Parallèlement à son activité proprement artistique, « Jodo » est une figure singulière de la vie parisienne, connu des initiés comme l'un des principaux interprètes du tarot divinatoire, animateur d'un « cabaret mystique » tendant à réunifier les différentes facettes de cette personnalité protéiforme, auteur aussi de textes à caractère dramatique, romanesque, philosophique et autobiographique.

Pascal Ory

JOLY Eva (Gro Eva Farseth)

Magistrate et femme politique. – Née le 5 décembre 1943 à Oslo, Norvège.

Issue d'une famille d'origine paysanne, fille d'ouvrier, arrivée en France à l'âge de dix-huit ans, fille au pair, secrétaire, styliste de mode, acquérant la nationalité française en 1967 par mariage, Eva Joly devient conseillère juridique d'un hôpital puis, à l'âge de trente-huit ans, magistrate. En 1981, elle est substitut du procureur de la République d'Orléans, puis, en 1989, détachée au Comité interministériel de restructuration industrielle dont elle devient la première secrétaire générale adjointe à ne pas être énarque. À partir de 1990, juge d'instruction au pôle financier du Palais de justice de Paris, elle est sous les feux de l'actualité quand elle instruit le dossier de Bernard Tapie, quand elle fait incarcérer, en 1996, Loïk Le Floch-Prigent, président de la SNCF, dans l'affaire Elf, dans la mise en examen, en 1998, de Roland Dumas, président du Conseil constitutionnel, et dans celle, en 2000, de Dominique Strauss-Kahn, ministre des Finances, affaire d'ailleurs conclue par un non-lieu. Elle rentre en Norvège en 2002 comme conseillère du gouvernement dans les affaires de délinquance financière internationale, crée, en 2005, un réseau d'aide aux juges engagés dans la lutte contre la corruption, et la promotion 2007 de l'École nationale de la magistrature prend son nom. Adhérente, en 2008, au mouvement écologiste, elle est deuxième sur la liste d'Île-de-France aux élections européennes de 2009, contribuant à son succès (20,86 % des voix) en attirant un électorat différent de celui de cette famille politique, et est candidate aux présidentielles de 2012, mais cette fois sans succès (2,31 % des voix).

Éric Vial

JONES Quincy (Quincy Delight Jr.)

Producteur, arrangeur et compositeur de jazz, de pop music et de musique de film. – Né en 1933 à Chicago, États-Unis.

Musicien d'abord autodidacte, notamment trompettiste, Quincy Jones forme, à l'adolescence, dans une banlieue de Seattle, un petit ensemble avec son aîné, le pianiste et chanteur Ray Charles. Ayant obtenu une bourse pour étudier au Berklee College of Music de Boston, il renonce à ses études pour accepter le poste d'arrangeur lors d'une tournée de Lionel Hampton, qui l'oriente alors vers sa voie professionnelle. C'est en 1956, lors d'une tournée en Amérique du Sud avec l'orchestre de Dizzy Gillespie, que le compositeur Lalo Schifrin lui conseille de prendre contact à Paris avec la musicienne et pédagogue Nadia Boulanger. Quincy Jones suivra les cours d'été de « Mademoiselle » au Conservatoire américain de Fontainebleau ou ses leçons dans l'appartement de la rue Ballu, à Paris. Préférant renforcer et déployer les connaissances sur lesquelles son élève pouvait déjà s'appuyer, Nadia Boulanger lui présente notamment Igor Stravinsky – auquel il avoua qu'il travaillait à l'arrangement du « Blues du dentiste » pour Henri Salvador… – et Olivier Messiaen. La rigueur et, en même temps, l'ouverture au jazz de « Mademoiselle » ont été un apport essentiel dans la formation du jeune musicien. Cette même année 1957, il est engagé, sur recommandation de Billy Eckstine, par Nicole Barclay pour le distributeur français de Mercury Records : les disques Barclay. Quincy Jones pose néanmoins comme condition de son installation à Paris et de la signature de son contrat la possibilité d'écrire pour les cordes, ce qui était, aux États-Unis, proscrit de fait aux arrangeurs noirs, généralement cantonnés aux sections de cuivres ou à la rythmique. Jones signera ainsi les arrangements de près de deux cents pièces pour l'orchestre des disques Barclay, comptant des musiciens aussi prestigieux que Kenny Clarke, Lucky Thompson ou Don

Byas. Il travaille ainsi pour Henri Salvador, Stéphane Grappelli ou Charles Aznavour, mais également pour les Double Six, un des premiers groupes de jazz vocal français, fondé par Mimi Perrin et dans lequel figuraient Ward Swingle et Christiane Legrand. Les disques Barclay lui permettent également d'officier comme directeur artistique et arrangeur pour Sarah Vaughan, Billy Eckstine, Andy Williams et Frank Sinatra au Sporting-Club de Monaco en 1958. Auprès du couple Barclay, Quincy Jones rencontre à la fois une certaine élite culturelle française et la jet-set de la fin des années 1950, tant à Paris que sur la Riviera. Ces années françaises se terminent après une tournée peu rentable, et il se réinstalle à New York en 1964. Son lien initiatique avec la France a trouvé un aboutissement symbolique en 1991, lorsqu'il a reçu la Légion d'honneur. Si Quincy Jones est désormais plus connu pour son travail avec Michaël Jackson, sur des albums tels que *Off the Wall*, *Thriller* et *Bad* (entre 1979 et 1987), il a connu en France des années fondatrices. Il a lui-même salué ce pays qui l'avait « traité en artiste », loin des ségrégations raciales américaines.

Jean-Sébastien Noël

JONGKIND Johan Barthold

Peintre et graveur. – Né le 3 juin 1819 à Lattrop, Pays-Bas ; mort le 9 février 1891 à Saint-Égrève, France.

Précurseur de l'impressionnisme en France, Jongkind étudie l'art à La Haye, puis, grâce à une bourse du prince d'Orange, s'installe à Paris en 1846. Proche d'Eugène Boudin, il travaille en plein air à des toiles de plus en plus lumineuses, mais ses soucis financiers et le manque de notoriété le poussent à rentrer aux Pays-Bas. Sur l'insistance de ses amis, dont Jean-Baptiste Corot et des membres de l'École de Barbizon, qui ont organisé une vente pour le tirer de la misère, il revient à Paris et conclut un accord avec le marchand d'art Firmin Martin. Il rencontre Joséphine Fesser, elle-même peintre d'origine néerlandaise qui devient sa compagne et le suit d'abord à Honfleur (1862-1872), puis dans le Dauphiné, à la Côte-Saint-André (1873-1891). Dès 1855, ses œuvres sont accrochées dans la section des peintres français de l'Exposition universelle. « Adopté par la France », selon son premier biographe, Étienne Moreau-Nélaton, il ne demande jamais à être naturalisé et continue de peindre aussi bien sa patrie natale – moulins, canaux, scènes de patineurs – que les paysages de sa patrie d'adoption : ses clairs de lune sur la Seine à Paris, ses ciels normands et ses paysans dauphinois sont célèbres. Inquiété durant la guerre de 1870 (il est arrêté pour espionnage à Nevers), il expose à nouveau avec les Refusés, qui sont ses amis, en 1873, mais il ne s'implique pas ensuite dans les expositions impressionnistes, dont il connaît bien les membres ; ses toiles annoncent cependant certains éléments novateurs de ce mouvement, notamment la recherche de la clarté et des reflets lumineux par des touches picturales fragmentées.

Julie Verlaine

JORDAN Gusti (Gustave, Auguste)

Sportif. – Né le 21 février 1909 à Linz, Autriche ; mort le 17 mai 1990 à Vienne, Autriche.

Un joueur d'origine autrichienne est-il digne de porter le maillot de l'équipe de France ? La question est posée en avril 1938 par Lucien Dubech, journaliste sportif à *L'Action française*, à quelques semaines de la Coupe du monde qui se déroule en France. Nataliste convaincu, Dubech entend combattre les abus de la naturalisation par tous les moyens : dans un pays rongé par un faible taux des naissances, il est insensé d'accepter des joueurs tels que Jordan en équipe de France, sinon « les étrangers seront bientôt les maîtres ». Par ces propos, le journaliste entend répliquer à Gabriel Hanot, ancien capitaine de l'équipe de France, reconverti en journaliste sportif et favorable à l'accueil de tous les footballeurs naturalisés sans distinction. Hanot y voit un double renfort, pour le ballon rond, mais aussi pour la nation : convoquant la pensée d'Ernest Renan, il considère cet Auguste Jordan comme « Français à tous égards, Français pour le football, pas dans trois mois, pas dans six mois ; mais tout de suite sans discussion ni arguties ». Gustave Jordan était arrivé en France au début de la saison 1933-1934 alors qu'il était international « B » autrichien et attaquant du club viennois de Florisdorf.ASC. Les joueurs autrichiens sont à cette époque considérés comme les meilleurs d'Europe. Déjà vedette, il quitte la capitale autrichienne en pleine gloire, recruté par un club français, le RC.Paris. C'est avec ferveur qu'il est accueilli en France au mois d'août 1933. D'abord avant-centre, Jordan se reconvertit au poste de demi-centre où il acquiert une notoriété internationale. La saison 1935-1936 est celle de sa consécration : il obtient le doublé coupe-championnat avec le RC.Paris. Jordan apparaît progressivement indispensable aux yeux des sélectionneurs français. Celui que l'on surnomme le « baby de Linz » du fait de sa petite taille, est naturalisé français en 1938. Après avoir porté les couleurs autrichiennes, « Gusti » – son autre surnom pour des amateurs de football – va porter le maillot bleu à seize reprises, tout au long des « années noires », entre 1938 et 1945. Dès son premier match à Colombes, le 2 mars 1938 contre la Belgique, sa technique « à l'autrichienne », dans le style de la Wunderteam qui a marqué de sa suprématie le jeu dans les années 1930, fait des merveilles.

Cependant, avec la perspective de la guerre, ses origines autrichiennes sont un facteur de discrédit. Binational, tiraillé par une double appartenance difficile à exprimer au moment où l'Autriche est annexée par l'Allemagne hitlérienne dans le cadre de l'Anschluss, il se sent parfois mal à l'aise. D'autant qu'une partie du public le juge indigne de l'équipe de France. Jordan ne cesse pourtant de multiplier les preuves de son attachement à son pays d'accueil. Cette intégration rapide et ferme lui vaut d'être fait prisonnier de guerre par la Werhmacht à Épinal en 1940. Il bénéficie toutefois de la clémence de l'occupant à la faveur de son statut de vedette du football : il est même autorisé, en 1941, à prendre en charge le petit club du SAS.Épinal avec le statut d'entraîneur-joueur, puis à rejouer pour le RC.Paris. Mais sa carrière est considérablement freinée pendant le conflit : il est sélectionné en équipe de France à deux reprises en 1942, à deux autres reprises en 1944 et une dernière fois en 1945. Après avoir disputé les rencontres du championnat de la zone Nord pendant toutes les saisons de la guerre, Jordan obtient, avec le RC.Paris, un titre de champion lors de la saison 1944-1945. Mais, à l'heure de la Libération, âgé de trente-six ans, il est en fin de carrière. Sa notoriété et ses compétences techniques lui permettent de se reconvertir comme entraîneur à l'Olympique de Marseille, puis au SM.Caen, au FC.Sarrebrück, au RC. Paris, ainsi qu'au Standard de Liège, avec lequel il devient champion de Belgique en 1962-1963.

Yvan Gastaut

JOURDAIN Frantz

Architecte. – Né le 3 octobre 1847 à Anvers, Belgique ; mort en août 1935 à Paris, France.

Tôt installé à Paris, où il a fait l'essentiel de ses études, Frantz Jourdain a déployé une activité multiple, qui ne se résume nullement à l'architecture, où son titre de gloire est d'être devenu le bâtisseur attitré de la famille Cognacq-Jay, propriétaire des magasins de La Samaritaine. Le bâtiment donnant sur la Seine, remanié plus tard par Henri Sauvage, et la « Samaritaine de luxe », boulevard des Capucines, portent sa patte, marquée par l'influence du fonctionnalisme de Viollet-le-Duc, croisée avec l'esthétique Art nouveau. Mais Jourdain est aussi un intellectuel de gauche, militant dreyfusard, ami intime de Zola – et au reste lui-même écrivain, dans la veine naturaliste –, préoccupé d'art social et d'urbanisme. Personnalité en vue et discutée dans son milieu professionnel – il présidera, entre autres, le Syndicat de la critique d'art –, il exerce un rôle important au sein du Salon d'automne dont il est, en 1903, le fondateur. Frantz Jourdain est le père de l'artiste et critique Francis Jourdain, qui suivra ses traces sur le double plan artistique et politique.

Pascal Ory

JOYCE James

Écrivain. – Né le 2 février 1882 à Dublin, alors Royaume-Uni, aujourd'hui Irlande ; mort le 13 janvier 1941 à Zurich, Suisse.

Issu d'une famille catholique de Dublin, James Joyce a passé l'essentiel de sa vie hors d'Irlande, résidant à Zurich, Trieste ou Rome. Alors que son œuvre connaît déjà une notoriété internationale, il répond, en 1920, à l'invitation d'Ezra Pound de venir passer une semaine à Paris : il y demeurera vingt ans. C'est là que paraît son roman le plus célèbre, *Ulysse*. Le texte ayant été prépublié dans la presse américaine, il s'attire les foudres de la New York Society for the Suppression of Vice, qui, l'ayant jugé obscène, obtient son interdiction aux États-Unis, en 1921. L'édition originale paraît donc, le 2 février 1922, à la librairie parisienne de Sylvia Beach, tandis que la traduction française, assurée dès 1924 par Auguste Morel et Valery Larbaud, sera éditée par Adrienne Monnier en 1929. Joyce rédigera également *Finnegans Wake* à Paris et ne quittera la France qu'avec l'occupation nazie.

Pierre-Frédéric Charpentier

JUIFS ÉTRANGERS

« L'histoire du peuple juif depuis vingt siècles n'est en somme que l'histoire de ses incessantes migrations », notait le célèbre écrivain juif d'origine russe Élie Éberlin (*Les Juifs d'aujourd'hui*, 1927). Pareille évocation renvoie à la complexité de la notion d'« immigration juive » : d'un côté, l'idée d'une errance séculaire, de l'autre un « peuple » aux ancrages divers, non un groupe national, mais rassemblé par un commun dénominateur confessionnel, source d'unité comme de divisions. Un juif étranger se révèle-t-il alors un étranger marqué d'une particularité, mais étranger avant tout ? C'est tout le dilemme identitaire qui déchire Yankel Mykhanowitski, héros des *Eaux mêlées* (1955), superbement dépeint par Roger Ikor : « "On est ce qu'on est, non ?" répétait-il. Or n'était-il pas né à Rakwomir (Russie) ? N'était-il pas, de surcroît, juif, c'est-à-dire bien autre chose que Russe ? Alors voilà ! Étranger il était, étranger il resterait. » Les juifs étrangers, marqués par cette double altérité, se retrouvent dans une position inconfortable, entre leur groupe national d'origine et leurs coreligionnaires. À maints égards, l'époque contemporaine constitue bien l'âge des migrations juives par excellence et la France y tient un rôle de premier plan. La première en Europe, le pays de la Révolution avait accordé aux juifs, en 1791, une égalité civique pleine et entière. Elle leur permit de s'illustrer comme nationaux dans quantité de domaines. Les juifs étrangers, profondément marqués par l'émancipation de leurs coreligionnaires français, purent, une fois en France, contribuer à leur tour, par un effort et des apports sans cesse renouvelés, à l'essor de la vie politique, économique et culturelle de leur terre d'accueil.

Le temps de l'exode ashkénaze. L'histoire des migrations juives épouse le rythme des politiques discriminantes subies par les juifs dans leurs États de résidence à l'Est, puis au centre de l'Europe. L'émigration est ainsi directement liée à la « condition juive », même s'il se révèle difficile de toujours saisir quelle part tenait la judéité dans la décision de ceux qui allaient s'installer en France et, au-delà, en Angleterre ou aux États-Unis. Dans l'Empire russe où était enracinée la majorité des juifs d'Europe depuis des siècles, Catherine II avait créé une zone de résidence (recouvrant approximativement la Lituanie, la Biélorussie, la Moldavie et l'Ukraine actuelles). C'est de là que s'ébranla, à la fin du XIXe siècle, le premier exode de masse des juifs des temps contemporains. L'assassinat du tsar Alexandre II en 1881 par des révolutionnaires du groupe Narodnaïa Volia (La volonté du peuple), où militait une juive, sonna l'heure d'une vague de répression et de pogroms, en Russie du Sud et en Ukraine. Après la révolution de 1905, la politique contre-révolutionnaire se déchaîna contre eux et les pogroms reprirent, sur fond d'accusation de meurtre rituel et de réactivation d'une vaste gamme de mythes antisémites. Les difficultés des juifs de l'Est furent multiples dans la zone des combats de la Première Guerre mondiale et ne cessèrent nullement après 1918. La réorganisation en États-nations de l'Europe centrale fut accompagnée d'hostilités antisémites (Pologne, Roumanie), avec à la clé un courant de départs continu. Pour finir, l'avènement du nazisme, auquel l'antisémitisme servait de fondement idéologique, entraîna l'émigration des Allemands juifs, avant les Autrichiens et Tchécoslovaques. Entre l'avènement d'Hitler et la guerre, en passant par la terrible Nuit de cristal de novembre 1938, des centaines de milliers de juifs ont quitté leur pays, donnant le spectacle d'infortunés, de toutes couches sociales, ayant tout perdu, et se heurtant souvent, dans leurs terres d'asile, à un virulent antisémitisme.

Avant 1914, seuls 25 000 juifs firent de la France leur terre d'élection. Il s'agissait principalement de Russes, dont 8 000 arrivèrent pendant les seules années 1880, mais également de Roumains et d'Autrichiens. Beaucoup imaginaient trouver en France le pays qui offrait la liberté d'être juifs : « *Lebn vi Got in Frankraykh* » (« Heureux comme Dieu en France »), disait le yiddish. L'affaire Dreyfus, qui interpelle la République à partir de 1898, démontra l'inverse. Le capitaine Dreyfus appartenait à une vieille famille française. L'affaire ne visait donc pas a priori les juifs étrangers, mais elle mettait en lumière la spécificité de l'antisémitisme, débordant la xénophobie ordinaire, tout en lui étant fréquemment associée lors des crises nationales. Dès les lendemains de la Grande Guerre, l'immigration reprend, venue de Pologne en majorité, mais aussi de Hongrie, de Roumanie, de Russie et des pays baltes. Avant l'arrivée massive des Allemands (25 000 dans la seule année 1933), il y a eu plus de 100 000 arrivées (Ottomans compris). À la veille de la guerre, on estime à 200 000 le nombre d'immigrés juifs en France, étrangers et naturalisés. Ils constituent alors les deux tiers de la population juive du pays. L'immigration juive ne représentait toutefois pas plus de 8 % de l'immigration totale à la veille de la guerre.

Jusqu'à la Seconde Guerre mondiale, l'immigration juive en France fut ainsi largement dominée par les Ashkénazes (nom attaché au judaïsme européen non ibérique, les juifs d'Espagne étant désignés comme « séfarades »). Un courant séfarade n'en existe pas moins, constitué de quelques juifs tunisiens ou marocains, mais surtout de juifs « ottomans ». Tenants d'une expérience singulière, ils quittèrent eux aussi leurs pays pour des raisons ayant trait à leur judéité. Au sein de l'Empire ottoman, la condition de *dhimmis* était bien adaptée à leurs aspirations communautaires. Certains commencèrent à s'exiler à la fin du XIXe siècle, après la première alerte liée aux réformes supprimant l'exemption militaire pour les non-musulmans, ressentie comme un « travail forcé », selon l'expression d'Annie Benveniste. Le flux s'amplifia après la guerre, de nombreux juifs ne trouvant plus leur place au sein des nouveaux États nés du principe de l'unité nationale. Un pogrom, perpétré à Salonique par des nationalistes en 1931, les traumatisa davantage. Ils étaient plus de 20 000 en France à la fin des années 1930.

Parmi ces juifs étrangers, certains avaient fait le choix de la France et professaient un amour profond de sa culture et de ses valeurs. Pour d'autres, la France était un pis-aller, la « Terre promise » des États-Unis étant fermée par les quotas. C'est ce qu'on lit à travers ces lignes du Polonais Ilex Beller : « Quelle autre solution alors, pour un jeune juif, que l'émigration ? Partir, fuir aussi loin que possible, au bout du monde, en Amérique, en Argentine ou, tout simplement, dans un des pays d'Europe, aussi éloigné que faire se pouvait de la Pologne » (*De mon shtetl à Paris*, 1991). Environ 40 000 juifs étrangers établis en France entre 1919 et 1939 ne l'étaient que temporairement et considéraient ce pays comme une plateforme transitoire devant les mener sur le continent américain ou en Palestine. La physionomie des migrations juives avant 1939 ne recouvrait guère le profil et la géographie des migrations ouvrières : peu de juifs parmi les Italiens, les Espagnols ou les Belges. En revanche, ils constituaient une part importante des Polonais (13 %). Les juifs se distinguaient par des parcours migratoires qui leur étaient propres. Le plus souvent perçue et vécue comme définitive, leur migration était plus nettement familiale, la rupture avec le pays de naissance moins affective. Très diversifiés socialement, élites ou couches populaires, ils venaient de villes ou de petits bourgs et ignorèrent les campagnes ou la grande industrie. Ce qui explique leur prédilection pour Paris comme lieu d'installation : 80 % des juifs naturalisés vivaient par exemple en région parisienne entre 1924 et 1935.

Intégration et identités. Les juifs étrangers entre accueil et rejet. En rejoignant la France, les juifs étrangers amenèrent avec eux leurs références et influences culturelles, leurs idéaux, leur savoir-faire. Ils s'intégrèrent rapidement dans différents domaines de la vie française, qu'ils enrichirent, à la lumière de leur expérience.

L'un des plus flagrants efforts consentis par les nouveaux venus, qui marqua profondément les esprits, fut l'engagement massif des juifs étrangers dans la Grande Guerre : 1 600 volontaires tombèrent au champ d'honneur. Résultant du sentiment d'un devoir à accomplir à l'égard de la patrie qui émancipa les juifs – et accueillit nombre d'infortunés –, que servait un vibrant patriotisme, cet engagement, conjoint à celui des juifs autochtones, accéléra leur fusion avec la nation, véritable « intégration par le sang versé » (Michel Winock). Au-delà, les juifs étrangers se sont singularisés par la fréquence de leur engagement politique, que ce soit au sein de mouvements immigrés ou dans d'autres structures, partis ou syndicats. Le rôle d'un Victor BASCH, universitaire et cofondateur hongrois de la Ligue des droits de l'homme n'en constitue qu'une des multiples illustrations. Beaucoup de juifs étrangers d'Europe de l'Est étaient rassemblés au sein du Bund (Union générale ouvrière juive de Pologne, Russie et Lituanie), mouvement socialiste créé en 1897 dans l'Empire russe et doté de plusieurs sections en France. Beaucoup aussi grossissaient les rangs de la CGTU, le parti communiste étant alors à la pointe du combat en faveur des étrangers. De son côté, Bernard LECACHE fils d'immigrés juifs ukrainiens, fonda en 1928 la Ligue internationale contre l'antisémitisme (LICA, qui deviendra par la suite la LICRA), association pionnière du mouvement antiraciste. La puissance de cet engagement jouera un rôle éminent dans la Résistance.

La vie intellectuelle et culturelle fut considérablement enrichie par les exilés juifs. En grand nombre, les étudiants avaient été chassés par le *numerus clausus* en vigueur dans les différents pays dont ils étaient originaires ; c'était particulièrement le cas de ceux qui se destinaient à embrasser des professions libérales, Polonais, Roumains… Vicki Caron donne l'exemple de l'année universitaire 1933-1934, où la faculté de médecine de Paris remit 125 diplômes d'État, dont 97 furent décernés à des Roumains, l'écrasante majorité étant juifs. Et l'on sait combien cette concurrence fut dénoncée par les tenants autochtones des professions libérales dans les années 1930, au point qu'ils obtinrent gain de cause, notamment par la loi Armbruster du 21 avril 1933, qui exclut les étrangers de l'exercice de la médecine. Au même moment, intellectuels et écrivains nourrissaient de leur talent la culture française, comme Albert COHEN, d'origine grecque, les Autrichiens Manès SPERBER (1905-1984) ou Franz WERFEL (1890-1945), le Roumain Tristan TZARA, le Lituanien Emmanuel LEVINAS, les Allemands Walter BENJAMIN, Thomas MANN (1875-1955), Lion FEUCHTWANGER (1884-1958), entre bien d'autres. Du côté des artistes plasticiens, d'autres grands noms émergent comme l'Italien Amedeo MODIGLIANI, le Polonais Louis MARCOUSSIS (1878-1941), le Lituanien Chaïm SOUTINE, ou le Russe Marc CHAGALL, lesquels animèrent le riche et foisonnant mouvement dit de l'École de Paris. Tous ces intellectuels et artistes contribuèrent moins à introduire en France un « art juif », qu'ils n'enrichirent, par l'avant-garde ou des influences extérieures, la vie intellectuelle et artistique en général.

Dans les difficultés et l'anonymat du quotidien, des juifs étrangers fournirent également un apport non négligeable à la vie économique et ce dans une variété de professions, avec une représentation particulière dans certaines d'entre elles, comme celles de fourreurs ou de tailleurs, l'imaginaire collectif ayant retenu l'image du casquettier, un secteur où, selon les mots de Nancy Green, « de la base au sommet, tout le monde, ou presque, était juif ». Autant d'images qui mêlent dans la boutique ou le travail en chambre l'artisan à son compte, le petit patron et le prolétariat juif étranger de l'époque, exploiteurs et exploités de même appartenance communautaire. Une telle diversité de profils ne pouvait qu'entraîner des modalités variées d'intégration. Rompant avec l'impératif de discrétion cher aux « israélites » – terme en usage au XIXe siècle, préféré par les autochtones à celui de « juifs », jugé péjoratif, et qui devait traduire la discrétion d'une population assimilée de longue date –, les nouveaux venus témoignaient d'une plus grande visibilité identitaire. Celle-ci pouvait être d'ordre géographique : les juifs étrangers d'Europe de l'Est se regroupaient ainsi dans des quartiers que l'on qualifierait aujourd'hui d'ethniques, véritables *shtetls* de l'exil, s'étendant principalement dans le *Pletzl* du Marais, ou, par la suite, à Belleville. Le quartier de la Roquette était surtout peuplé de juifs orientaux, qui cultivaient une différence affichée avec leurs coreligionnaires européens, comme l'a raconté Edgar Morin dans *Vidal et les siens* (1989). Beaucoup ne se déprenaient pas de leur *yiddishkeit*, tout à la fois appartenance religieuse et culturelle, ouvrant sur un mode de vie particulier.

La vague antisémite, d'une terrible intensité verbale, et même physique, se déchaîna avec une grande brutalité dans les années 1930. Elle visait les nouveaux venus, considérés comme des révolutionnaires dangereux et marqués par une identité jugée en tous points opposée à celle prêtée à la France. Au début, la plupart des Français avaient manifesté de l'indifférence et les pouvoirs publics avaient même tenté des plans d'aide ou d'insertion pour les accueillir. Puis le discours de *L'Action française* se trouva banalisé : « L'immigration juive n'apporte que des parasites. Cette immigration prend le caractère d'une invasion » (juillet 1933). De leur côté, les juifs français ne cessaient d'osciller entre des attitudes contradictoires et ce depuis le XIXe siècle. Leurs préventions à l'égard de leurs coreligionnaires étrangers renvoyaient à l'attitude des autres Français. Les jugeant frustres et culturellement exotiques – l'on pensait en particulier aux juifs d'Europe de l'Est –, les juifs français s'inquiétaient de leur difficulté à s'assimiler et au réveil de l'antisémitisme que provoquerait un afflux trop important. En même temps, l'assistance communautaire était un devoir et une tradition ; un effort réel fut consenti, à contrecœur ou sincèrement. La création de l'Université populaire juive, en 1902, ou celle, en 1907, du Soutien aux émigrants, complétait l'aide apportée par les institutions communautaires établies. Entre 1933 et 1936 seulement, l'on estime que les israélites français contribuèrent à hauteur de quinze millions de francs de l'époque à l'effort d'aide aux immigrés et réfugiés. Le Comité central d'assistance aux émigrants juifs (CCAEJ), qui succéda, en 1927, au Comité de protection des émigrants israélites, vint en aide à près de 35 000 immigrés entre 1927 et 1936. La crise freina ensuite l'effort. Pour finir, ces tensions entre français et immigrés parurent bien vaines au regard de la tragédie qui attendait l'ensemble des juifs.

Déportation, résistance, libération. Si elle se mêla en grande partie à celle de leurs coreligionnaires autochtones, la condition des juifs étrangers se révéla plus sombre encore. Par leur statut, les juifs étrangers, de même que les naturalisés de fraîche date, furent les premiers exposés aux persécutions. Les 15 000 juifs étrangers qui s'étaient engagés comme volontaires dès le début de la guerre vécurent avec effroi, au même titre que leurs coreligionnaires, la chute de la république. Un grand nombre quitta d'ailleurs la France alors. La question des juifs étrangers fut traitée en urgence par le régime de Vichy. La loi du 22 juillet 1940, qui permettait à l'État français de réviser les naturalisations intervenues après 1927, visait d'abord les juifs, nombreux à s'être naturalisés. Sur 15 154 étrangers dénaturalisés avant 1943, 6 000, soit 40 %, étaient juifs. Dès le 4 octobre 1940, vingt-quatre heures après la promulgation du premier statut des juifs, fut adoptée une loi sur les ressortissants étrangers « de race juive » : « Ils pourront être internés dans des camps spéciaux par décision du préfet du département de leur résidence. » La zone Sud constitua un refuge momentané pour tous les infortunés : devant l'afflux de ces derniers, la ville de Cannes fut rebaptisée « Kahn » par les antisémites. Ayant abandonné l'idée d'une émigration-déportation massive, le régime de Pétain aggrava les procédures d'internement des juifs dans les camps français : en janvier 1941, sur 51 349 internés étrangers, deux tiers étaient juifs. Puis vint le temps des rafles, dont les premières eurent lieu en zone occupée dès mai 1941. Le régime de Pétain et de Laval se fit l'auxiliaire de la « solution finale ». Au cours de la rafle dite du Vél'd'Hiv', lancée à l'aube du 16 juillet 1942, 12 884 juifs étrangers, dont 5 802 femmes et 4 051 enfants furent arrêtés ; environ 7 000 d'entre eux furent parqués au Vélodrome d'hiver proprement dit. Tous furent envoyés dans les camps de Drancy, Pithiviers ou Beaune-la-Rolande avant d'être déportés vers les camps de la mort, Auschwitz plus particulièrement. 584 juifs étrangers furent encore transférés en zone Nord en 1942. Avec l'arrivée allemande en zone Sud, le 11 novembre 1942, les rafles se multiplièrent. 75 000 juifs de France furent déportés, dont deux tiers étaient étrangers. Seuls 2 500 survécurent.

En dépit des risques encourus, de nombreux juifs étrangers, militants pétris d'idéaux, entrèrent en résistance, au sein d'une constellation de groupes, comme l'Armée juive, qui deviendra, en 1944, l'Organisation juive de combat, ou des FTP-MOI, dirigés en région parisienne par Joseph EPSTEIN (colonel Gilles, 1911-1944), et qui comptait dans ses rangs Henri KRASUCKI, entre bien d'autres. Bien souvent, les juifs étrangers semblaient plus calquer leur discours sur celui des communistes que déployer un discours et des projets identitaires.

Ces deux aspects de l'histoire des juifs étrangers pendant la guerre, la déportation et la résistance, furent au cœur des terribles souvenirs et du traumatisme qui les assaillirent à la Libération. Entre mémoire de l'effort de résistance et désir d'oubli, c'était une communauté en convalescence qui s'engageait dans l'après-guerre. Oublier, tel était le maître-mot pour beaucoup ; oublier, enfouir le souvenir et effacer jusqu'à la moindre trace d'altérité pour certains. Environ 10 000 juifs étrangers changèrent de nom dans la décennie d'après-guerre, afin de le franciser, procédure alors facilitée par les pouvoirs publics. Un immense désir de normalité qu'éprouvaient les juifs de France au lendemain de la guerre jouait assurément un grand rôle dans cette volonté d'apaisement.

La France demeura un temps une terre d'asile pour les juifs d'Europe de l'Est. Ils furent des dizaines de milliers à la rejoindre après la guerre, dont 17 000 Hongrois après la crise de Budapest, en 1956. Ceux-ci semblaient cependant plus s'arrimer aux derniers feux de l'émigration ashkénaze qu'ouvrir une nouvelle ère migratoire. Celle qui naissait alors inaugurait le temps des juifs séfarades.

L'exil séfarade. « *Ya hasra ala bladna* » : cette expression arabe, difficile à rendre en français, traduisait tout à la fois un puissant attachement à la terre natale et une résignation, celle d'avoir quitté un pays tant aimé, dont l'image était de plus en plus idéalisée, à mesure que s'allongeait le temps de l'exil. Ce sentiment, les juifs du monde arabe, et plus particulièrement du Maghreb, ne s'en déprirent pas, eux qui étaient installés dans cette région depuis l'Antiquité au moins, ou, pour une fraction fort notable des juifs d'Afrique du Nord, à la suite de l'exode consécutif à la *Reconquista.* En quittant leur pays, les juifs laissaient derrière eux une histoire d'une éclatante richesse, faite de tensions, mais également de symbioses.

Il en allait ainsi des 7 000 juifs égyptiens (sur 60 000), des 65 000 Tunisiens (sur environ 90 000), puis des 55 000 Marocains (sur environ 250 000), qui gagnèrent la France – et dont certains étaient français –, auxquels s'adjoignaient les 100 000 juifs d'Algérie qui, eux, étaient de nationalité française depuis le décret Crémieux. À côté d'anonymes figuraient des intellectuels, comme Albert MEMMI, ou Claude HAGÈGE (né en 1936), ou encore des chanteurs, comme Samy EL MAGHRIBI (1922-2008), pour le Maroc, ou Élie TOUITOU, dit El Kahlaoui Tounsi (1932-2000), Maurice MEÏMOUN (1929-1993), ou

Raoul JOURNO (1911-2001), en ce qui concernait les Tunisiens. Ces artistes, dont le rôle dans l'évolution du métissage musical français doit être rappelé, ont traduit dans leur chant le sentiment du déracinement ressenti par nombre d'exilés. Raoul Journo, arrivé en France en 1965, le rappelle dans ses Mémoires : « L'idée de m'exiler m'attristait chaque jour davantage. Quitter ma Tunisie m'était insupportable. Mon avenir me paraissait austère et menaçant » (*Ma vie*, 2002).

En Égypte, la situation des juifs s'était dégradée après la crise de Suez, et Nasser ordonna clairement leur départ du pays. Au Maghreb, en Tunisie ou au Maroc, aucune politique de vexations à l'encontre des juifs n'avait cours, même si la décolonisation allait progressivement changer le contexte. L'exil constituait, dans une écrasante majorité de cas, le fruit d'un choix difficile, lentement mûri, accéléré par les crises des années 1960. En Tunisie, l'émigration s'est échelonnée sur plusieurs temps : après l'indépendance en 1956, puis en 1961 au moment de la crise de Bizerte, crise diplomatique et militaire avec la France (qui contribua au premier grand exode des Français du Maghreb), ou encore après 1967 et les incidents intercommunautaires qui survinrent à la suite de la guerre des Six Jours. Le mouvement ne s'interrompit pas, surtout jusqu'à la fin des années 1980. Au Maroc, où les autorités refusèrent d'abord toute émigration massive, les juifs quittèrent le pays surtout après 1960, également autour de 1962 et 1967, même si une importante communauté juive se maintient jusqu'à nos jours. Si, dans l'ensemble, les juifs restaient en bonne intelligence avec les musulmans, beaucoup vivaient difficilement leur situation minoritaire et avaient le sentiment d'un âge d'or perdu, dans un contexte économique dégradé. Notons que nombreux furent ceux – et surtout parmi les Marocains – qui s'installèrent en Israël, de même que, dans une proportion certes moindre, en Amérique du Nord.

En France, les juifs d'Afrique du Nord furent largement pris en charge par les associations juives et furent rapidement naturalisés. Ils se retrouvèrent surtout dans les grandes villes et leurs banlieues. On dispose d'enquêtes précises quant au devenir socio-professionnel des juifs originaires du Maroc et de Tunisie : dans les années 1970, pour la région parisienne qui semblait constituer un reflet assez fidèle de la situation nationale, 39 % étaient employés ou cadres moyens, 26 % exerçaient une profession libérale ou étaient cadres supérieurs, 19,6 % étaient ouvriers et 15,4 % s'employaient dans l'artisanat ou le commerce. Ces migrants contribuèrent à renouveler de manière claire l'identité juive française, et pratiquaient un judaïsme décomplexé, aux accents quelquefois folkloriques, célébrés par la littérature ou le cinéma. Et les juifs français (dont beaucoup descendaient d'immigrés plus ou moins anciennement installés en France), désireux de tirer les leçons du passé, affirmèrent leur bienveillance à l'endroit de ces juifs qui insufflaient un souffle nouveau à la judaïcité française, comme en témoignaient les prises de position, dans les années 1960, de Guy de ROTHSCHILD (1909-2007), président du FSJU (Fonds social juif unifié), ou du journaliste Wladimir RABI (1908-1981). Malgré tout, derrière les discours fédérateurs, de bien réelles tensions étaient réapparues. Outre les préjugés qui nourrissaient parfois l'antipathie ou la méfiance, il arrivait que se jouât une véritable compétition entre juifs séfarades et juifs ashkénazes, notamment pour le contrôle des lieux de culte. Ainsi, dans les années 1960, le quartier parisien de Belleville, investi par les juifs tunisiens, fut le théâtre d'une violente mésentente avec les ashkénazes, les premiers réclamant le droit d'observer leur rite et les seconds celui de perpétuer leurs traditions religieuses ou politiques (celles qu'évoque par exemple Guy Konopnicki dans son roman *Au chic ouvrier*, 1979). Les compromis ont souvent fait suite à des affrontements radicaux – ce fut le cas à Belleville. Manifestant un certain repli, mais n'hésitant également pas à nourrir des relations avec les musulmans du Maghreb immigrés en France, les juifs, qui conservaient des contacts étroits avec le Maroc et la Tunisie (on pense notamment au pèlerinage annuel de la Ghriba, à Djerba), jetèrent des ponts plus ou moins solides avec les musulmans, au gré des échos du conflit israélo-arabe, toutefois. L'attachement à leur pays d'origine, transmis aux générations suivantes, ne se dément pas, comme l'indique notamment une production culturelle importante, cultivant une vibrante nostalgie.

Pour tous les juifs de France cependant, les années 1960 donnèrent le signal d'un ancrage et d'une visibilité inédits dans leur histoire au sein de la nation française. Une page se tournait, loin de la discrétion et la douleur silencieuse des années d'après-guerre. L'arrivée des juifs d'Afrique du Nord y fut pour beaucoup. Mais d'autres facteurs pesèrent aussi d'un poids décisif, comme l'affirmation identitaire survenue au moment de la guerre des Six Jours, lorsque nombre de juifs craignirent la destruction de l'État d'Israël, situation de détresse qui ravivait des peurs et des douleurs encore brûlantes. L'identité assumée se doublait de la construction – qui dépassait naturellement les frontières du judaïsme – d'une mémoire collective, où le travail de retour sur le génocide s'est accompagné d'une prise de conscience de la contribution de l'État français au drame de la Shoah. Le film de Marcel Ophuls *Le Chagrin et la pitié* (1971) fut suivi, quelques années plus tard, par la diffusion à la télévision de la série documentaire *Holocauste* (1979), puis de la traduction en français du livre de l'historien américain Robert Paxton, *La France de Vichy* (traduit en 1973). Autant d'éléments qui interpellent les tribulations identitaires de toute une génération de juifs, ceux décrits par Alain Finkielkraut, lui-même fils d'immigrés, dans *Le Juif imaginaire* (1981). Cette nouvelle relation à la France consolidait la tendance à la visibilité déjà sensible avec l'arrivée des juifs d'Afrique du Nord. Il était désormais possible de s'affirmer à la fois français et juif, comme en témoignait l'inscription d'une présence juive dans l'espace public et politique (dans les différents partis, mais également au sein d'organisations, notamment antiracistes), renforcée par l'élargissement du tissu communautaire, ou la multiplication des commerces casher. Ce mouvement traduisait toutefois moins un renouveau religieux ou spirituel, au sens strict de ces termes, qu'identitaire, si l'on en croit une enquête de 1987, menée par Érik Cohen, présentant seulement 12 % de juifs observants (strict respect du shabath et alimentation casher), 49 % de « traditionalistes » (attachés aux grands rites et respectant certains interdits alimentaires), mais surtout 36 % de non-observants se déclarant juifs. On ne saurait toutefois omettre le poids, principalement à partir des années 1960, du mouvement religieux hassidique Habad, ou Loubavitch, rassemblant des descendants d'immigrés ashkénazes, mais également nombre de séfarades.

Si bien que les juifs étrangers qui gagnaient la France dans le second XXe siècle jouissaient d'une atmosphère nettement plus favorable que ceux qui les avaient précédés ; chez tous, l'intégration avait progressé de manière notable. De nos jours, le désir de migrance agite certains des descendants et héritiers des étrangers du passé. Certains quittent la France pour l'étranger et, plus particulièrement, réalisent leur *aliyah*, l'installation en Israël ; assez peu nombreux (1 800 par an depuis 2008, après d'importants pics dans les années 2000), ils jouissent d'une forte médiatisation en France, et plus particulièrement au sein de la communauté juive. D'autres viennent encore s'installer en France. Les juifs s'inscrivent aujourd'hui dans le mouvement croissant des flux internationaux, sans que la foi n'en fournisse la cause, preuve qu'ils sont – peut-être – devenus des migrants « comme les autres ».

Jérémy Guedj

Bibl. : BECKER Jean-Jacques, WIEVIORKA Annette (dir.), *Les Juifs de France de la Révolution française à nos jours*, Paris, Liana Lévi, 1998 • BENSIMON-DONATH Doris, *L'Intégration des juifs nord-africains en France*, Paris, Mouton, 1971 • BENSIMON Doris, DELLA PERGOLA Sergio, *La Population juive en France : socio-démographie et identité*, Paris et Jérusalem, Éditions du CNRS et Hebrew University of Jerusalem, 1986 • CARON Vicki, *L'Asile incertain. La crise des réfugiés juifs en France (1933-1942)*, Paris, Tallandier, 2008 • GREEN Nancy L., *Les Travailleurs immigrés juifs en France à la Belle Époque. Le « Pletzl » de Paris*, Paris, Fayard, 1985 • HYMAN Paula, *De Dreyfus à Vichy. L'évolution de la communauté juive en France (1906-1939)*, Paris, Fayard, 1985 • SCHOR Ralph, *L'Antisémitisme en France pendant les années trente. Prélude à Vichy*, Bruxelles, Complexe, 1992 • ZYTNICKI Colette (dir.), *Terre d'exil, terre d'asile. Migrations juives en France aux XIXe et XXe siècles*, Paris, Éditions de l'Éclat, 2010.

K

KAHNWEILER Daniel-Henry

Marchand d'art, critique et collectionneur. – Né le 25 juin 1884 à Mannheim, Allemagne ; mort le 11 janvier 1979 à Paris, France.

En 1907, âgé de vingt-trois ans, le jeune Allemand Daniel-Henry Kahnweiler ouvre une galerie d'art à Paris au 28 de la rue Vignon. Sa formation dans les milieux d'affaires londoniens explique en partie la réussite de son entreprise, fort risquée, de promotion commerciale et artistique du cubisme. Il assure une diffusion internationale aux peintures de Picasso et Braque, puis à celles de Léger et Gris, artistes avec lesquels il signe des contrats de quasi-exclusivité. Parallèlement aux expositions, Kahnweiler s'occupe d'édition et publie Apollinaire, Max Jacob, Leiris, dont les textes sont illustrés par les artistes de la galerie. Lors de la déclaration de guerre en 1914, il n'obéit pas à son ordre de mobilisation dans l'armée allemande, refusant de combattre son pays d'adoption. Déclaré déserteur, il se réfugie en Suisse. Sa galerie parisienne est mise sous séquestre, en tant que biens appartenant à l'ennemi allemand. Son stock de tableaux est vendu par l'État aux enchères en 1921 et 1923. Kahnweiler repart de zéro en s'associant avec André Simon et s'installe à Boulogne où il reçoit chaque dimanche, jusqu'en 1927, peintres et poètes cubistes et surréalistes. En 1937, il est naturalisé français, mais les décrets antisémites édictés par le régime de Vichy en 1940 lui ôtent sa nationalité et son droit à posséder une galerie, qu'il cède à sa belle-fille, Louise Leiris. Lui-même se cache durant la guerre à Saint-Léonard-de-Noblat, puis à Paris. Il reprend alors l'écriture critique et, après divers essais sur le cubisme, publie en 1946 la première monographie sur l'œuvre de Juan Gris, tout en continuant à diriger sa galerie. Autobiographie (*Mes galeries et mes peintres*, 1961) et biographies (par Pierre Assouline et Patrick-Gilles Persin) assurent la renommée de l'un des marchands les plus importants de l'art moderne.

Julie Verlaine

KALBRENNER Frédéric (Friedrich Wilhelm)

Compositeur et pianiste. – Né le 7 novembre 1785 sur la route entre Cassel et Berlin, en Allemagne ; mort le 10 juin 1849 à Enghien-les-Bains, France.

Élève au Conservatoire de Paris entre 1798 et 1802, Kalbrenner avait suivi les cours de Louis Adam, de Charles Simon Catel et de Ferdinand Hérold. Pianiste virtuose, il rencontrera Haydn, Beethoven, Clementi. Après un court séjour à Vienne, puis un beaucoup plus long en Angleterre, il s'installe à Paris où il exerce à la fois comme pianiste, comme enseignant et comme facteur de pianos. C'est un succès. Il comptera parmi ses élèves les plus connus le compositeur hongrois Cornelius Ábrányi et la pianiste Camille-Marie Stamaty – qui transmettra elle-même sa méthode pianistique à Louis Moreau Gottschalk, venu de La Nouvelle-Orléans, comme à Camille Saint-Saëns. Très oublié aujourd'hui, Kalbrenner a constitué le chaînon manquant entre le classicisme et le romantisme. Chopin le considérait comme le seul pianiste intéressant de sa génération et lui dédia un de ses concertos pour piano.

Didier Francfort

KALVAR Richard

Photographe. – Né en 1944 à New York, États-Unis.

Après des études littéraires à l'université Cornell, Richard Kalvar entre, à New York, au service du photographe de mode français Jérôme Ducrot. La découverte de l'Europe appareil photo à la main le décide à faire de la photographie son métier et, très vite, à s'installer à Paris, où il entre à l'agence Vu. En 1972, il participe à la fondation de la dernière des grandes « agences de photographes » des Trente Glorieuses, avant la chute du système, Viva. Trois ans plus tard, c'est dans l'aînée de cette famille, l'agence Magnum, qu'il fait son entrée. Il en gravira tous les degrés, jusqu'à en devenir le président. La touche Kalvar se reconnaît à son goût pour l'étrangeté saisi par lui dans l'ordinaire du monde entier. Son regard curieux débusque les *Terriens* – titre de son exposition à la Maison européenne de la photographie en 2007 et du livre correspondant – dans des situations ou des rencontres insolites, qui enchantent le quotidien.

Pascal Ory

KANDINSKY Vassili

Peintre. – Né le 4 décembre 1866 à Moscou, alors Empire russe, aujourd'hui Russie ; mort le 13 décembre 1944 à Neuilly-sur-Seine, France.

Pionnier de l'art abstrait, Kandinsky a beaucoup influencé, par ses œuvres et ses écrits, les peintres abstraits français des années 1940-1960. Les deux premiers tiers de sa vie se passent entre la Russie et l'Allemagne : après des études brillantes de droit à Moscou, il rompt avec l'université et se rend à Munich pour apprendre la peinture, séjourne à Paris une année en 1906-1907, revient à Munich et s'engage dans l'abstraction puis, lorsqu'éclate la Première Guerre mondiale, repart en Russie. Après la révolution de 1917, il participe à la réorganisation des structures artistiques de l'État soviétique. En 1921, profitant d'une mission officielle, il s'installe en Allemagne avec son épouse Nina. Walter Gropius, le directeur du Bauhaus, lui offre un poste d'enseignant, qu'il occupe jusqu'à la fermeture de l'école, sur ordre d'Hitler, en 1933. La « période parisienne » de sa vie et de son œuvre commence donc en 1933, lorsque, déchu par le régime nazi de la nationalité allemande qu'il avait obtenue en 1927, Kandinsky, apatride, s'installe à Paris. Il y retrouve Marcel Duchamp qui s'occupe de lui trouver un appartement à Neuilly, où Kandinsky habitera jusqu'à sa mort. Pendant quelques mois, découragé, il ne parvient pas à peindre : il est inconnu en France, où personne n'a lu ses livres ni vu sa peinture, et il espère, jusqu'en 1938, pouvoir repartir en Allemagne. Il vit entouré d'étrangers et déclare : « Cet effet cosmopolite a un effet très – vraiment très ! – rassérénant après les épreuves que vous savez ! » Son neveu, Alexandre Kojève, lui rend souvent visite et c'est dans la galerie du grec Christian Zervos qu'il obtient d'exposer. Il refuse de partir aux États-Unis, désireux de garder toutes ses forces pour sa peinture, qui devient plus joyeuse, plus transparente. En 1939, le couple est naturalisé grâce à Jean Cassou, André Dezarrois et Pierre Bruguière. Le musée du Jeu de Paume achète *Composition IX*, œuvre peinte en 1937. Après de difficiles années de guerre, passées principalement à Neuilly, Kandinsky meurt en décembre 1944, alors que ses œuvres sont présentées dans un Paris libéré de l'occupant nazi. C'est le début d'une grande carrière posthume, ponctuée d'expositions et d'hommages, orchestrés dans un premier temps par Nina, sa veuve, qui fait don des archives de l'artiste au musée national d'Art moderne de Paris, dont la Documentation a pris le nom de Bibliothèque Kandinsky.

Julie Verlaine

KAPLAN Nelly

Cinéaste, écrivain. – Née le 11 avril 1936 à Buenos Aires, Argentine.

C'est par passion de la poésie française que cette cinéphile argentine d'origine russe arrive en 1953 à Paris avec une lettre du directeur de la Cinémathèque argentine qui la recommande à Henri Langlois. Ce dernier la présente à Abel Gance, dont elle devient l'assistante, la collaboratrice, la muse et avec lequel elle vivra « une relation passionnelle d'une grande frénésie », pour reprendre ses propres termes. Gance parle d'elle comme « à la fois hermine et panthère noire », dotée d'un « goût de l'insolite » et d'un « érotisme complexe ». Traits que l'on retrouve dans les textes qu'elle publie chez Losfeld ou Pauvert sous le pseudonyme de Belen (*La Géométrie dans les spasmes*, *Délivrez-nous du mâle*, *La Reine des sabbats*, *Le Réservoir des sens*). Liée avec les surréalistes André Breton, Theodore Fraenkel, Philippe Soupault, elle signe un court métrage sur le peintre Gustave Moreau, rencontre André Pieyre de Mandiargues, manifeste son attirance pour l'ésotérisme dans ses livres et son caractère de femme libre et rebelle dans les films que produit Claude Makovski : *La Fiancée du pirate* (1969), *Papa les p'tits bateaux* (1971), *Charles et Lucie* (1979). Elle réalise également une adaptation d'un ouvrage d'Emmanuelle Arsan, *Néa* (1976), et collabore étroitement avec le cinéaste Jean Chapot.

Jean-Luc Douin

KAPRALOVA Vítězslava

Compositrice. – Née le 24 janvier 1915 à Brno, alors Autriche-Hongrie, aujourd'hui République tchèque ; morte le 16 juin 1940 à Montpellier, France.

La question de l'intégration à la société française de cette musicienne exceptionnelle n'a pas pu être posée.

Vítězslava Kaprálová est née dans une famille musicienne. Son père, Václav Kaprál, était un élève de Leoš Janáček. Elle écrit ses premières compositions à neuf ans, est brillamment admise au Conservatoire de Brno où elle achève ses études en 1935. Elle peut alors entrer au Conservatoire de Prague et suivre les cours de Václav Talich, qui dirigeait l'orchestre du Théâtre national, et du compositeur Vítězslav Novák, directeur du Conservatoire. Dès 1936, elle veut réagir face à la menace hitlérienne et compose une *Sinfonietta* militaire. En 1937, elle rencontre Bohuslav Martinů. Elle obtient une bourse d'études en France et arrive à Paris, où Martinů la présente à la colonie tchèque : les pianistes Rudolf Firkušný et Josef Páleníček, le dessinateur Adolf Hoffmeister, l'acteur Hugo Haas. Elle suit les cours de Charles Münch, rencontre Darius Milhaud, Florent Schmitt, découvre la musique d'Arnold Schoenberg et de Béla Bartók. Après les accords de Munich, ses compositions s'assombrissent. Martinů et elle sont tombés amoureux, mais elle épouse Jiří Mucha, fils du peintre Alfons Mucha. Elle meurt de tuberculose au printemps 1940. Rafael Kubelik et Karel Ančerl se sont faits les interprètes de son œuvre, que son pays d'adoption (in extremis) n'a pas encore reconnu.

Didier Francfort

KARABATIC Nikola

Sportif. – Né le 11 avril 1984 à Niš, alors Yougoslavie, aujourd'hui Serbie.

Né d'un père croate et d'une mère serbe, Nikola Karabatic dispose d'un des palmarès les plus riches et les plus prestigieux du handball français. Il arrive en France en 1988, à l'âge de quatre ans, pour rejoindre, en compagnie de sa mère, son père installé en Alsace. Branko Karabatic est un gardien de but de handball, qui a disputé les Jeux olympiques de Moscou en 1980 avec l'équipe nationale yougoslave. Comme nombre de ses compatriotes, il est recruté par un club français, l'association Sports et Loisirs Robertsau Handball. Son fils suit ses traces en débutant, dès l'âge de six ans, au sein du club de Colmar, ville où la famille s'installe. Plus tard, dans l'Hérault, où les Karabatic ont déménagé, le jeune Nikola est repéré par le club de Montpellier, qui l'intègre à son centre de formation. À l'âge de dix-sept ans seulement, il dispute, en 2001, son premier match avec l'équipe première de l'un des principaux clubs français. L'année suivante, il obtient le premier de ses six titres de champion de France (2002, 2003, 2004, 2005, 2010 et 2011), avant de remporter la Ligue des champions en 2003. Sa carrière se poursuit ensuite dans le championnat d'Allemagne – l'un des plus relevés d'Europe – au THW.Kiel. Il y gagne quatre titres de champion d'Allemagne (2006, 2007, 2008 et 2009) et une nouvelle Ligue des champions en 2007. La Fédération internationale de handball (IHF) le désigne cette année-là comme « meilleur joueur du monde ». En 2009, il décide de retrouver son jeune frère et son père, entraîneur des gardiens, à Montpellier. Ce retour est rendu possible grâce à l'appui financier de la ville et de l'agglomération de Montpellier ainsi que de la région Languedoc-Roussillon. Ses performances en club et en équipe de France en ont fait l'une des principales vedettes du handball international, sollicité par les publicitaires. C'est en 2002 qu'il fait le choix de l'équipe de France, qui profite de son talent pour dominer le handball mondial à la fin des années 2000 (championne olympique en 2008 et en 2012, championne du monde en 2009 et 2011, championne d'Europe en 2006 et 2010). Le titre de champion de monde obtenu en 2009 donne non seulement l'occasion aux médias français de rappeler ses origines, mais constitue aussi pour le joueur une émotion particulière : la France s'impose en finale face à la Croatie, le pays hôte, dans un contexte de rivalité avec le joueur vedette croate, Ivano Balic, exacerbée par les médias locaux. L'hostilité du public dans le pays d'origine de son père ne nuit cependant pas à la performance d'un joueur reconnu à la fois pour ses qualités techniques et sa détermination.

Stéphane Mourlane

KARABOUÉ Douada

Sportif. – Né le 1er décembre 1975 à Abidjan, Côte d'Ivoire.

Fils du chauffeur de l'épouse du président ivoirien, Félix Houphouët-Boigny, Daouda Karaboué arrive en France en 1984. Il passe sa jeunesse dans un foyer de la région cannoise. Il commence à jouer au handball au club de Mandelieu comme gardien de but, avant de rejoindre, en 1993, le principal club français : Montpellier Handball. Il peine à s'y imposer et quitte le club en 2000 pour rejoindre d'abord l'Allemagne (VFl.Hameln), puis la Suisse en 2002 au Grashoppers de Zurich. Il remporte en Suisse le championnat, ce qui lui vaut un retour à Montpellier en 2004. Il est champion de France à cinq reprises (2005, 2006, 2008, 2009, 2010) avec ce club. Depuis 2010, il joue au Toulouse Handball. Il connaît sa première sélection en équipe de France en 2004. Bien que souvent considéré comme la doublure de Thierry Omeyer au poste de gardien de but, il est un élément essentiel de l'équipe nationale depuis lors. Il est ainsi champion olympique (2008), double champion du monde (2009 et 2010) et champion d'Europe (2010). Il met à profit sa notoriété pour apporter du soutien dans son pays d'origine en fondant l'association « DK Cœur d'Afrique ». En soutenant la pratique du handball en Côte d'Ivoire, il entend ainsi participer à l'éducation et l'intégration sociale de la jeunesse. Son action lui vaut d'être fait chevalier de l'ordre du Mérite sportif ivoirien en juillet 2009. Comme les autres membres de l'équipe de France, championne olympique, Daouda Karaboué, est chevalier dans l'ordre de la Légion d'honneur.

Stéphane Mourlane

KARGULEWICZ Édouard, *dit* Kargu

Sportif. – Né le 16 décembre 1925 à Górki, Pologne ; mort le 13 mars 2010 à Camblanes-et-Meynac, France.

Toute la carrière de footballeur professionnel de Kargu se déroule aux Girondins de Bordeaux, entre 1947 et 1956. Alors qu'il effectue une saison remarquable, à l'issue de laquelle il est champion de France avec son club, il connaît sa première sélection en équipe de France face à la Belgique, le 5 juin 1950. Il revêt ensuite jusqu'en 1953 le maillot bleu à onze reprises. Il achève la saison 1953-1954 comme meilleur buteur du championnat de France. Cet attaquant athlétique a marqué 105 buts au cours des 208 matchs disputés dans sa carrière.

Stéphane Mourlane

KARINA Anna (Hann Karin Blarke Bayer)

Actrice, chanteuse. – Née le 22 septembre 1940 à Solbjerg, Danemark.

Fille d'une costumière de Carl Dreyer, modèle et figurante, Hann Karin Blarke Bayer s'est exilée à Paris en 1958. Posant pour des photos de mode chez Publicis, elle croise Coco Chanel, qui lui invente son pseudonyme : Anna Karina. Repérée par Jean-Luc Godard – qui l'épousera –, elle tourne *Le Petit Soldat* (1960), obtient le prix d'interprétation féminine au Festival de Berlin pour *Une femme est une femme* (1961). Cinq autres films de Godard illustrent sa relation orageuse avec le cinéaste suisse (*Vivre sa vie* en 1962, *Bande à part* en 1964, *Pierrot le fou* et *Alphaville* en 1965, *Made in USA* en 1966). Ils lui octroient un statut d'égérie de la Nouvelle Vague, dont elle est devenue, pour beaucoup de cinéphiles, la voix. Menant de pair une carrière de chanteuse (Serge Gainsbourg lui écrit une comédie musicale, *Anna*), elle tourne avec Michel Deville (*Ce soir ou jamais*, 1960), Maurice Ronet (*Le Voleur du Tibidabo*, 1964), Jacques Rivette (*Suzanne Simonin, la Religieuse de Diderot*, 1965), Jean Aurel (*Lamiel*, 1967), André Delvaux (*Rendez-vous à Bray*, 1971), une cinquantaine de films au total. Elle en réalise deux elle-même : *Vivre ensemble* (1972) et *Victoria* (2008).

Jean-Luc Douin

KARMITZ Marin

Cinéaste, producteur, distributeur, exploitant. – Né le 7 octobre 1938 à Bucarest, Roumanie.

Arrivé en France à l'âge de neuf ans avec une famille qui fuyait la politique antisémite du maréchal dictateur Antonescu allié à Hitler, sorti de l'Institut des hautes études cinématographiques avec un diplôme de chef opérateur, Marin Karmitz a réalisé *Sept Jours ailleurs* (1967), récit d'une escapade et d'une rébellion contre la société de consommation qui annonce Mai 1968. Karmitz milite à la Gauche prolétarienne, tourne *Camarades* (1969), histoire d'un ouvrier adoptant la cause révolutionnaire, et *Coup pour coup* (1972), récit d'une grève dans une usine de confection. Les difficultés rencontrées pour diffuser ses films le poussent à ouvrir une salle, puis à devenir distributeur et producteur. MK2 est le nom de sa société, spécialisée dans le cinéma indépendant. Marin Karmitz se dit « éditeur de films à Paris », déterminé à découvrir et à faire découvrir des langages nouveaux, des territoires inexplorés de l'écriture cinématographique. Son catalogue est impressionnant, qui brasse les noms de Louis Malle, Ylmaz Güney, Claude Chabrol, Alain Resnais, Jean-Luc Godard, Krzysztof Kieslowski, Michael Haneke, Abbas Kiarostami...

Il est nommé en 2008 par Nicolas Sarkozy délégué général du Conseil de la création artistique.

Jean-Luc Douin

KARS Georges. — *Voir* PARIS, École de.

KAUCSAR Joseph (Guyla)

Sportif. – Né le 20 septembre 1904 à Abeuth, Roumanie ; mort en 1986.

Arrivé en France en 1925, Joseph Kaucsar est garagiste à Saint-Raphaël tout en jouant au football au sein du club local. Le Stade raphaëlois, qui a été champion de France en 1912 (USFSA), se maintient au haut niveau dans l'entre-deux-guerres au sein de la ligue du Sud-Est et en disputant deux demi-finales de Coupe de France (1927 et 1929). Au moment où le football français adopte le système professionnel, dont Saint-Raphaël est écarté, Joseph Kaucsar rejoint, en 1931, le Stade olympique montpelliérain. Le club héraultais est cependant relégué en deuxième division en 1936 et connaît des difficultés financières. Dissout, il renaît dès 1937 sous le nom de Sports olympiques montpelliérains. Joseph Kaucsar traverse cette époque, fort de son statut d'international. Il est sélectionné en équipe de France une première fois le 15 mars 1931 contre l'Allemagne. Il connaît ensuite quinze sélections jusqu'en 1934. Sa carrière internationale est notamment marquée, le 14 mai 1931, par la victoire retentissante face à l'Angleterre (5-2), la nation fondatrice du football. Il est capitaine de l'équipe de France l'année suivante, le 9 juin 1932, lors d'un déplacement victorieux en Bulgarie (3-5).

Stéphane Mourlane

KECHICHE Abdellatif

Acteur, cinéaste. – Né le 7 décembre 1960 à Tunis, Tunisie.

Arrivé avec ses parents à Nice à l'âge de six ans, Abdellatif Kechiche a commencé sa carrière cinématographique comme acteur dans *Thé à la menthe* d'Abdelkrim Bahloul (1984), *Les Innocents* d'André Téchiné (1987), et *Bezness* de Nouri Bouzid, qui lui vaut le prix d'interprétation masculine du Festival de Namur en 1992. Passé à la réalisation, il truste les récompenses pour *La Faute à Voltaire* (2000, Lion d'or de la meilleure première œuvre à la Mostra de Venise), *L'Esquive* (2003, quatre Césars), *La Graine et le mulet* (2007, Grand Prix du jury à Venise). Il reçoit la Palme d'or au Festival de Cannes 2013 pour *La Vie d'Adèle.*

Jean-Luc Douin

KEÏTA, Salif

Auteur-compositeur-interprète. – Né le 25 août 1949 à Badougou Djoliba, Mali.

D'ascendance noble, issu de la dynastie du fondateur de l'empire du Mali – XIIe-XIIIe siècle –, Salif Keïta passe son enfance à Djoliba, village au carrefour de diverses influences, notamment musicales. À l'École normale de Bamako, qu'il fréquente dans les années 1960, les maîtres, véritables ponts entre la musique mandingue et les influences occidentales, ont été en contact avec des influences jazz, blues, rock – Ray Charles, Jimmy Smith, le pianiste John Lee Hooker... Son albinisme, outre la source de railleries et de mauvais présages, lui ferme les portes du professorat pour cause de mauvaise vue. Il décide donc de s'orienter vers la musique. Cependant, dans une société régie par les castes, la pratique de la musique est incompatible avec le statut noble : elle est réservée à la caste des griots, poètes-chanteurs et conteurs. Salif Keïta s'oppose donc à son père. Dans l'œuvre de l'artiste, la question de l'identité familiale recouvre un aspect primordial. Il se pose en exemple de la modernité, en s'opposant à l'ancien temps – son père –, non sans une nuance de respect. Pour pratiquer la musique, Salif Keïta quitte donc la maison familiale et part, en 1968, pour Bamako. Il joue dans des dancings comme le Buffet-Hôtel de la Gare, avec le Rail Band de Bamako, aidé par le gouvernement. Il intègre ensuite le groupe Les Ambassadeurs du motel, qui se produit au

Motel de Bamako et qui reçoit, lui aussi, la protection du ministère de l'Intérieur. Ils adaptent des chansons traditionnelles, retravaillées, des griots. Le groupe part en tournée en France. Leur protecteur, Tiécoro Bagayoko, chute en 1978 et ils s'exilent à Abidjan, en Côte d'Ivoire. Changeant le nom de leur groupe, ils deviennent Les Ambassadeurs internationaux et reprennent les chansons traditionnelles des griots agrémentées de rythmes jamaïcains reggae. La première influence musicale de l'artiste est celle, traditionnelle, des chasseurs, dominée par la figure du barde mandingue Bala Jimba Diakité. L'adoption des vêtements traditionnels du chasseur est pour lui un moyen d'affirmer la noblesse du musicien : il adopte l'image du *donso sero*, le chasseur-artiste, qui est pour lui un moyen de se rapprocher des racines familiales – son père était chasseur.

En 1984, Keïta participe au Festival des musiques métisses d'Angoulême. Répondant à son désir de conquérir la scène internationale, il s'installe à Montreuil. Trois ans plus tard, il sort l'album *Soro* : accents blues, rock, *rythm and blues* et mandingue, avec des paroles en malinké, le tout arrangé par deux Français, François Bréant et Jean-Philippe Rykiel. Il connaît un succès international important, qui fait de Keïta un des pionniers de la *World Music*. Il participe aux Francofolies de La Rochelle, puis part, en octobre, en tournée à La Réunion. Il participe ensuite à Londres à un concert organisé pour les soixante-dix ans de Nelson Mandela. En 1988 sort *Ko-Yan* (« Que se passe-t-il ici ? »), opus à orientation jazz. La fin des années 1980 résonne comme l'explosion, en France, de la scène africaine. En 1996, Salif Keïta retourne au Mali, ouvre un studio et produit de jeunes artistes. En 1997, il sort *Sosie*, un album de chansons françaises, dans lequel il reprend des standards de Serge Gainsbourg ou Maxime Le Forestier, joués au balafon ou à la kora.

Stéphane Leroy

KENDE Pierre (Péter)

Sociologue. – Né le 26 décembre 1927 à Budapest, Hongrie.

En 1956, Pierre Kende, journaliste hongrois, prend part à l'insurrection en soutien au gouvernement d'Imre Nagy. La répression soviétique l'oblige à l'exil. En France, François Fejtö organise sa venue et son installation. Il entreprend un doctorat en sociologie. Devenu enseignant à l'université Paris-X Nanterre (1970-1974), puis à Aix-Marseille-III (1975-1978), ensuite à l'École des hautes études en sciences sociales (1979-1991), enfin directeur de recherche au CNRS jusqu'à sa retraite en 1993, il s'impose comme spécialiste de l'Europe de l'Est (*Logique de l'économie centralisée, un exemple : la Hongrie*, 1964 ; *Égalité et inégalités en Europe de l'Est*, 1984 ; *Le Défi hongrois : de Trianon à Bruxelles*, 2004). Introduit dans le milieu intellectuel français, notamment par Raymond Aron et par Jean Lhomme, qui influencent sa pensée, il collabore aux revues françaises *Esprit*, *Contrepoint*, *La Nouvelle Alternative* ou *Commentaire*.

Dissident hongrois, il demeure un acteur de l'histoire de son pays natal : il collabore à la revue *Études* de l'Institut Imre Nagy de sciences politiques, créé à Bruxelles en 1958 ; en 1976, il co-organise l'important colloque Varsovie-Budapest, qui réunit des dissidents hongrois, polonais et tchécoslovaques autour de l'événement 1956 (*1956, Varsovie, Budapest : la deuxième révolution d'octobre*, 1978), il fonde et dirige, de 1978 à 1989, la revue internationale *Cahiers hongrois* (*Magyar Füzetek*) ; en 1982-1983, avec Akos Ditroi, il fait renaître de ses cendres la Ligue hongroise des droits de l'homme – inactive depuis 1947 – ; enfin il cofonde, en 1989, puis préside, à Budapest, l'Institut pour l'histoire de la révolution hongroise de 1956. En 1993, il est élu membre extérieur de l'Académie des sciences de Hongrie.

Anna Trespeuch-Berthelot

KERTÉSZ André (Andor)

Photographe. – Né le 2 juillet 1894 à Budapest, Hongrie ; mort le 28 septembre 1985 à New York, États-Unis.

Andor Kertész arrive en France en 1925, lesté d'un diplôme de la Société hongroise de photographie et d'une expérience de la guerre qui a décidé de sa vocation. Sa biographie est originale, dans le milieu photographique parisien : bien qu'à l'instar de ses camarades du même âge il enchaîne, dans l'entre-deux-guerres, les travaux alimentaires pour tel ou tel magazine – essentiellement le *Vu* de Lucien Vogel, titre méconnu qui inspirera *Life* –, il bénéficie dès 1927 d'une exposition personnelle et, dès les années 1930, de publications mettant en avant son nom, tel, en 1934 *Paris vu par André Kertész*, paru quelques mois après le *Paris de nuit* de son compatriote et contemporain Brassaï, qui met, lui, encore en avant le nom de l'auteur du texte, Paul Morand. Sa proximité avec les avant-gardes du temps contribue à cette reconnaissance : il collabore, entre autres, à la revue *Bifur* dirigée par Georges Ribemont-Dessaignes, dont Joyce ou Ramón Gómez de La Serna sont les « conseillers étrangers ». Le caractère volontiers « constructiviste » de toute la partie de son œuvre qui se rattache à cette fréquentation en témoigne, tout comme la série de ses *Distorsions*. À la différence de la plupart des photographes français d'origine étrangère de cette génération, il quitte la France dès 1936 et s'installe à demeure aux États-Unis, dont il prendra la nationalité et où il mourra. La déception devant les limites de l'eldorado américain, qui ne lui fait pas fête, et la nostalgie de sa jeunesse radicale ont joué un rôle dans son progressif retour vers la France, à partir de 1963, et dans ce qui le réintègrera totalement dans la mémoire nationale : le don, en 1984, de ses négatifs et de ses archives à l'État français, deux ans après avoir reçu le Grand Prix national de la photographie. Il faudra cependant attendre la grande exposition qui lui sera consacrée en 2010 au Jeu de Paume pour que le public français puisse enfin prendre toute la mesure d'un auteur perfectionniste et secret, promenant sur le monde un regard décalé, qui aura mis du temps à être lui-même regardé.

Pascal Ory

KESSEL Joseph

Journaliste et écrivain. – Né le 10 février 1898 à Clara, Argentine ; mort le 23 juillet 1979 à Avernes, France.

Fils de Samuel Kessel, médecin juif d'origine lituanienne qui vint passer son doctorat à Montpellier, puis partit exercer en Amérique du Sud, Joseph Kessel vit en Argentine ses premières années, les suivantes à Orenbourg, dans l'Oural, berceau de la famille de sa mère (née Lesk), où ses parents résident de 1905 à 1908, avant de revenir s'installer en France. La biographie et la bibliographie de Joseph Kessel sont particulièrement riches : quatre-vingt-trois ouvrages publiés entre 1922 et 1975, une vie qui mêle aventures, écriture et combats. Préparant une licence de lettres, il collabore au *Journal des débats*, est reçu au Conservatoire en 1916, mais délaisse la scène pour s'engager dans l'armée française. Jeune officier aviateur, il suit son escadrille jusqu'à Vladivostok. À défaut d'y faire la guerre, il y mène une vie nocturne débridée en compagnie d'officiers cosaques. De retour à Paris après la guerre, naturalisé en 1922, il se lance dans le reportage. Il promène sa curiosité inlassable en Irlande pour *La Liberté*, à Riga pour *Le Figaro*, en Palestine, en mer Rouge et ailleurs. Parallèlement, il poursuit une vie mouvementée, entre maîtresses et cabarets russes ou tsiganes. Fasciné par les bas-fonds, qu'il fréquente à Berlin aussi bien qu'à Montmartre, il écrit plusieurs textes pour *Détective*, réunis ensuite dans *Nuits de Montmartre*. Kessel aime la nuit parce qu'elle permet aux hommes et aux femmes de se débrider, de se raconter. Et lui écoute, puis écrit. Comme reporter, il connaît la célébrité à partir de son voyage en Palestine, au Liban et en Syrie en 1926. Invité par des sionistes, il publie ses articles dans *Le Journal*. En 1928, il participe à la création de *Gringoire*, hebdomadaire très à droite, dont le propriétaire est Horace de Carbuccia. En 1929, il est sur la ligne de l'Aéropostale pour ce journal. L'année suivante, il propose au *Matin* de partir sur la trace du trafic des esclaves de la mer Rouge. Sa série « Marchés d'esclaves » est publiée du 25 mai au 14 juin 1930 et permet au quotidien de Maurice Bunau-Varilla d'accroître son tirage de 150 000 exemplaires. C'est sans doute le reportage le plus extraordinaire qu'il ait réalisé et celui qui marqua le plus l'opinion. En 1932, il est en Allemagne, en 1933 en Amérique, en 1934 en Catalogne… À partir de 1937, il travaille pour *Paris-Soir*, le quotidien de Jean Prouvost animé par Pierre Lazareff. Il y publie une longue série sur Mermoz, est envoyé en Espagne à la fin 1938, puis devient correspondant de guerre. Entre-temps, il a brisé avec *Gringoire* et l'extrême droite, participé à la création de la LICA (Ligue internationale contre l'antisémitisme) et publié *La Passante du Sans-Souci* (1936). Il s'engage ensuite dans la Résistance, puis rejoint la France libre. Il écrit alors le *Chant des partisans*, avec son neveu Maurice Druon, et le livre *L'Armée des ombres*. À la fin de la guerre, il obtient même de reprendre du service actif dans l'aviation. Après la guerre, il rejoint *France-Soir*, couvre le procès de Nuremberg, repart en Israël, en Afghanistan (*Les Cavaliers*), en Extrême-Orient, mais se consacre de plus en plus à l'écriture de romans et de souvenirs. En 1962, il est un des rares reporters, après Jérôme et Jean Tharaud, à être reçu à l'Académie française, réception qui consacre ainsi sa double carrière. Françoise Giroud l'avait cerné au plus près : « Kessel a épuisé tout ce que le monde offre aux hommes avides et passionnés : la gloire et la cocaïne, les petites Chinoises, les belles Anglaises et l'alcool ; les combats aériens, l'héroïsme et l'opium, le plaisir de sombrer dans toutes les ivresses et celui de savoir s'arrêter. [...] Il avait le don de mêler le tricolore au caviar, de frémir devant un drapeau et de pleurer en pensant à l'âme des prostituées, il écrivait avec une encre rouge comme le sang des héros, comme la rosette de sa Légion d'honneur, comme les jupes molles des tziganes. »

Patrick Eveno

KETTY Rina (Cesarina Picchetto)

Chanteuse. – Née le 1ᵉʳ mars 1911 à Sarzana, Italie ; morte le 23 décembre 1996 à Cannes, France.

Rina Ketty fut la première chanteuse de l'ère de la TSF et du 78-tours à incarner les canons de la chanson « exotique et sentimentale » au féminin, Tino Rossi se chargeant du pendant masculin. En 1933, lorsqu'elle quitte sa Ligurie natale pour rejoindre à Paris ses tantes émigrées, elle commence dans le genre montmartrois au cabaret Au Lapin Agile. Mais son accent charmant, sa diction délicate et son art du *moderato cantabile*, ainsi que la rencontre artistique et amoureuse avec l'accordéoniste Jean Vaissade, l'orientent vite vers moult tangos et sérénades. Une valse composée par son époux, *Rien que mon cœur*, lui apporte le succès et le Grand Prix du disque (1937). En mars 1938, elle grave les deux faces d'un disque de légende : *J'attendrai...* et *Sombreros et mantilles*. La première, adaptée d'un slow-fox italien, est, depuis, la chanson de l'expectative amoureuse par excellence. Quant au paso doble, il reste aujourd'hui encore au répertoire. La guerre vient stopper net la gloire de Rina Ketty, qui, en 1940, choisit la discrétion d'une ressortissante d'un pays occupant de la France. Mais combien de femmes de prisonniers continuent de murmurer *J'attendrai...* ? Après le conflit, elle connaîtra une carrière en demi-teinte, entre le Canada et quelques apparitions françaises, toujours en icône d'un passé révolu.

Yves Borowice

KHADRA Yasmina (Mohammed Moulessehoul)

Romancier. – Né le 10 janvier 1955 à Kenadsa, alors France, aujourd'hui Algérie.

Fils d'un officier de l'Armée de libération nationale algérienne, Mohammed Moulesshoul entre en 1964 dans un lycée militaire et y accomplit toute sa scolarité. Devenu officier en 1975, il ne cessera son activité militaire qu'en 2000, après avoir été l'un des principaux responsables de la lutte anti-islamique en Algérie durant la guerre civile des années 1990. Les attentats sanglants dont il est le témoin direct contribuent d'ailleurs à nourrir son œuvre. Alors que ses premiers écrits ont paru en 1984, il publie sous nom d'emprunt plusieurs récits mettant en scène son héros récurrent, le commissaire Llob, dans un Alger crépusculaire et ultraviolent, qui apparaît comme la métaphore d'un pays tout entier saisi par la folie meurtrière. Ses romans sont bientôt publiés sous le pseudonyme de Yasmina Khadra, qui rassemble les deux prénoms de son épouse. Chef de file du nouveau roman policier algérien francophone, il s'essaye au roman noir avec *Morituri* (1997) qui, publié en France, rencontre le succès auprès du grand public. Après deux décennies de clandestinité littéraire, Yasmina Khadra choisit de s'installer à Aix-en-Provence en 2001. Son œuvre ayant suscité autant le malentendu que l'admiration – les critiques l'ayant spontanément attribuée à une femme –, l'écrivain lève le voile sur son identité en faisant paraître coup sur coup deux ouvrages, *L'Écrivain* (2001) et *L'Imposture des mots* (2002), dans lesquels il se raconte et donne le sens de ses écrits. De 2002 à 2006, il publie une trilogie romanesque très remarquée (*Les Hirondelles de Kaboul*, *L'Attentat* et *Les Sirènes de Bagdad*), qui lui permet d'acquérir une audience internationale en s'interrogeant sur les liens entre Orient et Occident. L'œuvre de Yasmina Khadra a été de nombreuses fois primée, l'écrivain ayant lui-même été fait chevalier de la Légion d'honneur en mars 2008.

Pierre-Frédéric Charpentier

KHALED (Khaled Hadj-Brahim)

Chanteur et auteur-compositeur de raï. – Né le 29 février 1960 à Oran, alors France, aujourd'hui Algérie.

Né dans une famille de cinq enfants, Khaled passe sa jeunesse dans un quartier pauvre. Très tôt, il se passionne pour la musique, s'essayant en autodidacte à divers instruments. Adolescent, comme la majorité des jeunes de son âge, il est très marqué par les groupes marocains comme Nass el-Ghiwan ou Monakichis Jil Jilal qui, dans les années 1970, imposent un style métis, négro-arabo-berbère, mâtiné d'influences occidentales. Avec des amis, Khaled constitue un groupe dans cette lignée, Noujoum el Khams (« Les cinq étoilés »). Ils animent les fêtes de mariage, jouant ces mélodies marocaines et, en fin de soirée, du raï. Cette dernière musique, jugée subversive car truffée de références à l'alcool et au sexe, s'écoute en cachette. Avec l'expulsion des marocains d'Algérie, le groupe disparaît en 1975, mais, dès 1976-1977, Khaled enregistre un premier 45-tours en solo, *Trig el lici* (« La route du lycée »), salué par les amateurs de raï. Il y raconte les difficultés de concilier les études et la musique. Il arrête alors ses études et exerce différents métiers (plomberie, bijouterie, mécanique, électricité, secrétariat...), sans jamais abandonner la musique. Influencé par la variété française, la musique occidentale (rock, blues, pop) et le gharbi, genre oranais traditionnel, son raï est une véritable fusion moderne. Khaled est le premier à introduire des synthétiseurs, boîtes à rythmes, guitares et saxophones aux côtés des instruments traditionnels. Les producteurs ne s'y trompent pas et sur ces enregistrements ajoutent à Khaled le qualificatif « Cheb », « le jeune ». Il chante dans tous les cabarets de la côte oranaise et algéroise et, dès le début des années 1980, devient le chanteur le plus populaire de l'Algérie et des émigrés. Pourtant ni la radio, ni la télévision ne diffusent ses œuvres, aucun concert public n'est permis et ses cassettes audio s'échangent souvent sous le manteau. L'assouplissement du régime du président Chadli permet, en août 1985, d'organiser un grand festival de raï au Théâtre de verdure d'Oran. Naturellement, Khaled en est la grande star. Le public, qui le voit pour la première fois, l'acclame et l'intronise « roi du raï ». Dans ce style musical, qui raconte l'intime et se veut proche du vécu des gens tout en étant contestataire, tout passe par l'interprétation. La force de Khaled réside dans sa voix, formidable vecteur d'émotion.

En 1986, un grand concert de raï se déroule à Bobigny, réconciliant les jeunes « beurs » avec la musique de leurs parents et, par là, tout un pan de leur culture. L'année suivante, fort de ce succès et pour échapper à la menace des islamistes radicaux opposés à ce genre musical, Khaled s'installe en France. Aussitôt, il enregistre un album, réalisé avec le musicien de jazz Safy Bontella. En 1992, conscient qu'il ne va pas rester « jeune toute sa vie », il abandonne le qualificatif « Cheb ». Jack Lang, ministre de la Culture, le fait chevalier dans l'ordre des Arts et Lettres. Son album *N'ssi n'ssi*, daté de 1993, avait été choisi par Bertrand Blier comme bande originale de son long métrage *1,2,3 soleil* : Khaled reçoit à cette occasion le César de la meilleure musique de film. En 1998, un grand concert de seize mille spectateurs à Bercy, avec Rachid Taha et Faudel, baptisé également, *1,2,3 soleil*, popularise définitivement le raï en France. Avec sa chanson *Didi*, la carrière de Khaled avait commencé à prendre des allures planétaires ; en 1996, le tube *Aïcha*, interprété en bonne partie en français et composé par Jean-Jacques Goldman, le consacre internationalement.

Laurent Martino

KIDJO Angélique

Auteure-compositrice-interprète. – Née le 14 juillet 1960 à Ouidah, alors Dahomey, aujourd'hui Bénin.

La jeune Angélique a très tôt un contact avec la musique et la scène. Il est favorisé par la sphère familiale : une mère chorégraphe, directrice de théâtre et un père amateur de banjo. Dès son plus jeune âge, elle participe aux tournées de la troupe maternelle – danse et chant. Grâce au groupe monté par ses frères, elle découvre le répertoire afro-américain, du gospel, de la soul et du *rhythm and blues*. Imprégnée de nombreuses langues et traditions, elle s'en inspire pour sa production artistique, dans laquelle elle travaille de multiples influences, tant musicales que culturelles. La langue de son ethnie, le fon, est naturellement mise à contribution. La musique est pour elle un langage universel, un moyen de dialogue, de lutte contre le racisme et de dépassement des frontières. Sa rencontre avec Ekambi Brillant, chanteur et producteur camerounais, qui devient son producteur, constitue un tournant dans sa carrière. Après avoir enregistré en 1980 à Paris son premier disque, *Pretty*, elle suit les conseils de son mentor et part pour la France en 1983. Sa passion pour la musique la pousse à s'inscrire aux cours Ateliers chansons de Paris, puis au CIM, école spécialisée dans le jazz. La musique prend le pas sur ses études de droit. Dans la capitale, elle intègre le groupe Pili Pili – mélange de funk, jazz et musique africaine –, puis monte son propre groupe, Angie Kidjo, en 1988, avec plusieurs musiciens français d'influence jazz. Parmi eux se trouve son futur mari, Jean Hebraïl. En mai 1989, elle chante à l'Olympia lors de la première partie du concert de son idole, la sud-africaine Myriam Makeba. Elle reviendra sur la scène de l'Olympia en vedette, le 31 octobre 1992. Elle se lance en solo et conçoit son premier album aux rythmes soul, makossa, zouk, reggae et jazz, qu'elle intitule *Parakou* (1990), nom d'une ville béninoise. Elle enregistre aussi des chansons pour le cinéma, notamment pour des films du réalisateur français André Téchiné. Sa chanson

Malaika – album *Parakou*, 1990 – sert ainsi pour la bande originale de *Ma saison préférée* (1993). Elle reprend également des standards français comme *Ces petits riens*, de Serge Gainsbourg – album *Black Ivory Soul* (2002) –, et chante avec Henri Salvador *Le Monde comme un bébé* – album *Oyaya !* (2004). Angélique Kidjo a glané de nombreuses récompenses artistiques, dont un Grammy Award pour son album *Djin djin* en 2008, mais également des distinctions civiles, comme celle, en 2010, d'officier dans l'ordre des Arts et lettres. Depuis 2002, elle est également ambassadrice de bonne volonté auprès de l'Unicef.

Stéphane Leroy

KIEFER Anselm

Artiste plasticien. – Né le 8 mars 1945 à Donaueschingen, Allemagne.

Élève de Joseph Beueys aux Beaux-Arts de Düsseldorf, Anselm Kiefer se fait connaître dans le monde de l'art et au-delà par une démarche éminemment politique, qui interroge inlassablement la grande catastrophe européenne des années 1933-1945 au moyen d'un recours systématique à des effets de matière ambitieux – où la terre se mêle au plomb, la cendre aux cheveux –, à une échelle volontiers monumentale, qui fait de ses œuvres des productions participant à la fois de la « peinture », de la « sculpture », voire de l'« architecture ». Comme il le dira lui-même, son vrai matériau est l'Histoire. Depuis 1993, Anselm Kiefer vit et travaille en France, qui lui a accordé un traitement de faveur : en 2007, le musée du Louvre, voué au patrimoine ancien, lui passe commande de trois œuvres ; la même année, c'est lui qui inaugure la prestigieuse série des « Monumenta » du Grand Palais ; deux années plus tard, il est associé au compositeur Jörg Widmann pour le spectacle de prestige saluant la fin de la direction de Gérard Mortier. En 2010, il est le titulaire de la chaire annuelle de création artistique du Collège de France.

Pascal Ory

KIESLOWSKI Kryzsztof

Cinéaste. – Né le 27 juin 1941 et mort le 13 mars 1996 à Varsovie, Pologne.

C'est le succès du *Décalogue*, série de douze films réalisés entre 1987 et 1989 sur la base des dix commandements de l'Ancien Testament, qui incite ce cinéaste polonais, féru de réflexions sur le hasard et la nécessité, à trouver un producteur en France, où ces films ont rencontré un public passionné. Produit par Leonardo de La Fuente, *La Double Vie de Véronique* (1991) retrace l'histoire de deux femmes, interprétées toutes deux par Irène Jacob : la mort de l'une change la vie de l'autre. C'est Marin Karmitz qui produit la trilogie tricolore : *Bleu* (1993), *Blanc* (1994), *Rouge* (1994). Non sans ironie, ces trois films illustrent les trois idéaux de la République française. *Bleu* : une jeune femme (Juliette Binoche) qui a perdu mari et enfant dans un accident de voiture retrouvera t-elle par ce drame une *liberté* ? *Blanc* : y a t-il *égalité* de jouissances entre une femme et un homme, elle française et lui polonais, elle vivant à l'Ouest et lui à l'Est dans des systèmes économiques opposés ? *Rouge* : un jeune mannequin et un ancien magistrat (Jean-Louis Trintignant) trouveront-ils une relation de *fraternité* bien que tout les oppose ?

Jean-Luc Douin

KIKOÏNE Michel. — *Voir* PARIS, École de.

KIMPTON Gabriel (Gabriel Sibley Kimpton, Sid Kimpton, George Kimpton)

Sportif. – Né le 12 août 1887 et mort le 15 février 1968 à Leavesden, Royaume-Uni.

Après une première carrière de joueur professionnel de football en Angleterre au poste d'attaquant du FC.Southampton jusqu'en 1920, Gabriel Kimpton devient entraîneur en Tchécoslovaquie et en Pologne, deux pays où le football est en voie de professionnalisation. Mais c'est en France que cet Anglais donne la pleine mesure de ses qualités de stratège du ballon rond. Il est intégré tout d'abord à l'encadrement technique de l'équipe de France, en vue de la Coupe du monde de 1934. Mais, peu apprécié par les sélectionneurs français qui voient d'un mauvais œil ses options toutes britanniques de l'organisation sur le terrain, Gabriel Kimpton est poussé vers la sortie. Il devient alors l'entraîneur du Racing Club de Paris, avec lequel il expérimente une tactique offensive révolutionnaire nommée « WM », qui fait ses preuves : le RC.Paris remporte le « doublé » en 1936 (victoire en championnat et en Coupe de France). Surnommé « le magicien britannique » ou « le major », il est rappelé de temps à autre au chevet de l'équipe de France lorsque celle-ci essuie des défaites. Mais sans aller jusqu'à donner les rênes de l'équipe nationale à un étranger ! Devenu entraîneur du FC.Rouen, il remporte une nouvelle Coupe de France en 1939. Mais la guerre perturbe la suite de sa carrière : Kimpton est interné plusieurs mois durant par les Allemands à Saint-Denis, en 1940. À la Libération, devenu presque français mais jamais très loin de l'Angleterre, « George » – désormais – Kimpton retrouve le FC.Rouen avec lequel il remporte le championnat de France. Il s'engage ensuite sans succès pour une saison au Havre.AC et achève sa carrière d'entraîneur à l'AS.Cherbourg en 1949-1950, avant de repartir finir sa vie en Angleterre.

Yvan Gastaut

KINSKI Nastassja (Nastassja Aglaia Nakszynski)

Actrice. – Née le 24 janvier 1961 à Berlin, Allemagne.

Fille de l'acteur Klaus Kinski, elle a débuté à l'âge de quatorze ans *Faux Mouvement* de Wim Wenders (1975), cinéaste qu'elle retrouvera pour *Paris, Texas* (1984) et *Si loin, si proche* (1993). Elle a vécu en France durant sa liaison avec Roman Polanski, avec lequel elle tourne l'un de ses plus beaux rôles, celui de *Tess*, d'après Thomas Hardy (1979), produit par Claude Berri, et pendant son mariage avec le producteur Ibrahim Moussa, dont elle a divorcé en 1992. Au cours de cette période française, elle a tourné *La Lune dans le caniveau* de Jean-Jacques Beineix (1983), *Harem* d'Arthur Joffé (1985) et *Maladie d'amour* de Jacques Deray (1987).

Jean-Luc Douin

KIRAZ (Edmond Kirazian)

Dessinateur de presse. – Né le 25 août 1923 au Caire, Égypte.

Élevé, comme tant de chrétiens d'Égypte, dans une ambiance francophile et francophone, le jeune Edmond Kirazian s'installe à Paris en 1948 et met très vite son talent de dessinateur au service du dessin d'humour. À partir de 1955, il devient l'une des signatures les plus reconnaissables d'*Ici-Paris*. Quatre ans plus tard, Marcel Dassault lui ouvre toutes grandes les pages de l'hebdomadaire *Jours de France*. Il y travaille jusqu'à la mort de son commanditaire, soit pendant près de trente années, à raison d'une demi-douzaine de dessins par semaine. Il croque là des *Parisiennes* « légères », « futiles », voire « écervelées » d'un trait vif et lui-même très léger, allant à l'essentiel.

Pascal Ory

KIRWAN Mark

Entrepreneur. – Né en 1735 en Irlande, alors Royaume-Uni ; mort en 1815 à Cantenac, France.

Installé dans le Bordelais dans la seconde moitié du XVIIIe siècle, Mark Kirman prend la responsabilité d'un vignoble du Médoc, par son mariage avec l'une des filles de sir John Collingwood, un marchand anglais, qui l'avait lui-même acheté, en 1710, à la famille de la Salle. Kirwan améliore nettement la production vinicole de ce « château », qui prend alors son nom. Ce cru devient de plus en plus renommé, à tel point que Thomas Jefferson, grand amateur de Bordeaux, rend visite à Kirwan en 1780. Les efforts sur un demi-siècle de ce propriétaire irlandais permettront à son château d'entrer comme « grand cru » de Margaux au fameux classement de 1855. L'histoire de ce domaine symbolise assez bien la précoce ouverture internationale de la production vinicole bordelaise.

Denis Saillard

KISLING Moïse. — *Voir* PARIS, École de.

KLEIN William

Photographe, peintre, cinéaste. – Né le 19 avril 1928 à New York, États-Unis.

Tombé amoureux en 1947 de la capitale française, alors qu'il est GI, William Klein est devenu, depuis, un Américain à Paris. Il s'installe à La Garennes-Colombes, travaille avec Fernand Léger, peint, photographie, réalise des courts métrages, collabore avec Louis Malle sur *Zazie dans le métro* (1960), publie un ouvrage de photographies novateur au Seuil, va photographier Fellini, tourne plusieurs sujets pour l'émission « Cinq Colonnes à la une ». Sa carrière de cinéaste documentariste est marquée par l'engagement, notamment auprès des Noirs, dont il soutient les luttes pour exister, au travers de personnages comme Cassius Clay (*Cassius le grand*, 1967, puis *Muhammed Ali, the Greatest*, 1975), Eldrige Cleaver (*Eldrige Cleaver, Black Panther*, 1969), Little Richard (*The Little Richard Story*, 1980).

Tout aussi originaux sont ses films de fiction, pétris d'ironie, dépeignant les frénésies du monde de la mode et des médias (*Qui êtes-vous Polly Magoo ?*, 1965), tournant en dérision le mythe impérialiste du Superman américain en mimant les bandes dessinées (*Mister Freddom*, 1967), épinglant les stéréotypes du progrès social à travers une étude des besoins d'un couple type de l'an 2000 (*Le Couple témoin*, 1975).

Jean-Luc Douin

KLUMPKE(-DÉJERINE) Augusta

Médecin neurologue. – Née le 15 octobre 1859 à San Francisco, États-Unis ; morte le 5 novembre 1927 à Paris, France.

Deuxième enfant d'une fratrie de six, Augusta Klumpke est née de parents américains, dans un milieu prospère – son père est homme d'affaires.

Après la séparation de ses parents, Augusta et ses frère et sœurs suivent leur mère, qui décide de quitter les États-Unis, en avril 1871, pour s'installer en Europe. Ils séjournent en Allemagne, puis deux ans à Genève, et enfin à Lausanne, où Augusta fait ses études secondaires et passe son baccalauréat ès sciences. La plus grande attention est accordée à l'éducation scolaire des enfants et au développement de leur culture scientifique, littéraire et artistique. C'est pour leur permettre d'accéder à des études supérieures de qualité que la famille s'établit finalement à Paris en 1876 – et tout particulièrement pour qu'Augusta puisse entreprendre des études médicales, puisque, en 1875, Madeleine Brès, qui, la première, s'est inscrite en 1866 à la faculté de médecine de Paris, a fait la preuve que les femmes pouvaient devenir docteur en médecine. Toute la fratrie profitera des choix éducatifs de leur mère. Si Augusta est connue pour avoir été, en France, la première femme interne des hôpitaux, ses sœurs deviennent l'une artiste-peintre et collaboratrice de Rosa Bonheur, une autre pianiste et compositrice de renom à San Francisco, une troisième violoniste, une autre astronome, après avoir été la première femme à soutenir en Sorbonne un doctorat en sciences mathématiques, et son frère ingénieur.

Augusta Klumpke commence ses études médicales à la faculté de Paris en 1876 et passe outre les conseils du doyen Alfred Vulpian, qui s'efforce de la dissuader de poursuivre ses projets, mais la recommande néanmoins « pour que fût évitée toute occasion de scandale » (*Paris médical*). Elle entre en 1880 comme stagiaire à la Charité, dans le service de clinique médicale du professeur Alfred Hardy, où Jules Déjerine vient d'être nommé chef de clinique et où elle s'initie à la recherche et aux techniques de laboratoire. Elle se fiance avec Déjerine, qui devient professeur de clinique des maladies du système nerveux, et diffère leur mariage à la fin de ses études, qui dureront encore sept ans. L'autorisation de concourir à l'externat des Hôpitaux de Paris, fermé aux femmes, est d'abord refusée à Augusta Klumpke par l'Assistance publique, mais elle bénéficie du combat de sa condisciple Blanche Edwards pour l'accès des femmes aux concours. Celle-ci, fille d'un médecin anglais qui avait fait ses études à la faculté de Strasbourg avant 1870, escortée de sa mère (qui est française), fait plus de trois cents visites auprès des conseillers municipaux, députés, sénateurs et ministres pour obtenir l'ouverture de l'externat aux femmes en décembre 1881. Augusta Klumpke, en même temps que Blanche Edwards, réussit dès octobre 1882 le concours d'externat, dont elle passe la première année à l'Hôtel-Dieu dans le service du docteur Georges Simonis Empis, puis les deux années suivantes chez le professeur Alfred Vulpian, où elle apprend la physiologie du système nerveux et la neurologie. Elle décrit dans un mémoire, paru dans la *Revue de médecine* et couronné par l'Académie de médecine, la paralysie du plexus brachial à laquelle son nom reste attaché. Blanche Edwards repart au combat auprès des notabilités médicales et politiques pour l'accès des femmes à l'internat. La controverse entre « blanchistes » et « antiblanchistes » est très vive, par voie de presse et de pétitions, et prend un tour aigu au printemps 1885. Les conférences pour la préparation de l'internat, auparavant ouvertes, se ferment brutalement aux femmes, tandis que la plupart des autorités médicales se montrent hostiles à la féminisation. « Je me demande ce que vient faire ici, toute la journée, cette population féminine, dans laquelle je constate d'ailleurs qu'il n'y a pas une seule Française » (Jules Béclard, doyen de la faculté de médecine). À l'été 1885, l'administration cède cependant, sur l'injonction de Paul Bert, ministre de l'Instruction publique, et autorise l'accès de l'internat aux femmes, en dépit des avis défavorables majoritaires. Augusta Klumpke obtient les meilleures notes de l'écrit au concours de 1885 : elle est ainsi, au 1er janvier 1887, la première femme interne des hôpitaux.

En 1889, Augusta Klumpke soutient une thèse restée classique sur les polynévrites, œuvre d'anatomie normale et pathologique du système nerveux. Elle gagne une réputation dans la connaissance clinique et anatomopathologique de la topographie cérébrale, en particulier dans celle de l'aphasie motrice. Après avoir épousé Déjerine en 1888, elle collabore à sa grande œuvre, l'atlas consacré à l'*Anatomie des centres nerveux (1895-1901)*, puis la *Séméiologie des affections du système nerveux* (1914). En particulier, elle met au point la méthode des coupes microscopiques sériées. Surnommée « la patronne », mais dépourvue de poste, elle anime un milieu d'étudiants en thèse dans le service de Déjerine, à Bicêtre, puis à la Salpêtrière. Pendant la Grande Guerre, après la mort de son mari en 1917, elle dirige avec André Thomas le service des grands blessés de la moelle épinière à l'ambulance des Invalides. En hommage à Déjerine, elle crée une fondation, constituée autour d'un laboratoire et d'un musée, dont elle fait don à la faculté de médecine de Paris. Augusta Klumpke a été honorée et elle a été souvent la première femme à recevoir ces honneurs : présidente de la Société de neurologie (1914-1915), membre titulaire de la Société de biologie, chevalier (ministère de l'Instruction publique, 1913) puis officier de la Légion d'honneur (ministère de la Guerre, 1921) et même titulaire de la grande médaille de sauvetage. À sa mort, ses obsèques se déroulent à l'église américaine de la rue de Berri. Elle est enterrée au cimetière du Père-Lachaise.

Anne Rasmussen

KNAPP Peter

Photographe, vidéaste, peintre, directeur artistique. – Né le 5 juin 1931 à Bäretswil, Suisse.

D'abord attiré par la peinture, qu'il étudie à Zurich puis à Paris, Peter Knapp trouve sa voie dans la direction artistique, aussi bien celle des grands magasins (Galeries Lafayette) que celle des grands magazines (il assure à deux reprises celle de *Elle*, dont il renouvelle nettement l'identité visuelle). Il touche un large public en réalisant pour la nouvelle deuxième chaîne de la télévision française le magazine féminin *Dim, Dam, Dom* (1965-1970), produit par Daisy de Galard, qui a marqué une date dans l'histoire de ce média, faisant de Knapp, aux côtés d'un Jean-Christophe Averty, l'un des rares artistes graphiques de la télévision. En parallèle à ces activités multiples, Peter Knapp a continué à développer une œuvre de photographe, de mode d'abord, au service de grands couturiers comme Courrèges ou de grands magazines comme *Stern* ou *Vogue*, puis de plus en plus autonome (*Images réfléchies*, 1997). Le peintre n'a jamais disparu en lui et on le retrouve participant, dans les années 1970, à l'aventure du Sky Art.

Pascal Ory

KNÉVEL Marinus

Militant politique, syndical et coopératif. – Né le 25 octobre 1885 à Oysterwyck, Pays-Bas ; mort en janvier 1967.

Né dans une famille de dix enfants, fils d'un tailleur d'habits, Marinus Knével fut lui-même ouvrier tailleur, d'abord à Bruxelles, puis à Paris. Dans cette dernière ville, il entra en relation avec un groupe d'ouvriers néerlandais dont le président, militant socialiste et coopérateur à La Bellevilloise, occupait le poste de secrétaire adjoint du syndicat des diamantaires. Quand le secrétaire du groupe retourna au pays, Marinus Knével lui succéda à ce poste et adhéra à La Bellevilloise, l'une des sociétés les plus importantes et aussi les plus célèbres du mouvement coopératif français, fondée en 1877 sur les hauteurs de Belleville et de Ménilmontant. Knével fut également un des responsables du syndicalisme de sa profession et un membre actif du Parti socialiste SFIO. Au sein de celui-ci, il fut secrétaire de section, assurant aussi le secrétariat du cercle local de propagande, et délégué au Comité général, membre de la commission de gestion des œuvres sociales et de la sous-commission centrale de propagande et d'éducation. Mais l'essentiel de son action passa dans le mouvement coopératif. Ouvrier dans l'habillement, il s'était établi à son compte au Perreux, en banlieue parisienne. C'est là qu'il contribua à créer, en 1911, une société coopérative de consommation, L'Avenir, qui intervint sur les deux communes de Nogent-sur-Marne et du Perreux. Il en fut administrateur, chargé des fonctions de trésorier. Pendant la guerre de 1914-1918, durant laquelle il fut ouvrier d'usine, L'Avenir fusionna avec l'Union des coopérateurs de la banlieue Est, qui rejoignit elle-même, par la suite, l'Union des coopérateurs parisiens. Il occupa également divers postes au sein de l'Union des coopérateurs parisiens. Knével fut encore l'un des fondateurs de L'Enfance coopérative, organisation rattachée à la Coopération scolaire, mouvement qui prit son essor au début des années 1920 (1928 : création de l'Office central de la coopération à l'école). Il obtint sa naturalisation française en 1931.

Michel Dreyfus

KNIASSEF Boris. — *Voir* DANSEURS ET DANSEUSES RUSSES.

KOCZUR FERRY Jacques (Ferenc Koczur)

Sportif. – Né le 2 septembre 1930 à Brunssum, Pays-Bas ; mort en 1990 à Nice, France.

Né au Pays-Bas mais de parents hongrois, Ferenc Koczur arrive en France peu après sa naissance. Il passe son enfance en Auvergne, à La Combelle (Puy-de-Dôme), dans un univers de terrils, son père étant un ouvrier immigré employé dans une mine d'extraction de charbon de la ville. Doué pour le football, il fait ses gammes au sein du club local, La Combelle Charbonnier Association, jusqu'à l'âge de dix-neuf ans. Vaillant et solide, doté d'un souffle inépuisable, il se spécialise au poste de défenseur central, tout en se montrant capable d'évoluer à tous les postes. Sa carrière professionnelle se résume à deux clubs : l'AS.Saint-Étienne, entre 1949 et 1956, puis, entre 1956 et 1962, l'OGC.Nice, avec lequel il remporte le titre de champion de France en 1959. Sa naturalisation française vaut à celui qui se prénomme désormais Jacques d'être sélectionné à trois reprises en équipe de France au cours de l'année 1952, sans pouvoir faire davantage ses preuves. Resté sur la Côte d'Azur à la fin de son parcours de joueur, il intègre le club niçois au titre de formateur, puis d'entraîneur pour une saison en 1978-1979. Un stade niçois, non loin du stade du Ray, porte le nom de Koczur Ferry.

Yvan Gastaut

KOJÈVE Alexandre (Aleksandr Kojevnikov)

Philosophe et conseiller économique. – Né le 11 mai 1902 à Moscou, Russie ; mort le 4 juin 1968 à Bruxelles, Belgique.

Kojève a connu, en France, deux vies : celle de l'interprète magnétique de la pensée de Hegel, du penseur de la « fin de l'Histoire », qui exerça une profonde influence sur toute une génération d'intellectuels, puis, après la Seconde Guerre mondiale, celle moins connue du « chargé de mission aux relations économiques extérieures ». Neveu du peintre Kandinsky, il est issu d'un milieu très mondain et cosmopolite de la bourgeoisie moscovite. Son père meurt lors de la guerre russo-japonaise de 1905, et Alexandre sera également très affecté par l'assassinat de son beau-père pendant les troubles de la Révolution russe. Jeté dans les geôles de la police politique communiste pour avoir participé au marché noir, le jeune Kojève en sort gagné aux idées révolutionnaires. Pourtant, en 1920, il choisit de s'exiler, afin de poursuivre librement ses études. Soupçonné d'être un agent bolchevique, il fait un séjour en prison en Pologne avant de rallier l'Allemagne. À Heidelberg, il suit l'enseignement de Karl Jaspers et s'ouvre à la philosophie allemande, mais l'empreinte sur sa pensée de la renaissance spirituelle russe du début du XXe siècle est déterminante. Il approfondit une réflexion amorcée très jeune sur les pensées orientales et le bouddhisme et, après un intermède berlinois (de l'été 1922 à fin de l'année 1924), achève son doctorat, qui porte sur la philosophie religieuse de Vladimir Soloviev (1926). À Heidelberg, Kojève a rencontré Alexandre Koyré, émigré russe établi en France, dont il a séduit la belle-sœur, d'origine juive. Sans doute inquiet devant la montée de l'antisémitisme, peut-être déçu par l'Allemagne, Kojève s'installe dès 1926 avec sa future épouse à Paris, où il mène une vie de rentier aisé jusqu'en 1930. Il fréquente les cercles russes – celui qu'anime Nicolas Berdiaev autour de questions théologiques, mais également le groupe « eurasien » –, s'intéresse à l'épistémologie des sciences et des mathématiques et, convaincu que la question de Dieu est centrale dans toute métaphysique athée, approfondit sa connaissance de la philosophie religieuse au sein de la très cosmopolite École pratique des hautes études (EPHE). Koyré l'invite à collaborer à la revue *Recherches philosophiques*, où il devient, grâce à ses recensions, l'un des passeurs de la philosophie allemande en France, particulièrement de la phénoménologie. La Sorbonne rejette son projet de thèse sur « L'idée de déterminisme dans la physique », mais, diplômé de l'EPHE au début de l'année 1933 – son mémoire approfondit sa thèse sur Soloviev –, il assure la suppléance de Koyré dont l'enseignement portait sur la « philosophie religieuse de Hegel ». C'est le début du célèbre séminaire, qui prend la forme d'une lecture suivie, entre 1933 et 1939, de la *Phénoménologie de l'esprit* devant un auditoire fervent, où figureront notamment Maurice Merleau-Ponty, Raymond Aron, Éric Weil, André Breton, Roger Caillois, Jean Hyppolite, Georges Bataille, Jacques Lacan et Raymond Queneau. Queneau publiera le texte du séminaire en 1947 sous un titre discutable (*Introduction à la philosophie de Hegel*) : Kojève a certes joué un rôle essentiel dans le développement des études hégéliennes, mais son interprétation, très éloignée de l'exégèse universitaire, manifeste une pensée originale et autonome par rapport au texte. Sa lecture anthropologique – dont l'inspiration marxisante a parfois été exagérément soulignée – est centrée sur la question de la négativité et la dialectique du maître et de l'esclave. Elle aboutit à l'affirmation, équivoque et difficile d'interprétation, de la « fin de l'Histoire », comprise comme la fin de la lutte pour la reconnaissance, la disparition de l'homme – défini par son action négatrice du donné – et de la philosophie. En 1937, Kojevnikov est naturalisé français et francise son nom. Son succès à l'École nationale des chartes lui permet d'obtenir un poste de bibliothécaire au château de Vincennes et de s'assurer un revenu régulier (il a été ruiné par la crise). Faisant partie des derniers mobilisables, il n'est pas envoyé au front en 1940. Réfugié à Marseille, il ne parvient pas à quitter l'Europe pour les États-Unis. À la fin de la guerre, il participe à la Résistance et élabore, dans deux textes inédits, un plan de redressement de la France conforme à sa philosophie de la fin de l'Histoire : si le temps de l'État-mondial n'est pas encore venu, il faut dépasser le stade de l'État-nation en constituant autour de la France un « empire latin » placé entre l'empire « anglo-saxon » et l'empire « slavo-soviétique ». Kojève devra certes abandonner cette idée d'ensemble latin mais son « projet Kojevnikov » annonce certaines directions futures de la politique extérieure française et de la construction européenne. Grâce à Robert Marjolin, lui aussi ancien auditeur de son séminaire, Kojève entre à la DREE (Direction des relations économiques extérieures) après la guerre. Il participe à l'élaboration du GATT (General Agreement on Tariffs and Trade) et à la mise en application du plan Marschall dans le cadre de l'OECE (Organisation européenne de coopération économique). Il forme, à partir de 1954, avec Bernard Clappier et Olivier Wormser, un trio de conseillers très influent au sein de la haute administration française. Mettant au service du prince son art de la dialectique, Kojève se montre, dans ce « jeu supérieur », redoutable négociateur. Il incarne en quelque sorte la disparition du philosophe au profit du « sage » de la « fin de l'Histoire », contribuant à la rationalisation de l'action politique et à la préparation de l'avènement de l'État mondial universel et homogène. Pendant vingt ans, il a ainsi joué un rôle d'éminence grise dans l'organisation des relations économiques internationales et la construction européenne, jusqu'à la crise cardiaque qui l'emporte le 4 juin 1968 lors d'une réunion du Marché commun à Bruxelles. Durant cette période, « le philosophe du dimanche » (Queneau) publie peu (quelques articles ou contributions sur Léo Strauss, notamment), mais laisse de nombreux textes, qui seront pour la plupart publiés après sa mort (*Essai d'une histoire raisonnée de la philosophie païenne*, 3 vol., 1968-1973 ; *Kant*, 1973 ; *Esquisse d'une phénoménologie du droit*, 1982 ; *Le Concept, le temps et le discours. Introduction au système du savoir*, 1990 et *L'Athéisme*, 1998). Séducteur, un brin mégalomane, Kojève s'est plu à cultiver le secret, le paradoxe, voire la provocation. Les prétendues révélations, trente ans après sa mort, sur les liens qu'il aurait entretenus avec le KGB ont renforcé l'image trouble et fascinante de celui qui se présentait comme la « conscience de Staline ». Derrière ce « stalinisme » équivoque, Raymond Aron a cru percevoir les rémanences d'« un patriotisme russe caché et rationalisé ».

Stéphan Soulié

KOKKOS Yannis

Scénographe, metteur en scène. – Né le 11 avril 1944 à Athènes, Grèce.

Après avoir étudié au Studio libre des beaux-arts d'Athènes, Yannis Kokkos part pour la France en 1963, où il suit les cours de scénographie de l'École nationale supérieure de théâtre, à Strasbourg. De 1969 à 1990, il accompagne le travail du metteur en scène Antoine Vitez du Théâtre des quartiers d'Ivry à la Comédie-Française en passant par le Théâtre national de Chaillot. Avec Jacques Lassalle il débute, en 1978, une autre collaboration fructueuse. Il signe aussi, à partir de 1989, des décors d'opéra : *Macbeth* (Opéra de Paris), *Pelléas et Mélisande* (Scala de Milan, Vienne, Covent Garden), *La Voix humaine* (Châtelet), *La Flûte enchantée* (Vienne), *Don Carlo* (Bologne), *Elektra* (Genève, San Francisco). Depuis 1987, Yannis Kokkos revendique une double appartenance : scénographe et metteur en scène. Ainsi pour *La Princesse blanche* de Rainer Maria Rilke au Théâtre de la Ville, puis pour deux mises en scène de Racine à la Comédie-Française, *Iphigénie* en 1991 et *La Thébaïde* en 1993. Parallèlement, il met en scène pour l'opéra. « Voyager entre le théâtre et l'opéra », « transformer l'espace en émotion » : telles sont les revendications de l'artiste, qui crée aussi la plupart des costumes de ses scénographies. Il reçoit les Molières du scénographe pour *L'Échange* (mise en scène de Vitez) et du créateur de costume pour *Madame de Sade* (mise en scène de Sophie Loucachevski) en 1987. Yannis Kokkos est officier dans l'ordre des Arts et Lettres.

Chantal Meyer-Plantureux

KOLLAR François (Frantisek)

Photographe. – Né le 8 octobre 1904 à Sznec, alors Autriche-Hongrie, aujourd'hui Slovaquie ; mort le 3 juillet 1979 à Créteil, France.

Arrivé en France en 1924, François Kollar pourrait n'être qu'un des nombreux photographes parisiens de l'entre-deux-guerres originaires d'Europe centrale, condamnés à travailler pour des imprimeurs, des agences de publicité, des magazines de mode – ce qu'il fait principalement, jusqu'à la guerre. Mais sa fréquentation des milieux d'avant-garde le fait connaître à l'éditeur Maximilien Vox, qui lui assure en 1931 un contrat exceptionnel avec les éditions Horizons de France. Pendant plusieurs années, Kollar va parcourir la France, pour en ramener plus de deux mille clichés, dont 1 358 paraîtront entre 1932 et 1934 dans une série de fascicules de luxe, préfacée par Paul Valéry, *La France travaille.* Dans cette grande entreprise, unique en son genre par son ampleur, comme dans la série qu'il consacrera ensuite au paquebot *Normandie*, l'esthète, amateur de photomontage, superpositions, solarisations, perce parfois, mais celui qui a été, plusieurs années durant, en arrivant en France, ajusteur chez Renault, sait aussi mettre en scène les corps au travail. La guerre interrompt les activités parisiennes de Kollar, qui, même s'il rouvre un studio à la Libération, ne retrouvera jamais les conditions exceptionnelles des années 1930. En 1984, les enfants de François Kollar ont fait donation à l'État français de l'ensemble des négatifs et tirages de leur père.

Pascal Ory

KOLORK ou KOSTECKI Joseph ; pseudonyme : Marcel Dumont

Syndicaliste. – Né le 9 mars 1900 à Radlin, Haute-Silésie ; mort en 1938.

Joseph Kolork eut un père charpentier qui vivait dans la partie de la Pologne rattachée à l'Allemagne. Après huit années à l'école populaire allemande, il commença à travailler à l'âge de quatorze ans, puis entra dans les mines de Haute-Silésie. Il adhéra en 1916 au syndicat des mineurs d'Allemagne, participa aux grèves et manifestations de la révolution allemande et appartint au groupe Spartakus en 1918-1919. Il dut fuir en Pologne en mars 1919 et s'engagea dans l'armée polonaise, où il commença à connaître les bolcheviques.

Joseph Kolorz émigra en France en 1922 et devint mineur dans le Pas-de-Calais. Il adhéra au syndicat CGTU des mineurs et devint membre du Parti communiste en 1923 dans le Pas-de-Calais. Bientôt, et jusqu'en 1927, il fut instructeur du Parti dans les mines du Nord, puis dans celles de la Moselle. Il devint alors permanent du groupe communiste polonais du nord de la France jusque fin 1929. Il fut arrêté plusieurs fois par la suite. Il vivait avec la fille d'un petit commerçant polonais ; membre du Parti depuis 1930, elle était responsable de la librairie des ouvriers polonais en France (FUR).

En 1931, Marcel Dumont était l'un des responsables de la commission centrale communiste des groupes polonais et, en 1936, l'un des responsables de la Main-d'œuvre immigrée. Délégué aux VIe (Saint-Denis, 1929) et VIIe congrès (Paris, 1932) du PC, il entra alors au comité central sous la dénomination « un camarade polonais ». Il participa également au congrès suivant (Villeurbanne, 1936). Il écrivit des articles dans la presse communiste polonaise. Il parlait et écrivait couramment l'allemand et le polonais, parlait mais écrivait difficilement le français. Pendant la guerre d'Espagne, il combattit dans les Brigades internationales et fut tué à la bataille de l'Ebre.

Michel Dreyfus

KOPA Raymond (Raymond Kopaszewski)

Sportif. – Né le 13 octobre 1931 à Nœux-les-Mines, France.

Considéré comme l'un des meilleurs footballeurs français, Raymond Kopaszewski est né dans une famille polonaise. Son grand-père paternel émigre en France en 1919 pour travailler, comme nombre de ses compatriotes, dans les mines du nord de la France. Sa mère est également d'origine polonaise. Si les liens de la famille avec le pays d'origine sont maintenus par l'usage de la langue et par une fervente pratique religieuse encadrée par un clergé venu de Pologne, la deuxième et la troisième génération répondent plus aux exigences assimilationnistes de la société française. C'est ainsi que les dirigeants du football français ne manquent pas d'être surpris d'apprendre que Raymond Kopaszewski est de nationalité polonaise, lorsqu'ils choisissent de le sélectionner en équipe de France junior. Pour connaître sa première sélection en 1952, il doit donc attendre l'âge de la majorité, soit vingt et un ans, pour faire le choix de la nationalité française. Sa carrière de joueur professionnel a commencé en 1949 à Angers, après avoir joué à Nœux-les-Mines, tout en exerçant le métier pénible et dangereux de mineur (il est blessé en 1947 à la suite d'un éboulement). À Angers, son entraîneur décide de simplifier son patronyme : il devient Raymond Kopa. Ses performances dans le secteur offensif de son équipe lui font poursuivre sa carrière dans deux des plus grands clubs européens : le Stade de Reims (1951-1956, 1959 et 1967) et le Real Madrid (1956-1959). Il y remporte de nombreux titres nationaux : champion de France en 1953, 1955, 1960 et 1962, et champion d'Espagne en 1957 et 1958. Après avoir disputé la finale avec Reims en 1956, il remporte, avec le Real Madrid, la Coupe d'Europe des clubs champions en 1957, 1958 et 1959. Il est alors à l'apogée de sa carrière. En 1958, il est le premier Français à recevoir le Ballon d'or, distinction récompensant le meilleur joueur européen. Cette année-là, il est élu meilleur joueur de la Coupe du monde, compétition au cours de laquelle la France se classe troisième. Entre 1952 et 1962, il revêt le maillot bleu quarante-cinq fois. Sa carrière de footballeur professionnel s'achève en 1967. Au-delà de son palmarès, qui lui vaut d'être le premier joueur de football à se voir décoré de la Légion d'honneur, en 1970, sa carrière est marquée par son engagement dans la défense des intérêts des joueurs. Considérant que les « footballeurs sont des esclaves », il participe à la création, en 1961, de l'Union nationale des footballeurs professionnels (UNFP). Il est aussi l'un des premiers à tirer profit de son image, dans la commercialisation, par son équipementier, de chaussures à son nom, avant, une fois sa carrière achevée, de créer sa propre marque d'équipements sportifs. Son activité de consultant dans les médias fait que Raymond Kopa demeure encore longtemps une figure dans le milieu du football. Alors que se pose la question du rapport entre football, immigration et intégration, il est souvent érigé comme un modèle. Il déclare ainsi : « Sans renier mes origines polonaises, je me dis que je dois tout à la France. »

Stéphane Mourlane

KOPP Anatole

Architecte. – Né le 1er novembre 1915 à Saint-Pétersbourg, Russie ; mort le 6 mai 1990 à Paris, France.

Naturalisé français dans les années 1920, Anatole Kopp suit des études scientifiques à la Sorbonne et, au milieu des années 1930, est élève à l'École spéciale d'architecture et à l'École des beaux-arts à Paris. En 1939, il est mobilisé dans l'armée française. Retourné, pendant la guerre, aux États-Unis, où il avait séjourné antérieurement, il obtient ses diplômes d'architecte au Massachusetts Institute of Technology et devient assistant au Black Mountain College. Intégré à l'armée américaine, il participe, en 1944, au débarquement en Normandie. De nouveau installé à Paris à partir de 1945, il exerce son activité professionnelle auprès du ministère de la Reconstruction (1945-1954) et travaille avec l'architecte américain Paul Nelson. En 1954 débute sa carrière d'architecte indépendant. L'année suivante, il effectue un premier voyage en URSS et en rapporte un important ensemble documentaire sur l'architecture soviétique des années 1920 et 1930, source d'un ouvrage pionnier, *Ville et révolution*, publié à Paris en 1967. En 1962, il fonde, dans l'Algérie indépendante, l'agence Anatole Kopp-Architecte, où il travaille à des projets d'équipements et de logements. Dans les années 1960 et 1970, il enseigne à l'université Paris-VIII puis devient professeur (1969-1972) et directeur (1972-1974) de l'École spéciale d'architecture. Il participe aux débats sur la ville et fonde, en 1970 avec Henri Lefebvre, la revue *Espaces et sociétés*. Ses publications, qui portent aussi sur la reconstruction en France, lui donnent une place de premier plan parmi les autorités de la période en matière d'architecture et d'urbanisme.

Gérard Monnier

KORANYI Désiré (Deszõ Korányi Kronenberger)

Sportif. – Né le 28 janvier 1914 à Szeged, Hongrie ; mort en 1981 à Sète, France.

Avant-centre et buteur d'une redoutable efficacité malgré sa petite taille, Deszõ Korányi arrive en France venant du sud de la Hongrie, où il a commencé sa carrière au sein des clubs de Szeged et de Kecskemet. Il rejoint en 1935 le FC.Sète où, à la pointe de l'attaque, il succède à son aîné Yvan Beck. Pendant quinze ans, il fait les beaux jours de son club : deux titres de champion de France en 1939 et 1942 (dans le championnat de la Zone libre) avec 157 buts à son actif en 252 matches, qui le sacrent meilleur buteur de l'histoire du club. Après avoir évolué dans différents clubs du sud de la France – à Arles, Montpellier ou Brive –, il vient terminer sa carrière à Sète comme entraîneur-joueur en 1955-1956. Son rayonnement a marqué le public sétois à tel point qu'une rue de la ville porte son nom. Naturalisé français en janvier 1939, Désiré Koranyi – c'est désormais son nom – est sélectionné à cinq reprises sous le maillot bleu, dans un moment particulièrement difficile et jusqu'en 1942, inscrivant tout de même cinq buts au cours des rares rencontres organisées pendant cette période. Lors de sa première sélection face à la Belgique, le 18 mai 1939, il contribue largement à la victoire de la France (3-1) en réalisant un doublé.

Yvan Gastaut

KORDA Alexandre (Sándor László Kellner)

Cinéaste et producteur. – Né le 16 septembre 1893 à Pusztaturpaszto, alors Autriche-Hongrie, aujourd'hui Hongrie ; mort le 23 janvier 1956 à Londres, Royaume-Uni.

D'origine hongroise, contraint à l'exil par la police du dictateur Horthy, ce grand artisan du cinéma britannique (il a réalisé *La Vie privée d'Henry VIII* en 1938, produit des films de Michael Powell dont *Le Voleur de Bagdad* en 1940 et le fameux *To Be or not to Be* d'Ernst Lubitsch en 1942) a d'abord fait des études de journalisme à Paris. Puis y a de nouveau séjourné en 1931 et 1932, pour diriger Henri Garat dans *Rive gauche*, Raimu dans *Marius*, d'après Marcel Pagnol, Florelle dans *La Dame de chez Maxim's*, d'après Georges Feydeau. Parmi ses nombreuses productions figurent *Fantômes à vendre* de René Clair (1935), *Lydia* (1940) et *Anna Karénine* (1948) de Julien Duvivier.

Jean-Luc Douin

KOSMA Joseph (József Kozma)

Compositeur. – Né le 22 octobre 1905 à Budapest, alors Autriche-Hongrie, aujourd'hui Hongrie ; mort le 7 août 1969 à La Roche-Guyon, France.

Les Feuilles mortes constituent sans doute un des plus grands succès de la musique populaire mondiale de l'époque contemporaine. Créée pour un ballet de Roland Petit en 1945, la mélodie a été adaptée, avec des paroles de Prévert, pour le film de Marcel Carné *Les Portes de la nuit* (1946). La chanson n'apparaît que brièvement dans le film, avec Yves Montand qui la fredonne, mais connaît un succès fulgurant dans les années 1950 avec un premier enregistrement par Cora Vaucaire, puis une série de reprises par Yves Montand et Jacques Douai. Les adaptations étrangères sont précoces et nombreuses : Marianne Oswald la chante partiellement en allemand, Johnny Mercer écrit des paroles en anglais (*Autumn Leaves*) et le thème devient un standard de jazz, illustré d'abord par Artie Shaw, puis, entre autres, par Miles Davis, Chet Baker ou Stan Getz. Joseph Kosma est né dans une famille juive de Budapest. Ses parents enseignent la sténographie, son oncle maternel est le photographe László Moholy-Nagy, mais le futur sir Georg Solti est un cousin, et une grand-mère a été élève de Liszt. Le jeune József compose dès l'âge de onze ans. On l'inscrit dans les institutions musicales les plus prestigieuses comme l'académie Ferenc Liszt et il reçoit l'enseignement des meilleurs maîtres, du plus classique Leó Weiner au plus novateur, Béla Bartók. Ses condisciples sont alors János Ferencsik et Ferenc Farkas. Il s'intéresse particulièrement à la direction d'orchestre et de chœur, et obtient, en 1928, pour diriger, une bourse d'études à l'Opéra de Berlin. Son maître berlinois est Hanns Eisler. Kosma se lie au milieu intellectuel et artistique communiste et fréquente Bertolt Brecht et Kurt Weill. Son oncle Moholy-Nagy le met en contact avec l'équipe du Bauhaus. Il épouse la pianiste Lili Appel.

En mars 1933, il fuit le nazisme et émigre en France, sans le sou. Sa rencontre avec Jacques Prévert en 1935 est déterminante. Prévert le présente à Jean Renoir. Il se lance alors dans la composition à grande échelle de musiques de films. Dans *Le Crime de monsieur Lange* (1936), l'essentiel de la musique est signé par Jean Wiéner, mais Kosma compose la musique d'une chanson. Puis son nom apparaît dans le générique de *La Marseillaise*, de *La Grande Illusion*... Pendant la guerre, Kosma est assigné à résidence, mais Prévert parvient à lui procurer du travail pour le cinéma. Il utilise des pseudonymes (le plus souvent celui de Georges Mouqué), compose la musique des *Visiteurs du soir* (1942) et, avec Maurice Thiriet, des *Enfants du paradis* (1944). Sa famille restée en Hongrie est victime du nazisme et des exactions meurtrières des Croix fléchées (parti fasciste hongrois). Il choisit la clandestinité, participe au maquis de Thorenc, où il est blessé par une explosion. Après la Libération, ses chansons connaissent un grand succès, qui tient au choix de textes poétiques (Prévert, Aragon, Queneau, Desnos, Apollinaire), au prestige des interprètes (Juliette Gréco, les Frères Jacques) et à un sens mélodique évident. Il continue à composer des musiques de film ou de scène – par exemple pour les spectacles de mime de Marcel Marceau – et se lance dans des compositions plus ambitieuses. Ainsi, en 1958, il dédie un oratorio aux canuts lyonnais et à leur révolte de 1831, sur un livret de Jacques Gaucheron. L'œuvre, créée à Budapest en avril 1959, est reprise à Berlin et à Lyon en 1964. C'est sans doute cet aspect « classique » de son travail de compositeur qui correspondait le plus à sa vocation première. En ce sens, ses musiques de film ou de scène sont plus conformes à son projet esthétique initial que ses chansons, même si elles ne sont pas parvenues à un succès universel équivalent. Kosma a obtenu en 1949 la nationalité française.

Didier Francfort

KOUDELKA Josef

Photographe. – Né le 10 janvier 1938 à Boskovice, alors Tchécoslovaquie, aujourd'hui République tchèque.

Issu d'un milieu modeste, Josef Koudelka fait des études qui lui permettent de devenir ingénieur en aéronautique. Jusqu'à l'âge de trente ans, il mène de front son activité en usine et ses premiers reportages photographiques, qui témoignent, en particulier, de sa fascination pour les vaincus de l'Histoire, au premier rang desquels les Roms, dont il reste le grand photographe (*Gitans : la fin du voyage*, 1975). L'écrasement du Printemps de Prague par les chars soviétiques lui inspire une série d'images qui feront anonymement le tour du monde. En 1970, il s'exile à Londres. Dix ans plus tard, il choisit la France. Membre de l'agence Magnum, il parcourt le monde, mais il est aussi, en 1984, l'un des participants les plus remarqués de la grande mission photographique commanditée par la DATAR (Délégation interministérielle à l'aménagement du territoire et à l'attractivité régionale), sur le modèle de la section photographique de la FSA (Farm Security Administration) du New Deal. Après la chute du communisme, il retournera souvent en Europe centrale, explorant les plaies laissées par divers désastres industriels et écologiques. Naturalisé français en 1987, Josef Koudelka a reçu cette même année le Grand Prix national de la photographie.

Pascal Ory

KOVACS Stefan

Sportif. – Né le 2 octobre 1920 à Timişoara, Roumanie ; mort le 12 mai 1995 à Cluj, Roumanie.

Issu de la minorité hongroise de Transylvanie, Stefan Kovacs ne mène en Roumanie qu'une carrière de modeste footballeur, contrairement à son frère Nicolae, international. Il doit sa notoriété à sa carrière d'entraîneur, commencée dans l'un des principaux clubs du pays, le Steaua Bucarest, avec lequel il remporte le titre de champion de Roumanie en 1968. En 1971, il est chargé d'entraîner le club champion d'Europe, l'Ajax d'Amsterdam. Reprenant la tactique du « football total » et s'appuyant sur un joueur hors pair, Johan Cruyff, il permet au club hollandais de remporter à nouveau la Coupe d'Europe des clubs champions en 1973. Avec 85 % de victoires, il s'impose comme l'un des meilleurs entraîneurs européens. Il fait la fierté de son pays et du régime de Ceauceşcu, qui pense, un temps, l'obliger à revenir en Roumanie. Finalement, il peut choisir de venir entraîner l'équipe de France, dont les résultats sont médiocres depuis la Coupe du monde de 1958. Francophile, comme nombre de ses compatriotes, il entreprend de rénover les pratiques non seulement dans l'organisation tactique, mais aussi dans la préparation physique. À l'issue de sa première année de contrat, il se retrouve au centre d'un bras de fer entre les gouvernements roumain et français au moment où les relations entre les deux pays connaissent des tensions. Bucarest entend en effet à nouveau le rapatrier pour le voir contribuer au rayonnement du sport roumain. Ses bonnes relations avec Ceauceşcu ainsi que des pressions politiques au plus haut niveau du côté français lui permettent cependant de rester à son poste en France. Le premier ministre, Jacques Chirac, se réjouit que « la Roumanie ait accepté de maintenir la présence de Kovacs en France ». Les négociations prévoient que Kovacs reverse une partie de son salaire à la Fédération roumaine de football. L'entraîneur ne parvient cependant pas à qualifier l'équipe de France pour le championnat d'Europe des nations en 1974. Ses trois saisons à la tête des Bleus restent néanmoins marquantes pour beaucoup d'observateurs : par la mise en place de structures de formation et par une approche rénovée du jeu, il permet à l'équipe de France de s'affirmer sur la scène internationale à la fin des années 1970 et au début des années 1980, sous la direction de son adjoint, Michel Hidalgo. De retour dans son pays d'origine, il en devient sélectionneur national (1976-1980). Après un passage au Panathinaikos d'Athènes (1981-1984), Sfefan Kovacs renouera brièvement avec le football français, exerçant pour une saison son métier à l'AS.Monaco (1986-1987).

Stéphane Mourlane

KOWALCZYK Ignace (Ignacy)

Sportif. – Né le 27 décembre 1913 à Castrop-Rauxel, Allemagne ; mort à une date inconnue.

Ce joueur de football, évoluant comme milieu de terrain, est arrivé avec sa famille en France au tout début des années 1930, à Noyelles-sous-Lens. Son père fait partie de l'important contingent de travailleurs originaires de la Pologne actuelle, venus s'employer dans les mines de charbon, d'abord de la Ruhr – où naît Ignacy –, puis dans le nord de la France, pendant l'entre-deux-guerres. Après avoir commencé sa carrière au RC.Lens, entre 1931 et 1933, puis au Valenciennes.FC, entre 1933 et 1936, Ignacy Kowalczyk, surnommé « Ignace » par les supporters qui apprécient son style de jeu et sa personnalité, est transféré à l'Olympique de Marseille. Il remporte le titre de champion de France en 1937. Naturalisé français, il connaît les sélections « espoir » et militaire, puis porte le maillot de l'équipe de France à cinq reprises entre 1935 et 1938. Il marque son seul but en bleu lors d'un match amical face à la Belgique au Parc des Princes le 30 janvier 1938 (5-3). Membre du groupe sélectionné pour participer à la Coupe du monde 1938, Ignace Kowalczyk, remplaçant, n'a pas l'opportunité d'exprimer son talent. Sa carrière se poursuit pendant et après la Seconde Guerre mondiale, au début de laquelle il est mobilisé comme simple soldat dans l'armée française. C'est au FC.Metz et au Stade de Reims qu'il passe la majeure partie de ces années, jusqu'à son dernier match, en 1950.

Yvan Gastaut

KOWARSKI Lew

Ingénieur et physicien. – Né le 10 février 1907 à Saint-Pétersbourg, alors Empire russe, aujourd'hui Russie ; mort le 30 juillet 1979 à Genève, Suisse.

Naturalisé français en 1939, Lew Kowarski est l'homme qui a conçu et dirigé la construction de la première pile nucléaire française. Son père, un homme d'affaires russe, quitte la Russie en 1919 pour s'installer à Vilna, en Lituanie, où le jeune Kowarski fait sa première scolarité. Il commence ses études supérieures à l'université de Gand, en Belgique. En 1925, il est en France et prépare simultanément un diplôme d'ingénieur à l'École de chimie industrielle de Lyon et le baccalauréat à Strasbourg. Il se rend ensuite à Paris où il travaille comme ingénieur d'études pour la société Le Tube d'acier, en même temps qu'il prépare un doctorat en physique moléculaire dans le laboratoire de Jean Perrin. À partir de son doctorat, soutenu en 1934, son activité se décline en quatre périodes. De 1934 à 1940, il forme, avec Frédéric Joliot-Curie, Hans von Halban et Francis Perrin, l'équipe qui décrit la possibilité d'une réaction en chaîne dans l'uranium et qui dépose trois demandes de brevets en mai 1939, au nom de la Caisse nationale de la recherche scientifique, pour un dispositif calculant l'énergie produite lors d'une réaction en chaîne divergente. De 1940 à 1946, il participe à l'effort de guerre : il transporte en Grande-Bretagne le stock mondial d'eau lourde que la Norvège avait confié à la France quelques mois auparavant, à la demande de Raoul Dautry, pour que soient poursuivies les recherches sur l'énergie nucléaire ; ensuite, à Cambridge, avec Halban, il met en évidence la possibilité de réaliser des machines produisant de l'énergie à partir de l'uranium ; enfin, au Canada, il construit, à la demande des Alliés, la pile atomique ZEEP, qui diverge en 1945. Rentré en France à la fin de 1945, directeur scientifique du Commissariat à l'énergie atomique de 1946 à 1954, il conçoit et construit la pile ZOE, « la pile des savants », qui diverge en 1948, puis la pile EL2, « la pile des ingénieurs », qui diverge en 1952. La même année, il est chargé du cours de physique nucléaire appliquée à la science et à l'industrie au Conservatoire national des arts et métiers. Enfin, de 1954 à 1972, date de sa retraite, il est un acteur majeur du Centre européen de recherche nucléaire à Genève, qu'il contribue à fonder. C'est lui qui met au point la première chambre à bulle pour la détection des réactions des particules accélérées, et qui introduit les « grands calculateurs », en tant que directeur scientifique et technique, à partir de 1956. Lew Kowarski a joué un rôle fondamental dans la mise au point de l'énergie nucléaire militaire et civile en Europe, il a aidé à la victoire alliée et participé au plus haut niveau à la reconstruction de la France. Il considérait néanmoins, en 1969, que « la véritable révolution de notre époque n'a pas été provoquée par l'énergie atomique, mais par les ordinateurs ».

Anne-Françoise Garçon

KOYRÉ Alexandre

Philosophe, historien des sciences. – Né le 29 août 1892 à Taganrog, alors Empire russe, aujoud'hui Russie ; mort le 29 avril 1964 à Paris, France.

Figure considérable de l'histoire des sciences, Alexandre Koyré a également contribué à l'ouverture de la France à la philosophie allemande, dont il a donné une interprétation marquée par l'empreinte de sa culture russe. Né dans une famille fortunée de la bourgeoisie d'affaires juive, il est à peine âgé de quinze ans lorsque son activisme au sein des mouvements étudiants révolutionnaires le conduit en prison. Contraint de s'exiler de Russie en 1908, il effectue sa formation philosophique en Allemagne à l'université de Göttingen, auprès de David Hilbert et d'Edmund Husserl, dont il aurait lu avec avidité les *Recherches logiques* durant sa détention. À Paris, où il poursuit ses études à partir de 1912, Koyré assiste aux conférences des maîtres de la Sorbonne, aux leçons d'Henri Bergson au Collège de France et met en chantier un travail universitaire sur saint Anselme. Dès le début de la Première Guerre mondiale, il s'engage dans l'armée française au sein de la Légion étrangère, manifestant ainsi son attachement à sa nouvelle patrie. En 1915, il est mis à disposition de l'armée russe et rejoint le front autrichien. De sensibilité socialiste révolutionnaire, il prend part à la révolution de 1917 et aurait servi d'informateur auprès de l'État français. Mais, en 1920, il fuit la Russie, pour s'installer définitivement en France. Un temps soupçonné par les autorités françaises d'avoir appartenu à des organisations bolcheviques, il fait preuve d'une grande réserve politique. En 1922, il bénéficie du statut juridique de l'« admission à domicile », puis sollicite avec succès, en 1925, la nationalité de sa « patrie d'élection et d'adoption ». Koyré accomplira l'essentiel de sa carrière à l'École pratique des hautes études (EPHE). Cette institution en marge de l'université, inspirée du modèle allemand, est un lieu cosmopolite qui a joué un rôle majeur dans les transferts culturels européens. À l'image de l'EPHE, Koyré est un passeur entre les cultures et entre les disciplines. Après avoir obtenu un diplôme sur *L'idée de Dieu et les preuves de son existence chez Descartes* (1922), puis son doctorat sur *L'idée de Dieu dans la philosophie de saint Anselme* (1923), il est « chargé de conférences temporaires » au sein de la cinquième section (sciences religieuses). Son enseignement, qui porte notamment sur le mysticisme spéculatif en Allemagne, le conduit à dialoguer avec l'historien de la philosophie médiévale Étienne Gilson. Parallèlement, il assure, en 1924-1925, un cours à l'Institut d'études slaves de Paris, autre lieu d'intégration pour les émigrés russes. Cet enseignement, qui témoigne de son attachement intellectuel à la Russie et de son intérêt pour le mouvement slavophile, débouche sur la publication de *La Philosophie et le problème national en Russie au début du* XIX*e siècle.* Peu après avoir soutenu une thèse de doctorat d'État sur *La Philosophie de Jacob Boehme. Étude sur les origines de la métaphysique allemande* (1929), il devient directeur d'études à l'EPHE (1931). Dans ses fonctions d'enseignant et de médiateur culturel – il fonde, en 1931, la revue *Recherches philosophiques*–, il est l'un des introducteurs en France de la phénoménologie allemande et l'un des initiateurs des études hégéliennes. À partir des années 1930, ses travaux, fécondés par le dialogue avec les philosophes des sciences (Léon Brunschvicg, Émile Meyerson et Gaston Bachelard), mais également avec Lucien Lévy-Bruhl, l'un des pères de l'anthropologie, ou encore avec les historiens des *Annales*, s'orientent vers l'histoire de la pensée scientifique, particulièrement celle de la naissance de la science classique. Sa participation, en tant que traducteur, à la publication, en 1930, des *Carnets de Schwartzkopper*, qui confirmaient l'innocence de Dreyfus, manifeste discrètement son engagement citoyen. Au moment de l'effondrement de 1940, Koyré fait le choix de la France libre. En 1942, il rencontre au Caire le général de Gaulle et part aux États-Unis, où il œuvre au rayonnement de la pensée française au sein de l'École libre des hautes études dont il sera le premier secrétaire général. Son engagement dans la Résistance s'exprime dans ses textes *Sur l'armée allemande* et *La Cinquième Colonne* (1944). De retour en France en 1945, Koyré maintient des relations universitaires étroites avec les États-Unis, sa seconde patrie intellectuelle. Après l'échec de sa candidature au Collège de France, il reçoit l'appui de Fernand Braudel pour fonder, au sein de la sixième section (sciences économiques et sociales) de l'EPHE, une direction d'études consacrée à l'« histoire de la pensée scientifique ». Dans ses *Études galiléennes* (1940) et dans son maître-ouvrage, *Du monde clos à l'univers infini* (1957), Koyré a développé une réflexion sur les révolutions scientifiques, qui intègre une perspective anthropologique.

Stéphan Soulié

KRACAUER Siegfried

Critique d'art. – Né le 8 février 1889 à Francfort-sur-le-Main, alors Empire allemand, aujourd'hui Allemagne ; mort le 26 novembre 1966 à New York, États-Unis.

Entre la période de Weimar durant laquelle Siegfried Kracauer est un critique d'art et de littérature influent et l'après-guerre aux États-Unis où son *From Caligari to Hitler* (1947) assure sa renommée internationale de théoricien du cinéma, l'intellectuel allemand vit en France, entre mars 1933 et janvier 1941. Il a fui alors le régime nazi, persécuteur de ce journaliste d'origine juive qui, à la tête du service culturel de la *Frankfurter Zeitung* et dans ses essais, a interrogé la modernité à l'œuvre dans la ville, la culture de masse ou encore le roman policier, avec un regard de plus en plus influencé par le marxisme. À Paris, qui l'attire pour son cosmopolitisme et où il jouit d'un début de notoriété grâce à la traduction française de son *Ginster* par Clara Malraux en 1933, il fait l'amère expérience de l'exilé démuni et dépourvu d'assise professionnelle. N'écrivant pas en français, il voit ses collaborations à la presse française limitées ; ses critiques de cinéma pour la presse suisse n'assurent pas sa survie. Restant en marge des milieux antifascistes allemands en exil à Paris – à quelques exceptions près comme Walter Benjamin –, il noue cependant des relations amicales avec quelques intellectuels français : la libraire Adrienne Monnier, le philosophe Gabriel Marcel et l'écrivain Daniel Halévy. Il s'imprègne en revanche de l'atmosphère parisienne pour rédiger, à partir de 1935, sa biographie de Jacques Offenbach qui paraît en 1937 en allemand, en français et en anglais (*Jacques Offenbach ou le secret du Second Em-*

pire). Le compositeur apparaît alors comme son double : juif, exilé, et confronté à un régime dont Kracauer souligne dans son avant-propos la « grande actualité ».

En septembre 1939, comme ses compatriotes allemands exilés en France, Sigfried Kracauer et son épouse connaissent l'internement : dans un camp à Maisons-Laffitte, en Seine-et-Oise, puis dans le centre de rassemblement des étrangers d'Athis-sur-Orne, dont ils sont extraits en novembre après l'intercession d'Adrienne Monnier et de Daniel Halévy. En mai 1940, ils sont de nouveau enfermés au stade Buffalo en banlieue parisienne, puis libérés. Après l'armistice, le couple gagne Marseille où ils vivent aux côtés de Walter Benjamin, mais, à la différence de leur ami, ils parviennent à gagner les États-Unis le 25 avril 1941, où un poste de *special research assistant* est promis à la New York Film Library depuis juin 1939. En terre américaine, Kracauer poursuivra une réflexion centrée sur l'Histoire et sur le cinéma, en adoptant la langue de son pays d'accueil.

Anna Trespeuch-Berthelot

KRASUCKI Henri

Militant syndical et politique. – Né le 2 septembre 1924 à Volomin, Pologne ; mort le 24 janvier 2003 à Paris, France.

Les parents d'Henri Krasucki étaient des travailleurs juifs polonais venus s'installer à Paris dans les années 1920, où ils semblent avoir été embauchés dans l'industrie textile avant de se mettre à leur compte en créant un petit atelier de tricot. Henri Krasucki fut un excellent élève au lycée Voltaire, ce dont il devait rester fier toute sa vie. En septembre 1939, il commença à travailler comme ouvrier, sans doute pour aider sa famille et pour répondre aussi au fait que son père, militant du PC et de l'organisation para-communiste de la Main-d'œuvre immigrée (MOI), devait se réfugier dans la clandestinité. Henri militait déjà aux Jeunesses communistes et à la CGT. À la fin de 1940, il plongea à son tour dans la clandestinité, à travers son engagement dans la Résistance, au titre de la MOI comme des JC, dont il était devenu un responsable. Le 23 mars 1943, il était arrêté, ainsi que sa mère, puis déporté vers Auschwitz, avant de travailler dans une mine de charbon, en Haute-Silésie. Transféré ensuite au camp de Buchenwald, il put militer au sein de l'organisation clandestine que le PC y avait organisée. Rescapé de ce camp, il revint en France où il retrouva sa mère mais non son père, qui fut une des victimes des camps.

Ayant suivi une formation professionnelle accélérée et commencé à travailler comme ajusteur, il s'engagea rapidement dans le militantisme. Dès 1949, il était devenu l'un des secrétaires de l'Union départementale CGT de la Seine. Par ailleurs, il militait aussi au Parti communiste, entrait à son Bureau fédéral de la Seine en 1953, année où il devint également secrétaire général de l'Union CGT de la Seine. Puis il accéda à la Commission administrative confédérale en 1955. Il devait siéger dans les instances nationales de la CGT jusqu'en 1992. Parallèlement, il obtint aussi des responsabilités politiques nationales au sein du PC à partir de 1956, thorézien convaincu avant d'être beaucoup plus réservé durant l'affaire Servin-Casanova, en 1961. Cette année-là, fait notable, Henri Krasucki entrait à la fois au Bureau confédéral de la CGT et au

Bureau politique du PC ; il devait y rester jusqu'en 1994. Le PC lui confia la responsabilité de la direction des intellectuels jusqu'en 1967. Il suivait en même temps les affaires de la CGT, notamment en tant que directeur, depuis 1960, de *La Vie ouvrière*, l'hebdomadaire de la Confédération. Il fut aussi quelque temps, à partir de 1986, vice-président de la Fédération syndicale mondiale. À partir de 1967, c'est à la CGT qu'il consacra son énergie. Il en devint alors le numéro deux. En mai 1968, il joua un rôle essentiel, d'abord par des contacts secrets avec Jacques Chirac, alors secrétaire d'État, pour préparer la rencontre de Grenelle avec le gouvernement et le patronat ; aux côtés de Benoît Frachon et de Georges Séguy, il fut un des grands artisans de la négociation.

Après avoir été le principal conseiller de Georges Marchais, secrétaire du Parti communiste, sur les affaires syndicales, il devint le secrétaire général de la CGT en 1982. Il y défendit d'abord, sans états d'âme, les orientations du PC les plus rigides, ce qui l'amena à s'opposer à Georges Séguy qui, depuis 1978, fit beaucoup pour préserver la CGT des conséquences politiques résultant de la rupture de l'Union de la gauche, survenue en octobre 1977. Henri Krasucki fut de ceux qui campaient sur une « ligne de forteresse », alors que Georges Séguy échoua dans sa volonté de « soustraire » la CGT à l'influence du Parti ou du moins de ses aspects les plus outranciers.

En 1982, Henri Krasucki succéda à Georges Séguy et ce changement correspondit à un renouvellement sensible des dirigeants de la CGT ainsi qu'un alignement plus net de sa part sur la stratégie du PC. À partir de la fin 1984, cette orientation ainsi que d'autres facteurs, tel que l'échec des négociations sur la flexibilité du travail, contribuèrent à la radicalisation de la CGT, confirmée un an plus tard. Mais Henri Krasucki en vint alors à son tour à prendre certaines distances avec le PC, notamment sur le problème ancien de l'autonomie de l'organisation syndicale. Après avoir appelé la CGT à voter pour le candidat communiste André Lajoinie à l'élection présidentielle de 1988, Henri Krasucki rencontra des difficultés un peu analogues à celles de son successeur. Fin 1990, il dénonça « toute idée de subordination de la CGT à un parti politique » et la CGT ne fut pas représentée au congrès du PC, tenu quelques jours plus tard. La liberté de ton d'Henri Krasucki s'accentua ensuite ; aussi fut-il remplacé au secrétariat général de la CGT par Louis Viannet en 1992. Louis Viannet eut d'ailleurs, par la suite, une évolution analogue à celles de Georges Séguy et d'Henri Krasucki.

Comment Henri Krasucki vécut-il ces événements ? Il est difficile de répondre à cette question. Jusqu'à sa mort, il s'impliqua dans le mouvement social à travers diverses associations mémorielles et continua de s'intéresser à l'histoire du mouvement syndical. On ne sait comment il vécut en son for intérieur l'implosion de l'URSS et des démocraties populaires. Il s'exprima très peu sur ces questions, qui avaient symbolisé l'engagement de sa vie. Personnalité complexe, d'une grande intelligence et d'une capacité de travail considérable, passionné de musique et de culture, Henri Krasucki était bien différent de l'image qu'il avait parfois donnée de lui-même lorsqu'il était secrétaire général de la CGT.

Michel Dreyfus

KRAUT François (Ferencz)

Minéralogiste. – Né le 8 février 1907 à Pinkafeld, alors Autriche-Hongrie, aujourd'hui Autriche ; mort le 28 août 1983 à Paris.

Né sur le territoire autrichien, de nationalité hongroise, Ferencz Kraut fait ses études au lycée d'Ujpest, puis à l'université des Mines de Leoben, en Autriche, de 1923 à 1928. Sa famille s'installe à Paris, où il poursuit ses études de mathématiques, physique et minéralogie de 1929 à 1931. Il obtient un doctorat de géologie. Sous l'influence d'Alfred Lacroix et de Jean Orcel, il oriente ses travaux vers la minéralogie et la pétrographie. Recruté en 1933 par le CNRS, il entre au Museum national d'histoire naturelle et rejoint la chaire de minéralogie de son professeur, Jean Orcel. Il est naturalisé français en 1938, mobilisé en 1939. Il passe une bonne partie de la guerre en captivité en Allemagne, de 1940 à 1945. À son retour, il devient chef de travaux à l'École des mines, où il enseigne. À partir de 1963 et jusqu'à sa retraite en 1972, il est directeur adjoint du laboratoire de minéralogie du Museum. Spécialisé dans la microscopie des roches et des minéraux opaques, il fait porter son expertise notamment sur l'examen microscopique en lumière transmise ou réfléchie. Avec Simone Caillère, une autre élève d'Orcel, il révise plusieurs feuillets de la carte géologique de France. En 1969, il accède à une certaine célébrité en découvrant, en Charente limousine, l'astroblème de Rochechouart-Chassenon, un cratère fossile qui constitue la plus grande structure d'impact météoritique alors connue en France métropolitaine.

Anne Rasmussen

KREISLER Fritz

Violoniste et compositeur. – Né le 2 février 1875 à Vienne, Autriche ; mort le 29 janvier 1962 à New York, États-Unis.

Kreisler a été un enfant prodige, en tournée aux États-Unis avec Moritz Rosenthal à l'âge de quatorze ans. Il a étudié l'art et la médecine, servi dans l'armée autrichienne. Ce Viennois, célèbre virtuose, compositeur facétieux, s'était installé à Berlin, mais dut fuir le nazisme et choisit la France. En 1938, au moment de l'Anschluss, il obtient la nationalité française. La guerre le fera passer aux États-Unis, où il prendra, en 1943, la nationalité américaine. Le grand musicien a donc eu pendant quelques années la nationalité française, suffisamment pour que son nom figure dans cet ouvrage et permette de poser le problème du passage de personnalités que la France n'a pas su, ou pas pu, retenir.

Didier Francfort

KRÉMÈGNE Pinchus. — *Voir* PARIS, École de.

KRISTEL Sylvia (Sylvia Maria)

Actrice. – Née le 28 septembre 1952 à Utrecht, Pays-Bas ; morte le 17 octobre 2012 à Amsterdam, Pays-Bas.

Mannequin à l'âge de dix-sept ans, actrice discrète aux Pays-Bas, Sylvia Kristel se voit confier le rôle d'Emmanuelle dans le film éponyme de Just Jaeckin d'après le roman d'Emmanuelle Arsan (1974). Ce fut l'un des plus gros succès du cinéma français, attirant dans les salles près de neuf millions de spectateurs et plus de cinquante millions dans le monde. Le succès fut tel qu'une salle le programma à Paris pendant cinq cent cinquante-deux semaines d'exclusivité sur les Champs-Élysées. Avec une restriction : interdit sous la présidence de Georges Pompidou pour « manque de respect envers le corps humain », le film a été libéré sous celle de Valéry Giscard d'Estaing sauf pour les moins de dix-huit ans. Épouse de l'écrivain Hugo Claus, Sylvia Kristel restera une actrice sans voix, car la sienne a été doublée (et le restera pour ses films suivants) à cause de son accent rugueux. Elle reprend trois fois le rôle dans d'autres films de la série, tourne avec Francis Girod, Claude Chabrol, Alain Robbe-Grillet. Une vie privée calamiteuse aura raison des suites de sa carrière.

Jean-Luc Douin

KRISTEVA Julia

Sémioticienne et psychanalyste. – Née le 24 juin 1941 à Sliven, Bulgarie.

Docteur *honoris causa* de plusieurs universités américaines et européennes, auteur d'une œuvre abondante, disponible en français, en anglais et dans bien d'autres langues, Julia Kristeva est une intellectuelle française à la stature internationale.

Dans son pays natal, la Bulgarie, la France compte dès l'enfance puisqu'elle va à l'école maternelle française de Sofia, puis continue sa scolarité à l'Alliance française. Après avoir mené des études de lettres modernes dans la capitale bulgare, elle s'envole pour Paris en décembre 1965, à la faveur d'une bourse obtenue grâce à des accords culturels passés entre la France et la Bulgarie.

Dans son premier ouvrage, *Sèméiotikè* (1969), puis dans son doctorat d'État, intitulé *La Révolution du langage poétique : l'avant-garde à la fin du XIXe siècle, Lautréamont et Mallarmé* (1974), elle développe une théorie de la littérature qui relève de la sémiologie, mais qui se nourrit également du marxisme et de la psychanalyse. À l'École pratique des hautes études, au CNRS, au Collège de France puis à l'université Paris VII-Denis Diderot, où elle est élue professeur de linguistique en 1973, elle enrichit le débat français centré alors sur le structuralisme, en y introduisant notamment l'œuvre du postformaliste russe Mikhaïl Bakhtine. La psychanalyse, qu'elle découvre en France dans l'œuvre de Sigmund Freud, chez le linguiste Émile Benveniste et au séminaire de Jacques Lacan, joue un rôle important à la fois dans l'acceptation intime, à l'issue de sa propre analyse, de sa condition d'exilée s'étant émancipée de ses origines, mais aussi dans son œuvre. La théorie de l'inconscient enrichit les essais qu'elle entreprend dans de nombreuses directions : dans le domaine littéraire en premier lieu (*Soleil noir : dépression et mélancolie*, 1987 ; *Le Temps sensible : Proust et l'expérience littéraire*, 1994), mais aussi sur des questions de société (*Lettre ouverte à Harlem Désir*, 1990 ; *Les Nouvelles Maladies de l'âme*, 1993 ; *Contre la dépression nationale*, 1998), sur la croyance (*Au commencement était l'amour : psychanalyse et foi*, 1985 ; *Cet incroyable besoin de croire*, 2007), sur les femmes (*Le Génie féminin*, 3 t., 1999-2002 ; *Seule, une femme*, 2007). Enfin, Julia Kristeva est aussi une romancière (*Les Samouraïs*, 1990 ; *Le Vieil Homme et les loups*, 1991 ; *Possessions*, 1996 ; *Meurtre à Byzance*, 2004).

Philippe Sollers, qu'elle épouse en 1967, lui donne la nationalité française et lui ouvre les réseaux de l'avant-garde littéraire. Ensemble, ils forment un couple d'intellectuels engagés. Au sein de l'équipe de rédaction de *Tel Quel*, qu'elle intègre en 1970, elle adopte une ligne politique, d'abord communiste, puis marxiste-léniniste (*Des Chinoises*, 1974) ; ce sont aussi les années durant lesquelles s'engage son combat pour la cause féministe. Dans les années 2000, elle porte la cause des handicapés victimes de discrimination (*Lettre au président de la République sur les citoyens en situation de handicap...*, 2003 ; *Handicap : le temps des engagements*, 2006 ; *Leur regard perce nos ombres*, 2011).

L'expérience de l'exil habite la démarche intellectuelle de Julia Kristeva et elle l'interroge dans *Étrangers à nous-mêmes* (1988). D'après elle, « les Français opposent à l'étranger un tissu social compact et un orgueil national imbattable » ; l'étranger en France reste donc « irrémédiablement différent et inacceptable », il est « objet de fascination [...], un problème, un désir : positif ou négatif, jamais neutre ». De son aptitude à vivre dans ce pays en « monstre de carrefour » (*L'Avenir d'une révolte*, 1998) est née une pensée nomade, interdisciplinaire, explorant les marges et ne tenant jamais pour acquises les évidences de ses contemporains.

Anna Trespeuch-Berthelot

KRISTOF Agota

Romancière et dramaturge. – Née le 30 octobre 1935 à Csikvand, Hongrie ; morte le 27 juillet 2011 à Neuchâtel, Suisse.

Originaire d'un village de l'ouest de la Hongrie, Agota Kristof traverse la Seconde Guerre mondiale dans un milieu familial modeste mais préservé. Entrée à l'âge de quatorze ans en internat à Köszeg, elle commence à rédiger des poèmes et tient un journal intime. En 1956, elle quitte son pays natal, avec son mari et sa fille âgée de quatre mois, après l'écrasement de l'insurrection de Budapest. D'abord réfugiée à Vienne, la famille se fixe définitivement en Suisse, à Neuchâtel. Ouvrière dans une usine d'horlogerie, Agota Kristof donne des textes à la *Gazette littéraire hongroise* et apprend le français en parallèle. Après avoir écrit des poèmes dans cette langue, elle fait jouer ses premières pièces dans les cafés et à la Radio suisse romande (*John et Joe*, 1972 ; *La Clé de l'ascenseur*, 1977). Elle privilégiera désormais le français comme langue d'expression. C'est en 1986 qu'un premier roman largement autobiographique, *Le Grand Cahier*, paraît au Seuil et rencontre un important succès. Récompensé par le Prix du livre européen, ce récit mêlant l'évocation de la guerre et le rapport à l'écriture est traduit dans le monde entier et permet à l'écrivaine d'acquérir une renommée internationale. Son nom sera plusieurs fois évoqué pour l'attribution du prix Goncourt. Deux autres romans, *La Preuve* (1988) et *Le Troisième Mensonge* (1991, prix du Livre Inter), viennent compléter la suite de la *Trilogie des jumeaux*. En 2000, l'usage fait du *Grand Cahier* par un enseignant de collège à Abbeville suscite une vive polémique en France en raison de passages du livre jugés pornographiques et provoque un débat quant à la définition de la littérature pour les adolescents. Affaiblie par la maladie, Agosta Kristof ralentit sa production littéraire et l'interrompt en

2005 après la publication de son autobiographie, *L'Analphabète*.

Pierre-Frédéric Charpentier

KROGH Per. — *Voir* PARIS, École de.

KROLL Lucien

Architecte. – Né le 1er mars 1927 à Bruxelles, Belgique.

Diplômé en 1951 de l'École de la Cambre, à Bruxelles, cet architecte indépendant débute en 1965 son programme d'architecture – qualifiable aujourd'hui d'écologique et solidaire – par un projet de quinze logements groupés à Audeghem-Bruxelles. À la suite de son conflit avec l'Université catholique de Louvain, il cesse d'étudier des projets pour la Belgique, les concentre sur la France et les Pays-Bas et se considère comme un « exilé culturel », tout en continuant à résider à Audeghem-Bruxelles. En 1976, il gagne le concours pour les Vignes blanches, quartier de cent trente-cinq logements à Cergy-Pontoise, étudié et construit avec une participation significative des futurs habitants. En 1978, il est chargé de réhabiliter la ZUP de Perseigne, à Alençon. Depuis, sans jamais y résider de façon permanente, il participe à de nombreux concours en France – et en perd la plupart. Lucien Kroll intervient surtout sur les programmes de réhabilitation : à Cugnaux-Toulouse, en 1987 ; à Bordeaux-Pessac (cent quatre-vingt-sept logements), en 1989 ; à Bethoncourt-Montbéliard (quarante logements), en 1990. Par ailleurs, il construit à Saint-Dizier soixante-quinze logements sociaux, en 1993 ; à Caudry le lycée d'enseignement professionnel, en 1997 ; à Auxerre l'éco-quartier Les Brichères (cent logements), en 2003. L'Atelier Lucien Kroll, depuis sa fondation, suit des buts écologiques plus que strictement architecturaux : refus de l'ingénierie brutale et des projets urbains abstraits ou démesurés, encouragements à la participation des habitants dans leurs projets d'architecture et d'urbanisme. La récente conjoncture du développement durable lui aurait-elle donné raison ?

Gérard Monnier

KRUG Johann-Joseph

Entrepreneur. – Né le 27 octobre 1800 à Mayence, alors France, aujourd'hui Allemagne ; mort le 5 août 1866 à Reims, France.

Né dans une ville qui fut française de 1797 à 1814, Johann-Joseph Krug grandit dans une famille très influencée, semble-t-il, par le mode de vie français. Sous la monarchie de Juillet, il s'installe à Châlons-sur-Marne, où il est employé chez Jacquesson, l'une des maisons de champagne les plus réputées à cette époque. Vite remarqué pour ses talents commerciaux et son excellente connaissance des assemblages, il en est nommé directeur. Il devient même le beau-frère du propriétaire en épousant, en février 1841, l'Anglaise Anne Emma Jaunay. Cependant, Krug voit plus grand et désire s'installer à son compte. En 1843, il fonde à Reims sa propre maison de champagne, Krug et Compagnie, avec son associé Hippolyte de Vives. D'abord négociants, ils se lancent dans la production deux ans plus tard. Le succès est vite au rendez-vous. Ses héritiers fortifieront encore la taille et la réputation de la marque.

Denis Saillard

KRÜGER Hardy (Franz Eberhard August)

Acteur. – Né le 12 avril 1928 à Berlin, Allemagne.

C'est Otto Preminger qui, en confiant son premier rôle à Hardy Krüger dans *La lune était bleue* (1963), lance la carrière internationale de cet acteur allemand à la blondeur joviale. Cela lui vaudra de tourner avec Joseph Losey (*L'Enquête de l'inspecteur Morgan*, 1959), Howard Hawks (*Hatari*, 1962) et d'apparaître dans quelques grands succès du cinéma français : *Un taxi pour Tobrouk* de Denys de La Patellière (1960), *Les Dimanches de Ville-d'Avray* de Serge Bourguignon (1962), *La Grande Sauterelle* de Georges Lautner (1967), *À chacun son enfer* d'André Cayatte (1977). Le plus emblématique est *Le Franciscain de Bourges* de Claude Autant-Lara (1967), où il interprète un moine franciscain allemand enrôlé comme infirmier militaire qui vient soigner deux résistants français et les aide à s'évader des geôles de la Gestapo.

Jean-Luc Douin

KRULL Germaine

Photographe. – Née le 20 novembre 1897 à Posen, alors Allemagne, aujourd'hui Poznan, Pologne ; morte le 31 juillet 1985 à Wetzlar, Allemagne.

Née en Silésie prussienne, Germaine Krull étudie la photographie à Munich quand y éclate la révolution bolchevique, vite écrasée dans le sang. Compagne d'un anarchiste, elle quitte la Bavière pour Berlin où ses fréquentations associent l'avant-garde artistique et l'avant-garde politique. En 1925, elle est à Paris, où son radicalisme formel, influencé par Joris Ivens, qui fut son amant, et par Moholy-Nagy, la fait vite remarquer. Sa série *Métal* (1928) joue sur la photogénie industrielle et paraît comme un manifeste de la « nouvelle photographie » moderniste. Une monographie lui est consacrée, chez Gallimard, dès 1931. Les années 1930 marquent l'apogée de sa réputation, fondée sur un savant mélange de reportage classique (pour le magazine *Vu*), de portraits sophistiqués et de nus audacieux. La guerre la trouve aux États-Unis puis, très vite, en Afrique, dans les services de la France libre. Correspondante de guerre, elle accompagne le débarquement en Provence, la campagne d'Alsace, puis passe en Indochine. Au Congo puis en Thaïlande et en Inde elle découvre des cultures qui la fascinent, avant de revenir en Allemagne. La découverte de ses archives, aujourd'hui conservées à Essen, a confirmé que sa période parisienne – qui lui aura inspiré en 1929 son *100 x Paris* – avait été la plus novatrice de son œuvre.

Pascal Ory

KUNDERA Milan

Romancier et poète. – Né le 1er avril 1929 à Brno, alors Tchécoslovaquie, aujourd'hui République tchèque.

Né dans un milieu bourgeois aisé, Milan Kundera a vu son existence bouleversée par l'occupation nazie et l'instauration du communisme en Tchécoslovaquie. Il sort diplômé de l'École supérieure de cinéma de Prague en 1952, l'année même où il se voit une première fois exclu du Parti communiste pour « agissements contre le pouvoir ». En 1953 paraît son premier livre, *Člověk zahrada širá* (« L'homme, ce vaste jardin »), un recueil de poésies dont le lyrisme s'oppose au réalisme socialiste ambiant. Dans l'atmosphère de changement qui secoue son pays natal à la fin des années 1960, l'écrivain fait paraître *Žert* (1967), un roman qui critique le régime par l'ironie et l'absurde. Le roman est traduit en français et paraît chez Gallimard à l'automne 1968, après l'écrasement du Printemps de Prague, sous le titre *La Plaisanterie*, précédé d'une élogieuse préface de Louis Aragon. De nouveau exclu du Parti communiste en 1970, Kundera peut quitter la Tchécoslovaquie cinq ans plus tard et obtient l'asile politique en France. « Mon émigration, dira-t-il ultérieurement, est une renaissance, l'événement le plus décisif de ma vie comme de mon travail. » Enseignant à l'université de Rennes puis à l'École des hautes études en sciences sociales, il publie *Le Livre du rire et de l'oubli* (1979), qui lui permet de solder son passé communiste. Déchu de sa nationalité en 1979, il se voit naturalisé français – en même temps que Julio Cortázar – le 1er juillet 1981. Trois ans plus tard, *L'Insoutenable Légèreté de l'être* rencontre un important succès public. Le romancier enchaîne par un « cycle français » comprenant trois volumes (*La Lenteur*, 1995 ; *L'Identité*, 1998 ; *L'Ignorance*, 2003). En 2011, Milan Kundera est entré dans le cercle très fermé des auteurs publiés de leur vivant dans la « Bibliothèque de la Pléiade ».

Pierre-Frédéric Charpentier

KUPKA František

Peintre. – Né le 23 septembre 1871 à Opočno, alors Autriche-Hongrie, aujourd'hui République tchèque ; mort le 24 juin 1957 à Puteaux, France.

Récemment reconnu comme l'un des pères de l'art abstrait en France, Kupka s'installe à Paris en 1894 après des études artistiques à Prague et à Vienne. Il devient célèbre pour ses illustrations, souvent satiriques, publiées dans des livres ou des magazines entre 1895 et 1910. Il évolue progressivement vers l'abstraction en 1910-1911, influencé par les théories futuristes et orphistes, notamment sur le lien entre peinture et musique (*Amorpha*, 1912). Résidant à Puteaux depuis 1906, il a pour voisin des cubistes notoires, comme Jacques Villon, il est membre du « Groupe de Puteaux » et participe au salon de la Section d'or. Il est néanmoins critique à l'égard du cubisme, dans lequel il ne se reconnaît pas. Dans l'entre-deux-guerres, il sera l'un des fondateurs du groupe d'artistes Abstraction-Création (1931). Le mécène tchèque Jindrich Waldes lui assure un soutien financier au même moment, ce qui lui permet de se consacrer à l'art. Il écrit (« La création dans les arts plastiques », rédigé en français, mais dont la seule édition publiée de son vivant est en tchèque, en 1923), crée et expose en Europe et aux États-Unis, jusqu'à sa mort en 1957. Son refus des étiquettes et l'isolement dans lequel il s'est tenu de son vivant expliquent en partie la moindre reconnaissance de son œuvre, pourtant aussi déterminante pour l'histoire de l'abstraction en France que celles de Kandinsky ou Mondrian.

Julie Verlaine

KUSTURICA, Emir

Musicien et cinéaste. – Né le 24 novembre 1954 à Sarajevo, alors Yougoslavie, aujourd'hui Bosnie-Herzégovine.

Très tôt attiré par le cinéma, Emir Kusturica suit des études à l'Académie de cinéma de Prague, où il est très vite remarqué, et débute une carrière de cinéaste. Reconnu en France à ce titre, notamment par des films comme *Papa est en voyage d'affaires* (1985, Palme d'or au Festival de Cannes) ou *Arizona Dream* (1993), il donne à la musique un rôle essentiel et travaille ses premières bandes originales avec le compositeur Zoran Simjanović. Parallèlement à son travail de cinéaste, il intègre comme bassiste le groupe punk rock Zabranjeno Pušenje puis fait la connaissance de Goran Bregović, avec qui il signera notamment la bande-son du film *Le Temps des gitans*, qui rencontre un grand succès. Son intérêt pour la musique tzigane teinte sa carrière de musicien. Il est une nouvelle fois récompensé à Cannes avec *Underground* (1995) puis refonde son ancien groupe, sous le nom de The No Smoking Orchestra, qui signe en 1998 la bande-son du film *Chat noir chat blanc* dont les musiques deviennent populaires, notamment le thème *Bubamara*. C'est aujourd'hui avec son groupe qu'il accompagne – lui-même à la guitare et au banjo – la partie musicale de ses films. Les musiques de film de Kusturica sont de véritables succès, même quand le public cinéphile n'est pas au rendez-vous dans les salles. Après plusieurs projets cinématographiques et, notamment, la création du village de Kustendorf en 2004 pour le tournage du film *La vie est un miracle*, il compose un opéra rock, *Le Temps des gitans*, qu'il présente en 2007 à l'Opéra-Bastille, bien accueilli par la critique comme par le public.

La place des instruments, le cymbalum par exemple, et la figure des musiciens sont importantes pour Emir Kusturica. Jazz, rock, musiques traditionnelles viennent rythmer son univers, au son des trompettes, tambours et violons, dans un syncrétisme parfois étonnant – jusqu'à la symphonie avec orgue de Saint-Saëns pour *Underground*. Aujourd'hui, cet univers influence la création française de manière significative : en collaborant avec des artistes comme Manu Chao, en participant à la Fête de l'Humanité ou encore en se rendant à de nombreux festivals en France, Emir Kusturica rencontre la scène alternative française avec laquelle il échange, ainsi, par exemple avec le groupe Les Ogres de Barback.

Aymeric Jeudy

KYROU Ado (Adonis)

Écrivain et réalisateur. – Né le 18 octobre 1923 à Athènes, Grèce ; mort le 4 novembre 1985 à Paris, France.

Ado Kyrou a quitté la Grèce pendant la guerre civile et est arrivé à Paris en 1946 pour étudier à la Sorbonne. Converti au surréalisme, il fonde en 1950, avec son complice Robert Benayoun, la revue cinéphile iconoclaste *L'Âge du cinéma*, qui clame que le septième art est fait pour adopter les thèses d'André Breton. Partisan d'un cinéma « frénétique », admirateur de Luis Buñuel, collaborateur de la revue *Positif*, il publie deux ouvrages majeurs : *Le Surréalisme au cinéma* (1953) et *Amour-érotisme et cinéma* (1957). Il est également auteur de deux films, *Bloko* (1965) et *Le Moine* (1972), ce dernier coscénarisé par Buñuel et Jean-Claude Varrière, d'après l'œuvre de M. G. Lewis.

Jean-Luc Douin

L

LAGERFELD Karl (Karl Lagerfeldt)

Couturier et photographe. – Né le 10 septembre 1933 à Hambourg, Allemagne.

Arrivé avec sa mère à Paris en 1953, le jeune fils de famille bourgeois et hambourgeois est tôt révélé au sein du petit monde de la haute couture française, alors à son apogée. Pierre Balmain le prend comme assistant, mais, dès le début des années 1960, Karl Lagerfeld fait le choix d'une carrière de styliste indépendant, capable de mener de front une direction artistique principale (ce sera, à partir de 1983, celle de la maison Chanel) et des expertises plus limitées (à deux reprises pour la maison Chloé, par exemple), qui le conduisent à toucher au prêt-à-porter (H & M) comme au parfum ou aux accessoires. Par ailleurs, il crée ses propres griffes (Karl Lagerfeld, K par Karl, KARL...). Sur le tard, il va vouer une partie importante de son énergie à une activité de photographe. Au-delà de sa création couturière – assez remarquable pour avoir ressuscité des entreprises en déclin –, la grande réussite de Karl Lagerfeld est d'avoir dessiné son propre personnage, seul couturier, avec Gabrielle Chanel, à avoir une image, à l'évidence très travaillée, auprès d'un large public.

Pascal Ory

LAGRANGE Joseph Louis, comte de (Giuseppe Lodovico Lagrangia)

Mathématicien et astronome. – Né le 25 janvier 1736 à Turin, alors Royaume de Piémont-Sardaigne, aujourd'hui Italie ; mort le 10 avril 1813 à Paris, France.

Petit-fils d'un capitaine de cavalerie français venu se mettre au service de Charles-Emmanuel de Savoie, fils de Joseph-Louis Lagrange, trésorier de la guerre, et de Marie-Thérèse Gros, fille d'un médecin de Cambiano, il est né piémontais à Turin. Il passe près de trente ans dans le royaume de Piémont-Sardaigne, puis vingt et un ans à Berlin, et le reste de sa vie à Paris. L'éloge funèbre que le mathématicien Jean-Baptiste Delambre prononce à sa mort devant l'Académie des sciences souligne combien les autorités françaises, savantes autant que politiques, ont eu à cœur de faire de Giuseppe Lodovico Lagrangia un Français à part entière : « Son nom, celui de sa mère, attestent une origine française ; tous ses ouvrages ont été écrits en français ; la ville qui l'a vu naître était devenue française ; la France a donc bien incontestablement le droit de se glorifier de l'un des plus grands génies qui aient honoré les sciences. » Membre de l'Institut de France, sénateur (décembre 1799) et comte de l'Empire (avril 1808), grand officier de la Légion d'honneur (juin 1804) : après avoir servi Louis XVI, Lagrange recevra de Napoléon tous les honneurs, jusqu'à l'inhumation au Panthéon.

Il fait ses études à Turin, où il devient très jeune professeur de mathématiques à l'École royale d'artillerie, publiant dès 1755, en français, une *Méthode des variations*, traité de mathématiques qui retient l'attention des grands géomètres européens tels Euler et d'Alembert. Lagrange participe à la fondation de l'Académie de Turin, créée par le duc de Savoie. Mais, selon Delambre, « le séjour de Turin ne lui plaisait guère, il n'y voyait alors personne qui cultivât les mathématiques avec quelque succès ». En 1759, à l'âge de vingt-trois ans, il devient membre étranger de l'Académie de Berlin. Protégé par Frédéric II qui voit en lui « le plus grand mathématicien d'Europe », il succède à Euler en novembre 1766 comme directeur de la classe des sciences physico-mathématiques de l'Académie prussienne : il s'installe alors à Berlin et publie dans les *Recueils* de l'Académie de très nombreux mémoires qui touchent à la mécanique céleste, la théorie des nombres et l'analyse. Récompensé par plusieurs prix de l'Académie des sciences de Paris, notamment en 1764 pour ses travaux sur la théorie de la libration de la lune, il en est associé étranger en 1772. À la mort du roi de Prusse, en 1786, Louis XVI invite Lagrange à poursuivre ses travaux à Paris : Lagrange est nommé pensionnaire vétéran de l'Académie des sciences en juillet 1787, et obtient un logement au Louvre avec une confortable pension. Pendant la Révolution, il fait partie de la commission des poids et mesures, après la suppression de l'Académie. Grâce à l'intervention de plusieurs savants, dont Lavoisier et Guyton de Morveau, Lagrange échappe à l'application du décret d'octobre 1793 relatif aux étrangers. Dès 1794, il est nommé professeur à l'École normale de l'an III et à l'École polytechnique, où il demeure jusqu'en 1799, date de sa nomination par Bonaparte au Sénat. Après le décès, à Berlin, de sa première épouse, Victoire Conti, il épouse en 1792 une Française, fille de l'astronome académicien Lemonnier.

Anne Rasmussen

LAÏ Louis

Syndicaliste. – Né le 21 février 1904 à Metlaoui, Tunisie ; mort à une date inconnue.

Louis Laï était italien. En 1915, son père décida d'émigrer en France, à Saint-Étienne (Loire). Après avoir travaillé quelques mois dans une usine métallurgique, il descendit à la mine et, à l'âge de treize ans, participa à la « grève pour la paix » de 1917. Quatre ans plus tard, il obtint sa naturalisation et s'installa dans le Nord, où il fut embauché au puits Notre-Dame à Waziers. Il adhéra aux Jeunesses communistes, puis au Parti communiste et, à la fin des années 1920, il était responsable de la cellule du puits Notre-Dame. En 1931, il mena une grève avec la CGTU. Licencié trois ans plus tard, il anima le comité des chômeurs de Waziers. Puis il entra au conseil municipal de cette commune en mai 1935.

Repris à la fosse Desjardins, il fut élu délégué mineur face à un socialiste, mais ce dernier, ayant contesté le déroulement de la consultation, le mandat de Louis Laï fut annulé sur décision préfectorale. Une procédure de déchéance de nationalité fut même engagée contre lui, mais elle ne devait pas aboutir. Toutefois, ayant refusé de désavouer le pacte germano-soviétique, Louis Laï fut privé de ses droits civiques en septembre 1939. Mobilisé malgré tout, il fut placé en affectation spéciale, comme le furent la quasi-totalité des mineurs, et envoyé dans les Vosges. Fait prisonnier près de Gérardmer, astreint au travail obligatoire dans les mines allemandes, Louis Laï fut libéré en 1943, car il était père de famille nombreuse. N'ayant pu être réembauché à la mine en raison de sa réputation militante, il travailla à la gare de Waziers. Réintégré dans la mine à la Libération, il retrouva son mandat de délégué mineur et le conserva jusqu'en 1948.

Secrétaire de la section syndicale CGT de Waziers, Louis Laï fut envoyé comme interprète par la direction des Houillères à Turin en 1946, afin de recruter de la main-d'œuvre italienne. Lors de la grève de 1948, l'armée ayant occupé le puits Desjardins, il s'ensuivit un sabotage des installations. Louis Laï fut arrêté en tant que meneur du mouvement, condamné à vingt jours de prison avec sursis et à la déchéance de ses droits civiques pour cinq ans. Licencié, il travailla dans le textile, le bâtiment, puis dans une pharmacie mutualiste, jusqu'à sa retraite.

Réélu conseiller municipal de Waziers en 1952, adjoint au maire à partir de 1959, Louis Laï était, en 1973, responsable de la section syndicale et de la section communiste de cette commune.

Michel Dreyfus

LAMBERT-RUCKI Jean. — *Voir* PARIS, École de.

LAMBRICHS Georges

Écrivain, critique et éditeur. – Né le 5 juillet 1917 à Bruxelles, Belgique ; mort le 9 février 1992 à Paris, France.

Ayant vu le jour dans la Belgique occupée, Georges Lambrichs grandit à Bruxelles, mène des études de philosophie, gravite autour des milieux surréalistes et fait publier ses premiers textes littéraires en revue. En 1937, l'un de ceux-ci, refusé par *La Nouvelle Revue française*, attire l'attention de Jean Paulhan, avec qui Lambrichs sympathise. Jusqu'en 1939, il publie de nombreux textes critiques consacrés aux écrivains français contemporains dans la revue bruxelloise *Le Rouge et le Noir*. Au cours de la Seconde Guerre mondiale, Lambrichs participe à la résistance bruxelloise en faisant éditer un numéro clandestin de la revue *Messages*. Installé à la fin de 1944 à Paris, il entre comme lecteur aux Éditions de Minuit. Il y fait publier ses premiers romans, *L'Aventure achevée* (1946) et *Chaystre ou les plaisirs incommodes* (1948), mais c'est comme directeur littéraire qu'il révèle des auteurs comme Samuel Beckett, Alain Robbe-Grillet et Michel Butor. En parallèle, il collabore à de nombreuses revues littéraires (*Troisième Convoi*, *84*, *Critique*, *Monde nouveau*). Il quitte les

Éditions de Minuit en 1955, lance la collection « La Galerie » chez Grasset, puis rejoint Gallimard en 1959. Fondateur de la collection « Le Chemin », Lambrichs la double d'une revue, *Les Cahiers du Chemin*, qui lui permet de publier André Pieyre de Mandiargues, Jacques Réda, Pierre Guyotat, Georges Perros, Jacques Borel, Jean Ristat, Pascal Lainé ou encore Jean-Marie Gustave Le Clézio, qui obtient le prix Renaudot pour *Le Procès verbal* en 1963. En 1977, Lambrichs en interrompt la publication pour succéder à Marcel Arland à la tête de *La Nouvelle Revue française*, qu'il dirigera jusqu'en 1987. L'écrivain est l'époux de la traductrice Gilberte Lambrichs, le père de la romancière Louise Lambrichs et l'oncle de l'éditrice Colette Lambrichs.

Pierre-Frédéric Charpentier

LANDAU Ergy (Erzsi)

Photographe. – Née en 1896 à Budapest, Hongrie ; morte en 1967.

Formée en Autriche et en Allemagne, Erzsi Landau ouvre un atelier dans sa ville natale, mais choisit l'exil en France dès les débuts de la dictature Horthy, en 1923. Son art, d'abord fidèle au pictorialisme dominant, évoluera sous l'effet de la découverte de l'œuvre de son compatriote Lázsló Moholy-Nagy, professeur au Bauhaus, et de l'avant-garde photographique dite de la Nouvelle Vision, représentée en France, entre autres, par une autre photographe immigrée, Germaine Krull. Le nu, l'architecture, l'enfance (*Enfants*, 1936) deviendront quelques-uns de ses sujets de prédilection. Après la guerre, un reportage en Chine, publié en 1955 chez Gallimard (*Chine ouverte*), aurait pu aider à sa découverte, mais Ergy Landau disparaît avant que n'émerge, dans les années 1970, la reconnaissance des individualités photographiques, qui bénéficiera à ses camarades de la « photographie humaniste ».

Pascal Ory

LANG Fritz

Cinéaste. – Né le 5 décembre 1890 à Vienne, Autriche ; mort le 2 août 1976 à Los Angeles, États-Unis.

Fritz Lang n'a réalisé qu'un seul film en France : *Liliom*, en 1934, peu de temps après son départ d'Allemagne et à la veille de son exil aux États-Unis. Après une brillante carrière en Allemagne, où il devient l'un des piliers de la société de production Ufa, avec notamment *Les Nibelungen* (1924) et *Metropolis* (1926), avant de réaliser *M le maudit* (1930) et *Le Testament du docteur Mabuse* (1932) pour la Nero Film, Lang choisit de quitter le pays qui lui a donné la gloire après l'avènement du nazisme. Il se réfugie d'abord à Paris, où il retrouve Erich Pommer, son ancien directeur de production à la Decla, puis à la Ufa, qui produit *Liliom*, adaptation de la pièce de l'auteur hongrois Ferenc Molnàr ; Charles Boyer y interprète le rôle-titre. C'est pendant le tournage que Lang se voit proposer un contrat par la MGM et qu'il décide de partir pour Hollywood. Ce bref passage n'est pourtant pas le premier séjour de Lang en France : c'est bien à Paris qu'en 1913-1914 il a tenté de vivre de sa première vocation, la peinture, et qu'il a découvert le cinéma, se prenant notamment de passion pour le *Fantômas* de Louis Feuillade, qui inspirera ses premiers films (*Les Araignées*, 1919 ; *Le Docteur Mabuse*, 1922). Par ailleurs, dans les années 1950, c'est en France que commencera l'édification de sa stature d'auteur, à une période où, en délicatesse avec les studios américains, il peine à retrouver le lustre qui entourait ses productions de l'époque allemande. Ce sont les « Jeunes Turcs » des *Cahiers du cinéma*, François Truffaut et Jean-Luc Godard en tête, qui font de lui une figure majeure du culte cinéphile français. Le second ira même jusqu'à lui faire interpréter le rôle d'un cinéaste en butte aux oukases d'un producteur borné, dans *Le Mépris* (1963), et donnera en spectacle ce culte si spécifique au cours d'un entretien avec le maître, dans *Le Dinosaure et le bébé* (André S. Labarthe, 1967). Réalisateur phare des cinématographies allemande et hollywoodienne, Fritz Lang occupe ainsi une place spécifique dans l'univers français du cinéma.

Dimitri Vezyroglou

LANGHOFF Matthias

Metteur en scène et scénographe. – Né le 9 mai 1941 à Zurich, Suisse.

Fils du grand acteur allemand et directeur du Deutsches Theater de Berlin Wolfgang Langhoff, qui, pour fuir le nazisme, s'est établi en Suisse, l'autodidacte Matthias Langhoff (après avoir été maçon) entre au Berliner Ensemble en 1961. Dès 1963, avec Manfred Karge, il réalise, grâce au soutien d'Hélène Weigel, un montage de trois textes de Brecht, dont *Le Petit Mahagonny*. Pendant vingt ans, le tandem Karge-Langhoff mettra en scène des spectacles des deux côtés du rideau de fer : au Berliner Ensemble jusqu'en 1969, à la Volksbühne de Benno Besson jusqu'en 1977, à la Schauspielhaus de Peymann à Bochum. Ils se sépareront au début des années 1980 et Matthias Langhoff se rapprochera de la France, explorant le rapport au texte et le travail de traduction. Il crée un univers concret, réalisant lui-même ses scénographies : il montera Shakespeare aussi bien que Müller (qui a nourri sa pratique théâtrale), Schnitzler, Gogol, Tchékhov que Rodrigo Garcia. De 1989 à 1991, Langhoff dirige le théâtre de Vidy, près de Lausanne, pour lequel il avait conçu un projet de rénovation audacieux, qui n'aboutira pas. Il codirigera ensuite le Berliner Ensemble en 1992-1993. Il se fixe en France où, après de « longs et fastidieux efforts », il obtient la nationalité française en 1995. Depuis, il n'a plus de lieu théâtral fixe (il est néanmoins conseiller artistique du Théâtre national de Bretagne) et rencontre de grandes difficultés à faire produire ses mises en scène. Il consacre une grande partie de son activité à la formation des jeunes : pour les soixante-dix ans de l'ENSATT (École nationale supérieure des arts et techniques du théâtre), en 2011, Langhoff a proposé avec les élèves un spectacle : *Lyon Kaboul Thèbes, aller-retour*. Il s'agit, le même soir, d'une double création, en français et en afghan, autour de la figure d'Œdipe.

Chantal Meyer-Plantureux

LANZA DEL VASTO Joseph (Giuseppe Giovanni Luigi Enrico Lanza di Trabia-Branciforte)

Poète et philosophe. – Né le 29 septembre 1901 à San Vito dei Normanni, Pouilles, Italie ; mort le 5 janvier 1981 à Elche de la Sierra, Espagne.

C'est sans doute plus encore pour son œuvre militante que pour son œuvre littéraire que le nom du poète Joseph Lanza del Vasto est resté attaché à la France. Né d'un père sicilien et d'une mère flamande, l'écrivain a voyagé en Europe dès son plus jeune âge. Après avoir suivi des études universitaires à Pise, il décide en 1936 de partir en Inde à la rencontre de Gandhi, qui le convertit à la doctrine de la non-violence. Installé à Paris au début du second conflit mondial, Lanza del Vasto fait paraître plusieurs recueils de poésies et envisage la création d'une communauté d'hommes et de femmes partageant son idéal. En 1943, la parution chez Denoël de son récit de voyage, *Le Pèlerinage aux sources*, est un immense succès et inaugure en France la vague de redécouverte de l'Inde. Fidèle à ses principes, il décide de fonder des ateliers communautaires, qui prendront après-guerre le nom de Communauté de l'Arche. Après le semi-échec d'une expérience en Charente-Maritime, il décide d'installer sa communauté dans la Vallée du Rhône à Bollène, en 1954. La guerre d'Algérie marque pour lui un tournant. Engagé dans la dénonciation non violente du conflit, Lanza del Vasto lance, en 1957, le mouvement de protestation contre la torture, aux côtés de personnalités comme François Mauriac ou le général de La Bollardière. L'année suivante, il élargit sa revendication en manifestant devant l'usine de plutonium de Marcoule, qui fabrique les composants de la bombe atomique française. En 1962, L'Arche déménage vers trois hameaux cévenols près de Lodève tandis que Lanza del Vasto continue la publication de poésies et d'essais. La communauté, qui s'est internationalisée au fil des ans, a survécu à la disparition de son fondateur.

Pierre-Frédéric Charpentier

LARIONOV Mikhaïl Fiodorovitch. — *Voir* PARIS, École de.

LARSSON Carl. — *Voir* GREZ-SUR-LOING, Groupe de.

LASSERRE Georges

Juriste et économiste. – Né le 8 septembre 1902 à Genève, Suisse ; mort le 1er novembre 1985 à Neuilly-sur-Seine, France.

De confession protestante, influencé par le christianisme social et la culture coopérative suisse, Georges Lasserre s'est profondément engagé dans la diffusion de la pensée coopérative. Dès 1927, il s'était affirmé comme un spécialiste de la question en soutenant une thèse sur « Les obstacles au développement coopératif ». Il enseigna d'abord l'économie politique à l'université de Lille, où il fit la connaissance de Gaston Prache, secrétaire de la Fédération des coopératives du Nord. Ayant obtenu l'agrégation de droit, Georges Lasserre fut nommé à l'université de Bordeaux, où il resta peu de temps, avant de revenir à Lille. À partir de 1931, il assura le secrétariat de rédaction de la *Revue des études coopératives* (*REC*), fondée en 1921 et dirigée par Bernard Lavergne ; cette revue continue à paraître aujourd'hui sous le titre *Revue des études coopératives mutualistes et associatives* (*RECMA*). Georges Lasserre s'y attacha tout particulièrement à faire connaître les expériences étrangères. Il collabora au *Coopérateur de France* et à *La Coopération suisse* et publia, en 1938, une étude sur la coopération suédoise, *Coopératives contre cartels et trusts*. Fait prisonnier en 1940, il sera détenu en captivité en Allemagne jusqu'à la fin de la guerre. En 1945, il fait partie des signataires du *Manifeste coopératif*, rédigé par Bernard Lavergne, ainsi que de l'association des Amis de la coopération. À la Libération, il fut aussi élu à la faculté de Lyon, où il enseigna pendant cinq ans. Membre du Conseil économique et social de 1947 à 1951, il fut chargé d'un rapport sur *La Réforme de l'entreprise*, publié en 1950. Il assure ensuite à Paris, de 1952 à 1956, la direction de l'Institut des sciences sociales du travail. En 1962, il entra au comité national de la Fédération nationale des coopératives de consommation (FNCC), qui représentait alors la principale composante du mouvement coopératif. Il fut aussi, de 1959 à 1972, un dirigeant national de l'Institut des études coopératives, dont il fut successivement vice-président du conseil d'administration et président du comité directeur. Parmi ses nombreux ouvrages citons : *L'Expérience coopérative de démocratie économique* (1957), *Le Secteur coopératif et la protection des consommateurs* (1958), *La Coopération* (1959), *Les Entreprises coopératives* (1977).

Michel Dreyfus

LASSO Gloria (Rosa Coscolín Figueras)

Chanteuse. – Née le 25 octobre 1922 à Villafranca del Penedès, Espagne ; morte le 4 décembre 2005 à Cuernavaca, Mexique.

« Le lasso d'une voix et la gloire qui en résulte », plaisantait Jean Cocteau… Cette jeune Catalane fait ses classes à la radio barcelonaise, puis dans les cabarets madrilènes, avant de se rendre à Paris pour tenter sa chance. Celle-ci lui sourit en 1955 avec l'immense succès de *L'Étranger au paradis*, adapté d'un tube britannique. Un titre prémonitoire : Gloria devient en effet, pour quelques années, la grande vedette exotique du music-hall français, succédant aux idoles latines d'avant-guerre comme sa compatriote Raquel Meller ou l'Italienne Rina Ketty. Son accent roucoulant fait merveille dans les espagnolades (*Amour, castagnettes et tango*) comme dans les versions françaises de standards italiens (*Du moment qu'on s'aime*) ou états-uniens (*Tu m'étais destiné*). Mais, dans les années 1960, la vague yé-yé conjuguée à la concurrence de sa cadette Dalida ont raison de sa fortune. Elle s'exile alors au Mexique, y devenant une populaire animatrice de télévision. En France, sa notoriété glisse de la chanson vers la chronique mondaine, friande des péripéties de sa dizaine de mariages…

Yves Borowice

LATINO-AMÉRICAINS

Les Latino-Américains comptent peu aujourd'hui sur le territoire de la France métropolitaine, en regard des Africains et des Asiatiques. Leur présence en France est néanmoins le fruit d'une longue histoire, qui a reposé sur des liens très forts dans le siècle qui a suivi les indépendances. Depuis quelques décennies, l'exil puis un regain de la migration ont redonné de l'importance à certains groupes nationaux, venus des pays du Cône sud ou de l'Amérique andine.

Une longue histoire. À partir de la fin du XVIIIe siècle, les Latino-Américains (hispanophones et lusophones) sont nombreux à se rendre en France. L'un des moins connus est le Vénézuélien Francisco de MIRANDA (1750-1816), idéologue et futur héros de la libération de l'Amérique espagnole (célèbre, à ce titre, en Amérique hispanique). Dans les années agitées de la Révolution française, Miranda est général de brigade dans l'armée de Dumouriez, lieutenant général après la bataille de Valmy, prisonnier durant la Terreur, proche de Bonaparte, puis accusé de complot contre lui. En tant que général de la Révolution française et de l'Empire, son nom est inscrit sur l'arc de triomphe de l'Étoile à Paris.

Cent vingt ans plus tard, durant la Première Guerre mondiale, la Légion étrangère allait également attirer un certain nombre de Latino-Américains. Ils auraient été quelques centaines à avoir choisi, volontairement, de grossir les rangs de l'armée française.

La Révolution française est une référence cruciale dans ces pays. Le Colombien Antonio Nariño fut banni pour avoir traduit en espagnol la Déclaration des droits de l'homme et du citoyen. En exil en France, il y rencontra les cercles intellectuels et culturels, ceux-là même qui allaient exercer une si puissante fascination sur de nombreux autres Latino-Américains. Le pèlerinage vers Paris devint une étape obligée pour les intellectuels et pour de nombreux hommes politiques. Il est impossible d'énumérer tous ceux qui sont passés au cours du long XIXe siècle, historiens, écrivains, juristes, hommes politiques : José María SAMPER (1828-1888), Juan Bautista ALBERDI (1810-1884), Domingo Faustino SARMIENTO (1811-1888), José María TORRES CAICEDO (1830-1889), José de SAN MARTÍN (1778-1850), Simón BOLÍVAR (1783-1830)… Ils participèrent à la vie intellectuelle française et, en retour, la France influença leurs œuvres, aussi bien littéraires que politiques et institutionnelles. Rappelons que des ouvrages très importants dans l'histoire de la pensée furent originellement publiés en France. C'est le cas, entre autres, du vaste *Dictionnaire de construction de la langue espagnole*, dont le premier tome demanda quatorze années de travail au Colombien Rufino CUERVO (1844-1911). Seul l'exil studieux à Paris lui permit d'avancer dans cette entreprise obstinée.

Les échanges littéraires. L'aura littéraire a longtemps accompagné la présence latino-américaine en France. Des représentants remarquables du monde littéraire ont résidé en France et enrichi de leur présence les cercles littéraires dans les années 1920 et 1930, comme le poète péruvien César VALLEJO (1892-1938), le romancier guatemaltèque Miguel Ángel ASTURIAS (1899-1974), le poète chilien Vicente HUIDOBRO (1893-1948) et le critique mexicain Alfonso REYES (1889-1959). Inversement, en Amérique latine, des liens universitaires étaient tissés, par exemple autour de l'historien Fernand Braudel ou de l'anthropologue Claude Lévi-Strauss au Brésil. Toutefois, au lendemain de la Première Guerre mondiale, on vit croître le désintérêt de la France pour l'Amérique latine, à laquelle elle avait servi de modèle.

Dans les années qui suivirent la Deuxième Guerre mondiale, les anciens liens furent un moment réactivés, compte tenu, entre autres, du soutien de ces pays aux Alliés : la libération de Paris fut un grand moment de fête dans les villes latino-américaines. L'exil temporaire, pendant la guerre, de nombreux intellectuels ou artistes en Amérique latine (comme Louis Jouvet au Brésil, Paul Rivet en Colombie, Jules Romains au Mexique) ainsi que la volonté politique et diplomatique (création des instituts français en Amérique latine, installation des statues de héros évoquant l'Amérique latine dans Paris...) ont contribué à ce sursaut. Une conséquence heureuse fut la fécondité des collections littéraires – parmi lesquelles figure « La Croix du Sud », créée en 1954 par Roger Caillois, par ailleurs l'introducteur de Jorge Luis Borges en France. Cependant, les relations se limitaient principalement aux cercles des intellectuels.

Plusieurs maisons d'édition entreprirent la traduction de jeunes romanciers (Mario Vargas Llosa, Carlos Fuentes...), la critique et le public achevèrent de donner un nom à la littérature provenant du « continent aux sept couleurs », décrit par German Arciniegas : le boom latino-américain était né (années 1960). Inversement, pour de nombreux écrivains latino-américains, la France évoquait le Paris de la bohème, de l'université, des arts et de la politique. Une génération d'artistes avait fait de la ville une étape initiatique ou un refuge face à l'étouffement généré par les régimes politiques de leurs pays. Ce fut le cas de Pablo NERUDA (1904-1973), de Gabriel GARCÍA MÁRQUEZ (né en 1927), de Jorge AMADO (1912-2001), de Severo SARDUY (1937-1993), de Julio CORTÁZAR (1914-1984), qui recréa, dans les pages de *Marelle*, une ville labyrinthique que de nombreux Latino-Américains parcoururent ultérieurement.

Ensuite, ce fut Mai 68. Cet événement plein de promesses eut une résonance toute particulière dans le monde intellectuel latino-américain. Beaucoup d'étudiants partirent à la recherche de Jean-Paul Sartre, qui rayonnait de son influence dans le tiers-monde, ou de Louis Althusser, qui enseignait le structuralisme marxiste à l'École normale supérieure. Le Quartier latin, les rues des poètes et des amoureux des lettres restent un âge d'or auprès de nombreux Latino-Américains venus à cette époque. Pourtant, il s'agissait d'une communauté restreinte : elle n'atteignait pas la dizaine de milliers (Rolland et Touzalin, 1994).

Les exils politiques. La gauche et l'extrême gauche latino-américaines ont eu une grande influence dans la France des années 1960 et 1970, d'abord idéologiquement, et ensuite à travers les nombreux exilés qui trouvèrent refuge en France. Durant les années 1960, la révolution cubaine et la victoire électorale de la gauche chilienne en 1970 furent les événements qui catalysèrent un renouveau d'intérêt pour l'Amérique latine. L'expérience cubaine donna lieu à de nombreux voyages et analyses, l'aventure la plus mémorable étant celle de Régis Debray.

La formation d'un gouvernement d'unité populaire au Chili en 1970, qui montrait qu'une accession de la gauche au pouvoir par des voix pacifiques était possible, fut un événement pour bien des Français. Sans aucun doute, le coup d'État contre Salvador Allende engendra un changement dans la composition et la perception de la communauté en provenance d'Amérique du Sud. Devant le traumatisme du 11 septembre 1973, de nombreux comités se formèrent en France afin d'accueillir les militants chiliens.

La communauté chilienne était devenue la communauté latino-américaine la plus importante, suivie par la brésilienne, l'argentine – laquelle regroupait à son tour de nombreux exilés politiques fuyant les dictatures – et la mexicaine. Les exilés du Cône sud et de nombreux comités français fédérèrent autour d'eux un puissant mouvement d'aide aux nouveaux arrivés. D'ailleurs, la plupart des organisations d'appui aux luttes d'Amérique latine datent de ces années. C'est par exemple le cas de France Amérique latine, de l'Association de solidarité avec les paysans d'Amérique latine, créée en 1979, qui regroupait plusieurs organisations, et qui allait devenir, en 1991, l'Association de solidarité avec les peuples d'Amérique latine. Dans le même temps, plusieurs artistes latino-américains se sont installés en France, où quelques-uns parvinrent à la reconnaissance. Des musiciens comme les Chiliens du groupe Quilapayún ou l'Uruguayen Daniel VIGLIETTI (né en 1939), des hommes de théâtre comme Alfredo ARIAS, Augusto BOAL, Jorge LAVELLI et Oscar CASTRO (né en 1947), le dessinateur COPI, le cinéaste Raul RUIZ, le scénariste Alejandro JODOROWSKI, et des écrivains comme Milagros PALMA (née en 1949 ; par ailleurs fondatrice d'une maison d'édition latino-américaniste, Indigo & Côté-Femmes), Alicia DUVOJNE ORTIZ (née en 1940), Lucía FUTORANSKY (née en 1939), Juan José SAER (1937-2005) ou Hector BIANCIOTTI enrichissent la culture française.

En somme, la représentation dominante durant les années 1970 et 1980 a été celle qui correspond à l'univers de l'intellectuel et du réfugié politique. Une grande visibilité leur fut donnée dans l'espace public français (notamment aux réfugiés chiliens) : présents dans les médias, ils entretinrent de liens solides avec le monde associatif, les syndicats, partis et groupes politiques de gauche, et bénéficièrent de la considération du monde institutionnel et académique. Malgré la fermeture progressive des frontières à la migration économique, la France continua d'accueillir les exilés latino-américains.

Reconfiguration des flux migratoires et explosion andine en France. Dans les années 1980-1990, la composition de la communauté latino-américaine s'est remarquablement modifiée, dans le sens d'un poids numérique plus important des migrants provenant de la région andine. Cette reconfiguration est le résultat de deux grands changements démographiques et migratoires : d'abord, la perte du poids relatif des migrants du Cône sud (suite au retour de nombreux exilés après le rétablissement de la démocratie, doublée du fait que leurs enfants sont français) et, surtout, l'accentuation des flux andins vers l'Europe.

En effet, à partir du milieu des années 1980 pour le Pérou, des années 1990 pour la Colombie et l'Équateur, des années 2000 pour la Bolivie se déclenche un mouvement massif vers l'Europe, y compris vers la France avec laquelle les liens étaient faibles jusque-là. Il s'agit d'une émigration populaire, liée aux transformations sociales et économiques qui ont touché ces pays : appauvrissement de larges secteurs de la population, rétrécissement de l'État social, violence, déliquescence institutionnelle avec, en sus, des crises naturelles. Fragilisés, des centaines de milliers d'hommes et de femmes ont entrepris l'aventure migratoire. Actuellement, environ un dixième de la population de ces quatre pays habite à l'étranger, soit plus de sept millions de personnes. En Europe, le pays cible principal est l'Espagne, mais le champ s'est étendu aussi au Royaume-Uni, à l'Italie et à la France. Les modifications du marché de travail ont permis aux femmes, notamment, de trouver un espace dans les emplois qui touchent les services à la personne (vieillissement de la population, faiblesse des aides sociales pour la garde des personnes âgées et des enfants, impératif de la vie professionnelle et personnelle chez les femmes, mauvaise distribution des tâches ménagères en fonction du genre…). Parallèlement, de nombreux secteurs ont recours à l'illégalité (comme le bâtiment). Cela explique la précarité fréquente de ces migrants, confrontés à la fermeture officielle des frontières et insérés dans les secteurs les moins qualifiés de l'économie. Souvent invisibles dans l'espace public, ils comptent une forte proportion d'irréguliers. La nationalité la plus représentée en France est celle des Colombiens. On en a recensé plus de 10 000 en 2007, chiffre à multiplier au moins par cinq selon certains chercheurs. On comptait aussi 5 000 Péruviens, soit à peu près autant que les Chiliens ou les Mexicains. Argentins et Vénézuéliens sont moins nombreux. En revanche, les effectifs atypiques des Brésiliens ou des Surinamiens relèvent d'une autre immigration, à travers la frontière guyanaise.

Musique et immigration : le cas de la salsa. Parmi les nombreux apports de la culture latino-américaine à la France, la musique tient une place à part. Il y a une vingtaine d'années, les possibilités qui s'ouvraient à la migrante-promeneuse de Paris en quête d'airs tropicaux pour chauffer le cœur de l'hiver étaient très réduites. Elle ne pouvait compter que sur les flûtes et les cordes des Péruviens installés dans le métro, ces musiques de nostalgie d'altiplano, ou sur la mode passagère de la lambada (mais sait-on que cet air a été piraté à un groupe bolivien par un producteur français ?). En une vingtaine d'années, les choses ont radicalement changé. Les rythmes tropicaux ont conquis de nombreuses villes. Parmi eux trône, sans aucun doute, la salsa, ce fouillis de rythmes latino-caribéens originaire du New York hispanique et noir. À Paris, au XXIe siècle, on joue la salsa, avec ses différentes influences et accents – son, guaracha, rumba, chachacha cubains, bomba de Puerto Rico, merengue dominicain, cumbia colombienne… –, on s'exerce à la danse – que ce soit le style classique cubain ou le style portoricain –, on écoute la salsa à la radio – la station Latina, fondée en 1982, est dédiée à cette musique depuis 1992 –, des salles proposent des concerts toutes les semaines, de nombreuses chaînes diffusent et font vivre et vibrer le web.

L'engouement s'est produit dans les années 1990. Certains y voient un effet de l'ouverture de Cuba après la chute du mur de Berlin, qui permit une meilleure connaissance des trésors musicaux de l'île et favorisa la venue en France de musiciens (nombre d'entre eux n'avaient jamais voyagé en dehors de l'île) ; d'autres évoquent les politiques culturelles (la radio Latina et la salle de cinéma du même nom, rue du Temple, furent créées originellement dans un esprit de célébration de la « latinité »). Nous pensons que le facteur migratoire a son importance également. Les migrants ont toujours été des passeurs culturels, avec la musique voyageuse. La musique faisait partie intégrante des *tertulias* (rencontres autour des mots) des écrivains

– ainsi, dans les années 1980, le tango retrouvait les exilés au cabaret Les Trottoirs de Buenos Aires, rue des Lombards, à Paris.

De nos jours, l'importante communauté colombienne se réunit autour de soirées salsa, tandis que les amoureux du son et la rumba cubaine se renseignent sur les *guateques*. Ces soirées, en marge du circuit commercial et médiatique, contribuent néanmoins à faire vivre une communauté d'appartenance. Parallèlement, de très nombreux migrants latino-américains et de très nombreux Antillais se rendent aux concerts et animations autour de la salsa et, progressivement, autour d'autres rythmes – comme la bachata.

Signalons enfin la présence de musiciens, eux-mêmes migrants, qui « traduisent » ces musiques pour la population française : Don (Emilio) BARRETO (1909-1997), le maître cubain-français du mambo et du chachacha dès les années 1950, et, de nos jours, le Colombien Yuri BUENAVENTURA (né en 1967), le premier chanteur de salsa à avoir obtenu un disque d'or en France, en 1996, et un des rares auteurs à chanter la salsa en français. La musique identifiée à l'espace culturel latino-américain maintient sa vitalité et traverse les frontières, avec une très large gamme sonore, qui va du tango électronique du groupe franco-argentin Tango Project à la cumbia du groupe franco-argentin-colombien Cumbia Ya !

Conclusion. La situation de migrants andins d'aujourd'hui est radicalement différente de celle des exilés et artistes d'il y a trente ou quarante ans. Sur le plan de leur perception symbolique et culturelle, la dernière vague migratoire latino-américaine en France est à l'opposé de celle des intellectuels. L'occupation spatiale a pris le dessus sur le signifiant symbolique. À l'explosion des chiffres de ventes de la littérature latino-américaine succède l'explosion du nombre de maçons ou de femmes de ménage andins. La très grande majorité des exilés du Cône sud étaient des intellectuels, ils possédaient un statut de réfugié politique, ils étaient hébergés et pris en main par des institutions spécialisées dans l'aide aux exilés et ils pouvaient s'insérer dans le monde du travail. Ces conditions ont facilité leur intégration dans la société française, et sont à mettre en rapport avec leur forte visibilité.

Contrairement aux migrants politiques, aux militants, aux intellectuels, c'est-à-dire à ceux qui sont chargés de donner publiquement un sens aux questions politiques et qui participent à la création culturelle, les migrants économiques n'exercent pas leur droit à la parole. Arrivés par leurs propres moyens, très souvent ils n'ont pas de permis de travail et encore moins de résidence fixe. Ils habitent dans une société qui ne les voit pas. Invisibles, ils sont pourtant là, transformant les sociétés comme les musiques qu'ils portent en eux.

Olga L. Gonzalez

Bibl. : DORIER-APPRILL Élisabeth, *Danses « latines » et identité d'une rive à l'autre*, Paris, L'Harmattan, 2000 • GONZALEZ Olga L., « La présence latino-américaine en France », in *Hommes & migrations*, Cité nationale de l'histoire de l'immigration, Paris, 2007, p. 8-18 • PETRICH Perla, « Memorias de emigrantes: escritores argentinos en París », *Amérique latine histoire et mémoire*, n° 1, 2000 ; *Migrations en Argentine*, mis en ligne le 14 janvier 2005, URL : http://alhim.revues.org/document85.html • ROLLAND Denis et TOUZALIN Marie-Hélène, « Un miroir déformant ? Les Latino-Américains à Paris depuis 1945 », *in* Antoine Marès et Pierre Milza, *Le Paris des étrangers*, Paris, Publications de la Sorbonne, 1994, p. 263-293 • RUEL Yannis, *Les Soirées salsa à Paris*, Paris, L'Harmattan, 2000 • VILLEGAS Jean-Claude, *Paris, capitale* *littéraire de l'Amérique latine*, Dijon, Éditions universitaires de Dijon, 2007.

Voir aussi : BRÉSILIENS, CHILIENS.

LAURE Carole (Carole Champagne)

Actrice et chanteuse. – Née le 5 août 1948 à Shawinigan, Canada.

Lancée par son compagnon Gilles Carle (*La Mort d'un bûcheron*, 1973), l'actrice québécoise brune aux yeux de chatte est intronisée par Alain Corneau (*La Menace*, 1977), et le cinéma français se rue vers Laure dans les années 1980 : *Préparez vos mouchoirs* (Bertrand Blier), *Au revoir à lundi* (Maurice Dugowson), *Croque la vie* (Jean-Charles Tacchella), *À mort l'arbitre* (Jean-Pierre Mocky), ...

Jean-Luc Douin

LAVELLI Jorge

Metteur en scène. – Né en 1932 à Buenos Aires, Argentine.

Jorge Lavelli commence des études d'économie dans son pays avant de se tourner, dès 1953, vers le théâtre. Il suit des cours d'art dramatique et entre à la compagnie OLAT, coopérative qui rénova le théâtre argentin. Arrivé à Paris en 1960, en qualité de boursier du Fonds national des arts de son pays, pour suivre les cours de l'école Charles-Dullin et de l'école de Jacques Lecoq, il participe, en 1963, au concours national des jeunes compagnies avec la mise en scène du *Mariage* de Witold Gombrowicz, pour laquelle il obtient le Grand Prix. Ce spectacle marque, selon Bernard Dort, une date dans l'histoire du théâtre contemporain en donnant « la prédominance à la scène sur le texte et l'œuvre elle-même ». Lavelli partage dès lors son activité entre opéra et théâtre, découvreur de nouveaux auteurs tout autant que rénovateur d'un répertoire plus classique. Couvert de prix et de récompenses en France (prix de la Critique, de la SACD, Molière...) et à l'étranger, Lavelli, naturalisé français en 1977, fonde le Théâtre national de la Colline à Paris en 1987. Il en restera le directeur jusqu'en 1996 et en fera l'un des lieux les plus vivants de la création contemporaine. Depuis la fin de son mandat, il continue à monter des spectacles aussi bien en France qu'en Argentine. Chevalier dans l'ordre national du Mérite en 1992, dans l'ordre national des Arts et Lettres en 1993, il a été fait officier de la Légion d'honneur en 2002.

Chantal Meyer-Plantureux

LAZARD Abraham

Colporteur. – Né le 20 mars 1746 à Lichtenstadt, alors Empire d'Autriche, aujourd'hui République tchèque ; mort le 12 novembre 1833 à Frauenberg, France.

Abraham Lazard émigre en France en 1792 et se rend en Lorraine, où vit une importante communauté juive. Colporteur, il devient citoyen français et père de neuf enfants. Il est le grand-père d'Alexandre (né en 1823), Maurice (né en 1823), Simon (né en 1828) et Élie (né en 1831), qui émigrent aux États-Unis lors de la « ruée vers l'or » et constituent, à La Nouvelle Orléans en 1848, la société Lazard frères. Implantée à Paris dix ans plus tard, l'entreprise, d'abord d'import-export, se tournera vers les affaires bancaires et est déjà devenue, dans les années 1870, le premier expéditeur d'or entre les États-Unis et l'Europe, prélude d'une grande histoire bancaire qui se poursuit encore aujourd'hui.

Claire Zalc

LE CORBUSIER (Charles-Édouard Jeanneret)

Architecte et peintre. – Né le 6 octobre 1887 à La Chaux-de-Fonds, Suisse ; mort le 27 août 1965 à Roquebrune-Cap-Martin, France.

Depuis sa formation initiale à l'École d'art de La Chaux-de-Fonds, guidée par un artiste lucide, Charles L'Epplatenier, et poursuivie par des voyages à travers l'Europe, le jeune Charles-Édouard Jeanneret enrichit sa connaissance des arts du passé et en suit les développements contemporains. Ses débuts d'architecte autodidacte se situent en 1912 à La Chaux-de-Fonds, mais c'est à Paris qu'il s'installe en 1917 ; il obtiendra la nationalité française en 1930. Il est à la fois motivé par une démarche logique, attentive à la demande virtuelle de l'industrialisation, fasciné par le « machinisme » triomphant du moment, et porteur d'un projet artistique. Celui-ci prend forme au contact du peintre Amédée Ozenfant – le purisme se manifeste à partir de 1918 dans une suite d'expositions –, tandis que la bataille sur la modernité, ses formes éditoriale et littéraire – sous le pseudonyme de Le Corbusier – trouvent leur place dans la revue *L'Esprit nouveau* (1920-1925). Le projet d'une architecture rigoureuse et séduisante rencontre dès 1922 son public : artistes, amateurs d'art et collectionneurs, qui procurent les premières commandes (maisons de ville, ateliers, villas). L'exposition des Arts déco en 1925 est l'occasion d'un double coup d'éclat, qui mobilise la presse parisienne : le Pavillon de l'Esprit nouveau, un logis d'une modernité radicale, et le Plan Voisin, pour la transformation du centre de Paris à coup de gratte-ciel et d'autoroutes urbaines. L'atelier s'organise, avec la présence efficace du cousin Pierre Jeanneret et l'apport de stagiaires bénévoles, la plupart étrangers. Suivent l'émergence dans les cercles internationaux – les Congrès internationaux d'architecture moderne (CIAM) – et les invitations à l'étranger, en URSS et au Brésil. Au début des années 1930, à Paris, à Genève, des commandes d'édifices importants – la Cité de refuge, le Pavillon suisse à la Cité universitaire, l'immeuble Wanner, le Pavillon des temps nouveaux – précèdent le long marasme de l'activité, de 1937 à 1945, propice, faute de mieux, à l'écriture : poursuite de l'édition de l'*Œuvre complète* et, en 1942, publication de la *Charte d'Athènes*. Après 1945, s'il rate son entrée dans le cercle des architectes de la Reconstruction, le ministre Raoul Dautry lui procure en 1946 sa première commande publique, une « unité d'habitation », la Cité radieuse, à Marseille, d'où découle un système, celui du Modulor (1950). Suivent les étapes de la reconnaissance de l'architecte, comme artiste inspiré : la commande d'une chapelle à Ronchamp (1951-1955), d'un monastère à La Tourette (1956-1959). En 1951, il est écarté du grand programme de l'architecture industrialisée pour l'habitat de masse et du concours pour l'Unesco, mais il est chargé des projets de Chandigarh par le gouvernement indien. En France, après 1958, et malgré l'intérêt que lui portent le ministre Malraux et son entourage, aucun de ses projets n'aboutit (musée à La Défense, ensemble d'habitation à Meaux, hôtel à l'emplacement de la gare d'Orsay, Palais des congrès à Strasbourg). Malgré l'importance de sa pratique cosmopolite et son immense prestige international, Le Corbusier ne formulera jamais l'intention de s'installer hors de France ; la vive hostilité d'une partie des professionnels, les procès, le désaveu de fait par les pouvoirs publics – à l'exception de Raoul Dautry et d'Eugène Claudius-Petit – lui en auraient pourtant donné maintes fois l'occasion.

Gérard Monnier

LE CORBUSIER, collaborateurs étrangers dans l'agence de

De 1924 à 1940, les collaborateurs de Le Corbusier et de Pierre Jeanneret sont des jeunes bénévoles, diplômés ou non, attirés par le prestige de l'architecte et de l'auteur. La plupart sont des étrangers et Le Corbusier en tirera une grande satisfaction : l'atelier de la rue de Sèvres est « le centre de ralliement, au cours des années, [...] de jeunes architectes venus des quatre horizons de la planète » (*Entretiens avec les étudiants des écoles d'architecture*, 1943). Les Suisses et les Japonais forment deux contingents remarquables, pour des raisons différentes. Les Suisses sont des exécutants appréciés, en particulier comme dessinateurs de vues en axonométrie. Les plus notoires sont Pierre-André EMERY (1903-1982), à Paris en 1924, qui s'installe ensuite à Alger de 1926 à 1962 et enfin à Grenoble en 1965, et Alfred ROTH (1903-1998), actif dans l'atelier en 1927, qui fait carrière en Suisse et sera nommé professeur en 1956 à l'École polytechnique fédérale de Zurich. Les Japonais viennent au terme de leur études à Tokyo et leur détermination est certaine : compléter leur formation sous l'autorité d'un maître moderne. Le premier est Kunio MAEKAWA (1905-1986), actif dans l'atelier de 1928 à 1930 ; viennent ensuite Masami MAKINO (?-?), en 1928, et Nagatoshi TSUCHIHASHI (?-?), de 1929 à 1930. Maekawa sera le pionnier, au Japon, de l'architecture expressive en béton armé. Plus complexe est le double séjour de Junzõ SAKAKURA (1901-1969). Il est dans l'atelier de 1929 à 1936, y rencontre Charlotte Perriand, puis revient à Paris pour construire le pavillon du Japon à l'Exposition internationale de 1937. Il accueillera Charlotte Perriand au Japon en 1940 et deviendra, dans les années 1960, un chef de file de la modernité. D'autres étrangers de passage travaillent chez Le Corbusier ; ainsi le Chilien Roberto DAVILA CARSON (1899-1971), qui, au terme d'un périple en Europe, entre dans l'atelier en 1932 et retourne au Chili dès 1933, ou le Russe Shmuel (Sam) BARKAÏ (?-?), à Paris de 1930 à 1934 puis installé en Israël. Certains feront œuvre en France, tel Jean GINSBERG (1905-1983). L'Espagnol Josep Lluís SERT (1902-1983), actif en 1929 dans l'atelier, joue ensuite en Espagne un rôle de premier plan. Il construit, avec Luis LACASA (1899-1966) le pavillon de la République espagnole à l'Exposition internationale de Paris en 1937, puis doit s'exiler aux États-Unis, où il devient doyen de la faculté d'architecture de Harvard. En 1964, il achève la remarquable Fondation Maeght à Saint-Paul-de-Vence (Alpes-Maritimes).

À partir de 1946, dans l'atelier (sans Jeanneret), les collaborateurs étrangers – dont la rémunération est l'objet de tensions permanentes – sont souvent des acteurs de premier plan dans l'étude et la réalisation des projets, à commencer par l'important chantier de l'unité d'habitation de Marseille, qui réunit le Russe naturalisé français Vladimir BODIANSKY (1894-1966), le Grec Georges CANDILIS, qui invite son compatriote Nikos CHATZIDA-

KIS (1920-2004), ingénieur, actif dans l'atelier de 1946 à 1949, et l'Américain Shadrach WOODS, qui rencontre Candilis sur le chantier de l'unité d'habitation en 1950. Tous demeurent ensuite actifs en France. Le Grec Iannis XENAKIS travaille aux projets des années 1950, tels le couvent de la Tourette ou le pavillon Philips, l'Indien Balkrishina Vithaldas DOSHI (né en 1927), travaille à Paris au projet de Chandigarh de 1951 à 1954, puis, de 1954 à 1957, à Ahmedabad et Chandigarh. Le Chilien Guillermo Jullian de la FUENTE (1931-2008), actif dans l'atelier de 1959 à 1965, travaillera aux projets du Carpenter Center et de l'hôpital de Venise ; après la mort de Le Corbusier, il achève l'ambassade de France à Brasilia, et réalise en son nom celle de Rabat (1978-1984) ; il s'installera à Boston en 1987. Une seconde génération de Japonais travaille dans l'atelier à partir de 1950 : Chungup KIM (né en 1922) de 1952 à 1956, Yutaka MURATA (?-?), qui vient de l'agence Beaudouin, en 1957, Ren SUZUKI (?-?), qui vient de l'agence Candilis, et Takamasa YOSHIZAKA (1917-1980), boursier du gouvernement français de 1950 à 1952, qui sera à la fois un traducteur de l'œuvre de Le Corbusier en japonais, mais aussi une importante figure de l'architecture de son pays dans les années 1960.

Gérard Monnier

LEMAY Linda. — *Voir* QUÉBÉCOIS, chanteurs.

LE PARC Julio

Plasticien. – Né le 23 septembre 1928 à Mendoza, Argentine.

Après des études à l'École nationale des beaux-arts de Buenos Aires, Julio Le Parc obtient en 1958 une bourse de recherche avec laquelle il se rend à Paris pour rencontrer Victor Vasarely et les artistes de l'abstraction géométrique, au contact desquels il s'intéresse de plus en plus au mouvement dans l'œuvre d'art. Au début des années 1960, il fonde le GRAV (Groupe de recherche d'art visuel) avec son compatriote Horacio Garcia-Rossi, l'Espagnol Francisco Sobrino, les Français François Morellet, Joël Stein et Yvaral, le fils de Vasarely. Le collectif développe un art ancré dans l'espace public, où la lumière et le mouvement permettent une participation sensorielle des spectateurs. Le Grand Prix de peinture reçu à la Biennale de Venise en 1966 n'est pas autant apprécié par Le Parc que la réussite des projets collectifs, de plus en plus engagés politiquement, auxquels il participe, en France comme en Amérique latine. Dans le Cuba révolutionnaire, il est membre fondateur du Front des artistes populaires et travaille avec des étudiants de La Havane. En mai 1968, à Paris, sa participation aux ateliers populaires d'affiches lui vaut d'être expulsé de France, où il peut revenir, cinq mois plus tard, grâce à une importante mobilisation d'artistes et d'intellectuels. Après la dissolution du GRAV, il participe à la création du Centre culturel latino-américain de Paris, en 1982. Il vit et travaille en banlieue parisienne, à Cachan.

Julie Verlaine

LEBOVICI Serge Sindel Charles

Pédopsychiatre et psychanalyste. – Né le 10 juin 1915 à Paris, France ; mort le 12 août 2000 à Marvejols, France.

Fils de Solo Lebovici, médecin réputé, spécialisé en dermatologie, juif d'origine roumaine qui émigre en France en 1904, et de Caroline Rosenfeld, issue d'une famille juive alsacienne, Serge Lebovici naît à Paris. Il y fait des études de médecine et devient interne des hôpitaux en 1938. Ses études sont alors interrompues par son service militaire, sa mobilisation en 1939 et sa captivité en Allemagne. Libéré en janvier 1941, il passe sa thèse de doctorat en 1942, entre dans la clandestinité et participe à la Résistance communiste à laquelle il apporte du soutien médical. Son père est déporté de Drancy et meurt à Auschwitz. Serge Lebovici entre en 1945 dans l'armée de Libération. La même année, il devient membre du Parti communiste, qu'il quittera rapidement pour se consacrer à la reconstruction du mouvement psychanalytique français aux côtés de Sacha Nacht, d'origine roumaine comme lui, et avec qui il entreprend une psychanalyse. Après guerre, son œuvre médicale s'oriente selon deux directions : la pédopsychiatrie et la psychanalyse, entre lesquelles il jette des ponts.

Nommé en 1946 assistant de Georges Heuyer à l'hôpital des Enfants malades, puis à la Salpêtrière, il joue un rôle important dans le renouvellement de la psychiatrie de l'enfant et de l'adolescent, en donnant une place notable à la psychopathologie. Écarté de la succession de Heuyer, il s'engage dans l'Association de santé mentale du XIIIe arrondissement de Paris, créée en 1958. En 1961, avec René Diatkine, il y fonde le centre Alfred Binet, département de psychiatrie de l'enfant et de l'adolescent, où la psychanalyse tient une place majeure et qui promeut la nouvelle politique psychiatrique de secteur. La revue *La Psychiatrie de l'enfant* contribue à diffuser ces orientations. Après 1968, devenu conseiller de plusieurs ministres, notamment de Simone Veil, il applique dans les textes les principes issus de la Commission nationale de psychiatrie et de la Commission des maladies mentales. Nommé en 1978 professeur associé à Bobigny, il favorise les expériences pédagogiques pour former à la psychothérapie et crée un département de psychiatrie de l'enfant à l'hôpital Avicenne. Il préside, dans les années 1960 et 1970, de hautes instances internationales de psychiatrie de l'enfant. Dans le domaine de la psychanalyse, il est associé à nombre d'innovations qui caractérisent la deuxième moitié du XXe siècle. Il entre comme membre titulaire de la Société psychanalytique de Paris en 1952, en même temps que René Diatkine dont il est proche. Il compte, avec Sacha Nacht, parmi les opposants à Lacan, lors de la scission très conflictuelle de 1953. Secrétaire de l'Institut de psychanalyse de Paris dès sa création en 1952, il en est directeur de 1962 à 1967 et favorise la réception en France des travaux sur la psychanalyse de l'enfant. Élu en 1973 président de l'Association psychanalytique internationale, il est le premier Français à occuper cette fonction. Titulaire de la croix de guerre, il est officier de la Légion d'honneur. Atteint par une maladie de Parkinson qui l'isole, il met en œuvre de nouveaux moyens de transmission pour animer ses séminaires.

Anne Rasmussen

LECACHE Bernard

Militant antiraciste. – Né le 16 août 1895 à Paris, France ; mort le 13 août 1968 à Cannes, France.

Fils d'un modeste tailleur immigré d'Ukraine, le jeune Bernard commence une carrière de journaliste dans la presse de gauche, qui le conduit, à son retour de guerre, jusqu'au communisme, dont il s'éloigne bientôt. Une enquête au cœur de l'antisémitisme d'Europe centrale (*Quand Israël meurt*, 1927) le convainc de la nécessité d'organiser la lutte au sein d'une Ligue internationale contre l'antisémitisme (LICA, 1929), à laquelle il donne un organe, *Le Droit de vivre*, qu'il animera jusqu'à sa mort. Assigné à résidence dans le Sud algérien par le gouvernement de Vichy, il reprend son combat dès 1942. Favorable à une entente avec les musulmans et à une solution négociée en Algérie, il soutient Israël lors de la guerre des Six Jours. Père de l'action antiraciste consciente et organisée, Bernard Lecache a été à l'origine de nombreuses campagnes et l'objet de non moins nombreuses polémiques.

Pascal Ory

LECLERC Félix. — *Voir* QUÉBÉCOIS, chanteurs.

LEDERER Edgar

Biochimiste. – Né le 5 juin 1908 près de Vienne, Autriche ; mort le 20 octobre 1988 à Paris, France.

Issu de la rencontre de deux familles de la haute bourgeoisie juive viennoise, Edgar Lederer s'éveille à la biologie dès le lycée grâce à l'excellence d'un professeur et à l'influence d'un oncle maternel, éminent biologiste, professeur à l'université de Vienne, Hans Przibram – qui périra en 1944 dans le ghetto de Teresienstadt. Il décide pourtant d'étudier la chimie, « parce que c'était alors la seule science non mathématique qui permettait de gagner sa vie » (in *Hommes de science. 28 portraits*, entretiens et photographies de Marian Schmidt, 1990). Étudiant à l'Institut de chimie de l'université de Vienne, il soutient sa thèse en 1930 et publie ses premières communications sur la synthèse d'alcaloïdes indoliques et d'isoflavones. Mais il doit s'expatrier : « En tant que juif, il n'y avait pas moyen d'avoir ne serait-ce qu'un poste d'assistant à l'université de Vienne » (entretien avec Jean-François Picard et Élisabeth Pradoura, 19 mars 1980). Edgar Lederer est alors accepté au Kaiser-Wilhem-Institut d'Heidelberg (devenu le Max-Planck-Institut), où il subit de multiples discriminations mais où il rencontre aussi sa future femme, Hélène Fréchet, fille du mathématicien Maurice Fréchet, de confession protestante. Marié à Paris, le couple retourne à Heidelberg, mais il doit partir précipitamment lorsque Hitler accède à la chancellerie. « Je me rappelle notre soulagement après la traversée du pont de Kehl : "Ici commence le pays de la liberté". Quatre jours après notre départ, la Gestapo vint me chercher... (dix ans plus tard, elle m'a aussi raté à Lyon). » À Paris, la situation professionnelle d'Edgar Lederer est problématique. Il refuse de s'orienter vers l'industrie et tente sa chance, en vain, à Odessa et à Kiev. Il retourne à Paris, où Jean Perrin parvient à lui trouver une bourse de la Caisse de recherche scientifique, ancêtre du CNRS, mais celle-ci ne peut lui être octroyée qu'au tiers, puisqu'il n'est pas Français. Paul Langevin lui trouve un poste à l'Institut des vitamines de Leningrad comme directeur du laboratoire de synthèse. À son nouveau retour d'URSS, il reçoit enfin une bourse d'attaché de recherche, d'abord dans les laboratoires de zoologie de Robert Lévy à l'École normale supérieure, puis à l'Institut de biologie physico-chimique. « En cette même année [1938], confie-t-il encore, j'eus enfin la joie d'obtenir la nationalité française. » Mobilisé comme artilleur au début de la guerre, il est affecté à un bataillon de chimistes à Paris, puis démobilisé en mars 1940. Il reprend aussitôt ses recherches, qui sont interrompues par la débâcle. Fuyant l'armée allemande avec sa famille, il refuse le visa pour les États-Unis que le chimiste Louis Rapkine lui a obtenu grâce à la Fondation Rockefeller. Il finit par se réfugier à Lyon, où il peut disposer, par l'entremise de Claude Fromageot, professeur de biochimie à l'université, d'un laboratoire, en dépit de son exclusion du CNRS par application de la législation antisémite de Vichy. Mais les menaces deviennent telles, début 1944, qu'il est contraint avec sa famille de se cacher ; il échappe à plusieurs reprises aux arrestations. À la Libération, il retrouve son laboratoire. En 1956, il prend la codirection du nouvel Institut de chimie des substances naturelles installé à Gif-sur-Yvette. Sa carrière universitaire débute la même année avec l'obtention d'une chaire de substances naturelles, puis la succession de Claude Fromageot à la chaire de biochimie. Ses travaux, qui portaient à l'origine sur la chromatographie ainsi que sur la chimie des parfums, s'orientent après la guerre vers l'étude de diverses bactéries, dont le bacille tuberculeux, afin de comprendre le fonctionnement des parois bactériennes et des défenses immunitaires. En 1974, il reçoit la médaille d'or du CNRS et est élu en 1982 à l'Académie des sciences. Très actif dans la recherche et sa vulgarisation, Edgar Lederer participe à de nombreuses actions de soutien aux persécutés politiques et raciaux, notamment dans les milieux intellectuels et scientifiques victimes des tyrannies. La lutte contre les discriminations a marqué aussi sa vie publique, lui qui les a connues très tôt dans sa vie et dans sa carrière, et même jusqu'à l'époque de Gif-sur-Yvette.

Vincent Duclert

LEE Noel

Pianiste et compositeur. – Né le 25 décembre 1924 à Nankin, Chine.

Les études musicales et les débuts de la carrière de Noel Lee se situent aux États-Unis, à Harvard et Boston. Il arrive en France en suivant un itinéraire que de nombreux musiciens américains ont emprunté et qui passe par la classe de Nadia Boulanger. Il réside à Paris depuis 1948 et a adopté la nationalité française. En 1953, il remporte le prix Lili Boulanger et se spécialise dans l'interprétation de pièces pour piano de Ravel, Debussy ou Copland. Sa discographie est impressionnante. Il a une prédilection pour la musique de chambre, l'accompagnement de mélodies françaises. Ses quatre mains et ses pièces pour deux pianos avec Christian Ivaldi sont des références dans ce type de répertoire. Ils ont pu, par exemple, redécouvrir tout un répertoire français avec des pièces comme la suite *Un tas de petites choses* d'André Caplet. Noel Lee s'est vu attribuer plusieurs distinctions et prix. Il est commandeur dans l'ordre des Arts et Lettres.

Didier Francfort

LÉGION ÉTRANGÈRE

Entre montée de l'idée nationale et hostilité des autres soldats moins bien payés, les régiments étrangers, typiques de l'Ancien Régime, ne sont plus de saison au XIXe siècle. La charte de 1830 les prohibe, et la « légion de Hohenlohe » ou les gardes suisses sont dissous. Mais, le 9 mars 1831, une ordonnance tourne la charte et crée la Légion étrangère, qui doit accueillir, entre autres, des exilés plus ou moins indésirables, volontaires, opérant hors de la métropole, sauf si elle est envahie, accédant à l'anonymat par leur engagement et encadrés par des officiers français. Elle est envoyée en Algérie en 1832 participer à la conquête et assainir des marais, puis, en 1835, cédée à Isabelle II d'Espagne, en guerre contre les carlistes, avant d'être démobilisée. Son besoin demeure cependant, elle est reconstituée en France dès 1836 et si, en 1842, le général Bugeaud voulait encore la dissoudre, elle s'illustre en Crimée, de l'Alma à Sébastopol, en Italie en 1859, où ses hommes sont accueillis en sauveurs à Milan et, réduite à quelque trois mille soldats, au Mexique où le sacrifice d'un groupe, à Camerone le 30 avril 1865, pour protéger un convoi, devient un symbole identitaire. Elle participe à la guerre de 1870 – et à la répression de la Commune –, puis, sous la IIIe République, à la conquête coloniale et à la répression de diverses révoltes, en Indochine, au Dahomey (actuel Bénin), au Soudan, au Niger, à Madagascar, au Maroc… Si elle a alors l'image d'un lieu de rebut pour Français en rupture de ban, son niveau et sa réputation s'améliorent avec l'élaboration de traditions et de légendes fondées sur l'esprit de corps.

En 1914, elle accueille les volontaires venus se mettre, eux, au service de la France, connus ou anonymes, Sante GARIBALDI, Blaise CENDRARS, Eugene BULLARD, Zinovi PECHKOV, Ossip ZADKINE, Alexandre KOYRÉ, Lazare PONTICELLI… 42 833 en tout, de 52 pays, avec d'ailleurs des tensions entre aventuriers et militants francophiles, des pertes énormes au début de la guerre, mais aussi maints exploits et sacrifices retentissants ; l'un de ses cinq régiments devient le deuxième plus décoré de France. Après 1918, elle est de nouveau employée dans l'Empire, en Syrie, entre répression et construction d'infrastructures, ou en Indochine et, malgré des campagnes de presse hostiles – surtout en Allemagne – et la méfiance des gouvernements, les effectifs sont de plus de 33 000 hommes en 1933. Apogée, sans doute, où se répand une mythologie mondiale, autour des thèmes de mauvais garçons et de déserts, de dureté et de rédemption, traduite au cinéma avec *La Bandera* de Julien Duvivier en 1935 ou *Beau Geste* de William Wellman, avec Gary Cooper, en 1939, mais aussi *Un de la Légion* de Christian Jaque, avec Fernandel, en 1936 ou un « Laurel et Hardy » en 1939 encore. Au début de la Seconde Guerre mondiale, accueillant de nouveau les volontaires au service de la France, avec des problèmes liés aux préventions des officiers envers les exilés espagnols, la Légion compte plus d'hommes que jamais : 48 924 en mai 1940. Sa 13e demi-brigade, qui s'est couverte de gloire en Norvège en avril, passe en bloc à la France libre, quand d'autres unités choisissent Vichy – où elles subissent la xénophobie d'un général Weygand –, et son épopée, de Dakar au Gabon, de l'Érythrée à la Syrie, de Bir Hakeim à El Alamein – où meurt son commandant Dimitri AMILAKVARI –, de l'Italie à l'Alsace, compte nombre de compagnons de la Libération. Des personnages inattendus se retrouvent alors dans les rangs de la Légion, comme Giuseppe BOTTAI (1895-1959), ancien ministre de l'Éducation nationale de Mussolini. Mais, peut-être à cause de la force de son image antérieure, la Légion tire de la guerre moins de prestige que la 2e DB ou les FFI. Après 1945, elle est engagée en Indochine, attire pléthore de volontaires, ce qui permet une très forte sélection malgré une poussée à 36 212 hommes en 1953, connaît des pertes énormes, puis remâche la défaite finale durant la guerre d'Algérie, d'où les appuis apportés au putsch d'Alger en 1961. Après avoir frôlé la dissolution, dû quitter son foyer historique de Sidi bel-Abbès pour Aubagne et été réduite à 8 000 hommes, elle est engagée dans les opérations extérieures de la France, au-delà du coup de main emblématique sur Kolwezi au Congo, en 1978, pour délivrer des otages européens : Tchad, Liban (d'où elle exfiltre le leader palestinien Yasser Arafat), Irak en 1991, Somalie, Bosnie, Rwanda, Centrafrique, Congo, Afghanistan, Côte d'Ivoire, etc. Ajoutons la participation à la Force d'action rapide Centre-Europe, ou la protection de la base spatiale de Kourou en Guyane.

Les nationalités représentées varient avec les époques, même si, en 1963, les Allemands représentaient plus du tiers des 600 000 hommes répertoriés depuis 1831, suivis par les Italiens, les Espagnols, etc. ; Belges et Suisses, intercalés, ont souvent camouflé des Français. Dans les années 2000, sans que de tels chiffres soient atteints, on constate une poussée d'engagés venant des Balkans. Au total, ces étrangers, et les Français parmi eux et à leur tête, ont été des outils de la politique extérieure et coloniale et, entre légende noire et légende dorée, ont participé à la construction d'« une certaine idée de la France ».

Éric Vial

LEIBOWITZ René

Compositeur, chef d'orchestre, pédagogue, musicologue. – Né le 17 février 1913 à Varsovie, alors Empire russe, aujourd'hui Pologne ; mort le 28 août 1972 à Paris, France.

Ce compositeur et théoricien a incarné, dans la France d'après-guerre, une certaine orthodoxie schoenbergienne. Dans les années 1930, il suit des cours d'orchestration avec Maurice Ravel, mais se range du côté du dodécaphonisme après avoir rencontré Arnold Schoenberg et Anton Webern. En 1947, il organise à Paris un festival international de musique de chambre, consacré à la musique contemporaine. Il transmet ses idées à des personnalités aussi diverses que Pierre Boulez, Serge Nigg, Hans Werner Henze ou Vinko Globokar, qui en tirent un parti très différent et, le plus souvent, sortent de la logique sérielle. Leibowitz était persuadé qu'en adoptant une démarche de rupture telle que Schoenberg l'avait posée, les musiciens contribuaient à une émancipation globale de la société, bravant l'ordre établi. Le théoricien a fait oublier le compositeur et l'interprète. Ses ouvrages constituent des références dans la défense et l'illustration de la « musique à douze sons ». Mais ce défenseur inconditionnel de Schoenberg est aussi un polémiste quand il s'en prend à Sibelius, « le plus mauvais compositeur du monde ». Il a consacré, en 1972, une série d'essais au théâtre lyrique, recueillis sous le titre *Les Fantômes de l'opéra*. Dans le catalogue de ses compositions figurent des pièces pour piano, des quatuors, des pièces symphoniques. Il a mis en musique des textes de Michel Leiris et de Raymond Queneau et composé des opéras dont un *Labyrinthe* (1969) inspiré par Charles Baudelaire. René Leibowitz fut un chef d'orchestre complet. Il a dirigé, bien sûr, les œuvres de Schoenberg et de ses élèves, mais aussi les symphonies de Ludwig van Beethoven, proposant des lectures nouvelles des manuscrits originaux.

Didier Francfort

LEMARQUE Francis (Nathan Korb)

Auteur-compositeur-interprète de chansons, compositeur de musique de films. – Né le 25 novembre 1917 à Paris, France ; mort le 20 avril 2002 à La Varenne-Saint-Hilaire, France.

Né rue de Lappe, le jeune Nathan participe au mouvement théâtral communiste et crée, avant-guerre, un duo chantant avec son frère (les Frères Marc). Il traverse non sans mal la période de l'Occupation – sa mère meurt à Auschwitz – et, au sortir du maquis et des FFL, commence à se faire connaître dans les cabarets de la Rive gauche. Il devient l'un des auteurs de référence de plusieurs grands interprètes comme Yves Montand, tout en se donnant la possibilité de les chanter lui-même. Quelques-unes des œuvres de Francis Lemarque sont entrées dans le canon de la chanson française, chantant l'amour (*Marjolaine*), Paris (*À Paris*), la paix (*Quand un soldat*), au point de passer pour des complaintes anonymes et traditionnelles (*Le Petit Cordonnier*). Peu de chanteurs auront autant fait corps avec la veine populaire française que le fils du tailleur juif polonais Joseph Korb.

Pascal Ory

LEVADITI Constantin

Médecin et biologiste. – Né le 1er août 1874 à Galati, Roumanie ; mort le 5 septembre 1983 à Paris, France.

Le père de Constantin Levaditi, fonctionnaire du port de Galati, décède alors qu'il est jeune enfant. Il est élevé par une tante, lingère à l'hôpital Brancovan de Bucarest. En 1892, il commence des études de médecine dans la capitale roumaine, puis il entre, en 1897, comme préparateur à l'Institut bactériologique de Bucarest. L'année suivante, il gagne la France pour travailler à l'Hôtel-Dieu, puis comme préparateur bénévole au Collège de France, dans le laboratoire d'Albert Charrin. Après un séjour à Francfort à l'Institut sérothérapique, il entre comme préparateur dans le laboratoire d'Élie Metchnikoff à l'Institut Pasteur, où il se consacre à l'étude de la syphilis. « À la suite des travaux de F. Schaudinn, relate sa fiche biographique des archives de l'Institut Pasteur, il confirme la présence du tréponème pâle chez les singes inoculés de syphilis et réalise de suite une technique d'imprégnation argentique pour la mise en évidence du parasite dans les coupes histologiques ; il situe le tréponème dans les différents points de l'organisme, puis l'étudie dans la syphilis congénitale et montre sa présence dans le placenta et l'ovule. » Il soutient en 1902 sa thèse de doctorat en médecine (*Contribution à l'étude des mastzellen et de la mastzellen-leucocytose*). Il se marie l'année suivante, en Roumanie, avec la fille du professeur Istrati, mais retourne en France, où il obtient sa naturalisation française en 1908. À partir de 1909, il se tourne vers l'étude de la poliomyélite et de son agent de transmission ; il travaille avec le biologiste autrichien Karl Landsteiner. En 1910, il est promu chef de laboratoire à l'Institut Pasteur et, en 1912, élu à la vice-présidence de la Société de biologie. L'année suivante, il se rend en Suède pour participer à une mission d'étude d'une épidémie de poliomyélite.

Engagé volontaire comme infirmier dans l'armée française, il est ensuite détaché comme médecin aide-major auprès de l'armée belge. Nommé médecin-major en 1918, il est libéré en mars 1919. L'entre-deux-guerres le voit mener, à l'Institut Pasteur, trois types de recherches complémentaires : en virologie, dans la lutte contre la syphilis, et dans le domaine de la chimiothérapie antibactérienne. Le gouvernement roumain l'appelle en 1921 pour donner une série de leçons à la chaire de microbiologie de la faculté de médecine de Cluj. En 1926, il est nommé professeur à l'Institut Pasteur puis, l'année suivante, à l'École de sérologie de Paris. Il prend la direction scientifique de l'Institut Alfred-Fournier, qui vient d'être créé à Paris en 1932. Élevé au grade de commandeur dans l'ordre de la Légion d'honneur en 1939, il prend sa retraite de l'Institut Pasteur l'année suivante. Il poursuit néanmoins des recherches sur les applications thérapeutiques de divers antibiotiques, comme la pénicilline, et sur le mécanisme d'apparition de la résistance acquise de certaines bactéries aux antibiotiques. Son fils, Jean Levaditi, médecin et anatomopathologiste, professeur et chef de service à l'Institut Pasteur de Paris, a dirigé celui de Tunis en 1960.

Vincent Duclert

LEVAI Ivan

Journaliste. – Né le 18 mars 1937 à Budapest, Hongrie.

Encore enfant, Ivan Levai quitte la Hongrie avec sa mère. Alors que celle-ci est déportée, il est confié à l'Œuvre de secours aux enfants (OSE), qui le cache durant la guerre. À la fin des années 1950, il est instituteur, puis devient professeur de lettres. En 1963, il entre au service Jeunesse de l'ORTF. Animateur et journaliste, il travaille tour à tour à France Inter et à la deuxième chaîne de télévision. Après un temps passé à *L'Express*, il rejoint, en 1968, Europe n° 1 ; il en est chef du service politique en 1972, puis responsable de la revue de presse, tout en étant chroniqueur au *Journal du dimanche*. Directeur de la rédaction d'Europe 1 en 1983, il rejoint France Inter au même poste de 1987 à 1996. Durant deux ans, il dirige le quotidien économique *La Tribune*, puis il est nommé, en 1999, président de La Chaîne parlementaire. Il est ensuite chargé de la revue de presse – où il excelle – du week-end sur France Inter.

Patrick Eveno

LÉVIN Sam

Photographe. – Né en 1904 en Ukraine ; mort en 1992 à Paris, France.

La famille de Sam Lévin émigre en France en 1906, fuyant les pogroms d'Ukraine. Sa carrière de photographe s'identifie presque entièrement à un genre bien défini : la photographie de cinéma. Photographe de plateau, il s'y impose aux côtés des plus grands noms du classicisme français, à commencer par le Jean Renoir de *La Grande Illusion* et de *La Bête humaine*, et à suivre par Marcel Carné, René Clair ou Henri-Georges Clouzot. Mais, dès 1934, il a ouvert un studio spécialisé dans les portraits d'acteurs, dont certains sont devenus des icônes, popularisées par la presse de magazine (*Cinémonde*, *Paris Match*...). Un Jean Gabin, une Sophia Loren et – par-dessus tout – une Brigitte Bardot doivent beaucoup à Sam Lévin, dont la longévité et la ductilité – il passe sans difficulté du noir et blanc à la couleur – font de lui le photographe qui a pu magnifier aussi bien la génération d'Edwige Feuillère que celle de Jane Birkin.

Pascal Ory

LEVINAS Emmanuel

Philosophe. – Né le 12 janvier 1906 à Kaunas, alors Empire russe, aujourd'hui Lituanie ; mort le 25 décembre 1995 à Paris, France.

Emmanuel Levinas est né au sein de l'importante communauté juive de Kaunas, en Lituanie, province de l'Empire russe. Ce fils d'un libraire russophone suit des leçons d'hébreu dès l'âge de six ans. Contraint, avec sa famille, à l'exil en Ukraine pendant la Grande Guerre, il entre au lycée de Kharkov malgré le *numerus clausus* imposé aux juifs. Ses années de jeunesse sont marquées par une double influence intellectuelle : celle du judaïsme lituanien, rationaliste et d'orientation éthique, et celle de la littérature russe, qui ouvre son esprit à une pensée de l'existence. Peu après son retour dans une Lituanie devenue indépendante, Levinas, après avoir postulé en Allemagne, commence des études de philosophie en France, à Strasbourg. Il y approfondit sa connaissance de la langue et de la culture françaises et y devient l'ami de Maurice Blanchot. S'il découvre alors l'« éblouissement bergsonien », c'est vers la phénoménologie allemande qu'il oriente ses travaux : en 1928-1929, à Fribourg-en-Brisgau, il suit l'enseignement d'Edmund Husserl puis celui de Martin Heidegger et, aux rencontres franco-allemandes de Davos, s'enthousiasme pour ce dernier lors d'une controverse fameuse qui l'oppose à Ernst Cassirer. L'année 1930 est une étape importante dans son parcours d'intégration en France : il soutient et publie sa thèse de doctorat – sur *La Théorie de l'intuition dans la phénoménologie de Husserl* – puis, installé à Paris, entre en qualité de surveillant au service de l'École normale israélite orientale (ENIO). Il obtient sa naturalisation française en avril 1931. Passeur entre les cultures (juive, russe, allemande et française), entre Occident et Orient, Levinas ne cherche pas une terre et de nouvelles racines. S'il fait alors le choix de la France comme patrie d'adoption, c'est par attachement au pays des Lumières, de l'abbé Grégoire, de la première émancipation des juifs, mais également par adhésion à un esprit et à une langue. Il écrira ainsi : « C'est le sol de cette langue qui est pour moi le sol français. » À la Sorbonne, il suit les cours de Léon Brunschvicg et de Jean Wahl, mais décide de ne pas passer l'agrégation (son accent l'empêchait-il d'être agrégé, comme l'aurait prétendu Brunschvicg ?). Bien que dépourvu de toute position institutionnelle, Levinas contribue à faire connaître Husserl et Heidegger, dont il est l'un des introducteurs majeurs en France. Il fréquente les cercles philosophiques parisiens – celui, notamment, de Gabriel Marcel – et publie ses premiers travaux personnels, dont une lecture philosophique du nazisme : *Quelques réflexions sur la philosophie de l'hitlé-*

risme (1934). Mobilisé en 1939, fait prisonnier par les Allemands, il passe la guerre en captivité dans un stalag, alors que sa femme Raïssa, juive d'origine lituanienne également, et sa fille trouvent refuge près d'Orléans chez les sœurs de Saint-Vincent-de-Paul. Après la Seconde Guerre mondiale et l'épreuve tragique de la Shoah qui décime sa famille lituanienne, il devient directeur de l'ENIO (1947) et poursuit ses travaux philosophiques avec le soutien de Jean Wahl, qui l'invite au Collège philosophique et le persuade de soutenir une thèse d'État : *Totalité et infini* (1961). Ce livre majeur lui apporte la renommée internationale et lui ouvre, tardivement, les portes de l'université : Levinas enseignera à Poitiers (1964-1966) puis à Nanterre (1967-1968), avant son élection à la Sorbonne.

Du *Temps et l'autre* et *De l'existence à l'existant* (1947) à *Autrement qu'être, ou au-delà de l'essence* (1973), Levinas a élaboré une pensée de l'altérité qui s'écarte du questionnement ontologique sur le sens de l'être pour conférer à l'éthique le statut de philosophie première. *Totalité et infini* marque une rupture décisive avec les philosophies occidentales de l'identité, qui tendent à réduire le multiple à la totalité et l'autre au même. À partir d'une phénoménologie du rapport avec autrui, Levinas ouvre le chemin d'une éthique de la relation à l'autre où la conscience morale est non une expérience des valeurs mais un accès à l'extériorité irréductible du « visage qui me regarde ». Sa réflexion sur la subjectivité comme « hospitalité » à l'autre, comme expérience d'une responsabilité infinie envers autrui est marquée par sa conscience de penseur juif attaché à la dispersion et par l'épreuve de la violence nazie. La philosophie de Levinas doit en partie son succès à la réaction qu'elle induit contre les courants de pensée qui tendent à abolir le sujet (marxisme, structuralisme…). Dans un moment dominé par la critique des totalitarismes, elle a, d'autre part, ouvert la voie à un nouvel humanisme (*L'Humanisme de l'autre homme*, 1972) et à une conception éthique des droits de l'homme, où la liberté n'est pas définie par l'autonomie et la rationalité mais par la responsabilité. Ses derniers livres témoignent particulièrement du souci d'articuler œuvre philosophique et expérience juive (de *Dieu qui vient à l'idée*, 1982, à *Entre nous*, 1991, en passant par *Transcendance et intelligibilité*, 1984). Parallèlement à ses travaux philosophiques, Levinas a en effet participé à la renaissance spirituelle du judaïsme en France après la Seconde Guerre mondiale en donnant des leçons d'herméneutique talmudique et en prenant part aux colloques des intellectuels juifs de langue française fondés en 1957, lieu majeur de réflexion sur l'identité juive en France après la Shoah. Pour Levinas, qui s'oppose en cela aux philosophes juifs athées (Raymond Aron ou Eric Weil), le judaïsme est un humanisme porteur d'un message spirituel et philosophique universel. Bien qu'observant, il n'en a pas moins été un adversaire de la confessionnalisation du judaïsme. Acteur important du dialogue entre les religions au sein des colloques Castelli et de l'Amitié judéo-chrétienne de France, il doit en partie sa reconnaissance intellectuelle à l'intérêt que lui ont porté les penseurs chrétiens. Il a néanmoins entretenu une relation ambivalente avec le christianisme, élément central de l'identité de cet Occident qui a engendré la barbarie nazie. Figure majeure de la philosophie française, couvert de distinctions par la République (officier de la Légion d'honneur en 1991), Levinas ne s'est pourtant jamais départi d'une certaine distance vis-à-vis de son pays d'adoption. Conscience « exodique », il refusa aussi bien l'assimilation inconditionnelle que le retour aux racines lituaniennes ou la « montée » en Israël.

Stéphan Soulié

LÉVINSON André (Andrei Yacovlevich)

Critique de danse. – Né le 1er novembre 1887 à Saint-Pétersbourg, Russie ; mort le 3 décembre 1933 à Paris, France.

Professeur de langue et de littérature françaises à Saint-Pétersbourg, André Lévinson quitte la Russie après la Révolution et s'installe à Paris en 1921, après un bref passage par la Lituanie et l'Allemagne. Il donne des cours de littérature russe à la Sorbonne et publie de nombreux ouvrages sur la danse, art qui le passionne depuis qu'il a vu *La Belle au bois dormant*, à Saint-Pétersbourg, en 1891. Les thèmes de ses ouvrages sur la danse sont variés, depuis le ballet romantique et Marie Taglioni à La Argentina, en passant par Léon Bakst, Paul Valéry, Jean-Georges Noverre ou Serge Lifar. Collaborateur pour différents périodiques parisiens comme *Comœdia* ou *La Revue musicale*, il publie jusqu'à sa mort des articles sur le cinéma ou la littérature, mais principalement sur la danse de son temps, ce qui fait de lui l'un des premiers critiques chorégraphiques en France. Admirateur de la danse libre d'Isadora Duncan, il est critique envers les réformes opérées par les Ballets russes de Serge Diaghilev et demeure un fervent défenseur du classicisme.

Sophie Jacotot

LÉVIS MANO Guy (Guy Levy)

Poète, traducteur, typographe et éditeur. – Né le 15 décembre 1904 à Salonique, alors Empire ottoman, aujourd'hui Grèce ; mort le 25 juillet 1980 à Vendranges, France.

Issu d'une famille juive de Salonique, Guy Levy émigre au début de 1918 en France, où il change de nom. Cinq ans plus tard, il lance à Paris *La Revue sans titre* et y publie son premier recueil de poésies, *Les Éphèbes*. En 1925, il fonde avec un groupe de poètes l'Association internationale des jeunes écrivains et artistes. Naturalisé en décembre 1927, il poursuit ses travaux, avant de lancer les éditions GLM en 1933. Richement illustrés, les ouvrages qu'il publie sont ceux de poètes prestigieux (Char, Éluard, Jouve, Tzara). Prisonnier de guerre en 1940, il parvient à envoyer des poèmes qui paraîtront dans les *Cahiers du Rhône*, sous le pseudonyme de Louis Garamond. Libéré en 1945, il reprend ses activités d'écriture et d'édition. Il laisse, en outre, une abondante œuvre de traducteur.

Pierre-Frédéric Charpentier

LÉVY Benny

Philosophe, essayiste, militant politique. – Né le 28 août 1945 au Caire, Égypte ; mort le 15 octobre 2003 à Jérusalem, Israël-Palestine.

Benny Lévy est âgé de onze ans quand la crise de Suez contraint sa famille, comme beaucoup de familles juives, à quitter l'Égypte. Au lycée français de Bruxelles, il devient, grâce aux livres de Jean-Paul Sartre, un « habitant de la langue française ». En 1963, il intègre l'hypokhâgne du lycée

Louis-le-Grand à Paris et milite au sein de l'Union des étudiants communistes. À l'École normale supérieure, où il entre en 1965 à titre étranger, ses travaux sont dirigés par Louis Althusser. Malgré l'appui de la direction de l'école, sa demande de naturalisation française est refusée. Son statut précaire d'apatride lui interdit de s'engager activement dans les mouvements de Mai 1968. En 1969, il fonde, sous le pseudonyme de Pierre Victor, la Gauche prolétarienne, groupe maoïste qu'il animera dans la clandestinité jusqu'à son autodissolution en 1974. En 1973, il participe à la création du journal *Libération* avec Jean-Paul Sartre, dont il devient le secrétaire et avec qui il publie un livre d'entretiens (*On a raison de se révolter*, 1974). Grâce à l'intervention du philosophe auprès de Valéry Giscard d'Estaing, il obtient la nationalité française en 1975. De 1975 à 1997, il enseigne la philosophie à l'université Paris-VII, à Tours et à nouveau à Paris-VII, où il est nommé maître de conférences cinq ans après avoir publié sa thèse sur « Philon d'Alexandrie en regard des Pharisiens » sous le titre *Le Logos et la lettre* (1988). À la fin des années 1970, le militant maoïste s'était détourné de la vision politique du monde, amorçant un retour au judaïsme, que la pensée d'Emmanuel Levinas allait nourrir (*Visage continu. La pensée du retour chez Emmanuel Lévinas*, 1998). La publication dans *Le Nouvel Observateur*, en 1980, d'entretiens avec Sartre, fit scandale chez les sartriens : sous l'influence de son secrétaire, soupçonné de « détournement de vieillard » (Simone de Beauvoir), le philosophe existentialiste semble amorcer une révision critique de sa pensée (*L'Espoir maintenant. Les entretiens de 1980*, 1991). En 1984, Benny Lévy s'installe à Strasbourg pour étudier la Torah à la Yechiva des étudiants avant d'effectuer, en 1995, sa « montée » en Israël. L'École doctorale de Paris VII qu'il fonde à Jérusalem est dissoute en 1998. En 2000, il crée, avec Alain Finkielkraut et Bernard Henri-Lévy, l'Institut d'études lévinassiennes dont il sera jusqu'à sa mort le directeur délégué.

La « pensée du retour » de Benny Lévy et sa rupture avec les promesses universalistes des Lumières sont indissociables de l'itinéraire de l'apatride qui, après avoir entretenu avec la France un « rapport de conquête », a assumé son irréductible « étrangeté » de juif pour rompre de façon fracassante avec le franco-judaïsme : « Lorsque je voulais être français, je n'étais pas juif, j'étais goy, j'étais haineux de moi-même ; et lorsque Sartre m'a naturalisé, j'ai commencé à être juif. Donc le trait d'union juif-français, je ne connais pas – quel bonheur ! Je reste persuadé que la figure de l'Israélite-français, historialement, agonise. » Plusieurs ouvrages, dont certains posthumes, ont retracé ce cheminement à la fois existentiel et philosophique du juif « oublieux de lui-même » au juif orthodoxe.

Stéphan Soulié

LIBANAIS

La présence de Libanais en France *stricto sensu* ne peut s'entendre qu'après la création de l'État libanais, sous tutelle mandataire française, en 1920, puis après l'indépendance en 1943. Auparavant, les immigrés issus de cette région sont des Ottomans, et on les appelle souvent des Levantins, mêlant sous cette appellation des populations issues de la Syrie, du Liban, d'une partie de la Palestine et de la Turquie actuelle, et même de l'Égypte-Alexandrie. Cette terminologie est liée à l'histoire des Échelles du Levant, comptoirs commerciaux sous protection française depuis les accords conclus entre François Ier et Soliman le Magnifique en 1536 (Capitulations).

Aujourd'hui, les Libanais sont une centaine de milliers en France, la plupart installés dans les grandes villes, et surtout issus d'une immigration récente (liée à la guerre civile, à partir de 1975).

Depuis le XVIIIe siècle puis au XIXe, l'émigration libanaise, venue pour l'essentiel de ce que l'on appelle la Montagne libanaise ou Mont-Liban, est liée à des implantations commerciales et à des échanges intellectuels et culturels. Elle a véritablement commencé dans la seconde moitié du XIXe siècle, avec l'installation de commerçants libanais dans de nombreuses parties du monde (notamment en Amérique, du Nord comme du Sud). Elle s'aligne donc sur des filières anciennes et sur des réseaux, principalement familiaux et communautaires. C'est l'effondrement de la production de la soie qui contraignit ceux qui vivaient de la sérigraphie à émigrer ; mais c'est aussi une série de facteurs de tension sur le territoire libanais qui accéléra le départ d'un certain nombre de « minoritaires », chrétiens notamment. En 1914, un quart de la population du Mont-Liban avait quitté le pays. Un certain nombre d'industries lient déjà le Liban et la France : le commerce de la soie, à partir des montagnes du Chouf où l'on cultive les mûriers et les vers à soie, est relié à l'industrie textile française, notamment de la région lyonnaise ; le savon, surtout produit sur la côte libanaise (Saïda), est exporté vers Marseille, autre capitale du savon. Des familles de commerçants, souvent déjà prospères au Liban, s'installent dès le XIXe siècle dans la ville de Marseille pour y implanter des comptoirs et des commerces, comme elles le font ou l'ont déjà fait dans d'autres régions du monde. Elles sont souvent en relation avec d'autres branches de leurs familles installées en Afrique ou en Amérique, et forment ainsi un maillage commercial et familial. Cette implantation française ne se limite d'ailleurs pas uniquement à la métropole, un certain nombre de ces commerçants s'installant dans les Antilles et en Guyane française. Ces familles libanaises, francophones, développent souvent d'autres entreprises et des commerces sur place. Elles s'illustrent en particulier dans l'hôtellerie et la restauration.

Un autre type de lien s'est développé depuis le XIXe siècle entre la France et le Liban, issu des relations de protection qu'entretient la France avec les chrétiens du Levant. Un système d'enseignement francophone s'étant développé dans la région, la France attire des étudiants qui viennent s'installer dans les grandes villes pour se perfectionner et des intellectuels à la recherche d'un espace de liberté hors de l'Empire ottoman. À Beyrouth, l'université jésuite Saint-Joseph, fondée en 1875 sous la tutelle de la France, nourrit des liens très étroits avec l'université française et particulièrement l'université de Lyon. Des étudiants formés dans les facultés partent se perfectionner en France régulièrement. Ces échanges intellectuels et culturels n'ont cessé de se renforcer au début du XXe siècle, puis pendant la période du mandat français (1920-1946). Ainsi le voyage en France devient-il un classique de la littérature libanaise. Des écrivains francophones s'installent dans les grandes villes françaises, prennent place à Paris, provisoirement ou pour longtemps, dans les cafés du quartier de l'Opéra, ou dans le Quartier latin. Certains de ces hommes de culture sont accueillis par le monde intellectuel français, comme Georges SCHÉHADÉ ou Salah STÉTIÉ. Les orientalistes servent également de pont entre les mondes intellectuels. C'est le cas de personnages comme Louis Massignon, Gabriel Bounoure ou Jean Gaulmier.

C'est sur cette base que s'intensifient les échanges entre la France et le Liban à partir de 1860. À cette date, la France est intervenue militairement dans l'Empire ottoman pour mettre fin à des massacres de chrétiens dans la Montagne libanaise. Elle s'appuie sur son rôle de protectrice des chrétiens, et sur le soutien de la Grande-Bretagne pour faire adopter un statut particulier à ce territoire, désormais *Mutassarrifiyya*, région autonome au sein de l'Empire. Ce statut permet aux puissances européennes d'y prendre position. Le développement d'échanges plus soutenus, notamment sur le plan intellectuel, s'accompagne d'une confessionnalisation des liens : la France accueille en grande majorité des chrétiens, et parmi eux surtout des maronites. À Paris, ceux-ci s'organisent autour de la paroisse Notre-Dame-du-Liban (rue d'Ulm), fondée en 1894 et, plus tard, du Foyer franco-libanais qui la jouxte et qui offre des chambres pour étudiants.

L'immigration libanaise ancienne, souvent constituée par des chrétiens francophones et d'origine aisée, s'est facilement intégrée en France, conservant un certain nombre de traditions tout en prenant sa place dans la vie économique, culturelle et intellectuelle, voire politique française. Certains Libanais, fils et filles de la diaspora, se sont installés en France après un détour par d'autres lieux : c'est le cas par exemple d'Andrée CHÉDID, née Saad, Libanaise du Caire, passée par le Liban en 1942-1946, puis installée en France. C'est aussi le cas de Carlos GHOSN, homme d'affaires né au Brésil, revenu au Liban pour sa scolarité et installé ensuite en France ; de Guy BÉART (Béhar), né en Égypte en 1930 ou des frères Édouard (né en 1940) et Paul (né en 1945) Karali, nés à Héliopolis (Égypte), devenus dessinateurs sous les noms de, respectivement, ÉDIKA et CARALI.

D'autres se sont installés directement en France à la suite d'un mariage, d'études ou d'une série de hasards, comme l'homme de théâtre Robert ABIRACHED, l'écrivain Vénus KHOURY-GHATA (née en 1937), le pianiste Abdel Rahman EL BACHA (né en 1958) ou le compositeur Gabriel YARED. Le mandat français sur le Liban, confié par la Société des nations en 1920, renforce encore ces liens.

En dehors de ces relations privilégiées entre les élites françaises et libanaises, c'est la guerre civile qui pousse les Libanais en masse vers l'émigration. Depuis 1975, au moins 800 000 personnes ont quitté le territoire vers différents pays du monde. Elles vont tout naturellement rejoindre les branches de la diaspora, en France comme ailleurs. D'autres font le choix de l'exil personnel, comme le romancier Amin MAALOUF, la romancière Hoda BARAKAT (née en 1952, partie à la fin de la guerre) ou le journaliste Antoine SFEIR. À la fin de la guerre civile, les immigrés libanais sont parfois « retournés au pays » ; mais ils ont souvent conservé un pied dans leur terre d'accueil, parce qu'ils avaient le plus souvent refait leur vie en France, et parce que la menace de la guerre civile a continué à planer sur le Liban.

La spécificité de cette immigration est qu'elle paraît complètement « indolore » au pays d'accueil. Le rôle d'intermédiaires commerciaux et culturels entre l'Orient et l'Occident joué par les Libanais semble leur donner un statut particulier, difficile à comparer à d'autres immigrations. De même, s'ils sont souvent réfugiés en France, ils n'ont que très rarement le statut officiel de réfugié puisqu'ils n'en ont pas eu besoin pour obtenir l'asile en France, s'appuyant plutôt sur la solidarité de la diaspora. Enfin, il faut noter que cette immigration est particulièrement dynamique sur le plan économique et qu'elle continue à se concentrer sur le commerce, notamment sur la banque, la restauration – de luxe, le plus souvent – et la presse (arabe).

Leyla Dakhli

Bibl. : CHEVALLIER Dominique, *La Société du Mont-Liban à l'époque de la révolution industrielle en Europe*, Librairie orientaliste Paul Geuthner, 1971 • KHATER Akram Fouad, *Inventing Home. Emigration, Gender and the Middle Class in Lebanon, 1870-1920*, University of California Press, 2001 • HASHIMOTO Kohei, « Lebanese Population Movement 1920-1939 – Towards a Study », *in* Albert Hourani, Nadim Shehadie (dir.), *The Lebanese in the World: A Century of Migration*, Londres, Centre for Lebanese Studies-I. B. Tauris, 1992, p. 65-108 • ABDULKARIM Amir, *La Diaspora libanaise en France : processus migratoire et économie ethnique*, Paris, L'Harmattan, 1996 • DUBOST Isabelle, « Les Libanais de Guyane : un modèle d'identifications multiples », *Hommes et migrations*, n° 1274, juillet-août 2008.

LIFAR Serge. — *Voir* DANSEURS ET DANSEUSES RUSSES.

LIMOT Walter (Walter Lichtenstein)

Photographe. – Né en 1902 à Berlin, Allemagne ; mort en novembre 1984 à Paris, France.

Dans l'Allemagne de Weimar, Walter Lichtenstein contribue à inventer la photographie de plateau, jusque-là confiée aux chefs opérateurs. Après avoir travaillé aux côtés des plus grands noms du cinéma allemand (Lang, Lubitsch, Ophuls, Pabst, etc.), il doit fuir l'Allemagne nazie en 1933. On retrouvera dès lors le nom de Walter Limot associé à ceux de Marc Allegret (*Futures Vedettes*), Marcel Carné (*Trois Chambres à Manhattan*), Jean Delannoy (*Dieu a besoin des hommes*), Jean Grémillon (*L'Amour d'une femme*), Sacha Guitry… Il trouve par ailleurs le temps de consacrer des reportages à diverses célébrités, de Colette à Louis Lumière. Son œuvre reste encore aujourd'hui méconnue.

Pascal Ory

LIO (Vanda Maria Ribeiro Furtado Tavares de Vasconcelos)

Chanteuse et comédienne. – Née le 17 juin 1962 à Mangualde, Portugal.

À l'âge de six ans, Vanda arrive en Belgique, où s'installe sa mère, divorcée d'un militaire portugais. Elle rencontre le succès dès l'âge de seize ans avec une chanson, *Banana split*, qui impose une image de lolita dont cette jeune femme indépendante saura jouer, puis se détacher. Après le temps des hit-parades (*Les brunes comptent pas pour des prunes…*) viendront des années plus difficiles, que Lio traversera grâce à sa capacité de passer avec aisance à d'autres registres : radio, télévision, cinéma… On notera que, dans sa filmographie, figurent beaucoup de femmes cinéastes (Chantal Akerman, Jeanne Labrune, Catherine Breillat…). Longtemps résidente en France, Lio a choisi de vivre de nouveau en Belgique, pays dont elle a la nationalité.

Pascal Ory

LIPCHITZ Jacques. — *Voir* PARIS, École de.

LIPNITZKI Boris

Photographe. – Né en 1897 à Oster, alors Empire russe, aujourd'hui Ukraine ; mort en 1971 à Paris, France.

Installé à Paris en 1921, Boris Lipnitzki ouvre un studio qui le fait connaître dans les milieux de la mode, passant de la génération de Paul Poiret à celle de madame Grès. Sa familiarité de l'immigration russe l'impose comme le photographe attitré de la danse classique (Michel Fokine, Serge Lifar). De part et d'autre de la guerre (qu'il passe aux États-Unis, fuyant la persécution nazie), il s'impose dans les arts de la scène, mais n'oublie pas la littérature (Marguerite Duras), la musique (Maurice Ravel) ou la peinture (Pablo Picasso). Au-delà de la production courante, témoignage de l'omniprésence des photographes du studio dans les salles de spectacle, certains des portraits les plus connus de Coco Chanel (au collier de perles en sautoir) ou de Jean-Paul Sartre (au théâtre Antoine) sont signés Lipnitzki.

Pascal Ory

LISZT Franz (Ferenc, François)

Compositeur, pianiste et pédagogue. – Né le 22 octobre 1811 à Doborján, aujourd'hui Raiding, alors Autriche, aujourd'hui Raiding, Hongrie ; mort le 31 juillet 1886 à Bayreuth, Allemagne.

Ce musicien majeur, père spirituel de Wagner et de la « musique de l'avenir » mais aussi de Saint-Saëns, de Grieg et de l'école russe, fut tour à tour célébré comme virtuose international, comme musicien national hongrois, comme musicien quasi officiel du Saint-Siège, comme figure de la culture allemande, mais il eut pendant de nombreuses années un rapport privilégié à la France où il résida, même si, dans l'ensemble de sa vie, Paris ne compte, en définitive, pas plus que Vienne, Budapest, Weimar ou Rome. Jeune virtuose prodige, il interrompt une éclatante tournée européenne en séjournant à Paris en 1823. Il fait partie du cénacle romantique parisien des années 1830, fréquente Berlioz, Musset, Chopin, George Sand, Delacroix et Paganini. On retient surtout de cette période le moment où Liszt a vécu avec Marie d'Agoult, de 1835 à 1839 et les trois enfants qu'ils ont eus ensemble, dont Blandine, qui épousera Émile Ollivier, et Cosima, qui épousera Hans von Bülow puis Wagner. Après leur séparation, il parcourt l'Europe, s'installe à Weimar puis, à la fin de sa vie, à Rome.

Dans l'immense production de Liszt, les années parisiennes ont-elles apporté une particularité à son œuvre ? Le musicologue et critique Emil Haraszti a peut-être projeté sa propre situation de porteur d'une double culture française et hongroise en insistant sur l'intégration de Liszt à la culture française. La vie musicale parisienne est devenue une forme de matériau sur lequel commence le travail de compositeur, dans ses paraphrases de concert et ses réminiscences d'opéra. Mais il est difficile de trouver dans cette appropriation créatrice un trait de « francisation » de la musique de Liszt qui s'inspire, en France, autant de Fromental Halévy, de Bellini, de Manuel García, père de la Malibran et de Pauline Viardot, de Rossini. On a pu voir dans l'auteur d'œuvres tardives, comme *Nuages gris*, le premier inspirateur de l'impressionnisme musical de Debussy. Notons que c'est en français que Liszt publia en 1859 son livre sur la musique aujourd'hui qualifiée de « rom », intitulé *Des Bohémiens et de leur musique en Hongrie*. L'ouvrage fit scandale dans les élites hongroises, peu désireuses de trouver le moindre rapport entre une musique nationale et celle des « Tsiganes ».

Didier Francfort

LITTELL Jonathan

Romancier et essayiste. – Né le 10 octobre 1967 à New York, États-Unis.

La parution d'un roman de neuf cents pages, entièrement consacré à l'extermination des juifs, relatée du point de vue d'un officier SS, crée l'événement littéraire de l'année 2006 en France et fait connaître le nom de son auteur, Jonathan Littell. Fils de l'écrivain américain Robert Littell, il est né à New York mais a passé l'essentiel de son enfance en France. Ayant préparé son baccalauréat au lycée Fénelon à Paris, il retourne à New York étudier à l'université de Yale. En 1989, il rédige en anglais un récit de science-fiction, *Bad Voltage*, puis s'engage dans l'action humanitaire au début des années 1990. Pendant sept ans, il est présent sur différents théâtres d'opérations militaires, d'abord en Bosnie-Herzégovine, puis en Tchétchénie, en Afghanistan et au Congo. Littell cesse ses activités en 2001 pour se consacrer à l'écriture de son premier roman écrit en français. Il décide pour ce faire de rédiger les Mémoires fictifs d'un officier allemand cultivé – Maximilien Aue – impliqué dans la machine de mort nazie sur le front de l'Est. Étayé par une documentation précise et par une restitution minutieuse des faits historiques, *Les Bienveillantes* crée une onde de choc, tant auprès du public que de la critique. Publié par Gallimard, le livre suscite débat et polémique, même s'il est, dans l'ensemble, favorablement accueilli. Véritable phénomène de librairie, il vaut à son auteur de se voir décerner, en 2006, le Grand Prix du roman de l'Académie française ainsi que le prix Goncourt. En 2008, Littell fait paraître un essai, *Le Sec et l'humide*, né de recherches préparatoires menées en 2002 autour des écrits politiques du leader fasciste belge Léon Degrelle, dont il reconnaîtra qu'il a servi de modèle au narrateur imaginaire des *Bienveillantes*. Dans son œuvre récente, la littérature de témoignage prend une grande importance (*Carnets de Homs*, 2012). Jonathan Littell a obtenu la nationalité française le 8 mars 2007.

Pierre-Frédéric Charpentier

LITVAK Anatole

Cinéaste. – Né le 10 mai 1902 à Kiev, alors Empire russe, aujourd'hui Ukraine ; mort le 15 décembre 1974 à Neuilly-sur-Seine, France.

La carrière de cet émigré russe passe par l'Allemagne, l'Angleterre, les États-Unis (il prend la nationalité américaine en 1936) et la France, où il signe *Cœur de lilas* avec Jean Gabin en 1932, *Cette vieille canaille* (1933) avec Harry Baur, *L'Équipage* (1935) avec Annabella, et *Mayerling* (1936) avec Charles Boyer et Danielle Darrieux. Ses films témoignent du type d'œuvres que produisait le cinéma français à l'époque.

Jean-Luc Douin

LO DUCA Joseph-Marie

Écrivain, critique de cinéma. – Né le 18 novembre 1910 à Milan, Italie ; mort le 6 août 2004 à Samois-sur-Seine, France.

C'est l'adhésion d'André Breton, de Jean Cocteau et de Paul Valéry à ses textes qui encourage cet écrivain futuriste à venir s'installer en France et à rédiger ses livres en français. À Paris depuis 1933, Lo Duca signe deux ouvrages de référence dans la collection « Que sais-je ? » des Presses universitaires de France : *Histoire du cinéma* (traduite en douze langues), et *Technique du cinéma*. Il est membre du jury du prix Louis Delluc à la fin des années 1940. En 1951, admirateur de la défunte *Revue du cinéma* de Jean-Georges Auriol, où il avait signé quelques textes, auteur d'essais sur Georges Méliès et Louis Lumière cosignés avec Maurice Bessy, chroniqueur à *Cité Soir*, directeur de la programmation du Cinéma d'essai, salle de l'avenue des Ternes fondée par l'Association de la critique de cinéma, il crée les *Cahiers du cinéma* avec Jacques Doniol-Valcroze et Léonide Keigel. Il sera évincé du comité éditorial en 1957, lorsque Éric Rohmer impose sa ligne et s'empare de la rédaction en chef. Directeur d'une « Bibliothèque internationale d'érotologie » dans les années 1960, il signe plusieurs ouvrages sur la sexologie ou l'érotisme dans l'art.

Jean-Luc Douin

LOEWENSTEIN Rudolph

Psychanalyste. – Né le 17 janvier 1898 à Łódź, alors Empire russe, aujourd'hui Pologne ; mort le 14 avril 1976 à New York, États-Unis.

Formé à la médecine en Suisse et à la psychanalyse en Allemagne, Rudolf Loewenstein arrive à Paris en 1925. Dès l'année suivante, il est l'un des fondateurs, et même le secrétaire, de la première société française de psychanalyse (Société psychanalytique de Paris, SPP). Naturalisé français, il quitte la France pendant l'Occupation et s'installe définitivement aux États-Unis, où il développe une interprétation hétérodoxe qui fera de lui, aux yeux de ses adversaires – dont Jacques Lacan, qui fut son analysé –, l'exemple achevé d'une psychanalyse « à l'américaine », supposée adaptative.

Pascal Ory

LOEWY Maurice

Astronome. – Né le 15 avril 1833 à Marienbad, alors Autriche, aujourd'hui Mariánské Lázne, République tchèque ; mort le 15 octobre 1907 à Paris, France.

Maurice Loewy est issu d'une famille juive de Bohême occidentale qui, en 1841, s'installe à Vienne pour fuir les persécutions. Il devient assistant à l'Observatoire de Vienne en 1856 et commence des travaux de mécanique céleste. Dans l'empire d'Autriche, la carrière académique est alors interdite aux juifs, sauf à se convertir au catholicisme. Du fait des bonnes relations nouées entre les deux observatoires de Vienne et de Paris, Urbain Le Verrier, directeur de l'Observatoire de Paris, fait venir Maurice Loewy, qui arrive ainsi en France à l'âge de vingt-sept ans, en août 1860. Il est recruté en 1864 dans cette institution, dont il devient sous-directeur en 1878, et directeur en 1897. Il est naturalisé français le 4 juillet 1868. Ses recherches portent principalement sur la photosphère solaire, les météores et les comètes. Il entreprend à l'Observatoire de Paris, avec Pierre Puiseux, un grand travail de photographie lunaire, dont les clichés sont pris avec un instrument original que réalise Loewy, le grand équatorial coudé. L'*Atlas photographique de la lune* qui en résulte, constitué de quatre-vingts superbes planches photographiques et publié en dix livraisons entre 1896 et 1909, devient pour un demi-siècle un ouvrage de référence et la source des illustrations de nombre d'ouvrages d'astronomie. Membre du Bureau des longitudes, Maurice Loewy entre en avril 1873 dans la section d'astronomie de l'Académie des sciences, qu'il préside en 1894. Il meurt alors qu'il est encore en activité, au cours d'une séance du Conseil des observatoires.

Anne Rasmussen

LÖFFLER Paul-Adolphe

Syndicaliste. – Né le 29 janvier 1901 à Budapest, Hongrie ; mort le 28 juin 1979 à Paris, France.

Paul-Adolphe Löffler eut comme père un ouvrier décorateur et comme mère une paysanne qui ne savait ni lire ni écrire, mais qui lui fit aimer la lecture quand, chaque jour, elle lui demandait de lire le journal. Il travailla de quatorze à dix-sept ans dans un restaurant. La guerre l'ayant empêché de terminer ses études, il dut trouver un emploi dans une maison d'édition, où il découvrit la grande littérature et les écrivains français. En 1918, il adhéra aux Jeunesses communistes et, l'année suivante, il fut soldat dans l'Armée rouge hongroise de la République des conseils. Puis il dut s'exiler et arriva à Paris en 1924.

Les premières années en France furent très difficiles pour lui comme pour sa femme. Il milita à la section hongroise de la Ligue des droits de l'homme. En 1925, il collabore à un hebdomadaire hongrois publié en Roumanie, à Cluj. Il adhère à la CGTU en 1927 et entre l'année suivante dans un bureau d'études comme dessinateur. En 1929, il fit la connaissance d'Henry Poulaille, qui le présenta à Tristan Rémy et aux écrivains prolétariens. Il collaborait à plusieurs revues antifascistes et publia, de 1930 à 1934, *Horizont*, une revue de culture hongroise à Paris où vivaient plusieurs dizaines de milliers d'ouvriers de cette nationalité.

Avec la crise économique mondiale, Paul Löffler connaîtra de longues périodes de chômage, de 1931 à 1935. Il retrouva alors du travail par l'entremise de la CGT, comme dessinateur d'études à l'Association des ouvriers en instruments de précision (AOIP), une coopérative où il resta jusqu'à sa retraite en 1964.

Paul Löffler participa, dans la décennie 1930, au mouvement de littérature prolétarienne qui se développa en France autour de Henry Poulaille et de revues comme *Nouvel Âge*. Il publia dans cette dernière une nouvelle écrite en français, *Misère* (1931) ; à partir de cette date, il devint un écrivain bilingue. Il se prononça pour une conception de la littérature prolétarienne explicitement révolutionnaire, alors que, selon Henry Poulaille, la littérature prolétarienne avait à exprimer les aspirations du prolétariat, sans adhérer à une idéologie politique ou à un parti ; ce point de vue fut vivement critiqué dans *L'Humanité*. Paul Löffler ne partageait pas les convictions anarchistes de Henry Poulaille, mais il conserva ses liens d'amitié avec lui. Il appartint au Groupe des écrivains prolétariens qui se constitua en 1932 et rallia l'AEAR en mars 1933, comme le firent d'autres écrivains prolétariens, notamment Tristan Rémy et Eugène Dabit. En 1934, il fonde une revue littéraire communiste, *Prémices*, dans laquelle il défendait les thèses d'une littérature prolétarienne marxiste ; mais la revue cessa de paraître en octobre 1935. Paul Löffler se lia avec la composante de masse de l'émigration hongroise en 1934 en adhérant au Mouvement du 1er septembre ; cette organisation liée au PC devint le Mouvement pour la paix et la liberté. En 1935, Paul Löffler adhéra au PC français. Il publie *Métro* en 1936, document romancé sur la construction du métro, et *Notre vie* en 1938. Il collabora à la revue *Soutes* (1936-1937), qui se voulait une revue littéraire révolutionnaire. Enfin, en novembre 1937, on le retrouve membre de la direction de la Maison de la culture de Belleville.

Durant l'occupation, Paul Löffler entra dans la Résistance à l'AOIP ainsi qu'en Seine-et-Marne, où il diffusa la presse clandestine. À la Libération, il devint secrétaire de la section du XIXe arrondissement de l'Union nationale des intellectuels et il devait le rester jusqu'en 1948.

Paul Löffler publiera encore plusieurs ouvrages, notamment sur la littérature prolétarienne et sur l'Association des écrivains et artistes révolutionnaires, ainsi que son *Journal* des années 1924-1939. Il avait été naturalisé français en 1947.

Michel Dreyfus

LOLLOBRIGIDA Gina (Luigina)

Actrice. – Née le 4 juillet 1927 à Subiaco, Italie.

C'est à deux films français tournés avec Gérard Philipe que cette beauté au tour de poitrine envié doit d'être devenue une star emblématique de Cinecitta, puis d'Hollywood : *Fanfan la Tulipe* de Christian-Jaque (1952), et *Les Belles de nuit* de René Clair (1952). Les Français, qui l'ont adoptée, la retrouvent avec bonheur en Esmeralda dans le *Notre-Dame de Paris* de Jean Delannoy (1956), avec Anthony Quinn dans le rôle de Quasimodo. Puis dans *La Loi* de Jules Dassin (1958) d'après Roger Vailland, avec Yves Montand et Pierre Brasseur. Elle reçoit la Légion d'honneur, en 1995, des mains du président François Mitterrand. La même année, elle apparaît, aux côtés d'une kyrielle de grands acteurs, dans le film d'Agnès Varda *Les Cent et Une Nuits de Simon Cinéma*, dans lequel la cinéaste lui confie un personnage de fée vénale du cinéma.

Jean-Luc Douin

LOOS Adolf

Architecte. – Né en 1870 à Brno, alors Autriche-Hongrie, aujourd'hui République tchèque ; mort en 1933 à Vienne, Autriche.

Le brillant théoricien autrichien, chef de file de la modernité à Vienne, semble, lorsqu'il réside à Paris de 1922 à 1928, y avoir été privé d'initiatives fortes ; il y poursuit cependant son travail d'écriture et d'édition, étudie le projet d'une grande habitation pour Joséphine Baker (1928) et construit pour Tristan Tzara une maison à Montmartre (1926-1927).

Gérard Monnier

LOPEZ Sergi

Acteur. – Né le 22 décembre 1965 à Vilanova i la Geltru, Espagne.

Premier acteur étranger à recevoir un César du meilleur acteur en France pour son rôle inquiétant dans *Harry, un ami qui vous veut du bien* de Dominik Moll (2001), ce charmeur à accent catalan s'est formé à l'école Jacques Lecoq à Paris, où il a rencontré Manuel Poirier, avec lequel il a tourné six films, dont *Western* en 1997. Il est, depuis, l'une des figures incontournables du cinéma hexagonal : *Une liaison pornographique* de Fréderic Fonteyne en 1999, *Les Mots bleus* d'Alain Corneau en 2004, *Partir* de Catherine Corsini en 2009, *Ricky* de François Ozon en 2009, *Chez Gino* de Samuel Benchetrit en 2011… : plus de trente-cinq films en vingt ans !

Jean-Luc Douin

LORENZI Stellio

Réalisateur de télévision. – Né le 7 mai 1921 et mort le 25 septembre 1990 à Paris, France.

Né d'un père italien, Stellio Lorenzi, élève brillant, ne peut se présenter à Polytechnique à cause des lois de Vichy sur les étrangers ; par défaut, il intègre l'Institut des hautes études cinématographiques en 1943. Dès 1945, il est assistant de Jacques Becker ; d'autres réalisateurs suivront. En 1952, il rejoint la télévision ; c'est un choix : il veut mettre son talent au service de la culture populaire. Il réalise des documentaires, des émissions de variétés et se révèle dans l'adaptation de pièces de théâtres (Ben Johnson, Feydeau, Labiche, Pouchkine…). Communiste, fondateur du syndicat CGT des réalisateurs, il ne peut être écarté par les responsables politiques. En 1957, avec « La caméra explore le temps », Lorenzi entame une collaboration féconde avec André Castelot et Alain Decaux, qui, durant près de dix ans, raconte l'histoire de France de manière animée. L'émission est arrêtée par le général de Gaulle, qui la juge « trop politique ». Mis cette fois à l'écart, Stellio Lorenzi revient à la réalisation avec *Jacquou le croquant*. Il continuera à réaliser des pièces de théâtres et des documentaires jusqu'au milieu des années 1980.

Patrick Eveno

LOSEY Joseph

Cinéaste. – Né le 14 juin 1909 à La Crosse, États-Unis ; mort le 22 juin 1984 à Londres, Royaume-Uni.

Né dans une grande famille puritaine du Wisconsin, Joseph Losey découvre durant les années 1930 à la fois le théâtre et le communisme – il effectue même « le voyage à Moscou » en 1931. C'est dans la décennie suivante qu'il débute au cinéma et, en 1948, qu'il réalise son premier grand film, *Le Garçon aux cheveux verts*. En 1951, alors qu'il tourne *Le Rôdeur* en Italie, il reçoit l'injonction de se présenter devant la Commission des activités anti-américaines, fer de lance du maccarthysme, pour répondre de l'accusation de propagande communiste au sein de l'industrie américaine du film. C'est en Grande-Bretagne qu'il trouve refuge et qu'il mènera dès lors l'essentiel de sa carrière, y réalisant ses films les plus reconnus, comme *The Servant* (1963), *Pour l'exemple* (1964), *Modesty Blaise* (1966), *Accident* (1967) et *Le Messager* (1970, Palme d'or à Cannes). Il n'a réalisé que peu de films en France, mais l'un d'eux fait de Joseph Losey un contributeur notable, non seulement au cinéma français, mais à l'écriture d'une histoire de France par le cinéma : *Monsieur Klein* (1976). Dans ce film, Alain Delon incarne, dans le rôle-titre, un trafiquant parisien et opportuniste sous l'Occupation. D'origine alsacienne, Klein est confondu par la police de Vichy avec un homonyme, résistant juif. Arrêté lors de la rafle du Vel d'Hiv', et partagé entre la rage de se faire reconnaître sous sa véritable identité et la fascination pour celle de son homonyme, il est finalement déporté en même temps lui. Cette plongée au cœur d'un trouble identitaire est aussi une façon de scruter sous un biais original cette page sombre de l'histoire de France ; elle valut à Losey une reconnaissance critique dans ce pays (Césars du meilleur film et du meilleur réalisateur).

Dimitri Vezyroglou

LOTAR Éli (Eliazar Lotar Teodorescu)

Photographe et cinéaste. – Né le 30 janvier 1905 et mort le 10 mai 1969 à Paris, France.

Fils d'un poète roumain, le jeune Éli fait le choix définitif de la France en 1924. Photographe, il réalise quelques reportages remarqués (celui sur les abattoirs de La Villette est le plus connu), mais c'est le cinéma qui l'absorbe. Comme photographe de plateau, on le trouve en 1936 sur le tournage de *Partie de campagne* de Jean Renoir. L'opérateur travaille avec Jean Painlevé, Joris Ivens, les frères Allégret. Membre de « la bande à Prévert », il est l'opérateur de films signés Brunius ou Lou Bonin et fait le cadre de *L'affaire est dans le sac*, des frères Prévert (1932). Au lendemain de la guerre, il réalise un saisissant court métrage sur la misère ouvrière à *Aubervilliers*, auquel Jacques Prévert ajoute un texte incisif.

Pascal Ory

LOT-BORODINE Miropia, *dite* Myrrha

Théologienne et historienne. – Née en 1882 à Saint-Pétersbourg, alors Empire russe, aujourd'hui Russie ; morte en 1957 à Fontenay-aux-Roses, France.

Myrrha Lot-Borodine est une spécialiste de la littérature médiévale et de la patristique grecque. Sa naissance dans le milieu de l'intelligentsia russe (son père est un botaniste renommé et sa mère, journaliste et traductrice, est l'une des premières femmes russes à avoir reçu une formation universitaire) lui permet de suivre des études tout d'abord à l'université féminine de Saint-Pétersbourg « Prince Obolensky », puis d'aller les poursuivre en France en 1906. Miropia Borodine suit des cours de sciences religieuses à l'École pratique des hautes études et les cours de littérature médiévale de Joseph Bédier au Collège de France, puis soutient en 1909, sous la direction de ce dernier, une thèse publiée aussitôt sous le titre *La Femme dans le roman de Chrétien de Troyes*. Elle met au jour une « nouvelle sensibilité au XIIe siècle », l'amour courtois, et poursuit des recherches sur les romans du Graal (citons *Trois Essais sur le roman de Lancelot du Lac et la Quête du Saint-Graal*, 1918 ; *De l'amour profane à l'amour sacré : études de psychologie sentimentale au Moyen Âge*, 1961).

Dans l'entre-deux-guerres, avec son époux l'historien Ferdinand Lot (qui lui fut présenté par Joseph Bédier ; de leur mariage, célébré en 1909, sont nées trois filles), ils forment un couple qui évolue dans le milieu de la diaspora russe ayant fui le régime bolchevique et réfugiée à Paris. Dans leur correspondance avec leurs amis russes – conservée à l'Académie des sciences de Saint-Pétersbourg –, ils observent avec lucidité la montée des fascismes en Europe. Durant la Seconde Guerre mondiale, ils perdent deux de leurs gendres, l'un membre du Réseau du musée de l'Homme et l'autre engagé volontaire dans la libération de l'Italie.

Profondément habitée par la foi chrétienne, Myrrha Lot-Borodine réoriente ses recherches à partir de 1935, sous l'influence de son compatriote Nicolas Berdiaev et sous celle d'Étienne Gilson, qui lui fait découvrir saint Bernard et la mystique cistercienne. Elle se tourne vers l'étude de la patristique grecque (*Nicolas Cabasilas : un maître de la spiritualité byzantine au XIV*e *siècle*, 1958 ; *La Déification de l'homme selon la doctrine des Pères grecs*, 1970). Enfin, sa spiritualité s'exprime dans une poésie religieuse qu'elle choisit de formuler dans sa langue maternelle.

Anna Trespeuch-Berthelot

LUCA Ghérasim (Salman Locker)

Poète. – Né le 23 juillet 1913 Bucarest, Roumanie ; mort le 9 février 1994 à Paris, France.

Salué en son temps par Gilles Deleuze comme « le plus grand poète de langue française vivant », Luca n'a définitivement choisi la France et la langue française qu'aux alentours de la quarantaine. Avant la guerre, ce jeune révolté avait participé en Roumanie à l'aventure surréaliste et tissé à cette occasion ses premiers liens avec André Breton. Rescapé de la Shoah et des dictatures successives du fascisme d'Antonescu et du Parti communiste, il s'installe à Paris en 1952. *Crier taire*, *Apostoph'Apocalypse*, *Sept Slogans ontophoniques* : autant de titres qui suggèrent une poésie éloquente et philosophique. Ce *Théâtre de bouche* (1984) s'exprime souvent sous la forme de performances, certaines restées fameuses (plusieurs disques et une émission de télévision de Raoul Sangla, diffusée en 1989, en gardent la trace). Son dialogue privilégié avec les arts visuels est sensible au travers de collages et de livres-objets, auxquels participent, entre autres, Jacques Hérold ou les frères Théodore et Victor Brauner, autres réfugiés roumains.

Pascal Ory

LUCKNER Nicolas

Militaire. – Né le 12 janvier 1722 à Cham, alors Royaume de Bavière, aujourd'hui Allemagne ; mort le 4 janvier 1794 à Paris, France.

Après avoir brillamment servi la Bavière, le Hanovre, les Provinces-Unies, la Prusse, Nicolas Luckner est contacté par la France et passe à son service en 1763 comme lieutenant-général, approuve la Révolution, est fait maréchal en 1791. En 1792, le ministre de la Guerre Louis de Narbonne-Lara, lui aussi noble rallié aux idées de 1789, dit de lui qu'il a « le cœur plus français que l'accent ». Il commande l'armée du Rhin en 1791-1792 avant celle du Nord, et c'est à ce titre que Rouget de l'Isle lui dédie le chant de marche devenu *La Marseillaise*. Mais son monarchisme le fait mettre à l'écart, puis juger et guillotiner. Le sort veut qu'il ait été dénoncé par un autre noble étranger rallié à la Révolution, Charles de Hesse.

Éric Vial

LUPASCO Stéphane (Ştefan Lupaşcu)

Philosophe. – Né le 11 août 1900 à Bucarest, Roumanie ; mort le 7 octobre 1988 à Paris, France.

Issu d'une famille de boyards moldaves, Stéphane Lupasco a grandi dans un milieu culturel privilégié. Après la mort de son père, avocat et député, sa mère s'établit en 1916 à Paris, où elle avait passé sa jeunesse et suivi les leçons de piano de César Franck. Lupasco a seize ans, il poursuit sa scolarité au lycée Buffon avant d'entamer des études de philosophie et de sciences à la Sorbonne. Après la Première Guerre mondiale, il publie un recueil de poésie (*Dehors*, 1926), fréquente les milieux littéraires et artistiques, rencontre Pablo Picasso et noue des relations avec les surréalistes Benjamin Perret et Tristan Tzara. En 1935, il soutient une thèse de doctorat : « Du devenir logique et de l'affectivité ». Lupasco maintient des liens intellectuels avec son pays natal (il correspond avec l'essayiste Constantin Noica) et, à Paris, il est en relation avec les expatriés roumains, dont le poète et philosophe Benjamin Fondane, qui lui consacrera un essai resté longtemps inédit (*L'Être et la connaissance*, 1998). À partir de 1946, Lupasco occupe un poste de chargé de recherches en épistémologie au CNRS, mais il est contraint de quitter l'institution en 1956, ses travaux de logicien étant considérés comme inclassables. En 1947, année de publication de *Logique et contradiction*, Lupasco obtient sa naturalisation. *Le Principe d'antagonisme et la logique de l'énergie* (1951) développe l'idée de « tiers inclus » qui s'oppose à l'absoluité du principe de non-contradiction. L'année suivante, il se présente sans succès au Collège de France – la chaire revient à Merleau-Ponty. Lupasco n'a guère recherché la consécration académique ou le couronnement médiatique, ce qui explique en partie la méconnaissance dont il est l'objet. De la quinzaine d'ouvrages qu'il a publiés, *Les Trois Matières* (1960) est sans doute le plus connu : Claude Mauriac eut le sentiment d'y « découvrir le *Discours de la méthode* de notre temps ». Si cette philosophie complexe et ambitieuse de « la logique dynamique du contradictoire » et des « trois matières » (matière macrophysique, matière vivante, matière psychique) a rencontré des résistances certaines dans le monde académique, l'œuvre de Lupasco, qui élabore toute une vision du monde à partir des propositions de la physique quantique, a exercé une influence – encore peu étudiée – non seulement dans le domaine de la pensée (logique, épistémologie, théorie du langage, éthique et théologie), mais également dans le domaine artistique (littérature, art abstrait). André Breton, Eugène Ionesco et surtout Georges Mathieu ont témoigné de leur admiration pour l'œuvre et, en 1978, à la fin d'un entretien télévisé avec le philosophe, Dalí s'exclama : « Vous devez tous lire Lupasco. »

Stéphan Soulié

LUTYENS Edwin Landseer

Architecte. – Né le 29 mars 1869 et mort le 1er janvier 1944 à Londres, Royaume-Uni.

Edwin Lutyens est, à partir de 1912, le responsable de l'architecture de la plupart des édifices publics de New Delhi. Partisan du renouveau de l'artisanat, proche du mouvement Arts and Crafts, il élabore aussi l'architecture de la maison de campagne de son temps, et c'est à ce dernier titre qu'il intervient en France. Il construit un manoir en 1898-1900 pour la propriété de Guillaume Mallet, le Bois des Moutiers, à Varangeville-sur-Mer (Seine-Maritime), aujourd'hui classé monument historique. L'aménagement des jardins est confié à la paysagiste anglaise Gertrude Jekyll. Lutyens est aussi l'architecte du monument aux morts de la Royal Air Force à Arras (1925-1928) et du mémorial de bataille de la Somme à Thiepval (1927-1932).

Gérard Monnier

LUXEMBOURGEOIS

La migration luxembourgeoise a été largement délaissée par l'historiographie française, même si on assiste, depuis quelques années, à un regain d'intérêt. Sans doute cette migration est-elle peu visible. Elle n'en a pas moins constitué un phénomène de masse, inscrit dans une histoire de longue durée. Il convient donc de redonner aux originaires du Luxembourg toute leur place dans l'histoire des migrations.

Mutations d'une migration de voisinage. Il faut remonter à l'Ancien Régime pour trouver les premières traces de Luxembourgeois. Ils sont 250 à vivre à Paris entre 1774 et 1787. Ils sont bien plus nombreux dans le Nord-Est, car aucune frontière naturelle visible ne sépare le duché du Luxembourg des régions françaises voisines. Et, du fait de sa situation stratégique, le territoire fut disputé au cours des siècles entre la France et les Habsbourg. En 1797, il est annexé à la « Grande Nation » et devient le département des Forêts, sans l'assentiment de la population. En 1815, le traité de Vienne le fait passer sous domination hollandaise. Le grand-duché ne devient vraiment indépendant qu'en 1890. À cette date, l'émigration est en plein essor, massivement vers les États-Unis, secondairement vers la France. L'attraction pour cette dernière remonte bien plus loin, au temps de la proto-industrialisation française. La proximité avait pour conséquence la multiplication du nombre de frontaliers et des migrations temporaires. Dès les débuts du XIXe siècle, ils furent ainsi des milliers à traverser à pied la Lorraine vers ce qui composera plus tard la Champagne-Ardenne et l'Île-de-France, ouvrant un large couloir menant à Paris. Avec l'éloignement, le métier évolue : on passe de saisonnier agricole à journalier pour devenir, dans la capitale française, terrassier, balayeur, garçon de café. Les départs, saisonniers, se font entre mars et septembre, lorsque les travaux des champs battent leur plein en France. La migration est surtout masculine, composée pour l'essentiel de jeunes gens célibataires. Les motivations sont d'abord économiques, mais les lettres envoyées par les migrants témoignent du désir de découvrir d'autres horizons et surtout de voir Paris. Les années 1880 voient une explosion des arrivées. La présence luxembourgeoise sur le territoire français est à son apogée en 1891, avec 31 248 nationaux répartis sur tout le territoire. À partir de 1901, un reflux s'amorce. Beaucoup de migrants prennent la nationalité française après la loi de 1889, et la relève est moins massive : le développement de la sidérurgie au sein du grand-duché demande beaucoup de main-d'œuvre, et les États-Unis attirent davantage. Certains départements ont la faveur de ces étrangers, et en tout premier lieu la Moselle limitrophe : en 1871, on recense 3 883 Luxembourgeois, 6 626 en 1880, 9 509 en 1890 et 10 852 en 1905. Cette augmentation constante est autant liée à la mise en place de réseaux qui assurent l'arrivée continue de nouveaux migrants, qu'au développement d'une installation définitive. Au demeurant, les flux migratoires se dirigent également vers le *Reichsland Elsass-Lothringen* créé par les Allemands à partir de l'annexion de l'Alsace et d'une partie de la Lorraine. Là-bas, les Luxembourgeois, pour la plupart bilingues, vont occuper une place importante dans l'organisation de ce nouvel espace comme c'est le cas de nombreux instituteurs employés pour apprendre l'Allemand dans les classes. Bientôt jugés trop francophiles, nombreux sont ceux à être remerciés. Néanmoins, la présence luxembourgeoise continue d'être significative dans la mine et la sidérurgie. Après la Première Guerre mondiale, le nombre des Luxembourgeois décroît, ils ne sont qu'un peu plus de 20 000 en 1931. L'ensemble Moselle/Meurthe-et-Moselle constitue le premier espace d'implantation. Le deuxième est la région parisienne, où s'est développée une migration plus estudiantine. Les flux migratoires entre le grand-duché et la France sont demeurés médiocres après 1945, puis se sont inversés après le choc pétrolier des années 1970.

À Paris, où les Luxembourgeois furent nombreux à venir tôt s'installer, il est difficile de parler de colonie structurée avant la fin du XIXe siècle. La Société de secours mutuel luxembourgeoise n'est fondée qu'en 1882 : une date tardive aux yeux de Jean Faber, son président de l'époque, qui déplore le manque de solidarité entre les Luxembourgeois. La diversité des générations de migrants, leurs activités l'expliquent peut-être.

Une colonie protéiforme. Dès le milieu du XIXe siècle, les Luxembourgeois suivent le mouvement des prolétaires qu'attirent les premiers grands chantiers français. Ils sont nombreux à participer, en tant que terrassiers, aux gigantesques travaux d'Haussmann. Un effondrement du secteur de la construction à la fin de la décennie marque un coup d'arrêt à ce type de migration, et un glissement s'opère vers la domesticité qui devient un temps un secteur d'activité prisé pour la migration masculine. Cette immigration non qualifiée est venue s'ajouter à une migration d'artisans, plus nombreuse et bien plus ancienne : à Paris, et plus particulièrement dans le faubourg Saint-Antoine, les Luxembourgeois se sont fait une réputation depuis le XVIIIe siècle. Artisans des métiers du meuble, ils se sont installés hors de l'enceinte parisienne, libérés des corporations par une dispense royale, et ont contribué à la réputation du faubourg à côté d'autres étrangers comme les Suisses, les Allemands ou les Flamands, avec lesquels ils échangeaient des techniques ou des idées. Parmi les ébénistes de talent, Bernard MOLITOR (1755-1833) tient une place particulière. Il arrive à Paris dans la seconde moitié du XVIIIe siècle. Son savoir-faire lui permet d'honorer les commandes des meilleures familles de Paris et même de la reine Marie-Antoinette. La période révolutionnaire lui soustrait sa riche clientèle, tandis que les patriotes portent sur lui un regard soupçonneux. Il doit son salut à son cousin, Michel MOLITOR (1734-1810), arrivé quelques années avant lui, et réputé fervent patriote. Les filières migratoires vers le faubourg Saint-Antoine restent actives tout au long du XIXe siècle. Certains viennent encore pour faire fortune ou pour se perfectionner. Mais l'évolution sociale suit une nouvelle tendance : auparavant spécialisés dans les meubles de luxe, les menuisiers-ébénistes luxembourgeois se prolétarisent et travaillent davantage des meubles en série, surtout les armoires à glace. Parallèlement, les fabricants luxembourgeois, nombreux, comme les Belges et les Allemands, dans les années 1890, développent la fabrication standardisée, limitée à une seule catégorie de meubles.

La migration artisanale peut également prendre la forme d'un tour de France, parcours initiatique du compagnon. Les cahiers de François Martin, compagnon typographe, ont laissé un tableau détaillé de cette itinérance initiatique. Il accomplit son premier tour de France à l'âge de dix-huit ans. Sa langue maternelle est l'allemand mais, étant bilingue, il choisit tout naturellement de se diriger vers la France. Parti avec un compatriote, typographe comme lui, ils débutent par un passage dans l'Est, avant de rallier Paris. Ils y retrouvent de nombreux Luxembourgeois, installés entre Nation et la place de la Bastille. Il multiplie ensuite les voyages, faisant des détours par les pays limitrophes, allant même jusqu'aux États-Unis et ne rentrant au Luxembourg que cinquante-deux plus tard en 1919.

Outre cette immigration masculine se développe, à partir du milieu du XIXe siècle, une migration féminine importante. Un pourcentage élevé de Luxembourgeoises cherchent alors à « entrer en condition » à Paris. Cette féminisation de la migration débute à partir de 1870 et connaît son apogée en 1891. La construction de la ligne de chemin de fer Metz-Luxembourg en 1859 a rendu plus facile la circulation des jeunes femmes, qui pouvaient dès lors voyager seules sans trop de difficultés. Très vite, leur nombre a dépassé celui des hommes. Pour l'ensemble de la France, on recensait 15 953 femmes pour 12 279 hommes en 1891. Dans le département de la Seine (Paris et sa banlieue), l'écart était remarquable, avec 8 613 femmes pour 7 721 hommes. Outre la perspective de toucher des gages plus élevés à Paris qu'au Luxembourg, le placement en tant que domestique, pour aliénant qu'il fût, pouvait viser aussi la conquête d'une autonomie et de l'indépendance financière, interdites à la femme mariée. Il s'agissait d'une migration de célibataires, leur âge moyen étant d'une trentaine d'années. Les Luxembourgeoises ont profité d'une conjoncture favorable sur le marché parisien après 1871, la guerre franco-prussienne ayant poussé les bonnes allemandes à rentrer dans leur pays. Les itinéraires étaient divers, les unes bénéficiant d'un point d'ancrage dans la capitale française, familial ou autre, les autres de recommandations. Pour celles qui arrivaient en ville sans emploi le recours aux bureaux de placement était obligatoire. Celui de Mme Koch a, pendant plus de vingt ans, aidé les jeunes Luxembourgeoises à se placer, dans le dernier tiers du XIXe siècle. Cette migration féminine était essentiellement temporaire. Ainsi que les bonnes bretonnes ou les nourrices du Morvan, les Luxembourgeoises cherchaient à amasser un petit pécule afin de retourner s'installer confortablement dans le pays de départ. Ce mouvement va perdurer jusqu'à la fin de la Seconde Guerre mondiale, le marché du travail luxembourgeois ne s'ouvrant aux femmes qu'à partir des années 1950.

Domestiques, terrassiers, ouvriers ébénistes, ces migrants et migrantes « sans histoire » dans tous les sens du terme, ont ainsi joué un rôle non négligeable dans le passé de la France du Nord, où les migrants travaillent dans le secteur agricole, minier ou industriel, et dans l'histoire parisienne.

Engagements. Non contents d'irriguer le marché du travail, les Luxembourgeois ont participé à bien des combats de la France contemporaine. Lors des guerres napoléoniennes, de nombreux habitants de ce qui était encore le département des Forêts, conscrits pour la plupart, ont connu les longues absences et les marches éprouvantes à travers l'Europe. Quelques-uns ont suivi une véritable formation juridique et militaire, qui leur permit, une fois rentrés au pays, de prétendre à un statut plus élevé. L'engagement, lors de la guerre franco-prussienne de 1870, est davantage le fait de volontaires. L'un d'eux, Théophile FUNCK-BRENTANO (1830-1906), installé à Paris depuis 1860, a organisé le service des ambulanciers de l'armée de la Loire. Après la débâcle, lors du siège de Paris, de nombreux Luxembourgeois s'engagent dans la garde nationale et participent au soulèvement de la Commune. Il y a alors beaucoup de petits artisans indépendants, d'ouvriers, de journaliers dans la capitale. Si l'on en croit leurs déclarations devant le tribunal, leur engagement dans la Commune aurait été plutôt de circonstance, lié à la solde de vingt sous octroyée par la Commune (Wehenkel, 2001). Pourtant, les habitudes d'engagement devaient encore se manifester pendant la Première Guerre mondiale. Un quart des hommes de la colonie luxembourgeoise ont rejoint les rangs de la Légion étrangère. Parmi eux, les ébénistes parisiens y représentaient le premier groupe professionnel.

La présence luxembourgeoise en France s'amenuise nettement à partir de la seconde moitié du XXe siècle, jusqu'à l'inversion de tendance des années 1970. On ne recensait plus que 4 790 Luxembourgeois en 2007. L'immigration en provenance du grand-duché est faible, mais elle est dynamique avec un important réseau d'entreprises et des associations qui cherchent à les promouvoir dans toute l'Europe.

Anne Rothenbühler

Bibl. : *Luxembourg : histoires croisées des migrations, Migrances*, Paris, Éditions Mémoire-Générique, n° 20, 2002 • REUTER Antoinette et SCUTOS Denis, *Itinéraires croisés – Luxembourgeois à l'étranger, étrangers au Luxembourg*, Luxembourg, Le Phare, 1995 • WEHENKEL Henri (dir.), *Luxembourg Paris Luxembourg 1871, Migrations au temps de la Commune*, catalogue de l'exposition, Luxembourg, Publications scientifiques du musée d'Histoire de la Ville, 2001.

LUYCKX Michel

Architecte. – Né le 15 mars 1903 en Belgique.

Après des études à l'institut Saint-Luc à Tournai, Michel Luyckx entre à l'École des beaux-arts de Paris. Il figure parmi les pionniers de l'atelier d'Auguste Perret, au « Palais de bois » en 1924. Passé en 1930 à l'atelier d'Emmanuel Pontremoli, il est diplômé en 1932. En 1934, il travaille à Alger au chantier de Perret pour la construction du bâtiment du gouvernement général, et s'y installe. Devenu, avec l'aura conférée aux anciens de l'atelier Perret, un des principaux architectes de sa génération en Algérie, il reçoit de nombreuses commandes publiques : l'hôpital d'Adrar (1943-1950), l'aérogare de Maison-Blanche à Alger (1945-1947), l'Institut d'études nucléaires d'Alger (1955-1962) – en liaison avec l'important projet d'investissement scientifique visant à faire de l'Algérie un territoire-clef dans la politique nucléaire de la France –, des ensembles de logements HLM. En 1962, Michel Luyckx quitte l'Algérie. Il construira pour la Ville de Paris une station de traitement des eaux à Orly (1963-1968). L'itinéraire de cet ancien du Palais de bois est intéressant : faute d'activité dans la France métropolitaine déprimée des années 1930, il parvient, dans l'Algérie des années 1950, à être un remarquable passeur des savoir-faire de son maître (il accueille le jeune architecte André Ravéreau dans son agence).

Gérard Monnier

LUZZATI Vittorio

Médecin et généticien. – Né en 1923 à Gênes, Italie.

Interrogé par Jean-François Picard en octobre 2000 sur les voies qui l'ont conduit à la recherche, Vittorio Luzzati répond : « Par les voies de la Providence, impénétrables comme il se doit, et par quelques détours : né en Italie dans une famille juive, j'ai émigré en Argentine à l'âge de quinze ans pour aboutir neuf ans plus tard en France, muni d'un diplôme d'ingénieur et d'une vocation de chercheur. » Les raisons de sa venue en France sont doubles, et même triples. « La guerre finie je souhaitais rentrer en Europe. L'Italie étant alors peu accueillante, dévastée qu'elle était par la guerre, mon choix s'est porté sur la France. Deux raisons à cela. Ma fiancée, d'une part, argentine mais à plus de deux tiers française, voyait d'un œil très favorable la perspective de terminer ses études de médecine à Paris ; d'autre part, Andrea Levialdi, le physicien qui, à Buenos Aires, avait guidé mes premiers pas dans la recherche, avait fréquenté les laboratoires parisiens à la veille de la guerre et il y avait gardé quelques bons amis. Au printemps de 1947, l'un de ceux-ci, Marcel Mathieu, m'a fait une place au service de diffraction des rayons X du Laboratoire central des services chimiques de l'État (le Laboratoire des poudres d'avant-guerre). Au mois de novembre, j'ai été recruté par le CNRS, que je n'ai pas quitté depuis. J'ai préparé ma thèse sur la structure cristalline de l'acide nitrique et de ses hydrates, que j'ai soutenue en 1951 sous la présidence d'Edmond Bauer. Je note en passant que Bauer, savant éminent, a occupé en 1946 (il avait alors soixante ans) la première chaire de chimie physique créée à la Sorbonne. Encore un exemple, avec celui de Boris Ephrussi, de l'extrême réticence des milieux académiques français à faire une place aux sciences émergentes, à la frontière entre disciplines traditionnelles. » Dès son entrée au CNRS, Vittorio Luzzati voyage beaucoup, et particulièrement en Grande-Bretagne, où il suit avec intérêt les travaux de Max Perutz et de John Kendrew sur l'hémoglobine et la myoglobine et, plus tard, ceux de Francis Crick et Aaron Klug sur l'ADN. Il se dit toujours très séduit par la richesse des rapports qui se nouent dans ces milieux scientifiques anglais entre spécialistes de disciplines différentes, à l'image des *high table dinners*, et, par contraste, avec le cloisonnement qui semblait prévaloir en France. Rétrospectivement, explique-t-il à Jean-François Picard, il comprit les raisons qui avaient conduit à la création, à la veille de la guerre, de l'Institut de biologie physico-chimique, « un havre d'interdisciplinarité où des sciences émergentes (biochimie, biophysique) étaient destinées à s'épanouir » et qui accueille de nombreux chercheurs d'origine étrangère, à commencer par Louis Rapkine. Il se lie d'amitié avec l'Anglaise Rosalind Francklin, qu'Adrienne Weill, fille de Cécile Brunschvicg, secrétaire d'État du gouvernement du Front populaire, a attiré en France, et dont les travaux se révélèrent essentiels dans les recherches sur l'ADN. Au début des années 1950, Vittorio Luzzati s'intéresse à certains aspects théoriques de la cristallographie. En 1953, il est invité au Protein Structure Project de New York et partage son bureau avec Francis Crick, qui vient juste de déterminer la structure de l'ADN. Il est au cœur des débuts de la biologie moléculaire, née de la rencontre entre la génétique et de la structure physique des molécules mises en jeu, et décisivement lancée par la détermination de la structure de l'ADN. À son retour des États-Unis, il rejoint le Centre de recherches sur les macromolécules que Charles Sadron vient de créer à Strasbourg. Il envisage à ce moment une carrière universitaire, mais le fait de ne pas être de nationalité française et de ne pas appartenir à une « bonne écurie » (de n'être ni normalien, ni polytechnicien) ne lui permettent pas d'obtenir un poste d'enseignement de biochimie à Paris, et cela en dépit du soutien de Jacques Monod. Il devra attendre sa naturalisation française, en 1968, pour entrer, un an plus tard, à l'université d'Orsay. Mais les années 1960 sont aussi pour Vittorio Luzzati l'expérience du Centre de génétique moléculaire, fondé à l'initiative de la Délégation générale à la recherche scientifique et technique. Boris Ephrussi, épaulé par Piotr Slonimski – deux scientifiques d'origine étrangère –, avait été chargé de la création du centre, qui s'installa à Gif-sur-Yvette. « J'ai éprouvé une immense admiration pour Ephrussi, un des plus grands hommes de science de la France au XXe siècle, pour la clarté de son esprit, la profondeur de ses vues et la liberté avec laquelle il a su quitter les chemins qu'il avait ouverts lorsque d'autres voies ont attiré sa curiosité. » L'une des caractéristiques du centre tenait dans l'autonomie qu'il conférait aux différents laboratoires, dont celui de Luzzati, qui y développera la génétique des lipides. Il est l'auteur d'*Une vie à raconter*.

Vincent Duclert

M

MAALOUF Amin

Journaliste, romancier et essayiste. – Né le 25 février 1949 à Beyrouth, Liban.

Né de parents issus de la minorité chrétienne du Liban, Amin Maalouf passe son enfance en Égypte, avant de revenir à Beyrouth faire sa scolarité dans une école française de Jésuites. Après avoir suivi des études de sociologie et d'économie, il se lance dans le journalisme et tient la rubrique de politique internationale au grand quotidien *An Nahar*. S'il y écrit en arabe, qu'il considère comme la « langue de lumière », il s'essaie à la même époque à rédiger ses premiers textes en français, la « langue de l'ombre ». En 1976, alors que la guerre civile fait rage au Liban, il se résout à partir en France avec sa femme et leurs trois enfants. Il y poursuit sa carrière de journaliste à l'hebdomadaire *Jeune Afrique*, dont il devient le rédacteur en chef. Très marqué par le conflit libanais et sensible aux rapports entre Orient et Occident, il fait paraître en 1983 un premier essai, *Les Croisades vues par les Arabes*, qui révèle son nom en apportant un nouveau regard sur le Proche-Orient médiéval. Le succès du livre le pousse à se consacrer entièrement à l'écriture. En 1986, Maalouf acquiert la célébrité avec la publication de son premier roman, *Léon l'Africain*, autobiographie fictive d'un personnage réel, Hassan al Wazzan, ambassadeur arabe fait prisonnier par les chrétiens au XVIe siècle et dont les pérégrinations le mènent au contact des civilisations dans l'ensemble du monde méditerranéen. Après des biographies romancées l'écrivain publie plusieurs ouvrages remarqués, comme *Le Premier Siècle après Béatrice* (1992) ou *Le Rocher de Tanios*, qui obtient le prix Goncourt en 1993. Intellectuel humaniste, Maalouf privilégie désormais son œuvre d'essayiste, qui puise autant dans son expérience personnelle (*Les Identités meurtrières*, 1998 ; *Origines*, 2004) que dans le rapprochement souhaité entre les civilisations (*Le Dérèglement du monde*, 2009). En 2012, il a publié un roman,

Les Désorientés. Le 23 juin 2011, il est élu à l'Académie française et devient le premier écrivain libanais à siéger sous la Coupole.

Pierre-Frédéric Charpentier

MAALOUF Ibrahim

Interprète et compositeur de musique. – Né le 5 novembre 1980 à Beyrouth, Liban.

Le jeune Ibrahim suit ses parents qui, au début des années 1980, quittent le Liban en guerre et s'installent en France. Père trompettiste – élève de Maurice André –, mère pianiste, oncle écrivain (Amin Maalouf) : il choisit la même voie et le même instrument que son père. Sa formation classique (il enseigne la trompette et l'improvisation dans deux conservatoires nationaux de région) a été d'emblée élargie en direction de la musique arabe, du jazz et des variétés. On le retrouve ainsi accompagnant les chanteurs M, Arthur H, Sting ou Vincent Delerm. Le compositeur (trilogie discographique *Diasporas, Diachronism, Diagnostic*, de 2007 à 2011) se rattache explicitement au jazz, mais en l'ouvrant à toutes les musiques du monde, de la salsa aux Balkans en passant par le classique et le chant oriental.

Pascal Ory

MAAZOUZI Driss

Sportif. – Né le 20 octobre 1969 à Meknès, Maroc.

Driss Maazouzi, spécialisé dans le mille cinq cents mètres mais aussi dans le cross-country, possède la particularité d'avoir pris part à deux olympiades pour deux pays différents : le Maroc en 1996 et la France en 2000. À Meknès, c'est dans le milieu du football qu'il grandit, jusqu'à évoluer très jeune dans une équipe de troisième division locale. Mais, davantage motivé par la performance individuelle, Maazouzi préfère pratiquer la course à pied, et plus particulièrement le demi-fond, pour lequel il possède toutes les qualités. Tandis que son père effectue des allers-retours entre Maroc et France au gré des contrats de travailleur agricole saisonnier et qu'une partie de la famille vit dans la Drôme ou à Toulouse, le jeune Driss fait ses gammes au Maroc, mais dès qu'il obtient son passeport, en 1989, il n'hésite pas à rejoindre le sud de la France, sans même terminer ses études. Pendant plusieurs années l'immigré enchaîne les emplois précaires tout en continuant de progresser lors de compétitions locales. Au cours de l'une d'entre elles, à Sorgues (Vaucluse), il est repéré par l'entraîneur Christian Auray qui le convainc d'abandonner le bitume pour la piste.

C'est à Saint-Étienne qu'il s'installe au sein du club Coquelicot 42 avec un emploi à mi-temps à la clé. Bien installé, bien intégré, soutenu par le Conseil général de la Loire, Driss Maazouzi se sent autant Stéphanois que Marocain, même s'il défend honorablement les couleurs marocaines lors des Jeux olympiques d'Atlanta en 1996. Mais, dans l'ombre de la star du royaume, Hicham El Guerrouj, qu'il admire tout en étant son adversaire, en plus d'être critique envers la politique du roi, il ne conçoit plus son avenir sportif au Maroc. Il décide de demander la naturalisation française qu'il obtient en 1996, tout en essuyant les foudres de la Fédération marocaine d'athlétisme qui tente de le faire suspendre à vie. L'athlète, devenu binational, parvient à poursuivre brillamment sa carrière, immédiatement dans les compétitions hexagonales et avec un temps d'attente sous le maillot bleu, conformément aux règlements internationaux qui imposent trois ans sans compétition avant de pouvoir concourir pour son nouveau pays. Maazouzi peut ainsi prendre part aux Jeux olympiques de Sydney en 2000, au cours desquels il ne réussit pas à décrocher de médaille d'or du mille cinq cents mètres, malgré son accession en finale. En revanche, dans la même discipline, il obtient le titre de Champion de France pendant sept années d'affilée, entre 1995 et 2001, une médaille de bronze aux championnats du monde de 2001 et surtout un titre de champion du monde en salle en 2003. Reconverti avec bonheur dans le cross-country, Driss Maazouzi connaît de nouvelles satisfactions jusqu'à la fin de sa carrière d'athlète de haut niveau, en 2008, à près de quarante ans. Employé désormais au service des sports de la ville de Saint-Étienne, il consacre une partie de son temps à transmettre la passion de l'athlétisme aux jeunes générations.

Yvan Gastaut

MABANCKOU Alain

Romancier, poète et essayiste. – Né le 24 février 1966 à Pointe-Noire, République du Congo.

En 2006, le grand public français découvre l'écrivain congolais Alain Mabanckou, à l'occasion de l'attribution du prix Renaudot à son roman *Mémoires de porc-épic*. Arrivé en France à vingt-deux ans, le jeune homme obtient un DEA à l'université Paris-Dauphine. Il publie en 1998 son premier roman, *Bleu blanc rouge*, qui reçoit le Grand Prix littéraire de l'Afrique noire. Mabanckou, qui se consacre aussi à la poésie et à l'essai, se fait connaître avec son sixième roman, *Verre cassé* (2005), qui rencontre un certain succès critique. Parti vivre aux États-Unis en 2002, il enseigne la littérature francophone à l'université du Michigan, avant d'occuper une chaire de littérature francophone à l'université de Californie. Distingué par le prix Renaudot pour *Mémoires de porc-épic* en 2006, par le prix Georges Brassens pour *Demain, j'aurai vingt ans* en 2010 et par le Grand Prix de littérature Henri Gal pour l'ensemble de son œuvre en 2012, Alain Mabanckou a également été fait chevalier de la Légion d'honneur en 2010.

Pierre-Frédéric Charpentier

MACCIONE, Aldo

Acteur. – Né le 27 novembre 1935 à Turin, Italie.

Après des débuts de fantaisiste en solo dans les cabarets du Piémont dans les années 1950, il forme, avec quatre compères, le groupe comique des Brutos, qui connaît rapidement un grand succès en Italie et à l'étranger, et notamment en France. Dans les années 1960, il monte un autre groupe, les Tontos, au sein duquel il forge le jeu d'« Aldo la classe », qui restera son principal identifiant. C'est d'ailleurs cette caractéristique qui pousse Claude Lelouch à lui offrir son premier vrai rôle au cinéma, dans *Le Voyou* (1970), puis un rôle de premier plan dans la bande de compères de *L'Aventure c'est l'aventure* (1972). Sa carrière est lancée ; elle se poursuit de part et d'autre des Alpes, mais avec un succès beaucoup plus prononcé en France, où il apparaît notamment dans *Mais où est passée la septième compagnie ?* (Robert Lamoureux, 1973), *Le Grand Escogriffe* (Claude Pinoteau, 1976),

L'Animal (Claude Zidi, 1977), et *Je suis timide mais je me soigne* (Pierre Richard, 1978). Dans les années 1980, il tourne de plus en plus en France, tenant cette fois-ci le premier rôle dans une quinzaine de comédies populaires. Il est alors au comble de sa popularité, déclinant son éternel personnage, du cinéma à la télévision en passant par la publicité. Par la suite, sa carrière s'essouffle rapidement, mais il fait une réapparition auto-parodique remarquée en 2005 dans *Travaux, on sait quand ça commence...*, de Brigitte Roüan. Il a choisi la France pour résidence.

Dimitri Vezyroglou

MACÉDONIENS. — *Voir* YOUGOSLAVES.

MAETERLINCK Maurice

Dramaturge, poète et essayiste. – Né le 29 août 1862 à Gand, Belgique ; mort le 5 mai 1949 à Nice, France.

Issu de la bourgeoisie flamande francophone, Maurice Maeterlinck fait ses études à Gand et c'est en 1885 qu'il publie ses premiers poèmes en revue. La même année, après avoir terminé ses études de droit à l'université, il part s'installer quelques mois à Paris. Il y fréquente certains écrivains symbolistes, parmi lesquels Mallarmé, et surtout Villiers de l'Isle-Adam, qui l'initie à l'idéalisme allemand et aura une influence considérable sur ses premiers écrits. En 1889, il publie son premier livre, qui est aussi son seul véritable recueil de poésies, *Serres chaudes*. L'ouvrage, qui contient pour la plupart des poèmes en octosyllabes, comprend également sept textes en vers libres, qui influenceront plus tard Apollinaire et les surréalistes. L'écrivain belge acquiert une brusque célébrité en août 1890 après la publication dans *Le Figaro* d'un compte rendu dithyrambique de sa pièce, *La Princesse Melaine*, par Octave Mirbeau : « M. Maurice Maeterlinck nous a donné l'œuvre la plus géniale de ce temps, et la plus extraordinaire, et la plus naïve aussi, comparable et [...] supérieure en beauté à ce qu'il y a de plus beau dans Shakespeare. » Poursuivant son œuvre dramatique, Maeterlinck écrit en 1890-1891 sa « petite trilogie de la mort », *L'Intruse*, *Les Aveugles* et *Les Sept Princesses* – dont Proust se souviendra dans *À la recherche du temps perdu*. En 1893, la représentation de *Pelléas et Mélisande* attire l'attention du compositeur Claude Debussy, qui en donne la version musicale dans l'opéra éponyme, créé en 1902. De 1895 à 1918, l'écrivain partage la vie de la chanteuse lyrique Georgette Leblanc, qui interprètera sur scène plusieurs de ses grands rôles féminins. En dehors de ses séjours à Grasse, le couple loue l'abbaye normande de Saint-Wandrille, qu'il contribue à sauver du vandalisme. De longs séjours permettront à Maeterlinck d'y écrire certaines de ses pièces les plus renommées (*L'Oiseau bleu*, 1909 ; *Marie-Magdeleine*, 1913), mais aussi un essai, *L'Intelligence des fleurs* (1906), dans lequel il fait part de sa sympathie pour les idées socialistes. Maeterlinck y accueillera nombre d'écrivains et d'artistes, comme Maurice Leblanc, Sarah Bernhardt, Lucien Guitry, Rémy de Gourmont ou Marcel Proust. Traduite dans de nombreuses langues, son œuvre dramatique est alors jouée dans l'Europe entière et inspire les plus grands compositeurs. En 1909, les représentations de *L'Oiseau bleu* obtiennent ainsi un succès triomphal à Londres et, deux ans plus tard, Maeterlinck se voit décerner le prix Nobel de littérature. En 1914, Rémy de Gourmont et plusieurs de ses proches tentent de le persuader de se faire naturaliser français, car c'est à l'époque une condition *sine qua non* pour pouvoir être élu à l'Académie française. Mais l'écrivain refuse en raison de la guerre et de l'occupation de son pays natal. Au cours du premier conflit mondial, il met sa notoriété au service de la Belgique, assurant de nombreuses conférences en France et à l'étranger, à l'instar de son compatriote Émile Verhaeren. Remarié en 1919 et vivant à Nice dans sa luxueuse villa d'Orlamonde, Maeterlinck peine à renouveler son art dramatique dans la France rendue à la paix. Même s'il continue à publier régulièrement, ses textes ne reçoivent pas le même écho qu'avant-guerre, et il se voit même accusé de plagiat en 1926 après la parution de son essai, *La Vie des termites*. Son rôle dans la vie littéraire française décline au long de l'entre-deux-guerres. En 1940, il fuit l'invasion allemande et se réfugie aux États-Unis. De retour à Nice en août 1947, il se voit honoré par l'Académie française, qui lui décerne la médaille de la Langue française pour son recueil de souvenirs, *Bulles bleues* (1948).

Pierre-Frédéric Charpentier

MAISTRE, Joseph de

Philosophe, écrivain. – Né le 1er avril 1753 à Chambéry, alors Royaume de Sardaigne, aujourd'hui France ; mort le 26 février 1821 à Turin, alors Royaume de Piémont-Sardaigne, aujourd'hui Italie.

Issu d'une famille d'origine niçoise, Joseph de Maistre est né en 1753 à Chambéry, capitale de la Savoie, intégrée politiquement au royaume de Sardaigne mais largement francisée sur le plan culturel. Son père, président du Sénat de Savoie, recevra, en 1778, le titre de comte. Le jeune « Savoisien » est français de langue et de culture – enfant, il récite des vers de Racine – mais ce sont les aléas de l'Histoire qui lui imposeront la citoyenneté française trente ans plus tard. Après une éducation soignée chez les Jésuites et des études de droit à l'université de Turin, il est devenu avocat puis sénateur (1788). Membre de la franc-maçonnerie chambérienne depuis 1773, attiré pendant sa jeunesse par les idées françaises, celui qui incarnera la pensée réactionnaire est d'abord un conservateur éclairé qui possède un exemplaire de *L'Encyclopédie*, lit Montesquieu et Voltaire mais également Rousseau, dont il réfutera plus tard la philosophie politique (*De la souveraineté*, rédigé vers 1794). Ses lectures philosophiques lui vaudront, au reste, d'être soupçonné de sympathie pour les idées révolutionnaires. Mais il est également un lecteur attentif des très critiques *Réflexions sur la Révolution de France* d'Edmund Burke. Après l'annexion de la Savoie par la France en 1792, de Maistre, resté fidèle au roi de Sardaigne, quitte Chambéry pour le Val d'Aoste. Au début de l'année 1793, il est contraint au retour par la loi dites des Allobroges, qui impose aux émigrés de rentrer sur leurs terres sous peine de confiscation de leurs biens. Mais, soupçonné par les jacobins savoyards de préparer un complot contre-révolutionnaire, il doit prendre le chemin de l'exil. Celui qui refusa toujours de prêter serment devant la Constitution et d'inscrire son nom sur la liste des citoyens actifs se compte au nombre de ces « prétendus émigrés » spoliés par la Révolution (*Mémoire sur les prétendus émigrés savoisiens*, 1797). La publication des *Considérations sur la France* (1797) vaut au philosophe monarchiste, catholique fervent et contempteur de l'abstraction révolutionnaire, de nouer des relations privilégiées avec le comte d'Avaray, conseiller de Louis XVIII. La « Grande Nation » exerce sur lui à la fois une incontestable répulsion par la monstruosité qu'elle représente à ses yeux et une non moins évidente fascination en tant qu'agent de la providence. Le providentialisme du philosophe-prophète assigne, en effet, un rôle déterminant dans l'histoire universelle à cette France qu'il définit essentiellement par sa « langue » et son « esprit de prosélytisme ». Mais le théoricien de la théocratie, ce « Bossuet savoyard », selon le mot de Chateaubriand, n'en est pas moins un farouche opposant au gallicanisme et un ardent défenseur de l'infaillibilité pontificale. Refusant que la loi révolutionnaire lui imposât la qualité de citoyen français contre sa volonté, de Maistre vivra en exilé au service de la contre-révolution, à Lausanne, Turin, Venise, en Sardaigne puis, durant de longues années, à Saint-Pétersbourg. Entre 1800 et 1802, à la cour de Cagliari, où s'est retiré le roi de Sardaigne, les faveurs du pouvoir le placent à la tête de la magistrature, mais son mépris pour les institutions et les mœurs sardes lui valent de solides inimitiés. Ses adversaires le surnommèrent *Il Francese* (« le Français »), provocation intolérable pour celui à qui la nation régicide inspire la plus vive des détestations politiques. Mais il est vrai que de Maistre écrit et pense en français et sa francophilie culturelle demeure suspecte. En 1803, il part pour Saint-Pétersbourg en qualité d'ambassadeur du roi. Il fréquente les salons émigrés et entend œuvrer, comme conseiller auprès du tsar Alexandre, à la lutte contre Napoléon, « le gendarme corse ». En 1804, en réponse à l'usurpation que constitue pour lui le sacre de Bonaparte, l'entourage de Louis XVIII lui confie la rédaction d'une « adresse aux Français », mais le texte en sera tellement modifié qu'il ne le reconnaîtra pas comme sien. Le regard porté par de Maistre sur l'Empereur est en réalité très ambivalent : incarnation par excellence du monstre enfanté par la Révolution, Napoléon Ier apparaît également comme le bras armé d'une France qui a reçu de Dieu une mission historique dont le sens n'est pas encore dévoilé. En 1817, le comte de Maistre, qu'on soupçonne cette fois de servir en Russie le prosélytisme catholique et l'influence des Jésuites, tombe en disgrâce et doit retourner à Turin, où il s'éteindra. Entre-temps, il est passé par Paris et a eu une brève entrevue avec Louis XVIII. Mais le maître à penser des ultras, l'auteur de l'*Essai sur le principe générateur des constitutions politiques*, très critique à l'égard de la charte de 1814, est reçu fraîchement. Les positions ultramontaines qu'il défendra en 1819 dans *Du pape* exciteront également la méfiance. De Maistre fut en France, avec Bonald, l'un des deux grands référents de la pensée traditionaliste, organiciste et légitimiste du XIXe siècle. Son œuvre a également connu une postérité littéraire et exercé une influence sur des auteurs comme Baudelaire et Cioran.

Stéphan Soulié

MAKELELE Claude

Sportif. – Né le 18 février 1973 à Kinshasa, Zaïre, aujourd'hui République démocratique du Congo.

Claude Makelele grandit jusqu'à l'âge de huit ans chez sa grand-mère, avec sa mère, tandis que son père exerce son métier de footballeur professionnel en Belgique. En 1981, il rejoint son père installé, depuis sa retraite sportive, à Épinay-sous-Sénart. Il commence à jouer au football à l'US Melun, mais sa carrière professionnelle débute à Brest en 1990. La faillite du club le conduit au FC Nantes, club avec lequel il devient champion de France en 1995. Un passage peu convaincant à l'Olympique de Marseille (1997-1998) l'amène en Espagne, tout d'abord au Celta Vigo (1998-2000) et surtout ensuite au Real Madrid (2000-2003). Il joue alors dans le meilleur club du moment, composé de « stars galactiques » selon la formule en vogue dans les médias, pour désigner Zidane, Beckham, Figo et Ronaldo. Avec le Real Madrid, il est champion d'Espagne deux fois (2001 et 2003) et remporte la Ligue des champions et la Coupe intercontinentale en 2002. N'obtenant pas de revalorisation salariale à Madrid, il rejoint le club londonien de Chelsea, propriété de l'oligarque russe Roman Abramovitch. Sous la direction de l'entraîneur portugais José Morinho, il est champion d'Angleterre en 2005 et 2006 et finaliste de la Ligue des champions en 2008. Claude Makelele est le seul footballeur français, avec Thierry Henry, à avoir remporté trois championnats européens différents. En 2008, il s'engage au Paris-Saint-Germain où il achève sa carrière en 2011 avec le brassard de capitaine. Sa carrière internationale commence en 1995, mais connaît un creux jusqu'en 2000. Après l'Euro 2004, il annonce sa retraite internationale. Le sélectionneur Raymond Domenech le rappelle toutefois aux côtés de Zinedine Zidane pour disputer la Coupe du monde en 2006 dont l'équipe de France est finaliste. Entre 1995 et 2008, il aura été sélectionné à soixante et onze reprises en équipe de France. Il affirme fréquemment son attachement à ses origines. Dans son autobiographie, il écrit ainsi : « L'Afrique, c'est là ou je suis né, là où sont mes racines » (*Tout simplement...*, 2009). Il continue ainsi de parler dans sa famille le lingala, la langue de son enfance. Il s'est également engagé en 2003 auprès d'Amnesty-International pour dénoncer la guerre au Congo-Kinshasa.

Stéphane Mourlane

MAKINE Andreï

Romancier. – Né le 10 septembre 1957 à Krasnoïarsk, alors URSS, aujourd'hui Russie.

Un certain mystère entoure les origines familiales d'Andreï Makine. On sait qu'il a vécu dans un orphelinat en Sibérie, ses parents ayant sans doute été déportés au goulag. Le jeune garçon aurait découvert la France et sa culture grâce à sa grand-mère maternelle, mais l'existence de cette dernière – largement évoquée dans *Le Testament français* – n'est cependant pas avérée. Andreï Makine prend l'habitude d'écrire des poèmes aussi bien en français qu'en russe. Après avoir soutenu une thèse de doctorat sur la littérature française contemporaine à l'université de Moscou, il profite, en 1987, de sa situation de lecteur dans un lycée français pour demander, et obtenir, l'asile politique. Il devient professeur de russe et travaille en Sorbonne à une thèse sur l'écrivain Ivan Bounine. Maîtrisant déjà parfaitement le français, il doit proposer son premier manuscrit en le faisant passer pour la traduction d'un texte russe pour parvenir à le faire éditer. C'est ainsi que paraît en 1990 *La Fille d'un héros de l'Union soviétique*. Makine décide alors d'écrire exclusivement en français. En 1995, il fait paraître son cinquième livre, *Le Testament français*, qui a la particularité d'être le seul ouvrage à ce jour à avoir conjointement obtenu le prix Goncourt et le prix Médicis – ce dernier ex æquo avec *La Langue maternelle* de Vassilis Alexakis. Le succès rencontré par un roman en grande partie autobiographique, écrit par un auteur étranger et revendiquant son amour de la France, assure la renommée d'Andreï Makine. L'attribution du Goncourt permet en outre à l'écrivain de se voir naturalisé français, après plusieurs demandes infructueuses. Toujours soucieux de saisir au mieux les réalités de son pays d'accueil, Makine publie en 2006 *Cette France qu'on oublie d'aimer*, en réaction aux émeutes urbaines de l'année précédente. En 2011, l'écrivain révèle avoir aussi publié quatre romans sous le pseudonyme de Gabriel Osmonde.

Pierre-Frédéric Charpentier

MALAGUTI Faustino

Chimiste. – Né en 1802 à Pragatto, Italie ; mort en 1878 à Rennes, France.

Après des études de pharmacie en Italie, Faustino Malaguti commence sa profession avant son exil en France pour raisons politiques. Il entre dans le laboratoire de Gay-Lussac et entame des recherches en chimie organique. En 1834, il intègre la manufacture de Sèvres et y étudie, avec le minéralogiste Alexandre Brongniart, le kaolin. Il est élu en 1838 à l'Académie de pharmacie. Naturalisé français en 1840, il devient, l'année suivante, professeur à la faculté des sciences de Rennes, où il y développe un enseignement de chimie agricole si populaire qu'il compile ses cours dans un manuel publié en 1862. Doyen de 1855 à 1866, il devient ensuite recteur de l'académie de Rennes. Un pavillon de l'université de Rennes porte son nom, ainsi qu'une rue de Bologne.

Vincent Duclert

MALAQUAIS Jean (Wladimir Malacki)

Écrivain. – Né le 11 avril 1908 à Varsovie, alors Empire russe, aujourd'hui Pologne ; mort le 22 décembre 1998 à Genève, Suisse.

Wladimir Malacki voit le jour dans une famille juive bourgeoise et agnostique de Varsovie. Âgé de dix-sept ans, il quitte le ghetto, voyage à travers le monde et gagne Marseille en 1930, avec, en tête, l'image d'une France idéale. C'est pour mieux mener une existence précaire, où il multiplie les petits boulots, tout en apprenant le français par la lecture des écrivains. En 1935, il attire l'attention d'André Gide, qui en fait son secrétaire particulier et assure son existence. Le jeune homme tire de son expérience personnelle la matière d'un premier roman, *Les Javanais*, qui décrit la vie de travailleurs étrangers et de marginaux dans une mine de Provence. Son éditeur, Robert Denoël, francise alors son nom en Jean Malaquais. En 1939, l'écrivain est mobilisé, malgré son statut d'apatride. Il obtient le prix Renaudot pour son roman, au moment où l'armée le classe parmi les « militaire[s] à surveiller de près » en raison de ses opinions trotskistes. Prisonnier en 1940, il s'évade, gagne le sud de la France et vit avec sa compagne en paria du nouveau régime, rédigeant ce qui deviendra son *Journal du métèque* (1943). À nouveau soutenu par Gide, il réussit à fuir la France en 1942 en profitant du réseau d'aide mis en place à Marseille par Varian Fry. Son exil américain, loin de tarir sa production littéraire, la diversifie, puisque son roman autobiographique, *Planète sans visa* (1947), connaît un certain succès, tandis qu'il traduit Norman Mailer, dont il devient l'ami, tout en écrivant des essais et des nouvelles. Après l'échec du roman *Le Gaffeur* (1953), il décide de rentrer en Europe. Vivant désormais en Suisse, retiré du monde, il rédige une thèse sur Kierkegaard. Il faudra attendre l'année précédant son décès pour que Jean Malaquais revienne, modestement, sur le devant de l'actualité littéraire avec la réédition de certaines de ses œuvres.

Pierre-Frédéric Charpentier

MALEC Ivo

Compositeur et chef d'orchestre. – Né le 30 mars 1925 à Zagreb, alors Yougoslavie, aujourd'hui Croatie.

Ivo Malec reçoit une formation classique en Croatie, à l'époque yougoslave. Il y compose des pièces de musique de chambre et une symphonie (1951). Sa venue en France et sa rencontre avec Pierre Schaeffer, au milieu des années 1950, sont décisives. Il compose en 1956 une première œuvre pour bande magnétique, *Mavena*. Il s'établit en France en 1959 et s'engage dans la vie musicale contemporaine, d'abord dans le courant « concret », élargi en un courant électro-acoustique – il anime à ce titre le Groupe de recherche musicale –, puis dans d'autres formes et d'autres esthétiques. Il enseigne la composition au Conservatoire de Paris, où il succède à Henri Dutilleux, de 1972 à 1990. Dans ses compositions, il s'intéresse particulièrement à ce qui fait le son et sa texture, associant par exemple les sons bruts et les instruments (y compris le clavecin) ou la voix. Compositeur exigeant, Ivo Malec est aussi un pédagogue qui a laissé une profonde impression à toute une génération de compositeurs : Philippe Leroux, Philippe Hurel, Martial Robert ou François Paris.

Didier Francfort

MALIBRAN (María-Felicia García, *dite* la –)

Cantatrice. – Née le 24 mars 1808 à Paris, France ; morte le 23 septembre 1836 à Manchester, Royaume-Uni.

Son père, Manuel García, était un ténor espagnol célèbre au Théâtre des Italiens, qui lui impose, dès son plus jeune âge, un régime draconien pour en faire une enfant prodige dévouée à l'art vocal. La famille s'installe quelques temps à Naples, où son père triomphe au San Carlo. Le compositeur Louis Hérold est son professeur de musique. Après la chute de l'Empire et de Murat, les García élisent domicile à Rome. Manuel, proche de Giochino Rossini, y crée le rôle du comte Almaviva dans le *Barbier de Séville*. En 1816, la famille revient à Paris, où Manuel García enseigne le chant au Palais-Royal. La jeune Maria reçoit de son père des cours marqués par une autorité violente. Mais elle est aussi lancée dans la carrière par celui-ci, en 1824, à l'occasion d'une tournée à Londres. En juin 1825, au King's Theater, on la présente en public pour qu'elle se mesure au célèbre castrat

Giambattista Velluti. Elle triomphe. Après la célébrité britannique, la famille García, qui a constitué une véritable troupe, s'embarque pour New York où elle obtient un grand succès. Maria épouse Eugène Malibran en mars 1826. Le retour à Paris la conduit à donner plusieurs concerts de charité. Elle fréquente le salon de la comtesse Merlin, y rencontre George Sand, Balzac, Mérimée. Sa voix de mezzo, d'une tessiture très ample, mais plus à l'aise dans le grave et avec un vibrato très marqué, lui semble plus convenir au répertoire italien qu'au grand opéra français. Elle continue donc à se produire au Théâtre des Italiens en refusant les propositions qui lui sont faites à l'Opéra de Paris. En tournée à Londres et à Bruxelles, elle rencontre le violoniste Charles-Auguste de Bériot : ils s'aiment, ont un enfant en 1833 et se marient en 1836. Elle est une figure du chant européen, à Londres, à Venise, à Milan, à Florence, en contact avec Vincenzo Bellini. Une chute de cheval l'affaiblit considérablement en 1836, mais elle continue à chanter en public presque jusqu'à sa dernière heure. Elle laisse à la génération romantique qui l'admirait l'image de l'artiste parfaite, de femme admirable mêlant, selon l'expression de Lamartine, « beauté, génie, amour ». Sa sœur cadette, Pauline Viardot, elle-même cantatrice, et compositrice, contribuera à perpétuer son souvenir.

Didier Francfort

MALIENS (Soninkés)

Selon le recensement de 2007, les Maliens de France étaient au nombre de 59 000, à peu près comme les Sénégalais (les natifs du Mali restant loin derrière l'ensemble des natifs du Sénégal). Ces deux nationalités ont longtemps dominé dans l'immigration en provenance d'Afrique subsaharienne. Les émigrants appartiennent en majorité à l'ethnie des Soninkés, dont le territoire, dans la moyenne vallée du fleuve Sénégal, se trouve partagé entre les deux États et la Mauritanie. La partie malienne est la plus importante. Reposant sur une organisation sociale et des conditions économiques identiques, les migrations se sont structurées de la même façon de part et d'autre des frontières. Pour autant, le cadre de référence national s'est imposé comme celui de l'inscription autant que de l'assignation identitaires. À l'indépendance (22 septembre 1960), l'ex-colonie française du Soudan prenait le nom de Mali, en référence à l'un des grands empires qui s'étaient succédé dans cette partie du Sahel entre le VIIIe et le XVIIIe siècle.

La société soninké et l'émigration. L'émigration vient en quasi-totalité de la région de Kayes, berceau du pays Soninké, à l'ouest du Mali. Son histoire remonte à l'empire du Ghana, le plus ancien de tous. Comme toutes celles du groupe mandingue auquel appartiennent aussi les Bambara, majoritaires au Mali, la société soninké est fondée sur une organisation très hiérarchisée. Les hommes libres (*Hooro*, princes guerriers et cultivateurs) dominent les autres, artisans des castes (*niakahmala*) et anciens esclaves (*Komo*, affranchis en 1905 par une loi du colonisateur). Une stricte endogamie a contribué à la permanence de ces groupes. L'islamisation remonte au Moyen Âge et les imams constituent un groupe à part, le premier à développer l'itinérance commerçante dans le Sahel. Peuple d'agriculteurs dans une zone sahélienne où la saison sèche permet des activités saisonnières, les Soninkés (ou Sarakolés) ont très tôt intégré dans leur économie les revenus de la migration. La colonisation a joué un rôle catalyseur, par ce qu'elle imposait (impôts, travail forcé entraînant des mouvements vers le Congo-Océan par exemple) et par les perspectives qu'elle offrait : travail saisonnier dans les régions sénégalaises de l'arachide (*navétanes*) ou d'autres cultures de rente (Côte d'Ivoire), travail dans les chemins de fer et surtout dans la navigation sur le fleuve Sénégal. Parmi les marins (*laptots*), certains ont rejoint Dakar, vivant ensemble en « chambres » et embarquant à l'occasion sur des cargos vers la France. Loin de détruire l'organisation sociale, les migrations ont contribué à sa reproduction. Les revenus permettaient d'assurer la domination des nobles, qui furent les premiers à expérimenter la vie éprouvante des travailleurs migrants. La rotation de ces derniers se faisait sous le contrôle des anciens, tandis que cette affaire exclusivement masculine maintenait la sujétion des femmes. L'émigration s'est étendue à toutes les couches de la société, mais les structures se sont maintenues, avec des ajustements. En contrepartie des rapports de domination, les solidarités s'exerçaient avec force entre les membres d'une même communauté, toutes castes confondues. À l'épreuve de l'immigration en France, elles ont montré leur efficacité.

Les Maliens, migrants des foyers. Le Mali indépendant était l'un des États les plus pauvres de la planète. Comme les autres anciennes colonies, il bénéficiait d'accords de libre circulation avec la France. Certains la connaissaient déjà, car les peuples sédentaires du Soudan ont été en bonne place dans les recrutements de tirailleurs « sénégalais ». Une réplique du monument érigé à Reims en 1922, puis disparu, se trouve toujours à Bamako. Mais seuls les Soninkés avaient déjà des réseaux. Arrivés en France, ils ne sont identifiés au départ que comme « Africains » ou « Noirs d'Afrique ». L'opinion ne les voit que de loin. On s'émeut de la misère de ces ouvriers attachés aux tâches les plus rebutantes, dont la presse fait découvrir les conditions scandaleuses de logement. On ne comprend pas toujours leur acharnement à rester ensemble dans des foyers surpeuplés. Ils recherchent la liberté de s'organiser, préférant l'insalubrité de certains immeubles aux contraintes imposées par la Sonacotra ou d'autres gestionnaires. Dans les foyers, la vie collective est gérée selon les hiérarchies traditionnelles, les nouveaux venus sont accueillis par rotation. Les tâches sont partagées, avec quelques femmes pour faire la cuisine. Celles-ci sont peu nombreuses : en 1975, seulement 10 %. Au milieu des années 1970, le nom des Maliens sort de l'anonymat. Les « éboueurs maliens » font malgré eux la une des médias lorsque le président Giscard d'Estaing les invite à partager son petit déjeuner, le 24 décembre 1974, à l'heure des poubelles. En décembre 1980, c'est le bulldozer de la municipalité de Vitry qui détruit un foyer qui leur était destiné. L'immigrant « africain » est devenu « malien ».

Le tournant des années 1980. La suspension de l'immigration du travail en France en 1974, se traduisit, pour les Africains, par la fin des accords de libre circulation. Pourtant, les migrations subsahariennes ont connu l'essentiel de leur augmentation après cette date. Ce moment fut celui des premières grandes sécheresses du Sahel en 1974-1975, qui devaient s'ajouter à la crise mondiale. Entre 1974 et 1982, la croissance des Maliens est, en valeur relative, la plus forte des immigrés en France : 55 % (35 % pour les Sénégalais). On en recense 37 693 en 1990, ce qui est sous-évalué. Les ressortissants des pays du fleuve ont constitué près de 12 % des régularisés de 1982 alors qu'ils ne représentaient que 1,7 % des étrangers. D'une part, la rotation au départ des villages soninké a été maintenue, pour permettre aux jeunes de tenter leur chance. Hébergés dans les foyers, ils vivent dans l'illégalité, sous la dépendance des anciens. D'autre part, le regroupement familial, légal lui, commence. En 1990, les femmes représentent 37 % des migrants, les moins de quinze ans 33 %. C'est un tournant considérable, à la fois pour les Soninkés et pour la société d'accueil, où leur stabilisation n'avait pas été imaginée. Dès lors les Africains perdent le capital de sympathie antérieur et les Maliens semblent la cible principale des rejets, qui prennent de multiples formes. Au chapitre de l'illégalité, ils sont désignés comme les plus coupables. En 1986, le ministère de l'Intérieur organise l'expulsion médiatisée de cent un Maliens par charter. Au chapitre de l'intégration, ils cumulent, aux yeux de beaucoup, les excès du communautarisme et les formes les plus insupportables de l'arriération (polygamie). La législation de l'immigration va dès lors tenter de limiter l'entrée des familles (lois Pasqua de 1993). L'obtention d'un visa devient de plus en plus difficile, d'autant que la législation se durcit sans cesse.

Maliens de France. Il reste qu'une composante malienne se développe depuis vingt ans au sein de la société française. Elle concerne pour l'essentiel la région parisienne, où vivent plus des trois quarts des Maliens de France. Ils se distinguent par de fortes concentrations non loin des foyers, comme dans les arrondissements au nord-est de Paris et dans les communes limitrophes de Seine-Saint-Denis (on a dit de Montreuil qu'elle était la deuxième ville malienne du monde après Bamako), ou à la périphérie lointaine de l'agglomération (Mantes-la-Jolie, Évry, Melun-Sénart). La plus grande partie des familles vit dans l'habitat social, mais la question du logement demeure un point sensible. Aux problèmes initiaux d'une immigration familiale venue des campagnes sous alphabétisées (en 2010, l'enquête TeO confirme que les immigrés maliens – c'est-à-dire les parents – sont les plus nombreux à n'avoir aucun diplôme : 73 %) avec des femmes désorientées, un nombre considérable d'enfants et l'augmentation du chômage chez les immigrés, a succédé un maintien des Maliens dans la partie la plus défavorisée de la sphère sociale, ce qui se traduit entre autres par des problèmes dans la scolarité des jeunes, facteur aggravant dans un contexte de discrimination très élevé (ce que montre aussi, sans surprise, l'enquête TeO). Les difficultés des originaires d'Afrique sahélienne se retrouvent à longueur d'enquêtes sociologiques. Elle s'accompagne d'un glissement d'une partie des jeunes vers diverses formes de délinquance urbaine. Dans les émeutes qui ont mis le feu aux banlieues de plusieurs villes en novembre 2005, les jeunes Français noirs étaient nombreux. Au sommet de l'État, on accusa les effets de la polygamie, ce qui rend compte du climat de discrimination. Ces groupes de la « seconde génération » (les trois quarts des Maliens de moins de dix-sept ans en 2007 sont nés en France) s'identifient eux-mêmes comme « blacks », et reprennent les codes culturels afro-américains. Ou bien, avec les Antillais et Haïtiens qui habitent les mêmes quartiers, ils occupent le territoire en se proclamant « Africains » par opposition aux « Beurs ».

Solidaires et combatifs. Les traditions de solidarité soninké se manifestent de nombreuses façons, à commencer par la capacité à s'organiser pour résister aux exigences de la société d'accueil. Depuis les grèves de loyer des années 1970, menées par les occupants des foyers avec l'aide de militants d'extrême gauche, on a vu souvent les Africains aux avant-gardes des luttes urbaines, et les Maliens étaient en général les plus nombreux. Luttes des mal-logés : en 1992, 600 Africains, presque tous Maliens, campaient sur l'esplanade de Vincennes dans l'attente d'un logement. Luttes des sans-papiers : en 1996, ils ont occupé l'église Saint-Bernard et leur expulsion brutale a scandalisé l'opinion. Cette combativité ne fait que les rendre plus gênants. Les visites de responsables français au Mali se sont multipliées en vue d'une collaboration pour limiter l'émigration, en échange de co-développement.

Ces promesses de soutien au pays de départ rencontrent d'une certaine façon les aspirations traditionnelles. Les Maliens de France sont encore tournés vers les villages de la région de Kayes. En témoignent les nombreuses associations qui se sont développées après la loi de 1981. Tout en portant le nom des foyers où elles avaient leur siège, noms de rues de Paris, de Montreuil ou d'ailleurs, ces associations affichaient dans leurs statuts la volonté de « préparer les membres à l'après-immigration » et se présentaient comme des « associations de développement ». Le but principal était de récolter des fonds pour contribuer au développement local en construisant des mosquées, des écoles, en améliorant l'hydraulique, etc. Cette action s'est ajoutée aux remises des émigrants pour continuer à rendre la vie possible dans ces villages sahéliens, où un système d'associations parallèles était généré par d'anciens migrants. Elles ont évolué aujourd'hui et échappent en partie aux doyens qui dominaient les réseaux traditionnels. Leur action s'inscrit dans un cadre plus vaste où entrent des collectivités territoriales (mairies en France ou au Mali) ou des ONG. Les logiques traditionnelles s'en trouvent bousculées, à quoi s'ajoutent les obstacles à la circulation entre les deux pays et les aspirations de l'État malien à mieux contrôler ses émigrés.

Parallèlement, des associations se sont développées, surtout à l'initiative de femmes, pour aider à l'insertion dans les lieux de vie en France. Elles ne sont plus seulement entre Maliennes, se retrouvent avec d'autres africaines et montrent que l'installation des Soninkés est entrée dans un nouvel âge. Les hommes, plus désorientés, se replient davantage autour des salles de prière. Quant aux jeunes adultes nés en France, l'entretien du lien communautaire les tente parfois moins que l'action humanitaire et la défense des droits de l'homme. L'immigration récente, qui compte davantage d'étudiants et de jeunes urbains, ajoute des éléments nouveaux à une situation en devenir.

La culture, de l'empire du Mali aux banlieues françaises. Héritier de la civilisation des empires du Ghana, du Mali, du Songhai, le Mali est un pays de tradition et de grande culture. L'attachement à la parole des griots et à la sagesse africaine imprègne le message de nombreux artistes, sans amoindrir leur volonté de résistance. En son temps, l'écrivain Amadou HAMPÂTÉ BÂ (né au Mali en 1900) sut résister au colonisateur, avant de devenir un écrivain de langue française (« un vieillard qui meurt en Afrique, c'est une bibliothèque qui brûle »). De son côté, le chanteur Salif KEITA (né au Mali en 1949), descendant du grand Soundiata, fondateur de l'empire du Mali, s'oppose à une tradition qui réserve le chant à la caste des griots et l'interdit aux nobles. Venu en France dans les années 1980, il connaît la galère dans les foyers de Montreuil, avant de profiter du succès que connaît alors la musique africaine. Si l'on excepte Yambo OUOLOGUEM (né au Mali en 1940), à qui revint le prix Renaudot en 1968 pour son livre *Le Devoir de violence* (Paris, Seuil), les écrivains maliens ayant écrit en France sont peu nombreux, ce qui va de pair avec l'étroitesse numérique du milieu étudiant. En revanche, des grands sportifs comme les footballeurs Jean TIGANA (né au Mali en 1955), champion d'Europe en 1984 ou Lassana DIARRA (né de parents maliens en 1985), joueur en équipe de France, ont fait leur apprentissage dans les clubs de football de leur quartier, à Marseille et à Paris.

Marie-Claude Blanc-Chaléard

Bibl. : DAUM Christophe, *Les Associations de Maliens en France, migrations, développement et citoyenneté*, Paris, Karthala, 1996 • MANCHUELLE François, *Les Diasporas des travailleurs soninké (1848-1960). Migrants volontaires*, Paris, Karthala, 2004 • QUIMINAL Catherine, *Gens d'ici, gens d'ailleurs, migrations soninké et transformations villageoises*, Paris, Christian Bourgois, 1991 • INED-INSEE, *Documents de travail-168*, « Trajectoires et origines. Enquête sur la diversité des populations en France. Premiers résultats. Octobre 2010 ».

Voir aussi : AFRICAINS, CONGOLAIS, SÉNÉGALAIS.

MALKOVSKY, François

Danseur et chorégraphe. – Né le 22 septembre 1889 à Ceske Budejovice, alors Autriche-Hongrie, aujourd'hui République tchèque ; mort le 9 janvier 1982 à Laon, France.

Issu d'une famille tchèque cultivée et francophile, François Malkovsky suit des études de chant à Prague, avant de s'installer à Paris en 1911 pour poursuivre ses études musicales. Il s'engage dans la Légion étrangère pendant la Grande Guerre, où il est blessé et réformé. Après avoir vu danser l'Américaine Isadora Duncan, il abandonne le chant pour se consacrer à la danse libre. À cette époque, il fréquente également l'Académie de Raymond Duncan, frère d'Isadora, rue de Seine. La danse de Malkovsky est à la recherche d'un mouvement naturel, fondé sur plusieurs principes : la marche comme base du mouvement, la colonne vertébrale comme « arbre de vie » du mouvement, le plexus solaire comme centre du mouvement ondulatoire, l'économie des efforts, etc. Naturiste, mystique, continuateur de la danse libre, il prône la danse comme art de vivre, faisant souvent référence à l'environnement naturel de sa Bohème natale. Entre 1920 et 1948 (date de son dernier récital), Malkovsky présente ses solos (musiques de Beethoven, Brahms, Debussy ou Chopin) sur les scènes parisiennes. À partir des années 1950, il se consacre à l'enseignement, à Paris (dans son studio du boulevard Berthier) et en province (il se retire à Callian, dans le Var, en 1970), faisant de nombreux disciples qui, comme Suzanne Bodak, transmettent sa technique et ses chorégraphies.

Sophie Jacotot

MALLET-JORIS Françoise (Françoise Lilar)

Romancière et essayiste. – Née le 6 juillet 1930 à Anvers, Belgique.

Fille de deux avocats, dont l'un deviendra ministre et l'autre femme de lettres (Suzanne Lilar), Françoise Lilar passe son enfance à Anvers, où elle fréquente société et intelligentsia francophones. Après avoir commencé des études à l'université Yale au sortir de la guerre, elle les achève à la Sorbonne. C'est en 1948 qu'elle acquiert la nationalité française à la suite de son mariage. Après un recueil de poèmes, elle fait paraître en 1951 un premier roman, en partie autobiographique, *Le Rempart des béguines*, sous le pseudonyme de Françoise Mallet, qu'elle modifiera plus tard en Mallet-Joris pour éviter une homonymie. Le scandale suscité par le sujet traité – la chronique d'un amour lesbien entre une adolescente et la maîtresse de son père – contribue à la renommée de la romancière. Elle poursuit dans la même veine avec *La Chambre rouge* (1955), puis change sa manière d'écrire avec *L'Empire céleste*, qui se voit couronné par le prix Femina en 1958, l'année même où l'écrivaine reçoit le baptême catholique pour pouvoir se remarier. Toujours soucieuse de varier son écriture, elle donne à lire des essais littéraires (*Lettre à moi-même*, 1963) et des ouvrages historiques (*Marie Mancini*, 1964), écrit des textes de chansons, en particulier pour Marie-Paule Belle. Ses romans alternent description pointilliste du passé (*Les Larmes*, 1993) et prise en compte du présent (*Sept Démons dans la ville*, 1999, qui s'inspire de l'affaire Dutroux). Reconnue par ses pairs, Françoise Mallet-Joris a intégré le comité du prix Femina de 1969 à 1971, avant d'être élue, à l'unanimité, à l'académie Goncourt. Le 9 octobre 1993, elle est élue au fauteuil de sa mère à l'Académie royale de langue et de littérature françaises de Belgique. Son dernier roman, *Ni vous sans moi, ni moi sans vous*, est paru en 2007.

Pierre-Frédéric Charpentier

MALRAUX Clara (Clara Goldschmidt)

Romancière et mémorialiste. – Née le 22 octobre 1897 à Paris ; morte le 15 décembre 1982 à Andé, France.

Clara Goldschmidt voit le jour dans une famille de négociants juifs allemands installés à Paris, alors que l'affaire Dreyfus bat son plein. En 1905, ses parents sont naturalisés français, ce qui n'empêche pas l'adolescente de continuer à vivre au contact des deux cultures allemande et française. À la fin du premier conflit mondial, elle entre en journalisme dans la revue d'avant-garde *Action* et rencontre André Malraux. Après leur mariage, célébré le 21 octobre 1921, elle suit son mari dans ses voyages, qu'elle finance sur sa fortune personnelle. C'est elle qui mobilise les intellectuels français pour obtenir la libération et le retour en France d'André, arrêté en 1923 pour le pillage d'un temple khmer en Indochine. Leur fille Florence naît au début de 1933. Le couple se sépare à l'été 1936, mais le divorce ne sera effectif qu'en 1947. Rendue à sa liberté d'écrivain, Clara conserve son nom d'épouse pour publier, en 1938 chez Gallimard, un récit autobiographique, *Le Livre des comptes*, qui solde ses années de vie conjugale. Dans la seconde moitié des années 1930, elle milite dans des organisations trotskistes, apportant son aide aux réfugiés antifascistes allemands et aux républicains espagnols. Réfugiée avec sa fille dans le Lot sous l'Occupation, elle entre dans la Résistance. En 1945, elle publie son premier roman, *Portrait de Grisélidis*, se remarie trois ans plus tard avec l'écrivain Jean Duvignaud et collabore avec lui à la revue *Contemporains*. De 1963 à 1979, elle se fait connaître du grand public en publiant chez Grasset six volumes de mémoires, *Le Bruit de nos pas*, qui relatent plus d'un demi-siècle de vie intellectuelle française. Clara Malraux soutient encore le mouvement estudiantin de Mai 68 à Nanterre, en dirigeant même, à plus de soixante-dix ans, l'une des éphémères revues.

Pierre-Frédéric Charpentier

MANBY & WILSON

Ingénieurs, mécanicien et chimiste, et entrepreneurs. – Aaron Manby : né en 1776 à Albrighton, Royaume-Uni ; mort le 1er décembre 1850 sur l'île de Wight, Royaume-Uni. Daniel Wilson : né en 1789 à Glasgow, Royaume-Uni ; mort le 2 septembre 1849 au château d'Écoublay, à Fontenay-Trésigny, France.

Ingénieur à la Horseley Coal and Iron Company à partir de 1813, Aaron Manby produit des ponts, l'équipement en fonte de l'East India Dock, la fourniture en bec-de-gaz de la Gas Light and Coke Company de Londres et recrute, en 1817, Daniel Wilson, ingénieur chimiste à Dublin. Venus à Paris en 1819, les deux hommes fondent l'atelier de construction mécanique de Charenton-le-Pont et, en 1821, la Société des Transports accélérés par eau. Manby dépose en Grande-Bretagne le premier brevet pour une machine à vapeur oscillante et construit le premier bateau à vapeur à ossature métallique, qu'il fait naviguer de Londres à Paris, en 1822. Les deux hommes, qui disposent alors de trois vapeurs sur la Seine, fondent la même année la Compagnie anglaise d'éclairage. En 1826, ils rachètent l'usine du Creusot en Bourgogne et la modernisent ; enfin, en 1828, ils lancent la Compagnie des navires en fer, entre Le Havre et Paris. 1830 casse net ce bel élan. Seule à résister, la Compagnie anglaise d'éclairage prospère jusqu'à devenir l'une des composantes de la Compagne parisienne d'éclairage, en 1855. Flambant neufs, les établissements du Creusot sont rachetés en 1836 par la banque Seillière, commanditaire des Schneider. La qualité du métal et la précision du travail effectué à Charenton firent date dans l'industrie naissante des machines-outils, un héritage que les Schneider surent faire fructifier. Resté en France, Daniel Wilson disparaît en 1849, en laissant une fortune immense, à Marguerite et à Daniel, ses deux enfants. Député d'Indre-et-Loire de 1876 à 1889, Daniel épousera, en 1881, la fille de Jules Grévy, et se livrera au fameux trafic de décorations qui oblige Jules Grévy à quitter l'Élysée en 1887. Quant à Marguerite, elle rachètera en

1864 le château de Chenonceau (Indre-et-Loire), qu'elle fait restaurer et où elle reçoit le jeune Claude Debussy, devient la maîtresse de Grévy et fait faillite en 1888, quelques mois après le scandale des décorations.

Anne-Françoise Garçon

MANDELBROJT Szolem

Mathématicien. – Né le 20 janvier 1899 à Varsovie, alors Empire russe, aujourd'hui Pologne ; mort le 23 septembre 1983 à Paris, France.

Issu d'une famille juive polonaise, il est le fils de Chlama Mandelbrojt, qui conciliait la fonction de rabbin avec l'activité de commerçant, et de Mirka Rabinovitch. Il fait ses études secondaires à Varsovie en langues russe et polonaise. Il commence un cursus supérieur en 1917 à Varsovie, à l'École polytechnique et à l'université, puis, en 1919, à l'université de Kharkov. Il arrive en France en 1920 pour poursuivre ses études à la faculté des sciences de Paris et au Collège de France, où il a notamment pour professeurs Édouard Goursat, Émile Picard et Henri-Léon Lebesgue. Il obtient son doctorat en sciences mathématiques en novembre 1923. Boursier de la Fondation Rockefeller, il fait plusieurs séjours de recherche à l'étranger, d'abord à Rome en 1924-1925 auprès de Vito Volterra, puis au Rice Institute de Houston, Texas. Il est naturalisé français le 11 mai 1926, épouse Gladys Grunwald, fille d'un fourreur, et accomplit son service militaire en 1927-1928. Il enseigne comme chargé de cours au Collège de France, à la faculté des sciences de Lille, puis à celle de Clermont-Ferrand, où il devient professeur en 1930. Il est nommé à la chaire de mathématiques et mécanique du Collège de France en 1938. Mobilisé de septembre 1939 à juillet 1940, il sert comme canonnier dans la défense de Meaux. En 1940, du fait de ses origines juives, il se réfugie à Houston, et enseigne au Rice Institute. Alors que le gouvernement de Vichy l'a relevé de ses fonctions et mis à la retraite en 1942, il s'engage dans la mission scientifique française à Londres auprès des Forces françaises libres, où il participe à des recherches opérationnelles militaires en 1944-1945. Après guerre, il retrouve son poste au Collège de France, qu'il occupera jusqu'en 1972. Il mène alors une carrière très internationale, enseigne chaque année au Rice Institute et dans des universités du monde entier. Ses travaux se situent principalement dans le domaine de l'analyse fonctionnelle. Avec René de Possel, qu'il a rencontré à l'université de Clermont-Ferrand, il participe à la fondation du groupe Bourbaki. Il reçoit plusieurs prix pour son œuvre mathématique et devient membre du Comité national de la recherche scientifique, section des mathématiques pures, en 1960. Sa biographe, dans *Professeurs du Collège de France (1901-1939)*, Eva Telkes, souligne que Szolem Mandelbrojt est un homme de gauche sans engagement public, un juif ni croyant ni pratiquant, mais gardant des liens avec la communauté et revendiquant un humanisme universel, qu'il associe à son attachement pour son pays d'adoption, la France.

Anne Rasmussen

MANDELBROT Benoît (Benoît Mandelbrojt)

Mathématicien. – Né le 20 novembre 1924 à Varsovie, Pologne ; mort le 14 octobre 2010 à Cambridge, États-Unis.

Benoît Mandelbrot est né à Varsovie dans une famille juive d'origine lituanienne, d'un père négociant en vêtements et d'une mère médecin. Sa famille, fuyant le nazisme, émigre en France en 1936. À Paris, il est notamment initié aux mathématiques par son oncle Szolem Mandelbrojt, arrivé lui aussi de Varsovie et professeur de mathématiques à l'université de Clermont-Ferrand, puis, à partir de 1938, au Collège de France. Benoît Mandelbrot se réfugie, pendant la guerre, à Brive, Tulle, puis à Lyon où il poursuit ses études au lycée du Parc. Il entre en 1944 à l'École polytechnique, dont il sort diplômé en 1947. Après deux ans d'études en aéronautique passées au California Institute of Technology, aux États-Unis, il revient en France préparer son doctorat en mathématiques à la faculté des sciences de Paris, qu'il obtient en 1952. De 1949 à 1957, il mène des recherches dans le cadre du CNRS, comme attaché, puis maître de recherches. Il devient ensuite maître de conférences de mathématiques à l'université de Lille et à l'École polytechnique. Cependant, il ne s'inscrit pas dans la tradition bourbakiste des mathématiques françaises de son époque – à laquelle appartient pourtant son oncle – et part aux États-Unis suivre une voie originale. Durant toute sa brillante carrière, il revendiquera une position d'extériorité à l'égard de l'« institution » mathématique. Aux États-Unis, il travaille, à partir de 1958, chez IBM et enseigne de multiples disciplines (mathématiques, ingénierie, physiologie, économie) dans les hauts lieux des sciences américaines, avant d'obtenir un poste universitaire en 1987 à l'université Yale. Implanté aux États-Unis, de nationalité américaine, il conserve des liens avec la France en étant régulièrement professeur invité à Polytechnique ou à la faculté des sciences de Paris.

Trouvant une source d'inspiration dans les travaux de Gaston Julia, Benoît Mandelbrot est à l'origine de la théorie des fractales – c'est lui qui invente le néologisme rendu public dans son livre de 1975, *Les Objets fractals : forme, hasard et dimension*, dont la première édition paraît en français chez Flammarion. Il développe le champ de la géométrie fractale, qu'il applique à plusieurs branches des sciences, de la physique à l'économie financière en passant par la physiologie.

Récompensé par de multiples distinctions scientifiques, il est fait chevalier de la Légion d'honneur en 1989, officier en 2006.

Anne Rasmussen

MANET Eduardo (Eduardo Gonzalez-Manet y Lozano)

Romancier, dramaturge et cinéaste. – Né le 19 mars 1927 à La Havane, Cuba, ou le 19 juin 1930 à Santiago-de-Cuba, Cuba.

Fils d'un ancien ministre de l'Éducation cubain des années 1920, il étudie le théâtre à l'université de La Havane et monte en 1948 sa première pièce, qui sera télédiffusée. En 1951, l'occasion lui est donnée d'aller étudier à l'École pédagogique de jeux dramatiques de Paris. C'est lors d'un second séjour dans la capitale française qu'il suit, à distance, la révolution cubaine de 1959. Il rentre l'année suivante dans son pays natal après que les nouvelles autorités lui aient demandé d'assurer la direction du Théâtre national de La Havane. En parallèle, il réalise son premier documentaire, *El negro* (1960), tout en faisant paraître à Paris et directement en français ses deux premiers romans, *Les*

Étrangers dans la ville (1960) et *Un cri sur le rivage* (1963). D'abord favorable au régime castriste, l'écrivain s'en éloigne peu à peu, puis rompt en 1968, au moment de l'écrasement du Printemps de Prague. Installé définitivement à Paris, Manet devient professeur de technique vocale et corporelle, tout en continuant à écrire. Roger Blin monte, en mai 1969, sa première pièce française, *Les Nonnes*, qui obtient un grand succès. Après s'être consacré au théâtre dans les années 1970, Manet revient au roman. Déjà lauréat du prix Goncourt des lycéens pour *L'Île du lézard vert* en 1992, il se voit décerner le prix Interallié en 1996 pour *Rhapsodie cubaine*. Membre actif de l'opposition au pouvoir castriste, l'écrivain a consacré plusieurs romans à la situation politique à Cuba, au premier rang desquels *Les Trois Frères Castro* (2010). Naturalisé français en 1979, Eduardo Manet a été fait chevalier dans l'ordre des Arts et Lettres en 1998 et dans l'ordre du Mérite en 2001.

Pierre-Frédéric Charpentier

MANNONI Maud (Magdalena Van der Spoel)

Psychanalyste. – Née le 22 octobre 1923 à Courtrai, Belgique ; morte le 16 mars 1998 à Paris, France.

Maud Mannoni est une figure de la psychanalyse française. Fille de diplomate néerlandais, Magdalena Van der Spoel passe une enfance nomade entre l'Europe et les Indes. Après avoir entrepris à Bruxelles des études de sciences criminologiques ainsi qu'une analyse qui lui permet d'entrer à la Société belge de psychanalyse en 1948, elle part avec l'intention de gagner les États-Unis, mais elle se fixe finalement à Paris, où elle devient, en 1949, l'assistante de Françoise Dolto à l'hôpital Trousseau. Elle rencontre et épouse le philosophe français Octave Mannoni, collaborateur ponctuel aux *Temps modernes* et patient en analyse de Jacques Lacan. Il lui donne son nom et la nationalité française. À son tour, elle reprend une psychanalyse avec le fondateur de l'École freudienne de Paris – dont elle devient un membre indéfectible jusqu'à sa dissolution en 1980. Son premier ouvrage, *L'Enfant arriéré et sa mère* (1964), est le premier de la collection « Champ freudien », créée par Jacques Lacan aux éditions du Seuil.

Femme engagée, Maud Mannoni signe en 1960 la Déclaration sur le droit à l'insoumission dans la guerre d'Algérie. Mais son combat est avant tout celui de la psychanalyste, auprès des enfants souffrant d'autisme, de psychose ou de retards mentaux. Elle interroge le discours des parents et en premier lieu celui de la mère, ceux de l'institution et de la société sur le statut de fou et la ségrégation dont il est victime (*L'Enfant, sa maladie et les autres*, 1967). Sceptique à l'égard des institutions scolaire et psychiatrique, forte de la réflexion de l'antipsychiatrie – elle échange avec David Cooper et Ronald Laing –, elle fonde en 1969 à Bonneuil-sur-Marne une école expérimentale selon le principe de l'institution éclatée. Cet observatoire nourrit à la fois une réflexion internationale sur les institutions de soins aux enfants et une œuvre analytique personnelle consacrée à la psychose infantile mais aussi à l'éducation. Que ce soit à la tête de la collection « L'Espace analytique » chez Denoël à partir de 1983 ou en cofondant en 1982 le Centre de formation et de recherches psychanalytiques puis, en 1994, l'Association de formation psychanalytique et de recherches freudiennes, Maud Mannoni a œuvré pour la transmission et l'élargissement de la démarche psychanalytique.

Anna Trespeuch-Berthelot

MANOUCHIAN Missak

Résistant. – Né le 1er septembre 1906 à Adiyaman, alors Empire ottoman, aujourd'hui Turquie ; mort le 21 février 1944 au mont Valérien, France.

Enfant échappé par miracle au génocide des Arméniens, le jeune Missak se réfugie au Liban sous mandat français et, de là, se retrouve en France métropolitaine à partir de 1925. Menuisier, tourneur chez Citroën, puis chômeur, Missak s'instruit en autodidacte, tout en publiant dans la presse arménienne. Entré au PCF en 1934, il devient, dès l'année suivante, permanent de la section arménienne de la Main-d'œuvre immigrée (MOI), en charge du journal du journal communiste destiné à la communauté arménienne en France, *Zangou*. À partir de 1939, il va alterner des phases de liberté, d'arrestation et de clandestinité, jusqu'à son arrestation définitive par la police française, en novembre 1943. Depuis le mois d'août précédent, il est en charge des opérations armées de la section MOI des Francs-tireurs et partisans (FTP) – sabotages et attentats. Torturé, Manouchian sera livré aux Allemands et figurera sur « l'Affiche rouge » placardée sur les murs de France par la propagande nazie, dénonçant une « armée du crime » exclusivement composée d'étrangers. Manouchian est fusillé au mont Valérien, en compagnie de vingt et un autres membres de la FTP-MOI. Sa compagne, Mélinée Assadourian, publie en 1954 le premier livre qui lui fut consacré, deux ans avant le poème d'Aragon (*L'Affiche rouge*), mis en musique par Léo Ferré en 1959.

Pascal Ory

MANOUKIAN Armenak

Syndicaliste. – Né le 7 novembre 1898 à Chouchi au Karabagh, Arménie, ou le 5 novembre 1895 à Alégouchen (aujourd'hui Azadachen), Zanguezou ; mort le 21 février 1944 au mont Valérien, France.

Armenak Manoukian travailla à l'âge de quatorze ans à Tiflis (Géorgie) comme mécanicien, puis comme typographe. Il entra au Parti bolchevique de Géorgie en 1917, combattit jusqu'en 1918, et fut blessé plusieurs fois ; fait prisonnier par les troupes anglaises, il put se réfugier en Perse, à Téhéran. Revenu, il combattit en Azerbaïdjan et en Arménie et entra dans l'appareil du Parti en 1921. Deux ans plus tard, il fut envoyé à Tiflis à l'université communiste de Transcaucasie ; il en fut exclu en 1925, comme opposant de gauche et sympathisant du trotskisme, avant de l'être du parti bolchevique en 1927.

Arrêté en 1928 avec de nombreux militants arméniens, il fut déporté au Kazakhstan, à Akmolinsk, et emprisonné jusqu'en janvier 1934 en Asie centrale. Il choisit alors de s'évader, fut arrêté par les gardes frontières perses et détenu à Tabriz. Libéré, il put établir le contact, sous le nom de Tarov, avec Léon Sedov, le fils de Trotsky. À l'initiative de Trotsky et de Sedov, un fonds Tarov fut créé par une souscription internationale pour lui permettre de venir en Europe. En fin de compte, Armenak Manoukian arriva à Paris en mai 1937. Peu après, il il fut entendu par la commission d'enquête sur les procès de Moscou et sa déposition, reproduite dans la presse trotskyste, fit une forte impression. Il fut en contact avec Léon Sedov et participa au groupe russe animé par celui-ci, mais ce dernier était infiltré par les agents du GPU. Des proches de la Révolution prolétarienne lui trouvèrent un emploi à l'Association des ouvriers en instruments de précision, entreprise coopérative du XIIIe arrondissement, où il travailla de la fin 1937 à mars 1940.

La guerre survenue, il prit contact avec des communistes arméniens. Il alla travailler en Allemagne, où il aurait séjourné de janvier 1941 à mars 1942, obéissant alors à une consigne communiste. Après son retour, il se lia à Missak Manouchian qui connaissait pourtant son antistalinisme et savait qu'il s'était enfui d'URSS. Missak Manouchian prit sur lui de l'intégrer dans le groupe arménien de la Main-d'œuvre immigrée. Armenak Manoukian fut engagé dans la nuit, en août 1943, dans une opération de déraillement, à proximité de Chalons-sur-Marne. Quelques jours plus tard, il jeta une grenade sur un camion rempli de soldats allemands à la sortie des usines Renault à Boulogne-Billancourt. Puis il fut blessé dans l'opération suivante, le 5 octobre, qui échoua, visant à abattre Gaston Bruneton, directeur de la Main-d'œuvre française en Allemagne. Au cours du repli, l'un des Francs-tireurs et partisans blessa par mégarde Armenak Manoukian. Il fut opéré à la clinique Alésia, puis fut suivi dans sa convalescence par Mélinée Assadourian (la compagne de Missak Manouchian), avec laquelle il put longuement parler de son passé trotskyste – il lui en voua une immense reconnaissance.

Armenak Manoukian fut arrêté le 19 novembre 1943 à son domicile par la brigade spéciale n° 2 des Renseignements généraux : elle avait retrouvé la facture de la clinique Alésia où il avait décliné son nom et son adresse. Les médecins furent également arrêtés et inquiétés. Sur la tombe d'Armenak Manoukian au cimetière d'Ivry, dans le carré réservé aux membres du « groupe des fusillés le 21 février 1944 », se trouve une plaque de la République socialiste d'Arménie portant la mention : « Tes camarades de combat qui ne t'oublieront jamais ». Armenak Manoukian aurait été réhabilité en Arménie, ainsi que sa femme et sa fille, qui avaient été déchues de leurs droits civils.

Michel Dreyfus

MANSON Numa (Naoum)

Physicien. – Né en 1913 à Ekaterinoslav, alors Empire russe, aujourd'hui Russie ; mort le 11 février 1993.

Numa Manson a été naturalisé français en 1937. Il aura consacré l'essentiel de sa vie scientifique, depuis le début des années 1940, à l'étude des processus détoniques et des systèmes réactifs. Professeur au Centre d'études supérieures de mécanique de l'université de Paris, membre du CNRS, membre de l'Académie internationale d'astronautique, président de la section française du Combustion Institute, doyen de la faculté des sciences de Poitiers jusqu'en 1969, il conduit une carrière très internationale afin de mieux développer la science nouvelle dont il est l'un des pionniers. Il crée le Laboratoire d'énergétique et de détonique (futur Laboratoire de combustion et de détonique), qui relève de différents laboratoires français et étrangers et fait partie des trois fondateurs de l'ICDERS (International Colloquium on the Dynamics of Explosions and Reactive Systems). Chaque année, l'ICDERS décerne un prix dont Manson a été le premier lauréat, la « Numa Manson Medal ».

Vincent Duclert

MĂRĂCINEANU Roxana

Sportive. – Née le 7 mai 1975 à Bucarest, Roumanie.

Les parents de Roxana fuient la dictature communiste de Ceauceşcu en 1984 et s'installent à Mulhouse en 1987. Elle a découvert la natation en Roumanie, mais c'est au sein du club alsacien qu'elle atteint le plus haut niveau, sous la direction de Lionel Horter. Elle devient la première française championne du monde de natation en 1998, à Perth, en Australie. Dans son épreuve de prédilection, le deux cents mètres dos, elle est également vice-championne olympique en 2000, à Sydney. Les médias en font l'emblème de la natation française. Ils louent notamment sa capacité à mener de front une carrière de sportive de haut niveau et des études supérieures. Elle obtient toutefois son diplôme de l'École supérieure de commerce de Paris-Europe (ESCP) en 2005, au détriment de ses performances sportives, puisqu'elle ne parvient pas à se qualifier pour les Jeux olympiques d'Athènes en 2004. Elle décide alors de mettre un terme à sa carrière sportive. Sa notoriété et son aisance devant les micros lui permettent d'exercer la fonction de consultante dans l'audiovisuel. Elle s'engage également politiquement : elle est élue conseillère régionale d'Île-de-France en 2010 sur une liste du Parti socialiste. Au milieu des années 2000, la triple championne olympique et du monde, Laure Manaudou, fait de Roxana Mărăcineanu son modèle.

Stéphane Mourlane

MARAT Jean-Paul

Publiciste. – Né le 24 mai 1743 à Boudry, Suisse ; mort le 13 juillet 1793 à Paris, France.

Né d'une mère genevoise et d'un père d'origine espagnole qui, devenu calviniste, a fui la Sardaigne, Jean-Paul Marat parcourt l'Europe, précepteur à Bordeaux, pamphlétaire à Londres, médecin à Newcastle, puis pour le compte des gardes du comte d'Artois. Il pratique la physique expérimentale, plaide, en 1787, contre la peine de mort. Début août 1789, il publie *Le Moniteur patriote* – huit pages format cahier, prônant le modèle anglais –, puis s'engage dans la rédaction périodique (mille numéros en trois ans) du *Publiciste parisien*, devenu *L'Ami du peuple*, tiré à deux mille exemplaires, mais beaucoup plus largement lu et discuté. Il y défend la violence purificatrice, se fait porte-parole du petit peuple, invoque l'émeute comme source de liberté et une volonté populaire « massacrante », dénonce la trahison de Mirabeau ou de La Fayette et la future fuite du roi, réclame le « despotisme de la liberté ». Son journal cesse de paraître en août 1792 et, s'il demande par circulaire de généraliser les massacres de septembre (mille cinq cents morts dans les prisons de Paris), il n'en est pas l'instigateur. Élu à la Convention, il appelle, en avril 1793, à l'insurrection contre la majorité de celle-ci, à l'extermination des « conspirateurs », à la guerre à outrance contre l'Europe… Au cours d'un des longs bains auxquels l'astreint une maladie le clouant chez lui, il est tué par Charlotte de Corday d'Almont, sympathisante de la Révolution, mais indignée par le sort des girondins. Les funérailles de « l'Ami du peuple » sont grandioses, il est enterré au Panthéon. Mais Thermidor l'en sort, sa mémoire est condamnée, sa radicalité assimilée à une provocation payée par Londres : il incarne désormais tous les excès de la Révolution.

Éric Vial

MARCEAU Félicien (Louis Carette)

Écrivain. – Né le 16 septembre 1913 à Cortenbergh (Kortenberg), Belgique ; mort le 7 mars 2012 à Paris, France.

Formé à l'Université catholique de Louvain, Louis Carette entre en journalisme dans la presse sociale-chrétienne avant de passer, en 1936, à la radio. Sa collaboration à l'Institut national de radiodiffusion (Radio-Bruxelles), prolongée jusqu'à l'époque de l'occupation allemande, où il assume les fonctions de directeur du département des actualités, entraîne, à la Libération, sa condamnation par la justice belge à une peine de quinze ans de travaux forcés. Condamnation par contumace puisque, entre-temps, il a choisi la France et est devenu Félicien Marceau, auteur de nouvelles, de romans, d'essais et de pièces de théâtre. Le succès est au rendez-vous, marqué par les prix les plus prestigieux, de l'Interallié en 1955 au Goncourt en 1969 (pour *Creezy*), mais c'est le théâtre qui lui assure la renommée la plus durable (*L'Œuf*, 1956 ; *La Bonne Soupe*, 1958…). Naturalisé français en 1959, Félicien Marceau entre à l'Académie française en 1975. À sa mort, il en est le doyen d'âge.

Pascal Ory

MARCEAU Marcel (Marcel Mangel)

Mime. – Né le 22 mars 1923 à Strasbourg, France ; mort le 22 septembre 2007 à Cahors, France.

Né au sein de la communauté juive de Strasbourg, où son père, Charles, immigré de Pologne, est boucher kasher, le jeune Marcel Mangel doit écourter ses études, poursuivies depuis 1940 à Limoges, pour plonger dans la clandestinité en 1942, aux côtés de son cousin Georges Loinger, dirigeant de l'Œuvre de secours aux enfants (OSE). Il y devient « Marceau », symbole de patriotisme, et termine dans la première armée française, libératrice de son Alsace natale, agent de liaison avec l'armée américaine du général Patton. Comme ses enfants, le père de Marcel sera naturalisé à la Libération, mais de manière toute virtuelle puisqu'il a été déporté en 1944 à Auschwitz et n'en reviendra pas. Faut-il établir un lien entre ce trauma et le choix définitif par son fils, dès 1947, du mimodrame comme forme d'expression artistique exclusive ? Toujours est-il qu'à partir de cette date, le « mime Marceau » va développer une carrière exceptionnelle, créant d'emblée sa propre compagnie et, trente ans plus tard, l'École internationale de mimodrame de Paris. La formation de Marcel Marceau s'est faite auprès des grands maîtres français de cet art rare, Étienne Decroux et son disciple Jean-Louis Barrault – il joue, en 1946, dans le ballet-pantomime *Baptiste* de Jacques Prévert et Joseph Kosma, inspiré des *Enfants du Paradis*. Son personnage de Bip, qui assure chez lui le rôle de Charlot chez Charlie Chaplin, le rend célèbre dans le monde entier. Son talent et la nature de l'art qu'il exerce en font, pendant une trentaine d'années, l'un des Français les plus connus hors des frontières de son pays. Peintre et écrivain, Marcel Marceau était membre de l'Académie des beaux-arts, section des « membres libres ».

Pascal Ory

MARCOUSSIS Louis. — *Voir* PARIS, École de.

MARÉ Rolf de

Directeur de compagnie de ballet. – Né le 9 mai 1888 à Stockholm, Suède ; mort le 28 avril 1964 à Barcelone, Espagne.

Issu d'une riche famille d'industriels suédois, féru d'art moderne et collectionneur d'œuvres d'art, Rolf de Maré fonde, en 1920 à Paris, les Ballets suédois, sur une idée de Michel Fokine. Cette compagnie, au sein de laquelle œuvre le chorégraphe suédois Jean Börlin, s'installe au Théâtre des Champs-Élysées, dont Rolf de Maré a acheté le bail pour sept ans. Des artistes d'avant-garde comme Fernand Léger, Giorgio De Chirico ou Francis Picabia participent aux créations chorégraphiques de la compagnie, rivalisant avec les créations des Ballets russes de Diaghilev. En 1925, Rolf de Maré dissout les Ballets suédois et crée l'Opéra Music-Hall des Champs-Élysées où sont présentés, jusqu'en 1927, de nombreux spectacles, dont *La Revue nègre* qui lance Joséphine Baker. En 1932, il fonde à Paris, rue Vital, les Archives internationales de la danse (AID), à la fois bibliothèque et musée consacré à la danse, l'un des premiers établissements de ce type dans le monde. La même année, dans le cadre des AID, il organise à Paris le premier concours international de danse, où l'Allemand Kurt Jooss gagne le premier prix avec son ballet politique *La Table verte.* Poursuivant jusqu'en 1950 ses recherches et ses acquisitions de documents sur toutes les formes de danse, occidentales ou non, Rolf de Maré est aussi l'instigateur, dans le cadre des AID, d'expositions et de conférences sur la danse. Une revue spécialisée sur la danse, intitulée *Archives internationales de la danse*, est éditée de 1933 à 1935. En 1950, Rolf de Maré fait don d'un fonds de plus de six mille ouvrages, gravures et autres documents à la bibliothèque-musée de l'Opéra de Paris, le reste des collections (notamment les fonds concernant les Ballets suédois et les danses d'Indonésie) étant dévolu au musée de la Danse fondé à Stockholm, en 1953, par son collaborateur Bengt Häger.

Sophie Jacotot

MARIANO Luis (Mariano Eusebio Gonzalez y Garcia)

Chanteur. – Né le 13 août 1914 à Irun, Espagne ; mort le 14 juillet 1970 à Paris, France.

Né au Pays basque espagnol mais à la frontière de la France, mort à Paris un 14 juillet : Luis Mariano figure parmi les plus populaires vedettes françaises, précisément parce qu'il a pu jouer sur son identité mixte. Sa famille s'installe en France à l'issue de la guerre civile. Le jeune Luis Gonzalez commence des études de chant au Conservatoire de Bordeaux et monte à Paris dans l'espoir d'une carrière lyrique classique, qu'il ébauche en effet (*Don Pasquale*, 1943). Mais le monde des variétés a tôt fait de remarquer sa « voix d'or ». En 1945, sa rencontre avec Francis Lopez décide de son destin : il est la vedette de la première opérette signée Lopez (pour la musique) et Raymond Vincy (pour les paroles), à l'origine de la dernière grande époque du genre, *La Belle de Cadix*. C'est ensuite une longue série de triomphes, dont le sommet sera *Le Chanteur de Mexico* (1951). Comme Georges Guétary ou Dario Moreno, mais les dominant encore nettement en termes de popularité, celui qui est devenu, en 1944, Luis Mariano, multiplie par ailleurs les présences au cinéma, dans un répertoire assez exigu (*Violettes impériales*, *La Belle de Cadix*, *Le Chanteur de Mexico*...). Le succès de ses tournées à l'étranger, en particulier en Amérique latine, confirme son aura auprès d'un public qui, cependant, à partir des années 1960, apparaît de plus en plus comme celui des aînés, remis en question par les variétés yé-yé. Sa mort brutale, à cinquante-cinq ans, parachève une carrière qui n'aura pas vraiment connu de déclin, même si le genre auquel il aura attaché son nom connaît avec lui ses derniers feux.

Yves Borowice

MARIN John. — *Voir* PARIS, École de.

MARKEVITCH Igor

Chef d'orchestre et compositeur. – Né le 27 juillet 1912 à Kiev, alors Empire russe, aujourd'hui Ukraine ; mort le 7 mars 1983 à Antibes, France.

Descendant d'un prince bosniaque, arrière petit-fils d'un juriste qui avait fondé, avec Anton Rubinstein, le Conservatoire de Saint-Pétersbourg, Igor Markevitch connaît l'éducation cosmopolite et culturelle de la noblesse. Une grand-mère française, un père pianiste et tuberculeux, qui doit se faire soigner en Suisse : la famille connaît déjà bien l'Europe occidentale lorsque les débuts de la guerre la conduisent à quitter l'Ukraine pour s'installer d'abord à Paris, puis en Suisse. Igor étudie le piano avec une élève de son père. La mort de celui-ci en 1922 plonge la famille dans une relative indigence. Le jeune garçon découvre Beethoven sur un gramophone et suit les cours de piano de Paul Loyonnet à Lausanne, puis ceux d'Émile-Robert Blanchet, ancien élève de Ferruccio Busoni. Ce maître est si fier des compositions d'Igor qu'il lui fait rencontrer Alfred Cortot. La famille retourne alors à Paris et, comme Cortot l'y a engagé, Igor suit les cours de son École normale de musique. L'enseignement de Nadia Boulanger – qui avait une mère russe – le marque considérablement. Il est assez connu à la fin des années 1920 pour que Serge Diaghilev lui commande une œuvre, mais il lui conseille aussi d'apprendre l'orchestration auprès de Vittorio Rieti (compositeur italien né en Égypte), qui vivait alors en France. L'œuvre commandée par Diaghilev, un concerto pour piano et orchestre, est créée à Londres en juillet 1929 avec Markevitch au piano, sous la direction de Roger Désormière. Le succès est significatif. Markevitch, compositeur, est estimé par Darius Milhaud. Il écrit ainsi une cantate sur un texte de Jean Cocteau. Il est alors un compositeur très stravinskien (particulièrement dans *Sérénade*, composé en 1931). Roger Désormière continue à diriger ses œuvres, mais c'est auprès de Pierre Monteux, puis d'Hermann Scherchen qu'il apprend la direction d'orchestre, à laquelle il va se consacrer de plus en plus. Il épouse, en 1936, la fille de Vaslav Nijinsky, Kyra.

La Seconde Guerre mondiale modifie sa vie. Il est alors à Florence avec son épouse et, n'ayant pas pu régulariser sa situation de résident suisse, se trouve de fait, en 1940, apatride. Il vit près de Florence des moments de crise, en particulier dans son couple, mais réussit à s'intégrer à la vie culturelle italienne, rencontre Luigi Dallapiccola et fréquente le pianiste Nikita Magaloff. Il renonce, en octobre 1943, à diriger pour participer, comme partisan actif, à la Résistance italienne dans les montagnes toscanes – il a retracé les épisodes marquants de sa participation à la Résistance dans un ouvrage autobiographique de 1946, *Made in Italy*. Il devient l'artisan de la renaissance de l'orchestre du Mai musical florentin. Ayant épousé, en secondes noces, Topazia Caetani, riche aristocrate d'une grande famille romaine, il est naturalisé italien en 1947. Commence alors une riche carrière internationale de chef d'orchestre et de pédagogue, qui le conduit de Stockholm à Madrid, de Montréal à Monte-Carlo. Sa direction des Concerts Lamoureux à Paris, de 1957 à 1961, et de l'orchestre de l'Académie sainte est particulièrement appréciée par les mélomanes. Il joue un grand rôle dans la défense et l'illustration du répertoire français, de Berlioz ou Gounod à Messiaen ou Milhaud, Barraud ou Boulez. En 1978, le public redécouvre que le célèbre chef d'orchestre a aussi été un important compositeur : son œuvre, *Le Paradis perdu*, est alors exhumée et donnée à Bruxelles. En 1980, il publie chez Gallimard un texte largement autobiographique, *Être et avoir été*. En 1982, il adopte la nationalité française. Après un retour triomphal à Kiev, il meurt à Antibes.

Depuis sa disparition, des révélations circulent, dans diverses publications italiennes, sur son rôle d'appui et de soutien aux Brigades rouges lors de l'enlèvement, de la séquestration et de l'assassinat d'Aldo Moro. Certains évoquent un rôle de médiateur entre les terroristes et les autorités, d'autres celui de commanditaire secret, de *grande vecchio*.

Didier Francfort

MARKOWICZ André

Traducteur et poète. – Né le 29 septembre 1960 à Prague, alors Tchécoslovaquie, aujourd'hui République tchèque.

La nouvelle traduction française des *Œuvres complètes* de Dostoïevski, parue entre 1991 et 2002 et, à bien des égards, révolutionnaire, a révélé au public André Markowicz, qui s'est depuis lors imposé comme le grand traducteur du théâtre et de la poésie russes (Ostrovski, Pouchkine, Tchékhov…). Arrivé en France à l'âge de quatre ans, fils d'une professeur et interprète de russe, il a grandi dans le multilinguisme. Avec son épouse Françoise Morvan, agrégée de lettres, elle-même traductrice de l'anglais et, par ailleurs, grande spécialiste de la culture bretonne, il a étendu son champ au théâtre élisabéthain (Marlowe, Shakespeare) et à Strindberg. Le théâtre contemporain doit, d'ores et déjà, beaucoup au couple Markowicz-Morvan, très présent auprès des établissements de la décentralisation. André Markowicz a publié en 2006 un recueil de poèmes, *Figures*.

Pascal Ory

MARLY Anna (Anna Betoulinsky)

Auteur, compositrice et interprète de chansons. – Née le 30 octobre 1917 à Petrograd,

aujourd'hui Saint-Pétersbourg, Russie ; morte le 15 février 2006 à Palmer, États-Unis.

Le nom d'Anna Marly est à jamais associé à l'histoire d'une mélodie pas comme les autres, *Le Chant des partisans*. Anna, chanteuse de cabaret réfugiée à Londres où elle s'est engagée dans les Forces françaises libres, en a composé la musique et les premières paroles, en russe. Mais c'est la version française, sur des paroles de Joseph Kessel et de son neveu, le jeune Maurice Druon, qui est popularisée en 1943 à Londres par Germaine Sablon, chanteuse plus connue et compagne de Kessel. Cet appel lyrique à la mobilisation contre le fascisme se transformera très vite en hymne de la Résistance, française mais aussi internationale. À la fin des années 1960, Leonard Cohen popularisera, de même, la version anglaise (*The Partisan*) d'une autre chanson de résistance dont Anna Marly a composé la musique – sur des paroles d'Emmanuel d'Astier de La Vigerie –, *La Complainte du partisan*. Étrangère à toute stratégie de carrière, Anna Marly – qui n'est pas oubliée par le milieu de la chanson (elle compose, entre autres, pour Édith Piaf) – s'interdira après guerre toute large audience en France en choisissant de chanter plutôt hors de la métropole, d'Afrique en Amérique, où elle finira par s'installer à demeure.

Pascal Ory

MAROCAINS

Les Marocains sont aujourd'hui presque aussi nombreux que les Algériens en France : 452 000 contre 475 000 en 2007. On connaît mal l'histoire de cette immigration, qui vient pourtant au deuxième rang de la France des étrangers. En regard de l'abondante historiographie qui traite des spécificités de la migration algérienne, celle qui concerne les Marocains se trouve souvent confondue dans les études sur le groupe « Maghrébins ». La migration marocaine comporte pourtant des singularités, dont la première est l'ancienneté des relations entre le Maroc et la France, continues depuis au moins le XVIIe siècle. Si le fait colonial déclencha les vagues migratoires les plus importantes, les contacts et les échanges sont déjà solidement ancrés dans la tradition diplomatique des deux pays. Le Maroc fut soumis au protectorat français par le traité de Fès du 30 mars 1912, la partie septentrionale passant sous domination espagnole. À partir de là, on peut distinguer trois âges de l'émigration marocaine, celle qui démarre au lendemain du protectorat et va jusqu'à l'indépendance du Maroc, celle qui fait suite aux accords de main-d'œuvre de 1963, migration surtout masculine, qui se transforme en migration de peuplement avec l'arrivée des familles après 1975.

Les prémices d'une immigration. Dès le XIXe siècle, les ambassadeurs marocains vinrent au contact de la société française, pour régler des différends commerciaux ou diplomatiques. L'ambassadeur Aâchaâch, qui, sous Louis-Philippe, prit ses quartiers à Paris accompagné de sa délégation, en fit un récit de voyage (*Rihla*) où il s'émerveilla du progrès technique, de la pensée des Lumières et des institutions françaises. Cette relation de voyage adressée au sultan Moulay Abderrahman était destinée à éclairer le souverain sur les intentions de la France alors en pleine conquête de l'Algérie. Le Maroc, royaume demeuré indépendant à l'ouest de l'Empire ottoman, venait de payer son soutien à l'émir Abd-el-Kader d'une défaite cuisante à la bataille d'Isly. Son homologue, l'ambassadeur Idriss el Amraoui, qui arriva à Paris en 1860, fut plus réservé dans son récit, notamment concernant les mœurs de la société française. Cette tradition des ambassades, partagée par leur voisin tunisien et d'autres émissaires du monde arabe, a nourri le courant des réformateurs arabes qui désiraient s'inspirer du puissant Occident pour moderniser les pays musulmans. Elle a contribué à nourrir l'imaginaire orientaliste du côté français, comme en témoignent les gravures de l'époque et le succès des saltimbanques. La troupe du « Concert marocain » qui se produisit à Paris lors de l'Exposition universelle de 1889, mettant en scène l'eunuque Abdallah, les lanceurs de couteau, ou les danseuses du ventre, fit une tournée triomphale dans toute la France. De leur côté, les acrobates, une tradition très vivace au Maroc, furent très appréciés à l'Alcazar d'été de Marseille en 1898, avec les Aïssaouas ou, au début du XXe siècle, avec les Beni Zoug Zoug. Ces quelques contacts précédèrent une immigration de travail qui concerna les régions les plus déshérités. Avant 1912, les migrations marocaines vers « la France » se faisaient de fait vers l'Algérie voisine : entre 15 000 et 20 000 personnes allaient participer aux moissons et aux vendanges de la colonie, pour retourner ensuite dans leur campagne du sud du Maroc ou de la frontière algéro-marocaine.

La Première Guerre mondiale. Comme pour le cas algérien, le début d'une migration massive vers la métropole correspond à la période de la Première Guerre mondiale bien plus qu'à la mise en place du protectorat. Avec le conflit, le nombre de Marocains travaillant sur le territoire français passa du chiffre insignifiant de 700 en 1914 à 20 000 en 1918. Ils avaient été recrutés pour l'essentiel dans le sud du Maroc, pour le compte des ministères en charge de la main-d'œuvre coloniale (Guerre et Agriculture), en vue de remplacer les hommes partis au front. Rapatriés à la fin de la guerre, ils n'étaient plus que 3 000 en 1919. Protectorat et non colonie d'administration directe, le Maroc fournit des « volontaires » sur le terrain militaire : 37 000 tirailleurs, goumiers et tabors. Si l'on encensait leur courage aux combats, pour lequel certains d'entre eux furent décorés pour actes de bravoure, le revers de la médaille était la suspicion et la xénophobie dont ils étaient les victimes, comme tous les soldats coloniaux. Les contacts avec la population locale devaient être évités, les soldats ayant une liaison avec une métropolitaine étaient systématiquement mutés. Il y eut même des affrontements et des tensions, vers la fin de la guerre, dans l'est de la France, où se trouvaient les cantonnements. À la fin de la guerre, ils furent à leur tour rapatriés, même si certains s'installèrent en métropole au gré des opportunités.

Plusieurs lieux de mémoire témoignent du sacrifice des soldats marocains aux côtés du peuple français lors de l'horreur des tranchées de la Première Guerre mondiale. Un monument aux « soldats marocains morts pour la France » a été érigé dans le cimetière de Notre-Dame de Lorette à Arras, dans le nord de la France, un autre dans celui d'Arles-Ville, dans le sud. C'est dans cette même ville d'Arles que fut inauguré, en 1926, un Foyer du soldat marocain sous les auspices du général Lyautey, résident général au Maroc.

Le « premier âge » de l'immigration marocaine (1919-1960). L'entre-deux-guerres fut propice à une nouvelle poussée de l'immigration marocaine, notamment de 1921 à 1929, où leur nombre est passé de 15 000 à 21 000 personnes. Beaucoup étaient employés dans l'agriculture, les autres se partageaient entre les mines et la métallurgie. La migration est restée modeste, y compris par rapport aux Algériens. Elle s'interrompit en 1929, du fait de la pression des colons français et de la crise des années 1930. Les Marocains, sujets français quand on veut en faire des soldats, deviennent des étrangers quand il s'agit de protéger le travail industriel des métropolitains avec les décrets de 1932 !

Lors de la Seconde Guerre mondiale, le Maroc dut participer à nouveau à l'effort de guerre. En 1940, le protectorat fournit plus de 28 000 travailleurs et 12 000 militaires environ, certains furent faits prisonniers par les Allemands, d'autres réquisitionnés plus tard pour l'organisation Todt (en charge du génie civil nazi) ou le Service de travail obligatoire. À partir de 1943, les tirailleurs marocains furent très nombreux dans la campagne d'Italie. Les soldats musulmans constituaient 54 % des effectifs du corps expéditionnaire français et 40 % des troupes débarquées en Provence. Ils participent à la libération de l'est de la France et certains à la libération de Paris. Ce fut le cas de Mohamed ben SALAH (?-1945), cultivateur illettré de la tribu des Ouled Bouziri, décoré de la croix de guerre avec étoile de bronze et cité à l'ordre du régiment, qui repose, comme de nombreux compagnons d'armes, au carré militaire du cimetière musulman de Bobigny (M-A d'Adler, *Hommes et migrations*, n° 1276, nov-déc 2008). Au total, plus de 70 000 soldats participèrent aux combats.

À nouveau, des rapatriements massifs sont organisés après la fin des hostilités, réduisant la communauté marocaine à un peu plus de 4 000 ressortissants en 1946. Au moment où les Algériens obtiennent la citoyenneté française, les « protégés » marocains sont statutairement des étrangers, encore que toujours sous domination coloniale (ce qui est en partie contradictoire avec la règle de citoyenneté au sein de l'Union française). Leur migration est, en théorie, prise en charge par l'Office national d'immigration (ONI), qui détenait le monopole du recrutement de la main-d'œuvre étrangère. En fait, la mission de l'ONI s'occupa surtout des travailleurs saisonniers du midi de la France, davantage pour les régulariser que pour les recruter. L'office favorisa l'introduction de Marocains dans des secteurs importants de l'économie comme celui des charbonnages, qui utilisa plus de 4 000 travailleurs marocains de 1946 à 1948. D'autres entreprises (automobile) activèrent leurs propres réseaux, envoyant leurs agents recruteurs sur place, notamment dans le territoire d'Agadir.

Le durcissement de l'engagement en Algérie en 1954 et la guerre qui s'ensuivit ont favorisé le processus d'indépendance pour les protectorats du Maroc et de la Tunisie. L'indépendance est acquise en mars 1956. Dans les accords bilatéraux ultérieurs, il n'est pas question de libre circulation, contrairement à ce qui se passera pour les autres décolonisés. Les immigrés continuent de bénéficier de leur carte de « protégés » jusqu'en 1959, mais devront s'accommoder par la suite de la difficile condition de Maghrébins *étrangers*.

Les principales figures de la diaspora marocaine de la première moitié du xxe siècle. En dépit d'une présence en France très marginale en comparaison des Algériens, quelques Marocains ont pris place dès cette époque dans la mémoire collective française. Dans le domaine politique, on retiendra la figure de Mohamed ben Abdelkrim El Khattabi plus connu sous le surnom d'ABD-EL-KRIM (1882-1963), héros de la guerre du Rif. Celle-ci fut l'occasion de premières manifestations anticolonialistes dans l'opinion française, sous l'influence du Parti communiste. À l'opposé, Si Kaddour Ben Ghabbrit (1868-1954), recteur de la Mosquée de Paris dès sa création en 1926, témoigne d'un long parcours au service de la France. Il avait été diplomate à la cour du sultan avant de s'installer en France. D'origine algérienne, mais naturalisé marocain en 1895, il participa aux négociations du protectorat et devint l'ami de nombreux diplomates français. Il fonda la Société des habous des lieux saints, qui s'employa à porter le projet, puis l'inauguration, de l'Institut musulman de la Grande Mosquée de Paris, sous les auspices du président français Gaston Doumergue et du sultan Moulay Youssef, le 15 juillet 1926. Durant la Seconde Guerre mondiale, il resta à son poste malgré l'occupant nazi, qui tenta de l'instrumentaliser. Il meurt en 1954 alors qu'éclataient les guerres d'indépendance maghrébines.

Dans le domaine culturel, les expositions universelles, puis coloniales et la multiplication de spectacles produits pour satisfaire le goût pour l'exotisme amenèrent quelques artistes à se produire en métropole. À l'occasion d'un voyage du sultan ben Youssef, futur roi Mohamed V, Hadj BELAID (v. 1873-v. 1945), barde de l'« Amargh », forme poétique et musicale berbère du Maroc, enregistra en 1931 deux titres chez Pathé Marconi, une première pour un artiste d'Afrique du Nord. D'autres artistes marocains suivirent ses pas et tentèrent l'aventure de l'émigration pour enregistrer dans les studios parisiens des grandes maisons de disque. Au tournant des années 1950, on compta parmi eux Zohra EL FASSIA (1905-1994), Hajja HAMDAOUIA (née en ?), mais le plus illustre reste sans nul doute Hocine SLAOUI (1918-1951), l'interprète de *Il Mirikan* (« Les Américains », 1942), chroniqueur des temps sombres de la Seconde Guerre mondiale.

Une littérature marocaine de langue française a commencé à s'illustrer après la guerre, grâce à la plume de Driss CHRAÏBI (1926-2007), l'écrivain avant-gardiste et visionnaire qui, dans son roman *Les Boucs* (Denoël, 1955), s'intéresse pour la première fois au sort misérable de l'immigration maghrébine en France, à travers le destin de trois immigrés algériens déchirés entre misère et folie. Contemporain de Kateb YACINE, Driss Chraïbi fut longtemps le seul représentant de ce courant littéraire en émigration.

Les Marocains ont aussi leur place dans l'émigration sportive dès l'entre-deux-guerres : à l'instar des Algériens de l'époque, les Marocains font les beaux jours du football français, qui se professionnalisa en 1932. Le plus illustre fut Larbi BEN BAREK (1914-

1992). Surnommé « la perle noire », le titulaire de la plus longue carrière en équipe de France (1938-1954) a enchanté comme buteur les supporters de l'équipe de France comme ceux du Stade français. D'autres, comme Hassan AKESBI (né en 1934) au stade de Reims (1961-1965) et surtout le milieu de terrain du Racing Club de Paris Abderrahman MAHJOUB (1929-2011), surnommé le « Prince du Parc » (1951-1964), marquèrent les annales du football français.

La convention franco-marocaine de main-d'œuvre de 1963 et le deuxième âge de l'immigration. Au recensement de 1954, on a compté 10 734 Marocains, chiffre sans doute sous-estimé, mais très loin des 211 675 Algériens. Ils seront 84 000 en 1968 et 260 000 en 1975. La convention franco-marocaine de main-d'œuvre du 1er juin 1963 a joué un rôle déclencheur. Ces accords encadrent l'entrée de travailleurs marocains très demandés dans cette période de pleine croissance où les autorités françaises souhaiteraient se passer des Algériens. Du côté marocain, les difficultés sociales et le climat de dictature provoquent des crises qui alimentent l'émigration (émeutes de Casablanca en 1965, coup d'État en 1971 et 1972, etc).

En réalité, l'État français est alors très laxiste et ne contrôle guère les entrées ni les contrats : les réseaux de saisonniers agricoles existent depuis longtemps, ils sont très sollicités par les rapatriés d'Algérie qui s'installent comme exploitants dans le Midi. Les entreprises industrielles vont se servir sur place. Dans le Sud marocain, les campagnes de recrutement provoquent de grandes vagues humaines et un véritable mythe se construit autour de l'employé des Houillères et de ses méthodes humiliantes, Félix Mora. Les employeurs apprécient le paysan illettré, venu du sud ou du nord-est marocain, qui travaille dur et revendique peu. Dans les mines du Nord-Pas-de-Calais, on propose des contrats très courts, de dix-huit mois au plus. Ces migrants vont constituer une main-d'œuvre flottante, qui accompagnera le déclin de l'activité minière, programmée par deux plans, en 1959 et 1968. La région concentrera jusqu'à 10 % de la population marocaine. Beaucoup ne laisseront aucune trace et ce n'est qu'après une longue grève de 1980 qu'un certain nombre obtiendra le statut de mineur, avec les avantages afférents. Les flux fournissent aussi quantité d'ouvriers spécialisés dans les industries de la taylorisation, comme l'automobile, en région parisienne ou à Sochaux. Les ouvriers vivent alors la vie de travailleurs isolés, regroupés dans des foyers ou d'autres formes d'habitat temporaire. Ils sont dispersés dans de nombreuses régions françaises, où ils s'intègrent au fond de peuplement. En Île-de-France vont se constituer de fortes concentrations de nombreuses familles marocaines autour des sites de l'industrie automobile, à Gennevilliers ou à Poissy par exemple.

Le temps des familles (après 1976). En 1974, la France décide de fermer les frontières à l'immigration de travail alors que la crise s'installe. Cela n'eut pas l'effet escompté, tout au moins sur les ressortissants marocains qui passèrent de 260 000 personnes en 1975 à 575 000 en 1999. C'est la nationalité qui a le plus augmenté dans le dernier quart du siècle. En 1999, ils représentaient 12,4 % du nombre d'étrangers dans le pays. Ce doublement se nourrit principalement du regroupement familial, qui va féminiser la population marocaine, portant la part des femmes à 40 % des effectifs, là où elles n'étaient que 20 % dans les années 1960. Les familles marocaines se retrouvent dans les cités HLM de nombreuses banlieues françaises. Désormais se mettent en route les processus d'insertion sociale et d'adaptation culturelle qui vont faire de ces familles le creuset d'une nouvelle composante de la société française. Les difficultés sont immenses, dans un contexte de chômage des travailleurs et de choc pour beaucoup de femmes ne parlant que le dialecte et confinées dans l'espace de leur appartement. Aujourd'hui, les trajectoires sont variées et restent souvent douloureuses, mais une culture des Marocains dans l'émigration a pris forme. Certaines pratiques festives ont connu le succès, comme les somptueux mariages marocains, qui nécessitent les services coûteux d'organisatrices, les *neggafat*. Ces dernières sont à la tête de véritables entreprises dont les sites se font concurrence sur Internet, et la coutume marocaine touche d'autres milieux, notamment franco-algériens.

Les combats pour les droits. Comme pour d'autres colonisés, le séjour en France durant l'entre-deux-guerres a permis la naissance de mouvements nationalistes marocains, d'abord associés aux autres militants d'Afrique du Nord (l'Étoile nord-africaine, l'Union nationale des étudiants marocains, l'Association des étudiants musulmans nord-africains, etc.). Puis ce fut la revendication autonome pour l'indépendance, avec l'Istiqlal. Dans les années 1970, leurs héritiers, étudiants et intellectuels marocains, menèrent le combat à la fois pour lutter en faveur de meilleures conditions de vie pour les travailleurs en France et contre le régime autoritaire marocain, identifié au roi Hassan II. Le Mouvement des travailleurs arabes (MTA), issu des comités Palestine qui s'étaient formés après 1968, avec le soutien de l'extrême gauche française, fut à l'origine de plusieurs mouvements d'envergure comme les grèves générales organisées un peu partout en France contre la flambée raciste qui visait les Maghrébins durant les années 1973-1975. Certains anciens militants MTA occupent aujourd'hui une position dynamique, comme Driss EL-YAZAMI (né en 1952), délégué général de l'association Génériques, spécialisée dans la conservation des archives et de la mémoire des immigrés, et membre du comité d'orientation de la Cité nationale de l'histoire de l'immigration. Le royaume marocain n'a cessé, de son côté, de chercher à garder le contrôle des ressortissants par le biais d'associations comme l'Association des Marocains de France, créée dès 1961 et qui a connu une scission en 1982, une partie des membres souhaitant prendre ses distances et son autonomie par rapport au pays d'origine.

Les ouvriers marocains ont lutté de façon continue pour leurs conditions de logement (grève des loyers dans les foyers) ou de travail (grèves de Penna-roya en 1972), contre les expulsions (circulaires Marcellin-Fontanet en 1972), puis contre les licenciements dus aux restructurations qui touchaient l'industrie automobile (grèves chez Peugeot Sochaux ou chez Chausson à Gennevilliers). En 1983-1984, le conflit se radicalisa lors de l'annonce d'un plan de licenciement chez Talbot-Poissy et Citröen-Aulnay, dont 70 % des ouvriers spécialisés étaient marocains, et premiers licenciés. Le marocain Akka GHAZI (né en 1947), secrétaire général de la CGT, fut la figure de proue du conflit, qui aboutit à un succès des revendications portant sur la liberté d'organisation syndicale dans l'usine et la réduction des cadences de production. Des conflits plus difficiles provoquèrent des heurts avec les syndicats CGT et même CFDT, mais les Marocains montraient, à travers l'action militante, leur capacité d'intégration, alors que la crise et la persistance du chômage, ainsi que la montée de l'extrême droite faisaient de l'immigration maghrébine un bouc émissaire idéal.

Les nouvelles générations. Au début des années 1980, les enfants de l'immigration marocaine sont associés à la « génération beur », dominée par les enfants de l'immigration algérienne. À la différence de ces derniers, beaucoup de jeunes Marocains ne sont pas encore français quand la loi de 1993 leur imposa la « manifestation de volonté » à leur majorité. Abolie par la loi Guigou en 1998, cette disposition, qui réfutait l'automaticité du droit du sol, aggrava un temps la suspicion sur l'allégeance des enfants de l'immigration marocaine à la France. L'histoire de ces jeunes est tributaire des mêmes problématiques que l'immigration maghrébine portant sur la diabolisation des banlieues, de l'Islam, dans un pays où l'extrême droite continue de prospérer.

Il y avait, en 2007, 646 000 habitants de France « nés au Maroc », ce qui veut dire que 200 000 d'entre eux ont acquis la nationalité française. La stabilisation est donc un fait. Pour beaucoup, la demande de naturalisation a accompagné la fin du mythe du retour au pays, ce qui n'empêche nullement le maintien de liens forts avec ce dernier ni la fréquence des va-et-vient, pour les vacances ou le travail. L'émigration joue un rôle considérable dans l'économie du Maroc, d'autant que les mobilités des migrants marocains ne sont plus limitées à la France. Ils ont en commun avec les Turcs d'être les plus nombreux en Europe. On les trouve en Belgique, aux Pays-Bas ou en Allemagne. Leurs associations sont transnationales et ils se vivent comme une diaspora. En écho à ces nouvelles mobilités, qui touchent des jeunes formés et entreprenants, une élite marocaine grandit en France. Elle résulte aussi du parcours des enfants de deuxième ou troisième génération. Aujourd'hui, à l'instar des Français d'origine algérienne, quelques vedettes occupent le devant de la scène médiatique, avec des personnalités comme Jamel DEBBOUZE (né en 1975) et Gad ELMALEH (né en 1971), humoristes préférés des Français, ou le footballeur Marouane CHAMAKH (né en 1984), ancienne star des Girondins de Bordeaux et étoile de l'équipe marocaine de football. Mais bien plus nombreux sont les entrepreneurs comme Fatema HAL (née en 1952) et son restaurant Le Mansouria, ou Aziz SENNI (né en 1976), président de l'Association des jeunes entrepreneurs de France, les enseignants, les chercheurs, ou les autres professionnels, hommes et femmes, qui font avancer le pays.

Naïma Yahi

Bibl. : « Un siècle de migrations marocaines », *Migrance* n° 24, 2e trimestre 2005 • SIMON Gildas, « Les Marocains en France » in *Toute la France. Histoire de l'immigration en France au XXe siècle*, Paris, Somogy, 1998 • ADLER Marie-Ange d', « Le carré militaire du cimetière musulman de Bobigny », *Hommes et migrations*, n° 1276, novembre-décembre 2008.

Voir aussi : ALGÉRIENS, TUNISIENS.

MARSH Tony

Sportif. – Né le 12 août 1972 à Rotorua, Nouvelle-Zélande.

Tony Marsh commence sa carrière de joueur de rugby à Auckland. Avec le club des Auckland Blues, il remporte en 1997 le Super 12, la compétition phare de l'hémisphère Sud qui rassemble cinq équipes néo-zélandaises, quatre équipes sud-africaines et trois équipes australiennes. Après une saison aux Canterbury Crusaders, il arrive en France pour jouer à Clermont-Ferrand en 1998. Par deux fois, en 1999 et 2001, il échoue en finale du championnat de France. Le club montferrandais remporte toutefois le bouclier européen en 1999. Tony Marsh, qui évolue au poste de trois-quarts centre, connaît sa première sélection en équipe de France le 10 novembre 2001 face à l'Afrique du Sud. Cette sélection est rendue possible en raison des règlements du rugby international qui stipulent qu'un joueur a la possibilité de jouer pour la fédération nationale de son club à condition de totaliser au moins quatre années consécutives d'affiliation à cette fédération et de ne pas avoir été sélectionné dans l'équipe A de son pays d'origine. Tony Marsh revêt le maillot de l'équipe de France vingt et une fois. Il remporte le Grand Chelem au cours du tournoi des Six Nations en 2002. Au-delà de ses performances sportives, Tony Marsh suscite l'admiration pour son courage lorsqu'il retrouve le rugby de haut niveau après que les médecins ont diagnostiqué chez lui un cancer des testicules. Il met fin à sa carrière sportive en 2009.

Stéphane Mourlane

MARTINEZ Graziella

Danseuse et chorégraphe. – Né en 1938 en Argentine.

Graziella Martinez étudie la danse et la peinture, puis commence ses expériences chorégraphiques à Buenos Aires. En 1963, avec son compagnon, le peintre Antonio Seguí, elle s'installe à Paris, où elle devient l'une des reines de l'avant-garde artistique. En 1967, elle se fait remarquer à la Biennale de Paris avec la pièce *Sainte Geneviève dans la baignoire*, créée en collaboration avec la photographe Martine Barrat. Ce spectacle (avec des projections vidéo de l'artiste de l'underground britannique Mark Boyle et une musique du groupe de rock psychédélique Soft Machine) est qualifié de « très dada », à la fantaisie incroyable et à l'humour décapant. Après quoi, elle crée une série de pièces autour de *Giselle*, dont la première a lieu dans la piscine (vidée) de l'American Center de Paris. Pour ses spectacles qu'elle veut « délirants », elle utilise des objets sur scène et fabrique ses propres costumes, souvent extravagants. Adepte de la danse-théâtre, elle collabore, dans les années 1970, avec d'autres Argentins vivant à Paris, comme le dramaturge Copi et le metteur en scène Jorge Lavelli, mais aussi avec Jérôme Savary ou le Chilien Alexandre Jodorowsky. En 1974, elle participe au film *Cat's Soup* de Richard Martin Jordan. Après quelques années passées à Amsterdam, où elle crée un collectif de travail à la fin des années 1970, elle commence à Paris un travail solitaire sur la notion de cercle

(*Silence*, 1980). Sans studio ni subvention en France, elle décide de regagner Buenos Aires en 1989, où elle trouve des conditions plus favorables pour sa création onirique, frôlant souvent la démesure. Elle revient à Paris en 2003 et en 2006 pour présenter son spectacle *Cérémonies* au Regard du Cygne.

Sophie Jacotot

MASEREEL Frans. — *Voir* PARIS, École de.

MASPERO Gaston Camille Charles

Égyptologue. – Né le 24 juin 1846 et mort le 30 juin 1916 à Paris, France.

Gaston Maspero est un grand nom de l'égyptologie française. Il naît de parents italiens réfugiés en France. Bien qu'étranger, l'élève brillant peut entrer à l'École normale supérieure en 1865. Passionné par les hiéroglyphes, il fait forte impression sur le spécialiste de l'archéologie égyptienne, Auguste Mariette, en lui transmettant en 1867 une traduction du texte de la stèle dite « du Songe », découverte peu de temps avant au Gebel Barkal. Après avoir défendu des positions libérales en 1867 dans l'affaire Sainte-Beuve, il est renvoyé de l'École normale supérieure et, choisissant de ne pas se rétracter, il doit se résoudre à renoncer à l'agrégation et à sa carrière universitaire. En compensation, on lui offre le poste de répétiteur en égyptologie à l'École pratique des hautes études. En 1870, la guerre contre la Prusse révèle son sentiment national : « Si je suis quelqu'un, c'est en France que je le suis, et par la France. En droit, je ne dois rien à la France, puisque je suis étranger – en fait je lui dois d'autant plus que je suis étranger, qu'elle n'était tenue à rien, et qu'elle a tout fait pour moi », écrit-il. Pour le prouver, il choisit de quitter l'Angleterre, où il travaille alors, pour s'engager dans la garde mobile. Rescapé des combats, il demande la naturalisation française, qu'il obtient aussitôt, le 12 janvier 1871. Après avoir soutenu en Sorbonne ses deux thèses de doctorat en 1872 (la principale s'intitule *Du genre épistolaire chez les anciens Égyptiens*), il est élu à vingt-six ans, en 1874, titulaire de la chaire d'égyptologie au Collège de France, qu'il occupera jusqu'à sa mort. Non seulement il y forme une nouvelle génération d'égyptologues, mais la notoriété de ses cours attire également une foule d'amateurs.

En 1881, il découvre enfin l'Égypte, prenant, au Caire, la succession d'Auguste Mariette à la direction du Service des antiquités d'Égypte. Jusqu'en 1886, il encadre de nombreuses fouilles sur place, entreprenant notamment le dégagement du grand temple de Louxor, le désensablement du sphinx de Gizeh ou encore la consolidation des temples de Karnak. Puis, de retour à Paris, il publie le résultat de ses recherches (*L'Archéologie égyptienne*, 1887 ; *Les Momies royales de Deir El-Bahari*, 1889 ; *Inscriptions des pyramides de Saqqarah*, 1894) et une vaste *Histoire des peuples de l'Orient* (1895-1899). Élu en 1883 à l'Académie des inscriptions et belles-lettres, il lance en 1893 la publication des quarante volumes de la *Bibliothèque égyptologique*, rassemblant les principaux travaux des égyptologues français. De 1899 à 1914, il est de nouveau appelé au Caire, où les relations du service des Antiquités se sont envenimées avec les autorités britanniques. Son aura scientifique et l'acheminement vers l'Entente cordiale permettent de rétablir un climat propice à la recherche. Maspero consolide l'administration du nouveau Musée archéologique, inauguré au Caire en 1902, ainsi que celles des musées de province, notamment à Alexandrie, mais il les dote également de guides de vulgarisation des antiquités égyptiennes. Leur version savante est publiée dans une cinquantaine de volumes du *Catalogue général des antiquités égyptiennes du Musée du Caire*. Il ne cesse enfin de remplir les missions qui incombent à l'Institut français d'archéologie orientale, fondé en 1898 : les fouilles, la conservation, la reconstruction et la restauration des sites, mais aussi la transcription et la traduction d'innombrables inscriptions.

En 1914, à son retour à Paris, Gaston Maspero est un savant comblé d'honneurs : il est secrétaire perpétuel de l'Académie des inscriptions et belles-lettres, commandeur de la Légion d'honneur, membre de l'ordre britannique de Saint-Michel-et-Saint-Georges, docteur *honoris causa* de nombreuses universités européennes et américaines. Il meurt en pleine séance de l'Académie.

Anna Trespeuch-Berthelot

MASSÉNA André

Maréchal d'Empire. – Né le 6 mai 1758 à Nice, alors Royaume de Sardaigne ; mort le 4 avril 1817 à Paris, France.

Niçois, donc sujet sarde, ancien mousse, Masséna entre en 1775 au régiment français Royal-Italien, qu'il quitte en 1789 avec le grade d'adjudant, le plus haut alors accessible à un roturier. Marié et installé à Antibes, un temps contrebandier, il retrouve l'uniforme dès 1791 dans la garde nationale locale, participe à la prise de Nice, aux campagnes d'Italie, est général dès 1792, joue un rôle décisif à Rivoli en 1797, est appelé « l'enfant chéri de la victoire » par Bonaparte, puis s'illustre à Zurich, Marengo, Wagram, Naples... Il connaît aussi des revers, à Gênes, au Portugal, qu'il ne peut conquérir en 1810, et ses pillages lui valent une immense fortune mais aussi d'être plusieurs fois démis de ses fonctions – il est surnommé alors « l'enfant pourri de la victoire »... Pour plaire à l'Europe coalisée et rogner sur les pensions civiles et militaires, la Restauration tient pour étranger qui est né hors des frontières de 1814 ; or Louis XVIII veut maintenir Masséna dans une partie de ses titres et fonctions. D'où des lettres de naturalisation, sur rapport du maréchal de Vioménil, émigré rentré en France – et lui-même d'origine étrangère, en tant que lorrain. Cette naturalisation met Masséna en fureur, après tant de temps dans l'armée française ; au début des Cent-Jours, espérant le rallier, Napoléon lui écrira : « Souviens-toi que le vainqueur de Zurich a été naturalisé français par un Vioménil », sans le convaincre.

Éric Vial

MASSINE Léonide. — *Voir* DANSEURS ET DANSEUSES RUSSES.

MASSON Loys

Poète, romancier et dramaturge. – Né le 31 décembre 1915 à Rose Hill, île Maurice, alors colonie britannique ; mort le 24 octobre 1969 à Paris, France.

Issu d'une famille mauricienne modeste de vieille souche française, Loys Masson étudie au Royal College of Mauritius et publie en français son premier recueil de poèmes, *Fumées*, en

1937. Deux ans plus tard, ses proches lancent une souscription pour lui payer le voyage en bateau vers la France, où il parvient seulement deux semaines avant la déclaration de guerre. Il cherche à s'engager dans l'armée française, mais son statut de citoyen britannique des colonies ne le lui permet pas. Engagé dans la Légion étrangère à la fin de 1939, il se voit réformé pour raison de santé avant l'offensive allemande. Entré en résistance dès l'armistice, il doit aussitôt se réfugier dans la clandestinité en raison de sa nationalité. Proche d'Emmanuel Mounier et du cercle de la revue *Esprit* à Lyon, il participe, en septembre 1941, aux rencontres de Lourmarin, qui rassemblent les écrivains résistants de la zone non occupée. Après avoir été engagé par Pierre Seghers comme secrétaire de rédaction de *Poésie 41*, Masson publie plusieurs recueils de poèmes qui font de lui l'une des grandes voix de la Résistance (*Délivrez-nous du mal*, 1942 ; *Chroniques de la grande nuit*, 1943). Alors que ses textes subissent la censure de Vichy, il est traqué par les Allemands et doit se réfugier avec sa femme en Touraine pour échapper à l'arrestation. Devenu l'un des dirigeants du Conseil national des écrivains, il participe aux services d'information de la 1re armée française en Allemagne en 1945, avant de devenir rédacteur en chef des *Lettres françaises* en 1946. Il quitte le journalisme en 1948 pour se consacrer à la poésie et au roman (*Le Notaire des Noirs*, prix des Deux-Magots 1962), tout en écrivant des pièces de théâtre pour la radio. Demeuré citoyen britannique, Loys Masson est inhumé à Pantin.

Pierre-Frédéric Charpentier

MATERIC Mladen

Auteur, directeur de troupe, metteur en scène, scénographe. – Né en 1953 à Sarajevo, alors Yougoslavie, aujourd'hui Bosnie-Herzégovine.

Après avoir commencé par être superviseur pour des programmes de télévision en Yougoslavie, Mladen Materic se tourne vers le théâtre. Il fonde en 1981 la Scène ouverte Obala, où il développe une forme de théâtre non verbal dans lequel le cinéma et la musique ont leur place. Le spectacle *Tattoo Théâtre*, créé en 1986, obtient le Fringe First Award au Festival international d'Édimbourg et va connaître un succès international. Le titre de cette pièce deviendra le nom de la compagnie que Materic fonde en 1986. Il rencontre à Sarajevo Marie Collin, responsable du théâtre au Festival d'automne, et Jacky Ohayon, du Théâtre Garonne à Toulouse, qui l'invitent à Paris. C'est en 1992 que Mladen Materic décide de quitter définitivement Sarajevo avec sa femme et ses deux enfants. Jacky Ohayon prendra en charge son installation à Toulouse, où sa compagnie est désormais subventionnée. En 2001, *Pourquoi la cuisine ?*, spectacle écrit par Mladen Materic et Peter Handke dans une scénographie de Materic, triomphera sur les scènes de France avant d'être présenté aussi bien au Venezuela qu'en Roumanie. Les personnages des pièces du Tattoo Théâtre sont le plus souvent silencieux : « les mots avancent masqués ». Pour Materic, les relations humaines se situent au-delà du langage : le sens passe par l'espace et le corps. En 2010, pourtant, Materic a pris un nouveau tournant en montant *Le Grand Inquisiteur*, d'après Dostoïevski : en s'attaquant à ce texte tiré des

Frères Karamazov, Materic a renoué avec la parole théâtrale.

Chantal Meyer-Plantureux

MATEU BISA Damian (Damià). — *Voir* BIRKIGT.

MATTA Roberto

Peintre. – Né le 11 novembre 1911 à Santiago du Chili, Chili ; mort le 23 novembre 2002 à Civitavecchia, Italie.

« C'est l'exil qui a déterminé toute ma vie, entre deux cultures », déclare Matta, qui a surtout vécu hors de sa terre natale, qu'il quitte en 1933 pour la France. Ses études d'architecte à Santiago lui permettent de travailler, à son arrivée à Paris, dans l'atelier de Le Corbusier, sur les plans de la Ville radieuse. Après avoir voyagé en Espagne, en Scandinavie, en URSS et en Angleterre, Matta rencontre les surréalistes et trouve sa voie : il transpose en peinture le procédé d'écriture automatique avec ses *Morphologies psychologiques* (1938). Rejoignant Marcel Duchamp à New York en octobre 1939, Matta y rencontre le succès lors de conférences et d'expositions surréalistes, influençant notamment la jeune génération des artistes américains, dont Jackson Pollock. Il est exclu du groupe surréaliste en 1948, après plusieurs expositions saluées par la critique parisienne. Il vit désormais entre Paris, Tarquinia en Italie et le Chili, où il retourne brièvement. Son engagement politique va croissant dans le contexte de la guerre froide et des guerres de décolonisation. À l'appui de sa théorie de l'artiste révolutionnaire, Matta prend position contre la torture en Algérie avec la célèbre toile *La Question, Djamila* (1957) exposée à la Documenta de Cassel en 1959. Il dénonce également la répression franquiste (*Les Puissances du désordre*, 1964) et la guerre du Vietnam (*Burn, Baby Burn*, 1965-1966). Après avoir célébré la victoire de Salvador Allende en 1970, en réalisant notamment le mural *El primer gold el pueblo chilano*, Matta, exilé en France et en Italie après 1973, combat la dictature de Pinochet, qui fait recouvrir sa fresque de seize couches de peinture. Symbole de réconciliation entre l'artiste et son pays, un deuil national est décrété à sa mort, et sa fresque est restaurée : elle est de nouveau visible depuis novembre 2008 à l'hôtel de ville de La Granja, à l'extérieur de Santiago.

Julie Verlaine

MATTOTTI Lorenzo

Dessinateur et peintre. – Né le 24 janvier 1954 à Brescia, Italie.

Formé à Venise, d'abord à l'architecture puis au graphisme, Lorenzo Mattotti a fait partie du groupe italien Valvoline, voué au renouvellement de l'esthétique de la bande dessinée, et c'est dans les titres de la presse « alternative » de son pays natal, tel *Alter alter*, qu'il publie ses premières séries. Mais très tôt la France aura joué un rôle décisif dans la reconnaissance de cet artiste, aussi présent dans le domaine de l'illustration (couronné du « Yellow kid » de l'illustration en 1997) que dans celui de la bande dessinée, où il apporte un exceptionnel savoir-faire de peintre. C'est la presse française qui a accueilli ses premières œuvres, un éditeur français qui publie la première édition de son œuvre la plus remarquée, *Feux* (1986 ; publié en magazine en 1984) et de plusieurs de ses œuvres ultérieures. Installé en France depuis 1998, Mattotti est désormais un artiste mondial, demandé par le *New Yorker* comme par *Le Monde* (*Nuages*, 1998) ou le Festival de Cannes, exposé en galeries, auteur d'albums tranchant sur la production commune, souvent sur scénario de son ami Fabrizio Ostani, alias Jerry Kramsky (outre *Feux*, citons *Labyrinthes*, 1999, et *Murmure*, 2001), ou de l'Argentin – réfugié en France – Jorge Zentner (*Le Bruit du givre*, 2003).

Pascal Ory

MATTOX Matt (Harold Henry)

Danseur, chorégraphe et pédagogue. – Né le 18 août 1921 à Tulsa, États-Unis ; mort le 18 février 2013 à Paris, France.

Admirateur de Fred Astaire, il suit des cours de claquettes dès 1933, puis reçoit une formation classique avec Ernest Belcher et Nico Charisse. Il débute à Broadway en 1946 et, en 1948, il est engagé dans le spectacle musical *Magdalena*, chorégraphié par Jack Cole (musique de Heitor Villa-Lobos), considéré comme le père de la danse jazz au théâtre. Cette rencontre est décisive dans sa carrière. Dans les années 1950, il danse et compose les chorégraphies de nombreuses comédies musicales, sur scène comme au cinéma, ou encore dans des productions télévisées des années 1960. Après avoir créé sa propre compagnie et ouvert un studio à New York, il s'installe à Londres en 1970, puis à Paris en 1975, où il crée le Ballet Jazz Art en 1980, avant de se fixer à Perpignan, où il poursuit son travail de transmission. Considéré comme l'un des plus grands pédagogues en matière de danse jazz, il préfère parler de « style libre », à l'image de la liberté et de l'éclectisme de sa danse, mêlant les techniques de la danse classique, moderne, des claquettes ou de différentes danses du monde.

Sophie Jacotot

MATUSZEWSKI Boleslaw

Photographe, opérateur, essayiste. – Né le 12 octobre 1856 à Pinczow, alors Empire russe, aujourd'hui Pologne ; mort en 1943 en Pologne.

Ce photographe polonais installé à Paris au milieu des années 1880 fut à tort considéré comme l'opérateur qui filma pour les frères Lumière le couronnement du tsar Nicolas II (il en fut toutefois le photographe officiel). Il était suffisamment introduit pour venir présenter à Félix Faure, au palais de l'Élysée, ses films tournés en Russie. Il doit sa notoriété à ses textes théoriques consacrés au cinéma, qui, redécouverts depuis leur réédition en langue anglaise en 1995, sont devenus une pierre angulaire de la réflexion contemporaine sur l'archive visuelle. Écrits en 1898, soit trois ans après la première projection publique et payante du Cinématographe, *Une nouvelle source de l'histoire* et *La Photographie animée* affirment que, bien au-delà d'un divertissement forain, le cinématographe représente un réel enjeu intellectuel, une source d'archives pour les historiens et s'inquiètent de l'urgence de la conservation des films dans une perspective historique. Il pressent la nécessité de la mise en place d'un dépôt légal du film et de l'invention de méthodes de conversation des pellicules à l'usage des générations futures. Ce dépôt, écrit-il, servirait à tous les corps de métiers : de la médecine à l'industrie, de l'armée aux beaux-arts.

Jean-Luc Douin

MAURI Rosita (Roseta Mauri i Segura)

Danseuse et pédagogue. – Née le 15 septembre 1849 à Reus, Espagne ; morte le 23 septembre 1923 à Paris, France.

Fille de Pere Mauri, maître de ballet de la ville de Reus en Catalogne, elle se forme en Espagne puis à Paris. Elle commence à danser au Théâtre principal de Barcelone, en 1870, et se produit ensuite sur les plus grandes scènes d'Europe (Vienne, Berlin, Rome…). Le compositeur français Charles Gounod, qui la voit sur la scène de la Scala à Milan en 1877, la fait engager au Théâtre national de l'Opéra à Paris l'année suivante, pour danser dans son opéra *Polyeucte*. Devenue étoile de ce théâtre, elle y fait le reste de sa carrière, interprétant avec virtuosité les ballets de Louis Mérante (*La Korrigane*, 1880 ; *Les Deux Pigeons*, 1886) et de Joseph Hansen (*La Maladetta*, 1893), ou encore les divertissements d'opéra, comme *Le Cid* (musique de Jules Massenet) en 1885. Elle quitte la scène en 1898, puis enseigne à l'École de l'Opéra de Paris jusqu'en 1920. Amie de l'homme politique Antonin Proust (ministre des Arts pendant le bref gouvernement Léon Gambetta de 1881-1882), Rosita Mauri a été immortalisée par de nombreux peintres, comme Edgar Degas, Édouard Manet, Anders Zorn ou Léon Comerre.

Sophie Jacotot

MAURICIENS

La grande majorité des Mauriciens présents en France est d'ascendance indienne. Cependant il est difficile d'évaluer avec précision le nombre d'Indo-Mauriciens en France, puisque les chiffres dont on dispose (qui varient entre 30 000 et 50 000) concernent les Mauriciens dans leur ensemble. La présence mauricienne en France reflète assez bien la répartition des différentes communautés de l'île qui est la suivante : 68 % d'Indiens, 27 % de Créoles (descendants des esclaves africains et malgaches), 3 % de Chinois et 2 % de Franco-Mauriciens (descendants des colons). La présence indienne à Maurice s'inscrit dans l'histoire des migrations coloniales. Au moment de l'abolition de l'esclavage, en 1834, et ce jusqu'aux années 1920, le système de l'engagisme, mis au point par les colonisateurs britanniques (il s'agit de l'embauche d'une main-d'œuvre sous contrat, à durée déterminée) conduisit vers les plantations de l'île quelque 450 000 travailleurs, pour la plupart issus du nord de l'Inde : Bihar et Uttar Pradesh. Ainsi, contrairement aux autres îles de plantation de l'océan Indien ou des Antilles, les Indiens du Nord y sont plus nombreux que les Indiens du Sud (du Tamil Nadu et de l'Andhra Pradesh en particulier) arrivés dès la première moitié du XVIIIe siècle, dans le cadre de la Compagnie des Indes orientales, pour participer à la construction de « l'Isle de France », en tant que maçons, architectes ou artisans. À l'île Maurice, le mot « hindou » n'englobe que les populations originaires du nord de l'Inde et non les Tamouls.

Si on ignore dans quelles proportions les différentes communautés ont émigré, on sait en revanche qu'elles n'ont pas suivi le même parcours migratoire. Plusieurs phases se distinguent. Toutes se mettent en place après l'organisation d'un référendum, par le Colonial Office, qui débouche sur l'indépendance de l'île le 12 mars 1968. Dès lors, les communautés minoritaires quittent massivement le pays car elles redoutent la domination de la majorité indienne (pendant seulement deux ans, de 2003 à 2005, l'île sera dirigée par un premier ministre qui n'est pas issu de la population hindoue) : ainsi les Franco-Mauriciens et les Créoles émigrent-ils à partir des années 1960 en France. Au cours d'une deuxième phase, de 1968 à 1978, on assiste à un tassement de l'émigration de ces deux groupes au profit du démarrage de l'émigration des Indo-Mauriciens. Les difficultés d'ordre économique conduisent les Indo-Mauriciens à quitter massivement l'île à partir de 1970 : la crise des secteurs d'activités traditionnelles, combinée à une forte croissance démographique, produit un taux de chômage important, qui ne peut être résorbé par l'industrie touristique, encore peu développée. L'émigration est encouragée par le gouvernement mauricien et encadrée en partie par l'Église (en particulier pour les créoles qui sont majoritairement catholiques), à travers la création du Bureau catholique d'émigration et de l'École ménagère de Port-Louis.

À la différence des autres migrants sud-asiatiques, les femmes jouent un rôle pionnier dans les mouvements migratoires mauriciens vers la France (elles constituent 60 % de la population mauricienne en France). Ce sont les femmes créoles qui ouvrent la voie, en investissant massivement le secteur de l'emploi domestique. Le mariage, au cours des années 1980, est également un point nodal de leur émigration de Maurice vers les départements de l'Aveyron, Lozère et Finistère à fort taux de célibat agricole masculin. Au cœur de ces logiques migratoires, on trouve une forte volonté d'émancipation et des besoins existant en France, notamment en personnel de service et en futures épouses pour endiguer le célibat des agriculteurs français. Ces mauriciennes créoles initient un processus de migration en chaîne dans lequel vont s'insérer les Indo-Mauriciennes. Elles vont s'investir dans la confection du Sentier et dans la domesticité des « beaux quartiers ». Ces femmes vont fortement imprégner le fonctionnement, l'image et les comportements de la communauté des Mauriciens à Paris et participent de manière décisive à l'élaboration de bases d'accueil pour les vagues migratoires ultérieures. Cette immigration est caractérisée par une introduction massive dans une économie urbaine souterraine : les liens étroits entre économie informelle, travail clandestin et immigration sud-asiatique se mettent en place et se perpétuent avec les vagues migratoires suivantes (Pakistanais, Bangladais, mais également Comoriens).

Les migrants indo-mauriciens, les femmes d'abord, les hommes ensuite, ont donc contribué de manière décisive à définir les contours socioprofessionnels de l'immigration sud-asiatique en France.

Anthony Goreau-Ponceaud

Bibl. : CARSIGNOL Anouck, « Les Indo-Mauriciens en France », *Hommes et migrations, Diasporas indiennes dans la ville*, n°s 1268-1269, juillet-octobre 2007, p. 120-130 • VUDDAMALAY Vasoodeven, « Les mécanismes de structuration du mouvement migratoire mauricien en France », thèse présentée à l'EHESS en février 1993.

MAXIMOFF Matéo

Romancier et traducteur. – Né le 17 janvier 1917 à Barcelone, Espagne ; mort le 24 novembre 1999 à Romainville, France.

Le plus grand écrivain tsigane de langue française est né à Barcelone d'un père rom kalderash de Russie et d'une mère française manouche, par ailleurs apparentée au musicien Django Reinhardt. La famille s'installe en France en 1920 mais, à l'âge de quatorze ans, l'adolescent se retrouve brutalement avec ses quatre frères et sœurs à charge après les décès rapprochés de ses parents. Il est tour à tour chaudronnier puis projectionniste ambulant dans les foires. C'est en 1938, alors qu'il purge une peine de prison à l'issue d'une rixe, que son avocat, Jacques Isorni, l'encourage à écrire son premier roman, *Les Ursitory*. La guerre venue, Maximoff est victime des lois raciales de Vichy. Interné avec les siens dans les camps de Gurs et de Lannemezan, il survit à la persécution – dans laquelle vingt-sept membres de sa famille périront –, mais l'expérience le marque durablement. Il en témoignera dans son roman *La Septième Fille* (1969) et son autobiographie *Routes sans roulottes* (1993). En 1946, *Les Ursitory* paraissent chez Flammarion et rencontrent un important succès qui lance sa carrière littéraire. Héritier d'une culture exclusivement orale, Maximoff est le premier auteur à vouloir se la réapproprier par écrit, afin de l'ouvrir à un plus vaste auditoire (*Le Prix de la liberté*, 1955 et *Savina*, 1957). Il fonde également la revue *Études tsiganes* en 1955, y consacre de nombreuses études sur les Roms et sera encore conseiller pour le cinéma. Orthodoxe et catholique par tradition familiale, il choisit en 1961 de se convertir au protestantisme, devient pasteur évangélique et traduira le Nouveau Testament en langue romani (*E nevi vastia*, 1994). Fait chevalier dans l'ordre des Arts et Lettres en 1986, Matéo Maximoff se voit proposer la naturalisation française, après sept demandes infructueuses. Il préfère décliner l'offre et meurt apatride.

Pierre-Frédéric Charpentier

MAYWALD Willy (Wilhelm Maywald)

Photographe. – Né en 15 août 1907 à Clèves, Allemagne ; mort le 21 mai 1985 à Paris, France.

Passé en France en 1932 pour y suivre les enseignements de l'École des beaux-arts, Willy Maywald choisit la photographie et devient assistant d'Harry Meerson, grand photographe de mode. L'élève dépassera le maître. Maywald se fait d'abord connaître, dans les années 1930, par ses portraits d'artistes et ses paysages de lieux évocateurs, mais après la guerre, qu'il réussit à passer en Suisse, il devient le photographe attitré de la maison Dior, pendant la direction de Christian Dior, puis celle de son successeur, Yves Saint-Laurent. Mais on le trouve aussi metteur en images de la plupart des grands noms de la haute couture parisienne de l'après-guerre, de Pierre Balmain à Hubert de Givenchy. Maywald est l'homme qui fait descendre le mannequin dans la rue. L'identité visuelle de la mode de cette génération lui est en grande partie due ; c'est, au reste, en voyant sa photographie Dior que Carmel Snow, l'éditrice du *Harper's Bazaar*, parlera d'un « new look ». Jeu de mots significatif : ici l'apparence est, d'abord, affaire de regard.

Pascal Ory

MCNEIL David

Chanteur, compositeur et écrivain. – Né le 22 juin 1946 à High Falls, États-Unis.

Fils de Marc Chagall et de celle qui fut sa compagne jusqu'en 1951, l'Anglaise Virginia Haggard, le jeune David suit sa mère en Belgique. Il y fréquente les milieux du cinéma indépendant, réalise quelques films non conformistes (*Les Aventures de Bernadette Soubirous*), tâte de la musique, avant de trouver sa voie dans la chanson. Il ne rencontre qu'un succès d'estime en interprétant des textes subtils, qui mettent en valeur un sens aigu du jeu de mots (album *Rucksack-Alpenstock*, 1980), mais s'impose dans le métier comme compositeur et parolier au service des plus grands noms, à commencer par Julien Clerc (*Melissa*), Jacques Dutronc, Yves Montand (*Hollywood*), Alain Souchon. Auteur de livres pour la jeunesse édités par Harlin Quist, David McNeil est devenu un romancier publié dans la collection « Blanche » des éditions Gallimard.

Pascal Ory

MEDDEB Abdelwahab

Écrivain, chroniqueur. – Né en 1946 à Tunis, alors Tunisie du protectorat.

Installé en France depuis 1967, Abdelwahab Meddeb y poursuit des études de lettres qui le conduiront jusqu'au doctorat, ce qui lui vaut d'enseigner la littérature comparée à l'université de Nanterre. Traducteur, poète (*Matière des oiseaux*, 2002), romancier, il produit depuis 1997, sur France Culture, l'émission « Cultures d'islam », où il défend et illustre un islam de dialogue, marqué par la pensée soufie, ouvert à la laïcité. Ce choix s'exprime dans ses *Contre-Prêches* (2006, prix Benjamin Fondane), issus d'autres émissions, émises sur Radio-Méditerranée, et reprises dans plusieurs ouvrages remarqués (*La Maladie de l'islam*, 2002, *Islam, la part de l'universel*, 2006, *Pari de civilisation*, 2009,...).

Pascal Ory

MEERSON Harry Ossip

Photographe. – Né en 1911 à Berlin, Allemagne ; mort en 1991.

Comme son frère, le décorateur Lazare Meerson, Harry s'est formé dans les studios de cinéma berlinois, qu'il quitte, comme son frère encore aussi, mais un peu plus tard (1929) et pour changer de métier. L'ancien assistant opérateur choisit la photographie, et en particulier celle de mode, travaillant pour le *Harper's Bazaar* new-yorkais, qui fera de lui son photographe parisien attitré. Le studio qu'il ouvre en 1930 verra passer plusieurs des futurs grands noms de la profession, soit simplement pour y faire tirer leurs épreuves, soit pour y apprendre les finesses de la prise de vues en studio, de Brassaï à Georges Chatelain en passant par Dora Maar ou Willy Maywald. Sa longévité lui permettra d'accompagner les grandes étapes de l'histoire de la mode française, jusque dans les années 1960.

Pascal Ory

MEERSON Lazare

Décorateur. – Né en 1897 à Varsovie, Pologne ; mort en 1938 à Londres, Angleterre.

Russe d'origine, étudiant en architecture, Lazare Meerson a fui la révolution bolchevique et, après un passage éclair dans les studios berlinois, s'installe à Paris en 1924. Il assiste, en 1925, le décorateur Alberto Cavalcanti sur le tournage de *Feu Mathias Pascal* de Marcel L'Herbier (1925), puis travaille pour Jacques Feyder et René Clair, élaborant en particulier la ville flamande de *La Kermesse héroïque* (1935) et la stylisation poétique de *Sous les toits de Paris* (1930). Meerson impose maquettes, perspectives forcées et trompe-l'œil. On le considère à juste titre comme le plus grand décorateur de l'entre-deux-guerres, et l'on cite volontiers comme significatifs de son inspiration les salons Arts déco de *Gribiche* de Jacques Feyder (1926), les espaces gigantesques de *L'Argent* de Marcel L'Herbier (1929), les bistrots de *Justin de Marseille* de Maurice Tourneur (1935).

Lazare Meerson a également créé de nombreuses fresques murales, dont celles du Casino de Monte-Carlo. Sa veuve, Mary Meerson, est devenue la compagne d'Henri Langlois.

Jean-Luc Douin

MEIER Richard

Architecte. – Né en 1934 à Newark, États-Unis.

Diplômé de l'université Cornell en 1957, prix Pritzker en 1984, Richard Meier reçoit à Paris, à proximité du parc André-Citroën, la commande du siège de la chaîne privée de télévision Canal + (1988-1991). Dans cet édifice, qu'il réalise avec la collaboration de Robert J. Gatje, la critique salue l'articulation des fonctions en entités distinctes et l'élégance des enveloppes de tôle émaillée blanche.

Gérard Monnier

MEILLET Antonine

Écrivain. – Née le 10 mai 1929 à Bouctouche, Canada.

L'attribution, en 1979, du prix Goncourt à *Pélagie-la-charrette* rendit célèbre en France Antonine Meillet, connue jusque-là surtout du public canadien, qui avait vu d'abord en elle une auteure de théâtre. L'ancienne religieuse, devenue universitaire au Canada et aux États-Unis, avait créé *La Sagouine* – sous-titrée : *pièce pour une femme seule* – à Moncton, au cœur de son Acadie natale, en 1971. Il y passe déjà la saveur rabelaisienne (l'auteur a soutenu une thèse de doctorat sur Rabelais) qu'on retrouvera dans le prix Goncourt, qui raconte avec verve la déportation, au XVIIIe siècle, des Acadiens par les Anglais, ce « grand dérangement », peu connu, encore, des Français.

Pascal Ory

MELNIK Constantin

Conseiller politique et écrivain. – Né le 24 octobre 1927 à Paris, France.

Petit-fils du médecin de Nicolas II, exécuté avec la famille impériale, Constantin Melnik naît apatride. Sa famille se cotise pour qu'il puisse acquérir la nationalité française dès l'âge de dix-sept ans, au sortir d'une guerre où l'adolescent a participé aux combats de la Résistance. Cette volonté précoce d'intégration le conduira à Sciences-Po, dont il sort major. Il commence alors une carrière de conseiller d'hommes politiques, dont, sous la IVe République, le ministre de l'Intérieur Charles Brune. Quand le général de Gaulle revient au pouvoir, Melnik entre au cabinet de Michel Debré, où il coordonne les services secrets. Ces *Mille Jours à Matignon* (titre de son ouvrage de mémoires, publié en 1988) le verront, entre autres, tenter de contrôler les opérations clandestines en Algérie du service Action du SDECE, mais aussi établir des contacts précoces avec le FLN. Il quitte les services au départ de Michel Debré et consacre désormais l'essentiel de son énergie à l'étude, à la fois contemporaine et historique, du renseignement en général (*Les Espions. Réalités et fantasmes*, 2008) et du renseignement soviétique et russe en particulier. L'élargissement progressif de sa réflexion nourrit son analyse de l'Union soviétique (*La Troisième Rome*, 1985), autant que son talent romanesque (*Des services très secrets*, 1991). Directeur de collection chez Fayard, il a suscité la publication de plusieurs grands succès de librairie, dans la catégorie du « document historique », à destination d'un large public (*L'Orchestre rouge*, de Gilles Perrault).

Pascal Ory

MEMMI Albert

Essayiste et romancier. – Né le 15 décembre 1920 à Tunis, Tunisie, alors protectorat français.

Premier garçon d'une famille de huit enfants, fils d'un père juif italien et d'une mère berbère arabophone, Albert Memmi a pu suivre des études de philosophie à Alger puis à Paris. Marié à une Française, il choisit de se fixer en France après l'indépendance tunisienne de 1956. C'est l'année suivante que Memmi fait connaître son nom en publiant son premier essai chez Buchet-Chastel, le *Portrait du colonisé, précédé du portrait du colonisateur*. Bénéficiant d'une élogieuse préface de Jean-Paul Sartre, l'ouvrage apparaît autant un soutien à l'émancipation des peuples colonisés qu'une réflexion sur le fait colonial. Située au carrefour des trois influences juive, arabe et occidentale, l'œuvre d'essayiste de Memmi s'attache à en définir les liens complexes et les singularités. En 1964, il rassemble les textes de la première *Anthologie des écrivains maghrébins de langue française*, en marge de laquelle il prédit (à tort ?) la disparition à terme de la littérature colonisée d'expression européenne au profit de l'arabe. L'autre grande thématique abordée par l'écrivain dans ses romans autobiographiques et ses essais concerne le rapport à l'autre, pris notamment du point de vue de la judéité (*Portrait d'un Juif*, 1962 ; *L'Homme dominé*, sous-titré : *Le colonisé, le juif, le noir, la femme, le domestique*, 1968). On lui doit d'avoir forgé les concepts d'« hétérophobie » et de « judéité » et d'avoir proposé des définitions renouvelées des termes « colonisation », « dépendance » et « racisme » pour l'*Encyclopaedia universalis*. Memmi a aussi enseigné successivement à l'École pratique des hautes études, à HEC, ainsi qu'à l'université de Nanterre, et acquis la nationalité française en 1973. Déjà membre de l'Académie des sciences d'outre-mer, il s'est vu décerner en 2004 le Grand Prix de la francophonie pour l'ensemble de son œuvre.

Pierre-Frédéric Charpentier

MÉNÉGOZ Margaret (Margaret Katarina Baranyai)

Productrice. – Née le 21 avril 1941 à Budapest, Hongrie.

Margaret Ménégoz débute dans le cinéma comme monteuse, puis entre aux Films du Losange, la société fondée par Barbet Schroeder et Éric Rohmer, dont elle devient gérante en 1975. Elle est l'épouse du réalisateur Robert Ménégoz, rencontré à un festival du court métrage à Berlin. Comme productrice, elle a à son actif, outre les films des créateurs de la société, *Un amour de Swann* de Volker Schloendorff (1984), *Noce blanche* de Jean-Claude Brisseau (1989), les films de Roger Planchon, Michel Deville, Michael Haneke (dont *Le Ruban blanc*, Palme d'or à Cannes en 2009). Elle a été présidente d'Unifrance de 2003 à 2009, après la mort de Daniel Toscan du Plantier.

Jean-Luc Douin

MÉRAY Tibor

Journaliste. – Né le 26 avril 1924 à Budapest, Hongrie.

Tibor Méray est un intellectuel hongrois réfugié en France après la répression soviétique de novembre 1956. Après la guerre, diplômé de lettres, il travaille pour le quotidien du Parti communiste hongrois, *Szabad Nép*, en tant que correspondant en Corée puis à Berlin ; en 1954, il entre dans son comité de rédaction. Couronné du prix littéraire Kossuth en 1953, il assume, en 1953-1954, les responsabilités de secrétaire de l'Union des écrivains, organe du parti communiste hongrois. Mais, à partir d'octobre 1954, il fait connaître publiquement son soutien à Imre Nagy et participe activement à la révolution d'octobre 1956. Pour échapper à son arrestation, il s'exile en France via la Yougoslavie. Il contribue à la presse et aux revues savantes françaises ; en 1974, il obtiendra la nationalité française.

Ayant « toujours la Hongrie en tête », il poursuit sa dissidence littéraire de Hongrois exilé en participant à la revue *Szemle* (Bruxelles) entre 1959 et 1963, puis à *Irodalmi Újság* (La gazette littéraire hongroise), dont il est directeur à Paris de 1962 à 1990. En 1986, Tibor Méray lance l'idée d'une cérémonie au Père-Lachaise en la mémoire d'Imre Nagy ; elle connaît un fort retentissement intellectuel et médiatique. Ses essais contribuent également à forger à l'étranger la mémoire de la révolution hongroise (*Thirteen Days that Shook the Kremlin*, 1958 ; *Imre Nagy, l'homme trahi*, 1960 ; *Budapest : 23 octobre 1956*, 1966).

Anna Trespeuch-Berthelot

MERCOURI Mélina (Melina Merkouris)

Actrice et femme politique. – Née le 18 octobre 1920 à Athènes, Grèce ; morte le 6 mars 1994 à New York, États-Unis.

Issue d'une famille d'hommes politiques athéniens, Mélina choisit le métier d'actrice et, dès lors, circule entre plusieurs pays, dont la France, où elle fait ses débuts au théâtre de boulevard. C'est à Cannes qu'elle rencontre le réalisateur Jules Dassin, Américain en exil, qui en fait son égérie. Le film *Jamais le dimanche* (1960) lance la carrière internationale de Mélina, qui tourne huit films avec Dassin. La dictature des colonels (1967-1974) transforme l'actrice, réfugiée en France, en porte-parole de l'opposition au régime. À la chute de celui-ci, elle rentre en Grèce, est élue député socialiste et sera ministre de la Culture de son pays, de 1981 à 1989 et de 1993 à sa mort. Dans cette fonction, elle s'inspire du modèle français de politique culturelle. Elle est, à cet égard, à l'origine de la formule des « capitales européennes de la culture ».

Pascal Ory

MERRILL Stuart

Poète et traducteur. – Né le 1er août 1863 à Hempstead, Long Island, États-Unis ; mort le 1er décembre 1915 à Versailles, France.

Fils d'un diplomate américain en poste à Paris, Stuart Merrill passe son adolescence dans la capitale française et étudie au lycée Condorcet, où il se familiarise avec la langue de son pays d'adoption. Rentré en Amérique au milieu des années 1880, il y mène des études de droit, tout en se faisant l'ambassadeur de la poésie française auprès de ses compatriotes. Son premier recueil de vers, *Les Gammes*, paraît en français en 1887, époque à laquelle Mallarmé développe la poésie symboliste. De retour en France trois ans plus tard, Merrill devient l'une des têtes de file du mouvement grâce à une poésie dont la recherche des rimes et des rythmes s'inspire directement de la musique. En parallèle, ses traductions du français permettront de mieux faire connaître l'œuvre d'auteurs comme Mallarmé, Baudelaire ou Huysmans au lectorat anglo-saxon.

Pierre-Frédéric Charpentier

MERTENS Pierre

Écrivain. – Né le 9 octobre 1939 à Bruxelles, Belgique.

Dans sa génération, Pierre Mertens est sans doute l'écrivain belge le plus connu en France, pays où il a fait éditer tous ses romans. *Les Éblouissements*, centré autour du destin du poète allemand Gottfried Benn, lui a valu, en 1987, le prix Médicis. « Enfant caché » de la guerre, juriste spécialisé dans l'étude des crimes de guerre et contre l'humanité, l'auteur est resté hanté par le mal, la violence, une Histoire faite de bruit et de fureur, à laquelle son pays n'a pas plus échappé que ses voisins (*Une paix royale*, 1995).

Pascal Ory

MESCHKE Michael

Marionnettiste. – Né le 14 juillet 1931 à Dantzig, alors ville libre, aujourd'hui Gdansk, Pologne.

Michael Meschke a raconté en français, dans *Le Théâtre au bout des doigts*, paru en 2012, l'itinéraire qui conduisit ce fils de réfugiés allemands antinazis, installés en Suède, à suivre en France l'enseignement du mime Étienne Decroux – chez lequel il a pour condisciple Marceau –, avant de trouver sa place à Stockholm, où il ouvre le Marionneteatern. Meschke est de ceux qui refusent que l'art de la marionnette soit confiné au public enfantin. *Baptiste* (inspiré de Decroux et Barrault), *L'Histoire du soldat*, *Ubu roi*, *Le Ramayana* ou *Le Petit Prince* (créé à Paris en 1974) en témoignent, tout comme sa collaboration avec György Ligeti, dont il écrit le livret de l'opéra *Le Grand Macabre*. Il enseigne son art à l'École internationale de la marionnette de Charleville. Son amour de la langue et de la culture françaises l'a conduit à se faire naturaliser français.

Pascal Ory

METCHNIKOFF Élie (Ilya Ilitch Metchnikov)

Bactériologue. – Né le 15 mai 1845 aux environs de Kharkov, alors Empire russe, aujourd'hui Ukraine ; mort le 15 juillet 1916 à Paris, France.

Ilya Metchnikoff naît dans une famille juive par sa mère. Après des études de zoologie à l'université de Kharkov, il se forme dans des universités allemandes puis à l'Institut de biologie marine de Naples. Il rejoint en 1867 l'université d'Odessa, qu'il abandonne rapidement pour celle de Saint-Pétersbourg. Frappé par la maladie puis par celle de sa femme qui décède en 1873, Metchnikoff ne trouve pas de cadre et de stabilité propices à ses travaux. En 1882, il parvient à quitter la Russie pour Messine, où il étudie les phagocytes et invente la notion de macrophage pour les cellules des défenses immunitaires. Inquiet de sa situation menacée dans son pays natal, il obtient de Louis Pasteur, en 1887, un poste dans son institut, qui ouvre l'année suivante. En 1904, il en devient le vice-directeur, et en 1908 partage avec Paul Ehrlich le prix Nobel de physiologie et de médecine pour ses travaux sur l'immunité. La Russie soviétique rendit hommage à son œuvre en créant à Moscou un Institut Metchnikoff pour les maladies infectieuses.

Vincent Duclert

MEYERBEER Giacomo (Jakob Liebmann Meyer Beer)

Compositeur. – Né le 5 septembre 1791 à Tasdorf, alors Prusse, aujourd'hui Allemagne ; mort le 2 mai 1864 à Paris, France.

Celui qui sera le maître reconnu du « grand opéra français » naît dans une famille juive berlinoise très tournée vers les arts (un de ses frères sera poète) et les sciences (un autre, astronome). Musicien doué, ami de Weber, il aurait pu engager une carrière de pianiste virtuose mais ses goûts le portent vers la scène. À partir de 1815, il est en Italie, où ses opéras obtiennent un succès croissant, qui le font comparer à Rossini. C'est, au reste, pour suivre celui-ci qu'il passe en France en 1825 et, tout en italianisant son prénom, s'adapte sans difficulté au goût français pour les grandes machines. De sa collaboration avec Eugène Scribe, librettiste très recherché, sort en 1831 *Robert le diable*. Le succès est considérable et d'ampleur internationale. Il assoie durablement l'Opéra de Paris au centre de la vie lyrique mondiale. L'œuvre de Verdi comme celle de Wagner en seront marquées, tout comme le genre du « ballet romantique ».

Perfectionniste, Meyerbeer donnera encore trois œuvres (*Les Huguenots*, *Le Prophète*, *L'Africaine*), créées dans les mêmes lieux, aux applaudissements du public, qui y retrouve le même patron : intrigue « à costumes », scènes à effets, leitmotiv, orchestration somptueuse, forte intégration du ballet : bref l'« œuvre d'art totale » dont Wagner fera la théorie. Le changement du goût – et une certaine dose d'antisémitisme – entraîneront le discrédit sur l'œuvre de Meyerbeer, le public lui restant fidèle beaucoup plus longtemps que la critique. Le XXIe siècle commençant a redécouvert l'œuvre de celui qui fut sans doute le plus fêté des compositeurs de son temps.

Pascal Ory

MEYERSON Émile

Philosophe. – Né le 12 février 1859 à Lublin, alors Empire russe, aujourd'hui Pologne ; mort le 2 décembre 1933 à Paris, France.

Émile Meyerson est un des artisans majeurs du développement de l'épistémologie en France au début du XXe siècle. Il est issu d'une famille de la bourgeoisie juive polonaise respectueuse des traditions mais peu croyante. Son père fut responsable de la communauté juive de Lublin, ville polonaise de l'Empire russe, et sa mère connut une petite notoriété littéraire. Si Meyerson a effectué la majeure partie de ses études en Allemagne, de son propre aveu, « sa formation spirituelle a commencé et s'est continuée à Paris », où il s'est installé en 1882. Chimiste de formation, il effectue un stage dans un laboratoire du Collège de France, puis travaille quelques années dans l'industrie en se consacrant parallèlement à des travaux théoriques. En 1889, le chimiste polyglotte (il maîtrise le polonais, le russe, l'allemand, le français et l'anglais) devient rédacteur pour la politique étrangère à l'agence Havas avant d'entrer, en 1898, au service d'une organisation philanthropique rattachée à la Jewish Colonization Association, qui favorise les installations juives en Palestine. Pour cet agnostique discret, il ne s'agit pas de manifester une adhésion au sionisme, mais d'œuvrer à l'amélioration de la situation des juifs. Meyerson est intégré à la bourgeoisie intellectuelle parisienne – il fréquente le cercle de Jean Moréas ainsi que la famille Reinach et cultive une amitié forte avec Bernard Lazare –, mais c'est à l'écart de l'université et du monde académique qu'il écrit *Identité et réalité*, dont la publication, en 1908, après dix-huit années de labeur solitaire, lui vaut une reconnaissance immédiate. À l'âge de cinquante ans, Meyerson connaît alors une intégration rapide à la communauté philosophique : au Congrès international d'Heidelberg (août 1908), l'épistémologue polonais fait ainsi partie de la délégation qui doit manifester l'excellence française en Allemagne sur fond de crispations nationalistes, et le compte rendu qu'Henri Bergson fait de son livre à l'Académie des sciences morales et politiques est pour lui une consécration. Durant la Première Guerre mondiale, Meyerson rédige des rapports (sur la Pologne notamment) pour le comité des « documents sur la guerre » au service du ministère des Affaires étrangères. Dans l'intimité des correspondances, il dénonce la « folie nationaliste » et les définitions closes et exclusives de la nation, affirmant néanmoins : « Cela n'a pas d'inconvénient pour la mienne, je sens son existence, de manière immédiate. Cette existence est un postulat, quelque chose dans le genre du *cogito* cartésien. » La formulation de l'attachement à l'identité du pays d'origine empruntait ainsi à la culture de la patrie d'adoption. Bien que dépourvu de toute position académique (sa candidature au Collège de France en 1922 est un échec), Meyerson occupe une place de premier plan dans la vie philosophique des années 1920. Dans plusieurs ouvrages importants (*De l'explication dans les sciences*, en 1921 ; *La Déduction relativiste* en 1925 et *Du cheminement de la pensée*, en 1931), il analyse le travail de la raison à l'œuvre dans la science, confronté, dans sa recherche d'identification du divers, à la résistance du réel, et il affirme la continuité entre le sens commun et la connaissance scientifique, brouillant la frontière entre rationnel et irrationnel. Meyerson entretient des relations étroites avec les maîtres de la philosophie universitaire ; Paul Langevin ou Alexandre Koyré fréquentent son salon. Son œuvre, dont il revendique l'inscription dans la « lignée de science française », souvent discutée (par Bachelard notamment), bénéficie aujourd'hui d'un regain d'intérêt. Elle a été élaborée en français et si Meyerson avouait « avoir lutté douloureusement avec la langue », il estimait être parvenu à un niveau de maîtrise rare pour un étranger arrivé adulte en France. En 1926, Meyerson sollicita et obtint la naturalisation, peu avant son élection comme correspondant *étranger* à l'Académie des sciences morales et politiques : « petite aberration » dont Meyerson ne manqua pas de relever l'ironie.

Stéphan Soulié

MEYERSON Ignace

Médecin et psychologue. – Né le 27 février 1888 à Varsovie, alors Empire russe, aujourd'hui Pologne ; mort le 17 novembre 1983 en région parisienne.

Issu d'une famille de médecins, Ignace Meyerson arrive à Paris en 1906, après six mois passés à l'université d'Heidelberg (Allemagne), à la suite de sa participation à l'insurrection russo-polonaise de 1905. Il y retrouve son oncle, le philosophe et historien des sciences Émile Meyerson, et termine ses études médicales tout en préparant une licence ès sciences. À partir de 1911, il développe des travaux de physiologie musculaire et nerveuse en qualité de préparateur bénévole au laboratoire de physiologie de la faculté des sciences, dirigé par Louis Lapicque, puis, en 1913 et 1914, au laboratoire de physiologie de l'Institut Marey. Engagé comme médecin auxiliaire dans la Légion étrangère dès le début de la Première Guerre mondiale, il est réformé pour raison de santé en 1915 et travaille à l'hôpital de la Salpêtrière, en remplacement d'Henri Wallon parti au front, dans les services de Philippe Chaslin et de Jean Nageotte. Il entre alors en contact avec Georges Dumas, Pierre Janet et Henri Delacroix. Inscrit au Parti socialiste en 1908, il y noue des liens étroits avec Victor Basch et Jeannette Halbwachs. Il fréquente également nombre d'artistes, peintres et sculpteurs. À la fin de la guerre, il se trouve, en tant que Polonais, dans une situation professionnelle difficile et ne peut soutenir sa thèse de médecine. Dumas le fait admettre en 1919 comme chef de travaux au laboratoire de psychologie de l'asile clinique de Sainte-Anne, tandis que Janet le charge de la remise en route du *Journal de psychologie normale et pathologique*. D'abord secrétaire de rédaction, il en devient en 1938 directeur-adjoint, puis directeur en 1962. Naturalisé français en 1923, Ignace Meyerson est nommé directeur-adjoint du laboratoire de psychologie physiologique de l'École pratique des hautes études (troisième section) dirigé par Henri Piéron, où il était entré en 1921 avec le statut de préparateur. Sa traduction de *L'Interprétation des rêves* (*Die Traumdeutung*) de Freud, commencée en 1922 à la demande de Dumas, est publiée en 1926. Entre 1927 et 1938, il mène, avec Paul Guillaume, une série de recherches de psychologie animale sur les grands singes au Muséum d'histoire naturelle et à l'Institut Pasteur, qui annonce ses recherches ultérieures sur « l'entrée dans l'humain ». À partir de 1928, il supplée Delacroix dans son cours de psychologie à la Sorbonne. Réfugié à Toulouse au début de la Seconde Guerre mondiale, il y dispense l'enseignement de la psychologie à la faculté des lettres. Relevé de ses fonctions le 19 décembre 1940 en application du statut des juifs, il continue clandestinement son enseignement pendant quelques mois et crée la Société toulousaine de psychologie comparative qui organise une Journée sur l'histoire du travail et des techniques. Après l'entrée des troupes allemandes dans la zone Sud, il assure la direction d'un journal clandestin. À la fin de la guerre, il est réintégré et mis à la disposition du recteur de l'académie de Toulouse pour donner un enseignement à la faculté des lettres. Sa thèse de doctorat (ès lettres), *Les Fonctions psychologiques et les œuvres*, soutenue en 1947, fixe les principes de la « psychologie historique » et lui permet d'être nommé en 1948 professeur titulaire à la faculté des lettres de Toulouse. C'est en 1951, à soixante-trois ans, qu'il est nommé directeur d'études à la sixième section de l'École pratique des hautes études, où il crée le Centre de recherches de psychologie comparative. Il y poursuit son enseignement jusqu'à la veille de sa mort, à quatre-vingt-quinze ans. Ignace Meyerson a souhaité établir dans son œuvre les bases d'une psychologie « qui étudierait l'homme dans ce qui est proprement humain », en se donnant pour objet d'enquête l'ensemble de ce que l'homme a produit dans tous les domaines et tout au long de son histoire.

Thérèse Charmasson

MICHAUX Henri

Poète, peintre et cinéaste. – Né le 24 mai 1899 à Namur, Belgique ; mort le 19 octobre 1984 à Paris, France.

Élevé dans un milieu aisé de Bruxelles, Henri Michaux passe une partie de son enfance à Anvers, mais doit différer ses études supérieures à cause de l'occupation allemande. Ayant renoncé à les poursuivre après une année de médecine, il s'engage comme marin, voyage et lit Lautréamont. En 1922, il fait paraître son premier poème dans la revue de Franz Hellens, *Le Disque vert*. Deux ans plus tard, il s'installe à Paris, où il côtoie les poètes et artistes surréalistes, se liant notamment avec Jules Supervielle ou Jean Paulhan, qui l'encouragent à écrire. C'est à la même époque que Michaux entame une œuvre picturale, influencée par Klee et De Chirico. En 1927, Gallimard publie son premier recueil de poèmes, *Qui je fus*. Dans les années qui suivent, l'écrivain accomplit de nombreux voyages à travers le monde, dont les récits en vers et prose mêlés (*Ecuador*, 1929 ; *Un barbare en Asie*, 1933) ne sont que prétexte à introspection, jusqu'à la négation même de toute réalité extérieure (*La nuit remue*, 1935). Au cours de la Seconde Guerre mondiale, Henri Michaux se retire dans le sud de la France. En mai 1941 à Nice, c'est à l'occasion d'une conférence consacrée à sa poésie que des activistes de la Légion française des combattants entendent réduire André Gide au silence. L'épisode révèle au grand public le nom de Michaux, bien malgré lui. Éprouvé par un veuvage en 1948, l'écrivain se tourne vers la peinture, bénéficiant d'une rétrospective de ses œuvres à Paris en 1951. Henri Michaux est naturalisé français en 1955. Une décennie durant, il s'adonne à la drogue pour renouveler son inspiration créatrice, ce dont il témoignera dans *L'Infini turbulent* (1957) et dans le film qu'il dirige, *Misérable miracle* (1972). Devenu une référence majeure dans le domaine littéraire français, Henri Michaux continuera à se préserver du monde jusqu'à la fin de ses jours.

Pierre-Frédéric Charpentier

MICHEL Rosa (Marie Wacziarg)

Syndicaliste. – Née le 4 janvier 1901 à Łódź, alors Empire russe, aujourd'hui Pologne ; morte le 14 novembre 1990 à Berlin, Allemagne.

Son père, David Wacziarg, ouvrier casquettier, était arrivé France en 1900 et, à sa mort en 1936, il était membre du PC. « Rosa Michel » fut le nom choisi par ses parents comme pseudonyme en l'honneur de Rosa Luxemburg et de Louise Michel.

Marie Wacziarg obtint le brevet élémentaire puis commença à travailler comme sténo-dactylo dans des usines métallurgiques. Elle adhéra à dix-huit ans à la Jeunesse socialiste et au Parti socialiste SFIO, puis elle devint une des responsables de la Jeunesse communiste et de son journal, *L'Avant-Garde*, en 1920. Dans les deux ans qui suivirent, elle milita en France et participa notamment à l'organisation de la campagne pour l'aide aux victimes de la famine dans la région de la Volga. En 1921, Rosa Michel représenta la Fédération des JC au Congrès international de la jeunesse à Iéna-Berlin et, l'année suivante, elle entra au bureau d'édition de cette organisation à Berlin comme dactylo. Elle adhéra alors au Parti communiste allemand (KPD). Dès lors, son activité se déroula durant une décennie au sein de cette organisation ainsi que dans l'appareil de l'Internationale communiste, avec plusieurs voyages à Moscou. En 1925, elle y épousa Walter Ulbricht, futur dirigeant de la République démocratique allemande, dont elle devait se séparer dix ans plus tard.

En 1933, quand Hitler vint au pouvoir, Rosa Michel émigra d'Allemagne sur ordre du KPD. Elle fut ensuite une collaboratrice d'André Marty à l'Internationale communiste. De février à octobre 1937, elle travailla à Valence, en Espagne, pour l'organisation des Brigades internationales. De retour à Moscou, elle y resta jusqu'à la fin de la Seconde Guerre mondiale Dans son questionnaire biographique rédigé en 1941, elle déclarait être de citoyenneté française et de nationalité juive ; jusqu'en 1938, elle avait mentionné « française » à ces deux questions.

Après 1945, elle fut titulaire d'une carte de journaliste professionnel au titre de *L'Humanité* dont elle fut la correspondante permanente à Berlin-Est où elle résidait souvent. Elle collabora aussi à l'hebdomadaire *France nouvelle* et aux *Cahiers du communisme*. Elle prit sa retraite à soixante-douze ans.

Michel Dreyfus

MICKIEWICZ Adam (Adam Bernard)

Poète, essayiste et enseignant. – Né le 24 décembre 1798 à Nowogrodek, alors Empire russe, aujourd'hui Biélorussie ; mort le 26 novembre 1855 à Constantinople, alors Empire ottoman, aujourd'hui Istanbul, Turquie.

Né sujet russe, trois ans après le dernier partage de la Pologne, Adam Mickiewicz, après ses études à l'université de Wilno, devient instituteur à Kowno (aujourd'hui respectivement Vilnius et Kaunas, en Lituanie) et fonde une association clandestine favorable à la restauration de l'État polonais, les Philomates. À la suite de son premier ouvrage, *Ballades et romances* (1822), il fait paraître d'autres recueils qui vont faire de lui l'un des plus grands poètes de l'époque romantique. Ses activités politiques lui valent d'être incarcéré en 1823-1824 par le pouvoir tsariste, et il doit se résoudre, cinq ans plus tard, à partir en exil. Après avoir séjourné dans différents pays européens, il s'établit en 1832 à Paris, où il demeurera jusqu'à la veille de sa mort. En dépit de sa proximité avec Lamennais, Montalembert ou George Sand, qui traduit en français *Les Aïeux*, il traverse des années difficiles. Il épouse une compatriote en 1834, l'année même où il fait paraître son plus célèbre poème, *Pan Tadeusz czyli ostatni zajazd na Litwie* (*Monsieur Thadée*), qui narre en douze livres l'histoire d'une famille polonaise durant les guerres napoléoniennes. En 1840, le Collège de France crée spécialement pour lui une chaire de littérature slave ; il mènera son enseignement jusqu'en 1844, une partie de ses cours faisant l'objet d'une publication l'année suivante. Proche des milieux républicains, il est révoqué après le coup d'État de 1851, en même temps que Jules Michelet et Edgar Quinet. À l'époque de la guerre de Crimée, il projette de former une légion polonaise pour combattre les Russes, mais il décède soudainement à Constantinople. La Bibliothèque polonaise de Paris accueille depuis 1903 un musée Adam Mickiewicz.

Pierre-Frédéric Charpentier

MIEREANU Costin

Compositeur et théoricien musical. – Né le 27 février 1943 à Bucarest, Roumanie.

La brillante carrière universitaire de Costin Miereanu, qui a contribué à intégrer au département d'esthétique de l'université Paris I toute une réflexion sur les musiques nouvelles, ne doit pas faire oublier son œuvre de compositeur. Il a d'abord suivi à l'Académie de musique de Bucarest un cursus complet de formation musicale, multipliant les premiers prix en composition, analyse, histoire et esthétique de la musique. Puis, grâce à un prix européen, il séjourne aux Pays-Bas et peut suivre l'enseignement des maîtres de Darmstadt, György Ligeti et Karlheinz Stockhausen. Il compose des œuvres qui lui valent en 1974 le prix Enesco de la Sacem. Il est naturalisé français en 1977. Ses compositions surprennent par des formes imprévisibles où la complexité crée des effets presque théâtraux. Il a d'ailleurs mis en musique Eugène Ionesco dans un opéra pour neuf chanteurs, quinze instruments et bande magnétique, *L'avenir est dans les œufs* (1980).

Didier Francfort

MIHALOVICI Marcel

Compositeur. – Né le 22 octobre 1898 à Bucarest, Roumanie ; mort le 12 août 1985 à Paris, France.

C'est Georges Enesco qui a encouragé le jeune Mihalovici à venir à Paris. Ayant suivi des études de musique à Bucarest et déjà composé, il s'inscrit dans les cours de Vincent d'Indy à la Schola Cantorum. Enesco crée, avec Clara Haskil, sa première sonate pour violon et piano (version remaniée) en 1927. Mais Mihalovici s'engage sur des voies musicales plus avant-gardistes que ses maîtres, sans pour autant les renier. En 1928, il est à l'origine de la fondation de l'École de Paris, cadre informel et mouvant, qui rassemble un grand nombre de musiciens tels Bohuslow Martinů, Tibor Harsányi, Alexandre Tansman, Igor Markévitch... L'esthétique des musiciens associés et leur rapport à la culture et à la société françaises ne sont pas du tout identiques, mais qu'importe, ils sont unis par un sentiment de solidarité ; une forte sociabilité les rapproche et les met en contact avec d'autres musiciens, écrivains, musicologues français ou étrangers résidant en France. Mihalovici est ainsi un ami de Vladimir Jankélévitch. En 1939, il fonde une Association pour la musique contemporaine. Il épouse la pianiste Monique Haas ; ils devront se réfugier à Cannes pendant la guerre, après laquelle Mihalovici devient une figure marquante de la vie musicale française. Il compose de nombreuses pièces instrumentales et vocales, parmi lesquelles un opéra tiré de *Phèdre* de Racine, en 1949, et le *Thésée au labyrinthe* (1956) montrent une solide culture classique associée à une modernité bien tempérée. En 1955, Mihalovici acquiert la nationalité française. Il enseigne à la Schola de 1959 à 1962 – ce qui montre que la tradition de Vincent d'Indy n'est pas seulement défendue par des « nationalistes ».

Didier Francfort

MILLER Henry

Romancier. – Né le 26 décembre 1891 à New York, États-Unis ; mort le 7 juin 1980 à Pacific Palissades, États-Unis.

Originaire d'une famille pauvre de Manhattan, Henry Miller séjourne en 1928 à Paris avec sa femme et revient s'y installer deux ans plus tard. Les premières années de son séjour sont difficiles, même s'il a fait la rencontre, décisive, de sa compatriote Anaïs Nin en 1931. Hébergé villa Seurat, près de Montparnasse, Miller y rédige son premier roman, en partie autobiographique, *Tropique du Cancer*, qu'il fait paraître en 1934. Bouleversant les codes d'écriture habituels et évoquant de façon explicite des actes sexuels, le texte est salué comme un chef-d'œuvre, en particulier par Blaise Cendrars ; il ne sera publié aux États-Unis qu'en 1961, valant à son auteur d'être poursuivi pour obscénité. L'écrivain poursuit son œuvre dans la capitale française jusqu'à la guerre et saura se souvenir plus tard de ses années parisiennes (*Jours heureux à Clichy*, 1956).

Pierre-Frédéric Charpentier

MILNE-EDWARDS Henri (Henri-Milne Edwards)

Zoologiste et physiologiste. – Né le 23 octobre 1800 à Bruges, alors France, aujourd'hui Belgique ; mort le 29 juillet 1885 à Paris, France.

Fils de William Edwards, militaire anglais qui a été planteur à la Jamaïque et a eu vingt-sept enfants de son premier mariage, et de la seconde épouse française de ce dernier, Élisabeth Vaux, Henri Edwards naît à Bruges, où ses parents se sont retirés. Il ajoutera au nom de son père celui de sa marraine et demi-sœur, Mme Milne, qui contribue à l'élever. Lorsque son père, qui apporte son soutien aux Britanniques, est arrêté par les troupes napoléoniennes, son frère aîné, William Frederick Edwards, médecin qui sera un promoteur de la physiothérapie, fait venir le jeune Henri Milne-Edwards à Paris. Après l'indépendance de la Belgique en 1830, il fait le choix de devenir citoyen français : il est naturalisé le 28 février 1831. Il suit des études de médecine à Paris, obtient son doctorat en 1823. Après quelques années de pratique, il se consacre à la zoologie et particulièrement à la recherche sur les invertébrés. Il est docteur ès sciences en 1836. Dès 1828, il reçoit, pour ses travaux, un prix de physiologie expérimentale de l'Académie des sciences, avant d'en devenir membre en 1838, dans la section d'anatomie et zoologie, où il succède à Georges Cuvier. En 1841, il accède au Muséum national d'histoire naturelle à la chaire d'histoire naturelle des crustacés, des arachnides et des insectes ou des animaux articulés et, en 1844, à celle d'entomologie et de physiologie comparée à la faculté des sciences, dont il devient ensuite le doyen. En 1862, il quitte l'entomologie pour la chaire de zoologie du Muséum, rendue vacante par la mort d'Isidore Geoffroy Saint-Hilaire. L'importance de ses ouvrages consacrés à l'histoire naturelle des crustacés, des insectes et des mammifères et à la physiologie et l'anatomie comparées de l'homme et des animaux le désigne comme la figure majeure des naturalistes français de son époque. Il est fait grand officier de la Légion d'honneur. Il est le père d'Alphonse Milne-Edwards, médecin, pharmacien et zoologiste, qui deviendra directeur du Muséum en 1892.

Anne Rasmussen

MILOSZ O. V. de (Oskar Wladyslaw, ou Vladislas, de Lubicz Milosz)

Écrivain et diplomate. – Né le 28 mai 1877 à Czeraïa, alors Empire russe, aujourd'hui Biélorussie ; mort le 2 mars 1939 à Fontainebleau, France.

Né dans le domaine de ses ancêtres lituaniens, O. V. Milosz est le fils d'un officier de l'armée russe et d'une juive polonaise originaire de Varsovie. L'enfant grandit environné des langues russe, polonaise et enfin française, au contact d'une gouvernante alsacienne. En 1889, sa famille s'installe à Paris et le jeune Milosz accomplit sa scolarité au lycée Janson-de-Sailly, avant des études à l'École du Louvre. À cette époque, il rédige ses premiers poèmes et rencontre des auteurs comme Oscar Wilde ou Jean Moréas. Polyglotte accompli – il maîtrisera une dizaine de langues –, il décide d'adopter le français comme langue d'écriture et fait paraître en 1899 son premier livre, *Le Poème des décadences*. Lui succède une œuvre abondante et multiforme, mêlant vers, prose, essais et traductions, et qui arrachera à Paul Fort ce mot : « Milosz, c'est le plus beau cadeau que l'Europe ait fait à la France. » La déclaration de guerre de 1914 conduit l'écrivain à être mobilisé dans l'une des divisions russes de l'armée française, mais il ne connaîtra pas les horreurs du front. Le régime soviétique ayant saisi ses terres, Milosz devient délégué de la Lituanie auprès du gouvernement français en 1919. Il mène alors une intense activité diplomatique, notamment à la Société des nations, mais choisit d'y mettre un terme en 1925, afin de se recentrer sur son œuvre littéraire. Il publie de nouveaux poèmes (*Les Arcanes*, 1927), traduit des contes lituaniens, publie des essais et se passionne pour la Kabbale (*La Clé de l'Apocalypse*). Après avoir reçu la Légion d'honneur, O. V. de Milosz acquiert la nationalité française, en mai 1931. L'écrivain, qui séjournait à Fontainebleau depuis le début des années 1930, y meurt d'une crise cardiaque au printemps 1939.

Pierre-Frédéric Charpentier

MINKOWSKI Eugène

Psychiatre. – Né le 17 avril 1885 à Saint-Pétersbourg, alors Empire russe, aujourd'hui Russie ; mort le 15 novembre 1972 à Paris, France.

Issu d'une famille juive lituanienne très pratiquante, il est le deuxième des quatre fils d'Auguste Minkowski, commerçant nommé baron à vie par le tsar, et de Teckla Lasecka. Quand Eugène Minkowski a sept ans, la famille fait retour en Pologne et s'installe à Varsovie. Il y débute ses études de médecine, en langue russe, mais l'université est fermée par les Russes après la tentative révolutionnaire de 1905. Aussi, il émigre à Munich, où il passe son doctorat de médecine en 1909. Pour exercer en Russie, il doit obtenir un diplôme russe, et reprend ses études à Kazan pour y passer un nouveau doctorat. Il rencontre Frania Brokman, issue comme lui d'une famille juive polonaise, elle aussi médecin, qui devient son épouse en 1913 sous le nom de Françoise Minkowska. Il retourne à Munich étudier la philosophie, sous l'influence d'Henri Bergson et dans le sillage des élèves d'Edmund Husserl, et s'y trouve quand éclate la Première Guerre mondiale. Sujet russe en Allemagne, il se réfugie en Suisse, à Zurich, où l'un de ses frères exerce comme neurologue. Grâce à sa femme, qui a été assistante à l'asile du Burghölzli, il travaille avec le psychiatre

Eugen Bleuler. Cependant, selon le témoignage de sa fille, « admirateur de la France, Eugène ne peut se résigner à rester à l'écart du conflit mondial » : alors que la guerre ne concerne directement ni la Suisse où il réside, ni la Pologne, son pays d'origine, il s'engage au nom d'un « impératif catégorique » comme volontaire dans l'armée française, en mars 1915. Il est incorporé en tant que médecin de bataillon et fait les batailles de Champagne, de Verdun, de la Somme et de l'Aisne en première ligne. Il reste sous les drapeaux pendant cinq ans, participant ensuite à l'occupation française en Allemagne. Il dira par la suite que c'est dans les tranchées de Verdun qu'il a décidé de rester définitivement en France : « C'est le garçon de 14-18 qui a fait de moi un Français. » Il obtient la nationalité française et reçoit la Légion d'honneur et la croix de guerre. Démobilisé en 1920, sans diplôme français et sans ressources, il doit recommencer pour la troisième fois des études de médecine et de psychiatrie, et obtient son doctorat en 1926. Il renonce à passer les concours et à la carrière hospitalière. Dans une situation matérielle difficile, il travaille dans des maisons de santé privées, à Saint-Mandé notamment, et devient médecin consultant dans plusieurs hôpitaux, à l'hôpital Sainte-Anne et à l'hôpital Henri-Rousselle. Germanophone, écrivant en allemand, il contribue largement, avec son épouse, à introduire en France la culture psychiatrique allemande de la fin du XIXe et du début du XXe siècles, dont il est un très bon connaisseur. Il participe en 1925, avec René Allendy, Édouard Pichon, René Laforgue, Angelo Hesnard, parmi d'autres, à la fondation du groupe et de la revue *L'Évolution psychiatrique*, point de rencontre entre la neuropsychiatrie et l'approche psychanalytique, qui occupe une place majeure dans son parcours scientifique. Il publie son premier livre, consacré à la schizophrénie, en 1927. Réputé comme clinicien, il est considéré comme le principal animateur du courant phénoménologique en pathologie mentale. Pendant la Seconde Guerre mondiale, Eugène Minkowski, interdit d'exercice, mène une activité clandestine comme président de la Société de protection de santé des populations juives, qui permit d'évacuer en zone Sud des milliers d'enfants juifs. Dénoncés en août 1943, Minkowski et sa femme sont arrêtés, et libérés par les autorités françaises grâce au concours du groupe de *L'Évolution psychiatrique*. Françoise Minkowska s'éteint en 1950. Alexandre, le fils du couple né en 1915, devient un pédiatre renommé, aux origines de la néonatologie.

Anne Rasmussen

MIRÓ Joan

Peintre et sculpteur. – Né le 20 avril 1893 à Barcelone, Espagne ; mort le 25 décembre 1983 à Palma de Majorque, Espagne.

Vivant entre la France et l'Espagne, Miró se définit comme un « Catalan international ». Son attachement à la Catalogne naît dans la première partie de sa vie, qu'il passe entre Barcelone et Mont-roig del Camp à apprendre la peinture (1907-1915). L'influence de la peinture moderne européenne, en particulier parisienne, est sensible dans certaines toiles exposées en 1918 à la galerie Dalmau de Barcelone, comme *Nord-Sud*, baptisée du nom d'une revue française de l'époque et inspirée par Cézanne, Picasso et Gris. Des séjours à Paris entrecoupés de pauses estivales à Mont-roig del Camp amènent Miró à s'éloigner du réalisme pour frayer avec le surréalisme, ce que montre la toile *La Ferme* (1921, achetée par Hemingway). Quand bien même il est arrivé à Paris en s'écriant « Plus jamais Barcelone ! », l'attachement de Miró à son identité catalane est un élément qui le marginalise au sein du groupe surréaliste. Nombreux sont les motifs espagnols dans son œuvre : paysages et bâtiments, danseuses et toréadors. Son exposition personnelle à la galerie Pierre en 1925, présentée par Benjamin Péret, est néanmoins un grand succès, tout comme les expositions collectives qu'il fait à Paris avec les surréalistes et à Barcelone avec les avant-gardistes catalans. Lors de la guerre d'Espagne, Miró exprime son soutien au camp républicain en présentant dans le Pavillon espagnol de l'Exposition internationale de Paris en 1937 la sculpture *El Segador*, représentant un paysan catalan armé d'une faux, symbole d'un peuple en lutte. Après l'armistice de 1940, il se réfugie à Majorque et à Barcelone et redécouvre l'Espagne, tout en renouvelant ses pratiques artistiques. Il travaille notamment sur une série de lithographies intitulée *Barcelona*, où pointe sa haine de la guerre et de la dictature. Vivant entre Paris et Palma de Majorque après la Libération, il connaît un grand succès international et reçoit de nombreuses commandes, dont celle des murs de céramique pour le siège parisien de l'Unesco, en 1956, qu'il réalise sur le thème du soleil et de la lune. Il fournit également des œuvres importantes à la fondation qu'Aimé Maeght, son galeriste, ouvre à Saint-Paul-de-Vence en 1964. Après une rétrospective à Barcelone en 1968, où son catalanisme est mis en avant, émerge l'idée d'ouvrir une fondation, qui voit le jour l'année de la mort de Franco, en 1975. Elle a offert aux jeunes artistes européens l'un des premiers lieux d'expression libre dans l'Espagne de la « transition démocratique ».

Julie Verlaine

MIRWAIS (Mirwais Ahmadzaï)

Musicien, compositeur et producteur. – Né le 23 octobre 1960 à Lausanne, Suisse.

Né d'un père afghan et d'une mère italienne, Mirwais Ahmadzaï est âgé de six ans quand ses parents s'installent à Paris. En 1978, la rencontre au lycée Balzac avec Daniel Rozoum – futur Daniel Darc – conduit à la fondation du groupe de pop-rock Taxi Girl, où il tient la guitare et assure la plupart des compositions. Influencée par l'urgence du mouvement punk et l'esthétique constructiviste, la formation éclate sur le devant de la scène musicale française en 1980 avec le succès de son deuxième 45-tours, *Cherchez le garçon*. À la suite d'une carrière paradoxale alliant dérive autodestructrice et réussites commerciales (*Quelqu'un comme toi*, 1983 ; *Paris*, 1984), Mirwais et Daniel Darc interrompent leur collaboration sur un dernier hit (*Aussi belle qu'une balle*, 1986). Taxi Girl restera la source d'inspiration majeure de groupes français influents des décennies à venir (Indochine, Air ou Daft Punk). Mirwais s'essaye ensuite à un duo qui, sous le nom Juliette et les Indépendants, obtient un succès critique, mais peine à rencontrer la reconnaissance du public (*14 juillet*, 1994). La consécration intervient finalement en 2000 avec la sortie de son second album solo, *Production*, audacieux mélange d'héritage rock, de références à Serge Gainsbourg et de novations électroniques. Le disque est vendu dans le monde entier, tandis que le simple « Naïve Song » est utilisé dans la publicité et à la télévision. Un autre extrait, « Disco Science », attire l'attention de Madonna. Entre 2000 et 2005, Mirwais collabore à trois de ses albums, en tant qu'auteur, musicien et producteur. Toujours soucieux de diversifier son art, Mirwais pilote en 2009 avec la chanteuse libanaise Yasmine Hamdan l'album *Arabology*, qui se présente comme le premier disque d'électro-pop arabe. Depuis cette date, Mirwais poursuit son activité, principalement comme producteur.

Pierre-Frédéric Charpentier

MITACQ. — *Voir* BELGE DE LA BANDE DESSINÉE, école.

MODIGLIANI Amadeo

Peintre et sculpteur. – Né le 12 juillet 1884 à Livourne, Italie ; mort le 24 janvier 1920 à Paris, France.

Célébré après sa mort brutale comme l'incarnation de l'artiste maudit, génial et inclassable, Modigliani est une figure importante de l'art parisien entre 1906 et 1920. Né dans une famille de marchands italiens d'origine juive, il souffre dès son enfance de la tuberculose. Il étudie l'art à Livourne, Florence et Venise puis en 1906, attiré par l'impressionnisme, s'installe à Montmartre et travaille dans l'atelier de Colarossi. Les rencontres avec des poètes (Apollinaire et Salmon) et des sculpteurs (Brancusi et Nadelman) le poussent à se consacrer à la sculpture. Vivant très pauvrement, il change souvent d'habitation, passant de La Ruche au Bateau-Lavoir ; pour exercer son art, il vole des madriers et des pierres de Verdun sur le chantier du métro parisien. Sa santé fragile, mise à mal par des excès de toutes sortes (alcool, drogue, sexe), le force à abandonner la sculpture pour la peinture, et en particulier le portrait. Il représente ses amis : Max Jacob, Paul Guillaume, Soutine et nombre de femmes anonymes au regard voilé. À la déclaration de guerre en 1914, il est réformé pour son état de santé et reste à Paris où, sans ressources, il fréquente la cantine Vassilieff avec sa compagne Jeanne Hébuterne. Le marchand Zborowski organise, à la galerie Berthe Weill, sa première exposition personnelle, où ses nus aux lignes sensuelles font scandale : l'exposition est décrochée et la galerie fermée. Après la guerre, la carrière internationale de Modigliani décolle avec des expositions en Angleterre ; mais son succès est surtout posthume, avec d'innombrables expositions depuis sa mort (à trente-cinq ans, d'une méningite tuberculeuse) jusqu'à nos jours.

Julie Verlaine

MONDRIAN Piet (Pieter Cornelis Mondriaan)

Peintre. – Né le 7 mars 1872 à Amesrfoort, Pays-Bas ; mort le 1er février 1944 à New York, États-Unis.

Piet Mondrian arrive en France en 1911 : après Van Gogh, découvert quelques années plus tôt, sa nouvelle illumination est cubiste, au point qu'il a résolu d'aller à la source, qui s'appelle Paris. Son art se radicalise, tend vers l'abstraction. De retour au pays natal en 1915, il fortifie son choix au contact de Theo Van Doesburg et de sa revue *De Stijl*. Le retour à la paix ramène Mondrian à Paris. Il y restera durant vingt ans, dans son atelier de Montparnasse, y déployant son style classique, fondé sur un jeu rigoureux de lignes quadrangulaires et de couleurs primaires. Des galeristes comme Jeanne Bucher, des critiques comme Michel Seuphor assurent petit à petit la référence à Mondrian (groupe Cercle et carré) au cœur d'une abstraction encore très marginale, qui devra attendre l'après-guerre pour s'imposer. Entre-temps Mondrian, sensible aux rumeurs de guerre, aura quitté Paris pour Londres, puis pour New York.

Pascal Ory

MONÉNEMBO Tierno (Thierno Saïdou Diallo)

Romancier. – Né le 21 juillet 1947 à Porédaka, Guinée.

« Je suis une espèce d'enfant perdu qui s'est raccroché à la littérature. » C'est pour fuir la dictature de Sékou Touré que Thierno Saïdou Diallo se réfugie d'abord au Sénégal, puis émigre en 1973 en France, où il sera naturalisé. Étudiant en biochimie à Lyon, il fait paraître en 1979 un premier roman remarqué, *Les Crapauds-brousse*, sous le pseudonyme de Tierno Monénembo. Neuf autres ouvrages suivront, qui feront de l'écrivain l'un des porte-voix de la littérature africaine contemporaine d'expression française. Son deuxième roman, *Les Écailles du ciel*, est couronné en 1986 par le Grand Prix de l'Afrique noire. En 2008, Tierno Monénembo obtient le prix Renaudot pour son roman *Le Roi du Kahel*. Revisitant l'histoire de France, l'écrivain s'attache à y décrire la vie du vicomte de Sanderval, l'un des premiers africanistes, fondateur de Conakry et devenu roi des Peuls à la fin du XIXe siècle.

Pierre-Frédéric Charpentier

MONSHIPOUR Kermani Mayar

Sportif. – Né le 21 mars 1975 à Bam, Iran.

Contrairement à la plupart des boxeurs, Mahyar Monshipour n'est pas issu d'un milieu où ce sport peut permettre une ascension sociale fulgurante. Il aurait dû être médecin : c'est en tout cas ce que souhaitait son père, ancien sous-préfet de police à Téhéran, qui l'a élevé seul sous le nouveau régime. En août 1986, en plein durcissement du conflit entre l'Iran et l'Irak, le jeune Mahyar est envoyé en France par son père, qui tient à lui éviter un enrôlement précoce dans l'armée. C'est à Poitiers qu'il débarque, accueilli par sa tante Mahnaz et son mari, l'ancien président Bani Sadr. Ne parlant pas un mot de français, Mahyar va réussir à mener de front ses études (il obtient une licence en sciences et techniques des activités physiques et sportives) et sa passion pour la boxe. Très doué pour le « noble art », Mahyar Monshipour devient professionnel en 1996 dans les catégories Poids coqs et Super coqs.

Bien servie par un fort mental et une détermination sans faille, sa carrière est exemplaire : champion de France, puis d'Europe en 2002, et surtout champion du monde WBA (World Boxing Association) en catégorie Super coqs, sacré le 4 juillet 2003 au cours d'un combat organisé au Futuroscope de Poitiers. Avec son style spectaculaire, dynamique et généreux, il conserve son titre à cinq reprises, avant de s'incliner le 18 mars 2006 dans un combat d'une rare intensité, face au Thaïlandais Somsak Sithchatchawal. Mahyar Monshipour décide alors d'arrêter sa carrière avant de se raviser, deux ans plus tard, en 2008. Mais son retour à la compétition se solde par un échec : il ne parvient pas à conquérir le titre mondial de la catégorie Poids coqs. Avec un bilan de 31 victoires (dont 21 par knock-out) sur 37 combats, Mahyar Monshipour entre au panthéon de la boxe française. Fier d'avoir pu représenter la France, son pays d'accueil, il est décoré de la médaille de l'ordre national du Mérite, qui récompense sa réussite sportive mais aussi son parcours personnel. Devenu directeur adjoint des sports au Conseil général de la Vienne et conseiller technique auprès du ministère de la Santé, de la jeunesse et des sports, Mahyar Monshipour a toutefois connu quelques vicissitudes avec sa naturalisation : celle-ci ne viendra qu'avec les honneurs, en 2001. Il raconte cette blessure dans un ouvrage, *La Rage d'être français*, publié en 2007 : « Après douze ans de vie commune avec la France, j'avais déposé un dossier de naturalisation. La réponse a tardé à venir mais on a fini par me la refuser. J'étais à Poitiers depuis l'âge de onze ans. Je mangeais, je respirais français et, d'un coup, on me disait que je ne faisais pas partie de cette société. »

Devenu l'un de ces « héros de l'intégration » qui multiplie les actions éducatives valorisées par la République et les médias, Mahyar Monshipour n'oublie cependant pas l'Iran et sa ville d'origine. Après le tremblement de terre de Bam en 2003, il fonde l'association France-Bam solidarité pour venir en aide aux victimes.

Yvan Gastaut

MONTAND Yves (Ivo Livi)

Acteur, chanteur. – Né le 13 octobre 1921 à Monsummano Alto, Italie ; mort le 9 novembre 1991 à Senlis, France.

Ivo Livi a deux ans, lorsque sa famille ouvrière et militante communiste fuit l'Italie fasciste de Mussolini et émigre à Marseille. Les Livi obtiendront la nationalité française en 1929. C'est Ivo Livi, coiffeur pour dames puis docker, qui entame une carrière de chanteur à l'Alcazar. C'est Yves Montand qui se sert de sa notoriété naissante pour échapper au Service du travail obligatoire. Le gamin a choisi ce nom de scène en souvenir des exhortations de sa mère : « *Ivo, monta* » (« Ivo, rentre à la maison »). Édith Piaf sera son pygmalion. Montand s'impose comme le plus ambitieux des interprètes de sa génération. En dépit de son échec, *Les Portes de la nuit* (Marcel Carné, 1946), où il remplace Jean Gabin, marque le début d'une carrière cinématographique qui le propulse au firmament. Remarqué dans *Le Salaire de la peur* de Clouzot (1953) ou *Le Milliardaire* de Cukor (1960), le crooner devient star du septième art avec *Compartiment tueurs* (Costa-Gavras, 1965). Montand devient acteur engagé (*Z* en 1968, *L'Aveu* en 1969, *État de siège* en 1972), héros de polars chez Alain Corneau (*Police Python 357* en 1976, *Le Choix des armes* en 1980) ou Melville (*Le Cercle rouge*, 1970), séducteur fantaisiste chez de Broca (*Le Diable par la queue*, 1968) ou Rappeneau (*Le Sauvage*, 1975), exubérant fanfaron chez Sautet (*César et Rosalie* en 1972, *Vincent, François, Paul et les autres* en 1974), sans oublier le Papet de *Jean de Florette* de Claude Berri en 1986. L'amoureux de Marilyn Monroe, le compagnon de Simone Signoret est devenu un mythe français : amateur de p'tites mômes et promenades à bicyclette (avec Paulette), chanteur de feuilles mortes, saltimbanque imprécateur, défenseur des droits de l'homme indigné. Reconnu dans ces différents métiers comme un exemple achevé de « professionnel », Yves Montand représente aussi un cas, encore nouveau à son époque, d'artiste de la scène investi d'un rôle d'intellectuel.

Jean-Luc Douin

MORAX Victor

Médecin et biologiste. – Né le 16 mars 1866 à Morges, Suisse ; mort le 14 mai 1935 à Paris, France.

Victor Morax, dont le père est médecin de campagne, fait ses études secondaires à Morges, puis à Lausanne. En 1886, après un stage au laboratoire de chimie biologique du professeur Baumann à Fribourg-en-Brisgau, il gagne Paris en 1888 pour y préparer sa médecine. D'abord externe à la clinique des maladies nerveuses de Charcot et à la Salpêtrière où il reçoit l'enseignement de l'oculiste Parinaud, il prépare l'internat sous la direction d'un futur pastorien, Maurice Nicolle. Interne à Bichat, il décide de suivre le cours de microbiologie de l'Institut Pasteur, dont il devient l'un des préparateurs, et où son compatriote Alexandre Yersin le présente à Émile Roux, l'un des grands chefs de services (et futur directeur de l'Institut). Avec Maurice Nicolle, il invente en 1893 une méthode de coloration des cils microbiens dite « Nicolle-Morax » . Puis c'est la découverte, l'année suivante, de l'agent spécifique d'une forme de conjonctivite aiguë, le diplocoque. En 1902, il travaille avec Miguel Elmassian – lui-même d'origine arménienne – sur les toxines microbiennes. Ses recherches à l'Institut Pasteur le conduisent à prendre une part de plus en plus grande dans l'ophtalmologie française. En 1894, il soutient sa thèse de doctorat de médecine, *Recherches cliniques et bactériologiques sur l'étiologie des conjonctivites aiguës et sur l'asepsie dans la chirurgie oculaire*, devient collaborateur des *Annales d'oculistique* dont il assure la direction à partir de 1898. En 1903, il prend, pour vingt ans, la direction du service d'ophtalmologie de l'hôpital Lariboisière, tout en poursuivant des missions pour le compte de l'Institut Pasteur. Il participe en 1905 à la rédaction de l'*Encyclopédie française d'ophtalmologie* et fait paraître en 1908 un *Précis d'ophtalmologie* qui connaîtra un fort succès. Il est choisi en 1927 pour représenter la France au Conseil international d'ophtalmologie lors de sa création à Scheveninge. En 1929, il retourne à l'Institut Pasteur comme membre de l'assemblée. Deux ans plus tard, il se consacre à l'étude expérimentale des tuberculoses oculaires dans le service d'Albert Calmette. Membre de l'Académie de médecine en 1930, il reçoit l'année suivante le prix Chaussier de l'Académie des sciences.

Vincent Duclert

MORÉAS Jean (Ioánnis, ou Yanni, A. Papadiamantópoulos)

Poète. – Né le 15 avril 1856 à Athènes, Grèce, et mort le 30 avril 1910 à Saint-Mandé, France.

Né dans une famille de la haute société grecque comptant plusieurs héros de l'indépendance Ioánnis Papadiamantópoulos reçoit une éducation à la française et part en 1875 étudier le droit à Paris. Il se mêle aux milieux littéraires de la capitale française, côtoyant notamment le groupe des Hydropathes. Après un bref retour en Grèce, il revient s'installer définitivement en France en 1880. Il collabore à plusieurs revues parisiennes, comme *Lutèce* ou *Le Chat noir*, et choisit le pseudonyme de Jean Moréas, qui, par allusion à la ville de Morée dans le Péloponnèse, renvoie à ses origines grecques. Il publie ses deux premiers recueils des poésies, *Les Syrtes* (1884) et *Cantilènes* (1886), en marge desquels il rejette l'influence du Parnasse ou du décadentisme, pour se réclamer d'une nouvelle manière d'écrire qu'il qualifie de « symboliste ». Jean Moréas signe le manifeste qui lance le nouveau mouvement littéraire dans *Le Figaro littéraire* du 18 septembre 1886, et fonde l'éphémère revue *Le Symboliste*, en octobre. Le poète fait paraître plusieurs ouvrages avec un succès mitigé, avant de renouveler son art poétique en fondant l'école romane (*Stances*, 1893 et *Contes de la vieille France*, 1904). Après avoir été fait chevalier de la Légion d'honneur en 1906, il obtient sa naturalisation française à la fin de l'année 1909 et organise un banquet, le 24 janvier 1910, pour la célébrer. Souffrant depuis des mois d'une maladie vénérienne contractée durant sa jeunesse, il décède trois mois plus tard. « Cet Hellène n'a jamais accepté l'ignorance où il nous voyait de notre propre langue », dira de lui Maurice Barrès dans son *Adieu à Moréas* prononcé sur sa tombe au cimetière du Père-Lachaise. En dépit des hommages que lui rendirent également Apollinaire ou Max Jacob, l'inventeur du symbolisme est aujourd'hui largement oublié dans son pays d'adoption.

Pierre-Frédéric Charpentier

MORENO Dario (David Arugete)

Chanteur. – Né le 3 avril 1921 à Aydin, alors Empire ottoman, aujourd'hui Turquie ; mort le 1er décembre 1968 à Istanbul, Turquie.

Né et grandi dans la nouvelle Turquie de Mustafa Kemal, David Arugete est de culture turque par son père et juive par sa mère. Une tournée comme chanteur dans un orchestre international de variétés, dans l'Europe qui sort de la guerre, le conduit en France, où il s'installe. Comme Georges Guétary ou Luis Mariano, il participe de la vague latino qui rencontre alors un grand succès populaire, entre le music-hall et l'opérette. Sa popularité reste cependant un peu en retrait, jusqu'aux triomphes de *Si tu vas à Rio* (1959) et *Brigitte Barbot* (1961), qui montent au niveau supérieur de la rengaine. Sa figure « levantine » sert beaucoup au cinéma (*Le Salaire de la peur*, Clouzot, 1953). Généralement assimilé par le public à un Latino-Américain (identification accentuée par le succès de son interprétation de « l'air du Brésilien » de *La Vie parisienne* de Jacques Offenbach), Dario Moreno mourra – brutalement – sur sa terre natale et sera enterré en Israël.

Yves Borowice

MORRIS. — *Voir* BELGE DE LA BANDE DESSINÉE, école.

MORRIS HUNT Richard

Architecte. – Né le 31 octobre 1827 à Brattelboro, États-Unis ; mort le 31 juillet 1895 à New Port, États-Unis.

Élève de l'École des beaux-arts à Paris en 1846, dans l'atelier Lefuel, dont il devient l'assistant, il contribue aux interventions de celui-ci sur le palais du Louvre. Il est de retour en 1855 aux États-Unis, où il commence une carrière à succès, en raison de sa connaissance de l'architecture de la Renaissance française. Pour l'industriel de la porcelaine américain Théodore Haviland, dont la famille est installée à Limoges au milieu du XIXe siècle, il dessine le projet du château de Montméry, construit en 1885 à Ambazac, en Haute-Vienne (classé monument historique en 1991). Son architecture éclectique est un manifeste de luxe, typique de la culture et des ambitions de la famille Haviland.

Gérard Monnier

MOSCOVICI Serge

Psychologue social. – Né le 14 juin 1925 à Braila, Roumanie.

En butte dans sa jeunesse à l'antisémitisme du régime Antonescu, Serge Moscovici, à l'instar de son ami Isidore Isou, quitte en 1947 la Roumanie communiste pour Paris. Il y entreprend des études de psychologie, qu'il complètera à New York. Son choix se porte très tôt vers la psychologie sociale, dont il devient la personnalité européenne la plus en vue (*Psychologie des minorités actives*, 1979 ; *L'Âge des foules. Un traité historique de psychologie des masses*, 1981...). Fondateur du Groupe d'études puis Laboratoire européen de psychologie sociale de la Maison des sciences de l'homme, enseignant à l'université Paris-VII et à la sixième section de l'École pratique des hautes études, plus tard École des hautes études en sciences sociales, il enseignera aussi à la New School for Social Research de New York. À partir des années 1970, Serge Moscovici voue une partie de son énergie à la définition d'une théorie de l'écologie politique (*De la nature : pour penser l'écologie*, 2002). Il est le père de l'homme politique Pierre Moscovici.

Pascal Ory

MOSJOUKINE Ivan

Acteur de cinéma. – Né le 26 septembre 1889 à Penza, alors Empire russe, aujourd'hui Russie ; mort le 17 janvier 1939 à Neuilly-sur-Seine, France.

En rupture de ban par rapport à ses origines nobles, Mosjoukine s'impose comme la grande vedette masculine du cinéma russe d'avant-guerre – certaines des scènes qu'il a tournées serviront au directeur de l'école soviétique de cinéma Lev Koulechov pour développer sa théorie du montage (« effet Koulechov »). En 1920, à l'issue de la guerre civile, il accompagne ses amis producteurs et réalisateurs, qui ont choisi le camp des Blancs, jusqu'en France. Les réalisateurs de cette école russe de Paris, réunis au sein de la société Albatros, séduiront le public français et imposeront Mosjoukine comme l'une des figures à la mode des « Années folles », rôle-titre de *Kean* ou de *Casanova* (deux films d'Alexandre Volkoff, 1924 et 1927) et de *Feu Mathias Pascal* (1926), chef-d'œuvre de Marcel L'Herbier. Ensuite, tout se dégrade : une expérience malheureuse à Hollywood, suivie de l'arrivée du parlant, où il se retrouve pénalisé par son accent russe, l'éloigne des studios. Il meurt à cinquante ans, dans la misère.

Pascal Ory

MOTCHANE Léon

Homme d'affaires, mathématicien. – Né le 10 juin 1900 à Saint-Pétersbourg, alors Empire russe, aujourd'hui Russie ; mort en 1990.

Installés en Russie, les parents de Léon Motchane venaient de Suisse. C'est là où le jeune Motchane terminera de courtes études de mathématiques et de physique. Sa sœur Marthe est pianiste et se liera d'amitié avec Yvonne Lefébure. Dans la décennie qui suivit, Motchane fait des mathématiques son hobby et se consacre à diverses activités commerciales en France et à l'étranger. Dès 1939, Motchane, qui n'a pas la nationalité française, se porte volontaire pour le service actif comme soldat de deuxième classe. Pendant l'Occupation, il participe à l'aventure des Éditions de Minuit aux côté de Vercors et d'Yvonne Paraf, qu'il épouse en secondes noces. Il y déploie non seulement ses talents de logisticien, mais rédige aussi un pamphlet *La Pensée patiente*, sous le pseudonyme de Thimerais. Il y écrit : « Le noyau du prestige moral de la France est son rayonnement spirituel. Celui-ci est permanent et indestructible ; il s'enrichit tous les jours du travail de ses créateurs. » Après la guerre, Motchane complète une thèse de doctorat sous la direction de Paul Montel. En 1958, il utilise les divers contacts qu'il a établis dans les milieux d'affaires et scientifiques en France et à l'étranger pour fonder un institut de recherches en mathématiques et en physique théorique, sur le modèle de l'Institute for Advanced Study de Princeton. Ouvert officiellement le 7 mai 1958, l'Institut des hautes études scientifiques (IHES) s'établit à Bures-sur-Yvette en 1962, où il existe toujours. Même s'il a l'ambition d'en faire un centre de recherche européen, recrutant à l'origine deux chercheurs étrangers de culture francophone (Alexandre Grothendieck et David Ruelle) sur quatre, Motchane fera de l'IHES un fleuron de la recherche mathématique en France, illustré par de nombreuses médailles Fields. Abandonnant la direction de l'IHES en 1980, Motchane est récipiendaire de la Légion d'honneur.

David Aubin

MOUSKOURI Nana (Ionna Mouschouri)

Chanteuse. – Née le 13 octobre 1934 à La Canée, Grèce.

Née en Crète, Ioanna Mouschouri reçoit sa formation musicale à Athènes, où sa voix est remarquée par le compositeur qui va dominer la musique populaire grecque de l'après-guerre, Manos Hadjidakis. Celui-ci la consacrera définitivement auprès du public grec en la proclamant son « interprète idéale ». Installée en France en 1960 (elle vit aujourd'hui en Suisse), « Nana » s'y impose bientôt auprès d'un large public avec un répertoire éclectique, allant du *rebetiko* à Mozart, en passant par le jazz. Parmi ses plus grands succès : *L'Enfant au tambour*, *Soleil, soleil*, *Petit Garçon*… Son audience est décuplée par sa capacité reconnue à chanter à travers le monde dans de multiples langues. Les disques d'or, de platine ou de diamant – distinctions fondées sur le nombre de disques vendus – s'accumulent tout au long de sa carrière, qui s'achèvera significativement par deux grandes soirées d'adieux, la première à Paris, à l'Opéra, en 2007, la seconde à Athènes, dans l'Odéon d'Hérode Atticus, en 2008. Sa popularité a été utilisée aussi bien par l'Unicef, qui en fait une de ses « ambassadrices », que par les conservateurs grecs, qui en ont fait une députée, entre 1994 et 1999. Détentrice du Grand Prix Sacem de la chanson française à l'étranger, Nana Mouskouri est officier dans l'ordre de la Légion d'honneur.

Yves Borowice

MOUSTAKI Georges (Giuseppe Mustacchi)

Artiste. – Né le 3 mai 1934 à Alexandrie, Égypte ; mort le 23 mai 2013 à Nice.

Giuseppe Mustacchi grandit dans l'Alexandrie cosmopolite, où se mêlent cultures arabe, anglaise et française, à quoi sa famille, originaire des îles ioniennes, ajoute des ascendances juives, grecques et italiennes. Précédant Richard Anthony, Dalida ou Claude François, il est, dès 1951, à Paris, attiré par le milieu de la chanson. Comme naguère pour Yves Montand et plus tard pour Théo Sarapo, Édith Piaf fait la réputation du jeune parolier, qui lui écrit l'un de ses plus grands textes, *Milord* (1959, musique de Marguerite Monnot). À son tour, celui qui est devenu Georges Moustaki va contribuer, dans les années 1960, au lancement de la carrière de chanteur de l'acteur Serge Reggiani. À la fin de la décennie, il monte lui-même sur scène et crée, en 1969, *Le Métèque*, qui rencontre un grand succès. Souvent résumé à cette tonalité sentimentale et humaniste, Moustaki est aussi compositeur de musiques de films, écrivain et peintre. Pour être discrets, ses engagements politiques n'en furent pas moins fermement ancrés à l'extrême gauche.

Pascal Ory

MUCHA Alphonse (Alfons Maria)

Peintre, affichiste. – Né le 24 juillet 1860 à Ivancice, alors Empire d'Autriche, aujourd'hui République tchèque ; mort le 14 juillet 1939 à Prague, alors protectorat de Bohême-Moravie, aujourd'hui République tchèque.

Quand, vers la fin des Trente Glorieuses, l'esthétique Art nouveau commença à recevoir un accueil moins défavorable que celui qui était jusque-là réservé au « style nouille », les affiches signées d'Alphonse Mucha figurèrent en bonne place parmi les images de référence de ce style. Arrivé à Paris en 1887 de sa Moravie natale pour s'y perfectionner en art décoratif, Mucha s'était imposé très vite comme illustrateur de journaux, de livres, de calendriers et surtout d'affiches. Son travail pour Sarah Bernhardt, à partir de 1894 (*Gismonda*, pour le Théâtre de la Renaissance) fait de lui l'affichiste 1900 par excellence. Il poursuit en parallèle son travail de décorateur, qui lui vaut une médaille d'argent à l'Exposition universelle. Les difficultés commencent quand, en 1906, il part s'installer aux États-Unis. Son style figuratif et décoratif à la fois est de plus en plus à contre-courant de la modernité picturale de son temps. Rentré au pays en 1910, le patriote, très lié aux cercles dirigeants tchécoslovaques, deviendra, après la guerre, le peintre de la nouvelle nation, dessinant ses timbres-poste comme ses billets de banque, décorant le Théâtre national aussi bien que la cathédrale Saint-Guy de Prague. Le chef-d'œuvre de cette veine nationale reste la gigantesque série de vingt tableaux de grandes dimensions, auxquels il vouera une quinzaine d'années de sa vie (1912-1928), *L'Épopée des Slaves*, longtemps mise sous le boisseau et aujourd'hui replacée en pleine lumière.

Pascal Ory

MUHR Allan Henry, *dit* Le Sioux

Sportif. – Né le 23 janvier 1882 à Philadelphie, États-Unis ; mort le 29 décembre 1944 à Neuengamme, Allemagne.

Membre d'une famille juive américaine aisée venue s'installer à Paris à la Belle Époque, Allan Muhr est l'un de ces *sportsmen* capable de briller dans de multiples disciplines. Amateur de sports automobiles, il est aussi un excellent joueur de tennis, qui brille dans de nombreux tournois entre 1901 et 1909, que ce soit sur les plages normandes l'été ou lors de compétitions internationales. Son influence est telle qu'il devient capitaine de l'équipe de France de Coupe Davis en 1912, 1922 et 1923. Ayant obtenu la nationalité française, il est en même temps un joueur de rugby de haut niveau qui prend part aux premiers pas de l'équipe de France. Joueur du Stade français puis du Racing Club de France, club au sein duquel il devient un emblématique capitaine, celui que l'on surnomme « Le Sioux » en raison de sa physionomie singulière est aligné à trois reprises sous le maillot bleu, en position de deuxième ligne. Mais Allan Muhr est aussi arbitre : en 1906 et 1907, c'est lui qui est désigné pour officier aux finales du championnat de France de ballon ovale. Entre 1911 et 1919, il devient le « patron » des sélectionneurs du XV de France. Ainsi aura-t-il présidé à la fois aux destinées techniques du tennis et à celles du rugby français.

Proche du baron Pierre de Coubertin, le Franco-Américain devient un personnage incontournable dans le milieu sportif hexagonal après la Première Guerre mondiale, très présent aussi bien dans la presse que dans les institutions : partageant la présidence de la Fédération française de Rugby de 1920 à 1928 (avec Octave Lery et Henri Amand), il joue notamment un rôle important dans l'organisation des Jeux olympiques de 1924 à Chamonix et à Paris. Le rugby étant alors discipline olympique, la finale oppose l'équipe des États-Unis, composée essentiellement de joueurs de football américain, et l'équipe de France. Au stade de Colombes au milieu de quarante-cinq mille spectateurs, Allan Muhr assiste, tiraillé, à la victoire des Américains (17-3). Le climat de cette rencontre ayant été émaillé de nombreux incidents, parfois très violents, entre les joueurs, Allan Muhr lâchera cette phrase : « C'est ce que l'on peut faire de mieux sans couteaux ni revolvers. »

Pendant la Seconde Guerre mondiale, il entre à la Croix-Rouge. Arrêté, il est déporté, par un convoi parti du camp de Compiègne-Royallieu le 21 mai 1944, vers le camp de concentration de Neuengamme, où il mourra de faim. La France a élevé ce Franco-Américain au parcours singulier au titre de commandeur de la Légion d'honneur à titre posthume.

Yvan Gastaut

MULLER Otto

Architecte. – Né le 20 janvier 1895 à Unterhallau, Suisse ; mort le 8 novembre 1974 à Nevers, France.

Diplômé de l'École polytechnique fédérale de Zurich, Otto Muller travaille, à partir de 1920, à Reims, puis à Paris, à la reconstruction des villes détruites. En 1925, il s'installe à Nevers, où il reçoit des commandes de la Société des mines de Montceau-les-Mines, et construit de nombreuses villas pour des particuliers. À Nevers, en 1938, il construit le premier immeuble d'habitation en co-propriété, le Vert-Vert (rue du Rempart, achevé après 1945). À partir de 1950, une part de son activité porte sur l'architecture industrielle : pour la Société Kléber-Colombes, à Decize (Nièvre), et aussi à Trilport (Seine-et-Marne), il projette et construit des aménagements pour les installations industrielles existantes, le laboratoire de recherche, le centre social, et des villas pour les cadres. À Jouet-sur-l'Aubois (Cher), il construit l'imprimerie Raffestin et une villa. À Prémery (Nièvre), il aménage et agrandit l'usine Lambiotte (traitement chimique des bois) et construit deux immeubles d'habitation. Élaborées pour une clientèle aisée, plusieurs villas à Nevers sont de remarquables mises au point, fonctionnelles et plastiques, qui introduisent la culture architecturale contemporaine dans la région : béton armé, toit-terrasse avec acrotère, balcons en porte-à-faux, polychromie. La modernité des plans, leur fluidité, sont adaptées aux nouveaux usages domestiques : ces villas servent de références locales. Après 1955, et avec la collaboration de son fils Gaston, diplômé lui aussi de l'École polytechnique fédérale de Lausanne, il élabore pour la ville de Nevers plusieurs équipements municipaux traités avec élégance, la caserne des sapeurs-pompiers (1964), le centre social, une crèche, ainsi qu'une usine d'incinération automatisée des ordures ménagères. Pour plusieurs sociétés immobilières, il construit, à Nevers dans les années 1960, des immeubles d'habitation en copropriété. Inscrit à l'Ordre des architectes, animateur de plusieurs sociétés sportives, Otto Muller est parfaitement intégré à la profession et à la société locale. Sa carrière répond à des demandes historiques inconnues en Suisse (la reconstruction dans les années 1920 et la modernisation accélérée dans les années de la croissance), tout en reproduisant le mode d'exercice d'un architecte suisse, actif dans les limites de son canton.

Gérard Monnier

MUNCH Edvard

Peintre. – Né le 12 décembre 1863 à Loten, Norvège ; mort le 23 janvier 1944 à Oslo, Norvège.

Précurseur de l'expressionnisme, par ses toiles et ses gravures sur bois, Edvard Munch a fait plusieurs séjours à Paris, également décisifs pour l'évolution de son œuvre et pour l'histoire de la création artistique en France. Après une jeunesse marquée par la maladie, la mort et la violence d'un père dépressif, dont témoigne, par exemple, son œuvre naturaliste de 1885-1886, *L'Enfant malade*, il rejoint la bohème de Christiania (future Oslo). Il réside à Paris entre 1889 et 1892 : il passe quatre mois dans l'atelier de Léon Bonnat, à l'École des beaux-arts, puis préfère travailler seul, tout en allant voir les œuvres postimpressionnistes de Pissarro, pointillistes de Seurat, les affiches de Toulouse-Lautrec, des estampes japonaises, et surtout les peintures de Gauguin (au café Volpini) et de Van Gogh. Ses toiles portent la marque de ces influences, en particulier *Nuit à Saint-Cloud* (1890) et *Rue Lafayette* (1891). À partir de 1893 et jusqu'en 1908, il réside le plus souvent en Allemagne, où les thèmes de la *Frise de la vie* l'occupent tout entier. Au cours d'un séjour à Paris en 1895-1896, il entre en relation avec le cercle de Stéphane Mallarmé (dont il grava plusieurs portraits), les écrivains du *Mercure de France* et les peintres du groupe des Nabis. Il crée les décors du *Peer Gynt* d'Ibsen pour le Théâtre de l'Œuvre à Paris, en 1896. Il se rapproche alors du symbolisme, comme le montrent ses illustrations pour *Les Fleurs du mal*. Dans ses gravures sur bois, Munch poursuit l'œuvre des pionniers Gauguin et Vallotton, mettant à l'honneur la lithographie et la xylographie : son œuvre gravé se distingue de son œuvre pictural et le complète.

Julie Verlaine

MURENA Tony (Antonio)

Accordéoniste, bandonéoniste et compositeur de musette, de jazz et de swing. – Né à Borgo Val di Taro, Italie, le 24 janvier 1915 ; mort le 29 janvier 1971 au Vésinet, France.

Fils d'émigrés italiens installés dans les années 1920 à Nogent-sur-Marne, Antonio Murena apprend l'art de l'accordéon dans le cadre familial et se produit très jeune en public, d'abord dans les guinguettes et bals populaires italiens des bords de Marne – notamment au casino de Nogent –, lieux de sociabilités des communautés italiennes stabilisées. « L'Eldorado du dimanche » et ses virtuoses de la boîte à frisson, tel, outre Murena, Augusto Baldi, ont ainsi contribué, en même temps qu'à la réalisation de mariages mixtes, à faire d'émigrés italiens des Parisiens pur sucre. Tony, fort de cette réputation, se produit ensuite dans des cabarets, notamment grâce à l'accordéoniste Louis Ferrari, son cousin, connu pour s'être produit dans des music-halls tels que L'Ange Rouge, le Lido ou le Coliseum. Loin de se cantonner au répertoire des bords de Marne ou au cadre national, accordéoniste et bandonéoniste reconnu dès l'adolescence, Murena intègre les orchestres de tango de l'Argentin Rafael Canaro, proche de Carlos Gardel, et d'Eduardo Bianco, tous deux se produisant dans des lieux prestigieux lors de tournées internationales. Dans ce cadre, il consolide sa réputation d'interprète virtuose. Pour Murena la fin des années 1930 et le début des années 1940 correspondent à la découverte du jazz, au sein de clubs parisiens, jusqu'à intégrer, en 1941, le Hot Club de France, rendu célèbre par son quintette. Comme avant lui Gus Viseur, il tient le pupitre de l'accordéon dans cette formation. Figure marquante de l'accordéon au service du jazz manouche, Tony Murena et son propre ensemble ont par ailleurs enregistré des succès tels que *Nostalgia Gitana* ou *Gitan Swing*. Contacté pour intégrer son *big band* par Glenn Miller – la mort accidentelle de ce dernier en 1944 met fin à ce projet –, Murena s'engage dans une série de tournées internationales, en Europe, en Asie (à la cour du roi du Cambodge Norodom Sihanouk) et aux États-Unis. En tant que propriétaire et patron du Mirliton, sur le boulevard de Courcelles à Paris, à partir de 1949, il produit, entre autres artistes de renom, Django Reinhardt et Stéphane Grappelli. Durant la décennie suivante, Murena se tourne davantage vers la variété et fonde, en 1958, l'Orchestre musette de Radio-Luxembourg avec Marcel Azzola, André Verchuren et Louis Ledrich. Désormais, sa discographie – promue notamment par des émissions télévisées comme « Trente-six chandelles », animée par Jean Nohain – fait la part belle aux succès plus commerciaux. Connu, avec Gus Viseur, pour avoir contribué à intégrer les mélodies, rythmes et harmonies du jazz dans le répertoire de l'accordéon, Tony Murena a également signé de grands succès tels que les valses en mode mineur que sont *Indifférence*, *Passion* ou *Montagnes d'Italie*.

Jean-Sébastien Noël

MUTSCHLER Christian

Militant coopératif. – Né le 11 janvier 1871 à Sulz, Allemagne ; mort le 1er janvier 1943 à Bâle, Suisse.

En 1889, Christian Mutschler vient travailler à Paris comme ouvrier sculpteur sur pierre et sur bois. Quelques années plus tard, il se lie avec des militants coopérateurs. Autodidacte et bilingue, passionné de sociologie, de philosophie et d'économie, il acquiert une grande connaissance du mouvement coopératif en France et en Europe, qu'il s'efforcera de vulgariser dans les pays de langues française et allemande. Après avoir fréquenté les personnalités de l'École de Nîmes – Charles Gide, Achille Daudé-Bancel –, il rencontre, vers 1907, les animateurs de la Bourse des coopératives socialistes, Henri Sellier, Eugène Fournière, Albert Thomas et Ernest Poisson. Il travaille inlassablement à convaincre les uns et les autres de la nécessité de dépasser la scission existant au sein de la coopération française, et ce d'autant plus que la coopération, d'abord dans la consommation, progressait alors très vite dans la société française. L'année 1912 fut celle de la signature du pacte d'unité entre les deux branches de la famille coopérative, la Bourse des coopératives socialistes et l'Union des coopératives : ainsi naquit la Fédération nationale des coopératives de consommation (FNCC). Mutschler avait été l'un des fondateurs, le trésorier et le secrétaire du Cercle des coopérateurs de la famille, dans le XIe arrondissement de Paris. Il fut également le secrétaire de la Fédération des coopératives de la région parisienne. Il était retourné travailler, en 1912, au service des coopératives en Suisse, mais, deux ans plus tard, en tant que naturalisé français, il fut mobilisé en France comme ouvrier dans une usine d'armement. Pendant la Seconde Guerre mondiale, il retournera de nouveau en Suisse après l'armistice de juin 1940, où il deviendra rédacteur en chef du journal de langue française *Le Coopérateur suisse*.

Michel Dreyfus

N

NACHT Sacha Emanoel

Psychiatre et psychanalyste. – Né le 23 septembre 1901 à Racaciuni, Roumanie ; mort le 25 août 1977 à Paris, France.

Selon les informations réunies par son biographe Alain de Mijolla, Sacha Nacht est le fils de Samuel Nacht, ruiné à la suite de l'incendie de sa scierie, et de Cécilia Bril. Il fait ses études secondaires et sa première année de médecine en Roumanie. Du fait du numerus clausus frappant les juifs en Roumanie, il émigre en France en 1920 pour y suivre des études de médecine. En 1926, il réussit l'internat des asiles, à titre étranger, et choisit la psychiatrie. Il intègre le service d'Henri Claude à l'hôpital Sainte-Anne, où il est nommé en 1931 chef du laboratoire de psychothérapie et de psychanalyse. Il est reçu au concours de médecin des asiles en 1933, mais ne fera pas de carrière hospitalière. Il travaille en particulier sur la notion de masochisme. Il entame une psychanalyse avec Rudolph Loewenstein à Paris, puis se rend à Vienne où il est reçu par Freud de juillet à septembre 1936, sur la recommandation de Marie Bonaparte. Il suit une autre psychanalyse avec Heinz Hartmann, d'abord à Vienne, puis à Paris, quand ce dernier émigre. Pendant la Seconde Guerre mondiale, il participe à la Résistance comme agent du réseau Brick des Forces françaises combattantes, du 1er novembre 1942 au 30 septembre 1944. Arrêté en 1943, échappant à la déportation, menacé par la milice, il entre dans la clandestinité dans le Var. À la Libération, il est mobilisé comme médecin-capitaine en psychiatrie. Après la guerre, Nacht s'oriente vers la psychanalyse. À partir de 1947, il préside la Société psychanalytique de Paris, dont il est membre depuis 1928. Il acquiert une grande renommée thérapeutique et exerce une influence sur la pratique psychanalytique. Son adhésion aux critères de formation de l'Association psychanalytique internationale l'oppose à Daniel Lagache et à Jacques Lacan, et aboutit à la scission de 1953. Nacht est nommé dès 1951 directeur de l'Institut de psychanalyse de Paris, inauguré en juin 1954, qu'il est réputé avoir dirigé de façon autoritaire jusqu'à ce que Serge Lebovici lui succède en 1962. Il y crée le Centre de diagnostic et de traitement en 1954, et le Séminaire de perfectionnement en 1958, qui soulignent l'importance de son rôle institutionnel dans la psychanalyse française. Son influence décroît dans les années 1960, tandis que celle de Lacan s'impose. Atteint d'un cancer, il poursuit sa pratique jusqu'à sa mort.

Anne Rasmussen

NADJ Josef (József Nagy)

Danseur, chorégraphe et plasticien. – Né le 13 décembre 1957 à Kanjiža, alors Yougoslavie, aujourd'hui Serbie.

Né dans une famille magyarophone de Voïvodine, région autonome rattachée à la Serbie proche de la frontière hongroise, Josef Nadj se destine dès l'enfance à la peinture. En 1977, il part étudier l'histoire de l'art et la musique à l'Académie des beaux-arts et à l'université de Budapest, où il s'initie aussi à l'expression corporelle et au jeu d'acteur. Il se rend à Paris en 1980 pour suivre des cours de mime et de théâtre corporel avec Marcel Marceau, Étienne Decroux et Jacques Lecoq. Il y découvre la danse contemporaine alors en pleine expansion en France et abandonne rapidement le dessin et la peinture pour se consacrer à l'art chorégraphique. Désormais installé en France, il travaille en tant qu'interprète avec les chorégraphes Mark Tompkins (*Trahisons-Men*, 1985), François Verret (*Illusions comiques* en 1985) et Catherine Diverrès (*L'Arbitre des élégances*, 1986). En 1986, il crée sa propre compagnie, Théâtre JEL (ce dernier mot signifie « signe » en hongrois), et monte sa première pièce, *Canard pékinois* (1987), au Théâtre de la Bastille, reprise la saison suivante au Théâtre de la Ville. Son travail de chorégraphe s'inscrit dans un aller-retour constant entre sa région natale et la France. Nombre de ses pièces s'appuient sur l'œuvre et la vie d'écrivains ou d'artistes : Géza Csáth, Otto Tolnai, Georg Büchner, Samuel Beckett, Jorge Luis Borges, Franz Kafka, Balthus, Raymond Roussel, Henri Michaux. À travers la vingtaine de spectacles dont il est l'auteur, il développe une approche esthétique croisant la poésie, le mime, le masque, le théâtre d'objets et les arts visuels, créant un univers onirique original dans le paysage de la danse contemporaine en France. En outre, il multiplie les collaborations avec d'autres artistes : le musicien Gyorgy Szabados (*La Mort de l'Empereur*, 1989), l'acteur Yoshi Oïda, les danseurs Jean Babilée (*Il n'y a plus de firmament*, 2003) et Dominique Mercy (*Petit Psaume du matin*, 2001) ou encore le plasticien Miquel Barceló (*Paso Doble*, 2006). À la fin des années 1980, il reprend son propre travail de plasticien (photographies, sculptures, dessins…) et recommence à exposer au cours des années 1990. Il dirige le Centre chorégraphique national d'Orléans depuis 1995 et a été l'artiste associé du 60e Festival d'Avignon en 2006.

Sophie Jacotot

NAFILYAN Léon

Architecte. – Né en 1877 à Constantinople, alors Empire ottoman, aujourd'hui Istanbul, Turquie ; mort en 1937 à Nice, France.

Naturalisé en 1931. Fils de parents arméniens – son père, Nafilyan Pacha, est le médecin du sultan Abdul Hamid –, il séjourne dans son enfance à Paris et entre en 1900 à l'École des beaux-arts (atelier Paulin). Diplômé en 1905, il voyage en Orient, commence son activité professionnelle à Constantinople et en Égypte, étudiant le patrimoine archéologique et monumental de l'Arménie et de la Syrie. De retour à Paris en 1917, il s'y installe, entame une activité d'architecte au service de la communauté arménienne et sera naturalisé français en 1931. À partir de 1922, il construit des immeubles de rapport dans les quartiers de l'Ouest parisien et des villas sur la Côte d'Azur. Édifiés entre 1930 et 1933, ses immeubles de la rue Raynouard et du quai de Passy (aujourd'hui quai Président-Kennedy) sont marqués par une modernité Art déco. Son activité se poursuit en Orient ; il s'y impose comme le spécialiste de la construction d'églises pour la communauté arménienne, au Caire (église Saint-Grégoire-l'Illuminateur, à Héliopolis, 1924-1929), à Addis-Abeba. Sur une structure en béton armé, les parements de pierre sont sculptés d'un décor inspiré de l'architecture arménienne historique. C'est la formule adoptée pour la Maison des étudiants arméniens à la Cité universitaire de Paris (1927-1930), une construction dont le financement est assuré par Boghos Nubar, ingénieur issu de l'École centrale de Paris, directeur des chemins de fer égyptiens de 1878 à 1898, qui joue un rôle de premier plan dans les communautés arméniennes au Caire, à Alexandrie, puis à Paris. Les références historiques dans les volumes et les élévations ainsi que le luxe du décor sculpté donnent une forte identité à cet édifice et déterminent sa valeur pour la communauté arménienne, dispersée au lendemain du génocide de 1915 ; un exercice de style exceptionnel, confronté à la modernité du Collège néerlandais qui lui fait face.

Gérard Monnier

NAGUI (Nagui Fam)

Animateur de télévision. – Né le 14 novembre 1961 à Alexandrie, Égypte.

Enfant de professeurs de français d'origine égyptienne, italienne et grecque, Nagui n'a que trois ans lorsque ses parents s'installent en Provence. Au début des années 1980, il est animateur dans des radios locales, en parallèle avec ses études de commerce. Passionné de musique, il devient animateur à Télé Monte-Carlo en 1983, sur FR3 en 1985, puis sur M6 en 1989 (« Fréquenstar ») ; il alterne ensuite les passages à la radio (« Place au soleil » sur RTL) et les émissions sur La 5, TF1, France 2 et France 3 (« Taratata »). Il a fondé sa propre société de production, Air Productions, ainsi que son label de disques.

Patrick Eveno

NATAN Bernard (Natan Tanenzapf, ou Tannenzaft)

Producteur de cinéma. – Né le 18 juillet 1886 à Iasi, Roumanie ; mort en 1942 à Auschwitz, alors Gouvernement général, aujourd'hui Pologne.

Arrivé en France en 1906, Natan Tanenzapf travaille d'abord dans l'industrie photographique, avant de créer sa propre société de production de bandes cinématographiques publicitaires, la Rapid-Film. Engagé volontaire dans la Légion étrangère en 1914, il est gazé au front en 1916. Ses faits d'armes lui valent la naturalisation française en 1921 ; il prend dès lors le nom de Bernard Natan et va rapidement devenir une personnalité importante du milieu cinématographique français grâce à ses activités de laboratoire et de production. En 1928, c'est sous sa raison sociale qu'est réalisée *La Merveilleuse Vie de Jeanne d'Arc*, superproduction nationale de l'année. C'est en 1929 qu'il prend le contrôle de la société Pathé-Cinéma, qui devient alors Pathé-Natan, l'une des principales sociétés de production du cinéma populaire français des années 1930. Dans le même temps, Natan crée, en 1929, la première société française de télévision (Télévision-Baird-Natan) et prend le contrôle, en 1930, de la station Radio-Vitus, qui devient Radio-Natan-Vitus ; il dirige également des magazines de cinéma, qui viennent compléter cet empire des médias. Malgré la soixantaine de films produits et d'importants profits, Pathé-Natan fait faillite en 1935, la crise venant ruiner la stratégie d'expansion dans laquelle Natan s'était engagé. Cette faillite conduit à son inculpation pour escroquerie, puis à son arrestation en 1939. Il est jugé en 1941, au cours d'un procès qui le livre à la vindicte publique sous les habits de l'escroc juif apatride, accusé d'avoir ruiné une grande maison française, mais également d'avoir joué dans des films pornographiques (il avait été condamné pour ce motif en 1911, mais lavé de sa condamnation après la guerre). Lucien Rebatet en fait l'une de ses principales cibles en 1941 dans *Les Tribus du cinéma et du théâtre*. Libéré en septembre 1942, il est livré aux autorités allemandes quelques jours plus tard et déporté à Auschwitz, où il meurt quelques semaines après son arrivée.

Dimitri Vezyroglou

NATHAN Tobie (Aïd Nathan, Théophile Nathan)

Ethnospychiatre, écrivain. – Né le 10 novembre 1948 au Caire, Égypte.

Né dans une famille juive italienne d'Égypte, Tobie Nathan suivra en France des études de psychologie et de sciences humaines, couronnées par un doctorat. Disciple de Georges Devereux, dont il donne une lecture personnelle, moins imprégnée par la psychanalyse, il crée, en 1979, la première consultation d'ethnopsychiatrie en France et, en 1993, un lieu pilote de clinique au sein d'un département universitaire de psychologie (université Paris VIII-Saint-Denis, où il est professeur de psychologie clinique et pathologique), le Centre Georges-Devereux, tourné en priorité vers les familles de migrants. Auteur d'ouvrages de référence dans ce champ d'étude (*La Folie des autres*, *Psychanalyse païenne*,...), présent un temps dans la diplomatie culturelle, Tobie Nathan s'est de plus en plus affirmé comme écrivain (*Mon patient Sigmund Freud*). Son œuvre littéraire a été couronnée par son *Ethno-roman*, entre essai et Mémoires, qui a reçu en 2012 le prix Femina de l'essai.

Pascal Ory

NEBENZAHL, ou NEBENZAL, Seymour

Producteur de cinéma. – Né le 22 juillet 1897 à New York, États-Unis ; mort le 23 septembre 1961 à Munich, Allemagne.

Fils d'Heinrich Nebenzahl, producteur juif allemand établi aux États-Unis, Seymour s'installe avec sa famille à Berlin après la Première Guerre mondiale. Il est associé aux affaires de son père, qui fonde, en 1925, la société Nero-Film, dont il prend réellement les commandes à partir de

1927 et dont il va faire, jusqu'en 1933, l'une des seules poches de résistance à l'hégémonie de l'Universum Film AG (UFA). Il est notamment le producteur de la plupart des films de Georg Wilhelm Pabst, de *Loulou* (1928) à *L'Atlantide* (1932), ainsi que des deux derniers films allemands de Fritz Lang : *M le maudit* (1931) et *Le Testament du docteur Mabuse* (1932). En 1933, il fuit l'Allemagne, réussissant à sauver une copie de ce dernier film, interdit et condamné à la destruction par le régime nazi. C'est à Paris qu'il reconstitue la Nero-Film, dans un milieu qu'il connaît bien, pour avoir coproduit auparavant plusieurs films avec des sociétés françaises. Il produit en France une dizaine de films entre 1933 et 1939, date de son retour aux États-Unis, où il poursuivra sa carrière (sous le nom de Nebenzal) à Hollywood. En France, il a majoritairement produit des films de ses compatriotes exilés, notamment son cousin Robert Siodmack (*La crise est finie*, 1934 ; *Le Chemin de Rio*, 1937), ou encore Max Ophuls (*Werther*, 1938, ode à l'« autre Allemagne »), mais aussi ceux d'exilés d'Union soviétique comme Anatole Litvak (*Mayerling*, 1936) ou Fedor Ozep (*Tarakanowa*, 1938). Son dernier film en France, *Les Otages* (Raymond Bernard, 1939), est une comédie qui met en scène la dignité de villageois français sous l'occupation allemande de 1914. Nebenzahl a déterminé la carrière de la jeune première Annie Vernay, à qui il donne ses premiers rôles importants dans *Werther*, *Tarakanowa* et *Les Otages*, et qui verra sa trajectoire interrompue par sa mort prématurée en 1941. Après son passage à Hollywood, où il produit notamment les premiers films américains de Douglas Sirk, Nebenzahl revient en Allemagne en 1949, où il recrée la Nero-Film, qui ne produira qu'un seul film avant sa mort.

Dimitri Vezyroglou

NECKER Jacques

Financier et homme politique. – Né le 9 avril 1732 à Genève, alors République de Genève, aujourd'hui Suisse ; mort le 9 avril 1804 à Coppet, Confédération helvétique.

Fils d'un juriste de Genève venu du Brandebourg prussien (aujourd'hui polonais), il fait son apprentissage dans la banque, avec des initiatives si fructueuses qu'il est associé aux propriétaires en 1756, spécule, prête au roi de France, fait fortune, avant de se retirer des affaires en 1772. Il se peint alors en ministre idéal, pragmatique, protectionniste et interventionniste dans un *Éloge de Colbert* remarqué. Bien qu'étranger, ce qui peut poser problème, protestant, ce qui est alors plus grave, et sans expérience du gouvernement ni de la Cour, il est fait directeur général du Trésor royal en 1776 et directeur des Finances en 1777 : il faut financer l'aide à la guerre d'indépendance américaine. Il préfère des emprunts coûteux aux impôts, mais réduit le train de vie royal, le champ d'action des fermiers généraux, l'opacité des comptes, traque fraudes et négligences, veut réformer prisons et hôpitaux – son épouse fonde en 1778 celui qui, à Paris, porte encore son nom –, crée des monts-de-piété. Il refuse tout salaire, ce qui accroît sa popularité de « ministre patriote ». Il heurte la Cour, la reine, les financiers et doit démissionner en 1781, mais, six ans plus tard, le gouvernement de la France étant de fait en faillite, il est rappelé comme directeur général des Finances et ministre d'État. Il emprunte, contrôle le commerce des grains, et, surtout, avance la convocation d'états généraux et y fait doubler la représentation du tiers état. Devant les états, il avance des chiffres mais pas de projets, déçoit l'assemblée tout en étant trop proche des états pour le roi, qui le renvoie le 11 juillet 1789, d'où l'émeute du 14 et son rappel rapide. Désormais dépassé par les événements et hostile aux assignats, il s'oppose à l'Assemblée et se retire définitivement en septembre 1790. Revenu à Genève, il écrit dans sa retraite de Coppet, où s'installe aussi sa fille, Germaine de Staël.

Éric Vial

NÉERLANDAIS

La présence des Néerlandais a plus marqué la France de l'Ancien Régime que celle des grandes migrations. Néanmoins, les migrants du XXe siècle ont conquis une place singulière dans les campagnes. Elle constitue aujourd'hui encore une originalité.

Étrangers du roi. Il est difficile de passer sous silence le rôle joué par les Néerlandais avant la Révolution. Le XVIIe siècle, connu comme le siècle d'or des Provinces-Unies, fut aussi celui des grands apports de leurs ressortissants, protestants pour la plupart, au royaume de France. L'élan fut donné sous le règne d'Henri IV (1589-1610), mais la politique qu'il mit en œuvre pour attirer négociants, entrepreneurs, artisans et spécialistes néerlandais fut poursuivie par Richelieu et Colbert. Beaucoup de ces huguenots furent même protégés pour qu'ils ne désertent pas après la révocation de l'édit de Nantes. Bénéficiant de nombreux avantages (dispense du droit d'aubaine, patentes royales), ils contribuèrent à la valorisation de l'immense potentiel économique du royaume, tout en s'enrichissant, ce qui ne manquait pas de susciter des jalousies. Ils se sont imposés dans le négoce, notamment dans les ports atlantiques, s'assurant la maîtrise des exportations de vin à Bordeaux et à Nantes, le commerce du papier à Angoulême. Comme les Anglais, ils ont participé à la construction de l'industrie nationale, introduit le raffinage du sucre dans l'Ouest et en Val de Loire, perfectionné la production du drap de laine et d'indiennes de coton. Les chantiers maritimes ne pouvaient se passer de l'habileté des ouvriers néerlandais. L'espace agricole s'est agrandi grâce à eux. Spécialistes de l'assèchement des terres amphibies, ils furent appelés par les monarques comme « dessicateurs » dans les marais du Poitou, en Picardie, en Guyenne, où certains lieux-dits se signalent comme « polder de Hollande » ou « La Haye ». Leur action s'est maintenue au XVIIIe siècle. Dans une grande moitié ouest, incluant Paris et le Nord, des familles ont fait souche, apportant de nouvelles consonances germaniques à la diversité des noms français.

Un repli relatif au temps des grandes migrations. En 1787, après l'échec de la révolution contre le stathouder Guillaume V, un afflux soudain de réfugiés néerlandais rejoint le nord de la France (et la Belgique). La fusion se fait peu après avec les patriotes français, des groupes sans-culottes hollandais se constituent à Boulogne et Saint-Omer et, en 1792, une légion batave se joint à l'armée de la nation. Aucune relation privilégiée ne devait en sortir pour l'avenir, surtout après l'annexion des territoires bataves à la Grande Nation puis à l'Empire. Quand vint le temps des grandes migrations au XIXe siècle, c'est vers l'Amérique que se tournèrent les paysans des campagnes néerlandaises surpeuplées, ou vers l'Allemagne, à laquelle d'anciennes chaînes migratoires les liaient. On ne vit guère d'apports néerlandais au monde ouvrier français. Tout au plus quelques artisans vinrent-ils rejoindre les tailleurs et ébénistes qui avaient une certaine réputation à Paris. Les recensements du XIXe siècle les ont longtemps comptés avec les Luxembourgeois, l'indépendance du grand-duché, lié aux Pays-Bas après le traité de Vienne (1815), n'étant effective qu'en 1890. On découvre en 1891 que les Néerlandais ne sont que 9 000, à côté de 30 000 Luxembourgeois. En 1911, leur nombre est en baisse (6 500), soit 0,4 % de l'ensemble des étrangers.

Les Néerlandais et Néerlandaises (42 % des immigrants) participent modestement à la poussée d'entre-deux-guerres, ils ne dépassent les 10 000 qu'en 1926 et leur part dans le total des étrangers fléchit encore. La répartition de 1931 met en évidence leur implantation dans les départements ruraux du Bassin parisien et de l'Ouest. Les colonies néerlandaises semblent avoir déserté les grands ports du passé. Les effectifs urbains demeurent pourtant majoritaires, concentrés dans trois villes pour plus de la moitié : Lille, Paris et Nice. La dernière est emblématique d'une migration fortunée et il est aisé d'imaginer à Paris et à Lille des hommes d'affaires et représentants de sociétés ou d'industries, sans compter les habituelles représentations diplomatiques de la capitale. Parallèlement, le pouvoir d'attraction de la France sur les artistes en quête de nouveaux modes d'expression s'est renforcé à la fin du XIXe siècle. Les peintres néerlandais comme Vincent VAN GOGH contribuent aux révolutions picturales du temps. Montparnasse eut en général la faveur des artistes néerlandais. Le peintre Johan B. JONGKIND s'y installe, avant de s'enraciner dans l'Isère. Entre les deux guerres, le quartier, en pleine effervescence cosmopolite, voit passer les frères VAN VELDE ou Piet MONDRIAN, le maître de l'abstraction géométrique, qui a un atelier rue du Départ jusqu'en 1938 ; tandis que, sur les toiles de Kees VAN DONGEN, s'étirent les silhouettes de la haute société parisienne.

L'appel de la terre. L'émigration néerlandaise est d'abord le fait des paysans. Nombreux et prolifiques, ils apparaissent vite en surnombre dans un pays qui ne peut plus offrir ni terre exploitable, ni même travail agricole, pour lequel ils sont pourtant parmi les mieux qualifiés d'Europe. Or les autorités françaises ne rêvent que d'immigration rurale – la seule « bonne immigration » qui repeuple les campagnes et ne pose pas de problème d'intégration (Georges Mauco, 1932) –, la rencontre aurait dû se faire. On a multiplié les tentatives. Pendant la Grande Guerre, une première mission a essuyé un refus pour des raisons de neutralité. Plus tard, face à la crise de 1921-1922 et à la fermeture des débouchés traditionnels, américains et allemands, le gouvernement néerlandais se met à coopérer et organise avec la France des convois d'ouvriers agricoles. En 1928, un projet d'établissement en Aquitaine d'une colonie néerlandaise échoue rapidement. Peu familières de l'agriculture locale, les treize familles concernées ont été rebutées par les conditions d'hygiène et de logement. En revanche, le cas du canton de Villeneuve-l'Archevêque dans l'Yonne, en partie repeuplé par quelques familles néerlandaises qui y introduisirent leurs méthodes intensives, va rester un cas d'école, sur lequel se fondent les espoirs français après la Seconde Guerre mondiale. Les flux néerlandais sont alors hautement « désirables », dans le cadre d'une politique d'immigration qui voudrait moins de « Latins » et plus de ruraux. Du côté néerlandais, les inquiétudes de surpeuplement agricole sont plus vives que jamais. Un traité est signé en 1948 et des structures sont mises en place aux Pays-Bas et à l'ambassade en France pour conseiller et assister les migrants. Les résultats sont mitigés, les agriculteurs néerlandais ne trouvant guère les conditions de la réussite : longtemps le logement a posé problème, l'accès impossible au crédit également ; s'y ajoutèrent les retards français en matière de formation et de technologie. Les retours ont été nombreux. Les agriculteurs néerlandais préfèrent émigrer vers le Canada, la Nouvelle-Zélande ou les États-Unis. Mais la filière s'est maintenue et la place de la France s'est consolidée comme première destination en Europe. Une enquête du début des années 1990 estimait à 2 000 le nombre total d'exploitations agricoles néerlandaises en France. Leur production concernait essentiellement l'horticulture, l'élevage laitier et l'élevage hors-sol. Les régions d'installation privilégiée étaient le Midi-Pyrénées et le Massif central, en tête depuis les années 1950, notamment le Limousin. À partir de l'instauration des quotas laitiers par la communauté européenne en 1984, on a vu des éleveurs s'installer en Normandie, les quotas étant supérieurs en France, par ailleurs moins regardante sur la réglementation environnementale et aux prix fonciers plus avantageux. Depuis les années 1990 s'est développé un nouveau courant, qui voit s'installer des « néoruraux », anciens urbains à la recherche d'agriculture différente ou de vie alternative. Le mouvement d'installation des étrangers dans les campagnes françaises, notamment dans les communes isolées, est général, et les Néerlandais sont au deuxième rang, assez loin derrière les Britanniques. Selon le recensement de 1999, 43,5 % des Néerlandais de France habiteraient dans des communes rurales, et 25 % dans le « rural profond ». Nouveaux ruraux, retraités et touristes se retrouvent désormais davantage du côté du Midi méditerranéen et du quart Sud-Est, Aude, Hérault ou Ardèche, même si le Gers et le Lot sont aussi très concernés. Le nombre de ressortissants néerlandais est ainsi reparti à la hausse, 25 000 en 1999, plus de 36 000 en 2007, soit près de 1 % des étrangers de France et au huitième rang européen, largement distancés par les Britanniques aux caractéristiques comparables (145 000).

Une constante se lit dans l'histoire des Néerlandais en France : ils ont le plus souvent fait figure d'étrangers désirés par l'État, ce qui n'a pas empêché jalousie et méfiance. Ce statut de « bons migrants » n'enlève rien aux ferments contestataires portés par certains artistes, dont les noms ont compté dans l'histoire culturelle. Ainsi, le caricaturiste WILLEM, issu du mouvement « provo » des années 1960, est venu nourrir la veine satirique radicale que l'on trouve dans *Hara-Kiri* ou *Charlie Hebdo*, magazines auxquels il a collaboré.

Marie-Claude Blanc-Chaléard

Bibl. : MATHOREZ Jules, *Les Étrangers en France sous l'Ancien Régime*, t. 2, *Allemands-Hollandais-Scandinaves*, Paris, E. Champion, 1921 • MAUCO Georges, *Les Étrangers en France*, 1932 • HOETJES Bernard, « Agriculteurs néerlandais en France », *Études rurales*, « Être étranger à la campagne », 1994, n°s 135-136.

NEGRESCO Henry (Henri Alexandre Negrescu)

Directeur d'hôtel. – Né en 1868 à Bucarest, Roumanie ; mort le 14 mai 1920 à Paris, France.

Fils d'aubergiste, talentueux violoniste tzigane, Negrescu parcourt l'Europe à l'âge de quinze ans et maîtrise une demi-douzaine de langues. Il gravit rapidement les échelons dans l'hôtellerie de luxe : on le retrouve à Monte-Carlo en 1893, puis à Londres, en Belgique ou en Autriche. Il s'installe durablement sur la Côte d'Azur à partir de 1902. Embauché comme maître d'hôtel du restaurant du Helder à Monte-Carlo, qui draine les milieux fortunés en visite sur la Riviera, il en devient rapidement le directeur, puis prend la tête des restaurants du casino de Nice et de celui d'Enghien, où il se rend tous les étés. C'est là qu'il fait deux rencontres importantes : à Enghien l'industriel Pierre-Alexandre Darracq, qui devient son principal financier ; à Nice l'architecte de renom Édouard Niermans, qui s'installe en 1909 sur la Côte. C'est avec ces deux hommes que Negresco, tout juste naturalisé français sous ce nouveau patronyme, met en branle le projet de construction d'un établissement hôtelier de luxe sur la Promenade des Anglais en 1911. Niermans demande à Gustave Eiffel de construire la verrière du salon royal. Le « Negresco » ouvre ses portes le 8 janvier 1913 et connaît immédiatement le succès, gagnant le surnom de « plus somptueux des palaces ». Henry Negresco est promu chevalier de la Légion d'honneur. Puis tout s'inverse : le déclenchement de la Première Guerre mondiale conduit à la réquisition de l'établissement, transformé en hôpital temporaire, Negresco meurt ruiné et l'hôtel est racheté par une société belge.

Claire Zalc

NEGRI Toni (Antonio)

Philosophe. – Né le 1er août 1933 à Padoue, Italie.

Le séjour contraint de Toni Negri en France entre 1983 et 1997 l'a fait définitivement entrer dans la communauté intellectuelle française. Son père, ouvrier et cofondateur du Parti communiste à Livourne en 1921, meurt quand il a deux ans, et sa mère, institutrice, élève seule ses trois enfants. Dès son plus jeune âge, Antonio Negri milite, tour à tour à l'Action catholique puis au Parti socialiste italien (1956-1963) ; en 1969, il cofonde Potere operaio (Pouvoir ouvrier), qui se prolongera dans le mouvement Autonomia operaia (Autonomie ouvrière). Durant le « Mai rampant » italien, Toni Negri, enseignant en philosophie politique à l'université de Padoue, devient une figure intellectuelle de la nouvelle gauche. Le 7 avril 1979, accusé d'avoir tenu un rôle dans l'enlèvement, puis l'assassinat d'Aldo Moro, il est arrêté et placé en prison préventive. En 1983, il peut en sortir grâce à l'immunité parlementaire que lui confère son élection en tant que député du Parti radical de Mario Panella. Alors que les parlementaires s'apprêtent cependant à lever son immunité,

Toni Negri fait le choix de se réfugier en France, le 19 septembre 1983. À Paris, il est immédiatement accueilli comme membre étranger au Collège international de philosophie, puis il poursuit sa carrière à l'université Paris VII et à l'École normale supérieure de la rue d'Ulm.

Ses affinités intellectuelles avec les poststructuralistes français Michel Foucault, Gilles Deleuze, Félix Guattari ou encore Étienne Balibar nourrissent sa critique du capitalisme dans une perspective postmarxiste. Cet échange se traduit notamment dans sa collaboration avec Félix Guattari (*Les Nouveaux Espaces de liberté*, 1985) et surtout dans ses contributions à la revue philosophique de critique sociale *Futur antérieur*, dont il est l'un des fondateurs en 1990.

En 1997, Toni Negri choisit de retourner en Italie, où il est emprisonné jusqu'en 2004. Ses ouvrages *Empire* (2000) et *Multitude. Guerre et démocratie à l'époque de l'Empire* (2004), écrits en collaboration avec l'Américain Michael Hardt, ont une importante réception, en France et aux États-Unis d'abord, car *Empire* n'est édité en Italie que deux ans plus tard. Le philosophe italien adopté par la France s'efforce de penser le monde postmoderne, postcolonial, postsocialiste, postfordiste, post-États-nation et d'ouvrir des horizons politiques nouveaux.

Anna Trespeuch-Berthelot

NELSON Paul

Architecte. – Né en 1895 à Chicago, États-Unis ; mort en 1979 à Marseille, France.

« Un Américain à Paris ». Après des études d'architecture à Princeton (1913-1917), engagé volontaire, en 1917 dans l'aviation, il reste en France après la guerre, élève à l'École des beaux-arts d'Emmanuel Pontremoli, puis, après 1924, d'Auguste Perret. Sa proximité avec les artistes (Georges Braque, Fernand Léger, Charlotte Perriand) et sa conviction d'avoir les capacités de rénover l'architecture hospitalière sont les deux axes qui éclairent sa démarche en France. Son projet pour la Cité hospitalière de Lille (1932) est publié dans les *Cahiers d'art* par Christian Zervos, son étude pionnière pour le Palais de la découverte – une prise de position sur les rapports de l'architecture avec l'art des structures –, en 1937. Rentré aux États-Unis de 1940 à 1945 – où il préside le mouvement « France for ever » –, Nelson revient en France à la Libération et s'y retrouve aux avant-postes. Conseiller technique au ministère de la Reconstruction en 1945, expert auprès du ministère de la Santé, il est aussi un acteur central de l'exposition à Paris sur les « Techniques américaines de l'habitation et de l'urbanisme » (1946). Il donne toute sa mesure avec l'hôpital Mémorial France-États-Unis à Saint-Lô (1946-1956), le premier d'une série (Dinan, 1963-1968 ; Arles, 1965-1974). Attentif au confort du malade, préoccupé par l'organisation technique et fonctionnelle des espaces de l'hôpital, il donne des solutions très appréciées par les services de la Santé publique et marque son époque. André Malraux le nomme en 1963 directeur de l'Atelier franco-américain d'architecture à l'École nationale supérieure des beaux-arts et, de 1967 à 1977, il dirige de même l'Atelier franco-international de l'École d'architecture de Marseille-Luminy. Il acquiert la nationalité française au soir de sa vie, en 1973.

Gérard Monnier

NÉMIROVSKY Irène (Irina Leonidovna Nemirovskaïa)

Romancière. – Née le 24 février 1903 à Kiev, alors Empire russe, aujourd'hui Ukraine ; morte le 17 août 1942 à Auschwitz, alors Gouvernement général, aujourd'hui Pologne.

Née dans une famille juive aisée proche de l'entourage du tsar, Irina Nemirovskaïa grandit dans un milieu favorisé où l'apprentissage du français précède celui du russe. Après leur installation à Saint-Pétersbourg en 1913, la jeune fille et les siens sont les témoins de la guerre puis de la révolution d'Octobre, qui les oblige à quitter la Russie pour la Finlande en 1918. Parvenus en France en juillet 1919, ils s'établissent dans le XVIe arrondissement au contact de la diaspora russe de Paris. Irène, qui a quelque peu francisé son nom, achève ses études et obtient une licence de lettres à la Sorbonne. Menant l'existence des riches exilés russes, elle fréquente les villégiatures balnéaires de Biarritz et de la Côte d'Azur, tout en écrivant ses premières nouvelles, qu'elle rédige directement en français. C'est en 1923 qu'elle fait paraître son premier roman, *Le Malentendu*, aux Œuvres libres. Trois ans plus tard, elle épouse Michel Epstein, ingénieur russe devenu banquier, dont elle aura deux filles, Denise et Élisabeth. Irène Némirovsky acquiert la célébrité en 1929, quand Bernard Grasset édite son roman *David Golder*, qui raconte la déchéance d'un rentier ruiné par ses proches. Unanimement salué par la critique, l'ouvrage est aussitôt adapté au théâtre, tandis que Julien Duvivier le transpose sur grand écran dès 1930. Cette même année, son livre suivant, *Le Bal*, rencontre à son tour un important succès public et sera de même adapté au cinéma. La romancière intègre les milieux littéraires parisiens et se lie avec des auteurs comme Tristan Bernard et Henri de Régnier. En 1933, elle quitte Grasset pour Albin Michel, tandis que ses nouvelles commencent à paraître dans des périodiques politico-littéraires très marqués à droite, voire antisémites, comme les hebdomadaires *Gringoire* et *Candide* ou la *Revue des Deux Mondes*. Certains critiques relèvent alors la contradiction existant entre les propres origines d'Irène Némirovsky et certains textes peu amènes sur les juifs, qu'elle publie à cette époque. Peut-être faut-il y voir le signe d'une forme de haine de soi, alimentée par le refus du gouvernement de lui accorder la nationalité française en 1938, et la volonté de se fondre dans son pays d'accueil en renonçant à son identité juive, comme semble l'établir sa conversion au catholicisme, le 2 février 1939. Un an et demi plus tard, touchée par le premier statut des juifs promulgué par Vichy, elle voit ses livres interdits, même si *Gringoire* continue à publier ses nouvelles sous le pseudonyme de Pierre Neyret. Réfugiée avec son mari et ses filles à Issy-L'Évêque, en Saône-et-Loire, l'écrivaine vit dans la demi-clandestinité, aidée financièrement par Albin Michel, tout en continuant à écrire. Recensée en juin 1941, au titre du second statut sur les juifs, elle doit porter l'étoile jaune à partir du printemps 1942. Le 16 juillet 1942, deux semaines après avoir rédigé son testament et alors qu'elle travaille au manuscrit de son dernier roman, *Suite française*, Irène Némirovsky est arrêtée par des gendarmes français. Internée au camp de Pithiviers, elle est déportée quelques jours plus tard à Auschwitz, où elle est gazée le 17 août 1942. Michel Epstein subira le même sort en novembre de la même année, mais leurs filles seront sauvées. Après la Seconde Guerre mondiale, l'œuvre d'Irène Némirovsky tombe dans l'oubli, en dépit de quelques rééditions. Il faut attendre le début du XXIe siècle pour assister à la redécouverte de la romancière disparue, notamment après la parution, en 2004, du texte, inédit et inachevé, de *Suite française*, exceptionnel témoignage littéraire sur la débâcle de mai-juin 1940 et les débuts de l'Occupation. En décembre 2004, l'ouvrage permet à Irène Némirovsky d'être le premier et à ce jour le seul écrivain à recevoir le prix Renaudot à titre posthume.

Pierre-Frédéric Charpentier

NEUTRA Richard

Architecte. – Né le 8 avril 1892 à Vienne, alors Empire d'Autriche-Hongrie, aujourd'hui Autriche ; mort le 16 avril 1970 à Wüppertal, Allemagne.

Après des études à Vienne, Richard Neutra, installé à Berlin, travaille auprès de l'architecte Erich Mendelsohn, avant d'immigrer aux États-Unis en 1923, où il obtient la nationalité américaine dès 1929. En 1967 c'est un architecte mondialement connu qui est choisi pour concevoir et construire à Croix, département du Nord, une résidence privée, la maison Delcourt ; elle est achevée, sous son contrôle personnel, peu de temps avant sa mort.

Gérard Monnier

NIEMEYER Oscar

Architecte. – Né le 15 décembre 1907 et mort le 5 décembre 2012 à Rio de Janeiro, Brésil.

En 1965, à cinquante-huit ans, Oscar Niemeyer vient à Paris pour l'exposition que lui consacre le musée des Arts décoratifs ; il reçoit le Grand Prix international d'architecture et d'art, décerné par la revue *L'Architecture d'aujourd'hui*, aboutissement d'une longue admiration française pour l'architecte, pour ses projets et ses réalisations. Autorisé par André Malraux et l'ordre des architectes à opérer en France, il y obtient alors ses premières commandes : par l'entregent de Jean Nicolas, un architecte membre du PCF, le siège du comité central du Parti communiste, à Paris, la ZUP du Plateau Napoléon, à Grasse et un projet pour le Centre des Dominicains à la Sainte-Baume, près de Marseille (non réalisé). En 1967, Niemeyer, opposant à la dictature militaire brésilienne, s'établit à Paris. Avec une équipe de jeunes architectes (Jean Deroche, Paul Chemetov) et l'ingénieur Jacques Tricot, il construit le siège du PCF en deux étapes : 1970-1971 et 1978-1980. À rebours des manifestations du formalisme rétrograde qui font fureur à l'époque, l'élégance de cette modernité renouvelée s'impose et l'enrichissement du site attire l'attention, avec une esplanade en pente douce d'où émerge la coupole de l'auditorium, une disposition qui procure la continuité avec l'espace public. Après le projet de Grasse, l'architecte en étudie deux autres, pour Dieppe (1972-1973) et pour Villejuif (commande de 1971, projet de 1978), avec des barres et des tours, des places centrales et le système des grands axes de circulation qui séparent piétons et véhicules, mais, bien que ces projets soient appuyés par les municipalités, les circulaires Chalandon (1971) et Guichard (1973) en ont raison. Dans cette période, Niemeyer réalise, en revanche, sans difficulté la résidence luxueuse de l'éditeur italien Giorgio Mondadori à Saint-Jean-Cap-Ferrat (1968-1972). Comme dans la maison de Canoas, à Rio de Janeiro, on y trouve la fluidité des espaces sous une dalle de toiture en forme libre.

En 1972, l'architecte ouvre son agence parisienne, où sont étudiés le projet de la tour PB-17 (1972-1973), à La Défense (non réalisé), et ceux de la Bourse du travail de Bobigny et de la Maison de la culture du Havre, des œuvres majeures, inaugurées, respectivement, en 1978 et en 1982. En 1978, pour la fête de *L'Humanité*, Niemeyer invente un nouveau dispositif pour la tribune, un gigantesque abri textile porté par les flèches de trois grues de chantier. Datent aussi de cette époque des études : pour un musée à Arles, pour les usines nucléaires pour l'EDF, qui ne dépasseront pas les premières esquisses. Il est possible que les fréquents voyages de Niemeyer à Rio de Janeiro, où il a toujours maintenu ouverte son agence, n'aient pas favorisé l'aboutissement de ces études. L'attitude de veille technologique de l'architecte, sur ses chantiers en France, est à noter. Si le béton demeure souvent préféré, l'architecte adopte les matériaux et les techniques du moment : ainsi l'acier, associé au béton armé dans le projet pour la tour PB-17. Au Havre, sur le chantier de la Maison de la culture (1978-1981), les techniciens français portent un vif intérêt à la « paroi étanche » de l'ensemble encaissé en contrebas des rues et aux systèmes de coffrage adaptés à la non-répétitivité des structures dans les deux volumes asymétriques sur plan circulaire. Le verre extérieur collé (VEC), apparu en 1985, est appliqué aux façades du siège du journal *L'Humanité* à Saint-Denis (achevé en 1987). Lorsque la situation politique brésilienne rend possible son retour au Brésil, Oscar Niemeyer ferme son agence parisienne, en 1981, après avoir maintenu sans concession sa démarche au travers de la période de crise que traverse l'architecture française dans les années 1970.

Marie-Stella Dutra

NIERMANS Édouard (Eduard Johan)
Architecte. – Né le 30 mai 1859 à Enschende, Pays-Bas ; mort le 18 octobre 1928 à Montlaur, France.

Diplômé de l'École polytechnique de Delft en 1883, il s'installe à Paris pour y entamer une carrière de décorateur. Son succès comme architecte du Pavillon néerlandais à l'Exposition universelle de Paris en 1889 le conduit, dès 1891, à poursuivre dans la voie d'un cadre de vie adapté aux besoins de la clientèle cossue de la Belle Époque : mise au goût du jour de brasseries, restaurants et théâtres (Casino de Paris, Folies-Bergère, Moulin-Rouge…), construction de palaces dans les sites résidentiels à la mode : à Ostende (Royal Palace, 1899-1900), à Biarritz (Hôtel du Palais, 1903-1905), à Bagnères-de-Luchon (Pyrénées Palace, 1911-1913). Sur la Côte d'Azur, où il ouvre une agence en 1909, il construit à Nice, sur la Promenade des Anglais, sa réalisation la plus connue, l'hôtel Negresco (1911-1913). Il a été naturalisé français en 1895.

Élèves de l'École des beaux-arts, ses deux fils seront eux aussi architectes, Édouard (1903-1984) et Jean Niermans (1897-1989, prix de Rome en 1929) ; ils suivront une voie un peu différente, plus tournée vers l'architecture publique.

Gérard Monnier

NIJINSKA Bronislava. — *Voir* DANSEURS ET DANSEUSES RUSSES.

NIJINSKY Vaslav. — *Voir* DANSEURS ET DANSEUSES RUSSES.

NIN Anaïs

Romancière et diariste. – Née le 21 février 1903 à Neuilly-sur-Seine, France ; morte le 14 janvier 1977 à Los Angeles, États-Unis.

Fille du compositeur hispano-cubain Joaquin Nin et d'une mère d'ascendance franco-danoise, Anaïs Nin vit à New York, dans son enfance, après la séparation de ses parents. Durant la Grande Guerre, elle écrit un journal intime se rêvant « héroïque comme Jeanne d'Arc. » Après son mariage, elle s'installe, en 1924, à Paris et gravite dans les milieux intellectuels de la capitale, avant de louer une maison à Louveciennes, de 1931 à 1935. Véritable « laboratoire de l'âme », l'endroit attire des écrivains et des artistes comme Antonin Artaud, Brassaï, Lawrence Durrell ou encore June et Henry Miller, avec lesquels elle entretiendra une liaison jusqu'en 1939. L'épisode influencera considérablement ses écrits érotiques à venir (*Vénus erotica*, 1977). C'est également à Louveciennes qu'elle entame la rédaction (plus de quinze mille pages dactylographiées) de son *Journal*.

Pierre-Frédéric Charpentier

NITTI Frédéric (Federico)

Médecin et biologiste. – Né le 20 septembre 1903 à Ischia, Italie ; mort le 1er mars 1947 à Rome, Italie.

Federico Nitti est le fils de l'homme politique italien Francesco Nitti et d'Antonia Persico. En 1925, la famille Nitti, fuyant les fascistes mussoliniens, s'exile à Zurich, puis, en 1927, à Paris. Nitti poursuit alors ses études de médecine : externe en 1929, il obtient le titre de docteur en médecine de l'université de Paris (Sorbonne) en 1935. Il entre alors à l'Institut Pasteur dans le laboratoire de chimie thérapeutique d'Ernest Fourneau, dont il est nommé chef de laboratoire en 1940. En 1944, il devient chef de service à l'Institut Pasteur. Il travaille avec Daniel Bovet, Thérèse et Jacques Tréfouël sur l'action antibactérienne des sulfamides (aminophénylsulfamide) et sur leurs propriétés thérapeutiques, notamment sur les méningites. Il démontre, avec Roger Legroux, leur action sur les blessures de guerre. Nitti travaille également sur la pénicilline et sa production ainsi que sur l'association sulfamides-pénicilline dans le traitement des infections streptococciques et pneumococciques expérimentales. Dans sa demande de naturalisation, datée du 24 septembre 1938, il précise : « Mon père, ancien président des Conseils des ministres, ayant quitté l'Italie pour des raisons politiques, je l'ai suivi dans son exil et j'ai habité la France depuis le mois de décembre 1925 » (demande de naturalisation [HT 07834], archives de l'Institut Pasteur, ARC 16, dossiers Nitti, photocopie des Archives nationales Fontainebleau, CSP 48797 X 38). Il est naturalisé en juillet 1939, chaudement soutenu par sa hiérarchie pasteurienne. Les activités politiques de son beau-père, Alberto Cianco, militant antifasciste, « dont les sympathies sont acquises aux doctrines extrémistes, [et] a été condamné à trois mois de prison, en 1930, pour détention d'explosifs » (source citée) semblent avoir été la cause d'une demande de retrait de la nationalité dont a été saisie la Commission de révision des naturalisations. Finalement, le secrétaire d'État à la famille et à la santé rend un avis favorable le 2 mars 1942 au maintien de la nationalité française de Nitti.

En 1938, dans sa demande de naturalisation, Nitti avait également invoqué comme motif : « [vouloir] être français pour pouvoir continuer en cas de mobilisation à donner mes services à l'Institut Pasteur » (source citée). Ce qu'il fait, et plus. Sous l'Occupation, en 1942, Louis Pasteur Vallery-Radot (résistant sous le pseudonyme Renoir ou Renouard) et Paul Milliez (pseudonyme Olivier) demandent à Jacques Tréfouël, alors directeur de l'Institut Pasteur, et à Nitti (pseudonyme Dr Morin) de créer un dépôt de médicaments pour les résistants. Devenu rapidement la pharmacie centrale des Forces françaises de l'intérieur (FFI), ce dépôt clandestin fournit matériel chirurgical et sanitaire, médicaments, sérums et vaccins à la Résistance. Nitti commande une équipe de six hommes : Conge, Boyer, Rivoal, tous trois de l'Institut Pasteur, Siméon (pseudonyme Jean-Lou) et Bollack (pseudonyme Bellerive), agents de liaison, et le capitaine Kerharo, pharmacien des troupes coloniales. Les derniers mois avant la Libération, plus de deux cent mille ampoules de sérum antitétanique et environ une tonne de sulfamides sont livrées aux combattants. En 1944, il rejoint les rangs du Parti communiste français. En 1945, il reçoit la médaille de la Résistance et, en 1946, il est fait chevalier de la Légion d'honneur pour « sa participation à la découverte des propriétés thérapeutiques du sulfamide ». Atteint d'un cancer, il retourne en Italie en 1946, où il meurt, à Rome.

Il n'est pas vain de parler de cohérence, de générosité et de courage à propos de Frédéric Nitti, resté fidèle à un idéal façonné par les causes de l'exil, par les engagements de sa famille et par sa conception de l'identité française.

Annick Opinel

NITZCHKÉ Oscar

Architecte. – Né en 1900 à Altona, alors Empire allemand, aujourd'hui Allemagne ; mort le 11 février 1991 à Ivry-sur-Seine, France.

Après une enfance en Suisse, Nitzchké entre à Paris en 1920 à l'École des beaux-arts, travaille, en 1922, dans l'agence de Le Corbusier, qui le marque profondément, et entre ensuite à l'atelier d'Auguste Perret, où il entraîne le Suisse Denis Honegger. En 1927, ils sont tous deux occupés à construire l'Aubette à Strasbourg et, trois ans plus tard, participent au concours du théâtre de Kharkov. Entre-temps, sa maîtrise des techniques contemporaines a valu à Nitzchké, associé à André Le Donné et à Adrien Brelet, de remporter en 1929 le concours de maisons métalliques organisé par les Forges de Strasbourg. Les projets pionniers s'alignent : en 1934, une Maison de la publicité sur les Champs-Élysées, dont l'étude est publiée en 1935 par Christian Zervos dans les *Cahiers d'art* ; en 1937, le Palais de la découverte, avec Paul Nelson. En 1938, il s'installe aux États-Unis. Entré comme enseignant à Yale grâce à l'appui de Wallace K. Harrison, il coordonnera, avec celui-ci et Max Abromovitz, le projet de l'ONU à New York.

Gérard Monnier

NOAH Joakim

Sportif. Né le 25 février 1985 à New York, États-Unis.

Basketteur de très haut niveau, Joakim Noah bénéficie, dès le début de sa carrière, de la renommée de son grand-père Zacharie, footballeur camerounais vainqueur de la coupe de France en 1961 avec le club de Sedan, et surtout de celle de son père, Yannick, seul joueur français de tennis à avoir remporté le tournoi de Roland-Garros (1983). Yannick Noah mène également, en tant que capitaine, l'équipe de France de tennis à une victoire retentissante en finale de la coupe Davis face aux États-Unis, en 1991 (puis une autre en 1996). Entamant une carrière de chanteur lors de sa retraite sportive, il est, pendant plusieurs années consécutives, considéré comme la « personnalité préférée des Français ». Joakim Noah, né d'un premier mariage avec un mannequin suédois, n'échappe guère, dans les médias, à une référence constante à la figure paternelle, imposante et charismatique. Son retour aux États-Unis avec sa mère, à l'âge de treize ans, après avoir grandi en France depuis l'âge de trois ans, lui permet toutefois de faire ses débuts sur les terrains de basket-ball du lycée dans un relatif anonymat. Ses performances avec l'université de Floride, où il suit également des cours d'anthropologie, suscitent toutefois l'intérêt. Double champion universitaire (en 2006 et 2007), il est recruté par les Chicago Bulls où, après des débuts difficiles, il s'affirme au poste de pivot. Détenteur de la double nationalité américaine et suédoise, il obtient, en 2007, la nationalité française. Il peut ainsi prétendre à l'équipe de France, à la grande satisfaction des dirigeants de la fédération hexagonale. En 2011, à l'occasion des championnats d'Europe, sa première compétition internationale au sein de l'équipe de France, il revendique l'identité de « Viking africain ».

Stéphane Mourlane

NOAILLES Anna de (Anna-Élisabeth, princesse Bibesco-Bassaraba de Brancovan)

Poétesse et romancière. – Née le 15 novembre 1876 et morte le 30 avril 1933 à Paris, France.

Issue du monde aristocratique des Balkans, Anna-Élisabeth de Brancovan est née à Paris d'un père roumain et d'une mère grecque, suscitant plus tard ce commentaire de Jean Giraudoux : « Éblouissante, mais peu française. C'est une alouette levantine. » Après avoir épousé le comte Mathieu de Noailles en 1897, elle ouvre un salon qui accueille le tout-Paris littéraire et artistique de la Belle Époque. Alors qu'elle versifiait déjà adolescente et que ses premiers poèmes ont été publiés sous le nom d'Anna de Noailles dans la *Revue de Paris* en 1898, elle fait paraître, en 1901, un premier recueil, *Le Cœur innombrable.* L'ouvrage reçoit un accueil enthousiaste de la part de la critique, qui loue une œuvre où un panthéisme lumineux fait le lien entre Orient et Occident. En 1904, la poétesse décide de fonder, avec d'autres femmes, le prix Vie heureuse, qui deviendra plus tard le prix Femina. Après trois romans entre 1903 et 1905, elle retourne à la poésie, ce qui lui offre la notoriété avec la publication du recueil *Les Éblouissements* (1907). L'altération de sa santé à partir de 1911 ne bride pas sa créativité (*Les Vivants et les morts*, 1913). L'Académie française lui décerne son Grand Prix de littérature en 1921 et elle intègre, l'année suivante, l'Académie royale de langue et de littérature françaises de Belgique. Le 11 janvier 1931, elle devient la première femme à se voir conférer le grade de commandeur de la Légion d'honneur. Marquée par plusieurs deuils en 1923, dont ceux de sa mère et de Maurice Barrès, elle réoriente son art poétique vers la mort et la douleur (*L'Honneur de souffrir*, 1927) et publie une autobiographie (*Le Livre de ma vie*, 1932), laissée inachevée par la mort. Anna de Noailles est inhumée au cimetière du Père-Lachaise.

Pierre-Frédéric Charpentier

NOMARSKI Georges

Physicien. – Né le 1er juin 1919 à Nowwi Trag, Pologne ; mort le 17 février 1997 à Antony, France.

Élève à l'École polytechnique de Varsovie, Georges Nomarski se spécialise très tôt en optique. Mais la guerre interrompt sa formation. Résistant, il est fait prisonnier par les Allemands et transféré en Allemagne. Libéré en mars 1945, il rejoint l'université de Louvain puis gagne la France pour entrer à l'École supérieure d'optique à Paris. Il en sort avec un diplôme d'ingénieur en 1949. Le CNRS, qui est associé à l'École pour ses laboratoires de recherche, le recrute aussitôt comme assistant et l'y affecte. Georges Nomarski crée, un an plus tard, un laboratoire de microscopie. En 1965, il est promu directeur de recherche au CNRS. Il rejoint l'université de Paris XI Orsay. Depuis le 24 octobre 2003, le musée de l'Université jagellonne de Cracovie accueille deux des microscopes de Georges Nomarski, inventeur du microscope à contraste différentiel – connu sous le nom de système Nomarski – permettant l'observation d'objets microscopiques transparents.

Vincent Duclert

NORGE (Georges Mogin)

Poète. – Né le 2 juin 1898 à Molenbeek-Saint-Jean, Belgique ; mort le 25 octobre 1990 à Mougins, France.

Né dans une famille protestante d'ascendance française, Georges Mogin fait ses études à Bruxelles et s'intéresse à la poésie. En 1923, la publication, sous le pseudonyme de Géo Norge – bientôt raccourci en Norge –, de son premier recueil, *Vingt-Sept Poèmes incertains*, inaugure une intense activité d'écriture qui se poursuivra tout au long de l'entre-deux-guerres. L'un de ses ouvrages, *Les Râpes*, est édité par Pierre Seghers en 1949, ce qui incite le poète à s'établir dans le sud de la France, à Saint-Paul-de-Vence, où il se fait antiquaire tout en poursuivant sa production littéraire. Considéré par Louis Aragon comme l'un des plus grands poètes francophones de son temps, Norge développe une écriture simple en une très grande variété de formes, qui feront reconnaître ses poèmes à partir de la fin des années 1950. En 1985, il reçoit le prix de la Critique pour *Les Coq-à-l'âne*.

Pierre-Frédéric Charpentier

NOTHOMB Amélie

Romancière. – Née le 13 août 1967 à Kobé, Japon.

Issue d'une famille de l'aristocratie belge proche des milieux de la culture, fille d'ambassadeur, Amélie Nothomb voit le jour au Japon et suivra son père au gré de ses affectations successives, en Asie orientale et à New York. Elle est âgée de dix-sept ans lorsqu'elle découvre pour la première fois la Belgique, où elle mène des études de philologie romane à l'Université libre de Bruxelles. En 1992, son premier roman, *Hygiène de l'assassin*, révèle son talent d'écrivaine, rencontre le succès public et se voit distingué par plusieurs prix littéraires (prix René-Fallet, prix Alain-Fournier). Publiée chez Albin Michel, Amélie Nothomb devient rapidement l'une des valeurs sûres de la maison d'édition, en développant un style original, emprunt d'absurde et de causticité, et elle fait paraître un roman à chaque rentrée littéraire. Elle consacre plusieurs récits autobiographiques à son expérience japonaise, au premier rang desquels *Stupeur et tremble-*

ments, paru en 1999, qui devient un best-seller (plus de quatre cent mille exemplaires vendus). L'ouvrage, qui décrit avec humour, mais sans complaisance, l'univers du travail au pays du Soleil-Levant, obtient le Grand Prix du roman de l'Académie française et sera adapté au cinéma en 2003 par Alain Corneau. Paru en 2000, *Métaphysique des tubes* propose le récit humoristique et sublimé de la vie de l'auteure entre zéro et trois ans. D'autres textes s'inspirent plus directement des enjeux de société contemporains, à l'image d'*Acide sulfurique* (2005), qui dénonce le phénomène de la télé-réalité en imaginant une émission filmée d'un camp de concentration. En 2008, Amélie Nothomb s'est vu décerner le grand prix Jean Giono pour l'ensemble d'une œuvre « ayant défendu ou illustré la cause du roman ». Six de ses ouvrages ont été adaptés au théâtre en Belgique et en France, pays entre lesquels la romancière partage aujourd'hui son existence.

Pierre-Frédéric Charpentier

NOUREEV Rudolf (Roudolf Khametovitch Noureev)

Danseur et maître de ballet. – Né le 17 mars 1938 à Irkoutsk, alors URSS, aujourd'hui Russie ; mort le 6 janvier 1993 à Levallois-Perret, France.

Formé à la danse classique à Oufa, capitale de la Bachkirie, contre la volonté de son père, qui était commissaire politique de l'Armée rouge, Rudolf Noureev commence à travailler dans le corps de ballet de cette même ville à l'âge de seize ans. De 1955 à 1958, il étudie à l'école Vaganova de Leningrad avec le maître de ballet Alexandre Pouchkine. Admis en 1959 dans le corps de ballet du Kirov (nom porté par le Théâtre Mariinsky pendant la période soviétique), il en devient rapidement soliste. En 1961, alors qu'il est en tournée avec le Kirov en France, où il éblouit le public dans *La Bayadère*, il demande l'asile politique et obtient rapidement un engagement dans la compagnie du marquis Georges de Cuevas. En 1962, il fait ses débuts au Royal Opera House de Londres, à Covent Garden, où il danse notamment avec l'étoile Margot Fonteyn dans *Giselle* ou *Le Lac de Cygnes*. Naturalisé autrichien en 1982, il s'installe à Paris où il est nommé directeur de la danse au Ballet de l'Opéra national de Paris de 1983 à 1989. Pendant cette période faste de l'histoire de l'Opéra, il danse et propose ses propres versions des ballets du répertoire (*La Belle au bois dormant*, *La Bayadère*, *Cendrillon*, *Roméo et Juliette*...), s'intéressant aussi à la danse « baroque » (il crée *Bach Suite* en 1984 avec Francine Lancelot) et invitant des chorégraphes contemporains (Twyla Tharp, Maguy Marin, Merce Cunningham...). Considéré comme l'un des meilleurs interprètes du répertoire classique au XXe siècle, il a formé et encouragé toute une génération de danseurs de l'Opéra de Paris (Laurent Hilaire, Manuel Legris, Isabelle Guérin, Sylvie Guillem...).

Sophie Jacotot

O

OBERKAMPF Christophe-Philippe

Industriel. – Né le 11 juin 1738 à Wiesenbach, alors Saint Empire romain germanique, aujourd'hui Allemagne ; mort le 6 octobre 1815 à Jouy-en-Josas, France.

S'il existe une icône au panthéon des entrepreneurs français, c'est bien celle d'Oberkampf, le créateur des « toiles de Jouy ». Formé à l'aune d'un père teinturier de talent, tôt spécialisé dans l'impression des toiles de coton, et entrepreneur avisé, le jeune Christophe-Philippe émigre en France en 1757. Il travaille brièvement comme graveur dans la manufacture Koechlin et Dolffus à Mulhouse, puis rejoint comme coloriste la manufacture de l'Arsenal à Paris, seule autorisée à produire des indiennes, toiles de coton peintes dont raffolait le public. En libéralisant la fabrication des indiennes, l'édit de novembre 1759 change la donne. Décidé à ouvrir un atelier, Oberkampf s'établit dans la vallée de la Bièvre, à Jouy-en-Josas. En mai 1760, il sort sa première pièce ; un an plus tard, il en produit trois mille six cents ; en 1764, il est l'un des principaux fabricants d'indiennes en France. La fabrique s'agrandit, brille par ses créations – siamoises, imprimées sur toiles mixtes de fil et coton venues du Beaujolais, camaïeux en bleu de faïence, ramages polychromes… – et se mécanise progressivement. Dans les années 1770, c'est le passage de l'impression sur bois à l'impression sur cuivre, d'abord planche, puis cylindre. Et le début des honneurs : Oberkampf est naturalisé français en 1770 ; en 1783, sa fabrique reçoit le titre de manufacture royale, ce qui lui facilite l'accès aux marchés provinciaux. En 1787, il est fait chevalier. Le succès ne se dément pas durant la Révolution et l'Empire. Et quand vient l'incertitude, il innove : blanchiment au procédé Berthollet en 1791 ; introduction, en 1798, de « la bastringue », machine à imprimer au cylindre, dont il calcule qu'elle exécute le travail de quarante-deux graveurs. En 1800, fort de cette capacité productive, il accepte d'imprimer à façon pour les indienneurs de Lyon et Montpellier, en posant comme condition de blanchir leurs toiles, et ouvre, à cette fin, la blanchisserie d'Essonnes. Déjà haut lieu d'innovation technique, la manufacture devient lieu de science : Oberkampf reçoit régulièrement les membres de la société d'Arcueil, Antoine-François Fourcroy, Jean-Antoine Chaptal, Claude-Louis Berthollet et Louis Gay-Lussac, qui, en 1802, y donne des cours de physique et chimie. Il installe à Chantemerle une filature de coton, dont la production débute en 1810. En 1813, il mécanise l'impression à deux couleurs. Mais, deux ans plus tard, c'est la débâcle. L'arrivée des troupes prussienne à Jouy oblige au chômage des machines et au licenciement des ouvriers. Désemparé, Oberkampf décède peu après.

Mettons au rang des chances dont il bénéficia le marché des indiennes, dynamique, diversifié autant que soutenu, européen autant que national ; l'atelier paternel, où il puisa financements, conseils et compétences ; et la situation de Jouy, près de Versailles, qui en faisait un voisin du roi et de la Cour. Mettons au rang des forces dont il disposa une capacité exceptionnelle à organiser hommes et *process* ; son aptitude au commandement, sa capacité à s'entourer des meilleurs collaborateurs : Demaraise et sa femme, née Darcel, comptable de très haut vol, qui prirent en charge les aspects financiers de l'entreprise ; Samuel Windler, son neveu, dont il assura la formation technique et scientifique, inventeur obstiné et pertinent, qui donna à l'entreprise la machine à imprimer aux cylindres, la machine à graver les cylindres, le « vert solide » et le blanchissage à la vapeur ; Jean-Baptiste Huet, peintre réputé pour la qualité des scènes et la finesse du trait ; évoquons encore ce sens remarquable des affaires qui le rendit capable de s'adapter aux lenteurs du marché, en cultivant le goût persan à Marseille, en même temps qu'à ses envies, en plaçant l'actualité dans les scènes imprimés ; évoquons enfin son aptitude à la veille technologique, dont il comprit rapidement qu'elle était essentielle pour garder les marchés anglais et hollandais. En regard, son principal défaut fut sans doute de n'avoir pas su former, au-delà d'un second, un successeur, suffisamment autonome et sûr de lui pour pouvoir à son tour organiser à sa manière en anticipant sur la demande. Tandis que ses concurrents adoptaient ses méthodes, apprenaient par l'imitation et l'émulation, Samuel Widmer et Émile Oberkampf, ses héritiers désignés, faillirent à la tâche. Widmer se suicida en 1821, et Émile, un an plus tard, laissait l'entreprise à son nouvel associé. La fabrique ferma en 1843 et fut démantelée en 1863.

Anne-Françoise Garçon

OCAMPO Victoria

Femme de lettres et directrice de revue. – Née le 7 avril 1890 et morte le 27 janvier 1979 à Buenos Aires, Argentine.

Quoiqu'elle n'ait effectué que des séjours ponctuels à Paris, Victoria Ocampo a vu sa destinée profondément liée à la France. Née dans une famille aisée et cultivée de Buenos Aires, elle apprend le français dès le plus jeune âge, l'écrit et le parle couramment, ainsi qu'elle le rappellera dans ses Mémoires : « La France est née pour moi au moment où j'ai commencé à prendre conscience de ma propre existence [...]. » Nourrie par la lecture de Jules Verne, Maupassant et des grands classiques français, elle suit les cours d'Henri Bergson à la Sorbonne en 1908. Lors de ses nombreux voyages à Paris, elle fréquente les milieux littéraires et se liera tour à tour avec Pierre Drieu la Rochelle et Roger Caillois. En 1931, elle lance à Buenos Aires la revue *Sur*, dont les sommaires vont accueillir les signatures les plus prestigieuses de l'intelligentsia sud-américaine et européenne, et fonde, deux ans plus tard, la maison d'édition du même nom. Nombre d'auteurs français, tels Gide, Malraux, Sartre ou Camus, auront les faveurs de l'une ou de l'autre. Au cours de la Seconde Guerre mondiale, Victoria Ocampo héberge Roger Callois et finance sa revue, *Les Lettres françaises*, qui accueille, de 1941 à 1945, de nombreux écrivains français (Breton, Saint-John Perse, Yourcenar) exilés en Amérique pour fuir le nazisme. Après la guerre, Victoria Ocampo jouit d'une renommée internationale, ce qui ne l'empêche pas d'être emprisonnée deux mois durant sous le régime de Perón. La France saura lui témoigner sa reconnaissante. En 1962, le général de Gaulle lui confère la distinction d'officier de la Légion d'honneur et le gouvernement lui décerne le titre de commandeur de l'ordre des Arts et Lettres. Trois ans plus tard, l'Académie française lui attribue la médaille d'or du Rayonnement français. Les six tomes de son *Autobiographie* seront publiés après son décès.

Pierre-Frédéric Charpentier

OCKRENT Christine

Journaliste. – Née le 24 avril 1944 à Bruxelles, Belgique.

Issue d'une famille de diplomates, Christine Ockrent est diplômée de Sciences-Po et de Cambridge. En 1965, elle commence sa carrière de journaliste au bureau d'information des Communautés européennes à Bruxelles. De 1967 à 1977, elle collabore aux magazines d'actualités de NBC en Europe, puis de CBS aux États-Unis. Elle rejoint France 3 en 1975, Europe1 en 1980. De 1981 à 1985, « la reine Christine » est rédactrice en chef et présentatrice du journal de 20 heures d'Antenne 2. Elle passe ensuite deux ans (1985-1987) comme rédactrice en chef à RTL, puis est recrutée par Francis Bouygues comme directrice générale adjointe de TF1 (1987-1989), mais elle retourne sur Antenne 2 et France 3 pour animer des magazines. Christine Ockrent fait aussi quelques incursions dans la presse écrite : directrice de la rédaction de *L'Express* entre 1994 et 1996, directrice de l'hebdomadaire *L'Européen* en 1998 et éditorialiste à *La Provence*. Mais c'est à la télévision qu'elle peut exprimer ses convictions européennes, notamment grâce au magazine « France Europe express », diffusé sur France 3 de 1997 à 2007. Quand son compagnon, Bernard Kouchner, devient ministre des Affaires étrangères, sous Nicolas Sarkozy, la nomination de Christine Ockrent en tant que directrice générale de l'Audiovisuel extérieur de la France fait polémique ; elle est contrainte, en 2011, à la démission.

Patrick Eveno

OFFENBACH Jacques (Jacob Offenbach)

Compositeur et violoncelliste. – Né le 20 juin 1819 à Cologne, alors Confédération germanique, aujourd'hui Allemagne ; mort le 5 octobre 1880 à Paris, France.

Fils d'un chantre originaire de la ville d'Offenbach, près de Francfort-sur-le-Main, qui a adopté son patronyme vers 1810, Jacob Offenbach arrive à Paris à l'âge de quatorze ans. Il est inscrit au Conservatoire avec le soutien de Luigi Cherubini, devient violoncelliste, travaille à l'orchestre de l'Opéra-Comique, puis devient, en 1847, directeur musical à la Comédie-Française. Son destin change en 1855 avec la première Exposition universelle qu'accueille Paris. Il renonce à sa carrière de virtuose, monte un théâtre, assez proche d'une baraque foraine, aux Champs-Élysées, face à l'Expo. C'est là qu'il crée de petits opéras-bouffes. Il peut ainsi acheter un véritable théâtre, situé passage Choiseul, qu'il baptise Bouffes-Parisiens. La décennie qui correspond à la phase libérale du Second Empire est pour Offenbach une période triomphale continue, inaugurée en 1859 par l'immense succès d'*Orphée aux enfers*. Suivent *La Belle Hélène*, *La Vie parisienne*, *La Périchole*… Si sa musique est de haute qualité, son succès tient aussi au choix de ses livrets, cocasses et parfois critiques des travers de la société française de son temps. Offenbach épouse une Espagnole, Herminie d'Alcain, en 1844. Il est naturalisé français en 1860 et reçoit la Légion d'honneur. L'effondrement du régime à Sedan le plonge, sans transition, dans une période de grandes difficultés. Offenbach est endetté, en mauvaise santé. Mais sa dernière œuvre, créée quatre mois après sa mort, *Les Contes d'Hoffmann*, montre un auteur capable de passer de l'opérette, genre qu'il a largement contribué à définir – même s'il préfère continuer de parler d'opéras-bouffes –, à l'opéra. Il est, tout simplement, un compositeur, capable d'écrire un concerto militaire pour violoncelle et orchestre (1847) aussi bien que des musiques de danse de salon (valses, quadrilles). Avec Offenbach, un trait de l'histoire culturelle française apparaît : un musicien étranger, sans que cela soit une loi écrite, doit souvent, pour être reconnu, s'en tenir aux genres « mineurs » et périphériques de la musique, laissant les genres majeurs aux musiciens français. L'histoire du XXe siècle confirmerait cette hypothèse, de Norbert Glanzberg au père de Serge Gainsbourg.

Didier Francfort

OFFREDO Jean

Journaliste. – Né le 14 septembre 1944 à Stargard, Pologne ; mort le 27 mars 2013 à Vanves, France.

D'origine polonaise par sa mère, titulaire d'une licence de lettres, d'un diplôme de Sciences-Po et d'un diplôme de littérature polonaise, Jean Offredo commence sa carrière aux Publications de La Vie catholique, à *Télérama* et à *La Vie*. Fondateur et directeur des éditions Cana, il écrit sur Jean-Paul II, le pape polonais, et sur les chrétiens de son pays natal. Consultant à Antenne 2 à partir de 1980, il rejoint TF1 en 1983 pour y présenter le journal de 20 heures, puis animer des émissions matinales. Il est rédacteur en chef à TF1 et préside l'association des journalistes franco-polonais.

Patrick Eveno

OGIEN Ruwen

Philosophe. – Né un 24 décembre, entre 1945 et 1949, à Hofgeismar, Allemagne.

Enfant de « personnes déplacées », juifs survivants de la Shoah, Ruwen Ogien se retrouve très tôt en France, où ses parents cessent d'errer. Sa double formation universitaire, en philosophie et en anthropologie sociale, marque son approche intellectuelle et éclaire son choix de la philosophie morale, peu courant au sein de la société philosophique française de sa jeunesse. Cet anticonformisme est à la fois cause et conséquence de son acculturation à la philosophie analytique anglo-saxonne. Il s'exprime par les principes radicalement libertaires en même temps que foncièrement démocratiques d'une « éthique minimale » (*L'Éthique aujourd'hui*, 2007), qui portent sur des objets de réflexion aussi essentiels que la bioéthique (*La Vie, la mort, l'État*, 2009), la pornographie (*La Liberté d'offenser*, 2007) ou le libéralisme économique (*La guerre aux pauvres commence à l'école*, 2013). Longtemps solitaire au sein d'une philosophie française d'essence allemande et de tropisme métaphysique – son statut non de professeur d'université mais de chercheur au CNRS dit beaucoup sur cet isolement relatif –, l'auteur de *La Panique morale* (2004) et de *L'État nous rend-il meilleur ?* (2013), de livre en livre, d'intervention en intervention, se fait mieux entendre d'un public surpris de découvrir que la philosophie peut être exprimée en termes simples, fondée sur des exemples concrets (*L'Influence de l'odeur des croissants chauds sur la bonté humaine*, 2011) et capable d'apporter des réponses précises aux seules questions qui sont du ressort de la société : les questions d'éthique. Ruwen Ogien est donc en passe de devenir l'une des figures les plus remarquables de la philosophie française du XXIe siècle – sans cesser d'être assez seul, en particulier sur sa position la plus radicale, selon laquelle l'homme n'a aucun devoir moral à l'égard de soi-même.

Pascal Ory

OLLER Joseph

Entrepreneur de spectacles. – Né en 1839 à Terrassa, Espagne ; mort en 1922 à Paris, France.

Joseph Oller enfant arrive d'Espagne à Paris avec ses parents. Il commence sa carrière d'homme de spectacles en s'intéressant aux courses hippiques : en 1868, il invente le « pari mutuel », qui va remplacer les paris à cotes fixes, jusqu'alors proposés par les bookmakers indépendants – la loi du 2 juin 1891 l'imposera comme le seul principe de jeu légal en France. En 1878, il fait aménager des tribunes sur le champ de courses de Maisons-Laffitte, en accord avec Charles de Morny, son propriétaire. Il crée aussi l'hippodrome de la rue de l'Alma. Dès 1885, il aménage, dans les anciennes usines Godillot, rue de Rochechouart à Paris, une piscine alimentée en eau chauffée par l'industrie. En 1888, il installe des « montagnes russes » boulevard des Capucines, avant d'utiliser l'emplacement pour faire construire l'Olympia – salle inaugurée en 1893 par La Goulue. En 1889, il a ouvert, avec Charles Zidler, le cabaret du Moulin-Rouge puis acquiert le Bal Mabille et le Théâtre des nouveautés. Suivra le Nouveau Cirque, qui prendra un temps le nom de Cirque Oller. Il est également à l'origine, en 1896, du premier cortège carnavalesque de Montmartre.

Claire Zalc

OLSZANSKI Thomas

Syndicaliste. – Né le 5 novembre 1886 dans la province de Rzesezow, alors Autriche, aujourd'hui Pologne ; mort le 9 juillet 1959 à Varsovie, Pologne.

Né dans une famille pauvre, Thomas Olszanski passa en Silésie puis à Lwow. En 1903, il adhérait au Parti social-démocrate polonais de Galicie.

Ayant beaucoup de mal à trouver du travail, il émigra en 1906 en Westphalie, où il fut ouvrier mineur, puis s'établit en France en 1909. Dès son arrivée dans le Pas-de-Calais il s'inscrivait au Parti socialiste (SFIO) et adhérait à la CGT, s'opposant au « vieux syndicalisme » des mineurs, dirigés par Émile Basly, qu'il trouvait trop modéré. Engagé volontaire en 1914, Thomas Olszanski refusa cependant d'être intégré dans la Légion étrangère ; il fut donc ajourné et envoyé dans une mine de l'Aveyron. Incorporé en 1917 dans l'armée polonaise en France, il ne devait pas quitter l'uniforme avant 1920. Il fut naturalisé français en 1922. Il adhéra alors au Parti communiste puis à la CGTU, où il milita à la fédération du Sous-Sol (mineurs). Il en devint, en 1923, permanent pour la propagande auprès des ouvriers étrangers. L'émigration polonaise était alors, en importance, la deuxième de l'Hexagone. Au sein de cet ensemble, la CGTU – tout comme, au reste, la CGT – s'efforçait d'assurer le fonctionnement de groupes de langue, dans le cadre de la Main-d'œuvre étrangère (MOE), puis de la Main-d'œuvre immigrée (MOI). Mais elle ne disposait que d'un tout petit nombre de militants pour faire un tel travail. Aussi, jusqu'à la fin des années 1920, Thomas Olszanski parcourut le Nord, l'Alsace et la région de Saint-Étienne dans de multiples tournées de propagande, au long desquelles il fut étroitement surveillé par la police. À partir de 1927, il prit des responsabilités croissantes à la MOI, écrivant de nombreux articles dans *L'Humanité* et d'autres journaux révolutionnaires. Une enquête fut alors ouverte par les autorités ; avait-il accompli des « actes contraires à la sûreté intérieure et extérieure de l'État français » ? Après enquête, le procureur de la République rendit un jugement défavorable et Thomas Olszanski fut déchu de la nationalité française. Un comité pour sa défense fut aussitôt organisé autour de Jean Lurçat, André Lurçat et Georges Friedmann, auquel se joignirent de nombreux intellectuels, d'André Malraux à Élie Faure. Mais rien n'y fit et Thomas Olszanski fut désormais traqué comme un militant étranger. Arrêté en septembre 1934 à Hénin-Liétard, Thomas Olszanski fut reconduit à la frontière belge en octobre. Il put alors se rendre en Union soviétique, où il vécut durant onze ans à Moscou, avant de revenir en Pologne en 1945. Il fut quelque temps permanent au Parti ouvrier polonais puis au Parti ouvrier polonais unifié. En 1957, il publia des *Mémoires* un peu dramatisés.

Michel Dreyfus

OPHULS Max (Maximillian Oppenheimer)

Cinéaste. – Né le 6 mai 1902 à Sarrebruck, alors Empire allemand, aujourd'hui Allemagne ; mort le 25 mars 1957 à Hambourg, Allemagne.

Il aurait pris le pseudonyme Ophuls pour ne pas embarrasser son père, fabricant de vêtements, au cas où il échouerait. Un début de carrière prometteur en Allemagne (*Liebeleï*, 1932) est interrompu par la montée du nazisme. Max Ophuls choisit d'émigrer en France après l'incendie du Reichstag, de fuir ce « mauvais acteur » qu'est Hitler. Période peu propice, dans un climat où règnent xénophobie et antisémitisme, où il tourne cependant *On a volé un homme* (1934), *Divine* (1935, d'après Colette), *La Tendre Ennemie* (1936),

Yoshiwara (1937, d'après Maurice Dekobra), *Werther* (1938), *Sans lendemain* (1939), *De Mayerling à Sarajevo* (1940). Devenu citoyen français en 1938, Ophuls (qui a alors supprimé le tréma sur son nom) gagne les États-Unis après la défaite de 1940, et revient en 1950, pour signer ses quatre films majeurs : *La Ronde* d'après Arthur Schnitzler (1950), *Le Plaisir* d'après Guy de Maupassant (1952), *Madame de* d'après Louise de Vilmorin (1953, avec Danielle Darrieux), et *Lola Montès* d'après Cecil Saint-Laurent (1955, avec Martine Carol) déclinent une série de « défenses et illustrations de la femme malheureuse ».

Il meurt à Hambourg où il est incinéré, mais ses cendres sont transférées le mois suivant à Paris, au cimetière du Père-Lachaise.

Jean-Luc Douin

OPPENHEIM Meret

Artiste plasticienne. – Née le 6 octobre 1913 à Berlin, Allemagne ; morte le 15 novembre 1985 à Bâle, Suisse.

Née en Allemagne, Meret Oppenheim a surtout vécu en Suisse, mais c'est en France, où elle s'est installée en 1932, qu'elle a rencontré d'abord le surréalisme et ensuite, très vite, la célébrité, avec son *Déjeuner en fourrure*, présenté à l'exposition surréaliste de 1936 et tout de suite acquis par le MOMA de New York. Par la suite, elle continuera à circuler entre Berne, Paris et Bâle, qui deviendra sa principale résidence. La mort la surprend pendant qu'elle travaille à une fontaine qu'on peut voir aujourd'hui dans les jardins de l'ancienne École polytechnique de Paris.

Pascal Ory

ORFILA Mateo José Buenaventura (Mathieu Joseph Bonaventure)

Médecin, chimiste et toxicologue. – Né le 24 avril 1787 à Mahon, Espagne ; mort le 12 mars 1853 à Paris, France.

Né dans la capitale de l'île de Minorque, d'un père catalan négociant, armateur et banquier, et d'une mère d'origine anglaise, il fait tout jeune l'apprentissage de la culture classique et des langues : un prêtre français émigré le familiarise avec le français et un religieux irlandais l'initie à l'anglais.

Destiné à la navigation, il est formé aux mathématiques, mais préfère les études de médecine, qu'il entame en 1804 à Valence, où il apprend notamment la chimie. Il poursuit son cursus à Barcelone et, grâce à une bourse, arrive à Paris en juillet 1807 à l'âge de vingt ans, attiré par la renommée des chimistes français. Étudiant d'abord l'histoire naturelle auprès de Jean-Baptiste de Lamarck, d'Étienne Geoffroy Saint-Hilaire et de Georges Cuvier, il fait le choix de la médecine. Pendant la guerre franco-espagnole, il est emprisonné en 1808, puis relâché, mais perd le bénéfice de sa bourse ainsi que l'aide de sa famille. Protégé par Louis-Nicolas Vauquelin, il est reçu docteur en médecine à Paris en 1811. Il acquiert une renommée scientifique par ses recherches sur les produits toxiques, en particulier sur l'anhydride arsénieux. Parce qu'il étudie la science des poisons dans ses rapports avec la physiologie et la médecine légale, il est considéré comme un fondateur de la toxicologie. À partir des résultats obtenus sur quatre mille chiens, il consacre aux poisons un *Traité de toxicologie générale*, publié en 1815 et traduit en plusieurs langues. Il devient un des grands experts médico-légaux des affaires criminelles.

Il épouse en 1815 la pianiste et chanteuse Gabrielle Lesueur, fille d'un sculpteur, et décide de rester en France, renonçant à la chaire qu'on lui propose en Espagne. Il fréquente les salons parisiens de la princesse de Vaudemont et de la comtesse de Rumford, veuve d'Antoine Lavoisier. Il rencontre Chateaubriand et Talleyrand, et Louis XVIII lui offre un poste de médecin à la Cour, lui assurant ainsi un revenu. Naturalisé français en 1818, il peut devenir, la même année, professeur de médecine légale à la faculté de médecine de Paris. Il entre en décembre 1820, à l'âge de trente-trois ans, à la section de médecine de l'Académie royale de médecine dont il est alors le plus jeune membre. En 1823, il est professeur de chimie médicale à la faculté de médecine ; il conçoit un plan de réforme de l'enseignement, qu'il met en œuvre lors de sa nomination au rang de doyen de faculté en 1831. Il est nommé membre du conseil royal de l'Instruction publique en 1834. Son action de réforme des études médicales se poursuit jusqu'en 1848, renforçant les exigences imposées aux étudiants et valorisant la fonction d'enseignant. Il apparaît ainsi comme l'un des concepteurs du système français d'enseignement médical et clinique. Il crée des services hospitaliers d'ophtalmologie, d'orthopédie et des voies urinaires, et fonde le corps des externes des hôpitaux. Le pouvoir qu'il exerce sur le corps médical ainsi que sa gestion décanale lui valent nombre de critiques. En 1848, au début de la révolution de Février, il est mis en demeure de choisir entre sa révocation et la démission de sa fonction décanale. Il choisit la révocation. En 1851, en réparation de ce revers académique, il est fait président de l'Académie de médecine. Il fonde le musée d'anatomie Orfila et le musée d'anatomie pathologique Dupuytren. Le 4 janvier 1853, en séance publique à l'Académie de médecine, il fait lecture de son testament. Commandeur de la Légion d'honneur, il incarne une figure majeure du monde médical français du premier XIXe siècle. Il a manifesté toute sa vie un grand attachement à sa patrie d'adoption, sans jamais renier son origine hispanique.

Anne Rasmussen

OSWALD Marianne (Alice Bloch)

Chanteuse, comédienne, productrice. – Née le 9 janvier 1901 à Sarregemünd, alors Empire allemand, aujourd'hui Sarreguemines, France ; morte le 25 février 1985 à Limeil-Brévannes, France.

« Elle n'a peut-être pas de voix, mais elle donne la chair de poule », écrivit un critique pour saluer l'insolite apparition de Marianne Oswald dans le music-hall parisien des années 1930. Née en Moselle – alors allemande – de parents juifs polonais immigrés, orpheline à l'âge de quatorze ans, elle fait ses premières armes en langue française dans les cabarets littéraires du Berlin de la république de Weimar. Elle s'installe à Paris en 1931 et chante, au Bœuf sur le Toit, des *songs* de Bertolt Brecht et Kurt Weill (*Le Chant des canons*, *Surabaya Johnny*). Son répertoire va, au fil de la décennie, s'étoffer au gré des amitiés nouées avec de nombreux poètes et musiciens. Souvent la première, elle interprète Jean Tranchant (*Appel*), Henri-Georges Clouzot (*Le Jeu de massacre*), Jean Cocteau (*Anna la bonne*), Paul Fort, Gaston Bonheur ou le Jacques Prévert de l'époque du Groupe Octobre (*La Chasse à l'enfant*, *La Grasse Matinée*). Intransigeance artistique, engagement social et pacifiste, style expressionniste véhément, diction influencée par le *Sprechgesang* brechtien, voix éraillée et physique non apprêté : si elle bénéficie du soutien fervent de l'intelligentsia progressiste, elle rencontre l'incompréhension du grand public dans les salles où elle est programmée. Et la presse d'extrême droite se déchaîne contre Oswald la juive, la bolchevique, l'Allemande. Réfugiée à New York pendant la guerre – elle s'y produit sous le nom de Marianne Lorraine –, elle revient en France en 1947. Avec l'appui de Prévert et d'Albert Camus, elle publie ses souvenirs de jeunesse (*Je n'ai pas appris à vivre*) et s'oriente vers le cinéma (*Les Amants de Vérone*, André Cayatte, 1949), mais surtout vers la radio, puis la télévision débutante, où elle produit des émissions pour enfants.

Yves Borowice

OTT Carlos

Architecte. – Né le 16 octobre 1946 à Montevideo, Uruguay.

Diplômé en 1960 de la faculté d'architecture d'Uruguay, boursier Fulbright en 1971, Ott poursuit ses études d'architecte aux États-Unis (University of Hawaii, Washington University School of Architecture à St. Louis, Missouri) et s'installe à Toronto. En 1983, il est le lauréat inattendu du concours pour le nouvel Opéra de Paris (1984-1989), place de la Bastille, dont il conduit la réalisation avec la collaboration de l'architecte Roger Saubot. Il poursuit depuis, à la tête de l'agence qu'il a créée en 1988, The Carlos Ott Partnership, une carrière internationale. En France, il a aussi construit, en 1993, une salle de spectacles à Mont-de-Marsan.

Gérard Monnier

OUCHACOFF Michel (Mikhaïl Uşacov)

Architecte. – Né en septembre 1907 en Moldavie, aujourd'hui Roumanie ; mort en 1981.

Né de parents russes, il commence des études d'art à Bucarest, en 1923, puis les poursuit en 1928 à Paris, où l'accueille son cousin, un Russe blanc, Alexandre Ouchakov. Il suit les cours de l'École spéciale d'architecture, puis ceux de l'École des arts décoratifs et il est titulaire d'un diplôme d'architecte d'État. Son cousin s'installe, en 1930, à Brest, où il trouve la mort en 1944 : c'est l'origine de la participation de Michel Ouchacoff à la reconstruction de la ville, dévastée par les bombardements. Devenu architecte de la chaîne des Monoprix, il est l'auteur de nombreux projets de magasins et des immeubles qui les accueillent, à Angers, Bécon-les-Bruyères, Bondy, Caen, Charenton, Cholet, Clamart, Dreux, Grasse, Le Cannet, Le Havre, Maisons-Alfort, Marseille (avenue du Prado), Paris (trois magasins avec immeubles), Sainte-Maxime, Saint-Louis, Poissy, Tourcoing. À l'occasion du projet du Havre, il dépose un brevet pour un système de retrait total des vitrines dans les cloisons latérales.

Gérard Monnier

OZEP Fedor (Fiodor Otsep)

Réalisateur et scénariste. – Né le 9 février 1895 à Moscou, alors Empire russe, aujourd'hui Russie ; mort le 20 juin 1949 à Ottawa, Canada.

Scénariste pour Yakov Pratazanov, Fedor Ozep passe à la réalisation pour cosigner *Miss Mend*, avec Boris Barnet (1926). Invité à diriger une production germano-soviétique (*Le Cadavre vivant*), il s'installe à Berlin, puis, fuyant le nazisme, se réfugie en France. Celui qui symbolise le cosmopolitisme de certains émigrants russes y a tourné *Mirages de Paris* (1933), *Amok*, d'après Stefan Zweig (1934), et deux films portés par de grands acteurs : Pierre Blanchar pour *La Dame de pique* (1937), Erich von Stroheim et Viviane Romance pour *Gibraltar* (1938).

Jean-Luc Douin

P-Q

PAAPE Eddy. — *Voir* BELGE DE LA BANDE DESSINÉE, école.

PABST Georg Wilhelm

Cinéaste. – Né le 25 août 1885 à Raudnitz, alors Autriche-Hongrie, aujourd'hui République tchèque ; mort le 29 mai 1967 à Vienne, Autriche.

Auteur de chefs-d'œuvre du cinéma muet (*La Rue sans joie* avec Greta Garbo, 1925 ; *Loulou* avec Louise Brooks, 1929) et de deux films exaltant l'amitié franco-allemande (*Quatre de l'infanterie* en 1930, *La Tragédie de la mine* en 1931), il a déjà partiellement tourné en France *Un amour de Jeanne Ney* (1928) et confié son admiration pour le cinéma français, pour Jean Renoir et René Clair, lorsqu'il fuit la dictature nazie et s'installe dans les studios de Nice et de Paris. Pabst y signera *Don Quichotte*, d'après Cervantès (1933), auquel collabore Paul Morand ; *Du haut en bas* (1934), photographié par Eugen Schüfftan et influencé par René Clair ; *Mademoiselle Docteur / Salonique, nid d'espions* (1937), avec Dita Parlo, Pierre Fresnay, Viviane Romance et Louis Jouvet ; *Le Drame de Shanghaï* (1938), dialogues d'Henri Jeanson ; et *Jeunes filles en détresse* (1939), avec une débutante nommée Micheline Presle.

Jean-Luc Douin

PAINE Tom (Thomas)

Homme politique. – Né le 29 janvier 1737 à Thetford, Royaume-Uni ; mort le 8 juin 1809 à New York, États-Unis.

Autodidacte et ayant exercé divers métiers dont ceux de marchand de corsets et de maître d'école, Paine publie un premier pamphlet en 1772. La rencontre de Benjamin Franklin lui fait traverser l'Atlantique. Rédacteur en chef du *Pennsylvania Magazine*, il milite pour l'indépendance américaine, publie en 1776 le *Common Sense*, au succès phénoménal, l'un des déclencheurs de l'insurrection. Un moment secrétaire de la commission des Affaires étrangères des jeunes États-Unis, après des déclarations imprudentes il rentre en Angleterre en 1787, salue la révolution de 1789, polémique contre Edmund Burke dans *Rights of Man* en 1792 et écrit entre autres : « La France n'a point égalisé, elle a exalté. Elle a fait en sorte que l'homme succède au nain. » Il doit s'exiler, choisit la France mais, dès avant, et alors qu'il ne parle ni ne comprend le français, il a été naturalisé, le 24 août 1792, et élu à la Convention par quatre départements. Hostile à toute peine de mort, lié à Jacques Pierre Brissot, il est sauvé par ses liens avec Danton, puis mis en danger par eux : épargné par le décret d'août 1793 sur l'arrestation de tout étranger qui n'était pas encore domicilié au 14 juillet 1789, il est arrêté en décembre mais, plus chanceux qu'Anacharsis Cloots, est sauvé par Thermidor et libéré en novembre 1794. Il retrouve son siège à l'assemblée pour une seule séance, en juillet 1795, où il critique la future Constitution du Directoire et défend le suffrage universel. Il plaide pour le déisme dans *Le Siècle de la raison* et pour un revenu minimal dans *Agrarian Justice*, espère un temps que Bonaparte propagera l'idéal révolutionnaire en Europe, mais s'inquiète de son autoritarisme. Il profite de la paix d'Amiens, en 1802, pour retourner aux États-Unis, invité par le président Thomas Jefferson, même s'il y est vite en butte aux attaques des fédéralistes et des tenants des religions établies.

Éric Vial

PAKISTANAIS

Forte d'une communauté évaluée entre 35 000 et 40 000 personnes, l'immigration pakistanaise en France est en croissance constante. L'implantation et le développement de cette communauté, qui vit principalement à Paris et en région parisienne (Pantin, Aubervilliers et La Courneuve), remonte au début des années 1970. C'est quand l'ancienne puissance coloniale britannique durcit sa politique d'immigration que les Pakistanais se tournent vers la France. La présence pakistanaise en France jusqu'au début des années 1970 se résumait à moins de 200 personnes. Mais 37 sans-papiers pakistanais, arabes et mauriciens entamèrent, en avril 1974, à la suite de la mort de Georges Pompidou, une grève de la faim pour la régularisation de tous les sans-papiers. La visibilité de cet événement, médiatisé par la candidature d'un membre du MTA (Mouvement des travailleurs arabes) à l'élection présidentielle, allait conduire à la régularisation de tous les Pakistanais et de tous les Mauriciens arrivés en France avant le 1er avril. D'autres obtinrent l'asile politique. Dans cette décennie 1970, une poignée d'étudiants pakistanais séjournent en France, à Paris, Nantes et Strasbourg, dans le cadre de la politique de coopération mise en place par le réseau des Alliances françaises. On compte également, au sein de cette première génération de migrants, des commerçants et hommes d'affaires, des marchands de tapis, de textile et d'artisanat, venus pour participer aux foires de Paris.

Tandis que le commerce des tapis périclite dans les années 1980, celui du textile se développe jusqu'à devenir un des principaux secteurs d'activité pour les Pakistanais, concentrés dans le quartier parisien du Sentier. Cet espace a joué, pour ce courant migratoire, le rôle d'une base d'accueil pour les nouveaux arrivants. Car l'autre catégorie de migrants est composée de jeunes ruraux, non qualifiés. Dès leur arrivée en France, ces migrants majoritairement clandestins, qui ont cheminé au gré des filières depuis leurs pays, sont placés dans des ateliers de confection. Ils remboursent ainsi les sommes avancées par les passeurs professionnels, liés aux ateliers de sous-traitance. Ils trouvent à s'employer dans les ateliers de confection du Sentier, mais également dans les premiers restaurants sud-asiatiques du Xe arrondissement et dans l'industrie automobile (en particulier à Creil). En l'espace de quelques années, un pôle commercial indo-pakistanais s'est développé dans les rues du Xe arrondissement (rue du Faubourg-Saint-Denis, passage Brady), du quartier du Sentier et des quartiers avoisinants (XIXe arrondissement). Par ailleurs, la grande régularisation de 1981 bénéficie à beaucoup de Pakistanais et marque le début du regroupement familial, qui s'accélère dans la décennie suivante. Le processus de migration en chaîne se met en place, les premiers migrants faisant venir les membres de leur *biraderi* (clan familial), frères, cousins et amis, ce qui explique que tous soient originaires des mêmes villages de la province du Pendjab pakistanais et de l'Azad Kashmir. Par un double processus d'ascension sociale et de diversification professionnelle, la première génération quitte les emplois salariés et investit massivement le travail indépendant, principalement dans le secteur du bâtiment, de la restauration, de la confection et du commerce ethnique.

La première génération s'investit également beaucoup dans les associations communautaires, à vocation religieuse ou politique. Pendant longtemps, les fidèles pakistanais ont fréquenté les lieux de prière gérés par des Maghrébins, mais des lieux de prière et des mosquées pakistanais sont apparus dans toutes les zones de peuplement pakistanais : ainsi à La Courneuve, Drancy, Montfermeil, Grigny, Dreux, Creil. L'activisme politique reste uniquement orienté vers le pays d'origine et se traduit par une multitude d'associations et de clubs politiques représentant tout l'échiquier politique pakistanais. Les commerces ethniques jouent également un rôle important dans la structuration socioreligieuse et dans la diffusion de l'islam. Une minorité est engagée dans l'extrémisme religieux, à l'instar du Lashkar-e-Taiba (l'armée des purs, proche d'Al-Qaïda). C'est pourquoi, afin de brouiller leur perception sociale, un certain nombre de Pakistanais se sont réappropriés le terme « indien » dans leur processus de constructions identitaires.

Anthony Goreau-Ponceaud

Bibl. : ASHOK B., « La présence des Indiens du Nord en Île-de-France », thèse de géographie, Paris VII, 1997, 324 p.

Voir aussi : ASIATIQUES (Indiens du Sud).

PALMER Crawford

Sportif. – Né le 14 septembre 1970 à Ithaca, États-Unis.

Comme de nombreux basketteurs américains, Crawford Palmer quitte son pays natal à défaut d'avoir pu intégrer le prestigieux championnat professionnel de la NBA. En dépit d'un titre de champion universitaire en 1999 avec l'université de Duke en Caroline du Nord, il est transféré, pour les deux dernières années de ses études, à l'université de Darmouth, New Hampshire. Il ne peut suivre les traces de son frère aîné, recruté par les Utah Jazz, et n'est recruté en France que par le modeste club de Fos-sur-Mer, évoluant en national 2. Il y fait néanmoins ses preuves et franchit les échelons du basket-ball hexagonal : de Bourg-en-Bresse en championnat de Pro B, il passe à Villeurbanne, l'un des clubs de l'élite (1997-1999). Ses performances lui valent de participer, en 1999, au match de gala de la Ligue nationale de basket-ball. Sa naturalisation française permet, selon un usage fréquent, de libérer une place dans son club à un autre Américain ; elle lui ouvre également les portes de l'équipe de France, qui manque de pivots de son gabarit (2,08 m). Il figure ainsi dans l'équipe qui obtient la médaille d'argent aux Jeux olympiques d'Athènes en 2000. Défaite seulement en finale face aux États-Unis, l'équipe de France obtient là son meilleur résultat depuis les Jeux de 1948. Elle bénéficie de fait d'un fort retentissement médiatique. Crawford Palmer dispute également, en 2001, les championnats d'Europe, achevés à la cinquième place. Sa carrière internationale compte quarante-sept sélections. Entre 1999 et 2002, il évolue dans le championnat espagnol, tout d'abord à la Joventut de Badalona (1999-2001) puis à Càceres (2001-2002). De retour en France, il achève sa carrière à Strasbourg (2002-2006), où il remporte le titre de champion de France en 2005. Il est, depuis, consultant à la télévision pour les matchs du championnat américain.

Stéphane Mourlane

PANZANI Jean (Giovanni Ubaldo Panzani)

Entrepreneur. – Né en 1911 ; mort le 18 octobre 2003 à Saint-Didier-au-Mont-d'Or, France.

Italien de naissance, naturalisé français en 1929, Jean Panzani, démobilisé après la débâcle de 1940, retourne à Niort (Deux-Sèvres) auprès de ses parents, qui tiennent une boutique de pâtes et de produits italiens. Les principaux producteurs de pâtes en France sont alors établis en zone libre. Le marché de la zone occupée est donc à reconstituer. Panzani commence une production artisanale de pâtes fraîches faites à la main. Après la guerre, il reprend une usine de chaussures à Parthenay (Deux-Sèvres) et la transforme en usine de pâtes sèches sous la marque Francine. La production atteint rapidement trente tonnes par jour grâce à un équipement très moderne. En 1950, l'entreprise prend le nom de Pasta Panzani, la marque précédente étant jugée trop liée au souvenir du rationnement. Face à plusieurs centaines de concurrents, Panzani parvient à donner de la notoriété à sa marque en vendant ses pâtes dans un emballage en sachet cellophane et en lançant d'importantes campagnes de publicité. Dans les années 1960, afin d'accéder aux rayons des supermarchés, Panzani multiplie les rachats et parvient à l'intégration de toute sa production en acquérant la Semoulerie de Saint-Just. Les pâtes Panzani sont devenues la première marque française. La firme est rachetée en 1971 par Gervais Danone et continue son expansion en France comme à l'international.

Denis Saillard

PAPAÏOANNOU Kostas

Philosophe. – Né le 16 janvier 1925 à Volos, Grèce ; mort le 17 novembre 1981 à Paris, France.

Spécialiste du marxisme, ce « Grec universel de Paris », selon les mots de son ami le poète mexicain Octavio

Paz, a été en France un représentant majeur de la pensée antitotalitaire et de la critique de gauche du communisme soviétique, bien avant la publication de *L'Archipel du goulag* de Soljenitsyne (1974). Papaïoannou est né au sein de la bourgeoisie intellectuelle athénienne. Après des études secondaires ouvertes aux cultures allemande et française – il fréquente, parallèlement au lycée, l'Institut français et l'École allemande –, il s'inscrit, en 1941, à la faculté de droit et de sciences économiques d'Athènes. Engagé dans la Résistance contre les Allemands, il se rallie à l'EAM (Front de libération nationale organisé autour du Parti communiste grec) sans adhérer idéologiquement au communisme. Son combat pour la liberté lui vaut un séjour en prison, où il subit la violence de ses tortionnaires. Fin 1945, il quitte la Grèce à bord du *Mataroa*, navire qui conduit vers la France plusieurs boursiers du gouvernement français. Kostas Axelos et Cornelius Castoriadis, qui apporteront également une contribution importante à la critique du marxisme en France, font partie de ses compagnons de voyage. À Paris, Papaïoannou vit dans un milieu cosmopolite et artiste. Chez Octavio Paz, dont il est devenu l'ami, il rencontre Roger Caillois, qui publiera en 1959, dans la revue *Diogène*, son premier article en français. Licencié en philosophie (1948), il n'achève ni ses travaux universitaires entrepris sous la direction de Maurice de Gandillac ni sa thèse – sur « Marx et le marxisme » – au grand regret de son directeur de recherches et ami, Raymond Aron. Chargé de cours de philosophie dans différentes facultés parisiennes à partir de 1959, chercheur au CNRS, enseignant à l'EHESS de 1971 à 1981, ce pourfendeur sarcastique des idéologies, qui n'hésitait pas à attaquer Sartre, Merleau-Ponty ou Althusser, a élaboré son œuvre en marge de la philosophie universitaire. Proche du Congrès pour la liberté de la culture, il a collaboré à différentes revues de la nébuleuse antitotalitaire : *Le Contrat social*, en relation étroite avec son ami Boris Souvarine (1960-1968), *Preuves* (1963-1969) et *Contrepoint*. En 1978, il participe à la fondation de la revue *Commentaire* et à la création du Comité des intellectuels pour une Europe des libertés (CIEL).

Décédé à l'âge de cinquante-six ans, Papaïoannou a laissé une œuvre éparse et inachevée, dont le moment grec est mal connu en France. En effet, jusqu'au seuil des années 1960, le jeune émigré publie l'essentiel de ses travaux en Grèce dans sa langue maternelle, notamment « La Genèse du totalitarisme », qui reçut le prix de l'Académie d'Athènes en 1959. L'année 1959 est une année charnière : nommé à l'École des hautes études industrielles d'Athènes, dirigée par son père, il fait le choix de rester à Paris où il vient de se marier et de voir naître sa fille. S'ouvre alors un second moment de l'œuvre, marqué par l'adoption définitive du français comme langue d'écriture. Papaïoannou a consacré à Hegel un volume de textes choisis (*Hegel*, 1962) et une traduction (*La Raison dans l'Histoire*, 1965). Il a apporté une contribution importante à la connaissance du marxisme et à sa critique radicale en traduisant et présentant les *Écrits de jeunesse* de Marx (1972 et 1976) et en publiant deux livres majeurs : *Marx et les marxistes*, 1972 (édition revue et augmentée des *Marxistes*, 1965) et *L'Idéologie froide*.

Essai sur le dépérissement du marxisme (1967). En 1983, deux ans après sa disparition, ses amis Alain Pons et Raymond Aron ont réuni une partie de ses articles dans deux recueils (*La Consécration de l'Histoire* et *De Marx et du marxisme*). Papaïoannou est resté grec de nationalité et de cœur. Ses ouvrages sur *La Peinture byzantine et russe* (1965) et *L'Art et la civilisation de la Grèce ancienne* (1972) témoignent de son attachement à sa terre natale, où il séjournait régulièrement.

Stéphan Soulié

PAPATAKIS Nico (Nikos)

Réalisateur, scénariste, producteur de cinéma. – Né le 5 juillet 1918 à Addis-Abeba, Éthiopie ; mort le 17 décembre 2010 à Paris, France.

Son père grec l'avait envoyé pendant trois ans apprendre le français dans un collège de frères maristes à Beyrouth. Contraint à l'exil par Mussolini, qu'il combattait en défendant l'empereur Hailé Sélassié, Nico Papatakis arrive en France en 1939. Récupérant un vieux local, il en fera La Rose rouge, un cabaret où viennent se produire Juliette Gréco et les Frères Jacques. Époux d'Anouk Aimée, il se lance dans la production, finance entre autres *Un chant d'amour* (1950), court métrage de Jean Genet interdit durant un quart de siècle. Après une escapade aux États-Unis, le temps de produire *Shadows* de John Cassavetes (1959), il manifeste son hostilité à la guerre d'Algérie en tournant *Les Abysses* (1962), où l'histoire des sœurs Papin sert d'allégorie à l'insurrection algérienne. Cette peinture du sabbat de deux possédées hystériques fait scandale. Il est cependant soutenu par André Malraux, André Breton, Jacques Prévert. Suivront, en 1968, *Les Pâtres du désordre* où il règle ses comptes avec les colonels grecs. Puis *La Photo* (1987), hommage à un jeune homosexuel arabe suicidé, et *Gloria Mundi* (1975), un film corrosif sur la torture et les Palestiniens, avec Delphine Seyrig.

Jean-Luc Douin

PAPIERNIK Émile

Médecin. – Né le 14 février 1936 à Paris, France ; mort le 8 août 2009 à Sceaux, France.

Fils d'un couple d'émigrés juifs polonais arrivés clandestinement à Paris, Émile Papiernik subit dès son plus jeune âge le choc de l'arrestation de son père déporté à Auschwitz – où il périt – et de la politique antisémite de Vichy. Mais une famille de Justes parvient à le soustraire à la répression. Après la guerre, il effectue une très brillante et précoce carrière médicale et scientifique. Major de l'internat de Paris, chef de service à trente-six ans à l'Institut Gustave-Roussy, il renonce, en 1962, à la cancérologie après la mise au monde de sa fille Juliette, prenant soudainement conscience du retard de l'obstétrique française. En 1972, il devient chef de service à l'hôpital Antoine-Beclère, où il soutient de nombreuses avancées comme la généralisation de l'échographie fœtale, le dépistage des risques de grossesses prématurées ou l'anesthésie péridurale. Il soutient le projet de loi de 1975 sur l'interruption volontaire de grossesse (IVG) et ouvre à Béclère l'un des premiers services d'IGV, lui-même pratiquant symboliquement la première d'entre elles en déclarant : « Ici, il n'y aura pas de blouses noires et de blouses blanches. » Pour lui, l'IVG était une disposition qui contribuait à la liberté de choix des femmes, pour lesquelles il s'engagea également en se battant, avec succès, pour le congé maternité prolongé en cas de maladie ou de fatigue. Liant toujours pratique médicale et critique de la médecine, il avait publié deux ouvrages majeurs, *Les Passeurs de vie* en 1998 et *La Maternité, progrès et promesses* en 2008. Son équipe de l'hôpital Beclère réunissait des personnalités très diverses et très impliquées, comme le futur spécialiste de l'échographie française Roger Bessis ou la neuropsychiatre et psychanalyste Monique Bydlowski, avec laquelle il entreprend une recherche sur les grossesses ayant abouti à la perte d'un enfant. Cette structure permettait à la fois de couvrir tous les champs d'une discipline, l'obstétrique, réputée mineure, et de l'ouvrir à l'interdisciplinarité. Grand médecin souvent iconoclaste, très engagé dans la médecine publique et l'égalité des soins, promoteur d'une obstétrique gynécologique et périnatale moderne, Émile Papiernik permit à la recherche clinique de progresser décisivement avec la naissance du premier bébé-éprouvette français, dont il porte la paternité avec René Frydman, un médecin, et Jacques Testart, un biologiste. Il a ainsi inspiré le programme périnatalité du ministre de la Santé Robert Boulin en 1971 et il fut à l'origine du congé maternité supplémentaire de deux semaines accordé aux femmes enceintes vulnérables. Une « véritable école moderne de gynécologie obstétrique » est née de l'action et de l'énergie sans limites d'un homme qui avait échappé, très jeune, à la déportation comme enfant juif étranger.

Vincent Duclert

PARASKIVESCO Théodore

Pianiste. – Né en 1940 à Bucarest, Roumanie.

Après une brillante formation classique au Conservatoire de Bucarest, Théodore Paraskivesco est remarqué par Emil Guilels. Lauréat du prix Enesco de 1961, il est invité à venir en France avec une bourse du gouvernement français. Il poursuit sa formation dans la classe de Nadia Boulanger et auprès d'Yvonne Lefébure. Ses interprétations de Debussy sont devenues des versions de référence. Il accompagne volontiers des chanteurs (Ileana Cotrubas ou Peter Schreier) et se consacre à la musique de chambre avec le violoniste Raphaël Oleg. Il enseigne au Conservatoire de Paris.

Didier Francfort

PARIS, École de

L'expression « École de Paris » a reçu au cours du siècle de multiples définitions, dont certaines ne sont pas dénuées de xénophobie et dont beaucoup confinent au mythe passéiste. Appuyons-nous sur la définition neutre donnée par Gladys Fabre lors de l'exposition consacrée en 2000 par le musée d'Art moderne de la ville de Paris à *L'École de Paris, 1904-1929. La part de l'autre*, à savoir : une communauté multinationale unie par un mode de vie bohème et des intérêts spirituels et matériels communs. C'est reformuler sans parti pris ce qu'André Warnod, le journaliste et romancier père de l'expression, exprime en janvier 1925 dans les colonnes de la revue *Comœdia*, avant que le débat ne se radicalise. « École de Paris » lui sert à désigner les artistes novateurs, à la fois français et étrangers, auxquels le progressisme dit « indépendant » vaut la notoriété dans et hors des frontières nationales.

Le style de leurs œuvres va du cubisme à une forme d'expressionnisme et ne repose donc sur aucun programme artistique commun, ce qui pousse plusieurs historiens d'art, à l'instar de Sophie Krebs et Laurence Bertrand Dorléac, à mettre en avant l'aspect informel du groupement ainsi constitué : loin de désigner une avant-garde, la formule peut servir à qualifier la nébuleuse d'artistes venus à Paris dans la première moitié du XXe siècle pour y exercer leur art en liberté. Encore faut-il distinguer précisément les périodes, les raisons et les conditions du séjour à Paris.

Lorsque l'appellation « École de Paris » apparaît en 1925, elle porte un sens rétrospectif à visée intégratrice et concerne au premier chef une première génération d'artistes arrivés dans la capitale française avant la Première Guerre mondiale. Le point de départ le plus couramment retenu est celui, symbolique, de l'installation permanente de Pablo PICASSO à Montmartre, en 1904. Après deux séjours à Paris, en 1900 et à la fin de l'année 1902, Picasso réside au Bateau-Lavoir, où il se lie avec Guillaume Apollinaire, Max Jacob et André Salmon et où se développe le thème du cirque et de l'arlequin. C'est dans cet atelier qu'il peint les *Demoiselles d'Avignon* en 1907, œuvre pionnière du cubisme développé l'année suivante avec Georges Braque. Picasso a quitté la Catalogne pour des raisons essentiellement artistiques, désirant trouver à Paris des conditions de création et de discussion plus stimulantes que dans sa terre natale. D'autres raisons, très diverses, poussent plus d'une centaine d'artistes à étudier ou travailler à Paris avant 1910 : une exclusion politique et culturelle dans leur pays d'origine, un désir d'émancipation personnelle ou l'attrait du mythe vivace de la capitale française comme foyer d'accueil, de tolérance et d'innovation. Les nationalités sont également fort diverses, avec une forte représentation de pays voisins de la France : Espagnols (outre Picasso, Julio GONZALEZ, Juan GRIS, Pablo GARGALLO [1881-1934] et Maria BLANCHARD [1881-1932]), Italiens (Gino SEVERINI [1883-1966] et Amadeo MODIGLIANI), et Suisses (Jean-Joseph CROTTI [1878-1958]), par exemple. Paris compte également une forte proportion d'émigrés russes originaires de Moscou (Serge FÉRAT [1881-1958]), de l'actuelle Ukraine (Sonia DELAUNAY et Alexandre ARCHIPENKO), de l'actuelle Biélorussie (Marc CHAGALL, Michel KIKOÏNE [1892-1968], Pinchus KRÉMÈGNE [1890-1981], Chaïm SOUTINE et Ossip ZADKINE), de l'actuelle Pologne (Moïse Kisling, Alexandra EXTER [1882-1949], Henri HAYDEN [1883-1970] et Louis MARCOUSSIS [1878-1941]), de l'actuelle Lituanie (Jacques LIPCHITZ [1891-1973]), mais aussi des Hongrois (Jozsef CSAKY [1888-1971]), des Tchèques (František KUPKA), des Roumains (Constantin BRANCUSI), des Bulgares (Jules PASCIN). En nombre moins important se trouvent des artistes venus de plus loin, de Norvège (Per KROGH [1899-1965]), et d'outre-Atlantique, comme le Mexicain Diego RIVERA (1886-1957) et les Américains Patrick BRUCE (1881-1936), Arthur DOVE (1880-1946), John MARIN (1870-1953), et Edward HOPPER (1882-1967). Ces derniers créent en 1908 la « New Society » ou Nouvelle Société des artistes américains de Paris, l'une des nombreuses structures formelles et informelles qui entretiennent une sociabilité forte entre expatriés.

Une logique de colonie d'artistes est en effet sensible à Paris dans les années 1905-1914 avec une concentration des lieux d'habitation et de travail dans un espace géographiquement restreint, d'abord sur les pentes de Montmartre jusqu'aux boulevards de Rochechouart et de Clichy, puis également à Montparnasse, aux loyers plus abordables, entre le carrefour Vavin et l'avenue du Maine. Les artistes installés depuis quelques mois ou années accueillent les nouveaux venus en leur procurant un atelier et en leur présentant artistes, critiques, marchands et collectionneurs. Les affinités linguistiques et culturelles orientent les échanges amicaux et artistiques, chaque colonie ayant son café de prédilection : les germanophones au Dôme, les Scandinaves au Styx, les Américains au Select. Certains, comme Soutine, ne parlent à leur arrivée que le yiddish, alors que d'autres, issus de milieux aisés, parlent plusieurs langues et servent d'intermédiaires : ainsi du poète suisse Blaise Cendrars, qui connaît, outre le français, l'italien, l'allemand, l'anglais et le russe.

La présence de ces artistes à Paris est à l'origine de processus nouveaux d'acculturation et de synthèses originales. Brancusi et ses sculptures ovoïdes, Modigliani et ses cariatides, Chana ORLOFF (1888-1968) et ses œuvres polies réinventent, chacun à leur manière, la tradition sculpturale en y incorporant des formes issues de leur enfance et d'autres, notamment archaïques, grecques et africaines, vues lors d'expositions parisiennes. En peinture, le cubisme est librement réinterprété par Maria Blanchard, Marie VASSILIEFF et Alexandra Exter comme par Marc Chagall, qui y ajoute une palette vive et des références à la culture yiddish. Outre Chagall, nombre de ces artistes, en particulier ceux qui viennent d'Europe de l'Est, sont d'origine juive. C'est le cas du peintre polonais Moïse KISLING (1891-1953), issu d'une famille aisée de Cracovie et élève de Józef Pankiewicz à l'École des beaux-arts de cette ville, envoyé par son maître en France en 1910 pour découvrir la peinture contemporaine. Séjournant à Céret en 1912-1913, il crée alors des œuvres originales, où est perceptible l'influence du cubisme. Également proche du cubisme et ami de Kisling, le sculpteur Jacques Lipchitz est arrivé de Lituanie à Paris en 1909 pour y suivre les enseignements dispensés à l'École des beaux-arts par Enjalbert ; le découpage à angle droit de ses premières sculptures exposées au Salon d'automne en 1913 annonce un cubisme appliqué à la pierre. L'Italien Gino Severini, lorsqu'il s'installe à Montmartre en 1906, est influencé par le postimpressionnisme et le divisionnisme. Il découvre le futurisme de Marinetti (il collabore à la rédaction du manifeste du 20 février 1909 et expose en 1912 avec les futuristes), mais également le cubisme de Picasso et Braque, dont il se rapproche davantage tout en gardant une touche originale. Severini joue également un rôle important dans les échanges entre futuristes et cubistes dans les années 1910-1913.

L'entrée en guerre de l'Europe, à l'été 1914, marque la fin de ce premier moment d'existence de l'École de Paris. Selon leur nationalité et la position de leur pays d'origine dans le conflit mondial, les artistes étrangers sont soit contraints de quitter la France et de regagner leur pays pour répondre, pour certains, aux obligations militaires, soit autorisés à demeurer en France, dans une situation matérielle qui devient difficile pour tous, toute circulation d'argent étant interrompue par les combats. Certains s'engagent dans la Légion étrangère, comme Kisling, qui est blessé au front lors de la bataille de la Somme et réformé, ou Zadkine, soldat brancardier volontaire, qui est gazé en Champagne et réformé en 1917 ; l'Américain John STORRS (1885-1956) travaille dans un hôpital parisien pour contribuer à l'effort de guerre. Les expositions continuent à Paris entre 1914 et 1918, notamment celles de *Lyre et Palette* ; certains lieux, comme l'Académie Vassilieff, qui sert également de cantine, sont particulièrement accueillants. En 1919-1920, le retour des anciens se double de l'arrivée de nouveaux artistes, dont beaucoup ont déjà fait un bref séjour dans la capitale française juste avant ou pendant la guerre. C'est le cas de Serge CHARCHOUNE (1888-1975), écrivain et peintre d'origine russe, déserteur du service militaire en 1912, réfugié à Paris en 1913, puis en Espagne pendant la guerre ; en 1919, il revient s'installer à Paris où il se lie avec les artistes du mouvement Dada, en particulier Picabia et Arp. Mikhaïl Fiodorovitch LARIONOV (naturalisé français sous le prénom de Michel ; 1881-1964) et Natalia GONTCHAROVA (naturalisée française sous le nom de Nathalie Gontcharoff ; 1881-1962) s'installent définitivement en France en 1918, peignant pour les Ballets russes (*Contes russes* d'Anatoli Liadov, *Oiseau de feu* d'Igor Stravinski) et exposant ensemble ou séparément dans les galeries et au Salon des indépendants et des Tuileries. Le Japonais Léonard FOUJITA (1886-1968) est arrivé à Paris en 1913 et a habité pendant la guerre la Cité Falguière, avec Modigliani et Soutine. Après 1918, son succès va grandissant ; ses nus s'éloignent du japonisme, alors qu'il prend la célèbre Kiki de Montparnasse comme modèle. Figure incontournable du monde des arts parisien des années 1920, il connaît également le succès au Japon, où il retourne entre 1929 et 1950.

Alors que nombre d'artistes français quittent Paris après la Première Guerre mondiale pour s'installer en province, les artistes étrangers s'attachent à la capitale. Leurs œuvres livrent leur regard, souvent enrichi par des imaginaires extranationaux, et construisent la mémoire des Années folles. Les lieux de la vie nocturne, cafés et dancings, les personnages de clowns, de saltimbanques et d'enfants des rues, les portraits d'amis, de modèles et de critiques sont autant d'évocations inventives de Paris que donnent les toiles de Jules Pascin, Georges KARS (1882-1945), Adolphe FEDER (1886-1943), Amadeo Modigliani, Frans MASEREEL (1889-1972), Kees VAN DONGEN et les sculptures de Jean LAMBERT-RUCKI (1888-1967). Les photographes sont également attirés dans la capitale par la présence tutélaire de Jean-Eugène Atget : sous l'effet conjugué de progrès technique et d'un intérêt croissant de la part de la presse et des plasticiens sont organisées les premières expositions consacrées à cet art, qui font une place à Man RAY, Germaine KRULL, Ilse BING (1899-1998), BRASSAÏ, Berenice ABBOTT, André KERTÉSZ.

Le succès de ces artistes étrangers – en particulier celui des artistes d'Europe de l'Est – soulève des polémiques, à l'occasion des présentations aux Salons et lorsque de grands collectionneurs en visite à Paris, comme Albert Barnes en 1922, préfèrent acheter leurs œuvres plutôt que celle des Français. Les critiques comme l'institution muséale opposent d'ailleurs de plus en plus l'École de Paris (désormais présentée dans une annexe du musée du Luxembourg, au Jeu de Paume) à l'« École française », fondant une dichotomie nette entre nationaux et étrangers sur la nationalité : celle-ci est substituée à l'ordre alphabétique comme principe de l'accrochage des œuvres au Salon des indépendants de 1923, un choix sur lequel le comité d'organisation revient l'année suivante, en raison du tollé qu'il a provoqué. L'antisémitisme virulent d'une partie de la critique diabolise les avant-gardes artistiques en général, en les présentant comme juives et venues d'ailleurs. Camille Mauclair, dans ses articles parus en 1928-1929 dans *Le Figaro* et dans *L'Ami du peuple*, réunis en volume sous le titre *La Farce de l'art vivant*, reprend l'appellation « École de Paris » pour la présenter comme « constituée de barbouilleurs de toute provenance installés tapageusement à Paris ». Entité malléable du discours xénophobe, l'École devient le bouc émissaire idéal pour les défenseurs d'une France sans mélange et sans tare.

L'expression renaît à la Libération, accolée aux qualificatifs de « nouvelle » ou de « jeune » pour désigner un large groupe de peintres globalement non figuratifs, pour qui elle sert de label historique à l'étranger, non sans un ample flottement sémantique. Y figurent à la fois des artistes français – Jean Bazaine, Pierre Dmitrienko, Léon Gischia, Pierre Soulages – et étrangers – le Belge Raoul UBAC (1910-1985), l'Allemand Hans HARTUNG, le Russe Serge POLIAKOFF (1900-1969), la Portugaise Maria Elena VIEIRA DA SILVA, le Grec Mario PRASSINOS, le Chinois ZAO WOU-KI), assimilés avec volontarisme et convoqués pour attester la vitalité continuée de Paris face à New York. Sous des prétextes plus idéologiques qu'artistiques, une extrême confusion domine, tandis que le concept s'use, se vide de son sens et, par un effet boomerang, se retourne contre ses défenseurs dans les années 1960. C'est l'une des raisons qui poussent Bernard Ceysson à intituler son exposition d'artistes de la période 1945-1964 au musée national d'Art et d'Histoire du Luxembourg en 1998 *L'École de Paris ?*

Julie Verlaine

PARISI Angelo

Sportif. – Né le 3 janvier 1953 à Arpino, Italie.

Les parents d'Angelo Parisi émigrent en Angleterre en 1956. Il commence le judo en 1967 et obtient très rapidement sa ceinture noire, à l'âge de quinze ans. Il s'illustre dans les compétitions et devient champion d'Angleterre en junior, puis en senior. Sous les couleurs anglaises, il est champion d'Europe espoir, puis senior dans la catégorie des moins de 93 kilos en 1972. Cette année-là, il obtient la médaille de bronze aux Jeux olympiques de Munich. En 1974, il se marie et opte pour la nationalité française. Il est alors six fois champion de France et d'Europe. Il acquiert la notoriété grâce à sa médaille d'or obtenue dans la catégorie poids lourds aux Jeux olympiques de Moscou en 1980, la première obtenue par un judoka français, et à sa médaille d'argent en toutes catégories. Lors de l'olympiade suivante, à Los Angeles en 1984, il est désigné, en forme d'hommage à sa performance, porte-drapeau de la délégation française lors de la cérémonie d'ouverture. Au cours de la compétition, il obtient la médaille de bronze. À la fin de sa carrière, il enseigne le judo. Il est entraîneur de l'équipe de France de 1995 à 1991. Chevalier dans l'ordre national du Mérite, il obtient en 2004 le titre de « Gloire du sport » décerné chaque année par la Fédération des internationaux du sport français.

Stéphane Mourlane

PARKER Tony

Sportif. – Né le 17 mai 1982 à Bruges, Belgique.

Tony Parker est le fils d'un Américain et d'une Néerlandaise. Né en Belgique, il arrive en France à l'âge de trois semaines alors que son père, basketteur professionnel, rejoint le club de Denain. Tony Parker junior signe ses premières licences de basket-ball dans la région rouennaise, d'abord à Fécamp puis à Déville-lès-Rouen et Mont-Saint-Aignan. À l'âge de quinze ans, il fait le choix de la nationalité française, qui lui permet, en 1997, d'intégrer l'Institut national du sport et de l'éducation physique (INSEP). Il commence sa carrière professionnelle en 1999 au Paris-Saint-Germain Racing, devenu Paris Basket Racing en 2000. En 2001, il est recruté par les San Antonio Spurs pour participer au prestigieux championnat de la NBA. Il devient le plus jeune meneur de jeu titulaire de ce championnat. Son équipe est sacrée trois fois championne NBA (2003, 2005 et 2007). Premier joueur français à remporter ce titre, il est élu meilleur joueur de la finale en 2007. Il renouvelle son contrat en 2004 et devient le sportif français le mieux payé. En 2003, *L'Équipe* le désigne comme « champion des champions français ».

Dès son plus jeune âge, Parker a, par ailleurs, évolué en équipe de France. Il est champion d'Europe junior en 2000 ; en senior, les résultats sont moins probants, en dépit de performances individuelles décisives. Il ne participe pas à toutes les compétitions majeures : il est ainsi forfait, pour cause de blessures, au championnat du monde de 2001 et renonce à ceux de 2010. Tony Parker n'a cependant de cesse que d'affirmer sa volonté de remporter des titres sous les couleurs tricolores. Sa présence confère une grande notoriété à l'équipe de France et plus généralement au basket-ball en France. Sa célébrité ne se limite du reste pas aux terrains de basket-ball. Il multiplie les contrats publicitaires, tandis que son mariage avec l'actrice américaine Eva Longoria défraie la chronique. Et sa popularité ne souffre pas de l'accueil réservé par la critique et par le public à son premier album musical. Tony Parker maintient par ailleurs des liens étroits avec la France en y organisant des camps d'entraînement pour les jeunes et en devenant l'un des principaux actionnaires du club de Villeurbanne. Il a reçu en 2007 la Légion d'honneur des mains de Nicolas Sarkozy.

Stéphane Mourlane

PARLO Dita (Grethe Gerda Kornstädt)

Actrice. – Née le 4 septembre 1908 à Stettin, alors Allemagne, aujourd'hui Szczecin, Pologne ; morte le 13 décembre 1971 à Paris, France.

Danseuse de formation, découverte par le producteur Erich Pommer, Dita Parlo s'est déjà rendue célèbre en Allemagne lorsqu'elle s'installe en France après une tentative avortée de percer à Hollywood (elle faillit tourner avec Orson Welles). Elle y incarne Juliette, l'inoubliable jeune épouse infidèle d'un marinier dans *L'Atalante* de Jean Vigo (1934), et Elsa, l'Allemande qui recueille les évadés de *La Grande Illusion* de Jean Renoir (1937). Vedette dans *Mademoiselle Docteur/Salonique nid d'espions* de Georg Wilhelm Pabst (1937), dans *L'Affaire du courrier de Lyon* de Claude Autant-Lara (1937), dans *Paix sur le Rhin* de Jean Choux (1938), dans *Ultimatum* de Robert Wiene (1938), elle se voit confier nombre de rôles d'Allemandes dans les films français. Sa nationalité la prive d'emplois pendant la Seconde Guerre mondiale. Victime de démêlés avec les autorités françaises, elle est transférée, de 1944 à 1946, de camp en camp (notamment Drancy et Poitiers). Elle reparaît en 1950 dans *Justice est faite* d'André Cayatte et, en 1965, dans *La Dame de pique* de Leonard Keigel.

Jean-Luc Douin

PASCIN Jules (Julius Mordecaï Pincas)

Peintre et dessinateur. – Né le 31 mars 1885 à Vidin, Bulgarie ; mort le 2 juin 1930 à Paris, France.

« Prince de Montparnasse » participant à l'effervescence artistique et festive de la Belle Époque et des Années folles, Pincas, né en Bulgarie d'un juif espagnol et d'une Italienne, est arrivé à Paris en 1905 et a tout de suite remplacé son nom par l'anagramme Pascin. Collaborateur sous contrat de plusieurs journaux satiriques allemands comme le *Simplicissimus*, il vit très confortablement et fréquente avec assiduité le Dôme, alors lieu de rassemblement des artistes allemands. Influencé par Matisse et le fauvisme, puis brièvement par le cubisme, il est surtout connu pour ses dessins illustrant la vie de bohème parisienne. En 1914, craignant d'être emprisonné, car la Bulgarie est l'ennemie de la France, il part pour la Belgique puis pour les États-Unis. Mais, alors qu'il a obtenu la citoyenneté américaine en 1920, il revient à Paris où il se fait de nouveau l'infatigable animateur des fêtes de la capitale, qu'il continue de dessiner. Sa femme Hermine David et sa maîtresse Lucy Krogh sont les modèles des nombreux nus nacrés qu'il réalise alors et qu'il expose régulièrement dans les galeries de Paris et de New York. Cette carrière flamboyante est brisée net par son suicide, dans son atelier, en 1930.

Julie Verlaine

PASINI Alberto. — *Voir* DEUTSCH Ludwig.

PAVLOVSKY André

Architecte. – Né en 1891 à Paris, France ; mort en 1961 à Saint-Jean-de-Luz, France.

Fils de parents russes installés en France – journaliste, son père est le correspondant permanent à Paris d'un journal de Saint-Pétersbourg, le *Novoïe Vremia* –, il entre, après des études secondaires au lycée Carnot à Paris, à l'École des beaux-arts, section Architecture, atelier Chifflot. En 1915, il s'engage avec ses frères dans la Légion étrangère, au titre des volontaires russes ; d'abord conducteur d'ambulances, il termine la guerre comme lieutenant d'artillerie. En 1919, il reprend ses études et obtient son diplôme en avril 1920. Débute alors sa collaboration à l'agence de Louis Quetelart (1888-1950) qui, installé au Touquet-Paris plage en 1912, a la haute main sur les opérations de reconstruction de Vieille-Chapelle et d'Annezin, dans le Pas-de-Calais, de Méteren et de La Gorgue, dans le Nord. En 1924, ils se séparent, et Pavlovsky s'installe à Saint-Jean-de-Luz, sur une côte basque en plein essor touristique, où les commandes de grandes villas se succèdent. Il s'agit de mettre à jour le style basque de la « maison moderne », en insistant sur les détails constructifs. À partir de l'aménagement du golf de Chantaco à Saint-Jean-de-Luz, inauguré en 1928, sont mises en chantier cinq grandes villas, dont le projet est confié à Pavlovsky. En 1932, il est nommé architecte départemental pour l'arrondissement de Bayonne ; à ce titre, il dessine les projets de deux phares sur le port de Saint-Jean-de-Luz (1936). Mobilisé en 1939, c'est dans les rangs de la France libre qu'il termine le conflit. Pavlovsky préside, à partir de 1946, le conseil régional de l'ordre, circonscription de Pau, aboutissement d'une carrière de notable bien intégré.

Gérard Monnier

PAXTON Robert Owen

Historien. – Né le 15 juin 1932 à Lexington, États-Unis.

Robert Paxton est un historien américain qui a apporté un éclairage décisif sur la période de Vichy et sur la montée du fascisme dans les années 1930. À l'université Harvard, il est l'élève de Stanley Hoffmann. Son doctorat porte sur la partie de l'armée française laissée au service de l'État français après la débâcle de 1940. Sa thèse est soutenue en 1963, mais n'a pas de réception immédiate en France, où elle n'est publiée qu'en 2005 (*L'Armée de Vichy : le corps des officiers français, 1940-1944*). En revanche, son ouvrage *Vichy France. Old Guard and New Order*, publié en 1972 aux États-Unis, est traduit dès 1973 (*La France de Vichy*) et suscite un débat passionné, non seulement au sein de la communauté historienne, mais au-delà, dans l'opinion française. En effet, à partir d'archives essentiellement américaines et allemandes, il démontre la responsabilité politique et la maturité idéologique du régime de Vichy dans son projet de collaboration et dans son programme de révolution nationale, et ce dès la signature de l'armistice. Faisant écho au film *Le Chagrin et la pitié* de Marcel Ophuls (1969), l'ouvrage de Paxton contribue à ébranler la thèse de Vichy comme parenthèse de l'histoire française et le mythe de « quarante millions de résistants ». L'ouvrage ouvre une nouvelle ère historiographique sur ces années Vichy, appelant notamment des recherches sur ses aspects sociaux et culturels.

L'historien américain poursuit en 1981 avec une somme, écrite avec Michael Marrus, sur *Vichy et les Juifs* : le dépouillement des archives du gouvernement français et de sources allemandes permet de démontrer le rôle actif de l'administration française dans la politique de discrimination puis d'extermination des juifs, et par conséquent l'affirmation d'un antisémitisme d'État. Paxton en cherche les racines dans l'idéologie fasciste à la française des années 1930 : il explore l'histoire du mouvement des « Chemises vertes » guidé par Henry Dorgères (*Le Temps des Chemises vertes : révoltes paysannes et fascisme rural, 1929-1939*, 1996), puis livre une synthèse dans *Le Fascisme en action* (2004).

Si Robert O. Paxton enseigne aux États-Unis, à l'université de Columbia de 1969 à 1997, il demeure partie prenante de la vie intellectuelle et politique française. Ses publications, ses innombrables interventions dans la vie scientifique et médiatique nationale, sa décoration en 2009 de la Légion d'honneur en attestent. Ainsi, en 1997, quand l'accusation demande l'expertise de cet historien étranger dans le procès Papon, elle fait non seulement appel à un spécialiste incontournable de cette difficile période française, mais aussi à un acteur, bien contemporain, de la reconstruction mémorielle de Vichy à l'œuvre depuis les années 1970.

Anna Trespeuch-Berthelot

PECHKOFF Zinovi (Yeshua Zalman Sverdlov)

Militaire et diplomate. – Né le 16 octobre 1884 à Nijni Novgorod, alors Empire russe, aujourd'hui Russie ; mort le 27 novembre 1966 à Paris, France.

Si la France a connu de Zinovi Pechkoff (orthographié aussi « Zinovy » et « Pechkov ») le soldat et le diplomate, l'un et l'autre dans un registre atypique, la totalité de son destin dépasse de loin cette double identité. Aîné d'une fratrie de huit, le jeune Yeshua, dont le père est un chaudronnier et graveur sur cuivre juif, jette tôt sa gourme et échappe de peu à la délinquance grâce à l'écrivain Maxime Gorki, dont il devient le secrétaire, partageant pendant une dizaine d'années ses engagements politiques – contre le régime autoritaire des Romanov –, ses aventures sentimentales et son errance internationale. Leur amitié est si étroite que, lorsque Zinovi se convertit à l'orthodoxie pour sortir de son statut d'infériorité, il adopte le nom de famille de son ami (Gorki est le nom de plume de Maxime Pechkoff). Les deux destinées se sépareront en 1913, quand Gorki rentre en Russie. Pechkoff reste en Italie et, au moment de la déclaration de guerre, choisit – lui qui, jusque-là, avait réussi à éviter toute obligation militaire – de s'engager dans la Légion étrangère française. Après deux années d'une campagne courageuse, dont il sort décoré et amputé, il est remarqué par Philippe Berthelot, secrétaire général du Quai d'Orsay, qui commence à lui confier des missions diplomatiques. En 1917, il est en Russie au moment de la révolution d'Octobre – qu'il peut suivre d'autant plus près que plusieurs de ses frères, restés au pays, en sont sympathisants et que son cadet, Iakov Sverdlov, n'est rien de moins que le président du Comité exécutif central, autrement dit le chef du nouvel État soviétique. Les deux frères vont cependant suivre deux voies opposées : en 1918, Pechkoff est envoyé par la France comme conseiller militaire auprès des armées blanches. À partir de son retour en France et de sa naturalisation française, qui n'intervient qu'en 1924, il va alterner les périodes militaires – il sera promu général, à titre honoraire, en 1943 – et les missions diplomatiques toujours sous l'uniforme. On le retrouve ainsi au Maroc aux côtés du maréchal Lyautey ou aux États-Unis aux côtés de Paul Claudel. En 1940, il choisit la France libre sans hésitation, travaille au ralliement des colonies françaises d'Afrique et, en 1943, est envoyé par le général de Gaulle en Chine, auprès de Tchang Kaï-chek. En 1945, il rejoint au Japon le général Mac Arthur, commandant des forces alliées en Extrême-Orient comme chef de la mission française – l'équivalent d'un ambassadeur de France auprès du Japon vaincu et occupé, poste qu'il occupe jusqu'à sa retraite, en 1949. En janvier 1964, il est encore envoyé par de Gaulle, président de la République, en mission discrète auprès de Tchang Kaï-chek, pour le préparer à la reconnaissance diplomatique par la France de la Chine de Mao Tsé-toung.

Pascal Ory

PECLERS Alexis. — *Voir* BELGE DE LA BANDE DESSINÉE, école.

PEELLAERT Guy

Dessinateur, peintre, photographe. – Né le 6 avril 1934 à Bruxelles, Belgique ; mort le 17 novembre 2008 à Paris, France.

Artiste polymorphe, Guy Peellaert, formé aux Beaux-Arts de Bruxelles, se fait d'emblée connaître par deux bandes dessinées au graphisme hors du commun, très influencé par certaines formes du Pop Art, *Les Aventures de Jodelle* (1966) et *Pravda la survireuse* (1967), publiées en France. Une carrière de grand de la BD s'offre à lui, aux côtés de Jean-Claude Forest et Georges Pichard, mais ce n'est pas sa voie. Il part aux États-Unis et, s'il revient ensuite en France, continuera à naviguer entre les deux pays. C'est en Amérique qu'il rencontre dès lors le plus large écho, créant des pochettes de disques devenues cultes (pour les Rolling Stones, pour David Bowie), des affiches de films célèbres (*Taxi Driver*, *Paris Texas*) et, surtout, des livres inclassables, fondés sur un traitement sophistiqué d'images de célébrités de la culture rock (*Rock Dreams*, 1974) ou du monde politique (*Les Rêves du XXe siècle*, 1999).

Pascal Ory

PEI Ieoh Ming

Architecte. – Né en 1917 à Canton, Chine.

Arrivé en 1934 aux États-Unis, Ieoh Ming Pei fait ses études d'architecte à Harvard (1940-1946). À la tête d'une des plus importantes agences des États-Unis, il reçoit le prix Pritzker en 1983. La même année, il est désigné par François Mitterrand, conseillé par Émile Biasini, pour la transformation, d'importance historique, du musée du Louvre (« Grand Louvre »). Il étudie le plan d'ensemble et détermine le dispositif d'accès, creusé sous la cour Napoléon, que symbolise la fameuse pyramide de verre et d'acier ; elle fixa en son temps les controverses. L'agence Pei traite aussi la muséographie du deuxième étage de l'aile Richelieu, plusieurs agences opérant dans le reste du musée. Les travaux s'achèvent en 2000. Les controverses s'éteignent peu à peu.

Gérard Monnier

PELLERIN Fleur (Kim Jong-suk)

Femme politique. – Née le 29 août 1973 à Séoul, Corée du Sud.

Abandonnée par ses parents à sa naissance, la jeune Kim est adoptée à l'âge de six mois par une famille française. Élève brillante, Fleur Pellerin entre à l'ESSEC mais, attirée par le service public, c'est vers l'Institut d'études politiques de Paris qu'elle s'oriente. L'ENA couronne le tout. Auditrice puis conseillère référendaire à la Cour des comptes, elle travaille avec Lionel Jospin et Ségolène Royal. Présidente du Club XXIe siècle, elle porte sa réflexion prioritairement vers les nouveaux enjeux de l'économie numérique. À ce titre, elle entre, en mai 2012, dans le gouvernement Ayrault comme ministre déléguée en charge des PME, de l'Innovation et de l'Économie numérique.

Pascal Ory

PEREC Georges

Le fils de Icek Peretz, mort pour la France à Nogent-sur-Seine le 16 juin 1940, et de Cyrla Peretz, née Szulewicz, morte à une date inconnue postérieure au 11 février 1943 (où elle fut déportée de Drancy vers Auschwitz), est né le 7 mars 1936. En vertu de l'article 3 de la loi du 10 août 1927, il fut déclaré, cinq mois plus tard, Français par ses parents. Il est donc né « Français par déclaration, fils d'étrangers » et n'a, de ce fait, pas sa place dans ce Dictionnaire – où on l'a quand même mis, l'espace de ces quelques lignes, et parce que les étrangers en question occupent, par leur absence, la place centrale de *W ou le souvenir d'enfance* (1975) : « J'écris parce qu'ils ont laissé en moi leur marque indélébile et que la trace en est l'écriture. »

Pascal Ory

PERELMAN Roger

Médecin. – Né le 19 juillet 1922 à Varsovie, Pologne ; mort le 23 juillet 2008 à Paris, France.

Roger Perelman est né dans une famille juive pauvre, parlant yiddish, détachée de la pratique religieuse. Il arrive à Paris à l'âge de deux ans, avec sa mère et sa sœur aînée. Le père, artisan tailleur, est parti un an plus tôt pour préparer l'arrivée de la famille. De la Pologne on ne parlera plus à la maison. Les Perelman ont choisi la France pour se tourner vers l'avenir. Roger Perelman y insiste dans l'autobiographie qu'il a publiée en 2008 (*Une vie de juif sans importance* ; les citations suivantes sont extraites de cet ouvrage). Son enfance sera heureuse, formatrice. Les conditions matérielles, d'abord plus que précaires, iront en s'améliorant. Deux voisines lui apprennent le français. À l'adolescence, son passage au YASC, club sportif du travailleur juif, lui permet d'acquérir de solides qualités physiques : il participe aux Jeux ouvriers de Barcelone en 1936, organisés en réponse à ceux de Berlin. Au YASC, il fréquente de jeunes immigrés communistes, participe aux débats, goûte le plaisir de la controverse, lit beaucoup, se forge une conscience de gauche. Revenant sur cette période, Roger Perelman n'oublie pas ce qu'il doit à ses maîtres de l'école publique : « Ils m'ont structuré, ils m'ont appris à analyser une pensée, éventuellement à la critiquer, ils ont fait de moi un citoyen libre capable de résister à toute pression idéologique. » Sa vie bascule le 13 mars 1941 : âgé de dix-neuf ans, élève au lycée Condorcet en classe préparatoire de mathématiques, il se rend sur convocation au commissariat de l'Opéra. Il est immédiatement arrêté comme juif apatride et incarcéré au camp de Pithiviers. Il s'en échappe au bout de deux mois. Il est désormais recherché par la police de Vichy et l'occupant. Commence une vie d'errance, de clandestinité. Il finit par retrouver son père et ses sœurs à Grenoble, où il apprend la mort de sa mère, noyée lors du passage de la ligne de démarcation. Il se fixe à Nice, où l'occupation italienne est plus clémente ; il survit en donnant des cours. L'invasion allemande de la zone d'occupation italienne entraîne son arrestation par la Gestapo le 17 octobre 1943. Violenté, envoyé à Drancy, il est déporté à Auschwitz. À l'arrivée, il trouve la vie sauve en choisissant la file des hommes valides. Il est affecté à la mine de Janina. Le 18 janvier 1945, devant l'avance des troupes soviétiques, les SS décident l'évacuation du camp. Perelman se trouve à la fin de la file des déportés ; il évite la tuerie de la forêt de Egersfeld, mais pas celle du stade de Rybnick. Il est le seul survivant parce que les corps sans vie de ses compagnons l'ont protégé des balles allemandes. Il est recueilli par une famille allemande qui prend là des risques considérables.

De retour dans la capitale le 3 août 1945, Roger Perelman retrouve, dans l'appartement de la rue Rochechouart, son père et ses deux sœurs. Il est transformé. « Cette expérience a renforcé mon amour profond de la liberté, mon aversion pour l'humiliation, mon manque d'indulgence pour moi comme pour les autres, ma lucidité pour affronter la réalité » ; il ajoute : « Je n'ai jamais été déprimé, je ne me suis jamais senti coupable d'avoir survécu. » Il opte pour les études médicales. Sa rencontre avec Grenet détermine son orientation pédiatrique. Roger Perelman accède au titre de professeur agrégé. Il est nommé en 1975 chef du service de pédiatrie de l'hôpital Jean-Verdier de Bondy, service qui vient d'ouvrir dans la banlieue parisienne défavorisée. Il a toute liberté pour organiser son service selon ses principes. Il y attire de nombreux internes et futurs pédiatres.

Roger Perelman mène à bien une tâche sans précédent, celle de réunir toutes les connaissances pédiatriques en un seul volume : *La Pédiatrie pratique*, ou « P.P.P. » (pour Pratique Pédiatrique Perelman). Cet ouvrage, régulièrement réédité et augmenté, passant de deux à quatre volumes (de mille pages), connaît immédiatement un grand succès et une large diffusion en France, dans les pays francophones et en traduction dans le monde entier. Il demeurera le livre de référence pour plusieurs générations de pédiatres. Perelman tenait beaucoup à ce rôle de transmission du savoir.

Durant toutes ces années, il resta proche du Parti socialiste, accédant même à certaines responsabilités. Les années Mitterrand verront son éloignement progressif de la vie politique. Roger Perelman avait toujours refusé de parler de sa déportation. En 2005, il déroge à cette règle et accepte, sur l'instance de sa nièce, l'historienne Annette Wieviorka, de confier ses souvenirs d'une « histoire juive et d'une histoire française » à Annick Cojean pour *Le Monde*. La même année, le nom de Roger Perelman est donné à une salle du lycée Condorcet. Cet hommage se drape d'une double valeur symbolique : il rappelle la dette dont Roger Perelman se sent redevable vis-a-vis de la France : « Peu d'autres pays m'auraient donné ce que j'y ai reçu grâce à la conjonction du pacte républicain et de l'action de ses enseignants. » Il souligne combien ce grand médecin a œuvré pour le rayonnement de la pédiatrie française. C'est à Auschwitz, confia-t-il à Annick Cojean, qu'il souhaite que ses cendres soient dispersées. Le président de la République rendra hommage à ce « médecin d'enfants au sens le plus noble du terme ».

Martine Boureau

PERRET, élèves étrangers du premier atelier d'Auguste

Né d'une dissidence à l'intérieur de l'École nationale supérieure des beaux-arts de Paris, le premier atelier d'architecture d'Auguste Perret (1874-1954), ouvert en 1923, est installé en 1924 dans le « Palais de bois », une construction provisoire sise à la Porte Maillot ; il réunit des élèves dont une bonne part sont des étrangers : les Hongrois Ernö Goldfinger et Andras SZIVESSY (*dit* André Sive), les Suisses Denis HONEGGER (1907-1981), Henri-Louis Trezzini et William Vetter, les Russes José Imbert et Berthold Romanovitch Lubetkin, le Belge Michel LUYCKX, l'Américain Paul NELSON, l'Allemand Oscar NITZCHKÉ… Les uns sont stimulés par les idées nouvelles de Le Corbusier (qui ne veut pas enseigner et qui les oriente vers Perret), les autres cherchent une leçon de rigueur. Atelier de dissidence « d'élèves révoltés contre l'imagerie inconséquente qui dominait l'enseignement » (Nelson), mais aussi atelier de tendance, qui échappe à l'académisme. La plupart renonceront à présenter leur diplôme. Honegger, Imbert, Nelson (diplômé en 1927), Luyckx (diplômé en 1932) et Sive feront carrière, au moins en partie, en France ; les autres s'installeront, dans les années 1930, à l'étranger.

Ernö GOLDFINGER est né le 11 septembre 1902 à Budapest, et mort en 1987 à Londres. Il quitte la Hongrie en 1919 pour l'Autriche, puis la Suisse, et Paris en 1921, où il entre à l'École nationale supérieure des beaux-arts, et rejoint l'atelier Perret en 1925. Il voyage en Europe, en Égypte et en Grèce, suit les études d'urbanisme de l'université de Paris. En 1926, à Londres, avec Andras Szivessy, il construit un magasin pour Helena Rubinstein, à Mayfair, en métal et en verre. Entre autres projets, il étudie, en 1929, celui d'une école maternelle (avec Szivessy et Pierre Forestier). Il est le secrétaire de la délégation française au Congrès international d'architecture moderne (CIAM) d'Athènes en 1933. L'année suivante, il s'installe à Londres, est correspondant de *L'Architecture d'aujourd'hui*, de 1936 à 1939, et y entame une carrière brillante, poursuivie jusqu'en 1970.

William VETTER est né à Berne le 16 janvier 1902 et mort à Crans-près-Céligny, dans le canton de Vaud, le 23 décembre 1986. Il étudie à l'École polytechnique de Zurich, puis à celle de Stuttgart, et en sort diplômé en 1925. Entré dans l'atelier en 1926, il participe aux projets de cette période : maisons-ateliers pour les artistes Chana Orloff, Mela Mutter, Georges Braque ; maison Aghion à Alexandrie et concours pour la Société des nations à Genève. Avec José Imbert, il construit l'École d'infirmières de Montrouge (1929-1935) et reçoit en 1928 l'importante commande de l'hôpital Pasteur à Colmar. Entre 1932 et 1937, il mène à bien le projet d'une construction réalisée par l'entreprise Perret Frères.

Le Suisse Henri-Louis TREZZINI (1902-1976), né au Tessin, entre au Palais de bois, puis collabore avec Denis Honegger.

Le Russe José IMBERT, né le 13 septembre 1895 à Moscou (mort à une date inconnue), naturalisé français en 1934, épouse en 1934 Louise Weiss, dont il divorce en 1936. Après avoir participé au Palais de bois et réclamé à Perret une place de collaborateur, il travaille au projet de la salle Cortot, de l'immeuble rue Raynouard et construit la salle du cinéma d'actualités de *Paris-Soir*, avenue de la République. Il participe au comité de rédaction de *L'Architecture d'aujourd'hui* à partir de 1934 et rédige plusieurs articles. Il collabore avec William Vetter (École d'infirmières de Montrouge, hôpital de Colmar) et, après 1945, avec Perret, en particulier pour les reconstructions du Havre et d'Arles, Son dernier chantier sera, en 1976, celui de la Légation militaire d'Arabie Saoudite, 4 *bis*, rue Franqueville, à Paris.

Berthold ROMANOVITCH LUBETKIN est né le 14 décembre 1901 à Tiflis (Tlibissi, Géorgie) et mort le 23 octobre 1990 à Bristol, au Royaume-Uni. Après des études engagées aux Vkhutemas à Moscou, il les poursuit à Berlin et à Varsovie. Présent dans l'atelier Perret, inscrit à l'École spéciale d'architecture en 1925-1926, il collabore à Paris, à partir de 1927, avec l'architecte polonais Jean Ginsberg et l'architecte allemand François (Adolf-Franz) Heep. Installé à Londres en 1931, il rejoint le groupe Tecton, contribue à des constructions spectaculaires au zoo de Londres, conduites avec l'ingénieur Ove Arup, et réalise à Highgate Highpoint I (1933-1935) et Highpoint II (1936-1938), ainsi qu'à Finsbury (Centre de soins, achevé en 1938), trois aboutissements de la modernité en Grande-Bretagne. Il sera membre du Comité de patronage de *L'Architecture d'aujourd'hui*.

Pépinière de talents, le premier atelier Perret réunit, avec ces jeunes étrangers attirés à Paris par le prestige culturel de la capitale, un potentiel exceptionnel d'initiatives et d'ouvertures à la modernité, stimulées par la lecture de *Vers une architecture* de Le Corbusier et enrichies par la confrontation de leurs propres projets avec les corrections de Perret, alors au sommet de son charisme. La plupart, affranchis de tout mimétisme – le cas Honegger est isolé –, seront des architectes attentifs à la construction innovante (voir la construction en terre pour Luyckx) et, à l'opposé du nationalisme ombrageux de Perret, les acteurs d'une exceptionnelle participation aux relations internationales.

Gérard Monnier

PERSITZ Alexandre

Architecte. – Né en 1910 à Moscou, alors Empire russe, aujourd'hui Russie ; mort en 1975.

Formé à Berlin, Persitz est élève de Perret à l'École spéciale d'architecture (second atelier Perret), diplômé en 1935. Déporté pendant la guerre, il sera l'architecte, avec Georges Goldberg, du Mémorial du martyr juif inconnu (1953-1956) à Paris. Associé, de 1947 à sa mort, à Arthur Héaume, son condisciple à l'ESA, il laisse à Paris une œuvre importante (édifices publics, logements sociaux, église, synagogue, etc.). De 1947 à 1965, il est le rédacteur en chef de *L'Architecture d'aujourd'hui.*

Gérard Monnier

PERSOZ Jean-François

Chimiste. – Né le 9 juin 1805 à Cortaillod, Suisse ; mort le 12 septembre 1868 à Paris, France.

Un mémoire conservé aux Archives départementales du Bas-Rhin, œuvre de l'arrière-petit-fils de Jean-François Persoz, renseigne sur ses premières années entre la Suisse et la France. D'abord apprenti dans une pharmacie de Neuchâtel, passé à Genève puis à Pontarlier, il arrive à Paris en 1825. N'étant pas bachelier, il ne peut s'inscrire à la faculté de pharmacie et commence alors par suivre les cours de Louis Thénard au Collège de France. Ce dernier le remarque, le prend comme préparateur et soutient activement sa carrière universitaire. La fiche biographique de Jean-François Persoz sur le site « pireh-dev » de l'université de Paris-I souligne deux données majeures le concernant : « Le cas de Persoz montre qu'au moment où la chimie devient un métier défini par une formation en écoles ou facultés on pouvait apprendre la chimie sur le tas, par la pratique du laboratoire et en s'initiant aux méthodes de l'analyse. Les premières recherches de Persoz, dans le Laboratoire du Collège de France, sont toutes menées en collaboration et se caractérisent par leur dispersion. Au lieu de travailler sur un seul sujet, comme on le fait d'ordinaire pour préparer une thèse de doctorat, Persoz mène de front plusieurs recherches à la fois. Il en résulte une belle moisson de découvertes. » Une fois formé au Collège de France, il accède à l'université de Strasbourg où il est nommé professeur, puis directeur de l'École de pharmacie (à ce titre, il a pour mission d'inspecter les pharmacies du département). En 1850, il revient à Paris pour succéder à Jean-Baptiste Dumas à la faculté des sciences de Paris, puis pour occuper une chaire de chimie industrielle au Conservatoire national des arts et métiers en 1852. Persoz est célèbre pour avoir découvert en 1833, avec Anselme Payen, la première enzyme, l'amylase (diastase) du malt révélée dans la salive. Deux ans plus tard, il s'attache à étudier les propriétés chimique et mécanique du sucre de canne. Outre l'*Introduction à l'étude de la chimie moléculaire* (1839), il a publié de nombreux mémoires sur la garance, la dextrine, la solubilité et les volumes moléculaires des corps.

Vincent Duclert

PETROSSIAN Frères

Entrepreneurs, fondateurs du premier magasin d'importation et de commercialisation du caviar en France. – Mouchegh : né le 1er août 1896 (ou 1894) à Tabriz, alors Perse, aujourd'hui Iran ; mort en 1972. Melkoum : né le 22 décembre 1897 (ou 1895) à Tabriz, alors Perse, aujourd'hui Iran ; mort en 1981.

La famille Petrossian est originaire de la ville d'Akoulis, dans la province du Nakhitchevan (auj. Azerbaïdjan), frontalière de la Perse, où elle possédait un élevage de vers à soie. Vers 1905 les troubles violents qui éclatent dans la région amènent les Petrossian à s'installer à Tiflis (Tbilissi), en Géorgie, où les deux frères font leurs études. Avant même le déclenchement de la Première Guerre mondiale, des vagues de massacres d'Arméniens ont, depuis 1895, accru leur sentiment d'insécurité dans toute la Transcaucasie ; en 1915, le génocide arménien a probablement convaincu la famille Petrossian de s'éloigner du Caucase. Les parents rejoignent alors Tabriz, en Perse, qui abrite une forte communauté arménienne et où réside une partie de la famille. Mouchegh et Melkoum gagnent, quant à eux, Moscou pour poursuivre leurs études. La guerre et la révolution les amènent à regagner Tabriz, où l'instabilité règne aussi. La famille décide alors de s'exiler à Paris. C'est là que, au début des années 1920, les frères Petrossian ouvrent, boulevard de la Tour-Maubourg, un magasin de vente de caviar. Si le caviar était à l'honneur sur toutes les tables de fêtes en Russie, il était pratiquement inconnu en France et en Europe occidentale, sauf des exilés russes, de plus en plus nombreux à Paris pour fuir la révolution et la guerre civile, et de quelques gastronomes avertis.

Malgré les relations difficiles que l'Europe entretient alors avec l'Union soviétique, qui contrôle la quasi-totalité de la production de caviar de la mer Caspienne, les deux frères parviennent à nouer des liens solides avec l'État soviétique afin d'approvisionner leur magasin. La maison Petrossian achète le produit brut, qu'elle fait mûrir et prépare dans ses ateliers, selon un savoir-faire jalousement préservé. Ainsi, de Paris, qui domine alors sans partage la scène gastronomique internationale, les frères Petrossian font-ils des œufs d'esturgeon un produit de luxe prisé de l'élite sociale mondiale, soutenus en cela par Charles Ritz, le fils de César, qui introduit le caviar dans son prestigieux établissement et suscite un engouement pour le produit. Dès lors, son exemple sera suivi dans tous les palaces de Paris, de Londres, de Monte-Carlo, de Suisse, etc.

En 1934, Mouchegh Petrossian épouse, à Paris, Irène Mailoff-Mailiantz, fille de Élie Mailoff dont la famille, qui détenait des concessions très importantes sur les pêcheries de la Caspienne, avait été l'un des principaux producteurs de caviar de la Russie tsariste. Entre-temps, la maison Petrossian a diversifié ses produits : elle est aussi renommée pour son saumon, fumé dans ses ateliers proches de Paris selon des méthodes artisanales héritées des traditions russes (nombre d'or pour la construction des fours, mélange de bois pour la sciure, etc.). Elle commercialise aussi d'autres spécialités d'Europe centrale et orientale (charcuterie, fromages, vodka, etc.).

Si les années d'occupation ont interrompu les arrivages des marchandises venues d'Union soviétique, les Petrossian signent, dès la fin de la guerre, de nouveaux accords d'exclusivité avec l'URSS pour le caviar, mais aussi pour les conserves russes (crabes « chatka » et « ako », poissons « socra »), ce qui ne les empêche pas de commercialiser également le caviar d'Iran.

Les frères Petrossian décèdent avant que soient prononcées les mesures de protection des esturgeons sauvages de la Caspienne, qui ont entraîné un boom des caviars provenant de fermes d'élevage d'esturgeons. Ce sont leurs héritiers qui prennent le tournant du caviar d'élevage et qui internationalisent la marque et les lieux de distribution, en s'implantant hors de France, notamment aux États-Unis, dans les années 1980.

Julia Csergo et Denis Saillard

PEYO. — *Voir* BELGE DE LA BANDE DESSINÉE, école.

PIANO Renzo

Architecte. – Né le 14 septembre 1937 à Gênes, Italie.

Né dans une famille d'architectes, Piano poursuit sa formation à l'École polytechnique de Milan (diplôme d'architecte en 1964), mais l'itinéraire de ses débuts professionnels est, surtout, marqué par une grande cohérence. Travailler avec Louis Kahn aux États-Unis, puis avec Z. S. Makowsky en Grande-Bretagne, rencontrer Jean Prouvé en France sont des étapes pertinentes vers une maîtrise de l'art de bâtir dans les conditions du dernier quart du XXe siècle. Les premiers grands chantiers, avec Richard Rogers à partir de 1971 et, depuis 1977, avec Peter Rice – qui installe son bureau d'études RFR à Paris – jusqu'à la mort de celui-ci, en 1992, permettront l'accomplissement de la démarche. La diversité des commandes (privées et publiques), des programmes (habitat, équipement, industrie) et des sites (dense, aéré) interdit l'unité de style, qu'il ne cherchera pas. L'unité de ces projets est ailleurs : dans l'éloquence du dispositif technique impliqué, d'ailleurs dans un registre de plus en plus sobre, et dans la volonté, marquée, de questionner le programme et le contexte du site pour trouver la solution architecturale. Le concours pour l'édification du Centre Georges-Pompidou joue un rôle incontestable dans cette suite de projets : un coup d'éclat, un grand musée – et on sait le nombre exceptionnel de musées qui suivront –, au centre d'une capitale culturelle, qui succède à une commande de moindre importance, édifiée à l'écart d'un centre majeur (le siège de la compagnie B&B à Côme, 1971). Les commandes en France se succèdent ensuite, pendant plus d'une vingtaine d'années, avec des programmes et des maîtrises d'ouvrage différentes : des équipements industriels de premier plan, un centre urbain pour la chambre de commerce d'une métropole, des logements en plein Paris, un centre mémorial en Nouvelle-Calédonie. Depuis une dizaine d'années, les grandes affaires sont multiples et ailleurs. Après Gênes, c'est cependant à Paris et à Berlin que Renzo Piano situe son entreprise, devenue Renzo Piano Building Workshop. Il reçoit le prix Pritzker en 1998. Renzo Piano et la France : un architecte et un territoire qui partagent un fort potentiel dans la durée.

Gérard Monnier

PICABIA Francis

Peintre. – Né le 22 janvier 1879 et mort le 30 novembre 1953 à Paris, France.

Souvent réduite à l'introduction du mouvement Dada à Paris en 1919, la carrière artistique de Picabia est bien plus complexe et riche. Né d'un père cubain et d'une mère française, il dessine très jeune, dans un style très académique. Sa peinture est influencée par les impressionnistes, en particulier Alfred Sisley (il préside le comité qui fait ériger un monument à sa mémoire), jusqu'en 1908, tournant à partir duquel il rompt avec la figuration pour se rapprocher du cubisme du groupe de la Section d'or, et de l'orphisme tout juste théorisé par Guillaume Apollinaire. La guerre brise cet élan idéaliste et sa croyance en un art capable de représenter les mouvements de l'âme ; alors qu'il est envoyé en mission militaire officielle à Cuba, il déserte et se rend à New York, où, travaillant avec le photographe et galeriste Alfred Stieglitz à publier la revue dada *291*, il devient proche de Marcel Duchamp et dessine des images à connotations sexuelles d'objets hybrides, mi-machines mi-vivants. Entre 1919 et 1924, il est le polémique introducteur de Dada à France, multipliant pamphlets et manifestes, dessins et collages (*L'Œil cacodylate*, 1921). Rompant avec le surréalisme triomphant d'André Breton et de Louis Aragon, il quitte Paris pour Mougins, où il crée plusieurs séries (les *Monstres*, les *Transparences*), qui bouleversent les normes artistiques en vigueur et dont l'influence sur les jeunes artistes des années 1950-1980 sera déterminante.

Julie Verlaine

PICASSO Pablo (Pablo Blasco Ruiz)

Peintre et sculpteur. – Né le 25 octobre 1881 à Málaga, Espagne ; mort le 8 avril 1973 à Mougins, France.

Né en Andalousie, installé définitivement en France à partir de 1904, Picasso est souvent présenté comme espagnol et français, alors même qu'il a choisi son nom d'artiste pour ses consonances italiennes. Il a gardé de ses années de formation à Barcelone des influences mêlées, aussi bien l'art décadent que l'art nouveau et l'expressionnisme scandinave, ainsi qu'une inspiration anarchisante. Après sa « période bleue », ponctuée par deux séjours à Paris en 1900 et 1903, Picasso entame sa « période rose » lorsqu'il s'installe à Montmartre, au Bateau-Lavoir, où il rencontre Guillaume Apollinaire et Matisse. Le tableau *Les Demoiselles d'Avignon* (1907 ; intitulé « Le Bordel d'Avignon » par Picasso, en référence à une rue de Barcelone, mais renommé pudiquement par André Salmon pour l'exposition au Salon d'Antin en 1916) marque le passage à une nouvelle manière, qui devient, par sa collaboration avec Georges Braque, le cubisme : Picasso pratique une géométrisation des formes d'abord purement picturale, puis composite, avec l'invention des papiers collés. Gertrude Stein et Daniel-Henry Kahnweiler sont parmi les premiers acquéreurs de son œuvre, qu'ils contribuent à faire connaître dans le monde entier. Pendant la Première Guerre mondiale, Picasso séjourne en Italie, où il prépare le ballet *Parade* avec les Ballets russes. De retour en France, il revient temporairement à une manière plus classique pendant les années 1920. Ses œuvres cubistes exercent dès cette époque une profonde influence sur le monde de l'art, établissant son statut d'artiste majeur, sans qu'il prenne jamais le rôle de chef de file ou de maître. Il travaille en solitaire, partageant son temps entre Paris et le château de Boisgeloup, en Normandie. En 1937, Picasso, que la guerre civile espagnole a éveillé aux problèmes politiques, grave *Sueño y mentira de Franco* (*Songe et mensonge de Franco*) et peint, pour le pavillon républicain de l'Exposition internationale, l'immense toile *Guernica*, qui évoque le bombardement par l'aviation allemande d'une petite ville du Pays basque. Il se voit confier la direction du Prado par les républicains espagnols. Il peint à la même époque les célèbres portraits de la photographe surréaliste Dora Maar, avec laquelle il entretient une liaison passionnée. Après une période sombre marquée par la Seconde Guerre mondiale, il choisit des sujets plus légers et lumineux pour développer son art, en peinture, sculpture, mais aussi céramique.

S'éloignant de Paris, il s'installe dans le château de Vauvenargues, au pied de la montagne Sainte-Victoire, où il meurt en 1973.

Même s'il peut être tenu pour un artiste français, Picasso meurt espagnol, sans être rentré en Espagne après la guerre, car il avait juré de ne plus y mettre le pied tant que Franco serait en vie. En dépit de la reconnaissance dont son œuvre jouissait déjà, et après trente-cinq années passées en France, sa demande de naturalisation déposée en avril 1940 reste sans suite, car les Renseignements généraux le jugent « suspect au point de vue national », du fait de son passé anarchiste. À la fin de la guerre, il peint la toile *Hommage aux Espagnols morts pour la France* (1945), manière de mettre en valeur la contribution des étrangers espagnols à la libération de la France. Il ne renouvelle jamais sa demande et refuse la Légion d'honneur en 1967. Son œuvre a pris une valeur de plus en plus universelle après la guerre, notamment du fait de son compagnonnage avec le Parti communiste français et de son engagement en faveur du Mouvement pour la paix, dont il réalise, en 1949, la célèbre affiche *La Colombe*, à la demande de Louis Aragon. Les motifs spécifiquement français n'abondent pas dans son œuvre, même si Picasso retrouve, dans le sud de la France, la culture et le mode de vie méditerranéens de son enfance, en particulier pour ses séries sur la tauromachie, comme la suite goyesque des vingt-huit aquatintes de la *Tauromaquia o arte de torear* (1959). Parmi les huit musées qui lui sont consacrés aujourd'hui dans le monde, trois se trouvent en Espagne (à Barcelone, Horta de San Juan et Málaga) et trois en France (à Paris, Vallauris et Antibes).

Julie Verlaine

PICTET Raoul Pierre

Physicien. – Né le 4 avril 1846 à Genève, Suisse ; mort le 27 juillet 1929 à Paris, France.

Les études primaires et secondaires du jeune Raoul Pictet se déroulent à Genève. Puis il entre à la faculté des sciences où émerge, en 1866, son intérêt pour les questions du froid. Il se rend alors à Paris, en 1867, pour approfondir sa formation en physique, d'abord à l'École polytechnique, puis au Collège de France. Ses recherches lui permettent, dès 1869, de déposer un brevet. Mais il abandonne provisoirement ses travaux pour partir en Égypte. Après une participation à l'organisation de l'inauguration du canal de Suez, il rejoint l'université du Caire comme professeur de physique et de mécanique. En parallèle, il développe une activité industrielle de fabrication de machines à glace pour le gouvernement égyptien. Puis il repart en Suisse, pour enseigner à Genève et pour relancer une entreprise de machine à glace rapidement célèbre puisqu'elle va équiper de nombreuses patinoires de par le monde. Il peut néanmoins être considéré comme une personnalité française dans la mesure où, après sa formation universitaire à Paris, il accorde à l'Académie des sciences le bénéfice de l'information de sa découverte de la liquéfaction de l'oxygène (22 décembre 1877). Il est aussitôt décoré de la Légion d'honneur ; il est également honoré de la médaille d'or de l'Exposition universelle de Paris. Mis à part cet intermède parisien, le reste de ses activités se déroule entre la

Suisse et l'Allemagne, avec des fortunes diverses.

Vincent Duclert

PIGOZZI Henri Théodore (Enrico Teodoro)

Industriel. – Né le 26 juin 1898 à Turin, Italie ; mort le 18 novembre 1964 à Paris, France.

Vendeur de motos provenant des surplus américains et anglais, Pigozzi est envoyé en 1924 par Fiat faire de l'import-export en France, puis nommé en 1928 directeur général de la Société anonyme française des automobiles Fiat (SAFAF). Afin de contourner les barrières douanières, il décide de déplacer en France l'assemblage des voitures et achète l'usine de Maessius-Sical à Levallois-Perret. En 1934, il crée la Société industrielle de mécanique et de carrosserie automobile (SIMCA), dont il est directeur général de 1935 à 1955, puis P-DG jusqu'en 1963. Il nomme en son sein des administrateurs français afin d'échapper à l'hostilité protectionniste de l'industrie automobile nationale et fait de SIMCA la quatrième entreprise automobile française. Président de la Chambre de commerce franco-italienne entre 1939 et 1944, il négocie avec les Allemands le droit de produire des voitures. À la Libération, il parvient à échapper à l'épuration grâce aux contacts de Fiat avec le monde des affaires américains. Puis il développe les liens avec les États-Unis : il achète Ford-France, dont François Lehideux est président, et Chrysler prend des participations croissantes dans sa société, avant de la racheter en 1963, peu avant la mort de Pigozzi.

Claire Zalc

PINGET Robert

Romancier et dramaturge. – Né le 19 juillet 1919 à Genève, Suisse ; mort le 25 août 1997 à Tours, France.

Né dans une famille bourgeoise de Genève, Robert Pinget suit des études classiques au lycée, étudie le droit et passe son brevet d'avocat. De cette période datent ses premiers essais d'écriture. En 1946, il décide de s'installer à Paris. Un premier recueil de nouvelles, *Fantoine et Agapa*, paraît en 1951. Remarqué par Albert Camus et Alain Robbe-Grillet, l'écrivain entre chez Gallimard (*Le Renard et la boussole*, 1953). Son roman *Graal Flibuste* ayant été refusé par la maison d'édition, Pinget fait la rencontre décisive de Jérôme Lindon et décide de rejoindre les Éditions de Minuit, où seront publiés son roman (1956) et le restant de son œuvre. En 1959, sa première pièce de théâtre, *Lettre morte*, donne une nouvelle orientation à ses travaux. D'autres textes seront destinés à la radio ou à la télévision. Placé sous une double influence picturale et musicale, l'art littéraire de Pinget rattache celui-ci à la vague du Nouveau Roman. En témoigne une amitié durable avec Samuel Beckett, à l'œuvre duquel il associe la sienne propre au début des années 1960. À l'automne 1964, il délaisse Paris pour s'installer dans une ferme en Touraine, à Luzillé. C'est là qu'il demeure jusqu'à la fin de ses jours et qu'il rédige des carnets qui seront publiés à partir de 1982. Il obtient la reconnaissance du milieu littéraire en recevant le prix des Critiques, en 1962, pour *L'Inquisitoire*, et en étant le lauréat 1965 du prix Femina pour *Quelqu'un*. Naturalisé français depuis 1966, Pinget justifie sa décision comme un retour symbolique à de lointaines origines familiales. Il est l'invité d'honneur du Festival d'Avignon en 1987. Dix ans plus tard, alors qu'un colloque vient juste de lui être consacré à Tours, il décède dans cette même ville des suites d'une attaque cérébrale.

Pierre-Frédéric Charpentier

PINTE Étienne

Homme politique. – Né le 19 mars 1939 à Ixelles, Belgique.

Issu d'une lignée d'officiers de cavalerie, né de parents ayant fui la Belgique au début de la Seconde Guerre mondiale, qui furent résistants, avant de devenir libraires à Versailles, Étienne Pinte fait des études de droit et de sciences politiques et choisit de rester en France, où il est naturalisé en 1963. Il participe alors depuis un an au cabinet d'Alain Peyrefitte, secrétaire d'État puis ministre, à ceux de Joël Le Theule en 1968 et de Marcel Anthonioz en 1969, avant d'aller représenter les intérêts du tourisme français au Japon. En 1973, il retrouve Peyrefitte, dont il est suppléant à la députation, ce qui le mène au Palais-Bourbon. En 1978, il est élu en son nom propre à Versailles et constamment réélu jusqu'à son retrait en 2012. Il est aussi adjoint en 1977 puis maire de sa ville de 1995 à 2008, où il s'est également retiré. Il entend défendre ses convictions de catholique social, hostile à l'interruption volontaire de grossesse ou au mariage homosexuel, très sourcilleux en matière de bioéthique, mais aussi adversaire de la peine de mort, auteur d'un rapport sur l'hébergement d'urgence et l'accès au logement en 2008 et imposant des logements sociaux à ses électeurs versaillais, membre du conseil d'administration de l'Office français de protection des réfugiés et apatrides, président du Conseil national des politiques de lutte contre la pauvreté et l'exclusion en 2010. Il met en avant le souvenir de ses parents, « pourchassés à la fois comme étrangers et comme opposants », et des Espagnols républicains qui l'ont hébergé avec ses frères durant la guerre, des racines irlandaises, mais dit avoir « choisi d'épouser la France ». Il grince contre l'administration qui, en 1988, lui demandait encore de prouver sa nationalité, se bat contre la « double peine » pour les étrangers ayant des attaches en France, défend, en 2008, les associations accusées d'avoir créé des troubles dans des camps de rétention d'immigrés illégaux et, en 2009, proteste contre le renvoi par charter de clandestins afghans ainsi que contre la fermeture du camp de transit de Sangatte, contre les conditions indignes de vie des migrants qu'il accueillait, contre le refus britannique de les accueillir alors que, venus de tout le Commonwealth, ils ont souvent de la famille outre-Manche mais sont bloqués dans l'illégalité en France. Il rappelle l'intégration des boat people indochinois, à l'accueil desquels il a participé, le fait que la personne humaine n'est pas une marchandise pour laquelle on peut fixer des quotas, et cite l'Écriture : « J'étais un étranger et tu m'as accueilli. » Au total, alors qu'il a très tôt soutenu Nicolas Sarkozy, c'est un adversaire résolu de la xénophobie institutionnalisée et électoraliste, mais aussi et en cela, au sein de sa famille politique, une voix assez minoritaire.

Éric Vial

PINTILIE Lucian

Metteur en scène et réalisateur. – Né le 9 novembre 1933 à Tarutyne, Roumanie.

Diplômé de l'Institut d'art théâtral et cinématographique de Bucarest, Lucian Pintilie est engagé à la télévision roumaine et au théâtre Bulandra. Son deuxième spectacle, en 1962, *Les Idiots au clair de lune*, de Mazilu, est interdit par la censure. Mais c'est après *Le Revizor*, censuré par Ceauşescu lui-même en 1972 – qui notifie par ailleurs l'interdiction faite à Pintilie de travailler en Roumanie « aussi longtemps qu'il n'aura pas changé sa conception de l'homme et de l'univers » –, qu'il choisit l'exil. Invité par Jack Lang au Festival de Nancy, il monte en 1974 un *Turandot* fantastique, œuvre unique dans un parcours de metteur en scène qui privilégie plutôt le répertoire dramatique de la fin du XIXe siècle. Il tente alors de revenir à Bucarest, mais c'est un échec. Jean Mercure, directeur à cette époque du Théâtre de la Ville, lui signe un contrat : « Si j'ai survécu, c'est à la générosité française que je le dois, à la curiosité ouverte de la France, à son génie intégrateur. » Pendant presque quinze ans, il montera à Paris Tchékhov, Gorki, Ibsen, mais aussi des pièces de son compatriote Ionesco. Grâce aux producteurs français – particulièrement Marin Karmitz –, Pintilie pourra tourner des films régulièrement sélectionnés pour le Festival de Cannes et recevra, pour *Terminus Paradis* en 1998, le prix spécial du jury à la Mostra de Venise. Après la chute de Ceauşescu, Pintilie retourne dans son pays : il est nommé directeur du Studio de création cinématographique du ministère de la Culture de Roumanie et soutient les cinéastes roumains, qui, depuis 1992, sont régulièrement invités à Cannes. Il a été nommé commandeur dans l'ordre des Arts et Lettres en 1995.

Chantal Meyer-Plantureux

PISSARRO Camille (Jacob Abraham Camille)

Peintre. – Né le 10 juillet 1830 à Charlotte Amalie dans les îles Vierges, alors possessions danoises, aujourd'hui îles Vierges américaines ; mort le 13 novembre 1903 à Paris, France.

L'un des pères de l'impressionnisme, Camille Pissarro est né dans l'île Saint-Thomas aux Antilles, où ses parents possèdent un négoce de quincaillerie, ce qui lui confère la nationalité danoise, qu'il choisira de garder toute sa vie. En 1842, âgé de douze ans, il part étudier en France, à Passy, pension Savary, où ses talents de dessinateur sont encouragés ; il revient ensuite travailler, sans entrain, pour le commerce familial. C'est lors d'un voyage au Venezuela avec le peintre danois Fritz Melbye qu'il décide de se consacrer à l'art. Il quitte définitivement les Amériques pour la France, où il débarque juste avant la fermeture de l'Exposition universelle de 1855. Découvrant Paris, ses académies, ses salons et ses expositions, il se lance dans le métier de peintre et travaille avec Jean-Baptiste Corot, puis Claude Monet, Auguste Renoir et Alfred Sisley. Pour faire vivre sa nombreuse famille, il peint des enseignes. Ses paysages, réalisés notamment à Pontoise où il s'installe en 1866, ne trouvent pas acquéreur. Lors de la guerre de 1870, il se réfugie à Londres et y retrouve Monet ; son atelier est pillé durant son absence ; plus de mille œuvres y sont dérobées. À son retour, il joue un rôle essentiel dans l'organisation des premières expositions impressionnistes de 1874 à 1879 : il fait figure de père fondateur du mouvement et est le seul artiste à participer à toutes ces manifestations collectives. Il s'éloigne cependant de l'impressionnisme après 1880 et se rapproche de la jeune génération – Paul Gauguin, puis Georges Seurat et Paul Signac. Très informé de la vie artistique de Bruxelles et de Londres (son fils Lucien, artiste comme ses quatre frères, y est installé et sera naturalisé anglais en 1916), défenseur de l'internationalisme en peinture, Pissarro se fixe, à partir de 1889, à Éragny-sur-Epte, où il continue à peindre de nombreuses toiles aux sujets champêtres, jusqu'à sa mort. En 1891, la Société des peintres-graveurs français l'exclut, en raison de sa nationalité étrangère ; Pissarro, furieux, décide de ne plus jamais exposer avec aucun de ses membres.

Julie Verlaine

PITOËFF Georges et Ludmilla (Ludmilla de Smanoff)

Metteur en scène et acteurs. – Georges : né le 4 septembre 1884 à Tiflis, alors Empire russe, aujourd'hui Tbilissi, Géorgie ; mort le 17 septembre 1939 à Bellevue, Suisse. Ludmilla : née le 25 décembre 1895 à Tiflis, alors Empire russe, aujourd'hui Tbilissi, Géorgie ; morte le 15 septembre 1951 à Rueil-Malmaison, France.

Georges Pitoëff, d'origine arménienne par son père et russe par sa mère, séjourne plusieurs fois à Paris où son père s'est établi après la révolution russe de 1905. Il reste cependant pour l'essentiel à Moscou, où il fréquente le Théâtre d'art de Stanislavski et de Dantchenko et rencontre Vsevolod Meyerhold. Avec son « Théâtre mobile », il parcourt la Russie et joue Tchekhov, Ibsen, Shaw, Molière jusqu'aux confins de la Sibérie. Il quitte définitivement la Russie pour Paris en 1914, où il épouse Ludmilla de Smanoff le 14 juillet 1915, quelques jours avant son départ pour Genève. Il y reste jusqu'en 1922, où, rappelé par Jacques Hébertot, il s'installe définitivement à Paris. Nourri des expériences de l'avant-garde russe, Pitoëff va déployer une intense activité de metteur en scène, de décorateur et de comédien : il veut faire découvrir les auteurs contemporains de toutes nationalités, persuadé que c'est par ce biais que les hommes apprendront à se connaître. Ludmilla Pitoëff, elle, interprète tous les rôles féminins dans les mises en scène de son mari et sera reconnue comme l'une des plus grandes actrices de son époque. Dans les années 1930, Pitoëff n'hésite pas à monter des pièces sur des sujets brûlants : pogroms comme dans *Les Juifs* d'Alekseï Tchirikoff (1933), critique de la société allemande avec *Les Criminels* de Ferdinand Bruckner (1929), pièce interdite en Allemagne. En 1928, il s'était associé à Charles Dullin, Louis Jouvet, Gaston Baty pour former le Cartel des quatre, mais il en restera toujours le parent pauvre. Lorsque, en 1936, Édouard Bourdet appelle le Cartel pour le seconder, Pitoëff, pourtant naturalisé français (avec sa femme) depuis 1929, en sera exclu. Trop « cosmopolite », trop audacieux, trop engagé peut-être, trop généreux sans doute, ce « régisseur idéal », comme l'avait baptisé Gordon Craig, « ce saint du théâtre », selon Jean Cocteau, se débattra dans les pires difficultés financières et mourra épuisé lors d'un voyage en Suisse.

Chantal Meyer-Plantureux

PLATÉ Roberto

Plasticien et scénographe. – Né 9 septembre 1940 à Buenos Aires, Argentine.

Diplômé de l'académie Bildende Künste de Munich – la langue maternelle de son père est l'allemand –, Roberto Platé réalise ses premières installations à Buenos Aires : il fait partie de l'avant-garde au moment où l'Argentine connaît une brève période de libéralisme. Il fonde avec Alfredo Arias le groupe Tsé, mais, en 1968, le scandale provoqué par son installation *Los Banios* et la censure militaire le poussent à l'exil. Depuis 1969 et la création de l'*Eva Perón* de Copi au Théâtre de l'Épée de Bois, Platé a collaboré à une trentaine de spectacles du groupe Tsé. Naturalisé français en 1981, il est devenu très vite l'un des scénographes et décorateurs les plus recherchés en France et à l'étranger, aussi bien au théâtre qu'à l'opéra : Claude Régy (avec lequel il travaille sur de nombreuses mises en scène), Jorge Lavelli, Pierre Murat, Jacques Weber, Sami Frey, Luis Pasqual, Pierre Constant l'appelleront pour réaliser leurs scénographies. Pour la danse, il collabore avec Lucinda Childs, Patrick Dupond, Roland Petit, Dominique Bagouet, et pour le cinéma avec Barbet Schroeder ou Jacques Rivette. Ses décors, souvent monumentaux, savent traduire l'atmosphère des spectacles. Marguerite Duras, pour laquelle il a réalisé les décors de *Savannah Bay* et *La Musica*, a écrit un texte sur le travail de peintre et de plasticien de Roberto Platé, qui donne lieu à de nombreuses expositions.

Chantal Meyer-Plantureux

PLEYEL Ignace Joseph

Facteur de piano, éditeur de musique, compositeur. – Né le 18 juin 1757 à Ruppersthal, près de Vienne, Autriche ; mort le 14 novembre 1831 à Paris, France.

Cet élève de Joseph Haydn a publié un quatuor dès 1782. En 1784, il est appelé à seconder François-Xavier Richter à la direction de la musique de la cathédrale de Strasbourg, puis à le remplacer après son décès, en 1789. Il passe un an à Londres en 1791. À partir de 1795, vivant à Paris, il est éditeur et marchand de musique et commence, en 1802, à ouvrir un atelier de facture de piano. En 1809, c'est une véritable manufacture qui se développe au nord de Paris, à Saint-Denis. Le compositeur laisse, quant à lui, un catalogue impressionnant : plus de 40 symphonies, 2 opéras, 70 quatuors à cordes.

Didier Francfort

PLISNIER Charles

Écrivain. – Né le 13 décembre 1896 à Ghlin, Belgique ; mort le 17 juillet 1952 à Bruxelles, Belgique.

Issu d'une famille de militants socialistes, Charles Plisnier fait des études de droit à l'Université libre de Bruxelles et adhère au communisme. Avocat « rouge », responsable du Secours rouge international, il rompt avec l'Union soviétique en 1928 et se rapproche peu à peu d'un socialisme réformiste, teinté de christianisme. Installé en France dans les années 1930, il développera après guerre un discours wallon « rattachiste » (Congrès national wallon de 1945). Ces engagements successifs, mais pas contradictoires, éclairent son œuvre littéraire, où la poésie occupe une grande place, mais qui, pour les Français, reste dominée par son recueil de nouvelles *Faux Passeports*, publié en 1937, qui fera de lui le premier lauréat étranger du prix Goncourt.

Pascal Ory

POELVOORDE Benoît

Acteur. – Né le 22 septembre 1964 à Namur, Belgique.

Cet admirateur de Raimu et de Louis de Funès est belge, pitre, féru de Barbey d'Aurevilly, de Léon Bloy, d'Emmanuel Bove. Autant dire que derrière l'humoriste se cache un homme cultivé, en proie au doute. Il joue les ratés, les bavards, les gouailleurs, les exubérants à bagout avec la majesté des excentriques, assume son « physique de crétin » sa « gueule de l'ordinaire », mais révèle au fil des ans une fêlure, une douleur, une trempe de faux clown. Omniprésent sur les écrans français depuis le début des années 2000, le Benoît Poelvoorde fan d'Eddy Merckx (*Le Vélo de Ghislain Lambert*, 2001) ou de Claude François (*Podium*, 2004) est un leurre. Tueur en série amoureux d'une proie potentielle dans *Entre ses mains* d'Anne Fontaine (2005), éleveur de chevaux et amant de Coco Chanel (*Coco avant Chanel*, 2009), chocolatier ringard et timide dans *Les Émotifs anonymes* (2010), nègre d'Alexandre Dumas (*L'Autre Dumas*, 2010, où il dramatise discrètement la honte et la fatalité de rester un second couteau, éternel homme invisible), il a plus que démontré qu'il était l'un des grands acteurs d'aujourd'hui.

Jean-Luc Douin

POLANSKI Roman

Cinéaste, comédien. – Né le 18 août 1933 à Paris, France.

En France jusqu'à l'âge de quatre ans, ce fils de peintre repart avec sa famille vivre son enfance en Pologne, à Cracovie. Enfermé dans le ghetto installé par les nazis en 1939, il s'en évade à l'âge de dix ans. Après la guerre, d'abord comédien, il est brillamment diplômé de l'École de cinéma de Łódż, se fait remarquer par ses courts métrages. Mal accueilli en Pologne, son premier long métrage, *Le Couteau dans l'eau* (1962), séduit à l'Ouest. Primé à la Mostra de Venise, Polanski s'installe à Paris, mène une vie de bohème avec son ami scénariste Gérard Brach, tourne *Répulsion* à Londres (1965, avec Catherine Deneuve), et *Cul-de-sac* en Irlande (1966, avec Françoise Dorléac), films d'atmosphère noirs, teintés d'absurde, déjà révélateurs de sa claustrophobie. C'est en tournant *Le Bal des vampires* (1967) qu'il tombe amoureux de l'actrice Sharon Tate et l'épouse. Invité aux États-Unis pour réaliser *Rosemary's Baby* (1968), il devient l'enfant chéri de Hollywood. En 1969, Sharon Tate est assassinée à Los Angeles par une secte satanique. C'est après avoir tourné *Macbeth* en Angleterre (1971), *Quoi ?* en Italie (1972) puis *Chinatown* aux États-Unis (1974, onze nominations aux Oscars) que Polanski est traîné en justice pour relations sexuelles avec une mineure, Samantha Geimer. Réfugié en France, où il vient de tourner *Le Locataire* d'après Roland Topor (1977, avec Isabelle Adjani), il y adopte la nationalité française. « Ma vieille histoire d'amour avec cette ville recommença de zéro, écrit-il dans ses Mémoires. Je me rendis compte une fois pour toutes que c'était là mon vrai foyer et l'endroit où je désirais vivre désormais. » Claude Berri finance *Tess* d'après Thomas Hardy (1979), Tarak Ben Ammar *Pirates* (1986). C'est à Paris qu'il tourne *Frantic* (1988) et épouse Emmanuelle Seigner (1989). Palme d'or à Cannes en 2002 pour *Le Pianiste* (qui lui vaut aussi sept Césars), il est arrêté en 2007 alors qu'il se rend à un festival en Suisse. Il est libéré neuf mois plus tard, la Suisse refusant de l'extrader aux États-Unis, qui souhaitent le juger pour le viol de Samantha Geimer. Ours d'or à Berlin en 2010 pour *The Ghost Writer*, il a réalisé *Carnage* (2011) d'après une pièce de Yasmina Reza ; *La Vénus à la fourrure* est présentée au Festival de Cannes 2013.

En 1998, il a été élu membre de l'Académie des Beaux-Arts de l'Institut de France.

Jean-Luc Douin

POLIAKOV Léon

Archiviste et historien. – Né le 25 novembre 1910 à Saint-Pétersbourg, Russie ; mort le 8 décembre 1997 à Orsay, France.

Léon Poliakov n'est pas devenu historien par ses études, mais parce que l'Histoire l'aura, dans sa maturité, traversé de bout en bout. Arrivé en France en 1920, il se retrouve engagé volontaire dans l'armée française en 1939. Fait prisonnier par les Allemands, il s'évade rapidement et verse dans la clandestinité. Après avoir assisté le rabbin Schneersohn, grande figure du hassidisme, dans l'organisation de foyers de refuge pour enfants juifs, il va s'associer au cousin du rabbin, Samuel Schneersohn, pour fonder, avant même la Libération, ce qui sera le Centre de documentation juive contemporaine (CDJC) – fusionné en 1997 avec le Mémorial du martyr juif inconnu pour constituer le Mémorial de la Shoah. Grâce à l'esprit d'initiative de Léon Poliakov, le CDJC récupère, dans les jours mêmes de la Libération, les archives du Commissariat de Vichy aux questions juives et de diverses autres institutions, y compris la Gestapo de Paris. Enrichi et inventorié, ce dépôt a servi à plusieurs générations de chercheurs. Après la guerre, Léon Poliakov, ne souhaitant pas se limiter à ce travail de mémoire, va accompagner cette démarche d'une recherche personnelle à caractère historique. Son *Bréviaire de la haine* est, en 1947, la première synthèse sur *Le IIIe Reich et les juifs*. À partir de là, la grande préoccupation de Poliakov est d'engager une vaste *Histoire de l'antisémitisme*, de l'Antiquité à nos jours. Il mettra plus de trente-cinq ans (1955-1991) pour mener à bien cette entreprise. Chemin faisant, il se trouve confronté à de grandes configurations intellectuelles qu'il entreprend d'explorer, depuis *Le Mythe aryen*, analysé sous la forme d'un *Essai sur les sources du racisme et des nationalismes* (1971), jusqu'au système paranoïaque tout entier (*La Causalité diabolique*, 1980-1985). En 1981, Léon Poliakov a raconté les origines de sa vocation et les circonstances extraordinaires qui y présidèrent dans *L'Auberge des musiciens*.

Pascal Ory

POLIAKOFF Serge. — *Voir* PARIS, École de.

POLITZER Georges

Philosophe. – Né le 3 mai 1903 à Nagyvarad, alors Autriche-Hongrie, aujourd'hui Oradea, Roumanie ; mort le 23 mai 1942 au mont Valérien, France.

De Politzer, on connaît surtout la charge contre le bergsonisme, l'engagement communiste et la fin tragique en martyr de la Résistance. Ses travaux sur les fondements de la psychologie sont aujourd'hui redécouverts. Politzer est né dans une famille de la bourgeoisie juive à Nagyvarad, ville hongroise qui sera rattachée en 1918 à la Roumanie sous le nom d'Oradea. Son engagement politique précoce – il aurait participé au bouillonnement révolutionnaire de la Commune de Budapest dirigée par Bela Kun – le contraint à quitter la Hongrie, passée sous la dictature de l'amiral Horthy. À Vienne, Politzer découvre Sigmund Freud et la psychanalyse. Après avoir appris le français en quelques mois, il s'installe à Paris au début de l'été 1921 et s'inscrit en philosophie à la Sorbonne. La France est plus qu'un refuge : c'est une patrie d'élection, celle des Lumières et de la Révolution. L'année 1924 est une étape essentielle dans son intégration : après avoir joui pendant quelques mois du statut de « l'admission à domicile », il obtient, avec l'appui de ses professeurs, relayés par le recteur, la naturalisation française nécessaire pour s'inscrire à l'agrégation ; il y sera reçu en 1926. Dès 1924, il participe, avec Pierre Morhange, Norbert Gutermann, Henri Lefebvre et Paul Nizan, aux activités du groupe Philosophies, qui donne naissance à des revues d'avant-garde et dont les principaux animateurs seront des militants communistes. Politzer enseigne dans différents lycées de province, puis à Saint-Maur. Sa *Critique des fondements de la psychologie* (1928), qui tente de dégager les conditions de possibilité d'une « psychologie concrète », recevra l'hommage posthume de Jacques Lacan et exercera une influence sur Jean-Paul Sartre et Maurice Merleau-Ponty. Politzer critique l'abstraction de la psychologie en s'appuyant sur la psychanalyse, dont il est l'un des introducteurs en France. En tentant de constituer une science du « Je », la théorie freudienne entend en effet saisir l'homme dans sa singularité. Mais elle échoue en tombant elle-même, avec le concept d'inconscient, dans l'abstraction. Politzer participe aux premières manifestations d'une rupture générationnelle avec la philosophie académique, alors dominée par à la fois le bergsonisme et par l'intellectualisme universitaire incarné par Léon Brunschvicg. En 1929, il dénonce, dans un pamphlet retentissant (*Le Bergsonisme. La fin d'une parade philosophique*), la psychologie d'Henri Bergson, jugée faussement concrète et fondée sur un verbalisme mystificateur, et la dimension politique du bergsonisme, présenté d'un point de vue marxiste comme une idéologie au service de la bourgeoisie. L'ouvrage est signé François Arouet, pseudonyme révélateur de la volonté de l'auteur de s'identifier à l'esprit des Lumières. L'année 1929 est celle de l'affiliation idéologique à un marxisme dogmatique : Politzer participe à l'aventure éphémère de la *Revue marxiste*, avant d'occuper des fonctions importantes au sein du Parti communiste. À l'Université ouvrière, il assure un cours de philosophie marxiste qui sera publié sous le titre *Principes élémentaires de philosophie*. Retournant à la philosophie à la fin des années 1930 (il participe au Congrès Descartes de 1937 et à la fondation de la revue *La Pensée* en 1939), il entend rattacher la philosophie marxiste à la tradition rationaliste et matérialiste française héritée du XVIIIe siècle. En accord avec la ligne marxiste-léniniste, il radicalise sa critique de la psychanalyse, dont il dénonce l'idéalisme bourgeois, l'irrationalisme et le caractère contre-révolutionnaire. Sous l'Occupation, Politzer entre en résistance philosophique en participant à la rédaction et à la diffusion des revues *La Pensée libre* et *L'Université libre*. Dans ses écrits clandestins, il continue à dénoncer, à travers la figure de Bergson, qui vient de disparaître, « l'envahissement de la pensée française par l'obscurantisme », qui tourne le dos à la tradition rationaliste du génie français et s'attaque aux mythes de la race et du sang, que le théoricien nazi Alfred Rosenberg est venu exposer en France. Arrêté, avec sa femme Maï, en février 1942, torturé par les Allemands, il est fusillé au mont Valérien avec ses compagnons Jacques Decour et Jacques Salomon.

Stéphan Soulié

POLONAIS

Sans que son poids atteigne celui de l'immigration italienne, la présence polonaise en France peut néanmoins souffrir la comparaison, car elle est à la fois multiforme et multiséculaire. On y trouve des militaires et des civils, des aristocrates et des ouvriers, des hommes et des femmes, des chrétiens et des juifs, des conservateurs et des révolutionnaires, des musiciens, des savants, des artistes. Amorcée sous l'Ancien Régime, elle progresse au XIXe siècle et atteint son apogée numérique dans l'entre-deux-guerres, dépassant alors le demi-million de personnes recensées et occupant, derrière les Italiens, la deuxième place au classement des étrangers par nationalité. Aujourd'hui, elle se prolonge chez des citoyens français d'origine polonaise, restés attachés par des liens intimes au pays de leurs ancêtres.

Les Leszczyński et la Lorraine. Stanisław Leszczyński (Stanislas Leczynski), roi détrôné de Pologne, trouve asile en France, au château de Chambord, puis en Alsace, enfin à Nancy, après que sa fille Maria eut épousé le jeune roi Louis XV. De cette union naît le dauphin Louis, père de Louis XVI, de Louis XVIII et de Charles X. Quant à Stanislas, il se voit offrir le duché de Lorraine, qu'il dirige en prince des Lumières pendant près de trente ans (1737-1766). Nancy porte toujours les marques de son règne, notamment la célèbre place Stanislas, avec en son centre la statue du « roi de Pologne, duc de Lorraine » munie d'inscriptions à la gloire du « prince bienfaisant ».

À la mort de Stanislas, la Lorraine entre dans le giron du royaume de France. Les aristocrates polonais qui ont constitué la cour princière se dispersent et, souvent, rentrent en Pologne. Mais une partie de la domesticité, également polonaise, demeure et, de génération en génération, se fond dans la population locale. La Lorraine peut donc revendiquer le premier noyau de peuplement polonais en France.

Quand la Pologne est rayée de la carte. À maintes reprises, au cours des cent vingt-trois ans de partages de leur pays entre la Russie, l'Autriche et la Prusse (de 1795 à 1918), des Polonais privés de liberté choisissent la France comme terre d'accueil.

C'est déjà le cas pendant la Révolution et l'Empire avec Tadeusz KOŚCIUSZKO (1746-1817), grand héros national. Jeune, il a participé à la guerre d'indépendance des États-Unis, avant de prendre la tête de l'insurrection polonaise de 1794. En vain, malgré une grande victoire remportée à

Racławice. Fait citoyen d'honneur de la république française, c'est à Montigny-sur-Loing, près de Fontainebleau, qu'il trouve refuge de 1798 à 1815. Son souvenir reste vif parmi les descendants d'émigrés qui, chaque année, se rendent sur place en pèlerinage.

Toujours à la même époque, d'autres Polonais s'engagent au service des troupes françaises et combattent en Europe. Ainsi, en 1797 pendant la campagne d'Italie, lorsque la légion de Dąbrowski lutte aux côtés du général Bonaparte. Également avec la Grande Armée, dont les Polonais espèrent qu'elle viendra ensuite au secours de leur pays : ils s'illustrent en Espagne, en 1808, à la bataille de Somosierra et le prince Joseph Poniatowski, tout juste nommé maréchal de France, périt lors de la retraite de 1813.

Des trois puissances copartageantes, la plus oppressive est sans conteste la Russie. C'est de la zone soumise au pouvoir tsariste que partent les insurrections suivantes. La « Grande Émigration » suit l'échec de l'insurrection de 1830-1831 et pose les bases d'une présence et d'institutions polonaises implantées à Paris, lesquelles perdurent jusqu'à nos jours. Ce nom, Grande Émigration, vient des émigrés eux-mêmes, qui l'estiment grande, moins pour son importance numérique (quelques milliers de personnes) qu'en raison de la notoriété de ses chefs, appartenant à la haute noblesse et regroupés autour du prince Adam CZARTORYSKI (1770-1861) acquéreur, à la pointe de l'île Saint-Louis, de l'hôtel Lambert, où il tient une véritable cour.

Le même noyau d'émigrés crée la Société historique et littéraire polonaise ainsi que la Bibliothèque polonaise situées, aujourd'hui comme alors, 6, quai d'Orléans, également dans l'île Saint-Louis : un haut lieu de conservation de la mémoire, avec des milliers de manuscrits, de journaux d'époque, de livres anciens, d'objets d'art. Parmi les pièces les plus fameuses, on y trouve l'acte de destitution du tsar Nicolas Ier en tant que souverain de Pologne, que les insurgés signèrent à Varsovie le 25 janvier 1831.

C'est aussi à la Grande Émigration que, en 1844, l'archevêque de Paris, Mgr Affre, confie l'église de l'Assomption (près de La Madeleine), où se pratique depuis lors le culte catholique romain à l'usage des Polonais. Dans la maison voisine, au 263 *bis* de rue Saint-Honoré, siège la Mission catholique polonaise, avec à sa tête un recteur nommé par l'archevêque de Paris et dépendant de lui ; cela jusqu'en 1918. Depuis, la Mission, toujours active, appartient à l'Église de Pologne.

C'est à Paris, chez l'éditeur A. Pinard, au 15 du quai Voltaire, que Adam MICKIEWICZ, le plus grand poète romantique polonais, publie en 1834 son *Pan Tadeusz*. Le même Mickiewicz occupe une chaire au Collège de France et y enseigne, en français cette fois, la littérature slave. À Paris et à Nohant que Frédéric CHOPIN compose depuis son exil jusqu'à sa mort prématurée. À Paris également, dans la deuxième moitié du siècle, que finit ses jours un autre grand poète, Cyprien NORWID (1821-1883) et que vient étudier une jeune fille de la bourgeoisie varsovienne, Maria Skłodowska, future Marie CURIE. Paris est, au XIXe siècle, considérée comme la deuxième capitale de la Pologne. Des centaines d'artistes peintres polonais effectuent un séjour prolongé en France à partir de 1890, non seulement dans la capitale, mais aussi en Bretagne, en Normandie, en Provence dont les paysages sont source d'inspiration. Certains ne repartent jamais : parmi eux, Władysław ŚLEWIŃSKI (1854-1918) ami de Paul Gauguin, Józef PANKIEWICZ (1866-1940) ami de Pierre Bonnard, Olga BOZNAŃSKA (1865-1940), qui portraiture le gotha parisien.

Les Polonais d'alors bénéficient d'une image largement positive. Les Français plaignent la nation martyre et les exemples abondent de manifestations franchement favorables à sa cause, du républicain Jules Favre qui ose crier au tsar Alexandre II en visite à Paris : « Vive la Pologne, Monsieur ! », à l'accueil enthousiaste réservé au pianiste et homme politique Ignace PADEREWSKI (1860-1941), venu apposer sa signature, en juin 1919, au bas du traité de Versailles, qui consacre la renaissance de la Pologne en tant qu'État indépendant. Une estime non dépourvue de fausses notes, que la légende dorée de l'amitié franco-polonaise cache soigneusement. Parce que 600 à 800 Polonais ont participé à la Commune aux côtés des révoltés parisiens et que l'un des valeurs, Jarosław DOMBROWSKI, dirigea l'armée des Fédérés jusqu'à sa mort au combat pendant la Semaine sanglante, au cours de la décennie suivante, les immigrés polonais dans leur ensemble sont considérés dans certains milieux comme des ennemis de la société établie. Puis, après le rejet, c'est l'indifférence : les Polonais font les frais de l'alliance franco-russe, conclue en 1892-1894. Impossible de défendre la cause de la Pologne sans offenser son tyran, qui cherche de plus en plus à russifier l'Empire, donc à étouffer toute forme de patriotisme exprimée par les minorités.

La chute du tsarisme en février 1917 lève les tabous, et la France reprend son rôle de tutrice des intérêts polonais, qui, de nouveau, coïncident avec les siens. D'où, en juin suivant, la création d'une armée polonaise placée sous la direction du général Józef HALLER (1873-1960). Des immigrés polonais n'ont pas attendu cette date pour contracter un engagement. Le plus célèbre d'entre eux signe poèmes et romans du nom de Guillaume APOLLINAIRE : né d'une mère polonaise et « de père inconnu », il est étranger et se nomme officiellement Kostrowitzky ; sa naturalisation n'intervient qu'en janvier 1918, dix mois avant qu'il décède, victime de l'épidémie de grippe espagnole.

Jusqu'ici, les immigrés polonais en France appartiennent aux classes aisées ou instruites (l'intelligentsia). Ils parlent déjà le français, langue qui, en Europe centrale et orientale, l'emporte dans les salons, dans la diplomatie et que l'on inculque aux enfants dès leur plus jeune âge. Ils ont lu les grands auteurs, Racine, Voltaire, Victor Hugo, connaissent et admirent l'histoire de la Révolution française, porteuse des valeurs de la liberté. Quant aux artistes, s'ajoute l'attraction de la peinture française alors à son apogée.

Le flux de main-d'œuvre des années 1920. Toute autre est la vague suivante. À l'issue de la Grande Guerre, la France pleure ses morts (1,4 million d'hommes), panse ses blessés, ses amputés, ses gazés inaptes à reprendre le travail, fait l'inventaire des villes et villages détruits, des champs dévastés par les combats. Il faut reconstruire et, pour cela, elle manque de bras. À l'inverse, la Pologne, à peine rétablie dans l'indépendance, prend conscience du surpeuplement rural et de la misère d'une partie de sa population. Des myriades de paysans sans terre peinent à s'employer comme ouvriers agricoles ou bien possèdent des lopins minuscules, insuffisants pour nourrir leur famille.

Les deux pays signent donc, le 3 septembre 1919, une convention « relative à l'émigration et à l'immigration », qui instaure un système de recrutement collectif. Les partants, sélectionnés au préalable en fonction de leurs aptitudes physiques (robustesse, mains calleuses de préférence – on n'a pas besoin de cols blancs) signent un contrat de un an qui leur garantit emploi, logement, égalité des salaires avec les Français de même qualification. Il impose de demeurer l'année entière chez le même patron, délai au-delà duquel ils pourront changer d'entreprise ou même de région. Mais ils garderont le statut de « travailleur étranger », avec carte d'identité obligatoire à renouveler régulièrement. Chacun des deux camps imagine que l'expérience sera de courte durée, le temps pour la France d'achever sa reconstruction et pour la Pologne de donner un travail décent à chacun. Et personne ne pense qu'elle va prendre une telle ampleur.

Les premiers convois ferroviaires partent de Varsovie, puis de Poznań. Jusqu'à ce que soit inauguré, en 1923, en Haute-Silésie, le grand centre de Mysłowice, haut lieu de recrutement pour la France, un centre géré à partir de 1924 par la puissante Société générale d'immigration (SGI), organisme privé qui regroupe les intérêts des milieux patronaux. Les candidats au départ, garçons et filles souvent très jeunes, se bousculent, et le médecin français qui les examine n'a que l'embarras du choix.

À l'autre extrémité du parcours, on les accueille à Toul en Lorraine, dans des casernes militaires. C'est là que se décide l'affectation, en fonction des demandes des employeurs français : le Nord minier, la Lorraine du fer ou du charbon, l'Alsace potassique, le bassin de la Loire, la Normandie et, pour les travaux des champs, un saupoudrage sur toute la surface de l'Hexagone. Les arrivants mesurent le double obstacle auquel ils sont confrontés : celui du langage, car ils ne comprennent pas un mot de français, et le lieu de travail décidé de façon autoritaire, qui permet rarement de rejoindre un frère, un cousin, un fiancé arrivés avant eux.

À part les grandes fermes situées au nord-est de Paris, la France est surtout le domaine de la petite exploitation familiale où le propriétaire n'embauche qu'un ou deux domestiques. Le Polonais, la Polonaise souffrent d'isolement. Personne avec qui échanger une parole, le lit à l'étable et l'égalité des salaires non respectée. Les filles subissent des assauts amoureux qui peuvent aller jusqu'au viol. Certaines ne résistent pas un an et s'enfuient sans leurs papiers, prenant le risque d'une expulsion.

Aux manœuvres venus directement du pays se joignent d'autres Polonais recrutés dans la Ruhr, surnommés « Westphaliens ». Originaires de la zone attribuée à la Prusse lors des partages, eux ou leurs parents s'étaient dirigés vers les houillères rhénanes en pleine expansion à la fin du XIXe siècle et y avaient appris à extraire le charbon. Si certains choisissent la France à présent, ce n'est pas par manque de travail, mais parce qu'ils refusent de conserver la citoyenneté allemande. Faute de pouvoir tous se réinsérer en Pologne, ils acceptent l'offre du Comité central des Houillères de France. Les premières années, les Westphaliens forment un groupe à part dans les cités minières, car ils gagnent autant, sinon plus, que les Français, la paie de quinzaine étant calculée au rendement. Ils ont acquis dans la Ruhr les normes de la vie urbaine, la pratique syndicale, possèdent leurs propres associations, leurs journaux, tels *Narodowiec* ou *Wiarus Polski*, deux quotidiens en langue polonaise créés en Allemagne et qu'ils transfèrent, le premier à Lens, le second à Lille.

L'arrivée des Westphaliens s'achève en 1925 quand la république de Weimar met un terme à cette hémorragie de main-d'œuvre qualifiée. En revanche, jusqu'à l'aube des années 1930, les trains continuent à déverser de Pologne, semaine après semaine, leur lot d'immigrants, souvent accompagnés par leur femme, à moins que celle-ci ne vienne ensuite les rejoindre. La présence polonaise s'impose dans le paysage français, tout particulièrement dans les départements du Pas-de-Calais et du Nord, où s'extraient les trois quarts de la production française de charbon. Sur les 507 000 Polonais recensés en 1931, la région du Nord en compte près de 200 000, avec des regroupements impressionnants autour des « fosses ».

Inutile d'invoquer les arguments xénophobes de la presse parisienne d'extrême droite pour expliquer le rejet dont ils sont l'objet de la part de la population locale. Traités de « Polacks », de « sales Polacks », ou même de « Boches » s'ils parlent allemand. Ce qu'ont connu les Belges au XIXe siècle, les nouveaux venus le subissent à leur tour. Loin de s'atténuer avec le temps, l'hostilité augmente encore dans les années 1930, avec la crise et la montée du chômage : « Tu manges notre pain », « Va-t'en en Pologne ». On finira d'ailleurs par en renvoyer, en 1934-1935, pour n'avoir pas à leur verser d'indemnités de chômage.

Il est vrai que les Polonais vivent entre eux, se marient entre eux, qu'ils font venir, quand ils le peuvent, des aumôniers pour dire la messe en polonais, des moniteurs scolaires pour enseigner la langue et l'histoire de la Pologne à leurs enfants. Ils entendent préserver leur identité nationale autant par fierté patriotique que parce qu'ils attendent le moment de rentrer au pays. La loi, votée en 1927, qui allège les conditions requises pour acquérir la nationalité française ne les intéresse guère. La plupart de ceux qui vont finir leurs jours en France mourront polonais, ancrés dans leurs traditions, ayant reconstitué une petite patrie au loin et célébrant leurs souvenirs d'une Pologne qui n'existe plus. C'est la deuxième génération qui franchira le pas. Ainsi la famille de Raymond KOPA (Kopaszewski). Fils de mineur polonais et polonais lui-même jusqu'à sa majorité, celui que les copains appelaient déjà Kopa fut galibot au sortir de l'école et sauvé de l'enfer du fond par son talent de footballeur.

En 1939, l'intégration de ces Polonais est à peine amorcée.

Une autre catégorie laborieuse choisit la France dans l'entre-deux-guerres : des juifs venus de Pologne, en général citoyens polonais, parfois apatrides. Les spécialistes estiment leur présence entre 50 000 et 90 000. Leur démarche n'a rien de commun avec celle des autres Polonais. Certes, ils partent poussés par la misère autant, sinon plus, que par le rejet antisémite, mais ils voyagent seuls, s'installent là où ils veulent, de préférence en milieu urbain (surtout à Paris), pratiquent des métiers artisanaux (tailleurs, cordonniers...) et se font naturaliser en grand nombre par amour pour leur pays d'accueil (« Heureux comme Dieu en France »), lequel ne saura pas les protéger face aux persécutions nazies. Les liens restent ténus, presque inexistants entre Polonais juifs et non juifs, limités au petit commerce, comme c'est le cas à la lisière de la zone minière de Lens (Pas-de-Calais).

La nouvelle immigration. Les bouleversements liés à la Deuxième Guerre mondiale commencent en Pologne. Envahie à la fois par la Wehrmacht (1er septembre 1939) et par l'Armée rouge (17 septembre), elle subit un nouveau partage avant d'être « libérée » par les troupes bolcheviques. En 1945, les accords de Yalta et de Postdam entérinent la division de l'Europe voulue par Staline, et la Pologne se retrouve pour plus de quarante ans dans la zone d'influence soviétique. Ce qui place les Polonais non communistes devant un dilemme : accepter ou non ce régime. L'immense majorité s'en est accommodée, les partants se trouvant parmi les plus engagés ou les plus menacés.

La nouvelle immigration renvoie à celle du XIXe siècle par ses motivations politiques, par l'origine sociale sinon aristocratique, du moins plus bourgeoise qu'ouvrière, par la connaissance préalable de la langue française et par une implantation largement parisienne.

Ce sont d'abord des officiers et des soldats qui, en 1939, échappent à l'avance allemande et parviennent à se regrouper au camp d'entraînement de Coëtquidan, en Bretagne. Sous le commandement du général Władysław SIKORSKI (1881-1943), ils reconstituent une armée polonaise, combattent à Narvik, puis, en juin 1940, en Champagne, en Lorraine et en Franche-Comté. Une partie de ces troupes reste en France, faute de pouvoir rejoindre Londres après la défaite française. De leurs rangs sortent les premiers résistants polonais, fondateurs du réseau de renseignements F2 au service du MI6 britannique et du mouvement POWN (Organisation polonaise de lutte pour l'indépendance). Comptons aussi, dans la catégorie des militaires, les membres de l'armée Anders qui, après la campagne d'Italie où ils ont joué un rôle important à la bataille de Monte Cassino, atteignent la France à la Libération. Anticommunistes, ils préfèrent l'exil : le général Władysław ANDERS (1892-1970) s'installe à Londres, tandis que le chef du POWN Aleksander KAWAŁKOWSKI (1899-1965) et ses principaux lieutenants (Bitner, Paczkowski, Szczęsny) vivent à Paris ou à Lille le reste de leur âge.

L'Institut littéraire, créé à Rome en 1946 par des membres de l'armée Anders, puis transféré à Maisons-Laffitte, sous la direction de Jerzy GIEDROYC (1906-2000) assisté de Józef CZAPSKI (1896-1993), a contribué pendant près d'un demi-siècle à entretenir l'opposition intellectuelle, à publier des auteurs polonais interdits chez eux et à traduire des romanciers français (Camus), britannique (Orwell) ou russe

(Pasternak). Plus connu sous le nom de *Kultura*, titre de sa revue mensuelle, l'institution a été inscrite, en 2011, au Registre Mémoire du monde de l'Unesco.

Outre les Polonais déjà en France avant que tombe le rideau de fer, d'autres ont réussi à s'y rendre, dans des conditions parfois difficiles. Le généticien Piotr SŁONIMSKI (1922-2009), arrivé à Paris en 1947 muni d'une bourse du gouvernement français, fut, en 1950, privé du droit de revenir en Pologne. Un temps apatride, il obtint la nationalité française au début des années 1960. Brillant chercheur, médaillé d'or du CNRS, il repose au cimetière de Gif-sur-Yvette, non loin du laboratoire où il fit l'essentiel de sa carrière.

Des écrivains, des artistes, après avoir vécu en Pologne communiste et accepté les règles du « réalisme socialiste », ont fini par le rejeter. Le futur Prix Nobel de littérature, Czesław MIŁOSZ (1911-2004) demande asile à la France en février 1951 et publie, deux ans plus tard, *La Pensée captive*, à la fois en polonais à l'Institut littéraire de Maisons-Laffitte et en français chez Gallimard. Parti ensuite aux États-Unis, il rentrera en Pologne après 1989 et mourra à Cracovie.

Le graphiste Roman CIEŚLEWICZ (1930-1996), a révolutionné l'art de l'affiche, à Varsovie, puis à Paris, soucieux de confronter son œuvre aux « néons de l'Occident ». Naturalisé français, très sollicité par les revues en vogue, il réalisa les couvertures des premiers « 10/18 », celles d'expositions présentées au Centre Georges-Pompidou et fit l'objet de diverses rétrospectives parisiennes, à la Maison européenne de la photographie en 2008 et à la Cité nationale de l'histoire de l'immigration (CNHI) en 2011.

Roman POLANSKI, né à Paris en 1933, rentré à Cracovie avec ses parents en 1936, survivant de la Shoah et élevé en Pologne communiste, a quitté son pays après sa sortie de l'École de cinéma de Łódż. De nombreux étudiants et étudiantes, en langue et littérature romanes ou en l'une des disciplines des Beaux-Arts, ont fait le même choix ; venus pour un temps, pensaient-ils, ils ne sont jamais repartis.

Arrivèrent à des moments-clés – le début de la guerre froide (1947-1949), l'Octobre polonais (1956), les grèves étudiantes et ouvrières réprimées (1968-1970), Solidarność et la proclamation de l'état de guerre (1980-1982) – des vagues successives d'exilés. Ces nouveaux venus n'ont pas toujours été bien accueillis par les anciens de l'armée polonaise, qui les soupçonnaient de compromissions avec le communisme, à leurs yeux péché ineffaçable malgré un revirement ultérieur. Des divisions qui perdurent. Le milieu polonais n'est pas homogène : outre la méfiance à l'égard d'anciens marxistes, on relève des divisions entre chrétiens proches de la Mission catholique polonaise et des pratiquants plus critiques, entre croyants et athées, entre gens de droite et de gauche, et un mépris à peine voilé de Paris envers la province, en particulier à l'égard des descendants de « travailleurs étrangers » : les tentatives de fédération entre différentes tendances associatives ont jusqu'ici été vouées à l'échec.

Difficile de chiffrer l'immigration postérieure à 1939, car ses membres, soucieux de valoriser leur formation initiale et de s'insérer dans le marché du travail, se sont fait naturaliser dès que la loi le leur permettait, soit après cinq ans de séjour continu. Devenus français, ils ont disparu de la statistique des étrangers. D'autres n'ont fait que transiter, avant un départ pour l'Amérique, l'Australie ou Israël. Joints aux effets du droit du sol, ces multiples causes rendent compte de la chute inexorable des données officielles : 423 470 ressortissants polonais en France en 1946, 39 635 en 2007.

L'attraction exercée par la France ne cesse de décliner. En trente ans, la langue anglaise a supplanté le français. Le taux de chômage en France et la méfiance manifestée à l'égard des immigrés, fussent-ils membres de l'Union européenne, ce qui est le cas de la Pologne depuis 2004, enfin des déclarations maladroites en haut lieu, tout contribue à détourner les Polonais désireux de tenter une expérience hors de leurs frontières à choisir la France comme terre d'accueil. Une page est tournée.

Janine Ponty

Bibl. : PONTY Janine, *Les Polonais en France, de Louis XV à nos jours*, Paris, Éditions du Rocher, 2008 • PONTY Janine (dir.), *Polonia. Des Polonais en France depuis 1830*, catalogue de l'exposition, Paris, CNHI/Montag, 2011.

Voir aussi : JUIFS ÉTRANGERS.

POMIAN Krzysztof

Historien et philosophe. – Né en 1934 à Varsovie, Pologne.

Krysztof Pomian est un philosophe et un historien médiéviste et moderniste. Ancien membre du Parti ouvrier unifié polonais, dirigeant de l'Association pour la jeunesse socialiste, il adopte, à partir de 1956, des positions publiques hostiles au régime polonais qui finiront par lui faire perdre, en 1968, son poste d'enseignant en philosophie à l'université de Varsovie. En 1973, il fait le choix de s'exiler – légalement – en France, où un poste l'attend au Centre national de la recherche scientifique. Dans la première décennie de son installation en France, il est avant tout un dissident exilé, qui sert de relais à l'opposition démocratique polonaise et œuvre à la connaissance en France de l'histoire récente de l'Europe de l'Est. En 1976, il organise, avec Pierre Kende, le colloque Varsovie-Budapest, qui impulse une dynamique de collaboration entre les dissidents hongrois, polonais et tchécoslovaques (*1956, Varsovie, Budapest : la deuxième révolution d'Octobre*, 1978). En 1981, il cofonde le Comité solidarité à Paris et le Comité de soutien aux syndicalistes polonais. En 1982, c'est non seulement en tant qu'historien, mais aussi en tant que militant qu'il renseigne et alerte l'opinion française avec son *Pologne, défi à l'impossible ? : de la révolte de Poznan à Solidarité*. C'est à cette date qu'il obtient le statut de réfugié politique.

Puis ses travaux prennent un tour plus universitaire. Il offre tout d'abord aux historiens une réflexion philosophique majeure sur leurs appréhensions du temps (*L'Ordre du temps*, 1984). Il s'affirme ensuite comme historien de la culture européenne (*L'Europe et ses nations*, 1990 ; *La Révolution européenne. 1945-2007*, 2008, avec Élie Barnavi), explorant plus particulièrement l'histoire du commerce de l'art et des musées (citons *Collectionneurs, amateurs et curieux : Paris, Venise, XVIe-XVIIIe siècle*, 1987 ; *Des saintes reliques à l'art moderne : Venise-Chicago, XIIIe-XXe siècle*, 2003). Passeur entre la philosophie et l'Histoire, entre la France et la Pologne (il ne cesse de publier en polonais, il enseigne à l'université polonaise Nicolas Copernic de Torun et il est membre étranger de l'Académie polonaise des arts et des lettres), Krysztof Pomian est un intellectuel français et européen majeur du temps présent, à la fois comme conseiller à la rédaction de la revue *Le Débat*, comme membre des rédactions de nombreuses revues savantes européennes et, depuis 2001, comme directeur scientifique du musée de l'Europe à Bruxelles.

Anna Trespeuch-Berthelot

PONIATOWSKI, famille

La famille Poniatowski se signale au sein de la prestigieuse et turbulente noblesse polonaise au point de fournir à ce pays son dernier roi, STANISLAS AUGUSTE, mort en 1798 après avoir vu disparaître, pan par pan, son royaume, victime des convoitises de ses voisins – et de sa congénitale anarchie nobiliaire. Un des neveux du souverain, JOZEF ANTONI Poniatowski (né en 1763 à Vienne, empire d'Autriche), se rallie à Napoléon quand, en 1809, celui-ci crée le Grand-Duché de Varsovie. Il en devient le ministre de la Guerre, repousse les Autrichiens, suit la Grande Armée en Russie et impressionne l'Empereur par ses qualités militaires, qui ne peuvent cependant empêcher le reflux général. Il meurt dans la débâcle qui suit la grande bataille de Leipzig (19 octobre 1813). Maréchal d'Empire, il a son nom gravé sur l'arc de triomphe de l'Étoile. MICHEL Poniatowski (1922-2002) et ses enfants, hommes politiques français, sont issus d'une autre branche de la famille, installée en France au XIXe siècle.

Pascal Ory

PONT-AVEN, Groupe de

Lorsque le chemin de fer rend la Bretagne du Sud accessible aux pionniers du tourisme, Pont-Aven devient le foyer d'une colonie cosmopolite d'artistes qui y peignent la vie rurale. Suivant leur compatriote Robert WYLIE (1839-1877), installé dès 1864, des étudiants en art américains s'y rendent chaque été dans les années 1870. Paul Gauguin y séjourne une première fois en 1886, puis en 1888-1890, quand il s'éloigne de l'impressionnisme pour se rapprocher du divisionnisme et du symbolisme et, enfin, en 1894, avant de repartir définitivement pour Tahiti. De jeunes artistes, dont un grand nombre d'étrangers, se rendent à Pont-Aven pour recueillir l'avis et les conseils de Gauguin. Certains s'y installent et développent un art expressif et simplifié, pour lequel les associations bretonnes de couleurs primitives ont été extrêmement stimulantes.

Les Néerlandais Jacob MEYER DE HAAN (1852-1895) et Jan VERKADE (1868-1946), tous deux issus de familles aisées travaillant dans la biscuiterie industrielle, partagent les théories des Nabis et se rendent à Pont-Aven pour rencontrer Gauguin ; le second s'y lie d'amitié avec le Danois Mogens BALLIN (1872-1914), d'origine juive comme lui et qui, comme lui encore, se convertit au catholicisme durant leur séjour en Bretagne. L'Irlandais Roderic O'CONNOR (1860-1940), qui s'installe à Pont-Aven en 1892 et travaille en France jusqu'à la fin de sa vie, et l'Anglais Robert BEVAN (1865-1925), qui y séjourne en 1892-1893, puis regagne l'Angleterre où il fonde le Camden Town Group, en 1911, comptent également parmi les figures les plus connues de ces disciples de Gauguin, dit groupe ou école de Pont-Aven.

Julie Verlaine

PONTI Carlo

Producteur de cinéma. – Née le 11 décembre 1912 à Magenta, Italie ; mort le 10 janvier 2007 à Genève, Suisse.

Après des études de droit à Milan, Carlo Ponti débute dans la production cinématographique durant la Seconde Guerre mondiale et, d'emblée, travaille avec certains des plus grands réalisateurs italiens de l'époque : Mario Soldati, Mario Camerini, Luigi Zampa, Alberto Lattuada, et s'associe bientôt à Dino De Laurentiis pour produire quelques-uns des chefs-d'œuvre de Roberto Rossellini ou Federico Fellini. Il épouse Sophia Loren en 1957 et, dans les années 1960, sa carrière devient internationale, produisant tant Michelangelo Antonioni, Marco Ferreri, Dino Risi ou Mario Monicelli, que Roman Polanski, Paul Morrissey, Miloš Forman ou David Lean (*Docteur Jivago*, en 1965, est un de ses plus grands succès). Mais c'est en France qu'il s'installe – il est naturalisé en 1966 – et qu'il devient un des principaux producteurs de la Nouvelle Vague, collaborant avec Jean-Luc Godard (*Une femme est une femme*, 1961 ; *Les Carabiniers* et *Le Mépris*, 1963), Jacques Demy (*Lola*, 1961), Claude Chabrol (*Landru*, 1963), Agnès Varda (*Cléo de 5 à 7*, 1961), mais aussi Jean-Pierre Melville (*Léon Morin, prêtre*, 1961 ; *Le Doulos*, 1962). En l'espace de trois ans, il sera devenu une légende de l'histoire du cinéma français, en même temps que, sur l'ensemble de sa carrière, du cinéma mondial.

Dimitri Vezyroglou

PONTICELLI Lazare (Lazzaro)

Combattant de la Première Guerre mondiale. – Né le 24 décembre 1897 à Bettola, Italie ; mort le 12 mars 2008 au Kremlin-Bicêtre, France.

Né dans une famille pauvre de la montagne émilienne, très tôt orphelin de père, confié à des voisins quand ses frères émigrent en France après sa mère, il est sabotier à l'âge de six ans, arrive à Paris à l'âge de neuf ans, à pied puis en train, analphabète et sans parler français, avec pour viatique le nom du café par où passent les gens de son village. Il est tour à tour ramoneur à Nogent-sur-Marne, crieur de journaux à Paris, garçon de courses. Il ment sur son âge pour être incorporé dans la Légion étrangère avec les volontaires garibaldiens, combat en Argonne puis dans d'autres secteurs. Entrée en guerre, l'Italie le tient pourtant pour déserteur, le rapatrie de force, l'incorpore dans les chasseurs alpins. Revenu en France en 1920, il crée, avec deux de ses frères, une entreprise de fumisterie (développée dans la construction et la maintenance industrielle, avec plus de trois mille cinq cents salariés en 2008). Il est naturalisé français en 1939, à nouveau volontaire, mais envoyé participer à l'effort de guerre dans son entreprise, qu'il évacue en zone Sud avant de revenir à Paris en 1942. Retraité en 1960, il doit à sa longévité d'être le dernier « poilu » à décéder. Auparavant, il a beaucoup témoigné, et représenté le passage typique du volontariat enthousiaste au refus de l'horreur de la guerre, n'acceptant qu'*in extremis* des obsèques nationales, d'abord refusées au nom de ses camarades, « morts sans avoir eu les honneurs qu'ils méritaient ». Aux Invalides, les principales autorités de l'État sont présentes ainsi que le ministre italien de la Défense, et les honneurs sont rendus par la Légion et les chasseurs alpins à ce soldat devenu le symbole des sacrifices de tous les autres, mais aussi des migrants, avec son itinéraire d'« Italien de naissance et Français de préférence », selon le mot de Max Gallo dans son éloge funèbre.

Éric Vial

POPESCO Elvire (Elvira Popescu)

Actrice. – Née le 10 mai 1894 à Bucarest, Roumanie ; morte le 11 décembre 1993 à Paris, France.

Elvire Popesco était sociétaire du Théâtre national de Bucarest lorsqu'elle reçut, en 1923, un télégramme de l'auteur de théâtre de boulevard Louis Verneuil, qui lui proposait le rôle principal (écrit pour elle) dans *Ma cousine de Varsovie*. Elvire Popesco, qui connaissait Paris depuis sa plus tendre enfance et parlait français, obtint dès ce premier rôle un triomphe. Elle deviendra l'actrice attitrée de Louis Verneuil et d'Henry Bernstein avant guerre, puis, après guerre, de Jacques Deval, Marcel Achard et surtout André Roussin dont elle reprendra, à plus de quatre-vingts ans, *La Mamma*, qu'il avait écrit pour elle en 1957. Parallèlement, elle tourne pour le cinéma, principalement des films tirés de pièces de théâtre à succès. Son accent soigneusement cultivé, sa verve, son énergie comique en font le « monstre sacré » du boulevard parisien. Mais elle peut aussi faire passer dans ses rôles une véritable émotion : « Un verre de champagne avec des larmes au fond... », comme la définit Tristan Bernard. C'est pour cette raison que Bernstein lui écrira, en 1939, *Elvire*, l'histoire d'une comtesse autrichienne exilée à Paris, mariée à un homme qui, pour avoir refusé d'adhérer au régime nazi, mourra en camp de concentration. Elle jouera le rôle avec intensité, sans prendre conscience de la contradiction qu'il y avait à interpréter cette pièce du « juif » Bernstein après s'être montrée quelques mois auparavant aux côtés de Goebbels – et avant, au reste, de fréquenter des Allemands sous l'Occupation. Naturalisée française par son deuxième mariage avec le comte Maximilien Sébastien de Foy le 19 septembre 1939, Elvire Popesco reprendra, après la Libération, sa place de vedette incontestée du boulevard. Elle recevra en 1987 un Molière d'honneur pour l'ensemble de sa carrière et, en 1989, les insignes de commandeur de la Légion d'honneur des mains de François Mitterrand.

Chantal Meyer-Plantureux

POPP Victor

Ingénieur, entrepreneur. – Né le 5 mars 1846 à Vienne, Autriche ; mort le 16 octobre 1912.

Victor Popp est le fondateur de la Compagnie parisienne d'air comprimé, qui a fourni en énergie motrice la plupart des ateliers industriels et grands chantiers de la capitale et de sa proche banlieue, durant un siècle. Devenue en 1949 la Société urbaine d'air comprimé, SUDAC, elle est actuellement filiale du groupe Air liquide. Formé à l'École polytechnique de Vienne, Popp présente, à l'Exposition universelle de Paris en 1878, un système de distribution pneumatique de l'heure mis au point par son compatriote Charles Albert Mayrhofer. La médaille d'argent qu'il reçoit l'incite à rester. L'année suivante, il obtient une concession de cinquante ans pour la distribution de l'heure à domicile, et fonde la Compagnie générale des horloges pneumatiques. C'est donc l'air comprimé qui donne l'heure aux cadrans des horloges publiques et des gares entre 1880 et 1927. Naturalisé français en 1884, l'ingénieur obtient de la Ville de Paris deux nouvelles concessions en 1886 : une première de quarante ans pour la distribution à domicile de la force motrice par air comprimé ; une seconde de dix-huit ans pour la distribution du courant électrique dans l'est de Paris, le « secteur Popp ». C'est alors qu'il fonde, avec l'aide d'Oppenheim et de la Disconto-Bank de Berlin, la Compagnie parisienne de l'air comprimé, qui regroupe les trois services. Près de cinquante kilomètres de canalisations sont installés dans les égouts de la ville entre 1884 et 1888, un réseau qui en comprendra le double au total. Les premières centrales, installée rue Sainte-Anne et rue Saint-Fargeau, cèdent la place à l'usine du quai de la Gare, édifiée entre 1887 et 1891, et à celle du quai de Jemmapes, achevée en 1895. Mais la réussite financière n'est pas au rendez-vous : le service horloger, déjà mis en faillite en 1884, reste en déficit et la distribution de l'électricité par air comprimé se révèle peu rentable. En 1892, les destins de la compagnie et de son initiateur se séparent. L'ingénieur démissionne et multiplie les affaires malheureuses. Il tente sans grand succès de prendre une place sur le marché des tramways avec le procédé Popp-Conti, puis se lance dans l'aventure de la TSF. Une tentative prometteuse, avec Édouard Branly, en 1902, est stoppée par le monopole des communications à distance que le législateur s'était adjugé en 1837, et Popp est traîné en correctionnelle. La Compagnie parisienne d'air comprimé connaît un sort meilleur. Recapitalisée par un syndicat français en 1907, elle ouvre une nouvelle usine en 1912, prospère en fournissant l'air comprimé aux ateliers mécaniques, aux garages, aux ascenseurs, pour le relevage des eaux usées, les travaux publics. Une troisième centrale sera ouverte à Aubervilliers en 1961. La désindustrialisation de la capitale et de sa proche banlieue, contemporaine de la fin des grands chantiers souterrains du RER, contraignent l'entreprise à infléchir son activité vers les compresseurs. La distribution publique d'air comprimé s'arrête en 1994. Construite sur les plans de l'architecte Paul Friésé, l'usine du quai de Jemmapes, partiellement inscrite à l'Inventaire du patrimoine, demeure pour témoigner de ce moment de l'histoire énergétique de l'industrie.

Anne-Françoise Garçon

PORRO Riccardo

Architecte. – Né en 1925 à Camagüey, Cuba.

Architecte en activité à Cuba dans les années 1960, Porro y édifie l'École des beaux-arts et l'École de danse sur de nouveaux principes typologiques. Émigré en France en 1966, il y enseigne dans diverses écoles d'architecture et continue à élaborer des projets, qu'il publie et expose. À partir de 1986, associé à l'architecte Renaud de la Noue, il reçoit des commandes et réalise, d'abord en Seine-Saint-Denis et plus tard dans toute la région Île-de-France, plusieurs ensembles scolaires originaux, dans une formule qui associe plusieurs entités distinctes entre elles, autour d'espaces libres communs. Traitées comme des sculptures, les formes – coques et percements – aussi sont attrayantes. Son succès s'étend ensuite à d'autres programmes, d'habitat ou d'équipement, comme aux Mureaux un hôpital psychiatrique (2007) et un hôpital de long séjour (2011), et au Puy-en-Velay une école d'art (2008).

Gérard Monnier

PORTUGAIS

L'immigration portugaise se situe à une étape charnière de l'histoire des immigrations en France. Dernière des grandes immigrations européennes du XXe siècle, elle est contemporaine de l'accélération, ou de l'essor, des immigrations néocoloniales. Jusqu'à la Grande Guerre, la France reste un horizon quasi inconnu des émigrants économiques portugais. Mais elle fut longtemps une étape dans la formation d'artistes et d'intellectuels portugais, et aussi un refuge pour plusieurs générations d'exilés, depuis la fin du XIXe siècle jusqu'à la révolution démocratique du 25 avril 1974.

Du XIXe siècle à la Grande Guerre, artistes et exilés politiques. Dans la France de la Belle Époque, plusieurs écrivains portugais s'installent en France, mais certains restent un peu en marge de la société française, comme José Maria de EÇA DE QUEIRÓS (1845-1900), un des grands écrivains portugais, de 1888 à 1900 consul du Portugal à Paris où il décède. D'autres établissent des liens en France, comme le dessinateur de presse, Leal da CÂMARA (1876-1948), opposé à la censure monarchiste. À Paris, où il vit entre 1901 et 1911, il est un dessinateur connu entre autres à *L'Assiette au beurre*, *Le Rire*, *Gil Blas*, avant de regagner le Portugal à l'avènement de la république (1910). C'est aussi le cas du peintre Amadeo de SOUSA CARDOSO (1887-1918), lié, entre autres, avec Amadeo Modigliani (on parlait des « deux Amadeo »). Devenu l'ami de Sonia et Robert Delaunay, lors de son séjour à Paris de 1906 à 1914, il les retrouve au Portugal pendant la guerre. Francisco de LACERDA (1896-1934), chef d'orchestre et compositeur, arrivé à Paris en 1895, devient un des premiers professeurs de la Schola Cantorum. En 1906, il est fait chevalier de la Légion d'honneur.

Dès les années 1830, les affrontements entre libéraux et absolutistes amènent en France des « réfugiés portugais », à qui le gouvernement de Louis-Philippe attribue une aide financière (comme aux réfugiés espagnols et polonais), mais qui ne restent pas. À partir de la fin du XIXe siècle, ce sont les républicains, après l'échec du soulèvement de 1891, qui ouvrent la voie à plusieurs générations d'exilés. C'est le cas de l'écrivain Aquilino RIBEIRO (1885-1963), lors son premier exil (1908-1914), qui bénéficia de la fraternité franc-maçonnique entre républicains portugais et français.

D'une guerre à l'autre, arrivée des travailleurs, présence d'artistes et d'exilés. La République portugaise (proclamée en 1910) entre en guerre en 1916, aux côtés de la France et de la Grande-Bretagne et envoie un corps expéditionnaire portugais (CEP) de près de 60 000 hommes et 20 000 travailleurs (premier accord de main-d'œuvre franco-portugais). En souvenir de cette « fraternité dans les combats », on baptise à Paris une avenue des Portugais dans le XVIe arrondissement. Dans le Pas-de-Calais (près de Béthune), à La Couture, où était stationné le CEP, un monument est inauguré le 11 novembre 1928 par le maréchal Foch, tandis que le cimetière militaire portugais est achevé en 1938 à Richebourg. Tous les ans, une cérémonie franco-portugaise, remise en usage à la fin du XXe siècle par des associations portugaises, rappelle le souvenir de la bataille de la Lys, le 9 avril 1918.

Après 1918, une partie de ces Portugais, soldats ou travailleurs, restent en France et y attirent des compatriotes. La France devient un nouvel horizon pour les migrants portugais, le premier en Europe (mais encore loin derrière le Brésil). Dès 1921 les Portugais sont 11 000 et, en 1931, près de 50 000, plutôt dispersés sur le territoire, surtout recrutés comme main-d'œuvre industrielle non qualifiée. Cette émigration est en partie illégale (assez facilement régularisée jusqu'à la crise), le Portugal repoussant l'accord de main-d'œuvre que la France demande depuis 1919. Avec la crise, puis la guerre, de nombreux travailleurs repartent, volontairement ou expulsés. En 1954, le nombre de Portugais tombe à 20 000.

À côté des travailleurs, on trouve toujours des artistes. Certains s'y installent durablement, telle Maria Elena VIEIRA DA SILVA. L'artiste peintre, arrivée à Paris en 1928, y épouse le peintre Árpád Szenes. Réfugiés au Portugal pendant la guerre, ils reviennent en France et en 1956 sont tous deux naturalisés français. Moins connu, le sculpteur Ernesto CANTO DA MAYA (1890-1981) arrive à Paris en 1913. Il s'installe surtout à Boulogne-Billancourt (ses œuvres sont présentes au musée des Années trente).

Les exilés, de la Liga de Paris au Frente popular. Après le coup d'État militaire qui installe la dictature portugaise (1926-1974), vite dirigée par Salazar, des exilés arrivent en France, dont des ministres et le président de la République Bernardino MACHADO (1851-1944). En 1927, la Liga de defesa da República, dite Liga de Paris, regroupe différentes tendances, avec des dirigeants connus et des écrivains de renom, tels Aquilino Ribeiro, António SÉRGIO (1883-1969), Raul PROENÇA (1884-1941) et Jaime CORTESÃO (1884-1960). Parmi les leaders politiques, Afonso COSTA (1871-1937), ancien représentant du Portugal à la conférence de la paix et à la Société des nations (il décède à Paris) et José DOMINGUES DOS SANTOS (1885-1958), ancien ministre, qui, après guerre, vit en France jusqu'en 1954. Lors de la guerre d'Espagne, un « Frente popular português » réunit en France les exilés de divers bords et beaucoup s'engagent en Espagne aux côtés des républicains. Certains repartent dès les années 1930, puis en 1940, vers d'autres pays d'accueil ou vers le Portugal (au risque de la prison, de l'assignation à résidence ou de l'expulsion). Quelques-uns restent en France et participent à la Résistance. Ainsi Emídio GUERREIRO (1899-2005) exilé dès 1927, combattant en Espagne (décoré par le gouvernement espagnol en exil) et membre des Forces françaises de l'intérieur (FFI) en France (croix de combattant volontaire). Il vit en France plus de quarante ans, comme professeur de mathématiques, tout en continuant la lutte contre la dictature salazariste. Il ne retrouve le Portugal qu'après la révolution du 25 avril 1974, pour y mourir plus que centenaire.

Une Fédération des émigrés portugais en France, active dans les années 1930, connaît un sursaut de vitalité à la Libération, pour s'épuiser avec la guerre froide et l'interdiction du gouvernement français.

Le temps du « salto ». De 1956 à 1974, la France devient le premier pays de destination des Portugais, loin devant toutes les autres destinations d'Amérique et d'Europe. En 2008, l'enquête de la Caisse nationale d'assurance vieillesse relève que 1 500 000 travailleurs nés au Portugal ont cotisé. Même si tous ne restent pas en France, les Portugais deviennent, en moins de vingt ans, une des immigrations les plus importantes. Ils quittent un Portugal secoué par des déséquilibres économiques et sociaux, les blocages politiques de la dictature et son enlisement dans une interminable guerre coloniale (1961-1974). On comptait 50 000 Portugais en 1962, ils sont 300 000 en 1968 et 750 000 en 1975.

Cette exceptionnelle vague migratoire est très majoritairement une émigration illégale, car le gouvernement salazariste freine fortement l'attribution de passeports d'émigrants et refuse aux simples travailleurs des passeports « de touristes ». Alors, hommes, femmes et parfois enfants partent clandestinement, *a salto* (en sautant par-dessus les frontières), pour un périple toujours difficile. Après 1965, la France régularise plus facilement ceux qui arrivent sans contrat de travail, avec leur seule carte d'identité, parfois sans aucun papier. C'est le cas de 90 % des arrivées en 1969 et en 1970, années où culminent les entrées (120 000 chacune de ces années).

Les immigrants portugais sont très majoritairement des ruraux, surtout issus de familles de très petits propriétaires du centre et du nord d'un Portugal où on va peu à l'école. La moitié d'entre eux s'installent dans la région parisienne, les autres dans certains pôles d'ancienne présence portugaise (Bordeaux, Roubaix) ou nouvelle (comme Lyon, Saint-Étienne, Grenoble, l'Alsace, la Touraine). Peu nombreux dans l'agriculture et les mines, ils sont majoritairement recrutés comme manœuvres et ouvriers non qualifiés dans le BTP, mais aussi dans les grandes firmes automobiles et des secteurs spécifiques (Michelin à Clermont-Ferrand ou le textile à Roubaix). Les femmes, nombreuses dès le milieu des années 1960, travaillent aussi en usine, mais surtout comme bonnes, femmes de ménage, concierges et gardiennes d'immeubles, succédant souvent aux Espagnoles.

Dès le milieu des années 1960 *F.O. hebdo* réalise des enquêtes sur les travailleurs portugais et, dès 1962, la CGT publie *O Trabalhador* (« Le travailleur »), suivie par la CFDT avec *Liberdade sindical*. Depuis les années 1970, on trouve des responsables syndicaux portugais à tous les niveaux des confédérations.

La société française découvre les Portugais. Au milieu des années 1960, la société française découvre à la fois l'ampleur de l'immigration portugaise et les « scandales » du *salto* et de leur vie en bidonvilles. Les articles se multiplient, de *La Croix* au *Figaro*, du *Monde* à *L'Humanité*. Parallèlement, l'ORTF consacre, très tôt le matin, une courte émission d'information pour les travailleurs portugais, confiée à un exilé portugais, Jorge Reis, arrivé en France en 1949. Un exilé de la nouvelle génération, Álvaro Morna, lui succède après 1974.

En 1964, alors que la moitié des Portugais en France s'installent dans la région parisienne, l'administration estime que près de la moitié de ceux du département de la Seine vivent en bidonville et évalue entre 10 000 et 12 000 ceux de Champigny-sur-Marne, le plus grand bidonville de France, « plaque tournante de l'immigration portugaise ». Les autres bidonvilles « portugais » importants se trouvent alors à Saint-Denis (les Francs-Moisins), Nanterre, Aubervilliers, La Courneuve, Villeneuve-le-Roi. Très vite, des banques portugaises y recueillent les fonds des immigrés. Des films reviennent sur cette époque qui avait été oubliée, *Les Gens des baraques* (1995) de Robert Bozzi et *La Photo déchirée* (2001) de José VIEIRA (né en 1957, lui-même arrivé enfant en France).

À partir de 1965, des associations humanitaires se mobilisent pour leur venir en aide, telles Aide à toute détresse (ATD) et les Associations de solidarité avec les travailleurs immigrés (ASTI), alors récemment créées. En 1967, la sortie du film *O salto*, révèle la détresse des Portugais à un large public. Cette œuvre de Christian de Chalonge, proche du PCF, est aussi primée par l'Office catholique du cinéma. En effet, une partie des catholiques (prêtres, religieuses et fidèles), dans l'élan de Vatican II, multiplient les initiatives religieuses, humanitaires et civiques auprès des Portugais. À partir de 1965, sous l'égide de la Pastorale des migrants, paraît le mensuel *Presença portuguesa*.

En 1971, dans la dynamique post-68, une mobilisation d'ampleur nationale empêche l'expulsion de Lorete Fonseca, exilée portugaise, mère de famille nombreuse, accusée d'avoir poussé à la révolte les Portugais de Massy contre la résorption brutale de leur bidonville. Dans le documentaire militant de Dominique Dante, *Lorette et les autres* (texte de l'écrivain Bernard Clavel), défilent des Portugais, des membres des ASTI, des gauchistes, et des responsables syndicaux et politiques (dont Michel Rocard, alors leader du PSU).

Exilés, insoumis et de déserteurs, contre la dictature et sa guerre coloniale. La dictature portugaise survit après 1945 à la faveur de la guerre froide et la France reste un des refuges des exilés. Jusqu'aux années 1960, ils sont encore peu nombreux, et parmi eux, quelques universitaires déjà connus, tels António José SARAIVA (1917-1993), exilé de 1959 à 1970 ; l'écrivain Eduardo LOURENÇO (né en 1923), en France depuis 1960, professeur à Bordeaux et Nice ; l'historien Vitorino MAGALHÃES GODINHO (né en 1918), arrivé en 1947, professeur à Clermont-Ferrand ; et enfin le chercheur Manuel VALADARES (1904-1982), invité par Irène Joliot-Curie. À partir de 1960, avec la montée des luttes au Portugal et le déclenchement de la guerre coloniale (1961), une nouvelle génération d'exilés, plus nombreuse et surtout formée d'étudiants, se mêle aux flots des travailleurs. Parmi ces derniers, des jeunes ruraux mobilisables, émigrant clandestinement, moins par engagement militant que par refus d'une guerre « qui n'est pas la leur ». Les autorités militaires portugaises évaluent à 100 000 leur nombre en France.

La dénonciation de la guerre coloniale portugaise, dans le cadre des luttes anti-impérialistes, révèle aussi la dictature salazariste jusqu'alors presque ignorée en France. Des liens se tissent, surtout après 1968, entre différentes tendances de la gauche et de l'extrême gauche en France et leurs homologues exilés. Ainsi, de 1964 à 1974, parmi la cinquantaine de journaux des exilés portugais, certains sont des suppléments de journaux français, d'autres protégés par les personnalités qui sont à la tête de publications (dont Jean-Paul Sartre, Marguerite Duras, François Châtelet). Des exilés sont accueillis, clandestinement, comme Álvaro CUNHAL (dirigeant du PCP, hébergé par le PCF), ou légalement, dont des leaders socialistes tels l'écrivain Manuel ALEGRE (né en 1936) et le dirigeant du PS, Mário SOARES (né en 1924). Ce dernier, exilé en France de 1970 à 1974, y publie en 1972 *Portugal bâillonné*, édité en français chez Calmann Lévy, avant de l'être en portugais. Après 1974, Soares sera plusieurs fois ministre, puis président de la République portugaise.

Les jeunes chanteurs Luís CÍLIA (né en 1943), José Mário BRANCO (né en 1942) et Sérgio GODINHO (né en 1945), qui ont fortement marqué la culture portugaise, sont parmi les exilés. Luís Cília peut sortir, dès son arrivée, deux disques aux titres français, *Portugal, Angola, chants de lutte* (1964) et *Portugal résiste* (1965). De 1971 à 1973, ces jeunes musiciens, avec leur ami le célèbre chanteur José AFONSO (1929-1987), enregistrent plusieurs disques, soit au studio Aquarium à Paris, soit au studio Strawberry au château d'Hérouville. C'est là qu'ils gravent *Grândola Vila Morena*, devenue le signal pour le soulèvement du 25 avril 1974 et qui reste l'hymne de la révolution des Œillets. Ces artistes repartent dans un Portugal démocratique, d'autres restent, choisissant de s'exprimer en français, parmi lesquels le dessinateur de presse Carlos BRITO (né en 1943), le comédien Luís REGO, arrivé en France en 1962, guitariste, chanteur, acteur et humoriste, et l'éditeur et écrivain Joaquim VITAL, exilé à l'âge de seize ans et qui fonde à Paris, en 1976, les Éditions de la Différence.

Quatre décennies de vie associative. Jusqu'aux années 1960, les associations portugaises sont très peu nombreuses. Certaines sont des émanations politiques (communistes, gauchistes, mais aussi salazaristes), d'autres viennent de milieux catholiques (traditionalistes ou progressistes), d'autres enfin sont simplement sportives (le football domine). Dès 1962, le Parti communiste français organise l'Association des originaires du Portugal (AOP) qui publie *O imigrado português* et tient tous les ans un stand à la Fête de l'Humanité. Au début des années 1970 émergent des associations dites « villageoises », fondées par des immigrants conscients que leur vie et celle de leurs enfants se fait en France, jusqu'à un retour… toujours repoussé. Après 1974, en écho de l'élan démocratique au Portugal, ces associations se multiplient et façonnent le monde associatif portugais (80 en 1973, 300 en 1976). Cette dynamique est renforcée par la législation de 1981, qui libère les associations étrangères. Il y a plus de 800 associations portugaises en 1983, nombre qui se maintient jusqu'à la fin du siècle. Elles restent très attachées à leur autonomie et aucune structure fédérative (CCPF ou FAPF) n'a pu toutes les réunir. Le football reste important avec comme équipe vedette les Lusitanos de Saint-Maur-des-Fossés. À côté des rencontres conviviales et de l'animation d'un groupe de danses folkloriques, de nombreuses associations organisent des cours de langue portugaise, tandis que des accords franco-portugais installent le portugais comme « langue d'origine » au niveau primaire et comme langue étrangère dès le collège. La libération des ondes permet des émissions en langue portugaise animées par des immigrés, parfois dans de rares radios commerciales (Radio Alfa en Île-de-France) et le plus souvent dans des tranches horaires de radios associatives. Ainsi à Bobigny dans les années 1990, les émissions animées par Fernando Batista, immigré « économique » et militant politique, sont accueillies successivement par deux radios.

Dans les années 1980 et 1990 émergent des formes associatives nouvelles, plus adaptées au rythme de la société française : groupes de femmes, d'enfants d'immigrés, tel Centopeia Collectif de femmes, ouvertures culturelles du Collectif d'études et de dynamisation de l'émigration portugaise (CEDEP) et de la Coordinatrice des associations de Portugais de Seine-et-Marne (ACAP 77), réalisation de films, création d'associations franco-portugaises, etc. On y trouve côte à côte, comme animateurs, plusieurs générations et plusieurs origines migratoires. Cet élan s'essouffle au tournant du siècle, même si on peut y rattacher la troupe de théâtre Cá e lá (« Ici et là-bas »). Sur un autre plan, l'association Cap Magellan, animée par de jeunes diplômés « luso-descendants », s'inscrit dans le cadre d'une « mobilité européenne ». Les associations villageoises, moins nombreuses, restent dynamiques. Elles entretiennent de bonnes relations avec leurs communes d'implantation, parfois jumelées avec une municipalité portugaise, jumelages liés au va et vient de nombreux Portugais entre la France et leur *terra* (à la fois le village de naissance et le Portugal comme patrie d'origine).

C'est toujours en Île-de-France que vivent la moitié d'entre eux (254 000 en 2002), surtout dans le Val-de-Marne, la Seine-Saint-Denis et les Yvelines, auxquels se raccrochent la Seine-Maritime et la Somme. Malgré plus de dispersion en France, ils sont toujours concentrés dans les régions du Centre (Indre-et-Loire, Puy-de-Dôme, Loire, Rhône, Isère) et quelques pôles anciens (Gironde, Nord) ou plus récents (Marne, Côte-d'Or, Alsace). Le BTP reste leur principal secteur d'emploi (en 2002, la moitié des immigrés du BTP en Île-de-France étaient portugais), de même que les services à la personne (21 % des Portugais). Leurs qualifications se sont un peu élevées et diversifiées, mais le poids des ouvriers reste fort (75 % en 1982, 50 % en 2002, dont toutefois 30 % d'ouvriers qualifiés). Quant au secteur « employés », s'il passe de 20 % en 1982 à 30 % en 2002, les services à la personne y gardent une grande part. Enfin, les « professions intermédiaires », ainsi que les petits commerçants et artisans sont en progression modeste mais régulière.

Depuis les années 1970, l'immigration portugaise diminue fortement, sans s'interrompre, avec une recrudescence depuis une dizaine d'années. L'empreinte portugaise reste forte puisque, outre les 572 000 Portugais (en 1999), on doit tenir compte de ceux qui ont la double nationalité et de certains des enfants nés en France, attachés aux cultures portugaises et lusophones.

Persistances des mémoires. Les Portugais, même devenus « citoyens européens », participent peu aux élections municipales, mais des Français d'origine portugaise se retrouvent dans tout l'éventail politique français. Certains ont joué un rôle important, en tant que Portugais, dans les luttes de solidarité français-immigrés. Ainsi, des jeunes Portugais, en 1984, organisent la « marche pour l'égalité », dite « marche des mobylettes » et, à la fin des années 1990, dans les luttes de solidarité avec les sans-papiers, un « collectif portugais pour une pleine citoyenneté » réunit plusieurs générations.

À l'unisson des initiatives mémorielles dans la société française, celles de l'immigration portugaise s'expriment à travers des associations (telle Memória Viva – Sud Express), des films (dont ceux de José Vieira), des pièces de théâtre, des témoignages, et quelques monuments, comme le buste d'Aristides de Sousa Mendes à Bordeaux, un monument à la révolution des Œillets à Fontenay-sous-Bois et une statue à Champigny sur l'emplacement de l'ancien bidonville. Ce souci patrimonial s'inscrit aussi dans les dépôts confiés à diverses archives et les dons à la Cité nationale de l'histoire de l'immigration. Ainsi, les objets confiés par José Batista de MATOS (né en 1934), chef d'équipe dans les tunnels du RER et président de l'association de Fontenay-sous-Bois, rappellent la place des Portugais dans le monde du travail et dans la vie sociale française. De même la « valise militante » de Manuel VALENTE TAVARES (né en 1950), portée à l'épaule dans les manifestations et qui affiche « je suis citoyen du pays que j'habite », témoigne de l'inscription civique dans la société française.

Marie-Christine Volovitch-Tavares

Bibl. : VOLOVITCH-TAVARES Marie-Christine, *Portugais à Champigny*, Autrement, 1995 • PELLERIN Agnès, *Les Portugais à Paris*, Chandeigne, 2009 • CORDEIRO Albano, « Portugais de France », *Hommes et migrations*, n° 1210, novembre-décembre 1997 • PEREIRA Victor et VOLOVITCH-TAVARES Marie-Christine, *in* Lillo N. (dir.), « Espagnols et Portugais en France au XXe siècle. Travail et politiques migratoires », *Exils et migrations ibériques au XXe siècle*, n° 2 (nvlle série), Nanterre, Publidix, 2006, p. 57-102 et dans *L'Étranger en questions*, Éditions Le Manuscrit, 2005.

POSENER Julius

Architecte. – Né le 4 novembre 1904 et mort le 29 janvier 1996 à Berlin, Allemagne.

Élève de Hans Poelzig, Posener travaille à Paris en 1929 dans les agences de Charles Siclis et d'André Lurçat. Correspondant à Berlin de *L'Architecture d'aujourd'hui*, il fuit le nazisme en 1933 et devient à Paris un collaborateur de premier plan de la revue. Il émigre en 1935 en Israël.

Gérard Monnier

POTOCKI Jean (Jan Nepomucen)

Écrivain et homme politique. – Né le 8 mars 1761 à Pikow, Pologne ; mort le 2 décembre 1815 à Uladowka, alors Empire russe, aujourd'hui Ukraine.

Descendant d'une grande famille de propriétaires en Podolie, Jean Potocki vit les dernières années de l'indépendance polonaise au XVIIIe siècle, devient éphémèrement ministre de l'Éducation et sillonne l'Europe, visitant notamment la France prérévolutionnaire. Auteur de nombreux textes, mêlant récits de voyages, pièces de théâtre et études historiques, Potocki est surtout demeuré célèbre pour avoir rédigé en français le *Manuscrit trouvé à Saragosse*, l'un des premiers romans de littérature fantastique. Malade et dépressif, l'écrivain se retire en 1812 sur ses terres, où il se suicide trois ans plus tard. Plus encore que Potocki lui-même, c'est le destin de son livre qui a marqué l'histoire littéraire de la France. Le manuscrit a en effet d'abord été publié du vivant de l'auteur dans deux versions différentes, en 1805 et 1810, avant qu'une partie du texte d'origine ne se perde. Les surréalistes se réapproprient le livre un siècle plus tard, si bien que, en 1958, Roger Caillois procédera à une réédition du texte, malheureusement incomplète. Il faudra attendre 1989 pour que les éditions José Corti proposent une première version intégrale du *Manuscrit trouvé à Saragosse* en langue française, après que des passages inédits, conservés par l'édition polonaise de 1847, eurent été traduits en français. En 2006, les éditeurs belges François Rosset et Dominique Triaire mettent fin à l'une des plus longues quêtes de l'histoire littéraire francophone en proposant les deux textes dans les versions sans doute les plus proches de leur état primitif, après avoir consulté l'ensemble des manuscrits disponibles, non seulement en France et en Pologne, mais aussi en Russie et en Espagne. Le résultat a été publié par Flammarion en 2008.

Pierre-Frédéric Charpentier

POTTIER Richard (Ernst Deutsch)

Cinéaste, scénariste, directeur de la photographie. – Né le 6 juin 1906 à Graz, alors Autriche-Hongrie, aujourd'hui Autriche ; mort le 2 novembre 1994 au Plessis-Bouchard, France.

Abandonnant des études de médecine, il fait ses débuts dans le cinéma allemand comme assistant de Josef von Sternberg sur *L'Angle bleu*. Appelé en France pour diriger les versions françaises de productions plurilingues, il s'y installe et signe une quarantaine de films à partir de 1934. Parmi eux, *Picpus*, d'après Simenon (1942), avec Albert Préjean dans le rôle du commissaire Maigret ; *Meurtres*, avec Fernandel (1951). Il mit en scène Luis Mariano et Tino Rossi, fit débuter Martine Carol dans *La Ferme aux loups* (1943) et l'imposa dans *Caroline chérie* (1951).

Jean-Luc Douin

POULANTZAS Nicos

Philosophe. – Né le 30 septembre 1936 à Athènes, Grèce ; mort le 3 octobre 1979 à Paris, France.

Après avoir milité au Parti communiste grec, Nicos Poulantzas va, en 1960, poursuivre ses études à Paris où il soutient une thèse de droit en 1964 (*Nature des choses et droit, essai sur la dialectique du fait et de la valeur*). En 1968, son essai *Pouvoir politique et classes sociales* fait date dans la philosophie politique marxiste. Influencé à la fois par les théories d'Antonio Gramsci et par la pensée de Louis Althusser, sa réflexion sur la nature de l'État rompt avec la vision qui a alors cours dans les milieux marxistes d'un organe au service de la classe dominante. Il l'envisage davantage comme le résultat figé de la confrontation des classes sociales. Il affine sa théorie de l'État dans *Fascisme et dictature* (1971) et dans *L'État, le pouvoir, le socialisme* (1978). Sans nier la capacité d'entrave des appareils d'État – exacerbée dans les États totalitaires –, mais montrant la nécessité des institutions étatiques, il défend un cheminement vers le socialisme qui allie démocratisation politique et démocratisation sociale. Maître de conférences en sociologie à l'université Paris VIII, fondée en 1969 à Vincennes dans le sillage de Mai 68, Nicos Poulantzas a nourri les débats politiques et philosophiques de la fin des années 1960 avant de mettre fin à ses jours en 1979.

Anna Trespeuch-Berthelot

POURTALÈS Guy de

Écrivain et critique d'art. – Né le 4 août 1881 à Berlin, alors Empire allemand, aujourd'hui Allemagne ; mort le 12 juin 1941 à Lausanne, Suisse.

Guy de Pourtalès est né d'une mère américaine et d'un père suisse, officier au service de l'empereur d'Allemagne et descendant d'une vieille famille de huguenots cévenols chassés de France par la révocation de l'édit de Nantes. Installé en Suisse avec ses parents à l'âge de six ans, il fréquentera par la suite les universités de Karlsruhe et de Bonn, avant de s'installer à Paris en 1905 pour y mener des études littéraires en Sorbonne. En 1910, il publie son premier roman, *La Cendre et la flamme*, et collabore à plusieurs périodiques littéraires, parmi lesquels la *Revue hebdomadaire*. Il est naturalisé français en 1912. Engagé comme interprète auprès de l'armée britannique au cours de la Première Guerre mondiale, il est gazé à Ypres en 1915. Il profite de sa convalescence pour cofonder la Société littéraire de France, avant de retourner au front en 1918, comme interprète auprès du corps expéditionnaire américain. Une tuberculose diagnostiquée en 1919 le mène à suivre une cure au château d'Étoy, dans le canton de Vaud, où il rédigera une large part de son œuvre. Au cours de l'entre-deux-guerres, il devient un collaborateur régulier de *La Nouvelle Revue française*, traduit l'œuvre dramatique de Shakespeare, donne des textes critiques à des revues et rédige toute une série de biographies romancées consacrées aux grandes figures de la musique européenne. En 1937, son dernier livre, *La Pêche miraculeuse*, obtient le Grand Prix du roman de l'Académie française. Très affecté par la défaite de la France, il est, à l'été 1940, l'un des premiers écrivains français à prendre parti pour le général de Gaulle, tout en restant fidèle, comme ancien combattant, à la personne du maréchal Pétain. Déchiré par ses contradictions, et plus encore par la mort de son fils unique tué sous l'uniforme français en juin 1940, il meurt au printemps 1941.

Pierre-Frédéric Charpentier

POZNER Vladimir (Vladimir Salomonovitch)

Écrivain. – Né le 5 janvier 1905 et mort le 19 février 1992 à Paris, France.

Enfant de juifs russes révolutionnaires réfugiés en France pour fuir la police tsariste mais qui rentrèrent au pays, avec leur fils, en 1910, Vladimir Salomonovitch Pozner (à ne pas confondre avec Vladimir Vladimirovitch, journaliste de la propagande soviétique des temps de la guerre froide) reviendra en France converti au communisme. Mais ce journaliste, grand cosmopolite – un temps scénariste à Hollywood –, écrira une œuvre littéraire assez inclassable. Peu remarquée de son vivant, elle représente une tentative originale de lier fiction et document, qu'il s'agisse de la révolution de 1917 (*Le Mors aux dents*, 1937), des États-Unis de la dépression (*Les États désunis*, 1938), de la France de la débâcle (*Deuil en vingt-quatre heures*, 1942) ou de la guerre d'Algérie (*Le Lieu du supplice*, 1959). Plusieurs rééditions récentes laissent augurer une (re)découverte.

Pascal Ory

PRADIER James (Jean-Jacques)

Sculpteur. – Né le 23 mai 1790 à Genève, alors République de Genève, aujourd'hui Suisse ; mort le 4 juin 1852 à Bougival, France.

Figure majeure de la sculpture romantique, Jean-Jacques Pradier, dit James Pradier, est né à Genève de parents suisses descendants de huguenots du Gard. Il devient français lors du rattachement de Genève à la France, en 1798. Apprenti bijoutier, élève à l'école de dessin de sa ville natale, il est repéré en 1804 par Vivant Denon, en mission dans ce chef-lieu du « département du Léman », qui lui obtient une pension sur la cassette impériale et le fait venir à Paris en 1807. Il obtient le prix de Rome en 1813, devient membre de l'Académie des beaux-arts en 1827, puis enseigne à l'École des beaux-arts. Sa carrière bénéficie du soutien des Bourbons, puis des Orléans, et d'amitiés artistiques et littéraires dans les cénacles romantiques. De sa liaison avec Juliette Drouet naît une fille, qu'il reconnaît en 1828. Sous la monarchie constitutionnelle, il réalise plusieurs commandes publiques, dont le mausolée du duc de Berry pour la cathédrale de Versailles, les allégories de l'*Ordre public* et de la *Liberté* pour la Chambre des députés, ou encore les douze *Victoires* du tombeau de Napoléon, sous les ordres de Louis Visconti. Ses nus féminins, empreints d'érotisme, rompent avec la tradition canovienne en sculpture. Après avoir réalisé *Les Trois Grâces*, achetées par Louis-Philippe au Salon de 1831, il reçoit la Légion d'honneur. À sa mort, ses élèves lui érigent un tombeau monumental au cimetière du Père-Lachaise.

Julie Verlaine

PRASSINOS Mario

Artiste plasticien. – Né le 12 août 1916 à Constantinople, alors Empire ottoman, aujourd'hui Istanbul, Turquie ; mort le 23 octobre 1985 à Avignon, France.

Vieille famille grecque de Constantinople, les Prassinos, fuyant les persécutions, s'installent à Paris en 1922. C'est la sœur cadette de Mario, Gisèle (née en 1920 à Istanbul), qui se fait, la première, connaître du groupe surréaliste. Ses textes sont cités en exemple par André Breton, qui en inclura deux dans son *Anthologie de l'humour noir*. Pendant la Seconde Guerre mondiale, Mario, qui, comme sa sœur, s'est éloigné du groupe, entre dans le cercle des auteurs Gallimard. Il illustre les livres de Raymond Queneau ou de Jean-Paul Sartre, puis, à partir de 1947, accompagne l'itinéraire de Jean Vilar, dont il dessine décors et costumes pour le Festival d'Avignon et le TNP. En 1950, Mario Prassinos ouvrira un nouveau champ à sa créativité avec la tapisserie. De son côté, Gisèle a poursuivi, jusqu'à l'orée du XXIe siècle, une œuvre poétique et romanesque inclassable, accompagnant une œuvre plastique qui ne l'est pas moins (*Brelin le fou*, 1975).

Pascal Ory

PRATT Hugo

Dessinateur. – Né le 15 juin 1927 à Rimini, Italie ; mort le 25 août 1995 à Pully, Suisse.

Enfant de Venise, adolescent d'Éthiopie, Hugo Pratt aborde le dessin à la Libération en autodidacte doué, très influencé par Milton Caniff, et s'en va tenter sa chance en Argentine, où il demeure une douzaine d'années, moins quelques escapades. Quand il revient au pays natal, en 1962, il n'est qu'un auteur de bandes dessinées d'aventures parmi d'autres. Huit ans plus tard, reconnu dans le métier, il est toujours inconnu du grand public. La France va jouer un rôle décisif dans sa vie. Le critique Claude Moliterni l'introduit auprès de *Pif gadget*, qui publie, en 1970, *Le Secret de Tristan Bantam*, premier épisode des aventures d'un héros flegmatique, féru d'ésotérisme, dénommé Corto Maltese, qui en connaîtra vingt-huit autres, publiés originellement dans des titres français (tel *À suivre*) ou italiens (tel *Linus*). Le succès planétaire du marin et de sa comédie humaine, peuplée de femmes mystérieuses et d'aventuriers hauts en couleur, fait exploser les cadres convenus des albums calibrés – Corto invente, sans l'expression, le « roman graphique » – et permettra la réédition française de la plupart des autres séries de Pratt, célébré sur le tard comme un des maîtres du « neuvième art ». Tout en continuant à mener une vie de voyageur et de curieux, Pratt s'est installé successivement en France, dans les années 1970, puis en Suisse romande, où il finira ses jours.

Pascal Ory

PREISNER Zbigniew

Compositeur de musique de film. – Né le 20 mai 1955 à Bielsko-Biala, Pologne.

Zbigniew Preisner suit des études d'histoire et de philosophie à l'université de Cracovie. Il fait figure de musicien autodidacte s'inspirant notamment du romantisme polonais, de Jean Sibelius ou encore de Niccolo Paganini. C'est sa collaboration avec le cinéaste Krzysztof Kieslowski, pour lequel il compose, qui le révèle au grand public, en France notamment. Il écrit les bandes-son des films constituant *Le Décalogue* ou *La Double Vie de Véronique*. Cette dernière œuvre devient un véritable phénomène musical populaire en France, lui valant, en 1992, un disque d'or. Derrière le masque inventé du compositeur Van den Budenmayer, Preisner poursuit sa collaboration avec Kieslowski dans la trilogie *Bleu, blanc, rouge*, qui lui vaudra le César de la meilleure musique de film en 1995. Les musiques de Preisner pour les films de Kieslowski se vendent à plusieurs centaines de milliers d'exemplaires. À la mort du cinéaste, Preisner lui composera en hommage le *Requiem for my Friend*. Il poursuit son travail avec Louis Malle, Jean-Louis Murat, Claude Miller (*Un secret*) ou encore Jean Becker (*Elisa*, nouveau César de la meilleure musique de film en 1996). Il compose par la suite une œuvre orchestrale, *Silence, Night and Dreams*, qu'il présente à Paris en 2008 sur la scène du Grand Rex. Travaillant des instruments tels que le vibraphone ou l'harmonica de verre, l'œuvre de Zbigniew Preisner, membre de l'Académie des Césars, est considérée comme majeure dans un septième art souvent dominé par les compilations musicales.

Aymeric Jeudy

PRELORENZO Polycarpe

Syndicaliste. – Né le 6 octobre 1904 à Smyrne, alors Empire ottoman, aujourd'hui Izmir, Turquie ; mort le 28 avril 1942 à Marseille, France.

Fils d'un commerçant, Polycarpe Prelorenzo était de nationalité grecque. En août 1922, fuyant la guerre gréco-turque, il quitta la Turquie pour la Tunisie. Exerçant la profession d'agent d'assurances, naturalisé français le 6 décembre 1932, il devint secrétaire du syndicat CGT des employés d'assurances de Tunis. En tant que tel, il signa en 1937 une convention collective locale des employés.

Polycarpe Prelorenzo fut également secrétaire de la section de Tunis des Jeunesses socialistes et rédacteur du mensuel *Le Jeune Socialiste*. Poursuivi, à ce titre, en 1935 durant la période de répression conduite par le résident Marcel Peyrouton, il fut condamné par le tribunal d'Alger à deux mois de prison avec sursis et cinq cents francs d'amende. Il fut amnistié en 1936. À la veille de la guerre, Il était secrétaire de la section socialiste de Tunis.

Sportif, pratiquant le football, il créa une section locale de la Fédération sportive gymnastique du travail (FSGT), affiliée à la CGT. Il fut aussi un des membres fondateurs d'une section de nudisme.

Mobilisé le 26 août 1939 au 4e régiment de zouaves, il fut fait prisonnier en juin 1940, interné à Saint-Cloud, puis rapatrié sanitaire. Mais Polycarpe Prelorenzo mourut à l'hôpital de Montolivet à Marseille, lors de son rapatriement.

Michel Dreyfus

PROCHE- ET MOYEN-ORIENTAUX

L'immigration venue du Proche- et du Moyen-Orient, en dehors des deux territoires qui furent un temps sous domination française (Liban et Syrie), ne constitue pas une population très nombreuse. Elle fluctue en fonction de la situation géopolitique locale et de la politique migratoire de la France, en particulier sa politique d'accueil des réfugiés politiques. En dehors de quelques itinéraires individuels particuliers, on peut recenser des « vagues migratoires » liées à des situations d'oppression ou de persécution visant des catégories de population ou des minorités.

Les Irakiens sont ainsi présents en France (environ 2 000 personnes recensées en 2007) parce qu'ils ont pu fuir le régime dictatorial du Baath et de Saddam Hussein (1968-2003) ; qu'ils ont fui pendant l'une des guerres du Golfe (1989, 1991 ou 2003) ; ou qu'ils ont fui lors d'un épisode de persécution visant les Kurdes ou les chiites (massacres de 1982). Ne bénéficiant pas d'un réseau très structuré en France, ces réfugiés y sont souvent en transit et cherchent plutôt à rejoindre la Grande-Bretagne ou les États-Unis.

Les pays du Golfe sont très peu représentés, ayant plutôt été, dans la période récente, des pays d'immigration, grâce à la rente pétrolière. La présence des Arabes de cette région relève plus de la villégiature, dans la capitale française ou sur la Côte d'Azur, que d'une immigration proprement dite. Si certains opposants aux régimes en place ont pu s'installer en France, ils ont généralement été déchus de leur nationalité d'origine.

La question de la Palestine et d'Israël est un peu à part. Un point de vocabulaire s'impose au préalable. On appelle ici Palestiniens les habitants de la région historique de Palestine, qui fut sous mandat britannique à l'issue de la Première Guerre mondiale, après avoir été une partie des provinces arabes de l'Empire ottoman. Étant donné le sort particulier de cette région, divisée en un État, l'État d'Israël, proclamé en 1948 et fondé par des populations juives de la région et de la diaspora, et des territoires qui furent segmentés, confisqués, divisés à la suite de multiples conflits, il est parfois bien difficile de distinguer les Palestiniens des citoyens des États limitrophes, ou de considérer cette dénomination comme une « nationalité », en l'absence d'État reconnu. Parmi eux, nombreux furent ceux qui optèrent pour une seconde nationalité pour pouvoir librement s'installer, en France ou dans leur propre pays. Ils sont alors peu repérables comme Palestiniens.

Dès lors, on peut tout d'abord remarquer que l'immigration palestinienne est par définition récente. Les Palestiniens qui s'installèrent en France avant la proclamation de l'État d'Israël sont une trop infime minorité pour être considérée en tant que telle. Ils entrent dans la catégorie des « Levantins », déjà évoquée pour les Syriens et les Libanais. C'est après 1948, puis à la suite des différentes guerres israélo-arabes, que le pays devint une zone d'émigration : d'abord et surtout vers les pays voisins où se constituent des camps de réfugiés ad hoc, mais aussi vers l'Europe et la France. Comme pour les Libanais, c'est la langue de formation qui a le plus souvent déterminé la région d'émigration. L'influence britannique a déterminé une émigration plus forte vers les pays de langue anglaise, mais il faut noter qu'une émigration palestinienne, notamment d'intellectuels, est présente en France, particulièrement à Paris. Les Palestiniens sont souvent liés aux immigrés levantins, Syriens et Libanais, et partagent avec eux des lieux de sociabilité : quartiers centraux et XVe arrondissement de la capitale, librairies du Quartier latin, etc. Ainsi, Élias SANBAR (né en 1947), représentant de la Palestine à l'Unesco, écrivain et traducteur, fondateur de la *Revue d'études palestiniennes*, travaille souvent avec Farouk MARDAM-BEY (né en 1944), responsable de la collection « Sindbad » chez Actes Sud. Leïla CHAHID (née en 1949), qui fut représentante de l'OLP (Organisation de libération de la Palestine) en France, fut longtemps installée à Paris où elle rencontra son mari, l'écrivain marocain Mohamed Berrada.

Les Israéliens ne sont pas vraiment présents en tant que tels en France. Ils sont présents sous la forme de la binationalité, à travers les quelques Français qui ont accompli leur *Aliya* (« montée en Israël ») en 1948 et après. Ils conservent, la plupart du temps, une double appartenance, et voyagent fréquemment entre les deux pays. Des associations et des manifestations rendent visibles ces liens : l'association France-Israël ou la Fondation France-Israël, Isralink, etc.

Les liens forts sur le plan historique et diplomatique de la France avec le Moyen-Orient ne s'appuient pas sur une représentation de masse dans l'Hexagone. L'immigration issue de la région, mis à part le cas des anciens territoires sous mandat, et particulièrement du Liban, est plutôt sélective.

Leyla Dakhli

Bibl. : SHIMON Samuel, *Un Irakien à Paris*, Actes Sud, 2008 • LÉONHARDT SANTINI Maud, *Paris, Librairie arabe*, Marseille, Parenthèses Éditions, 2006.

Voir aussi : LIBANAIS, SYRIENS.

PRUCNAL Anna

Actrice, chanteuse. – Née le 17 décembre 1940 à Varsovie, alors Gouvernement général, aujourd'hui Pologne.

Anna naît dans la Pologne occupée par les nazis, d'une mère de haute ascendance noble et d'un père juif, qui sera victime de la Shoah. Élevée dans une atmosphère artistique, elle met toute son énergie dans l'art de la scène, qu'elle aborde par le cinéma, d'abord en Pologne puis à l'étranger (avec Michel Deville, Federico Fellini, Dusan Makavejev…). Entre-temps, elle s'est installée en France et s'y impose vite au théâtre, où elle joue sous la direction des plus grands metteurs en scène, de Jorge Lavelli à Roger Planchon en passant par Lucian Pintilie, avant d'entamer une troisième carrière dans la chanson, commencée en fanfare au Théâtre de la Ville (récital *Rêve d'Est-Rêve d'Ouest*, 1978) et qui la fera connaître d'un plus large public, interprète pleine de gouaille et d'énergie, inventeur d'un art ouvrant la « chanson française » au grand vent du cabaret berlinois.

Pascal Ory

PUJADAS David

Journaliste. – Né le 2 décembre 1964 à Barcelone, Espagne.

David Pujadas est fils d'interprètes et de traducteurs, père espagnol, mère française. Licencié en sciences économiques, diplômé de Sciences-Po Paris et du Centre de formation des journalistes, il entre comme reporter à TF1 en 1988. Il est ensuite présentateur « joker » du journal de 20 heures, puis présente « Le Grand Journal » sur LCI. En septembre 2001, il est recruté par France 2 pour présenter le journal de 20 heures. À partir de 2006, il anime également des magazines, tels « Madame, monsieur, bonsoir » (jusqu'en 2007) ou « Les Infiltrés » (jusqu'en 2011). En juin 2011, il commence à animer l'émission politique mensuelle « Des paroles et des actes », diffusée en première partie de soirée.

Patrick Eveno

PULLMAN Bernard

Biochimiste. – Né le 19 mars 1919 à Wloclawek, Pologne ; mort le 9 juin 1996.

Né en Pologne, Bernard Pullman y effectue sa scolarité avant de se rendre à Paris pour étudier à la Sorbonne. Mais il doit interrompre ses études en raison de la guerre. Officier dans les armées de la France libre, il sert en Afrique et au Moyen-Orient. À la Libération, il achève ses études et soutient en 1948 une thèse de doctorat en physique, tout en collaborant au CNRS. Bernard Pullman épouse en 1946 Alberte Bucher, elle aussi chimiste quanticienne et combattante de la France libre. Il travaille étroitement avec elle jusqu'à son décès, en 1966. Ils développent ensemble la biochimie quantique, dont ils donnent de premières applications pour l'étude des propriétés cancérogènes des composés aromatiques. Ils publient différents ouvrages de référence dont le *Quantum Bochemistry* (1963). En 1954, Bernard Pullman est nommé professeur à la Sorbonne, sur la première chaire de chimie quantique. En 1959, il prend la direction du département de biochimie quantique de l'Institut de biologie physico-chimique. Il participe, en 1967 à Menton, à la création de l'Académie internationale de science moléculaire quantique, visant à regrouper « les scientifiques de tous pays qui se sont distingués par la valeur de leur travail scientifique, leur rôle de pionnier ou de chef de file dans une école relevant du champ de la chimie quantique, c'est-à-dire l'application de la mécanique quantique à l'étude des molécules ou macromolécules ». Il est l'auteur de plusieurs ouvrages de vulgarisation dont, en 1989, *L'Atome dans l'histoire de la pensée humaine* (1995). Membre de l'Académie des sciences, élu en 1977 dans la section de biologie cellulaire et moléculaire, il a été fait docteur *honoris causa* de nombreuses universités étrangères dont celles de Liège, de Madrid et de Jérusalem.

Vincent Duclert

QUÉBÉCOIS. — *Voir* CANADIENS.

QUÉBÉCOIS, chanteurs

Même si la Belle Province a été et demeure présente dans la société française par de multiples figures, en particulier celles de la littérature, de Réjean Ducharme à Anne Hébert en passant par Antonine Meillet, c'est, sans conteste, la chanson qui aura été, jusqu'à présent, sa plus durable et plus populaire contribution à la culture du pays dont, à quatre ou cinq siècles de distance, sont originaires la majorité de ses habitants. Au reste, le survol des étapes successives de la présence québécoise au sein de la chanson française est, en soi, une assez juste image du destin québécois, en même temps, sans doute, que de l'évolution de la société française.

Ainsi est-ce une image folklorisée, sympathique mais condescendante, d'un Québec rural, assimilé à la province française, que véhicule la chanteuse AGLAÉ (Jocelyne Deslongchamps, née le 13 mai 1933 à L'Épiphanie ; morte le 19 avril 1984 à Montréal), qui réside en France de 1952 à 1964, alors que, découvert par les Français dans le même temps – grâce, en particulier, à Jacques Canetti –, Félix LECLERC (né le 2 août 1914 à La Tuque, mort le 8 août 1988 à Saint-Pierre-de-l'Île-d'Orléans) trouve d'emblée sa place parmi les poètes de la chanson, faisant jeu égal avec Charles Trénet, Georges Brassens ou Léo Ferré (*Moi, mes souliers*, *Le P'tit Bonheur*). Trois fois Grand Prix de l'Académie Charles-Cros, Leclerc devient une autorité respectée dans son pays.

Il est rejoint, une dizaine d'années plus tard, par Gilles VIGNEAULT (né le 29 octobre 1928 à Natashquan), qui accentue encore la dimension littéraire de l'apport québécois. Ce descendant d'Acadiens déportés a révélé un précoce génie poétique, qui le conduit, en 1958, alors qu'il est à la fois professeur, comédien et conteur – il publiera une quarantaine de livres –, à choisir la chanson comme médium principal (*Jack Monoloy*, *La Manikoutai*). Le *Mon pays* de 1964 devient en France la chanson du Québec par excellence – le *Plat Pays* de Vigneault –, le *Gens du pays* de 1975 prenant pour sa part la place, au Québec, d'un véritable hymne national. L'image et la réalité de la chanson québécoise commencent à basculer avec Robert CHARLEBOIS (né le 25 juin 1944 à Montréal), qui parle d'un contexte plus urbain et mondialisé et de relations humaines plus fragiles (*Lindbergh*, *Ordinaire*). Le lien avec la génération de l'après-guerre demeure cependant assez fort pour que Leclerc, Vigneault et Charlebois soient côte à côte à la Superfrancofête de Québec, tenue le 13 août 1974 sur les plaines d'Abraham (album *J'ai vu le loup, le renard, le lion*).

Depuis lors, l'identité québécoise s'est insensiblement modifiée et, pour certains observateurs, diluée dans le grand marché nord-américain, malgré le volontarisme des artistes, des intellectuels et des politiques identitaires. La culture anglo-saxonne de la comédie musicale – distincte de la tradition franco-germanique de l'opérette, en déclin depuis la guerre – est intégrée à l'aventure de *Starmania* (Luc PLAMONDON [né en 1942], Diane DUFRESNE, Fabienne THIBEAULT). Des itinéraires individuels s'affirment, garçons (Roch VOISINE, né en 1963 à Edmunston ; GAROU, né en 1972 à Sherbrooke), mais surtout filles (Lynda LEMAY née le 25 juillet 1966 à Portneuf : *Les Souliers verts, Le plus fort c'est mon père*). L'internationalisme des carrières et le bilinguisme des productions font qu'il est difficile de ramener à la « chanson québécoise » des itinéraires comme ceux d'une Céline Dion, a fortiori d'une Lara Fabian. Au Québec même, la tradition de la chanson-poésie subsiste cependant, avec, à l'orée du XXIe siècle (Pierre LAPOINTE, né en 1981 à Alma), un plus faible écho « outre-mer » que cinquante ans plus tôt.

Pascal Ory

QUIST Harlin

Éditeur. – Né le 14 juillet 1930 à Virginia, États-Unis ; mort le 13 mai 2000 à Minneapolis, États-Unis.

Éditeur d'ouvrages pour la jeunesse depuis 1963, l'Américain Harlin Quist rencontre, en 1966, le Français François Ruy-Vidal et, en 1968, s'installe à Paris. Aux traductions d'ouvrages en anglais succèdent des commandes à des auteurs français. Sous la direction artistique de Ruy-Vidal puis de Patrick Couratin paraîtront des titres qui feront date par leur audace à la fois littéraire et plastique. Les éditions Harlin-Quist ouvriront la voie du jeune public à la fois à de grands noms de la littérature des adultes (Marguerite Duras, Eugène Ionesco) et à des dessinateurs non conformistes, appelés à devenir des maîtres reconnus dans leur domaine (Guy Billout, Nicole Claveloux, Étienne Delessert, Claude Lapointe). Le succès public ne sera pas toujours au rendez-vous et l'expérience s'achèvera en 1982. Par la suite, certains de ces ouvrages, republiés, seront devenus des références pour les éditeurs et les auteurs exigeants.

Pascal Ory

R

RABANNE Paco (Francisco Rabaneda y Cuervo)

Couturier. – Né le 18 février 1934 à Pasaia, Espagne.

Né au Pays basque espagnol, « Paco » Rabanne – qui ne prendra ce prénom qu'aux alentours de la trentaine, après avoir été « Franck Rabanne » à partir de 1955 – grandit en France, orphelin d'un père officier républicain fusillé par les franquistes et élevé par une mère « première main » chez le grand couturier – d'origine basque espagnole lui aussi – Cristobal Balenciaga. Tenté par l'architecture – lauréat, en 1963, pour une « sculpture habitable » de jardin –, porté par la modernité de l'après-guerre, le jeune homme dessine précocement des robes, mais c'est par l'accessoire qu'il pénètre dans le saint des saints de la haute couture, en créant boutons, boucles d'oreilles, sacs ou chaussures pour Cardin, Courrèges ou Charles Jourdan, ainsi que pour le prêt-à-porter « de style ». Rabanne n'a pas peur des nouvelles matières, du rhodoïd à l'aluminium, et se porte d'emblée vers les formes géométriques, en harmonie avec les tendances de son époque. Sa première collection, en 1966, met en avant la double provocation de la « robe importable » et des « matériaux contemporains ». En 1971, la très fermée Chambre syndicale de la couture lui ouvre ses portes. Entre-temps, il a franchi celles du cinéma ; il est le couturier du film de Roger Vadim inspiré, en 1968, de la bande dessinée historique de Jean-Claude Forest, *Barbarella*, avec Jane Fonda dans le rôle titre. Paco Rabanne étend sa présence au parfum et au prêt-à-porter et contribue, dans les années 1970, à l'intégration décisive des hommes au cycle de la parure (mode vestimentaire et cosmétique), jusque-là construit autour de la femme. Pendant ce temps, son choix systématique du non-conformisme par rapport aux traditions de la couture continue à signer un style : tressés de métal ou plastique moulé, plexiglas ou papier, mais aussi tissu lacéré ou effets de lumière. Retiré, comme la plupart de ses pairs, de la haute couture, Rabanne passe peu à peu le relais sur les terrains qui maintiennent sa réputation (prêt-à-porter et parfum) et se consacre plus décidément à des spéculations ésotériques, qui convainquent moins ses contemporains de la fin de siècle que ne l'avaient fait ses créations des Trente Glorieuses.

Pascal Ory

RABINOVITCH Gregor

Producteur de cinéma. – Né le 2 avril 1889 à Kiev, alors Empire russe, aujourd'hui Ukraine ; mort le 12 novembre 1953 à Munich, Allemagne.

La carrière de producteur de Gregor Rabinovitch commence réellement après son exil, consécutif à la révolution bolchevique de 1917. C'est en France qu'il s'établit tout d'abord et que sa carrière débute avec la production d'*Âmes d'artiste* (1924), de Germaine Dulac. Sans appartenir à la communauté russe de Montreuil, réunie au sein de la société de production l'Albatros, il collabore pour ce film avec certains de ses compatriotes réfugiés en France, comme les acteurs Nicolas Koline et Ivan Petrovitch, le chef opérateur Nikolai Toporkoff, le décorateur Alexandre Lochakoff et le costumier Boris Bilinsky. Ses productions suivantes sont d'ailleurs des réalisations de Koline (*Six cent mille francs par mois*, 1925), Victor Tourjansky (*Le Prince charmant*, 1925 ; *Michel Strogoff*, 1926) ou Alexandre Volkoff (*Casanova*, 1927). À partir de 1928, il déplace son activité en Allemagne, sans rompre pour autant ces collaborations (*Shéhérazade*, de Volkoff, avec Koline et Petrovitch, 1928 ; *Manolesco, prince des sleepings*, de Tourjansky, avec Ivan Mosjoukine, 1929), ce qui va faire de lui un passeur entre les cinématographies allemande et française. À l'arrivée du parlant, lorsque se multiplient, en attendant le doublage, les versions mutliples d'un même film, il produit plusieurs versions françaises de films allemands (*Calais-Douvres*, de Jean Boyer et Anatole Litvak, 1931 ; *Une jeune fille et un million*, de Fred Ellis et Max Neufeld, 1932 ; *Rêve éternel*, d'Henri Chomette et Arnold Fanck, 1935…). Cela lui permet de travailler avec certaines des vedettes allemandes et françaises les plus en vue : Pola Negri, Brigitte Helm, Werner Krauss, mais aussi Pierre Brasseur ou Danielle Darrieux. C'est en 1937 qu'il revient à la production exclusivement française, avec *Nuits de feu*, de Marcel L'Herbier et, surtout, en 1938, le chef-d'œuvre du réalisme poétique : *Quai des brumes*, de Marcel Carné. Au début de la guerre, il continue à produire des films français (*Battement de cœur*, d'Henri Decoin, avec Danielle Darrieux, 1940 ; *Sans lendemain*, de Max Ophuls, avec Edwige Feuillère, 1940), avant de s'exiler une nouvelle fois, vers Hollywood cette fois, où son activité sera quasi nulle. Après la guerre, il produit quelques films en Italie, jusqu'au début des années 1950.

Dimitri Vezyroglou

RADDAD Omar

Jardinier. – Né le 1er juillet 1962 à Beni Oulichek, Maroc.

Le 24 juin 1991, les gendarmes de Mougins investissent la villa La Chamade appartenant à Mme Marchal et découvrent dans la chaufferie le corps sans vie de la propriétaire des lieux. Sur les murs, deux inscriptions sanglantes semblent désigner Omar Raddad, le jardinier de la victime. L'orthographe approximative sème le premier doute quant à l'identité de l'auteur de cette inscription qui semble ne pas pouvoir être Mme Marchal. Les indices paraissent pourtant suffisants au juge d'instruction, qui arrête et inculpe Omar Raddad. Joueur, celui-ci connaît des difficultés financières et a eu des démêlés avec son employeuse. La porte de la chaufferie bloquée de l'intérieur, un alibi fragile, l'absence d'effraction de la villa, de nombreux éléments tendent à l'accuser. Un incident de séance a lieu au cours du procès, pendant le témoignage de l'épouse de Raddad, qui affirme que « son mari est si gentil qu'il ne pourrait faire de mal à une mouche ». Le président Armand Djian lui rétorque « vous produisez une photo prise au Maroc où il tue un mouton pendant la fête rituelle ». Cette intervention sera utilisée par la défense pour évoquer un climat de racisme ambiant durant le procès. Malgré ses protestations d'innocence, Raddad est condamné le 2 février 1994 à dix-huit ans de réclusion. Maître Jacques Vergès commente : « Il y a cent ans, on condamnait un jeune officier qui avait le tort d'être juif, aujourd'hui on condamne un jardinier car il a le tort d'être maghrébin. » Le président de la cour et le procureur Paul-Louis Augeras s'émeuvent de cette accusation et demandent des poursuites contre Jacques Vergès. Après cette condamnation, des détectives mandatés par les différents avocats du condamné et, pour certains, financés par un proche du roi du Maroc, reprennent l'enquête, sans mettre au jour de nouveaux éléments. Bénéficiant d'une grâce partielle en 1996, sur la demande pressante du roi Hassan II, le condamné est libéré en septembre 1998. Il continue cependant à multiplier les demandes de révision qui, à ce jour, n'ont pas abouti. Deux ADN masculins différents ayant été relevés dans une empreinte palmaire de la porte de la chaufferie, la défense a demandé leur comparaison avec ceux du fichier national des empreintes génétiques. Le débat sur la culpabilité du condamné n'est pas éteint, les uns dénonçant le racisme qui aurait contribué à la fabrique du coupable, les autres fustigeant « la sanctification médiatique et artistique » dont Raddad bénéficierait.

Anne-Claude Ambroise-Rendu

RADMAN Miroslav

Biologiste. – Né le 30 avril 1944 à Split, Croatie.

Titulaire d'un master en biologie moléculaire de l'université de Zagreb et docteur de l'Université libre de Bruxelles, Miroslav Radman arrive en France en 1969 pour remplir un contrat temporaire au CNRS. L'année suivante, il part pour l'université Harvard pour un contrat similaire. En 1973, il est nommé professeur à l'Université libre de Bruxelles, où il y enseigne durant dix ans. Il y réalise, en 1974, une découverte majeure concernant le système de réparation de l'ADN (ou système SOS). Miroslav Radman est également l'auteur de découvertes qui contribuent à la compréhension des mécanismes moléculaires impliqués dans l'évolution des bactéries pathogènes. En 1983, le CNRS le rappelle ; il y devient directeur de recherche et intègre l'Institut Jacques-Monod à l'université Paris-VII. En 1998, il est nommé professeur de biologie cellulaire à l'université Paris-Descartes et directeur de l'unité IN-

SERM « Génétique moléculaire, évolutive et médicale » de la faculté de médecine de l'hôpital Necker. L'Académie des sciences l'élit en 2002 dans la section de biologie moléculaire et cellulaire et de génomique. L'année suivante, il reçoit le grand prix de l'INSERM de la recherche médicale. Il a écrit, en 2011, un ouvrage de vulgarisation : *Au-delà de nos limites biologiques*.

Vincent Duclert

RAHIMI Atiq

Romancier et cinéaste. – Né le 26 février 1962 à Kaboul, Afghanistan.

Fils d'un haut fonctionnaire afghan, Atiq Rahimi naît dans une famille cultivée et vivant à l'occidentale, ce qui lui permet d'être scolarisé au lycée français de Kaboul. Lecteur passionné de Marguerite Duras, il voit le film *Hiroshima mon amour* et en ressort bouleversé, au point de vouloir faire du cinéma sa profession. Témoin de la guerre qui fait rage depuis 1979, il fuit l'Afghanistan vers le Pakistan et obtient l'asile politique auprès des autorités françaises en 1984. Inscrit comme étudiant en cinéma à la Sorbonne, il obtient son diplôme et travaille ensuite dans une entreprise de production de films. Après l'arrivée au pouvoir des talibans, en 1996, il ressent le besoin d'écrire la souffrance qu'il ressent devant le drame afghan. Accepté par l'éditeur P.O.L. en 2000, son premier roman, écrit en persan, *Terre et cendres*, devient un succès international. Adapté au cinéma par Rahimi lui-même, quatre ans plus tard, le film est très favorablement accueilli à Cannes, où il reçoit le prix du Regard vers l'Avenir, et il manque de figurer dans la sélection officielle pour l'Oscar du meilleur film étranger de l'année 2004. Rahimi poursuit son œuvre littéraire avec deux autres livres également traduits du persan (*Les Mille Maisons du rêve et de la terreur*, 2002 ; *Le Retour imaginaire*, 2005). En 2008, le prix Goncourt est décerné à son quatrième roman, le premier écrit en français, *Syngué sabour*. Autant primé pour ses qualités de style que pour son sujet traité – la résistance des femmes en Afghanistan –, l'ouvrage est unanimement salué. Aux yeux d'une grande partie des critiques, l'attribution du prix à un écrivain franco-afghan marque un tournant dans l'histoire du Goncourt.

Pierre-Frédéric Charpentier

RAMBERT Ange (Angel)

Sportif. – Né le 12 juin 1936 et mort le 25 octobre 1983 à Buenos Aires, Argentine.

Après avoir commencé sa carrière au CA.Lanus, dans la banlieue de Buenos Aires, Angel Rambert, remarqué comme attaquant de grande classe, est recruté par l'Olympique lyonnais en 1960. Pendant une décennie, il enchante les supporters lyonnais par ses coups de génie, marquant cinquante-six buts en trois cent seize rencontres et remportant deux coupes de France, en 1964 et 1967. Naturalisé français, celui que l'on appelle « Ange » porte le maillot bleu à cinq reprises entre 1962 et 1964. Le 11 novembre 1964 notamment, il marque un but de la tête face à la Norvège au Parc des Princes en match de qualification pour la Coupe du monde 1966 (victoire 1-0). Après dix années passées à l'Olympique lyonnais, Ange Rambert termine sa carrière en 1971 par une saison à l'Olympique avignonnais. Son fils Pascual, né en 1974, et devenu à son tour footballeur professionnel, sera quant à lui sélectionné au sein de l'équipe d'Argentine à huit reprises en 1995 et 1996.

Yvan Gastaut

RAMPLING Charlotte

Actrice. – Née le 5 février 1946 à Sturmer, Angleterre.

Née du côté de Cambridge, élevée à Fontainebleau (son père colonel était attaché à l'OTAN), Charlotte Rampling est passée de la figuration, dans *Le Knack* du fantaisiste Richard Lester (1964), aux rôles marquants chez Lucchino Visconti (*Les Damnés*, 1969), John Boorman (*Zardoz*, 1974) et Liliana Cavani (*Portier de nuit*, 1974). Installée en France à la fin des années 1970, un temps mariée au compositeur Jean-Michel Jarre, elle impose dans le cinéma français son regard en dessous, impénétrable, de femme fatale, paupières lourdes, assorti d'un imperceptible plissement moqueur au coin des lèvres, sans abandonner une carrière internationale : *La Chair de l'orchidée* (Patrice Chéreau, 1975), *Un taxi mauve* (Yves Boisset, 1977), *On ne meurt que deux fois* (Jacques Deray, 1985), *Sous le sable* et *Swimming Pool* (François Ozon, 2000 et 2003), *Vers le sud* (Laurent Cantet, 2005).

Jean-Luc Douin

RAMUZ Charles-Ferdinand

Romancier et poète. – Né le 24 septembre 1878 à Lausanne, Suisse ; mort le 23 mai 1947 à Pully, Suisse.

Ramuz a passé de nombreuses années à Paris, où il fait paraître, en 1905, son premier roman, *Aline*, chez Perrin. Rentré en Suisse en 1914, il n'en sera pas moins l'un des acteurs de la vie littéraire française de l'entre-deux-guerres. Après la signature, en 1924, d'un contrat avec Grasset, la publication de *La Grande Peur de la montagne* (1926) suscite la polémique, par l'usage d'un style jugé trop peu conventionnel et qui annonce parfois celui de Louis-Ferdinand Céline ou de Raymond Queneau. S'ensuit un ouvrage collectif, *Pour ou contre C.F. Ramuz* (1926), où l'un de ses détracteurs écrit : « Écrivain français ! s'il veut l'être qu'il apprenne notre langue !... » En 1929, Ramuz assure lui-même sa défense en publiant sa *Lettre à Bernard Grasset*. Reconnu par ses pairs, il collabore à *La Nouvelle Revue française* de 1929 à 1940 et s'impose comme le plus connu des écrivains suisses de langue française de sa génération.

Pierre-Frédéric Charpentier

RAPHO, agence

Fondée en 1933, Rapho a été la première grande agence rémunérant ses photographes à la commission, ouvrant ainsi la voie à l'âge d'or du photojournalisme, qui a pris fin avec le retour au salariat, sous l'égide de grands groupes transmédias. Son créateur, Charles Rado, est un Hongrois ayant travaillé en Allemagne chez l'éditeur Ullstein, qui partira ensuite aux États-Unis. Parmi les noms connus de la génération d'avant-guerre de l'agence, réveillée à la Libération sous la conduite de Raymond Grosset, citons Brassaï et, fait rare à l'époque, deux femmes, l'Autrichienne Camilla Koffler, dite Ylla, et la Hongroise Ergy Landau. En 1934, une seconde agence indépendante, Alliance photo, qu'illustreront Denise Bellon ou Pierre Verger, est créée par une réfugiée d'Allemagne, Maria Eisner.

Pascal Ory

RAPKINE Louis

Biochimiste. – Né le 14 juillet 1904 à Tchichenitch, alors Empire russe, aujourd'hui Biélorussie ; mort le 13 décembre 1948 à Paris, France.

Fils du tailleur Israël Rapkine et d'Ida Sorkine, qui émigrèrent avec leurs trois enfants à Paris (1911) puis à Montréal (1913), Louis Rapkine entre à l'université Mac Gill en 1921. Il en sort licencié ès sciences (BSc). Il décide alors de poursuivre ses études à Paris, où il arrive en octobre 1924. Désirant comprendre les processus chimiques et physiques qui sont au cœur de la reproduction, il commence par se pencher sur le problème de la division cellulaire. Il suit à la Sorbonne des cours d'embryologie et de zoologie, tout en travaillant dans le magasin de chaussures d'un oncle maternel. Durant l'été 1925, il séjourne à la station de biologie marine de Roscoff, où il réalise ses premières études sur les embryons et les œufs d'oursin. C'est là qu'il fait la connaissance de Marcel Prenant, Victor Henri, Boris Ephrussi, André Lwoff, Joseph et Dorothy Needham, Georges Teissier, Sergueï Métalnikoff... À son retour dans la capitale, il entame des recherches au Collège de France, dans le laboratoire d'Emmanuel Fauré-Frémiet. Avant de bénéficier d'une bourse de l'International Education Board (département de la Fondation Rockefeller) de novembre 1925 à juin 1927, il a connu des conditions de vie difficiles.

René Wurmser, chef du service de biophysique au sein du tout nouvel Institut de biologie physico-chimique (1927 ; Fondation Edmond de Rothschild), l'engage comme assistant. Il y sera nommé chef de service adjoint en 1936. La Société biologique de France lui décerne son prix annuel pour ses travaux sur l'énergétique du développement de l'œuf (1927-1928). Il se rend à Cambridge où il rencontre Ernest Rutherford, Frederick Gowland Hopkins, William Thomson (lord Kelvin), Arthur Stanley Eddington. Il y retrouve les Needham, devenus des amis proches. En 1932, l'Académie des sciences lui décerne le prix Pourat de physiologie. Parallèlement à ses recherches, il poursuit des études à l'École pratique des hautes études (section sciences naturelles) et à la faculté des sciences de Paris. En juillet 1936, avec le soutien du premier sous-secrétariat d'État à la Recherche scientifique, mis en place par le gouvernement de Front populaire, Rapkine crée le Comité français pour l'accueil et l'organisation du travail des savants étrangers, en étroite collaboration avec la Society for the Protection of Science and Learning, anglaise. Il vient en aide à des réfugiés universitaires juifs (Allemands, ex-Autrichiens) ainsi qu'à des antifascistes espagnols et portugais. Cependant, parce qu'il est de nationalité canadienne (son père l'a obtenue en 1915), son nom n'apparaît dans aucun papier officiel en relation avec le Comité, situé à l'adresse même de l'Institut de biologie, codirigé par Jean Perrin, vice-président du Comité.

Au cours de son intégration progressive dans la société française, à travers l'évolution de son travail scientifique, Rapkine découvre que son statut d'étranger l'écarte des promotions de carrière. Or, il n'est pas décidé à s'établir en France, il songe au Canada, aux

États-Unis ou à Cambridge. En 1934, Pierre Laval, alors ministre des Affaires étrangères, fait adopter une loi qui impose aux nouveaux naturalisés un stage de dix ans avant d'accéder à tout emploi dans la fonction publique, mesure qui écœure profondément Rapkine. Ce n'est finalement que le 28 septembre 1939, dans un pays en guerre depuis plus de trois semaines, que Rapkine obtient sa naturalisation française, ainsi que celle de sa femme, Sarah Malamud, née le 14 août 1900 à Célesti (Roumanie), épousée le 31 juillet 1929 à New York, et de leur fille Claude, née à Paris le 24 mai 1932. En attendant son appel sous les drapeaux, il trouve à Londres, où il se rend à la mi-janvier 1940, un emploi à la Mission française d'achat des charbons (statistiques). En mai 1940, le directeur du CNRS (Henri Laugier) charge Rapkine d'une mission d'information en Angleterre sur des questions de biochimie. Il reprend ainsi contact avec un groupe de scientifiques engagés à gauche, qui militent activement pour que leurs travaux soient utilisés afin de résoudre le conflit mondial en cours. La rupture des relations diplomatiques entre la France et la Grande-Bretagne, le 8 juillet 1940, met un terme brutal à son projet d'organiser la participation des scientifiques français à l'effort de guerre anglais. À la fin du mois d'août 1940, en compagnie de Laugier, Rapkine rejoint New York pour y mettre en place un plan de sauvetage de l'élite des scientifiques français, avec l'appui décisif, financier et logistique de la Fondation Rockefeller. Une trentaine de scientifiques et leurs familles en bénéficient, dont de nombreux juifs en danger en France occupée. En décembre 1941, le général de Gaulle approuve la création, au sein de la délégation de la France libre à New York, d'un bureau scientifique dirigé par Louis Rapkine. Lorsque, à Washington, un fonctionnaire lui demande s'il souhaite devenir citoyen américain, Rapkine répond vertement : « Je suis né russe, j'ai été ensuite citoyen du Canada, et puis, je me suis fait naturaliser français. Auriez-vous plus d'estime pour moi si je changeais de nationalité comme de vêtements ? » Jacques Tréfouël, directeur de l'Institut Pasteur, le nomme en 1946 chef du service de physiologie cellulaire, créé à son intention. Lc 14 mars 1947, Louis Rapkine est élevé au rang de chevalier de la Légion d'honneur.

Diane Dosso

RAY Man (Emmanuel Radnitzky)

Peintre, photographe, expérimentateur. – Né le 28 août 1890 à Philadelphie, États-Unis ; mort le 18 novembre 1976 à Paris, France.

Né dans une famille d'immigrants juifs russes aux États-Unis, le jeune Man Ray (le nom a été adopté par la famille en 1912) se forme au dessin industriel et à l'architecture, mais, plus encore, à la liberté d'expression, entre autres au contact de l'enseignement libertaire des « écoles Ferrer » (en hommage à l'anarchiste espagnol de ce nom) puis de l'avant-garde plastique new-yorkaise (Galerie 291, Armory Show,...). La rencontre, à New York en 1915, de Marcel Duchamp est décisive dans son choix de passer, après la guerre, en France. Il y vivra d'abord de travaux divers, principalement photographiques, pour la haute couture, tout en poursuivant des expériences plastiques radicales, qui l'assimilent à Dada, puis au surréalisme. Le photographe de mode – il sera, dans son studio, le maître de Berenice Abbott – est aussi un portraitiste reconnu (Nancy Cunard, Picasso, Gertrude Stein…) et l'amant de plusieurs femmes « lancées » fréquente la bonne société moderniste. Le surréaliste participe, en 1925, à la première exposition du groupe ; il réalise une série de photographies restées célèbres de l'artiste surréaliste Meret Oppenheim nue (1934). Il est aussi le réalisateur d'une demi-douzaine de films inclassables, d'où la postérité a détaché *L'Étoile de mer* (1928), sur un scénario de Robert Desnos, et *Les Mystères du château de dé* (1929), commande des Noailles, tourné dans leur villa d'Hyères. Ses objets (depuis son fameux *Cadeau* de 1921, fer à repasser hérissé de clous) font sensation. Naviguant avec aisance entre radicalisme et mondanité, Ray va, par exemple, faire servir sa technique du « rayograph » (image, dite « rayogramme », obtenue sur papier sensible sans recours à un appareil) à une campagne publicitaire de General Electric. Réfugié aux États-Unis en 1940, il regagne définitivement, en 1951, la France, où il se sent, à juste titre, mieux reconnu – jusqu'à ce que la modernité américaine des années 1970, Andy Warhol au premier plan, le redécouvre. Satrape du Collège de 'Pataphysique, Man Ray, qui avait publié son autobiographie (*Self Portrait*) en 1963, est enterré avec sa dernière épouse au cimetière Montparnasse. Son épitaphe résume la position de ce créateur protéiforme, figure contemporaine du dandy : *Unconcerned, but not indifferent* (« Pas vraiment concerné, mais pas indifférent »).

Pascal Ory

RAYNERI Charles

Fondateur des banques populaires. – Né le 10 mars 1858 à Bordighera, Italie ; mort vers 1939 à Nice ou en Corse (?), France.

Charles Rayneri fut l'un des initiateurs de la coopération de crédit en France. Après avoir étudié les divers modèles européens, allemand (Raiffeisen, Schulze) et italien (Luzzatti), il contribua au développement de nombreuses banques populaires, de 1883 à 1910 : d'abord dans le Sud-Est (à Menton, Nice, Marseille, et Menton), mais aussi à Toulouse et Cognac.

La première de ces banques, celle de Menton, fit figure de modèle au sein du mouvement des banques populaires : cette société en nom collectif à capital variable drainait l'épargne des petits négociants, des artisans et des cultivateurs. Charles Rayneri tenait, par cette absence de spécialisation, à mettre le crédit au service de l'amélioration de la situation matérielle de toutes les classes populaires, qu'elles soient à la ville ou à la campagne. Il fonda également sept caisses agricoles, auxquelles la banque de Menton octroya des prêts avantageux.

Charles Rayneri fut, avec Edmond Rostand et Ludovic de Besse, l'un des fondateurs du Centre pour la propagation du Crédit populaire créé à Marseille, à la fin du XIXe siècle, et dont Maurice Dufourmantelle fut le premier secrétaire général. Jusqu'à la Première Guerre mondiale, Charles Rayneri présida la banque de Menton, qui se transforma en Union franco-italienne de crédit coopératif en 1914.

Charles Rayneri fut aussi un proche du Musée social. Ce dernier, fondé en 1895 par le comte de Chambrun, publia de nombreux rapports sur toutes les questions sociales, en particulier avant la Grande Guerre. Le Musée social contribua également à l'élaboration de lois sociales importantes, dans le domaine de la protection sociale et de l'habitation. Avec le président du Musée social, Léopold Mabilleau, Charles Rayneri publia ainsi, en 1898, une étude sur la prévoyance sociale en Italie.

Il se retira de la vie publique après la Première Guerre mondiale. Il semble être décédé une vingtaine d'années plus tard, au début de la Seconde Guerre mondiale, à Nice ou en Corse.

Michel Dreyfus

REEVES Hubert

Astrophysicien et vulgarisateur scientifique. – Né le 13 juillet 1932 à Montréal, Canada.

Hubert Reeves passe une enfance qu'il qualifie d'« intensément francophone » près de Montréal, dans une famille qui revendique un statut de « Canadiens français » et un héritage catholique. Après une scolarité menée au collège jésuite Brébeuf, il se passionne pour l'astronomie et confirme sa vocation lors d'un stage d'été à l'observatoire de l'université Harvard à Cambridge (Massachusetts). Il entame, en 1950, des études de physique à l'université anglophone McGill à Montréal. Suivant les recommandations dispensées aux étudiants de poursuivre leur troisième cycle aux États-Unis, c'est à l'université Cornell qu'il obtient, en 1960, un doctorat en astrophysique nucléaire, dans l'entourage d'une grande figure de la physique nucléaire, Hans Bethe, et sous la direction d'un de ses élèves, Ed Salpeter. Il entame sa carrière en enseignant la physique à l'université de Montréal, en même temps qu'à la NASA, l'Agence spatiale américaine, dans le cadre de l'Institute for Space Studies de l'université Columbia de New York, où il rencontre notamment l'astrophysicien français Evry Schatzman. À la recherche d'une équipe travaillant sur un accélérateur de particules, qui lui permettrait de mener ses propres travaux de physique nucléaire, et désireux, « comme tout francophone vivant en dehors de l'Hexagone, [de] découvrir la France », il accepte la proposition qui lui est offerte d'aller enseigner à l'Université libre de Bruxelles. Il y rencontre René Bernas, un physicien français du CNRS, dont l'équipe travaille à la faculté d'Orsay sur des sujets communs à ceux de Reeves. En 1965, il s'établit ainsi en France avec sa femme et ses quatre enfants, devient directeur de recherche au CNRS et est affecté à trois laboratoires : l'Institut d'astrophysique de Paris, la faculté d'Orsay et le service d'astrophysique du Commissariat à l'énergie atomique, à Saclay. Il mène alors une carrière internationale, invité dans de nombreuses universités, et développe ses recherches dans les domaines de l'astrophysique stellaire et de la nucléosynthèse, c'est-à-dire la formation des noyaux atomiques. Elles lui vaudront, parmi d'autres récompenses, la médaille Albert Einstein de la Société Einstein de Berne en 2001, partagée avec Johannes Geiss, dont il est un proche. C'est cependant son œuvre de vulgarisation scientifique qui le fait accéder à la notoriété auprès du grand public. En 1981, le succès de son livre *Patience dans l'azur*, best-seller traduit en treize langues qui raconte l'histoire de l'univers, détermine chez lui une véritable mission de « partage du savoir », qu'il développe sous de multiples supports médiatiques : conférences publiques, émissions télévisuelles, chroniques radiophoniques hebdomadaires sur France Culture, et une quinzaine d'ouvrages. Chantre de la nature, qu'il célèbre dans sa maison de Malicorne, dans la Puisaye, il s'engage, dans les années 2000, dans des actions publiques en faveur de la défense de l'environnement.

Anne Rasmussen

REGGIANI Serge

Comédien, chanteur. – Né le 2 mai 1922 à Reggio d'Émilie, Italie ; mort le 22 juillet 2004 à Boulogne-Billancourt, France.

Arrivé en France à l'âge de huit ans avec sa famille qui fuyait le fascisme, Serge Reggiani adopte le métier de son père (apprenti coiffeur) avant de s'inscrire au Conservatoire en 1939. Sa carrière théâtrale passe par Roger Vitrac (*Le Loup-Garou*, 1940), Armand Salacrou (*Un homme comme les autres*, 1944), Maurice Clavel (*La Terrasse de midi*, 1948), Albert Camus (*Les Justes*, 1949), Jean-Paul Sartre joué trois fois (*Les Séquestrés d'Altona*, 1959, 1961, 1965). Parallèlement, il interprète une cinquantaine de films, passant de personnages cyniques (*Les Portes de la nuit* de Marcel Carné, 1946 ; *Manon* d'Henri-Georges Clouzot, 1949) à des êtres tourmentés, nostalgiques. Visage de cocker triste, il rend inoubliables ses compositions de menuisier apache (*Casque d'or* de Jacques Becker, 1951), de truand traqué (*Le Doulos* de Jean-Pierre Melville, 1961), d'écrivain raté (*Vincent, François, Paul et les autres* de Claude Sautet, 1974), ou de drôle de commissaire dans *Le Chat et la souris* de Claude Lelouch (1975).

En 1967, il se lance dans la chanson, relançant une carrière chaotique. Ses interprétations intenses de textes de Boris Vian, Jean-Loup Dabadie, Georges Moustaki lui valent un triomphe au music-hall, parachevant sa popularité.

Jean-Luc Douin

RÉGINE (Regina Zilberberg)

Chanteuse et entrepreneuse. – Née le 26 décembre 1929 à Anderlecht, Belgique.

Fille d'un père quelque peu aventurier qui l'initie précocement à la vie nocturne, celle qui sera la plus célèbre « reine de la nuit » française crée, en 1956, le cabaret Chez Régine, puis, en 1961, le New Jimmy's – des « boîtes de nuit » que l'époque transforme en « discothèques ». Trente ans plus tard, elle reprend Le Palace, fondé par Fabrice Emaer : autant de lieux devenus mythiques dans le milieu des noctambules. Entre-temps, elle a commencé une carrière de chanteuse, couronnée de succès (*Les P'tits Papiers*, de Serge Gainsbourg ; *La Grande Zoa*, de Frédéric Botton,…). Son dynamisme, son entregent, sa capacité à jouer à la fois sur le terrain de l'entreprise (elle lance aussi des lignes de parfums) et sur celui de la scène (elle apparaît sur le grand comme sur le petit écran) l'ont durablement installée comme une figure majeure de la « vie de plaisir ».

Pascal Ory

REGO Luis

Musicien et acteur. – Né le 30 mai 1943 à Lisbonne, Portugal.

Arrivé en France au début des années 1960 parce qu'il refusait d'aller se battre dans les « provinces d'outre-mer sous la dictature salazariste, Luis Rego est devenu une figure populaire dans son pays d'accueil grâce à deux expériences ayant en commun la double caractéristique d'être collective et comique. La première, cinématographique, s'appellera Les Charlots, quintette de jeunes acteurs lancés comme groupe de musiciens (Les Problèmes) et révélés en 1971 par le premier film de la série des *Bidasses*, que suivront beaucoup d'autres, applaudis par un large public et totalement discrédités par la critique cinéphile. La seconde, radiophonique, le « Tribunal des flagrants délires », émission animée entre 1981 et 1983 par Claude Villers, au travers de laquelle émergera définitivement la forte personnalité de Pierre Desproges. Celle de Luis Rego est moins nettement tranchée, tout en fantaisie.

Pascal Ory

REICHA Antoine-Joseph (Antonín-Rejcha)

Compositeur et pédagogue. – Né le 26 février 1770 à Prague, alors Empire d'Autriche, aujourd'hui République tchèque ; mort le 28 mai 1836 à Paris, France.

Orphelin recueilli par son oncle Joseph, violoncelliste et compositeur, travaillant pour l'électeur de Cologne, Antoine Reicha, qui a alors, à Bonn, rencontré Ludwig van Beethoven, s'installe à Hambourg (1794-1799), puis à Paris (1799-1802). Ce n'est qu'après un séjour à Vienne, de 1802 à 1808, qu'il élit définitivement domicile à Paris. Professeur de composition au Conservatoire en 1818, naturalisé français en 1829, il est aujourd'hui surtout célèbre pour la formation qu'il a donnée à de prestigieux élèves comme Franz Liszt. C'est lui qui a formé, qu'ils le reconnaissent ou non, une grande partie des compositeurs qui ont défini une école musicale française autour de l'esthétique romantique, d'Hector Berlioz à Charles Gounod et à César Franck.

Son audace rythmique est parfois étonnante. Ses compositions restées les plus célèbres sont ses quintettes à vent.

Didier Francfort

REINES ET IMPÉRATRICES

Les mariages princiers étant d'abord diplomatiques, les familles régnantes tendent à être et cosmopolites et fort homogènes. Les épouses des derniers souverains français en témoignent, malgré la montée du sentiment national dès avant la Révolution : Maria Antonia Josepha Johanna de Habsbourg-Lorraine, ou MARIE-ANTOINETTE, née le 2 novembre 1755 à Vienne (Autriche), morte le 16 octobre 1793 à Paris, reine en 1774, est appelée « l'Autrichienne » par la noblesse dès son mariage en 1779 avec le futur Louis XVI, et devient vite cible de multiples accusations, de l'adultère à la mise en péril du budget de l'État. Contre-révolutionnaire dès 1789, elle est jugée et guillotinée après la chute de la monarchie, comme « le fléau et la sangsue des Français », sur un dossier vide, les documents montrant une trahison n'étant pas, alors, connus. La xénophobie pèse dans sa condamnation, mais elle n'est pas la dernière souveraine née étrangère.

En 1810, Napoléon Ier en épouse une petite-nièce, Maria Ludovica Leopoldina Francisca Theresa Josepha Lucia de Habsbourg-Lorraine ou MARIE-LOUISE, née le 12 décembre 1791 à Vienne (Autriche) et morte le 17 décembre 1847 à Parme (duché de Parme/Italie). Il s'agit de sceller l'alliance entre Vienne et Paris et de donner un héritier au trône. Napoléon est conquis, mais sa famille autant que les opposants républicains et monarchistes se méfient de cette nouvelle « Autrichienne », même si elle refuse de relayer la politique de Metternich. Elle donne le jour à un héritier en 1811, est un temps une régente purement représentative, le redevient quand l'Empire s'effondre, donne son prénom aux ultimes et jeunes recrues de ce dernier, mais abandonne son époux durant les Cent-Jours et reçoit en viager les duchés de Parme, de Plaisance et de Guastalla, où elle laisse une image favorable.

Les épouses de Louis XVIII et Charles X, toutes deux venant de la cour de Turin et filles de Victor-Amédée III de Savoie et de Marie Antoinette Ferdinande de Bourbon, infante d'Espagne, sont mortes avant que règnent leurs époux. MARIE-JOSÉPHINE-LOUISE DE SAVOIE, née le 2 septembre 1753 à Turin (Royame de Sardaigne/Italie), morte le 13 novembre 1810 à Hartwell House (Angleterre), épouse en 1771 le comte de Provence, prend en 1774 le titre de « Madame », nom donné à une rue de Paris en 1790. Sans enfants ni poids politique, elle fuit ensuite la Révolution et, si elle court l'Europe avec sa lectrice, réputée être son seul amour, à sa mort son époux dit que ce décès est « le premier chagrin qu'elle [lui] ait donné ». Sa sœur, MARIE-THÉRÈSE DE SAVOIE, née le 31 janvier 1756 à Turin, morte en 1805 à Graz (Autriche), épouse en 1773 le comte d'Artois et donne le jour aux derniers Bourbons de la branche aînée, le duc de Berry et, par là, son fils posthume, le comte de Chambord, « Henri V ». La dernière reine, non de France, mais des Français, à partir de 1830, est presque aussi effacée ; MARIE-AMÉLIE-THÉRÈSE DE BOURBON, née le 26 avril 1782 à Caserte (Deux-Siciles/Italie), morte le 24 mars 1866 à Claremont (Angleterre), fille du roi Ferdinand Ier et d'une sœur de Marie-Antoinette, épouse en 1809 Louis-Philippe d'Orléans, en a dix enfants, ne joue aucun rôle politique, laisse pour seul souvenir durable le nom de la station d'Amélie-les-Bains (Pyrénées-Orientales) et manifeste des vertus bourgeoises très en phase avec le siècle.

Reste la dernière impératrice, à la fois anachronique et moderne, María Eugenia Palafox de Guzmán-Portocarrero y Kirkpatrick de Closbourn, marquise d'Ardales et de Moya, comtesse de Teba et de Montijo, ou EUGÉNIE DE MONTIJO, née le 5 mai 1826 à Grenade (Espagne), morte le 11 juillet 1920 à Madrid (Espagne). Elle épouse en janvier 1853 Napoléon III, selon qui, élevée en France, fille d'un francophile qui s'est battu à Paris en 1814, elle a, « comme Espagnole, l'avantage de ne pas avoir en France de famille à laquelle il faille donner honneurs et dignités ». Reflet aussi de l'évolution de la société, il ajoute faire un mariage d'amour. Régente quand l'empereur est en Algérie en 1865, puis en 1870, elle laisse son nom à la station thermale d'Eugénie-les-Bains (Landes) et le souvenir d'une femme superficielle, très pieuse, poussant à la guerre – au Mexique et en 1870 – avec une vision autoritaire de l'Empire ; mais la même soutient les premières Françaises diplômées de l'enseignement supérieur, ou le projet du canal de Suez.

Éric Vial

REINHARDT Django (Jean-Baptiste)

Guitariste, compositeur et chef d'orchestre. – Né le 23 janvier 1910 à Liverchies, Bel-

gique ; mort le 16 mai 1953 à Fontainebleau, France.

Sa famille – des gitans qui ont voyagé dans toute l'Europe – est originaire d'Allemagne. Né dans une roulotte, il apprend en autodidacte le banjo et la guitare. Très vite, il joue dans des orchestres de bals, accompagnant des accordéonistes. En 1928, un grave accident (l'incendie de sa roulotte) mutile sa main gauche. À force de persévérance, il réapprend à jouer de la guitare et retrouve sa virtuosité. Un ami, Émile Savitry, lui fait découvrir, en 1930, Duke Ellington et Louis Armstrong ; il s'oriente alors clairement vers le jazz. Il se produit dans les clubs de la Côte d'Azur, puis de Paris, et fonde, en 1934 avec le violoniste Stéphane Grappelli, le Quintette du Hot-club de France, composé uniquement d'instruments à cordes (deux guitares, un violon, une contrebasse) : le premier du genre. Ce jazz européen, autonome par rapport au modèle américain, remporte très vite un grand succès. Django Reinhardt y opère une synthèse entre le jeu tzigane et le jazz des années 1930 et devient le premier musicien à donner ses lettres de noblesse à la guitare de jazz. En 1937, avec les deux violonistes Stéphane Grappelli et Eddie South, il improvise, sur le premier mouvement du concert en *ré* mineur pour deux violons de Jean-Sébastien Bach, un air de swing, premier témoignage de l'amour des musiciens de jazz pour Bach. Pendant la Deuxième Guerre mondiale, Django souffre peu de l'occupation allemande. Il reconstitue le Quintette sans Stéphane Grappelli, resté à Londres, mais avec Hubert Rostaing à la clarinette, Francis Lucas à la contrebasse, Pierre Fouad à la batterie et toujours son frère à la guitare. Il présente, en 1940, l'une de ses compositions les plus connues, *Nuages*, qui lui permet d'atteindre une grande popularité. Il ouvre un club de jazz, La Roulotte, rebaptisée plus tard Chez Django Reinhardt. La Libération lui permet de jouer avec tous les musiciens américains de passage à Paris, car il est un des rares dont la réputation a traversé l'Atlantique. En 1946, il retrouve Stéphane Grappelli à Londres, pour un enregistrement où, entre autres, ils font swinguer *La Marseillaise* dans *Echoes of France*. Malgré quelques concerts, le duo magique du jazz français sépare sa route à l'aube des années 1950. Django, après une tournée aux États-Unis en demi-teinte où il n'obtient pas la reconnaissance escomptée, s'éloigne de plus en plus de la scène musicale. Ce personnage fantasque se fixe à Samois, près de Fontainebleau, où il s'adonne de plus en plus à la peinture et à la pêche. Il y meurt en 1953, laissant une empreinte indélébile sur le jazz français et mondial.

Laurent Martino

RENO Jean (Juan Moreno y Herrera Jiménez)

Acteur. – Né le 30 juillet 1948 à Casablanca, Maroc.

Né dans le Maroc du protectorat de parents républicains espagnols qui ont fui la dictature franquiste, Juan Moreno devient le comédien Jean Reno, d'abord au théâtre (il joue dans un *Andromaque* monté par Roger Planchon), pour une carrière d'abord discrète. Son destin bascule quand il croise celui du réalisateur Luc Besson, qui le fera tourner dans une demi-douzaine de ses longs métrages, à partir du *Dernier Combat* (1983). *Le Grand Bleu* (1988), *Nikita* (1990), *Léon* (1994) : trois succès internationaux, qui propulsent l'acteur jusqu'à Hollywood, où l'on apprécie sa carrure et son professionnalisme. En France, *Les Visiteurs*, de Jean-Marie Poiré (1993), fait définitivement de lui l'un des acteurs les plus populaires de ce pays, comme le confirme son audience télévisuelle (série *Jo*, 2013). Il n'est pas sans signification que Jean Reno ait annoncé en 2013 son intention de raconter l'histoire de sa famille dans un film dont le scénariste serait Carlos Gomez, journaliste au magazine *Gala*, comme lui Français d'origine espagnole.

Pascal Ory

REUTLINGER, studios

Les studios photographiques Reutlinger furent fondés en 1850 par Charles Reutlinger (1816-1880), né à Karlsruhe, ayant commencé son activité à Stuttgart avant de s'installer à Paris. Lui succéderont son frère Émile puis, à partir de 1890, le fils de celui-ci, Léopold-Émile, grandi en Amérique, qui donnera à l'entreprise familiale son plus haut degré de notoriété, jusqu'à son retrait, en 1930. Sis boulevard Saint-Martin, puis à Montmartre et rue de Richelieu, autrement dit au cœur du monde « bien parisien » des Boulevards, les studios furent, tout au long de la seconde moitié du XXe siècle, les grands fournisseurs en portraits des magazines (*L'Illustration* et la *Petite Illustration théâtrale* au premier chef) et de la bonne société, tout en diversifiant leur production dans tous les domaines rentables, de la publicité à l'érotisme.

Pascal Ory

REZA (Reza Deghati, *dit*)

Photographe. – Né en 1952 à Tabriz, Iran.

Étudiant en architecture à Téhéran, le jeune Reza Deghati milite dans l'opposition au régime du shah, qui l'arrête, le torture, l'emprisonne pour trois ans. Devenu photographe, il travaille pour l'agence Sipa Press, fondée par Goksin Sipahioglu, et couvre à ce titre la révolution iranienne. Les islamistes au pouvoir ne le tolèrent pas plus, et il doit quitter son pays dès 1981. Il s'installe finalement à Paris – si l'on peut dire, puisqu'il va parcourir le monde entier des conflits, dans la grande tradition des correspondants de guerre. Ses photographies paraissent dans les pages des plus grands magazines mondiaux (*Time*, *Newsweek*, *Paris-Match*...). Certaines d'entre elles (celles du commandant Massoud, en Afghanistan) marquent l'opinion internationale. À partir des années 1990, ses expositions et ses livres (*Destins croisés*, *Insouciances*, *Chemins parallèles*, ce dernier avec son fils Delazad) montrent une préoccupation croissante de la dimension humaine. Chemin faisant, développant sa collaboration avec des magazines géographiques (*National Geographic*, *Géo*), il rencontre l'humanitaire, pour lequel il se mobilise de plus en plus, de l'Afghanistan au Rwanda, en particulier aux côtés de l'Unicef. À ce titre et pour son œuvre, Reza est l'un des photojournalistes les plus couronnés au monde (Lucie Award, Infinity Award, World Press Photo...).

Pascal Ory

REZVANI Serge

Romancier, dramaturge, parolier et peintre. – Né le 23 mars 1928, à Téhéran, Iran.

Né d'un père iranien et d'une mère russe, Serge Rezvani arrive à l'âge de un an en France et grandit dans plusieurs pensions successives. Il s'en échappe à quinze ans pour se consacrer à la peinture, mais traverse des années difficiles dans le Paris occupé et d'après-guerre. En 1950, il rencontre sa femme Danièle – dite « Lula » –, qui aura une profonde influence sur son œuvre. Dix ans plus tard, le couple quitte Paris pour s'installer à La Garde-Freinet, dans le Var. Ami de Boris Vian et de François Truffaut, Rezvani écrit, sous le pseudonyme de Cyrus Bassiak (« vagabond » en russe), les textes de plus de deux cents chansons et devient l'un des illustrateurs musicaux de la Nouvelle Vague. L'une de ses plus célèbres compositions, *Le Tourbillon (de la vie)*, est interprétée en 1962 par Jeanne Moreau dans *Jules et Jim*, et trois autres figureront sur la bande originale du *Pierrot le fou* de Jean-Luc Godard, en 1965. C'est l'année où Serge Rezvani délaisse la peinture pour la production littéraire et écrit sa première pièce de théâtre, *L'Immobile*. D'autres pièces seront montées au TNP ou au Festival d'Avignon. À la fin des années 1960, il choisit d'orienter ses efforts vers le roman. Un diptyque autobiographique (*Les Années-Lumière*, 1967 ; *Les Années Lula*, 1968) lui permet de revenir sur son parcours. Auteur engagé, il est aussi l'un des premiers à fustiger la « Babel électronique » dans son roman *Mille aujourd'hui* (1972). Avec les années 1990 et la maladie de son épouse, l'écrivain livre certains de ses textes les plus pessimistes (*La Traversée des monts noirs*, 1992 ; *L'Origine du monde*, 2000) et fait paraître en alternance plusieurs recueils de poésie (*Élégies à Lula*, 1999) qui, ajoutés à son œuvre de parolier, lui permettront de se voir décerner, en 2000, le Grand Prix des poètes de la SACEM. Veuf en 2004, il se remarie l'année suivante avec l'actrice Marie-Josée Nat.

Pierre-Frédéric Charpentier

RIBEIRO Catherine

Auteure et interprète de chansons. – Née le 22 septembre 1941 à Lyon, France.

Née de parents portugais, Catherine Ribeiro commence une carrière d'actrice chez Jean-Luc Godard, mais c'est dans la musique qu'elle s'impose, d'abord en chanteuse folk, promue par *Salut les copains*, puis en vraie rockeuse – l'une des rares et des plus grandes voix rock françaises. Ses engagements politiques à gauche, son indépendance d'esprit, son refus récurrent de jouer le jeu de l'industrie phonographique ne facilitent pas sa carrière, qui se développe soit en solo, soit avec des groupes (neuf disques avec Alpes, entre 1969 et 1982), essentiellement par le bouche à oreille. Auteure des textes de la plupart de ses créations, elle consacre beaucoup d'énergie à promouvoir le patrimoine de la chanson française, d'Édith Piaf à Jacques Brel, dont certaines de ses reprises font date.

Pascal Ory

RICCI Nina (Maria Adelaide Nelli)

Couturière. – Née le 14 janvier 1883 à Turin, Italie ; morte le 30 novembre 1970 à Paris, France.

Arrivée en France à l'âge de douze ans, mariée à un compatriote, le joailler Luigi Ricci, « Nina » ouvre sur le tard, en 1932, donc à près de cinquante ans, une boutique de couture sur les boulevards. Elle s'y fait une place estimée, mais son succès public, à partir de 1946, est lié au parfum, et d'abord à *L'Air du temps*, qui, lancé en 1948, s'impose comme le grand parfum français de l'après-guerre. Le fils de Nina et Luigi Ricci, Robert, a été, en 1934, le fondateur des studios photographiques Harcourt.

Pascal Ory

RICE Peter

Ingénieur-constructeur. – Né le 16 janvier 1935 à Dundalk, Irlande ; mort le 25 octobre 1992 à Londres, Royaume-Uni.

Après des études à Belfast et à Londres, jeune ingénieur, Rice est d'abord employé dans le bureau d'études Ove Arup et Partners, à Londres, où il collabore à l'édification de l'Opéra de Sydney, puis à la conception du Centre Georges-Pompidou à Paris (1973-1977). Il ouvre à Paris, en 1982, avec Martin Francis et Ian Ritchie, l'agence RFR, « vouée de toute façon à être française » (Rice), et aujourd'hui toujours en activité, malgré le départ de Ritchie. L'activité des architectes les plus en vue, français ou étrangers, est, en effet, stimulée alors par les commandes publiques, importantes et nombreuses en France : les grands chantiers présidentiels, mais aussi, à partir de la loi de décentralisation de 1983, les commandes des collectivités locales, régions, départements, grandes villes, combinées avec les effets bénéfiques de la nouvelle organisation des concours publics, attirent les architectes du monde entier. L'agence RFR prend sa part dans cet « âge d'or » de la commande publique. Les compétences de Peter Rice et de son agence les rendent indispensables dès que des structures innovantes sont nécessaires au projet architectural : acier moulé et assemblages articulés (Centre Pompidou, Renzo Piano et Richard Rogers arch.), constructions haubannées (usine Fleetguard à Quimper, Richard Rogers arch.), toitures textiles (usine Schlumberger à Montrouge, Renzo Piano arch.), câbles raidisseurs et parois de verre (serres de la Villette, Adrien Fainsilber arch.), autorisant un nouveau paradigme, celui du *verre structurel*, application de l'informatique à la création de nouvelles formes (terminal 2F, ADP et Paul Andreu arch.). Aux côtés des architectes les plus hardis, Peter Rice, auteur de plusieurs ouvrages de référence, a renouvelé l'art de bâtir dans la France des années 1980.

Gérard Monnier

RIETI Nicky (Niccolo)

Scénographe. – Né le 1947 à New York, États-Unis.

Arrivé en 1972 en France, où il s'installera, Nicky Rieti rencontre le peintre et scénographe Gilles Aillaud, qui le met en relation avec l'équipe du Théâtre de Strasbourg. Ce sera le début d'une longue collaboration avec André Engel, pour lequel il signe des scénographies qui modifient la relation acteur/spectateur. De *Don Juan et Faust* en 1973 à *Prométhée porte-feu* en 1980 ou *Dell'Inferno* en 1983, en passant par un mémorable *Baal* de Brecht en 1976, *Un week-end à Yaïck* ou *Kafka, théâtre complet* en 1978, Nicky Rieti détourne des lieux – haras, usines désaffectées, mairie, train... – et y crée des « événements » théâtraux qui transgressent la frontière entre jeu et réalité. À partir de *Venise sauvée*, de Hugo Von Hofmannsthal en 1986, Engel et Rieti ont regagné les théâtres et les collaborations du scénographe se sont diversifiées. Rieti travaille avec Jean-François Peyret, Bernard Sobel, Jean-Pierre Vincent, mais continue à suivre l'itinéraire d'André Engel, l'accompagnant, depuis la fin des années 1980, sur les scènes d'opéra : *Lady Macbeth de Mzensk* de Chostakovitch en 1992 , *Salomé* de Strauss (qu'il reprend à la rentrée 2011), *K.* de Philippe Manoury en 2001, *Cardillac* de Paul Hindemith en 2005, *Louise* de Charpentier en 2007 à l'Opéra Bastille ou *Ariane à Naxos* de Strauss à l'Opéra du Rhin en 2010. De 1993 à 1995, il peint une fresque pour le plafond du petit Théâtre de l'Odéon. Il obtient deux Molières : en 1993 pour la scénographie des *Légendes de la forêt viennoise* et en 2006 pour celle du *Roi Lear*, mises en scène d'André Engel.

Chantal Meyer-Plantureux

RITCHIE Ian Carl

Architecte. – Né en 1947 à Hove, Royaume-Uni.

Formé à l'université John Moores, à Liverpool (1965-1968), puis au Polytechnic of Central London (1970-1972), Ritchie, après un passage dans l'équipe de Norman Foster, fonde son agence, Ian Ritchie Architects London, qui opère en Grande-Bretagne et en Europe. Près d'Amiens, sa réalisation de la maison Fluy (1976-1977), où il propose de « vivre dans un jardin sous une ombrelle ensoleillée », en fait un pionnier sur la scène de l'architecte écologique. En 1982, il est présent à Paris, où il fonde, avec Peter Rice et Martin Francis, l'agence RFR, active sur les chantiers d'un nouvel art de bâtir ; il est impliqué dans la conception des serres et du toit principal de la Cité des sciences à la Villette (1982-1986), dans celle de la pyramide du Louvre (1985) comme dans celle des vitrages des salles de sculpture du même musée (1983-1993). Il a une activité régionale en Picardie avec, dans la Somme, successivement une pharmacie à Boves (1985-1986), le Centre culturel d'Albert (1990-1993) et une école maternelle à Daours (1991-1992). Invité par Électricité de France, il étudie un nouveau type de pylône pour les lignes à haute tension 220 et 400 kv (1995). En Dordogne, pour le site culturel et touristique de Terrasson-Lavilledieu, il est lauréat, avec l'atelier d'architecture Paysage Land, dirigé par Kathryn Gustafson, du concours international pour « Les jardins de l'imaginaire » (1992) : Ian Ritchie y construit un équipement culturel et de loisirs qui lui vaut de remporter, en 1997, le concours international d'architecture organisé par le groupe Du Pont de Nemours et, en 1999, le prix Stephen Lawrence.

Gérard Monnier

RITZ César (Petrus Theodulus Caesar)

Entrepreneur. – Né le 23 février 1850 à Niederwald, Suisse ; mort le 26 octobre 1918 à Küssnacht, Suisse.

Né dans une famille de notables ruraux, César Ritz commence dès l'âge de quatorze ans un apprentissage dans l'hôtellerie. En 1867, il quitte la Suisse pour Paris, où il entame sa carrière comme serveur dans les restaurants qui ouvrent pour l'Exposition universelle. Il poursuit son expérience dans de grands restaurants parisiens, notamment chez Voisin, où il côtoie la haute société cosmopolite et le tout-Paris. C'est là qu'il découvre l'importance des plaisirs de la table et de la cuisine. À partir de la guerre de 1870, suivant les destinations en vogue au sein de la classe de loisirs européenne et américaine, Ritz, au gré de ses rencontres, occupe des postes de directeur d'établissements de catégorie secondaire, entre la Suisse, l'Autriche, Paris, la Riviera, Londres, les stations climatiques italiennes. À partir des années 1880, les relations qu'il se fait l'orientent vers les palaces et vers le conseil aux établissements de luxe. Au service des grands de ce monde, il se fait une idée précise du confort, de la qualité, du décor, de l'atmosphère festive et mondaine que l'hôtellerie doit intégrer pour développer le marché du luxe. Au cours de cette période, il achète l'hôtel des Roches-Noires à Trouville (1884) et commence à nouer d'importantes relations avec le monde culinaire, notamment avec Auguste Escoffier, cuisinier déjà fort prisé, qui exerce ses talents au restaurant du casino de Boulogne-sur-Mer. Ritz fait appel à Escoffier à qui il confie, en 1886, les cuisines du Grand-Hôtel de Monte-Carlo, qu'il dirige alors. Les deux hommes partagent le même point de vue sur le nécessaire renouveau de l'art hôtelier et de l'art culinaire. Une longue collaboration aboutira à l'internationalisation et à la rationalisation de la cuisine par un système de « travail à la chaîne », à travers une organisation en « brigades » qui permet la diminution des délais de service et l'offre d'un large choix de plats à la clientèle. Ritz donnera à Escoffier les moyens de mettre en place sa conception innovante de la cuisine, au Savoy de Londres, dont il prend la direction en 1889. Entre-temps, il a épousé, le 17 janvier 1888, la fille d'hôteliers alsaciens établis à Cannes, Marie-Louise Beck, et se lance dans l'achat d'hôtels et de restaurants, à Baden-Baden et à Cannes. Dans ses *Mémoires*, Marie-Louise écrit qu'il se met alors à rêver d'un établissement modèle, qui serait « le summum de l'élégance et réunirait tous les raffinements qu'un prince puisse souhaiter pour sa propre demeure ». Le 28 mai 1896 est fondée, à Londres, la société Ritz Hotel Syndicate Ldt, destinée à la création d'hôtels de luxe et qui compte parmi ses actionnaires les plus grandes fortunes britanniques et internationales de l'époque. C'est dans ce cadre que Ritz ouvre le Carlton à Londres et donne le jour à son chef-d'œuvre, le Ritz, place Vendôme. Escoffier veille à l'installation de cuisines modernes et développe son art, qui fera de lui une référence dans le monde entier.

À l'aube du XXe siècle, César Ritz est reconnu par la haute société comme le meilleur hôtelier du moment. La compagnie Ritz, installée aussi à New York et à Madrid, ouvre d'autres établissements, notamment le Ritz de Londres, en 1905. En 1908, la marque Ritz est déposée et les époux Ritz vendent l'usage de leur nom à la compagnie. Terrassé d'un mal, alors indéfini, où il alterne prostrations, accès de colère, pertes de mémoire, César Ritz se retire des affaires, que sa femme continue de suivre. En janvier 1912, il entre, sur le conseil de ses médecins, dans une clinique de Genève où il perd totalement sa lucidité ; il s'éteint dans la plus grande solitude.

Julia Csergo

RIVAROL Antoine de

Journaliste et écrivain. – Né le 20 juin 1753 à Bagnols-sur-Cèze, France ; mort le 11 avril 1801 à Berlin, alors Prusse, aujourd'hui Allemagne.

Fils de Jean Rivaroli, d'origine piémontaise, Antoine de Rivarol est l'aîné de seize enfants. Son père lui enseigne le latin et le grec, puis le confie aux collèges religieux de Bagnols, de Bourg-Saint-Andéol, enfin au séminaire d'Avignon. Mais il est agnostique et refuse de s'engager dans les ordres. À l'âge de vingt-cinq ans, il est à Paris, où il se fait rapidement connaître dans les salons. En 1784, l'Académie de Berlin lui décerne son prix pour le *Discours sur l'universalité de la langue française*. La même année, il publie une traduction de *L'Enfer* de Dante. En 1788, il se fait remarquer en publiant un *Petit Almanach de nos grands hommes*, satire des écrivains à la mode. Royaliste de la nuance la plus conservatrice, il va combattre la Révolution par la plume et le sarcasme. Dès l'été 1789, il donne des articles au *Journal politique national* ; de novembre 1789 à octobre 1791, il participe à la publication des *Actes des apôtres*, qui aura trois cent onze livraisons. Ses aphorismes font mouche ; ses cibles favorites sont Mirabeau et La Fayette, puis Danton. Devant les dangers qui le menacent, il émigre le 10 juin 1792, d'abord en Angleterre, puis à Bruxelles, à Hambourg, où il demeure de 1795 à 1800, enfin à Berlin. Rivarol a publié nombre de pamphlets, dont les plus connus sont *Le Petit Almanach de nos grandes femmes* (1789), *Le Petit Dictionnaire des grands hommes de la Révolution*, *Triomphe de l'anarchie*, *Le Petit Almanach de nos grands hommes* (1790). En exil, il est moins prolifique, mais collabore cependant à diverses publications de l'émigration. Ce sont surtout ses aphorismes et ses maximes qui passent à la postérité. Au XXe siècle, le nom de Rivarol, qui a prôné en son temps l'alliance de la monarchie et du peuple, est brandi par *L'Action française*, puis sert de titre, après la Seconde Guerre mondiale, à un périodique d'extrême droite.

Patrick Eveno

RIVERA Diego. — *Voir* PARIS, École de.

ROBINSON Jacqueline

Danseuse, chorégraphe et pédagogue. – Né en 1922 à Londres, Royaume-Uni ; morte le 8 juillet 2000 à Paris, France.

Née d'un père anglais, Jacqueline Robinson reçoit une éducation bilingue et suit une formation de pianiste à Paris avec Yvonne Lefébure. Lorsque sa famille fuit, pour l'Irlande, la France en guerre, elle continue ses études de musique et d'histoire de l'art à Dublin, puis s'oriente vers la danse avec Erina Brady, élève de Mary Wigman. En 1946, elle fait un stage à Londres avec Sigurd Leeder, le collaborateur principal du chorégraphe allemand Kurt Jooss. Après avoir fondé sa première école de danse à Nottingham en 1948, elle revient s'installer à Paris en 1949, après son mariage avec l'économiste Octave Gélinier. Elle continue à se former directement auprès de Mary Wigman, lors de stages d'été à Berlin, à partir de 1954. En 1955, elle fonde à Paris l'Atelier de danse, l'une des premières écoles de danse moderne en France, qui devient rapidement un lieu de rencontres artistiques favorisant le développement de ce courant alors peu reconnu. Outre ses nombreuses créations de solos et de pièces de groupe, elle participe à l'aventure des Compagnons de la danse, compagnie dirigée par Jerome Andrews. Jacqueline Robinson travaille régulièrement avec Karine Waehner, Susan Buirge ou Françoise et Dominique Dupuy. Auteur de plusieurs ouvrages sur la danse moderne, la pédagogie de l'enfant et le langage chorégraphique, elle traduit aussi en français des textes de chorégraphes comme Mary Wigman ou Doris Humphrey et du critique américain John Martin. Elle a également milité pour une reconnaissance de la danse en France, s'inscrivant, en 1963, au Syndicat national des auteurs et des compositeurs, pour défendre, avec les Dupuy, le droit d'auteur et le statut d'interprète et d'enseignant des danseurs.

Sophie Jacotot

RODOCANACHI George

Médecin. – Né le 1875 à Liverpool, Royaume-Uni ; mort au printemps 1944 au camp de Buchenwald, Allemagne.

Issu d'une famille grecque installée en Angleterre, de nationalité britannique, George Rodocanachi effectue sa scolarité à Marseille, puis ses études de médecine à Paris jusqu'à l'obtention de son diplôme en 1903. Il retourne alors à Marseille pour ouvrir un premier cabinet de pédiatrie. En 1907, il épouse à Londres Fanny Vlasto, mais c'est à Marseille que le couple s'installe. Épris de sa patrie d'adoption, il œuvre d'abord, au début de la Première Guerre mondiale, dans un hôpital pour enfants à Marseille. Devenu français en 1915, il est mobilisé dans un régiment de chasseurs alpins. Il participe à la campagne d'Alsace et à la bataille de la Somme. Gazé, blessé à deux reprises, il est décoré de la croix de guerre et de la Légion d'honneur. Il rouvre son cabinet en 1919. En pleine débâcle de juin 1940, il rejette l'armistice conclu par le maréchal Pétain et fait partie des premiers résistants français. Il commence par monter, à Marseille, sous couvert de la Mission des marins britanniques, un réseau d'évacuation des soldats anglais demeurés sur le territoire national. Rodocanachi organise ensuite avec sa femme et une amie, Elizabeth Haydon-Client, un nouveau réseau d'aide aux évadés et aux réfugiés juifs. Il rejoint le réseau Pat Line, dès sa création par le Britannique Ian Garrow, et fait de son appartement une plaque tournante de la résistance marseillaise et même nationale. Dans son cabinet se succèdent le Français André Postel-Vinay ou des agents britanniques du SOE et du MI19. Il se spécialise dans l'exfiltration des aviateurs alliés et dans le sauvetage des juifs, grâce au soutien de l'ambassade des États-Unis, qui l'attache au consulat de Marseille en tant que médecin. Comme membre du conseil médical de l'hôpital militaire Michel-Lévy, il parvient aussi à déclarer inaptes des prisonniers de guerre afin d'aider à leur rapatriement. Épuisé par toutes ces activités clandestines, malade, George Rodocanachi est dénoncé à la Gestapo, qui l'arrête chez lui le 25 février 1943. D'abord incarcéré à Marseille, il est transféré à la prison de Compiègne, puis, le 17 janvier 1944, déporté à Buchenwald où il meurt au printemps suivant. Christopher Long a estimé que le docteur Rodocanachi a, grâce aux différents réseaux (dont surtout Pat Line), permis l'évasion de six cents soldats, marins, aviateurs et agents secrets alliés, et sauvé plus de deux mille juifs, notamment en leur procurant de faux certificats justifiant leur transfert aux États-Unis. Deux ou trois ans après la fin de la guerre, Fanny Rodocanachi rendra hommage à l'héroïsme de son mari par un récit demeuré en partie inédit, destiné à l'origine à leur fils Constantin et à leur petit-fils. Contrairement à l'Angleterre où sa renommée est grande, la mémoire du docteur Rodocanachi est quasi inexistante dans sa patrie d'adoption, en dépit d'un boulevard qui, à Marseille, porte le nom de cet émigré médecin et résistant, combattant des deux guerres et mort pour la France.

Vincent Duclert

ROLIN Dominique

Écrivain. – Née le 22 mai 1913 à Bruxelles, Belgique ; morte le 15 mai 2012 à Paris, France.

Née dans une famille cultivée de la bourgeoise catholique belge, Dominique Rolin grandit au milieu des livres et s'oriente vers la librairie et les bibliothèques. Aux alentours de la trentaine, elle franchit le pas de l'écriture et, pour s'y donner complètement, quitte la Belgique pour la France. En 1952, le prix Femina, qui couronne *Le Souffle*, la révèle à un public élargi. Son œuvre se déploiera ensuite dans un sens autobiographique et dans une atmosphère de sensualité de plus en plus assumée : *Le Lit* (1960), hommage à son compagnon décédé, le dessinateur et sculpteur Bernard Milleret ; *Le For intérieur* (1962) ; *L'Infini chez soi* (trilogie, 1980-1984) ; *Trente Ans d'amour fou* (1988) ; *Journal amoureux* (2000), etc. L'Académie royale de langue et littérature françaises de Belgique l'a admise en son sein en 1989.

Pascal Ory

ROLIN Étienne

Compositeur, saxophoniste, flûtiste et plasticien. – Né le 12 juillet 1952 à Berkeley, États-Unis.

Très ouverte aux étrangers, la classe de Nadia Boulanger a été pour ceux-là un riche vivier, d'où sont sortis à la fois des musiciens qui ont choisi de devenir français et d'autres qui ont emporté avec eux un peu de musique « française ». Ils ont peut-être en commun de ne pas se sentir à l'aise dans les classifications trop faciles et de toujours voyager entre styles et esthétiques. Étienne Rolin représente bien cette liberté que les musiciens étrangers ont su apporter à la musique pratiquée en France, en montrant que l'on peut passer de la musique aux spectacles visuels, du baroque au jazz ou à la musique « contemporaine », sans état d'âme. Il naît en Californie mais, son père étant belge, il connaît bien la langue et la culture françaises. Son goût pour les musiques nouvelles n'est qu'un des aspects de cette riche personnalité : il semble s'intéresser avec autant de passion à la gastronomie ou à la peinture. De 1970 à 1974, il suit des études en Californie ; de 1974 à 1977, il les poursuit en France, auprès d'Olivier Messiaen, d'Iannis Xenakis et de Nadia Boulanger. Sa formation achevée, il devient enseignant dans des écoles de musique. En 1982, il adopte la nationalité française. Depuis 1985, il s'est fixé à Bordeaux comme professeur d'analyse musicale. Son catalogue compte plusieurs centaines d'œuvres, témoignant de la diversité de ses curiosités et de son esprit profondément pluridisciplinaire.

Didier Francfort

ROMS. — *Voir* TSIGANES.

RONCAYOLO Benoît

Négociant et armateur. – Né le 30 septembre 1817 à Gênes, Italie ; mort vers 1900 au Venezuela.

Cofondateur, en 1834, avec son frère André, d'une maison de commerce de denrées coloniales au Venezuela, Benoît Roncayolo ouvre à Marseille, en 1846, un comptoir dédié aux importations de café et aux exportations d'articles de mode. Dans les années 1850 et 1860, les frères Roncayolo montent une flotte de dix-huit navires, chargés du transport de marchandises coloniales. Benoît entre au Cercle des Phocéens, fait édifier l'hôtel du Louvre et de la Paix au 3 de la rue de Noailles (devenu 53 La Canebière), inauguré en 1863, et fait l'acquisition d'une vaste propriété à Bastia (qui deviendra la sous-préfecture). Mais la société Roncayolo Frères fait faillite en 1869, et Benoît Roncayolo quitte Marseille pour le Venezuela.

Claire Zalc

ROSENBLUM Salomon

Physicien. – Né en 1896 à Ciechanowiec, alors Empire russe, aujourd'hui Pologne ; mort en 1968 à Paris, France.

La fiche biographique de Salomon Rosenblum sur le site de l'Institut Curie précise que ce physicien juif allemand entama ses études secondaires en Allemagne, puis passa au Danemark avant de partir en Suède, où il commença une thèse sur les langues orientales anciennes et modernes. Mais une rencontre fortuite, dans un café de Copenhague, avec un assistant de Niels Bohr provoque chez le jeune étudiant un changement complet d'orientation. Sur les conseils du grand physicien danois, il part suivre des études de physique à Berlin, puis rejoint Paris pour travailler dans le laboratoire de Marie Curie à l'Institut du radium. Sa thèse, soutenue en 1928, étudie le passage des rayons alpha à travers la matière. Puis il se tourne vers l'étude de la raie alpha du TH C. Pour ce travail de grande ampleur, il bénéficie de la collaboration de Marie Curie, qui connaît une grande joie en 1929, comme le rapporte Michel Pinault, biographe, en 2000, de Frédéric Joliot-Curie : Salomon Rosemblum découvre, « en analysant le spectre des rayons alpha grâce au grand électro-aimant construit aux laboratoires de Bellevue par Aimé Cotton, la structure fine en énergie des rayons alpha, qui correspond à divers niveaux d'énergie du noyau. [Marie Curie] avait été directement associée à ce travail en préparant elle-même l'actinium dont Rosenblum avait besoin. » Les découvertes de Rosemblum constituent une validation de la théorie quantique et ouvrent la voie à la spectroscopie nucléaire. Menacé par l'Occupation et la politique antijuive de Vichy, Salomon Rosenblum parvient, en 1941, à gagner les États-Unis grâce au plan de sauvetage des scientifiques français organisé par le biochimiste Louis Rapkine. Il y demeure jusqu'en 1944, poursuivant ses travaux, enseignant à la New School for Social Research et se liant d'amitié avec Albert Einstein. De retour en France, il participe à l'aventure de la physique nucléaire. Il prend la direction du Laboratoire de spectroscopie installé sur le site de Saclay, futur Centre de spectrométrie nucléaire et de spectrométrie de masse (CSNSM), distinct mais souvent associé au Laboratoire de physique nucléaire d'Irène et de Frédéric Joliot-Curie. La vie de ce grand physicien demeure encore aujourd'hui méconnue. Seul un laboratoire du CSNSM honore sa mémoire en portant son nom.

Vincent Duclert

ROSENFELD Oreste

Journaliste. – Né le 1er septembre 1891 à Astrakhan, alors Empire russe, aujourd'hui Russie ; mort le 4 avril 1964 à Paris, France.

Fils d'un haut fonctionnaire tsariste tombé en disgrâce, Oreste Rosenfeld adhère au Parti ouvrier social-démocrate de Russie. Il participe à la révolution de 1905, durant laquelle son frère est tué. Arrêté quelques années plus tard, il est condamné à la déportation. Engagé volontaire en 1914, il est officier du corps expéditionnaire russe de l'armée d'Orient. Le gouvernement Kerenski le nomme attaché militaire à Paris. En 1918, il rompt avec le régime bolchevique, qui le condamne à mort pour désertion. Engagé dans la Légion étrangère, il est décoré de la croix de guerre avec deux citations. Malgré ses services, Oreste Rosenfeld n'obtiendra la naturalisation française qu'en avril 1936. Entre-temps, il a adhéré à la SFIO et suivi la politique soviétique pour le quotidien socialiste *Le Populaire*. Lorsque Léon Blum relance le journal en 1927, il recrute Rosenfeld au service étranger. En 1932, Blum lui confie la responsabilité de la rubrique, puis la rédaction en chef du journal. Rosenfeld publie, du 25 février au 18 mai 1931, une série d'articles sur le plan quinquennal soviétique, qui allaient à contre-courant de l'opinion, concluant qu'« une plus grande exploitation du salarié » sévissait et que la tyrannie ne pouvait engendrer un « monde nouveau ». Mais, avec la politique de Rassemblement populaire (1935), l'analyse critique du régime soviétique est mise en veilleuse. Mobilisé en 1939, Oreste Rosenfeld est fait prisonnier en 1940. Ses opinions le conduisent en captivité à l'Oflag « spécial » de Lübeck. Libéré en 1945, il retrouve ses fonctions au *Populaire*, qu'il quitte en 1947. Il fondera ensuite l'hebdomadaire *Le Populaire dimanche*. Membre du comité directeur du Parti socialiste, responsable de la commission de politique extérieure, conseiller de l'Union française depuis la création de l'assemblée en 1947, il fait partie des socialistes persuadés que la décolonisation est inéluctable. Opposé à la direction de son parti à propos de la politique algérienne du gouvernement de Guy Mollet, il ira fonder le Parti socialiste autonome (PSA) et dirigera son organe, *Tribune du socialisme*. En avril 1960, il est l'un des rédacteurs de la charte du Parti socialiste unifié (PSU).

Patrick Eveno

ROSINSKI Grzegorz

Dessinateur. – Né le 3 août 1941 à Stalowa Wola, alors Gouvernement général, aujourd'hui Pologne.

Élève des Beaux-Arts de Varsovie, Grzegorz Rosinski ne quitte la Pologne qu'à plus de quarante ans passés ; la partie polonaise de sa vie reste encore aujourd'hui mal connue en Occident, où il a atteint la célébrité grâce à la série *Thorgal*, scénarisée par Jean Van Hamme. C'est en 1977, alors qu'il réside encore en Pologne, que paraît, dans le journal *Tintin*, le premier épisode des aventures de cet enfant d'extraterrestres adoptés par des Vikings, selon un schéma classique de la ligne de l'« heroic fantasy », mêlant aventure, fantastique et science-fiction. Cinq ans plus tard, Rosinski s'installe en Belgique. Le contact direct avec le milieu franco-belge de la bande dessinée permet à sa créativité de se diversifier, en particulier en direction du western. Au-delà de la bande dessinée, l'illustration sollicite aussi le talent de cet auteur qui, à plus de soixante ans, s'émancipe des traditions semi-industrielles du secteur en privilégiant désormais la couleur directe. À cet égard, *La Vengeance du comte Skarbek* (scénario d'Yves Sente), libéré aussi des contraintes des genres, l'installe dans le Parnasse des « grands », que certains pouvaient lui discuter sur la base du seul *Thorgal*. Rosinski vit et travaille présentement en Suisse.

Pascal Ory

ROSNY J.-H. (Joseph Henri Honoré Bouex)

Romancier. – Né le 17 février 1856 à Bruxelles, Belgique ; mort le 15 février 1940 à Paris, France.

Après une enfance passée à Bruxelles, Joseph Henri Honoré Bouex étudie à Bordeaux, puis séjourne à Londres, avant de se fixer à Paris, où il entame sa carrière de romancier. De 1886 à 1908, un même pseudonyme, J.-H. Rosny, recouvre une œuvre rédigée avec son frère cadet, Séraphin Justin François, renommé J.-H. Rosny jeune. Après leur séparation, J.-H. Rosny aîné rédige alors seul une centaine de romans, dont certains, tels *La Mort de la Terre* (1910) ou *Les Navigateurs de l'infini* (1925), en font l'un des précurseurs de la science-fiction. Mais, c'est avec son roman « préhistorique », *La Guerre du feu* (1911), qu'il rencontre son plus grand succès public. Membre fondateur de l'académie Goncourt en 1903, il en devient président en 1926 et le restera jusqu'à sa mort. Depuis 1980, le prix Rosny aîné est attribué au meilleur roman de science-fiction francophone.

Pierre-Frédéric Charpentier

ROSSI Aldo

Architecte. – Né le 3 mai 1931 et mort le 4 septembre 1997 à Milan, Italie.

Diplômé en 1959 de l'Institut polytechnique de Milan, Rossi fait partie, de 1961 à 1964, de l'équipe des rédacteurs de la revue *Casabella-Continuità*. Son traité théorique *L'architettura della città*, publié en 1966 (trad. fr. *L'Architecture de la ville*, 2001), lui vaut une audience internationale. Pour ses réalisations en Italie, aux Pays-Bas, en Allemagne, au Japon et aux États-Unis, il obtient le prix Pritzker en 1990. En France, il est lauréat du concours pour le Centre international d'art et du paysage de Vassivière, Beaumont-du-Lac, achevé en 1991, et reçoit de la SAGI à Paris, avec Claude Zuberil, la commande d'un bureau de poste et d'un immeuble de logements à côté de la Cité de la musique.

Gérard Monnier

ROSSI Pellegrino

Juriste et homme politique. – Né le 13 juillet 1787 à Carrare, alors Duché de Modène, aujourd'hui Italie ; mort le 15 novembre 1848 à Rome, alors États pontificaux, aujourd'hui Italie.

Incarnation d'un libéralisme modéré mais non conservateur, Pellegrino Rossi démontre aussi la persistance, en plein XIXe siècle, d'un certain Ancien Régime politique, au travers de sa capacité à servir successivement plusieurs pays. Professeur de droit à Bologne en 1814, en exil après le vain essai de reconquête de Naples par Murat, il devient en 1820 bourgeois de Genève et membre de son Conseil représentatif. Familier de Mme de Staël, il est le premier catholique élu professeur à l'université de Genève, en 1821. Député fédéral en 1832, il propose une révision du pacte de la Confédération helvétique. En 1833, diplomate à Paris, il se met cette fois au service de la France de Louis-Philippe, succède à Jean-Baptiste Say au Collège de France, y passe de l'économie politique au droit constitutionnel en 1834, mais voit illico son cours suspendu. Élu cependant à l'Académie des sciences morales et politiques en 1836, il est naturalisé français en 1838. Pair de France en 1839, comte en 1846, il est envoyé auprès du pape en 1845. Devenu ambassadeur en titre, il négocie la situation des Jésuites en France. Rendu, en février 1848, à la vie privée par la chute, à Paris, de la monarchie de Juillet, il choisit de rester à Rome. Poussé par un mouvement populaire, le pape Pie IX accepte, le 15 septembre, de lui confier le gouvernement de ses États, avec les portefeuilles de l'Intérieur et des Finances. Rossi veut abolir les privilèges, même fiscaux, et laïciser le pouvoir politique, mais, trop libéral pour la curie, il est, à l'inverse, trop modéré pour les démocrates, et meurt assassiné. Sa mort provoque la fuite du pape, qui choisit définitivement le retour aux traditions autoritaires, jusqu'à la chute de son pouvoir temporel, vingt-deux ans plus tard.

Éric Vial

ROSSINI Gioachino (Giovacchino)

Compositeur. – Né le 29 février 1792 à Pesaro, alors États pontificaux, aujourd'hui Italie ; mort le 13 novembre 1868 à Paris, France.

Par sa formation et l'essentiel de son œuvre, Rossini demeure un compositeur italien, mais son rapport à la France est loin d'être secondaire. C'est dans ce pays qu'il vivra, et de loin le plus longtemps, s'y installant en 1825 – peu après la publication d'une *Vie* à lui consacrée, l'une des premières œuvres publiées de Stendhal, passée, au reste, inaperçue. Il épouse une Française, Olympe Pelissier, grande amoureuse et femme de caractère ; à Paris, il deviendra l'une des figures les plus en vue, cultivant l'image de l'hédoniste gastronome. Ses trois derniers opéras sont créés pour le public français. Le premier, encore en italien (*Il Viaggio a Reims*), est un brillant travail de commande destiné à célébrer le couronnement de Charles X dans l'enceinte du Théâtre-Italien. Le deuxième, *Le Comte Ory* (1828), tout aussi brillant – reprenant, au reste, plusieurs morceaux du précédent – est en langue française, sur un livret de Scribe, inspiré d'une mélodie pseudo-médiévale sans doute issue d'une mystification de libertins des Lumières. Le troisième, *Guillaume Tell* (1829), est une longue œuvre sérieuse à caractère historique qui, par son ampleur, ouvre la voie au « grand opéra » à la française, illustré ensuite par Giacomo Meyerbeer, Jacques-Fromental Halévy ou Charles Gounod. Les pièces les plus connues de la musique sacrée de Rossini – son *Stabat mater*, sa *Petite Messe solennelle* – furent, de même, composées en France.

Pascal Ory

ROSSO Medardo

Sculpteur. – Né le 21 juin 1858 à Turin, alors Royaume de Piémont-Sardaigne, aujourd'hui Italie ; mort le 31 mars 1928 à Milan, Italie.

« Sans doute le plus grand sculpteur vivant », selon Guillaume Apollinaire – après la mort de Rodin –, Medardo Rosso, dont les œuvres, peu nombreuses, restent aujourd'hui méconnues, a eu une grande influence sur les artistes, les poètes et les collectionneurs d'art français. Rejeté par les jurys des grandes expositions italiennes, émule et rival de Rodin, il connaît le succès à Paris, où ses sujets et sa technique fascinent l'avant-garde : scènes de la vie quotidienne (*Impression dans un omnibus*, 1883) et portraits d'amis collectionneurs (*Henri Rouart*, 1890 ; *Yvette Guibert*, 1894), d'aspect malléable car réalisés en cire et en plâtre, semblent inachevés et flous. Ses œuvres ont transformé radicalement la représentation de la figure et de l'objet sculptés dans un espace conçu comme dynamique.

Julie Verlaine

ROTHSCHILD, famille

Devenu très tôt le symbole de la réussite juive, le destin de la famille Rothschild est initialement lié au rôle joué par le premier de ce nom (emprunté à l'« enseigne rouge » de sa maison de la rue des Juifs de Francfort-sur-le-Main), le banquier Mayer Rothschild, auprès d'un prince allemand, l'électeur de Hesse-Cassel. L'étape suivante sera l'émancipation – par la France révolutionnaire – des juifs de Francfort et l'intelligente politique « internationale » de Mayer, qui dirige plusieurs de ses fils vers l'étranger : Londres, Naples, Paris et Vienne. JAMES Rothschild (1792-1868) s'installe ainsi en France en 1811 ; il sera, comme ses frères, anobli par l'empereur d'Autriche en 1817. Dès la Restauration, il est devenu l'un des piliers des finances publiques des monarchies française, puis belge, accessoirement espagnole ou grecque. Plus prudent que certains des grands banquiers de son temps, comme Jacques Laffitte ou les frères Pereire, il n'investit qu'à bon escient et se retrouve ainsi maître, dans les années 1840, de la plus rentable des nouvelles compagnies de chemin de fer, celle du Nord. À la tête de la plus grosse fortune française sous la monarchie de Juillet (il est aussi le banquier personnel de Louis-Philippe), le baron James devient une figure à la fois de la vie mondaine parisienne et de la culture nationale. Ses résidences – comme celle de Ferrières, dans la région parisienne, construite par Joseph Paxton – et ses acquisitions patrimoniales – comme le vignoble bordelais du château Lafite-Rothschild, premier cru au classement de 1855 – illustrent une réussite sociale exemplaire, qui fascine les artistes et les intellectuels. Balzac en fait le modèle de son baron de Nucingen. Depuis lors, de génération en génération, la branche française de la famille Rothschild a continué de marquer l'histoire de France, sur le plan économique comme sur le plan culturel.

Pascal Ory

ROUFF Marcel

Écrivain, historien, gastronome. – Né le 4 mai 1877 à Genève, Suisse ; mort en février 1936 à Paris, France.

Auteur du plus célèbre roman gastronomique français, *La Vie et la passion de Dodin-Bouffant, gourmet*, une libre transposition de la vie de Brillat-Savarin, qu'il publie en 1924, Marcel Rouff est aussi, avec Maurice Edmond Sailland dit Curnonsky, le coauteur des vingt-deux volumes de *La France gastronomique, guide des merveilles culinaires et des bonnes auberges françaises*, guides touristiques et gastronomiques publiés entre 1921 et 1928. Né dans une famille juive genevoise, fils de l'éditeur populaire Jules Rouff, il a vécu dès son plus jeune âge à Paris. Il entame en 1896 une carrière d'écrivain avec un recueil de poèmes, *Les Hautaines*, suivi d'un roman, *La Grande Angoisse* (1899). Proche de Jean Jaurès, qui le fait contribuer à l'*Histoire socialiste de la révolution française* (1901-1903), il poursuit des études d'Histoire, contribue à la *Revue historique* et soutient, en 1914 en Sorbonne, une thèse de doctorat sur *Les Mines de charbon en France au* XVIIIe *siècle (1744-1791)*, qui sera publiée en 1922.

Au début de la Grande Guerre, Marcel Rouff devient rédacteur en chef de *La Tribune de Genève* – dont il demeurera le correspondant –, où il défend ardemment la cause française. Ne pouvant être mobilisé dans l'armée française, il finit par s'engager en 1915 comme infirmier volontaire. Après la guerre, il s'oriente vers une activité de polygraphe, produisant de nombreux ouvrages sur l'Histoire, la société, la pensée françaises, à travers des biographies (sur Chateaubriand par exemple), des romans historiques et politiques, des essais, des poèmes, des pièces de théâtre. Suisse de naissance, il est naturalisé français en 1930 et conserve la double nationalité.

Curnonsky, son ami de jeunesse devenu, en 1907, journaliste touristique et gastronomique, l'aurait initié aux plaisirs de la gastronomie. Avec lui, il fréquente les milieux littéraires, journalistiques, artistiques et gastronomiques parisiens et entreprend, au volant de sa voiture, le tour de France des auberges et des restaurants, qui fait découvrir la richesse des cuisines régionales. C'est encore avec Curnonsky, élu « Prince des gastronomes » en 1927, qu'il fonde, en 1928, l'Académie des gastronomes, un club gastronomique créé sur le modèle de l'Académie française. Son roman, plusieurs fois réédité depuis 1924, a fait l'objet d'une adaptation télévisée en 1972 (scénario de Jean Ferniot).

Julia Csergo

ROUGEMONT Denis de

Écrivain. – Né le 8 septembre 1906 à Couvert, Suisse ; mort le 6 décembre 1985 à Genève, Suisse.

Denis de Rougemont est un penseur et un acteur de l'Europe de la culture. Ce fils de pasteur reçoit une éducation cosmopolite. Après une licence de lettres, installé à Paris à la faveur d'un poste qu'il trouve aux éditions protestantes Je sers, il se lie d'amitié avec Emmanuel Mounier et participe à la nébuleuse personnaliste des années 1930. Il cofonde la revue *L'Ordre nouveau* (1932) et collabore à *Esprit*. Durant ces années de forte mobilisation des intellectuels en France, il donne de l'« engagement » une définition en marge des courants partisans dans *Politique de la personne* (1934), puis dans *Penser avec les mains* (1936). Par ailleurs, dans un essai qui fera date, *L'Amour et l'Occident* (1939), il soutient la thèse selon laquelle la représentation occidentale de l'amour-passion apparaîtrait au XIIe–XIIIe siècle chez les cathares.

En 1940, il est éloigné de la France par le gouvernement suisse, qui l'envoie aux États-Unis. Là, dans ses émissions de « La voix de l'Amérique parle aux Français » comme dans ses cours à l'École libre des hautes études de New York, il mûrit, jusqu'en 1947, sa réflexion sur l'avenir de l'Europe, qu'il envisage sous la forme d'une fédération. De retour sur son continent, il joue un rôle majeur dans les prémices de la construction européenne. Prononçant le discours de clôture de la conférence de La Haye en 1948, il appelle au réveil de la « conscience européenne ». Dans cette perspective, il travaille à la création du Centre européen de la culture (1950), de la Fondation européenne de la culture (1954), de l'Association européenne de festivals de musique et à celle de l'Institut universitaire d'études européennes de Genève (1963), où il enseigne jusqu'à sa mort. Réinstallé en Suisse, il donne une œuvre abondante, qui accompagne son souhait de faire l'Europe par la culture (citons *L'Aventure occidentale de l'homme*, 1957 ; *Vingt-Huit Siècles d'Europe*,1961 ; *L'Un et le divers ou la Société européenne*, 1970).

Anna Trespeuch-Berthelot

ROULEAU Éric (Élie Raffoul)

Journaliste et diplomate. – Né le 1er juillet 1926 au Caire, Égypte.

Journaliste dans la presse égyptienne, Éric Raffoul, comme beaucoup d'Égyptiens juifs, s'exile en France au début des années 1950. Il y intègre l'AFP avant de rejoindre, en 1955, le journal *Le Monde*, où ses reportages et interviews font de lui la plume française la plus lue pour tout ce qui touche au Proche-Orient. Ses origines lui interdisent dans un premier temps l'accès aux élites politiques nationalistes, mais le succès de son interview de Nasser en 1963 change son image et lui ouvre les portes de la Ligue arabe, sans lui refuser celles d'Israël. Sous la présidence Mitterrand, il sera un envoyé discret et apprécié, chargé de diverses missions délicates, de la Libye de Kadhafi à l'Iran de Khomeiny. Le président de la République le nomme, en 1985, ambassadeur de France en Tunisie – où il ne peut rester qu'un an, victime de l'alternance – puis en Turquie, de 1988 à 1991. Il a publié, en 2012, un livre de Mémoires, *Dans les coulisses du Proche-Orient*.

Pascal Ory

ROULEAU Raymond (Edgar)

Acteur, metteur en scène, réalisateur. – Né le 4 juin 1904 à Bruxelles, Belgique ; mort le 11 décembre 1981 à Paris, France.

Raymond Rouleau entre à l'âge de dix-sept ans au Conservatoire royal de Bruxelles, avant de créer dans sa ville natale un groupe d'avant-garde et d'y diriger le Théâtre du Marais. Il arrive à Paris en 1927 : comédien chez Charles Dullin, il rencontre Antonin Artaud et fera partie du Théâtre Alfred-Jarry. Très vite, il se tournera vers la mise en scène, sans jamais cesser de jouer : *Le Mal de la jeunesse* (1932), puis *Les Races* (1934) d'Anton Bruckner lui apportent la reconnaissance critique. « Le seul metteur en scène de valeur qui ait paru en France depuis le fameux quatuor révélé après guerre », selon Robert Brasillach, va s'attacher à faire découvrir les grands auteurs de l'époque : il monte Bertold Brecht en 1937 (*L'Opéra de Quatre Sous*), crée *Huis clos* de Jean-Paul Sartre en 1944, révèle Tennessee Williams et Arthur Miller au public français, au lendemain de la guerre. Il fut directeur du Théâtre de l'Œuvre de 1944 à 1951. En 1958, il fonde le Nouveau Cartel avec Jean Mercure, André Barsacq et Jean-Louis Barrault. Acteur de cinéma à succès – il débute dans *L'Argent* de Marcel L'Herbier en 1928 –, il réalise aussi quelques films. Ses mises en scène de théâtre bénéficieront de ses connaissances cinématographiques, particulièrement dans l'utilisation des éclairages et des décors : c'est lui qui fera appel pour la première fois à Lila de Nobili, qu'on retrouvera dans vingt-deux de ses spectacles. Engagé volontaire le 24 mai 1940, Raymond Rouleau est fait prisonnier ; il recevra la croix de guerre, la médaille des engagés volontaires et la Légion d'honneur.

Chantal Meyer-Plantureux

ROUMAINS

Dans la première moitié du XIXe siècle séjournent en France des Roumains venus de Moldavie et de Valachie, deux principautés alors ottomanes, mais passées, dans les années 1820, sous protectorat russe. Comme en témoigne l'existence d'une Société des étudiants roumains de Paris, fondée dès 1839 et patronnée par Lamartine, ils viennent pour se former et agir sur le terrain politique afin d'obtenir l'autonomie et l'union des deux provinces : quelques figures du mouvement national en sont membres, tels les futurs premiers ministres Mihail KOGĂLNICEANU (1817-1891) et Nicolae BĂLCESCU (1819-1852), ce dernier participant, en 1848, aux révolutions de Paris et de Bucarest, avant de s'exiler à Paris, où il collabore au périodique du Polonais Adam Mickiewicz, *La Tribune des peuples*, avec Ion BRĂTIANU (1821-1891) et Ştefan GOLESCU (1809-1874). En 1853, la fondation d'une chapelle orthodoxe roumaine, rue Racine, signale la présence de ces étudiants dans le Quartier latin et préfigure celle de l'église des Saints-Archanges, rue Jean-de-Beauvais, en 1882. Le prince Alexandre CUZA (1820-1873), qui a étudié à Paris, réalise, en 1859, l'union de la Moldavie et de la Valachie, qui deviennent, avec l'accord du sultan, des « principautés unies » ; après sa chute en 1866 et la formation, soutenue par Napoléon III, d'une Roumanie unie sur laquelle règne le roi Carol Ier, Cuza passe une partie de son exil à Paris. La Roumanie, elle, ne devient définitivement indépendante de l'Empire ottoman qu'en 1878 ; elle ne comprend pas encore la Transylvanie austro-hongroise.

Paris attire artistes et aristocrates. Il n'y a pas de flux migratoire nourri avant la Première Guerre mondiale : on compte à peine 7 000 Roumains en France, d'après le recensement de 1911, dont environ 85 % dans le département de la Seine, surtout à Paris, et 5 % dans la region de Nice. En revanche, la France exerce une forte attraction culturelle sur la Roumanie.

Dès le début du XIXe siècle, de nombreux aristocrates roumains résident en France, où ils fréquentent les élites politiques et artistiques. Ainsi en est-il de la famille BIBESCO : Georges (1804-1873), hospodar de Valachie de 1843 à la révolution de 1848, passe la fin de sa vie à Paris. Rue de Courcelles, l'hôtel particulier de son fils Alexandre et de la femme de celui-ci, Hélène Epureanu, accueille des musiciens (Claude Debussy, Charles Gounod ou Camille Saint-Saëns), des peintres (Pierre Bonnard, Édouard Vuillard), mais aussi Aristide Maillol, Ernest Renan ou Pierre Loti ; leur fils Antoine devient un ami de Marcel Proust. Leur nièce, la poétesse et romancière Anna de NOAILLES, tient, avenue Hoche, un salon très fréquenté. La princesse Marthe BIBESCO, cousine d'Antoine et d'Anna, embrasse une longue carrière littéraire. Georges de BELLIO (1828-1894), apparenté aux Bibesco, est quant à lui un des mécènes des impressionnistes. Parmi les représentants parisiens de la vieille famille CANTACUZÈNE, Marie (1820-1898) épouse Puvis de Chavannes en 1896 et prête ses traits à sainte Geneviève dans la fresque du Panthéon. À la même époque, la princesse Hélène SOUTZO (1879-1975) est proche de Proust et épousera Paul Morand. Poétesse, romancière, mais aussi diplomate, Hélène VACARESCO choisit d'écrire en français et séjourne à Paris entre 1916 et 1934. Symbole de cette haute société, Henri NEGRESCO fonde le célèbre hôtel de la Promenade des Anglais, à Nice, en 1912.

Des dizaines d'artistes viennent à Paris pour des séjours prolongés dès la fin du XIXe siècle. Parmi eux, le peintre Nicolae GRIGORESCU (1838-1907), dans les années 1860, se forme aux Beaux-Arts aux côtés de Renoir, fréquente les peintres du Groupe de Barbizon et se rapproche de l'impressionnisme, avant de rentrer en Roumanie en 1890. De 1890 à 1896, c'est Ştefan LUCHIAN (1868-1917) qui s'initie, à l'académie Julian, aux mouvements picturaux français, de l'impressionnisme au postimpressionnisme. En 1895, le jeune violoniste Georges ENESCO vient étudier au Conservatoire de Paris et devient un compositeur de renom ; son filleul, le pianiste et compositeur Dinu LIPATTI (1917-1950), sera un grand interprète de Chopin dans les années 1930-1940. Le tragédien Édouard de MAX, arrivé à Paris en 1886, est sociétaire de la Comédie-Française de 1918 à sa mort. Déjà nombreux avant 1914, les étudiants roumains représentent entre 15 et 20 % des étudiants étrangers dans les facultés parisiennes dans les années 1920 (plus de 1 000 personnes), surtout en droit et en médecine. Ils fréquentent aussi l'École roumaine de Paris, fondée à Fontenay-aux-Roses en 1921, ou se retrouvent au sein de l'Association des étudiants roumains de France.

D'une guerre à l'autre, une présence roumaine plus diverse. En 1914, de nombreux Roumains s'engagent dans la Légion étrangère ; les Transylvains, roumains mais ressortissants austro-hongrois, ne sont alors pas inquiétés par les autorités françaises. À partir du printemps 1918, deux organisations se forment à Paris. Une Colonie roumaine, dirigée par des universitaires et des parlementaires, mais ouverte aux Roumains résidant en France, entend œuvrer au rapprochement franco-roumain, faire en France la promotion des intérêts roumains et se donner une mission d'entraide. Les Transylvains s'organisent en formant un Comité des Roumains de Transylvanie et de Bucovine, présidé par l'ingénieur Traian VUIA (1872-1950), appelant à l'union à la Roumanie des régions roumaines d'Autriche-Hongrie à l'issue du conflit. Des lieux de sociabilité existent par ailleurs, comme le restaurant Romania, rue Mayet. L'action politique est menée à Paris, à partir d'octobre 1918, par le Comité national de l'unité roumaine, présidé par Take (Demetriu) IONESCU (1858-1922).

De nombreux artistes s'installent alors définitivement à Paris. Entre 1904 et 1957, Constantin BRANCUSI, naturalisé français en 1952, produit une œuvre qui fait de lui un des créateurs de l'abstraction en sculpture. Tristan TZARA fait en France, où il arrive en 1919, la promotion du mouvement Dada puis du surréalisme. Comme lui, d'autres se tournent vers le surréalisme. C'est le cas du peintre Victor BRAUNER ou de son ami Benjamin FONDANE, poète, dramaturge, réalisateur, mais aussi philosophe et essayiste. Jacques HÉROLD, ami des poètes Gherasim LUCA et Claude SERNET, dont il illustre les recueils, est un peintre parisien depuis 1930. Sa sœur, la scientifique Colomba Spirt, épouse en 1927 le poète Ilarie VORONCA (Eduard Marcus, 1903-1946), qui publie en français des recueils illustrés par Chagall, Brauner ou Brancusi.

Parmi ces Roumains qui s'illustrent alors, il faudrait encore mentionner le romancier Panaït ISTRATI, dans les années 1920, Filip LAZĂR (1894-1936), fondateur, dans les années 1930, du groupe de compositeurs de musique contemporaine Triton, les sociétaires de la Comédie-Française Jean YONNEL et Marie VENTURA, l'actrice Elvire POPESCO ou le philosophe des sciences Stéphane LUPASCO. La pianiste Clara HASKILL (1895-1960), admise en 1905 dans la classe d'Alfred Cortot au Conservatoire de Paris, mène une carrière internationale ; juive, elle se réfugie en Suisse en 1942, où elle demeure ensuite. Dans d'autres domaines, c'est comme pionniers de l'aviation que se distinguent Traian Vuia, qui conçut un des premiers aéroplanes en 1902, et Henri COANDĂ (1886-1972), un des inventeurs de l'avion à réaction en 1910, tandis que l'Institut Pasteur accueille les bactériologistes Victor BABEŞ (1854-1926) dans les années 1880, et Ion CANTACUZINO (1863-1934) dans la décennie suivante.

Mais l'entre-deux-guerres est aussi la période où les Roumains prennent leur place dans l'immigration économique, comme ouvriers dans l'industrie ou l'agriculture. Selon les recensements français, ils sont 13 245 en 1926, dont plus de 10 000 à Paris intra-muros (et 1 200 en banlieue). Certains travaillent dans les usines Renault de Billancourt, mais il y a aussi beaucoup de juifs qui ont fui les persécutions, exerçant dans l'artisanat. En 1931, les 15 387 Roumains sont moins concentrés à l'intérieur de la capitale et se répartissent en banlieue ou dans les régions industrielles du Nord, de la Lorraine, de l'Alsace ou du Sud-Ouest. Les naturalisés passent, quant à eux, de 2 539 en 1926 à 4 982 en 1936, signe d'un ancrage de plus en plus net. L'imprégnation communiste se fait rapidement sentir : elle est manifeste à travers la parution, en 1925, de *România Muncitoare* (« La Roumanie ouvrière »), qui se présente comme le journal des ouvriers roumains à Paris et qui est l'émanation de la CGTU, ou avec l'existence, au même moment, d'un Cercle culturel des ouvriers roumains à Paris, qui organise concerts, conférences et excursions. En 1927, une Fédération des Roumains de France, créée à Paris et soutenue par les autorités roumaines, entend regrouper les associations d'immigrants qui se constituent afin d'agir sur le terrain social et culturel.

Pendant la guerre, certains s'engagent dans la Résistance. Des communistes entrent ainsi dans les Francs-tireurs et partisans-Main-d'œuvre immigrée. Ce sont notamment des juifs de l'ancienne Bessarabie russe, région rattachée à la Roumanie en 1919 et où l'antisémitisme est fort, à l'image de

Boris HOLBAN (1908-2004), un des chefs militaires des FTP-MOI, ou d'Olga BANCIC ; ayant intégré le groupe MANOUCHIAN, elle figure sur la célèbre « Affiche rouge » et est exécutée en 1944. À partir de l'automne 1943, le Front national roumain de France, présidé par Traian Vuia, réunit les différentes sensibilités politique et fait paraître un bulletin clandestin, *La Roumanie libre*, jusqu'en août 1944.

Le temps de la guerre froide. À partir de 1945, avec le départ du roi Michel et l'instauration d'un régime communiste, le contexte change. Certes, la dimension artistique et culturelle demeure essentielle ; en témoigne la présence, depuis les années 1930, de deux personnalités qui vont profondément marquer les lettres françaises, Emil CIORAN et Eugène IONESCO. Tous deux collaborent avec, par exemple, l'historien des religions Mircea Eliade, aux travaux de la section parisienne de la Societas Academica Dacoromana, qui travaille depuis Rome à poursuivre l'œuvre de l'ancienne Académie roumaine. Au même moment, en 1949, est refondé en France l'Institut universitaire roumain Charles Ier, dissout en Roumanie ; il publie la *Revue des études roumaines*.

Des nouveaux venus sont à signaler. Ce sont notamment Isidore ISOU, qui, dès son arrivée en 1945, fonde son mouvement esthétique, le lettrisme, ou, en 1948 Virgil GHEORGHIU, l'auteur de *La Vingt-Cinquième Heure*, et le psychologue Serge MOSCOVICI, père de l'homme politique socialiste Pierre Moscovici. L'œuvre poétique de Paul CELAN, arrivé lui aussi en 1948 à Paris, est, quant à elle, tout entière attachée à la langue allemande, dans laquelle il compose. C'est à Paris qu'Élie WIESEL, après avoir été déporté à Auschwitz et Buchenwald, entame une carrière multiforme de philosophe, de romancier, de dramaturge et de journaliste, qu'il poursuit ensuite aux États-Unis. Son œuvre immense, traitant notamment de l'expérience de la Shoah et du judaïsme, lui vaut le prix Nobel de la paix en 1986.

Mais les relations franco-roumaines sont conditionnées par la guerre froide. Ceux qui émigrent désormais le font souvent pour des motifs politiques, et tous savent que le voyage sera sans retour ; ils utilisent des visas touristiques ou sont autorisés à rejoindre leur famille déjà partie. C'est à cette période que la famille de Marin KARMITZ, qui deviendra réalisateur et producteur de cinéma, part s'installer en France. Une vie collective et associative inédite se développe après 1945. L'entraide est le fait d'associations telles que le Comité d'assistance aux Roumains, fondé en 1948 par l'ancien ministre Nicolas Caranfil, dont la tâche est de fournir des informations pratiques à ceux qui ont choisi la France. Agissent aussi l'Association des femmes orthodoxes roumaines, à partir de 1953, ou encore la Communauté roumaine, qui aide les exilés. Tandis que, en 1944, se constitue une Mission catholique roumaine de rite oriental en l'église Saint-Georges-des-Roumains, dans le XVIe arrondissement de Paris, l'église orthodoxe de la rue Jean-de-Beauvais reste un lieu de sociabilité. À partir de 1982, la Maison roumaine constitue, là encore à Paris, un lieu essentiel, doté d'une riche bibliothèque et organisant expositions et conférences.

Au début des années 1950, Paris devient un terrain d'action pour plusieurs tendances politiques. Le Conseil des partis national paysan, national libéral et social-démocrate indépendant publie en français, à partir de 1948, *La Nation roumaine*, et se déclare favorable au rétablissement de la monarchie, tandis que les « syndicalistes roumains libres en exil » font paraître, en 1952-1953 à Paris, *România Muncitoare*, avec l'appui de Force ouvrière. L'opposition au régime de Bucarest se poursuit jusqu'aux années 1980, à travers divers formations et journaux politiques. Des personnalités se distinguent, comme la journaliste Monica LOVINESCU (1923-2008), qui anime, à partir des années 1950, des émissions littéraires à l'ORTF, avant de rejoindre Radio Free Europe. De même, l'écrivain dissident Paul GOMA (né en 1935) doit s'exiler en 1977, quand il se déclare solidaire des Tchécoslovaques de la Charte 77 dans une lettre rendue publique sur Radio Free Europe.

Malgré le rideau de fer, la rupture entre la Roumanie et la France n'est toutefois pas complète, notamment pour les artistes. C'est en 1961 que le pianiste Théodore PARASKIVESCO intègre la classe de Nadia Boulanger et d'Yvonne Lefébure au Conservatoire de Paris ; en 1963, le violoniste et compositeur Vladimir COSMA prend le même chemin avant de travailler pour le cinéma et la télévision. En 1977, le romancier et dramaturge Virgil TĂNASE (né en 1945) s'installe en France ; sa carrière de metteur en scène de théâtre lui permet de travailler tant en Roumanie qu'en France. Le sculpteur Georges APOSTU (1934-1986), auquel l'État français achète, dès 1965, une de ses œuvres, à l'initiative d'André Malraux, s'installe à Paris en 1982.

Un nouvel âge migratoire. Depuis 1989, la présence roumaine en France s'est renouvelée. Une amicale des Français originaires de Roumanie s'est constituée à Strasbourg et publie un bulletin dans la décennie 1990. Dans les années 2000, plus de 7 500 personnes sont retournées en Roumanie, tandis qu'un nouveau flux concernait des travailleurs séjournant plus ou moins longtemps en France. Certains migrants, notamment mais pas exclusivement roms, ont trouvé d'autres moyens de subsistance : mendicité, musique dans la rue ou le métro, vente de journaux de rue. Au début des années 1990, l'arrivée de Roms ne passe pas inaperçue ; quelques dizaines, voire centaines d'entre eux s'installent dans des campements à Roubaix, Nanterre ou encore Toulouse. Des étudiants roumains fréquentent aujourd'hui les universités françaises, et non plus seulement parisiennes ; ils étaient près de 3 000 dans tout le pays au début du XXIe siècle. Se sont illustrées dans les vingt dernières années, des personnalités aussi différentes que Roxana MĂRĂCINEANU, arrivée très jeune avec ses parents et qui devient championne du monde de natation en 1998, ou que le cinéaste Radu MIHAILEANU (né en 1958). Des médecins s'installent progressivement dans les campagnes françaises, sollicités par les collectivités locales. Selon l'Insee, il y avait un peu plus de 25 000 Roumains en France en 2006.

Jean-Philippe Namont

Bibl. : DIMINESCU Dana (dir.), « *Visibles, mais peu nombreux...* ». *Les circulations migratoires roumaines*, Paris, Maison des sciences de l'Homme, 2003 • CONRAD Jean-Yves, *Roumanie, capitale Paris*, Paris, Oxus, 2003 • ORITA-

SERBAN Manuela, « Écrivains roumains d'expression française (Tristan Tzara, Benjamin Fondane, Mircea Eliade, Eugène Ionesco). Aspects de l'exil, trajectoires emblématiques », thèse, Université Paris-IV Sorbonne, 2007.

ROUSSY Gustave

Médecin. – Né le 24 novembre 1874 à Vevey, Suisse ; mort le 30 septembre 1948 à Paris, France.

Né au sein d'une famille calviniste propriétaire de la firme Nestlé, Gustave Roussy commence des études de médecine à la faculté de Genève. Il les achève à Paris, où il est interne des hôpitaux de 1902 à 1906. Il consacre sa thèse, sous la tutelle du neurologue Jules Déjerine, au syndrome thalamique, qui portera le nom de syndrome Déjerine-Roussy. Il est naturalisé français en 1907 et épouse Henriette Thomson, fille d'un homme d'affaires et ancien ministre. Durant la Première Guerre mondiale, il sert comme chef du service de neuropsychiatrie de la région militaire de Besançon, où il se consacre à l'étude des névroses de guerre. Parti de l'étude des lésions d'origine neurologique, il évolue vers l'anatomie pathologique. Il devient médecin-chef à l'hôpital Paul-Brousse à Villejuif dès 1913 et l'œuvre la plus connue de Gustave Roussy résulte de l'activité qu'il consacre à promouvoir l'étude du cancer. Dès avant la guerre, en 1913, il fonde l'Institut du cancer, consacré à l'étude expérimentale d'une maladie médicalement peu connue et qu'il constitue en spécialité, en l'envisageant comme une perturbation de la vie cellulaire. Au-delà de la recherche fondamentale, il s'intéresse à la prise en charge du cancer et joue un rôle dans l'organisation des centres régionaux de lutte anticancéreuse sous l'impulsion du ministre Paul Strauss. Le centre anticancéreux de l'hôpital Paul-Brousse devient, en 1934, l'Institut de recherche sur le traitement du cancer, établissement pilote inauguré par le président de la République. Il associe une fonction hospitalière et une fonction de recherche fondamentale servie par un appareillage technique propre au traitement du cancer. Gustave Roussy mène une brillante carrière académique. En 1926, il est titulaire de la chaire de professeur d'anatomie pathologique à la faculté de médecine de Paris. Élu, en 1933, doyen de la faculté de médecine, proche du Front populaire et tout particulièrement de Léon Blum, il accède, en 1937, au poste de recteur de l'Académie de Paris. Il est le seul médecin à avoir exercé cette fonction. Il entreprend une réforme des études médicales qui met l'accent sur l'introduction de la biologie dans le cursus. Son biographe, Jean-François Picard, souligne que les projets de Roussy d'intégrer les hôpitaux parisiens et la faculté de médecine au sein d'une même entité ont échoué face au conservatisme de l'Assistance publique et au corporatisme du mandarinat médical, malgré le soutien de la Fondation Rockefeller. En novembre 1940, pour le soutien qu'il accorde aux étudiants manifestant contre l'occupant, Roussy est destitué par le gouvernement de Vichy. Il retrouve, à la Libération, ses fonctions de recteur et est honoré de plusieurs distinctions, élu secrétaire de l'Académie de médecine. En 1948, Roussy est mis en accusation par le gouvernement pour une affaire de fraude fiscale et devient la proie d'une campagne de rumeurs concernant l'origine de sa considérable fortune personnelle. Malgré un non-lieu prononcé en mai, Gustave Roussy met fin à ses jours. Il est réhabilité en 1950 par un décret gouvernemental, et son nom est donné à l'Institut du cancer de Villejuif pour honorer sa mémoire.

Anne Rasmussen

ROVAN Joseph (Josef Rosenthal)

Journaliste et historien. – Né le 25 juillet 1918 à Regensburg, Allemagne ; mort le 27 juillet 2004 à Saint-Christophe-les-Gorges, France.

Chez ce « Français qui se souvient d'avoir été allemand » (titre de ses *Mémoires*, 1999), l'histoire universitaire de l'Allemagne n'a été qu'un des chantiers d'une vie consacrée à rapprocher son pays d'adoption et son pays natal. Le père de Joseph Rosenthal, d'origine juive mais converti au protestantisme, patriote allemand, lettré, libéral et entrepreneur fortuné, décide de s'exiler aussitôt les premières mesures antisémites prises par le nouveau régime nazi. Son fils Josef, né en Bavière, éduqué à Vienne (1921-1929), puis à Berlin, rejoint ses parents au printemps 1934 à Paris où, après son baccalauréat, il obtient une licence d'allemand, un diplôme de sciences politiques et une licence en droit (1939). Le jour où cet apatride d'origine allemande s'est pleinement considéré comme Français – bien qu'il ne fût naturalisé qu'en octobre 1946 –, c'est lorsque, en 1941, à l'âge de vingt-trois ans, il est entré, à Lyon, dans la Résistance. Sous les noms Joseph Rivier, puis Pierre Citron, il met en sûreté des enfants juifs, fabrique et distribue de faux papiers, d'abord dans le cadre d'une association de prêtres catholiques, Les Amitiés chrétiennes, puis de manière plus organisée dans les Mouvements unis de la Résistance (MUR). En février 1944, il est arrêté à Paris, torturé par la Gestapo, puis envoyé, en juillet suivant, au camp de Dachau ; il raconte, non sans humour, ses dix mois de souffrance et de luttes dans *Contes de Dachau* (1987), dédié à ses deux fils, « pour qu'ils sachent ».

Dès son retour de captivité, le 1er octobre 1945, dans « L'Allemagne de nos mérites », un article publié dans *Esprit* – dont il est secrétaire de rédaction en 1945-1946, puis un collaborateur de premier plan –, il alerte l'opinion sur le rôle crucial que doit jouer le couple franco-allemand dans la construction de l'Europe à venir. Dans un parcours parallèle à celui d'Alfred Grosser, Joseph Rovan – nom qu'il adopte à la Libération – travaille aussitôt à la formation de ce couple. En 1945-1946, il est chargé par le ministère des Armées de superviser le traitement des un million trois cent mille prisonniers de guerre allemands dans les camps français ; il offre ainsi des possibilités de formation universitaire aux jeunes officiers allemands. Puis, de 1948 à 1951, l'administration culturelle de la zone française en Allemagne lui donne pour mission de restaurer les universités populaires, que les nazis avaient fermées. Il poursuit cet engagement à l'Office franco-allemand pour la jeunesse (1963-1968), puis au Bureau international, franco-allemand, de liaison et de documentation, dont il est président de 1982 à 2001, et, par ailleurs, en tant que correspondant en France pour divers médias allemands, à partir de 1955. Joseph Rovan est aussi un artisan du gaullisme, aux côtés de son ami Edmond Michelet, qu'il a rencontré à Dachau. Il est, comme chargé de mission de tous ses ministères, de celui des Anciens Combattants (1958), à celui de la Fonction publique (1967-1968). Cofondateur, en 1945, de Peuple et Culture, dont il est secrétaire général de 1969 à 1978, expert pour la culture populaire auprès de l'Unesco de 1953 à 1958, Joseph Rovan défend ce nouvel humanisme qui passe par l'éducation des masses et la lutte contre les inégalités culturelles.

Joseph Rovan entre tardivement à l'université : il enseigne à l'université Paris VIII-Vincennes à partir de 1969 puis à l'Institut d'allemand de Paris III-Sorbonne nouvelle où, de 1981 à 1986, il est professeur de civilisation allemande. Il peut alors s'adonner à l'écriture de l'histoire allemande : *L'Allemagne n'est pas ce que vous croyez* (1978) cherche à faire tomber les clichés français sur la démocratie de Bonn ; ses *Histoire du catholicisme politique en Allemagne* (1957), *Histoire de la social-démocratie allemande* (1979) et sa biographie de *Konrad Adenauer* (1987) éclairent les Français sur l'échiquier politique outre-Rhin. Enfin, son *Histoire de l'Allemagne des origines à nos jours* (1994) s'impose comme un ouvrage de référence.

À la confluence des religions juive, protestante et catholique (il se convertit au catholicisme pendant la guerre), trait d'union entre la France et l'Allemagne, navette entre le milieu politique (conseiller d'Helmut Kohl) et l'univers académique, Joseph Rovan fut un grand intellectuel européen.

Anna Trespeuch-Berthelot

RUBINSTEIN Ida. — *Voir* DANSEURS ET DANSEUSES RUSSES.

RUCKER August

Ingénieur. – Né le 14 février 1900 à Munich, Allemagne ; mort le 17 mai 1978 à Monte-Carlo, Principauté de Monaco.

Diplômé de la Technischen Hochschule de Munich en 1923, August Rucker séjourne à Paris de 1926 à 1937, où il exerce l'architecture, dans l'agence d'Auguste Perret, et l'urbanisme. Dans les années 1950, il dirigera la Technische Universität de Munich et sera même, de 1954 à 1957, ministre de la Culture et de l'Éducation en Bavière. En 1954, c'est à ce titre qu'il lance un concours pour sélectionner l'architecte à qui sera confié le projet de Maison de l'Allemagne à la Cité internationale universitaire de Paris. Johannes Krahn, auteur de plusieurs équipements publics et de monuments religieux, est choisi à l'unanimité par le jury. La Maison de l'Allemagne est inaugurée en 1956.

Gérard Monnier

RUDY Michael

Pianiste. – Né le 3 avril 1953 à Tachkent, alors URSS, aujourd'hui Ouzbékistan.

Pianiste virtuose, le jeune Mikhaïl remporte en 1975 le prix Marguerite-Long. Il profite de sa première tournée à l'étranger pour demander – et obtenir – l'asile politique en France. En Occident, il est d'emblée associé aux plus grands – à commencer par Mstislav Rostropovitch et Isaac Stern en 1977, pour un concert d'hommage à Marc Chagall. Il a, depuis lors, développé une carrière classique d'interprète international, jouant avec les plus grands orchestres – dont, à partir de 1989, ceux de l'ancienne URSS. Son répertoire s'étend de Ludwig van Beethoven à Olivier Messiaen avec une prédilection – et une reconnaissance générale – pour les auteurs slaves, en particulier Dmitri Chostakovitch, Leoš Janáček, Sergueï Rachmaninov et Alexandre Scriabine. Esprit ouvert, Mikhaïl Rudy a multiplié les expériences de mélange des arts, du dialogue avec le jazz à l'art vidéo, tel le concert-projection sur les *Tableaux d'une exposition*, associant Modeste Moussorgsky et Vassily Kandinsky, créé à Paris en 2010 et repris depuis lors à travers le monde. Il a coécrit, avec Robin Renucci, un spectacle inspiré du *Pianiste* de Władysław Szpilman. Il a publié en 2008 un ouvrage autobiographique, *Le Roman d'un pianiste*, dont le sous-titre définit assez bien sa personnalité : *L'impatience de vivre*.

Pascal Ory

RUHMKORFF Henri-Daniel

Constructeur d'appareils scientifiques. – Né le 15 janvier 1803 dans le Royaume de Hanovre, aujourd'hui Allemagne ; mort le 19 décembre 1877 à Paris, France.

Après un apprentissage de mécanicien, le jeune Ruhmkorff voyage pour parfaire ses compétences en Allemagne, à Paris, puis à Londres. C'est à Paris qu'il choisit de se fixer. Après avoir travaillé près de dix années comme ouvrier chez divers fabricants d'appareils scientifiques, il décide de se mettre à son compte, comme ouvrier en chambre. Ses instruments sont gratifiés de médailles d'argent, lors des expositions industrielles de 1841 et 1849. La réalisation de la bobine d'induction, sur laquelle il commence à travailler en 1851, lui vaut la célébrité. Médaillé d'or de première classe à l'Exposition universelle de 1855, il est fait chevalier de la Légion d'honneur. En 1859, il fonde les ateliers Ruhmkorff, qui deviennent une référence majeure en matière d'appareillage électrique scientifique. L'attribution, en 1864, du prix Volta constitue une sorte de couronnement. Ruhmkorff n'est pas l'inventeur de la bobine à induction : plusieurs savants, dont Antoine Masson et Louis Bréguet en France, Charles Grafton Page aux États-Unis, avaient largement déblayé la question et proposé des modèles. Mais il lui a donné sa forme la plus adéquate pour l'expérimentation et les usages scientifiques et médicaux. Ce générateur de courant haute tension, encore utilisé de nos jours, a servi pour l'allumage du moteur Lenoir, la mise à feu des mines, la découverte des ondes hertziennes, les radioconducteurs. Jules Carpentier, polytechnicien et ancien de la Compagnie du chemin de fer Paris-Lyon-Méditerranée, collaborateur puis successeur du constructeur, maintient la renommée de la « marque » Ruhmkorff ; c'est lui, entre autres réalisations, qui fabrique les premières caméras des frères Lumière. D'une manière générale, le nom de Ruhmkorff est attaché à toutes les grandes découvertes dans le domaine de l'électromagnétisme.

Anne-Françoise Garçon

RUIZ Raoul (Raul Ruis)

Cinéaste, écrivain. – Né le 25 juillet 1941 à Puerto Montt, Chili ; mort le 19 août 2011 à Paris, France.

Amoureux de littérature, Raoul Ruiz étudie le droit et la théologie avant d'écrire de nombreuses pièces de théâtre. Conseiller cinématographique de Salvador Allende, ce militant socialiste se voit contraint de quitter le Chili à la suite du coup d'État d'Augusto Pinochet en 1973, et s'installe à Paris. Il tourne alors *Dialogue d'exilés* (1974), inspiré de son expérience de réfugié politique ; *La Vocation suspendue* (1977), l'histoire d'un abbé troublé par des querelles idéologiques ; *L'Hypothèse du tableau volé* (1978), d'après Pierre Klossowski, réflexion sur l'art et ses jeux d'illusions. Et *Les Trois Couronnes du matelot* (1983), époustouflant récit à tiroirs d'une dérive surréaliste. Nommé par Jack Lang à la tête de la Maison de la culture du Havre en 1986, naturalisé français, ce cinéaste malicieux et adepte du trompe-l'œil adaptera *Bérénice* de Racine (film produit par le Festival d'Avignon), *Le Temps retrouvé* de Marcel Proust (1998), *Les Âmes fortes* de Jean Giono (2001), *La Maison Nucingen* d'Honoré de Balzac (2008), avant d'obtenir le prix Louis Delluc pour *Les Mystères de Lisbonne* en 2010, saga romanesque située dans le Lisbonne du XIXe siècle. Tout Raoul Ruiz est là, dans cette vertigineuse ronde narrative où les récits s'emboîtent les uns dans les autres, ce maelström en forme de puzzle, cette sarabande d'énigmes orchestrée par d'hypnotiques travellings, des tableaux codés, un réservoir vertigineux de costumes et postiches.

Jean-Luc Douin

RUSSES

À compter des XVIIIe et XIXe siècles, la Russie, lointaine contrée orientale sans Renaissance, religieusement distante du fait du grand schisme (1054), longtemps sans rapport à la France, lui apporte les dizaines de milliers de sujets d'une émigration parfois économique, mais avant tout politique, dont de nombreux descendants firent souche.

Une société choisie. Le contact entre la Russie et la France date du Moyen Âge avec l'union d'Anne de Kiev et du capétien Henri Ier (1051). Des ambassades sont reçues au XVIIe siècle, mais la réelle découverte correspond, cent ans plus tard, au désir d'Europe de Pierre le Grand, qui visite Versailles en 1717. Un ambassadeur permanent est nommé à Paris cette année-là et, deux ans plus tard, le mot *russe* entre dans la langue française. Se développe alors, lentement, un embryon de colonie caractérisé par l'importance de ses biens matériels et la sincérité remarquable, si russe, de sa piété, mais aussi par son ancrage résolument parisien, son goût voyant pour les plaisirs. En 1788, Denis Fonvizine écrit de ses compatriotes « Russes français » qu'ils « changent la nuit en jour ». Avancées et reculs se succèdent : crainte de la Révolution française pour Catherine II (1762-1796), mais aussi libéralisme des décrets d'Alexandre Ier (1801-1825), permettant aux nantis de rallier la France ; guerre avec Napoléon, mais aussi présence de cosaques, uniformes verts et shakos, sur les Champs-Élysées. L'occupation à Paris en 1814-1815 procure aux Russes une légende, une iconographie. Et ni la grave crise polonaise de 1831 ni la guerre de Crimée (1854-1856) ne dissuadent des membres si tolstoïens de la haute bourgeoisie et de l'aristocratie francophone, moscovite et pétersbourgeoise, de résider en France, certains dans des palaces, d'autres dans de fastueuses demeures leur appartenant (le baron von Derwies à Valrose). Parmi les Russes des théâtres et des boulevards, des figures se détachent, telle la comtesse de SÉGUR, passeuse entre les deux cultures, fille du fortuné Fédor Rostopchine et « mère » du général Dourakine ; Anatole DEMIDOV (1813-1870), à l'origine du Jockey-Club ; Pierre TIOUFIAKINE (1769-1844) et ses bals ; Élim MESTCHERSKY (1808-1844). Quant à elles, Marie NARYCHKINE (1779-1854) et la comtesse RAZOUMOVSKI (1743-1810) tiennent salon. Des mariages mixtes sont célébrés. Ainsi Edmond Nompar de Caumont de La Force épouse-t-il Catherine GALITZINE (?-?) dès 1819. Vers 1850, les Russes sont à la mode. En 1856, Ivan TOURGUENIEV (1818-1883), Parisien par amour, représente officieusement un groupe qui, dès 1861, dispose d'un lieu de culte avec l'église orthodoxe Saint-Alexandre-Nevski, rue de la Croix-du-Roule, actuelle rue Daru. Visites impériales, grands et petits événements de la Russie de France s'y dérouleront. On peut désormais vivre et mourir à la russe en France, alors que se déploie un *innamoramento* durable entre l'aristocratie et une Riviera qui séduit la grande-duchesse Hélène Pavlova (1807-1873 ; elle « lança », en 1857, Nice, non encore ville française), les ROMANOV et l'artiste Marie BASHKIRTSEFF (1858-1884), mais aussi plus de 2 500 touristes lors de la saison 1880. Même *high life* à Monte-Carlo et à Biarritz, où les grands-ducs font leur tournée. Aristocrates, riches négociants, artistes fortunés : le champagne du Second Empire est servi à la russe, très frais. Vingt mille sujets du tsar visitent l'Expo universelle de 1867. Dès 1888, les Français se précipitent sur les *emprunts russes*, non encore remboursés à ce jour. Même contre-nature, l'idylle nouée entre l'Empire et la République autour de l'Alliance franco-russe de 1893 se plaît aussi au faste exubérant, architecturalement traduit par le pont Alexandre-III à Paris.

Débuts de l'immigration, juifs russes, autres exilés. La situation intérieure russe était déjà à l'origine d'une présence accrue en Europe occidentale. Les Russes sont libres de venir en France. Ils auront été 10 000 dans la seconde moitié du XIXe siècle. Des ashkénazes échappent en France au démon de l'antisémitisme d'Alexandre III et au pogrom des années 1880. Issus des entrailles de l'Empire, ces « étrangers », mot auquel on se tient, parviennent au *Pletzl* (« petite place », en yiddish) du Marais, trouvant dans la confection un emploi de forçat mal payé. Ils sont 4 000 en 1900. Tout comme la vitalité de la vie associative, la solidarité est remarquable pour les immigrations russes au fil de leur histoire française. Elle joue à plein ici et, en 1911, un Bureau russe du travail aide 500 immigrés non juifs à trouver du travail. Avant même le flux de référence des années 1920, il s'agit d'une tendance réelle. Débarquent aussi des opposants, qui hantent les congrès socialistes ou sociaux (démocrates ou révolutionnaires) et pour lesquels la patrie des droits de l'homme et de Proudhon vaut mieux que le tsar et sa police secrète, qui opère pourtant aussi à Paris. Avant eux, de nombreux « révolutionnaires professionnels » avaient transité par Paris, tels les décembristes, l'anarchiste Mikhaïl BAKOUNINE (1814-1876), le nihiliste Pierre LAVROV (1823-1900), ou Alexandre HERZEN (1812-1870). Les défaits de la révolution de 1905 échappent, à Paris, au bagne sibérien. De 1908 à 1911, LÉNINE (1870-1924) habite avec sa femme Nadejda Kroupskaïa dans le

XIVe arrondissement (avec le XIIIe, le cœur de cette Russie politique), multiplie les conférences, publie le *Journal des travailleurs*, fourbit sa théorie à la Bibliothèque nationale et les cadres de son parti à Longjumeau, s'énamoure d'Inès Armand. Mais, dès 1903, ces travailleurs de l'ombre avaient abandonné la lumière à un mouvement artistique éclatant, invasion esthétique et religion du moderne aboutissant aux Ballets russes – Léon BAKST, Serge DIAGHILEV, Fédor CHALIAPINE (1873-1938), Nikolaï RIMSKI-KORSAKOV (1844-1908), Sergueï RACHMANINOV (1873-1943) –, dont le « saut d'impulsion » hors apesanteur de Vaslav NIJINSKI (1899-1950) dans le *Pavillon d'Armide* de Mikhaïl FOKINE (1880-1942) assure la postérité. Tsar ou star, cet homme est la danse même. Le *la* musical du temps est russe. Artistes, réfugiés juifs, opposants politiques, aristocrates et homme d'affaires ou entrepreneurs composent ainsi, en 1914, une Russie de France riche de 35 000 membres, mais aussi plurielle, voire hétérogène.

Le temps des apatrides. En 1916, au nom de l'Alliance, 44 000 soldats du corps expéditionnaire russe devaient opérer sur les fronts balkanique et français, avant que des dissensions internes ne les neutralisent en partie du fait de la situation en Russie, où l'écrasement des armées blanches par l'Armée rouge de Trotski ouvre une guerre civile qui génère une saignée démographique sans précédent. *Vae victis* : à monde ouvert, le mouvement d'exil des Russes, désormais dits Blancs, militaires mais aussi civils, qui, au nom de la Russie éternelle (*Russ'*), nient les soviets, se prolonge aux quatre vents et sur cinq continents vers d'*Autres Rivages* (selon le titre donné par Vladimir Nabokov à son autobiographie) jusque dans les années 1930. À cette époque, la sortie d'un bloc stalinien siglé URSS, reconnu *de jure* par la France en 1924, sera, à force de polices secrètes, illusoire. Directement ou non, 400 000 Russes selon la SDN (110 000 selon d'autres sources), en majorité slaves, orthodoxes ou juifs, monarchistes ou réformistes, membres de fait de la Russie « hors frontières », vont, avec le temps, parvenir en France, deuxième pays d'accueil après l'Allemagne mitoyenne, d'où, effondrement du mark aidant, ils proviennent parfois, tels Nina BERBEROVA et Vladislav KHODASSEVITCH (1886-1939), quand ils n'arrivent pas de la Turquie kémaliste, désormais interdite à leurs pas. Il s'agit de l'épicentre des immigrations russes en France. Les fragiles « apatrides » (le mot naît avec eux) de cette « dispersion » (Pierre Kovalevsky) ont pour pièce d'identité expérimentale le passeport Nansen et posent un problème juridique à la SDN. À Paris, en proche banlieue, ces membres de différentes conditions sociales sont visibles. Les riches s'installent dans les XVe et XVIe arrondissements et d'autres vivent près de l'église (promue cathédrale en 1922), de l'ambassade ou de l'Institut Saint-Serge, créé en 1923. Dans la si peuplée Boulogne-Billancourt (Billankoursk, disent certains), où la société Renault bat des records de productivité et d'embauche de jeunes ouvriers non qualifiés, qu'elle va chercher jusque dans les camps de réfugiés d'Europe orientale, la colonie russe fréquente cafés, restaurants et établissements ethniques tenus par des compatriotes, y lit ses journaux, dont le premier est paru en 1920. L'alphabet cyrillique orne les vitrines des boutiques et une « Petite Russie » prend corps. Ailleurs en banlieue, Sainte-Geneviève-des-Bois, outre une église (1939), propose une maison de retraite et le cimetière historique de la communauté (1927), où reposent l'étoile Rudolf NOUREEV, passée à l'Ouest en 1961, et le réalisateur Andréï TARKOVSKI (1932-1986). Ni le Maghreb colonial ni la province n'échappent à cet essaimage. Pas un seul département sans Russes. Liés à un site industriel et à son bassin d'emploi, des « coins » russes voient le jour : Russes de Caen, de Merlebach ou de Longwy, d'Ugine, de Chelles, de Rives, du Pouzin et du Creusot, de Décines et de Capbreton. Contemporain de ce surgissement et cher à Joseph Kessel, le folklore russe, littéraire, cinématographique, strass et champagne, ne saurait pour autant voiler la précarité de familles, et souvent d'hommes seuls, même relativisée par les pratiques de l'entre-soi communautaire. Déboussolés, fragiles, les arrivants se heurtent à la barrière quasi infranchissable de la langue, à des usages différents, à des tracas administratifs. Riche, l'émigration russe ? Non, elle a les mains calleuses. Née du malheur, elle avait des valises dans les mains ; à force de travail, elle en a sous les yeux. Le taxi russe se fait image d'Épinal. À Paris, écrit Brasillach, « tous les chauffeurs de taxis étaient princes russes » (en réalité, un sixième d'entre eux). Des guides professionnels, deux organes de presse et même un *Catéchisme de l'automobiliste* sont rédigés pour ce métier relativement simple, ignorant les quotas ; une Union des chauffeurs de taxis russes est fondée en 1926. D'autres arrivants sont manœuvres ou mineurs dans le Nord. Deux fois moins nombreuses, les femmes ont hérité de leur éducation un savoir-faire remarquable à l'aiguille. Certaines piquent chez elles et d'autres, douze heures par jour, dans des ateliers fournissant des maisons de couture haut de gamme, comme Irfé, créée par le prince et la princesse Félix YOUSSOUPOF (1887-1967 et 1895-1970). La mode du temps est cousue de fil russe. Dans les années 1930, les diverses couches de la société russe prérévolutionnaire, sans oublier les mencheviks, sont présentes en France. L'époque est marquée par des affaires interpellant directement la communauté : enlèvement à Paris du général Alexandre KOUTEPOV (1882-1930), successeur de Piotr WRANGEL (1878-1928) en tant que chef de l'union interarmes, la ROVS (1930) ; assassinat du président de la République Paul Doumer par Paul GORGULOFF (1932). Déjà discrets, les « Russkofs », dix fois moins nombreux que les « Polacks » – selon les surnoms dont ils furent alors affublés –, les Slaves de référence, rasent les murs dans un contexte xénophobe. En 1933, année où Léon Trotski est accueilli en France avant d'en être expulsé, éclate l'affaire Stavisky, du nom de l'escroc français d'origine ukrainienne Alexandre Stavisky, énorme scandale financier à même de déstabiliser le pouvoir et le régime parlementaire. En 1937, le général Ievgueni MILLER (1867-1939), chef de la ROVS, est à son tour enlevé à Paris grâce au maître espion Nicolas Skobline, qui inspirera à Éric Rohmer son *Triple Agent* (2004), un des rares films à donner une image de cette communauté secrète. En 1938 enfin, le fils de Trotski, Léon SEDOV (1906-

1938), est assassiné dans une clinique russe. La greffe n'a pas pris et, en 1939, au pic de la présence russe, seul un neuvième des 100 000 Russes, qui représentent 3 % des étrangers en France (mais 12 % à Paris), a opté pour la nationalité française par naturalisation. La majorité croit possible un retour en Russie. Lors du conflit, des Russes sont résistants – Boris VILDÉ et Anatole LEWITZKI (?- « mort pour la France » pendant la Seconde Guerre mondiale), Élisabeth PILENKO (1891-1945 ; mère Marie Skobstov en religion) –, certains juifs russes sont déportés, dix Russes de France seront Compagnons de la Libération. Le Géorgien Dimitri AMILAKVARI est une légende de la Légion, à laquelle de nombreux Russes blancs, officiers aristocrates mais aussi soldats d'origine paysanne, avaient été incorporés. La guerre n'est guère confortable pour les « Ivans », alliés objectifs du nazisme. Quand, par un retournement d'alliance, Hitler entre en guerre avec l'URSS en 1941, des Russes de France, dont des cosaques par régiments, luttent à ses côtés, gonflent les effectifs de l'armée Vlassov, prennent les armes contre un bolchevisme usurpateur, selon eux, de la vraie Russie. Certains rejoindront les maquis des résistants avant la défaite allemande et éviteront le retour forcé, c'est-à-dire la mort.

L'après-guerre : choisir. Prisonniers de guerre, civils emmenés par les Allemands et troupes de Vlassov composent une nouvelle immigration de *displaced persons* (DP), sans traits communs ni réel contact avec la vague précédente, vieillissante. Dans le cas russe, l'après-guerre incarne jusqu'à l'épure le dilemme propre à l'émigrant : partir ou rester. Cédant aux sirènes soviétiques de l'amnistie, 100 000 Russes s'en vont, passeport rouge au poing, vers l'URSS victorieuse, ce qui vaudra la mort à grand nombre de ces « retournants ». Si d'autres élisent déjà des horizons plus lointains, notamment américano-canadien, ou israélien à compter de 1948, 40 000 restent en France, où l'intégration est facilitée par le biais d'une naturalisation désormais simplifiée, alors même que s'estompe l'idée du retour dans une mère patrie où un communisme censément invincible triomphe. Et c'est à la deuxième génération, par le biais des enfants massivement scolarisés et très doués, qui apprennent, certes, le souvenir de la Russie et la langue russe à la lueur de l'icône familiale ou dans des camps de vacances, mais surtout la France à l'école, que les Russes *en* France se font Russes *de* France, Français à part entière. Les enfants sont de vrais points de fixation. À l'exception du sport, cette immigration frappe par la richesse de son apport dans des domaines variés. Dans une vision large, incluant les juifs et des nationalités longtemps confondues au sein de l'identité dominante, le legs russe à la France est colossal : histoire des idées : Alexandre KOYRÉ, Alexandre KOJÈVE, Léon CHESTOV, Georges GURVITCH, Alexis PHILONENKO (né en 1932) ; presse et télévision : Pierre LAZAREFF (1907-1972), Léon ZITRONE, Pierre TCHERNIA (né en 1928), Yves MOUROUSI (1942-1998) ; cinéma : Jacques TATI (1907-1982), Roger VADIM (1928-2000), Marina VLADY (né en 1938) et Odile VERSOIS (1930-1980), Macha MÉRIL (née en 1940) ; théâtre : Arthur ADAMOV, Georges et Ludmilla

PITOËFF, Laurent TERZIEFF (1935-2010) ; musique et chanson : Vladimir COSMA, Anna MARLY, Sacha DISTEL (1933-2004), Serge GAINSBOURG. Est-ce d'être si romanesque ? Constellée de prix littéraires, nulle autre immigration ne saurait se prévaloir d'une telle richesse dans la sphère du roman, avec Irène NÉMIROVSKY, Elsa TRIOLET, Romain GARY, Henri TROYAT (passeur décisif), Roger IKOR (1912-1986), Alain BOSQUET, Zoé OLDENBOURG (1916-2002), Nathalie SARRAUTE, Nina Berberova déjà citée, Andreï MAKINE, Anne WIAZEMSKY (née en 1947). Et qu'écrire des arts, dont la richesse étourdit et dont le centre fut, dans les années 1920, La Ruche, près de Vaugirard ? Le peintre Marc CHAGALL, à qui André Malraux confiera le plafond de l'Opéra de Paris, opère une synthèse (« J'ai apporté mes objets de Russie et Paris leur a donné la lumière »), tandis que Chaïm SOUTINE est frappé par les motifs occidentaux et que le sculpteur Ossip ZADKINE se libère en France de son inspiration russe. Cette immigration juxtapose ainsi un extrême dénuement matériel et une stupéfiante richesse artistique, dont l'École de Paris sera tributaire. D'autres noms rayonnent, ainsi Nathalie GONTCHAROVA (1881-1962) et Michel LARIONOV (1881-1964), Léon ZACK (1892-1980), Sonia DELAUNAY, Vassily KANDINSKY, Nicolas de STAËL. Canon esthétique des années 1920 et 1930, la belle Russe est aussi une muse. Ainsi GALA (1894-1982) pour Salvador Dalí, puis Paul Éluard, DINA Vierny (1919-2009) pour Aristide Maillol, puis pour Raoul Dufy ; LYDIA Delectorskaya (1910-1998) pour Matisse, MISIA Sert (1872-1950) pour Bonnard. Dans un contexte spécifiquement russe, la richesse de Paris en tant que centre de réflexion sur une orthodoxie, dont 7 % du clergé avait émigré, est non négligeable : Vladimir LOSSKY (1903-1958), Nicolas BERDIAEV, Sergueï BOULGAKOV (1871-1944). Le frère GRÉGOIRE (Grégoire Krug, ou Kroug, 1902-1989) peint une bouleversante *Icône de l'émigration*. La profusion culturelle est ainsi caractéristique de ce groupe, somme toute réduit. Marina TSVETAEVA (1892-1941) avait raison de poser : « Nous ne sommes pas venus en France pour prendre, mais pour donner. » Des réussites sont brillantes : Alexandre IACOVLEFF (1887-1938) peint les « croisières » Citroën, jaune puis noire ; les savants russes enrichissent de leur savoir l'Institut Pasteur ; le transatlantique *Normandie* est dû à Vladimir Ivanovitch YOURKEVITCH (1885-1964) ; Alexandre ALEKHINE (1892-1946) est champion du monde d'échecs, puis capitaine de l'équipe de France ; Pierre BÉRÉGOVOY (1925-1993) est premier ministre.

Dissidence et nouvel exode. Dans les années 1970 et 1980 de la dissidence, dont Paris est un foyer éditorial important (*La Pensée russe*, YMCA Press) et un centre d'accueil – pour Andreï AMALRIK (1938-1980), Léonide PLIOUTCH (1939-?), Alexandre GINZBURG (1936-2002), par exemple –, une autre immigration, moindre et fille de la Convention de Genève, voit le jour, celle de juifs et de contestataires, dont certains repartent plus à l'ouest. Scrutée par Hélène CARRÈRE D'ENCAUSSE (née en 1929), *alias* Hélène Guéorguiévna, née Zaroubichvili, future secrétaire perpétuelle de l'Académie française, la fission de l'URSS dans les années 1990, postérieure de quelques années aux réformes progressistes gorbatchéviennes de la *glasnost'* (« transparence ») et de la *perestroïka* (« reconstruction »), génère quant à elle un exode triple de celui des années 1920. Mais l'histoire ne se répète pas. Si des Russes d'exil transitent par Paris, étape géographique moins attractive, presque déjà historique, ils s'y fixent moins. Des profils neufs enrichissent toutefois la palette russe en France, ainsi des étudiants, des touristes, des sportives tôt naturalisées – la patineuse Marina ANISSINA, championne olympique, la tenniswoman Tatiana GOLOVINE (née en 1988), la nageuse Alena POPCHANKA (née en 1979) –, ces crésus que sont les « nouveaux Russes », des individus moins recommandables liés aux mafias russes, de lucratives « filles russes » mêlées à la prostitution. On assiste à une importante demande en femmes russes dans les agences matrimoniales, notamment en milieu rural. En 2004, le ministère de l'Intérieur chiffre à 15 000 personnes cette dernière vague, dont Vladimir FÉDOROVSKI (né en 1950), peut-être *le* Russe de France, est un bon exemple. Romancier à succès, professeur aux HEC, cet ancien proche de Gorbatchev décrypte la Russie pour les Français. Enfin, alors que la France sonde sur le tard la richesse de son passé d'immigration, la Russie de France, étudiée par Catherine Gousset et Hélène Ménégaldo, illustrée par l'iconographie richissime d'Andréï Korliakov, et, à l'étranger, par les livres d'Eric Raeff et de Robert H. Johnston, a une histoire à elle. Pour autant, il serait faux d'avancer qu'elle a un seul visage, tant les clivages idéologiques ont la vie dure. Quoi de commun entre un héritier de l'aristocratie, volontiers élitiste, et un ancien fonctionnaire soviétique ? Entre, version contemporaine du grand-duc, un « nouveau Russe » ayant profité des privatisations des entreprises soviétiques et un émigré économique, ou l'un de ces milliers de clandestins par définition difficilement chiffrables ? Plurielles par nature, les immigrations russes dans l'Hexagone varient selon une date d'arrivée à valeur définitoire, les profils des arrivants et leur degré d'attachement à une Russie de plus en plus abstraite au fil des générations. Le déchirement est aussi religieux et judiciaire pour la cinquantaine d'églises orthodoxes russes en France, dont les bulbes sont réclamés par diverses juridictions, alors que la provenance géographique, elle, s'évase. Conflit oblige, en 2009, 80 % des 2 000 demandeurs d'asile russes en France sont issus du nord du Caucase (Tchétchénie, Ingouchie, Daguestan). Du point de vue de la Russie poutinienne cette fois, les émigrations russes ne sont plus un tabou vilipendé comme sous Staline, mais, au revers, à l'âge des icônes informatiques et de la renégociation globale des identités, fièrement revendiquées comme une composante essentielle d'un héritage national fort. Un conservatoire, même paradoxal, de l'identité russe.

Pierre Grouix

Bibl. : BERBEROVA Nina, *C'est moi qui souligne*, Arles, Actes Sud, 1989 • GOUSSEF Catherine, *Immigrés russes en France (1900-1950)*, Paris, EHESS, 1996, 2 vol. • GROUIX Pierre, *Russes de France*, Monaco, Éditions du Rocher, 2008 • KORLIAKOV Andréï, *Émigration russe : France 1917-1947*, Paris, YMCA Press, 2001 • MÉNÉGALDO Hélène, *Les Russes à Paris : 1919-1939*, Paris, Autrement, 1998 • RAEFF Éric, *Russia*

Abroad, a Cultural History of the Russian Emigration 1919-1939, Oxford, Oxford University Press, 1990 • TROYAT Henri, *Un si long chemin (entretiens)*, Paris, Stock, 1992.

RUSSILLO Joseph

Danseur, chorégraphe et pédagogue. – Né en 1938 à New York, États-Unis.

Américain d'origine italienne, Joseph Russillo s'est formé à la danse auprès de Matt Mattox. Après avoir travaillé comme danseur aux États-Unis, il se rend en Europe en 1967 pour le Festival des deux mondes à Spolète, en Italie, et décide alors de s'installer à Paris. En 1969, il y fonde, avec Anne Béranger, une compagnie de danse moderne pour laquelle il chorégraphie notamment *Il était une fois comme toutes les fois* (1972). En 1973, il crée le Ballet-Théâtre Joseph Russillo, avec Daniel Agésilas, ancien danseur de l'Opéra de Paris, comme principal soliste. Son école de la rue du Bac à Paris est fréquentée par de nombreux danseurs. Il enseigne aussi à l'Opéra de Paris puis au Conservatoire national supérieur de musique et de danse. Sa compagnie, installée à Toulouse en 1984, devient CCN (Centre chorégraphique national), jusqu'en 1996. En 1997, il est accueilli en résidence à l'Opéra-Théâtre de Massy. Il est l'auteur de plus de soixante-dix ballets, montés en France ou en Italie, influencés par la danse moderne et jazz, mais aussi par la technique classique. Il est célèbre pour ses vastes fresques d'un érotisme parfois violent : *Requiem, malédictions et lumières* en 1977, *Le Sacre du printemps* en 1979, qu'il remonte en 2006 pour le Ballet de l'Opéra du Caire.

Sophie Jacotot

S

SAADÉ Jacques R.

Homme d'affaires et armateur. – Né en 1937 à Beyrouth, Liban.

Issu d'une famille chrétienne orthodoxe de Syrie installée à Beyrouth, qui a fait fortune dans le coton, Jacques Saadé est diplômé de la London School of Economics. Il reprend les affaires familiales en 1958, au décès de son père, et se lance dans le commerce maritime. En 1978, au moment de la guerre du Liban, il décide de s'installer en France et crée à Marseille la Compagnie maritime d'affrètement (CMA), spécialisée dans le bassin méditerranéen. La société accède au premier rang des armateurs français en 1995. Jacques Saadé rachète la Compagnie générale maritime (CGM) en 1996, puis l'armement Delmas en 2005 ; son entreprise se classe au troisième rang mondial, forte d'une flotte de plus de trois cents navires, et devient le principal employeur privé de Marseille. Président de la Chambre de commerce franco-libanaise depuis 1986, Jacques Saadé est officier de la Légion d'honneur et officier de l'ordre du Cèdre.

Claire Zalc

SABAN Haïm

Producteur et compositeur. – Né le 15 octobre 1944 à Alexandrie, Égypte.

En 1956, Haïm Saban, juif égyptien, émigre avec sa famille en Israël. À l'âge adulte, il organise des concerts, mais ne réussit guère. De 1973 à 1983, il réside en France, où il fait fortune comme producteur de disques et de séries télévisées. Il émigre ensuite aux États-Unis où il crée la chaîne Fox Kids en partenariat avec Rupert Murdoch.

Patrick Eveno

SAENZ Abelardo

Médecin et biologiste. – Né le 14 septembre 1894 et mort le 11 février 1975 à Montevideo, Uruguay.

Orphelin de père, Abelardo Saenz étudie au séminaire de Montevideo. Sous l'influence de son professeur d'histoire naturelle, il se dirige vers une carrière médicale. En 1916, il entre à la faculté de médecine. Un an plus tard, il réussit le concours d'assistant et se voit attaché au cours de physiologie. En 1919, il obtient un second poste d'assistant, cette fois à l'Institut d'anatomie pathologique de Montevideo. Il rejoint, en 1922, l'Institut de radiologie comme chef de laboratoire. Son premier voyage d'étude en Europe a lieu en 1926. Après un séjour dans des hôpitaux italiens, il intègre comme auditeur libre le prestigieux cours de microbiologie de l'Institut Pasteur. De retour en Uruguay, il est renvoyé, en octobre 1927, à l'Institut Pasteur de Paris à la demande de l'Assistance publique de son pays, afin de se spécialiser dans l'étude et le traitement du vaccin du BCG. Il est nommé l'année suivante préparateur de Julien Dumas pour les travaux pratiques du cours de microbiologie. Lors d'une manipulation de laboratoire, rapporte sa fiche aux archives de l'Institut, il contracte la fièvre jaune et doit être soigné à l'hôpital Pasteur. Pour services rendus, il reçoit en 1929, des mains d'Albert Calmette, la croix de chevalier de la Légion d'honneur.

Après un séjour à Montevideo pour raisons familiales, il regagne Paris pour y continuer ses recherches sur la tuberculose à l'Institut Pasteur. Il participe, en 1931 à Oslo, au congrès international de la tuberculose. L'année suivante, il est nommé chef de laboratoire à l'Institut Pasteur et collabore avec la faculté de médecine de Paris où il est chargé des travaux pratiques sur la tuberculose pour le cours de bactériologie de Robert Debré. Il intègre aussi la Commission des experts de la tuberculose auprès de la SDN. Confronté aux drames des réfugiés fuyant l'armée franquiste, il accueille plusieurs chercheurs espagnols, dont Gregorio Marañón, Louis Sayé et Gustavo Pittaluga. En 1939, l'Institut Pasteur honore Abelardo Saenz de sa grande médaille d'or, décernée pour son cinquantenaire. Alors qu'il est promu chef de service adjoint, il organise, en novembre 1940, une campagne de vaccinations contre les maladies infectieuses dans le sud de la France, ce qui lui vaut la médaille vermeille des épidémies. À la fin de l'année 1940, il décide de quitter la France avec sa famille. Il passe en Espagne, puis embarque pour Montevideo. En 1943, il compte parmi les fondateurs de l'Universidad Central Americana, « une institution libre, de haute culture, ouverte à tous, sans distinction de doctrine, de race ou de nationalité ». Il fait paraître en espagnol un mémoire résumant ses derniers travaux, menés avec Georges Canetti à l'Institut Pasteur. Désormais, il s'éloigne de la recherche et entame une nouvelle carrière de haut diplomate pour son pays d'origine : président de la délégation de l'Uruguay à l'Unesco, président de la délégation de l'Uruguay aux Nations unies, ambassadeur en France puis en Belgique, délégué permanent à l'Unesco. Dans un livre de souvenirs publié en 1961, il retrace cet itinéraire « de la science à la diplomatie », entre France et Uruguay.

Vincent Duclert

SAGAWA Issei

Assassin. – Né le 11 juin 1949 au Japon.

Fils d'un industriel japonais, étudiant en troisième cycle de littérature comparée à Paris dans le cadre d'un programme d'échanges, Issei Sagawa est arrêté en juin 1981 pour avoir tué une de ses camarades d'université, une jeune Néerlandaise. Il a dévoré une partie de sa chair et en a conservé sept kilogrammes dans son réfrigérateur. Il l'a aussi violée après sa mort, a enregistré l'assassinat et photographié le dépeçage de sa victime. Il a été signalé à la police par des témoins qui l'ont aperçu à proximité du lac du bois de Boulogne, chargé de valises, essayant de se débarrasser du corps. Revendiquant son acte, il est soumis pendant quatorze mois à une expertise psychiatrique menée par trois experts. Après une naissance difficile, il a réchappé de justesse, à l'âge de onze mois, à une encéphalite ; ces deux accidents expliqueraient sa chétivité. Les experts concluent à son irresponsabilité pénale, mais, le considérant extrêmement dangereux, demandent son internement. Le juge d'instruction Jean-Louis Bruguière prononce un non-lieu au titre de l'article 64 du code pénal. Sagawa est interné pendant un an à l'unité pour malades difficiles de l'hôpital Henri-Colin de Villejuif. Comme son avocat invoque l'injustice que représente pour le contribuable français l'hospitalisation du « cannibale japonais », Sagawa est finalement transféré au Japon, où, après un court séjour à l'hôpital psychiatrique, il est libéré le 13 août 1985. Cette libération provoque une indignation qui demeure sans effet.

Devenu une curiosité médiatique et surnommé au Japon « l'étudiant parisien », il profite assez largement des suites commerciales de son crime, sur lequel il a écrit des quantités de livres, parmi lesquels « Dans le brouillard » (*Kiri no naka*) a connu un immense succès public. Il donne des interwiev, apparaît dans des publicités pour des restaurants de viande, peint des œuvres érotiques et a joué dans des films pornographiques dans lesquels ses partenaires sont souvent de grandes femmes occidentales, parfois néerlandaises. Il avoue que son désir de chair humaine, intimement lié à sa libido, est intact.

Anne-Claude Ambroise-Rendu

SAGUER Louis (Wolfgang Simoni)

Compositeur. – Né le 26 mars 1907 à Berlin, Allemagne ; mort le 1er mars 1991 à Paris, France.

Musicien formé à Berlin, dans les années 1920, à l'école avant-gardiste de la musique de film, avec Edmund Meisel et Hanns Eisler, et du théâtre engagé de Piscator, Wolfgang Simoni arrive à Paris en 1929 pour compléter sa formation dans le domaine de l'orchestration, avec Louis Aubert. Il se lie d'amitié avec Darius Milhaud et Arthur Honegger. De retour en Allemagne en 1932, il travaille avec Paul Hindemith et Hanns Eisler à l'Université ouvrière. Le nazisme le pousse à l'exil en France. Naturalisé en 1947, il adopte le nom de Louis Saguer.

Voici un musicien difficile à classer. Il voyage beaucoup, parle couramment huit langues. Pianiste et claveciniste, passant des pièces contemporaines pour piano à la musique française et italienne du XVIe au XVIIIe siècle, il est estimé pour sa grande culture. Il accompagne les chanteurs français les plus prestigieux : Hélène Bouvier, Irène Joachim, Georges Thill. Assistant d'Hermann Scherchen, enseignant à Darmstadt, chef de la Chorale populaire de Paris, professeur à la Fondation Gulbenkian de Lisbonne, il revient à la composition de musique de film en 1959 pour Éric Rohmer, avec *Le Signe du Lion*. Son catalogue officiel comprend une quarantaine d'œuvres. Sa curiosité l'a porté vers les artistes de son temps – il a mis en musique la poésie d'Eugène Guillevic – et aussi vers les enjeux de la société contemporaine – il a ainsi composé en 1977 une œuvre pour double chœur, percussion, piano et cordes, intitulée, de façon très « soixante-huitarde », *Les murs ont la parole*. On perçoit son importance comme pédagogue lorsque l'on observe la liste de ses disciples et de tous ceux qui lui ont rendu hommage, de Pierre Boulez à Nicolas Bacri ou à Iannis Xenakis. Ses élèves et amis se demandaient pourquoi son œuvre n'était pas plus connue. Cette discrétion ne doit pas nous empêcher aujourd'hui de trouver en lui une figure importante de l'histoire de la musique française.

Didier Francfort

SALIMBENI Alexandre

Médecin et biologiste. – Né le 11 décembre 1867 à Acquapendente, Italie ; mort en 1942 à Paris, France.

Avant son arrivée à l'Institut Pasteur en novembre 1895, Alexandre Salimbeni a suivi des études de médecine à l'université de Sienne. À l'Institut Pasteur, il travaille dans le laboratoire d'Élie Metchnikoff, et tous deux ainsi qu'Émile Roux publient en 1898 un premier travail d'importance sur la toxine et l'antitoxine cholériques. Puis il collabore avec d'autres pastoriens sur l'étude du microbe de la péripneumonie. En 1889, il participe, avec Albert Calmette, à une mission d'étude de la peste à Porto. De retour à Paris, il devient, en 1900, préparateur pour le célèbre cours international de microbiologie de l'Institut Pasteur. Il repart en mission en 1901, cette fois pour étudier la fièvre jaune au Brésil. Il parvient à isoler, avec Émile Marchoux, l'agent de la spirochétose des poules et son mode de transmission. En 1908, à l'hôpital Pierre-et-Paul de Saint-Pétersbourg, il expérimente la valeur thérapeutique du sérum anticholérique préparé à l'Institut Pasteur par Roux et Metchnikoff. La même année, il cofonde la Société de pathologie exotique. Deux ans plus tard, une nouvelle mission l'emmène en Russie pour étudier, avec Metchnikoff, le choléra, la tuberculose et la peste. En 1911, il est à Marseille pour l'étude du choléra. L'Institut Pasteur le charge, en 1918, de fonder et de diriger le Service des vaccins, élément essentiel du développement de l'établissement après la guerre. Toute sa carrière se sera déroulée à l'Institut.

Vincent Duclert

SANDOR Georges

Médecin et biologiste. – Né le 24 mai 1906 à Budapest, alors Autriche-Hongrie, aujourd'hui Hongrie ; mort le 5 mars 1997 à Cannes (?), France.

Venu d'une famille juive aisée de Budapest, Georges Sandor effectue une brillante scolarité dans la capitale hongroise. Mais la politique antisémite du gouvernement Horthy le contraint à l'exil. En 1925, il choisit la France et s'installe à Paris pour y suivre un double cursus de médecine et de sciences. Passionné par la chimie biologique, il obtient de Gabriel Bertrand qu'il l'accepte à titre bénévole dans son laboratoire de l'Institut Pasteur. Un an plus tard, en 1931, il est nommé assistant hors cadre. Désormais, il fera toute sa carrière à l'Institut Pasteur, jusqu'à sa retraite, en 1976. Il soutient deux thèses, en 1933 celle de sciences naturelles (*Contribution au problème des protéines*), en 1935 celle de médecine (*Contribution à l'étude des antigènes des microbes pathogènes*), qui lui vaut la médaille d'argent de la faculté. Il obtient sa naturalisation française en 1938 et, l'année suivante, il est mobilisé. Démobilisé en août 1940, il quitte Paris pour travailler à l'Institut Pasteur de Lyon. Il y rejoint la Résistance et finit la guerre comme membre des Forces françaises de l'Intérieur. De retour à l'Institut Pasteur de Paris, il y est nommé chef de laboratoire, puis chef du service de chimie des protéines.

Vincent Duclert

SANDRI Roger

Syndicaliste. – Né le 1ᵉʳ décembre 1926 à Luxeuil-les-Bains, France.

Fils d'immigrés italiens, Roger Sandri entra dans la vie active en 1940 en qualité d'ouvrier métallurgiste et, en 1945, il adhéra au syndicat CGT des métaux de Luxeuil. Devenu mécanicien d'entretien dans l'industrie textile après son service militaire, il participa, avec André Bergeron, alors délégué régional confédéral et futur secrétaire général de Force ouvrière, à la constitution de syndicats dans le textile, la métallurgie et l'ameublement. En 1955, il fut élu secrétaire général de l'union locale des syndicats FO de Luxeuil et membre du bureau de l'union départementale de la Haute-Saône, dont il devint le secrétaire général en 1957 ; il l'était toujours en 1965. En janvier 1969, il fut appelé à diriger les fédérations FO de l'habillement et des cuirs et des peaux. Après avoir réalisé la fusion de ces deux fédérations, il en devint le secrétaire général en 1972. Roger Sandri siégea à la Commission exécutive confédérale de Force ouvrière à partir de 1969, puis devint un des secrétaires confédéraux de Force ouvrière en décembre 1973. En 1984, il quitta cette fonction. Proche ou déjà adhérent du Parti communiste internationaliste (PCI), trotskiste, il donna une longue interview à son journal *Informations ouvrières*, puis rejoignit son comité central.

Michel Dreyfus

SANGARÉ Bakary

Acteur et metteur en scène. – Né vers 1961 à Bafina, Mali.

Le jeune Bakary est bercé par les contes avant d'être choisi par le village pour aller à l'école. L'instituteur, féru de littérature, lui fait découvrir les grands textes – « avant même de parler français, j'adorais la musicalité de cette langue » – et suscite en lui la passion du théâtre. Adolescent, Bakary Sangaré intègre l'Institut national des arts de Bamako, où un professeur français, Philippe Dauchez, lui obtient une bourse pour étudier à Paris. Il arrive en France en 1984 et entre à l'ENSATT (École nationale supérieure des arts et techniques du théâtre) de la rue Blanche, où il suit, entre autres, les cours de Marcel Bozonnet. Après maintes difficultés – son accent lui est en particulier reproché –, Sangaré rencontre Peter Brook, qui lui donne, en 1985, un rôle dans *Le Mahâbhârata*, puis dans *Carmen*, *La Tempête* ou dans *Qui est là ?* Il joue aussi sous la direction de Gabriel Garran. Puis il interprète des personnages du répertoire africain contemporain, avant de partir en tournée seul avec le texte d'Aimé Césaire *Cahier d'un retour en pays natal*. En 1999, il monte *La Prochaine Fois le feu*, de James Baldwin. En 2002, Marcel Bozonnet, alors administrateur, l'engage comme pensionnaire à la Comédie-Française pour créer le texte de Marie N'Diaye *Papa doit manger*. Double reconnaissance : Bakary Sangaré est le premier Africain pensionnaire de la Comédie-Française, mais, surtout, il n'est pas cantonné dans les rôles secondaires ou « connotés » – ce qui avait été le cas du seul autre acteur de couleur de la troupe, Georges Aminel. On lui confie les grands rôles du répertoire : Shakespeare, La Fontaine, Koltès ou Tennessee Williams.

Chantal Meyer-Plantureux

SANSAL Boualem

Écrivain. – Né en 1949 à Theniet El-Had, alors France, aujourd'hui Algérie.

Comme Yasmina Khadra, Boualem Sansal, entrepreneur puis haut fonctionnaire de la République algérienne, connut une vocation tardive pour l'écriture. Remarqué dans son pays, comme à l'étranger, dès son premier roman (*Le Serment des barbares*, 1999), il radicalise sa critique de l'état de fait algérien dans ses livres suivants, qu'il s'agisse de fiction (*Dismoi le paradis*, 2003) ou d'essai (*Poste restante*, 2006). Courageusement, il se dresse contre l'intolérance, d'où qu'elle vienne, critique l'islamisme et accepte de voyager en Israël. Cet auteur francophone, qui vit en Algérie, a reçu en 2012 le Prix du roman arabe.

Pascal Ory

SANTIAGO Hugo (Hugo Santiago Muchnick)

Cinéaste. – Né le 12 décembre 1939 à Buenos Aires, Argentine.

Après avoir étudié la musique, la littérature et la philosophie dans son pays natal, Hugo Santiago est l'assistant de Robert Bresson pour *Le Procès de Jeanne d'Arc* (1962). De retour en Argentine, il y tourne *Invasion* en 1969, puis *Les Autres* en 1974, sur des scénarios écrits avec Jorge Luis Borges et Adolfo Bioy Casares. Ces deux beaux films mystérieux ont été suivis, en France où il s'est installé, d'*Écoute voir*, thriller parodique en milieux occultes, avec Catherine Deneuve (1978). Puis d'œuvres plus confidentielles.

Jean-Luc Douin

SANTOS-DUMONT Alberto

Ingénieur et pilote. – Né le 20 juillet 1873 à Palmira, Brésil ; mort le 23 juillet 1932 à Guarujà, Brésil.

Fils d'Henri Dumont, un ingénieur français devenu riche planteur de café, et de Dona Francisca dos Santos, le jeune Alberto fait ses études au Colegio Culto a Ciencia de Campinas, puis à l'École des mines d'Ouro Preto. En 1891 son père, devenu paraplégique après une chute de cheval, vend la plantation, s'installe en France avec sa famille et décède un an plus tard. Alberto fait ses études à la Sorbonne, puis à Bristol, en Angleterre. En 1896, il rejoint sa mère, retournée au Brésil, mais revient en France dès l'année suivante. « Sportsman de l'air », comme il aimait se décrire, il se lance dans la conception de petits dirigeables souples et en construit onze entre 1898 et 1905. Le 19 octobre 1901, il parvient, avec son dirigeable n° 6, équipé d'un moteur Buchet, à remplir les requis du prix Deutsch de la Meurthe : voler du parc de Saint-Cloud jusqu'à la tour Eiffel, la contourner et revenir, en moins de trente minutes, ce qui supposait une vitesse moyenne de 22 km/h. Tout en continuant à améliorer les dirigeables, Santos-Dumont se tourne vers les plus-lourds-que-l'air et conçoit, en 1905, son premier aéroplane. En 1906, avec son 14*bis*, il vole d'abord sur une distance de soixante mètres, à deux ou trois mètres au-dessus du sol, et remporte ainsi le prix Deutsch-Archdeacon, destiné à récompenser le premier vol homologué de plus de vingt-cinq mètres. Puis, le 12 novembre 1906, il établit le premier record du monde reconnu par la Fédération internationale d'aéronautique en parcourant deux cent vingt mètres en vingt et une secondes et demi.

L'apport d'Alberto Santos-Dumont à l'aviation est considérable. Tout d'abord, il crée le domaine aéronautique au sens large, en faisant le lien entre plus-légers et plus-lourds-que-l'air. Il est ainsi le seul, en 1909, à posséder les trois brevets de pilotage : ballons, dirigeables, aéroplanes. En 1899, avec son numéro 3 – court, trapu, équipé d'un longeron en bambou de dix mètres, d'un gouvernail et d'une nacelle de bambou dotée d'un moteur à essence de Dion de 3,5 ch actionnant une hélice en métal –, il prouve qu'il est possible de piloter un aéronef, au sens plein du terme, et pas seulement de voler. Il détermine, avec le numéro 4, en 1900, la place et la fonction du pilote : assis sur une selle, commandant les gouvernails au moyen d'un guidon et le moteur au moyen d'un pédalier de bicyclette. En 1906, il conçoit un objet hybride, le 14*bis*, aéroplane suspendu sous le dirigeable numéro 14, avec lequel il analyse les problèmes de stabilité posés par les aéroplanes, grâce à quoi, le premier, il fait décoller un avion par ses propres moyens. Enfin, il invente, en 1907, la fameuse *Demoiselle*, son numéro 19, un petit monoplan en bois de sapin, bambou et métal, recouvert de toile de soie vernissée, totalement innovant de par sa simplicité de construction et sa légèreté : 56 kg, y compris le moteur de 22 kg, un falt-twin Dutheil et Chalmers de 18 ch. Amélioré en soufflerie chez Eiffel, équipée d'un moteur Clément-Bayard de 50 ch, commercialisée 7 500 francs, la *Demoiselle* n° 21 s'utilise comme s'il s'agissait d'une automobile. C'est l'œuvre ultime du pionnier. Atteint d'une sclérose en plaques, Santos-Dumont pilote pour la dernière fois, en 1910, puis il abandonne l'aviation. Installé à Bénerville-sur-Mer, il se passionne pour l'astronomie, accepte difficilement l'usage militaire de l'aviation et plonge lentement dans la dépression. Revenu au Brésil en 1928, il se suicide en 1932, après le bombardement d'un soulèvement populaire à Sao Paulo.

Anne-Françoise Garçon

SAPRITCH Alice (Alice Sapric)

Actrice et chanteuse. – Née le 29 juillet 1916 à Ortakoy, alors Empire ottoman, aujourd'hui Turquie ; morte le 24 mars 1990 à Paris, France.

D'origine arménienne, exilée d'Istanbul à l'âge de treize ans, Alice Sapritch rejoint Paris après une escale à Bruxelles et s'inscrit au cours Simon, puis au Conservatoire. Amoureuse de Robert Brasillach, épouse de Guillaume Hanoteau, elle fait une première apparition au cinéma aux côtés d'Yves Montand dans *Premier mai* (1958), enchaîne les petits rôles chez Claude Autant-Lara, Robert Hossein, Jean Cocteau (*Le Testament d'Orphée*,1960), François Truffaut (*Tirez sur le pianiste*, 1960). Elle collectionne aussi les nanars (*Les Joyeux Lurons*, *Le Führer en folie*, *Drôles de zèbres*), devient l'une des cibles de l'imitateur Thierry Le Luron. Vraie vedette à la télévision, où elle incarne Catherine de Médicis, la cousine Bette, Marie Besnard, *Tous ceux qui tombent* de Beckett, et Folcoche dans *Vipère au poing* d'après Hervé Bazin, elle se taille un gros succès dans *La Folie des grandeurs* de Gérard Oury (1971) aux côtés de Louis de Funès.

Jean-Luc Douin

SARGENT John Singer. — *Voir* GREZ-SUR-LOING, Groupe de.

SARKIS (Sarkis Zabunyan)

Plasticien. – Né le 26 septembre 1938 à Istanbul, Turquie.

« Ma mémoire est ma patrie » : titre d'une œuvre exposée en 1985 à Berne, cette phrase est souvent reprise pour évoquer les liens complexes que Sarkis entretient avec la notion de nationalité et aussi avec l'histoire contemporaine, qui tient une place essentielle dans son travail sur la mémoire collective. Né en Turquie dans une famille d'origine arménienne, Sarkis – il n'a gardé que son prénom chrétien lors de son entrée dans la carrière d'artiste – vit et travaille en France depuis 1964. Architecte d'intérieur de formation, il expose des collages et peintures à base d'images d'actualité, qui sont distingués en 1967 par le prix de peinture de la Biennale de Paris. Il multiplie ensuite les installations (influencées notamment par l'Allemand Joseph Beuys, qu'il admire), combinant des matériaux et des objets divers, néons, pièces de bois ou de métal, artefacts usuels, à la valeur symbolique et affective forte pour tout spectateur occidental vivant dans les années 1960-1980. Travaillant sur la guerre, Sarkis devient l'un des artistes majeurs de l'art conceptuel en France, où il connaît un succès croissant avec des expositions à Grenoble (1991), Nantes (1997), Bordeaux et Paris (2000), Lyon et Céret (2002), Paris (2010). En 2007, pour l'Année de l'Arménie en France, Sarkis est invité par le Louvre à développer un projet dans les salles du musée. Il conçoit une installation vidéo projetant les images de trois chefs-d'œuvre ayant marqué sa vie et conservés à Colmar, Darmstadt et Oslo, réfléchissant au temps et à l'espace ainsi qu'à leur possible abolition. Sarkis retourne régulièrement en Turquie depuis les années 1980 pour exposer son travail, en particulier lors de la Biennale d'art contemporain d'Istanbul.

Julie Verlaine

SARRAUTE Nathalie (Natalya Tcherniak)

Romancière et dramaturge. – Née le 18 juillet 1900 à Ivanovo, alors Empire russe, aujourd'hui Russie ; morte le 19 octobre 1999 à Paris, France.

Natalya Tcherniak voit le jour dans un milieu d'intellectuels juifs russes. À l'âge de huit ans, la séparation de ses parents la contraint à de fréquents allers-retours entre son pays natal, où réside son père, et la France, à Paris, où elle s'est installée avec sa mère. Elle étudie successivement au lycée Fénelon, à la Sorbonne, mais aussi à Oxford et à Berlin. En 1925, elle épouse Raymond Sarraute. Naîtront trois enfants, dont la future journaliste et romancière Claude Sarraute. Devenue avocate, elle s'inscrit au barreau, mais se tourne vers la création littéraire sur les conseils de son mari. Écrits entre 1932 et 1937, dix-huit de ses textes sont rassemblés sous le titre *Tro-*

pismes. Refusé par Gallimard et Grasset, ce premier livre sera finalement édité par Denoël, mais n'attirera guère l'attention de la critique ni du public. Bien à tort, car l'écriture de Nathalie Sarraute se singularise déjà par rapport à la production romanesque de son temps et contient les prémices du profond renouvellement que traversera la littérature française deux décennies plus tard. La Seconde Guerre mondiale correspond à une période de difficultés et de silence forcé. Nathalie Sarraute est radiée du barreau en 1941, en vertu du second statut sur les juifs promulgué par Vichy. Réfugiée dans la vallée de Chevreuse, elle héberge Samuel Beckett et sa femme. Ayant été dénoncée par un commerçant pour avoir refusé de porter l'étoile jaune, elle échappe de peu à l'arrestation et vit dans une semi-clandestinité sous le nom de Nicole Sauvage, qui reprend les initiales de son nom. À la Libération, elle fait paraître plusieurs romans, mais ne parvient toujours pas à être reconnue par le milieu littéraire, en dépit de la préface que Jean-Paul Sartre rédige pour son *Portrait d'un inconnu* (1948). Ce ne sont encore que des initiés qui enregistrent la parution de *Martereau* (1953) et, plus encore, de *L'Ère du soupçon* (1955), qui apparaîtra rétrospectivement comme une sorte de manifeste du Nouveau Roman. La notoriété survient tardivement en 1959, quand paraît *Le Planétarium*. Dans le climat d'effervescence qui saisit alors les lettres françaises, Nathalie Sarraute fait figure de tête de file d'un mouvement qui compte également Samuel Beckett, Alain Robbe-Grillet, Michel Butor, Arthur Adamov, Claude Simon ou Robert Pinget. La romancière intervient également dans le débat intellectuel, notamment en 1960, comme signataire du « manifeste des 121 » contre la guerre d'Algérie. En 1964, *Les Fruits d'or* sont récompensés par le Prix international de littérature. La carrière de Nathalie Sarraute étant définitivement lancée, elle publie de nombreux ouvrages et se lance dans le théâtre (*Le Silence*, 1964 ; *Le Mensonge*, 1966). Sa notoriété lui vaut de voir ses œuvres traduites en de nombreuses langues et ses romans tirés à plus de un million d'exemplaires (*Vous les entendez ?*, 1972 ; *Disent les imbéciles*, 1976). Inspirée par le roman russe ainsi que par des auteurs plus contemporains comme Kafka, Dos Passos ou Joyce, l'œuvre littéraire de Nathalie Sarraute trouve son ancrage fondamental dans le rapport à autrui, en minorant le rôle narratif de ses héros, réduits au rang de personnages anonymes et déconstruits. Ce lien vers l'autre permet la succession des points de vue et des « je », comme dans *Martereau*, où la même scène est présentée sous quatre angles différents. En 1983, Nathalie Sarraute réinterprète son parcours personnel, via un récit autobiographique à deux voix, *Enfance*, dans lequel l'introspection prend l'apparence d'un dialogue entre l'écrivain et son double, nourrissant par là même sa réflexion sur l'identité. La question se lit en filigrane d'une œuvre, à l'image de cette réflexion notée par l'écrivaine dans *Disent les imbéciles* : « Moi ? Mais "moi" ça n'existe pas, je viens de vous le dire. »

Pierre-Frédéric Charpentier

SATRAPI Marjane

Dessinatrice de bande dessinée, scénariste, cinéaste. – Née le 22 novembre 1969 à Rascht, Iran.

Née dans la région iranienne de Guilan, sur la mer Caspienne, Marjane Satrapi est la fille unique d'une dessinatrice de mode et d'un ingénieur. Issue d'un milieu favorisé et francophile, elle fait ses études au lycée français de Téhéran, puis est envoyée faire ses études en Autriche, alors que le régime islamique de Khomeiny se met en place. À son retour en Iran, elle étudie à l'École des beaux-arts de Téhéran et travaille comme graphiste et dessinatrice de presse. Elle s'installe en France en 1994, d'abord à Strasbourg, où elle est diplômée des Arts décoratifs, puis à Paris, où elle fréquente l'Atelier des Vosges, se liant d'amitié avec des auteurs comme David B. et Christophe Blain. Les quatre albums constituant la suite *Persépolis* sont publiés par l'Association entre 2000 et 2003. Le film d'animation qui en est tiré en 2007, coréalisé avec Vincent Paronnaud, est primé au Festival de Cannes et reçoit deux Oscars aux États-Unis. Alors que le régime iranien dénonce dans le film « un tableau irréel des conséquences et des réussites de la révolution islamique », la Société des auteurs et compositeurs dramatiques décerne à Marjane Satrapi le prix Henri-Jeanson, pour son insolence, son humour et son engagement. Celui-ci se poursuit en 2009, lorsqu'elle appelle la communauté internationale à ne pas reconnaître comme légitime le président iranien Mahmoud Ahmadinejad. Dans ses ouvrages, parfois qualifiés de « mémoires graphiques », l'Iran est omniprésent. Le récit autobiographique, par l'héroïne de *Persépolis*, de son enfance à Téhéran fait apparaître une société bouleversée par la guerre Iran-Irak, tandis que *Broderies* (2003), qui rapporte les histoires que contaient à l'auteure les femmes de sa famille, mêle anecdotes et réflexion sur la vie de femme dans l'Iran du XXe siècle. Dans ses livres pour la jeunesse, elle convoque une Perse mythique, ainsi lorsque, en 2001, elle illustre les *Sagesses et malices de la Perse*, des contes de Lila Ibrahim-Ouali et Bahman Namvar-Motlag. Marjane Satrapi a été naturalisée française en 2006.

Julie Verlaine

SAVINIO Alberto (Andrea Francesco Alberto De Chirico)

Compositeur, écrivain et peintre. – Né le 25 août 1891 à Athènes, Grèce ; mort le 5 mai 1952 à Rome, Italie.

Le frère cadet de Giorgio De Chirico a vécu dans l'ombre de son aîné, s'en distinguant par son pseudonyme (inspiré du nom d'un écrivain français) et par son choix privilégié de la musique et de l'écriture. Son œuvre picturale s'est essentiellement développée à l'époque où Savinio, qui avait déjà séjourné en France à la veille de la Première Guerre mondiale, y retourne, en 1926, jusqu'à la Seconde. Son œuvre littéraire, comptant pas moins d'une trentaine de titres, est principalement écrite en italien, mais il a rédigé quelques livres en français et, surtout, a publié en 1914 un texte, paru dans *Les Soirées de Paris*, *Les Chants de la mi-mort*, qui marquera les surréalistes. À ce titre, il figure dans la canonique *Anthologie de l'humour noir* publiée en 1940 par André Breton.

Pascal Ory

SAVOIR Alfred (Alfred Poznanski)

Auteur dramatique. – Né le 23 janvier 1883 à Łódź, alors Empire russe, aujourd'hui Pologne ; mort le 26 juin 1934 à Paris, France.

Alfred Savoir fut, depuis ses débuts en 1906 et jusqu'à sa mort, l'un des auteurs les plus prolifiques du théâtre de boulevard, avec un répertoire assez éclectique : vaudevilles souvent teintés d'amertume ou pièces cyniques s'attaquant à des sujets sensibles, comme la patrie, l'honneur ou la religion. Les directeurs de théâtre, méfiants, n'acceptent ses pièces qu'avec la garantie d'un collaborateur : Abel Hermant, Régis Gignoux, Étienne Rey, Henri Béraud donnèrent ainsi leur caution à des pièces jugées légères et sans grande portée. Parallèlement, Savoir peut donner à la presse des textes politiques très engagés, comme cette « Contribution à la connaissance du bolchevisme », qui met en garde les Français contre le péril communiste. Notons que c'est avec une pièce ambiguë, *Le Baptême*, écrite en 1907 en collaboration avec Fernand Nozière et mise en scène par Lugné Poe, que Savoir avait inauguré sa carrière d'auteur reconnu : fraîchement naturalisé et ayant opté pour un pseudonyme bien français, il y fustigeait – servant de caution à la campagne antisémite de *La Libre Parole* – les juifs qui se font baptiser pour faire oublier leur origine et favoriser ainsi leurs affaires. Les pièces suivantes – *Le Dompteur ou l'anglais tel qu'on le mange*, *Banco*, *La Petite Catherine*, *La Pâtissière du village ou Madeleine*, *La Margrave*, etc. –, moins contestables, suscitèrent successivement l'intérêt de Gaton Baty, Jules Berry, René Rocher et Louis Jouvet, qui les mirent en scène avec succès. La pièce *Le Figurant de la Gaîté* fut reprise après la mort de l'auteur (créée en 1926, elle avait été tournée pour le cinéma en 1928) avec Gérard Philipe et Jacqueline Maillan, mais c'est *La Huitième Femme de Barbe Bleue* qui lui assure une certaine postérité grâce au film qu'Ernst Lubitsch en a tiré en 1938.

Chantal Meyer-Plantureux

SAVORGNAN DE BRAZZA Pierre (Pietro Paolo)

Militaire et explorateur. – Né le 26 janvier 1852 à Castel Gandolfo, alors États pontificaux, aujourd'hui Italie ; mort le 14 septembre 1905 à Dakar, alors France, aujourd'hui Sénégal.

Septième enfant d'un comte frioulan, francophile, devenu romain, Pietro part pour Paris à l'âge de dix-sept ans préparer l'École navale et y est reçu. Horrifié par la répression exercée contre la révolte kabyle en Algérie, il demande, en 1870, à être naturalisé français et affecté à une unité combattante. En 1874-1878, il est en Afrique, où il explore les fleuves Gabon et Ogooué, grâce à ses amitiés politiques, mais surtout à sa fortune familiale. Il se veut conquérant pacifique, rachète des esclaves et les libère, puis, les voyant retomber en esclavage, les garde avec lui en leur promettant des terres dans les postes français qu'il crée et veut peupler. Une autre mission, en 1879-1882, sur la rive droite du Congo, lui permet de prendre de court Henry Morton Stanley et la société privée du roi belge Léopold II. Revenu à Paris, Brazza obtient la ratification du traité de protectorat avec un roi local, le makoko Ilôo, et des crédits. Il repart en 1883 comme commissaire de la République, jette les bases de l'Afrique équatoriale française, veut relier celle-ci à l'Afrique du

Nord, fixe des frontières, assure aux indigènes un statut meilleur qu'au Congo tenu par Léopold II. Mais les compagnies privées rêvent d'exploiter le pays et les critiques fusent contre sa « négrophilie » et son italianité : un membre de l'expédition de Jean-Baptiste Marchand, qui veut lui imputer l'échec de Fachoda, le dit « Italien jusqu'au bout des ongles. Napolitain ce qui est encore pire », son successeur, Henri de Lamothe, parle de « jeux alternatifs de *comediante* et de *tragediante* » et le vicaire apostolique lui voit « le tempérament intrigant et cauteleux de l'Italien ». Il est rappelé en 1897, mais exploitation et travail forcé se développent avec tant de violence que, en 1905, il y est renvoyé par le gouvernement pour une mission d'inspection. Il meurt sur le chemin du retour et son rapport est enterré. Il n'en devient pas moins le parangon de la bonne colonisation, humaniste, et la justification des conquêtes de la République, d'autant qu'on oublie son origine – ce qui n'est pas le cas en Italie, où l'aéroport de Trieste prend son nom en 2007. Un an plus tôt, il avait été exhumé à Alger, où reposait sa dépouille, et inhumé à Brazzaville – qui a, exceptionnellement, conservé son nom – par le gouvernement de la République du Congo dans un vaste mausolée, malgré une polémique sur le coût et le sens de l'opération.

Éric Vial

SAVOYARDS ET NIÇOIS

Sujets des ducs de Savoie installés à Turin à la fin du XVe siècle et devenus rois de Sardaigne en 1718, Savoyards et Niçois sont étrangers, et bel et bien perçus comme tels, jusqu'en 1860, après la parenthèse d'un premier rattachement, de 1792 à 1815, à la suite des conquêtes révolutionnaires. Cela explique la situation complexe de Giuseppe GARIBALDI ou André MASSÉNA et illustre la relativité de la notion d'étranger. Le pays niçois émigre peu, ou vers Nice même, attractive ; l'arrière-pays a néanmoins envoyé des ouvriers agricoles en Provence et, au XIXe siècle, des musiciens ambulants ou des montreurs de lanterne magique viennent de la vallée de la Tinée. La Savoie exporte davantage sa population, depuis longtemps : trêve du travail l'hiver qui fait migrer les ouvriers, colportage de plantes médicinales et d'artisanat (coutellerie, vaisselle de bois ou dentelles), monétarisation de l'économie (Voltaire rimaille sur « l'indigent Savoyard, utile en ses travaux / qui vient couper mes blés pour payer ses impôts »), appels massifs de main-d'œuvre, comme lorsqu'est construite la « ceinture de fer » de Vauban, et relative proximité linguistique qui facilite le passage du franco-provençal perçu comme un patois, au français, par ailleurs langue de l'administration locale. Cette émigration connaît un pic dans la première moitié du XIXe siècle, dû à la coïncidence de plusieurs phénomènes : la transition démographique, la révolution industrielle qui condamne l'artisanat local, le coup d'arrêt opposé aux départs vers le nord et l'est après la Révolution, les liens nés de la période 1792-1815, les disettes de 1816-1817 et de 1846-1847. On a ainsi quelque 10 000 Savoyards à Lyon en 1860, dont beaucoup de femmes, parmi les canuts, mais, dès le XVIIIe siècle, la première destination est Paris, où ils seraient 10 000 en 1790, 20 000 en 1848, 40 000, voire le double, en 1860. Plus que par les ouvriers, les domestiques ou les maîtres d'école itinérants, les aides maçons ou les forts des Halles, l'attention est attirée alors par les « petits métiers » : frotteurs, cireurs, décrotteurs, chiffonniers, marchands de peaux de lapin, livreurs de pain, porteurs d'eau, raccommodeurs de faïences, comédiens ambulants, montreurs d'animaux (dont les marmottes), et surtout « petits ramoneurs » emblématiques, même si beaucoup sont auvergnats ou pyrénéens et s'ils représentent au plus 15 % des migrants du duché, sans doute plutôt 5 %. Mais c'est déjà considérable : très jeunes, souvent âgés de moins de sept ans, partant en bandes, exploités par des maîtres parfois adolescents, victimes de la faim, de la promiscuité, de la crasse, ils émeuvent les âmes charitables, tandis que leur pittoresque les fait entrer dans l'imagerie romantique, vite dégradée en un symbole kitsch populiste. C'est une émigration de la misère, passablement méprisée en tant que telle et, en 1834, le *Dictionnaire universel* dit que « Savoyard » désigne un « homme sale, grossier et brutal » et que le mot est employé « par mépris ».

Mais la situation de la province s'inverse avec la deuxième période de l'industrialisation et l'hydro-électricité : la Savoie devient terre d'immigration ; entre-temps, l'ancien duché est devenu français et ses habitants ne sont plus des étrangers. Il comptait par ailleurs de belles réussites, avec par exemple Marie-Louise JAŸ, née à Samoëns (Haute-Savoie) le 1er juillet 1838, morte à Paris en 1925, fondatrice, avec son mari, Ernest Cognacq, d'un petit magasin devenu La Samaritaine, et animatrice d'œuvres de bienfaisance. S'ajoute l'apport d'intellectuels ou d'hommes d'affaires ; ainsi, si Joseph de MAISTRE, né le 1er avril 1753 à Chambéry (Savoie), mort le 26 février 1821 à Turin (Royaume de Piémont-Sardaigne, Italie), a peu résidé en France, il y a marqué la pensée contre-révolutionnaire ; dans un tout autre domaine, Alexis BOUVARD, né le 27 juin 1767 aux Contamines-Montjoie (Haute-Savoie) et mort le 7 juin 1843 à Paris, a dirigé l'Observatoire de Paris et a, entre autres, déduit, à partir de l'observation d'anomalies dans l'orbite d'Uranus, l'existence d'une « planète troublante », Neptune, dont la position fut calculée ensuite par Urbain Le Verrier ; quant à Michel Frédéric PILLET, né en 1781 à Montmélian (Savoie), mort en 1860 à Paris où il est banquier depuis 1809, anobli par la monarchie sarde en 1833, il devient régent de la Banque de France en 1828, cofonde la Caisse d'épargne de Paris en 1858 et la dirige, avant d'en transmettre l'héritage à ses fils et petits-fils.

Éric Vial

SAX Adolphe (Antoine-Joseph)

Facteur d'instrument. – Né le 6 novembre 1814 à Dinant, alors Pays-Bas, aujourd'hui Belgique ; mort le 7 février 1894 à Paris, France.

Issue d'une lignée de facteurs d'instruments à vent, la famille Sax s'installe à Bruxelles peu après la naissance du futur Adolphe. Il effectue son apprentissage dans l'atelier de son père, où il se révèle très doué. Parallèlement, il apprend au Conservatoire de Paris la flûte et la clarinette, devenant un virtuose de ce dernier instrument. Depuis le XVIIIe siècle, la musique militaire souffre d'une imperfection dans sa tessiture et sa force sonore, les graves et les aigus apparaissant faiblement par rapport aux notes médianes. Dès 1838, Adolphe Sax s'engage, comme d'autres, dans des recherches pour tenter de remédier à ce problème. Il perfectionne de nombreux instruments à vent (clarinettes basses, trompettes à trois cylindres...) et crée, à partir de 1840, la famille des saxhorns, saxtrombas, saxtubas et saxophones, déclinant à chaque fois toute la série, du plus grave au plus aigu. Le « saxophone », breveté en 1846, reste le plus connu. Hector Berlioz s'enthousiasme, ainsi que le Conservatoire, pour la sonorité nouvelle de cet instrument. Le Tout-Paris musical est conquis. En 1842, Adolphe Sax s'installe dans la capitale et sa manufacture entre en activité en juillet 1843. Il rencontre le général de Rumigny et le convainc de réorganiser les musiques militaires en y incorporant ses instruments. Devant le tollé général des musiciens et de ses concurrents, le ministre de la Guerre organise une confrontation entre deux orchestres de l'armée, l'un traditionnel, l'autre avec les innovations de Sax. Le duel a lieu sur le Champ-de-Mars à Paris et voit la consécration de Sax : sa réforme est adoptée en 1845. La révolution de 1848 met pourtant un terme à cette refonte. En 1854, Napoléon III, séduit par le timbre des instruments de Sax, les réhabilite et lui donne monopole pour équiper toutes les musiques de son armée impériale. À partir de 1855, Adolphe Sax enseigne le saxophone au Conservatoire et, en 1858, crée sa propre maison d'édition musicale. Avec les saxophones et les saxhorns, les musiques militaires, vite copiées par les « orphéons » civils, peuvent se lancer dans des transcriptions des pages du répertoire classique, jetant ainsi un pont entre musique savante et musique populaire. Plus tard, le jazz permit de diffuser encore plus largement le saxophone.

Laurent Martino

SCANDINAVES ET FINLANDAIS

Les « Scandinaves » sont une catégorie statistique dans les recensements français, regroupés le plus souvent du fait de leurs faibles effectifs. Ils sont moins de 3 000 au XIXe siècle, un peu plus de 7 000 en 1931 (0,2 % des étrangers), un peu moins de 8 000 en 1990 (0,2 %). En 1891 toutefois, on prit soin de séparer Danois, Norvégiens et Suédois, « à la demande des gouvernements ». Dans l'Europe des États-nations en gestation, la Norvège était en passe de se détacher de la Suède. Pleinement indépendante en 1905, cette même Norvège avait été, jusqu'en 1815, sous domination danoise : l'Histoire, comme les langues et la religion plaident donc aussi pour une identité scandinave à côté des identités nationales. La Finlande fait un peu une exception. Sujets de l'Empire russe jusqu'à la révolution de 1917, les Finlandais ne sont guère recensés ensuite, sans doute du fait d'effectifs négligeables. En 1990 encore, ils ne dépassent guère le millier. Les Suédois et les Danois sont depuis toujours les plus nombreux. Au siècle de la Révolution, leur présence dans le royaume de France est déjà ancienne. Les alliances consolidées sous Louis XIV ont donné naissance à des régiments connus sous le nom de « Royal Suédois » et de « Royal Danois ». La France est une étape privilégiée dans le « tour d'Europe » des artistes et savants (le botaniste Carl von Linné fut l'invité de Buffon en 1738) comme des jeunes aristocrates. C'est ainsi que le comte de

Fersen fit la connaissance de la reine Marie-Antoinette, à laquelle il se dévoua pendant la Révolution. En contrepoint, l'aristocratie et la bourgeoisie libérales fréquentaient le salon de Mme de Boufflers, et, en 1786, Mlle Necker épousa le baron de Staël, attaché de l'ambassade de Suède. Attirés par Colbert, industriels et banquiers sont également présents et les commerçants danois sont assez nombreux dans les ports atlantiques pour justifier l'installation d'un consulat à Bordeaux.

Le ton est donné et, si l'on en croit les sources, qui restent peu nombreuses, ces étrangers venus du Nord constituent, aux XIXe et XXe siècles, une migration d'élites nettement distincte des flux de travailleurs. De petites colonies s'organisent autour de la présence plus ou moins durable de personnel politique et diplomatique, d'entrepreneurs ou de voyageurs fortunés. Le Cercle suédois, ouvert à Paris en 1891, est le plus ancien du genre à l'étranger (à l'époque, il est « suédo-norvégien »). Il s'honore d'être le lieu où fut « inventé » le prix Nobel : Alfred NOBEL (1833-1896) y aurait écrit le testament où il léguait, au profit de l'innovation scientifique, l'immense fortune qu'il avait accumulée en concevant et en fabricant des armes destructrices. C'est en France, où il s'était installé en 1875, qu'il inventa la dynamite. Mais c'est à San Remo, en Italie, qu'il avait acheté la résidence où il mourut l'année suivante. De passage également, et moins fortunés encore qu'aussi emblématiques des relations entre les Européens du Nord et la France, les artistes scandinaves et finnois contribuent au cosmopolitisme du Paris des peintres et sculpteurs ; ils rejoignent la « Butte » au XIXe siècle (Montmartre, boulevard de Clichy) et Montparnasse dans l'entre-deux-guerres. Surtout, ils découvrent très tôt la campagne française et savent en capter la lumière à leur manière. Non loin de Barbizon, le village de Gretz-sur-Loing, découvert par Jean-Baptiste Corot, fut le lieu d'élection d'une communauté d'artistes scandinaves, qui y vécurent dans les années 1880 l'expérience de liberté et de la création en plein air. D'autres ont préféré la Normandie ou le groupe de Pont-Aven.

Telle qu'elle apparaît sur les cartes par département de 1931 ou 1936, la répartition géographique des Scandinaves en France donne une représentation éloquente de leur recrutement social. Qu'ils soient danois, suédois ou norvégiens, ils se retrouvent concentrés dans deux cités : Paris, capitale politique et intellectuelle, et Nice, capitale du tourisme de luxe. Les textes de souvenirs témoignent d'un goût prononcé pour la vie dans la bonne société parisienne. Ceux de Raoul NORDLING (1881-1962) vont au-delà. Consul général de Suède pendant l'Occupation, il reste dans l'Histoire comme celui qui a sauvé Paris de la destruction projetée par Hitler. Il a surtout sauvé de la déportation et de l'exécution de nombreux prisonniers, jouant ensuite le rôle d'intermédiaire entre le général allemand Dietrich von Choltitz et la Résistance. Comme il se plaît à l'écrire, Raoul Nordling est en fait un authentique Parisien. Il était né à Paris (il y mourut aussi) et avait fait ses études au lycée Janson-de-Sailly. C'était également un homme d'affaires, directeur de la société de pâte à papier Gustav Nordling et membre du conseil d'administration de SKF et de Alfa-Laval.

Les données les plus récentes (2007) témoignent d'une vraie dynamique de la présence nordique en France, depuis un peu plus d'une décennie. Avec 8 300 Suédois, 5 600 Danois, 2 500 Norvégiens et près de 3 000 Finlandais, toutes les nationalités atteignent des scores inconnus jusqu'ici. L'ensemble représente aujourd'hui 0,5 % des étrangers du pays. Cette hausse peu banale de migrations européennes peut être mise au compte de la plus grande circulation des populations au sein de l'Europe, qu'il s'agisse d'étudiants ou de professionnels de milieux variés, voire de retraités. Il faut dire qu'à l'heure des saunas et autre spas, et du succès incomparable d'IKEA (spécialiste suédois du kit mobilier en bois), l'art de vivre des pays nordiques s'est banalisé. Des associations se sont développées dans toute la France, pour mieux faire connaître la culture scandinave ou finnoise. Le site Internet de l'association France Danemark rappelle ainsi que la Grande Arche de la Défense est l'œuvre de l'architecte danois Johan Otto von SPRECKELSEN.

Marie-Claude Blanc-Chaléard

Bibl. : MATHOREZ Jules, *Les Étrangers en France sous l'Ancien Régime*, t. 2 *Allemands-Hollandais-Scandinaves*, Paris, E. Champion, 1921 • *Échappées nordiques. Maîtres scandinaves et finlandais en France 1870-1914*, catalogue de l'exposition du palais des Beaux-Arts de Lille, Paris, Somogy, 2008 • NORDLING Raoul, *Sauver Paris. Mémoires du consul de Suède (1905-1944)*, Bruxelles-Paris, Éditions Complexe, IHTP-CNRS, 2002.

SCHAPIRA Georges

Médecin et biologiste. – Né le 12 août 1912 à Paris, France ; mort le 21 avril 2003.

Fils d'immigrés juifs russes arrivés en France au début du XXe siècle, Georges Schapira est considéré comme le fondateur de l'école française de pathologie moléculaire humaine. Après de brillantes études de médecine à Paris, il réussit le concours de l'internat et entre dans le laboratoire de biochimie de Michel Polonovski. Mobilisé en 1939, fait prisonnier, il doit interrompre ses études en raison de la législation antijuive de Vichy. Il trouve refuge à Lyon chez le biochimiste Gabriel Florence, qui lui permet de réaliser ses premières recherches. Un double doctorat de médecine (1941) et de sciences (1946) lui ouvre les voies d'une grande carrière de biochimiste à la faculté de médecine de Paris : en 1958, il devient le premier titulaire de la chaire de chimie pathologique (1958). Grâce à l'indéfectible soutien de Robert Debré, il crée, à l'hôpital Necker-Enfants malades, le laboratoire de biochimie médicale, puis, en 1968, au CHU Cochin de Paris, l'Institut de pathologie moléculaire, qu'il dirigera jusqu'en 1984. C'est dans ce contexte, expliqua Jean-Claude Kaplan, que « Georges Schapira et le noyau de ses premiers collaborateurs, Fanny Schapira son épouse, Jean-Claude Dreyfus et Jacques Kruh, commencèrent à œuvrer. Convaincus que les processus pathologiques pouvaient s'interpréter en termes moléculaires, ils s'entourèrent de biologistes ayant effectué un double cursus médical et scientifique [...]. Les moyens, les idées et les hommes qui y ont œuvré ont préparé le terrain pour l'avènement de la génétique moléculaire à l'aube des années 1980, son application à la médecine, et son entrée à l'hôpital. » Georges Schapira œuvra également pour la création de l'Institut national d'hygiène (INH), à l'origine de l'INSERM, tandis que l'Institut de pathologie moléculaire a préfiguré l'Institut Cochin voulu par Axel Kahn. Ce qui fait dire à Jean-Claude Kaplan que Georges Schapira ne fut pas « seulement un éclaireur mais un bâtisseur ». Il fut aussi un savant engagé dans le combat pour les droits de l'homme et « toutes les formes d'oppression », ainsi qu'un pédagogue soucieux de transmission. Il mourut alors qu'il travaillait à la mise au point de son livre *Le Malade moléculaire*.

Vincent Duclert

SCHATZMAN Benjamin

Dentiste et odontologue. – Né vers 1876 à Tulcea, Roumanie ; mort en 1942 au camp d'Auschwitz, alors Gouvernement général, aujourd'hui Pologne.

Benjamin Schatzman a grandi en Roumanie dans une famille juive du Danube ottoman. Son père, étameur, remplissait dans la communauté les fonctions de *scheret* (celui qui s'assure que les animaux ont été tués de façon rituelle). « En 1882, attiré par le mouvement des Amants de Sion, mon grand-père quitte Tulcea pour venir en Palestine », raconte son fils, l'astrophysicien Evry Schatzman, dans *La Science menacée* (1989), « À l'école de Ziqron, mon père obtint le brevet supérieur. Très bon élève, il est envoyé étudier l'agronomie à Grignon en 1896. » L'arrivée en France est un choc pour le jeune homme : « Il venait d'un petit village palestinien encore très pauvre et découvrait Paris, les remous de l'affaire Dreyfus, la bataille des droits de l'homme, les courants politiques français, socialiste en particulier. La tradition religieuse a été vite ébranlée en lui. » Après un stage de six mois en Algérie en 1899, il revient en Palestine. Mais, malade de la malaria et désormais éloigné de la religion, il quitte la Palestine, d'abord pour la Nouvelle-Zélande, où il rencontre la tradition travailliste anglo-saxonne. Installé à Paris en 1905, il s'intègre rapidement à la société française : diplômé de l'École odontotechnique en 1908, naturalisé français, marié à Cécile Kahn, il exerce la profession de dentiste et la fonction de professeur, jusqu'à son arrestation en 1941. Fidèle toute sa vie à la Ligue des droits de l'homme, il quitte le PCF, qu'il avait rejoint dès sa création, lorsque sa direction oblige ses adhérents à choisir entre le Parti et l'appartenance aux organisations « bourgeoises ». En 1932, il rejoint l'Union rationaliste, fondée par Paul Langevin et le physiologiste Henri Roger en 1932. Touché le 12 décembre 1941 par la grande rafle des forces allemandes, assistées de policiers français, contre les juifs du département de la Seine, Benjamin Schatzman est déporté à Auschwitz en septembre 1942. Il réussit à jeter du train un message qu'un cheminot retrouve : « Nous sommes 45 dans un wagon à bestiaux, 25 femmes et enfants dont 9 sans parents... »

Vincent Duclert

SCHEFFER Ary

Peintre. – Né le 10 février 1795 à Dordrecht, Pays-Bas ; mort le 15 juin 1858 à Argenteuil, France.

Fils de Johann Bernhard Scheffer, peintre à la cour de Louis Bonaparte lorsque celui-ci est roi de Hollande, et de Cornelia Lamme, miniaturiste, Ary Scheffer quitte Dordrecht pour la France après la mort de son père en 1809. Il expose régulièrement au Salon entre 1812 et 1846 ; son envoi de 1819, le *Dévouement patriotique de six bourgeois de Calais*, est particulièrement remarqué et lui vaut la protection des Orléans. Proche de la charbonnerie, il participe, avec ses frères Arnold et Henry, au complot de Belfort (1821-1822). Sous la monarchie de Juillet, il noue des liens étroits avec la famille royale : il est professeur de dessin de la princesse Marie d'Orléans, fille de Louis-Philippe. Il est promu commandeur de la Légion d'honneur en 1848 et naturalisé français au soir de sa vie, en 1850. Son style a été qualifié de « classicisme froid » : il privilégie les sujets d'Histoire, puis développe un engouement pour Faust et pour les scènes religieuses. Sa peinture s'efforce d'intégrer le mysticisme au langage des formes plastiques. Ses œuvres les plus célèbres aujourd'hui sont les portraits qu'il a faits de ses proches, Destutt de Tracy, Augustin Thierry, la reine Marie-Amélie notamment, ainsi que les illustrations qu'il a dessinées pour plusieurs livres d'Histoire, dont l'*Histoire de la Révolution française* d'Adolphe Thiers. Il cesse d'exposer en 1846, mais continue à enseigner, notamment à Frédéric Bartholdi, qui fut l'un des derniers élèves de son atelier de la rue Chaptal, à Paris. À sa mort, la propriété est léguée à sa petite-nièce Noémi Renan-Psichari, la veuve d'Ernest Renan, qui la donne à l'État. En 1982, elle est ouverte au public sous le nom de musée Renan-Scheffer, devenu, après sa rénovation en 1989, le musée de la Vie romantique.

Julie Verlaine

SCHÉHADÉ Georges

Poète et auteur dramatique. – Né le 2 novembre 1905 à Alexandrie, Égypte ; mort le 17 janvier 1989 à Paris, France.

En 1921, la famille libanaise Schéhadé, qui s'était installée en Égypte, retourne au Liban, devenu autonome sous mandat français. Le jeune Georges, qui suit des cours de gestion et de comptabilité pour pouvoir ensuite subvenir aux besoins de sa famille, compose, très jeune, des poèmes et écrit une courte pièce, *Le Père Eusèbe*. En 1938, un petit acte, écrit à la demande de l'épouse du général commandant supérieur des troupes du Levant, *Chagrin d'amour*, est joué au quartier général. La pièce remporte un certain succès et sera publiée dans le quotidien *Le Jour* de Beyrouth. Ce succès encourage Schéhadé, qui écrira très rapidement les premières esquisses de *Monsieur Bob'le*. En 1944, un fragment de cette pièce sera publié dans une revue de la France libre, mais Schéhadé, qui viendra à Paris en 1946, ne trouvera pas de metteur en scène pour monter la pièce. Il en écrit une autre, *Tante Paludes*, mais ce sont ses poésies qui retiennent l'attention des éditeurs et des directeurs de revues. Schéhadé, qui ne fait que de courts séjours en France pendant l'été, pense qu'il n'a pas le temps de se faire réellement connaître. Il ne s'installera vraiment à Paris qu'en 1949, grâce à un poste à l'Unesco. Il rencontre alors Georges Vitaly, qui accepte de monter *Monsieur Bob'le*. La pièce est créée au théâtre de la Huchette en janvier 1951 et provoquera une véritable bataille, qui durera des semaines, éreintée par les tenants d'un théâtre traditionnel, mais soutenue par des critiques comme Jacques Lemarchand, du *Figaro littéraire*. Sa deuxième pièce, *La Soirée des proverbes*, montée par Jean-Louis Barrault au petit théâtre Marigny, connaîtra le même sort. C'est avec

Histoire de Vasco, à nouveau mise en scène par Barrault, que Schéhadé connaîtra le véritable succès.

L'auteur est rentré au Liban, qu'il quittera à nouveau durant la guerre civile. Installé définitivement à Paris en 1977 – tout en retournant fréquemment dans son pays –, Schéhadé connaîtra la consécration avec l'entrée de *L'Émigré de Brisbane* au répertoire de la Comédie-Française en 1967. Il reçoit en 1986 le premier Grand Prix de la francophonie décerné par l'Académie française, mais il refusera de poser sa candidature, comme le lui demandaient plusieurs académiciens, car il ne veut pas demander la nationalité française : il « souhaite demeurer uniquement libanais ».

Chantal Meyer-Plantureux

SCHEID John

Historien. – Né le 31 mai 1946 à Luxembourg, Grand-Duché du Luxembourg.

Complétant à l'université de Strasbourg des études commencées dans son pays natal, John Scheid, naturalisé français, passe l'agrégation de grammaire, séjourne trois ans à l'École française de Rome et entre en 1983 à l'École pratique des hautes études. Il est élu, en 2001, au Collège de France, à une chaire qu'il intitule « Religion, institutions et société de la Rome antique ». Confrontant les textes, l'épigraphie et les récentes découvertes archéologiques (il dirigera, en particulier, pendant de nombreuses années, le chantier romain de La Magliana), John Scheid a renouvelé en profondeur notre connaissance de la religion romaine, terrain longtemps laissé en déshérence, victime du double discrédit des cultures chrétienne et laïque.

Pascal Ory

SCHEIN Ionel

Architecte. – Né en 1927 à Bucarest, Roumanie ; mort le 30 décembre 2004 à Paris, France.

À Paris en 1948, Ionel Schein entre à l'École des beaux-arts. Cinq ans plus tard, il est, en compagnie de Claude Parent et de Gilles-Louis Bureau, lauréat du concours de la Maison française. Il va s'imposer auprès des jeunes architectes par ses approches novatrices de l'architecture de l'habitat. En 1956, il expose au Salon des arts ménagers une maison en plastique. En 1965, il est le cofondateur du Groupe international d'architecture prospective – GIAP. Il a été le premier auteur à publier un ouvrage sous la forme d'un guide de l'architecture contemporaine (*Paris construit. Guide de l'architecture contemporaine*, 1961 ; seconde édition, avec la collaboration de Max Querrien, en 1970).

Gérard Monnier

SCHIAPARELLI Elsa (Elsa, comtesse de Wendt de Kerlor)

Couturière. – Née le 10 septembre 1890 à Rome, Italie ; morte le 13 novembre 1973 à Paris, France.

Grandie dans un milieu cultivé et cosmopolite (son père est un grand arabisant, son oncle un astronome mondialement connu), Elsa Schiaparelli a été mariée éphémèrement à un comte anglais. Quand, après Londres et New York, elle choisit de s'installer à Paris et d'y ouvrir, en 1927, une boutique de vêtements, c'est en dilettante supérieure, experte en couture et familière des avant-gardes. Sa réussite tient à la capacité qu'elle possède de séduire cette clientèle de la haute couture prête à assumer une certaine dose de décontraction (son premier magasin s'appelle *Pour le sport*), voire de provocation. La thématique du *shocking* résume assez bien cette démarche, déclinée dans une couleur (le rose *shocking*, devenu l'identifiant de la marque) et dans le parfum du même nom, lancé en 1936 avec une audace qui ouvre une nouvelle ère dans l'histoire du flaconnage (le flacon en question évoquant un torse de femme, peut-être celui de l'actrice Mae West, admiratrice de la couturière). Elsa Schiaparelli est, au long des années 1930, la plus innovante des créatrices de mode, de la « jupe-culotte » de 1931 à la grande collection « Circus » de 1937, illustrée par le chapeau-chaussure de 1937, dessiné par Salvador Dalí, qu'on retrouve aussi à l'origine de la robe de larmes (même collection) ou de la robe squelette. Conseillée par le soyeux moderniste Charles Colcombet, Elsa Schiaparelli expérimente, très en avance sur son temps, de nouvelles textures synthétiques. Cet anticonformisme la marginalise quelque peu au sein du milieu de la haute couture, où elle apparaît plutôt comme cette « artiste italienne qui fait des vêtements » dont parlera, avec distance, Coco Chanel. L'après-guerre sera difficile pour Elsa, qui, après un exil aux États-Unis, n'est plus à la mode. Comme il se doit, l'autobiographie qu'elle publie en 1954 – l'année de la fermeture de sa maison – est intitulée *Shocking Life*.

Pascal Ory

SCHIFFRIN Jacques

Éditeur et traducteur. – Né le 28 mars 1892 à Bakou, alors Empire russe, aujourd'hui Azerbaïdjan ; mort le 17 novembre 1950 à New York, États-Unis.

Né dans une famille juive de l'Azerbaïdjan russe, Jacques Schiffrin fuit son pays natal à cause de la révolution d'octobre 1917. Réfugié d'abord à Monte-Carlo, puis en Suisse, il obtient un diplôme de droit à l'université de Genève, enseigne le russe à la milliardaire américaine Peggy Guggenheim, avant de s'installer à Paris et de se lancer dans l'industrie du livre. C'est en 1923 qu'il fonde les Éditions de la Pléiade J. Schiffrin & Cie. Publiant les classiques russes (Alexandre Pouchkine, Fiodor Dostoïevski, Léon Tolstoï, Ivan Tourgueniev) et les grands écrivains français contemporains (André Maurois, Jean Tardieu, Paul Valéry), la maison d'édition permet à son directeur de se lier au cercle des auteurs de *La Nouvelle Revue française*. Parmi eux, André Gide, avec qui il traduit les *Nouvelles* de Pouchkine. Le 10 septembre 1931, Jacques Schiffrin lance une édition de luxe en format de poche compact, la « Bibliothèque reliée de la Pléiade », avec la parution du premier volume des *Œuvres* de Charles Baudelaire. Le succès de ces livres édités sur papier bible, reliés de cuir et dorés sur tranche fait que Gallimard s'y intéresse et intègre l'éditeur à ses activités en 1933. Grâce à Schiffrin, Gide devient le premier écrivain à être édité de son vivant dans la Pléiade en juillet 1939. Mobilisé deux mois plus tard, l'éditeur est licencié par Gallimard en octobre 1940, après la promulgation par Vichy du premier statut des juifs. Avec les siens, il doit s'exiler, en août 1941, à New York, où il fonde les éditions Pantheon Books, qui lui permettront d'éditer l'*Anthologie de la poésie française* en 1949. Affaibli par la maladie, il décède à New York l'année suivante sans avoir pu rentrer en France. Jacques Schiffrin est le père de l'éditeur franco-américain André Schiffrin (né le 12 juin 1935 à

Paris), directeur à New York des éditions Pantheon, puis de The New Press, auteur, entre autres, d'un essai critique *L'Édition sans éditeur* (1999), et d'une autobiographie transatlantique, *Allers-retours. Paris New York, un itinéraire politique* (2007).

Pierre-Frédéric Charpentier

SCHLÖNDORFF Volker

Cinéaste. – Né le 31 mars 1939 à Wiesbaden, Allemagne.

Arrivé en France à l'âge de quinze ans, pour deux mois, afin d'apprendre le français, Volker Schlöndorff se sent si bien dans son collège de Jésuites à Vannes (Morbihan) qu'il demande à ses parents de l'y laisser. Camarade de lycée du cinéaste Bertrand Tavernier, provoqué en duel par Roger Nimier, il passe ses deux bacs, et reste encore dix ans en France, y fait ses classes de cinéaste en devenant assistant de Jean-Pierre Melville, d'Alain Resnais, de Louis Malle. Même engagé politiquement en Allemagne, cet homme, qui cite volontiers Montesquieu, vivra ensuite entre Berlin et Paris.

Quand il se pique, en 1984, de tourner *Un amour de Swann* d'après Marcel Proust – ayant appris les défections de Luchino Visconti, Joseph Losey et Peter Brook –, c'est avec la certitude que sa part française et sa part allemande sont « inséparables » : « La question a toujours été pour moi de savoir pourquoi je n'étais pas un cinéaste français. » Preuve manifestée de nouveau en 1996, lorsqu'il tourne *Le Roi des Aulnes*, d'après le roman de Michel Tournier. Pour les cinéphiles, il n'en reste pas moins surtout l'auteur des *Désarrois de l'élève Törless* (1966), de *L'Honneur perdu de Katharina Blum* (1975) ou du *Tambour* (1979).

Jean-Luc Douin

SCHNAIDT Claude

Architecte. – Né le 23 juin 1931 à Genève, Suisse ; mort le 22 mars 2007 à Paris, France.

Élève du Technicum de Genève, puis de l'École d'architecture de Genève, Claude Schnaidt se rapproche des anciens amis de Hannes Meyer. Il entre en 1954 à la nouvelle Hochschule für Gestaltung (HFG), à Ulm, où il a pour maître Max Bill ; diplômé en 1958, il y enseigne l'histoire de l'architecture moderne. Entre-temps, il a adhéré, en 1955 à Genève, au Parti du travail (parti communiste suisse), Hannes Meyer est devenu son maître à penser et il lui consacre une monographie, publiée en 1965. Après une expérience dans un bureau d'études à Varsovie (1961-1962), il se voue à l'HFG, dont il devient, après les départs successifs de Max Bill et de Tomás Maldonado, le vice-recteur, jusqu'à ce que le gouvernement de Bade-Wurtemberg ferme le bâtiment. En 1968, il s'installe à Paris, enseigne dans l'éphémère Institut de l'environnement (1969-1971) puis à l'Unité pédagogique n° 1, issue de l'ancienne École des beaux-arts. Il reçoit la nationalité française en 1984. Claude Schnaidt, dans son enseignement, ses conférences et son abondante production écrite, est un militant constant et méticuleux d'un fonctionnalisme radical, un rebelle « helvético-léniniste », comme il le dira lui-même, observateur et censeur intransigeant des compromissions, des reniements et, par-dessus tout, de la fausse monnaie du formalisme. Il suit Peter Rice lorsque celui-ci constate : « Il est grand temps que le souffle de la révolution scientifique et technique passe dans le bâtiment. » Dans les années 1990, il identifie l'échec de l'Europe de l'Est à la faillite du productivisme, prend position pour une « architecture démystifiée, anonyme, participative, non finie ». Reconnu à La Cambre, à Weimar, et à La Havane, Schnaidt a eu une réelle audience internationale, malgré son isolement dans un dispositif confiné, peu favorable à la recherche théorique (*Autrement dit – Écrits 1950-2001*, 2004).

Gérard Monnier

SCHNEIDER Jean

Historien. – Né le 3 novembre 1903 à Metz, alors Empire allemand, aujourd'hui France ; mort le 14 mai 2004 à Nancy, France.

Jean Schneider est un historien médiéviste, spécialiste de la région où il naquit et vécut toute sa vie, la Lorraine. Après y avoir mené des études d'Histoire, il y enseigne en lycée. Il survit aux combats de 1940 et, refusant la citoyenneté du Reich, devient professeur à Montpellier. En janvier 1944, il est arrêté par la Gestapo, déporté au Struthof, puis à Dachau. Après la guerre, il soutient à Nancy sa thèse d'État sur *Metz aux XIIIe et XIVe siècles*, publiée en 1950. Ce professeur d'histoire médiévale laisse une trace profonde à la faculté des lettres de l'université de Nancy, dont il en est élu doyen à trois reprises (1954-1956 ; 1959-1968) ; il en dirige la construction des nouveaux bâtiments dans le centre de la ville. Si l'essentiel de ses travaux porte sur Metz et la Lorraine (son *Histoire de la Lorraine* parue en 1950 est rééditée en 1967), il participe aussi à la vie académique parisienne, en tant que directeur d'études à l'École pratique des hautes études et que membre de l'Académie des inscriptions et belles-lettres, à laquelle il est élu le 29 mars 1968.

Anna Trespeuch-Berthelot

SCHNEIDER Romy (Rosemarie Magdalena Albach)

Actrice. – Née le 23 septembre 1938 à Vienne, Autriche ; morte le 29 mai 1982 à Paris.

Fille de comédiens, Wolf Albach-Retty et Magda Schneider, elle a confié la douleur que représentait pour elle d'avoir grandi dans le cercle d'Adolf Hitler. Magda Schneider habite près du « nid d'aigle », elle est proche de Martin Boorman. Romy soupçonne sa mère d'avoir eu une relation avec le Führer. Elle se dédouanera de ce passé en donnant à ses enfants des prénoms d'origine hébraïque, David et Sarah. Elle débute à l'âge de quinze ans dans *Les Lilas blancs* (1953), devient une vedette en interprétant l'impératrice Élisabeth d'Autriche dans la série des *Sissi* (1955 à 1957). C'est en jouant en 1958 dans *Christine* qu'elle rencontre Alain Delon et s'installe avec lui à Paris. Le cinéma allemand la renie, Hollywood la réclame. Elle y tourne de 1962 à 1965, rompt son contrat avec la Columbia, épouse Harry Meyen, avec lequel elle habite à Berlin. Puis adopte définitivement le sol français en épousant Daniel Biasini. En 1964, elle obtient la Victoire du cinéma français, récompensant la « meilleure actrice étrangère de l'année ». Étrangère ? Cette star de la dignité qui incarna les aspirations féministes des Françaises était de la famille. Elle a été la prestigieuse héroïne de *Plein soleil* (René Clément, 1960), *La Piscine* (Jacques Deray, 1968), *Le Train* (Pierre Granier-Deferre, 1973), Andrzej Zulawski (*L'important c'est d'aimer*, 1974), Michel Deville (*Le Mouton enragé*, 1974), Robert Enrico (*Le Vieux Fusil*, 1975), Costa-Gavras (*Clair de femme*, 1979), Bertrand Tavernier (*La Mort en direct*, 1979), Francis Girod (*La Banquière*, 1980) et surtout Claude Sautet (*Les Choses de la vie*, 1970 ; *Max et les ferrailleurs*, 1971 ; *César et Rosalie*, 1972 ; *Mado*, 1976 ; *Une histoire simple*, 1978). Elle a obtenu deux fois le César de la meilleure actrice. Une mort tragique a encore augmenté son aura, qui en fait une des figures d'actrice et de femme les plus attachantes au regard du public français.

Jean-Luc Douin

SCHREIBER Jean-Godefroy

Minéralogiste. – Né le 5 août 1746 à Boberschau, alors Confédération germanique, aujourd'hui Allemagne ; mort le 10 mai 1827 à Grenoble, France.

Fils de mineur, ingénieur des mines formé à la BergAkademie saxonne de Freyberg, Jean-Godefroy Schreiber arrive en France en 1777, sur recommandation de l'ambassadeur de France à la cour de Saxe, pour prendre la direction des mines d'argent dont le comte de Provence, futur Louis XVIII, était concessionnaire à Allemont-en-Oisans. En 1794, il est l'un des huit inspecteurs des mines placés sous les ordres de l'Agence des mines et, à ce titre, participe à diverses missions, en France et dans le Palatinat. En 1802, le gouvernement décide par arrêté la fermeture de l'École des mines de Paris et l'ouverture de deux écoles pratiques des mines, l'une consacrée à la sidérurgie, à Geislautern en Sarre, dont Louis-Antoine Beaunier prend brièvement la direction en 1813, et l'autre consacrée aux métaux non ferreux, à Pesey et Moutiers, en Savoie, dont Schreiber devient le directeur avisé, formant ouvriers et élèves-ingénieurs à la pratique, travaillant à l'amélioration des procédés, avec, en particulier, l'introduction du four à réverbère. Cet élève de Werner trouve dans la complication des gisements métalliques alpins un terrain à la hauteur de ses compétences. Élu membre associé non résident à la section d'histoire naturelle et minéralogique de l'Institut en 1796, auteur de mémoires dans le *Journal des mines*, il participe à l'introduction en France des théories sur la nomenclature des minéraux et la nécessité d'appliquer la connaissance des roches à l'art des mines. Il contribue, avec Brochant de Villiers et Élie de Baumont, à la naissance de la géologie en France.

Anne-Françoise Garçon

SCHROEDER Barbet

Cinéaste, producteur. – Né le 26 août 1941 à Téhéran, Iran.

Fils d'un géologue suisse et d'une médecin allemande, Barbet Schroeder a choisi de mener ses études en France, après un séjour en Colombie. Il choisit la nationalité française, collabore aux *Cahiers du cinéma*, participe à l'essor de la Nouvelle Vague en fondant, avec Éric Rohmer, la société des Films du Losange en 1963, qui produit Jacques Rivette, Jean Eustache et le fameux *Paris vu par...* (1965). Passé à la réalisation, il signe *More* (1969) et *La Vallée* (1972), trois documentaires, sur *Idi Amin Dada* (1974), sur *Koko, le gorille qui parle* (1978) et sur l'avocat Jacques Vergès (*L'Avocat de la terreur*, 2007, César du meilleur documentaire). Après *Maîtresse* (1976) et *Tricheurs* (1984), il a tenté, avec succès, l'aventure d'une carrière hollywoodienne (*Barfly* en 1987, à propos duquel Serge Daney, critique à *Libération*, écrit : « La France a perdu un cinéaste, les Américains ne vont plus te lâcher », puis *Le Mystère von Bülow* en 1990…).

Jean-Luc Douin

SCHÜFFTAN Eugen

Chef opérateur. – Né le 21 juillet 1893 à Breslau, alors Empire allemand, aujourd'hui Wroclaw, Pologne ; mort le 6 septembre 1977 à New York, États-Unis.

Peintre impressionniste à Berlin, ce véritable artiste, qui a tâté de la sculpture, de l'architecture et de la décoration, est arrivé dans le cinéma par le biais des trucages. C'est à sa façon de combiner miroirs, maquettes de décor et acteurs pour donner l'impression de constructions gigantesques (ce que l'on appelle « l'effet Schüfftan ») que le cinéma expressionniste doit une partie de son impact, en particulier dans *Les Nibelungen* (1924) et *Métropolis* (1927) de Fritz Lang. Devenu chef opérateur, il éclaire des films de Robert Siodmak, Edgar G. Ulmer, Georg W. Pabst, et émigre en France en 1933 pour fuir le Troisième Reich. Là, créateur d'ambiances antinaturalistes, il contribue à élaborer le style du « réalisme poétique » qui domina la production hexagonale des années 1930-1940, grâce à des films de Max Ophuls, Georg W. Pabst, Marcel L'Herbier, et, pour Marcel Carné en 1937, *Drôle de drame* et *Quai des Brumes*. Aux États-Unis à partir de 1940, il obtient l'Oscar pour *L'Arnaqueur* de Robert Rossen (1961). Mais il continue à travailler avec Alexandre Astruc (*Le Rideau cramoisi*, 1952), Julien Duvivier (*Marianne de ma jeunesse*, 1955), Georges Franju (*La Tête contre les murs*, 1959) et Marcel Carné (*Trois chambres à Manhattan*, 1965).

Jean-Luc Douin

SCHUMAN Robert

Homme politique. – Né le 29 juin 1886 à Clausen, Grand-Duché de Luxembourg ; mort le 4 septembre 1963 à Scy-Chazelles, France.

Fils d'un Mosellan devenu allemand en 1871 et d'une Luxembourgeoise, il naît allemand, apprend le français comme troisième langue, suit des études de droit à Bonn, Berlin, Munich et Strasbourg, devient avocat en 1912 à Metz, en Lorraine annexée. Il est proche du Zentrum démocrate-chrétien, sert, durant la Grande Guerre, dans un service auxiliaire de l'armée allemande, devient français en 1918 avec l'Alsace-Moselle, en est député en 1919. Il s'active pour l'intégration des départements reconquis et préside la commission des Finances en 1940. Il est secrétaire d'État aux Réfugiés sous Paul Reynaud, puis Pétain, auquel il vote les pleins pouvoirs, mais quitte le gouvernement, est arrêté par la Gestapo, mis en résidence surveillée. Il s'évade, passe en zone non occupée, puis dans la clandestinité. Député de la Moselle de 1946 à 1962, mauvais orateur mais bon tacticien, ministre des Finances de trois gouvernements en 1946-1947 dans des moments difficiles, président du Conseil en 1947 dans une situation semi-insurrectionnelle, il est surtout ministre des Affaires étrangères dans les neuf gouvernements de 1948 à 1953, avant un passage à la Justice en 1955-1956. Son accent et quelques tournures de phrases font parfois sourire, et il est la cible d'insultes à l'Assemblée, en particulier du côté des communistes, qui le traitent de « Boche ». De Gaulle même aurait dit « un bon Boche, mais un Boche tout de même ». Porté par l'universalisme catholique et par son expérience concrète d'homme de la frontière, « où le sang se mélange et les caractères nationaux se confondent », il a, dès 1942, formulé la nécessité d'en « finir avec la notion d'ennemi héréditaire et [de] proposer à nos peuples de former une communauté qui sera le fondement, un jour, d'une patrie européenne ». Négociateur de la participation française au Conseil de l'Europe et à l'OTAN, il devient sinon le « père », du moins, à l'en croire, le « père adoptif », de l'Europe le 9 mai 1951, en proposant, sur suggestion de Jean Monnet, la mise en commun du charbon et de l'acier français et allemands, point de départ de la Communauté européenne du charbon et de l'acier, à la base de l'Union européenne. À partir de 1955, il se veut « pèlerin de l'Europe », et est le premier président du Parlement européen, de 1958 à 1960. Après sa mort, un dossier de béatification est ouvert, mais la réconciliation franco-allemande ne semble pas un miracle au sens où l'entend l'Église catholique.

Éric Vial

SCHWEITZER Albert

Médecin, théologien et philosophe. – Né le 14 janvier 1875 à Kaysersberg, alors Empire allemand, aujourd'hui France ; mort le 4 septembre 1965 à Lambaréné, Gabon.

Il est le fils de Louis Schweitzer, pasteur luthérien, de tendance théologique libérale, issu d'une lignée de pasteurs et d'instituteurs alsaciens, tous organistes, et d'Adèle Schillinger, elle-même fille de pasteur. La famille s'établit, peu après la naissance d'Albert Schweitzer, à Gunsbach, dans la vallée de Munster. La langue familiale est le dialecte alsacien, mais son père a été éduqué dans la langue française et Albert fait ses études en allemand : il acquiert ainsi deux langues de culture, l'allemand et le français. Au cours de sa vie, il connaîtra plusieurs changements de nationalité, comme tous les Alsaciens de sa génération. Il fait ses études primaires à l'école de Munster, secondaires au lycée de Mulhouse de 1885 à 1893, où il vit dans le cadre rigoureux de la maison de son oncle Louis, qui sera aussi le grand-père de Jean-Paul Sartre. Il est doté d'une solide formation d'organiste par Eugène Munch, à Mulhouse, qui lui permet de devenir ensuite l'élève de Charles-Marie Widor, à Paris et, plus tard, de développer une activité soutenue de concertiste, spécialiste de l'œuvre de Bach, auquel il consacre une monographie en 1905. À partir de 1893, il mène de front des études de théologie protestante et de philosophie aux universités de Strasbourg et de Berlin, complétées par des cours en Sorbonne et couronnées par deux doctorats, en 1899 et 1900. Il devient pasteur de l'église Saint-Nicolas de Strasbourg et Privatdozent (chargé de cours) à la faculté de théologie protestante de Strasbourg. Il dirige, de 1903 à 1906, le séminaire luthérien de Strasbourg. Après avoir fait le vœu de consacrer sa vie à une œuvre humanitaire et voulu répondre à un appel de la Société des missions évangéliques de Paris qui cherche des médecins volontaires, il entame, à l'âge de trente ans, des études de médecine à Strasbourg, qu'il termine à l'âge de trente-huit ans, avec son troisième titre de docteur de l'université de Strasbourg. En 1912, il épouse Hélène Bresslau, née en 1879 à Berlin dans une famille juive cultivée – son père est un professeur d'Histoire renommé, qui enseignera à l'université de Strasbourg –, baptisée par un pasteur de l'Église luthérienne en 1886. Ayant commencé des études d'infirmière à Stettin, en Poméranie prussienne, elle est devenue, en 1905, inspectrice des orphelinats de Strasbourg.

Le vendredi saint de 1913, les Schweitzer partent pour Lambaréné, au Gabon, en Afrique équatoriale française, afin d'y édifier, sur les rives de l'Ogooué, un dispensaire au nom de la Société des missions, qui devient vite un petit hôpital. De nationalité allemande, ils sont arrêtés par les autorités françaises le 5 août 1914 et placés en résidence surveillée, ce qui met la survie de l'hôpital en péril. Après de nombreuses démarches auprès du gouvernement français, ils sont libérés mais reçoivent, en septembre 1917, l'injonction de rentrer en France où ils sont arrêtés de nouveau et internés à Bordeaux, puis à Garaison dans les Pyrénées, et transférés au printemps 1918 au camp de Saint-Rémy-de-Provence réservé aux Alsaciens, où Schweitzer fait office de médecin et de pasteur. Au cours de son incarcération, il écrit *Kulturphilosophie* (*La Civilisation et l'éthique*), où il fait part de sa vision éthique de la civilisation, animée par la notion de « respect de la vie », qui enjoint l'homme à vivre en harmonie avec lui-même et avec toute forme de vivant quelle qu'elle soit. Libéré, il regagne l'Alsace, malade et couvert de dettes. Sa fille Rhéna naît en 1919. Pendant cinq ans, il fait des tournées de concerts en Europe et cherche des soutiens financiers pour son œuvre de Lambaréné.

En février 1924, Albert Schweitzer retourne seul au Gabon – Hélène Schweitzer Bresslau, atteinte de tuberculose, est de santé trop fragile pour l'accompagner. Avec l'aide de groupes de soutien, venus notamment d'Allemagne et de Suisse, il reconstruit l'hôpital de Lambaréné, qui bénéficiera, au cours des décennies, d'agrandissements successifs pour faire face à la demande de soins et au nombre toujours croissant de patients, jusqu'à l'installation, à la fin des années 1940, du « village lumière » destiné à l'accueil des lépreux. Il déploie une activité considérable et passe l'essentiel de son temps en Afrique, où il est désormais assisté d'un médecin strasbourgeois, Victor Nessmann (qui sera assassiné par la Gestapo en 1944), d'un médecin suisse, Marc Lauterburg, et d'infirmières. Il retourne pour quelques séjours en Europe, où il retrouve sa famille, écrit des ouvrages de méditation spirituelle et fait de médiatiques tournées destinées au recueil de fonds pour ses œuvres humanitaires, avec le soutien de son beau-frère, le chef d'orchestre Charles Munch. Pendant la Seconde Guerre mondiale, ne voulant pas abandonner son hôpital, il demeure au Gabon, rejoint en 1941, via le Portugal et l'Angola, par sa femme, dont les proches sont en butte aux persécutions antisémites.

Au cours des vingt dernières années de son existence, Albert Schweitzer acquiert une renommée internationale : ainsi, la revue *Time Life Magazine* le désigne en 1947 comme « le plus grand homme du siècle », Einstein lui transmet une invitation officielle du gouvernement des États-Unis et il reçoit, en tant que Français, le prix Nobel de la paix en octobre 1953 (au titre de 1952). Il est fait docteur *honoris causa* de nombreuses universités du monde entier. Il poursuit son engagement humaniste et pacifiste par son action auprès de personnalités politiques internationales et par des interventions publiques, tel son « appel à l'humanité » lancé contre l'arme atomique à la radio norvégienne en avril 1957, relayé par cent cinquante radios dans le monde. Il n'est cependant pas épargné par les critiques, notamment dans le contexte de la décolonisation, qui fait juger paternaliste et colonialiste l'apostolat charitable du « Grand Docteur ». Il décède dans son hôpital de Lambaréné, où il est enterré.

Anne Rasmussen

SCOTT THOMAS Kristin

Actrice. – Née le 24 mai 1960 à Redruth, Royaume-Uni.

Fille d'un pilote de la Royal Navy, venue étudier l'art dramatique à Paris, elle mène une carrière à la fois anglo-saxonne (elle fut nominée aux Oscars en 1997 pour *Le Patient anglais*) et française. Considérée comme une star, contrôlant son image de svelte séductrice à l'accent chic et au réflexe pudique, elle a tenu les premiers rôles dans *Le Bal du gouverneur* de Marie-France Pisier (1988), *Aux yeux du monde* d'Éric Rochant (1990), *Lune de fiel* de Roman Polanski (1992), *Petites Coupures* de Pascal Bonitzer (2003), *Il y a longtemps que je t'aime* de Philippe Claudel (2008), *Partir* de Catherine Corsini (2009), *Crime d'amour* d'Alain Corneau (2010), *Contre toi* de Lola Doillon (2010), *Elle s'appelait Sarah* de Gilles Paquet-Brenner (2010), *La Femme du Ve* de Pawel Pawlikowski (2011), *Bel-Ami* de Declan Donnellan et Nick Ormerod (2012) et *Dans la maison* de François Ozon (2012).

Jean-Luc Douin

SEBERG Jean (Jean Dorothy)

Actrice. – Née le 13 novembre 1938 à Marshalltown, États-Unis ; morte le 30 août 1979 à Paris, France.

Jeanne d'Arc dans le film du même nom d'Otto Preminger (1957), héroïne du *Bonjour tristesse*, que le même réalisateur adapte de Françoise Sagan l'année suivante, Jean Seberg est mariée au cinéaste français François Moreuil lorsque Jean-Luc Godard l'engage pour interpréter la jeune Américaine qui vend le *New York Herald Tribune* sur les Champs-Élysées dans *À bout de souffle* (1960). Cheveux courts, charme androgyne, incarnation de la jeune femme libérée, Jean Seberg poursuivra une carrière française tout en tournant aux États-Unis : *L'Amant de cinq jours* de Philippe de Broca (1961), *Échappement libre* de Jean Becker (1964), *La Route de Corinthe* de Claude Chabrol (1967), *L'Attentat* d'Yves Boisset (1972). Elle divorce de son premier mari pour épouser l'écrivain Romain Gary, avec lequel elle tourne *Les oiseaux vont mourir au Pérou* (1968), avant de divorcer de nouveau. Par la suite, elle fréquente un membre des Black Panthers, est surveillée par le FBI, se remarie en France avec Dennis Berry, le fils de John Berry, auteur du *Grand Délire* (1975). Devenue dépendante à l'alcool, aux drogues, aux somnifères, elle paraît dans deux films de Philippe Garrel (*Les Hautes solitudes*, 1974 et *Le Bleu des origines*, 1978), hommages improvisés à une actrice déboussolée, au bord des larmes, sourire radieux, explorations de ses angoisses. Elle est retrouvée suicidée dans une voiture dans le XVIe arrondissement de Paris. Elle est enterrée au cimetière Montparnasse.

Jean-Luc Douin

SEEGER Alan

Poète. – Né le 22 juin 1888 à New York, États-Unis ; mort le 4 juillet 1916 à Belloy-en-Santerre, France.

« Mort pour la France » à l'âge de vingt-huit ans, le poète américain Alan Seeger n'a pas assez vécu pour assister à la reconnaissance de son œuvre littéraire. Né à New York, il y réside jusqu'à l'âge de dix ans, avant que sa famille ne s'établisse pour deux ans à Mexico. De retour aux États-Unis, il vit à Greenwich Village, où il rédige ses premiers textes poétiques. Ayant achevé ses études à Harvard, il entreprend un long voyage en Europe avant de s'installer à Paris. Il fréquente les milieux intellectuels du Quartier latin et publie articles et poèmes dans des journaux français et américains. À la déclaration de guerre de 1914, il s'engage avec enthousiasme en faveur de sa patrie d'adoption, combattant dans la Légion étrangère pendant près de deux ans, en Champagne, dans l'Aisne et dans la Somme. Son expérience du front lui inspire la rédaction de nombreux poèmes, parmi lesquels le célèbre : « J'ai un rendez-vous avec la mort » (« *I Have a Rendezvous with Death* »). Seeger est également de ces intercesseurs américains qui s'efforcent de mobiliser leurs compatriotes, afin de favoriser l'entrée en guerre de leur pays aux côtés de la France. En juillet 1915, il rédige ces vers prémonitoires : « Combien j'aime à penser que si mon sang était / Assez privilégié pour imprégner cette terre […] / Je ne disparaîtrais pas entièrement. » Un an plus tard, Alan Seeger trouve la mort au début de la bataille de la Somme, sous l'uniforme français, le jour de la fête nationale de son pays d'origine. Il se voit décerner la croix de guerre et la médaille militaire à titre posthume. Ses écrits sont alors rassemblés et largement diffusés sur les deux rives de l'Atlantique, contribuant à faire de l'écrivain disparu un précurseur héroïque et exemplaire de l'entrée en guerre des États-Unis dans le premier conflit mondial.

Pierre-Frédéric Charpentier

SÉGUR comtesse de (Sofia Feodorovna Rostopchine)

Romancière. – Née le 1er août 1799 à Saint-Pétersbourg, alors Empire russe, aujourd'hui Russie ; morte le 9 février 1874 à Paris, France.

Descendante d'une grande famille noble de Russie, dont il se dit qu'elle comptait Genghis Khan parmi ses ancêtres, Sophie Rostopchine est la filleule du tsar Paul Ier et la fille du gouverneur de Moscou qui contraignit Napoléon à la retraite en incendiant la ville. À l'issue des guerres napoléoniennes, elle suit son père en 1817 à Paris, où elle épouse, deux ans plus tard, le comte Eugène de Ségur. Ayant acquis en 1822 le château des Nouettes, dans l'Orne, elle prend l'habitude d'y faire de longs séjours et y rédigera une grande partie de ses écrits. Délaissée par un époux volage, devenu par ailleurs pair de France en 1830, la comtesse de Ségur se réfugie dans l'affection de ses enfants et de ses petits-enfants, qui seront la source principale de son inspiration littéraire. Ce n'est toutefois qu'à l'âge de cinquante-huit ans qu'elle commence sa carrière dans les lettres. Publiés de 1857 à 1872, les romans de la comtesse de Ségur vont faire les beaux jours de la « Bibliothèque rose » des éditions Hachette. L'écrivaine rencontre en effet le succès populaire dès ses premiers écrits (*Les Malheurs de Sophie* et *Les Petites Filles modèles*, 1858 ; *Mémoires d'un âne*, 1860). La comtesse de Ségur décide d'entrer dans les ordres en 1866, sans pour autant cesser d'écrire. Obligée de vendre les Nouettes en 1872, elle se retire à Paris, où elle décède. Elle repose au cimetière de Pluneret, dans le Morbihan. Son œuvre romanesque est l'une des toutes premières à avoir l'enfant comme principal centre d'intérêt, mais elle s'inscrit également dans un XIXe siècle moralisateur, où le bien et le mal s'affrontent de façon manichéenne et où l'éducation passe par les châtiments corporels. Elle n'en aura pas moins – ou à cause de cela – une influence durable sur la littérature enfantine et sur les grandes théories pédagogiques du siècle suivant.

Pierre-Frédéric Charpentier

SEIFERT Ivan

Architecte. – Né le 23 décembre 1926 à Zagreb, alors Yougoslavie, aujourd'hui Croatie ; mort le 21 juin 2008 à Paris, France.

Ivan Seiffert est à Paris l'un des sept associés fondateurs de l'agence ATEA. Auteur des bâtiments de l'ESSEC à Cergy-Pontoise (1973), il contribue à la réalisation de la faculté de lettres de Nice et du CERAM à Sophia-Antipolis. Il est le maître d'œuvre du centre-ville de Cergy-Pontoise, opération de 100 000 m^2 qui réunit vingt-sept maîtres d'ouvrage. Il crée, en 1987, avec son fils Marc Seifert, architecte, l'agence Équerre.

Gérard Monnier

SEMPRÚN Jorge

Écrivain, scénariste et homme politique. – Né le 10 décembre 1923 à Madrid, Espagne ; mort le 7 juin 2011 à Paris, France.

Originaire d'une famille de la grande bourgeoise madrilène restée fidèle à la république, Jorge Semprún doit fuir l'Espagne avec ses parents en 1937 devant l'avancée des troupes franquistes. Il termine de brillantes études à Paris au lycée Henri-IV. Sous l'Occupation, il rejoint la résistance communiste, participe à la manifestation patriotique du 11 novembre 1940, mais sera arrêté par la Gestapo en septembre 1943 et déporté à Buchenwald. Après la guerre, il appartient aux réseaux d'action antifranquistes, mais son exclusion du Parti communiste espagnol clandestin, en 1964, réoriente ses activités vers la création littéraire. Deux romans, *Le Grand Voyage* (1964) et *L'Évanouissement* (1967), reviennent sur l'expérience du maquis et des camps et lancent sa carrière de romancier. En 1968, le prix Femina récompense *La Deuxième Mort de Ramón Mercader*. Le texte est influencé dans sa forme par le Nouveau Roman, tout en témoignant sur le fond du désenchantement de son auteur quant à l'utopie socialiste. La même année, Alain Resnais adapte au cinéma un autre de ses romans, *La guerre est finie*, qui clôt l'époque du militantisme au sein de l'opposition espagnole en exil. Les années suivantes voient l'écrivain se consacrer à une importante œuvre de scénariste auprès de cinéastes engagés comme Costa-Gavras ou Yves Boisset. Toujours marqué par ses origines, Semprún rédige *L'Autobiographie de Federico Sánchez* (1978), d'abord en espagnol puis en français, tandis que *L'Algarabie* (1981) décrit le destin tragique d'un alter ego errant dans un Paris déconstruit et chaotique. Lié à ses deux patries, Jorge Semprún devient, de 1988 à 1991, ministre de la Culture dans le gouvernement de Felipe Gonzáles, avant d'être le premier étranger admis à l'académie Goncourt, en 1996. Après sa mort, il est inhumé en région parisienne, dans les plis du drapeau républicain espagnol.

Pierre-Frédéric Charpentier

SÉNÉGALAIS

Il n'est pas excessif de considérer l'immigration sénégalaise comme la plus importante des immigrations d'Afrique subsaharienne. Cela se lit dans les chiffres. On a compté, dans la France de 2007, plus de 73 000 personnes nées au Sénégal. Les « nés au Mali », au deuxième rang, sont 58 000. Cela demeure loin des 702 000 « nés en Algérie », des 576 000 « nés au Portugal » ou même des 323 000 « nés en Italie ». Pour autant, le statut particulier du Sénégal dans l'Afrique coloniale a dessiné les contours d'une histoire d'émigration vers la France à la fois longue, diverse et toujours dynamique.

Des liens spécifiques. La présence française sur les côtes du Sénégal remonte au XVIIe siècle et à l'économie de traite. Fondé en 1659, le port de Saint-Louis, comme Gorée et Rufisque plus au sud, était un comptoir où l'on concentrait les esclaves arrachés au continent, avant leur transport aux Amériques. Une élite de commerçants français, mulâtres et africains s'est constituée dans ces communes, qui conserveront un statut à part, proche de celui des « vieilles colonies » (Antilles, Guyane, Réunion), sans être tout à fait équivalent. La Troisième République en fit, avec Dakar, des « communes de plein exercice », dotées du droit de vote et d'autres avantages. Dakar, fondée en 1857, alors que commençait la colonisation de l'intérieur du continent, fut dotée d'une position exceptionnelle comme capitale et port principal de tout l'ensemble ouest-africain, devenu « Afrique occidentale française » (AOF) en 1895. Les « quatre communes » eurent donc un régime fort différent de celui imposé au reste de l'Afrique coloniale. Elles envoyèrent à la chambre des députés, en 1914, le premier élu africain de l'Histoire, Blaise Diagne. Au grand dam de beaucoup de Blancs, il fit admettre, dans le cadre de « l'impôt du sang » à la veille de la guerre, la pleine citoyenneté pour les quatre communes, dont les soldats seraient des appelés ordinaires de l'armée française et non des tirailleurs coloniaux. Son empressement à défendre « la mission civilisatrice de la France » (et même le travail forcé) en a fait la cible des mouvements nègres dans l'entre-deux-guerres. Il participe au gouvernement Laval comme sous-secrétaire d'État aux Colonies (janvier 1931-février 1932). Et son fils, Raoul Diagne, fut le premier footballeur noir sélectionné en équipe de France, pour la Coupe du monde 1938. Du fait du statut spécifique des quatre communes et de Dakar, beaucoup de fils de chefs ou de commerçants ont bénéficié d'écoles et de lycées qui n'existaient pas ailleurs (lycée Faidherbe à Saint-Louis, lycée Van Vollenhoven à Dakar, où est allé Léopold Sedar Senghor). Les jeunes s'engageaient dans le cursus laïque après avoir fréquenté l'école coranique (Lamine Gueye, Cheik Hamidou Kahn) ou l'école missionnaire (Senghor).

C'est aussi à Dakar qu'était installée l'école normale William-Ponty, afin de former des élites indigènes en vue de répondre aux besoins d'administration des colonies. Les futurs cadres de l'indépendance (pas seulement sénégalais) y sont passés.

Aux avant-postes de l'espace intellectuel francophone. Cette histoire explique l'importance des Sénégalais dans la pensée et la littérature de langue française et l'ancienneté de la tradition des migrations étudiantes. À partir des années 1920, quelques Sénégalais sont présents parmi les flux (modestes) de lycéens et d'étudiants qui rejoignent les facultés de droit et de médecine de Paris, Marseille et surtout Bordeaux (en 1926, 25 d'AOF et 50 Malgaches). Parmi eux, Lamine GUEYE (1891-1968) devint, en 1921, le premier docteur en droit de l'Afrique française. Il fut l'un des hommes politiques les plus importants de l'histoire sénégalaise, d'abord en France, puis dans son pays après l'indépendance, où il dut s'incliner devant son ex-protégé Senghor. Député SFIO, sous-secrétaire d'État sous la Quatrième République, Lamine Gueye est l'auteur de la loi qui étend la citoyenneté française aux « indigènes » de l'Union (1946). De son côté, Léopold SEDAR SENGHOR (1906-2001), natif des environs de Dakar, rejoint l'hypokhâgne du lycée Louis-le-Grand dans les années 1930, après avoir connu successivement l'éducation en pays sérère, le séminaire catholique et le lycée public de Dakar. En hypokhâgne, il rencontre le Martiniquais Aimé Césaire, comme lui noir, français d'une « vieille colonie » et brillant étudiant en lettres. En 1934, ils lancent *L'Étudiant noir*, avec les premiers textes exaltant la négritude. L'année suivante, Senghor, futur académicien, réussit l'agrégation de grammaire. Au-delà, le profil de l'étudiant sénégalais se dessine, entre passion pour la culture française et contestation de l'ordre colonial. Au temps de l'Union française, le nombre des étudiants africains et malgaches augmente : 250 en 1946, 4 500 en 1960. La Fédération des étudiants d'Afrique noire, fondée à Bordeaux en 1950, devient un pôle critique contre les « parlementaires bourgeois », autrement dit les Africains du Palais-Bourbon. Dans ces décennies de politisation précédant les indépendances, les intellectuels sénégalais sont en pointe. Alioune DIOP (1910-1980) est l'un des initiateurs de la revue *Présence africaine* et, dans sa thèse, l'historien et anthropologue Cheikh Anta DIOP (1923-1986) fait de la civilisation égyptienne une civilisation d'Africains noirs. Au même moment se consolide, autour des fondateurs du mouvement de la négritude, l'idée de ce qui va devenir la francophonie : une appropriation dans la liberté, par les anciens colonisés, de la langue qui leur fut jadis imposée.

Du fait de la figure de son fondateur et président pendant vingt ans (1960-1980) Léopold Sedar Senghor, l'État sénégalais indépendant s'est d'abord inscrit dans le moule des valeurs républicaines, souhaitant le maintien de la collaboration avec l'ex-métropole. Senghor fut l'un des plus ardents à exiger le maintien de la libre circulation et les facilités de naturalisation. Pour l'ancien professeur de lycée des années 1930 et l'ancien ministre de la Quatrième République (1955), la séparation ne peut être radicale. Il finit d'ailleurs ses jours en France. Si on compare le nombre de « Sénégalais » recensés en 2007 (57 000) avec le nombre des « nés au Sénégal » (73 000), on peut penser que bien des Sénégalais ont usé des facilités offertes après 1960. Les étudiants et écrivains ont continué leur relation privilégiée avec la France. À l'heure des circulations planétaires et des restrictions à l'immigration, celle-ci reste le premier pays d'accueil des étudiants sénégalais (8 329 en 2004), loin devant les États-Unis (805).

Tirailleurs. Le premier bataillon de tirailleurs noirs est créé en 1857, alors que commence la pénétration française dans la future AOF. L'antériorité du Sénégal dans la conquête du continent explique que ces tirailleurs aient été d'abord des « Sénégalais », le nom étant devenu un adjectif générique, alors que les hommes venaient de toute l'AOF. Jusqu'en 1912, il s'agit de volontaires, engagés pour cinq ou six ans, rémunérés par de modestes primes. Ils serviront d'abord sur le terrain colonial, notamment au Maroc, entre 1908 et 1911. Lors de la Première Guerre mondiale, le territoire du Sénégal est au cœur de la grande zone de ponction des 170 000 tirailleurs incorporés entre 1914 et 1918. Les « cercles » (circonscriptions administratives) de la côte, les pays wolof et sérère sont plus touchés qu'à l'intérieur. Les anciens combattants y sont donc plus nombreux à transmettre leur image de la métropole à leur retour. Certains, comme le fondateur du Comité de défense de la race nègre, Lamine SENGHOR (1889-1927), reviennent en France et deviennent des rebelles. Entre 1919 et 1939, une partie des troupes est maintenue en cantonnement à Fréjus. Les Sénégalais seront sollicités, avec les autres tirailleurs, pour toutes les campagnes militaires ultérieures en 1940, en 1944, puis en Indochine. On commence à mieux évaluer l'ampleur de leurs sacrifices.

Les Soninkés : marins et ouvriers. Le grand ébranlement migratoire s'amorce dans les années 1950. Il conduit en France des Sénégalais de diverses ethnies, mais ceux du pays Soninké sont très majoritaires. L'histoire des Soninkés du Sénégal et de leur migration vers la France est la même que celle des Maliens dont le territoire, plus important en superficie, se situe dans le prolongement, en amont du fleuve. Si les Sénégalais sont les plus nombreux en France, c'est à cause de la diversité de leurs origines et de leurs réseaux. Il faut y ajouter une plus grande ancienneté. Les Sénégalais avaient plus de facilités géographiques et juridiques (statut des quatre communes) pour rejoindre les ports de Dakar et Saint-Louis et se faire embaucher sur les navires au long cours. En 1920, l'administration de la marine marchande comptait 3 000 inscrits maritimes à Dakar, 80 % d'entre eux provenait des cercles de Matam et de Bakel (cercles du fleuve côté Sénégal). Ce sont donc des Sénégalais que l'on trouve en plus grand nombre à Marseille après 1945, comme marins, puis comme dockers. Dans les années 1950, la marine à vapeur décline et les marins indigènes, qui constituaient alors 50 % des équipages, ont dû se reconvertir dans ce métier moins attractif pour eux. L'écrivain Sembène OUSMANE (1923-2007), militant de la CGT, a laissé un témoignage de ces années dans son livre *Le Docker noir* (1956). À partir des années 1960, la vie des travailleurs immigrés sénégalais est comparable à celle des Maliens : le travail dans l'automobile ou dans les services de voirie, concentré en région parisienne, une vie ascétique, entre hommes, soudés par la religion et les hiérarchies villageoises. Les Sénégalais sont environ 15 000 en 1975. Au recensement suivant, en 1982, leur nombre a plus que doublé (33 200) : l'immigration des familles a commencé. Les entrées illégales aussi, puisque l'immigration du travail a été suspendue et la libre circulation, supprimée. L'insertion en France des familles sénégalaises, les difficultés d'ordre matériel, culturel et le poids des discriminations ne se distinguent pas de ce que vivent les Maliens, même si ces derniers sont plus souvent désignés par les « affaires » qui se succèdent. Le devenir de ces migrants et de leurs enfants s'inscrit dans les mêmes logiques, autour d'un fort tissu associatif partagé entre ici et là-bas. De leur côté, les chemins d'émigration évoluent. Une diaspora sénégalaise s'étend en Europe, en Espagne (55 000 Sénégalais en 2009, soit presque autant qu'en France) en Italie et au Canada ou aux États-Unis. Cette dispersion ne concerne pas que les Soninkés.

Mourides et autres commerçants. Le commerce tient une place importante dans l'histoire des émigrants sénégalais. À l'aube des années 1960, on vit les premiers colporteurs étaler leur marchandise à même le sol à la sortie des gares ou dans les marchés aux puces. À côté des vendeurs de statuettes, masques, colliers et autres objets artisanaux, quelques négociants alimentaient les antiquaires, chez lesquels l'art nègre commençait à être recherché. Tous ces commerçants appartenaient à une même confrérie musulmane, celle des mourides. Son fondateur, Cheikh Ahmadou BAMBA (1853-1927), a étendu son influence chez les wolofs en s'opposant au colonisateur, avant de se faire le prosélyte de la mobilisation en 1915, et de la culture de l'arachide. Avec le déclin de l'arachide, les paysans se sont reconvertis en commerçants itinérants, à Dakar et Abidjan, puis en France. Les Laobés, spécialisés dans la fabrication d'objets artisanaux en bois, mourides également, leur servaient de fournisseurs. Rassemblant une centaine de personnes dans les années 1920, la confrérie est forte de plus de un million d'adeptes au Sénégal en 1990. À partir de là, le contexte hostile aux migrations en France a poussé les commerçants (grossistes et détaillants) vers l'Italie et d'autres pays méditerranéens, ils ont également pris pied à New York. Entretemps, le commerce a changé de nature, intégrant pacotilles modernes, produits cosmétiques ou petit matériel électronique. Partout où ils vont, les commerçants mourides peuvent compter sur les réseaux confrériques. La vie spirituelle est primordiale et l'objectif de la migration est de contribuer, via les collectes d'aumône, à l'enrichissement de la capitale religieuse Touba, au centre de l'ancien bassin de l'arachide. Les mourides ont organisé un territoire commerçant dans certains quartiers, comme Belsunce à Marseille, où ils étaient en concurrence avec les Maghrébins. Des mutations sont en cours. Les anciens, très repliés sur la tradition, ont fait place à des familles qui ont tendance à se fondre dans le tissu social de la ville. Le commerce se fait avec des grossistes chinois ou juifs autant qu'avec des Africains. Mais la dahira, centre religieux où sont diffusés le savoir coranique et la pensée du fondateur, reste un lieu très fréquenté. Le mouvement mouride gagne du terrain en milieu étudiant. C'est un mouvement prosélyte qui participe de l'évolution transnationale des migrations sénégalaises. Pour autant, les mourides n'ont pas le monopole du commerce sénégalais, dont on trouve les concentrations les plus visibles dans des quartiers souvent qualifiés d'« ethniques » comme Château-Rouge à la Goutte d'Or (Paris) ou Noailles à Marseille. Les commerces s'adressent de fait à une clientèle africaine (alimentation, cosmétiques), mais touche un public plus large, attiré par la mode ethnique (coiffure, tissus, objets), par les prix (qu'on croit très bas) et par l'ambiance exotique. En fait, une partie de ces commerçants (et commerçantes, car les femmes sont nombreuses) sont des entrepreneurs qui circulent en permanence entre la France et le Sénégal, et parfois dans d'autres pays. Tel a un hôtel au Sénégal et un magasin de DVD à la Goutte d'Or, tel autre un salon de coiffure à Paris, une boutique de pagnes à Dakar (L. Rives, in *Hommes et migrations*, n°s 1286-1287).

La société française des années 2000 est riche d'une composante sénégalaise dont les apports sont très divers. La tradition culturelle liée à la francophonie demeure. Les migrations étudiantes se mêlent aux milieux ouvriers et commerçants. À côté d'une identité plus communautaire fondée sur l'islam et de fortes attaches avec les villages et les confréries, des Sénégalais et Sénégalaises contribuent, avec d'autres Africains, à la diversification des activités économiques et sociales en milieu urbain et au renouvellement culturel. Les enfants nés en France peuplent les quartiers populaires des banlieues et se reconnaissent dans une culture où le rap et le sport sont en bonne place. Outre le nom de champions comme Jean-Pierre ADAMS (né en 1948) ou Patrick VIEIRA, l'histoire du football retiendra que les Sénégalais sont les joueurs africains que l'on rencontre le plus souvent dans le championnat français depuis les années 1930 (136 joueurs sur 415). Et que les joueurs de l'équipe du Sénégal, qui a vaincu l'équipe de France lors du match d'ouverture de la Coupe du monde 2002, jouaient tous (sauf un) en championnat de France.

Marie-Claude Blanc-Chaléard

Bibl. : BERTONCELLO Brigitte, BREDELOUP Sylvie, *Colporteurs africains à Marseille*, Autrement, n° 145, oct 2004 • « Les migrations subsahariennes », *Hommes et migrations* n°s 1286-1287, juil.-oct 2010 • RIOUX Jean-Pierre (dir), *Dictionnaire de la France coloniale*, Paris, Flammarion, 2007 • MANCHUELLE François, *Les Diasporas des travailleurs soninkés (1848-1960). Migrants volontaires*, Paris, Karthala, 2004 • INED-INSEE, *Documents de travail-168*, « Trajectoires et Origines. Enquête sur la diversité des populations en France. Premiers résultats. Octobre 2010 ».

Voir aussi : AFRICAINS, MALIENS

SERAJI-BOZORGZAD Nasrine

Architecte. – Née en 1957 à Téhéran, Iran.

Après ses études à l'Architectural Association School of Architecture de Londres, dont elle sort diplômée en 1983, et des activités d'enseignement aux États-Unis, Nasrine Seraji ouvre son agence à Paris en 1990, tout en poursuivant une activité internationale. Professeur à l'Académie des beaux-arts de Vienne en 1996, elle dirige, depuis 2006, l'École d'architecture de Paris-Malaquais. Son activité d'architecte est fondée sur la pluridisciplinarité. Sa première commande publique est l'aménagement d'un lieu de mémoire, la Caverne du Dragon (1996), un site du fameux chemin des Dames, dans l'Aisne. Elle réalise pour la SAGI à Paris une résidence universitaire de cent soixante-quatre chambres (2001-

2003) et étudie plusieurs plans directeurs urbains, en France et en Asie.

Gérard Monnier

SERBES. — *Voir* YOUGOSLAVES.

SERGE Victor (Viktor Lvovitch Kibaltchitch)

Militant et écrivain. – Né le 30 décembre 1890 à Ixelles, Belgique ; mort le 17 novembre 1947 à Mexico, Mexique.

Fils d'un officier russe ayant fui après l'assassinat d'Alexandre II en 1881, il jugera plus tard que son déracinement « dissipe les brouillards des conformismes et des particularismes étouffants » et « préserve d'une suffisance patriotique qui n'est en vérité que médiocre contentement de soi-même ». Devenu, très jeune, militant socialiste et antimilitariste, il fréquente les anarchistes belges, collabore à leur presse après 1906, arrive à Paris en 1909. Bien qu'hostile à l'illégalisme, il se lie à la bande à Bonnot et se voit condamné, en 1912, à cinq ans de prison pour non-dénonciation de malfaiteurs. Expulsé de France en 1916, il participe à la révolte de Barcelone en 1917. Revenu clandestinement, de nouveau arrêté, enthousiaste de la révolution russe, il bénéficie, à la fin de 1918, d'un échange de prisonniers avec les bolcheviques. En Russie, il se fait propagandiste communiste puis, assez proche de Trotski, est exclu en 1928, envoyé au goulag en 1933. Une campagne en Occident, relayée, entre autres, par André Gide, le fait libérer et expulser d'URSS au début de 1936. Autorisé à résider en Belgique, puis en France, il publie des livres sur la Russie, des articles en faveur de la révolution espagnole ou contre les procès de Moscou. Réfugié à Marseille en 1940, il gagne le Mexique en 1941, continue d'y plaider contre le stalinisme, contre la guerre civile et l'insurrection, sources de dictatures, pour un socialisme ouvert à la science contemporaine, dont la psychologie. Ses romans, comme *Les Derniers Temps*, fresque de la France de 1940, et ses *Mémoires d'un révolutionnaire* le classent parmi les témoins de son siècle qui ont cherché à associer l'exigence de liberté, le rêve révolutionnaire et l'antitotalitarisme.

Éric Vial

SERNET Claude (Ernest Spire)

Poète et traducteur. – Né le 24 mai 1902 à Tîrgu Ocna, Roumanie ; mort le 15 mars 1968 à Paris, France.

Ernest Spire grandit dans une famille juive de la bourgeoisie roumaine, avant d'être séparé des siens par la Première Guerre mondiale. Au cours de ses études de droit à l'université de Bucarest, il fréquente les cercles littéraires et artistiques de la capitale et publie ses premiers textes poétiques dans la revue d'avant-garde *75 HP*. Fuyant l'antisémitisme, il quitte son pays natal en 1925 et s'installe l'année suivante à Paris, où il côtoie les poètes du Grand Jeu autour de Roger Vailland. En juin 1928, c'est en français qu'il publie, sous le nom de Claude Sernet, son premier poème dans le numéro unique de la revue *Discontinuité*, lancée avec Arthur Adamov. Il participe ensuite à différentes revues littéraires, traduit Tristan Tzara, mais doit attendre 1937 pour voir son premier recueil de poèmes, *Commémorations*, édité par la Librairie Tschann. Le 18 février 1938, il est naturalisé français et peut faire paraître, avant la guerre, un deuxième texte, *Un jour et une nuit*. Mobilisé en septembre 1939, Claude Sernet est fait prisonnier en juin 1940. Relégué parmi

« Les juifs, les nègres, les sidis / Les étrangers, les éloignés », il s'évade un an plus tard et se réfugie en zone non occupée. Vivant dans la clandestinité, l'écrivain collabore à diverses revues littéraires (*Méridien*, *L'Éternelle Revue*) et contribue à la publication de l'ouvrage collectif *L'Honneur des poètes* (1943) aux Éditions de Minuit clandestines. Il adhère au Parti communiste et intègre le Comité national des écrivains à la Libération. Dans les années d'après-guerre et de guerre froide, l'œuvre poétique de Claude Sernet emprunte une forme militante, avant de s'infléchir vers l'expression d'une angoisse existentielle exacerbée (*D'une suite sans fin*, 1953 ; *Éléments*, 1963). En 1967, il prend acte de l'effacement du temps dans un long poème, *Ici repose*, et décède l'année suivante.

Pierre-Frédéric Charpentier

SERVAN-SCHREIBER Robert et Émile (Schreiber)

Éditeurs de presse. – Robert : né en 1880, mort en 1966. Émile : né le 20 décembre 1888 à Paris, France ; mort le 29 décembre 1967 à Veulettes sur mer, France.

Joseph Schreiber, né en Silésie dans une famille de rabbins, s'installe à Paris en 1877 ; sa femme Clara le rejoint en 1879. Ils ont trois fils : Robert, Georges, qui sera médecin, et Émile. La famille est naturalisée le 22 novembre 1894. Joseph Schreiber dirige une maison d'import-export dans le quartier du Sentier. En 1902, son fils aîné, Robert, reprend la maison de commerce ; avec l'aide de son frère Émile, il fonde en 1908 *Les Échos de l'exportation, Bulletin mensuel de la maison Schreiber et Aronson*. Ce simple bulletin commercial est à l'origine d'un quotidien économique et financier et d'une dynastie de gens des « médias ». Robert et Émile Schreiber – devenus Servan-Schreiber après la Seconde Guerre mondiale – dirigent *Les Échos* jusqu'en 1963. Quasiment tous les membres de la famille travaillent dans le groupe. Les deux fils d'Émile, Jean-Jacques et Jean-Louis, s'illustreront dans la presse, le premier en fondant *L'Express* avec Françoise Giroud, le second en 1960 en transformant *Les Échos* en une sorte de *Financial Times* à la française, puis en fondant *L'Expansion* en 1967 et en relançant *Psychologies magazine* en 1997. Une de leurs sœurs, Christiane Collange, est également journaliste, d'abord à *L'Express*, puis dans d'autres titres ainsi qu'à la radio et à la télévision. Fabienne Servan-Schreiber, petite-fille de Robert, est productrice de cinéma et de télévision.

Patrick Eveno

SEUPHOR Michel (Ferdinand Louis Berckelaers)

Critique d'art. – Né le 10 mars 1901 à Anvers, Belgique ; mort le 12 février 1999 à Paris, France.

Le jeune Anversois militant de l'avant-garde s'installe à Paris en 1925. Désormais et jusqu'à son dernier souffle, il travaillera à la défense et à l'illustration d'un art tout de construction, opposé au figuratif magique incarné par la famille surréaliste. Ce combat prendra, suivant les époques, la forme de revues (*Documents internationaux de l'esprit nouveau*, *Cercle et carré*, etc.), d'expositions-manifestes (« Cercle et carré », 1930), d'expositions-bilan (« Les premiers maîtres de l'art abstrait », 1949) ou d'ouvrages de référence (*Dictionnaire de la peinture abstraite*, 1957 ; *La Peinture abstraite, sa genèse, son expansion*, 1962). Il reste le premier spécialiste de son quasi-compatriote Mondrian (*Piet Mondrian, sa vie, son œuvre*, 1956). Seuphor (l'anagramme d'Orpheus) est naturalisé français en 1954.

Pascal Ory

SEVERINI Gino. — *Voir* PARIS, École de.

SEWERYN Andrzej

Comédien. – Né le 25 avril 1946 à Heilbronn, Allemagne.

Formé à l'École supérieure de théâtre de Varsovie, il est l'un des comédiens fétiches du cinéaste polonais Andrzej Wajda (*La Terre de la grande promesse*, *Sans anesthésie*, *Le Chef d'orchestre*, *Danton*, *L'Homme de fer*, *Pan Tadeusz*, *La Vengeance*.). Il joue une pièce de Staniskaw Witkiewicz au Théâtre des Amandiers (mise en scène par Andrzej Wajda) lorsque survient le coup d'État du général Jaruzelski. Membre du syndicat Solidarnosc, il choisit de rester en France, acquiert la nationalité française, joue sous la direction de Peter Brook, Patrice Chéreau, Antoine Vitez. Très présent sur les planches, il entre à la Comédie-Française en 1993, devient sociétaire en 1995, cumule les honneurs. Professeur au Conservatoire, il a tourné avec Régis Wargnier, Claude Berri, Raoul Ruiz, et incarné Robespierre dans le film de Robert Enrico *La Révolution française* (1989).

Jean-Luc Douin

SEYMOUR David, *dit* Chim (David Szymin)

Photographe. – Né le 20 novembre 1911 à Varsovie, alors Empire russe, aujourd'hui Pologne ; mort le 10 novembre 1956 à El Qantara, Égypte.

Né Szymin, surnommé « Chim » par ses camarades en photojournalisme, celui qui est entré dans l'histoire de la photographie sous le nom David Seymour s'est formé à son art à Leipzig, puis à Paris, où il s'installe en 1931, donc avant l'arrivée au pouvoir d'Hitler. Pendant la guerre d'Espagne, il fait partie des photographes envoyés du côté républicain par la presse communiste française (hebdomadaire *Regards*, dirigé par Léon Moussinac). Bien qu'il ait passé la guerre aux États-Unis, ce choix politique explique que ce soit de nouveau à Paris qu'il s'installe à la Libération et qu'il crée, en 1947, avec ses amis Henri Cartier-Bresson et Robert Capa, l'agence Magnum, dont il est le président au moment où la mort vient le saisir, sur le front de la guerre du canal de Suez, deux ans après la disparition de Capa, dans des conditions analogues. Sa série d'après-guerre *Children of Europe* prouve, s'il en était besoin, que le photojournalisme de cette génération ne se résume pas aux faits de guerre.

Pascal Ory

SFEIR Antoine

Journaliste et écrivain. – Né le 25 novembre 1948 à Beyrouth, Liban.

Chef de service au grand quotidien libanais *L'Orient-Le Jour*, il fuit la guerre civile, qui menace sa vie, et s'installe en France en 1976. Après avoir travaillé pour la presse quotidienne, hebdomadaire et diverses revues, il crée, en 1985, *Les Cahiers de l'Orient*, de parution trimestrielle, édité par la maison d'édition des *Études*, organe de la Compagnie de Jésus. Antoine Sfeir est un expert connu, donc discuté, des questions du Proche-Orient.

Pascal Ory

SHAMIR Igal

Violoniste, écrivain. – Né en 1938 à Tel-Aviv, alors Palestine sous mandat britannique, aujourd'hui Israël.

Igal Shamir a complété sa formation de violoniste, commencée à Tel-Aviv, à Genève et à Bruxelles, où il a été, entre autres, élève d'Arthur Grumiaux. Installé en France depuis 1968, il enseigne à la Schola Cantorum et est l'auteur d'une méthode connue. Ses talents multiples ont fait aussi de lui un écrivain remarqué, puisque l'un de ses romans, *La Cinquième Corde*, a inspiré un film à succès (*Le Grand Blond avec une chaussure noire*).

Pascal Ory

SHARIF Omar (Michel Demitri Chalhoub)

Acteur. – Né le 10 avril 1932 à Alexandrie, Égypte.

D'origine libanaise, repéré par son compatriote Youssef Chahine, qui le fait débuter dans *Le Démon du désert* (1954), Omar Sharif a appris le métier d'acteur à la prestigieuse Royal Academy of Dramatic Art de Londres, après avoir étudié les mathématiques, la physique au Caire, et cinq langues dont le français. Parmi les quelque quatre-vingts films qu'il a tournés figurent *Goha* de Jacques Baratier (1958) et trois films d'Henri Verneuil, *Le Casse* (1971), *Mayrig* (1992), *588 rue Paradis* (1992). En 2003, son rôle d'épicier philosophe dans *Monsieur Ibrahim et les fleurs du Coran*, de François Dupeyron, lui vaut d'être récompensé par le César du meilleur acteur 2004. Fameux joueur de bridge, il a signé plusieurs chroniques sur les donnes dans *Le Figaro*.

Jean-Luc Douin

SHELTON Tsilla

Actrice. – Née le 21 juin 1919 à Jérusalem, alors Palestine sous mandat britannique, aujourd'hui Israël-Palestine ; morte le 15 juillet 2012 à Bruxelles, Belgique.

Découverte par le grand public du cinéma en 1990 dans le rôle-titre du film d'Étienne Chatiliez *Tatie Danielle*, Tsilla Shelton était connue depuis les années 1950 des amateurs de théâtre moderne pour avoir créé la plupart des pièces d'Eugène Ionesco, depuis *Les Chaises* (1952) jusqu'au *Roi se meurt* (1962). Le relais avec les plus jeunes générations a été fondé sur sa capacité à passer des grandes salles aux très petites – où elle crée, en 1970, l'une des œuvres les plus typiques de ce répertoire, *Les Adieux de la grande-duchesse*, de Bernard Da Costa – et de la scène à l'écran, grand ou petit, mais plus encore sur son rôle de professeur d'art dramatique. De Michel Blanc à Gérard Jugnot en passant par Christian Clavier ou Thierry Lhermitte, les fondateurs du café-théâtre Le Splendid, pour ne citer qu'eux, furent ses élèves.

Pascal Ory

SHUMAN Mort (Mortimer)

Auteur, compositeur, interprète de chansons. – Né le 12 novembre 1936 à New York, États-Unis ; mort le 3 novembre 1991 à Londres, Royaume-Uni.

Mort Shuman se fait connaître dans le milieu de la chanson anglo-saxonne comme compositeur, et travaille pour Elvis Presley comme pour Janis Joplin. Très lié à Jacques Brel – sur lequel il a composé, avec Éric Blau, une comédie musicale, créée à Broadway en 1968, *Jacques Brel is Alive and Well and*

Living in Paris –, il choisit, dans les années 1970, de s'installer en France, où il compose pour les chanteurs les plus populaires, de Michel Sardou à Johnny Hallyday. Certaines des œuvres qu'il crée lui-même conquièrent un large public (*Le Lac Majeur*, *Papa Tango Charly*), mais il renonce à une carrière du devant de la scène. Il sort en 1983 un album, *Ma ville*, qui, en français, chante Paris. Décédé à Londres, il repose à Bordeaux.

Pascal Ory

SILBERMAN Serge

Producteur. – Né le 1er mai 1917 à Łódź, alors Empire russe, aujourd'hui Pologne ; mort le 22 juillet 2003 à Paris, France.

Récompensé en 1988 par un César d'honneur pour l'ensemble de sa carrière, le fondateur de la société Greenwich Films a financé l'essentiel des films de Luis Buñuel (du *Journal d'une femme de chambre* en 1964 à *Cet obscur objet du désir* en 1977), ainsi que *Bob le flambeur* de Jean-Pierre Melville (1955), *Le Trou* de Jacques Becker (1960), *Le Passager de la pluie* de René Clément (1969), *Diva* de Jean-Jacques Beineix (1981), *Max mon amour* de Nagisa Oshima (1986).

Jean-Luc Douin

SILVA Roberto Duarte

Chimiste. – Né en 1837 à Saint-Antoine, Cap-Vert ; mort le 9 février 1889 à Paris, France.

Saint-Antoine, l'une des îles du Cap-Vert, était sous souveraineté portugaise à la naissance de Roberto Duarte Silva. « Après avoir débuté comme apprenti pharmacien dans son île, explique Catherine Kounelis, rédactrice de sa notice dans l'ouvrage *Itinéraires de chimistes 1857-2007. Cent cinquante ans de chimie en France avec les présidents de SFC* (2007), il effectua un stage à Lisbonne avant de se rendre, à l'âge de vingt ans, à Macao et ensuite à Hong Kong. Silva ravitailla notamment l'escadre franco-anglaise qui intervint contre la Chine en 1858. Il se lia d'amitié avec des médecins et des pharmaciens français. En mars 1863, il s'installe définitivement à Paris. Il obtient coup sur coup son baccalauréat ès sciences, puis une licence ès sciences physiques. Adolphe Wurtz l'accueille dans son laboratoire, où il peut approfondir sa connaissance de la chimie minérale, mener ses premières recherches et publier, en 1867, sa première note. Ayant vécu en Angleterre durant la guerre de 1870, il revient en France au lendemain de la Commune et rejoint le petit laboratoire de Charles Friedel à l'École des mines. En 1873, il reçoit le soutien de Jean-Baptiste Dumas pour l'obtention d'un poste de chef de travaux de chimie analytique à l'École centrale. On estime que, à cette place, il a renouvelé l'enseignement de cette branche de la chimie, « s'inspirant aussi des méthodes d'enseignement à l'étranger où il a voulu se rendre à plusieurs reprises » (Catherine Kounelis). Cette excellence connaissance des laboratoires et de l'enseignement de la chimie en Europe détermine les fondateurs de la nouvelle École de physique et de chimie industrielles de Paris à lui confier le cours de chimie analytique. Il conserve néanmoins son poste de chef de travaux à l'École centrale, où il est nommé professeur en 1886. Ces lourdes responsabilités pédagogiques ainsi qu'une santé fragile l'empêchent partiellement de mener à bien ses recherches. Mais il s'implique dans la diffusion et la valorisation des connaissances scientifiques, à l'Association française pour l'avancement des sciences et à la Société chimique de France, qu'il préside en 1887 et à laquelle il lègue par testament sa bibliothèque. Roberto Duarte Silva est fait chevalier de la Légion d'honneur en 1878, et est titulaire de la croix de commandeur de Saint-Jacques de Portugal en 1886. Philippe de Clermont et Rodolphe Engel, son successeur à l'École centrale, publient ses cours à titre posthume, avec une préface de Friedel (*Traité d'analyse chimique*).

Vincent Duclert

SIMENON Georges

Romancier et journaliste. – Né le 12 (ou 13) février 1903 à Liège, Belgique ; mort le 6 septembre 1989 à Lausanne, Suisse.

Né dans un milieu modeste, Georges Simenon choisit d'entrer dans la vie active à l'âge de quinze ans pour devenir reporter-stagiaire à *La Gazette de Liège*. En décembre 1922, le jeune homme arrive à Paris, où il compte faire carrière dans l'écriture, mais ses premières années françaises sont difficiles et il doit tâcheronner pour subsister. Dès cette époque, il rédige chaque jour deux ou trois nouvelles, qu'il donne à des hebdomadaires, puis au quotidien *Le Matin*, où il reçoit le soutien de la directrice littéraire, Colette. Débuts d'une œuvre d'une exceptionnelle abondance puisqu'elle comptera plusieurs centaines de titres. Destinés à des collections populaires parues chez Ferenczi, Fayard ou Tallandier, ses premiers livres sont publiés sous divers pseudonymes et se divisent en romans d'aventures, romans sentimentaux et romans licencieux. Ils permettent à l'écrivain de faire son entrée dans un monde où il côtoie Pablo Picasso, Maurice de Vlaminck ou Max Jacob. C'est en 1930, à la demande de Joseph Kessel, qu'il rédige pour l'hebdomadaire *Détective* plusieurs nouvelles où apparaît le personnage du commissaire Maigret. En 1931, *Pietr le Letton* officialise la première enquête du plus célèbre résident du 36, quai des Orfèvres. Le lancement de Maigret par Fayard est un tel succès que, dès le début des années 1930, plusieurs adaptations cinématographiques sont tournées. En 1932, Simenon décide de quitter Paris pour vivre avec son épouse près de La Rochelle. Il fait aussi des voyages en Afrique et dans différents pays d'Europe et accomplit un tour du monde en 1934-1935, jalonné de chroniques publiées dans des périodiques comme *Voilà*, *Paris-Soir* ou *Marianne*. Simenon quitte Fayard pour Gallimard en 1934, avec le désir d'explorer de nouvelles voies littéraires. Témoignage de cette tentative, *Le Locataire* paraît en 1934, mais déroute le public français, tandis que l'écrivain ne parvient pas à s'imposer parmi les auteurs de sa maison d'édition, malgré l'admiration que lui voue André Gide. La série des Maigret, interrompue en mars 1934, reprend donc en novembre 1936. En mai 1940, la rapidité de l'attaque allemande contre la Belgique ne lui permet pas de rejoindre son pays natal à temps pour combattre. Sous l'Occupation, il réside le plus souvent en Vendée et continue d'écrire des textes, dont plusieurs paraissent dans des journaux collaborationnistes. C'est l'époque de ses livres les plus lus (*La Veuve Couderc* et *Cécile est morte*, 1942), alors que *Les Inconnus dans la maison*, paru en 1940, est adapté avec succès, deux ans plus tard, au cinéma par Henri Decoin. En 1945, l'écrivain décide de partir aux États-Unis, après avoir rompu son contrat avec Gallimard au profit des Presses de la Cité. Pendant une décennie, tout en poursuivant les aventures de Maigret, il diversifie sa production littéraire (*Les Fantômes du chapelier*, 1949 ; *La Mort de Belle*, 1952). Quand il rentre en Europe, en 1955, il est désormais un auteur traduit dans le monde entier et ses livres connaissent de multiples adaptations au cinéma, bientôt à la télévision. Après deux années passées à Mougins, il s'établit définitivement en Suisse. En 1972, il referme son œuvre de romancier avec *Maigret et Monsieur Charles*, et se consacre désormais à des textes plus personnels (*Lettre à ma mère*, 1974). Bien qu'il soit parvenu au faîte de sa gloire, ses dernières années sont assombries par l'alcoolisme, la dépression de sa deuxième femme et le suicide de sa fille en 1978. Affaibli par la maladie, il meurt en 1989. Vingt-sept volumes seront nécessaires pour rassembler les œuvres complètes de Georges Simenon à partir de 2003. La même année, les deux volumes parus dans la « Bibliothèque de la Pléiade » établissent un record en se vendant à quinze mille exemplaires en un mois.

Pierre-Frédéric Charpentier

SIMON Michel (François Joseph)

Acteur. – Né le 9 avril 1895 à Genève, Suisse ; mort le 30 mai 1975 à Bry-sur-Marne, France.

Fils de charcutier, mauvais élève, il prétexte vouloir faire un stage d'aviation pour gagner Paris, où il fréquente la pègre, court les filles, tâte de la boxe, devient photographe et fait le pitre chez Georges Pitoëff. Comédien fracassant sur les planches, celui en qui Jacques Prévert voit un « génial idiot de vaudeville » devient le monstre sacré du cinéma français. Peintre raté dans *La Chienne* de Jean Renoir (1931), clodo envahissant dans *Boudu sauvé des eaux* (1932), il touche au sublime dans *L'Atalante* de Jean Vigo (1934) : père Jules au pantalon informe tiré par de paresseuses bretelles, torse tatoué, débit égrillard, il fait le zèbre près d'une machine à coudre, esquisse une danse orientale, mime le toréador, joue au faune à l'accordéon. Inoubliables aussi sont ses prestations dans *Drôle de drame* de Marcel Carné (Molyneux, son canard à l'orange et sa façon de dire « bizarre », 1937), dans *Quai des brumes* (1938), le juge de *Circonstances atténuantes* (1939), le professeur de dessin ivrogne des *Disparus de Saint-Agil* (1938), le comédien voué aux doublures de *La Fin du jour* (1939), le truand fainéant de *Fric-Frac* (1939), le Faust de *La Beauté du diable* (1949), l'assassin conjugal de *La Poison* (1951), le médecin travesti en vagabond de *La Vie d'un honnête homme* (1953), le pépé antisémite du *Vieil Homme et l'enfant* de Claude Berri (1966). Le général de Gaulle l'invitera à l'Élysée pour bavarder avec lui, Charlie Chaplin prend la défense du « plus grand acteur de France » lorsque ce dernier affronte des ennuis financiers. La Poste française éditera un timbre à son effigie pour honorer sa mémoire.

Jean-Luc Douin

SIMONYI André (Andras)

Sportif. – Né 31 mars 1914 à Hustz, Hongrie ; décédé le 17 juillet 2002 au Vieux-Moulin, France.

Andras Simonyi quitte son club de football d'origine, l'Attila de Budapest, évoluant en première division hongroise, et se voit sélectionné à trois reprises en équipe nationale de Hongrie, dont la première fois à l'âge de seize ans, en 1930, contre les Pays-Bas à Amsterdam. Durant deux décennies, entre 1933 et 1953, il est l'avant-centre de nombreux clubs français comme l'Olympique lillois, le FC.Sochaux, le SCO.Angers, le Stade français. Mais c'est au Red Star, où il évolue entre 1936 et 1946, puis de 1948 à 1949, qu'il s'illustre avec éclat en remportant le championnat de France de la zone Nord en 1941 et la Coupe de France en 1942. Très efficace, il inscrit cent trente-six buts en première division (dont soixante-trois au Red Star), notamment grâce à une excellente technique et une frappe de balle hors du commun. Il devient une véritable vedette auprès du public parisien d'après-guerre, qui apprécie son talent. Naturalisé français à la fin des années 1930, Andras devient André et connaît le bonheur d'évoluer dans l'équipe nationale de son pays d'accueil pour la première fois le 8 mars 1942. Mais ses plus belles années de footballeur sont aussi celles des années noires, pendant lesquelles les rencontres internationales sont plutôt rares. Il ne portera le maillot bleu qu'à quatre reprises jusqu'en 1945, inscrivant un seul but, contre la Belgique, le 24 décembre 1944 au Parc des Princes (victoire de la France par trois buts à un). Évoluant encore sur les terrains au début des années 1960, il se reconvertit dans la fonction d'entraîneur, tout en restant au panthéon du football français et du Red Star en particulier.

Yvan Gastaut

SINOUÉ Gilbert

Écrivain. – Né le 18 février 1947 au Caire, Égypte.

Venu en France parfaire sa formation de musicien, Gilbert Sinoué mène une carrière de professeur de guitare classique et de compositeur de chansons pour artistes de variétés, de Claude François à Jacques Brel. Il se découvre une vocation tardive pour la littérature, il a publié depuis 1988, outre des biographies en rapport avec son pays natal (sur Akhenaton ou Mehemet Ali), une série de romans historiques qui ont rencontré un large lectorat, souvent centrés sur des personnages réels, comme Avicenne, le pape Calixte Ier ou Inès de Castro. Ces textes, signés d'un conteur populaire qui sait se faire écouter, recèlent souvent des significations ésotériques (citons *Le Livre de saphir*, 1996, couronné du Prix des libraires) et véhiculent une pensée humaniste (*Erevan*, 2009). En 2004, *Les Silences de Dieu* reçoit le Grand Prix de littérature policière.

Pascal Ory

SIODMAK Robert

Réalisateur, scénariste, producteur et acteur. – Né le 8 août 1900 à Dresde, Allemagne ; mort le 10 mars 1973 à Locarno, Suisse.

Né dans une famille d'origine juive polonaise, Robert Siodmak a vu son film *Brûlant secret* (1933), tiré d'une nouvelle de Stefan Zweig, faire l'objet d'une violente diatribe de Joseph Goebbels. Réfugié en France, il y tourne huit films, dont *Le Sexe faible* (1929), d'après une pièce d'Édouard

Bourdet, *La Crise est finie* (1934), avec Schüfftan derrière la caméra, Albert Préjean et Danielle Darrieux devant, inspiré du *Quatorze juillet* de René Clair. Il porte à l'écran *La Vie parisienne* d'Offenbach (1934), adapte Gaston Leroux dans *Mister Flow* (1936) avec Edwige Feuillère, met en scène Harry Baur dans *Mollenard* (1938), porté par une atmosphère très Front populaire. Après avoir été sournoisement attaqué comme « étranger », il quitte la France pour les États-Unis, en 1939. Il y deviendra l'un des maîtres du « film noir », signant entre autres *Les Tueurs*, avec Ava Gardner.

Jean-Luc Douin

SIPAHIOĞLU Göskin

Photographe et entrepreneur. – Né le 28 décembre 1926 à Izmir, Turquie ; mort le 5 octobre 2011 à Paris, France.

Ce grand sportif, international de basket, commence à Istanbul une carrière de journaliste sportif, mais son dynamisme et son entregent lui permettent de devenir rédacteur en chef et directeur de journaux généralistes où, à son incitation, la photographie occupe une large part. Lui-même est saisi du démon du photoreportage et s'illustre par des « scoops » remarqués (Albanie, Cuba, Chine…), qui installent sa réputation à l'échelle mondiale. Francophone (il a fait ses études au lycée Saint-Joseph d'Istanbul), il s'est installé à Paris, en 1966, comme correspondant du grand quotidien *Hürriyet*. En 1969, il fonde sa propre agence photographique, en lui donnant son nom courant, Sipa. Trente années durant, il offre leur chance à de nombreux jeunes photographes (parmi lesquels Abbas et Reza) et fait de Sipa Press une entreprise prospère. La conjoncture s'étant retournée, il devra finir par la vendre (2001). Il meurt au moment où Sipa, comme ses consœurs, disparaît en tant qu'agence photographique.

Pascal Ory

SISLEY Alfred

Peintre. – Né le 30 octobre 1839 à Paris, France ; mort le 29 janvier 1899 à Moret-sur-Loing, France.

Né en France de parents anglais, Sisley, peintre paysagiste, est l'un des chefs de file du groupe impressionniste. Destiné par sa famille à une carrière commerciale, il est envoyé à Londres à l'âge de dix-huit ans : il y découvre, dans les musées, les toiles de John Constable et de Joseph Turner. En octobre 1862, de retour à Paris, il entre dans l'atelier de Charles Gleyre, où il se lie avec Pierre-Auguste Renoir, Frédéric Bazille et Claude Monet. Il les accompagne à Chailly-en-Bière en 1863 pour travailler sur le motif dans la forêt de Fontainebleau. Établi en Île-de-France, à Louveciennes, à Bougival ou à Marly d'abord, puis à Moret à partir de 1879, Sisley a peint avec prédilection la Seine et le Loing, leurs rivages et les chemins de halage, les coteaux dans le lointain, donnant toujours au ciel et à l'eau leur importance, dans la lumière comme dans la composition du paysage. Proche de Renoir (qui a peint le *Couple Sisley* en 1868), d'Édouard Manet et d'Émile Zola, qu'il fréquente au café Guerbois, il est un membre actif du groupe impressionniste lors de sa formation. La faillite des affaires paternelles durant la guerre de 1870 met fin à l'insouciance financière dans laquelle il a vécu jusqu'alors : sa situation matérielle devient très difficile, tout comme ses rapports avec le marchand d'art Paul Durand-Ruel. Lors des houleuses expositions-ventes impressionnistes, de rares toiles sont vendues à des amis, pour des montants dérisoires. Citoyen britannique ayant vécu toute sa vie en France (excepté en 1857-1861), Sisley renoue avec l'Angleterre en 1897, lors d'un voyage au pays de Galles près de Swansea et de Cardiff, où il peint les falaises et la mer agitée. À son retour en France, il veut être naturalisé et entreprend des démarches rendues difficiles par le manque de certains papiers, d'argent et de temps : la santé minée par un cancer de la gorge, il n'a plus qu'une année à vivre. La reconnaissance posthume de son œuvre est rapide : en 1900, à la vente Tavernier, le comte Isaac de Camondo achète l'*Inondation à Marly* pour une somme considérable. En 1911, il est le premier artiste impressionniste à recevoir l'hommage d'un monument commémoratif, sis dans sa petite ville de Moret.

Julie Verlaine

SISMONDI Jean Charles Léonard Simonde de

Économiste et historien. – Né le 9 mai 1773 à Genève, alors République de Genève, aujourd'hui Suisse ; mort le 25 juin 1842 à Genève, Suisse.

Sismondi fut non seulement l'auteur, passé à la postérité, des *Nouveaux Principes d'économie politique* (1819), mais aussi un esprit encyclopédique, à la fois historien, critique littéraire, agronome et théoricien politique. Aux multiples facettes de son œuvre répond le parcours biographique d'un cosmopolite. Il est issu d'une famille italienne qui, après s'être installée en France au XVIe siècle, avait trouvé refuge en Suisse après la révocation de l'édit de Nantes. Jeune homme, il vient compléter sa formation à Lyon, avant de devoir s'exiler, en 1793, en Angleterre, puis en Toscane. En 1800, il revient à Genève, devenu un département français en 1798, où il enseigne à l'Académie. C'est l'époque où il embrasse la cause libérale et explore les questions de philosophie littéraire dans le cercle de Mme de Staël, au château de Coppet, et dont il tire *Littérature du midi de l'Europe* en 1813. Napoléon lui sait gré de son soutien durant les Cent-Jours et lui offre la Légion d'honneur lors d'un entretien qu'ils ont à Paris ; Sismondi la refuse. À partir de 1819, il poursuit son œuvre à Chêne, non loin de Genève, qui a été rattaché à la Confédération suisse en 1815. Mais tous ses ouvrages sont publiés en France, où il est nommé, en 1833, membre associé de l'Académie des sciences morales et politiques.

En 1819, l'économiste rompt avec Adam Smith, dont il était apparu le disciple en 1803 avec *De la richesse commerciale*. Ses *Nouveaux Principes d'économie politique, ou de la richesse dans ses rapports avec la population* pointent du doigt les facteurs de déséquilibre dans l'économie de marché, au sein d'une société divisée entre capitalistes et prolétaires, et enfin dans le commerce international. Il poursuit cette critique dans *Études sur l'économie politique* (1837-1838). En tant qu'historien, il est pionnier dans la recherche sur la péninsule italienne à la période médiévale, publiant, entre 1809 et 1818, une *Histoire des républiques italiennes* en seize volumes. Il livre aussi, en 1835, une *Histoire de la chute de l'Empire romain et du déclin de la civilisation de l'an 250 à l'an 1000*. Mais l'essentiel de ses travaux porte sur la France : sur la Gaule au temps de Clovis dans *Julia Severa, ou l'an 492* (1822) et, de manière plus vaste, dans une *Histoire des Français* en trente-et-un volumes, à laquelle il s'attelle de 1821 à 1844 et qui couvre douze siècles d'Histoire, des Mérovingiens à l'ouverture des états généraux le 5 mai 1789.

Anna Trespeuch-Berthelot

SIVE André (Andras Szivessy)

Architecte. – Né en 1899 à Budapest, Hongrie ; mort en 1958 à Morainvilliers, France.

Architecte diplômé de l'Académie des beaux-arts de Vienne en 1925 (prix Lindenthal), Andras Szivessy est ensuite, à Paris, l'élève d'Auguste Perret dans l'atelier dit du Palais de Bois. Proche d'Ernö Godlfinger, avec lequel il partage un atelier, il l'accompagne à Londres en 1926 et travaille avec lui au magasin d'Helena Rubisntein à Mayfair. De 1931 à 1933, il assiste Pierre Barbe et collabore avec Pierre Forestier au projet de la Cité sanitaire de Clairvivre, en Dordogne. Dans l'agence d'Eugène Beaudoin, avec Jean Prouvé de 1935 à 1939, il conçoit la fameuse Maison du peuple de Clichy. Naturalisé français en 1937 – et mobilisé en 1939 –, il se cache dans la maison de Marcel Lods en Dordogne, avant de quitter la France en 1943 pour l'Algérie, via l'Espagne, où il est interné. À Alger en 1944, proche d'Eugène Claudius-Petit, André Sive entre au service d'urbanisme du commissariat à l'Éducation nationale. Il élabore, avec Marcel Roux, urbaniste, et Pierre Dalloz, un ingénieur proche de Perret, l'ouvrage *Problèmes d'urbanisme contemporain*, publié en 1944, et participe, en janvier 1945, avec Eugène Claudius-Petit et Le Corbusier, au voyage d'étude aux États-Unis organisé par le nouveau ministère de la Reconstruction ; en 1948, il fera partie du cabinet de Claudius-Petit, qui est désormais chargé de ce ministère. Il s'est retrouvé associé, aux côtés de Marcel Roux et de Georges-Henri Pingusson, aux projets d'urbanisme en Sarre (1945-1947). Nommé architecte-conseil en 1950, il travaille aux maisons de Meudon, avec Jean et Henri Prouvé, et construit un chantier expérimental HLM à Aubervilliers (1951-1953). Au début des années 1950, il participe au groupe Espace et anime le Centre d'études architecturales. À partir de 1954, il collabore, avec Charles Delfante et Michel Roux, au projet de Firminy-Vert, à la demande de Claudius-Petit, élu maire de Firminy ; il y construit une tour de dix-sept étages et des écoles.

Gérard Monnier

SŁAWNY Władysław

Photographe. – Né le 1907 à Nowy Korczyn, alors Autriche-Hongrie, aujourd'hui Pologne ; mort en 1991 à Paris, France.

Venu de Galicie en France au lendemain de la Première Guerre mondiale, Władysław Sławny fait son chemin dans la naissante presse hebdomadaire photographique, dont la France est la pionnière, avec l'Allemagne, au début des années 1930 (*Vu*, *Regards*). Après la Seconde, c'est la Pologne qui mobilise son énergie, soit dans ce qui n'est, au fond, pas son pays natal, où il assure la direction artistique du magazine *Swiat*, de 1950 à 1957, soit en France, où il se réinstalle définitivement en 1957 et travaille pour la presse destinée à l'émigration.

Pascal Ory

SLONIMSKI Piotr

Médecin et biologiste. – Né le 9 novembre 1922 à Varsovie, Pologne ; mort le 25 avril 2009 à Paris, France.

Issu d'une lignée de scientifiques et d'artistes polonais, Piotr Slonimski suit des études de médecine à la faculté clandestine de médecine de Varsovie tout en combattant dans l'armée secrète (AK). Il obtient son doctorat de médecine à Cracovie en 1945 et part l'année suivante en France. Le CNRS le recrute aussitôt et l'affecte au laboratoire de génétique physiologique de Boris Ephrussi (Institut de biologie physico-chimique). Il participe au club de physiologie cellulaire, une assemblée informelle imaginée par Louis Rapkine à la fin des années 1940, qui comprend entre autres les pastoriens André Lwoff, Elie Wollmann, Jacques Monod, François Jacob ainsi que Boris Ephrussi et le chimiste Edgar Lederer. Piotr Slonimski collabore à la découverte de la génétique mitochondriale, qui devient le sujet de sa thèse de doctorat ès sciences, soutenue en 1952. À la fin des années 1950, il devient *ipso facto* le directeur du laboratoire après le départ d'Ephrussi pour les États-Unis. En 1967, il participe, avec Boris Ephrussi et Vittorio Luzzati (deux autres scientifiques d'origine étrangère), à la création du Centre de génétique moléculaire du CNRS à Gif-sur-Yvette, ou il mène des recherches décisives en génétique mitochondriale et dont il assure la direction de 1971 à 1991. Grand artisan d'une discipline naissante, la génomique, il est nommé professeur de génétique à l'université de Paris-VI, puis élu à l'Académie des sciences en 1985. Ses travaux ont mené à des découvertes qualifiées de décisives, notamment les mécanismes d'interaction entre molécules d'ADN, la régulation de l'expression des gènes responsables de l'adaptation respiratoire cellulaire, ou bien les interactions entre le noyau et le cytoplasme de la cellule.

Chercheur de renommée mondiale, Piotr Slonimski a été aussi un enseignant d'exception : nommé en 1966 professeur à la faculté des sciences de Paris (devenue, en 1968, université Paris-VI), il fonde, avec Madeleine Gans, le DEA de génétique, qui attira des étudiants du monde entier. Après sa retraite de directeur et de professeur en 1991, Piotr Slonimski se consacre pleinement aux projets pionniers de séquençage du génome, notamment dans le cadre du consortium de laboratoires créé par la Commission européenne. Il y suit le séquençage de la levure et établit la fonction des « gènes orphelins ». Dans un entretien accordé à Jean-François Picard et Élisabeth Kulakowska en 1999-2001, il a expliqué l'origine de sa vocation pour la génétique et pour la France : « Au cours d'une opération de l'AK, l'attaque d'un poste de la police allemande, j'avais récupéré le bouquin d'un troupier que nous avions descendu. Ce livre, le *Handbuch des Biologie* de Ludwig von Bertalanffy est ce qui m'a donné l'idée de faire de la recherche en génétique. [...] Après la guerre, ayant perdu les miens en Pologne (mes parents sont morts dans les bombardements de Varsovie à l'été 1944), j'avais décidé d'émigrer. Je ne voulais pas aller en Allemagne pour des raisons évidentes et dans le livre de Bertalanffy j'avais remarqué une note où il mentionnait les travaux de Beadle et d'Ephrussi sur les gènes de la drosophile. Beadle était comme on sait au Caltech en Californie et c'était un peu loin, c'est ainsi que j'ai jeté mon dévolu sur Ephrussi qui travaillait à Paris à l'Institut de biologie physicochimique. J'ajoute qu'en 1947 alors que je venais de passer mon doctorat de médecine à Cracovie, en tant que Polonais il était assez facile d'obtenir une bourse pour la France. » Recevant en 1985 la médaille d'or du CNRS des mains d'Hubert Curien, ministre de la Recherche, il déclare ironiquement que cette médaille récompense « une immobilité thématique exemplaire et une recherche totalement gratuite sur un sujet d'importance mineure ». Il a été inhumé à Gif-sur-Yvette.

Vincent Duclert

SLOVAQUES. — *Voir* TCHÈQUES.

SLOVÈNES. — *Voir* YOUGOSLAVES.

SMID Ladislas, *dit* Siklo

Sportif. – Né le 1er mai 1915 à Budapest, Hongrie ; mort le 24 septembre 1990.

L'installation en France de ce footballeur hongrois est originale. À une époque où le football danubien fait figure de modèle en Europe, son club, l'Attila de Budapest, effectue une tournée dans l'Hexagone. À l'occasion d'un match contre le RC.Lens, le 7 octobre 1934, les dirigeants hongrois, aux prises avec des difficultés financières, proposent au club nordiste de lui « vendre » des joueurs. Le milieu de terrain Ladislas Smid poursuit ainsi sa carrière à Lens, où les conditions salariales sont meilleures que dans son pays d'origine. Il est champion de France en 1944 et finaliste de la Coupe de France en 1949. Ayant adopté la nationalité française en 1937, il est sélectionné en équipe de France le 8 avril 1945 pour affronter la Suisse.

Stéphane Mourlane

SMITH Thomas

Architecte. – Né en 1799 ; mort en 1875.

Architecte actif à Londres, Thomas Smith est appelé à Cannes en 1852 par sir Thomas Robinson Woolfield, qui fait venir également l'entrepreneur Odadhia Pulhan. Il leur commande ce qui sera la villa Victoria, dans un style de cottage anglais, puis, sur les pentes du vallon du Riou, le château des Tours, grande construction dans un style gothique militaire, dont le hall et la chapelle sont réaménagés en 1858 par le nouveau propriétaire, le duc de Vallombrosa ; ce château deviendra, après sa transformation en 1893 par l'architecte Viannay, l'Hôtel du Parc. En 1854, pour le révérend Henry Belmont Sym, Smith construit le château de la Bocca et, de 1868 à 1872, pour M. Scott, un château qui s'inspire du gothique tardif, sur les pentes de « La Californie ».

Gérard Monnier

SOKOLNICKA Eugènie (Eugénie Kutner)

Psychanalyste. – Née en 1884 à Varsovie, alors Empire russe, aujourd'hui Pologne ; morte en 1934 à Paris, France.

Arrivée en France à l'âge de vingt ans, Eugénie Sokolnicka s'y forme à la psychiatrie auprès de Jean-Martin Charcot, Pierre Janet et Théodule Ribot avant d'aller découvrir la psychanalyse à l'étranger (Sigmund Freud, Carl Gustav Jung, Sándor Ferenczi). De retour à Paris, elle participe à la fondation de la Société psychanalytique de Paris, tout en fréquentant le milieu de la *NRF*, à laquelle elle donne quelques textes – elle inspire même à Gide un personnage des *Faux-Monnayeurs*. Femme, étrangère, pionnière dans le domaine de la psychanalyse des enfants, elle peine à se faire reconnaître par certains des premiers « maîtres » de la discipline. Elle ne sortira de cette marginalité que par le suicide.

Pascal Ory

SOLÉ Robert

Journaliste. – Né le 14 septembre 1946 au Caire, Égypte.

Robert Solé arrive en France pour y être admis, à l'âge de dix-huit ans, à l'école de journalisme de Lille. À partir de 1969, il fera toute sa carrière au journal *Le Monde*, en gravissant tous les échelons jusqu'à la direction, en adjoint, de la rédaction. De 1998 à 2006, il y exerce la fonction de médiateur entre ladite rédaction et les lecteurs : exceptionnelle longévité à ce poste. Cette médiation, il l'a pratiquée aussi entre la France et son pays natal, auquel il a consacré une vingtaine d'ouvrages, de Ramsès II à Moubarak : *L'Égypte, passion française* (1997), *Dictionnaire amoureux de l'Égypte* (2002),…

Pascal Ory

SOLOTAREFF Grégoire

Dessinateur. – Né en 1953 à Alexandrie, Égypte.

Né dans l'Alexandrie cosmopolite à la veille de sa disparition, Grégoire Solotareff a pour père un Libanais d'Égypte et pour mère une Russe de France, contraints, comme tant d'autres (Grecs, Italiens, juifs, etc.) de quitter le pays de Nasser au moment de la crise du canal de Suez. Après un séjour à Beyrouth, qui subit à son tour les conflits intracommunautaires, la famille Solotareff s'installe en France, et en particulier en Bretagne, où la famille de sa mère est implantée de longue date. Grégoire sera médecin, mais sa passion pour le dessin, nourrie par l'exemple de sa mère, illustratrice, l'amène à franchir le pas et à publier, âgé de plus de trente ans, ses premiers ouvrages (série *Théo et Balthazar*), à la fois écrits et dessinés par lui, comme la plupart de ses œuvres ultérieures. Le succès est immédiat, pour des histoires simples et subtiles à la fois, rendues par des images homologiques du propos, en à-plats nettement circonscrits d'un trait noir. Grégoire Solotareff a beaucoup dessiné, publié aussi des textes illustrés par d'autres – dont sa mère – et supervisé des dessins animés, en particulier celui inspiré par ce qui est parfois considéré comme son chef-d'œuvre, *Loulou* (1989, film 2003).

Pascal Ory

SOTO Jesus Rafael

Peintre et sculpteur. – Né le 5 juin 1923 à Ciudad Bolivar, Venezuela ; mort le 14 janvier 2005 à Paris, France.

À l'âge de seize ans, Soto subvient en partie aux besoins matériels de sa famille en peignant des affiches pour les cinémas de sa ville natale. Il obtient une bourse pour étudier l'art à Caracas puis, une fois diplômé, devient enseignant et même directeur de l'École des beaux-arts de Maracaibo, entre 1947 et 1950. Grâce à une bourse de six mois du gouvernement vénézuélien, il part pour l'Europe et s'installe à Paris, à l'Hôtel de la Paix, quai d'Anjou, où résident plusieurs de ses compatriotes émigrés. Parmi eux, Aimée Battistini, arrivée à Paris en 1928, lui fait découvrir l'art abstrait parisien et ses lieux d'exposition. Une fois sa bourse épuisée, repoussant son retour, Soto subvient à ses besoins en jouant de la guitare dans les cabarets parisiens. Il expose à plusieurs reprises avec d'autres artistes latino-américains (groupe des Disidentes, groupe Madi), avec les abstraits de la galerie Denise René. Il y montre des œuvres « transformables », en plexiglas, lors de la célèbre exposition sur *Le Mouvement* en 1955. Il poursuit ses expérimentations à la recherche de la vibration pure, et d'« un langage qui ne devrait rien aux éléments et aux moyens plastiques de l'art figuratif ». Proche du groupe Zero en Allemagne, des Nouveaux Réalistes en France, Soto est distingué dans son pays natal par de multiples récompenses. En 1960, il obtient le Prix national de peinture du Venezuela et, chargé de concevoir le pavillon vénézuélien à la Biennale de Venise en 1966, il en enveloppe les murs d'un rideau de fines tiges métalliques, version pionnière de ses *Pénétrables* des années 1970 et 1980, dans lesquels il recherche l'implication active du spectateur. En 1993, à l'occasion des célébrations du vingtième anniversaire du musée d'Art moderne, qu'il a fondé à Ciudad Bolivar avec sa collection d'art personnelle, Soto est fait commandeur dans l'ordre français des Arts et Lettres et reçoit la commande du *Cube de France*, œuvre destinée à l'ambassade de France au Venezuela. L'importance reconnue, dans les années 2000, aux avant-gardes latino-américaines du milieu du XXe siècle a confirmé celle de l'œuvre de Soto, partie prenante de ce mouvement de réinvention d'un art du mouvement.

Julie Verlaine

SOUSA MENDES Aristides de

Consul. – Né le 19 juillet 1885 à Cabanas de Viriato, Portugal ; mort le 3 avril 1954 à Lisbonne, Portugal.

Aristides de Sousa Mendes est le frère jumeau d'un ministre de la Justice de Salazar. Sa carrière de consul l'amène en 1938 à Bordeaux. En juin 1940, les réfugiés se pressent dans cette ville, beaucoup voulant gagner l'Angleterre ou l'Amérique via Lisbonne. Il a ordre de délivrer peu de visas, ni aux apatrides, ni aux juifs réfugiés, etc. Mais, le 16 juin, après une crise de conscience, il décide d'aider qui en a besoin, sans limites. Il signera plus de trente mille visas, avant sa mise à pied par son gouvernement le 23 juin suivant. Parmi les bénéficiaires, Philippe de Hauteclocque, le futur maréchal Leclerc. Revenu au Portugal, il subit les foudres du pouvoir et finira sa vie dans la misère. Considéré comme « Juste parmi les nations » en Israël depuis 1966, il est réhabilité par son pays à partir de 1987 ; une statue perpétue sa mémoire à Bordeaux depuis 1994.

Éric Vial

SOUTINE Chaïm

Peintre. – Né le 9 juin 1893 (?) à Smilovitchi, alors Empire russe, aujourd'hui Biélorussie ; mort le 9 août 1943 à Paris, France.

« Énigme impossible à déchiffrer », selon son biographe Alfred Wener, la vie de Soutine comporte de multiples zones d'ombre, à commencer par sa date de naissance et son enfance miséreuse dans un shtetl des environs de Minsk. Grâce à ses deux amis Michel Kikoïne et Pinchus Krémègne, on connaît mieux ses années d'apprentissage à Vilna et son fort désir de les rejoindre à Paris, assouvi grâce au soutien du docteur et mécène Rafelkes. Rompant définitivement avec son passé, n'emportant rien de ses premiers travaux, Soutine débarque à Paris en juillet 1913. Kikoïne et Krémègne l'accueillent et partagent avec lui leur atelier situé dans la colonie d'artistes de La Ruche, dans le quartier de Vaugirard. Pour subsister, Soutine est porteur à la gare Montparnasse. Souffrant de douleurs stomacales, obsédé par les souvenirs morbides de son enfance, il tente de se pendre. Ses œuvres, d'un expressionnisme violent et tourmenté, reflètent son désespoir. Lorsque la guerre éclate, Soutine se porte volontaire pour creuser des tranchées. Il est réformé en raison de sa santé fragile. Recensé comme Russe, il obtient un permis de séjour au titre de réfugié et vit pauvrement, en compagnie d'Amedeo Modigliani, également souffrant, à la Cité Falguière. Soutine exprime un croissant malaise face à son statut d'étranger et souffre d'être dévisagé avec agressivité. Aussi les échappées hors de Paris sont-elles salvatrices, à Vence avec Modigliani, à Céret puis à Cagnes-sur-Mer. Soutine est soutenu par le poète et marchand d'origine polonaise Léopold Zborowski, qui a suscité le tournant que prend la carrière de l'artiste après 1922 : le célèbre collectionneur américain Albert Barnes acquiert chez Zborowski une soixantaine de toiles que Soutine a peintes à Céret, ce qui détermine un intérêt durable et croissant des collectionneurs pour son œuvre et lui apporte un confort matériel, renforcé par le mécénat de Madeleine et Marcellin Castaing. Il expose avec les peintres russes de l'École de Paris à la galerie La Licorne (1923) et à L'Époque (1931). Parmi les œuvres de cette période figurent les célèbres représentations d'animaux écorchés ou éventrés, visions de son enfance qui hantent une bonne part de sa peinture (*Carcasse de bœuf*, 1925). Sous Vichy, le « juif Soutine », traqué, se cache à la campagne et continue à peindre malgré une forte détérioration de sa santé. Avant d'être hospitalisé à Paris en juin 1943, il brûle les toiles qui se trouvent dans son atelier, ultime destruction d'une œuvre profondément liée aux affres d'un artiste torturé.

Julie Verlaine

SOUVARINE Boris (Boris Lifschitz)

Homme politique, écrivain et publiciste. – Né le 5 novembre 1895 à Kiev, alors Empire russe, aujourd'hui Ukraine ; mort le 1er novembre 1984 à Paris, France.

Arrivé en France à l'âge de deux ans, naturalisé en 1906 avec sa famille, Boris Lifschitz, ouvrier, militant socialiste à partir de 1916, emprunte son pseudonyme à Émile Zola. En 1920, il anime le Comité pour l'adhésion à l'Internationale communiste et rédige la motion en ce sens au congrès du Parti socialiste à Tours, dont, alors emprisonné, il est « président d'honneur ». Membre de la direction du nouveau Parti communiste et du secrétariat du Komintern, il est exclu en 1924 pour s'être opposé à ce qui apparaît, rétrospectivement, comme les débuts du stalinisme. En 1926, il publie le « testament » de Lénine, anime jusqu'en 1934 un Cercle communiste oppositionnel, puis, en 1935, l'Institut d'histoire sociale (reconstitué après la guerre où, réfugié en Amérique, il participe à la France libre) et, en 1936, l'association des Amis de la vérité sur l'URSS. Il a surtout dirigé des revues comme, de 1931 à 1934, *La Critique sociale*, où écrivent Georges Bataille, Raymond Queneau ou Simone Weil, en 1948 *L'Observateur des deux mondes*, de 1957 à 1968 *Le Contrat social*, et publié en 1935 une biographie pionnière de Staline. Au-delà de la dénonciation précoce des crimes de celui-ci, puis du « stalinisme sans la démence de son créateur », Souvarine a souligné la nécessité de la démocratie et de l'éthique, analysé le capitalisme d'État « soviétique » et la dictature bureaucratique sur le prolétariat, souligné l'incompatibilité entre Marx et Lénine comme entre Lénine et Staline. Tout en appelant, dès 1933, au boycott de l'Allemagne nazie, il participe à la défense de dissidents et pronostique, dès mai 1939, le pacte germano-soviétique. Premier grand « désenchanté du communisme », il en incarne une critique exigeante, au nom des valeurs socialistes.

Éric Vial

SPAAK Charles

Scénariste et cinéaste. – Né le 25 mai 1903 à Bruxelles, Belgique ; mort le 4 mars 1975 à Vence, France.

Arrivé en France à la fin du cinéma muet, ce complice de Jacques Feyder a réalisé un film (*Le Mystère Barton*, 1948), avant de devenir l'un des scénaristes-dialoguistes les plus prolifiques du cinéma français, de 1930 au début des années 1960. Jacques Feyder (*Les Nouveaux Messieurs*, *Le Grand Jeu*, *La Kermesse héroïque*, *Pension Mimosas*), mais aussi Jean Grémillon (*La Petite Lise*, *Gueule d'amour*, *L'Étrange M. Victor*, *Le ciel est à vous*), Julien Duvivier (*La Belle Équipe*, *La Fin du jour*, *La Bandera*), Jean Renoir (*La Grande Illusion*), Robert Siodmak (*Mollenard*), Christian-Jaque, Marcel L'Herbier, André Cayatte et Philippe de Broca (*Cartouche*) ont bénéficié de son art de « rempailleur de chaises » (le mot est de Jean Grémillon). Spaak avait l'art de faire vivre un groupe de personnages.

Jean-Luc Douin

SPERBER Manès

Écrivain et éditeur. – Né le 15 décembre 1905 à Zablotow, alors Autriche-Hongrie, aujourd'hui Zabolotiv, Ukraine ; mort le 5 février 1984 à Paris, France.

Issu de la communauté juive galicienne, Manès Sperber suit un itinéraire classique en passant successivement à Vienne, à Berlin, puis, en 1937, en France, dont il recevra la nationalité, comme en parcourant le chemin qui va de la foi juive à la foi communiste, enfin au libéralisme intellectuel. Engagé dans l'armée française en 1939, il réussit à échapper aux nazis. Son destin exemplaire servira de base à sa trilogie romanesque (*Et le buisson devint cendre*, *Plus profond que l'abîme*, *La Baie perdue*, trad. revue et corrigée, 1990), à ses essais sur le totalitarisme et à son travail d'éditeur au sein de la maison Calmann-Lévy. Son œuvre, couronnée en 1975 du prix Georg Büchner, reste surtout connue du public de langue allemande – dans laquelle elle est, pour l'essentiel, écrite. En France, son travail de passeur fera de lui, entre autres, l'introducteur de l'œuvre d'Hermann Hesse.

Pascal Ory

SPIEGELMAN Art

Dessinateur. – Né le 15 février 1948 à Stockholm, Suède.

Artiste américain, époux, depuis 1977, de l'artiste française Françoise Mouly, il est, plus précisément, newyorkais et a même collaboré, de 1993 à 2002, aux fameuses couvertures du *New Yorker*, expérience dont il a, au reste, gardé un souvenir mitigé. Auteur de *Maus* (1986) et d'*À l'ombre des tours mortes* (2004), éditeur du magazine radical *Raw*, Art Spiegelman entretient un lien spécifique avec la France, qui a précocement accueilli ses œuvres, décisives dans le processus de légitimation de la bande dessinée dans les milieux qui lui étaient, a priori, hostiles. Couronné en 2011 du grand prix du Festival d'Angoulême, Art Spiegelman en est, en 2012, le président. Il est chevalier dans l'ordre de la Légion d'honneur et officier dans l'ordre des Arts et Lettres.

Pascal Ory

SPIRITO François

Trafiquant. – Né le 22 janvier 1900 à Marseille, France ; mort le 9 octobre 1967 à Toulon, France.

Né de parents italiens, François Spirito s'associe, dès la fin des années 1920, à Paul Carbone, avec qui il fait fructifier différents trafics : stupéfiants, traites des blanches, escroqueries aux tables de jeu, rackets. Les deux hommes, figures centrales du « milieu » marseillais, dominent la pègre de 1925 à 1945, période pendant laquelle ils mettent en place les premiers élements de ce qui sera la « French connection ». Spirito, surnommé « Grand Lydro » à cause des traces de petite vérole qui marquent son visage, « Lario » ou « Beau Ficelle » pour sa haute taille et son élégance, mène une vie fastueuse de parrain, connu de tous, mais intouchable. Il est un représentant typique du milieu multiethnique, qui va, pour longtemps, constituer la pègre marseillaise où se côtoient, collaborent, s'affrontent et s'éliminent Mathieu Zampa, puis son fils Tany, Jean Toci, Roland Cassone, Ahmed Otmane, Farid Berrhama… Carbone et Spirito contrôlent la mairie de la ville via Simon Sabiani, premier adjoint favorables aux positions de Jacques Doriot, et sont en relation avec les milieux politiques et patronaux, pour le compte desquels ils traquent les communistes du port de Marseille. Spirito, arrêté en mars 1934, à l'instigation de l'inspecteur Bonny, est, ainsi que Carbone, inculpé de l'assassinat d'Albert Prince, conseiller à la cour, qui enquêtait sur l'affaire Stavisky. Mais les deux inculpés sont finalement acquittés et Marseille leur réserve un accueil triomphal. Pendant la guerre, les deux associés collaborent avec l'occupant. Alors que Carbone meurt dans le déraillement d'un train provoqué par la Résistance en décembre 1943, Spirito, peu avant la Libération, s'enfuit en Espagne, puis en Amérique latine et enfin aux États-Unis, où il trafique de l'héroïne. Arrêté à New York, il purge deux ans à la prison d'Atlanta. Il est ensuite extradé vers la France, où il aurait dû être jugé pour faits de collaboration. Il n'en sera rien, et Spirito mourra paisiblement à Toulon, président d'une amicale bouliste.

Anne-Claude Ambroise-Rendu

SPOERRI Daniel (Daniel Isaac Feinstein)

Plasticien. – Né le 27 mars 1930 à Galati, Roumanie.

« Chez lui partout et nulle part », selon son exégète Hans Saner, Daniel Spoerri est le fils d'un juif roumain germanophone, converti au protestantisme, exécuté par les nazis en juin 1941. Sa mère, de nationalité suisse, parvient à s'échapper de Roumanie et à se réfugier à Zurich, où son frère adopte Daniel, lui donnant son nom, Spoerri, ainsi que sa nationalité, suisse. À Bâle, Daniel Spoerri se lie d'amitié avec Jean Tinguely et se consacre d'abord à la danse, au mime, puis au théâtre, et enfin aux arts plastiques à son arrivée à Paris, en 1952. Il y fonde les éditions MAT (Multiplication d'art transformable), qui réalisent en de multiples exemplaires des œuvres signées par des artistes de renom (Jean Arp, Marcel Duchamp, Victor Vasarely), dévalorisant ainsi la notion d'œuvre d'art unique et irremplaçable. Même désacralisation dans les « tableaux-pièges », série de planches sur lesquelles sont collés des objets banals, puis des restes de repas, fixées ensuite verticalement au mur. Ils sont exposés au Festival de l'avant-garde à Marseille en 1960, quelques mois après la fondation du groupe des Nouveaux Réalistes, à laquelle Spoerri a participé. Transformant la galerie J en restaurant en 1963, il sert des repas dont les reliefs sont accrochés au mur chaque soir. Spoerri quitte la France en 1966 pour la Grèce, puis l'Allemagne où, en 1968, il combine à nouveau art et gastronomie (et de ce fait fera figure de pionnier de l'*Eat Art*) en ouvrant un restaurant à Düsseldorf, dont il est le chef cuisinier, puis une galerie à l'étage supérieur. Baptisant ses recettes de noms tirés de l'histoire allemande, il multiplie les happenings culinaro-artistiques, comme à Chalon-sur-Saône au Eat-Art-Festival (1980) ou à Jouy-en-Josas pour *L'Enterrement du tableau-piège* également appelé *Le Déjeuner sous l'herbe*, durant lequel artistes et amis déjeunent, puis enfouissent les restes dans une tranchée comblée à la pelleteuse. Installé en Toscane après avoir souvent changé de pays de résidence, Spoerri a inauguré, à Seggiano en 1997, une fondation à son nom et un jardin de sculptures.

Julie Verlaine

SPRECKELSEN Johan Otto von

Architecte. – Né en 1929 à Viborg, Danemark, mort en 1987 à Copenhague, Danemark.

Diplômé en 1953 de l'Académie des beaux-arts de Copenhague, von Spreckelsen devient, au Danemark, un spécialiste de l'architecture sacrée. Inconnu en France, il y est, en 1983, le lauréat du concours pour « la tête de la Défense ». Symptomatique du retour à la géométrie sublime, fréquente dans les « chantiers du président », son projet de la Grande Arche (1984-1989) est achevé sous le contrôle de l'architecte Paul Andreu et de l'ingénieur Peter Rice, qui trouve la solution technique permettant de construire le « nuage suspendu » voulu par l'architecte.

Gérard Monnier

SRI LANKAIS

L'immigration sri lankaise en France est majoritairement tamoule. Cette majorité ne reflète pas la composition ethnolinguistique de l'île. C'est dans l'émergence d'une guerre civile, dans les années 1970, opposant le mouvement séparatiste tamoule (la population tamoule, majoritaire dans la péninsule de Jaffna et dans les zones côtières du Nord-Ouest et de l'Est, représente 12,6 % de la population de l'île) aux forces cinghalaises au pouvoir à Colombo (les Cinghalais, en majorité bouddhistes, comptent pour 74 % de la population), que cette immigration s'est intensifiée. Ce séparatisme, expression de la mobilisation d'une minorité autochtone autour de revendications politiques et linguistiques, est le fruit d'une entreprise politico-militaire fondée sur une puissante organisation : les LTTE (Liberation Tigers of Tamil Eelam) ou Tigres tamouls – officiellement anéantis au cours des offensives militaires meurtrières d'avril-mai 2009 qui ont mis fin à la guerre.

L'immigration sri lankaise en France. Si les Sri Lankais ont fait le choix de s'installer en France à partir de la fin des années 1970 et le début des années 1980, c'est par défaut. Leur choix se portait en priorité sur l'Angleterre, cela s'expliquant par les origines britanniques de la colonisation de l'île, qui avait privilégié la minorité tamoule. Cependant, du fait du durcissement des lois sur l'immigration (*Immigration Act* de 1971 visant à réduire l'immigration en provenance des pays du Commonwealth), les candidats à l'émigration en Angleterre ont dû stopper leur périple en France. C'est ainsi que l'on a assisté, entre les Xe et XVIIIe arrondissements de Paris, près de la gare du Nord, à la constitution progressive d'un quartier ethnique – d'une « Litlle India », progressivement devenue une « Little Jaffna ».

Au sein de cette migration, deux grandes phases sont à distinguer, qui tiennent compte de la constitution progressive des chaînes migratoires. Aux premiers migrants des années 1970-1980 – des propriétaires terriens Vellalar de haute caste provenant principalement de zones rurales et semi-urbaines de la péninsule de Jaffna –, constituant le premier noyau de demandeurs d'asile sri lankais en France, se distinguent ceux des années 1990-2000 – majoritairement des Karaiyars (principalement catholiques), issus du milieu urbain de la péninsule de Jaffna et de la région de Vanni.

Entre 1979 et 1983, les Sri Lankais arrivent en France, mais s'y trouvent dans une situation très précaire. Le conflit au pays n'a pas encore été vraiment reconnu par l'administration française et presque tous sont déboutés dans leur demande d'asile. À la suite des violents événements de Colombo en 1983 (*Black July Pogrom*) et jusqu'en 1987, l'afflux de Tamouls redouble. Des femmes avec leurs enfants commencent à rejoindre des maris qui n'ont pas encore obtenu de réponse à leur demande d'asile. Cette forte et précoce féminisation de la migration aura des répercussions importantes dans la structuration du lien communautaire à l'échelle transnationale, par le biais de stratégies matrimoniales.

En conséquence, à partir des années 1990, le contexte d'accueil change face à la constitution progressive d'une communauté : les Tamouls sri lankais délaissent l'accueil dans les structures pour l'aide des compatriotes. Dès lors, on assiste, à partir du milieu des années 1990, à un bouleversement des trajectoires résidentielles du fait de la constitution d'une chaîne migratoire bien organisée. Les Xe et XVIIIe arrondissements deviennent un lieu de passage pour les primo-arrivants ou familles rejoignantes, qui se dirigent, du fait de la féminisation de la migration et du regroupement familial, vers les villes de banlieues où il est plus aisé de trouver un appartement plus grand et moins onéreux. Aujourd'hui, le quartier de la Chapelle ne compte qu'un faible pourcentage de résidents tamouls. Cela s'est également traduit par une dilution résidentielle des Tamouls dans les communes au nord de la capitale (La Courneuve, Saint-Denis et Aubervilliers en particulier) et celles à l'est de la périphérie parisienne. Entre ces deux phases, les routes empruntées divergent elles aussi : elles se sont multipliées au gré des bouleversements géopolitiques. À la simplicité des routes terrestres des années 1970-1980 (où l'entrée sur le continent européen se faisait via l'Ukraine, la Turquie et Berlin-Est), s'oppose la complexité des routes depuis 1991. Les pays traversés deviennent plus nombreux, amplifiant la durée et le nombre de passages.

Des lieux de visibilité. Globalement, les populations immigrées sri lankaises se distinguent par leur très forte concentration géographique en Île-de-France (la Seine-Saint-Denis et le Val-d'Oise constituent les départements de plus forte implantation). Seules les villes de Strasbourg et de Lyon, en province, ont su capter des flux de cette importante immigration, évaluée à 100 000 personnes. L'insertion socio-spatiale des Sri Lankais est marquée par une dissociation entre lieux de résidence et lieux d'activité professionnelle. Le quartier parisien de la Chapelle offre le meilleur exemple de ce phénomène. Ce quartier est le cœur d'un vaste réseau de solidarité communautaire, qui remplit des fonctions économiques, commerciales, identitaires et politiques pour la communauté tamoule de Sri Lanka. On recensait, en 2009 dans ce quartier, cent soixante-dix-huit commerces se regroupant en quatre grandes catégories selon leur importance numérique : habillement, restauration, épiceries et biens médiatiques (téléphonie, CD et DVD). Ce commerce ethnique est souvent considéré par la communauté comme un moyen de contourner les obstacles d'un marché du travail discriminatoire et joue un rôle important dans les stratégies de positionnement identitaire. Bon nombre de Sri Lankais de la première génération travaillent principalement dans l'économie ethnique (commerce ou restaurant familial, services linguistiques semi-professionnels, agences de voyage), les services urbains (sociétés de nettoyage) ou comme caissiers dans les supermarchés de proximité à Paris et plongeurs dans les restaurants de la capitale. Ce secteur d'activité est en train d'évoluer en une véritable niche ethnique pour les Tamouls sri lankais. Par ailleurs, le mauvais niveau de français des primo-arrivants constitue un frein majeur à leur évolution professionnelle, ce qui les voue aux petits boulots et à l'économie informelle, où ils ont souvent un statut précaire, non salarié et sans protection sociale. L'entrée des Sri Lankais sur le marché du travail est également déterminée par de lourdes obligations financières : le remboursement des sommes d'argent considérables empruntées pour financer l'émigration en Europe (avoisinant les 10 000 euros). Pour beaucoup de ces primo-arrivants, y compris chez les diplômés, l'investissement dans l'éducation des enfants est très important, car l'émigration s'est traduite par un déclassement socioprofessionnel important. La réussite scolaire des enfants vient donc annuler symboliquement la disqualification socioprofessionnelle des parents. Les filières privilégiés par la deuxième génération sont les filières scientifiques (mathématiques et médecine en particulier).

Cette centralité minoritaire est également un espace de socialisation. On y recense de nombreuses associations culturelles, plusieurs écoles de tamoul (réseau *tamoulcholaï*), de *bharata natyam* (danse classique originaire du sud de l'Inde) et deux temples hindous, complétés de onze autres dans les communes d'Île-de-France. Le plus important, le temple de l'association Sri Manicka Vinayakar Alayam, fondé le 4 février 1985, s'affiche comme le temple hindou de Paris du fait qu'il est le seul à avoir obtenu l'autorisation, par la préfecture de Paris, d'organiser une fête en l'honneur de Ganesh.

L'arrivée de ce dieu interpelle de façon saisissante l'urbanisme contemporain, dans sa confrontation du global au local, d'autant qu'elle est susceptible de participer à la requalification urbaine d'un quartier par ses habitants : le temps ritualisé de la procession conduit à une délimitation sanctifiante de l'espace et permet de se rendre visible aux yeux de tous. Le parcours inchangé de la procession depuis 1996 (date à laquelle elle a eu lieu pour la première fois) joue un rôle décisif dans l'élaboration d'une conscience collective unifiée et tend, à terme, à la consolidation de dynamiques que l'on pourrait rapidement qualifier d'ethniques.

Une immigration politisée. L'une des singularités de cette immigration est sa forte mobilisation politique, qui se manifeste par l'existence d'un tissu associatif très dense, au fonctionnement transnational. D'une manière générale, le schéma associatif suit le modèle des poupées gigognes, avec, en élément central, le CCTF, qui coordonne l'ensemble des actions. Cette branche française du Comité de coordination des Tamouls a été créée à Paris en 1981. Ses membres ont, au cours des années 1990, réorienté leurs activités en substituant à l'aide administrative et sociale aux primo-arrivants une approche culturelle et communicationnelle auprès des familles tamoules anciennement installées (cours de langue, soutien scolaire et encadrement de la jeunesse par le biais des temples communautaires). Cette réorientation s'est concrétisée par la mise en place de tout un ensemble d'associations de contrôle communautaire (association des étudiants tamouls, des femmes tamoules, de la jeunesse tamoule, des sportifs tamouls). Cet emboîtement permet également de brouiller les pistes et de ne pas être étiqueté trop rapidement et trop ouvertement pro-LTTE, tant par les Tamouls que par les institutions françaises. D'autant plus que les LTTE ont été inscrits en 2006 sur la liste des organisations terroristes par l'Union européenne et que, en avril 2007, des dizaines de militants présumés des LTTE ont été arrêtés au cours de plusieurs « descentes » effectuées par la police française en région parisienne.

Face à cette crise de légitimité, un certain nombre d'acteurs de la communauté se sont investis dans la vie politique locale. Ainsi, aux élections municipales de mars 2008, sept candidats tamouls originaires de Sri Lanka ont été élus en Île-de-France. De même, lors des dernières élections européennes de juin 2009, figurait sur la liste d'Europe Écologie, en huitième position, dans le département de la Seine-Saint-Denis, l'ancienne secrétaire du CCTF. Depuis la conclusion militaire du conflit sri lankais en 2009, de nouvelles associations tamoules ont vu le jour en France, telle que la Maison du Tamil Eelam-France (MTE). Celle-ci a notamment organisé, les 12 et 13 décembre 2009, un référendum auprès de la population tamoule sri lankaise vivant en France afin de se prononcer sur la création d'un État tamoul séparé : le Tamil Eelam, selon la résolution Vaddukoddai de 1976. Ce référendum interne organisé dans plusieurs villes de France sur l'avenir politique du peuple tamoul a permis à cette population de faire connaître ses aspirations politiques à la communauté internationale. Les votes ont également servi à élire les cent trente-cinq représentants de l'Assemblée consultative issue de la diaspora (Gouvernement transnational du Tamil Eelam), des États-Unis à la Malaisie en passant par l'île Maurice et l'Afrique du Sud, entre autres. La MTE est également un des membres fondateurs du Global Tamil Forum, une organisation internationale regroupant des associations et organisations anciennement pro-LTTE, qui vise à promouvoir le droit des Tamouls en tant que peuple et nation, empêcher la colonisation de la patrie du peuple tamoul par la majorité cinghalaise et œuvrer pour l'établissement d'un État indépendant et souverain.

Cet espace politique, qui prend place dans un projet, le Tamil Eelam, génère à la fois une politisation de la vie communautaire qui préserve les modèles culturels et les liens sociaux hérités de la communauté d'origine, et développe une façon particulière d'être tamoul en France. Loin d'avoir renoncé aux espoirs de fonder le Tamil Eelam, la diaspora tente d'insuffler ainsi un vent nouveau à la cause tamoule.

Anthony Goreau-Ponceaud

Bibl. : GOREAU-PONCEAUD Anthony, *La Diaspora tamoule : trajectoires spatio-temporelles et inscriptions territoriales en Île-de-France*, thèse de géographie, université de Bordeaux, 2008 • ID., « L'immigration sri lankaise : entre guerre et paix », in *Les Communautés tamoules et le conflit sri lankais*, Paris, L'Harmattan, collection Géographie et cultures », 2011, p. 127-152.

Voir aussi : ASIATIQUES (Indiens du Sud).

STAËL Germaine de (Anne-Louise Germaine Necker, baronne de Staël-Holstein)

Femme de lettres. – Née le 22 avril 1766 et morte le 14 juillet 1817 à Paris, France.

Issue d'une famille suisse romande calviniste installée en France, fille du ministre du roi, Mme de Staël acquiert sa renommée par son salon, où elle reçoit des hommes politiques et des intellectuels favorables aux idées nouvelles (Lafayette, Condorcet), ainsi que par son œuvre littéraire, après la publication de ses *Lettres sur les ouvrages et le caractère de Jean-Jacques Rousseau* (1788). Acquise à la Révolution, elle soutient la monarchie constitutionnelle et doit se réfugier en Angleterre pour fuir la Terreur. Elle rentre en France en 1795, y reprend ses activités et poursuit une abondante œuvre d'essayiste, qui la mène du féminisme (*Réflexions sur le procès de la reine*, écrit en 1793) à l'étude philosophique (*De l'influence des passions sur le bonheur des individus et des nations*, 1796). Germaine de Staël demeure également une inspiratrice politique. En témoigne son essai politique *Des circonstances actuelles qui peuvent terminer la Révolution et des principes qui doivent fonder la République en France*, rédigé en 1798, mais qui ne sera publié qu'un siècle après sa mort. D'abord favorable à Bonaparte, elle critique bientôt son pouvoir personnel, ouvre son salon aux adversaires du Premier Consul et publie, en 1802, un roman à clé de la société napoléonienne, *Delphine*, qui lui vaut de se voir éloignée de Paris. Quittant la France en 1803 pour se rendre dans les États allemands, elle y rencontre Goethe et Schiller, avant de s'installer en Suisse pour échapper à l'influence napoléonienne. Ses voyages lui donnent la matière première d'un essai, *De l'Allemagne*, paru en 1810, aussitôt saisi sur ordre de Napoléon et qui, finalement publié en 1814, se révèle un texte fondateur du mouvement romantique en

France. Rentrée d'exil avec la Restauration, elle meurt trois ans plus tard.

Pierre-Frédéric Charpentier

STAËL Nicolas de (Nicolaï Vladimirovitch Staël von Holstein)

Peintre. – Né le 5 janvier 1914 à Saint-Pétersbourg, Russie ; mort le 16 mars 1955 à Antibes, France.

Issu d'une famille d'illustres militaires au service du tsar, qui s'exile en Pologne en 1919 après la victoire des bolcheviques, Nicolas de Staël est orphelin de père et de mère à l'âge de six ans. Confié à une famille de Bruxelles, il y étudie les beaux-arts, avant de voyager en Hollande, en France et au Maroc, où il admire tout autant les maîtres flamands que la peinture de Matisse et de Braque. Lors de la Seconde Guerre mondiale, il s'engage dans la Légion étrangère. Après avoir transité par le dépôt commun des régiments étrangers, il est envoyé à Sidi bel-Abbès en Algérie, puis à Sousse en Tunisie. Il travaille au service géographique de l'armée, mettant à jour les cartes d'état-major du protectorat. Démobilisé le 19 septembre 1940, il s'installe à Nice, où il rencontre le couple Delaunay, ainsi qu'Alberto Magnelli et Jean Arp. Il peint ses premières toiles abstraites, qu'il intitule *Compositions*. Après des années de guerre très difficiles, suivies de la mort de sa compagne, en 1946, de Staël connaît un succès artistique et commercial en France, en Angleterre et aux États-Unis. Il est naturalisé français en 1948. Souffrant de dépression, il quitte Paris pour la Provence et s'isole pour créer. Rongé par le doute et la solitude, alors même que sa renommée devient mondiale, il se suicide en 1955 – geste qui, conjugué à sa tragédie familiale, entretient la légende de l'artiste maudit ou du « prince foudroyé » (titre d'une biographie de 1998).

Alors que la critique le dit abstrait, de Staël préfère à ce terme celui de « non-figuratif », pour mieux souligner que son œuvre, quoique ne comportant pas de références identifiables au monde extérieur, s'en inspire constamment. C'est ainsi que, après avoir vu le match France-Suède au Parc des Princes en 1952, fasciné par les lumières du stade, il peint la série des *Footballeurs*. La ville moderne comme la campagne de la vallée de Chevreuse l'inspirent (*Les Toits*, 1952), avant que l'installation dans le Midi ne le ramène à la figuration et à un travail sur la lumière, moins connu et moins apprécié néanmoins que ses grandes compositions abstraites des années précédentes. Sa peinture, rattachée à l'abstraction lyrique de la Nouvelle École de Paris, a eu une grande influence sur la production picturale européenne des années 1950 et 1960.

Julie Verlaine

STANKE Alfred (Aloïs-Joseph)

Religieux. – Né le 25 octobre 1904 à Dantzig, alors Allemagne, aujourd'hui Gdansk, Pologne ; mort le 23 septembre 1975 à Metz, France.

Fils d'un Polonais au nom germanisé (Stanicewski), voué à l'ordre franciscain dès l'âge de seize ans, cuisinier au Vatican puis infirmier à Cologne, antinazi après un bref séjour en prison avec tout son couvent en 1936, il est mobilisé en 1940 et nommé surveillant, de la fin de 1942 à avril 1944, à la prison de Bourges. Là, il va plus loin que le père Franz Stock, chargé des prisons parisiennes, qui accompagna spirituellement plusieurs milliers de condamnés à mort des nazis, avant de devenir une icône de l'Europe démocrate-chrétienne. Stanke, lui, a pu réconforter des prisonniers torturés, mais aussi les soigner, leur acheter fruits et biscuits – en monnayant les tours de garde où il remplaçait ses collègues –, les faire communiquer avec l'extérieur et entre eux afin de préparer leur défense, d'accorder leurs versions des faits, de sauver parfois leur vie. Muté à Dijon pour avoir été vu priant sur la tombe d'un fusillé, prisonnier à la Libération, libéré tard, en 1947, car jugeant devoir rester avec ses compatriotes, il se voue ensuite à la réconciliation franco-allemande. Son histoire est révélée au public en 1967 par *Le Franciscain de Bourges*, récit de Marc Toledano adapté au cinéma par Claude Autant-Lara.

Éric Vial

STAREVITCH Ladislas (Starewicz Władisław)

Cinéaste d'animation. – Né le 8 août 1882 à Moscou, Russie ; mort le 26 février 1965 à Fontenay-sous-Bois, France.

La Pologne, dont est originaire sa famille nationaliste, est partagée entre Allemagne, Autriche-Hongrie et Russie lorsque naît Ladislas Starevitch. Étudiant à l'Académie des beaux-arts de Saint-Pétersbourg, il est passionné d'entomologie, filme scarabées et cerfs-volants, travaille pour le musée des Sciences de Kovno (Kaunas, Lituanie). Puis il passe aux techniques d'animation fondées sur les maquettes et les marionnettes, abandonne ses travaux scientifiques pour signer de poétiques adaptations de Gogol et de Pouchkine. Il est alors collaborateur du producteur Alexandre Khanjonkov, pionnier du cinéma russe, qu'il a rejoint à Moscou, puis suivi à Yalta après la révolution de février 1917. Installé en France en 1920 pour fuir la révolution bolchevique, il crée un studio où il tourne des courts métrages inspirés des *Fables* de La Fontaine, proches de l'esprit des illustrations du dessinateur Grandville, et un long métrage à la beauté plastique reconnue, *Le Roman de Renard* (1941).

Jean-Luc Douin

STAROBINSKI Jean

Historien de la culture. – Né le 17 novembre 1920 à Genève, Suisse.

On pourrait, dans ce dictionnaire, citer des milliers de noms de ces professeurs de littérature ou d'art français dont le regard a transformé celui que les Français pouvaient avoir sur eux-mêmes. Jean Starobinski figurera parmi le petit nombre de ceux que, faute de mieux, on retiendra ici. Docteur en médecine et en lettres, il disposera de la double compétence lui permettant d'aborder de manière panoramique l'histoire intellectuelle du XVIIIe siècle français qui, malgré quelques incursions du côté de Montaigne, de Baudelaire ou de *L'Encre de la mélancolie* (2012), demeurera son port d'ancrage, siècle des Lumières abordé monographiquement (*Jean-Jacques Rousseau. La transparence et l'obstacle*, 1957) ou de manière plus synthétique (*L'Invention de la liberté 1700-1789*, suivi de *1789 : les emblèmes de la raison*, éd. revue et corrigée, 2006). Jean Starobinski est membre de l'Académie des sciences morales et politiques.

Pascal Ory

STASI Bernard

Homme politique. – Né le 4 juillet 1930 à Reims, France ; mort le 4 mai 2011 à Paris, France.

D'origine corse autant qu'italienne, espagnole et cubaine, mais né espagnol en France, dont il n'acquiert la nationalité qu'à dix-huit ans, il entre à l'ENA, est chef de cabinet du préfet d'Alger, conseiller dans divers ministères, puis commence une carrière d'élu : député centriste de la Marne en 1968 à 1973 et de 1974 à 1993, maire d'Épernay de 1970 à 1977 et de 1983 à 2000, président de la région Champagne-Ardenne de 1981 à 1988, député européen de 1994 à 1998. Il est ministre des Départements et Territoires d'outre-mer en avril 1973, mais écarté dès février 1974, après s'être indigné du putsch du général Pinochet au Chili. Quelque peu marginal dans un centrisme qu'il veut trop autonome pour que ses amis lui en laissent prendre la tête, ayant eu à subir certaines mésaventures électorales en raison d'inimitiés à droite, il s'engage dans les débats sur l'immigration dans les années 1980, s'oppose à Jean-Marie Le Pen – qui lui reproche ses origines –, publie en 1984 un livre dont le titre, *L'Immigration, une chance pour la France*, semble, depuis, obséder les xénophobes, même si sa suite tardive, *Tous Français, l'immigration, la chance de la France*, parue en 2007, est passée inaperçue. Médiateur de la République de 1998 à 2004, il est placé par le président Jacques Chirac à la tête d'une commission chargée d'un rapport sur la laïcité, à propos, en particulier, des problèmes de foulard islamique à l'école. Regrettant que les députés n'aient retenu de ce texte que la partie répressive, il imagine la Halde (Haute autorité de lutte contre les discriminations et pour l'égalité), dont la maladie l'empêche d'être le premier président, escamotée en 2011 par intégration aux missions du nouveau défenseur des droits.

Éric Vial

STAVISKY Alexandre

Escroc. – Né le 20 novembre 1886 à Sobotka, alors Russie, aujourd'hui Ukraine ; mort le 8 janvier 1934 à Chamonix, France.

La famille d'Alexandre Stavisky arrive en France à la fin du XIXe siècle. « Le beau Sacha » entame précocement une longue carrière d'escroc, qui le conduit jusqu'en prison, sans qu'il passe jamais devant les tribunaux – ce qui laisse supposer un talent corrélatif pour l'établissement de réseaux d'influence. Sa dernière grande escroquerie aura pour cadre la ville de Bayonne, dont il séduit le député-maire, Joseph Garat. Le détournement des bons du Crédit municipal de cette ville, découvert à la fin de l'année 1933, conduira à la mort de Stavisky, restée mystérieuse (certains détails rendent discutable l'hypothèse du suicide). L'« affaire Stavisky » déclenchera la plus grave crise politique de la IIIe République en ce qu'elle portera, en pleine crise économique, à son plus haut degré d'exaspération la tendance antiparlementaire de l'extrême droite : Garat était un élu du Parti radical, situé au cœur du régime, et Stavisky, un juif né à l'étranger, symbole des « métèques ». Elle suscitera la grande manifestation du 6 février 1934, à l'issue de laquelle, pour la première fois depuis 1870, un gouvernement légalement investi par la représentation nationale aura fini par démissionner devant une manifestation tournant à l'émeute.

Pascal Ory

STEEL(E) John. — *Voir* AITKEN ET STEEL.

STEEMAN Stanislas-André

Romancier. – Né le 23 janvier 1908 à Liège, Belgique ; mort le 15 décembre 1970 à Menton, France.

Né dans la même ville que Simenon, Stanislas-André Steeman travaille d'abord comme journaliste à *La Nation belge*, avant d'écrire un pastiche de roman policier (*Le Mystère du zoo d'Anvers*, 1928) et de poursuivre son œuvre tout au long des années 1930. C'est le cinéma qui va assurer la renommée de ses romans policiers en France, durant la décennie suivante. En 1941, Georges Lacombe adapte son roman de 1931, *Six Hommes morts*, devenu *Le Dernier des six*. Le succès du film entraîne, un an plus tard, la reprise par Henri-Georges Clouzot de *L'assassin habite au 21*, paru en 1939, mais l'écrivain accusera le réalisateur d'être un « démolisseur » du texte d'origine. Cela n'empêchera pas Clouzot de relancer sa carrière après la guerre en adaptant *Légitime Défense* (1942) sous le titre *Quai des Orfèvres* en 1947. C'est l'année où Steeman s'établit à Menton pour y demeurer jusqu'à sa mort.

Pierre-Frédéric Charpentier

STEFFANN Emil

Architecte. – Né le 31 janvier 1899 à Bethel, Allemagne ; mort le 23 juillet 1968 à Bonn, alors Allemagne de l'Ouest, aujourd'hui Allemagne.

Formé dans les années 1920, proche, à partir de 1931, de l'architecte Rudolf Schwarz né à Strabourg, Emil Steffann participe avec lui au renouveau de l'architecture sacrée en Allemagne. Mobilisé en 1940 dans la Luftwaffe, il est, en 1941, chargé de reconstruire un village en Moselle, redevenue territoire allemand. À Boust, dévasté par les combats en 1940, et ruiné à 80 %, il conserve le tracé ancien, ouvre deux nouvelles places (aujourd'hui place de L'Eau-Vive et place de la Distillerie) et construit une grange église (*Scheunenkirche*), destinée à devenir un édifice de culte permanent après la guerre, la laiterie tenant lieu alors de sacristie. Il réside avec sa famille en France de 1944 à 1946, avant de reprendre une activité d'architecte dans l'Allemagne de la reconstruction.

Gérard Monnier

STEIN Gertrude

Romancière, essayiste et mécène. – Née le 3 février 1874 à Allegheny, États-Unis ; morte le 27 juillet 1946 à Neuilly-sur-Seine, France.

Née dans une famille d'ascendance juive allemande, Gertrude Stein grandit en Californie, puis mène des études de psychologie et de médecine, avant de partir rejoindre son frère à Paris en 1903. Là, elle côtoie artistes et gens de lettres, devenant mécène de Paul Cézanne, Henri Matisse et Pablo Picasso, qui fait son portrait en 1906, et auquel elle restera très liée. Proche de Guillaume Apollinaire et de Tristan Tzara, elle rencontre, en 1907, l'écrivaine américaine Alice B. Toklas, qui devient sa compagne. En 1914, les deux femmes apportent leur concours à leur patrie d'adoption et se verront récompensées par les pouvoirs publics. Avec le retour de la paix, leur domicile devient l'un des centres névralgiques du Montparnasse des années 1920, où se côtoient artistes cubistes et écrivains d'avant-garde. On doit en particulier à Gertrude Stein d'avoir réuni sous le nom de « Lost Generation » (« Génération perdue ») un groupe d'écrivains anglophones (Ernest Hemingway, Ezra Pound, John Dos Passos, James Joyce, Scott Fitzgerald) ayant en commun d'avoir résidé, plus ou moins longtemps, à Paris. Gertrude Stein elle-même avait commencé à faire paraître ses premiers romans avant la Première Guerre mondiale (*Three Lives* [*Trois Vies*], 1909), mais ses livres seront longtemps jugés difficiles d'accès et demeureront peu connus du public (*The Making of Americans*, 1925). C'est en 1933 que son récit *The Autobiography of Alice B. Toklas* (*Autobiographie d'Alice Toklas*) rencontre le succès public. Avec la guerre, elle publie, en 1940, *Paris France*, un essai dans lequel elle résume son attachement à sa patrie d'adoption d'une formule sans équivoque : « L'Amérique est mon pays, et Paris ma maison. » Après la défaite de la France, Gertrude Stein et Alice B. Toklas préfèrent se réfugier près de Belley dans l'Ain, afin de fuir les persécutions raciales. Affaiblie par un cancer de l'estomac, Gertrude Stein décède durant l'été 1946.

Pierre-Frédéric Charpentier

STEINER André

Photographe. – Né en 1901 ; mort en 1978.

D'origine hongroise comme tant de photographes parisiens de l'entre-deux-guerres, André Steiner est resté dans l'ombre des Brassaï, Capa et autres Kerstész. À une discrétion naturelle s'ajoute sans doute le choix initial de l'expérimentation, dans la continuité de ce que certains critiques ont réuni sous la vocable de la « Nouvelle Vision », férue de cadrages et d'éclairages sophistiqués, dans une atmosphère souvent empreinte d'un érotisme (*Nu au masque*, 1933) qui lui assurera, après guerre, une petite réputation pour ses séries de nus féminins. Steiner est un visionnaire des corps, magnifiés et, sinon désirés, du moins désirables.

Pascal Ory

STEINER George

Écrivain. – Né le 23 avril 1929 à Paris, France.

Les parents du jeune George, juifs viennois, ont choisi de s'installer en France au milieu des années 1920. En 1940, ils franchissent l'Atlantique. Citoyen américain, George Steiner fera une carrière classique d'universitaire, aux États-Unis, en Angleterre ou encore à Genève, où il enseigne la littérature comparée pendant une vingtaine d'années. D'abord connu d'un public restreint pour ses travaux sur le langage, ce grand polyglotte – qui parle couramment l'allemand et le français, mais dont l'œuvre est écrite essentiellement en anglais – a élargi le cercle de ses lecteurs par ses chroniques dans la presse anglo-saxonne et celui de ses préoccupations en développant une pensée de la culture (*Dans le château de Barbe-Bleue*, trad. française 1986) et une pensée de la pensée (*Poésie de la pensée*, trad. française 2011), le tout dominé par l'entêtante question du mal. Chemin faisant, son non-conformisme (*Les Livres que je n'ai pas écrits*, trad. française 2008) a fini par se faire entendre du public francophone, séduit par l'accompagnement plein d'alacrité que, dans de multiples entretiens, cet ancien élève des lycées français de métropole et de l'étranger sait donner à son pessimisme actif.

Pascal Ory

STEINLEN Théophile

Caricaturiste et affichiste. – Né le 10 novembre 1859 à Lausanne, Suisse ; mort le 14 décembre 1923 à Paris, France.

Fils de pasteur, Théophile Steinlen s'initie à la théologie, puis est placé, à l'âge de vingt ans, dans une fabrique de papiers peints à Mulhouse. En 1882, il est à Paris, avec son épouse Émilie. Logeant sur la butte Montmartre et lié au peintre Adolphe Willette, il fréquente le cabaret Le Chat Noir. Il en devient le dessinateur attitré, ce qui lui permet de perfectionner ses dessins de chat, animal qu'il affectionne. Par l'entremise de Léon Gérault-Richard, il dessine à l'hebdomadaire *Le Chambard socialiste*. Il collabore également à *L'Assiette au beurre*, au *Rire*, au *Mirliton*, au *Gil Blas illustré*. À partir de 1893, il expose au Salon des indépendants et au Salon des humoristes. Affichiste, illustrateur d'ouvrage (Aristide Bruant, Georges Courteline), il s'affirme comme le dessinateur des faubourgs et quartiers populaires, des humbles et des miséreux. Il est naturalisé français en 1901. En 1911, il fonde avec Jean-Louis Forain, Adolphe Willette et Charles Léandre le journal *Les Humoristes*. Durant la Première Guerre mondiale, il se consacre au peuple des tranchées et à la résistance des Belges et des Serbes.

Patrick Eveno

STERLING Charles

Historien de l'art. – Né le 5 septembre 1901 à Varsovie, alors Empire russe, aujourd'hui Pologne ; mort le 9 janvier 1991 à Paris, France.

Charles Sterling a fait redécouvrir la peinture française des XIVe et XVe siècles : les primitifs français. Il a d'abord étudié le droit dans sa ville natale, mais c'est l'histoire de l'art qui l'attire et c'est pour elle qu'il s'exile, en 1924, d'abord en Allemagne, puis en Angleterre, avant de s'installer en France à la fin des années 1920. Il trouve en Henri Focillon son maître et est adopté par la France qui le naturalise en 1934. Entré comme chargé de mission au département des peintures du musée du Louvre, il s'illustre d'abord comme rédacteur de catalogues d'expositions (sur Degas en 1931 ; sur Boucher en 1932 ; sur Chassériau, Delacroix et Hubert Robert en 1933 ; sur Cézanne, Daumier et Rubens en 1934). En 1934, celui sur *Les Peintres de la réalité en France au XVIIe siècle* lui attache une première notoriété. Puis il consacre son don et sa méthode à déceler l'origine des tableaux au service de l'étude des primitifs français, dont il établit une typologie géographique précise dans *La Peinture française : les primitifs* (1938), prolongée dans *Les Peintres du Moyen Âge* (1941, sous le pseudonyme de Charles Jacques).

En 1940, le régime de Vichy le contraint à s'exiler aux États-Unis, où le Metropolitan Museum l'accueille et charge ce *senior resarch fellow* d'inventorier sa collection d'œuvres françaises. Charles Sterling poursuivra une carrière universitaire à New York jusqu'à sa retraite, en 1972, tout en conservant un pied dans son pays d'adoption, où il retrouve, en 1945, son poste de conservateur au musée du Louvre. Introducteur aux États-Unis de la peinture française des XIVe au XIXe, c'est un passeur entre les deux rives de l'Atlantique. Dans ses publications à la fois en anglais et en français, il s'affirme comme spécialiste de la nature morte (*La Nature morte de l'Antiquité à nos jours*, 1952), mais surtout comme maître incontesté du Moyen Âge (*La Peinture médiévale à Paris*, 2 vol., 1987, 1990 ; *Enguerrand Car-*

ton : le peintre de la Pietà d'Avignon, 1983).

Anna Trespeuch-Berthelot

STERN Anne-Lise

Psychanalyste. – Née le 16 juillet 1921 à Berlin, Allemagne ; morte le 6 mai 2013 à Paris, France.

Fille d'un psychiatre, Anne-Lise se réfugie avec ses parents à Paris en 1933. Déportée en Allemagne au printemps 1944, elle revient de Birkenau et de Bergen-Belsen vivante, mais hantée. Membre de l'École freudienne de Paris, elle se fait soudainement connaître d'un plus large public par la publication, en 2004, de son ouvrage *Le Savoir déporté. Camps, histoire, psychanalyse*, qui l'impose tardivement comme l'une des grandes voix de la littérature concentrationnaire.

Pascal Ory

STERNBERG Jacques

Écrivain. – Né le 17 avril 1923 à Anvers, Belgique ; mort le 11 octobre 2006 à Paris, France.

Fils d'un diamantaire anversois mort en déportation, Jacques Sternberg s'installe en France pour y vivre de sa plume. Son domaine d'excellence est la nouvelle, genre peu prisé des Français, dont il sera un auteur prolifique (*Contes glacés*, 1974). Mais cet écrivain sarcastique (*Le Petit Silence illustré*, « la seule revue qui n'ait strictement rien à dire », 1955-1958), couronné du Grand Prix de l'humour noir, sera aussi essayiste (*Lettre ouverte aux Terriens*, 1974) ou auteur de théâtre (*C'est la guerre, monsieur Gruber*, 1968). Un des piliers de la revue *Planète*, l'éditeur de ses grandes *Anthologies*, il aura contribué à faire mieux connaître les « mauvais genres » littéraires.

Pascal Ory

STERNHELL Zeev

Historien. – Né le 10 avril 1935 à Przemyśl, Pologne.

Zeev Sternhell est un historien israélien qui a consacré la majeure partie de son œuvre à la France. Il naît en Galicie, alors polonaise, dans une famille juive. Il en est le seul à survivre à la guerre : extrait, en 1942, du ghetto, il est caché par un capitaine de l'armée polonaise. À la fin de l'année 1946, un train de la Croix-Rouge conduit le jeune garçon en France, auprès d'une tante et d'un oncle qui avaient émigré dans les années 1920 et adopté la langue française, tout en défendant des positions sionistes. Dans ce pays, il découvre pour la première fois la liberté. Il apprend le français assez rapidement pour entrer au lycée d'Avignon. En 1948, il voit la création de l'État d'Israël comme « une espèce de rêve » et, dès ses seize ans, en 1951, émigre vers ce nouveau pays dont il apprend la langue, et intègre l'armée comme sous-lieutenant. Après un séjour dans un kibboutz, puis la campagne de Suez en 1956, Zeev Sternhell entreprend des études d'Histoire et de sciences politiques à l'université de Jérusalem, puis à la Fondation nationale des sciences politiques de Paris où il soutient, en 1972, sous la direction de Jean Touchard, une thèse sur un auteur que les Français ont mis sous le boisseau : *Barrès et le nationalisme français*. Il prolonge l'étude de l'idéologie nationaliste par celle du fascisme des années 1930 et montre qu'un continuum les relie. Dans le concept de « droite révolutionnaire », que Zeev Sternhell forge et développe dans son livre (1978) et dans *Ni droite ni gauche. L'idéologie fasciste en France* (1983), il montre que les racines du fascisme en France sont à chercher dans la rencontre entre l'idéologie nationaliste de Maurice Barrès et le syndicalisme révolutionnaire de Georges Sorel. Il conteste à deux égards la typologie des droites forgée par René Rémond et tenue pour acquise depuis 1954, distinguant une droite orléaniste, une droite bonapartiste et une droite légitimiste depuis 1815. D'une part, Zeev Sternhell propose une césure plus tardive, au moment de l'avènement de la IIIe République et une distinction entre la droite qui accepte ces institutions et celle, révolutionnaire, qui les rejette. D'autre part, il montre que le fascisme est une idéologie qui n'est pas restée étrangère à la France, mais qu'il existe une souche française du fascisme. Bertrand de Jouvenel, cité en exemple, intente un procès en diffamation à l'historien et reçoit le soutien de personnalités comme Raymon Aron. Comme les thèses de Robert Paxton, celles de Zeev Sternhell provoquent donc un violent débat, historiographique mais aussi politique, à un moment où, en France, l'extrême droite renaît de ses cendres. Après avoir travaillé sur l'histoire d'Israël (*Aux origines d'Israël : entre nationalisme et socialisme*, 1996) et tout en participant à la vie politique et intellectuelle de son pays – notamment en contribuant au quotidien *Ha'Aretz*, en recevant le prix Israël en 2008 –, il revient à l'histoire des idées avec *Les Anti Lumières, du XVIIIe siècle à la guerre froide* (2006). L'historien y dresse la généalogie du fascisme, du nationalisme, de l'antidémocratie depuis le préromantisme allemand jusqu'à la fin du XXe siècle. L'homme, lui, ne cesse de croire aux vertus de l'universalisme.

Anna Trespeuch-Berthelot

STÉTIÉ Salah

Écrivain. – Né le 25 décembre 1929 à Beyrouth, alors Liban sous mandat français, aujourd'hui Liban.

Pur produit de la culture francophone et francophile maronite, Salah Stétié complète à Paris une formation universitaire commencée à Beyrouth, mais revient dans son pays natal dès 1955. Il s'y partage entre enseignement et journalisme, avant de passer à la carrière diplomatique, qui culmine dans les années 1980, quand il assure le secrétariat général du ministère libanais des Affaires étrangères. Son œuvre littéraire, abondante, est essentiellement francophone. Dominée par la poésie (*L'Autre Côté brûlé du très pur*, 1992 ; *L'Interdit*, suivi de *Raisons et déraisons de la poésie*, 2012), souvent elle-même associée à des œuvres graphiques, de Raoul Ubac à Pierre Alechinsky, elle témoigne aussi d'une grande attention à ses frères en poésie, d'Arthur Rimbaud à Stéphane Mallarmé. Cet amoureux de la langue française (*Le Français, l'autre langue*, 2001) s'est vu couronné en 1995 du Grand Prix de la francophonie de l'Académie française. La collection « Bouquins » a publié en 2009 une anthologie de ses œuvres (*En un lieu de brûlure*).

Pascal Ory

STETTNER Louis

Photographe, peintre et sculpteur. – Né le 7 novembre 1922 à New York, États-Unis.

Arrivé en Europe au lendemain de la Seconde Guerre mondiale – pendant laquelle il a été photographe combattant dans l'armée américaine, sur le front du

Pacifique –, Louis Stettner s'installe à Paris, suit les cours de l'Institut des hautes études cinématographiques et fraternise avec tous les grands noms de la photographie dite « humaniste » (Édouard Boubat, Robert Doisneau, Izis, Willy Ronis), qu'il contribue à faire connaître outre-Atlantique. Retourné dans son pays natal en 1951, où il exercera en particulier ses talents d'enseignant et de critique, il est de nouveau Français de résidence à partir de 1990. À New York comme à Paris, son œuvre s'attache à saisir l'instant dans un cadre quotidien, magnifié par l'angle de prise de vue et le noir et blanc.

Pascal Ory

STEVENSON Robert Louis

Écrivain et voyageur. – Né le 13 novembre 1850 à Édimbourg, Royaume-Uni ; mort le 3 décembre 1894 à Vailima, Samoa.

Robert Louis Stevenson a acquis une notoriété mondiale grâce à son roman *L'Île au trésor* (1883) et sa nouvelle *L'Étrange Cas du docteur Jekyll et de M. Hyde* (1886). Mais il avait auparavant résidé en France de 1874 à 1879, en rapportant deux récits appelés à faire date. Après *Voyage en canoë sur les rivières du Nord* (*An Inland Voyage*, 1878), son *Voyage avec un âne dans les Cévennes* (*Travels With a Donkey in the Cévennes*, 1879) est le journal qu'il a tenu d'un périple de près de deux cents kilomètres accompli à pied sur les traces des Camisards, entre Le Monastier et Saint-Jean-du-Gard. Le récit décrit en détail la France reculée de la fin du XIXe siècle, souvent ignorée des voyageurs étrangers – ou même français. En hommage à l'écrivain, le GR70 a pris aujourd'hui le nom de « Chemin de Stevenson ».

Pierre-Frédéric Charpentier

STORRS John. — *Voir* PARIS, École de.

STRASNOY Oscar

Compositeur, chef d'orchestre, pianiste. – Né le 12 novembre 1970 à Buenos Aires, Argentine.

Avant de recevoir un remarquable Premier prix à l'unanimité au Conservatoire de Paris, Oscar Strasnoy a étudié à Buenos Aires, puis en Europe avec Guy Reibel, Michaël Levinas, Hans Zender et Gérard Grisey. Il dirige, de 1996 à 1998, l'orchestre du CROUS de Paris, reçoit, comme compositeur, plusieurs commandes et est invité en résidence en France, en Allemagne ou au Japon. Il a choisi de conserver les deux nationalités, française et argentine. Cette double culture le conduit sans doute à éprouver une affinité particulière pour les écrivains au destin apparenté au sien : en 2010 sont ainsi créés, au Festival d'Aix-en-Provence, *Un retour*, opéra de chambre sur un livret d'Alberto Manguel, puis, à Quimper, *Cachafaz*, opéra tiré d'un livret de Copi, avec une musique d'entracte étonnante tirée de *La Force du destin* de Verdi. Cette même année son lien avec la culture allemande se manifeste dans la création, à Metz, d'un cycle de lieder sur des poèmes de Heine.

Didier Francfort

STRAVINSKI Igor Fiodorovitch

Compositeur et chef d'orchestre. – Né le 17 juin 1882 à Oranienbaum aujourd'hui Lomonossov, Russie ; mort le 6 avril 1971 à New York, États-Unis.

Le « Prince Igor » est un géant de la musique du XXe siècle. Il est difficile de l'évoquer en ne s'intéressant qu'à son rapport à la nation française ; mais il est plus difficile encore de considérer ce compositeur comme un musicien de passage, entre deux tournées, ayant choisi par défaut la nationalité française entre 1934 et 1945, entre un passé russe et une reconnaissance américaine qui tardait à venir. Le 1er janvier 1919, il aura écrit un arrangement pour violon seul de *La Marseillaise*, qui vaut tous les certificats de nationalité.

Fils d'un chanteur d'opéra, Igor Fiodorovitch n'a pas manifesté de goût particulier ou de prédisposition particulière pour la musique lorsqu'il commence à prendre des leçons de piano en Russie à l'âge de neuf ans. En 1902, il rencontre Nikolaï Rimski-Korsakov, qui accepte de lui enseigner la composition si, de son côté, le jeune homme apprend les notions élémentaires d'harmonie et de contrepoint. Avec ce soutien et ces conseils, il compose une première symphonie en 1907, puis quelques œuvres symphoniques et un *Chant funèbre* à la mémoire de son maître défunt. En 1909, Serge Diaghilev assiste à la création de sa pièce symphonique intitulée *Feu d'artifice* et l'invite à le rejoindre à Paris pour orchestrer des pièces de Chopin reprises dans les ballets. C'est ainsi que commence la coopération avec les Ballets russes et la série des chefs-d'œuvre fondateurs. La création du *Sacre du printemps* à Paris, au Théâtre des Champs-Élysées, le 29 mai 1913, est une des grandes ruptures de l'histoire de la musique. Les Ballets russes avaient déjà créé *L'Oiseau de feu* en 1910 et *Petrouchka* en 1911. Le choc esthétique soude une génération de musiciens français, Florent Schmitt et ses amis jouant une forme de reprise de la « Bataille d'*Hernani* » de 1830. Pendant la Première Guerre mondiale, Stravinski compose, entre autres, *L'Histoire du soldat*, spectacle ambulant sur un texte français de Charles-Ferdinand Ramuz, créé sous la direction d'Ernest Ansermet. C'est également Ansermet qui dirige, le 15 mai 1920 à Paris, la création de *Pulcinella*. Les décors et les costumes sont de Pablo Picasso. Le compositeur utilise comme un matériau qu'il modèle et refaçonne la musique de Jean-Baptiste Pergolèse. On évoque cette œuvre comme annonçant tout un courant néoclassique. Cette caractérisation stylistique est réductrice, d'autant plus que la diversité des références montre qu'il n'y a guère de classicisme clairement défini qui servirait de modèle. Parmi les compositions de cette période, l'opéra-oratorio *Œdipus rex*, créé le 23 février 1928 à Paris, peut être vu comme métaphore de la complexité d'une vie culturelle parisienne que les musiciens étrangers révéleraient – le texte de l'œuvre a été écrit par Jean Cocteau et traduit en latin par l'abbé Jean Daniélou, jeune jésuite agrégé et futur académicien. Le compositeur est alors au centre d'un réseau amical et mondain qui va d'Arthur Rubinstein à Coco Chanel.

La Seconde Guerre mondiale met fin à cette vie parisienne et à la période dite néoclassique. En 1940, Stravinski se réfugie aux États-Unis. Il faudra attendre la mort d'Arnold Schoenberg, qui était presque son voisin à Los Angeles, pour que le compositeur, à présent citoyen américain, avoue son intérêt pour la musique sérielle et le dodécaphonisme.

Didier Francfort

STREHLER Giorgio

Homme de théâtre. – Né le 14 août 1921 à Trieste, Italie ; mort le 25 décembre 1997 à Lugano, Italie.

Réformateur de la scène italienne, Giorgio Strehler est l'un des plus grands hommes de théâtre du XXe siècle. Acteur, dès 1940, dans plusieurs troupes itinérantes, il publie très tôt des textes affirmant l'importance de la mise en scène et refusant un théâtre « textocentré ». Réfugié en Suisse pendant la guerre, il y crée le *Caligula* d'Albert Camus. De retour en Italie, il exerce la fonction de critique au *Milano sera*, puis, en 1947, fonde, avec Paolo Grassi, le Piccolo Teatro de Milan, qu'il inaugure avec *Les Bas-Fonds* de Maxime Gorki. Cette année-là aussi, Strehler met en scène *Arlequin valet de deux maîtres* de Carlo Goldoni, qui deviendra une sorte de fil conducteur de sa carrière : il en donnera six versions, qui tiendront l'affiche durant plus de quarante ans et lui assureront un succès international. Premier théâtre permanent (*teatro stabile*) d'Italie, le Piccolo Teatro se veut « théâtre responsable » : lieu privilégié au service d'une culture ouverte à tous et à l'écoute du monde. Dès 1949, Giorgio Strehler présente ses spectacles, *Le Corbeau* de Carlo Gozzi et *Ce soir on improvise* de Luigi Pirandello, au Théâtre des Champs-Élysées à Paris : il y reviendra régulièrement. Il montera, en 1978, avec les acteurs de la Comédie-Française, *La Trilogie de la villégiature* de Goldoni. Parallèlement, il réalise pour la Scala de Milan ou l'Opéra de Paris des mises en scène d'opéras (Verdi, Mozart, Prokofiev...). En 1983, Strehler, dont les spectacles ont recueilli en France de multiples récompenses, crée et dirige, à l'initiative de Jack Lang, ministre de la Culture, le Théâtre de l'Europe à l'Odéon : il y construit un « lieu d'échanges où les différents hommes de théâtre européens [pourront] développer leur travail avec une fraternité d'intentions n'excluant pas la diversité et même l'opposition esthétique ». Pour Strehler, la France est « le cœur toujours vivant de l'Europe » et ce Théâtre de l'Europe doit être « l'Utopie de la fraternité » celle « qui surpasse nos mœurs, nos langues ». La même année, Strehler, commandeur de la Légion d'honneur, devient député du groupe socialiste au Parlement européen. Jusqu'à sa mort, il multipliera les actions en faveur d'un théâtre vu comme instrument de « fraternité entre les peuples ».

Chantal Meyer-Plantureux

STROHEIM Erich von (Eric Oswald Stroheim)

Cinéaste et acteur. – Né le 22 septembre 1885 à Vienne, alors Autriche-Hongrie, aujourd'hui Autriche ; mort le 12 mai 1957 à Maurepas, France.

Stroheim inventa sa légende, faisant croire qu'il était fils d'un noble colonel au 6e régiment de dragons et d'une dame de compagnie d'Élisabeth d'Autriche. Pure invention. Erich Stroheim, sans particule, né de l'union d'un marchand de chapeaux et d'une bourgeoise, émigre aux États-Unis en 1909, y tourne ses chefs-d'œuvre sulfureux (*Folies de femmes* en 1921, *Les Rapaces* en 1923, *La Symphonie nuptiale* en 1926...) et, lâché par ses producteurs, émigre en France en 1936. Il y immortalise de grands rôles. Stéréotype de l'Allemand, il est officier à gants blancs et monocle dans *Marthe Richard au service de la France* de Raymond Bernard (1936), officier de contre-espionnage dans *Mademoiselle Docteur* d'Edmond T. Gréville (1937), Van Rauffenstein, commandant d'un camp de prisonniers français à minerve dans *La Grande Illusion* de Jean Renoir (1937). Doté d'un accent plus américain qu'allemand, il est « l'étranger » dans *Derrière la façade* (Georges Lacombe, 1939), *Pièges* (Robert Siodmak, 1939), *Tempête sur Paris* (Dominique Bernard-Deschamps, 1940). Assassin télépathe dans *L'Alibi* de Pierre Chebal, face à Louis Jouvet (1937), professeur d'anglais dans *Les Disparus de Saint-Agil* de Christian-Jaque (1938), il est indésirable durant l'Occupation ; dans *Macao l'enfer du jeu* (Jean Delannoy, 1942) et *Paris-New York* (Claude Heymann, Georges Lacombe, Yves Mirande, 1940), les scènes où il figurait sont retournées avec Pierre Renoir et Maurice Escande. Il sera Beethoven dans le *Napoléon* de Sacha Guitry en 1954. Quelques jours avant sa mort, le gouvernement français le fait chevalier de la Légion d'honneur ; couché en pyjama de soie noire, il s'efforce de se relever et fait un salut militaire.

Jean-Luc Douin

STURM Jacques Charles François

Mathématicien. – Né le 29 septembre 1803 à Genève, alors France, aujourd'hui Suisse ; mort le 18 décembre 1855 à Paris, France.

Issu d'une famille d'origine allemande installée à Genève depuis le milieu du XVIIIe siècle, Charles Sturm est le fils de Jean-Henri Sturm, professeur d'arithmétique à Genève, et de Jeanne-Louise-Henriette Gremay. Il fait ses études à l'Académie de Genève, où il suit les cours de Simon L'Huillier en mathématiques et de Marc-Auguste Pictet et Pierre Prévost en physique. Après la mort de son père en 1819, sans ressources, il est recruté comme tuteur du plus jeune fils de Mme de Staël, au château de Coppet, près de Genève, où il rencontre le duc Victor de Broglie, qui y réside. C'est là qu'il écrit ses premiers articles de géométrie, publiés dans les *Annales de mathématiques pures et appliquées* de Joseph Gergonne. Il devient précepteur dans la famille de Broglie, qui le fait venir à Paris pour six mois, en 1823, et l'introduit dans les cercles scientifiques. De retour à Coppet, il mène, avec son ami genevois Jean-Daniel Colladon, des expériences dans le lac Léman sur la vitesse du son dans l'eau. En décembre 1825, Sturm et Colladon s'installent à Paris pour y suivre les cours d'André-Marie Ampère et de Louis Joseph Gay-Lussac en physique, ceux d'Augustin Cauchy et de Sylvestre Lacroix en mathématiques. François Arago invite Sturm à donner des leçons de mathématiques à son fils, et Ampère lui donne accès à son laboratoire. Sturm et Colladon deviennent assistants d'Ampère, et poursuivent leurs expérimentations sur la compression des liquides, qui leur valent d'être récompensés en 1827 par le Grand Prix de mathématiques de l'Académie des sciences. En 1829, recommandé par Ampère, Sturm prend la responsabilité des publications mathématiques du *Bulletin des sciences et de l'industrie*. Il présente à l'Académie son « Mémoire sur la résolution des équations numériques », démontrant le théorème qui porte maintenant son nom. Malgré les soutiens scientifiques dont ils bénéficient, les carrières de Sturm et de Colladon sont freinées par leur statut d'étranger et, qui plus est, protestants. Après la révolution de

Juillet, par l'entremise d'Arago, et alors que le duc Victor de Broglie est devenu ministre de l'Instruction publique, Sturm obtient un poste de professeur de mathématiques spéciales au collège Rollin, et Colladon à l'École centrale des arts et manufactures. En 1833, Sturm acquiert la nationalité française. Il refuse les postes qui lui sont proposés à Genève et à Gand, pour rester à Paris, tandis que Colladon repart en Suisse. Sturm entre à l'Académie des sciences en 1836. Deux ans plus tard, il est répétiteur du cours d'analyse de Joseph Liouville, avec lequel il travaille sur les équations différentielles du second ordre, à l'École polytechnique, où il devient professeur en 1840. La même année, il succède à Siméon Poisson dans la chaire de mécanique à la faculté des sciences de Paris. Son œuvre d'analyse, d'optique, de mécanique et de géométrie est couronnée par des récompenses européennes. Il est fait chevalier de la Légion d'honneur en 1837. En 1851, sa santé se dégrade. Il est inhumé au cimetière du Montparnasse. Liouville lui rend hommage en le désignant comme un « second Ampère ».

Anne Rasmussen

SUISSES

Les Suisses sont très tôt identifiés comme un peuple distinct parmi les étrangers de France. Dans son *Tableau de Paris*, paru entre 1781 et 1788, Louis-Sébastien Mercier fait souvent allusion « aux Suisses ». Pourtant, l'État helvétique, dont les premiers fondements remontent au XIIIe siècle, n'existe pas avant la Constitution de 1848, après la guerre civile qui débouche sur l'unité nationale (le Sonderbund). La migration des Suisses vers la France voisine s'est ainsi développée, avant même que la Confédération ne se structure. Longtemps, les amalgames avec des Italiens ou des Allemands n'ont pas manqué et les Suisses romands (francophones) étaient confondus avec les Savoyards. Et, à rebours du vieil adage helvétique, qui prédit : « On ne gagne pas beaucoup à courir le monde », les Suisses sont depuis longtemps un peuple d'émigrants.

Les Suisses et la Révolution. La lame de fond de la Révolution française emporte avec elle les communautés étrangères installées dans l'Hexagone. Le plus souvent, les Suisses ne s'impliquent guère dans ces événements, par peur des représailles. Cependant, des anonymes ou des personnages qui resteront dans les mémoires participent à ces pages d'Histoire au nom de la liberté et de la nation ou encore pour le salut du roi. Parmi ce dernier groupe, les plus connus, pour avoir payé de leur vie leur fidélité au monarque, sont les gardes suisses, massacrés le 10 août 1792 lors de la prise des Tuileries. Cette compagnie trouve son origine au Moyen Âge, période où les mercenaires helvétiques sont reconnus comme de valeureux combattants. Outre la possibilité de découvrir de nouveaux horizons, le mercenariat permet une régulation démographique et évite les problèmes liés à un surpeuplement dans des contrées où la terre est souvent pauvre et très parcellisée. Sous François Ier, le phénomène prend de l'ampleur, puisque celui-ci fonde la compagnie des gardes suisses, des mercenaires attachés au service du roi et répartis dans quatre casernes : Courbevoie, Paris, Versailles et Rueil. Ils y bénéficient de nombreux avantages, notamment fiscaux. La compagnie des

Cent-Suisses est la garde rapprochée du roi : d'abord considérée comme une aide ponctuelle, elle devient permanente après 1671 et s'illustre, le 10 août 1792, lors de la prise des Tuileries. Dans l'autre camp politique, une compagnie de Suisses cantonnée à Nancy s'est mutinée en août 1790 pour réclamer sa solde. La répression du marquis de Bouillé, très attaché au roi, est sévère : vingt-deux soldats sont pendus, d'autres envoyés aux galères.

D'autres Helvètes se sont illustrés en tant qu'individus dans l'histoire de la période révolutionnaire. Un des acteurs les plus fameux est le Genevois Jacques NECKER, qui joue un rôle majeur dans les prémices de cette révolution en devenant, en 1777, directeur général des Finances (et non ministre puisque son double statut d'étranger et de protestant lui interdit de prétendre à ce titre). En juillet 1789, son renvoi par le roi met le feu aux poudres. Jean-Paul MARAT est né à Boudry, dans l'actuel canton de Neuchâtel. Son assassinat par Charlotte Corday fait de lui un martyr de la Révolution, ainsi que le premier homme à entrer au Panthéon. À l'opposé, Jacques MALLET DU PAN (1749-1800), un autre Genevois, devient, à l'instar du Britannique Edmond Burke, l'un des principaux théoriciens de la contre-Révolution, avec ses *Considérations sur la nature de la Révolution en France*. En mai 1792, Louis XVI lui avait confié la rédaction d'un manifeste des émigrés, qui fut remanié par la suite et passa à la postérité sous le nom de « manifeste de Brunswick ». Les événements de l'été 1792 l'ayant forcé à rejoindre Genève, il la quitte précipitamment pour l'Angleterre, après l'annexion de la Suisse dans le système des républiques sœurs. Les années ultérieures ont vu s'affirmer d'autres personnalités. Fréquentant le salon de sa mère, voyant son père, Necker, au plus près du pouvoir, Germaine de STAËL a hérité du goût de la chose politique. D'abord fascinée par Napoléon, elle en devint, avec son compatriote Benjamin CONSTANT, une opposante acharnée, à tel point qu'elle dut s'exiler en Suisse, où elle rédigea son œuvre majeure, *De l'Allemagne*.

Par son caractère universaliste, la période de 1789 à 1815 a permis l'éclosion de talents et de penseurs qui ont transcendé leur condition d'étranger pour apporter à la France leur vision originale. L'extrême implication de certains Suisses dans la Révolution française appelle une réflexion sur l'image qu'ils ont de la France et sur leur contribution au processus de sa transformation en État moderne.

Le XIXe siècle : une colonie importante et diversifiée. À partir du XVIIIe siècle, la présence des Suisses est attestée, principalement dans les centres urbains comme Paris, Bordeaux ou encore Marseille. Souvent artisans, travaillant dans l'horlogerie ou la banque, ils sont trop peu nombreux et pas assez organisés pour qu'il soit fait état de colonie. Les espaces ruraux, principalement limitrophes à la Suisse, comme l'Alsace et la Franche-Comté, comptent également quelques représentants helvétiques attirés par des terres plus riches. Tous constituent le substrat d'une colonie qui connaît une constante croissance d'effectifs au long du XIXe siècle : en 1851, on recense 25 000 Suisses habitant la France, et 83 000 en 1891. Pourtant, cette croissance ne peut guère rivaliser avec celle de l'émigration vers le Nouveau Monde : entre 1851 et 1860, 50 000 personnes partent pour l'Amérique du Nord, puis, entre 1881 et 1890, plus de 90 000 personnes. En Argentine, 34 552 Helvètes sont recensés par le consulat entre 1857 et 1920. Les départs vers l'outre-mer sont souvent collectifs (groupes de célibataires ou plusieurs familles), alors que les migrations de courte distance sont plus individuelles. Cette forte émigration a eu pour cause l'excédent démographique des régions de montagne, où l'économie alpine s'est longtemps maintenue, l'industrialisation n'ayant débuté qu'avec le XXe siècle.

Loin derrière les Belges et les Italiens, certes (200 000 et bien plus), les Suisses représentent jusqu'à la Première Guerre mondiale une colonie de niveau comparable à celles des Allemands ou Espagnols (de 70 à 90 000), au quatrième ou cinquième rang. Du coup se pose la question du vide historiographique qui entoure cette colonie. On peut émettre l'hypothèse que, dans un XIXe siècle où la visibilité du migrant est liée à la xénophobie ouvrière, la migration suisse était plutôt présente dans les secteurs primaire ou tertiaire, échappant le plus souvent à cette publicité. Le départ pour la France prend de nombreux visages. Il est autant le fait de célibataires (hommes et femmes) que de familles. Les Suisses romands, pour la majorité protestants, sont dominants. Beaucoup se retrouvent dans les centres urbains comme Bordeaux, Marseille, Nice, Le Havre ou encore Paris. Mais il s'agit également d'une émigration rurale fortement implantée dans les départements limitrophes de la Suisse, comme en Haute-Marne ou encore dans le Grand Est. Dans ces régions, la migration est de nature parfois artisanale, souvent agricole. L'exemple des fromagers fribourgeois en Franche-Comté est particulièrement révélateur de l'importance des contextes de départ et d'arrivée. Partis du canton de Fribourg, les migrants sont accueillis en Franche-Comté où l'on apprécie leur savoir-faire dans la fabrication des fromages à pâte dure. La première vague migratoire helvétique est principalement le fait d'hommes célibataires, puis elle devient familiale. Cet exemple met en relief la combinaison de deux types de migration : une migration de peuplement (encore que les effectifs sont moindres qu'au Moyen Âge) et une migration qualifiée dans le secteur primaire, de savoir-faire.

La présence helvétique dans le Sud-Ouest est bien différente. Les Suisses sont à Bordeaux depuis le Moyen Âge. On y croise des employés, des pâtissiers ou des négociateurs en vin, sans compter les quelques migrants suisses présents dans les Landes et les premiers reliefs des Pyrénées. Il semble que, au XIXe siècle, les Helvètes s'installant pour cultiver la terre y aient reçu un accueil plutôt tiède et l'intégration se révèle difficile. L'expérience est de nouveau tentée dans les années 1930, avec la mise en place d'un projet d'installation dans le Sud-Ouest organisé depuis Berne pour faciliter la migration de ses citoyens vers la France. Il s'agit là d'une des caractéristiques de l'émigration suisse : le rôle central joué par certaines autorités et les élites locales dans la décision de migrer. Il ne s'agit pas d'un vaste plan décidé par la Confédération helvétique. Bien au contraire, celle-ci, adepte d'un libéralisme moral, a toujours refusé d'influer sur la vie de ses citoyens. Mais, devant la paupérisation grandissante, certaines communes font pression sur les plus pauvres pour qu'ils s'embarquent vers l'outre-mer ou rejoignent une destination ciblée, allant même parfois jusqu'à faire appel à des agences d'émigration spécialisées qui organisent le voyage.

La ville de Marseille abrite une colonie suisse depuis le XVIe siècle, avec des situations individuelles très hétérogènes, qui vont de l'horloger qui a pignon sur rue à la domestique accompagnant ses maîtres en villégiature. Preuve de l'importance de cette colonie, la fondation, en 1799, du consulat suisse, peu de temps après celui de Paris. Au début du XIXe siècle, Marseille est avant tout une étape de transit avant l'embarquement pour l'Algérie. Quant l'installation est définitive, 76 % des Suisses travaillent dans le secteur tertiaire : les hommes sont le plus souvent employés de bureau ou de commerce, où leur rigueur et leur sérieux sont reconnus ; pourtant, ils n'accèdent que rarement aux postes à responsabilité. Les artisans exercent leurs talents dans des activités aussi diverses que la menuiserie, la confiserie ou l'horlogerie. Colonie structurée dont les élites sont reconnues par les habitants, les Suisses demeurent peu visibles, ce qui est alors un signe positif. Plus à l'est, la ville de Nice abrite également bon nombre d'Helvètes, surtout l'été, mais cette migration saisonnière devient parfois définitive. Là encore, on croise des artisans, des domestiques regroupés tous au sein d'une colonie très structurée, avec la fondation d'une société suisse de secours en 1874. Blaise CENDRARS, tombé sous le charme de cette ville aussi italienne que française, y repose.

Mais c'est la ville Lumière qui attire surtout les Suisses. Installés dès le Moyen Âge, les Helvètes y sont, au début du XVIIIe siècle, le quatrième groupe d'étrangers avec une population de 11 %. En 1896, ils viennent même au troisième rang des étrangers, avec plus de 25 000 ressortissants. Les situations sont multiples et révèlent la complexité des rapports que les Suisses entretiennent avec la capitale de la France. Pour les élites genevoises et lausannoises, Paris est le lieu de villégiature en hiver qui permet de profiter de la saison culturelle, mais aussi de renforcer des liens familiaux ou d'affaires. Les artistes suisses comme le peintre Albert ANCKER (1831-1910), l'écrivain Charles-Ferdinand RAMUZ y voient un voyage incontournable pour se former ou y trouver l'inspiration. Paris, comme se plaisait à le dire Ramuz, est la capitale culturelle des Suisses romands. De leur côté, des familles d'artisans viennent s'installer dans le quartier Saint-Antoine pour y faire montre de leurs talents. De jeunes hommes pleins d'ambition multiplient les stages dans les banques ou assurances suisses, rêvant peut-être d'un parcours à la Necker. Enfin, des femmes descendent souvent seules sur le quai de la gare de Lyon. On les retrouve surtout dans les XVIIe et XVIe arrondissements comme domestiques. Les causes des migrations féminines sont spécifiques : trouver un emploi bien rémunéré ou échapper à une réputation mise à mal par une grossesse hors mariage ou des rumeurs de légèreté. Paris est aussi une métropole où il est facile de disparaître, de se réinventer et de se soustraire à une pression sociale écrasante, qui est le propre des petites communautés rurales. Il reste que la réputation des Suisses (et des Suissesses) est jalousement entretenue par les élites helvétiques, qui veillent à la bonne tenue de leur colonie. Le point commun des colonies suisses si diverses, c'est leur extrême organisation. Des associations, dont on retrouve des antennes dans toutes les grandes villes de France, quadrillent le territoire. On y retrouve les élites locales regroupées autour de la figure du ministre, c'est-à-dire de l'ambassadeur. Certains ministres de Paris, comme Johann Konrad KERN (1808-1888), marquent durablement la colonie, ce dernier fréquentant assidûment la cour de Napoléon III, dont il était un des familiers. Entouré d'une élite composée de financiers ou de riches commerçants, le ministre protège, mais également contrôle ses concitoyens les plus pauvres. Pour cela, il coopère avec les nombreuses associations présentes dans la ville. La plus connue est la Société helvétique de bienfaisance (SHB), qu'on retrouve dans les grandes villes de France, mais aussi dans tous les pays où les Suisses ont émigré, de Londres à New York en passant par Buenos Aires. Le Home suisse a pour tâche de recueillir les jeunes filles suisses sans emploi et qui risquent de se retrouver à la rue. On leur propose alors une place en tant que domestique, mais le plus souvent, la SHB et le ministre cherchent à les renvoyer en Suisse, loin des tentations de la vie parisienne. Les familles les plus pauvres et les plus marginales sont également encouragées à rentrer au pays natal. La pauvreté n'est pas un problème, à partir du moment où n'est pas écornée la réputation de sérieux et de probité de la colonie suisse à Paris. Il est indispensable de renvoyer les éléments les plus incontrôlables dans le pays de départ.

Le XIXe siècle voit donc s'organiser différentes colonies urbaines ou rurales, qui, toutes, cultivent la fidélité à la mère patrie. Dans les plus grandes villes, des groupes de chant ou de gymnastique, des clubs commerciaux visent à l'animation de la vie communautaire et à la sauvegarde des intérêts. Partout, à Paris ou en Franche-Comté, la fête nationale est célébrée avec ferveur, les réunions organisées autour d'événements cantonaux (comme l'Escalade chez les Genevois) sont fréquentées. On participe, certes, à la vie du village ou de la ville dans lequel on a émigré, mais en gardant toujours à l'esprit son appartenance à la communauté helvétique. La Première Guerre mondiale marque un coup d'arrêt et beaucoup de Suisses rentrent au pays. Mais certains, comme Blaise Cendrars, s'engagent dans la Légion étrangère. L'action des Suisses immigrés durant cette période reste mal connue. Mais, dès la fin de la guerre, les échanges reprennent entre les deux pays.

Le XXe siècle entre replis et ouverture. Après le XIXe siècle et la construction de colonies suisses nombreuses, l'entre-deux-guerres est en demi-teinte, avec des phases de replis et d'ouverture. Ainsi, en 1918, afin de récréer des liens commerciaux entre la Suisse et la France, est fondée, à Paris, la Chambre de commerce suisse. Elle va avoir pour première tâche de briser la méfiance que les noms de produits à consonance germanique suscitent chez la clientèle française. Le nombre de Suisses immigrés ne faiblit pas, il dépasse même les 100 000 en 1926, et ils oscillent toujours entre le quatrième et le cinquième rang parmi les étrangers. Au-delà des départements frontaliers, ils sont fortement implantés dans le quart nord-est de la France, du sud de la Lorraine au nord des Alpes, et bien sûr à Paris. L'histoire du pavillon suisse dans la Cité universitaire de la capitale, même si elle fut semée d'embûches, souligne la volonté de la Suisse de s'intégrer au nouvel ordre mondial ; elle met aussi en scène le Suisse le plus célèbre de l'architecture française, LE CORBUSIER. Le projet d'un pavillon helvétique dans la Cité imaginée par le ministre de l'Instruction publique André Honnorat ne fait pas l'unanimité. Les premiers appels à récolter des fonds datent de 1926 et ce n'est que deux ans plus tard que la Confédération accepte de financer une partie du pavillon, mais les subsides manquent encore. André Honnorat propose alors un pavillon franco-suisse. Finalement, ce n'est qu'en 1930 que les fonds nécessaires sont réunis grâce à un soutien de la colonie suisse de Paris, qui regroupe alors 50 000 personnes. Le choix de Le Corbusier comme architecte est évident. Ses admirateurs voient dans la construction de ce bâtiment une compensation, après l'échec du projet de la SDN à Genève. Depuis, ce monument historique accueille toujours des étudiants, mais est également un lieu de culture et de débat, où se retrouve la colonie suisse parisienne lors de la fête nationale.

La communauté helvétique en France connaît des mutations profondes après la Seconde Guerre mondiale : la part des doubles nationaux ne cesse de s'accroître et les associations culturelles accueillent une population vieillissante. En revanche, la population helvétique en France reste stable. Ils sont un peu plus de 40 000 recensés comme étrangers en 2007, ce qui les place au huitième rang des Européens. Mais, si on se réfère à l'évaluation de 2002, qui porte à 158 215 le nombre des Suisses ou binationaux, on a affaire à la plus grande communauté helvétique dans le monde. Les Suisses installés en France aujourd'hui prisent moins les associations, mais ils restent liés au pays de départ grâce à un journal trimestriel, *La Revue suisse*, et à un site Internet. Cela contribue à intégrer les immigrés suisses à un ensemble plus vaste qu'on appelle la « Cinquième Suisse ». Elle regroupe tous les émigrants aux quatre coins du monde avec, au niveau commercial et financier, des associations toujours aussi dynamiques. Les citoyens confédérés ont également à leur disposition l'Organisation des Suisses à l'étranger, qui a pour ancêtre la Commission des Suisses à l'étranger, laquelle regroupait en 1917 trois colonies : Paris, Barcelone et Londres. Aujourd'hui, l'Organisation des Suisses à l'étranger se réunit une fois par an en congrès et cherche à peser dans le débat politique suisse. Le Musée des Suisses à l'étranger, établi près Genève, retrace l'émigration suisse en s'intéressant plus particulièrement à la période du mercenariat.

Comme dans le passé plus lointain, un grand nombre de personnalités politiques et culturelles qui sont de nationalité ou d'origine suisses ont apporté à la France leur singularité, souvent éloignée de l'image stéréotypée du Suisse « discret et sérieux ». Ainsi du côté du cinéma et du théâtre se distinguent les noms d'acteurs comme Michel SIMON ou Jean-François BALMER (né en 1946). Le cinéaste Jean-Luc GODARD a marqué durablement le cinéma français en devenant l'un des chefs de file de la Nouvelle Vague. Bien avant, le peintre et dessinateur Théophile STEINLEN avait marqué la capitale par ses affiches de la Belle Époque et son trait dénonçant la misère et l'exploitation des ouvriers. Antoine RUFENACHT (né en 1939), actuel maire du Havre, est le descendant d'une famille originaire de Thoun, en Suisse, qui a émigré en Alsace, puis, après la défaite de 1870, s'est installée dans la ville du Havre.

Tout en étant peu visible, la présence suisse a donc fortement marqué l'histoire et la culture en France. Tour à tour urbaine ou rurale, artisanale ou agricole, familiale ou individuelle, elle s'inscrit le plus souvent dans une communauté organisée, très attachée à la patrie de départ et qui multiplie les voyages entre pays de départ et d'arrivée. La plupart des migrations sont de longue durée, mais il n'est pas rare de voir, au bout de quarante ans passés à l'étranger, certains Suisses rejoindre la Confédération.

Anne Rothenbühler

Bibl. : THERY-LOPEZ Renée, « Contribution à l'étude de l'immigration. Une immigration de longue durée : les Suisses à Marseille », thèse de troisième cycle, 1986 • OLIVIER Jean-Marc, « Quand le lait se transforme en or, une diaspora discrète, les fromagers et vachers fribourgeois en Franche-Comté (XIXe-XXe siècle) », *Diaspora* n° 9 • ROTHENBÜHLER Anne, « Les migrations féminines en Île-de-France au XIXe siècle », in *Histoire des migrations en Île-de-France*, Actes du XIIe colloque d'histoire régionale de la Fédération des sociétés historiques et archéologiques de Paris et d'Île-de-France, Paris, 2010 • ZAKNIC Ivan, *Le Corbusier, pavillon suisse, biographie d'un bâtiment*, Bâle, Birkhäuser, 2004.

SUZA, Linda de (Teolinda de Sousa Lança)

Chanteuse. – Née le 22 février 1948 à Beringel, Portugal.

Contrairement à nombre de chanteuses « exotiques » fabriquées et lancées comme des produits commerciaux, Linda de Suza porte en elle une vraie histoire d'immigration, qui fut de nature à susciter l'identification d'une communauté de près de un million de personnes. Native d'un village de l'Alentejo, elle connaît la pauvreté, les duretés du pensionnat de charité et du travail d'usine, avant de franchir clandestinement la frontière, son enfant sous le bras, à l'âge de vingt-cinq ans. Le succès venu, elle relatera cette rude jeunesse dans un best-seller, *La Valise en carton* (1984). Elle vivote à Paris pendant cinq ans comme femme de chambre, tout en chantant le fado dans des restaurants. En 1978, des personnalités importantes de la variété repèrent sa belle voix de gorge et lui écrivent *Un Portugais*. Le 45-tours, en français et en portugais, inaugure une décennie faste : concerts, tournées, disques, émissions télévisées. Mais le cliché de Cendrillon lusitanienne que le show business lui assigne finit par lasser (*La Fille qui pleurait*, *L'Étrangère*, *L'Exil…*). La carrière de « l'idole des bonnes » s'estompe vers 1989, malgré quelques tentatives de retour, infructueuses.

Yves Borowice

SVETCHINE André

Architecte. – Né en 1912 à Saint-Pétersbourg, Russie ; mort en 1996 à Nice, France.

Avec son père, général, toute la famille émigre à la suite de la révolution d'Octobre et, après une étape à Paris, s'installe en 1926 à Nice. Suit, pour

André Svetchine, une formation d'architecte à l'École des arts décoratifs de Monaco et, dans les années 1930, une collaboration avec Jacques Couelle et François Spoerry à plusieurs projets d'architecture résidentielle sur la Côte d'Azur. Cela devient sa spécialité, dans laquelle, d'ailleurs, il excelle. Après la guerre, il achève la reconstruction de la Colombe d'Or (1949-1950), à Saint-Paul-de-Vence, par la réutilisation des matériaux et des éléments nobles de maisons ruinées à Gordes, dans le Vaucluse. La presse, qui salue sa réussite, contribue à sa réputation, et les commandes affluent, pour une clientèle fortunée d'artistes, de personnalités en vue dans le monde des spectacles et des industries du luxe. Il opère sur une gamme large : des réhabilitations de constructions anciennes, qu'il complète et met au goût du jour, de savants exercices de style, dans un style mimétique de l'architecture vernaculaire, façades enduites ou, au contraire, façades mettant en valeur l'appareil rustique, avec des assymétries raffinées, des modénatures inspirées de la période classique (il affectionne les références au XVIIe siècle), mais aussi, dans un style contemporain, le musée Fernand Léger à Biot (1957-1958) ou la maison Heineken au cap d'Antibes (1965-1966). Sa clientèle est prestigieuse : à Saint-Paul, les maisons pour Aimé Maeght (1954-1956), pour Marc Chagall (1964-1966), à Biot, la résidence du parfumeur Molyneux (1955-1957), à Montauroux, un château pour Christian Dior (1956-1957), à Grasse, des maisons pour Martine Carol (1957-1958), etc. La plupart de ces projets sont inscrits avec rigueur dans le site, plusieurs sont des performances dans l'interprétation du style historique : à Saint-Jean-Cap-Ferrat, le Petit Rocher, qui plonge dans la mer une élévation quasi militaire, à Saint-Paul-de-Vence, la bastide des Fumerates (1977-1978), à Gordes, la maison Coutisson (1972-1973, aujourd'hui un hôtel de luxe) et dans le Lubéron, la bastide de La Barbacane (1973-1975), aujourd'hui au centre d'un domaine viticole (La Verrerie).

Gérard Monnier

SVORONOS Nikolaos G.

Historien. – Né en 1911 à Leucade, alors Empire ottoman, aujourd'hui Grèce ; mort le 26 avril 1989 à Athènes, Grèce.

Le 22 décembre 1945, Nikolaos G. Svoronos fait partie des intellectuels grecs qui fuient leur pays à bord du *Mataroa*. Comme Cornélius Castoriadis ou encore Kostas Axelos, il parvient à gagner Paris et à s'y installer. Profondément attaché à son pays d'origine, il s'éloigne de sa formation philosophique pour se consacrer à l'histoire de la Grèce moderne. Il la rend, d'une part, accessible au grand public français en la publiant dans la collection « Que sais-je ? » des Presses universitaires de France : couvrant une large période allant de la première croisade aux événements ayant causé son exil, son *Histoire de la Grèce moderne*, publiée en 1953, est rééditée quatre fois jusqu'en 1980. D'autre part, il travaille dans une perspective universitaire : après avoir dépouillé et inventorié un fonds d'archives françaises, la correspondance des consuls, il publie le résultat de ses recherches dans *Le Commerce de Salonique au XVIIIe siècle* (1956). Cet ouvrage érudit est pour l'historien du social Ernest Labrousse l'occasion de rêver à une nationalité couplée, une sorte de citoyenneté franco-hellénique, qui attacherait mieux à nous, tout en ne détachant de nulle part. Que notre reconnaissance la lui offre, à défaut de nos institutions. » Apatride, Nikolaos G. Svoronos reçoit la nationalité française en 1961. Après la chute de la dictature des colonels, il choisit de retourner vivre dans son pays natal, où il restera jusqu'à sa mort.

Anna Trespeuch-Berthelot

SYDOW Max von (Carl Adolf)

Acteur. – Né le 10 avril 1929 à Lund, Suède.

Max von Sydow est une figure connue des cinéphiles, définitivement associée à une douzaine de films d'Ingmar Bergman, du *Septième Sceau* (1956) au *Lien* (1971). Il a, à partir des années 1970, commencé une carrière internationale, où prédominent désormais les productions hollywoodiennes, de *L'Exorciste* (de William Friedkin, 1973) à *Conan le Barbare* (de John Milius, 1982). S'il figure, même modestement, dans ce dictionnaire, c'est que cet amoureux de la France, qui y réside désormais, est présent dans quelques films hexagonaux (*La Mort en direct*, Bertrand Tavernier, 1980), et a obtenu, en 2002, la nationalité française.

Pascal Ory

SYKES-WADDINGTON

Industriels du coton. – Henry Sykes : né à La Haye, Pays-Bas ; mort en 1813 à Saint-Rémy-sur-Avre, France. William Waddington : né en 1751 à Walkeringham, Royaume-Uni ; mort en 1818 à Paris, France.

Fondateur de la dynastie Waddington, lié par alliance familiale au conventionnel prieur de la Côte-d'Or, Henry Sykes transforme un moulin à papier de Saint-Rémy-sur-Avre en filature de coton, en 1792, en l'équipant de mécaniques Milne. Naturalisé français en 1810, il s'associe à Périer et Mollien pour ouvrir de nouveaux établissements dans la vallée de l'Avre. Son gendre, William Waddington, naturalisé français en 1816, lui succède, puis Thomas, son petit-fils, qui fonde la société Waddington Frères et élargit l'implantation industrielle du groupe. Des deux fils de William, Richard le cadet (1838-1913) – industriel, député de centre-gauche de 1876 à 1889, puis sénateur de 1891 à 1913 – est le rapporteur de la loi de 1892 sur le travail des femmes et des enfants ; William-Henry l'aîné, archéologue et numismate, sera, lui, président du Conseil en 1879.

Anne-Françoise Garçon

SYRIENS

Il n'y a jamais eu d'immigration massive de Syriens vers la France. Une immigration ancienne, datant des XVIIIe et XIXe siècles, assimile les Syriens aux Libanais, tous Ottomans des provinces arabes. L'immigration des Syriens en France suit, dans un premier temps, à peu près le même rythme que celle des Libanais. Elle prend, comme l'immigration libanaise, un caractère confessionnel, dû au rôle de la France dans la région. Protectrice des chrétiens d'Orient, elle accueille certains d'entre eux pour des séjours d'études ou pour y implanter des commerces. Comme leurs compatriotes libanais, ils se spécialisent dans le textile, le savon, l'hôtellerie et la restauration ; ils s'installent principalement dans les villes, notamment à Marseille, à Lyon et à Paris.

Après les événements de 1840-1841 (assassinats de prêtres à Damas) et 1860 (massacres de chrétiens à Damas et dans la Montagne libanaise), les grandes universités françaises de Beyrouth et d'Istanbul permettent à la

France de drainer une partie de l'élite de la région, francophone et francophile. Les missionnaires, souvent français, servent de relais auprès des populations chrétiennes.

Les Syriens ne bénéficient pourtant pas d'un réseau dense sur le sol français. La plupart des liens familiaux établis recoupent ceux des Libanais ou des Palestiniens (le tout formant ce qu'on appelle à l'époque, en arabe, *Bilad al-Sham*, souvent – mal – traduit par l'expression « Croissant fertile », ou Grande Syrie). Ils font le plus souvent des séjours de courte durée pour se former ou se perfectionner ; ils restent en grande majorité arabophones, et le monde intellectuel ne s'implante que pour de brèves périodes sur le sol français, notamment pour des raisons politiques. Ainsi le Congrès syrien de Paris en 1913 voit-il se réunir les principales figures de l'opposition arabe à l'empire. Mais ici sont confondus Syriens et Libanais, qu'ils soient installés sur leur territoire ou en diaspora (de nombreux délégués viennent d'Égypte ou d'Amérique).

Dans l'entre-deux-guerres, nombre des principaux cadres du futur État syrien vont faire des séjours à Paris pour leurs études. Ils côtoient d'autres immigrés et d'autres « opposants en exil », notamment des Maghrébins indépendantistes, ainsi que des militants français. Certains parmi eux reviennent en Syrie pour y fonder des journaux très inspirés de la presse d'opinion française engagée.

La présence des immigrés syriens est également concentrée dans le sud de la France, principalement à Marseille, où se trouve aujourd'hui encore le siège de l'association France-Syrie, qui s'occupe des droits des anciens combattants syriens de l'armée française (Deuxième Guerre mondiale). Cet engagement de Syriens dans la guerre contre l'Allemagne nazie est lié aux combats qui se sont déroulés au Moyen-Orient. La Syrie, alors sous mandat français, est devenue l'enjeu d'une lutte entre la France vichyste et la France libre, le général de Gaulle promettant de donner à la Syrie son indépendance réelle (proclamée en 1941, elle n'avait pas été effective) en cas de victoire.

Dans la deuxième moitié du XXe siècle, l'immigration syrienne concerne surtout des populations minoritaires, qui fuient la politique nationaliste du parti Baath au pouvoir. Il s'agit principalement de Kurdes et, parmi eux, de membres de la secte musulmane des yazidis, considérés par l'islam sunnite – et par les autorités syriennes, aux mains des alaouites – comme des hérétiques. Un petit nombre de réfugiés politiques viennent s'adjoindre à cette population, comme, dans deux styles très différents, l'ancien dirigeant Abd al-Halim KHADDAM (né en 1932), ancien proche de Hafez al-Assad, ayant fui le pays pour Paris en 2005, et le poète ADONIS (Ali Ahmed Saïd), né dans une petite ville au nord de Lattaquié, opposant au régime syrien, réfugié en France depuis le milieu des années 1980, après avoir été chassé de son premier exil libanais par la guerre civile.

Leyla Dakhli

Voir aussi : LIBANAIS.

SZYDLOWSKI Joseph

Ingénieur. – Né le 21 novembre 1896 à Chelm, alors Empire russe, aujourd'hui Pologne ; mort le 16 juillet 1988 à Césarée, Israël.

Joseph Szydlowski est le fondateur de Turboméca, entreprise française leader mondial des turbines d'hélicoptères, désormais filiale du groupe Safran. Après sa formation en Pologne, il est enrôlé dans l'armée russe durant la Première Guerre mondiale et fait prisonnier par les Allemands. Resté en Allemagne après la guerre, il se marie, fait ses débuts comme ingénieur-conseil chez Krupp (département camion), Gaggenau et Junkers (avions, moteurs, compresseurs) et s'affirme comme l'un des meilleurs spécialiste de la turbocompression. La montée du nazisme le décide à quitter l'Allemagne pour la France, en 1930. Le ministère de l'Air lui commande une étude pour un moteur Diesel d'aviation. Il travaille à Courbevoie, puis à Boulogne-Billancourt avec le physicien Planiol. En 1937, il rencontre André Vial et travaille avec lui sur une technologie nouvelle, les compresseurs à circulation variable. En août 1938, les deux hommes fondent la société Turboméca, après la commande faite par Hispano-Suiza d'un démonstrateur pour le moteur MS 405 C1, destiné à équiper l'avion Morane-Saulnier. Le développement est rapide en ces temps de réarmement : dix-huit compresseurs produits en 1938, trois cents en 1939, mille deux cents en 1940. En juin 1940, les autorités préconisent le déménagement des usines de défense dans le Sud. L'entreprise s'installe en Béarn, près des usines Hispano-Suiza, d'abord à Saint-Pé-de-Bigorre, puis à Bordes, où se fait l'installation définitive entre l'automne 1941 et juin 1942, tandis que Vial s'envole pour les États-Unis. L'invasion de la zone libre en novembre 1942 oblige Szydlowski à se réfugier en Suisse. Les usines sont vidées de leurs machines et transformées en atelier de réparation de camions pour la Wehrmacht. De retour en France dès 1944, Szydlowski relance la production de compresseurs. En 1945, il ouvre à Bregens, sur le lac de Constance, un bureau d'études sur la question des turbines à gaz avec une équipe d'ingénieurs allemands, et le rapatrie à Bordes en 1946. En 1947, une rencontre avec Pierre Mauboussin, directeur technique de la société Fouga, spécialisée dans les planeurs, également installée dans la région, et le soutien actif du ministère de l'Air, qui lui commande une petite turbine à gaz pour l'entraînement d'un alternateur de bord, l'oriente vers la production des turbomachines de petit et moyen calibres : turboréacteurs, turbomoteurs pour hélicoptères et turbopropulseurs. Le TR 011, premier réacteur de la marque, voit ses premiers essais en 1948 et sa première application, « Piméné », sur le planeur *Sylphe*, modifié en juillet 1949. Turboméca devient l'un des leaders mondiaux du secteur. L'entreprise se caractérise par sa pratique de l'hybridation technique, avec le recours aux ingénieurs allemands, puis anglais, et l'habitude de donner aux moteurs des toponymes régionaux, une manière, pour Szydlowski, de célébrer le Béarn, son pays d'adoption. Citons parmi ses plus grands succès : les moteurs « Marboré », 1952 (Fouga Magister), « Artouste », 1955 (Alouette II), « Turmo », 1965 (Puma), « Adour » (Jaguar, avion franco-britannique), « Larzac », 1973, construit en collaboration avec la SNECMA et l'Allemagne, pour équiper l'Alpha-Jet, enfin le plus connu, le moteur Ariel, qui eut de multiples applications sur hélicoptères. Dynamique, inventif autant que colérique, Joseph Szydlowski est remplacé à la tête de l'entreprise, après sa mort, par sa fille, Nadia Meton ; mais elle décède accidentellement en 1996. En 2000, Turboméca, désormais groupe international, est intégré à la SNECMA, rejoignant, en 2005, le groupe Safran nouvellement créé. Inaugurée en mars 2010 par le président de la République, la nouvelle usine de Bordes a été baptisée « Usine Joseph Szydlowski », en hommage à son fondateur.

Anne-Françoise Garçon

T

TAGLIONI Philippe. — *Voir* DANSEURS ET DANSEUSES ITALIENS.

TAGLIONI Marie. — *Voir* DANSEURS ET DANSEUSES ITALIENS.

TAHA Rachid

Chanteur de raï et de world music. – Né le 18 septembre 1958 à Oran, alors France, aujourd'hui Algérie.

Rachid Taha arrive en France à l'âge de dix ans avec ses parents qui s'installent en Alsace, puis dans les Vosges, à Lépanges-sur-Vologne. Enfant agité, il se retrouve en pension. À ce moment-là, il commence à apprendre à écrire et à parler l'arabe littéraire, notamment à travers les chansons d'Oum Kalsoum. Il entreprend des études de comptabilité, enchaîne les petits métiers et part à Lyon, où il travaille en usine. Il y rencontre Mohammed et Moktar Amini, avec qui il forme le groupe Carte de Séjour en 1980. Ce groupe de rock maghrébin intègre, à travers sa musique, la double culture, orientale et française. Ils prolongent ce syncrétisme dans le langage qu'ils inventent, le « Rhorho », mélange d'arabe et de français (premier album : *Rhorhomanie*, en 1984). Leurs textes racontent le racisme quotidien, les problèmes des banlieues, la difficulté d'intégration ; ils revendiquent la tolérance et le mélange des cultures. Actif dans le milieu associatif, le groupe participe à la Marche des Beurs, qui traverse la France de Marseille à Paris, en 1983. En 1986, la reprise de la chanson de Charles Trenet, *Douce France*, avec une sonorité raï, devient la musique emblématique de leurs idées et de la volonté de faire entendre la voix des jeunes issus de la deuxième génération d'immigrés en France. En compagnie de Jack Lang et de Charles Trenet, ils la distribuent aux députés. Le groupe se sépare en 1989 et Rachid Taha entame une carrière solo, où la question de ses origines tient une place importante. Dans son album *Dîwan* (1998), il rend hommage aux pionniers du raï, les chanteurs de chaâbi Farid el Atrache, Akli

Yahiatène, El Hadj el-Anka, Dahmane El Hanachi, etc. On le sent aussi écartelé entre une culture occidentale, très rock avec ses guitares saturées, et orientale, avec le rythme, la mélodie et les instruments traditionnels comme dans sa chanson *Ida* (1998), même si, de fait, ce chanteur engagé prône la fusion. Il participe, en 1998, à la tournée 1,2,3 Soleil aux côtés de Khaled et de Faudel. En 2009, il sort un disque très pop, *Bonjour*, écrit avec Gaëtan Roussel, qui mêle chaâbi algérien, folk, country et même quelques guitares de flamenco.

Laurent Martino

TAHARA Keiichi

Photographe. – Né le 20 août 1951 à Kyoto, Japon.

Keiichi Tahara est né, a grandi et s'est formé à la photographie au Japon, où il réside aujourd'hui la plupart du temps. Mais c'est en France, où l'a conduit l'aventure d'une troupe de spectacle, qu'il fait, au début des années 1970, de la photographie son art. En 1977, les Rencontres d'Arles le révèlent au public des amateurs. Il continuera à circuler entre ses deux pays de cœur, travaillant en particulier pour des entreprises japonaises implantées en France (Issey Miyake, Yohji Yamamoto). Reconnu pour ses photographies d'architecture, il s'affirme son originalité à partir des années 1990 par ses « light scapes » et ses « sculptures de lumière », temporaires (*Combat du dragon*, Angers, 1993) ou permanentes (*Échos de lumière*, canal Saint-Martin, Paris ; *Jardin Niwa*, Maison européenne de la photographie, Paris, 2001…).

Pascal Ory

TAÏRA Yoshihisa

Compositeur. – Né le 3 juin 1937 à Tokyo, Japon ; mort le 13 mars 2005 à Paris, France.

Arrivé en France en 1966, après des études à l'université des arts de Tokyo, Yoshihisa Taïra a suivi au Conservatoire de Paris l'enseignement d'André Jolivet, d'Henri Dutilleux et d'Olivier Messiaen. Sa conception de la musique est émotionnelle, liée au sentiment de la nature, relevant plus de l'instinct que du raisonnement ou de la théorie. La harpe, la flûte et les percussions tiennent une place importante dans ses compositions, parmi lesquelles on peut citer *Hiérophonies* pour quatre violoncelles (1969-1974), *Maya* pour flûte basse (1972), *Chromophonie* (1973), *Méditations* (1977), *Érosion I* pour flûte et orchestre (1980), *Flautissimo* pour trente-deux flûtes (1988), *Ji-ku Jinkan* (1999), *Diffraction* (1996), *Réminiscence* (1998) et *Retour* (2003). Naturalisé français, titulaire de nombreux prix et distinctions, il a enseigné à l'École normale de musique de Paris.

Didier Francfort

TAKANO Takao, *dit* Taka

Cuisinier. – Né à Kofu, Japon.

Takao Takano commence à Tokyo des études de droit. Passionné de cuisine – qu'il explore à travers le travail du chef japonais Kiyomi Mikuni, élève d'Alain Chapel et des frères Troisgros –, il abandonne en 1999 ses études pour entrer comme commis chez le chef Morishige, formé en France chez Taillevant et Veyrat. Il décide de venir en France, « source de la haute gastronomie ». Fin 2002, il arrive à Lyon avec un visa d'étudiant, et se fait engager chez le jeune chef Nicolas Le Bec. Ne maîtrisant pas le français, il observe les gestes puis progresse très vite. Second de Le Bec, il lui succède en 2010 (« Le Bec et Taka »). Dès 2011, il obtient une étoile Michelin. En 2013 il aura une adresse à son seul nom.

Julia Csergo

TANGE Kenzo

Architecte. – Né en 1913 au Japon ; mort le 22 mars 2005 à Tokyo, Japon.

Diplômé de l'université de Tokyo en 1938, Kenzo Tange est sans doute l'architecte le plus influent de sa génération au Japon, couronné du prix Pritzker en 1987. En France, il reçoit d'un maître d'ouvrage privé la commande d'un complexe commercial (achevé en 1991) place d'Italie à Paris, et réalise à Nice, pour le conseil général des Alpes-Maritimes, le musée des Arts asiatiques (achevé en 1998).

Gérard Monnier

TANSMAN Alexandre

Compositeur. – Né le 12 juin 1897 à Łódż, alors Empire russe, aujourd'hui Pologne ; mort le 15 novembre 1986 à Paris, France.

Après des études musicales classiques à Łódż et à Varsovie, où il obtient un premier prix de composition, Alexandre Tansman arrive à Paris au début des années 1920 et y rencontre Igor Stravinski. Esprit curieux, cosmopolite, parlant de nombreuses langues, il voyage énormément, rencontre Gandhi, écoute du jazz, affectionne particulièrement le pianiste Art Tatum. En 1927, il dédie son deuxième concerto pour piano à son ami Charlie Chaplin. Il est un des représentants les plus écoutés de l'« École de Paris », avec Tibor Harsányi et Marcel Mihalovici. Il est également proche de Vladimir Jankélévitch.

Il a composé plusieurs centaines d'œuvres, dont la diversité apparaît dès ses premières compositions : on trouve, en effet, des *Mélodies japonaises* (1918), un opéra, *La Nuit kurde* (1927), ou une *Rapsodie hébraïque* (1933). Son catalogue comprend, entre autres, neuf symphonies, des oratorios, huit quatuors et d'étonnantes pièces pour guitare seule, parmi lesquelles, après la *Cavatine* (1951) ou l'*Hommage à Chopin* (1966), apparaît un *Hommage à Lech Walesa* composé en 1982.

Didier Francfort

TARO Gerda

Photographe. – Née le 1er août 1910 à Stuttgart, Allemagne ; morte le 26 juillet 1937 à Madrid, Espagne.

Morte à vingt-sept ans écrasée par un char, Gerda Taro est, symboliquement, morte au combat du photojournalisme, dans lequel elle avait jeté toute son énergie, à la fois artistique et politique. Née en Allemagne dans une famille juive originaire de Galicie, elle choisit l'exil à l'arrivée d'Hitler, s'installe à Paris, où elle fait la rencontre du jeune photographe hongrois Endre Ernö Friedmann, futur Robert Capa. Leurs deux destins s'associent et c'est à sa suite qu'elle plonge, en 1936, dans la guerre d'Espagne, envoyée comme lui dans le camp républicain par la presse communiste française, alors en plein essor (quotidien *Ce soir*, dirigé de fait par Louis Aragon). Sa figure, restée dans l'ombre (de Capa et de la mort), n'a resurgit que récemment.

Pascal Ory

TARTA Alexandre (Alexandre Tartakovsky)

Réalisateur de télévision. – Né le 1er juin 1928 à Moscou, alors URSS, aujourd'hui Russie.

Après des études à l'Institut des hautes études cinématographiques et un passage comme assistant au cinéma, Alexandre Tarta intègre la RTF en 1951. À partir de 1953, il se spécialise comme réalisateur d'émissions en direct, aussi bien des jeux ou des variétés ou des dramatiques que des reportages. Suivant de près les évolutions techniques, il les utilise pour réaliser parfois dans des conditions extrêmes (d'un sous-marin, d'un porte-avions, en altitude…). Il fait partie de l'équipe de l'Eurovision qui participe, en 1969 à Houston, à la réalisation et à la diffusion du premier « alunissage ».

Patrick Eveno

TASCA Angelo

Homme politique et publiciste. – Né le 19 novembre 1892 à Moretta, Italie ; mort le 3 mars 1960 à Châtillon, France.

D'origine ouvrière, Angelo Tasca, syndicaliste, participe à la fondation du Parti communiste italien. Réfugié en France en 1926, membre de la direction du Komintern, il est exclu en 1929 pour son opposition à Staline. Un temps rédacteur en chef de l'hebdomadaire d'Henri Barbusse *Monde*, il adhère, en 1934, à la SFIO et au Parti socialiste italien en exil, où il anime l'aile hostile aux communistes. Il signe « André Leroux » la rubrique de politique étrangère du *Populaire*, très suivie, et « A. Rossi » *La Naissance du fascisme*, ouvrage publié en 1938 par Gallimard. Embauché par Jean Giraudoux dans les services de la propagande, il y reste sous Vichy, tout en participant à un réseau de Résistance. Après guerre, dans le cadre de la guerre froide, il utilise l'énorme documentation qu'il a accumulée pour des livres sur l'histoire du PCF, comme *La Guerre des papillons* en 1954, ou sur le pacte germano-soviétique, suscitant des polémiques, mais faisant autorité. Il est le père de Catherine Tasca, administratrice et femme politique.

Éric Vial

TAYLOR John et Philip

Ingénieurs des mines et mécaniciens. – John Taylor : né le 22 août 1779 à Norwich, Royaume-Uni ; mort à le 5 avril 1863 à Londres, Royaume-Uni. Philip Taylor : né en 1786 à Norwich, Royaume-Uni ; mort le 1er juillet 1870 à Marseille, France.

Fils de John Taylor, filateur à Norwich, les frères Taylor fondent en France deux des entreprises majeures de la France industrielle des XIXe et XXe siècles : la Société des laminoirs et fonderies de Pontgibaud, d'une part, les Forges et chantiers de la Méditerranée d'autre part. Ingénieur des mines et géologue de très haute réputation, membre de la Royal Society, l'un des fondateurs de l'université de Londres et de la British Association for the Advancement of Science, John, l'aîné, dirige la société John Taylor and Sons, une entreprise de très grande envergure spécialisée dans le management des exploitations minières. C'est à ce titre que, entre 1845 et 1855, il investit, avec les banquiers Ernest André et Alphonse Marcuard, dans la Compagnie des mines de Pontgibaud en Auvergne et modernise cette société, destinée à devenir, au XXe siècle, la quatrième entreprise française productrice de cuivre, laiton et plomb, avec pour clients principaux les chemins de fer, l'armée, la marine et les chantiers navals.

Philip, le cadet, débute avec son frère, d'abord comme directeur de mine à la Wheal Friendship, puis dans l'atelier de Startford, dans la banlieue de Londres. Déjà, il fréquente Louis Gay-Lussac, François Arago et Jean-Baptiste Say et, comme la plupart des ingénieurs innovateurs de ce temps, dépose de multiples brevets : gaz d'éclairage, chaudière à haute pression, machine à vapeur. Il s'installe en France en 1828, après la faillite de l'entreprise qu'il avait fondée en 1825 avec John Martineau, son cousin. En 1832, il est à Vienne, en Isère, chez les Frèrejean-Blumenstein, qui furent parmi les premiers à maîtriser la fonte au coke en France, et y installe avec succès le tout nouveau procédé de récupération des gaz chauds. Puis, en 1834, il s'installe à Marseille et, avec l'aide de John, fonde les ateliers de construction et de réparation mécaniques de Menpenti. En 1845, il reprend les chantiers navals Lombard, de la Seyne-sur-Mer, et, en 1847, il s'adjuge les forges de la Capelette, en même temps qu'il fonde la société Philip Taylor et Fils. En 1852, il recrute François Bourdon, inventeur, en 1841, du marteau-pilon à vapeur, qui dirigeait les ateliers de construction mécanique du Creusot. Enfin, en 1853, il reçoit le soutien financier d'Ernest André et Adolphe Marcuard pour intégrer l'ensemble, sous le nom de Forges et chantiers de la Méditerranée, repris ensuite par Armand Behic, polytechnicien, directeur des Forges de Vierzon, président du Conseil d'administration de la Compagnie des messageries nationales et futur ministre de l'Agriculture, du Commerce et des Travaux publics, qui en fait l'un des pôles majeurs de la construction navale. Lié aux Say par sa belle-fille, chevalier de la Légion d'honneur en 1846, Philip Taylor n'a jamais été naturalisé, contrairement à son fils, du même nom, également ingénieur en mécanique, qui le fut en 1848.

Anne-Françoise Garçon

TCHÈQUES ET SLOVAQUES

Rares sont les Tchèques et les Slovaques, alors autrichiens, qui, comme le mime Jean-Baptiste-Gaspard DEBURAU (1796-1846) ou le compositeur Antoine-Joseph REICHA, s'installent en France au début du XIXe siècle. C'est surtout à partir des années 1850 que viennent travailler à Paris des artisans, puis des ouvriers et des jardiniers. Quelques dizaines d'entre eux participent même à la défense de la ville lors de la guerre franco-prussienne de 1870. Des restaurateurs, des tailleurs, des fourreurs ou encore des cordonniers privilégient le Palais-Royal et son quartier, mais s'établissent aussi près de l'Opéra ou des Grands Boulevards. En 1914, plus de 3 000 personnes, surtout des Tchèques, vivent en France, dont 2 000 environ dans la capitale et sa région. Dans le Nord industriel et minier, à Lens ou à Barlin par exemple, de même qu'en Alsace (Strasbourg) et en Lorraine (Merlebach) alors allemandes, quelques familles tchèques s'installent au début des années 1900. Des villes comme Bordeaux accueillent, quant à elles, des tailleurs et autres artisans.

À Paris, une petite communauté se structure autour d'associations comme la Česko-Moravská Beseda (« Cercle tchéco-morave »), dès 1862, puis le Sokol de Paris (groupe de gymnastes nationalistes) qui lui succède en 1891, ou encore Rovnost (« Égalité », librepenseuse et socialiste). Se réunissant dans les cafés et restaurants tenus par des compatriotes qui proposent une gastronomie tchèque, elles accueillent les nouveaux venus pour les aider à trouver travail et logement et se donnent une mission d'entraide. Le Sokol participe même activement à l'amitié municipale qui lie Paris et Prague, à partir de 1889. Pendant que des étudiants se forment en Sorbonne ou à l'École des sciences politiques, comme le futur président tchécoslovaque Edvard Beneš, qui soutient, en 1908, une thèse de droit à Dijon tout en fréquentant Rovnost, des artistes font de longs séjours en France : ce sont Jaroslav ČERMÁK (1831-1878) et Václav BROÍK (1851-1901), peintres d'histoire, Soběslav PINKAS (1827-1901), proche de l'École de Barbizon, Vojtěch HYNAIS (1854-1925), le paysagiste Antonín CHITUSSI (1847-1891) entre 1879 et 1885, puis le portraitiste Rudolf VÁCHA (1860-1939) entre 1889 et 1908. Alfons MUCHA, à Paris entre 1887 et 1904, y dessine notamment les affiches de théâtre de Sarah Bernhardt. František KUPKA, fixé définitivement en France en 1895, est un des créateurs de l'abstraction en peinture et ses affinités anarchistes en font un collaborateur régulier de *L'Assiette au beurre* de 1901 à 1907. Citons aussi Otto GUTFREUND (1889-1927), sculpteur cubiste arrivé en 1909, le sculpteur Josef MAŘATKA (1874-1937), qui travaille auprès de Rodin dans les années 1900, ou encore Otakar Kubín, naturalisé en 1926 sous le nom Othon COUBINE (1883-1969). Le compositeur Bohuslav MARTINŮ (1890-1959) vivra longuement à Paris.

Dès le début de la Première Guerre mondiale, les associations, rassemblées en un Comité de la colonie et des volontaires tchèques, encadrent l'enrôlement de 600 volontaires dans une compagnie tchèque de la Légion étrangère. À l'automne, la colonie obtient des autorités françaises le droit de délivrer des cartes d'identité tchèque permettant à leurs titulaires de n'être plus considérés comme des ressortissants d'un pays ennemi. Consulat sans État, elle lève aussi des fonds pour les soldats et leurs familles, accueille les permissionnaires de passage à Paris et organise une propagande destinée à permettre la fondation d'un État indépendant par des conférences et des journaux. Émanation du milieu des artisans du Palais-Royal, elle compte aussi dans ses rangs des artistes, tels que František Kupka, qui en est le président à partir de 1915. En 1917, la colonie tchèque devient « tchécoslovaque », suivant en cela l'émigration politique qui a fait de Paris son centre en y installant un Comité national tchécoslovaque (CNT), présidé par les futurs fondateurs de l'État, Tomáš MASARYK (1850-1937), Edvard BENEŠ (1884-1948) et Milan ŠTEFÁNIK (1880-1919). La participation aux combats, notamment lors de la bataille de la Targette, près d'Arras, le 9 mai 1915, décime la communauté parisienne, mais ancre symboliquement ces Tchèques et Slovaques sur le territoire français. La colonie participe aussi à la formation d'une armée tchécoslovaque en 1917-1918 en aidant le CNT à enrôler les immigrants.

En mars 1920, après l'Italie et la Pologne, la France signe avec le jeune État tchécoslovaque une convention d'immigration pour répondre à ses besoins de main-d'œuvre. Ceux qui ont obtenu un contrat de travail reçoivent une carte de travailleur, et arrivent souvent en convois ferroviaires via le centre de Toul. Leurs effectifs restent toutefois modestes, passant, selon les recensements français, à près de 5 500 personnes dès 1921, puis à 33 000 en 1926 ; ils atteignent probablement un pic d'environ 75 000 personnes en 1930, maximum qui ne sera jamais plus dépassé. Avec la crise économique, beaucoup sont frappés par la montée du chômage et souvent contraints au retour au pays. L'immigration reste alors surtout masculine ; les femmes ne représentent qu'un tiers des Tchèques et des Slovaques dans les années 1920, près de 45 % dans la décennie suivante. Cette immigration est essentiellement ouvrière. Les ouvriers agricoles sont dispersés partout en France : des Slovaques, devenus majoritaires, sont recrutés depuis Bratislava par une Mission française d'immigration en Europe centrale, créée par le ministère de l'Agriculture en 1929. Les ouvriers de l'industrie travaillent en banlieue parisienne (Argenteuil, Gennevilliers, Colombes ou Suresnes), dans le Nord-Pas-de-Calais (Sallaumines, Méricourt, Lens ou Guesnain), en Lorraine (Villerupt, Merlebach) ou dans d'autres villes industrielles (La Grand Combe dans le Gard, Vianne dans le Lot-et-Garonne, Pontigny dans le Calvados par exemple). Souvent mineurs, ces ouvriers travaillent aussi dans la sidérurgie, l'automobile, tandis que d'autres sont recrutés pour leur savoir-faire (des verriers par exemple). Dans certaines de ces communes, la présence tchécoslovaque s'élève à plusieurs centaines d'immigrants, faisant d'eux l'une des premières communautés d'étrangers ; c'est le cas à Merlebach, Vianne, ou encore Argenteuil où vivent plus de 1 500 Slovaques vers 1930.

Tout au long de l'entre-deux-guerres, la colonie et les associations animent la vie collective des immigrants tchécoslovaques en France, avec l'aide financière de l'État tchécoslovaque. Bibliothèques associatives, journaux de la colonie, troupes théâtrales, associations musicales, équipes de football ou groupes de gymnastique, cours de langue et de culture pour les enfants, dispensés par un instituteur ou une institutrice tchécoslovaque, célébration de la fête nationale chaque 28 octobre, soirées entre compatriotes, messes dans leur langue à Paris, Argenteuil et partout où la mission catholique ou protestante envoie ponctuellement un prêtre ou un pasteur sont autant d'initiatives qui rapprochent les immigrants vivant dans les mêmes lieux, la même cité minière, la même rue ou le même hôtel meublé. L'entraide au sein de la communauté, localement comme à l'échelle du territoire français tout entier, devient centrale : en 1929, la colonie devient une société de secours mutuel, ouvrant un dispensaire à Paris en 1930, assurant des services divers (traductions, informations sur la législation ou le marché de l'emploi français) ou encore créant un fonds de solidarité pour les mineurs en 1934. Comme avant 1914, cette période donne l'occasion aux Tchécoslovaques de partager la vie des autres immigrés, en particulier les Polonais avec lesquels certain(e)s compatriotes se marient, mais aussi de côtoyer les Français, et notamment les collègues ouvriers ; certains immigrants rejoignent alors la CGT ou la CGTU, en banlieue parisienne ou dans le Pas-de-Calais. Avec les années, la France apparaît de moins en moins comme une terre étrangère et les procédures de naturalisation, qui existaient déjà à Paris avant 1914, sont plus fréquentes.

Les années 1938-1940 sont un tournant. Les Tchécoslovaques de France tentent de soutenir leur pays natal menacé par l'Allemagne hitlérienne. Des quêtes sont organisées pour offrir un appui financier, et une activité de propagande rappelle celle de la Grande Guerre : conférences, soirées à la Mutualité parisienne ou journaux doivent mobiliser les immigrants et alerter l'opinion et les autorités françaises. Mais à l'automne 1938, les accords de Munich signés par la France livrent à Hitler la région des Sudètes. En mars 1939, la disparition de la Tchécoslovaquie, divisée entre un État slovaque inféodé à l'Allemagne et le protectorat de Bohême-Moravie, provoque l'afflux en France de quelque 6 000 réfugiés. En septembre, après la déclaration de guerre, les hommes valides sont enrôlés et intègrent une armée tchécoslovaque reconstituée et organisée en France par l'ambassadeur Štefan OSUSKÝ (1889-1973) et le président en exil Beneš ; plus de 10 000 conscrits s'entraînent à Agde avant de partir combattre, début juin 1940, quelques jours avant la défaite française. Après celle-ci, les choix et les parcours divergent. Quelques-uns rejoignent la Résistance, qu'il s'agisse des FTP-MOI (Francs-tireurs et partisans–Main-d'œuvre immigrée) ou de la Résistance non communiste illustrée par le Sokol. Les actions menées sont diverses, allant des sabotages aux attentats contre les forces d'occupation allemandes, puis à la participation armée aux combats de la libération de Paris ; le protestant Josef FIŠERA (1912-2005) crée à Vence la Maison d'accueil chrétienne pour enfants, qui permet de sauver de la déportation des centaines d'enfants juifs. De nombreux Slovaques décident de rentrer au pays : entre 1941 et 1944, 6 000 d'entre eux, environ, rallient l'État slovaque indépendant. À la Libération, après une nouvelle vague de retours, les effectifs de la communauté tchécoslovaque de France se trouvent extrêmement réduits.

À partir de février 1948, avec l'arrivée au pouvoir des communistes, qui font de la Tchécoslovaquie une démocratie populaire, les premiers exilés politiques arrivent en France, mais la guerre froide limite rapidement ce flux migratoire. Alors que, en 1946, sont encore recensés 19 000 Tchécoslovaques en France, ils ne sont plus que 2 900 en 1975 (si l'on ne compte pas 10 500 personnes devenues françaises par acquisition). Avec la disparition progressive des générations d'avant-guerre, la diversification professionnelle et la dispersion géographique, l'assimilation s'accélèrent. Sur le plan politique, une opposition durable divise, jusqu'en 1989, les Tchécoslovaques de France. Ceux qui soutiennent le régime tout en étant restés en France bénéficient, via l'Association des originaires de Tchécoslovaquie, des subsides de l'ambassade et conservent un lien avec leur pays d'origine où ils retournent en vacances. Ce lien est pratiquement rompu pour les autres, regroupés au sein du Sokol et de l'Association des anciens volontaires tchécoslovaques, proches des missions catholiques tchèques ou slovaques. Artur LONDON (1915-1986), qui fut résistant à Paris avec sa femme Lise Ricol avant d'être l'un des accusés du procès de Prague de 1952, quitte la Tchécoslovaquie en 1963 et relate, dans *L'Aveu*, son expérience ; le film de Costa-Gavras qui en est tiré, en 1970, connaît un grand succès. De nouveaux exilés arrivent après l'échec du Printemps de Prague en 1968. Parmi eux, le poète Petr KRÁL (né en 1941) s'installe à Paris dès 1968. Le romancier et écrivain Milan KUNDERA, arrivé en 1975, fait ainsi de la France son « deuxième pays natal » et choisit d'écrire en français à partir des années 1990. Josef KOUDELKA, dont les photographies de l'invasion soviétique de son pays en août 1968 font le tour du monde, quitte la Tchécoslovaquie en 1970 pour s'établir en France et être naturalisé dans les années 1980. On peut encore citer l'historien dissident Karel BARTOŠEK, arrivé en 1982 et dont le livre *Les Aveux des archives*, en 1996, dévoile notamment les liens financiers entre le PCF et le régime tchécoslovaque, ou encore Patrik OUŘEDNÍK (né en 1957), poète, traducteur et romancier exilé à Paris en 1984, auteur, en 2001, du remarqué et inclassable *Europeana. Une brève histoire du XXe siècle.*

Après 1989 et la « Révolution de Velours » en Tchécoslovaquie, de nombreux descendants d'immigrants redécouvrent leurs origines et le pays des (grands-)parents. Certains réinvestissent des associations devenues apolitiques, mais restées « tchéco-slovaques », malgré la séparation du pays en deux États nationaux, en 1993. Des Tchèques et des Slovaques séjournent de nouveau en France pour des raisons universitaires ou professionnelles ; parmi eux, mentionnons le compositeur Krystof MAŘATKA (né en 1972, petit-fils de Josef Mařatka), qui s'installe en France en 1994. L'Insee n'en dénombre que 5 000 en 1999, mais la tendance se confirme depuis l'adhésion de la République tchèque et de la Slovaquie à l'Union européenne, en mai 2004.

Jean-Philippe Namont

Bibl. : MARES Antoine, KASPI André, *Le Paris des étrangers depuis un siècle*, Paris, Imprimerie nationale, 1990 • NAMONT Jean-Philippe, *La Colonie tchécoslovaque. Une histoire de l'immigration tchèque et slovaque en France (1914-1940)*, Paris, Institut d'études slaves, 2011 • PRAVDOVA Anna, *Les Artistes tchèques en France, de la fondation de la Tchécoslovaquie à la fin de la Seconde Guerre mondiale*, Lille 3, ANRT, 2005.

TÉLÉMAQUE Hervé

Peintre. – Né le 5 novembre 1937 à Port-au-Prince, Haïti.

Figure de proue de la « figuration narrative », Télémaque naît dans la capitale haïtienne au sein d'une famille bourgeoise appréciant la littérature et l'art. Son grand-père a fondé deux revues indigénistes et son oncle, Carl Brouard, est l'un des poètes haïtiens de la négritude. L'année où François Duvalier prend le pouvoir, Télémaque part étudier à New York, convaincu que, dans ce pays d'émigrés, la liberté d'expression est plus grande qu'ailleurs. À l'Art Student's League, il suit l'enseignement de Julian Levi, entre 1957 et 1960. S'il choisit de quitter New York pour Paris en 1961, prenant ainsi le contrepied de la tendance de l'époque, c'est parce qu'il supporte de moins en moins le racisme ambiant et le climat de haine à l'égard du Cuba issu de la révolution castriste. À Paris, il fréquente un temps les surréalistes. Lors d'une participation au Salon latino-américain, il rencontre Bernard Rancillac, Peter Klasen, Jan Voss, avec qui il conçoit l'exposition *Mythologies quotidiennes*, en 1964, qui voit la naissance du courant de la figuration narrative, en opposition à l'abstraction comme au Pop Art américain. Outre plusieurs expositions en galerie, une rétrospective de ses œuvres est présentée au musée d'Art moderne de la Ville de Paris en 1976 et plusieurs commandes publiques lui sont passées. Naturalisé français en 1985, Télémaque est fait chevalier de la Légion d'honneur en 2006. Il retourne en Haïti une première fois, en 1973, puis en 1991 après l'élection de Jean-Bertrand Aristide : les couleurs nationales, bleu et rouge, sont à l'honneur dans l'île et se retrouvent dans ses toiles. L'année suivante, l'Institut français organise sa première exposition à Port-au-Prince. Après le séisme de 2010, Télémaque a parrainé l'appel de fonds lancé par la Maison des artistes français afin d'aider les plasticiens haïtiens. Plusieurs critiques, en particulier Philippe Dagen, pointent la forte intrication entre culture française, identité haïtienne et racines africaines dans ses créations plastiques.

Julie Verlaine

TÉRIADE (Stratis Eleftheriadis)

Éditeur d'art. – Né le 2 mai 1897 à Varia, Grèce ; mort le 23 octobre 1983 à Paris, France.

Arrivé en France pendant la Première Guerre mondiale, Tériade fait ses premiers pas comme critique d'art, avant de devenir le directeur artistique de la revue *Minotaure*, éditée par Albert Skira. En 1937, il lance seul la revue *Verve* et, à partir de 1943, sa maison d'édition. Moins de trente titres publiés en une trentaine d'années : du *Divertissement* de Rouault au *Jazz* de Matisse, chaque livre signé Tériade est un événement. Alice, sa veuve, a légué au musée Matisse du Cateau-Cambrésis une importante collection d'œuvres des artistes que Tériade avait édités et dont il était devenu l'ami, de Pablo Picasso à Juan Miró.

Pascal Ory

TERSLING Hans-Georg

Architecte. – Né le 7 décembre 1857 à Karlebo, Danemark ; mort le 13 novembre 1920 à Menton, France.

Diplômé, en 1879, de l'Académie d'architecture de Copenhague, il est à Menton en 1887, où il s'impose auprès de l'élite qui fréquente la Riviera (l'impératrice Eugénie, les Masséna, Élisabeth d'Autriche…) et devient un des principaux maîtres d'œuvre du secteur, entre 1890 et 1914. Son architecture est dans la norme de l'historicisme académique du moment. Ses principales réalisations sont des grands hôtels : hôtel Métropole de Monte-Carlo, en 1888, Grand-Hôtel du Cap-Martin en 1890, hôtel Bristol à Beaulieu-sur-mer en 1898, Hôtel du Golf à Sospel en 1900… On lui doit aussi des villas au Cap-Martin, à Cap-d'Ail, à Villefranche-sur-Mer, à Nice. À Menton, il aura construit le palais Carnoles en 1896, l'église russe en 1900, le marché couvert en 1903, le palais Viale en 1906, le Palais de l'Europe (aujourd'hui) en 1908, l'Hôtel impérial en 1913. À Paris, il est l'architecte, en 1905, de l'hôtel particulier Hériot.

Gérard Monnier

THEODORAKIS Mikis

Musicien. – Né le 29 juillet 1925 sur l'île de Chios, Grèce.

Auteur, compositeur et interprète, Mikis Theodorakis restera comme la grande voix de la Grèce du XXe siècle, d'abord pour son engagement politique à gauche, en particulier pendant la dictature des colonels (1967-1974), ce qui lui vaudra d'être élu au Parlement grec et même, dans les années 1990, ministre sans portefeuille. Mais son aura est, dans son pays, plus grande encore, grâce à une œuvre polymorphe, qui va de la chanson à l'opéra, en passant par la musique de film (*Zorba le Grec* de Michael Cacoyannis, 1964). La France est très présente dans sa vie, d'abord comme lieu de formation, au Conservatoire de Paris dans les années 1950, puis comme terre d'exil et de lutte contre la dictature, entre 1970 et 1974, enfin, à plusieurs reprises depuis lors, comme lieu d'une retraite très active.

Pascal Ory

THIBEAULT Fabienne

Chanteuse. – Née le 17 juin 1952 à Montréal, Canada.

Découverte par le grand public grâce à l'opéra-rock *Starmania* (1978), Fabienne Thibeault a su construire une carrière durable, aidée par la qualité de ses paroliers et compositeurs, de Luc Plamondon à Daniel Balavoine – sans oublier elle-même (*Je veux qu'on m'aime*). Installée à demeure en France depuis 1985, elle s'y est imposée comme une figure populaire, proche de la nature (*Notre terre*, présentée comme une « comédie musicale des terroirs »).

Pascal Ory

TILLEUX Maurice. — *Voir* BELGE DE LA BANDE DESSINÉE, école.

TINGUELY Jean

Sculpteur. – Né le 22 mai 1925 à Fribourg, Suisse ; mort le 30 août 1991 à Berne, Suisse.

Membre du groupe des Nouveaux Réalistes dans les années 1960 à Paris, Jean Tinguely a contribué à redéfinir la sculpture contemporaine et son lien au public. Il passe son enfance à Bâle. Il est marqué par les bombardements de 1940 et développe une sensibilité politique de gauche, fréquentant les milieux communistes et anarchistes, souvent clandestins. Élève de l'École d'arts appliqués de Bâle, il devient décorateur et réalise les vitrines de commerces bâlois avant de rejoindre, à Paris, son ami Daniel Spoerri. Domicilié en Suisse, mais résidant à Paris ou en région parisienne, il devient un membre actif de l'art contemporain en France, où il expose à la galerie Iris Clert avec Yves Klein. Il réalise ses *Méta-matics*, machines à peindre qui font sensation à la Biennale de Paris en 1959. Vivant et travaillant avec une autre membre du groupe des Nouveaux Réalistes, Niki de Saint Phalle, il présente, dans l'espace urbain, plusieurs sculptures monumentales, animées par des mécanismes (*Fontaine Stravinsky* du Centre Georges-Pompidou, Paris, 1983) ou statiques (*Le Paradis fantastique*, pour le toit du pavillon français à l'Exposition universelle de Montréal en 1967). Instruments de provocation face au consumérisme et au culte du progrès, mais également évocation de l'éternel esprit de Sisyphe, ses œuvres sont à la fois festives et morbides. *La Tête* (*Cyclop*, 1969-1994), érigée en forêt de Fontainebleau, est conçue comme une immense « station culturelle », associant d'autres artistes comme Jesus Rafael Soto, Arman et Éva Aeppli. C'est la Suisse, et non la France où il a vécu en majorité, qui a rendu hommage à l'artiste à la fin de sa vie. Fribourg et Bâle ont rivalisé d'initiatives, comme l'octroi de la bourgeoisie d'honneur (1985) et la création de musées consacrés à la présentation de son œuvre. Le musée Tinguely de Bâle, financé par un grand groupe pharmaceutique et dont une grande part des collections vient de la succession Tinguely, don de Niki de Saint Phalle, a ouvert ses portes en 1996. Deux ans plus tard, Fribourg a inauguré un Espace Tinguely-Niki de Saint Phalle présentant des œuvres majeures des deux artistes.

Julie Verlaine

TITS Jacques

Mathématicien. – Né le 12 août 1930 à Uccle, Belgique.

Fils d'un mathématicien belge, Jacques Tits mène sa scolarité à l'Athénée d'Uccle, où il est remarqué pour sa précocité en mathématiques, puis fait ses études à l'Université libre de Bruxelles. Il y obtient en 1950, dès l'âge de vingt ans, un doctorat de mathématiques, le sujet de sa thèse étant consacré aux groupes projectifs triplement transitifs. Il mène d'abord une carrière de chercheur en Belgique, comme boursier du fonds national de la recherche scientifique, assistant puis professeur à l'université de Bruxelles, de 1956 à 1964. Il est ensuite pendant dix ans professeur à l'université de Bonn. En 1973, il est fait professeur associé au Collège de France, où il devient titulaire, en 1975, de la chaire des théories des groupes, qu'il occupe jusqu'à sa retraite en 2000. Correspondant pour la section de mathématiques de l'Académie des sciences en octobre 1977, il en est fait membre en 1979. Auteur d'une œuvre qui porte principalement sur la théorie des groupes et la géométrie, il bénéficie d'une reconnaissance internationale et reçoit, en compagnie de John Thompson, le prix Abel 2008, la plus prestigieuse des distinctions en mathématiques. Il est naturalisé français en 1974.

Anne Rasmussen

TODOROV Tzvetan

Linguiste et essayiste. – Né le 1er mars 1939 à Sofia, Bulgarie.

Tzvetan Todorov est un intellectuel aux vastes horizons, à la fois linguiste, sémiologue, philosophe, historien et anthropologue. Il naît dans une famille cultivée de Sofia. Son père, professeur d'université, subit une vague d'épuration du régime communiste en 1948. Tzvetan Todorov, pour sa part, après avoir fréquenté le lycée russe qui forme les cadres du Parti, perd la « foi communiste » à l'âge de vingt-quatre ans, ce qui participe à la distance qu'il met entre lui et son pays natal, mais aussi à l'intérêt qu'il porte aux aspects linguistiques dans ses études de philologie slave et bulgare : l'approche formaliste des textes permet d'échapper à la censure idéologique. En 1963, l'opportunité d'aller étudier à Paris pendant un an s'offre à lui. Après d'âpres recherches pour trouver l'interlocuteur qui lui permettrait de travailler sur la théorie littéraire, la stylistique générale et la linguistique, il entre en relation avec un maître-assistant à la Sorbonne : Gérard Genette. Ce dernier l'introduit au séminaire de Roland Barthes, à la sixième section de l'École pratique des hautes études, au cours d'Émile Benveniste au Collège de France et auprès de Philippe Sollers et de Marcelin Pleynet, qui dirigent la revue et la collection *Tel Quel* aux éditions du Seuil. Plongé avec avidité dans les ouvrages de la bibliothèque de la Sorbonne et stimulé par ces rencontres intellectuelles, le jeune Bulgare ne foule plus le sol natal avant

1981, encouragé, dès 1964, par son père à ne pas rentrer. En 1966, il est remarqué pour son travail d'introduction des formalistes russes en France, dans une traduction intitulée *Théorie de la littérature*. La même année, il soutient sa thèse sous la direction de Barthes (*Littérature et signification*, 1967). En 1967, il entre au CNRS, où il fera toute sa carrière.

Todorov contribue aux débats du structuralisme littéraire dans les cercles intellectuels qu'il fréquente, dans la revue *Poétique* – qu'il fonde en 1970 avec Gérard Genette et qu'ils dirigent jusqu'en 1979 – et dans ses publications (*Dictionnaire encyclopédique des sciences du langage*, 1972 ; *Qu'est-ce que le structuralisme ?*, 1973 ; *Mikhaïl Bakhtine, le principe dialogique*, 1981). Il explore également le champ de la littérature fantastique (*Introduction à la littérature fantastique*, 1970). Puis sa pensée évolue vers des questionnements plus éthiques et politiques, à partir d'une démarche d'historien et d'anthropologue ; il traduit cette translation dans *Critique de la critique* (1984) : « La littérature n'est pas seulement faite de structures, mais aussi d'idées et de l'histoire. » Todorov s'intéresse particulièrement à la période de la Renaissance (*La Conquête de l'Amérique : la question de l'autre*, 1982 ; *Éloge de l'individu : essai sur la peinture flamande de la Renaissance*, 2000 ; *Montaigne ou la découverte de l'individu*, 2001), à celle des Lumières (*Frêle bonheur : essai sur Rousseau*, 1985 ; *L'Esprit des Lumières*, 2006 ; *Goya à l'ombre des Lumières*, 2011), aux totalitarismes du XXe siècle (*Face à l'extrême*, 1991 ; *Une tragédie française : été 1944, scènes de guerre civile*, 1994 ; *Les Abus de la mémoire*, 1995 ; *Mémoire du mal, tentation du bien*, 2002 ; réunis dans *Le Siècle des totalitarismes*, 2010) et il nourrit la vie intellectuelle française de ses réflexions sur le temps présent (*Le Nouveau Désordre mondial : réflexions d'un Européen*, 2005 ; *La Peur des barbares : au-delà du choc des civilisations*, 2008).

Le 5 juin 1973, Tzvetan Todorov obtient la nationalité française après avoir été l'objet d'une surveillance tout à la fois par l'ambassade bulgare à Paris et par la direction de la Surveillance du territoire française. En 2002, il peut affirmer : « La Bulgarie est un chapitre qui, dans mon existence publique, est clos. [...] Je suis beaucoup plus intéressé par [le destin] de la France [...]. Les hommes sont ainsi faits qu'ils s'arrachent à la famille de leurs parents et s'attachent à leurs propres enfants. Mes "racines", ce sont mes enfants, or ils sont français. » Cette relation à la France découle d'un cheminement qui passa par plusieurs étapes : « J'étais au début étranger, j'ai aspiré ensuite à être assimilé ; une fois ma naturalisation acquise, mon intégration accomplie, je me suis [...] découvert "homme dépaysé"... » (*Devoirs et délices : une vie de passeur*, 2002).

Anna Trespeuch-Berthelot

TOKLAS Alice Babette

Cuisinière et écrivaine. – Née le 30 septembre 1877 à San Francisco, États-Unis ; morte le 7 mars 1967 à Paris, France.

Le nom de cette femme de lettres est indissociable de celui de Gertrude Stein, dont elle a partagé la vie publique et privée pendant près de quarante ans. Issue d'une famille aisée, d'origine juive polonaise, Alice Toklas grandit entre San Francisco et Seattle, où elle étudie la musique, jusqu'à envisager une carrière de pianiste, et fréquente les milieux artistiques, tout en s'occupant de la cuisine familiale et autres tâches domestiques après la mort de sa mère en 1897. En 1907, elle quitte San Francisco pour Paris, où elle fait la connaissance de Gertrude Stein ; les deux femmes ne se quitteront plus jusqu'à la mort de cette dernière en 1946. Elles s'installent en 1910 au numéro 27 de la rue de Fleurus, où elles tiennent un salon fréquenté par l'avant-garde artistique et littéraire de l'époque : des écrivains américains comme Ernest Hemingway ou Francis Scott Fitzgerald y côtoient les Français Guillaume Apollinaire, Jules Supervielle, Jean Cocteau ou Max Jacob ; des peintres comme Henri Matisse, Georges Braque, Paul Cézanne et Pablo Picasso y ont aussi leurs habitudes, ainsi que des musiciens, dont Erik Satie. « C'était l'époque où tout le monde à Paris avait vingt-six ans », racontera Alice Toklas. C'est à l'occasion de ces réceptions qu'elle se met aux fourneaux, créant et récoltant des recettes spécifiques pour les artistes qui l'entourent. Le critique gastronomique James Beard la décrit comme une très grande cuisinière, traversant Paris à la recherche des meilleurs produits, possédant une infinité de spécialités et un palais très fin. Elle demeure pourtant volontairement dans l'ombre de sa compagne, dont elle est à la fois la secrétaire, l'éditrice et la promotrice ; elle ne publiera aucun texte du vivant de Gertrude Stein. C'est cette dernière qui, paradoxalement, rédige en 1933 une *Autobiographie d'Alice B. Toklas* (*The Autobiography of Alice B. Toklas*) ; toutefois, malgré son titre, ce texte est avant tout une biographie de Gertrude Stein par Gertrude Stein, qui se raconte à travers le regard d'Alice Toklas. Il faudra attendre 1954, soit huit ans après la mort de sa compagne, pour que paraisse le premier livre d'Alice B. Toklas, *The Alice B. Toklas Cookbook* (*Le Livre de cuisine d'Alice Toklas*), œuvre inclassable, qui associe récits et recettes, et propose une lecture très fine de la culture française à travers sa cuisine, qu'elle maîtrise jusque dans ses nuances régionales. Elle publiera également ses Mémoires, en 1963, avec *What is Remembered* (*Ma vie avec Gertrude Stein*), après un second livre de cuisine, *Aromas and Flavors of Past and Present* (« Arômes et parfums du passé et du présent »), paru en 1958. À sa mort, elle est enterrée au cimetière du Père-Lachaise, aux côtés de Gertrude Stein.

Caroline Champion

TOMKIEWICS Stanislas

Pédiatre et pédopsychiatre. – Né en novembre 1925 à Varsovie, Pologne ; mort le 5 janvier 2003 à Paris, France.

Né dans une famille polonaise de la grande bourgeoisie juive, Stanislas Tomkiewics survit, adolescent, à l'enfermement dans le ghetto de Varsovie. Il y passe même son baccalauréat en juin 1941. Déporté avec ses parents, il parvient à s'évader du train. Mais il est repris et déporté au camp de Bergen-Belsen. Il sera l'un des rares survivants de sa famille. Libéré par les Anglais, il est rapatrié à l'hôtel Lutetia à Paris, « juste le temps d'un examen clinique qui le conduit au sanatorium pour deux ans », précise sa fille, la néphrologue Élisabeth Tostivint-Tomkiewicz. « C'est alors que s'exprime cette personnalité qui fait toute la complexité de mon père : un mélange de force incomparable, nourrie de haine et d'orgueil, mais aussi d'humanité. Cette humanité, il la puise en partie dans le souvenir de Janusz Korczak, pédiatre avant-gardiste du ghetto de Varsovie, pionnier des droits de l'enfant, et dont il s'efforcera par la suite de faire connaître le travail. » De cette expérience, Stanislas Tomkiewicz tire le premier tome de ses Mémoires, *L'Enfance volée* (1999), où il établit ce lien direct avec sa profession de psychiatre infanto-juvénile, « une vérité que j'ai mis des années à oser regarder en face : je travaille avec les adolescents parce qu'on m'a volé mon adolescence... L'expression peut paraître abusive. On a toujours une adolescence, bien sûr : disons que la mienne, entre les murs rouges du ghetto de Varsovie et les barbelés de Bergen-Belsen, n'a pas été tout à fait normale. » Le choix de la médecine et de la France accomplit la promesse qu'il a faite à ses parents, soucieux qu'il devienne « *ein guiter Doktor* » et qu'il vive dans la patrie des droits de l'homme. Dans l'incapacité de prouver qu'il est déjà titulaire du baccalauréat, tous ses papiers ayant disparu, il repasse son baccalauréat en 1947. Puis, vivant dans un foyer d'étudiants, il commence à Paris des études de médecine. Il réussit l'internat en 1956. Dès 1948, Madeleine Zay, la veuve de Jean Zay, avait soutenu sa demande de naturalisation. Mais le Conseil de l'ordre oppose son veto. Il ne sera finalement naturalisé que le 3 mai 1953.

Bien qu'attiré par la recherche, il commence une carrière hospitalière. Soutenue en 1960, sa thèse de doctorat d'État en médecine porte sur les troubles caractériels de l'enfant. D'abord chef de clinique en neuropsychiatrie à l'hôpital de la Salpêtrière, il rompt avec ce monde hospitalier qu'il juge archaïque dans sa prise en charge des malades, particulièrement des malades mentaux, de surcroît très anticommuniste alors que lui-même milite au PCF, et encore traversé de vives pulsions antisémites. Stanislas Tomkiewicz se rapproche alors des pédiatres travaillant avec les enfants en difficulté et les enfants dits « polyhandicapés ». En 1960, il obtient sa qualification en pédiatrie, puis, en 1961, en neuropsychiatre. Il travaille pour l'hôpital spécialisé de La Roche-Guyon et devient psychiatre attaché au centre familial de jeunes de Vitry, un foyer de demi-liberté pour adolescents. Menant de nombreuses recherches, il rejoint l'INSERM en 1965 et prend, en 1975, la direction de l'unité 69 « Santé mentale et déviance de l'enfant et de l'adolescent » installée à Montrouge. Il devient aussi enseignant à l'université Paris VIII-Vincennes. Il publie, en 1987, *L'Enfant et sa santé*, premier ouvrage issu d'une collaboration entre des psychiatres et des médecins de santé publique. Son action déterminée contribue à la reconnaissance du droit des enfants et au vote de la loi d'orientation en faveur des personnes handicapées du 30 juin 1975, qui donne à l'enfant et à l'adulte handicapés un statut de citoyen. Rejetant le « biologisme » dans l'approche psychiatrique, soucieux de donner aux psychiatres des moyens et une reconnaissance, refusant la violence des institutions, Stanislas Tomkiewicz a introduit la notion de résilience dans le monde médical. Sur le plan politique, son adhésion au Parti communiste s'achève en 1972. Ses combats humanistes l'avaient mené à l'engagement contre la guerre d'Algérie et à la défense des persécutés. *C'est la lutte finale etc.*, le second tome de ses Mémoires, paru en 2003, évoque ces nombreuses luttes civiques. Mobilisé pour une réforme radicale du système médical français et de santé publique, notamment après Mai 68, Stanislas Tomkiewicz s'est battu pour le rapprochement de la recherche et de la clinique, la fin du mandarinat et la reconnaissance du patient et de sa souffrance. Il a acquis avec ses travaux sur les enfants poly-handicapés et autistes et sur la délinquance juvénile une renommée mondiale. « Il demeure un exemple exceptionnel de psychiatrie définitivement atypique, un combattant d'une psychiatrie humaniste, à cœur ouvert, engagé à chaque instant dans le soin et dans la cité » (site de l'INSERM/Histoire). Dans un entretien accordé en mars 2001 à Suzy Mouchet et à Jean-François Picard, il est revenu sur son choix de la France et de la médecine en 1945 : « un acte de volonté pure. À cette époque, le monde entier m'était ouvert, mais j'aimais la France et je voulais y rester, alors que je n'y connaissais personne. J'avais dix-neuf ans et demi et il était évident pour moi que je deviendrai médecin. [...] Je suis médecin par la volonté de mon père, qui m'avait conditionné pour cela depuis ma naissance. Dès l'âge de six ans, mes parents m'ont donné des livres de médecine. Puis, vers neuf ans, j'ai lu *La vie de Pasteur* et *Les Chasseurs de microbes*. Or ces deux livres, qui constituaient "ma bible", ne parlaient pas de médecins mais de chercheurs et, dans mon esprit d'enfant, j'ai fait la confusion. » Ses amis l'ont surnommé Tom. C'est sous ce nom qu'a été créée une association, dans le but « d'assurer la continuité et la transmission des idées, des combats, de l'œuvre de Stanislas Tomkiewicz ».

Vincent Duclert

TOMPKINS Mark

Chorégraphe, danseur et comédien. – Né en 1954 aux États-Unis.

Mark Tompkins commence sa carrière en tant que comédien aux États-Unis, pratiquant le théâtre gestuel. Il s'installe en France en 1973, où il commence à pratiquer la danse, grâce au chorégraphe américain Harry Sheppard. Il fait ses débuts en tant que danseur avec les chorégraphes Elsa Wolliaston et Hideyuki Yano, fondateurs du groupe Ma Danse Rituel Théâtre en 1975, et commence rapidement à composer ses solos. Il fonde, avec la metteuse en scène Anne Zénour, le photographe Alain Volut et d'autres danseurs et comédiens, le Théâtre autarcique (1977-1980), collectif proposant des spectacles comme *Ces gens qui habitent dans des maisons de verre*, dans des lieux abandonnés, où les spectateurs choisissent leur propre parcours. À la suite de sa rencontre avec Steve Paxton, l'un des principaux représentants de la danse postmoderne américaine et promoteur de la danse contact-improvisation, il fonde avec lui l'Atelier-contact à Paris afin de pratiquer et de promouvoir cette danse, qu'il est l'un des premiers à enseigner en France. En 1983, il crée sa compagnie IDA (International Dreams Associated), pour laquelle il fait le choix du nomadisme (depuis 2002, la compagnie travaille dans un village de Haute-Saône) et d'une production à caractère « artisanal », sans s'attacher à un lieu ou à une institution en particulier. Depuis cette date, il a créé plus de trente spectacles, et presque autant de films, qui portent un regard à la fois critique et politique sur la société contemporaine. Il monte des spectacles dans des espaces théâtraux ou non théâtraux, utilise beaucoup, dans son travail, l'improvisation et la composition instantanée, interroge les relations entre danse et vidéo, danse et architecture, danse et lumière, danse et musique. Jouant avec les limites du mauvais goût et du kitsch, il brouille les frontières entre danse contemporaine, cabaret et music-hall. Lauréat du concours de Bagnolet en 1984, il travaille, depuis 1988, avec le scénographe Jean-Louis Badet et compose aussi bien des créations collectives que des solos, dans lesquels il se confronte directement au public. C'est le cas des pièces réunies depuis 1998 sous le titre *Hommages*, dédiés à des danseurs célèbres : *La Valse de Vaslav* (1989), en hommage à Nijinski, *Witness* (1992), dédié à Harry Sheppard, *Under My Skin* (1996), un hommage à Joséphine Baker, et *Icons* (1998), dédié à Valeska Gert. Artiste associé au Théâtre de la Cité internationale à Paris à partir de 2001, il y développe un projet de recherche et de performance dans le chantier du théâtre en rénovation. En 2008, il reçoit le prix Chorégraphie de la Société des auteurs et compositeurs dramatiques.

Sophie Jacotot

TÖPFFER Rodolphe

Pédagogue, écrivain et dessinateur. – Né le 31 janvier 1799 à Genève, alors France, aujourd'hui Suisse ; mort le 8 juin 1846 à Genève, Suisse.

Né dans la Genève annexée à la France, ayant fréquenté un temps les salons parisiens, Rodolphe Töpffer a situé dans sa ville natale, dont il fut l'un des notables, toute son action pédagogique, concentrée sur les établissements qu'il y a créés et sur la méthode de pédagogie active qu'il y a développée, où la découverte du milieu, par le biais d'« excursions », joue un rôle important. C'est ce choix qui est à l'origine de la publication de ses *Voyages en zig-zag*, qui feront sa renommée auprès de ses contemporains. Ceux du XXIe siècle ont redécouvert, quant à eux, grâce aux travaux de Thierry Groensteen et Benoît Peeters, l'inventeur de ce qui s'appellera plus tard la « bande dessinée », en théorie (*Essai de physiognomonie*, 1845) et, surtout, en pratique (*Histoire de Monsieur Jabot*, 1833, etc.).

Pascal Ory

TORTONI Giuseppe

Entrepreneur. – Né vers 1775 à Naples, alors Royaume des Deux-Siciles, aujourd'hui Italie ; mort en 1847, sans doute à Paris, France.

Glacier qui a donné son nom au plus célèbre café parisien du XIXe siècle ainsi qu'à plusieurs desserts, Tortoni serait venu à Paris à l'âge de vingt-trois ans. Il y est employé par un autre Napolitain, Velloni, qui a ouvert plusieurs cafés dont un en 1798, au 14 du boulevard des Italiens, à l'angle de la rue Taitbout. Tortoni en prendra la direction à partir de 1804 et lui donne une tout autre dimension, le transformant en endroit « chic ». La salle de billard au premier étage et la variété des consommations exotiques (thé, chocolat, café, liqueurs, etc.) attirent la clientèle. Cependant, le cachet Tortoni réside sans doute davantage encore dans l'excellence de ses glaces, servies sur un petit plateau d'argent avec des gaufrettes, ainsi que dans sa terrasse sur le boulevard. De nombreux voyageurs étrangers remarquent l'originalité du lieu dans leurs carnets ou Mémoires, les hommes politiques s'y arrêtent. Comme son devancier le Café Procope, créé, lui aussi, en 1686, par un Italien, le Café Tortoni est le lieu de réunion d'une bonne partie des écrivains et artistes qui dominent la scène parisienne – Rossini, pour ne citer qu'un seul nom. Le Café Tortoni figure dans de nombreux romans, notamment chez Balzac, Flaubert et Stendhal. Il est devenu l'archétype du café parisien et l'un des principaux lieux de convivialité et de sociabilté de la capitale : en 1858, un établissement homonyme est ouvert à Buenos Aires par un immigré français. La vogue décline après le Second Empire. Tortoni a laissé son nom à une « glace napolitaine », et plusieurs autres desserts sont, de nos jours encore, rehaussés de son patronyme.

Denis Saillard

TRÂN Anh Hùng

Cinéaste. – Né le 23 décembre 1962 à Da Nang, Vietnam.

Trân Anh Hùng quitte son pays natal à l'âge de douze ans, après la chute de Saigon. En France, il intègrera l'école Louis-Lumière en 1987, dans la section Cinéma. Après deux courts métrages réalisés durant ses études, son premier long métrage, *L'Odeur de la papaye verte* (1993), lui vaut une reconnaissance immédiate avec, notamment, le prix de la Caméra d'or au Festival de Cannes en 1993 et le César 1994 de la meilleure première œuvre de fiction. Ce film, dont l'action se situe dans le Vietnam des années 1950, est pourtant entièrement filmé dans un studio de la SFP à Bry-sur-Marne. En 1995, Trân Anh Hung tourne *Cyclo* (Lion d'or au festival de Venise), deuxième volet d'une « trilogie vietnamienne », qui sera close en 2000 avec *À la verticale de l'été*. Ces deux films sont, cette fois, tournés au Vietnam (à Ho Chi Minh Ville et à Hanoï). Trân Anh Hùng reste ensuite de longues années sans tourner et son film suivant (*I Come With the Rain*, 2009), première excursion du réalisateur hors du monde vietnamien, ne trouve pas de distributeur en France. C'est seulement en 2010, avec l'adaptation du best-seller japonais de Haruki Murakami *La Ballade de l'impossible*, qu'il revient sur les écrans français. Tourné au Japon et avec des acteurs japonais, le film, remarqué au festival de Venise, signe l'internationalisation de son auteur.

Dimitri Vezyroglou

TRAUNER Alexandre (Sandor)

Décorateur. – Né le 3 août 1906 à Budapest, Hongrie ; mort le 5 décembre 1993 à Omonville-la-Petite, France.

Émigré à Paris en 1929 après des études de peinture à Budapest, assistant de Lazare Meerson, il est devenu l'un des grands noms du décor de cinéma, couronné, en 1960, par un Oscar pour *La Garçonnière* de Billy Wilder. Il a travaillé avec Orson Welles, John Huston, Joseph Losey, et marqué le cinéma français en rencontrant les frères Prévert, inventant nombre de lieux inoubliables des films de Marcel Carné ou Jean Grémillon : le Londres ludique de *Drôle de drame* (1937), les pavés luisants de *Quai des brumes* (1938), le canal Saint-Martin d'*Hôtel du Nord* (1938), l'immeuble du *Jour se lève* (1939), le boulevard du Crime des *Enfants du Paradis* (1945), film auquel il participe dans la clandestinité, durant l'Occupation, au même titre que *Les Visiteurs du soir* (1942) et *Lumière d'été* (1943). Il a également travaillé pour Bertrand Tavernier (*Coup de torchon*, 1981 ; *Autour de minuit*, 1986), Claude Berri (*Tchao Pantin*, 1983), Luc Besson (*Subway*, 1985).

Jean-Luc Douin

TRENTIN Silvio

Homme politique et combattant de la Résistance. – Né le 11 novembre 1885 à San Donà di Piave, Italie ; mort le 12 mars 1944 à Trévise, Italie.

Très jeune professeur de droit, fervent partisan de l'entrée en guerre de l'Italie en 1915, aviateur, il est élu député (libéral-démocrate) en 1919. Antifasciste dès 1921, il démissionne de l'université, s'exile en France en 1926. Il échoue comme exploitant agricole, se fait manœuvre dans une imprimerie d'Auch et devient une des figures de la gauche du mouvement libéral-socialiste Giustizia e Libertà et de la Ligue italienne des droits de l'homme de Luigi Campolonghi. En 1935, il ouvre une librairie, pôle intellectuel et politique, fréquentée entre autres par Georges Canguilhem et par les juristes toulousains, devenue, en 1936, une sorte de consulat républicain espagnol, puis, après la défaite de 1940, un foyer de Résistance. Lié à Vladimir Jankélévitch, Georges Friedmann, Jean-Pierre Vernant, Dominique Desanti, Edgar Morin ou au réseau du musée de l'Homme à travers Jean Cassou et Boris Vildé, il est un des piliers du réseau de Pierre Bertaux, créé en 1941 et démantelé fin 1942. Il inspire un mouvement clandestin original, Libérer et fédérer, associant pluralisme démocratique, planisme et fédéralisme (États-Unis d'Europe et autonomie des groupes et des individus). Il revient dans sa Vénétie natale à la chute de Mussolini, y organise la Résistance à l'occupation allemande, mais une maladie cardiaque amène son arrestation puis sa mort.

Éric Vial

TRENTIN-BARATTO Francesca. — *Voir* BARATTO.

TRIOLET Elsa (Elsa Kagan)

Romancière et traductrice. – Née le 11 septembre 1896 à Moscou, alors Empire russe, aujourd'hui Russie ; morte le 16 juin 1970 à Saint-Arnoult-en-Yvelines, France.

Issue d'une famille juive aisée, amante du poète Vladimir Maïakovski, Elsa Kagan quitte la Russie en 1918 et épouse, l'année suivante à Paris, un officier français, André Triolet, dont elle gardera le patronyme comme nom d'auteure. Séparée de son mari en 1921, elle vit successivement à Paris, Berlin et Londres, et rédige trois romans en russe. En 1928, elle rencontre Louis Aragon. Le poète lui dédiera certains de ses plus célèbres recueils (*Les Yeux d'Elsa*, 1942). C'est Aragon qui l'incite à écrire en français ; elle publie chez Denoël son premier roman dans cette langue, *Bonsoir Thérèse*, en 1938. Son *Maïakovski, poète russe* (1939) contribue à faire connaître en France l'œuvre de l'écrivain disparu. Elsa Triolet se remarie au printemps 1939 avec Aragon. Partageant un même engagement communiste, le couple est inquiété par les autorités françaises durant la « drôle de guerre ». Sous l'Occupation, Elsa Triolet participe à la résistance intellectuelle. Membre du Comité national des écrivains, elle figure parmi les contributeurs des *Lettres françaises* clandestines. En 1945, son recueil de nouvelles *Le premier accroc coûte deux cents francs* obtient le prix Goncourt. Directement inspirée par la guerre, sa déshumanisation et ses horreurs, l'œuvre d'Elsa Triolet se développe après-guerre dans une veine réaliste-socialiste qu'illustre son cycle romanesque *L'Âge de nylon*, publié de 1959 à 1963. L'année d'après, les éditions Robert Laffont entreprennent la publication de ses *Œuvres romanesques croisées* avec celles d'Aragon. On doit également à Elsa Triolet la traduction d'une importante *Anthologie de la poésie russe*, parue en 1966. Revenue au roman, elle fait paraître un dernier texte, *Le rossignol se tait à l'aube*, en 1970, l'année même de son décès.

Pierre-Frédéric Charpentier

TROYAT Henri (Lev Aslanovitch Tarassov ou Tarassovian)

Romancier et biographe. – Né le 1er novembre 1911 à Moscou, alors Empire russe, aujourd'hui Russie ; mort le 2 mars 2007 à Paris, France.

Lev Tarassovian est né dans une famille de commerçants arméniens chassée de Russie par la révolution d'octobre 1917. Établi avec les siens en France en 1920, l'adolescent est inscrit au lycée Pasteur de Neuilly, avant de suivre des études de droit et d'obtenir une licence. Naturalisé français au début des années 1930, c'est sous le pseudonyme Henri Troyat qu'il compose une œuvre de plus d'une centaine de titres, entièrement écrite dans sa langue d'adoption. Son premier roman, *Faux-Jour*, est couronné du Prix du roman populiste en 1935. Trois ans plus tard, Troyat accède à la notoriété en décrochant, à seulement vingt-sept ans, le prix Goncourt pour *L'Araigne*. Il décide alors de se consacrer exclusivement à la littérature et rédige de nombreux récits. Inspiré par une catastrophe aérienne, son roman *La Neige en deuil* sera adapté au cinéma par Hollywood en 1956. Au-delà de ses créations, Troyat apparaît, avec le recul, comme l'un des grands vulgarisateurs du monde russe. Outre ses romans, deux suites autobiographiques, respectivement de trois volumes (*Tant que la Terre durera*, 1947-1950) et de cinq autres (*Les Semailles et les moissons*, 1953-1958) témoigneront de son attachement au sol natal. Il contribue également à mieux faire connaître la Russie au public francophone par nombre d'études biographiques consacrées à ses figures historiques (*Catherine la Grande*, *Pierre le Grand*, *Ivan le Terrible* ou encore *Raspoutine*) ou littéraires (tous les grands auteurs russes, de *Dostoïevski*, 1940, à *Pasternak*, 2006). L'écrivain est élu en 1959 à l'Académie française. Auteur connu et reconnu, Henri Troyat est l'un des écrivains français les plus lus du XXe siècle. Il écrit son dernier roman, *La Traque*, à l'âge de quatre-vingt-quatorze ans.

Pierre-Frédéric Charpentier

TSCHUMI Bernard

Architecte. – Né le 25 janvier 1944 à Lausanne, Suisse.

Fils de l'architecte Jean Tschumi (1904-1962), déjà installé à Paris dans les années 1930, Bernard est diplômé, en 1969, de l'École polytechnique fédérale de Zurich. Il enseigne à Londres (1970-1980) et à New York (à partir de 1976 à Princeton et de 1980 à 1983 à la Cooper Union) et devient, en 1988, doyen de la faculté d'architecture de l'université de Columbia à New York. Tenant d'une position de doctrine, partisan d'un renouvellement permanent de l'architecture au contact des arts, de la littérature et de la culture, argumentation qui fait l'objet de deux ouvrages (*Event Cities*, 1994, et *Architecture and Disjunction*, 1994), il passe à des réalisations concrètes, en France, avec les commandes des « Folies » du parc de la Villette à Paris (lauréat du concours en 1983) et du Studio national des arts contemporains (Le Fresnoy) à Tourcoing (1991-1997), où la pleine liberté de l'artiste s'exprime sans limites. À côté de plusieurs édifices aux États-Unis, en Suisse ou aux Pays-Bas, d'autres commandes suivent en France : l'École d'architecture de Marne-la-Vallée (1994-1998), les Zénith de Rouen (2000) et de Limoges (2007), où l'auteur ne peut s'affranchir autant qu'il l'avait fait des finalités triviales de l'architecture instrumentale. Bernard Tschumi a ouvert une agence à Paris et une autre à New York.

Gérard Monnier

TSIGANES, ROMS

Perçus comme des étrangers singuliers depuis les premières arrivées en France, au Moyen Âge, les Tsiganes, dans leur majorité, n'en sont pas moins français depuis plusieurs générations. Cependant, un statut administratif spécifique de « gens du voyage » (400 000 individus environ) assigne nombre de ces groupes à occuper les marges de la citoyenneté.

Leur présence en France, parfois sédentaire parfois itinérante, s'est constamment enrichie de nouvelles migrations. La dernière vague est celle des Roms provenant des anciens pays du bloc soviétique à l'Est (10 000 individus environ). Leur situation à l'aube des années 2000 est spécifique : rejetés des constructions nationales nouvelles, ils fuient vers l'Occident et sont rejetés du droit européen de libre circulation au moyen de mesures d'exception.

Un enracinement national pluriséculaire. À la fin du XVIIIe siècle, la linguistique naissante a contribué à forger l'image mythique d'un seul peuple, dénommé « tsigane », caractérisé par son nomadisme et son origine indienne.

Or, les premières traces de ces groupes, au Moyen Âge, relatent qu'il s'agit de groupes issus des États grecs d'alors. Ils sont tantôt sédentaires, tantôt itinérants, et leur migration se déploie sur plus d'un siècle de 1400 à 1560 dans toute l'Europe. Installés dans les villes et constituant des corporations – comme marchands de chevaux – dans les îles de la Méditerranée occidentale (Italie du Sud et Espagne), ils ont serfs et esclaves dans les États princiers de l'Europe centrale et germanique et sont itinérants et mercenaires, au service des armées, dans les royaumes de France, d'Angleterre et d'Écosse, en Suède et dans certains États allemands. Depuis le XVIe siècle, les sources occidentales attestent de l'usage toujours actuel de la langue romani, langue indo-aryenne comprenant des racines néopersanes et une forte proportion de vocabulaire grec médiéval.

Dès l'époque moderne, chaque territoire national adopte une terminologie propre pour qualifier ces groupes : Rom ou Ciganie et ses variantes (Russie, Europe centrale et Balkans), Gitanos en Espagne, Bohémiens ou Manouches en France, Sinti ou Zigeuner dans les pays germaniques, Zingari ou Sinti en Italie, etc. Le terme « Tsigane », devenu d'usage savant au XIXe siècle, sert à désigner l'ensemble de ces groupes, aux caractéristiques anthropologiques différentes, mais partageant un destin commun. À ce destin se mêlent, au XVIIe, de nouveaux groupes poussés par les guerres à arpenter les routes et à adopter un mode de vie ambulant : en France, ils proviennent d'Allemagne du Sud et ont pris le nom de Yénishes.

En France, dès le XVe siècle, « Bohémiens ou Égyptiens » sont au service des armées du roi ou de la noblesse. Ce rôle militaire a favorisé, notamment en Alsace, la constitution de familles « manouches », dont la stabilité des alliances matrimoniales est attestée jusqu'à nos jours. Mais à partir de 1682, Louis XIV édicte des prescriptions contre les Bohémiens pour démanteler leurs compagnies militaires, afin de réduire le pouvoir diffus des seigneurs. Refoulés aux frontières, les groupes familiaux font l'objet de tentatives d'assimilation, ce qui en conduit beaucoup à préférer une survie précaire et cachée. À l'abri des forêts alsaciennes ou dans les massifs montagneux des Vosges ou du Jura, des Pyrénées, ils privilégient les zones frontalières, car elles permettent la fuite vers des États moins inhospitaliers, au gré des législations.

Sous le Premier Empire, certaines régions vont alterner des mesures d'incitation à la sédentarisation (Alsace) et des tentatives de déportation dans les colonies (Pays basque, 1802) mais, à partir de 1830, les familles vont reprendre massivement les routes, en quête de nouveaux territoires. Pendant toute la seconde moitié du XIXe siècle, les familles bohémiennes ne sont pas les seules à arpenter les routes : une mobilité accrue des individus s'observe à l'intérieur du territoire français. D'importants marchés liés autant à l'industrie qu'à la distribution de biens de consommation vont engendrer un développement considérable des foires et des marchés ainsi qu'une mobilité ouvrière importante. À cette intense circulation s'ajoute celle de nouveaux arrivants tsiganes.

Bohémiens étrangers : le XIXe siècle. L'annexion, en 1870 par l'Allemagne, des territoires alsaciens et lorrains va pousser la plupart des familles manouches et yénishes à fuir les zones de conflits et à quitter les villages où elles étaient parfois domiciliées depuis plusieurs générations : elles optent alors pour la nationalité française. Pourtant, elles seront durablement suspectées d'espionnage au service de l'Allemagne, leurs langues comprenant des mots allemands et alsaciens. Si certaines obtiendront d'emblée la nationalité française, d'autres n'y accèderont que provisoirement, avant d'en être déchues. Suspectées d'intelligence avec l'ennemi, ces familles avaient eu le tort de se trouver sur les territoires annexés par le Reich en 1872 et seront internées pendant la Première Guerre mondiale (camp de Crest, dans la Drôme). Leurs parcours et installations se fixeront dans l'est (Bourgogne, Jura, Doubs), le nord (frontière belge) et le centre de la France (Auvergne). Des Tsiganes plus « exotiques » font aussi leur entrée sur le territoire français à partir de la seconde moitié du XIXe siècle : ils viennent d'Europe centrale et orientale. Les Roms bosniaques et serbes, fuyant la guerre des Balkans (1875-1878), vivent d'activités inquiétantes : ils sont montreurs d'ours, habillés à l'orientale, et leur activité sert de prétexte aux autorités pour les expulser, en tant qu'étrangers menaçant la sécurité.

Moins inquiétants, mais tout aussi étonnants, sont les Roms Kalderash. Partis de Russie après la fin de leur servage (1860), ils sont spécialisés dans le travail d'étamage et de rétamage des ustensiles en cuivre et vivent de façon itinérante, à l'instar d'autres groupes provenant de Hongrie ou de Bosnie. D'autres vivent d'activités plus familières, telles que la vannerie ou le rempaillage ou encore celle d'artistes ambulants. Ces groupes arrivent aux portes de Paris, transportés par des carrioles et dormant sous de vastes tentes : leurs campements attirent de nombreux badauds.

Ces curieux étrangers venus de l'Est contrastent avec les Bohémiens français, voyageant en roulottes hippomobiles et arpentant les campagnes, où ils offrent biens ou services de façon ponctuelle et itinérante.

Des Sinti arrivent du Piémont en suivant la première vague migratoire italienne de la fin du XIXe siècle : au départ, ils partagent avec les autres Italiens migrants les mêmes activités précaires de petit colportage. Cependant, le développement des foires et marchés ouvre de nouveaux débouchés dont ils vont bientôt se saisir. Ils se spécialisent alors dans les attractions de manèges et les petits cirques ambulants, qui auront une grande postérité avec la renommée de grandes lignées de gens du cirque tels les Bouglione (cirque d'hiver, 1934 ; cirque Romanès), les Goujon (cirque continental), les Caplot (cirque Willie Zavatta)… Les familles manouches et sinti sont aussi à l'origine d'un engouement populaire de la fin XIXe siècle pour une nouvelle attraction : le cinématographe ambulant. Dédaigné à ses débuts par les salles parisiennes, c'est dans l'univers des baraques (la zone de Paris, les fortifs) que va se populariser le cinématographe, vendu par Charles Pathé et Lucien Gaumont aux familles de forains de la banlieue est. Présentant ces premiers films muets dans les fêtes foraines, les Manouches accompagnent de commentaires musicaux ou vocaux des projections de films, eux-mêmes inspirés de l'univers du cirque et de la bohème. Au-delà de la banlieue parisienne, ils vont permettre la découverte du cinématographe dans les campagnes, jusqu'aux années 1930.

Fuyant l'Espagne, où sévissent des lois particulièrement brutales d'assimilation forcée, les Gitans arrivent en France dès le XVIe siècle. Ils sont majoritairement sédentaires. Au début du XIXe siècle, l'occupation napoléonienne de l'Espagne va favoriser le relâchement de la surveillance aux frontières avec, pour conséquence, l'arrivée massive de groupes gitans qui vont se redéployer vers l'intérieur du territoire français. Grand nombre de ces familles se fixent dans les villes du Sud (Perpignan, Marseille…). Ils sont tondeurs de chevaux, mais surtout maquignons.

À la fin du XIXe siècle, une psychose se créée à l'égard de la circulation : crise économique, facilitation de la mobilité ouvrière, accélération des moyens de transport entraînent un nombre accru d'individus à parcourir le territoire et cultivent un sentiment d'impossibilité de contrôle. À l'heure où se consolident les identités nationales dans toute l'Europe, les Tsiganes vont être source d'inquiétude particulière, alors qu'ici et là s'organisent de véritables « chasses à l'homme » à l'endroit de familles de

Gitans (Toulouse, 1895) ou, ailleurs, des expulsions, lorsqu'elles sont envisageables dans les pays d'origine (Indre-et-Loire, 1890).

L'époque est aussi caractérisée par la quête d'une réglementation spécifique entourant les professions ambulantes, liée au développement des foires et marchés.

Afin d'identifier ces populations itinérantes, un grand recensement des « nomades, bohémiens et vagabonds » entrepris en 1895 aboutira au chiffre exagéré de 25 000 Bohémiens. Les autorités espéraient aboutir à des mesures d'expulsions à l'endroit de ceux que l'on imaginait alors comme majoritairement étrangers : ils se révèlent pour la plupart de nationalité française, pourvus de papiers d'identité en règle et exercent des activités économiques. Ils ont des ressources (parfois des domestiques) et leurs roulottes peuvent être considérées comme étant leur « domicile » : ils ne peuvent donc même pas tomber sous les coups des mesures contre le vagabondage.

Les « nomades » : un régime administratif spécifique. À partir de 1907 – avec la création des gendarmes mobiles et jusqu'à la loi du 16 juillet 1912, un nouveau régime d'identification des personnes va permettre un contrôle accru de la mobilité économique, avec une attention toute particulière pour les Tsiganes.

Cette loi réglemente l'exercice des professions itinérantes : marchands ambulants et forains (carnet individuel d'identification) sont clairement distingués des « nomades », identifiés de façon collective (carnets collectifs, dénombrant les membres d'une famille) et individuelle, à partir de l'âge de deux ans, au moyen de « carnets anthropométriques » inspirés par l'identification des criminels récidivistes de la fin XIXe siècle. Ce statut, assigné à la naissance, permet très difficilement la sortie de la catégorie et rend le voyage beaucoup plus difficile, avec la nécessité d'une autorisation préalable de stationnement, délivrée par les mairies.

Si la nationalité n'est pas, au départ, au centre de ce dispositif, les étrangers en sont écartés à partir de 1925, afin de ne pas favoriser leur circulation sur le territoire. Ils font l'objet de politiques très discriminatoires : mesures d'expulsions, avec interdiction de franchir à nouveau la frontière (18 juillet 1926) et interdiction d'entrée sur le territoire à tout nomade étranger (circulaire du 22 janvier 1926). En août 1931, une nouvelle directive interdit aux nomades étrangers devenus sédentaires de reprendre une activité ambulante, sous peine d'être expulsés à leurs frais. Le 4 octobre 1940, les autorités allemandes exigent des autorités françaises l'internement des « Zigeuner » en zone occupée. La catégorie « Zigeuner » va être interprétée en France comme l'équivalent de « nomades » et concerner les familles enregistrées administrativement sous cette catégorie, à 90 % de nationalité française. Environ 6 500 personnes seront enfermées dans trente camps situés surtout en zone Nord, et libérées seulement en mai 1946. Certaines personnalités, comme l'écrivain Matéo MAXIMOFF (écrivain et conteur rom russe apatride, fondateur de la revue *Études tsiganes*), se sont battues pour faire reconnaître l'internement par le gouvernement français. En 1971 naît le Comité international tsigane, qui deviendra l'Union romani, dans le but de réclamer des dommages, mais très peu de Tsiganes internés obtiendront le statut d'internés politiques. Le 18 juillet 2010, la responsabilité de l'État français a été reconnue dans l'internement des Tsiganes.

Une exclusion durable. Après la Seconde Guerre mondiale, des associations de défense des Tsiganes se créent afin de réclamer des droits au stationnement, dans un pays où l'urbanisation le rend toujours plus difficile. Afin de passer à un statut moins stigmatisant, les carnets anthropométriques sont remplacés en 1969 par d'autres papiers spécifiques : les titres de circulation. Ces titres maintiennent cependant les Tsiganes citoyens français dans un régime d'exception, en remplaçant la catégorie administrative de « nomade » par celle de « gens du voyage ». Les « gens du voyage » sont censés se déplacer au moins une partie de l'année et leurs « titres de circulation » en font des citoyens de seconde zone. Le 5 octobre 2012, le Conseil constitutionnel a censuré une partie du dispositif, considéré comme trop discriminatoire (fin de la distinction entre titres de circulation et fin de la limitation d'accès au droit de vote), mais la loi discriminante de 1969 n'a pas été abrogée, contrairement aux précédentes promesses électorales. Exclus des terrains de camping et de plus en plus en difficulté pour acquérir des terrains privés, les « gens du voyage » doivent stationner dans des terrains d'accueil qui leur sont réservés avec l'obligation – toute relative –, depuis 1990, d'en avoir ou d'en prévoir, pour toute commune de plus de 5 000 habitants. L'accent porté en France sur le nomadisme et le stationnement ne doit cependant pas faire oublier qu'une majeure partie de Tsiganes – difficilement quantifiable car non spécifiquement décomptée – vit de façon sédentaire.

Libre circulation dans l'espace européen : l'exception rom. Si les Roms n'ont cessé de venir par vagues successives depuis la seconde moitié du XIXe siècle, les nouvelles migrations d'origine balkanique sont tardives et datent de la seconde moitié du XXe.

À partir de 1965, nombre de Roms suivent la migration yougoslave de main-d'œuvre appelée par les industries françaises. Devenus parfaitement invisibles dans l'espace urbain, ces migrants intègrent l'habitat collectif et adoptent des métiers de sédentaires.

Toute autre apparaît la situation des Roms arrivés après 1989, avec la fin des États communistes à l'Est. Affluant majoritairement de Bulgarie et de Roumanie, ils ont pu parfois obtenir l'asile en tant que réfugiés politiques, persécutés par des pogroms et des discriminations dont l'État se fait complice. En Roumanie, la majeure partie des Roms s'est trouvée massivement au chômage et rejetée en tant que « minorité non nationale » (exclue entre autres de la redistribution des terres), alors qu'elle constitue près de 10 % de la population, est présente depuis le XVe siècle et a subi l'esclavage jusqu'en 1865.

Avant que Roumanie et Bulgarie n'entrent dans l'Union européenne, la circulation des Roms était possible grâce aux traités de libre circulation dans l'espace Schengen : un séjour provisoire de trois mois était autorisé sans justification nécessaire. À partir de 2007, l'État français a institué une loi dérogatoire afin de limiter ce séjour temporaire et de faciliter les expulsions pour la Roumanie et la Bulgarie, à partir du critère des conditions de ressources ou d'activité, visant implicitement les Roms (90 % des ressortissants expulsés). L'Europe semblait pourtant ouvrir les voies aux revendications des représentants roms, à savoir celle d'une citoyenneté transnationale, liée à leur enracinement historique dans les territoires européens et permettant une libre circulation sur ces territoires.

Le nombre de Roms est cependant stable depuis 1989 (entre 10 000 et 14 000). Ils vivent le plus souvent dans des conditions précaires, chassés de squats en bidonvilles. Identifiés comme nomades en raison d'un habitat caravane adopté pour des raisons de précarité, la plupart de ces familles, majoritairement sédentaires, n'attend qu'un relogement en habitat de type HLM, des activités salariées, la possibilité de scolariser leurs enfants, toutes attentes rendues impossibles par les mesures de discriminations à leur égard (titres de séjour).

Une contribution culturelle permanente. Musiciens professionnels constituant parfois des lignées depuis le XVIIe siècle – notamment dans l'Empire austro-hongrois –, de nombreux groupes tsiganes ont préservé les musiques traditionnelles locales, de la Russie aux Balkans, de l'Espagne à la France. Tantôt formés de façon académique, dans des conservatoires, tantôt de façon familiale, à l'oreille, ils apportent leur touche spécifique, dans leur façon de réinventer les répertoires et de le restituer, en suivant les goûts de leur auditoire. Leurs musiques, prenant leurs sources dans les traditions régionales et nationales, mais réappropriées sous forme de permanentes improvisations et nouvelles inventions (rythmiques, ornementales, mélodiques), ont influencé tant les musiques savantes (de Liszt à Ravel) que les musiques « populaires », destinées à un large public.

Fruit d'une longue proximité entre populations andalouse et gitane en Espagne, le flamenco se développe au début du XIXe siècle, alors que les Gitans sortent de trois siècles de clandestinité. Dès la fin du XIXe, le flamenco va conquérir les scènes de plus grands théâtres parisiens, mais il faudra attendre l'immigration espagnole fuyant le franquisme dans les années 1940 pour que se constituent des cercles d'amateurs auxquels se joindront, dans les années 1960, les Gitans andalous arrivés du Maghreb. Le flamenco va se populariser au long des années 1980 au sein d'un public très large, avec la prestation de grandes familles flamenca sur scène (Cortès, Carmona, Gomez …). Le succès du flamenco est aussi lié à l'apparition de la rumba catalane, née dans les années 1950 d'un mélange entre rythmes cubains et chant flamenco. Rassemblant les Gitans catalans de part et d'autres des Pyrénées, bientôt emblème de la communauté gitane catalane toute entière, la rumba commence à se diffuser dans les années 1960 et essaimera durablement au sein de la société française dans les années 1980 (Manitas de Plata).

Issue d'une traditionnelle alliance, remontant à la fin du XVIIIe siècle, entre familles aristocratiques et rom dans la Russie tsariste, la musique tsigane russe a animé le Paris des Années folles, les décennies 1920 et 1930, dans un esprit de romantisme exacerbé. La communauté des Russes blancs exilés après la révolution de 1917 fut à l'origine de la vogue de cabarets russes, de Montmartre à Montparnasse, attirant les touristes et l'intelligentsia parisienne autour de musiciens roms. Dans ces cabarets se développera un type de spectacle nouveau et populaire, inspiré par les chœurs tsiganes du temps du tsar Nicolas II, mais transformée de façon plus spectaculaire et exubérante, virtuose et rythmée par des troupes réunissant des familles roms de danseurs, acrobates, musiciens et chanteurs. Parmi ces familles, certaines sont originaires de Roumanie – Jean GULESCO (1877-1953) et Georges BOULANGER (1893-1958), les DINICU –, de Hongrie – Yoska NEMETH (1921-1965) – d'autres de Russie – DIMITRIEVITCH, POLIAKOFF. De grands peintres sont issus de ces familles, tels Serge POLIAKOFF (1900-1969) ou Constantin NEPO (1914-1976).

Django REINHARDT fait ses premières armes au sein des cabarets russes et des orchestres musettes en tant que musicien professionnel : il révélera sa capacité créatrice en découvrant le jazz dans les années 1930 et en créant un style jazzistique spécifiquement manouche, doté d'une capacité expressive unique, mêlant ces diverses influences musicales, au moyen de mélodies mélancoliques et fragiles, mais aussi virtuoses. Son influence sera considérable pour des lignées de musiciens manouches de par le monde (Winterstein en Allemagne, Rosenberg en Hollande, etc.), pour lesquels il représente un emblème d'identification communautaire. Il marquera aussi durablement l'univers du jazz, mais également le milieu des cabarets russes ou encore le style swing musette gitan (les frères Ferré). La chanson française, bien avant la mode actuelle largement imprégnée de swing et de jazz manouche, a vibré aux accords de guitares manouches et à leurs mélodies : par les créations et interprétations des fondateurs eux-mêmes, tel Django jouant pour Jean Sablon, ou son frère Joseph Reinhardt accompagnant et créant pour Charles Trénet.

Loin du stéréotype d'éternels prédateurs, les Tsiganes ont, dans la musique comme dans d'autres domaines (cirque, tauromachie, vannerie, lutherie…) préservé et réinventé des traits spécifiques tout autant nationaux que régionaux, à travers une circulation des influences culturelles. Certains apports leur ont été usurpés, telles ces compositions jouées à l'oreille, et non déposées sous forme écrite afin d'en protéger les droits d'auteur. D'autres apports ne leur sont pas forcément reconnus : leur influence décisive au sein de la musique traditionnelle hongroise, dans laquelle Franz Liszt avait démontré la part fondamentale de l'héritage tsigane, en est un exemple. C'est d'ailleurs un célèbre pianiste rom hongrois, György CZIFFRA, qui s'illustrera mondialement dans l'interprétation virtuose des rhapsodies de Liszt. Parfois, des États en crise n'hésitent pas à puiser dans la fiction d'un corps national supposé homogène, en rejetant une part de leur héritage culturel : c'est ce qui arrive aux Tsiganes.

Orsetta Bechelloni

Bibl. : ANTONIETTO Alain, « Le cinéma forain et… bohémien », *Études tsiganes*, n° 3, 1985, p. 9-20 • ASSÉO Henriette, *Les Tsiganes. Une destinée européenne*, Paris, Gallimard, 2010 • *Hommes et migrations*, « Tsiganes et voyageurs », numéro spécial juin-juillet 1995 • « Le flamenco en France », *Cana de Flamenco*, n° 26, 1999 • FILHOL Emmanuel, HUBERT Marie-Christine, *Les Tsiganes en France. Un sort à part (1939-1946)*, Paris, Perrin, 2009 • REYNIERS Alain, *Tsigane, heureux si tu es libre !* Paris, Unesco, 1998 • ID., « Mouvements migratoires et présence des populations tsiganes en France », *Historiens et géographes*, n° 383, juillet-août 2003.

TSUYOSHI Arai

Cuisinier. – Né le 17 août 1973 à Yamanashi, Japon.

Né dans une famille de petits industriels du papier, Arai Tsuyoshi se découvre une passion pour la cuisine française à partir d'une série d'émissions que la télévision nipponne consacre à la gastronomie française. Après des études générales, il s'oriente vers les métiers de la cuisine et suit, en 1994 à l'école Tsuji de Tokyo – école hôtelière fondée en 1960 et implantée aussi en France –, une formation à la cuisine française. Après quoi, il travaille durant dix ans (1995-2005) dans le restaurant du chef, très médiatique, Hiroyuki Sakai, spécialisé dans la cuisine et la gastronomie françaises. Il y gravit tous les échelons de la hiérarchie, jusqu'à devenir chef de cuisine. Lorsque le partenaire financier de Sakai, Kimura Masami, propriétaire de nombreux restaurants, reprend la vieille auberge d'un village du Berry, Saint-Valentin, c'est à Arai Tsuyoshi qu'il confie les fourneaux. Sa cuisine est rapidement remarquée par la critique. En 2008, il fait un passage de quelques mois chez le chef Mauro Calogreco à Menton, avant d'ouvrir, en 2009, toujours en partenariat avec Kimura Masami, son propre restaurant à Lyon (Au 14 février, jour de la Saint-Valentin…), qui devient une référence de la gastronomie franco-japonaise. Il reçoit sa première étoile Michelin en 2011.

Julia Csergo

TUNISIENS

Loin derrière les Algériens et les Marocains, les Tunisiens constituent néanmoins la septième population étrangère en France. En 1999, on recensait 154 356 Tunisiens et 201 700 descendants d'immigrés, soit une population d'origine tunisienne de 356 056 personnes. Comme celle de leurs voisins du Maghreb, l'histoire des Tunisiens est liée à la France par l'épisode de la colonisation, qui prit la forme d'un protectorat entre 1881 et 1956. Les échanges avaient commencé antérieurement, mais l'immigration elle-même est pour l'essentiel un phénomène postcolonial.

Les premiers contacts. Dès le XIXe siècle, les Français en quête d'exotisme découvraient les souks tunisiens reconstitués au sein des expositions coloniales et autres exhibitions similaires, comme en témoignent la presse ou les cartes postales de l'époque. Les écrits des ambassadeurs tunisiens qui participèrent au courant réformateur du monde arabe rappellent d'autres relations, peu avant la mise en place du protectorat. Lors de leurs séjours respectifs parisiens motivés par le règlement de différends commerciaux franco-tunisiens (1850-1860), Kheireddine PACHA (1822-1890), futur président du Conseil tunisien, et Ibn Abî DHIAF (1804-1874), ambassadeur et écrivain, s'interrogèrent sur les raisons de la décadence du monde arabo-musulman, en analysant les mœurs, le progrès technique et les institutions françaises. Kheireddine Pacha, auteur de l'ouvrage intitulé *Réformes nécessaires aux États musulmans*, publié également en français au cours des années 1870, se lança dans une action réformatrice sur le modèle français. Il créa notamment le collège Sadiki en 1875, véritable centre des Lumières du monde arabe, qui forma de nombreux intellectuels et nationalistes nord-africains.

Pionnière en matière de réformes, la Tunisie, exsangue financièrement, n'en aiguisa pas moins les appétits de la France et l'Italie. Le 12 mai 1881, le traité du Bardo soumettait le beylicat au protectorat français. On voit alors se développer une timide émigration tunisienne vers la métropole, en proportion très inférieure à l'installation de Français sur le sol tunisien. C'est le déclenchement de la Première Guerre mondiale qui provoqua le premier mouvement d'importance. À l'instar de ses voisins d'Afrique du Nord, la Tunisie dut en effet participer à l'effort de guerre. Selon les estimations, plus de 48 000 soldats et 22 300 ouvriers agricoles et travailleurs coloniaux furent mobilisés pendant les quatre années du conflit. Comme les autres, les tirailleurs tunisiens et les travailleurs coloniaux furent massivement rapatriés à la fin de la guerre, même si quelques-uns profitèrent de l'opportunité pour s'installer en métropole. L'immigration tunisienne de l'entre-deux-guerres est malgré tout restée circonscrite à quelques milliers de personnes, essentiellement installées en région parisienne.

L'émergence du nationalisme tunisien en immigration. Comme dans le reste du Maghreb, la guerre eut pour conséquence une poussée de nationalisme. Plus qu'ailleurs, le mouvement fut porté par les intellectuels, la scolarisation étant une exigence très forte parmi les Tunisiens. Le fondateur du premier parti nationaliste (Destour), Abdelaziz THAALBI (1876-1946), ancien élève de la célèbre mosquée Zitouna de Tunis, qui formait alors de nombreux intellectuels du monde arabe, s'installa à Paris en 1919. Dans un livre fondateur, publié en français un an plus tard, *La Tunisie martyre, ses revendications*, il demandait la fin du protectorat et dénonçait l'échec de l'ordre colonial. Mahmoud el MATERI (1897-1972), diplômé de l'Académie de médecine de Paris en 1926, et son camarade Habib BOURGUIBA (1903-2000), diplômé en droit à la Sorbonne en 1927, reprirent à sa suite le combat dans le cadre du parti du Néo-Destour fondé en 1934. Habib Bourguiba, futur président de la Tunisie indépendante, avait obtenu une bourse du collège Sadiki pour aller faire son droit à Paris. Parmi les étudiants d'origine nord-africaine en métropole entre les deux guerres, les Tunisiens étaient les plus nombreux. L'Association des étudiants musulmans de France, fondée en 1927, était proche du Parti communiste, comme l'Étoile nord-africaine, plus ouvrière.

Une vie musicale en immigration. À la même époque se développe une vie artistique tunisienne en métropole, essentiellement dans le domaine de la chanson. L'auteur-compositeur-interprète Mohamed JAMOUSSI (1910-1982) fut un véritable pionnier de la chanson maghrébine en France et un mentor pour les artistes nord-africains des deux rives. Arrivé à Paris en 1936, il côtoya le ténor algérien Mahieddine BACHTARZI (1897-1986) et le chanteur de charme tunisien Ali RIAHI (1912-1970), avec qui il animait la vie musicale en immigration. Il fréquentait les cabarets orientaux du Quartier latin, enregistrait pour Pathé Marconi et dirigeait son orchestre arabe, qui accompagna l'ensemble des enregistrements des chanteurs nord-africains. L'artiste, originaire de Sfax, tint également le rôle principal dans le premier film français en langue arabe, *Sérénade à Meriem* (1946) de Norbert Gernolle, film musical tourné au Maroc et produit par l'actrice Simone Berriau. Le musicien et compositeur juif tunisien Joseph HAGÈGE (né en 1919) contribua à l'enracinement de la chanson maghrébine en France. Après la Seconde Guerre mondiale, il prenait la route de l'exil pour les cabarets orientaux de Paris, avec la chanteuse juive tunisienne Louisa TOUNSIA (?-) et son époux Jacques « Zaki » KHRIEF (?-), l'un des futurs compositeurs des premiers succès de la jeune Ouarda. À partir de 1947, ils intégraient l'orchestre du cabaret La Casbah, rue de la Harpe à Paris, puis celui du cabaret El Djazaïr, rue de la Huchette. Louisa Tounsia anima en meneuse de revue les nuits de La Casbah, aux côtés de nombreux artistes et compositeurs tunisiens, comme par la suite au cours des années 1950 dans les émissions radiophoniques en langue arabe et berbère de Radio Paris avec l'instrumentiste Isaac KAKINO DE PAZ (1919-1983).

La Seconde Guerre mondiale et les premiers accords de main-d'œuvre. À nouveau mise à contribution lors de la Seconde Guerre mondiale, la population tunisienne fournit plus de 26 000 soldats, dont nombre de tirailleurs tunisiens, qui participèrent à la libération de la Provence et à la campagne d'Italie. Les aspirations à l'indépendance se renforcèrent après la guerre. L'engagement français en Algérie contribua à un règlement par étape du conflit pour l'indépendance, finalement obtenue en 1956. Les tensions se multiplièrent au-delà, génératrices d'exode vers la France des Européens, Français et Italiens, mais aussi des juifs tunisiens. Les Italiens sont partis les premiers, à partir de 1957, remplacés par les Tunisiens dans les entreprises et les administrations. La plupart ont choisi la France. Dans les années 1950, les quelque milliers de migrants tunisiens en France (4 000 en 1957) pesaient peu en face des 180 000 Français installés en Tunisie. Cette situation, qui dure jusqu'en 1963, rend aléatoire les formes de contrôle des immigrants, qui continuent de bénéficier d'un statut relativement privilégié grâce à la convention franco-tunisienne de 1955. Même les difficultés engendrées par le bombardement du village tunisien de Sakiet Sidi Youssef, où résidaient de nombreux réfugiés algériens durant la guerre d'Algérie (8 février 1958), ne modifièrent pas les pratiques.

Le changement se produisit avec la décennie 1960. Le nouvel État s'engage alors dans une politique de reconquête de la souveraineté économique et militaire par rapport à la France. En 1961, la crise portant sur la rétrocession de la base navale de Bizerte à la Tunisie eut pour conséquence un affrontement armé entre les deux pays, empoisonnant les relations diplomatiques. Ce fut le grand départ des colons et des juifs tunisiens vers la métropole. Les juifs comptèrent jusqu'à 50 % des effectifs tunisiens en Île-de-France, sur la période 1958-1963. « Les derniers sursauts de l'émigration israélite sont, en 1964-1965, en relation avec la nationalisation des terres et, en 1967, avec la guerre israélo-arabe » (Gildas Simon, 1974). À la différence des juifs d'Algérie, beaucoup, quand ils n'étaient pas d'origine italienne, n'avaient pas la nationalité française et quittaient une vie très communautaire, au sein des 'Haras de Tunis ou de Djerba. Une communauté s'est reconstituée dans le quartier Belleville à Paris, se mêlant aux Maghrébins arabes et donnant au secteur un air de « La Goulette », jusqu'aux années 1990.

La convention Grandval du 9 août 1963 suivit ces épisodes. Elle fixait le cadre institutionnel des mouvements de main-d'œuvre vers la France et mettait fin à toute forme de statut privilégié pour les travailleurs tunisiens. Désormais, ils devenaient des étrangers comme les autres, dépendant de l'ordonnance du 2 novembre 1945 et de l'Office national de l'immigration. Paradoxalement, ce changement de statut est loin d'avoir tari les sources de l'immigration tunisienne, motivée par les difficultés économiques rencontrées par le nouvel État indépendant. Les Tunisiens continuaient d'ailleurs à gagner la France comme avant, en espérant être régularisés après-coup, à l'instar de nombreux immigrés de l'époque des Trente Glorieuses.

Émigration et mobilisation. La mise en place des accords de main-d'œuvre provoqua une véritable explosion du nombre de migrants durant les années 1960 et 1970, pour atteindre les 200 000 ressortissants tunisiens en 1975. L'immigration tunisienne était jeune et masculine, les immigrés étant originaires en majorité de la région de Tunis et du sud de la Tunisie. Ils s'installaient principalement en région Rhône-Alpes, en région PACA et surtout en Île-de-France. L'image d'Épinal du Djerbien commerçant en alimentation côtoie celle de l'ouvrier du bâtiment ou des usines, vivant dans des bidonvilles ou des hôtels meublés à la marge des grandes villes. Au cours des années 1970, confrontés aux mêmes problématiques de logements et de relégation que les travailleurs maghrébins dans leur ensemble, les travailleurs tunisiens furent directement touchés par les circulaires Marcellin-Fontanet, qui supprimaient la légalisation a posteriori pour les étrangers (ils ne bénéficiaient pas, comme les Algériens, de la libre circulation). En 1972, les frères Bouziri, Hamza et surtout Saïd et son épouse Faouzia, firent la première grève de la faim de « sans-papiers ». Soutenus par les syndicats ou des intellectuels comme Jean-Paul Sartre et Michel Foucault, ils échappèrent à l'expulsion et poursuivirent pendant de nombreuses années le combat pour les droits des immigrés, les droits de l'homme et pour la sauvegarde de l'histoire et de la mémoire de l'immigration. Ancien militant du Mouvement des travailleurs arabes, Saïd BOUZIRI (1947-2009) fut, jusqu'à sa mort, le président de l'association Génériques.

Les années d'enracinement. À la fin des années 1970, plusieurs associations voyaient le jour dans l'immigration tunisienne. Pour exemple, l'Union des travailleurs immigrés tunisiens (UTIT), fédérant plusieurs associations, s'était impliquée dès le départ dans une perspective franco-tunisienne. Crée en 1974, elle dut attendre l'extension législative du droit d'association aux étrangers en 1981 pour être reconnue officiellement dans son existence juridique. Dénommée Fédération des Tunisiens pour une citoyenneté des deux rives depuis 1994, son action consista principalement à lutter contre les circulaires Marcellin-Fontanet, pour les droits des migrants, mais également contre la répression et pour la promotion de la démocratie en Tunisie. Son action s'est progressivement émancipée de la dimension politique tunisienne pour se concentrer sur la population immigrée. D'autres, comme l'Association des Tunisiens de France (créée en 1987), poursuivent les mêmes objectifs et rappellent l'investissement des réseaux associatifs dans les mobilisations contemporaines contre le racisme et les discriminations, fédérés autour du mouvement beur dans les années 1980.

Victimes, au même titre que l'ensemble des Maghrébins de France, des stigmatisations pourtant sur la pratique de l'islam et la question des banlieues populaires, les Tunisiens participent à l'enracinement des populations maghrébines en France, contribuant pleinement à la vie de la cité et à l'enrichissement de cette histoire en partage. Aujourd'hui des personnalités du monde de la culture ou de l'entrepreneuriat émergent sur le devant de la scène médiatique. Sami BOUAJILA (né en 1966), un des héros du film *Indigènes* (de Rachid Bouchareb, 2006), fils d'un peintre en bâtiment originaire de Tunis est aujourd'hui une valeur sûre du cinéma français. Le banquier et essayiste Hakim EL KAROUI (né en 1971), issu d'une famille tunisienne privilégiée et d'une mère française, est un « héritier » qui milite pour la diversité dans le monde de l'entreprise et des élites. Les liens entre la Tunisie et la France sont en effet nombreux du côté des élites (Philippe SÉGUIN [1943-2010] était un « Tunisien », comme le maire de Paris, Bertrand DELANOË [né en 1950]). L'accueil fait aux migrants du peuple demeure néanmoins problématique, comme le montrent les craintes exprimées en 2011 face à l'afflux qui suivit la « révolution du Jasmin » et la chute du régime de Ben Ali.

Naïma Yahi

Bibl. : BRUNO Anne-Sophie, *Les Chemins de la mobilité. Migrants de Tunisie et marché du travail parisien depuis 1956*, Paris, Éditions de l'EHESS, coll. « En temps & lieux », n° 19, 2010 • SIMON Gildas, « Les musulmans et les israélites tunisiens dans l'agglomération parisienne (1970) », *Population*, mars 1974, p. 186-193 • SIMON Patrick et TAPIA Claude, *Le Belleville des juifs tunisiens*, Paris, Autrement, 1998.

Voir aussi : ALGÉRIENS, MAROCAINS.

TURAÏ (Dezvo Revais, *alias* Revaï)

Photographe. – Né en 1903 et mort en 1996 à Budapest, Hongrie.

Pendant la guerre d'Espagne, le camp républicain, s'il fut vaincu par les armes, eut du moins à ses côtés la fine fleur de ce qui ne s'appelait pas encore le photojournalisme. Aux côtés de David Seymour et de Robert Capa, entrés dans le Parnasse comme fondateurs de l'agence Magnum, et de Gerda Taro, récemment exhumée, le communiste hongrois Dezvo Revais, *alias* Revaï, connu de ses camarades sous son nom de guerre Turaï, reste encore aujourd'hui en retrait, alors qu'il était à l'époque le photographe officieux des Brigades internationales. Au début du XXIe siècle, les recherches approfondies de Michel Lefebvre et de Rémi Skoutelsky l'ont fait ressurgir de l'oubli dans lequel jusqu'à son nom était tombé.

Pascal Ory

TURCS

La présence turque en France est récente ou, tout au moins, semble récente. Environ 500 000 personnes originaires de Turquie vivent aujourd'hui dans l'Hexagone, dont une part notable est déjà de nationalité française. Parmi ces « Turcs » figurent plusieurs minorités, arrivées à divers moments de l'Histoire avec un passeport turc, parfois en rupture avec le pays ou rejetées par lui : les Kurdes, aujourd'hui les plus nombreux, retrouvent les Arméniens, juifs, Grecs, Lazes et autres natifs des Balkans ou du Caucase. Le simple énoncé de ces populations minoritaires montre déjà la complexité du phénomène migratoire. Pays d'immigration à forte capacité d'intégration, avant d'avoir été pays d'émigration massive, la Turquie est aujourd'hui pays de transit vers l'Europe occidentale.

Des Ottomans aux Turcs. Sans remonter aux croisades, déclenchées lorsqu'un détachement seldjoukide (des Turcs d'Iran qui viennent de prendre pied en Anatolie en 1071) conquiert Jérusalem (1096), on rappellera les relations passablement riches qu'entretint durablement le très catholique royaume de France avec l'Empire ottoman. Pour tous les enfants turcs, les Français ne peuvent pas être réellement, mauvais puisque leur instituteur leur a doctement expliqué que François Ier était l'allié de sultan Kanunî Süleyman, notre « Soliman le Magnifique ». C'est à l'époque de Louis XIV qu'est créée l'École des jeunes de langue – l'actuel INALCO ou École des langues orientales – pour, justement, former des interprètes en turc ottoman. Cette époque est aussi celle des échanges d'ambassades et des turqueries chères à Molière, Racine ou Corneille, avant les *Lettres persanes* de Montesquieu (où les Persans semblent un peu turcs lorsqu'on relit l'ouvrage) ou *L'Enlèvement au sérail* de Mozart. Les représentations de la Turquie ottomane dans l'Occident chrétien n'ont cessé d'évoluer en un mouvement variable et contrasté (Yerasimos, 1994).

Au XIXe siècle, alors que le prestige ottoman s'effondre, que les revers militaires se multiplient, nombreux sont les politiques ou les intellectuels ottomans qui prennent conscience de la nécessité de réformer l'Empire. Les relations franco-turques se densifient alors par l'accueil dans l'Empire de conseillers, d'hommes d'affaires français qui, avec les chrétiens et israélites autochtones ou des Italiens, formeront la population levantine des échelles de Constantinople, Smyrne ou Thessalonique, et seront les « protégés » des puissances européennes. À l'inverse, l'accueil en France de stagiaires ottomans, civils ou militaires, n'est pas rare. Ils viennent étudier l'administration et les nouvelles techniques, ou sont des réfugiés et exilés politiques qui n'auront de cesse que de réformer l'Empire en intégrant la culture occidentale. C'est alors l'apogée du français, langue de culture et de communication, langue de la diplomatie, enseignée dans le lycée impérial de Galatasaray.

Nationalité, minorités, exils. La définition juridique actuelle de la nationalité renvoie à la citoyenneté, sur le modèle français, et ne préjuge pas les origines ethniques ou confessionnelles : un demandeur d'asile kurde de Turquie est donc un citoyen turc. Cette dernière notion n'apparaît réellement qu'avec la création de la république, car on était auparavant sujet ou, à la fin du XIXe siècle, citoyen ottoman. Elle inclut donc une très grande diversité de composantes minoritaires, Kurdes, Arméniens et autres non turcophones de l'ex-Empire ottoman, ainsi que les très nombreux descendants de réfugiés des Balkans, du Caucase et d'Eurasie. Dans la pratique sociale – aujourd'hui encore –, la définition confessionnelle dérivant des *millet* ottomans reste plus vivace que les distinctions ethnolinguistiques, on pourra se marier plus facilement entre Turc et Kurde sunnites qu'entre Kurde sunnite et Kurde alévi, ou entre Turcs et Bosniaques sunnites qu'entre Bosniaques musulmans et Serbes orthodoxes, dont on partage pourtant la langue et l'origine ethnique. Or le *millet* musulman est à lui seul fort complexe puisqu'il admet toutes les populations musulmanes turcophones ou alliées hors de Turquie dans la mesure où elles ont contribué au peuplement de la Turquie moderne (comme, entre autres, Bosniaques, Albanais, Kazakhs de Chine, Kirghizes d'Afghanistan, Tcherkesses et Tchétchènes caucasiens), en vertu d'une loi de 1934 – mais aussi les Kurdes autochtones de confession musulmane. Le droit se réfère explicitement au *jus soli*, tandis que la pratique sociale relève clairement du *jus sanguini*. Dès lors, un Turc sera toujours turc, quelle que soit sa nationalité effective. Cela explique que des jeunes gens de nationalité française fassent leur service militaire dans l'armée turque. Lorsque l'on pose la question de l'origine géographique d'un élève ou étudiant d'origine turque (lors d'un examen, d'un oral du baccalauréat...), celui-ci répond invariablement par le département d'origine de sa famille en Turquie, même après trois générations de présence en France.

Les premiers mouvements d'émigration massive ont été des mouvements d'exil. Le génocide de 1915 a touché les Arméniens comme les Assyro-Chaldéens anatoliens. La qualification de génocide est revendiquée par les deux populations. Elle est toujours, sinon niée (version négationniste de l'implication ottomane), au moins minimisée ou relativisée (version révisionniste) par les autorités turques. Une partie des 600 000 survivants arméniens ont pris le chemin de la France, les Assyro-Chaldéens sont très nombreux aujourd'hui en région parisienne (Sarcelles). D'autres exils ont accompagné les bouleversements de la fin de l'Empire ottoman, comme celui des juifs du Bosphore. Pour finir, après les échanges de populations entre Grèce et Turquie, ou les exils forcés entre pays balkaniques et Turquie, la population turque paraît bien plus homogène qu'elle ne l'était dans l'Empire. La présence de bien des minorités n'en demeure pas moins une dimension forte. Difficile à évaluer, le poids des Kurdes est le plus important, peut-être un quart de la population totale.

Or par le biais, soit de la migration internationale de travail, soit par celle des demandeurs d'asile et réfugiés politiques, ce sont bien toutes les composantes de la population turque qui sont présentes en France et composent un kaléidoscope anatolien riche et varié.

L'immigration turque en France : des singularités durables. La migration de travail proprement dite n'apparaît réellement qu'à la toute fin des années 1950 pour, progressivement, se renforcer avec la signature d'un accord franco-turc sur la main-d'œuvre (1965) sur le modèle de l'accord germano-turc (1961). Dès lors, trois grandes périodes sont bien visibles. La migration des travailleurs (1957-1973) a amené pour l'essentiel des hommes seuls. Ils ne sont encore que 51 000 en 1975. Alors commence le regroupement familial de la « première génération », renforcé par l'immigration massive de demandeurs d'asile, après le coup d'État de septembre 1980 et le déclenchement du conflit entre l'Armée nationale et le PKK (1974-décennie 1980). Les Turcs prennent place alors parmi les étrangers qui comptent, dépassant les 200 000 recensés dans les années 1990. C'est le début de la troisième vague, alimentée par le regroupement familial de la « deuxième génération » : les enfants de migrants, de nationalité turque ou française, continuent à pratiquer diverses formes de mariage arrangé en « important gendres et brus » (tels que le définissent les Turcs eux-mêmes : *ithal damat*, *ithal gelin*). Il faut ici dissocier mariage arrangé, relevant de la tradition et de l'anthropologie rurale, même revisitée, et mariage forcé, qui, lui, relève du droit pénal, bien que les limites entre les deux soient parfois floues, tant dans la pratique sociale que dans celle du droit.

De ces trois logiques découlent quelques traits particuliers, à défaut d'être spécifiques, de l'immigration turque : les pratiques actives de la « filière migratoire », de la « circulation migratoire » (Simon, 1995). La filière migratoire désigne une migration fondée sur des origines communes, des solidarités, une tradition d'entraide. Elle renvoie à une microsociété construite sur des liens du sang (*akrabalık*, la famille étendue, le lignage) ou du sol (*hemşehrilik*, une origine locale, une histoire, commune), soit deux fondements de la société rurale turque. Ces filières ont souvent été encouragées, en France et en Belgique plus qu'en Allemagne, par la mise en œuvre du « contrat nominatif », l'employeur recruteur passant contrat avec un travailleur conseillé par un proche. Aux *Emirdağ'lı* de Schaerbeek (originaires de l'arrondissement d'Emirdağ, dans l'agglomération de Bruxelles) répondent les *Posof'lu* de Flers, les *Sivas'lı* de Strasbourg, les *Acıpayam'lı* et *Tavas'lı* d'Alsace centrale tout comme les Chypriotes turcs de Londres. Ces « originaires de » montrent de nombreuses formes de solidarité active (confessionnelle, vie associative, mariage, création d'entreprise…) et transposent des pratiques sociales observées dans les migrations internes et l'exode rural vers Istanbul ou Ankara. Ce fait explique en grande partie l'image de communauté forte et passablement repliée sur elle-même attachée à une « communauté turque » qui n'est pas toujours si communautaire qu'il y paraît.

L'héritage d'un peu plus de cinquante années d'immigration turque est en effet complexe, avec des courants variés et des trajectoires individuelles ou familiales très diverses. Quoi de commun entre le travailleur de chantier ou le mineur de Lorraine usés par des décennies de travail pénible, le professeur d'université de Paris, la jeune épouse nouvellement « importée » dans une cité périphérique de Saint-Étienne, le réfugié kurde de Strasbourg ou assyro-chaldéen arabophone de Sarcelles, sinon le pays de départ ?

Pour la grande masse des migrants, les caractéristiques sont celles de la ruralité, de l'absence de qualification industrielle, du conservatisme social et religieux, de l'attachement aux valeurs de la famille élargie et patriarcale anatolienne, en contradiction totale avec l'image d'une Turquie moderniste, républicaine, laïque, créée par Atatürk. Ces traits ont largement été renforcés par les politiques de recrutement des entreprises françaises qui ont recherché une main-d'œuvre rurale, docile, peu revendicative, dans des régions souvent marginales de la campagne anatolienne. Pourtant, dès le départ, certains éléments bien plus combattifs (syndicalistes, opposants politiques, intelligentsia déclassée mais active dans le milieu associatif, en particulier parmi les minorités alévies et kurdes, parfois confondues) ont migré vers la France. Le coup d'État de 1970 est passé inaperçu, puisque le marché de l'emploi était encore ouvert, mais celui de 1980 lui a alimenté une dense migration de réfugiés. À cette époque, le cinéaste Yılmaz GÜNEY (1937-1984), Grand Prix du Festival de Cannes, fréquente souvent la France durant son exil européen, mais c'est aussi celle de l'installation à Strasbourg du professeur Server TANILLI (1931-2011), juriste et historien des civilisations, victime d'un grave attentat à Istanbul, comme de nombreux intellectuels de gauche en Allemagne, Belgique, Suède ou Pays-Bas. Ce n'est que bien plus tard, durant les années 1990-2000, que les éléments ruraux conservateurs, s'appuyant sur l'essor politique islamiste en Turquie, remonteront sur le devant des scènes associatives, politiques et éducatives, mais toujours très discrètement : on ne compte plus les associations donnant des cours du soir et cours de langue, soutien scolaire et aide au devoir, voire, depuis peu, les établissements scolaires liés à la mouvance de Fethullah Gülen, personnage très impliqué dans les activités éducatives. Or il est très rare que ces initiatives relèvent d'un prosélytisme islamique.

L'implantation de la population immigrée turque montre quelques traits originaux, dus en grande part à son arrivée tardive et au fait qu'elle devra se surimposer aux courants existant déjà : Italiens, Polonais, Espagnols, Maghrébins… L'arrivée directe, par le train, la route et l'avion, passe nécessairement par le territoire allemand, premier lieu de recrutement depuis 1961, ce qui fait souvent croire, à tort, que les Turcs de France sont des transfuges d'Allemagne. C'est le patronat français qui recrute en Anatolie rurale plus que dans les grandes métropoles, contrairement au patronat allemand. La logique de recrutement est celle d'industries de main-d'œuvre (automobile, filière bois, confection-habillement), des activités primaires (mines, forestage, maraîchage), des chantiers du BTP (construction d'autoroutes comme de logements ou de locaux professionnels) à un moment où l'économie donne des signes de fragilité : chocs pétroliers et crise interviennent en 1973-1974 et vont suspendre l'immigration turque au moment où elle est en plein développement. De là datent les grandes concentrations : Paris et Île-de-France (48 840), Rhône-Alpes (33 633), Alsace (23 077) et Lorraine, surtout du Nord (12 215), ainsi que « petites » implantations industrielles comme les fonderies de Flers ou de Laigle en Normandie, les ardoisières de Trélazé en Loire-Atlantique, l'ensemble de la Franche-Comté (Peugeot), ou Rennes et Bordeaux dans l'automobile (Citroën, Ford). Les chiffres disponibles (ici le nombre de cartes de séjour délivrées par le ministère de l'Intérieur jusqu'à la fin de 2006) doivent être multipliés par un coefficient 2 à 3 si l'on tient compte des enfants de moins de seize ans et des nombreuses naturalisations. À chaque site correspond une ou des entreprise(s) ayant recruté des ouvriers turcs entre 1965 et 1973. L'Alsace et la Moselle forment un cas spécifique, du fait de la proximité allemande, mais, même là, les Turcs venus d'Allemagne forment une minorité dans les processus de recrutement des entreprises. De fait, la colonie s'est renforcée autour de réseaux déjà organisés du côté allemand : réseaux économiques, sociaux, familiaux, politiques, religieux. Une grande partie des produits turcs vendus en France est en réalité de fabrication allemande. De même pour les transports : on choisira les aéroports de Bâle, Zurich, Stuttgart ou Francfort, desservis par de nombreuses compagnies turques, pour maintenir les liens avec la Turquie, et très rarement ceux de Roissy ou Orly.

Une autre spécificité réside dans l'intensité de la circulation migratoire, ensemble des flux et prestations offerts ou non par des originaires de Turquie, de transport et communications nés de la présence active de populations turques en Europe occidentale. Les Turcs de France comme d'Europe se distinguent par une mobilité incessante par la route, le train, l'avion vers la Turquie, pour les causes les plus variées : vacances au pays d'origine, événements familiaux, études – où le programme ERASMUS joue un rôle non négligeable –, affaires privées ou relations entre entreprises… Il suffit pour le comprendre de prendre l'avion ou la route en été, entre une grande ville européenne et la frontière turque, ou de consulter des sites Internet dédiés à ce phénomène. La circulation physique est renforcée par une circulation invisible, immatérielle, intense, formée de flux financiers et d'informations (presses écrite et audiovisuelle, dont de très nombreuses télévisions satellitaires, réseaux Internet), qui, parfois, interrogent sur la validité de la notion d'intégration dans le contexte de la mondialisation, tant les liens avec la Turquie et la société d'origine restent vivants. Plus que la référence au territoire d'origine, c'est la référence au groupe d'origine, de nature et d'envergure très variables, qui prime. D'où la pratique du mariage préférentiel encore largement arrangé, le maintien d'un *turkish way of life* dans la vie quotidienne trois générations après les débuts de l'émigration, ou l'enterrement encore très généralisé en communauté d'origine (plus que pays d'origine ou terre d'islam). L'islam joue ici un rôle manifeste, mais cependant ambigu du fait de facteurs aussi divers que la définition turque de la laïcité (davantage un contrôle par l'État de la gestion du culte que la neutralité ou la séparation de l'Église et de l'État : les servants du culte sont formés et rétribués par l'État, avec un statut de la fonction publique, y compris lorsqu'ils viennent en France desservir une communauté turque), la part non négligeable de la population réellement laïcisée au sens français du terme (celle où le mariage mixte ne pose aucun problème), l'importance traditionnelle du soufisme et de l'hétérodoxie, la politisation du religieux qui a amené les victoires électorales de l'AKP.

Les formes d'intégration pour les Turcs sont variées, mais difficiles à cerner : la naturalisation n'empêche ni double nationalité, ni service militaire systématique en Turquie (même pour des militaires professionnels français), l'achat d'un logement ici n'empêche pas celui d'un logement là-bas, la nationalité française, le mariage de type traditionnel avec un(e) conjoint(e) là-bas. La langue turque reste en usage dans les familles, servie par une riche offre télévisuelle, et est apprise à l'école : 180 ELCO (Enseignant de langue et culture d'origine) pour environ 18 000 à 19 000 élèves. Maintien actif de traits culturels et partage de ces valeurs (le mariage mixte entraîne souvent l'apprentissage du turc par le conjoint français ; l'islam, même laïcisé, reste une valeur culturelle à l'instar de ce qu'a connu l'URSS en Asie centrale) ne sont pas incompatibles avec une véritable insertion sociale locale et la fierté d'être un « Turc de France ». Si les minoritaires, surtout s'ils ont acquis le statut de réfugié, recherchent plus une forme active d'intégration, la majorité revendique davantage une forme pacifique de cohabitation avec les autochtones. Les associations d'obédience musulmane sont ainsi les championnes du dialogue interculturel et interreligieux.

Nombreux sont désormais les médecins, avocats, enseignants agrégés et certifiés, conseillers d'éducation, professeurs des écoles, officiers de police ou militaires – et très nombreux les chefs d'entreprises, encore petites pour la plupart : le *döner kebab* est visible et emblématique, mais il est loin d'être la seule manifestation des activités des immigrés et de leurs descendants dans le domaine économique, quand bien même la France resterait en retard sur l'expérience allemande. De beaux succès peuvent être cités dans le tourisme (agence de voyages Marmara) ou la distribution.

Les mutations de l'Europe orientale et la dislocation de l'URSS ne sont pas sans conséquences sur le champ migratoire turc, qu'il s'agisse des dynamiques propres à la Turquie ou des liens communautaires internes à l'immigration. Ainsi, les Turcs d'origine kazakhe installés à Paris ont pu renouer avec le Kazakhstan, comme les Kirghizes du Pamir afghan installés sur les rives du lac de Van ont pu renouer avec Bichkek ; il en est de même des Azéris de Turquie, des Kurdes, des Arméniens, des Caucasiens comme des Turcs originaires des Balkans. Des échanges d'étudiants, des mariages sont intervenus, suivis de regroupements familiaux... en France parfois.

Les Turcs et la culture française. Les Turcs en France, quel apport pour la culture française ? Au vu du caractère récent de l'immigration turque, il n'est déjà pas négligeable, même s'il reste assez confidentiel et, une fois de plus, intègre toutes les composantes du kaléidoscope anatolien ou stambouliote. Pour la littérature, on pourra citer Kenizé MOURAD, descendante de la dynastie ottomane, ou Nedim GÜRSEL (né en 1951), à la fois chercheur au CNRS et écrivain ; pour la musique Kudsî ERGÜNER (né en 1952) ; pour la peinture Abidine (1913-1993) et Güzine DINO, amis de Nazım HIKMET (1902-1963), pour la mode, les sœurs Ece (née en 1963) et Ayşe EGE, ou, sur un mode plus confidentiel, Ruşen YILDIZ (né en 1971), montreur de marionnettes mulhousien qui met en scène des personnages du théâtre d'ombres Karagöz et Hacivat sur fond d'histoire migratoire. Pour le journalisme, on peut citer Gökşin SIPAHIOĞLU, créateur de l'agence de presse SIPA, décédé début octobre 2011, les journalistes de Radio France, Uğur HÜKÜM (né en 1949) et Hayatî BAŞARSLAN, longtemps collaborateur de Jean Lebrun sur France Culture.

On retrouve toujours et encore l'ambiguïté majeure décrite *supra* lorsqu'on évoque l'émigration turque d'avant les années 1965-1970. Les Ottomans n'étant pas uniquement turcs et musulmans, ils étaient aussi chrétiens, arméniens, grecs ou arabes. En d'autres termes, Charles Aznavour, Alice Sapritch, Henri Verneuil (comme Elia Kazan), Patrick Devedjian, petit-fils d'un directeur des Pêcheries de l'Empire, auteur d'un savant ouvrage sur les poissons des mers ottomanes et du Bosphore (récemment réédité à Istanbul), Édouard Balladur ou même Nicolas Sarkozy (dont le grand-père maternel, sujet ottoman, vivait à Thessalonique), pourraient se réclamer d'origines ottomanes, donc turques au sens du XIXe siècle, mais plus au sens du XXe siècle. L'ambiguïté des temps ottomans sur la nationalité d'origine n'est pas totalement levée avec la création de la république et la construction, souvent dans la douleur, de l'État-nation. Le chanteur Dario MORENO (né David Arugete à Aydın) ou l'acteur Tcheky KARYO (né Baruh Djaki Karyo à Istanbul en 1953) sont bien originaires de Turquie et issus de la communauté séfarade venue se réfugier en Turquie ottomane après 1492 et la chute de Grenade. Dario Moreno avait un réel attachement pour la Turquie de sa naissance et il y est enterré. Tcheky Karyo, l'actrice Mathilda May, le député centriste alsacien Jean-Marie Caro (également né à Istanbul), un moment président de l'Union de l'Europe occidentale (UEO), le dirigeant d'entreprise Serge Tchuruk ont pu pourraient, auraient pu ainsi se prévaloir de racines « turques » lorsque l'un au moins de leurs parents ou grands-parents sont nés dans l'Empire ottoman ou la République de Turquie.

Pour la partie universitaire et scientifique, peut-être moins visible, les nombreux professeurs, maîtres de conférence et chercheurs travaillant dans les universités ou au CNRS, dont Cafer ÖZKÜL (né en 1951), président de l'université de Rouen, ou l'économiste strasbourgeois Ragıp EGE (né en 1949), un moment doyen de sa faculté. Paris, Strasbourg, Rennes, Le Mans, Lyon, Marseille, Nantes, Toulouse, Limoges... comptent des enseignants ou des chercheurs d'origine turque, comme Fahrettin PETEK (1922-2010), physicien, père de Gaye Petek, qui a joué un grand rôle dans la vie associative, associée au Fonds d'action sociale, au Haut Conseil à l'intégration ; Altan GÖKALP (1942-2010), anthropologue, qui – avec Jack Lang, alors ministre de l'Éducation nationale – a lancé en 1994-1995 l'enseignement du turc dans les lycées français ; Nedim Gürsel, déjà cité, font partie d'une première génération d'intellectuels turcs installés en France. Mehmet-Ali AKINCI, linguiste spécialiste justement du bilinguisme, Bayram BALCI, politologue longtemps responsable de la politique scientifique du ministère des Affaires étrangères et européennes à Bakou et Tachkent, sont, eux, enfants de migrants, arrivés plus tardivement et distingués par leurs enseignants, devenus fonctionnaires français, hautement qualifiés, et jouant un rôle actif dans les relations franco-turques et au-delà. Cette présence turque est donc récente et pourtant son apport à la vie sociale, économique, intellectuelle française n'est déjà pas négligeable.

Stéphane de Tapia

Bibl. : *Hommes et migrations*, 1998, « Immigrés de Turquie », n° 1212, 1998 ; « Les Turcs en France : quels ancrages ? », n° 1280, 2009 • KASTORYANO Riva, *Être turc en France : réflexions sur famille et communauté*, Paris, L'Harmattan (CIEMI), 1986 • SIMON Gildas, *Géodynamique des migrations Internationales dans le monde*, Paris, PUF, 1995 • TAPIA Stéphane de, *Migrations et diasporas turques. Circulation migratoire et continuité territoriale (1957-2004)*, Paris-Istanbul, Maisonneuve & Larose / Institut français d'études anatoliennes, 2005 • YERASIMOS Stéphane, « Quel bonheur de se nommer turc ! », *Autrement, (Les Turcs. Orient et Occident, islam et laïcité)*, hors-série n° 76, 1994, p. 16-54.

Voir aussi : ARMÉNIENS, JUIFS ÉTRANGERS.

TZANCK Arnault

Médecin. – Né en 1886 à Vladicaucase (Vladikavkaz), alors Empire russe, aujourd'hui Russie ; mort le 8 février 1954 à Paris, France.

Arnault Tzanck est né dans une famille juive aisée, propriétaire de terrains riches en pétrole. En butte à une politique antisémite, nouvelle dans le Caucase, qui, en 1890, interdit aux juifs la possession de la terre, la famille, avec ses cinq enfants, embarque à Batoum pour la France, sans y avoir de lien préalable. Selon l'hommage rendu à Tzanck dans la *Revue d'histoire de la médecine hébraïque*, cette émigration se fait sous la bannière de l'assimilation, et le jeune Arnault, qui arrive en France à l'âge de quatre ans, est « assimilé d'office, étranger au judaïsme » avant d'y revenir au long de sa vie. Il fait ses études de médecine à Paris, devient interne des hôpitaux de Paris en 1911, à l'hôpital Saint-Louis, dans les services de Jean Darier, Jean-Louis Ravault et Charles Beurmann. Il est mobilisé durant la Première Guerre mondiale et sert dans l'ambulance chirurgicale du chirurgien Antonin Gosset. Médecin des hôpitaux de Paris en 1927, il est d'abord chef de service à l'hôpital Broca, puis à l'hôpital à Saint-Louis. Dermatologue et syphiligraphe, il travaille sur l'anaphylaxie et la cytologie de la peau, étudiant les accidents de la chimiothérapie et les mécanismes de l'intolérance. Ses travaux s'orientent ensuite vers le domaine du sang. En 1938, avec son neveu André Dreyfus, il commence la rédaction d'un important traité d'hématologie, qui paraît jusqu'en 1949. Il est surtout pionnier dans le champ de la transfusion, qu'il étend au monde civil après ses premières applications au cours de la guerre, au prix de conflits parfois vifs avec une partie du corps médical. En 1929, avec Edmond Lévy-Solal, il fonde, à l'hôpital Saint-Antoine, un service de transfusion sanguine d'urgence, reconnu œuvre d'utilité publique en 1931, dont le but est de mettre des donneurs et des transfuseurs qualifiés à la disposition des hôpitaux. Il s'engage dans plusieurs causes, par exemple dans le comité de la Centrale sanitaire d'aide à l'Espagne républicaine. En 1937, grâce au mécénat Deutsch de la Meurthe, le Centre de transfusion sanguine de recherches hématologiques est fondé dans le cadre de l'Assistance publique. Sa direction est confiée au docteur Tzanck. Il y étudie notamment le problème de la conservation du sang, au cœur des transformations de la pratique transfusionnelle. En 1939, Tzanck, mobilisé, participe, au sein du Service de santé de l'armée, à l'organisation nationale de la transfusion. En 1940, sous la menace des mesures antijuives du gouvernement Vichy, il obtient un visa pour le Chili où il émigre et demeure pendant la durée de la guerre. De retour après le débarquement, il arrive comme colonel des Forces françaises libres à Alger et, à l'hôpital de Mustapha, joint ses efforts à ceux d'Edmond Benhamou pour former des corps de réanimateurs-transfuseurs destinés au champ de bataille. En septembre 1944, il dirige les services de réanimation-transfusion de l'armée. Après guerre, en 1949, alors que son élève Robert André lui succède au centre de Saint-Antoine, Tzanck crée le Centre national de transfusion, rue Alexandre-Cabanel, un véritable « combinat » associant usine, magasin, entreprise, commerce et institut de recherche. Il passe à la postérité pour l'importance de son œuvre dans ce domaine, pourtant peu couronné d'honneurs officiels.

Anne Rasmussen

TZARA Tristan (Samuel Rosenstock)
Poète et essayiste. – Né le 16 avril 1896 à Bucarest, Roumanie ; mort le 25 décembre 1963 à Paris, France.

Brillant lycéen, Samuel Rosenstock appartient à la communauté juive de Roumanie et rédige des poèmes d'inspiration symboliste. C'est en 1915, alors qu'il étudie la philosophie à Zurich, qu'il lance le mouvement Dada et prend le pseudonyme littéraire de Tristan Tzara. Proche de l'avant-garde française et européenne, il s'installe en 1919 à Paris, y développe une œuvre poétique fondée sur l'écriture instantanée et devient le théoricien du dadaïsme (*Sept Manifestes dada*, 1924). La rupture avec André Breton et avec ceux qui seront les surréalistes le conduit à une activité plus strictement littéraire, dont la forme emprunte pour une large part au modernisme lyrique hérité de l'époque dada. Si Tzara poursuit ses expériences littéraires, comme en témoigne sa tragédie en quinze actes, *Mouchoirs de nuages*, créée en 1926, la poésie n'en demeure pas moins son domaine de prédilection (*L'Homme approximatif*, 1931). Au cours des années 1930, Tristan Tzara rallie, par antifascisme, l'Association des écrivains et artistes révolutionnaires (AEAR) et soutient notamment les républicains espagnols. L'influence de Dada sur l'avant-garde littéraire et artistique française de l'entre-deux-guerres vaut au poète de subir des attaques de la part des milieux collaborationnistes après la défaite de 1940, tandis que ses livres sont interdits dans son pays natal et qu'il se voit déchu de sa nationalité roumaine en 1942. Contraint à vivre dans la clandestinité dans le sud de la France, Tristan Tzara participe activement à la résistance intellectuelle. Il obtient la nationalité française en 1947. Membre du Parti communiste, l'écrivain s'engage contre la guerre d'Algérie et sera interdit d'antenne à l'ORTF. C'est l'un des poètes français les plus novateurs qui s'éteint à Paris en 1963.

Pierre-Frédéric Charpentier

U-V

UBAC Raoul. — *Voir* PARIS, École de.

UDERZO Albert (Alberto Aleandro Uderzo)

Dessinateur et scénariste de bandes dessinées. – Né le 25 avril 1927 à Fismes, France.

Né dans une famille d'immigrés italiens qui, après la Champagne, s'installe dans la banlieue parisienne, le jeune Albert fait précocement preuve d'un talent de dessinateur qui le fait engager, dès l'âge de quatorze ans, par la Société parisienne d'édition, important éditeur d'illustrés populaires. Travailleur acharné, il fait preuve d'une grande variété de talents, passant du réalisme au comique caricatural, qui fera sa renommée. Entré en 1950 dans les réseaux des éditeurs belges pour la jeunesse et la famille, animés par le scénariste Jean-Michel Charlier – dont il mettra plus tard en images la série *Les Aventures de Tanguy et Laverdure* –, il y fait la rencontre décisive du Français René Goscinny, fils lui-même de parents juifs ashkénazes immigrés, naturalisés peu avant sa naissance, qui devient son ami et le scénariste, à partir de 1958, de la série comique *Oumpahpah.* Quand, en 1959, se crée en France l'hebdomadaire *Pilote*, Charlier, Goscinny et Uderzo en sont les piliers. L'une des séries du nouveau titre sera appelée à un succès planétaire : les *Aventures d'Asterix.* Uderzo se concentrera progressivement sur cette œuvre, où son dessin souple donne l'équivalent graphique de l'humour, bon enfant et référentiel, de Goscinny. Goscinny prend de fait la direction du magazine en 1963. Après la crise de 1968, à partir de laquelle Goscinny commence à s'éloigner de *Pilote* et de la bande dessinée, les deux amis créeront le seul grand studio de dessin animé de l'histoire française (Studios Idefix, 1974-1978). À la mort, prématurée, de Goscinny, en 1977, Uderzo, après un temps d'hésitation, décidera de continuer seul *Astérix.*

La série reste le plus grand succès qu'ait connu jusqu'à aujourd'hui une bande dessinée française – traduction en plus de cent langues, albums vendus à plus de trois cent millions d'exemplaires –, prolongé par les adaptations filmiques (celle d'Alain Chabat, *Astérix : mission Cléopâtre*, est, à l'heure actuelle, le deuxième plus grand succès de l'histoire du cinéma français). On aura noté que ces aventures gauloises, identifiées par certains à un mode d'esprit « franchouillard », a eu pour auteurs deux enfants de l'immigration.

Pascal Ory

UJLAKI Joseph

Sportif. – Né le 10 août 1929 à Budapest, Hongrie ; mort le 13 février 2006 à Sète, France.

Formé à l'Ujpest football club de Budapest, Joseph Ujlaki, doué très tôt, devient international junior de l'équipe de Hongrie. Dès 1947, recruté par le Stade français, il émigre vers la France. Après une première saison à Paris, il effectue un passage au FC.Sète, où il excelle avec sa remarquable maîtrise technique. Capable d'évoluer au poste d'inter ou d'ailier droit, il est engagé en 1950 par le Nîmes Olympique, dirigé par Pierre Pibarot. Mais c'est à l'OGC.Nice qu'il étoffe son palmarès en remportant la Coupe de France en 1954 puis le championnat de France en 1956, sous les ordres de l'entraîneur argentin Luis Carniglia, qui en fait le meneur de jeu de son équipe. De retour à Paris, au Racing Club de France, Joseph Ujlaki poursuit une brillante carrière, qui ne faiblit pas jusqu'à sa retraite, au milieu des années 1960, à l'âge de trente-six ans, après avoir évolué au FC.Metz et à l'AS.Aix-en-Provence. Avec cent quatre-vingt-neuf buts inscrits en quatre cent trente-neuf matchs, celui qui force le respect et que le public surnomme « Monsieur Joseph » est l'un des meilleurs buteurs de l'histoire du championnat de France de football. Naturalisé français en 1952, Joseph Ujlaki porte le maillot bleu à vingt et une reprises entre 1952 et 1960. Il inscrit dix buts, contribuant à la qualification des Bleus pour participer aux coupes du monde 1954 et 1958, marquant deux buts contre l'Irlande à Dublin le 4 octobre 1953 (victoire 5 buts à 3) et contre l'Islande le 1er septembre 1957 à Reykjavik (victoire 5 buts à 1). Mais il ne sera jamais sélectionné pour une phase finale, notamment à cause de conflits avec Raymond Kopa.

Yvan Gastaut

ULMER Georges (Jorgen Frederik)

Chanteur et acteur. – Né le 16 février 1919 à Copenhague, Danemark ; mort le 29 septembre 1989 à Marseille, France.

Danois d'origine, Jorgen Ulmer grandit en Espagne, mais c'est la France qu'il choisit pour faire ses débuts dans la chanson, et ces débuts sont éclatants : en 1946, *Pigalle*, dont il a coécrit la musique, sur des paroles de Géo Koger, vieux routier de la chanson populaire, l'impose à la fois auprès du public français, qui apprécie sa voix douce et son léger accent, et du public étranger, en particulier anglo-saxon, qui y retrouve, la tourmente de la guerre passée, tous les stéréotypes du « Paris éternel » (« un p'tit jet d'eau, une station de métro entourée de bistrots... »). Quantité d'interprètes reprendront cette œuvre, des Compagnons de la chanson à Paul Anka. Georges Ulmer, dont le nom apparaît au générique de plusieurs films français, espagnols ou italiens de consommation courante, continuera ensuite une carrière plutôt discrète, entourée de la sympathie d'un public fidèle.

Yves Borowice

UNESCO, architectes du siège de l'

Le projet du siège de l'Unesco, place Fontenoy à Paris, mobilise, au long des années 1950, des personnalités internationales reconnues : l'architecte américain Marcel Breuer (1902-1981), l'architecte français Bernard Zehrfuss, l'ingénieur italien Pier Luigi Nervi (1891-1979). Bien qu'issus de formations bien distinctes (le Bauhaus pour Breuer, l'École des beaux-arts et le prix de Rome pour Zehrfuss, l'Institut de génie civil de l'université de Bologne pour Nervi), les coauteurs conçoivent et réalisent un authentique manifeste de la modernité, d'autant plus délicat à conduire qu'il implique une insertion fine dans le site, et qu'il est le premier édifice public important construit à Paris depuis 1939. Le plan en Y, les pilotis, l'auvent de l'entrée sont des mises au point convaincantes. Si Bernard Zehrfuss a en charge les extensions ultérieures (1962-1978), les jardins des patios (1968) sont confiés au Brésilien Roberto Burle Marx (1909-1994), dont ce seront les seules réalisations en France. Un lieu de méditation (1995) est demandé au Japonais Tadao Ando (né en 1941), qui construit aussi, en 2009, le centre d'accueil du domaine viticole Château-La-Coste, près d'Aix-en-Provence.

Gérard Monnier

UTUDJIAN Édouard

Architecte. – Né le 12 novembre 1905 à Constantinople, alors Empire ottoman, aujourd'hui Istanbul, Turquie ; mort en juillet 1975 à Paris, France.

Arrivé à Paris vers 1920, Édouard Utudjian suit la formation d'architecte à l'École des beaux-arts (ateliers d'Auguste Perret puis d'Emmanuel Pontremoli), diplômé DPLG en 1929. En 1933, il fonde le Groupe d'études et de coordination de l'urbanisme souterrain (GECUS), anime, de 1933 à 1975, la revue *Le Monde souterrain*, et ses compétences le conduisent à contribuer, au nom du GECUS, aux grandes opérations d'infrastructures souterraines des années 1960 et suivantes : tunnel sous la Manche, RER, les Halles, métro en Iran et en Espagne. Il est membre du Groupe international d'architecture prospective (GIAP), fondé en 1965. Il publie *L'Urbanisme souterrain* et *L'Architecture et l'urbanisme souterrain* en 1966. Dans ce domaine, il intervient dans plusieurs formations, d'architectes (École des beaux-arts et École spéciale d'architecture) ou d'ingénieurs (École spéciale de mécanique et d'électricité, CNAM). Par ailleurs, il participe à la Reconstruction (La Roche-Guyon), bâtit des HLM (à Poitiers, Châtellerault) et des équipement publics : stations d'épuration (à Achères, Bordeaux, Rouen, Cholet, Athis-Val, Calais), groupes scolaires (à Magny-en-Vexin, Port-Marly), centres hospitaliers (à Magny-en-Vexin, et fondation Winburn à Bièvres).

Spécialiste de la restauration d'églises arméniennes (cathédrale d'Etchmiadzine en Arménie, de la partie arménienne du Saint-Sépulcre à Jérusalem), il contribue aux projets de la cathédrale arménienne Saint-Vartan à New York, aux cathédrales arméniennes de Detroit et de Genève.

Gérard Monnier

VACARESCO Hélène

Écrivain. – Née le 21 septembre 1864 à Bucarest, Roumanie ; morte le 17 février 1947 à Paris, France.

Membre d'une famille princière valaque, Hélène Vacaresco reçoit l'éducation cosmopolite de rigueur dans son milieu. Après un épisode romanesque qui la voit obligée de rompre ses fiançailles avec l'héritier du trône de son pays, elle choisit de s'installer définitivement en France. Elle y publie en français poèmes et romans, mais c'est son rôle d'intermédiaire culturel qui la fait reconnaître de ses contemporains. Traductrice de poètes roumains en français, elle joue, à partir des années 1920, un certain rôle dans la Coopération intellectuelle de la SDN, ancêtre de l'Unesco.

Pascal Ory

VAGO Pierre

Architecte. – Né le 30 août 1910 à Budapest, alors Autriche-Hongrie, aujourd'hui Hongrie ; mort le 1er février 2002 à Noisy-sur-École, France.

Fils de József Vago (1877-1947), architecte hongrois, lauréat, en 1927, du concours pour le Palais des Nations à Genève, installé à Paris en 1928, Pierre Vago choisit de faire ses études à l'École spéciale d'architecture, où il est élève d'Auguste Perret. À partir de 1932, premier rédacteur en chef de la nouvelle revue *L'Architecture d'aujourd'hui*, il est au carrefour des débats sur l'architecture moderne, et sa culture, ouverte sur les acteurs étrangers, le conduit à fonder les Réunions internationales d'architectes (RIA, 1932). Son activité de bâtisseur débute avec la Reconstruction et des ensembles urbains à Beaucaire, Arles (église Saint-Pierre, 1952), Tarascon, au Mans (1945-1948). Il collabore, aux côtés de Pierre Pinsard, André Le Donné et Eugène Freyssinet, au chantier remarquable de la basilique souterraine Saint-Pie-X à Lourdes (1955-1958). Il participe à la construction du quartier Hansaviertel, en 1954 à Berlin, et du campus universitaire de Villeneuve-d'Ascq, près de Lille, dans les années 1960. Il prolonge son action en faveur de l'organisation internationale des architectes en fondant, en 1948, l'Union internationale des architectes (UIA), dont il est le secrétaire général jusqu'en 1969 et dont le siège est à Paris. Cette organisation non gouvernementale réunit, dans des colloques, malgré les tensions de la guerre froide, les architectes du monde entier et impose des règles équitables pour les concours internationaux d'architecture, adoptées en 1956 par les gouvernements membres de la conférence générale de l'Unesco à New Delhi. À partir du concours pour la basilique de Syracuse (1956-1958, achevée en 1993) et malgré d'importants obstacles, la réglementation est observée et le succès que rencontrent les concours rend effective l'internationalisation croissante de la profession. Pierre Vago a été distingué par le Royal Institute of British Architects (RIBA), le Bund Deutscher Architekten (BDA) et par l'American Institute of Architects (AIA).

Gérard Monnier

VALATELLI Gino

Ingénieur et industriel. – Né le 3 mai 1885 à Crespino, Italie ; mort en 1965.

Né en Vénétie, Gino Valatelli part travailler en Espagne comme ingénieur, avant d'être employé sur les chantiers ferroviaires des Basses-Pyrénées, où il s'installe. Après avoir obtenu la nationalité française en 1919, il est nommé, en 1924, administrateur délégué de la Société auxiliaire d'entreprises et de travaux publics (SEETP), chargée de la construction de barrages hydroélectriques. Il en devient pdg de 1940 à 1965. Dans les années 1950, il oriente l'entreprise vers la construction de logements sociaux, dopée par le plan Courant de 1953 ; la SAEETP se spécialise dans la construction de grands ensembles (Les Mureaux, Poissy, Bondy…) ; les commandes affluent et la société est devenue, à la fin des années 1950, la première entreprise française du secteur du bâtiment.

Claire Zalc

VALLOTTON Félix

Peintre et graveur. – Né le 28 décembre 1865 à Lausanne, Suisse ; mort le 28 décembre 1925 à Paris, France.

Dénommé « le nabi étranger », Félix Vallotton est arrivé de Suisse à Paris à l'âge de dix-sept ans et a commencé une carrière de peintre plutôt sage, attiré par les œuvres du Louvre, qu'il copie avec son mentor Charles Maurin. C'est la rencontre avec Paul Gauguin et le milieu de la *Revue blanche*, vers 1892, qui l'oriente vers un art plus puissant et original, qu'il expose au premier salon de la Rose-Croix, et dans les expositions collectives du groupe nabi, à Paris et ailleurs. Si sa technique le rapproche des Nabis, ses sujets d'inspiration s'en éloignent, ainsi son pastiche provocant de Puvis de Chavannes, qui fait scandale au salon des Indépendants en 1893. Il est célèbre pour ses gravures sur bois, un medium qu'il a renouvelé et exploité avec brio, et pour ses illustrations politiquement engagées, publiées dans *L'Assiette au beurre* ou en album dans *C'est la guerre*, en 1917. Tombé dans un oubli relatif après la guerre, malgré les efforts de son frère Paul Vallotton, marchand d'art, pour faire connaître ses œuvres, il a conduit l'art symboliste au seuil du surréalisme.

Julie Verlaine

VALLS Manuel

Homme politique, né le 13 août 1962 à Barcelone, Espagne.

Petit-fils d'un journaliste catalan républicain et catholique, fils d'un peintre lié à l'Institut français de Barcelone venu vivre en France en 1949, et d'une enseignante suisse italophone, Manuel Valls étudie l'Histoire à la Sorbonne (Paris-I), est syndicaliste étudiant et adhère au Parti socialiste. Il est naturalisé français en 1982 et entame dès lors une carrière d'homme politique à plein temps : conseiller général à l'âge de vingt-quatre ans en 1986, conseiller de Michel Rocard pour les questions étudiantes de 1988 à 1991 et chargé de communication de Lionel Jospin de 1997 à 2001, maire d'Évry (2001) et député de l'Essonne (2002) jusqu'à sa nomination comme ministre de l'Intérieur en 2012. Il prône la lutte contre les « inégalités modernes » de nom, couleur ou adresse, mais approuve les quotas d'immigration et s'oppose à un supermarché purement hallal. Il plaide pour la sélection à l'université ou l'élévation de l'âge de la retraite, double sa police municipale, insiste sur l'ordre républicain. Les sondages d'opinion en font, en 2013, l'un des hommes politiques les plus populaires. Il met en avant ses « racines modernes de déraciné », son admiration pour Louis XI, le mont Saint-Michel ou Charles Quint dans sa retraite à Yuste, son goût pour la paëlla ou la musique espagnole. À cette galerie personnelle, il peut ajouter un lointain prédécesseur, Alejandro Aguado (1784-1842), maire d'Évry de 1831 à 1840, Sévillan exilé en 1813 à Paris, importateur, parfumeur, banquier international, réputé homme le plus riche de France, qui investit dans le charbon des Asturies ou à Château-Margot et qui, collectionneur et mécène, finance l'Opéra ou *Le Constitutionnel*, fonde écoles et hôpitaux, et compte, parmi ses relations, Gioachino Rossini, Gérard de Nerval ou Juan de San Martin.

Éric Vial

VALTIS Jean

Médecin et biologiste. – Né le 16 octobre 1888 à Athènes, Grèce ; mort le 23 avril 1950.

Formé en Grèce, Jean Valtis devient l'adjoint du médecin général Arnaud, directeur de la mission militaire française auprès du Service de santé de l'armée grecque. Au titre des services rendus, il reçoit, en 1917, la croix de chevalier de la Légion d'honneur et la médaille des épidémies. Recommandé par son chef, il intègre, en 1920, le laboratoire d'Albert Calmette à l'Institut Pasteur. Il y assure, avec Léopold Nègre, la préparation du vaccin BCG en même temps qu'il est associé aux recherches sur la tuberculose (voir sa fiche biographique, Archives de l'Institut). Durant les années 1920, ses recherches se déroulent dans le cadre de l'Institut Pasteur ; il y étudie notamment, avec Calmette, les éléments filtrables du bacille de Koch et leur rôle éventuel dans la transmission transplacentaire de la tuberculose de la mère à l'enfant. Au même moment, il est chargé d'assurer la liaison entre l'Institut et le service de phtisiologie de l'hôpital Laennec. En 1928, il est promu chef de laboratoire à l'Institut Pasteur et obtient, grâce à l'appui de Calmette, sa naturalisation française. Nommé, en 1930, professeur de phtisiologie à la faculté de médecine d'Athènes, il partage dès lors sa carrière et son existence entre la France et la Grèce. En 1932, il publie une synthèse des connaissances sur *Le Virus tuberculeux* préfacée par Albert Calmette. En 1935, il parvient, grâce à une donation grecque, à créer un établissement de cure, d'enseignement et de recherche spécialisé dans le traitement de la tuberculose. La déclaration de guerre le trouve à Paris, mais le directeur de l'Institut Pasteur lui demande de regagner la Grèce afin d'y défendre les intérêts de l'Institut Pasteur hellénique, dont il prendra la direction en 1948, l'année de sa retraite à l'Institut Pasteur de Paris, où il est nommé chef de laboratoire honoraire. L'année suivante, il accède à la direction du Centre de tuberculose de l'hôpital Sotiria d'Athènes.

Vincent Duclert

VAN DEINSE Frédéric

Médecin et biologiste. – Né le 21 juin 1890 à Batavia, alors Pays-Bas, aujourd'hui Djakarta, Indonésie ; mort le 6 mars 1974 à Paris, France.

Une fois soutenue, en 1917, sa thèse de médecine à l'université d'Amsterdam (sous la direction du professeur Van Loghem), Frédéric Van Deinse exerce comme médecin de la marine royale néerlandaise. En 1925, il devient assistant au laboratoire de pathologie comparée du professeur Jongh. Un an plus tard, il se rend à Paris pour suivre le cours de microbiologie de l'Institut Pasteur. Il rencontre Marie-Antoinette Arnault de la Ménardière, qu'il épouse. Chef du laboratoire de bactériologie et de sérologie clinique de l'université de Leyde entre 1926-1928, il rejoint définitivement la capitale française, d'abord comme boursier de l'Institut Pasteur dans le service de Léopold Nègre, spécialisé dans les recherches sur la tuberculose, puis comme assistant, en 1931. L'année suivante, il est naturalisé français. En 1936, il prend la direction du laboratoire du BCG jusqu'en 1958 – date à laquelle il est promu chef de service. Pendant quatre ans et jusqu'à sa retraite en 1960, il occupera également les fonctions de secrétaire général des *Annales de l'Institut Pasteur*. Ses archives personnelles ont été versées à l'Institut Pasteur en 1998 et 2001 par ses filles, Mmes Fleuriot de Langle et Brunschwig.

Vincent Duclert

VAN DONGEN Kees (Cornelis Theodorus Marie)

Peintre. – Né le 26 janvier 1877 à Delfshaven, Pays-Bas ; mort le 28 mai 1968 à Monte-Carlo, principauté de Monaco.

« Fauve, anarchiste et mondain » : ces trois qualificatifs, choisis par le musée d'Art moderne de la Ville de Paris pour lui rendre hommage au printemps 2011, rendent compte des multiples facettes de la personnalité de Kees Van Dongen. Après Rotterdam, où il étudie la peinture à l'Académie royale des beaux-arts et s'inspire de l'animation nocturne du port, il gagne Paris pour un premier séjour de quelques semaines, en 1897, puis s'y installe définitivement en 1899. Ses dessins sont publiés dans des journaux satiriques illustrés, en France (*L'Assiette au beurre*, *Gil Blas*) et aux Pays-Bas (*De Ware Jacob*). Ami de Pablo Picasso et des artistes de Montmartre, il expose pour la première fois en 1904 chez Ambroise Vollard ; puis au Salon d'automne en 1905, dont la salle VII, où il expose avec Henri Matisse, André Derain et Maurice de Vlaminck, fait scandale. Il est l'un des « fauves », par son usage des couleurs, vermillon et vert acidulé surtout, pour sa peinture de paysages et de scènes de spectacles populaires. Il devient ensuite portraitiste et reçoit des commandes du tout-Paris. Ses toiles perdent en vigueur, malgré quelques réussites comme le portrait d'Anatole France. Il est reconnu également par la France (il reçoit la Légion d'honneur en 1926) et par les Pays-Bas (sa première rétrospective a lieu à Amsterdam) : il intitule d'ailleurs son autobiographie, parue en français, *Van Dongen raconte ici la vie de Rembrandt et parle, à ce propos, de la Hollande, des femmes et de l'art*. Van Dongen est naturalisé français en 1929. Le voyage qu'il effectue en Allemagne en novembre 1941, à l'invitation d'Arno Breker en compagnie d'André Dunoyer de Segonzac, Derain et Vlaminck, lui vaut d'être jugé à la Libération et interdit un temps d'exposer. Sa mort, survenue au plus fort des événements de Mai 68, passe inaperçue.

Julie Verlaine

VAN GENNEP Arnold

Ethnologue. – Né le 23 avril 1873 à Ludwigsburg, Allemagne ; mort le 7 mai 1957 à Bourg-la-Reine, France.

Il est remarquable que l'auteur du monumental « lieu de mémoire » de l'identité française que constitue le *Manuel de folklore français contemporain* (1938-1957) ait eu pour auteur un Français né allemand du Wurtemberg.

C'est en effet après avoir divorcé que la mère d'Arnold s'installera en France. Très tôt attiré par les langues et par ce que l'on appelait encore le « folklore », Van Gennep se formera à l'allemande hors de l'université, dans les séminaires de l'École pratique des hautes études. De cet itinéraire atypique, aggravé par certaines polémiques avec la sociologie de son époque, il sortira que le dénonciateur des *Demi-Savants* (1911) restera, l'essentiel de sa vie, hors de l'institution universitaire, se transformant insensiblement en « ermite de Bourg-la-Reine ». Au-delà de toutes les critiques que lui valut cette situation en marge, il reste de lui une théorie des *Rites de passage* (1909), une méthode d'enquête et, surtout, une collecte de données à l'échelle de la totalité du territoire national (collecte inachevée à la mort de son auteur), auxquels se réfèrent encore les spécialistes de l'« ethnologie française », et au-delà.

Pascal Ory

VAN GOGH Vincent

Peintre. – Né le 30 mars 1853 à Goot-Zundert, Pays-Bas ; mort le 29 juillet 1890 à Auvers-sur-Oise, France.

Le premier contact de Van Gogh avec la France se produit lorsque, à l'âge de dix-sept ans, il est engagé comme commis à la succursale de La Haye de la galerie d'art Goupil & Co. Cette même galerie l'envoie, en 1873, travailler dans sa succursale de Londres, puis à Paris en 1875. Entre 1881 et 1885, il retourne chez ses parents, où il dessine et peint la vie misérable des paysans brabançons. Il rejoint son frère Théo à Paris en 1885 et s'installe avec lui à Montmartre. Son coup de pinceau s'allège et sa couleur devient vive lorsqu'il découvre la peinture des impressionnistes Alfred Sisley et Camille Pissarro, celle des néo-impressionnistes Georges Seurat et Henri-Edmond Cross, mais aussi l'art japonais. Le séjour à Paris métamorphose son style et sa technique, qui se singularisent comme une peinture sur le motif, jouant de la lumière naturelle et des couleurs pures, avec une pratique par touche divisée. En 1888, aspirant à davantage de clarté, Van Gogh s'intalle à Arles. La découverte de la Provence se marque dans son œuvre par l'apparition de nouveaux motifs et couleurs : des oliviers et des tournesols, des Arlésiennes et des zouaves, des jaunes et des rouges. Gauguin le rejoint quelque temps, mais une violente querelle éclate entre eux, au cours de laquelle Van Gogh se coupe l'oreille. En 1889, il entre de son plein gré à l'hospice de Saint-Remy-de-Provence et, dans un isolement complet, recommence à peindre, interprétant notamment en couleurs des reproductions de tableaux de maîtres en noir et blanc. En 1890, il se rend à Auvers-sur-Oise où, sur la recommandation de son frère Théo, le docteur Paul Gachet, ami des impressionnistes, le prend comme patient. La lumière de ses toiles change, tout comme les paysages (« cathédrales », champs), alors que demeure une vision hallucinée du monde, que la peinture continue à traduire. Van Gogh tente de se suicider le 27 juillet 1890 et meurt deux jours plus tard.

La vie de Van Gogh est une longue quête d'identité : l'exceptionnelle correspondance qu'il échange avec son frère Théo et plusieurs autres proches révèle la permanence d'un sentiment d'être étranger à la société, à ses proches et à lui-même. « Suicidé de la société », selon la belle formule d'Antonin Artaud, Van Gogh ne s'y est jamais longtemps senti à son aise. Peu de place, dans ses réflexions, pour la nationalité, mais beaucoup pour l'humanité, pour la fonction individuelle et collective de l'art comme consolation apportée à la misère humaine. Jamais exposé de son vivant, Van Gogh connaît un immense succès posthume, et d'innombrables expositions, en France et dans le monde entier, célèbrent en lui le précurseur des fauves et des expressionnistes du groupe d'artistes allemands Die Brücke (« Le pont »), un peintre visionnaire incarnant le mythe de l'artiste maudit, incompris et tourmenté.

Julie Verlaine

VAN RYSSELBERGHE Maria

Chroniqueuse. – Née le 9 février 1866 à Bruxelles, Belgique ; morte le 24 novembre 1959 à Cabris, France.

Fille d'une éditrice belge, Maria Monnom a épousé le peintre Théo Van Rysselberghe et le suit à Paris en 1897. Animatrice du Foyer franco-belge pendant la Grande Guerre, elle y fait la connaissance d'André Gide. Surnommée par lui « la petite dame », elle choisit la date symbolique du 11 novembre 1918 pour entamer une chronique régulière et minutieuse de la vie de l'écrivain, à l'insu de ce dernier. Rédigées pendant plus de trois décennies (1918-1951) sur plus de mille pages, ses « Notes pour l'histoire authentique d'André Gide » seront publiées après sa mort par Gallimard sous le titre, *Les Cahiers de la Petite Dame*. Conjuguant le souci du détail et l'art du portrait, ils constituent, à travers le récit biographique consacré à Gide, un témoignage irremplaçable sur la vie intellectuelle française de l'entre-deux-guerres autour de *La Nouvelle Revue française*.

Pierre-Frédéric Charpentier

VAN TREECK Martin Schulz

Architecte. – Né en 1928 ; mort en 1999.

De nationalité allemande, Van Treeck est l'un des collaborateurs de Jean Ginsberg de 1957 à 1966. Avec lui et Pierre Vago, il est lauréat, en 1965, du concours international d'urbanisme pour le centre de la nouvelle ville d'Ashdod (Israël). Après avoir quitté l'agence, il dessine un important ensemble d'habitations (mille neuf cent cinquante appartements) à Paris, rue de Flandre, les Orgues de Flandre, quatre tours de grande hauteur (de vingt-cinq à trente-huit étages, réalisation de 1972 à 1980), avec une construction en partie en surplomb. Dans ses projets suivants, telle une résidence pour personnes âgées (1993), toujours rue de Flandre, avec une maçonnerie de brique et le second œuvre en bois, comme dans ses constructions à Laval (Mayenne) et aux environs, il fait une démonstration éclectique, typique de la période et de sa génération. Il a enseigné à l'École d'architecture de Paris-La Villette.

Gérard Monnier

VAN VELDE, frères

Peintres. – Bram : né le 19 octobre 1895 à Zoeterwoude, Pays-Bas ; mort le 28 décembre 1981 à Grimaud, France. Geer : né le 5 avril 1898 à Lisse, Pays-Bas ; mort le 5 mars 1977 à Cachan, France.

Figures méconnues de la bohème artistique parisienne des années 1930 à 1960, les deux frères Van Velde, Bram l'aîné et Geer le cadet, ont été mis à l'honneur en 2010 lors d'une rétrospective conjointe intitulée *Deux Peintres, un nom*, organisée par le musée des Beaux-Arts de Lyon. Tous deux ont grandi dans une grande misère, causée par la faillite de l'entreprise paternelle de transport fluvial sur le Rhin et par l'abandon de sa famille par le père. Bram, en 1907, et Geer, en 1910, entrent comme apprentis dans une entreprise de peinture en bâtiment de La Haye. Au début de la Première Guerre mondiale, Bram est démobilisé en tant que soutien de famille. Geer sert dans la Croix-Rouge puis, la guerre finie, entreprend le tour des Flandres à pied, s'imprégnant de paysages et d'œuvres anciennes, déterminants pour l'évolution ultérieure de son œuvre. Leur patron, Eduard Kramers, encourage Bram à étudier les maîtres anciens et lui verse une rente modeste pour qu'il voyage : grâce à ce mécène, Bram se rend en Allemagne en 1922, puis s'installe à Paris, où Geer le rejoint en 1925. Ils exposent ensemble au Salon des indépendants, à partir de 1928, des toiles influencées par Paul Cézanne et le fauvisme. Leur situation financière difficile pousse Bram et sa femme à s'installer en Espagne en 1932, d'où les chasse la guerre civile. Veuf, Bram Van Velde est rapatrié à Marseille ; il s'installe à Paris chez Geer et les deux frères se lient d'amitié avec Samuel Beckett, le premier à écrire sur leur œuvre et à organiser, en 1938, une exposition à Londres, qui est un échec. Après la Seconde Guerre mondiale, plusieurs expositions leur sont consacrées, en particulier par la galerie Maeght, qui rompt leur partenariat, faute d'acheteurs pour leurs toiles. Encouragés par Beckett, associés à la Nouvelle École de Paris, ils ne connaissent le succès que tardivement. Après 1960, les distinctions se multiplient, aux Pays-Bas, en France comme ailleurs. Bram réside à Genève, puis à Grimaud, près de Saint-Tropez ; Geer, quant à lui, s'installe dans un atelier à Cachan, qui lui inspire, d'ailleurs, l'une de ses plus belles séries, *L'Atelier*. Jamais abstraite, souvent analytique, toujours lumineuse, l'œuvre de Geer est à distinguer de celle de Bram, abstraite, vivement colorée et pulsionnelle.

Julie Verlaine

VANEIGEM Raoul

Écrivain. – Né le 21 mars 1934 à Lessines, Belgique.

Raoul Vaneigem est un essayiste belge qui intervient dans la vie intellectuelle française, d'une part, comme membre de l'Internationale situationniste et pourfendeur du système capitaliste et, d'autre part, comme spécialiste des hérésies médiévales. Il grandit dans le milieu ouvrier du Hainaut belge. Son père est un cheminot aux convictions libertaires. Au cours de ses études de philologie, à Bruxelles de 1951 à 1956, Raoul Vaneigem se passionne pour les avant-gardes littéraires, consacrant un mémoire de licence à Lautréamont. Quand il prend contact avec Henri Lefebvre en 1960, il est enseignant dans le secondaire. Le philosophe le met en relation avec le groupe parisien de l'Internationale situationniste. Le leader du groupe, Guy Debord, entre immédiatement dans une collaboration étroite avec le jeune Belge, tant sur le plan intellectuel que sur celui de l'activisme politique. En novembre 1967, les deux situationnistes publient, de manière concomitante, leur essai respectif de critique sociale : le *Traité de savoir-vivre à l'usage des jeunes générations* de Vaneigem (Gallimard) fait écho à *La Société du spectacle* de Debord (Buchet-Chastel) et, en 1968, beaucoup de ses passages servent de slogans aux jeunes contestataires français. Le 14 novembre 1970, Raoul Vaneigem rédige sa lettre de démission à l'adresse de ses camarades situationnistes, mais il poursuit son œuvre subversive, publiant notamment, en 1974, sous le pseudonyme de Ratgeb, *De la grève sauvage à l'autogestion généralisée*, qui conseille, d'un point de vue théorique et pratique, les révolutionnaires travaillant à l'instauration des conseils ouvriers. À partir des années 1980, Raoul Vaneigem revient dans la vie intellectuelle française et francophone avec des recherches historiques de type académique sur les hérésies médiévales, qu'il décline, de l'ouvrage érudit publié chez Fayard (*La Résistance au christianisme : les hérésies, des origines au* XVIII*e siècle*, 1993) au volume de la collection « Que sais-je ? » (PUF), dont on lui donne la responsabilité en 1994 (*Les Hérésies*, rééd. 1997). Il est également l'auteur d'essais littéraires sur le poète surréaliste belge Louis Scutenaire (1991) et sur Rabelais (*Salut à Rabelais : une lecture au présent*, 2003).

En 1990, en publiant l'*Adresse aux vivants sur la mort qui les gouverne et l'opportunité de s'en défaire*, il renoue avec la critique sociale et ne cesse plus d'actualiser les thèses posées dans le *Traité* (citons l'*Avertissement aux écoliers et lycéens*, 1995 ; *Nous qui désirons sans fin*, 1996 ; *Pour une internationale du genre humain*, 1999 ; *Pour l'abolition de la société marchande pour une société vivante*, 2002 ; *L'État n'est plus rien, soyons tout*, 2010). De la révolte de Mai 68 aux mouvements altermondialistes, Raoul Vaneigem s'est imposé en France comme une référence théorique dans le rejet de la société de consommation, à la confluence de la critique marxiste et du projet des avant-gardes artistiques d'abolir les frontières entre l'art et la vie.

Anna Trespeuch-Berthelot

VANGELIS (Evangelos Odysseus Papathanassiou)

Compositeur, claviériste, percussionniste, arrangeur et producteur. – Né en 1943 à Volos, Grèce.

Compositeur et multi-instrumentiste autodidacte, Evangelos Papathanassiou s'est installé à Paris en mai 1968, après que la douane française eut ruiné le projet du groupe pop grec Aphrodite Child, au sein duquel il tenait les claviers, à rejoindre le *swinging London*. Après la Grèce soumise à la dictature des colonels, les événements du Mai français eurent un impact décisif sur la carrière du groupe en question, appelé à rencontrer un succès international, concurrençant aux sommets des charts européens le groupe Abba, avec des titres tels que *Rain and Tears* (1968) ou *It's Five O'Clock* (1969). Aphrodite Child, alors composé du chanteur et bassiste Demis Roussos, du guitariste Silver Koulouris et du batteur Lucas Sideras, réalise aussi l'album de rock progressif *666*. Inspiré par l'Apocalypse selon saint Jean, cet album, que Papathanassiou termine seul à Paris – en faisant notamment appel à la tragédienne grecque Irene Papas dans un morceau à l'érotisme particulièrement explicite –, sort après la séparation du groupe (1972). La même année, marqué par les émeutes étudiantes parisiennes et par la répression policière,

Papathanassiou enregistre un poème symphonique à partir de prises de son des événements de 1968, *Fais que ton rêve soit plus long que la nuit*, dans la veine des collages sonores alors en vogue. En France, ayant choisi pour pseudonyme son seul prénom, Vangelis met au point sa technique de composition en autoproduction, préfigurant le *home studio*, devenu monnaie courante dans la production de musique de films. Utilisant les instruments électriques (orgues et synthétiseurs grand public) et acoustiques (percussions), il devient l'une des figures de proue d'un rock progressif conduisant vers le style New Age. Compositeur, interprète et arrangeur, il collabore notamment avec les cinéastes Henry Chapier (*Sex Power*, 1970) et Frédéric Rossif, signant les musiques des documentaires animaliers de ce dernier. Avec Rossif, il tourne aussi dans le film consacré à Georges Mathieu (*La Fureur d'être*, 1974), où le compositeur est filmé en train d'improviser face au peintre en action. Plus tard, en 1988, Vangelis signe la musique du fameux documentaire de Rossif *De Nuremberg à Nuremberg*. En France, où il fréquente le milieu artistique, de Salvador Dalí à Martha Argerich, Vangelis se tourne également vers la musique de scène, collaborant avec l'auteur François Billetdoux au Théâtre de l'Odéon ou au festival de Vaison-la-Romaine, ainsi qu'avec Margarita Liberaki pour le Festival d'Avignon (1973).

Après avoir développé, dans les années 1970 et 1980, le Nemo Studio de Londres, Vangelis s'installe de nouveau en France dans les années 1990, pour créer le studio Epsilon de Neuilly-sur-Seine, où il enregistre une partie de la bande originale du film *1492, Christophe Colomb* de Ridley Scott (1992). Musicien nomade, Vangelis s'attache les services d'ingénieurs du son français de premier ordre, comme Philippe Colonna et Frédéric Rousseau. Son style accessible, onirique ou solennel, évoquant ses racines grecques ou versant dans une sorte de symphonisme, l'a conduit de productions d'une relative avant-garde vers des succès grand public, principalement issus de ses musiques de film.

Jean-Sébastien Noël

VANIER Jean

Militant humanitaire. – Né le 10 septembre 1928 à Genève, Suisse.

Né en Suisse, de nationalité canadienne – son père sera le premier Québécois gouverneur général du Canada, à la fin des années 1950 –, Jean Vanier grandit en Angleterre. Cette éducation ouverte sur le monde et ses préoccupations spirituelles le conduisent à rompre avec une carrière toute tracée d'officier de la Marine britannique pour se tourner vers la philosophie, qu'il étudie à l'Institut catholique de Paris. Le choc se produit au début des années 1960, dans sa rencontre du handicap mental. Il crée, dans l'Oise, la première communauté de L'Arche, lieu d'hébergement et de travail, où handicapés et non-handicapés vivent ensemble. Un demi-siècle plus tard, on compte cent quarante communautés à travers le monde, rassemblées, depuis 1972, dans une fédération internationale.

Pascal Ory

VARDA Agnès (Arlette)

Cinéaste, photographe, plasticienne. – Née le 30 mai 1928 à Ixelles, Belgique.

Née d'un père grec (Varda est un dérivé de Vardas) et d'une mère française, Agnès fuit la Belgique, envahie par l'Allemagne en 1940, avec sa famille, qui s'installe à Sète (elle rendra hommage à cette ville en y tournant *La Pointe courte* en 1954). Formée à l'École du Louvre, puis à l'École des beaux-arts, elle est photographe au TNP de Jean Vilar. Féministe engagée, elle est aussi une amoureuse de Paris qui honore, entre fictions et documentaires, la rue Mouffetard dans *Opéra-Mouffe* (1958), la rue de Rivoli, le Dôme et le parc Montsouris dans *Cléo de 5 à 7* (1962), la rue Daguerre dans *Daguerréotypes* (1975) et *Les Plages d'Agnès* (2008, promenade autobiographique sur les lieux de ses souvenirs, qui passe par l'île de Noirmoutier), ainsi que la Cinémathèque française (*T'as de beaux escaliers... tu sais*, 1986), les cariatides ornant les immeubles (*Les Dites Cariatides*, 1984), ou encore le Nantes de son époux Jacques Demy (*Jacquot de Nantes*, 1990). Elle a été récompensée en 2002 par le prix René Clair de l'Académie française pour l'ensemble de son œuvre. Avec le temps, Agnès Varda, longtemps remisée à l'ombre des grands noms de la Nouvelle Vague, à la fois comme femme, comme compagne d'un réalisateur et comme documentariste, a pris toute sa place d'auteur, créatrice d'une œuvre unique en son genre, où l'autobiographie occupe une place croissante.

Jean-Luc Douin

VARGA Lucie (Rosa Stern)

Historienne. – Née le 21 juin 1904 à Baden, alors Autriche-Hongrie, aujourd'hui Autriche ; morte en 1941 à Toulouse, France.

Lucie Varga est une historienne germanophone qui mourut trop jeune, à trente-six ans, pour laisser une œuvre significative. Sa biographie et sa contribution historiographique ont été exhumées en 1991 par Peter Schöttler (*Les Autorités invisibles. Une historienne autrichienne aux Annales dans les années trente*).

Rosa Stern – qui se choisit le prénom de Lucie à l'adolescence – grandit à Vienne dans une famille juive fortunée, originaire de Hongrie. La jeune fille reçoit, dans sa langue natale, l'allemand, une formation plus poussée que la plupart de ses congénères féminines. Après un mariage arrangé, la naissance d'un enfant et en dépit d'un diabète, qui constitue à cette époque encore une sérieuse menace, Lucie Varga entre en 1926 à l'université de Vienne, où elle se forme à l'histoire médiévale et moderne, à l'histoire de l'art, à la philosophie et à la psychologie. En 1931, elle soutient une thèse de doctorat (en allemand) *Sur la naissance du cliché de « sombre Moyen Âge »* ; elle y traite des représentations que suscite l'époque médiévale jusqu'au XVIIIe siècle. Le manuscrit est aussitôt publié par le prestigieux Institut d'Alphons Dopsch, qui entretient une relation intellectuelle privilégiée avec Marc Bloch et la revue française des *Annales*. En 1934, elle émigre en France avec sa fille et son deuxième mari, Franz Borkenau, un historien marxiste engagé, lui aussi d'origine juive. Le couple est accueilli par l'autre directeur des *Annales*, Lucien Febvre, qui aide Franz Borkenau à publier. Ne trouvant pas d'emploi, ce dernier ne tarde cependant pas à émigrer de nouveau. Lucie Varga, restée à Paris, entreprend une recherche sur la religion des cathares ; Lucien Febvre la forme et elle devient rapidement sa collaboratrice quotidienne, traduisant pour lui des ouvrages en allemand ou en faisant la recension. Dès 1934, ils projettent d'écrire un ouvrage en commun pour la collection « L'évolution de l'humanité », mais ce projet avorte. Dans ses articles pour les *Annales* portant sur les hérésies médiévales, mais aussi sur la genèse du national-socialisme, Lucie Varga apporte dans l'histoire des idées la notion d'« autorités invisibles », qui, contrairement à celle de « mentalités », que Bloch et Febvre utilisent, ouvre l'explication des comportements humains à l'inconscient et à l'analyse psychanalytique.

En 1937, elle doit se séparer de Lucien Febvre, car leur relation intellectuelle a été débordée par les sentiments. Son existence précaire n'est alors plus compensée que par des emplois alimentaires, avant qu'elle ne trouve un poste de traductrice à l'agence Havas, en 1939. Pour échapper aux mesures prises par le gouvernement français à l'égard des émigrés autrichiens et allemands, elle conclut un mariage blanc, en 1938, et obtient ainsi la nationalité française. Sous le nom de Rose Morin, elle brave le danger en effectuant plusieurs voyages en Allemagne pour porter des lettres et des informations. Réfugiée dans la région de Toulouse après la Débâcle, elle succombe à sa maladie.

Anna Trespeuch-Berthelot

VARTAN Sylvie (Sylvie George)

Chanteuse. – Née le 15 août 1944 à Izkretz, Bulgarie.

Sylvie Vartan grandit à Sofia dans une famille cosmopolite, d'origine arménienne du côté du père, hongroise du côté de la mère. La famille mobilise son énergie pour quitter la Bulgarie communiste ; le père, attaché de presse auprès de l'ambassade de France, réussit à obtenir les visas en 1952. Le frère aîné de Sylvie, Edmond (Eddie Vartan), jazzman, puis auteur-compositeur, lui permet d'enregistrer son premier 45-tours dès 1961. Elle affirme ses qualités de scène, allant jusqu'à partager l'affiche de l'Olympia avec les Beatles, et devient l'une des personnalités remarquées de la génération « yé-yé ». À ce titre, elle figure parmi les vedettes qui se produisent, le 22 juin 1963, dans le grand concert, devenu historique, organisé par les animateurs de l'émission d'Europe n° 1 *Salut les copains*, place de la Nation, à Paris. Son mariage, à l'âge de vingt ans, avec Johnny Hallyday l'installe durablement au sommet de la popularité (*La Plus Belle pour aller danser*). Mais, dans les années 1970, puis 1980, elle réussit à lutter contre l'usure du temps grâce à son professionnalisme, forgé dans une fréquentation étroite des milieux musicaux américains, à Nashville ou ailleurs. Elle passe pour avoir été l'une des premières chanteuses françaises à importer le show « à l'américaine », devant de larges audiences. Sa réputation à l'étranger, du Japon à sa Bulgarie natale, se trouve amplifiée par sa maîtrise des langues étrangères (elle anime pendant plusieurs années une émission sur la RAI italienne et est l'une des rares Françaises à mener un show à Las Vegas). Le temps passant, Sylvie Vartan fait figure de grande aînée de la chanson populaire française, multipliant les duos avec les plus grands noms, dans toutes les générations. Elle a été promue, en 2009, officier de la Légion d'honneur.

Yves Borowice

VARTE Rosy (Nevarte Manouelian)

Comédienne. – Née un 22 novembre, entre 1923 et 1927 à Istanbul, Turquie ; morte le 14 janvier 2012 à Neuilly-sur-Seine, France.

Arrivée jeune en France comme tant d'autres Arméniens nés en Turquie, la jeune Rosy choisit le métier de comédienne, qu'elle exercera avec un égal dynamisme dans ses trois déclinaisons : le théâtre, le cinéma et la télévision. Sur scène, elle figure aussi bien dans la troupe du TNP de Jean Vilar (*Ubu roi*), dans les années 1960, que dans celle de la Comédie-Française, dans les années 1970. Au cinéma, de Jean Renoir à François Truffaut, on l'assigne généralement aux seconds rôles. Son abattage fait merveille dans le boulevard télévisé (*Au théâtre ce soir*) et le grand public, familier de sa présence dans quantité de téléfilms, lui accorde enfin toute son attention dans la série *Maguy*, dont elle tient le rôle titre huit années durant (1984-1992).

Pascal Ory

VASARELY Victor

Plasticien. – Né le 9 avril 1906 à Pécs, alors Autriche-Hongrie, aujourd'hui Hongrie ; mort le 15 mars 1997 à Paris, France.

Figure de proue de l'abstraction géométrique à Paris après la Libération, théoricien du cinétisme et père de l'*Optical Art* à la française, Victor Vasarely se présente lui-même comme « plasticien », selon le titre de son autobiographie publiée en français en 1979. De nationalité hongroise jusqu'à sa naturalisation française en 1961, il abandonne, en 1927, ses études de médecine pour étudier l'art à l'académie Mühely – « le Bauhaus de Budapest » –, puis à Berlin. Il est marqué par l'opposition qu'établit Walter Gropius, dont il suit les enseignements, entre deux manières d'être artiste : la clochardise du génie et le fonctionnalisme du scientifique. Convaincu de la nécessité d'adapter l'art à l'âge industriel, Vasarely se spécialise dans le dessin et connaît le succès comme graphiste publicitaire, d'abord à Budapest, puis à Paris, où, entre 1931 et 1955, il répond aux commandes d'affiches et d'illustrations que lui passent, entre autres, les agences de publicité Draeger et Havas. Ses recherches artistiques visent la déformation des lignes obliques et le jeu sur les illusions optiques. Différé par la guerre, son succès artistique est indissociable de la galerie Denise René, qu'il a contribué à fonder en 1944 et qui devient le foyer européen de l'abstraction dite « froide » ou « construite ». Chef de file militant du cinétisme après 1955, Vasarely s'entoure de plus jeunes artistes tels que Jean Dewasne et Nicolas Schöffer. Lui-même continue à créer une œuvre dont l'inspiration naît de séjours dans des lieux précis de l'Hexagone : à Belle-Île, ce sont les galets polis par les vagues bretonnes ; à Gordes, les empilements de pierre des maisons provençales et, à la station de métro Denfert, à Paris, les craquelures des carreaux de faïence recouvrant les murs. En résultent des séries d'œuvres portant ces noms. Défendant l'idée d'un art social accessible à tous, Vasarely travaille sur des œuvres réalisées à plusieurs exemplaires, les « multiples », ou intégrées à l'architecture contemporaine (gare Montparnasse, faculté des lettres de Montpellier, patinoire de Grenoble). Dans cette même perspective, il fonde, en France et en Hongrie, des « musées didactiques » à Gordes (1970) et à Pécs (1976). Il fait également construire selon ses propres plans, à partir de 1971, une fondation portant son nom à Aix-en-Provence.

Julie Verlaine

VASSILIEFF Marie

Peintre. – Née le 12 février 1884 à Smolensk, alors Empire russe, aujourd'hui Russie ; morte le 14 mai 1957 à Nogent-sur-Marne, France.

Une bourse de voyage accordée par l'impératrice russe permet à Marie Vassilieff, après des études de médecine, puis d'art, de séjourner à Paris en 1905, dans la même pension que Sonia Terk. En 1907, elle revient en France en tant que correspondante de plusieurs journaux russes et fréquente l'atelier d'Henri Matisse, sur lequel elle écrit des articles qui le font connaître des collectionneurs russes comme Sergueï Chtchoukine. Influencées par Fernand Léger et Robert Delaunay, ses toiles cubistes évoquent la maternité, les cafés parisiens. Figure centrale de la communauté russe de Paris, elle participe, en 1910, à la fondation de l'Académie russe, qu'elle quitte en 1912 pour créer une « académie libre », l'Académie Vassilieff, au 21, avenue du Maine, qui devient le lieu de rendez-vous des peintres (Pablo Picasso, Juan Gris, Matisse) et des poètes (André Salmon, Max Jacob). En 1914, elle s'engage comme ambulancière dans la Croix-Rouge française. L'année suivante, elle ajoute à son Académie une cantine destinée à aider ses amis étrangers en difficulté du fait de la guerre : son statut de « club privé » la faisant échapper au couvre-feu, la cantine a été, durant la guerre, un lieu important de la vie nocturne à Paris. L'atelier de Marie Vassilieff est pillé durant son internement comme citoyenne russe à Fontainebleau en 1918. Dans les années 1920, elle réalise des décors de théâtre pour les Ballets suédois et pour Gaston Baty. Ses « Poupées portraits » de personnalités telles que Jean Cocteau et Paul Poiret exposées en 1922 ainsi que les deux peintures murales qu'elle fait en 1927 pour un pilier de la brasserie La Coupole illustrent sa parfaite aisance dans le monde des arts parisien de l'entre-deux-guerres. En 1998, le musée du Montparnasse ouvrira ses portes dans les locaux de son ancien atelier.

Julie Verlaine

VELICKOVIC Vladimir

Peintre et dessinateur. – Né le 11 août 1935 à Belgrade, alors Yougoslavie, aujourd'hui Serbie.

Installé en France depuis 1966, « Vélicko » a développé une œuvre d'une grande cohérence, jusqu'à l'obsession, hantée par la souffrance, la déréliction et la mort. Cette hantise, qu'on peut faire remonter aux « horreurs de la guerre » dont, enfant, il a été le témoin, est traitée avec une netteté sombre, dans la ligne des œuvres les plus effrayantes de Goya. Chef d'atelier à l'École des beaux-arts de Paris pendant un quart de siècle, il est élu en 2005 à l'Académie des beaux-arts, au fauteuil de Bernard Buffet.

Pascal Ory

VENTURA Lino (Angiolino Giuseppe Pasquale Borrini Ventura)

Acteur. – Né le 14 juillet 1919 à Parme, Italie ; mort le 22 octobre 1997 à Saint-Cloud, France.

Immigré à l'âge de huit ans, lutteur professionnel (champion d'Europe des poids moyens en 1950), Lino Ventura incarne la « force tranquille ». Mécano baroudeur, il se retrouve dans un studio de cinéma parce que Jacques Becker a besoin d'« un Rital pour faire le clown dans *Touchez pas au grisbi* ». Là, Lino Ventura tombe sur un pacha en charentaises (Jean Gabin), se prosterne à ses pieds comme un gorille apprivoisé et prend goût au job. Brute sans cervelle, porte-flingue ou troisième couteau, il sait faire, « joue physique ». Puis prend du galon. C'est le barbouze idéal, le malabar taciturne, le tonton flingueur qui assène sec les dialogues libertaires de Michel Audiard et refuse la bagatelle. Roi du haussement de sourcil, revendiquant un tempérament tête de lard, il se met à flanquer une dégelée par-ci, une raclée par-là, une taloche à Adjani (*La Gifle*) : il est devenu une star. Du résistant de *L'Armée des ombres* (Jean-Pierre Melville, 1969) au Jean Valjean des *Misérables* (Robert Hossein, 1982), le renfrogné généreux impose son image d'homme de conviction prêt à sortir de ses gonds dès que la moutarde lui monte au nez. Truand à morale du *Deuxième Souffle* (Jean-Pierre Melville, 1966), tueur énervé de *L'Emmerdeur* (Édouard Molinaro, 1973), flic implacable dans *Garde à vue* (Claude Miller, 1981), il reste sur sa ligne : pas de scènes de lit, pas de rôles « imbuvables », rien qui puisse l'empêcher de dormir tranquille, lui donner le sentiment de s'être trahi.

Père d'une petite fille handicapée, il fonde, en 1966, l'association Perce-Neige destinée à venir en aide aux personnes handicapées mentales.

Jean-Luc Douin

VENTURA Marie (Marioara)

Actrice, metteur en scène. – Née le 13 juillet 1887 à Bucarest, Roumanie ; morte le 3 décembre 1954 à Paris, France.

Fille d'actrice, Marie Ventura a débuté à l'âge de quatorze ans sur la scène roumaine. Elle se rend à Paris et échoue au concours du Conservatoire à cause de « son accent ridicule ». Élève de Mounet-Sully, qui l'a prise sous sa protection, elle entre au Conservatoire dans la classe d'Eugène Silvain et remporte en 1905 deux premiers prix. Elle débute au théâtre de boulevard, avant d'être engagée par André Antoine à l'Odéon. Elle fait de fréquents voyages en Roumanie (elle y fera une tournée avec Édouard De Max) et contribue à créer des liens culturels entre la France et son pays natal. Pendant la guerre, elle rentre en Roumanie et milite pour que son pays participe au conflit aux côtés de la France. Elle est admise en 1919 à la Comédie-Française, où elle joue aussi bien le répertoire classique, de Molière à Alfred de Musset, que le contemporain – Henry Bernstein, Alexandre Dumas fils, Victorien Sardou, qui voit en elle « une nouvelle Rachel ». Elle sera la première femme à signer une mise en scène (*Iphigénie*) à la Comédie-Française, en 1938. Naturalisée française en 1939, elle est mise à la retraite d'office en 1941, durant l'Occupation, puis sera réintégrée à la fin de la guerre. Elle fonde un cours d'art dramatique sur les Boulevards. Jean Anouilh écrit *Colombe* pour elle : elle est Madame Alexandra, une vieille actrice de théâtre, qui emprunte aussi bien à Sarah Bernhardt qu'à Cécile Sorel. Elle a reçu en 1935 la Légion d'honneur pour « services rendus à la France. »

Chantal Meyer-Plantureux

VERHAEREN Émile

Poète. – Né le 21 mai 1855 à Saint-Amand, Belgique ; mort le 27 novembre 1916 à Rouen, France.

Issu d'un milieu flamand bourgeois, et par là-même francophone, Émile Verhaeren a longtemps partagé son existence entre Bruxelles et Paris. Engagé depuis la fin du XIXe siècle dans le mouvement symboliste, il en devient l'un des piliers à travers une œuvre poétique souvent pessimiste et sensible aux mutations de son temps (*Les Villes tentaculaires*, 1895). Proche de nombreux écrivains et artistes européens, Verhaeren est au faîte de sa renommée littéraire quand éclate le premier conflit mondial. Le poète choisit alors de mobiliser son art en faveur de la cause des Alliés (*Les Ailes rouges de la guerre*, 1916). C'est au retour d'une conférence en province qu'il trouve la mort en glissant accidentellement sous un train. Devant l'émotion suscitée par son décès, l'État français propose le transfert de sa dépouille au Panthéon, mais la famille de l'écrivain refusera.

Pierre-Frédéric Charpentier

VER-HUELL ou VERHUELL Charles Henri (Carel Hendrik)

Militaire et homme politique. – Né le 11 février 1764 à Doerinchem, Pays-Bas ; mort le 15 octobre 1845 à Paris, France.

Cadet de l'infanterie néerlandaise à l'âge de onze ans, marin à quinze, il gravit les échelons au fil de batailles contre les Anglais et est capitaine de vaisseau en 1792. Quant le stathoudérat est renversé en 1795 par les Français, comme maints officiers il quitte l'armée, entre à la direction de la Compagnie des Indes orientales. En 1803, rappelé, fait contre-amiral, il se rend à Paris pour assurer la coordination avec la marine française. Il affronte trois fois le blocus britannique pour que sa flottille puisse rejoindre les troupes que Napoléon prépare à débarquer en Angleterre. Vice-amiral, ministre de la Marine de son pays, il remporte encore un combat au cap Gris-Nez avant sa prise de fonctions, puis dirige la délégation qui offre la couronne à Louis Bonaparte, lequel le nomme maréchal et ambassadeur à Paris. En 1810, la France annexant son pays, il devient vice-amiral français et commande la flotte de mer du Nord et de Baltique. Comte d'Empire en 1811, député de l'Yssel au corps législatif, il défend sa flotte quand la Hollande est envahie à la fin de 1813, ne se rend qu'après l'abdication de l'Empereur et rejoint Paris. La Restauration maintient ses grade et titres et lui accorde la « grande naturalisation ». Prudent durant les Cent-Jours, il devait commander deux frégates pour emmener en Amérique l'empereur déchu. Il est inspecteur de la Marine sous la seconde Restauration, jusqu'à sa retraite en 1816, puis pair de France en 1819. Il s'investit dans la franc-maçonnerie, la société des missions évangéliques dont il est cofondateur en 1822, puis sous Louis-Philippe dans la Ligue abolitionniste. Son nom figure sur l'Arc de triomphe et, si on en croit des médisants – dont Victor Hugo –, il aurait contribué bien plus à l'histoire de France en étant le vrai père de Napoléon III.

Éric Vial

VERNEUIL Henri (Achod Malakian)

Cinéaste. – Né le 15 octobre 1920 à Rodosto, alors Empire ottoman, aujourd'hui Tekirdağ, Turquie ; mort le 11 janvier 2002 à Bagnolet, France.

Arrivé en France à l'âge de quatre ans, issu d'une famille arménienne de Thrace ayant fui le génocide et installée à Marseille, le jeune Achod Malakian fait des études d'ingénieur à Aix-en-Provence, puis à Paris. À la Libération, il est d'abord journaliste, mais se passionne pour le cinéma et rencontre Fernandel en 1947, qui accepte de jouer dans son premier court métrage (*Escale au soleil*). En 1949, il devient assistant réalisateur à Paris – et, dans la foulée, prend le nom Henri Verneuil –, puis tourne son premier long métrage en 1951 (*La Table aux crevés*), avec Fernandel, qui sera son premier acteur fétiche, avant Jean Gabin et Jean-Paul Belmondo, du *Boulanger de Valorgue* (1953) à *La Vache et le prisonnier* (1959) en passant par *Le Mouton à cinq pattes* (1954). Verneuil est alors une des plus importantes figures du cinéma populaire français, aux côtés du scénariste Michel Audiard, avec lequel il collabore notamment pour *Un singe en hiver* (1962) et *Mélodie en sous-sol* (1962). À partir de *La Vache et le prisonnier*, sa renommée dépasse les frontières et, s'il continue à travailler en France, il est souvent produit par des sociétés américaines (MGM, Columbia). De Gabin à Belmondo (réunis dans *Un singe en hiver*), et de Lino Ventura à Alain Delon (associés dans *Le Clan des Siciliens*, 1969, avec Gabin également), ses films voient se succéder et se mêler les générations des plus grandes vedettes françaises, jusqu'au Patrick Dewaere de *Mille Milliards de dollars* (1982). La critique cinéphile voit en lui un représentant du « cinéma de la qualité », qu'elle voue aux gémonies, mais ses films rencontrent souvent le succès (près de neuf millions d'entrées dans le monde pour *La Vache et le prisonnier*) et en 1996 lui est décerné un César d'honneur pour l'ensemble de son œuvre. Ses deux derniers films (*Mayrig*, 1991, et *588, rue du Paradis*, 1992) sont adaptés de son autobiographie et reviennent sur ses années d'enfant réfugié et sur la figure de sa mère, incarnée ici par Claudia Cardinale.

Dimitri Vezyroglou

VESQUE Julien

Botaniste. – Né le 8 avril 1848 à Luxembourg, Grand-Duché de Luxembourg ; mort le 25 juillet 1895 à Paris, France.

Fils d'un employé de l'administration du cadastre luxembourgeois, il fait ses études secondaires à l'Athénée de Luxembourg, où il acquiert la maîtrise de trois langues européennes. Boursier, il part étudier la botanique à Berlin, puis à Paris où il arrive en 1868 et où il s'oriente vers l'histoire naturelle. Proche d'Henri Moissan, élève d'Adolphe Brongniart et de Joseph Decaisne au Muséum national d'histoire naturelle, il est mobilisé en 1869 dans l'armée luxembourgeoise. Selon son biographe Philippe Jaussaud, Julien Vesque, de retour, en 1871, à Paris, où il tombe gravement malade, reçoit à cette date l'autorisation de résider sur le territoire français. Il obtient la nationalité française en 1876. Il poursuit ses études de sciences naturelles jusqu'à son doctorat, en 1876. Recruté comme préparateur temporaire de la chaire de culture au Muséum en 1874, il devient, en 1876, maître de conférences à la faculté des sciences de Paris et chef des travaux pratiques de physiologie végétale à l'Institut national agronomique. Il quitte le Muséum en 1884, n'ayant pu occuper la chaire de culture, et se consacre à la Sorbonne. Il est l'auteur de soixante-sept publications dans le domaine de l'anatomie, de la physiologie et de la systématique végétales, et accède à la notoriété scientifique pour ses travaux sur les mouvements d'eau dans les plantes.

Anne Rasmussen

VIARDOT Pauline (Pauline García)

Cantatrice, pianiste et compositrice. – Née le 18 juillet 1821 et morte le 18 mai 1910 à Paris, France.

Fille du ténor espagnol Manuel García et sœur de Marie Malibran, de treize ans son aînée, elle entame sa carrière en 1838, peu après le décès de sa sœur. Elle semble appelée à lui succéder, mais se différencie vite de son style. George Sand lui conseille d'épouser Louis Viardot, alors directeur du Théâtre des Italiens. Elle suit ce conseil et mène une vie de famille exemplaire et célébrée par ses contemporains, mais continue sa carrière de cantatrice, jouant parfois du piano, elle est même capable de jouer à quatre mains avec Clara Schumann. Contrairement à sa sœur, Pauline Viardot s'engage dans la défense et l'illustration du répertoire français, de Giacomo Meyerbeer à Hector Berlioz, Charles Gounod et Camille Saint-Saëns. Elle compose par ailleurs des opérettes et enseigne le chant au Conservatoire. Elle a défendu de jeunes compositeurs comme Gabriel Fauré, contribuant ainsi au rayonnement d'une « école française » qu'elle a largement définie dans le domaine du chant.

Didier Francfort

VIEIRA Patrick

Sportif. – Né le 23 juin 1976 à Dakar, Sénégal.

Patrick Vieira, né d'un père gabonnais et d'une mère capverdienne installés à Dakar, arrive en France à l'âge de huit ans avec sa mère, dont il porte le nom. Formé dans la région parisienne à Trappes et à Dreux, c'est à l'AS.Cannes qu'il fait des débuts remarqués dans le milieu du football professionnel en 1993. Son abattage au milieu de terrain, où il s'impose dans un rôle de milieu défensif relayeur, et le brassard de capitaine qu'il arbore avec autorité malgré son jeune âge attirent immédiatement le regard des meilleurs clubs européens. En 1995, l'AC.Milan décide de s'attacher ses services. Sans doute est-il trop jeune pour tenter l'aventure étrangère : sa première expérience milanaise est un échec, même si son équipe remporte le championnat d'Italie. La saison suivante, c'est en Angleterre, à l'Arsenal, que sa carrière prend son véritable envol. En presque dix années passées dans le club londonien, entre 1996 et 2005, Patrick Vieira devient l'un des footballeurs les plus respectés outre-Manche. Il ravit les supporters par son engagement dans un style typiquement britannique. Conscient de l'importance de son rôle de meneur d'homme, son entraîneur, Arsène Wenger, lui confie le brassard de capitaine. Avec cette fonction, il remporte trois titres de champion d'Angleterre en 1998, 2002 et 2004 ainsi que trois *Cup* (Coupe d'Angleterre) en 1998, 2002 et 2005. Après l'inoubliable expérience londonienne, Patrick Vieira revient à Milan, mais cette fois à l'Inter, avec lequel il remporte le championnat d'Italie pendant quatre années consécutives entre 2007 et 2010. Embarrassé par des blessures, il met un terme à sa carrière en 2011, non sans avoir remporté, cette année-là, un dernier trophée : la *Cup* avec le club de Manchester City.

Si la carrière en club de Patrick Vieira est remarquable, son parcours chez les Bleus est tout aussi impressionnant. Le choix de l'équipe de France apparaît comme une évidence à ce naturalisé dès les sélections « espoir », qu'il honore en 1995. Sa première sélection date du 26 février 1997 à l'occasion d'une rencontre amicale entre la France et les Pays-Bas au Parc des Princes (2-1). Il devient un membre du cercle très fermé des vingt-deux joueurs vainqueurs de la Coupe du monde 1998. Et même s'il n'est pas titulaire, il participe à la victoire en finale des Bleus face au Brésil (3-0), en entrant en jeu à un quart d'heure de la fin du match. Avec Zinedine Zidane, Marcel Desailly, Lilian Thuram ou Youri Djorkaeff, il représente l'un des meilleurs symboles de la génération « black-blanc-beur » qui, empreinte de valeurs fondées sur la diversité et le métissage, fait chavirer la France entière dans une euphorie patriotique de portée historique. La passion du public ne faiblira pas avant un nouveau succès remarquable des Bleus auquel il participe cette fois-ci comme un acteur prépondérant, lors de l'Euro 2000 en Belgique. Malgré un relatif déclin de l'équipe de France par la suite, Patrick Vieira reste un joueur indispensable au milieu de terrain. Promu au grade de capitaine comme en club, il enchaîne les sélections, participant, avec des fortunes diverses, aux campagnes des Bleus (Coupes du monde 2002 et 2006, Euro 2004 et 2008). En 2010, à son grand dam, le sélectionneur Raymond Domenech décide de se passer de ses services pour la phase finale de Coupe du monde en Afrique du Sud. Avec cent sept sélections au total, celui qui été nommé chevalier de l'ordre national de la Légion d'honneur avec ses coéquipiers en 1998 fait partie du panthéon du football français. En 2008, il publie une autobiographie intitulée *Ne renonce jamais !*

Yvan Gastaut

VIEIRA DA SILVA Maria Elena

Peintre. – Née le 13 juin 1908 à Lisbonne, Portugal ; morte le 6 mars 1992 à Paris, France.

Maria Elena Vieira da Silva commence à étudier le dessin et la peinture à l'âge de onze ans, à l'Académie des beaux-arts de Lisbonne. Elle continue à Paris, où elle réside à partir de 1928. Elle épouse, deux ans plus tard, le peintre d'origine hongroise Árpád Szenes. En 1939, le couple cherche refuge au Portugal, mais, faute de pouvoir acquérir la nationalité portugaise pour Szenes et, pour Vieira, de retrouver son statut d'origine, tous deux embarquent en juin 1940 pour Rio de Janeiro comme apatrides. Le séjour brésilien est dominé par une angoisse permanente liée aux nouvelles d'Europe et aux difficultés du quotidien. Les petites toiles peintes à cette période sont chargées de visages fantomatiques, de rêves et d'effroi et imprégnées du drame qui se joue au loin (*Le Désastre*, 1942). De retour en France en 1947, Maria Elena Vieira da Silva vit et travaille à Paris le reste de sa vie. Elle est naturalisée française en 1956. Son œuvre peint, gravé et brodé porte la marque de ses origines portugaises : les historiens d'art soulignent combien les étagements et les imbrications des maisons de sa ville natale ainsi que les *azulejos* aux couleurs vives ont déterminé une grande partie de ses créations, faites notamment de grandes compositions abstraites résultant d'une recherche toujours continuée sur la perspective. Des motifs géométriques, grilles, lignes et carrés, s'empilent et suggèrent la profondeur, sans qu'intervienne la figuration. L'inspiration principale en est la ville moderne, portugaise, mais aussi brésilienne et française, avec ses gratte-ciel, ses gares et ses ponts en acier (*Gare Saint-Lazare*, 1949 ; *Grandes Constructions*, 1956). Son travail est tout autant célébré en France qu'au Portugal. Dans son pays d'origine, elle est élue membre de l'Académie nationale des beaux-arts en 1970. En 1990, c'est à Lisbonne qu'est inaugurée la Fondation Árpád Szenes-Vieira da Silva, qui montre des œuvres créées côte à côte dans l'atelier. Dans son pays d'adoption, elle est, en 1966, la première femme à recevoir le Grand Prix national des arts. Elle est nommée chevalier de la Légion d'honneur en 1979. En 1993, de nombreux tableaux issus de la collection de Maria Elena Vieira da Silva et Árpád Szenes ont été remis en dation au musée national d'Art moderne.

Julie Verlaine

VIELÉ-GRIFFIN Francis

Poète. – Né le 26 avril 1864 à Norfolk, États-Unis ; mort le 12 novembre 1937 à Bergerac, France.

Fils d'un général américain de lointaine souche française, Francis Vielé-Griffin part s'installer sur la terre de ses ancêtres à l'âge de huit ans, après le divorce de ses parents. D'abord non francophone, il se découvre une vocation de poète et publie son premier volume, *Cueille d'avril*, en 1886. Condisciple d'Henri de Régnier, il admire Paul Verlaine et intègre le mouvement symboliste aux côtés d'écrivains qui sont également ses proches, comme Paul Valéry, Émile Verhaeren ou Stéphane Mallarmé, qu'il considère comme son maître. L'œuvre poétique de Francis Vielé-Griffin culmine au cours des années 1893-1900, où il publie ses écrits les plus marquants (*La Partenza*, 1899). Oublié depuis sa mort, l'écrivain reste cependant connu pour avoir été l'un des premiers grands théoriciens du vers libre.

Pierre-Frédéric Charpentier

VIETNAMIENS

Combien y a-t-il de Vietnamiens en France aujourd'hui ? Les données proposées par l'Insee en 2007 font état d'à peine 17 877 personnes de nationalité vietnamienne, mais de près de 75 000 « nés au Vietnam ». Même en tenant compte des citoyens français nés dans l'Indochine coloniale, ces résultats mettent en valeur la fréquence de l'acquisition de la nationalité française dans ce groupe, dont l'histoire est marquée par la colonisation d'abord et davantage encore par les suites de la décolonisation. La fréquence des naturalisations est liée au statut de réfugié pendant les années 1970, décennie du plus grand afflux.

1880-1945 Combattants, intellectuels et main-d'œuvre coloniale en métropole. Les réfugiés ne sont pas les premiers Vietnamiens à avoir traversé les mers pour rejoindre la France métropolitaine. Ils ont été précédés par les enrôlés des deux guerres mondiales du XXe siècle, par les navigateurs, cuisiniers, boys, qui ont fait fonctionner les lignes régulières de transports maritimes entre Marseille et les possessions françaises d'Extrême-Orient, enfin par de nombreux intellectuels et étudiants, dont certains ont participé de France aux débats et aux combats pour l'indépendance du Vietnam.

C'est à l'occasion des deux premières guerres mondiales que s'est constitué le premier noyau d'immigration. Dès 1912, l'armée française a étudié la possibilité de recrutements en Indochine. En 1914, quelque 90 000 Vietnamiens ont été enrôlés, essentiellement des paysans encadrés par des interprètes ; 40 000 d'entre eux ont constitué les quinze bataillons d'étape, qui avaient pour mission de dégager les routes à l'arrière des tranchées, de poser de rails et d'aménager les espaces de cantonnement. À partir de 1916, des pelotons de Vietnamiens ont directement participé aux combats, répartis au sein des unités françaises. Après l'armistice, attendant leur rapatriement, la majorité des ouvriers sont restés dans la zone des combats, qu'ils étaient chargés de nettoyer pour la rendre à la vie normale. Certains Vietnamiens ont participé à la campagne d'Orient entre 1917 et 1920.

Un contingent de 20 000 autres « ouvriers non spécialisés » a été embauché dans l'industrie de guerre, notamment dans les poudreries. Les Vietnamiens y ont découvert le travail industriel, côtoyant les ouvriers français, s'imprégnant d'idées nouvelles. Enfin, un petit nombre d'entre eux a remplacé, dans l'agriculture, les paysans français mobilisés. En 1919, les ouvriers-soldats vietnamiens ont attendu leur rapatriement au camp de Fréjus. En souvenir de leurs camarades morts en France, ils y ont édifié la première pagode bouddhique de France, la pagode Hôn Liên ; laissée à l'abandon après leur départ, elle a été reconstruite et agrandie par les réfugiés vietnamiens après 1954. Tous ne sont pas retournés dans les rizières. Certains ont épousé des Françaises et sont restés en France. Ils ont trouvé à s'employer dans les usines textiles, les ateliers de laqueurs, ont ouvert les premiers restaurants et ainsi contribué à renforcer les premiers embryons de la population vietnamienne en France, à côté des marins, cuisiniers, boys des lignes régulières de transports maritimes entre Marseille et les possessions françaises d'Extrême-Orient. D'autres Vietnamiens ont rejoint la métropole au cours de l'entre-deux-guerres. Quelque 5 000 jeunes, issus des familles de la riche bourgeoisie terrienne de Cochinchine ou fils de lettrés de l'Annam et du Tonkin, sont venus étudier dans les lycées et les universités de Paris, de Lyon, de Marseille, de Toulouse… Des acteurs politiques comme le jeune empereur BAO DAI (1913-1997) sont aussi venus se former à Paris. En 1931, un certain nombre d'artisans et de figurants sont introduits en vue de l'Exposition coloniale.

Dès 1938, le général Georges Catroux organise au Vietnam le recrutement d'ouvriers sur le modèle de la guerre de 1914-1918. L'armistice de 1940 interrompt le mouvement, et moins de 20 000 ouvriers et 7 000 tirailleurs sont finalement embarqués vers la France. Comme en 1914, ces « ouvriers non spécialisés », paysans illettrés, ont été le plus souvent engagés contre leur gré. Encadrés par des officiers retraités de l'armée coloniale, ils furent embauchés un temps par les usines de matériel militaire, le plus souvent dans les poudreries. Le blocage par les Anglais des voies maritimes empêche leur retour au Vietnam. Ils sont alors regroupés dans des camps de la zone non occupée, souvent dans des villes (Marseille, Toulouse, Bordeaux, Vénissieux...). Au début de 1941, le gouvernement de Vichy entreprend d'utiliser cette main-d'œuvre. Dans le Sud-Ouest, trois compagnies de travailleurs mal équipés se voient confier l'assainissement de centaines d'hectares de marais pour y cultiver du chanvre et du colza. Des terres et une main-d'œuvre vietnamienne ont été prêtées aux agriculteurs de Camargue qui s'engageaient à cultiver du riz et à le vendre à l'État, créant ainsi les premières rizières de la France métropolitaine. Les conditions de travail et de vie et la pénurie alimentaire ont facilité la propagation de la tuberculose. Au nord, dans la zone occupée, les ouvriers vietnamiens travaillaient directement pour l'armée allemande dans les usines.

À la Libération, la majorité des ouvriers souhaitait repartir rapidement au Vietnam. Craignant qu'ils n'aillent renforcer le mouvement nationaliste qui s'affirmait dans la colonie, le gouvernement français a suspendu les rapatriements, laissant les ouvriers qui le souhaitaient trouver un emploi, voire le recherchant pour eux. Mais les rapprochements avec le Parti communiste et les syndicats français ont conduit à la reprise des rapatriements : entre 1948 et 1950, les anciens ONS (ouvriers non spécialisés) sont, pour la plupart, rapatriés dans l'Indochine en guerre. Leur retour après dix ans d'absence est souvent douloureux ; ils ne retrouvent ni leur maison, ni leur famille dans les zones de combat, quand ils ne font pas l'objet de méfiance de la part des militants de l'indépendance. Environ 1 500 soldats-ouvriers et tirailleurs sont restés en France. Un millier avaient épousé des Françaises, dont ils avaient eu des enfants. Des ouvriers célibataires sont restés aussi, souhaitant conserver les emplois exercés pendant et après la guerre, qui leur permettaient une vie plus aisée que celle qui les attendait dans leur pays. En 1962, le président Pompidou décida d'assimiler l'emploi forcé des Vietnamiens aux réquisitions de travailleurs français. Un millier d'anciens ONS restés en France ont bénéficié gratuitement du régime de retraite des non-titulaires de la fonction publique. Mais, malgré les efforts entrepris au Vietnam par le Comité des anciens travailleurs et tirailleurs vietnamiens de France, soutenus par des personnalités françaises comme le mathématicien Laurent Schwartz, puis par l'établissement, en 1990, de la liste des réquisitionnés encore vivants, la majorité de ces hommes ayant travaillé ou combattu en France et qui étaient rentrés dans leur pays n'a pas bénéficié de ces modestes avantages.

1945-1975 : trente ans de décolonisation. En Indochine, les combats pour l'indépendance ont commencé dès la fin de la Seconde Guerre mondiale. De 1945 à 1954, ils opposent l'armée française et les régiments coloniaux recrutés dans le Sud aux Vietnamiens du Nord. Après la défaite de Diên Biên Phu, les Vietnamiens qui avaient acquis la nationalité française, militaires et fonctionnaires accompagnés de leurs familles, environ 36 000, sont « rapatriés » en France. Il en est de même des épouses, compagnes ou veuves de Français, avec leurs enfants eurasiens, 1 200 personnes dont 740 enfants. Essuyant les plâtres de la décolonisation, ces familles sont installées à leur arrivée dans des « centres d'accueil » fermés, ensemble de baraques à Noyant-sur-Allier et à Sainte-Livrade-sur-Lot. Près d'un demi-siècle après, sur les quelque 20 000 personnes hébergées en 1954, 48 habitent encore ces baraques, peu confortables malgré la réhabilitation de 1999.

Après le retrait de la France, Ngô Dinh Dîem, soutenu par le gouvernement américain, prend le pouvoir au Sud-Vietnam, tandis que l'empereur Bao Dai s'exile. Converti au catholicisme, le dernier empereur vietnamien aura à Paris des funérailles chrétiennes mais la messe du quarante-neuvième jour après son décès se déroulera dans la grande pagode du bois de Vincennes, un des rares bâtiments conservés de l'Exposition coloniale. À partir de 1959, les combats reprennent au Vietnam. Dans le contexte de la guerre froide, ils opposent l'armée nord-vietnamienne et les Viêt-Cong du Front national pour la Libération du Sud-Vietnam, qui souhaitent la réunification du pays, au gouvernement du Sud-Vietnam soutenu par les militaires américains. L'opposition à cette guerre est forte en Occident, notamment dans les universités. Les bombardements des routes, la destruction des forêts, l'utilisation des gaz et du napalm contre la population civile ont frappé l'opinion. En 1975, les blindés du Nord-Vietnam entrent à Saigon, rebaptisée Hô-Chi-Minh-Ville, réunifiant ainsi le Vietnam sous un régime communiste. Après l'évacuation sur les navires américains des dirigeants politiques du Sud-Vietnam et de leurs familles commence l'exil des petites gens, sur des bateaux de fortune. Le sort de ces boat people émeut à son tour l'opinion occidentale.

L'exil vietnamien : 1976-1991. Après la réunification, le pays est ruiné. Plusieurs millions de morts laissent derrière eux des veuves, des orphelins, des mutilés. Un million de soldats démobilisés, trois millions de chômeurs cherchent une activité. La politique menée par le régime de Hanoi (saisie des biens de la « classe capitaliste », collectivisation des terres, déplacements forcés) provoque le départ en masse, d'abord des classes moyennes et aisées, mais très vite d'artisans, de pêcheurs, de paysans. Une bonne partie de ceux qui fuient, parmi les classes urbaines, sont de fait des Chinois, très nombreux dans le commerce et cibles du régime. Ils ont la nationalité vietnamienne, mais conservent leurs spécificités ethniques. Au total, un million à deux millions de Vietnamiens quittent le pays entre 1975 et 1997. La plupart d'entre eux passeront plusieurs années dans « les pays de premier asile », entassés dans les camps de Thaïlande, de Malaisie, de Hong Kong. Interrogés sur la destination de leur choix, ils demandent les États-Unis, l'Australie et le Canada. La France n'est demandée que par 2 % d'entre eux. Entre 1975 et 1980, les premiers boat people arrivent en France. Pour ces 22 000 Vietnamiens, les modalités de délivrance du statut de réfugié ont été exceptionnellement souples. Le gouvernement français a mis en place, dès 1975, une politique de quotas plutôt généreuse. Les réfugiés étaient accueillis dans des centres provisoires d'hébergement, encadrés par des associations en contrat avec l'État. Ils obtenaient presque automatiquement le statut de réfugié, sans avoir à apporter des preuves de persécution Alors que, face à la montée du chômage, l'immigration de travail avait été suspendue en 1973, des moyens exceptionnels sont mobilisés pour les intégrer. Suivant les conseils des services sociaux, ils ont demandé le plus tôt possible la nationalité française, afin de stabiliser leur situation. Dès lors, les Vietnamiens résidant en France, jusque-là hésitants, ont cherché eux aussi à devenir français, constatant que la probabilité de retour s'éloignait. Le recensement de 1990 montre la rapidité de la naturalisation des migrants vietnamiens par rapport aux autres nationalités, comme les Cambodgiens.

Le recensement de 1982 a enregistré une croissance globale de 136 000 individus pour les trois communautés de réfugiés asiatiques, Vietnamiens, Cambodgiens et Laotiens. Entre 1975 et 1990, environ 50 000 réfugiés vietnamiens se sont installés en France. Après la conférence de Genève de 1979, les autorités vietnamiennes ont autorisé les départs liés au regroupement familial, et l'émigration s'est poursuivie par vols directs de Saigon. Ce choix a permis à certains de se rapprocher de leur famille, à d'autres d'obtenir plus ou moins difficilement une équivalence de leurs diplômes acquis en France (médecins, dentistes, pharmaciens...), à d'autres encore de retrouver le mode de vie français qu'ils avaient apprécié dans leur jeunesse. Les nouveaux arrivants ont trouvé dans les grandes villes françaises, à Paris, à Lyon, à Marseille, un milieu d'accueil, constitué de cadres coloniaux, d'intellectuels, d'anciens étudiants. Ces anciens immigrants, souvent naturalisés, avaient constitué des associations, longtemps rivales dans le domaine politique, mais qui ont facilité leur insertion économique.

Vivre en France sans perdre son identité. Le professeur Le Huu Khoa, qui dirigea à Nice le GRISEA (Groupe de recherche sur l'immigration du Sud-Est asiatique) dans les années 1990, affirme que « les Vietnamiens s'exilent toujours avec leurs ancêtres ». Fiers de leur identité, les réfugiés, quel que soit leur niveau social, attendent de leurs enfants qu'ils gèrent leur vie dans deux cadres culturels distincts. « Nous voulons que nos enfants soient comme des Français dehors, mais comme des Vietnamiens à la maison. » Cette éducation s'appuie fortement sur les principes confucéens, même dans les familles catholiques. Elle est fondée sur le rôle prépondérant de la famille, le respect des personnes âgées, la politesse envers les autres, le travail assidu à l'école, le respect des enseignants, la piété filiale, l'entraide dans la fratrie, la discrétion, le respect de la hiérarchie sociale, le perfectionnement de l'individu fondé sur le savoir.

La vie familiale soudée est le terrain du maintien des traditions. La soumission respectueuse fondée sur l'âge et le rang dans la parenté n'est, encore aujourd'hui, que rarement mise en cause par les jeunes. Mais les Vietnamiens valorisent aussi un monde qui leur est extérieur, celui de l'école et de l'enseignement que leurs enfants y reçoivent. Les enseignants sont considérés par les parents comme des personnes haut placées dans la hiérarchie sociale, que leurs enfants doivent respecter. Les parents apprécient les activités encadrées hors du domicile (bibliothèque, danse...), mais uniquement sous contrôle familial. En revanche, leur réticence est forte lorsque leurs sont proposées des colonies de vacances ou lorsque leurs enfants souhaitent participer à des soirées chez des amis non vietnamiens. La plupart des familles souhaitent entretenir chez leurs enfants une bonne pratique de la langue vietnamienne. Avec leurs parents, les jeunes enfants parlent le vietnamien, mais, dès l'école maternelle, le français, la langue de la classe, de la télévision, de leurs frères et sœurs l'emporte. Cette perte de la langue d'origine a été particulièrement rapide dans les familles d'intellectuels francophones. Elle l'est aussi dans les familles de lettrés, mandarins sélectionnés par les fonctionnaires coloniaux, parlant et écrivant le français, qui ont fait fonctionner les administrations dans le Vietnam colonial et dont les enfants avaient fréquenté, dans leur pays, les établissements d'enseignement secondaire qui étaient français ou franco-vietnamiens. C'est donc l'association des valeurs confucéennes et de la culture française que ces familles ont transmise à leurs descendants. Dans les familles populaires, au contraire, les enfants parlent plus fréquemment le vietnamien, souvent la seule langue qu'ils partagent avec leurs parents.

Le culte des ancêtres fait partie des traditions que les Vietnamiens de France continuent à transmettre à leurs descendants. Ce n'est pas une religion particulière, mais une pratique sociale qui traverse les différents courants religieux et qui peut même concerner des personnes et des familles ne se réclamant d'aucune appartenance religieuse. Dans la cuisine ou la pièce principale de la maison, l'autel des ancêtres est dressé, avec les tablettes funéraires, les photographies des défunts, des bâtonnets d'encens électrifiés. L'autel permet aux vivants de s'inscrire dans la continuité des événements. Le culte repose sur la conviction que l'âme du défunt survit après sa mort et protège sa descendance. Les cendres des parents qui sont décédés en exil sont déposées dans une pagode pour pouvoir assurer leur retour définitif au Vietnam lors d'un voyage au pays. Pour les immigrés âgés de la première génération, retourner au pays natal et rejoindre leurs ancêtres est une véritable obsession.

L'insertion des Vietnamiens dans l'espace, la société et l'économie français. À Paris, les réfugiés vietnamiens ont été nombreux à s'installer dans le quartier chinois du XIIIe arrondissement. Certains ont collaboré avec les laïcs et missionnaires de l'église Saint-Hippolyte pour favoriser l'insertion de la colonie dans le quartier. Une cérémonie dédiée aux ancêtres est organisée chaque année dans l'église. Il reste que le quartier vietnamien historique est celui de Maubert-Mutualité, populaire et proche du Quartier latin, le premier « quartier vietnamien », fréquenté après la Seconde Guerre mondiale par les étudiants et les ouvriers-soldats qui étaient restés dans la métropole plutôt que de rentrer dans l'Indochine en guerre. Dès cette époque naissent dans ce quartier des petits restaurants économiques, la première épicerie important des produits vietnamiens, la première librairie. Un peu éloigné, le foyer vietnamien de la rue Monge proposait des repas simples et authentiques à des prix proches de ceux des restaurants universitaires. La présence vietnamienne autour de la place Maubert s'est estompée au cours des années, tandis que le quartier s'embourgeoisait. Mais les nouvelles arrivées ont relancé la fréquentation depuis les années 1980. Le centre culturel de la galerie de la Maison du Vietnam offre depuis près d'un siècle des cours de vietnamien et de français. L'association Fraternité Europe-Asie, apolitique et non confessionnelle, gère la librairie spécialisée Sudestasie, rassemblant des guides et des ouvrages en français sur le Vietnam, le Cambodge, le Laos et l'Indonésie. Si le siège du grossiste en épicerie Thinh Binh, entreprise née en 1968, est localisé à Ivry, c'est sur la place Maubert que se trouve le principal supermarché de détail de cette entreprise. Toujours dans le quartier, Thinh Binh Jeune a ouvert, rue Galande, une boucherie-charcuterie vietnamienne. Toutefois, les Vietnamiens n'habitent plus ce quartier. Aujourd'hui, les ménages sont très dispersés dans la capitale et en banlieue. La composition sociale diversifiée de la population vietnamienne se lit dans cette dispersion, souvent facilitée par la pratique de la langue française de la majorité d'entre eux. Les familles aux revenus élevés, médecins, chirurgiens-dentistes, ingénieurs, ont choisi, comme les chercheurs, les communes de la ligne de Sceaux, près des laboratoires et des établissements d'enseignement supérieur dans lesquels leurs enfants pourront étudier. Des familles populaires vivent dans les quartiers populaires de Paris, dans le nord-est de la capitale, d'autres se sont installées dans le logement social des communes de banlieue, cohabitant avec des familles d'autres origines. Le seul regroupement d'Asiatiques et, parmi eux, de Vietnamiens, observé en Île-de-France, loin de Paris et des communes populaires du Val-de-Marne concerne la zone de Marne-la-Vallée, urbanisée dans les dernières années 1990. Dans les communes de Noisy-le-Grand, Noisiel, Lognes et Torcy, les promoteurs ont construit et vendu des maisons individuelles destinées aux familles nombreuses. Des familles vietnamiennes ont profité des conditions des emprunts pour acheter ces maisons. Assez vastes pour maintenir l'ordre des trois générations grâce à leurs différents niveaux, elles sont entourées de jardins permettant de cultiver des légumes. Cela facilite aussi le travail à domicile des femmes. « Dans ma famille actuelle, toutes les femmes savent coudre et faire des articles de confection. On achète des machines aussitôt après avoir acheté la maison... » L'installation à Marne-la-Vallée permet ainsi de mener l'existence discrète que ne permettaient pas les petits appartements parisiens.

La deuxième communauté vietnamienne de France est celle de Marseille. La présence des Vietnamiens dans la ville est ancienne, mais les effectifs ont varié au cours du XXe siècle : regroupement des ouvriers soldats qui y ont attendu le rapatriement après les guerres, militaires intégrés dans l'armée française et arrivés après Diên Biên Phu, navigateurs (marins, boys, cuisiniers...) embauchés sur les bateaux de croisière de la Méditerranée. Certains ont ouvert des restaurants à Marseille, sur le Vieux-Port, et jusqu'à Toulouse et Lyon. La composante ancienne de la population vietnamienne comprend aussi des scientifiques, des commerçants. Les ouvriers appartenaient à l'Union générale des Vietnamiens en France, qui soutenait le gouvernement de Hanoi, la plupart vivant dans les quartiers centraux de la ville. Mais la majorité des 10 000 à 15 000 Vietnamiens qui vivent aujourd'hui à Marseille appartient à la vague des boat people. Un tiers d'entre eux vit en centre-ville (VIe et XIIe arrondissements), un deuxième tiers dans les quartiers Nord, plus populaires. Les autres sont dispersés dans l'ensemble de l'agglomération. Malgré cette dispersion, la vie associative, sous tous ses aspects, est très développée. Les différents cultes se sont organisés : les catholiques vietnamiens fréquentent la paroisse de Saint-Défendent (Xe arrondissement), les protestants l'Église évangélique libre du Vietnam, et les bouddhistes peuvent choisir entre quatre pagodes. Depuis le milieu des années 1990, des associations animées par des jeunes adultes se sont multipliées à Marseille. Elles ont cherché à échapper à la bipolarisation politique et visent des activités culturelles ou sportives : coopération avec le Vietnam, redécouverte de la culture vietnamienne, gymnastique, arts martiaux vietnamiens (trente salles à Marseille). Elles organisent chaque année la danse du dragon dans l'espace public marseillais lors de la fête du Têt (nouvel an vietnamien). À côté de nombreux restaurants, fast foods et traiteurs, ce sont ces associations qui manifestent le plus ostensiblement la présence, dans l'espace public, d'une communauté vietnamienne.

En dehors de Paris et de Marseille, la dispersion des familles vietnamiennes en France est très importante. Une enquête sur les familles vietnamiennes en Normandie, appartenant à des milieux populaires, montre l'ajustement des pratiques à l'environnement et aux possibilités économiques (Mong Hang Vu-Renaud). Leur volonté d'adaptation à la société française est réelle, mais « chaque lampe éclaire son foyer ». Le culte des ancêtres est simplifié, quelques fleurs et offrandes devant les photos des défunts, mariages et funérailles se font à la mode française ainsi que des fêtes de leur ancien calendrier, y compris le Têt. Et, depuis l'ouverture du Vietnam à la circulation, ils en font une destination de voyage en emmenant leurs enfants pour que ceux-ci connaissent les membres de leur famille élargie et qu'ils soient connus d'eux.

Héritiers d'une histoire de colonisation douloureuse, les Vietnamiens se sont intégrés avec discrétion, en restant fidèles à leurs traditions et en contribuant à enrichir la société française dans toutes ses strates. Les Franco-Vietnamiens sont nombreux parmi les ingénieurs, comme dans les milieux de l'enseignement et de la recherche. Dans le monde des sciences, le physicien Tran THANH VAN (né au Vietnam en 1936) et l'astrophysicien Nguyen QUANG RIEU (né au Vietnam en 1932) sont des chercheurs de réputation mondiale. Ils ont fait leurs études en France, sont rattachés aux laboratoires scientifiques du Sud parisien, mais travaillent parallèlement au développement de la recherche au Vietnam. De son côté, l'astrophysicien américain Trin XIAN THUAN (né à Hanoi en 1948) publie, en français, des ouvrages à la frontière de l'astrophysique et de la philosophie (*Le Chaos et l'harmonie*, 1998 ; *Le Cosmos et le lotus*, 2011). Plus rares, quelques artistes vietnamiens ont élu domicile en France comme LÔ PHÔ (1907-2001), dont une toile orne le hall du bâtiment vietnamien de la Cité universitaire à Paris, ou Yan PEI-MING dont une des œuvres est entrée dans la collection du musée du Louvre.

Michelle Guillon

Bibl. : LE HUU KHOA, *Les Vietnamiens en France*, Paris, L'Harmattan, 1986 ; *L'Immigration asiatique. Économie communautaire et stratégies professionnelles*, Paris, Centre des hautes études sur l'Afrique et l'Asie moderne, coll. « Notes africaines, asiatiques et caraïbes », 1996 • DAUM Pierre, *Immigrés de force, les travailleurs indochinois en France (1939-1952)*, Paris, Solin, 2009 • FRANCESCHI Patrice, *L'Exode vietnamien, les réfugiés de Pulau Bidong*, Paris, Arthaud, 1979 • MONG HANG VU-RENAUD, *Interaction et distinction de la culture confucéenne*, Paris, L'Harmattan, 2002 • Sur le Net : LÊ MÔNG NGUYÊN, *La Communauté vietnamienne en France. De l'immigration à la citoyenneté*, 1980 • LÂ THANH LIÊM et MAÏS Jean, *La Communauté vietnamienne dans la région parisienne*, 1996, mis à jour en 2006.

Voir aussi : CHINOIS.

VIGNEAULT Gilles. — Voir QUÉBÉCOIS, chanteurs.

VILDÉ Boris

Ethnologue et combattant de la Résistance. – Né le 25 juin 1908 à Saint-Pétersbourg, alors Empire russe, aujourd'hui Russie ; mort le 23 février 1942 au mont Valérien, France.

Émigré avec sa mère en Estonie en 1919, puis en 1930 en Lettonie et à Berlin, Boris Vildé vit d'emplois précaires. Il arrive à Paris à l'été 1932, à la suggestion d'André Gide, qui le présente à l'ethnologue Paul Rivet. Il épouse en 1934 la fille du médiéviste Ferdinand Lot, est naturalisé français en 1936, engagé par Rivet en 1937 au sein du nouveau musée de l'Homme et chargé, en 1939, de la section des peuples polaires. Fait prisonnier en juin 1940, il s'évade, organise un réseau, dit « du musée de l'Homme » rejoint, entre autres, par Jean Cassou et Germaine Tillion, réseau qui diffuse, en août, un premier tract, « Vichy fait la guerre », et, en décembre, un journal, *Résistance*. Il prend des contacts en zone Sud, avec Silvio Trentin à Toulouse et, en vain, avec André Malraux. Il est arrêté en mars 1941 à Paris, sur trahison. Il sera exécuté, avec six autres membres de son réseau.

Éric Vial

VILLIERS Pieter de

Sportif. – Né le 3 juillet 1972 à Malmesbury, Afrique du Sud.

C'est à l'école, alors qu'il est interne dans la province du Swartland, en Afrique du Sud, que Pieter de Villiers commence à pratiquer le rugby, le sport national. Dans cette région, véritable grenier à blé de l'Afrique du Sud, il poursuit ensuite des études en agronomie à l'université de Stellenbosch. Il y intègre l'une des cinq équipes universitaires et figure parmi les meilleurs éléments sélectionnés pour évoluer sous le maillot de la Western Province. À la fin de son cursus à l'université, il prend la responsabilité d'une ferme d'élevage. Très rapidement, il fait le choix de se rendre en France pour jouer au rugby, au moment où la pratique du ballon ovale se professionnalise. En 1995, il rejoint le Stade français, club historique que son président, Max Guazzini, fondateur d'une radio privée florissante, entend mener au plus haut niveau. S'appuyant sur Bernard Laporte comme entraîneur et sur le recrutement de joueurs de talent, tout en développant une stratégie de communication innovante dans le milieu du rugby, le Stade français s'impose comme l'un des principaux clubs français. Au poste de pilier, Pieter de Villiers remporte cinq titres de champion de France (1998, 2000, 2003, 2004, 2007). En 1999, il est appelé pour la première fois en équipe de France, en vertu de la réglementation internationale qui permet à un rugbyman de jouer pour la fédération nationale de son club, à condition de totaliser au moins quatre années consécutives d'affiliation à cette fédération et de ne pas avoir été sélectionné dans l'équipe A de son pays d'origine. Jusqu'en 2007, il comptabilise soixante-neuf sélections. Il remporte quatre fois le tournoi des Six Nations (2002, 2004, 2006 et 2007). Il dispute également sous les couleurs de la France deux Coupes du monde (1999 et 2007). Il met un terme à sa carrière en 2007 à la suite d'une blessure aux cervicales. Aucun joueur français n'était jusqu'alors parvenu à prendre sa place de titulaire au poste de pilier droit.

Stéphane Mourlane

VINK (Vinh Khoa)

Dessinateur. – Né le 24 décembre 1950 à Tourane, aujourd'hui Da Nang, Vietnam.

Arrivé en Belgique en 1969, Vinh Khoa passe une agrégation en sciences de l'éducation avant de choisir définitivement la voie du dessin. La série *Le Moine fou*, commencée en 1983 dans les pages du mensuel *Charlie*, révèle au public francophone une esthétique originale, synthèse des traditions graphiques sino-vietnamiennes et du réalisme franco-belge. Vink la poursuit encore, près de trente ans plus tard (Éditions Dargaud), après avoir tenté, sans convaincre, de changer de manière.

Pascal Ory

VISCONTI Ennius Quirinus, ou Ennio Quirino

Archéologue et homme de musée. – Né le 1er novembre 1751 à Rome, alors États pontificaux, aujourd'hui Italie ; mort le 7 février 1818 à Paris, France.

Formé aux humanités classiques par son père, qu'il assiste dans ses fonctions officielles de conservateur des musées du Vatican, Visconti a pris la suite de celui-ci en rédigeant plusieurs volumes du catalogue du musée Pio-Clementino à Rome. Fin connaisseur de la langue et de l'art grecs, il est expert en statuaire antique et devient conservateur du musée du Capitole. En 1798, il est nommé par Berthier ministre de l'Intérieur de la République romaine et participe aux réformes administratives et à la vie politique consulaire. Menacé par une offensive napolitaine, il se réfugie avec sa famille en France, où il est nommé, le 18 décembre 1799, administrateur du musée des Antiques, alors en formation au palais du Louvre. Il rédige de nombreux ouvrages, catalogues et notices sur les collections publiques nationales et occupe la fonction de conservateur de la galerie des antiques au musée Napoléon. Il est un modèle pionnier pour cette nouvelle profession. Il défend aussi la sculpture néoclassique de son temps, notamment celle de Canova. L'Empereur le décore de la Légion d'honneur en 1808 ; la Restauration l'anoblit en « marquis Visconti » et le naturalise français le 13 décembre 1814. Sur le relief monumental représentant *L'Organisation de l'université* aux Invalides, réalisé par son fils Louis, son nom est associé à ceux d'Antoine Quatremère de Quincy et d'Antoine-Isaac Silvestre de Sacy dans la liste des grands archéologues de l'Empire.

Julie Verlaine

VISCONTI Louis (Ludovico-Tullio-Gioacchino)

Architecte. – Né le 11 février 1791 à Rome, alors États pontificaux, aujourd'hui Italie ; mort le 23 décembre 1853 à Paris, France.

Fils d'Ennio Quirino, Louis Visconti, naturalisé français en 1801, est l'élève de l'architecte décorateur Charles Percier, qui est, avec Pierre-François-Léonard Fontaine, l'architecte favori de Napoléon Ier. Il accède rapidement à de brillantes commandes, qu'il traite dans un style classique, digne de son maître : des fontaines adossées (fontaine Gaillon en 1824, fontaine Molière, avec le sculpteur Bernard Seurre, en 1844), des fontaines monumentales (place Louvois, en 1835, place Saint-Sulpice, en 1842). Pour ces dernières, la superposition de grandes vasques est un emprunt aux fontaines de la Renaissance, qu'il partage avec Jacques Hittorf, autre élève de Percier. La combinaison de l'architecture et de la statuaire est une contribution de Visconti au culte urbain des grands hommes, qui culmine avec la réunion, place Saint-Sulpice, des statues de Jacques Bossuet, Fénélon, Esprit Fléchier et Jean-Baptiste Massillon, modèles d'éloquence sacrée proposés aux élèves du séminaire voisin. À partir de 1837, Visconti est chargé de l'organisation des fêtes de la monarchie de Juillet (retour des cendres de l'Empereur, en 1840) puis du Second Empire (mariage de Napoléon III et d'Eugénie en 1853). En 1841, il est lauréat, avec Victor Baltard, du concours pour le tombeau de Napoléon aux Invalides ; c'est son projet qui est réalisé. Il est aussi l'auteur de nombreux tombeaux pour les maréchaux de l'Empire. Architecte préféré de Napoléon III, sa principale commande est la réunion des palais du Louvre et des Tuileries ; ses projets, approuvés en 1852, relient les palais par des ailes ponctuées de pavillons, et percées de guichets ; leurs élévations seront fidèles, « religieusement », écrit l'architecte, au « vieux Louvre » de Pierre Lescot. Après son décès, le projet sera repris et modifié par Hector-Martin Lefuel (1854-1857).

Gérard Monnier

VISNIEC Matéi

Auteur dramatique. – Né le 29 janvier 1956 à Radauti, Roumanie.

Après avoir étudié la philosophie à Bucarest, Visniec se passionne pour le théâtre et la poésie : pour lui, la culture doit dénoncer la « manipulation de l'homme par les grandes idées » et permettre de résister au pouvoir en place. Dès 1977, il écrit des pièces de théâtre qui circulent sous le manteau, censurées par le régime de Ceaușescu. En 1987, il quitte la Roumanie et demande l'asile politique en France – il obtiendra la nationalité française en 1993. Il travaille à Radio France internationale et commence à rédiger ses pièces en français au début des années 1990. Il entame, à l'École des hautes études, une thèse sur la résistance culturelle dans les pays de l'Europe de l'Est à l'époque communiste, mais c'est dans ses pièces de théâtre que cette notion de résistance prend tout son sens : le thème central d'un grand nombre de ses textes interroge les relations entre l'individu et le pouvoir oppressif. Souvent rangée sous l'étiquette du théâtre de l'absurde – dans une filiation avec son compatriote Eugène Ionesco –, son œuvre ironique, qui revisite l'histoire des grands hommes de théâtre et des écrivains – *Le Dernier Godot* (1996) avec Samuel Beckett, *La Machine Tchékhov* (2002), *Richard III n'aura pas lieu* (2002) avec Vsevolod Meyerhold, *Mansarde à Paris* (2008) avec Emil Cioran –, affronte aussi les sujets politiques brûlants. *Du sexe de la femme comme champ de bataille dans la guerre de Bosnie* (1997) est un dialogue entre une Bosniaque violée et une femme médecin américaine, tandis que *L'Histoire du communisme racontée aux malades mentaux*, en 2000, dénonce le régime roumain d'avant la chute de Ceaușescu. Depuis 1989, Visniec est l'un des auteurs les plus joués en Roumanie, tandis que ses pièces connaissent un succès croissant auprès des jeunes compagnies françaises.

Chantal Meyer-Plantureux

VITAL Joaquim

Éditeur, traducteur et écrivain. – Né le 25 octobre 1948 et mort le 7 mai 2010 à Lisbonne, Portugal.

« Selon mes critères, l'éditeur est indépendant – ou alors il n'est pas éditeur. » Joaquim Vital est né à Lisbonne, où il passe les dix-sept premières années de sa vie. Emprisonné à l'âge de seize ans par le régime salazariste, il se voit contraint à l'exil en 1965 et s'installe à Bruxelles. En 1973, il émigre à Paris, où il côtoie des intellectuels révolutionnaires, comme Daniel Guérin ou Boris Souvarine. C'est en 1976 qu'il fonde les Éditions de La Différence, soutenu par le philosophe Marcel Paquet, le critique d'art Patrick Waldberg et Colette Lambrichs, qui deviendra sa compagne. La maison trouve sa place dans le paysage éditorial national, grâce à une politique ambitieuse et éclectique qui rassemble aussi bien des textes littéraires d'auteurs français et étrangers que des essais critiques, des textes classiques (Homère, Virgile, Pindare) ou encore des livres consacrés à l'art contemporain. À partir de 1986, Vital s'attache à promouvoir la littérature portugaise en assurant lui-même plusieurs traductions (Fernando Pessoa, Vasco Graça Moura), tout en éditant de nombreux écrivains lusophones. En 1996, il dirige la publication de *Vingt Ans, bilan sans perspective*, une anthologie rassemblant deux décennies de travaux pour le compte de La Différence. Joaquim Vital est aussi écrivain, mais ce n'est qu'au cours des années 2000 qu'il fait paraître plusieurs ouvrages, mêlant poésie (*Un qui aboie*, 2000) et évocation (*Adieu à quelques personnages*, 2004). Son dernier livre a pour titre *La Vie et le reste : fictions* (2008). De passage à Lisbonne au printemps 2010, Joaquim Vital y décède d'une crise cardiaque. Dans son pays d'adoption, sa mémoire est unanimement célébrée et le ministre de la Culture d'alors, Frédéric Mitterrand, salue en lui « une grande figure de la vie littéraire française ». La maison d'édition qu'il avait fondée lui a rendu hommage en mars 2011, publiant aussi sa dernière nouvelle, achevée peu avant sa mort, *La Découverte du Brésil.*

Pierre-Frédéric Charpentier

VITALY Georges (Vitali Garkouchenko)

Comédien, metteur en scène, directeur de théâtre. – Né le 15 janvier 1917 à Simféropol, alors Empire russe, aujourd'hui Ukraine ; mort le 2 janvier 2007 à Paris, France.

Fils d'immigrés qui ont fui la révolution russe, naturalisé français en 1947, Georges Vitaly s'est formé au métier de comédien à partir de 1934. Il débute en 1944 dans une pièce de Nicolas Gogol au théâtre du Vieux-Colombier, puis, en 1945, joue dans le *Caligula* d'Albert Camus. Mais c'est la création du *Mal court* de Jacques Audiberti, qu'il met en scène en 1947 et qui remportera le grand prix au Concours des jeunes compagnies, qui décidera de la suite de sa carrière. En effet, après ce succès, il va chercher un lieu « pour y monter ses pièces de textes, des pièces sortant du courant habituel et du théâtre dit commercial » : ce sera le théâtre de la Huchette, qu'il fondera en 1948 et dirigera jusqu'en 1953. Il y créera des pièces d'auteurs nouveaux, Henri Pichette (avec Gérard Philipe), Georges Schéhadé et Audiberti – son auteur de prédilection –, qu'il continuera à monter au théâtre La Bruyère, dont il prend la direction de 1954 à 1970. Il obtiendra le prix Dominique de la mise en scène pour *Quoat-Quoat*, d'Audiberti en 1969. Il dirigera ensuite la Maison de la culture de Nantes de 1970 à 1975 et recevra, en 2002, un Brigadier d'honneur pour l'ensemble de sa carrière.

Chantal Meyer-Plantureux

VITOLD Michel (Vitold Sayanoff)

Acteur de théâtre et de cinéma, metteur en scène. – Né le 15 septembre 1915 à Karkov, alors Empire russe, aujourd'hui Ukraine ; mort le 14 juin 1994 à Paris, France.

Fils d'un prince géorgien qui émigre en Turquie, où le jeune Vitold apprend le français, il arrive en France avec sa famille à l'âge de dix ans. D'abord installée à Chalon-sur-Saône puis à Vichy – où son père, ruiné, se suicide –, la famille se fixe à Paris : l'adolescent doit exercer différents métiers avant de tenter le concours du Conservatoire, qu'il rate. Il suit alors les cours de Charles Dullin et a comme professeur Raymond Rouleau, qui lui donnera ses premiers grands rôles : il joue Garcin dans *Huis clos* de Jean-Paul Sartre en 1944. Naturalisé français, il est entré, dès 1938, dans la Compagnie des quatre saisons d'André Barsacq et créera sous sa direction de nombreuses pièces de Jean Anouilh. Très tôt, dès la fin des années 1930, il sera remarqué par le cinéma et tournera sous la direction de Jacques Feyder ou de Marc Allégret : son physique, sa voix, son origine slave le cantonneront dans des rôles « dostoïevskiens ». Vitold sera professeur de théâtre chez Dullin aux côtés de Tania Balachova et formera, entre autres comédiens, Claude Régy, à qui il donnera ses premiers rôles dans *Morts dans sépulture* (1946) et *la Putain respectueuse* (1967) de Sartre. Dès 1948, il joue en Avignon avec Jean Vilar dans *La Tragédie du roi Richard II* (rôle de Jean de Gand) de Shakespeare ; deux ans plus tard, il y sera Henri IV. Il devient lui-même metteur en scène, faisant découvrir de nouveaux auteurs : sa mise en scène de *Douze Hommes en colère*, de Réginald Rose en 1958, lui vaut le prix Dominique. En 1961, il met en scène à la Comédie-Française *Britannicus*, de Racine, puis *Crime et Châtiment*, de Fiodor Dostoïevski, en 1963 (les deux pièces avec Robert Hirsch), *Comme les chardons* d'Armand Salacrou, en 1964, et *L'Idiot* de Dostoïevski, en 1975, avec Michel Duchaussoy. Mais il retournera très vite dans le privé pour « dépoussiérer » les classiques. Cet artiste exigeant, sombre, qui donne à ses personnages une étrangeté, une profondeur, une grandeur qui sied aux grands rôles tragiques, sera nommé pensionnaire, en 1983, par Jean-Pierre Vincent, nouvel administrateur de la Comédie-Française ; il y jouera le personnage d'Auguste dans *Cinna* (mise en scène de Jean-Marie Villégier, 1984). Malgré le succès qu'il remporte deux saisons de suite, il quitte la Comédie-Française dès 1985. « En fin de vie, j'ai envie de me faire plaisir ; à la Comédie-Française, il n'y a pas de rôle pour moi... », confiait-il en Avignon lors de la création de son dernier spectacle, *Contes bariolés*, d'après Tchékhov, qu'il jouera jusqu'en 1987.

Chantal Meyer-Plantureux

VIVIEN Renée (Pauline Mary Tarn)

Poétesse. – Née le 11 juin 1877 à Londres, Royaume-Uni ; morte le 18 novembre 1909 à Paris, France.

Née d'un riche père britannique et d'une mère américaine, Pauline Mary Tarn passe son enfance entre Londres et Paris, où elle s'établit à sa majorité, en 1899. Elle fait la connaissance de Natalie Barney, avec laquelle elle entretient une liaison tumultueuse. En 1901, elle fait paraître en français, sous le nom de Renée Vivien, son premier recueil de poèmes, *Études et préludes*, qui est aussi l'un des premiers ouvrages contemporains à évoquer explicitement l'homosexualité féminine. Poursuivant dans la même veine, elle publie, en 1902, un nouveau recueil (*Cendres et poussières*) et une prose poétique (*Brumes de fjords*), qui assurent sa renommée et font d'elle « le grand poète de l'année » salué par la critique. De nombreux ouvrages suivront, mais, malade et dépressive, Renée Vivien s'éteint à l'âge de trente-deux ans. Son œuvre est redécouverte depuis peu.

Pierre-Frédéric Charpentier

VOISINE Roch. — *Voir* QUÉBÉCOIS, chanteurs.

VOLLERY Charles

Architecte. – Né vers 1910 à Montreux, Suisse.

Charles Vollery entame des études d'architecte à l'École des beaux-arts de Paris (atelier de Georges Gromort), puis entre à l'École nationale supérieure des arts décoratifs, en 1932, dont il obtient le diplôme en 1937. Après un emploi temporaire dans l'agence de Mallet-Stevens, et faute d'autre activité, il devient chef du bureau d'études des établissements Kuhlmann à La Madeleine, près de Lille. Il en conçoit les projets et réalise des bâtiments industriels, des maisons ouvrières et le stade Donat-Agache à Marquette. En octobre 1946, il reprend l'agence de l'architecte Marcel Boudin, à Lille, et poursuit son activité dans le cadre des besoins des industries de la région (Dumont, Kuhlmann, Ugine-Kuhlmann, etc.). Il réalise des installations commerciales à Lomme, une boulangerie à Armentières, un magasin « Parunis » à Lille. Il construit aussi des habitations : des immeubles collectifs, des maisons individuelles et des villas, comme celle, en 1946, pour Robert Dumont à Caudry, dans un style qui fait référence à l'architecture de Mallet-Stevens.

Gérard Monnier

VORONOFF Serge (Samuel Abrahamovitch)

Chirurgien expérimental. – Né en juillet 1866 à Voronej, alors Empire russe, aujourd'hui Russie ; mort le 1er septembre 1951 à Lausanne, Suisse.

Fils de Rachel et Abraham Voronoff, Samuel Abrahamovitch grandit dans une famille russe d'origine juive, de milieu aisé, et fait ses études secondaires à Voronej. La chronologie des premières années de Voronoff est assez incertaine. Selon son biographe Jean Réal, Samuel Voronoff, à l'âge de dix-neuf ans, en proie à une condamnation pour activité socialiste illicite et en butte à l'antisémitisme d'État en Russie, fait le choix d'aller en France et d'y mener des études de médecine. Il arrive à Paris en 1885 et sera rejoint, en 1894, par son jeune frère Gherasim, venu suivre lui aussi une formation médicale.

Externe des hôpitaux en 1890, il se spécialise en chirurgie et soutient une thèse de pathologie, en 1893. À la tête de l'établissement médico-chirurgical d'Auteuil, il travaille aussi à l'Institut Pasteur et à Clamart, et publie un premier ouvrage, *Étude de chirurgie et de gynécologie* (1896). Selon Jean Réal, Voronoff, qui a adopté le prénom Serge, est naturalisé français en 1895, avec l'autorisation, alors nécessaire, de la chancellerie de l'empereur de Russie. Son frère Gherasim, qui se fait prénommer Georges, n'obtiendra la nationalité française qu'en 1918.

En 1897, sollicité par les autorités égyptiennes pour s'installer au Caire, Serge Voronoff part pour l'Égypte et devient médecin-conseiller du khédive. Chirurgien de la Cour, il fonde l'hôpital de Choubra, où il voit affluer les malades et fait venir, pour l'assister, son frère Georges, médecin spécialisé dans les voies urinaires. Tous deux déploient, pendant treize ans, une intense activité chirurgicale auprès de la population égyptienne, tous milieux confondus. En 1898, le docteur Voronoff crée au Caire une Société médicale internationale et organise un congrès consacré à l'étude des maladies particulières aux pays chauds, qui connaît, en 1902, un grand succès. Il souligne son attachement à la France, sa patrie d'adoption, puisque, malgré la domination anglaise au Caire, il favorise la délégation française au congrès, avec à sa tête le professeur Bouchard. Il reçoit à ce titre des honneurs en France et en Égypte. Il est l'auteur de nombreuses études, en particulier en gynécologie et en chirurgie hépatique, publiées dans des revues médicales françaises, et dans l'organe qu'il a créé au Caire, la *Presse médicale d'Égypte*.

Il revient en France en 1910, et part rencontrer à New York, au sein du Rockefeller Institute, le docteur Alexis Carrel, qui l'initie aux différents procédés de greffe et avec lequel il se lie. Voronoff s'installe ensuite à Nice, où il poursuit les expériences de greffes animales menées par Alexis Carrel sur des animaux présentant une affinité biologique grâce à leur parenté. Ses expériences sur les greffes ovariennes, qui ont permis la naissance d'un agneau chez une brebis greffée, sont présentées dans des enceintes internationales. Il multiplie, dans son institut de chirurgie expérimentale de Nice, des expériences sur des singes, brebis, ânes et chiens, et publie un *Traité des greffes humaines*. En 1917, il est directeur adjoint du laboratoire de biologie de l'École pratique des hautes études. Pendant la guerre, il se voit confier, à Paris, un hôpital financé par le tsar Nicolas II.

Au début des années 1920, alors que les hormones suscitent l'intérêt du monde médical, Voronoff mène des expériences qu'il dénomme de « greffe glandulaire » et qui prétendent au rajeunissement humain, par greffe de testicule de singe sur les sujets à rajeunir. Ces expériences connaissent un très grand retentissement. Leur médiatisation associe une fascination du public pour les objets de recherche de Voronoff, qui ont à voir avec la virilité et la sexualité, à de franches accusations de charlatanisme, d'exploitation de la crédulité publique, voire de malversation. « L'illustre greffeur » devient, selon la presse, « l'homme le plus chansonné de France » (*Information médicale*, mars 1923). Pourtant, ses « greffes de revitalisation » connaissent un succès considérable chez les élites, des hommes politiques aux artistes. Il revendique avoir pratiqué près de deux mille greffes testiculaires de singe sur l'homme dans les années 1920. Son activité au laboratoire de chirurgie expérimentale du Collège de France, qu'il dirige, réclame l'importation de chimpanzés de l'AOF en grand nombre. Il acquiert un château à Menton, entouré d'un vaste parc où il élève des singes venus de Sénégal et de Guinée. Il est honoré de la Légion d'honneur en 1926.

Les controverses poursuivent cependant Voronoff, mal en cour dans les milieux académiques, durant toute sa carrière. Une partie de la communauté médicale émet de sérieuses réserves sur le fondement scientifique de ces greffes ; la méthode passe de mode dans les années 1930 et Voronoff mène de nouvelles recherches sur les greffes de tissus endocriniens. L'entrée en guerre le surprend aux États-Unis, où il demeure jusqu'à la fin du conflit. De retour en France, il apprend la mort de son frère en déportation et retrouve son château bombardé.

Anne Rasmussen

W

WADDINGTON William Henry

Homme politique. – Né le 11 décembre 1826 à Saint-Rémy-sur-Avre, France ; mort le 13 janvier 1894 à Paris, France.

Fils d'un industriel écossais du textile venu s'établir en Normandie à la fin du XVIIIe siècle, William Waddington opte pour la nationalité française à l'âge de vingt-trois ans, après des études à Paris et à Cambridge – où il participe, par exemple, en 1849, à la course annuelle d'aviron contre Oxford. Épigraphiste, numismate et archéologue spécialiste du Proche-Orient, élu à l'Académie des inscriptions et belles-lettres en 1865, il participe à la fondation, en 1868, de l'École pratique des hautes études. Candidat malheureux dans l'Aisne en 1865 et 1869, il y est élu député en 1871 et, la même année, au conseil général, qu'il préside. Il tient la république conservatrice pour la seule « forme de gouvernement libre qui soit possible dans notre pays », soutient Thiers, qui le fait ministre de l'Instruction publique cinq jours avant d'être renversé. Sénateur de l'Aisne à partir de 1876, il revient à l'Instruction publique en 1876-1877, rétablit le monopole public de la collation des grades, veut rendre l'école primaire obligatoire, rénover le secondaire, ouvrir l'université et améliorer le sort des enseignants. Nommé ministre des Affaires étrangères à la fin de 1877, il représente la France au congrès de Berlin en 1878 et, au début de 1879, ajoute à ce portefeuille la présidence du Conseil, que lui a confiée le nouveau président, le républicain Jules Grévy, de préférence à Gambetta. Trop conservateur pour la Chambre, il doit démissionner à la fin de l'année, mais sera encore ambassadeur à Londres de 1883 à 1893. Il décédera quelques mois après avoir quitté ce poste et une semaine après avoir échoué à être réélu sénateur.

Éric Vial

WAEHNER Karin

Danseuse, chorégraphe et pédagogue. – Née le 12 mars 1926 à Gleiwitz, alors

Allemagne, aujourd'hui Pologne ; morte le 10 février 1999 à Paris, France.

Après avoir suivi des cours de gymnastique dalcrozienne, Karin Waehner étudie la danse, de 1946 à 1949, auprès de la grande prêtresse de la danse expressionniste allemande, Mary Wigman, à Leipzig, puis à Berlin, et participe à certains de ses spectacles. En 1950, elle émigre en Argentine, espérant y développer la danse moderne, qu'elle enseigne à l'Académie de danse classique de Buenos Aires. Elle y rencontre le mime Marcel Marceau, qui l'incite à se rendre à Paris, où elle s'installe en 1953. Elle poursuit sa formation en danse classique avec Boris Kniassef, en mime avec Étienne Decroux, et enseigne la danse moderne à la Salle Pleyel. En 1959, elle se rend pendant plusieurs mois aux États-Unis, où elle se familiarise avec les techniques de la danse moderne américaine auprès de Martha Graham, Louis Horst, José Limón et Betty Jones. Considérée comme une pionnière de la danse moderne en France, elle collabore, dans les années 1950 et 1960, avec les chorégraphes Jacqueline Robinson, Jean Serry, Jérome Andrews et les Ballets modernes de Paris de Françoise et Dominique Dupuy. Elle présente ses premières œuvres au Théâtre d'essai de la danse, laboratoire et vitrine pour les jeunes chorégraphes, créé à Paris par la journaliste d'origine russe Dinah Maggie, mais aussi dans le cadre de l'association Danse et culture, créée par Jean Dorcy en 1947. En 1958, Karin Waehner acquiert la nationalité française et fonde sa propre compagnie, les Ballets contemporains Karin Waehner, ouverte à d'autres chorégraphes (Susan Buirge, Jean Pomarès…) et à des créations collectives. Son enseignement a profondément marqué le monde de la danse en France : la première à enseigner la danse moderne dans une institution (la Schola Cantorum) à partir de 1960, elle s'appuie parallèlement sur le ministère de la Jeunesse et des Sports pour diffuser la danse auprès des professeurs d'éducation physique. Jusqu'à la fin de sa vie, elle enseigne dans différents lieux de formation en France, participant également aux débats sur la création du diplôme d'État de professeur de danse contemporaine en 1989. De nombreux chorégraphes contemporains en France (Angelin Preljocaj, Odile Cougoule, Suzanne Linke, Muriel Topaz, Christiane de Rougemont…) ont suivi son enseignement, fondé sur une pédagogie du mouvement ressenti. Au cours de sa carrière, elle crée plus de quarante chorégraphies et travaille en tant qu'interprète pour d'autres chorégraphes (Anne Dreyfus, Bruno Genty) ou metteurs en scène (Jacques Rebotier).

Sophie Jacotot

WAHID Frères

Cuisinier et pâtissier. – Sylvestre (Shahzad Wahid) : né le 3 août 1975 à Kohat, Pakistan. Jonathan (Jawad Wahid) : né le 9 décembre 1976 à Kohat, Pakistan.

Sylvestre et Jonathan Wahid vivent en France depuis 1984, date à laquelle, en compagnie de leur famille, ils rejoignent leur père, engagé depuis sept ans dans la Légion étrangère et qui vient d'obtenir le droit d'accueillir sa famille au nom du regroupement familial. Sylvestre ne parle pas alors français et, bien que de culture musulmane, poursuit sa scolarité dans un établissement catholique de Nîmes. Il s'oriente très vite vers la cuisine en rêvant d'« aller le plus haut possible ». À partir de 1991, il fait son apprentissage à Nîmes chez Thierry Marx, devient ensuite premier commis chez Alain Solivarès à Paris, puis second de cuisine au Plazza Athénée, chez Alain Ducasse. Après quelques années passées chez Ducasse à New York, il s'installe, en 2005, aux cuisines de L'Oustau de Baumanière. En 2009, il ouvre Le Strato, à Courchevel. Son frère Jonathan l'a rejoint comme chef pâtissier. Titulaire d'un CAP de pâtisserie, il a fait son apprentissage à Paris chez Lenôtre puis au Royal Monceau, avant de devenir pâtissier du Ritz, et d'être sacré « champion de France des desserts » en 2005. Les frères Wahid maintiennent les deux étoiles Michelin de L'Oustau de Baumanière et obtiennent le premier macaron Michelin pour Le Strato en 2011.

Julia Csergo

WAKHÉVITCH Georges

Décorateur de théâtre, de cinéma, d'opéra et de ballet. – Né le 18 aout 1907 à Odessa, alors Empire russe, aujourd'hui Ukraine ; mort le 11 février 1984 à Paris, France.

Georges Wakhévitch arrive en France en 1921. Figurant, le soir, au théâtre de l'Odéon, il étudie, dans la journée, la peinture avec Edwin Scott et l'art du décor avec Pavel Tchelistchev, décorateur des Ballets russes de Serge Diaghilev. Entre 1928 et 1930, il est l'assistant de Jean Perrier, décorateur et architecte de cinéma. Son premier travail important pour le cinéma est la reconstitution d'une casbah pour le film *Baroud* (Rex Ingram) en 1931. Il poursuit ensuite des études d'architecture et commence à travailler pour le théâtre. Après un premier essai avec Lugné-Poe il participe, à partir de 1936 (date à laquelle il prend la nationalité française), aux spectacles du Rideau gris de Louis Ducreux et André Roussin à Marseille, inventant des décors étonnants avec un minimum de moyens. Il passe ensuite quelques années au Vieux-Colombier, avant d'obtenir la consécration en entrant à la Comédie-Française en 1949. Le décor de *Donogoo* de Jules Romains – vingt-trois tableaux à transformation – et ses costumes constituent un sommet dans l'art de Wakhévitch, qui sera désormais appelé par tous les grands auteurs et metteurs en scène. Loin des avant-gardes, il se rattache à la tradition, considérant que le décor est « de la peinture en trois dimensions pour remplir l'espace ». Il rencontre Peter Brook en 1948 et travaille sur trois de ses films avant de participer aux mises en scène d'*Hamlet*, du *Roi Lear*, des *Iks*, de *La Tragédie de Carmen*. Au cinéma, il collabore à ses débuts à des longs métrages de Jean Renoir, Marcel Carné, Marcel L'Herbier, René Clair, Jean Cocteau, puis, après la guerre, à ceux de Gérard Oury ou Édouard Molinaro. Wakhévitch construit ses décors sur roulettes et propose de multiples innovations techniques, qui donnent fluidité et souplesse à l'ensemble. Les décors d'opéra constitueront le troisième aspect d'une carrière impressionnante par le nombre de réalisations : à partir des années 1960, il travaille avec Karajan au Festival de Salzbourg, en particulier sur les décors de *La Tétralogie*. « Constructeur de songes », Wakhévitch a occupé une place considérable dans le monde du spectacle durant une cinquantaine d'années.

Chantal Meyer-Plantureux

WAL-BERG (Voldemar Rosenberg)

Compositeur et chef d'orchestre. – Né le 13 octobre 1910 à Constantinople, alors Empire ottoman, aujourd'hui Istanbul, Turquie ; mort le 12 juillet 1994 à Suresnes, France.

Après des études classiques dans les conservatoires de Berlin – où il obtient un premier prix de piano – et de Paris, avec par exemple Pierre Monteux, Wal-Berg fait partie des musiciens d'origine étrangère, de formation classique, qui doivent, pour trouver du travail, s'adapter à une vie musicale active du côté des studios d'enregistrement, des studios de cinéma, des cabarets et des bars et, peut-être plus ouverte, sinon moins xénophobe, que certains milieux de musique savante, de sensibilité maurrassienne. Wal-Berg s'adapte donc aux temps héroïques du Bœuf sur le Toit. Il apparaît comme le parfait orchestrateur de studio et assure à la chaîne les arrangements des disques Polydor, compose des chansons pour Marlene Dietrich, qui les interprète en français, et travaille avec Jean Sablon, Joséphine Baker ou Charles Trénet. Il compose aussi des musiques de film. L'Occupation le conduit à se réfugier à Monaco. Il lance alors un rapprochement iconoclaste entre jazz et musique savante, avec des concerts de « jazz symphonique ». Un nouveau public accède ainsi aux musiques de Maurice Ravel ou d'Emmanuel Chabrier. Les programmes radiophoniques à partir de la Libération favorisent cette orientation. Il continue à mêler hardiment les registres, accompagne Stéphane Grappelli, Christian Ferras ou Mado Robin, écrit des musiques pour Juliette Gréco. On lui doit plus de trois cents pièces symphoniques, une quarantaine de musiques de films, des opérettes, en particulier un *Casanova* sur un livret de Roger Fernay, créé à Nancy en 1955. Il dirige des opérettes et des comédies musicales, dont *Un violon sur le toit*, au théâtre Marigny avec Ivan Rebroff. Une musique inspirée par la musique traditionnelle des juifs d'Europe centrale et de l'Est, le klezmer (*Ah ! si j'étais riche*), triomphe à Paris sous sa direction, avec plus de six cent cinquante représentations consécutives : Wal-Berg est devenu une figure de la vie musicale française, assurant un lien entre musiques populaires et traditions savantes.

Didier Francfort

WALDBERG Patrick

Écrivain. – Né le 4 avril 1913 à Santa Monica, États-Unis ; mort en 1985 à Seillans, France.

Arrivé en France assez jeune, Patrick Waldberg s'intègre à la mouvance surréaliste et participe, entre autres, à l'aventure de la revue *Acéphale*, dirigée par Georges Bataille. Pendant la Seconde Guerre mondiale, il joue à New York un rôle important auprès d'André Breton. Il débarque en France avec l'armée du général Patton et y restera à demeure. Poète et critique d'art, il se fait connaître comme auteur de monographies consacrées à l'art surréaliste, parues chez Skira, Jean-Jacques Pauvert ou La Différence, avant que les artistes dont il fut l'un des premiers analystes (Hans Bellmer, Félix Labisse, René Magritte, Yves Tanguy…) ne deviennent des objets d'études universitaires et ne passent de la « critique » à l'« histoire ». Il est l'auteur d'un roman autobiographique, *La Clé de cendre* (1999), illustré par Max Ernst, André Masson, Joan Miró et Philippe Labarthe.

Pascal Ory

WALFISZ Paul

Syndicaliste. – Né en 1908 à Łódź, alors Empire russse, aujourd'hui Pologne.

Ouvrier maroquinier, naturalisé français en octobre 1929, Paul Walfisz fit partie des milieux juifs d'extrême gauche de l'entre-deux-guerres. Membre de la sous-section juive rattachée au Parti communiste, il militait également aux Jeunesses communistes et au syndicat CGTU des cuirs et peaux. Entré très tôt en désaccord avec la ligne du Parti, il en fut alors exclu et, au terme de son service militaire (octobre 1929-octobre 1930), rejoignit la Ligue communiste, qui regroupait les partisans de Trotsky. Membre du groupe juif qui était alors un des piliers de la Ligue, il en devint, en mai 1931, un de ses responsables nationaux, actif dans le Nord et dans le secteur des cuirs et peaux. Représentant de la minorité lors d'un congrès de la 20e Union régionale de la CGTU, tenu en mars 1933, il se heurta physiquement aux communistes lors d'une réunion de la confédération destinée à préparer le congrès européen contre le fascisme et la guerre (salle Pleyel, 4-6 juin 1933). Devant ces difficultés, il fut, en août 1933, un des signataires d'une pétition réclamant la démocratie syndicale. On le retrouve ensuite à la création de l'Union communiste, qui regroupait les quelques trotskistes ayant refusé l'entrée au Parti socialiste en 1934. Il devint l'un des dirigeants de l'Union communiste, qui édita, jusqu'en 1939, un organe mensuel, *L'Internationale*. Walfisz lança, quant à lui, à la fin de 1935, le périodique *L'Avant-Garde syndicale* et anima, de 1937 à 1939, le cercle syndicaliste Lutte de classe. Durant la Seconde Guerre mondiale, il séjourna à Toulouse et finit par rejoindre les trotskistes au sein du Parti communiste internationaliste (PCI), fondé en février 1944. Il poursuivit ensuite son action militante au sein du PCI.

Michel Dreyfus

WALTER Georges

Journaliste. – Né le 26 mars 1921 à Budapest, Hongrie.

Fils d'un artisan horloger installé à Paris en 1923, Georges Walter est naturalisé avec sa famille en 1932. Grand reporter dans la presse écrite, il présente le journal télévisé de l'ORTF au tournant des années 1960 et 1970, avant de rejoindre *Le Figaro*. Parallèlement, il publie une douzaine de romans, dont le récit autobiographique de Chow Ching Lie, *Le Palanquin des larmes* (1975), qui connaît un vaste succès, ou encore *Faubourg des Amériques* (1977).

Patrick Eveno

WAMBA Anaclet

Sportif. – Né le 6 janvier 1960 à Liranga, République du Congo.

La carrière de boxeur d'Anaclet Wamba commence dans son pays d'origine. Il combat sous les couleurs congolaises lors des Jeux olympiques de Moscou en 1980. Il fait ensuite ses débuts professionnels le 27 novembre 1982. Il s'installe en France, à Saint-Brieuc. En 1987, il est naturalisé. Dans la catégorie des lourds-légers, il dispute quarante-neuf combats, dont quarante-six victoires, pour moitié sur K-O. Il devient champion du monde en 1991 et conserve son titre à sept reprises. À trente-six ans, une blessure l'empêche de remettre en jeu son titre. Il est, à ce moment, marqué par la disparition de son père et d'une partie de sa famille au cours de la guerre civile. Il ne rompt toutefois pas les liens. Il avoue se sentir « d'abord briochin », mais il ajoute : « Les Congolais ne m'en veulent pas et je crois même qu'ils sont plutôt fiers de moi. » Il cherche d'ailleurs à tirer profit de cette notoriété au Congo en investissant une partie de ses revenus dans une entreprise locale. L'affaire n'est guère prospère, puisque la presse évoque, en 2005, les difficultés de reconversion d'un boxeur professionnel devenu bénéficiaire du revenu minimum d'insertion (RMI). La cupidité des promoteurs de combats de boxe et sa personnalité introvertie ne lui ont en effet pas permis de tirer profit de sa carrière.

Stéphane Mourlane

WEBER Henri

Homme politique. – Né le 23 juin 1944 à Leninabad, alors Union soviétique, aujourd'hui Khodjent, Tadjikistan.

Né en Tadjikistan soviétique où ses parents, communistes polonais, sont en exil, il suit sa famille en Pologne libérée puis en France. Adhérent de l'UEC (Union des étudiants communistes), il fait dissidence en 1965 et fonde, quatre ans plus tard, avec Alain Krivine et Daniel Bensaïd, la Ligue communiste, future LCR. Il en dirige jusqu'en 1976 l'hebdomadaire *Rouge*, qui restera l'organe le plus lu de toute l'histoire du trotskisme français. L'évolution de sa pensée politique le conduit à abandonner le léninisme et à choisir la social-démocratie. Entré au Parti socialiste en 1986, il rejoint le cabinet de Laurent Fabius, alors président de l'Assemblée nationale, puis divers cabinets ministériels, jusqu'en 1993. De cette date à 2009, il exerce d'importantes fonctions au secrétariat du Parti socialiste, entre autres celles de secrétaire national à l'Éducation puis à la Culture et aux Médias. Il a, parallèlement, commencé en 1988 une carrière d'élu, successivement local, national et européen. Maire adjoint de Saint-Denis, il devient, en 1995, sénateur de la Seine-Maritime, avant d'être élu, en 2004, au Parlement européen, réélu en 2009. Bon connaisseur du marxisme, Henri Weber, qui a enseigné pendant seize ans à l'université Paris-VIII (Vincennes, puis Saint-Denis) et dirigé la *Revue socialiste*, a à son actif de nombreuses études (*Le Parti des patrons. CNPF*, 1991) et essais (*La Nouvelle Frontière. Pour une social-démocratie du* XXI*e* *siècle*, 2011).

Pascal Ory

WEIDMANN Eugen

Criminel. – Né le 5 février 1908 à Francfort-sur-le-Main, Allemagne ; mort le 17 juin 1939 à Versailles, France.

Après avoir été chef de bande pendant l'adolescence et effectué plusieurs séjours en maison de correction, Eugen Weidmann séjourne quelques temps au Canada. Renvoyé en Allemagne en 1932, il est emprisonné pour tentative d'enlèvement. C'est alors qu'il rencontre deux Français, qu'il rejoint à Paris, à sa sortie de prison. Aidé de ces deux hommes et de sa maîtresse, il profite de sa prestance et de sa maîtrise de l'anglais pour enlever des visiteurs de l'Exposition universelle. Au total, il tue six personnes entre juillet et novembre, parmi lesquelles une danseuse américaine, Jean de Koven, sans en tirer de réels bénéfices financiers. Arrêté après avoir blessé deux policiers, Weidmann dénonce rapidement ses complices. Au cours de l'instruction, il avoue l'horreur que lui inspire l'assassinat de la jeune Américaine. Le procès qui s'ouvre après plus d'un an d'instruction s'achève avec sa condamnation à mort et celle d'un de ses complices. Son défenseur le plus notoire, maître de Moro-Giafferri, plaide l'irresponsabilité en arguant de sa nationalité : « Weidmann est allemand, il a grandi dans un pays où les troubles de l'après-guerre empêchaient un esprit jeune et faible d'acquérir la notion du bien et du mal. En outre, il porte la marque du génie germanique qui est fait de brutalité. Considérez ses crimes : ce sont des crimes allemands. Ce qu'il y a de mauvais chez Weidmann lui a été transmis. » L'argument ne suffit pas à sauver la tête de l'accusé. Weidmann sera exécuté le 17 juin 1939, à l'entrée de la prison de Versailles, dans des conditions tellement scabreuses que le président du Conseil, Édouard Daladier, promulgue un décret-loi mettant fin à la publicité des exécutions capitales. Weidmann aura donc été le dernier guillotiné en public.

Anne-Claude Ambroise-Rendu

WEIDT Jean (Hans)

Danseur et chorégraphe. – Né le 7 octobre 1904 à Hambourg, Allemagne ; mort le 29 août 1988 à Rangsdorf, Allemagne.

Hans Weidt commence la danse à Hambourg, au sein d'un groupe folklorique, puis avec Sigurd Leeder et Olga Brandt-Knack, dans les années 1920. Jardinier de métier, fils d'ouvriers, il fonde, en 1925, un premier groupe de danseurs composé de chômeurs, à la recherche d'une danse capable non seulement de dénoncer les injustices sociales, mais de changer la société. Son deuxième groupe, Die roten Tänzer (« Les danseurs rouges »), présente à Berlin, de 1929 à 1933, des chorégraphies en forme de critique sociale, qui cherchent à représenter la vie des ouvriers ou des personnes âgées (*Danses des vieilles gens* ; *La Ballade de la vie*). Membre du Parti communiste, il collabore avec le metteur en scène Erwin Piscator et donne un contenu politique plus fort à ses œuvres à mesure que l'emprise du nazisme s'accroît en Allemagne. Après avoir été arrêté (puis libéré) en 1933 pour son ballet (masqué) *Postdam*, qui tentait de « démasquer » Hitler et ses complices, il participe aux spartakiades (olympiades des travailleurs) à Moscou et fuit l'Allemagne. Jusqu'en 1939, il partage sa vie entre Paris, Moscou et Prague, collaborant avec les organisations communistes et les artistes engagés dans la lutte antifasciste, notamment les metteurs en scène Jean-Louis Barrault et Charles Dullin. Il est l'Apprenti-Sorcier dans le film du même nom de Max Reichmann, tourné à Paris en 1933. Il crée, dans la capitale française, les Ballets Weidt, puis les Ballets 38, présentant des chorégraphies empreintes de compassion pour les opprimés (il adapte sa pièce *Danses des vieilles gens*, qui devient *Sous les ponts de Paris* en 1937), qui remportent un certain succès. Déporté en Algérie à la déclaration de guerre en tant qu'apatride, il s'engage ensuite dans l'armée britannique. De retour à Paris après la guerre, il fonde les Ballets des arts, où dansent Françoise et Dominique Dupuy, laissant, à travers eux, une marque profonde sur la danse moderne et contemporaine en France. En 1947, il obtient la médaille d'or au concours des Archives internationales de la danse à Copenhague avec son ballet *La Cellule*. Face au manque de reconnaissance de son œuvre dans la France de l'après-guerre, il retourne en Allemagne en 1948 et travaille comme chorégraphe et enseignant à Berlin-Est (école de danse de la Volksbühne, Opéra-Comique) jusqu'à la fin de sa vie.

Sophie Jacotot

WEIL Éric (Erich)

Philosophe. – Né le 8 juin 1904 à Parchim, Allemagne ; mort le 1er février 1977 à Nice, France.

Éric Weil appartient à une famille juive de la bourgeoisie commerçante du Mecklembourg. À Hambourg, puis à Berlin, il suit des études de médecine et de philosophie. Dans le sillage de ses maîtres, l'historien Erwin Panofsky et le philosophe néokantien Ernst Cassirer, il travaille sur l'histoire de la pensée à la Renaissance, soutient une thèse sur *La Philosophie de Pomponazzi* (publiée en 1932) et approfondit sa connaissance de Kant. À la fin de 1932, avant l'arrivée au pouvoir d'Hitler, Éric Weil décide de quitter l'Allemagne. Installé en France, il est intégré au milieu intellectuel parisien grâce à l'amitié de Raymond Aron et à celle d'un autre émigré, Alexandre Koyré, qui lui ouvre les portes de la revue *Recherches philosophiques* : les comptes rendus qu'il publie contribuent à la connaissance en France de la philosophie allemande. À l'École pratique des hautes études, Weil suit le célèbre séminaire d'Alexandre Kojève sur Hegel (mais conteste son interprétation marxisante) et soutient, sous la direction de Koyré, un mémoire consacré à « Pic de la Mirandole et la critique de l'astrologie ». Naturalisé français le 11 février 1938, il sera mobilisé au début de la Seconde Guerre mondiale sous un nom d'emprunt, puis emprisonné durant cinq ans dans un stalag, où il participera à l'organisation de la résistance à l'intérieur du camp. Sa mère et sa sœur, qui avaient refusé d'émigrer, meurent en déportation. Sa femme, internée au camp de Gurs pendant une courte période en 1940, s'est réfugiée en 1942 en Dordogne, où elle apporte son aide à la Résistance. Après la guerre, Weil fonde, avec Georges Bataille, la revue *Critique*, participe activement, en tant qu'intervenant et organisateur, aux décades philosophiques de Royaumont et enseigne à l'École pratique des hautes études. En 1951, il soutient ses thèses sur *Logique de la philosophie* et *Hegel et l'État* devant un jury composé de Jean Wahl, Henri Gouhier, Jean Hyppolite, Maurice Merleau-Ponty et Edmond Vermeil, mais les portes de l'université ne lui seront ouvertes que cinq ans plus tard : il enseignera à Lille (1956-1968) puis à Nice (1968-1974). En 1957, Weil témoigne de son attachement à son pays d'accueil en déclinant la proposition qui lui est faite de postuler pour un poste de professeur à l'université de Berlin : « Je suis trop intimement lié à la France, sans parler de ce que je dois à ce pays : si jamais j'allais dans un autre pays […], j'irais en tant que Français, mais le seul pays dans lequel ce serait une attitude absurde, ce serait l'Allemagne. » Weil se rendra en revanche plusieurs fois en Allemagne pour y prononcer des conférences. Au terme d'une carrière académique tardive, ce « kantien posthégélien », ainsi qu'il se qualifiait lui-même, fut nommé, grâce à Raymond Aron, membre correspondant de l'Académie des sciences morales et politiques en 1976. Les thèses de *Lo-*

gique de la philosophie, nourries par la confrontation des pensées d'Aristote, Kant et Hegel, ont été complétées par plusieurs ouvrages (*Philosophie politique* en 1956, *Philosophie morale* en 1961) et des recueils (*Problèmes kantiens* en 1963, *Essais et conférences* en 1970).

Depuis sa disparition en 1977, la publication de textes inédits contribue à éclairer une pensée encore mal connue. La philosophie pratique de Weil a cherché la voie d'une conciliation entre le formalisme du rationalisme kantien et l'inscription de la raison dans l'Histoire sous l'influence de Hegel. Insérée dans la modernité économique et politique, la raison n'est pas en position de surplomb sur le monde : ce n'est pas la raison du philosophe-roi, mais une raison au travail, affrontée à la réalité irréductible de la violence (car la liberté est liberté de choisir entre la raison et son autre, la violence). Penseur exigeant de la démocratie, Weil accorde, comme le philosophe allemand Jürgen Habermas, une valeur essentielle à la discussion et au dialogue. Il pose les bases d'une philosophie de la prudence et de l'éducation citoyenne qui veut dépasser le dualisme énoncé par Max Weber entre éthique de l'intention et éthique de la responsabilité, et ne renonce pas à penser le problème de l'universalité, du moins l'exigence d'universalisation des droits. À la rationalité instrumentale et calculatrice de la modernité, il faut, d'après lui, opposer la rationalité du citoyen « raisonnable », qui refuse la soumission inconditionnelle au réel.

Stéphan Soulié

WEINSBERG Michel

Médecin et biologiste. – Né en 1868 à Odessa, alors Empire russe, aujourd'hui Ukraine ; mort le 21 avril 1940 à Bullion, France.

Grandi dans un milieu libéral et éduqué (son frère Ephraïm deviendra directeur de la Banque impériale de Saint-Pétersbourg), Michel Weinsberg évolue vers une opposition de plus en plus radicale au tsarisme. À la faculté de droit, il propage les idées révolutionnaires. En 1888, une mesure d'expulsion le contraint à l'exil. Il se réfugie à Paris, où il s'engage dans des études de médecine. Rapidement, il parvient à rapatrier d'Odessa sa mère et ses trois sœurs qui se tournent elles aussi vers la médecine. En 1892, il entre comme préparateur au laboratoire des travaux pratiques d'anatomie pathologique de la Faculté de médecine de Paris. En 1896, interne en chirurgie à l'hôpital de Saint-Denis, il suit le cours de microbiologie de l'Institut Pasteur, porte d'entrée de la recherche biomédicale de pointe. Une fois sa thèse soutenue en 1898 (« Résumé des lésions histologiques des formes communes de l'appendicite »), il entre en 1900 comme préparateur à l'Institut Pasteur, dans le service d'Élie Metchnikoff. « Il y étudie le rôle des helminthes dans l'inoculation des microbes pathogènes » (Archives de l'Institut Pasteur). Sa naturalisation française intervient en 1901. Sa carrière se renforce à l'Institut Pasteur par sa promotion, en 1910, comme chef de laboratoire. Engagé volontaire en qualité d'aide major au début de la Première Guerre mondiale, il est nommé chef de laboratoire à l'hôpital militaire d'Issy-les-Moulineaux, où il entreprend l'étude des microbes anaérobies de la gangrène gazeuse. En 1918, il rejoint la Commission de la gangrène gazeuse au ministère de la Guerre et publie, en collaboration, une monographie, *La Gangrène gazeuse*. Dès 1923, il est chargé, à l'Institut Pasteur, de la production intensive des sérums gangreneux destinés aux armées. Nommé professeur (1926), élu membre de l'Académie de médecine (1935), il entreprend des tournées de conférences en Suisse, aux États-unis, à Cuba. Aux premiers jours du mois d'avril 1940, il est hospitalisé au sanatorium de Bullion où l'hôpital de l'Institut Pasteur s'est replié. Il y décède rapidement.

Vincent Duclert

WEISS Sabine (Sabine Weber)

Photographe. – Née en 1924 à Saint-Gingolph, Suisse.

Née à la frontière franco-suisse, Sabine Weiss grandit à Genève, où elle ouvre son premier studio de photographe, puis s'établit en 1946 à Paris, où elle travaille aux côtés de Willy Maywald. Remarquée pour sa science du noir et blanc, elle est présente sur tous les terrains, de la publicité au portrait – ceux qu'elle a tirés d'Alberto Giacometti et d'André Breton ont fait l'objet de publications en livre, respectivement en 1997 et 2000. Mais son travail de photojournalisme, entre autres pour les magazines de référence (*Life*, *Newsweek, Paris-Match, Time*…), a fait reconnaître son regard discret et tendre sur la société contemporaine (livre *Des enfants*, 1997).

Pascal Ory

WEISSENBERG Alexis

Pianiste. – Né le 26 juillet 29 à Sofia, Bulgarie ; mort le 8 janvier 2012 à Lugano, Suisse.

Issu d'une famille juive, le jeune Alexis, chassé de son pays natal par l'antisémitisme, commence aux États-Unis une carrière de virtuose, qui le conduit à jouer le grand répertoire pianistique, de Bach à Ravel, avec les plus grands orchestres, sous la conduite des plus grands chefs. Homme de réflexion et de rigueur, il se paiera le luxe d'une retraite pendant huit ans, pour perfectionner sa technique, avant de revenir en force et d'occuper, avec facilité, aussi bien les estrades des concerts que celles des émissions de télévision. La Suisse a été le pays où il a installé son école et où il est mort, mais Alexis Weissenberg – qui avait associé une part importante de sa carrière à l'Orchestre de Paris et créé, à Paris en 1979, une comédie musicale, *La Fugue* – avait choisi, en 1956, la nationalité française.

Pascal Ory

WELLS Patricia (Patricia Kleiber)

Journaliste gastronomique. – Née le 5 novembre 1946 à Milwaukee, États-Unis.

Patricia Wells a été la première femme critique gastronomique exerçant en France. Elle passe toute sa jeunesse à Milwaukee. Son père est *buyer* pour le grand magasin Macy's, sa mère femme au foyer. Formée à l'université de Wisconsin-Milwaukee, elle obtient son master de journalisme en 1972. Elle entre alors comme pigiste au *Washington Post* (1972-76), puis comme journaliste-rédactrice au *New York Times* (1976-1980), où elle tient la rubrique culinaire. En 1977, elle épouse Walter Wells, qui deviendra rédacteur en chef, puis directeur de la rédaction de l'*International Herald Tribune*, dont le siège est à Paris. En janvier 1980, elle quitte donc les États-unis pour s'installer en France, se partageant entre Paris et le Vaucluse. À partir de cette date et jusqu'en 2007, elle reprend la rubrique gastronomique de l'*International Herald Tribune*, où elle fait connaître, en globe-trotter, les meilleures tables de la planète et, notamment les restaurants et les chefs français. En 1984, elle publie un très remarqué *Food Lover's Guide to Paris*, qui connaîtra quatre rééditions, suivi, en 1987, d'un *Food Lover's Guide to France*. Grâce au succès de ces ouvrages on lui propose une rubrique gastronomique à *L'Express*, qu'elle assurera de 1988 à 1991. Patricia Wells devient ainsi le premier critique gastronomique d'origine étrangère de l'histoire de France, un statut qui suscite des réactions mitigées dans les milieux français de la critique et de la gastronomie. Ses nombreux ouvrages culinaires, traduits dans plusieurs langues, connaissent un succès croissant et elle acquiert la réputation d'une spécialiste de la gastronomie française, notamment avec *La France gourmande. Guide des 400 vraies bonnes adresses et des recettes les plus savoureuses du terroir*, qu'elle publie en 1987 et où elle montre sa grande connaissance des produits et des producteurs locaux.

Le parcours de Patricia Wells et l'œuvre qu'elle accomplit pour le rayonnement de la culture gastronomique française lui vaudront de recevoir de nombreux prix littéraires et distinctions. En 1989, Jack Lang lui remet les insignes de chevalier dans l'ordre des Arts et Lettres, pour la contribution fondamentale qu'elle a apportée à la culture française et à son rayonnement. En 1999, elle reçoit le Gourmand Awards Cointreau et, en 2004, le Trophée français de l'Esprit alimentaire, décerné par le ministère des Affaires étrangères et européennes et par les grandes industries alimentaires. Retirée du journalisme, elle dispense en Provence des cours de cuisine française à une clientèle principalement américaine.

Julia Csergo

WELS Jean

Architecte. – Né le 4 mars 1900 à Salzbourg, Autriche ; mort le 24 décembre 1975 au Cap, Afrique du Sud.

Élève de Josef Hoffmann à Vienne, il est présent à Paris de 1925 à 1935 ; il construit aux Buttes-Chaumont une maison-belvédère à la modernité radicale. Puis il émigre en Afrique du Sud, s'y consacre à la peinture et rencontre le succès.

Gérard Monnier

WERLÉ Mathieu Édouard

Industriel et homme politique. – Né le 30 octobre 1801 à Wetzlar, alors Empire allemand, aujourd'hui Allemagne ; mort le 6 juin 1886 à Reims, France.

Issu d'une famille d'origine alsacienne, mais né dans l'actuel Land de Hesse, Mathieu Werlé arrive à Reims en 1821 ou 1828, selon les sources. Nombre de ses compatriotes, fils de l'Allemagne viticole, germanophones quand les entreprises peinent à trouver des Français pour commercer avec le monde germanique, sont embauchés comme lui. Mais sa réussite personnelle est spectaculaire. Employé de commerce chez la veuve Clicquot-Ponsardin, il y devient directeur commercial, associé, successeur enfin : il a redressé l'affaire, gênée par des diversifications hasardeuses, textile et banque, et trop dépendante du seul marché russe. Naturalisé français en 1831, ayant épousé en 1836 l'héritière d'une vieille maison de textile, il devient, en 1838, juge au tribunal de commerce (qu'il préside entre 1846 et 1850), puis conseiller municipal, conseiller général, maire en 1849 et de 1852 à 1868. Député de la Marne de 1862 à 1870, réélu en 1868 contre Jules Simon, il marie sa fille au fils de Pierre Magne, ministre des Finances de Napoléon III, son fils à la petite-fille du maréchal Jean Lannes, et est réputé l'homme le plus riche de la ville. Son hôtel particulier néoclassique, dit du Marc, bâti en 1840, témoigne de sa fortune – et a été épargné par la guerre de 1914-1918. En 1870, Werlé s'abstient lors du vote de la guerre contre la Prusse – et certains invoquent ses origines –, puis, lors de l'invasion, il entend servir d'intermédiaire grâce à son bilinguisme, alerter Bismarck sur la détresse des citadins, sur le danger d'une révolution ouvrière, d'une république rouge, d'une explosion lorsque les troupes partiront. Il finit sa vie comme opposant à la République, participant, par exemple en 1879, à l'organisation d'un enseignement confessionnel pour faire pièce à ses successeurs municipaux laïcs.

Éric Vial

WERNER Oscar (Oskar Josef Bschliessmayer)

Acteur, réalisateur, scénariste. – Né le 13 novembre 1922 à Vienne, Autriche ; mort le 23 octobre 1984 à Marbourg, Allemagne.

La carrière de cet acteur autrichien pacifiste et antinazi, enrôlé dans la Wehrmacht à dix-neuf ans en 1941 et qu'il désertera en 1944 pour se cacher dans les bois, est essentiellement allemande. Il fait toutefois partie de la distribution du *Lola Montès* de Max Ophuls (1955), et, en dépit de son accent très marqué, doit à François Truffaut deux rôles marquants qui l'ont ancré dans le patrimoine français : celui de Jules dans *Jules et Jim*, d'après Henri-Pierre Roché (1962), inspiré par l'écrivain allemand Franz Hessel, père de Stéphane Hessel. Et celui de Montag, le pompier réfractaire de *Farenheit 451*, d'après Ray Bradbury (1966).

Jean-Luc Douin

WEYERGANS François

Romancier et cinéaste. – Né le 2 août 1941 à Etterbeck, Belgique.

Fils d'un père belge et d'une mère française, François Weyergans passe son enfance à Bruxelles, avant de mener, à Paris, des études de cinéma à l'Institut des hautes études cinématographiques. Il commence ainsi son activité artistique en consacrant plusieurs documentaires à Maurice Béjart et à Robert Bresson. En 1968 paraît son premier roman, *Salomé*. Écrivain de la digression et du dédoublement, Weyergans fait paraître une œuvre rare, exigeante, mais qui sera souvent distinguée. Après avoir déjà obtenu le prix Roger Nimier pour *Le Pitre* (1973), le prix des Deux-Magots pour *Macaire le Copte* (1981), puis le prix Renaudot pour *La Démence du boxeur* (1992), François Weyergans devance, en 2006, Michel Houellebecq et se voit décerner le prix Goncourt pour son roman *Trois Jours chez ma mère*. Cette progression logique le conduit à briguer le trente-deuxième siège de l'Académie française, où il succède, le 26 mars 2009, à Alain Robbe-Grillet.

Pierre-Frédéric Charpentier

WEYGAND Maxime

Militaire. – Né le 21 janvier 1867 à Bruxelles, Belgique ; mort le 27 janvier 1965 à Paris, France.

Né de parents inconnus, sur lesquels on a beaucoup fantasmé (l'impératrice Charlotte du Mexique ? la fille de Metternich ? un Indien ? Léopold II de Belgique ? le chef des volontaires belges au Mexique ?), confié à l'âge de six ans à un négociant marseillais, David Cohen de Léon, il entre à Saint-Cyr, et devient français à l'âge de vingt ans, une fois « reconnu » par le comptable de ce tuteur, d'où son nom définitif. Il fait carrière, est nommé, en août 1914, colonel auprès du maréchal Foch, qu'il seconde en 1918 au commandement interallié. Affecté en Pologne, puis en Syrie, il entre, en 1924, au Conseil supérieur de la Guerre et, retraité en 1935, se répand en livres. Il a été élu à l'Académie française dès 1931. Rappelé en août 1939 à la tête des unités d'Orient, puis de toute l'armée dans le désastre de 1940, il retarde une ultime contre-offensive. Aux jours décisifs de juin, il milite victorieusement pour l'armistice – qui engage le gouvernement civil et non la seule armée –, ment aux ministres qui ont fui Paris en prétendant que Maurice Thorez s'est installé à l'Élysée. Pétain fait de lui son ministre de la Défense et c'est lui qui fait condamner de Gaulle à mort par contumace. Délégué général en Afrique de septembre 1940 à novembre 1941, s'il refuse de mettre l'empire au service de l'Allemagne, il aggrave, en Algérie, les lois antisémites – lui qui n'avait pas caché son antidreyfusisme à l'époque de l'Affaire –, fait arrêter des officiers préparant le retour en guerre avec l'aide américaine, et interner opposants, réfugiés sans travail ou volontaires étrangers de la Légion étrangère. Mis en résidence surveillée par les Allemands à la fin de 1942, il sera aussi interné à la Libération. Relâché en 1946 et blanchi deux ans plus tard, il se voue à réhabiliter Pétain et à justifier ses choix dans ses livres. À la mort de Weygand, de Gaulle lui refuse les honneurs militaires, mais ses funérailles sont suivies par de nombreux cadres de l'armée.

Éric Vial

WHISTLER James (James Abbott McNeill Whistler)

Peintre. – Né le 11 juillet 1834 à Lowell, États-Unis ; mort le 17 juillet 1903, à Londres, Royaume-Uni.

Américain de naissance, français de formation et britannique d'adoption, Whistler symbolise le cosmopolitisme artistique du XIXe siècle. Le métier de son père – ingénieur militaire des chemins de fer – conduit le jeune Whistler de Saint-Pétersbourg à Londres, puis à l'académie militaire américaine de West Point. Sa passion pour le dessin n'est qu'à demi assouvie par son affectation au bureau des cartes marines de Washington. Il s'embarque pour la France et n'est jamais retourné aux États-Unis après 1855. Il arrive à Paris à temps pour voir l'Exposition universelle de 1855, où il découvre le travail de Gustave Courbet. Il perfectionne sa technique et se lie d'amitié avec des artistes britanniques de Paris, comme Edward Poynter et George du Maurier, et avec des Français, en particulier Henri Fantin-Latour et Alphonse Legros, avec qui il constitue, en 1858, la Société des trois, destinée à favoriser la vente de leurs œuvres en Europe. Parfait dandy parisien, friand des

Scènes de la vie de bohème d'Henry Murger, bien intégré dans les cercles artistiques réalistes, il décide cependant de faire carrière à Londres, où il pense avoir de meilleures chances de succès. Par ses nombreux séjours en France, il fait le lien entre les milieux artistiques des deux capitales. Sa première *Symphonie en blanc* partage le scandale avec le *Déjeuner sur l'herbe* d'Édouard Manet au Salon des Refusés de 1863. Il se rapproche des impressionnistes par une forte sensibilité au japonisme ; il développe également une solide amitié pour Courbet. L'année passée à Venise, en 1880, marque à la fois l'apogée de ses difficultés financières et sociales et le début d'une reconnaissance qui éclate après sa mort, lorsque trois expositions commémoratives lui sont consacrées, à Boston (1904), Londres et Paris (1905) : elles symbolisent les trois pôles géographiques de sa carrière, et préfigurent les lieux où son œuvre est aujourd'hui à l'honneur.

Julie Verlaine

WHITE Kenneth

Écrivain. – Né le 28 avril 1936 à Glasgow, Royaume-Uni.

Kenneth White a choisi, en 1967, de s'installer en France et réside, depuis les années 1980, dans cette Bretagne où le Celte qu'il revendique être s'est reconnu chez lui. Ses écrits paraissent indifféremment en anglais ou en français – dans ce cas souvent traduits par son épouse : leur langue commune est la poésie. Poésie lyrique, poésie en prose et même poésie en essais, où l'on retrouve les esprits apparentés à White, de Victor Segalen à Hokusaï. L'inventeur de la « géopoétique » s'est imposé dans la société poétique contemporaine par la force de son écriture de voyageur étonné, tout comme par sa capacité à théoriser son rapport à l'espace et aux éléments, « du monde absolu au monde ouvert, en passant par le monde flottant ». Prix Médicis étranger 1983 pour *La Route bleue*, Kenneth White a occupé, à partir de cette date et jusqu'en 1996, une chaire de « Poétique du XXe siècle » à l'université Paris-IV.

Pascal Ory

WIDMER Jean

Graphiste et directeur artistique. – Né le 31 mars 1929 à Frauenfeld, Suisse.

Formé aux arts appliqués à Zurich, Jean Widmer s'installe à Paris, où il suit les leçons du lithographe Fernand Mourlot. Il succède à Peter Knapp comme directeur artistique des Galeries Lafayette, puis entre à la revue *Jardin des modes*, dont il renouvelle en profondeur maquettes et typographie. Son minimalisme graphique s'exprime particulièrement quand, à la tête de l'agence qu'il crée en 1969, il prend en charge l'identité visuelle de nouveaux établissements culturels comme, à leur ouverture ou réouverture, Beaubourg puis le musée d'Orsay et le Jeu de Paume, contribuant ainsi à modeler l'univers graphique des musées français.

Pascal Ory

WIESEL Élie (Eliezer)

Romancier et essayiste. – Né le 30 septembre 1928 à Sighet, Roumanie.

Né dans une famille juive hongroise de Roumanie, Eliezer Wiesel est déporté à l'âge de quinze ans à Auschwitz, puis à Buchenwald, où disparaîtront ses parents et sa jeune sœur. Il s'installe en France après la guerre, étudie la philosophie et la littérature à la Sorbonne puis part, en 1948, couvrir la première guerre israélo-arabe pour la presse française, avant de devenir le correspondant à Paris du journal israélien *Yediot Aharonot*. En 1958, Élie Wiesel fait publier son récit de l'expérience concentrationnaire, *La Nuit*, d'abord écrit en yiddish (*Un di Velt Hot Geshvign*), puis en français. Paru aux Éditions de Minuit avec une élogieuse préface de François Mauriac, l'ouvrage rencontre peu de succès, mais est traduit en anglais dès 1960. Deux autres volumes (*L'Aube*, 1960 et *Le Jour*, 1961) viennent compléter une trilogie qui sera considérée, avec le recul, comme l'un des témoignages majeurs sur la Shoah. À la lumière de son expérience personnelle, l'écrivain fait apparaître, en filigrane de son œuvre romanesque, un questionnement aigu et récurrent sur la notion de judéité. Apatride, Élie Wiesel décide d'émigrer aux États-Unis, où il obtient une chaire à l'université de Boston et acquiert la nationalité américaine en 1963. Romancier et essayiste engagé, il obtient le prix Nobel de la paix en 1986 et fonde l'Elie Wiesel Foundation for Humanity, qui vise à entretenir la mémoire du génocide juif. Bien que résidant à New York, Élie Wiesel reste très lié à la France, écrivant alternativement ses livres en anglais et en français. Décoré de la Légion d'honneur en 1984, il témoigne, trois ans plus tard, au procès de Klaus Barbie à Lyon, et inaugure le Centre d'histoire de la résistance et de la déportation (CHRD) dans cette même ville en 1992. Proche de François Mitterrand, il enregistre des entretiens avec ce dernier (*Mémoires à deux voix*, 1995) et reste proche des milieux politico-littéraires français.

Pierre-Frédéric Charpentier

WILDE Oscar

Poète, écrivain, auteur dramatique. – Né le 16 octobre 1854 à Dublin, alors Royaume-Uni, aujourd'hui Irlande ; mort le 30 novembre 1900 à Paris, France.

Le jeune Oscar Wilde fait de brillantes études dans le collège le plus réputé d'Irlande et remporte de multiples prix ; il obtient, en 1874, une bourse pour poursuivre ses études à Oxford, au Magdalen College. En 1878, il reçoit le prix de poésie et devient bachelor of arts. Comme il n'obtient pas de poste d'enseignant, il vend une partie de son héritage (son père est mort en 1876) et fait ses débuts dans la société artistique et intellectuelle londonienne. Il se lie avec Sarah Bernhardt, venue jouer *Phèdre* à Londres, et décide de devenir auteur dramatique. Il compose sa première tragédie, *Véra, ou les nihilistes*, en 1879 et publie de nombreux poèmes : il voyage, à New York et à Paris principalement, et donne de nombreuses conférences sur sa conception de « l'esthétisme ». Il épouse, en 1884, Constance Lyod, qui lui donnera deux fils. C'est avec *Le Portrait de Dorian Gray*, en 1890, que Wilde connaîtra la gloire, mais subira aussi toutes les attaques que lui vaut son mode de vie. En 1891, lors de plusieurs séjours à Paris, il se lie d'amitié avec Stéphane Mallarmé, Pierre Louÿs, André Gide et Marcel Proust. C'est à cette époque qu'il commence à rédiger en français *Salomé* (dédié à Pierre Louÿs, qui l'aidera à corriger le manuscrit) pour s'inscrire dans le mouvement littéraire parisien qu'il admire : « La première tentative que j'ai faite pour employer en art ce subtil instrument de musique : la langue française. » La pièce, achevée en 1892, est interdite de représentation à Londres, alors que Wilde avait obtenu de Sarah Bernhardt qu'elle vienne la créer en français. Écœuré par cette censure, Wilde annonce qu'il va se faire naturaliser français, mais cette intention ne se concrétisera pas. Il rédige *L'Éventail de Lady Windermere*, qui connaîtra un triomphe, puis *Un mari idéal*, *l'Importance d'être constant*. Wilde est au sommet de sa gloire, lorsque va débuter le procès intenté contre lui pour « actes indécents ». Condamné à deux ans de prison, Wilde ne verra pas la création de *Salomé* par Lugné-Poe au théâtre de l'Œuvre en février 1896. De prison, Wilde écrit au metteur en scène pour lui témoigner sa reconnaissance. Grâce à Lugné-Poe – et au risque qu'il avait pris en montant *Salomé*, interdit de représentation en vertu de la loi anglaise qui mettait sous tutelle les œuvres d'un « criminel » –, Wilde pouvait « se regarder et être regardé à nouveau comme un artiste ». En 1897, à sa sortie de prison, Wilde s'installe en Normandie, à Berneval, puis à Paris, où il meurt dans la misère.

Chantal Meyer-Plantureux

WILKINSON William

Métallurgiste. – Né en 1744 à Clifton, Royaume-Uni ; mort le 29 février 1808 à Wrexham, Royaume-Uni.

Ami des ingénieurs en machines à vapeur Matthew Boulton et James Watt, beau-frère du pasteur et chimiste Joseph Priestley, William Wilkinson participe à la société de fonderie New Besham Company, fondée par John, son aîné, connu pour avoir inventé la machine à aléser et déposé un brevet pour l'usage du four à réverbère dans l'affinage de la fonte. En France de 1777 à 1785, William Wilkinson sert d'agent à la compagnie de son frère, qui fournit en tuyaux de fonte les nouvelles installations hydrauliques des frères Périer à Paris. En complément, il est rétribué par le gouvernement français pour mettre sur pied la fonderie royale de canons d'Indret, près de Nantes, qu'il dirige de 1777 à 1780. Entre 1781 et 1785, il travaille avec Ignace de Wendel à la création de la fonderie du Creusot à Montcenis (Saône-et-Loire). Il s'agissait, non sans arrière-pensée politique, de produire une fonte au coke, affinée ensuite au four à réverbère, plus fluide que la fonte classique au bois et appréciée dans la confection des canons. Bien qu'il soit resté en France moins de dix ans, William Wilkinson a joué un rôle essentiel dans la modernisation de la sidérurgie, en mettant en contact les réseaux innovants français et britanniques et en vulgarisant les techniques, qui débouchèrent sur l'industrialisation de ce secteur de production : fonte au coke, affinage de la fonte au four à réverbère, machine à vapeur de Watt. Le modèle économique de la New Besham Company – ateliers de production en Grande-Bretagne de la fonte « à l'anglaise » et/ou de matériel fini, tuyau de fontes ou machines à vapeur, agent en France pour propager les nouvelles techniques, ouvrir les marchés, au besoin, fonder des ateliers – fut adopté par la plupart des mécaniciens britanniques qui opérèrent en France dans le premier tiers du XIXe siècle.

Anne-Françoise Garçon

WILLEM (Bernhard Willem Holtrop)

Dessinateur de presse. – Né le 2 avril 1941 à Ermelo, Pays-Bas.

Lié au mouvement néerlandais Provo, le jeune dessinateur politique doit quitter son pays natal : il arrive à Paris à la veille de Mai 68. Au début de 1969, il participe à l'aventure de *L'Hebdo Hara-Kiri*, qui devient *Charlie Hebdo* après l'interdiction de parution de 1970. Petit à petit, Willem s'affirme comme l'un des piliers du journal, où son français approximatif fait partie de son style. Il dirige *Charlie mensuel* pendant quelques mois de 1981 et participe à la nouvelle formule de *Charlie Hebdo* à partir de 1992. C'est un patriarche du dessin satirique que le jury du Festival international de la bande dessinée d'Angoulême a, en 2013, couronné de son grand prix, ce qui fera de lui le président du Festival 2014.

Pascal Ory

WINKLER Paul

Éditeur, patron de presse. – Né le 7 juillet 1898 à Budapest, Hongrie ; mort le 23 septembre 1982 à Melun, France.

Émigré à Paris en 1925, Paul Winkler fonde l'agence Opera Mundi, qui achète les droits de la presse américaine pour les revendre aux journaux français. Lié au groupe Hearst, il adapte les concepts américains en France : *Le Journal de Mickey*, lancé en 1932, est son premier succès, suivi par diverses autres publications de bandes dessinées (*Robinson*, *Hop là*, *Picsou*). En 1938, il lance un magazine féminin, *Confidences*, fondé sur la publication des lettres des lectrices. La rédaction de *Confidences*, sensible aux évolutions de la société, considère que les femmes sont isolées dans le monde moderne, qu'elles ont perdu la foi et que les solidarités ou les pressions collectives traditionnelles, telles que la famille, le village ou l'église, ont disparu. Il apparaît nécessaire de créer de nouvelles solidarités, de nouvelles communications, afin des les rassurer face à une société qui les angoisse. Le meilleur moyen est de faire appel aux femmes elles-mêmes, qui écrivent au magazine pour y faire part de leurs rêves, de leurs misères de leurs bonheurs ou de leurs malheurs. En quelques mois, le succès est total ; *Confidences* dépasse le million d'exemplaires. Paul Winkler poursuit ses activités, après la guerre, à la tête d'Opera Mundi et de Presse Alliance, autre agence de syndication. Sa fortune lui permet de racheter *France-Soir* en 1976, mais ce titre, qui a entamé son déclin, lui coûte très cher. Il doit le vendre à Robert Hersant l'année suivante.

Patrick Eveno

WINOGRADSKY Serge Nikolaevitch

Microbiologiste. – Né le 1er septembre 1856 à Kiev, alors Empire russe, aujourd'hui Ukraine ; mort le 24 février 1953 à Brie-Comte-Robert, France.

Né d'un père haut fonctionnaire, il fait ses études secondaires au gymnase de Kiev et entame des études de droit, puis de sciences, à l'université de Kiev. Après un passage au conservatoire pour suivre une formation de pianiste, il gagne la faculté des sciences de Saint-Pétersbourg, se spécialise en botanique et obtient son doctorat en 1884. L'année suivante, il quitte la Russie pour Strasbourg, où il entre dans le laboratoire de botanique dirigé par le mycologue allemand Anton de Bary. À la mort de ce dernier, en 1888, il gagne l'université de Zurich, où il poursuit ses recherches sur les bactéries autotrophes. En 1890-1891, Winogradsky publie dans les *Annales de l'Institut Pasteur* et, après que Metchnikoff lui a proposé d'entrer à l'Institut Pasteur comme chef de service, il se rend à Paris pour rencontrer Pasteur. Il choisit cependant de retourner en Russie, comme membre, puis directeur, en 1903, de l'Institut impérial de médecine expérimentale de Saint-Pétersbourg, et participe au Conseil médical de l'Empire. Il est élu, en 1902, membre correspondant de l'Académie des sciences de Paris, pour la section d'économie rurale. En 1904, il se rend en mission à l'Institut Pasteur de Paris, auprès d'Émile Roux, pour préparer la production de sérum nécessaire à l'établissement d'un laboratoire de lutte contre la peste en Russie. Il se retire ensuite de la carrière scientifique pour se consacrer, en 1905, à son exploitation agricole en Ukraine. En 1920, la guerre civile en Russie le pousse à se réfugier en Suisse. En 1922, à l'invitation d'Émile Roux, il s'installe en France et rejoint l'Institut Pasteur, où il devient directeur des services de microbiologie végétale, au sein de la nouvelle filiale de Brie-Comte-Robert. Il est élu associé étranger à l'Académie des sciences en 1924. On lui doit de nombreux travaux sur la microbiologie du sol, l'importance des bactéries qui y vivent et la nitrification, publiés notamment dans les *Annales de l'Institut Pasteur*.

Anne Rasmussen

WOLLIASTON Elsa

Danseuse, pédagogue et chorégraphe. – Née en 1945 dans la paroisse Sainte-Catherine, Jamaïque.

Élevée dans un village du Kenya par sa grand-mère paternelle qui l'initie à la danse, Elsa Wolliaston (de nationalité américaine) arrive en 1961 à New York, où elle étudie le piano et la danse, notamment classique avec Alexandra Danilova, puis contemporaine au Merce Cunnigham Studio. Elle s'installe à Paris en 1969 et commence à enseigner la danse à l'American Center, tout en continuant à se former auprès de Jerome Andrews et Lilian Arlen, qui développent une pédagogie fondée sur la compréhension du mouvement, s'inspirant de la technique Pilates ou du yoga. Parallèlement, Elsa Wolliaston s'intéresse aux danses traditionnelles de Java et de Bali, où elle voyage au début des années 1970. À cette même époque, elle tourne en tant que soliste dans plusieurs compagnies africaines et effectue des recherches sur les rituels en Afrique centrale. Avec Christiane de Rougemont et Hideyuki Yano, elle interprète la pièce *Le Fleuve*, au Niger en 1974. Avec ce chorégraphe japonais, installé lui aussi à Paris depuis 1973, ils fondent, en 1975, le groupe Ma Danse Rituel théâtre. Leur collaboration dure plus de dix ans, jusqu'à la mort de Yano en 1988, et fait naître des créations communes, de *Rivière Sumida* (1975) à *Ishtar et Tammuz* (1986). Dans le même temps, elle crée sa propre compagnie, One Step, en 1984. Elle a chorégraphié et interprété plus d'une vingtaine de pièces, souvent en collaboration avec des musiciens présents sur scène avec elle et ses danseurs, ainsi le saxophoniste de jazz Steve Lacy. Le travail d'Elsa Wolliaston, qualifié de « danse contemporaine d'expression africaine », obtient une reconnaissance tardive en 1996 aux Rencontres chorégraphiques internationales de Seine-Saint-Denis (ancien concours de Bagnolet) avec sa pièce *Espoir 1995*. Dansant et enseignant en France et à l'étranger, Elsa Wolliaston compose régulièrement des chorégraphies pour le théâtre, collaborant avec des metteurs en scène comme Philippe Adrien, Peter Stein, Luc Bondy ou Patrice Chéreau.

Sophie Jacotot

WOLLMAN Eugène

Médecin et biologiste. – Né le 1er mai 1883 à Minsk, alors Empire russe, aujourd'hui Biélorussie ; mort en décembre 1943 au camp d'Auschwitz, alors Gouvernement général, aujourd'hui Pologne.

Jeune enfant, Eugène Wollman séjourne à New York, son père, juif d'Ukraine, y ayant émigré. Après le décès de ce dernier, la famille regagne Minsk, où Eugène fait ses études secondaires. En 1902, il rejoint l'université de Liège pour suivre une formation d'ingénieur, puis de médecine et de biologie ; il devient l'assistant du physiologiste L. Frederick et du zoologiste Édouard Van Beneden. L'Institut Pasteur lui propose, en 1909, une bourse de recherche. Avec sa femme, Élisabeth Michelis, qui devient sa plus proche collaboratrice, il entre dans le laboratoire d'Élie Metchnikoff, où il contribue aux recherches « sur les microbes amylolytiques de l'intestin grêle et sur la désintoxication intestinale » (Archives de l'Institut Pasteur) et s'impose même comme le précurseur de la mise au point de l'élevage stérile de mouches, têtards et cobayes. Son engagement volontaire comme médecin aide-major au Val-de-Grâce et ses campagnes d'Afrique et d'Orient lui valent la naturalisation française. En 1919, il est nommé chef de laboratoire à l'Institut Pasteur, où il se lance dans des travaux de protéolyse et de bactériophagie. L'importance de ses recherches est reconnue par sa promotion comme chef de service en 1934. Auparavant, il avait, entre 1929 et 1932, dirigé l'Institut Sanitas de Santiago du Chili. En 1940, succédant à Alexandre Besredka, il crée à l'Institut Pasteur un service entièrement consacré au bactériophage. Volontaire pour demeurer à Paris malgré l'avance allemande, il participe à la production de sérum antigangréneux. L'interdiction de publier, en vertu des lois antijuives de Vichy, n'entrave pas le développement de ses travaux sur les bactériophages actifs (et le bacille de Yersin), qu'il conduit avec Raymond Latarjet, Georges Girard et Pierre Grabar. Dénoncé, il est arrêté avec son épouse dans son laboratoire. D'abord interné à Drancy, il est déporté, en avril 1943, à Auschwitz où il meurt. Eugène Wollman est l'une des figures tutélaires du prix Langevin, « récompense indivisible en mémoire de Raymond Croland, Paul Reiss, Fred Vles et Eugène Wollman ». Son fils, Élie Wollman, deviendra lui aussi chef de service à l'Institut, pionnier de la génétique microbienne moderne, associé étroitement aux travaux sur l'ADN consacrés par le prix Nobel en 1965.

Vincent Duclert

WOLS (Alfred Otto Wolfgang Schulze)

Photographe et peintre. – Né le 27 mai 1913 à Berlin, Allemagne ; mort le 1er septembre 1951 à Paris, France.

Pionnier de l'abstraction lyrique, Wolfgang Schulze forme, au milieu des années 1930, son pseudonyme d'artiste, Wols, avec les trois premières lettre de son troisième prénom et l'initiale de son patronyme. Fils d'un conseiller du gouvernement allemand à Berlin puis à Dresde, Wols grandit au contact d'artistes comme Otto Dix. En 1924, il reçoit en cadeaux un microscope et son premier appareil photographique, deux instruments déterminants pour la pratique ultérieure de son art. La mort de son père en 1930 est traumatisante : Wols quitte l'école et s'exerce à la photographie, et notamment à portraiturer ses amis. Muni d'une recommandation du professeur du Bauhaus László Moholy-Nagy, il arrive à Paris le 14 juillet 1932 et fréquente les milieux surréalistes. Le 14 juillet 1933, il retourne pour la dernière fois en Allemagne mettre en ordre les affaires familiales. Ses conditions de vie à Paris avec sa compagne Gréty étant misérables, il décide de s'établir en Espagne. Mais son refus de rentrer faire son service militaire en Allemagne et son absence de papiers lui causent des ennuis avec les autorités espagnoles. Arrêté à plusieurs reprises, il est expulsé d'Espagne en 1935. Grâce à Fernand Léger et Georges-Henri Rivière, il bénéficie d'un permis de séjour en France, sous contrôle policier. 1937 est une année faste, avec sa première exposition collective dans une galerie de photographie à Paris, en compagnie d'autres photographes étrangers installés à Paris (Brassaï, André Kertész, Lee Miller) et une lucrative commande officielle pour photographier le Pavillon de l'élégance de l'Exposition universelle. Mais le 3 septembre 1939, Wols, en raison de sa nationalité allemande, est interné. D'abord à Colombes, puis au camp des Milles, près d'Aix-en-Provence, et enfin à Saint-Nicolas, près de Nîmes. Il crée alors des dessins et des aquarelles inspirés par la vie dans ces camps d'internement (*L'Homme terrifié*, 1940). Il est libéré en octobre 1940 grâce à son mariage avec Gréty, elle-même naturalisée française peu avant. Le couple trouve refuge à Cassis, puis, après 1942, à Dieulefit, où le maire leur accorde un logement et où Wols se lie d'amitié avec l'écrivain Henri-Pierre Roché. Miné par l'alcoolisme, il peint à l'huile des petits formats ainsi que des aquarelles, qui sont exposées contre sa volonté à la galerie Drouin, à Paris, à la Libération. Ses œuvres sont une contribution essentielle à l'abstraction française de l'après-guerre. Elles enthousiasment notamment Jean-Paul Sartre, Jean Paulhan et Pierre Loeb, qui lui fait un contrat. Son corps fragilisé par l'alcool et la maladie ne supporte pas un empoisonnement alimentaire : Wols meurt à l'âge de trente-huit ans. Ses clichés et ses toiles, dont une infime partie a été conservée, continuent aujourd'hui d'influencer les photographes et les peintres.

Julie Verlaine

WORMSER-MIGOT Olga (Olga Jungelson)

Historienne. – Née le 5 juillet 1912 à Nancy, France ; morte le 3 août 2002 à Fontenay-en-Parisis, France.

Olga Wormser-Migot est une pionnière de l'histoire du système concentrationnaire nazi. Fille d'un couple de mencheviks russes réfugiés en France, elle fait des études d'histoire à la Sorbonne, puis enseigne jusqu'à sa révocation par les lois de Vichy. Aussitôt Paris libéré, le service de l'état civil du ministère des Prisonniers, déportés et réfugiés la charge de retrouver la trace des déportés, alors que la plupart doivent encore subir « neuf mois mortels » jusqu'à leur libération par les Alliés. Cette âpre tâche conditionne ses recherches futures, au sein du Comité d'histoire de la Seconde Guerre mondiale, et son engagement à faire connaître ce pan de l'Histoire auprès du grand public. En 1954, elle publie une des premières anthologies de témoignages des rescapés (*Tragédie de la déportation*) ; en 1955, habitée par ces témoignages et fine connaisseuse des archives sur le sujet, elle joue un rôle fondamental de conseillère historique aux côtés d'Henri Michel, dans l'élaboration et la documentation du film salutaire d'Alain Resnais, *Nuit et brouillard* ; en 1965, elle livre le récit des longs derniers mois vécus par les déportés dans *Quand les alliés ouvrirent les portes* (1965). Enfin, elle remplit sa mission de transmission à la tête de la section d'éducation comparée à l'Institut pédagogique national.

Parallèlement, elle mène une histoire des femmes au XVIIIe siècle (*Les Femmes dans l'Histoire*, 1952 ; *Catherine II*, 1956), qu'elle délaisse finalement pour se consacrer, dans une thèse complémentaire, aux sources de l'histoire concentrationnaire nazie et, dans une thèse d'État, au *Système concentrationnaire nazi (1933-1945)*, publiée en 1968. En dépit de ses apports incontestables, cette thèse est entachée d'une erreur historique : Olga Wormser-Migot affirme que les chambres à gaz n'existèrent pas dans les camps de l'Ouest, alors que, même si les recherches ultérieures ont confirmé le fondement d'une différenciation entre les camps de l'Ouest et ceux de l'Est, des chambres à gaz fonctionnèrent à l'Ouest, notamment à Ravensbrück et à Mauthausen. L'historienne fut non seulement attaquée par d'anciens déportés, mais aussi l'objet d'une tentative de récupération par les négationnistes, ce qui la mortifia.

Anna Trespeuch-Berthelot

WORTH Charles-Frédéric

Couturier. – Né le 13 octobre 1825 à Bourne, Royaume-Uni ; mort le 10 mars 1895 à Paris, France.

Né dans le Lincolnshire, Charles-Frédéric, d'origine modeste, se forme à Londres auprès de commerçants du textile. Passionné par la couture, il s'expatrie en 1845 à Paris, attiré par la réputation de la capitale de l'« élégance féminine ». Il travaille principalement pour la maison Gagelin, dont il crée le département couture. Les premières Expositions universelles, tenues à Londres (1851) puis à Paris (1855), installent sa réputation et il peut, en 1858, s'établir à son compte, avec l'aide financière d'un associé. Il ouvre boutique rue de la Paix et devient le couturier de la bonne société du Second Empire, à commencer par l'impératrice Eugénie, dont la clientèle vaut tous les brevets. Il met au service de la mode nouvelle, qu'il contribue à libérer de certains carcans comme la crinoline, sa science des matières et des formes. Mais la révolution qu'il instaure dans le milieu de la couture est d'un autre ordre. Désormais, il a assez d'autonomie par rapport à ses clients pour devenir le maître du jeu, en proposant ses propres créations à un public sélectionné non par le rang, comme sous l'Ancien Régime, mais par l'argent. Il s'assure ainsi la fidélité d'élites internationales, attirées à la fois par son origine anglaise – à l'heure de la domination du Royaume-Uni sur le monde – et son implantation française. C'est, en particulier, Worth qui invente le mannequin vivant (au départ, sa propre épouse, française, comme il se doit) et la pratique des deux collections annuelles (printemps-été, automne-hiver) : le culturel nourrit le commercial. L'artisan prend posture et figure d'artiste, tout en créant une petite entreprise de luxe d'un genre nouveau, employant des dizaines de « petites mains » et de nombreux fournisseurs. La « haute couture » était née. Elle durera sous cette forme jusqu'à nos jours.

Pascal Ory

WRIGHT Richard (Richard Nathaniel)

Romancier, essayiste et journaliste. – Né le 4 septembre 1908 à Roxie, États-Unis ; mort le 28 novembre 1960 à Paris, France.

Descendant d'esclaves noirs, Richard Wright passe une enfance pauvre dans le vieux sud des États-Unis. Élève brillant à l'école, il publie son premier texte dans un périodique à l'âge de quinze ans, mais doit exercer des petits métiers pour survivre. Ayant décidé de vivre de sa plume, il bénéficie, en 1935, du Federal Writer's Project, mis en place par l'administration Roosevelt lors de la Grande Dépression. Après plusieurs livres, son premier roman, *Native Son* (*Un enfant du pays*), paraît en 1940 et rencontre un important succès public, faisant de Wright le premier Afro-Américain auteur d'un best-seller. Très engagé politiquement, il adhère au Parti communiste, milite en faveur du Congrès national noir et fait paraître, en 1941, son essai *Twelve Million Black Voices: A Folk History of the Negro in the United States* (« Douze millions de voix noires »). Refusant de servir dans l'armée américaine, Wright est finalement déclaré inapte et en profite pour publier son autobiographie militante, *Black Boy*, en 1945. Lassé du harcèlement qu'il subit dans son pays natal et effrayé par les débuts du maccarthysme, il décide de s'établir en France au lendemain de la Seconde Guerre mondiale, et obtient la naturalisation française en 1947. Accueilli par les intellectuels français, l'écrivain fréquente aussi bien l'équipe des *Temps modernes*, au premier rang desquels Jean-Paul Sartre, Simone de Beauvoir, Albert Camus et Claude Lévi-Strauss, que la librairie Shakespeare & Co. Il poursuit son œuvre littéraire et son activité militante, sans toutefois parvenir à résoudre la double contradiction consistant à défendre, hors des États-Unis, la cause des Noirs américains et à vivre dans un pays à ses yeux symbole de liberté, mais alors touché de plein fouet par les conflits coloniaux. Malade depuis 1957, il décède à la fin de l'année 1960 et sera inhumé au cimetière du Père-Lachaise.

Pierre-Frédéric Charpentier

WROBLEWSKI Walery

Militaire. – Né le 5 décembre 1836 à Zoludek, alors Empire russe, aujourd'hui Biélorussie ; mort le 5 août 1908 à Ouarville, France.

Membre de la petite noblesse polonaise, en exil après l'insurrection de 1863 contre la Russie, il arrive à Paris en 1864, où il est successivement allumeur de réverbères et ouvrier d'imprimerie. Il propose en vain, en 1870, la création d'une légion polonaise et, comme Jaroslaw Dombrowski, se rallie à la Commune. Il a la responsabilité des fortifications entre Ivry et Arcueil, défend la Butte-aux-Cailles, puis le quartier de la Bastille durant la Semaine sanglante, se bat ensuite comme simple soldat, échappe à l'arrestation à un moment où un patronyme polonais peut valoir exécution sommaire, se réfugie enfin à Londres. Il reviendra à Paris après l'amnistie.

Éric Vial

WYSCHNEGRADSKY Ivan Aleksandrovitch

Compositeur. – Né le 14 mai 1893 à Saint-Pétersbourg, alors Empire russe, aujourd'hui Russie ; mort le 29 septembre 1979 à Paris, France.

Ce musicien formé à l'école classique russe du Conservatoire de Saint-Pétersbourg a été très marqué par sa rencontre avec Alexandre Scriabine, qui l'a conduit vers des horizons musicaux non tempérés. Installé à Paris à partir de 1920, il s'intéresse aux micro-intervalles, en particulier aux quarts de ton, inventant une musique « ultrachromatique », qui va parfois jusqu'aux douzièmes de ton. Sa démarche rejoint celle du Tchèque Alois Hába, qu'il rencontre en 1921. Ils réalisent ensemble un piano en quarts de ton. Méconnue de son vivant, son œuvre continue à fasciner ceux qui y ont accès.

Didier Francfort

X-Y-Z

XENAKIS Iannis

Architecte, ingénieur, compositeur et théoricien. – Né le 29 mai 1922 à Brăila, Roumanie ; mort le 4 février 2001 à Paris, France.

Le jeune Iannis a été élevé dans une famille aisée de la diaspora grecque de Roumanie. Son père, fils de cultivateur, dirigeait une entreprise d'import-export britannique, sa mère parlait couramment anglais et français, et jouait du piano. Ils étaient assez mélomanes pour aller à Bayreuth. Ils offrirent à Iannis une flûte, marquant leur désir de le voir pratiquer la musique. Quand sa mère meurt en 1927, il est élevé par des gouvernantes – parmi lesquelles une Française –, puis est inscrit au collège anglo-grec de l'île de Spetses, où s'affirme son intérêt pour la littérature grecque, les mathématiques et la musique. En 1940, il est admis à l'École polytechnique d'Athènes, mais l'invasion italienne conduit à la fermeture de l'établissement. En 1941, Xenakis s'engage dans la Résistance, d'abord dans un mouvement de droite, puis à l'EAM, armée de partisans de gauche comprenant les communistes. Il est à plusieurs reprises fait prisonnier par les troupes d'occupation italiennes, puis allemandes. En 1944, il dirige un bataillon étudiant de l'Armée nationale populaire ; il est grièvement blessé par un obus anglais en 1945. Il reprend ensuite ses études d'architecte, interrompues par son action semi-clandestine et ses incarcérations. En 1947, il achève un mémoire de fin d'études sur le béton armé, s'échappe d'un camp de détention, se cache plusieurs mois à Athènes et finit par arriver en France, en passant par l'Italie. Là, il est recruté dans l'atelier de Le Corbusier. Mais, en parallèle, il suit les cours de plusieurs professeurs de musique, nommés Arthur Honegger, Darius Milhaud, Olivier Messiaen. Ses premières compositions sont destinées au piano ou à la voix accompagnée par le piano. Il suit les concerts du Groupe de recherche musicale (GRM) de Pierre Schaeffer, rencontre Karlheinz Stockhausen chez Messiaen. En 1953, Le Corbusier lui demande d'organiser un concert sur le toit de l'Unité d'habitation de Marseille. La même année, il épouse Françoise Gargouil. À cette époque, il est autant architecte que compositeur : alors que sa musique est jouée au Festival de la jeunesse de Bucarest en 1953, il devient le principal collaborateur de Le Corbusier, utilisant par exemple des « pans de verre ondulatoires ». Ses œuvres musicales rencontrent cependant une certaine méfiance, jusqu'au moment où Hermann Scherchen, qui répète la création de *Déserts* d'Edgar Varèse, découvre *Metastasis* et accepte de le jouer.

Le milieu des années 1950 est, pour Xenakis, un moment fort de positionnement théorique : en publiant un article sur « la crise de la musique sérielle », il se démarque des « classiques contemporains » et du public allemand qui, à Donaueschingen, le 15 octobre 1955, accueille mal la création de *Metastasis*. Dans l'opposition entre les avant-gardes musicales françaises et allemandes, Xenakis semble avoir choisi son parti en entrant au GRM, mais il se singularise en liant de façon originale son activité de compositeur à sa formation en mathématiques et à son parcours d'architecte. La composition musicale peut, selon lui, utiliser la théorie des probabilités. L'application de cette idée se réalise dans la composition de *Pithoprakta*, œuvre créée à Munich le 8 mars 1957 sous la direction d'Hermann Scherchen. L'Exposition universelle de Bruxelles de 1958 est une étape importante. La firme électrique Philips a commandé un pavillon à Le Corbusier et une musique « spatialisée » à Varèse. Xenakis fait interagir musique et architecture : il choisit de construire l'édifice avec des formes en paraboles et en cônes, autoportantes, et d'utiliser la structure graphique des *glissandi* de *Metastasis*. Xenakis a en outre réalisé une œuvre de musique concrète, qui alterne avec le *Poème électronique* de Varèse. Le Corbusier et Xenakis se disputeront la paternité de l'architecture du pavillon.

Décidément passé du côté de la composition musicale, Xenakis parvient à constituer autour de lui un groupe prêt à une réflexion radicale sur les relations entre musique et mathématiques, avec François-Bernard Mâche, rencontré au GRM, et Michel Philippot : la « musique stochastique » est née. L'ordinateur devient un outil de composition et, pourtant, une écoute des œuvres composées à l'époque par Xenakis peut provoquer chez l'auditeur une émotion « innocente », qui n'implique nulle connaissance précise des mécanismes de composition. Une œuvre comme *Polla ta Dhina* (« Nombreux sont les prodiges ») pour chœur d'enfants et petit orchestre, créée en octobre 1962 à Stuttgart sous la direction de Scherchen, sur un texte tiré de Sophocle, touche des publics non avertis. Dès lors, Xenakis et Schaeffer s'éloignent dans des choix esthétiques et musicaux qui leur semblent incompatibles et, en avril 1963, c'est au Domaine musical que Georges Pludermacher crée, au piano, *Herma* de Xenakis. C'est un succès. Xenakis conquiert peu à peu une certaine reconnaissance institutionnelle. Condamné à mort dans son pays d'origine, déchu de sa nationalité grecque, il finit par obtenir la nationalité française en 1965. La même année, il reçoit le Grand Prix de l'Académie du disque français et un « Festival Xenakis » est organisé salle Gaveau. La musique contemporaine vit alors au rythme des festivals. Hermann Scherchen dirige, le 3 avril 1966, la création de *Terretektorh* à Royan : quatre-vingt-huit instrumentistes de l'orchestre de l'ORTF sont dispersés dans le public. C'est aussi à Royan, en avril 1968, que triomphe *Nuits*, une œuvre chorale.

Les années 1960 sont un moment créatif intense : Xenakis forge une théorie allant jusqu'à l'idée de « métamusique ». La rencontre avec un public plus large se fait à nouveau à l'occasion d'une Exposition universelle, celle de Montréal, en 1967. Xenakis y conçoit le *Polytope*, architecture éphémère de lumière et de diffusion spatialisée de la musique. Cette orientation spectaculaire aboutit à *Persepolis*, spectacle de son et de lumière créé à Chiraz, en Iran, dans les ruines du palais de Darius, lors des célébrations organisées par le shah, en août 1971. Cela conduit à la création d'un nouveau *Polytope*, à Paris, dans les thermes de Cluny. Le succès est considérable : quatre-vingt-dix mille entrées entre la création, en octobre 1972, et la fin du spectacle, en janvier 1974. Mais Xenakis ne cède pas à toutes les formes de consécration qui lui sont proposées. Pour lui, « il faut être constamment un immigré ». Lorsque Michel Guy se dit prêt à lui commander un opéra pour le Festival d'automne, il refuse, disant préférer un « spectacle automatique ». Xenakis est appelé à enseigner à Darmstadt, en Allemagne, à l'université Paris-I, à Montréal. La chute du régime des colonels lui permet de retourner en Grèce. Il devient le compositeur le plus joué dans les festivals : à La Rochelle, à Athènes, à Jérusalem. En mai 1976, il soutient une thèse de doctorat à Paris-I. Officier des Arts et Lettres, chevalier de la Légion d'honneur, il remplace Georges Auric à l'Académie des beaux-arts. Le rythme des compositions et des créations triomphales de ses œuvres ne faiblit pas. La dernière composition inscrite à son catalogue date de 1997 et s'intitule *O-Mega*. Dans les années 1960, une pièce pour violoncelle seul s'intitulait *Nomos Alpha* : peut-être une façon de signaler l'unité profonde d'une œuvre qui est d'abord une démarche, ouverte et engagée dans le siècle, et qui a su démontrer que, sans concession, la musique contemporaine pouvait rencontrer un véritable public.

Didier Francfort

XIAN YI FANG

Sportive. – Né le 20 août 1977 à Boading, Chine.

Fille unique d'une famille de la classe moyenne chinoise, Xian Yi Fang grandit à Boading, au sud de Pékin. Dès l'âge de sept ans, elle pratique le tennis de table, sport extrêmement populaire qui compte environ trente millions de licenciés en Chine. Championne de Chine junior avec l'équipe de sa province, elle ne peut prétendre atteindre le niveau international dans son pays d'origine. Comme nombre de ses compatriotes pongistes, elle fait le choix de l'exil. Son père, ingénieur automobile, favorise son départ vers la France, un pays dans lequel il a déjà voyagé. Installée à Évreux, Xian Yi Fang connaît d'importantes difficultés d'adaptation culturelle. La barrière de la langue lui paraît insurmontable. Il n'en demeure pas moins que, devenue professionnelle, elle connaît plusieurs clubs, dont celui de Grand-Quevilly, dans la Seine-Maritime, avec lequel elle est championne de France en 2007.

Naturalisée française en avril 2005, elle porte, depuis, les couleurs françaises dans les compétitions internationales. C'est ainsi qu'elle participe aux Jeux olympiques de 2008 tenus dans son pays d'origine.

Stéphane Mourlane

YADE Rama (Mame Ramatoulaye)

Femme politique. – Née le 13 décembre 1976 à Dakar.

Arrivée en France à l'âge de onze ans, élevée par sa mère après le rapide retour au Sénégal de son père, diplomate et ancien secrétaire du président Léopold Sédar Senghor, française à dix-huit ans, diplômée de Sciences-Po, administratrice au Sénat en 2002, elle s'inscrit à l'UMP en 2005, en devient secrétaire nationale chargée de la francophonie en 2006, participe activement à la campagne présidentielle de Nicolas Sarkozy en 2007, est nommée secrétaire d'État chargée des Affaires étrangères et des Droits de l'homme, puis des Sports en 2009, et ambassadrice à l'Unesco fin 2010. Elle s'est heurtée à ses ministres de tutelle et démarquée de la politique officielle, comme lors de la venue à Paris du dictateur libyen, a refusé d'être tête de liste là où l'Élysée voulait la voir candidate, et son image d'autonomie frondeuse lui a valu une cote de popularité très enviable, mais dont on ne peut dire, quand paraît ce Dictionnaire, comment elle résistera à l'éloignement des fonctions ministérielles et électives, ni ce qu'elle en fera.

Éric Vial

YAMGNANE Kofi

Homme politique. – Né en 1945 à Bassar, alors France (Togo sous mandat), aujourd'hui Togo.

Repéré par un missionnaire, envoyé étudier les mathématiques en France, devenu, en 1973, ingénieur à la direction départementale de l'équipement à Quimper, Kofi Yamgnane, naturalisé français en 1975, est, en 1983, le mieux élu des conseillers municipaux de son village finistérien, Saint-Coulitz. Il adhère au Parti socialiste, devient maire en 1989, entend greffer sur ce village « ce que l'Afrique [lui] a donné et enseigné : la conciliation, le dialogue, la discussion pour éviter les affrontements », en créant un « Conseil des sages », consultatif, avec les retraités du cru, modèle un temps suivi, de Saintes à Besançon ; il y voit « la preuve que l'Afrique peut apporter quelque chose à la France ». Dès son élection, il est cité comme symbole de l'immigration réussie, choisi en 1990 comme « Breton de l'année », et « révélation politique de l'année » une fois nommé secrétaire d'État à l'Intégration de 1991 à 1993 dans les gouvernements d'Édith Cresson et de Pierre Bérégovoy – et aussi prix de l'humour politique, en 1992, pour s'être défini comme un « Breton d'après la marée noire ». Il est conseiller régional de 1992 à 1997, conseiller général de 1994 à 2007 et vice-président de l'assemblée départementale à partir de 2001, député de 1997 à 2002. Le symbole qu'il représente est repris à droite, en négatif et en positif, de Jean-Marie Le Pen, l'appelant « Miam-miam », à Brice Hortefeux, l'invitant à une commission sur les quotas d'immigration. Il s'investit par ailleurs dans la politique du Togo, après y avoir été plusieurs fois l'émissaire de la France ; opposant depuis 2003, il est empêché de se présenter aux présidentielles de 2005 et de 2010.

Éric Vial

YAN PEI-MING

Artiste plasticien. – Né le 1er décembre 1960 à Shanghai, Chine.

Arrivé en France en 1979, le jeune Yan entre en 1981 à l'école des beaux-arts de Dijon – ville où il s'installera ensuite à demeure. Pensionnaire de la Villa Médicis, il bénéficie d'une exposition personnelle dès 1989. Son art du portrait, volontiers gigantesque et généralement noir et blanc, a imposé sa marque. Grands de ce monde (*For President*) et vedettes de l'actualité y côtoient son père, lui-même ou des anonymes (*Landscape of Childhood*). Il représente, au fond, la version XXIe siècle de la « peinture d'histoire » (*Painting the History* est, au reste, sa formule rituelle). En 2009, ses *Funérailles de Mona Lisa* font l'objet d'une exposition dans l'enceinte même du Louvre. Il sera très présent dans le futur Louvre d'Abou Dhabi.

Pascal Ory

YANO Hideyuki

Danseur et chorégraphe. – Né en 1943 à Tokyo, Japon ; mort le 12 mars 1988 à Paris, France.

Hideyuki Yano part pour les États-Unis en 1961 suivre des études littéraires, puis revient au Japon et s'intéresse au nô et au théâtre contemporain. Il crée ses premiers spectacles à Tokyo en 1969, réunissant des musiciens, des danseurs et des comédiens. Parti pour un tour du monde, il s'installe à Paris en 1973. En 1975, il fonde, avec la danseuse afro-américaine Elsa Wolliaston, le groupe Ma Danse Rituel théâtre, bientôt rejoint par des danseurs de formations très différentes comme Sidonie Rochon, Mark Tompkins ou François Verret. Leurs créations explorent les limites de la danse, aux frontières de la musique et du théâtre. En dix ans (1976-1986), Yano crée une douzaine de pièces, parmi lesquelles *Géo-chorégraphie* (1977), *Hana-Cristal fleur* (1979), *Au puits de l'épervier* (1983) ou *Salomé, parabole du désir* (1985). L'œuvre et la philosophie de cet homme discret ont marqué toute une génération de danseurs et de chorégraphes contemporains en France, notamment à travers l'idée que la danse est l'expression non pas d'une technique, mais d'un état intérieur, où la sensation et le désir sont au premier plan. En 1986, il est nommé à la direction du Centre chorégraphique de Besançon-Franche-Comté.

Sophie Jacotot

YARED Gabriel

Compositeur. – Né à le 7 octobre 1949 à Beyrouth, Liban.

Élevé au Liban chez les Jésuites, Gabriel Yared s'installe à Paris par hasard mais y restera par choix. Autodidacte de la musique, il se fait d'abord connaître dans les milieux de la variété, comme orchestrateur, mais aussi comme compositeur de musiques originales, pour Françoise Hardy et Michel Jonasz. Son travail avec Jean-Luc Godard sur *Sauve qui peut (la vie)*, en 1980, le lance dans ce qui sera sa carrière principale, celle de compositeur de musiques de films. Son nom est associé à l'œuvre de Jean-Jacques Beneix (*La Lune dans le caniveau*, 1983 ; *37° 2 le matin*, 1986) et à certains titres remarqués, comme *Adieu Bonaparte* de Youssef Chahine (1985), *Vincent et Théo* de Robert Altman (1990) ou *L'Amant*, de Jean-Jacques Annaud

(1992). Il a été couronné d'un César pour la musique du *Camille Claudel* de Bruno Nuytten (1988) et d'un Oscar pour *Le Patient anglais* d'Anthony Minghella (1996). Son style classique l'a fait peu à peu reconnaître, y compris des institutions officielles, comme le Ballet de l'Opéra de Paris, qui a accueilli, en 2002, une de ses œuvres.

Pascal Ory

YERSIN Alexandre

Médecin et bactériologue. – Né le 22 septembre 1863 à Aubonne, Suisse ; mort le 28 février 1943 à Nha Trang, France, aujourd'hui Vietnam.

Premier préparateur du célèbre cours de microbiologie de l'Institut Pasteur en 1889, chef de missions scientifiques en Indochine en 1890, découvreur du bacille de la peste en 1894, concepteur d'un premier (et insuffisant) sérum antipesteux, honoré de nombreuses récompenses, prix et nominations, directeur des instituts Pasteur d'Indochine et directeur honoraire de l'Institut Pasteur à Paris, Alexandre Yersin est l'un des savants français les plus connus au monde, après Pasteur.

Sa renommée demeure importante en Suisse, où il est né dans une famille protestante, originaire du côté maternel des Cévennes et chassée de France par la révocation de l'édit de Nantes. Son père, intendant des poudres de la Suisse romande et professeur de sciences naturelles aux collèges d'Aubonne et de Morges, décède peu après la naissance d'Alexandre. Après son baccalauréat ès lettres, ce dernier entame des études de médecine à Lausanne (1883), puis à Marbourg, en Allemagne. C'est en 1885 qu'il arrive à Paris, où il s'inscrit à l'Hôtel-Dieu. Il rencontre Émile Roux, proche collaborateur de Louis Pasteur. Il est accueilli dans le laboratoire de l'École normale supérieure et participe, en 1886, à la découverte de la toxine diphtérique. En 1887, Alexandre Yersin réussit le concours de l'internat et rejoint le service du professeur Grancher à l'hôpital des Enfants-malades. Deux ans plus tard, il soutient sa thèse de doctorat ès sciences sur la tuberculose, et part à Berlin se spécialiser dans le cours de bactériologie de Robert Koch. De retour à Paris, il intègre, comme premier préparateur, le cours de microbiologie de l'Institut Pasteur, pièce maîtresse du rayonnement scientifique français à l'étranger. Nombre de médecins et de biologistes étrangers, devenus par la suite français, sont passés par cette formation de très haut niveau. La mène année, il obtient la nationalité française, non sans difficulté. Suivent les expéditions scientifiques en Indochine, la découverte passionnée du pays et de ses habitants, les campagnes de découverte du bacille de la peste en Chine et à Hong Kong, la lutte contre le paludisme en Indochine, la création d'un laboratoire à Nha Trang, devenu Institut Pasteur, la fondation de l'École de médecine d'Hanoi (1902) et la direction de l'Institut Pasteur de Saigon. Promoteur d'une médecine très expérimentale, Alexandre Yersin a été aussi soucieux de l'égalité dans l'accès aux soins.

Vincent Duclert

YLÖNEN Petri

Sportif. – Né le 2 octobre 1962 à Helsinki, Finlande.

Gardien de but en hockey sur glace, Petri Ylönen a grandi en Finlande et commencé sa carrière au sein de plusieurs clubs de son pays, avant d'évoluer en France pendant une décennie, principalement au Rouen Hockey Club. Naturalisé français, il connaît une belle carrière en équipe de France. Tout au long de ses cent cinquante sélections, il participe à six championnats du monde entre 1991 et 1996, et à deux olympiades, à Albertville en 1992 et à Lillehammer en 1994. Cinq fois champion de France, Petri Ylönen participe à deux finales de Coupe d'Europe avec son club rouennais. Élu à cinq reprises « meilleur gardien de l'année » du championnat de France, entre 1988 et 1994 ; il fait un détour de deux saisons en Allemagne avant de terminer sa carrière au Toulouse-Blagnac Hockey Club en 2002. C'est en France qu'il se reconvertit, en exploitant plusieurs magasins d'articles de sport.

Yvan Gastaut

YONNEL Jean (Estève Schachmann)

Acteur. – Né le 23 juillet 1893 à Bucarest, Roumanie ; mort le 17 août 1968 à Paris, France.

Jean Yonnel quitte la Roumanie en 1905. Il se présente une première fois au Conservatoire en 1909, mais n'entrera qu'en 1911 dans la classe de Jules Leitner. Il en sort en 1914 avec un premier prix de tragédie et un premier accessit de comédie. Il joue le rôle d'Hippolyte, aux côtés de Sarah Bernhardt, dans *Phèdre*, de Racine, à Londres. Il repart en Roumanie au début de la guerre, puis s'engage, en 1916, dans la Légion étrangère : il sera blessé à deux reprises. Démobilisé en 1918, il joue à l'Odéon, au Gymnase, au théâtre Sarah-Bernhardt, avant d'entrer, en 1926, à la Comédie-Française, où il débute dans *Le Cid*, de Corneille. Il obtient la nationalité française en 1927. Jeune premier tragique et romantique, il joue les héros classiques tout en faisant quelques incursions dans le répertoire contemporain. Durant l'Occupation, il est tout d'abord écarté par Jacques Copeau – son père est juif – avant d'être réintégré grâce à l'appui de l'ambassade d'Allemagne, à laquelle il a présenté un certificat de baptême – il s'est fait baptiser en 1935. Il créera le roi Ferrante dans *La Reine morte* d'Henry de Montherlant en 1942, et Don Pelage du *Soulier de satin* de Paul Claudel en 1943, et mettra en scène *Iphigénie en Taulide* de Goethe en 1942, malgré la campagne haineuse des collaborateurs, y compris à l'intérieur de la Comédie-Française. De 1947 à 1962, professeur au Conservatoire, Jean Yonnel dirige la classe de tragédie. Sa carrière au cinéma, commencée en 1913 à l'époque du muet, se poursuivra jusqu'à sa mort ; il jouera l'un de ses derniers rôles dans *Un drôle de paroissien* de Jean-Pierre Mocky, en 1963. Il était officier de la Légion d'honneur.

Chantal Meyer-Plantureux

YOUGOSLAVES

Parler des « Yougoslaves » alors que l'unité politique dont ils étaient ressortissants n'existe plus depuis 1992 est pourtant toujours pertinent. En France, le repérage statistique renvoie à la nationalité ou au pays de naissance. On dénombrait, en 2008, 66 051 « nés en Serbie », 12 292 en Bosnie-Herzégovine, 8 609 en Croatie, 4 058 en Macédoine et 2 480 en Slovénie. En réalité, le pays de naissance de la grande majorité de ces 93 491 immigrants se trouve être la Yougoslavie, disparue de la catégorisation statistique. Les migrations numériquement les plus importantes ont eu lieu dans la période durant laquelle cet espace a été unifié au XXe siècle, sous le premier (1918-1941) et le second État yougoslave (1945-1992). Par ailleurs, les idées yougoslaves issues des élites intellectuelles ont eu un écho et un soutien dans l'émigration aussi bien avant la création de l'État qu'après sa disparition. Il reste, enfin, une identité yougoslave en émigration aussi bien parmi ceux qui, nés en Yougoslavie, se sont trouvés à l'étranger lors de sa désintégration, que parmi ceux qui l'avaient quittée à ce moment-là. La catégorie « Yougoslave » rend compte par ailleurs, mieux que tout autre, du kaléidoscope humain des « Slaves du Sud », qui ne se réduit pas à des groupes nationaux majoritaires.

Le groupe des migrants en provenance de l'espace yougoslave s'est stabilisé depuis plusieurs décennies à un peu moins de 2 % de l'ensemble des immigrés en France, ce qui lui confère une situation moyenne, très loin derrière les grandes communautés d'origine étrangère comme les Italiens ou les Algériens. Et, contrairement à ce qu'on observe dans d'autres pays européens où ils sont beaucoup plus nombreux et où prédominent les originaires de la Croatie, la grande majorité des migrants yougoslaves en France est, depuis toujours, originaire de la Serbie, dans le prolongement des liens privilégiés et de longue date entre les deux pays.

Les relations avec la France, pays d'accueil et de formation des élites. Très tôt, la France a accueilli des élites en provenance de cette partie d'Europe, encore soumise, au début du XIXe siècle, à l'empire d'Autriche (Slovénie, Croatie) et à l'Empire ottoman (Serbie, péninsule balkanique). Artistes, savants ou intellectuels, ils ont participé à l'histoire culturelle de l'Hexagone et ont exporté l'influence française dans leur nation en construction, en conservant des liens avec leurs homologues français.

Rudjer BOSKOVIC (1711-1787) séjourne à Paris à partir de 1772, Louis XV le nomme directeur de l'optique de la Marine royale. Savant originaire de la République de Raguse (aujourd'hui Dubrovnik, Croatie), il est notamment l'inventeur de la lunette achromatique, offrant une qualité d'image jusque-là inconnue, tant aux astronomes qu'aux navigateurs.

Au tournant du XIXe siècle, Dositej OBRADOVITCH (1741-1811), après ses nombreux voyages, en France entre autres, propage les idées des Lumières dans la Serbie tout juste libérée. Surnommé le « Voltaire Serbe », il fut ministre de l'Éducation et fonda à Belgrade la Grande École (future université) en 1808. À partir des années 1840, le jeune État serbe entreprit d'envoyer régulièrement des étudiants à Paris. Les « Parisiens » serbes ont largement contribué à la transmission en Serbie du parlementarisme et de la démocratie à la française et forgé « l'alliance atypique » (Batakovic, 2010) entre une grande puissance qui a des intérêts géopolitiques dans la région et un petit État qui cherche à consolider son autonomie. Le futur roi Pierre Ier Karadjordjevic (Karageorgevitch), ancien de Saint-Cyr, participa à la guerre contre la Prusse et adopta une politique nettement profrançaise.

Dans les autres parties de l'espace yougoslave, des relations avec la France se sont intensifiées également, du fait de l'intégration des « provinces illyriennes » à l'Empire napoléonien (1809-1811). Bien qu'éphémère, l'expérience contribuera à la renaissance nationale slovène et croate, avec un début de scolarisation en langues nationales. L'occupation française supposait la conscription, ce qui amena en France les premiers « Yougoslaves » en nombre : des soldats survivants du régiment illyrien mobilisé dans l'armée de Napoléon Ier pour sa campagne russe.

L'émigration économique commença à la fin du XXe siècle. La population rurale paupérisée de la Macédoine, la Slovénie, la Dalmatie et la Croatie, plus tard la Serbie, se dirigea vers des bassins miniers d'Europe, en France, en Belgique et dans la Ruhr, mais bien davantage vers l'Amérique du Nord, la principale destination des migrants en provenance de l'espace yougoslave jusqu'aux années 1920 et aux restrictions imposées par les quotas.

La Grande Guerre : l'accueil des soldats blessés et des réfugiés civils. À la veille de la Première Guerre mondiale, la Serbie émerge comme l'allié important, investi du rôle de Piémont sud-slave. L'alliance sera scellée par la confraternité d'armes entre Serbes et Français au front de Salonique. De son côté, la France accueille un grand nombre de soldats blessés, de réfugiés de guerre, d'étudiants et d'élèves. On a compté 17 000 Serbes et 3 000 Monténégrins au 1er janvier 1918 en métropole, en Algérie et en Tunisie. Le cimetière militaire de Thiais compte près de 800 tombes de soldats serbes qui ont succombé à leurs blessures sur le sol français. Des milliers d'élèves serbes (3 300 en 1916), dont un certain nombre étaient des boursiers du gouvernement français, ont été intégrés dans les établissements scolaires (Trgovcevic, 2010). D'autres réfugiés, obligés de travailler pour survivre (un accord entre les deux pays autorisait l'emploi des réfugiés), se sont retrouvés migrants économiques : ouvriers agricoles, cheminots, travailleurs dans les mines ou la production de munitions.

Le terrain français joue alors un rôle important dans la gestation du futur État unifié des peuples de Yougoslavie. Les travailleurs sont organisés autour d'une quinzaine d'associations d'orientation yougoslave. À la veille de la Grande Guerre, le Comité yougoslave (*Jugoslavenski Odbor*) qui avait vu le jour à Paris en 1914, regroupait ceux qui, dans l'émigration, voyaient la solution de la question yougoslave dans la création d'un État sud-slave. La majorité des membres était croate.

Le premier État yougoslave et l'immigration politisée de l'entre-deux-guerres. Depuis le début du « siècle des nations », plusieurs projets concurrents avaient émergé autour de l'union des Slaves du Sud. L'unification est réalisée le 1er décembre 1918, avec la naissance du royaume des Serbes, Croates et Slovènes. Comme l'a souligné Kosta Pawlovitch (1992), cette unification arrivait à la fois trop tôt (car les modalités n'en avaient pas été négociées) et trop tard (dans la mesure où la réalisation du projet yougoslave survint au moment où la formation de trois identités sud-slaves – serbe, croate et slovène – était déjà bien avancée). Compte tenu de ses immenses pertes humaines pendant la Grande Guerre, la France attire une partie des émigrants qui viennent du nouvel État. Selon les statistiques officielles, le nombre de Yougoslaves passe de 4 032 en 1921 à 31 878 dix ans plus tard, soit environ 10 % de l'émigration yougoslave, qui continue de se diriger en majorité vers les Amériques (325 000 départs, selon les recensements yougoslaves de l'époque). En France, les travailleurs yougoslaves sont concentrés dans les mines du Nord, dans l'agriculture du Midi, où ils travaillent comme saisonniers, et surtout à Paris, où ils sont artisans et commerçants.

Entre les deux guerres, de nombreux artistes et écrivains s'installent à Paris. De retour au pays, ils deviennent les principaux médiateurs et animateurs des mouvements de l'avant-garde, le surréalisme, le dadaïsme, le zénithisme, qui, tous, ont eu un caractère transyougoslave. Plusieurs architectes travaillent avec Le Corbusier et, plus tard, influenceront la construction des quartiers résidentiels à Belgrade. Notons également l'artiste peintre Marko CELEBONOVIC (1902-1986), qui a vécu en France de 1922 à 1948, le surréaliste Marko RISTIC (1902-1984), l'écrivain Milos CRNJANSKI (1893-1977) parmi beaucoup d'autres pour qui la France devient une seconde patrie et où trouveront refuge des exilés politiques communistes. Dans cette période, la communauté yougoslave est de plus en plus politisée, reflétant par là la situation conflictuelle du pays, qui devient le Royaume de Yougoslavie en 1929. On note une nette polarisation entre les tendances extrêmes : d'une part, les groupes sous l'influence du parti communiste – celui-ci, en exil, quitte Vienne et élit son siège à Paris en 1937 – et, d'autre part, ceux sous influence des oustachis d'Ante Pavelić, ultranationalistes croates, responsables, en 1934, de l'assassinat, à Marseille, du roi Alexandre Ier Karadjordjevic et du ministre français des Affaires étrangères Louis Barthou. Sous le Front populaire, le climat est favorable à l'activité du Parti communiste yougoslave, qui organise l'aide à la République d'Espagne et le départ des volontaires : sur le total de 1 664 « Espagnols yougoslaves », la moitié étaient des immigrés yougoslaves de France (Ekmecic 1985). Parmi ceux qui en reviendront, enrichis de l'expérience militaire et politique tirée de la guerre d'Espagne, certains contribueront à former l'Armée de libération yougoslave et occuperont de hautes fonctions militaires et politiques dans la Yougoslavie d'après-guerre.

Pendant l'occupation allemande, alors que le nombre de Yougoslaves en France est tombé à quelque 20 000 seulement, nombreux sont ceux qui prennent une part active à la Résistance (entre 1 500 et 3 000 selon Ekmecic). Parmi eux, Rudi SUPEK (1913-1993), un des sociologues critiques les plus importants dans la Yougoslavie titiste, sera déporté à Buchenwald. De retour en France, il édite *Nas Glas*, le journal des Yougoslaves internés.

Le deuxième État yougoslave : de l'émigration politique à l'émigration économique. L'émigration politique liée à la Seconde Guerre mondiale et à la création de la Yougoslavie socialiste est très hétérogène : des fidèles de la monarchie et des nationalistes aux démocrates proyougoslaves (comme le cercle autour de Demokratska alternativa et la revue *Nasa Rec* cherchant à formuler un projet multiethnique et démocratique), ils n'ont en commun que la non-reconnaissance de la légitimité du régime titiste en place. Les Yougoslaves déjà installés en France, forts de leur expérience dans la Résistance et de leurs liens avec la lutte de libération de leur patrie, sont regroupés dans l'Association des Yougoslaves en France, qui compte 6 000 membres en 1946, soit près du tiers de la communauté yougoslave (Ekmecic 1985). Cette émigration politique s'atomise rapidement, notamment avec la fracture Staline-Tito en 1948 et les luttes au sein du PCF. Les Franco-Yougoslaves fidèles à Tito reviennent au pays, alors que le climat de méfiance et de peur pousse à la passivité une bonne partie des Yougoslaves.

L'ouverture des frontières de la Yougoslavie dans les années 1960 et son intégration dans le « système du travail migrant » en vigueur en Europe occidentale vont confirmer la distinction de la Yougoslavie comme « pays socialiste à part ». La politique de plein-emploi et d'industrialisation extensive ayant échoué, « le socialisme de marché » fut introduit avec les réformes économiques de 1965. Les autorités yougoslaves tentent de mettre en place une « politique de l'émigration de travail », sans précédent pour un pays socialiste. Des accords sur l'emploi de la main-d'œuvre temporaire sont signés avec les pays de l'Europe de l'Ouest (1965 avec la France) afin d'améliorer l'organisation des flux migratoires en provenance de la Yougoslavie. De 1965 à 1970, quelque 50 000 travailleurs sont effectivement recrutés et admis par l'ONI (Office national d'immigration) ; cependant, leur immigration en France, comme d'ailleurs celle en provenance d'autres pays, reste en grande partie spontanée – les travailleurs entrent en majorité clandestinement ou comme touristes et ne sont régularisés qu'après par des « admissions au travail » ou par des régularisations de masse comme celle de 1981-1982.

La communauté yougoslave des années 1970 et le dépérissement de l'État yougoslave. L'émigration se stabilise, les Yougoslaves et leur « seconde génération » sont considérés comme des « étrangers sans problèmes » et « bien intégrés ». Ils se projettent eux-mêmes dans la représentation d'« immigrés peu visibles », cherchant à se distinguer par un comportement de travailleur exemplaire, peu revendicatif et docile. Il s'agit partout de gens actifs, hommes et femmes, compte tenu de leur structure par âge, de la forte présence de femmes, actives elles aussi, et de la faible présence de personnes à charge – près de la moitié des Yougoslaves laissaient l'un ou tous leurs enfants au pays. Des milliers d'entre eux se mettent progressivement à leur compte, dans diverses branches d'activité où ils étaient auparavant salariés : restauration, alimentation, hôtellerie, bâtiment et, notamment à Paris, la confection. Mais, en priorité, se développent les activités de service répondant à la demande qui émane de la communauté yougoslave elle-même vivant « un pied ici, l'autre là-bas » : auto-écoles, agences immobilières et de transport, pompes funèbres, enseignement de la langue maternelle…

Les Yougoslaves adoptent une double stratégie, visant à réaliser deux objectifs opposés, l'intégration et le retour (Morokvasic 1981) : d'une part, ils consomment sur place et améliorent leur niveau de vie en France comme s'ils allaient rester et, d'autre part, comme les migrants temporaires, ils transfèrent des devises au pays et bâtissent des maisons dans lesquelles beaucoup d'entre eux ne vivront jamais. Cette stratégie, contradictoire en apparence, a pour origine la précarité de leur situation en France aussi bien que l'insécurité quant à l'avenir en Yougoslavie au cas où ils y retourneraient. Leur vie associative, ayant repris dans les années 1970, ne parvient cependant pas à combiner les deux : il s'agit d'associations orientées surtout vers le retour, qui cultivent des liens avec le pays et le folklore. Par ailleurs, ils se montrent réticents à tout engagement politique et se comportent comme si les revendications des autres immigrés en France ne les concernaient pas.

Les autorités yougoslaves cherchent, sans succès, à récupérer le contrôle sur les Yougoslaves en France en créant, par exemple, en 1976, l'Union des clubs et des associations yougoslaves en France. En revanche, les clivages nationaux, reflet de la confédéralisation progressive de la Yougoslavie et de l'ethnicisation de la société, notamment après le changement de la Constitution en 1974, trouvent leur expression dans d'autres associations, de plus en plus nationales et/ou proches des églises.

Désintégration de la Yougoslavie et nouveaux exilés (années 1980-1990). Avec la détérioration de la situation économique et la montée rapide des nationalismes dans la Yougoslavie des années 1980, on observe une intensification des départs de personnes qualifiées et hautement qualifiées. Des intellectuels, écrivains, universitaires, artistes cherchent un cadre plus libre et accueillant à Paris, Amsterdam, Londres, tandis que des étudiants s'expatrient pour continuer leurs études. Les Yougoslaves issus de mariages mixtes et ne pouvant ou ne voulant pas choisir tel ou tel camp prennent également le chemin de l'exil.

Par ailleurs, des liens s'établissent avec les anciennes émigrations politiques, souvent fortement nationalistes et hostiles à la Yougoslavie, et longtemps incapables de renouveler leurs rangs. Ces groupes, quantitativement très affaiblis, bénéficient de l'afflux de nouveaux alliés, parmi la génération issue des travailleurs temporaires. Ces retrouvailles profiteront surtout à l'émigration croate, plus homogène et regroupée autour d'un projet national ; elles se feront mal ou tardivement chez les Serbes, divisés et éparpillés autour de projets politiques divers. Les dernières à être arrivées en France sont les personnes ayant quitté l'ex-Yougoslavie à cause de la guerre et de la désintégration du pays (Morokvasic 1992). Compte tenu de leur nombre relativement restreint, la France a pu adopter, pour les ex-Yougoslaves, le principe du non-refoulement et du traitement assez favorable de la majorité des demandes d'asile. La France a ainsi accueilli plus de 6 000 réfugiés de guerre en provenance de l'ex-Yougoslavie, notamment de la Bosnie-Herzégovine, reconnus par l'Office français de protection des réfugiés et apatrides, et 50 000 si l'on compte les autorisations temporaires. Ce chiffre assez limité (l'Allemagne avait temporairement accueilli plus de 300 000 réfugiés, la Suède plus de 100 000, l'Autriche 80 000) s'explique par l'effet conjugué des restrictions à l'entrée (visas), de la présence en France d'une communauté yougoslave relativement peu nombreuse et de son profil national (serbe), donc de l'absence de réseaux susceptibles de faciliter l'arrivée en provenance des zones en conflit.

Résidents yougoslaves et Français d'origine yougoslave aujourd'hui. La plupart des migrants sont venus pour des raisons économiques il y a une quarantaine d'années. L'introduction de visas par la France pour les ressortissants yougoslaves, déjà effective en 1986, la guerre en 1991 et l'embargo contre ce qui restait de la Yougoslavie en 1992 ont progressivement réduit la possibilité de circuler et immobilisé cette population, dont la vie avait longtemps oscillé entre la France et la Yougoslavie. Pour beaucoup d'entre eux, le retour, même s'il ne fut longtemps qu'une image refuge, n'était plus une perspective. La Yougoslavie n'existe plus, les frontières se sont multipliées, le « chez-soi » a changé de nom, d'État ou de nationalité. Ceux qu'on désigne aujourd'hui souvent comme des « ex-Yougoslaves » en France cherchent plus que jamais à s'installer : le nombre des naturalisations a doublé en dix ans, passant de 1 367 en 1991 à 2 519 en 2000. Contrairement à leurs prédécesseurs de l'entre-deux-guerres, ils ont été politiquement peu revendicatifs et peu présents. Peu ou mal organisés, ils ont assisté à la dislocation violente de la Yougoslavie, une petite minorité comme participants engagés, la grande majorité, notamment en France, en tant que témoins passifs ou impuissants.

On peut les trouver dans toutes les couches de la société française. Nombreux sont les architectes yougoslaves, parmi d'autres Alexis JOSIC (né en 1921 à Stari Becej, mort en 2011 à Paris), qui se sont distingués par des travaux pour la Ville de Paris, les villes nouvelles ou autres projets d'envergure. Parmi des enseignants et chercheurs reconnus travaillant dans des universités, au CNRS, à l'INSERM, on distingue surtout Miroslav RADMAN (né en 1944 à Split, actuelle Croatie), élu membre de l'Académie de sciences en 2002. Reconnu pour ses travaux en biologie moléculaire, il étudie aujourd'hui les mécanismes de l'évolution moléculaire responsables des maladies infectieuses, du cancer et du vieillissement. La France a accueilli également de nombreux artistes, dont certains figurent parmi les peintres français contemporains les plus importants. Vladimir VELICKOVIC, diplômé d'architecture, doit sont renom à la peinture. Parmi d'autres contemporains qui ont marqué le domaine des beaux-arts, on peut citer Pierre OMCIKOUS (né en 1926), Miodrag Dado DJURIC (né en 1933 à Cetinje, Monténegro, mort en 2010 à Pontoise), Ljuba POPOVIC (né en 1934 à Tuzla, Bosnie-Herzégovine). Enki (Enes) BILAL est un réalisateur, dessinateur et scénariste de bande dessinée français. Parmi les cinéastes qui se sont installés en France, le plus connu est Emir KUSTURICA. Notons par ailleurs Josef NADJ, danseur et chorégraphe, en France depuis 1980, et Ivo MALEC, compositeur et chef d'orchestre, établi en France depuis 1959, professeur de composition au Conservatoire de Paris de 1972 à 1990.

Parmi de nombreux sportifs qui ont joué pour les clubs français, notons Nikola KARABATIC, le handballeur, et Josip SKOBLAR (né en 1941 à Privlaka, Croatie), le footballeur. De nombreux écrivains ont vécu et travaillé en France, dont, parmi les plus connus, Danilo KIS (né en 1935 à Subotica, petite ville située dans le nord de la Serbie, Voïvodine, mort à Paris), en France de 1979 jusqu'à sa mort.

Des dizaines de milliers d'autres, anonymes, ont travaillé dans l'industrie automobile à Sochaux ou Boulogne-Billancourt, ont été petits patrons et travailleurs de la confection, souvent des sous-traitants des grandes maisons de couture, ouvriers dans le bâtiment et les travaux publics, petits commerçants, garagistes, gardiens d'immeubles ou artisans. À la deuxième génération, ils sont plutôt cols blancs, employés dans les mairies, petits fonctionnaires, assistants sociaux. Ceux qui passent pour bien intégrés cultivent plus que jamais cette image, restant discrets dans le déploiement des signes distinctifs d'identité, cherchant à rester aussi peu visibles que possible : ainsi, au début des années 1990, certains restaurants et épiceries changent de nom pour neutraliser leur origine et éviter les effets de diabolisation du discours médiatique français. Leurs enfants et petits-enfants, nés en France, francisent leurs noms et prénoms, et leur première et principale langue de communication est le français.

Pourtant, l'émigration fut, pendant un certain temps, l'inévitable expérience de brassage pour les Yougoslaves d'origines diverses. Ils avaient même baptisé « yougoslave » leur langue de communication. Et, pour leurs enfants scolarisés en France, qui suivaient l'enseignement complémentaire au niveau primaire de langue et d'histoire yougoslaves, le principal manuel, jusqu'à la veille de la désintégration de la Yougoslavie, fut *Moja domovina Jugoslavija* (« Ma patrie la Yougoslavie »).

Si la séparation est désormais réelle entre beaucoup de Yougoslaves à l'étranger, qui ont été amenés à se côtoyer et à se réclamer d'un État commun, aujourd'hui on constate aussi de tentatives de retrouvailles sur des bases non nationales chez beaucoup d'autres, conscients de leur appartenance à ce que Tim Judah a nommé la « Yougosphère ». On assiste, en effet, à une redéfinition de l'entre-soi, comme l'a pertinemment remarqué Nathalie Clavel : « Globalement, face au conflit, sont apparus deux types de réponses : l'attachement au multiculturalisme, pour peut-être ne pas se perdre, et l'identification au référent national, pour en quelque sorte se retrouver. »

Mirjana Morokvasic

Bibl. : BATAKOVIC Dusan (dir.), *La Serbie et la France. Une alliance atypique*, Belgrade, Académie serbe des sciences et des arts, 2010 • EKMECIC Fadil, *Poslednjih sto godina Jugoslovena u Francuskoj* (« La présence yougoslave en France depuis cent ans »), Paris, Yougofranc, 1985, t. I-III • MOROKVASIC Mirjana, « Des migrants temporaires : les Yougoslaves », *Sociologie du travail*, n° 3, 1972, p. 260-277 ; « Les Yougoslaves », *in* Garson J.-P. et Tapinos G. (dir.), *L'Argent des immigrés*, Paris, PUF, 1981, p. 267-300 ; « La guerre et les réfugiés yougoslaves », *Revue européenne des migrations internationales*, vol. 8, n° 2, 1992, p. 5-25 • TRGOVCEVIC Ljubinka, « Les Serbes en France durant la Première Guerre mondiale », *in* Dusan Batakovic, *La Serbie et la France. Une alliance atypique*, *op. cit.*

YUPANQUI Atahualpa (Chavero Aramburu, Héctor Roberto)

Chanteur, guitariste, poète et écrivain. – Né le 31 janvier 1908 à Pergamino, Argentine ; mort le 23 mai 1992 à Nîmes, France.

Né d'une mère basque et d'un père argentin, le jeune Héctor Roberto s'éveille à la nature en même temps qu'à l'amour de la guitare. À l'âge de neuf ans, il prend conscience des disparités qui existent entre les différentes classes sociales et s'intéresse plus particulièrement aux peuples indiens. Il souhaite devenir le témoin de ces injustices et chanter les arts indiens oubliés. Au décès de son père, il doit subvenir aux besoins de sa famille et enchaîne les petits métiers. Parallèlement, il publie ses écrits sous le pseudonyme d'Atahualpa Yupanqui : Atahualpa, le dernier empereur inca assassiné par les conquistadors, Yupanqui « le Grand Méritant », grand *cacique* des Indiens Quechuas. Littéralement, son nom d'artiste signifie « Celui qui vient des terres lointaines pour raconter ».

En 1945, il adhère au Parti communiste argentin, pour le compte duquel il participe à des manifestations culturelles. Considéré comme un opposant à Juan Domingo Perón, il s'exile en 1949 à Paris, qu'il considère comme un véritable carrefour européen et qui devient une plaque tournante de ses déplacements. Avec l'aide de personnalités communistes – Paul Éluard, Louis Aragon, Elsa Triolet –, il se produit à la Maison de la Pensée, puis à la salle Pleyel. Paul Éluard lui présente Édith Piaf, rencontre qui est le tournant de sa carrière. Il se produit le 7 juillet 1950 en seconde partie d'un de ses concerts, au théâtre de l'Athénée. Il y joue des *zambas* – danse très prisée dans le nord de l'Argentine –, des *vidalas* – air du Nord-Ouest argentin – et *milongas* – danse proche du tango –, présentant ainsi au public parisien un pan du folklore argentin. Il reçoit le prix de l'académie Charles-Cros – meilleur disque étranger – pour *Minero soy* (« Je suis mineur »), enregistré en 1950. Il collabore avec la maison de disques Le Chant du monde, dans la collection « Le nouveau chansonnier international ». Dans le premier de cette série, *¡Soy libre! ¡Soy bueno!* (« Je suis libre ! Je suis bon ! »), il exprime sa liberté de chanter et définit la tâche du poète comme celle d'un homme qui se doit d'être auprès du peuple. Pendant son « tour de France », il part à la découverte de la poésie populaire française, puis retourne en Argentine, où il est emprisonné pour la seconde fois. Il revient à Paris en 1968. L'année suivante, il décroche pour la troisième fois le prix de l'académie Charles-Cros pour son disque *Campesino* (« Paysan »). En 1969, il a donné au total plus de quatre-vingts concerts dans la capitale française. En 1972, il forme à Paris le trio Trois guitares trois amis avec deux jeunes guitaristes, le Français Pedro Soler et l'Uruguayen Óscar Cáceres. Ils se produisent à la salle Pleyel et interprètent aussi bien des *zambas* ou des *vidalas* que des préludes de Bach. Atahualpa Yupanqui joue lors des Rencontres internationales de guitares d'Arles, ville dont il est fait citoyen d'honneur. En 1984, il est nommé chevalier dans l'ordre des Arts et Lettres. Cinq ans plus tard, il participe au bicentenaire de la Révolution française en composant, à la demande de la municipalité de Nanterre, la cantate *La Palabra sagrada* (« La parole sacrée »), sur une musique de Juan José Mosalini et Enzo Gieco.

Stéphane Leroy

ZADKINE Ossip

Sculpteur. – Né le 14 juillet 1890 à Vitebsk, alors Empire russe, aujourd'hui Biélorussie ; mort le 25 novembre 1967 à Paris, France.

Né d'un père juif converti au catholicisme lors de son mariage avec une émigrée écossaise, Ossip Zadkine est envoyé en Angleterre en 1905. À

Londres, il travaille comme menuisier et s'initie à la sculpture monumentale sur bois, qu'il vient pratiquer à Paris à partir de 1909. Installé dans la colonie d'artistes de La Ruche, il expose ses premières sculptures d'inspiration cubiste au Salon des indépendants de 1911, puis au Salon d'automne (*Samson et Dalila*, 1911). Sortant de l'isolement dans lequel il a vécu durant ses premières années parisiennes, il se lie d'amitié avec Modigliani et, à La Closerie des Lilas, avec Guillaume Apollinaire et Pablo Picasso. Engagé volontaire dans la Légion étrangère en 1914, il est soldat brancardier affecté à l'ambulance russe en mai 1916. Gazé en Champagne, il est réformé en 1917. Il se dit détruit physiquement et moralement par la guerre. Dans les années 1920, il multiplie les expositions personnelles à Paris (dans son atelier en 1920, à la galerie La Licorne en 1921) et dans le monde entier (Italie, Japon). Dans les expositions collectives, il figure avec les artistes russes, avec l'École de Paris et aussi avec les maîtres de « l'Art indépendant » : c'est dire à la fois son intégration à la communauté artistique parisienne et la permanence d'une identité russe, qu'il cultive. Quoique élevé dans le catholicisme et naturalisé français en juin 1921, il est suspect aux yeux des nazis et du régime de Vichy ; il se réfugie aux États-Unis entre 1941 et 1945. À son retour, il enseigne la sculpture à l'académie de la Grande-Chaumière à un groupe d'élèves venus du monde entier. Ses œuvres, exposées dans les grands musées, tirent vers l'abstraction par un travail sur les motifs mythologiques et les formes végétales. Couronné à la Biennale de Venise en 1950, il reçoit, dix ans après, le Grand Prix national des arts. Il fera l'objet de plusieurs commandes officielles, dont des monuments en l'honneur de Vincent Van Gogh et d'Alfred Jarry. Il finit sa vie dans la maison-atelier de la rue d'Assas, achetée en 1928 et que sa compagne, Valentine Prax, lègue, avec un ensemble d'œuvres, à la Ville de Paris en 1978. Elle abrite aujourd'hui le musée municipal Ossip Zadkine.

Julie Verlaine

ZAFIROPULO Étienne

Négociant, banquier et industriel. – Né le 18 avril 1817 à Constantinople, alors Empire ottoman, aujourd'hui Istanbul, Turquie ; mort le 8 décembre 1894 à Marseille, France.

Arrivé à Marseille en 1843, Étienne Zafiropulo fonde, avec son beau-frère, la société Zarifi Frères, dont la maison mère est tenue par deux frères restés à Constantinople. Dirigée par Étienne Zafiropulo, la société prospère rapidement grâce au commerce céréalier, notamment à l'occasion de la crise frumentaire de 1846, et devient Zafiropulo et Zarifi en 1853. L'année suivante, Zafiropulo investit dans la minoterie avec l'usine de La Viste, puis développe les activités bancaires de la firme. Il cautionne deux millions de traites émises par la ville de Marseille pour l'achat d'armes et de munitions pendant la guerre de 1870-1871, emploie Maurice Rouvier avant son élection comme député de Marseille en 1872. Cofondateur de l'École supérieure de commerce, membre de la Chambre syndicale des minotiers et fabricants de semoule, Étienne Zafiropulo est membre des conseils d'administration des grandes affaires marseillaises de crédit. Il participe aux œuvres locales de charité et de bienfaisance (Œuvre de la bouchée de pain, Assistance par le travail…), est membre du Cercle des Phocéens, de 1851 à sa mort, et soutient aussi les institutions helléniques d'instruction et d'assistance. Il conserve sa nationalité ottomane, est fait chevalier, officier puis commandeur de la Légion d'honneur, mais aussi commandeur de l'ordre du Sauveur de Grèce et grand officier de l'ordre du Medjidié. Quarante mille personnes assistèrent à ses obsèques.

Claire Zalc

ZAMBELLI Carlotta. — *Voir* DANSEURS ET DANSEUSES ITALIENS.

ZAMFIR Gheorge

Flûtiste. – Né le 6 avril 1941 à Gaesti, Roumanie.

À l'origine d'un phénomène mondial dans les années 1970 et 1980 notamment, Gheorghe Zamfir et sa flûte de Pan rassemblent les foules lors de concerts mythiques au Carnegie Hall de New York, au Royal Albert Hall de Londres, à Tokyo ou à l'Olympia de Paris. Henri Dutilleux ou encore Pierre Boulez remarquent celui à qui on prête le surnom de « roi de la flûte de Pan ». Gheorghe Zamfir améliore l'instrument traditionnel roumain (*naï*) en augmentant le nombre de pipes ou en l'associant à l'orgue, ce qui lui donne une amplitude jamais atteinte, lui permettant de s'adapter à tous les styles et genres musicaux. Flûtiste précoce, il suit une formation au Conservatoire de Bucarest sous l'égide de Fănică Luca. Il y est repéré par l'ethnomusicologue suisse Marcel Cellier, qui étudie les musiques populaires roumaines. Formé aussi au piano et à la direction d'ensembles, Zamfir se fait très vite remarquer et commence sa carrière dans la direction d'orchestre. Il enregistre, en 1966, son premier disque, à une époque où la musique folklorique est au cœur de la politique culturelle de Nicolae Ceaușescu : le folklore national est alors une arme culturelle, destinée à démontrer l'ancienneté de la culture roumaine. À cette époque, la Roumanie entretient avec la France une relation privilégiée, permettant d'accréditer auprès de la population roumaine l'image d'un pays ouvert et indépendant de l'Union soviétique. Gheorghe Zamfir, maître dans l'art d'un instrument pastoral ancien, sera l'ambassadeur de cette vision politique. Il est d'ailleurs un des rares artistes autorisés à quitter la Roumanie et à enregistrer sous des labels étrangers. Néanmoins, en 1982, il lui est interdit de retourner sur le territoire roumain, entre autres motifs pour avoir dédié un concert à Dieu. Il poursuit dès lors une carrière internationale. Celui qui avait débuté à Paris au Lapin Agile, ou encore en première partie de Serge Lama, devient l'auteur de grands succès populaires comme *Été d'amour*. Intervenant auprès de Nana Mouskouri ou d'Enrico Macias, Zamfir collabore au cinéma avec Vladimir Cosma, interprète de motifs musicaux de comédies comme *Le Grand Blond avec une chaussure noire* d'Yves Robert, 1972, ou *La Chèvre* de Francis Weber, 1981, et laisse sa trace dans de nombreuses musiques de westerns européens. On compte ses ventes de disques (par exemple, *La Magie de la flûte de Pan*) par dizaines de millions d'exemplaires à travers le monde. Notons que, s'il réinterprète *Les Anges dans nos campagnes* ou donne à entendre les célèbres *doina* roumaines, Gheorghe Zamfir ne se cantonne pas au répertoire convenu, mais s'attache aussi à revisiter le répertoire classique, voire contemporain.

Installé en France, le musicien a vécu un rapport complexe à son pays natal. Bien que toujours célébré en Roumanie, il a vu sa réputation s'affaiblir ces dernières années, l'accusation de récupération du folklore à des fins commerciales finissant par porter. Déchargé de ses fonctions universitaires à l'université de Bucarest, il poursuit cependant sa carrière internationale, comme à Paris en 2010 au théâtre du Gymnase Marie-Bell.

Aymeric Jeudy

ZAO WOU-KI

Peintre. – Né le 13 février 1921 à Pékin, Chine ; mort le 9 avril 2013 à Nyon, Suisse.

Issu d'une famille de grands lettrés, Zao Wou-ki étudie la calligraphie puis, à partir de 1935, la peinture chinoise à l'École des beaux-arts de Hangzhou, où il enseigne ensuite, entre 1941 et 1947. Il découvre la peinture occidentale du début du XXe siècle, celle de Pablo Picasso et de Paul Klee, par des reproductions, qui l'influencent fortement ; à l'âge de vingt-sept ans, il part pour la France et s'installe à Montparnasse, afin de suivre les cours de l'académie de la Grande-Chaumière. Il rencontre alors les jeunes abstraits, Parisiens d'adoption comme lui, Jean-Paul Riopelle et Maria ElenaVieira da Silva en particulier. Il se lie d'amitié avec Henri Michaux, qui, le premier, écrit un texte sur son œuvre (*Lecture de huit lithographies de Zao Wou-ki*), en 1951. Son succès va croissant, dans les galeries et les musées occidentaux, à partir des années 1960. Naturalisé français en 1964 grâce au patronage d'André Malraux (dont il a illustré, en 1962, *La Tentation de l'Occident*), Zao Wou-ki était, depuis 2002, membre de l'Académie des beaux-arts. Le musée du Jeu de Paume organisa une rétrospective de son œuvre peint l'année suivante et la Bibliothèque nationale de France, riche des donations consenties par l'artiste en 1979 et 2007, a présenté en 2008 ses œuvres graphiques et imprimées, estampes et livres illustrées. La Chine a également distingué son talent lors d'un séjour de l'artiste à Taïwan et Pékin en 1983. En 1998-1999, une grande rétrospective, qui circule à Shanghai, Pékin et Canton, présente son œuvre comme la synthèse réussie entre les savoir-faire techniques de son héritage extrême-oriental et l'ambition plastique et poétique de l'abstraction lyrique occidentale.

Julie Verlaine

ZARAI Rika (Rika Gussmann)

Chanteuse. – Née le 19 février 1938 à Jérusalem, alors Palestine sous mandat britannique, aujourd'hui Israël-Palestine.

Issue d'une famille ashkénaze, Rika Gussmann grandit en Israël, où elle suit des études de piano au Conservatoire de Jérusalem. Attirée par la scène, elle entreprend de tenter sa chance à Paris, où Eddie Barclay la remarque. Elle enregistre ses premiers disques en 1959 et, en quelques années, s'impose parmi les interprètes « populaires ». Son répertoire associe des chansons faciles (*Sans chemise sans pantalon*) et des adaptations de succès étrangers, ici *Katioucha* (*Casatschok*), là *Hava Naguila*. Elle reçoit le grand prix de l'Eurovision en 1979 pour *Alleluia*. À partir des années 1980, c'est la propagandiste de la médecine par les plantes (*Ma médecine naturelle*, 1985) et la conseillère à l'écoute des gens simples (*Le Code secret de votre personnalité*) qui prolonge et décuple sa popularité.

Yves Borowice

ZARIFI Périclès

Banquier. – Né le 27 mars 1844 à Constantinople, alors Empire ottoman, aujourd'hui Istanbul, Turquie ; mort le 5 juillet 1927 à Marseille, France.

Périclès Zarifi rejoint son oncle maternel, Étienne Zafiropulo, à Marseille, effectue ses études au lycée Saint-Charles et épouse Fanny Rodocanachi, issue d'une autre grande famille de la diaspora grecque. Formé chez Zafiropulo et Zarifi, il fonde Zarifi et Cie, société spécialisée dans l'investissement, qui participe aux grands projets économiques et industriels de Marseille, comme les Raffineries de sucre de Saint-Louis, les Grands Travaux de Marseille ou encore la Compagnie française d'Afrique occidentale, dont il accède à la vice-présidence au début des années 1920.

Claire Zalc

ZEP (Philippe Chappuis)

Dessinateur. – Né le 15 décembre 1967 à Onex, Suisse.

Après des débuts aux magazines *Spirou* et *Fluide glacial*, le jeune Zep (pseudonyme en hommage au groupe Led Zeppelin, Chappuis étant par ailleurs un amoureux et un praticien de musique rock) trouve, au début des années 1990, l'éditeur qui lui fera confiance, Jacques Glénat, et le personnage qui fera sa célébrité, *Titeuf*, en qui s'identifieront des millions de lecteurs préadolescents, séduits par un ton moins convenu que celui des auteurs ordinaires de la bande dessinée « enfantine ». Grand prix du Festival d'Angoulême en 2004, Zep est aujourd'hui à la tête d'une véritable famille de titres – souvent à vocation éducative –, de périodiques (magazine *Tchô !*) et de jeunes auteurs, dont il est souvent le mentor – ou le grand frère.

Pascal Ory

ZERVOS Christian

Critique et éditeur d'art. – Né en 1889 à Argostoli, Grèce ; mort en 1970 à Paris, France.

Avec son épouse Yvonne (1905-1970) Christian Zervos aura été l'un des grands médiateurs de l'art ancien comme de l'art contemporain – l'un nourrissant l'autre, puisqu'il fut d'abord le grand inventeur de l'« art cycladique ». La revue *Cahiers d'art*, qu'il crée en 1926, la maison d'édition qu'il lui associe, la galerie qu'il ouvre à Paris, rue du Dragon, en 1932 : autant de lieux décisifs, qui contribuent à une meilleure connaissance des grands modernes, de Pablo Picasso (dont Zervos entreprend le catalogue raisonné) à Duchamp, et accueillent les premiers pas d'un Samuel Beckett ou d'un Jacques Lacan. Proches du poète René Char, les époux Zervos ont été, en 1947, à l'origine de la « Semaine d'art » d'Avignon, première version du Festival. Le musée Zervos de Vézelay témoigne aujourd'hui de tout cet itinéraire.

Pascal Ory

ZGORECKI Kasimir (Kazimierz)

Photographe. – Né le 1er juin 1904 à Recklinghausen, Allemagne ; mort en 1980 à Lille, France.

Kasimir Zgorecki fait partie de la masse anonyme des Polonais qui immigrent en France, plus précisément dans le Pas-de-Calais, au lendemain de la Première Guerre mondiale. Le chaudronnier qu'il fut en 1922 deviendra photographe et ouvrira son studio dans sa ville d'adoption, Rouvroy. Un studio au sens, non des artistes d'aujourd'hui, mais des artisans de l'époque : portraits de commande, photographies des grands moments de la vie des habitants et, d'abord, des ressortissants de la communauté polonaise du Nord, fière d'envoyer au pays des images de sa réussite. La découverte de ses archives, à partir des années 1990, met en lumière la qualité d'un regard à la hauteur des grands.

Pascal Ory

ZITRONE Léon

Journaliste. – Né le 25 novembre 1914 à Petrograd, alors Empire russe, aujourd'hui Saint-Pétersbourg, Russie ; mort le 25 novembre 1995 à Levallois-Perret, France.

Issu d'une famille ayant fui la révolution russe, Léon Zitrone arrive en France à l'âge de six ans. Élève brillant, il est bachelier à l'âge de seize ans, entame des études de chimie, puis un cursus littéraire et juridique. En 1948, grâce à ses connaissances linguistiques, il entre à la RTF en tant que journaliste chargé des émissions à destination de l'étranger. Remarqué par Pierre Sabbagh pour sa diction et son verbe irréprochables, il est invité à multiplier les directs sportifs (tiercé, Tour de France), les événements princiers (mariage d'Élisabeth d'Angleterre en 1953, mariage de la reine des Belges Fabiola en 1960, etc.). Avant d'être un homme d'images, Léon Zitrone est une voix qui séduit les foules aussi bien que les élites. Au début des années 1960, il présente le journal télévisé : Léon Zitrone est aussi une présence, massive, sérieuse, qui sait plaire aux puissants comme aux humbles. La frontière entre le journalisme et le divertissement étant à l'époque assez poreuse, il présente également « Intervilles », avec Guy Lux et Simone Garnier, à partir de 1962. L'émission est un tel succès populaire qu'elle reste présente à l'antenne jusqu'en 1991. Léon Zitrone, souvent considéré comme respectueux des pouvoirs établis, sait cependant manifester son désaccord, en 1962, après la répression de la manifestation qui avait provoqué les « morts de Charonne », et, en 1968, lorsqu'il refuse de présenter le journal pour ne pas briser les grèves : il est alors muté au service des Sports. Bête de scène, il joue dans une vingtaine de films, généralement son propre rôle. Après plus de 4 000 journaux télévisés, 800 reportages et 600 événements sportifs, il prend sa retraite au début des années 1980, tout en revenant ponctuellement lors d'événements médiatiques.

Patrick Eveno

ZIZINIA Georges

Armateur et négociant. – Né le 11 septembre 1790 à Chio, alors Empire ottoman, aujourd'hui Grèce ; mort le 25 mars 1868 à Marseille, France.

Issu d'une riche famille de négociants grecs de Smyrne, Georges Zizinia rejoint, en 1820, deux de ses frères, Pandia et Étienne, établis à Marseille depuis 1816 et fondateurs de la maison de commerce Prassacachi Frères, du nom de leurs associés. Georges participe à la création d'une nouvelle firme, Zizinia, Pétrocochino et Agélasto, avec deux autres négociants venus de Chio, puis à celle de la société Zizinia Frères, qui naît en 1822. L'entreprise se spécialise dans l'exportation de textiles et toileries vers Constantinople, la mer Noire et l'Égypte, forte d'une importante flotte de transport. Après le massacre de la population grecque de l'île de Chio par les Ottomans, les survivants Zizinia s'installent à Marseille. Georges prend la direction de la maison en France, alors que Pandia et Étienne se chargent du comptoir d'Alexandrie. Étienne, naturalisé français en 1831, devient consul de Belgique à Alexandrie, tout en conservant la nationalité française grâce à Guizot. Sous la monarchie de Juillet, Zizinia Frères figure comme l'un des principaux importateurs de coton jumel, mais également de blé, à Marseille. Georges est naturalisé français le 1er mars 1833 ; il est nommé, en 1836, consul général de Grèce à Marseille. Chevalier de la Légion d'honneur en octobre 1843, il sera également, et tout à la fois, officier de l'ordre du Sauveur de Grèce et commandeur de l'ordre du Sultan.

Claire Zalc

ZOLA Émile

Journaliste et écrivain. – Né le 2 avril 1840 à Paris, France ; mort le 29 septembre 1902 à Paris, France.

Fils de Francesco Zolla, Émile Zola, naturalisé français en 1862, entre alors au service des emballages de la Librairie Hachette ; quelques mois plus tard, remarqué par Louis Hachette, il est promu au bureau de la publicité, une place de choix pour observer le monde des lettres et constituer son carnet d'adresses. Dès 1863, il collabore à des journaux, à Lille (*La Revue du mois* et *Le Journal populaire*), puis au *Salut public* de Lyon et au *Petit Journal*. Le directeur du *Figaro*, Hippolyte de Villemessant, qui souhaite lancer un nouveau quotidien quelque peu « décalé », l'embauche. À *L'Événement*, il tient la chronique des livres à ne pas lire... Mais *L'Événement* est supprimé par l'Empire en novembre 1866. Zola place des articles et des nouvelles au *Figaro*, à *La Rue*, le journal de Jules Vallès, et donne un feuilleton au *Messager de Provence*. Dans les années 1870, il fréquente *La Tribune*, *Le Rappel*, *La Cloche*, *Le Sémaphore de Marseille* et *Le Messager de l'Europe*, une revue de Saint-Pétersbourg. Enfin, en dépit de son républicanisme affirmé, il donne durant un an, jusqu'en septembre 1881, chaque semaine, un article au *Figaro*. Mais sa célébrité d'écrivain est venue et Zola fait ses adieux à la presse : « J'ai quitté la presse et j'espère n'y point rentrer... » La publication de *Thérèse Raquin* (1867) a en effet été un succès. Dès lors, Zola se consacre de plus en plus à sa grande œuvre, *Les Rougon-Macquart*, qui occupera plus de vingt ans de sa vie. Cette série en vingt volumes est achevée en 1893. Il subit l'opprobre, notamment avec *L'Assommoir* ou *Nana* : on l'accuse de salir le peuple ou de répandre la pornographie. Il s'attaque ensuite à d'autres projets : *Trois Villes* et *Quatre Évangiles*. Entretemps, en 1895, il est revenu au *Figaro*, pour de nouvelles chroniques sur le rôle de l'écrivain dans la société. Le 16 mai 1896, il publie dans *Le Figaro* « Pour les Juifs » : « Depuis quelques années, je suis la campagne qu'on essaie de faire en France contre les Juifs, avec une surprise et un dégoût croissants. Cela m'a l'air d'une monstruosité... ». Les développements de l'affaire Dreyfus vont bouleverser les lignes. À l'automne 1897, le vice-président du Sénat, Auguste Scheurer-Kestner, dévoile à Zola les preuves de la culpabilité d'Esterhazy et de l'innocence de Dreyfus. Zola publie trois articles dans *Le Figaro* : « M. Scheurer-Kestner », le 25 novembre 1897. « Le syndicat », le 1er décembre, et « Procès-Verbal », le 5 décembre. C'est dans le premier qu'il conclut par cette phrase : « La vérité est en marche, et rien ne l'arrêtera. » Et rien n'arrêtera Zola. À la suite des plaintes de lecteurs consécutives à la publication de ces articles, le directeur du *Figaro*, Fernand de Rodays, pourtant lui-même convaincu de l'innocence de Dreyfus, est contraint de se passer des services de Zola. Ce dernier raconte la suite dans la présentation de son recueil d'articles, *La Vérité en marche*, édité en 1901 : « Ne voyant aucun journal qui me prendrait mes articles, et désireux en outre d'être absolument libre, je fis le projet de continuer ma campagne, par une série de brochures. » Le 14 décembre 1897, il publie une *Lettre à la jeunesse* et, le 6 janvier 1898, une *Lettre à la France*. C'est alors qu'éclate le coup de tonnerre : le 13 janvier 1898, *L'Aurore* publie la « Lettre à M. Félix Faure, président de la République », dont le titre journalistique, trouvé par Georges Clemenceau, est « J'accuse ! ». Le directeur, Ernest Vaughan, pousse les feux et tire exceptionnellement à trois cent mille exemplaires. Le retentissement est immense, les insultes pleuvent. Les caricaturistes se déchaînent contre Zola et ses « défécations » « cosmopolites ». Le jour même, la Chambre des députés décide de poursuites contre Zola, par trois cent douze voix contre cent vingt-deux. Le 18, le général Billot, ministre de la Guerre, dépose plainte entre les mains du ministre de la Justice. Le procès dure du 7 au 23 février 1898. Le 22, Zola publie dans *L'Aurore* la « Déclaration au jury », qu'il vient de lire à l'audience la veille. Il conclut ainsi : « Tout semble contre moi, les deux Chambres, le pouvoir civil, le pouvoir militaire, les journaux à grand tirage, l'opinion publique qu'ils ont empoisonnée. Et je n'ai pour moi que l'idée, un idéal de vérité et de justice. Et je suis bien tranquille, je vaincrai. Je n'ai pas voulu que mon pays restât dans le mensonge et dans l'injustice. On peut me frapper ici. Un jour, la France me remerciera d'avoir aidé à sauver son honneur. » Condamné à un an de prison et 3 000 francs d'amende, Zola s'exile. Il revient en juin 1899 et poursuit son combat en faveur de Dreyfus, mais il meurt (dans des conditions troublantes, qui font penser à un assassinat) sans avoir connu la réhabilitation du capitaine. Le 6 juin 1908, sous le gouvernement de son ami et compagnon de lutte Georges Clemenceau, les cendres d'Émile Zola sont transférées au Panthéon.

Patrick Eveno

ZULAWSKI Andrzej

Cinéaste, écrivain. – Né le 22 novembre 1940 à Lwów, alors URSS, aujourd'hui Lviv, Ukraine.

Fils du diplomate et écrivain Miroslaw Zulawski, attaché culturel à Paris, puis ambassadeur auprès de l'Unesco, Andrzej Zulawski effectue plusieurs années de sa scolarité en France. Après avoir étudié à l'Institut des hautes études cinématographiques, il va, en Pologne, devenir assistant d'Andrej Wajda. Il réalise ensuite *La Troisième Partie de la nuit* (1971), puis deux films (*Le Diable*, 1972 ; *Sur le globe d'argent*, 1987), dont l'interdiction, par la censure politique, le pousse à s'éloigner du communisme. Il tournera dix films en France, de *L'Important c'est d'aimer* (1975) tiré d'un roman de Christopher Frank, à *La Fidélité* (2000) d'après *La Princesse de Clèves*, en passant par *Possession* (1981), *La Femme publique* (1984), *L'Amour Braque* (1985), *Mes nuits sont plus belles que vos jours* (1989) d'après un roman de Raphaëlle Billetdoux, l'opéra filmé *Boris Godounov* (1989), *La Note bleue* (1991), *Chamanka* (1996). Réputé pour sa direction d'actrices (Romy Schneider, Isabelle Adjani), il signe des autobiographies transcendées, porté par une frénésie naturelle, le goût du mouvement, de l'ivresse, du paroxysme, une façon d'opposer pureté et abjection qui n'appartient qu'à lui.

Jean-Luc Douin

ONT COLLABORÉ À CET OUVRAGE

Direction du volume :

Pascal Ory, professeur à la Sorbonne (Paris-I). Membre du Centre d'histoire sociale du XXe siècle (CHS), UMR 8058.

Coordination des notices collectives de communautés :

Marie-Claude Blanc-Chaléard, professeur à l'université Paris-Ouest-Nanterre-La Défense. Membre de l'unité Institutions et dynamiques historiques de l'économie (IDHE), UMR 8533.

Rédacteurs des notices (outre les deux précédents :

Anne-Claude Ambroise-Rendu, maître de conférences HDR à l'université Paris-Ouest-Nanterre-La Défense. Membre du Centre d'histoire culturelle des sociétés contemporaines (CHCSC), université de Versailles/Saint-Quentin-en-Yvelines.

David Aubin, professeur d'histoire des sciences, université Pierre-et-Marie-Curie (Paris-VI). Membre de l'Institut de mathématiques de Jussieu, UMR 7586.

Orsetta Bechelloni, doctorante à l'École des hautes études en sciences sociales (EHESS). Membre stagiaire du Laboratoire d'anthropologie urbaine (IIAC/CNRS).

Fabrice Bensimon, professeur de civilisation britannique à la Sorbonne (Paris-IV).

Yves Borowice, agrégé d'histoire. Professeur au lycée Louis-le-Grand, Paris. Codirecteur du séminaire « Histoire et théorie des chansons » (Paris I/CNRS).

Martine Boureau, docteur en médecine, ancienne interne des Hôpitaux de Paris.

Jacqueline Carpine-Lancre, chargée de recherches historiques au Palais princier de Monaco.

Caroline Champion, chercheuse indépendante.

Thérèse Charmasson, conservateur en chef du patrimoine (archives), détachée des Archives nationales auprès de la Cité des sciences et de l'industrie.

Pierre-Frédéric Charpentier, agrégé d'histoire, docteur en histoire. Professeur de lycée, chargé de cours à l'université de Toulouse.

Muriel Cohen, docteur en histoire. ATER à l'université Paris-Ouest-Nanterre-La Défense. Associée au Centre d'histoire sociale du XXe siècle (CHS), UMR 8058.

Julia Csergo, docteur en histoire. Université Lyon 2 ; membre du Laboratoire d'études rurales. Professeur au Département d'études urbaines et touristiques, École des sciences de la gestion de l'université du Québec à Montréal (UQAM).

Leyla Dakhli, agrégée d'histoire, docteur en histoire. Chargée de recherche au CNRS (Institut de recherche et d'études sur le monde arabe et musulman).

Stéphane De Tapia, chargé de recherche au CNRS. Membre de l'unité Cultures et sociétés en Europe, UMR 7043.

Claire Demesmay, responsable du programme Relations franco-allemandes à l'Institut allemand de politique étrangère (DGAP).

Diane Dosso, docteur en épistémologie et en histoire des sciences.

Jean-Luc Douin, journaliste, critique de cinéma et écrivain.

Xavier Dousson, architecte DPLG, docteur en histoire de l'architecture. Professeur à l'École nationale supérieure d'architecture Paris-Malaquais.

Michel Dreyfus, directeur de recherches émérite au CNRS. Membre du Centre d'histoire sociale du XXe siècle (CHS), UMR 8058.

Hadrien Dubucs, diplômé de Sciences-Po Paris, agrégé et docteur en géographie. Maître de conférences à l'UFR de géographie et d'aménagement de la Sorbonne (Paris-IV). Membre de l'unité Espaces, nature et culture (ENeC), UMR 8185.

Vincent Duclert, agrégé d'Histoire, docteur en Histoire, inspecteur général de l'Éducation nationale.

Maria-Stella Dutra, doctorante en histoire de l'art.

Patrick Eveno, professeur à la Sorbonne (Paris-I). Membre de l'unité Institutions et dynamiques historiques de l'économie (IDHE), UMR 8533.

Joëlle Fontaine, agrégée d'histoire.

Nicole Fouché, docteur en histoire. Chargée de recherches au CNRS. Membre du Centre d'études nord-américaines (CENA).

Thomas Fouilleron, docteur en histoire. Directeur des archives et de la bibliothèque du Palais princier de Monaco.

Didier Francfort, professeur d'histoire à l'université de Lorraine. Membre du Centre de recherches sur les cultures et littératures européennes (CERCLE).

Anne-Françoise Garçon, professeur d'histoire des techniques à la Sorbonne (Paris-I). Directrice du Centre d'histoire des sciences et d'histoire des techniques (CH2ST), composante de l'équipe Modernités et révolutions, EA 127.

Yvan Gastaut, maître de conférences à l'université de Nice Sophia-Antipolis. Membre de l'unité de recherche Migrations et société (URMIS).

Olga L. Gonzalez, sociologue. Postdoctorante à l'université du Luxembourg. Membre de l'unité de recherche Migrations et société (URMIS).

Anthony Goreau-Ponceaud, maître de conférences en géographie à l'université Montesquieu (Bordeaux IV). Membre de l'équipe Aménagement, développement, environnement, santé et sociétés (ADES), UMR 5185.

Pierre Grouix, agrégé de lettres. Professeur de lycée et traducteur.

Jeremy Guedj, ATER en histoire contemporaine à l'université de Nice Sophia-Antipolis. Membre du Centre de la Méditerranée moderne et contemporaine (CMMC).

Michelle Guillon, professeur émérite de géographie à l'université de Poitiers. Membre de l'unité Migrinter, UMR 6588.

Daniela Heimerl, analyste-rédactrice à la Documentation française.

Sophie Jacotot, docteur en histoire. Membre du Centre d'histoire sociale du XXe siècle, CHS UMR 8058.

Aymeric Jeudy, doctorant en histoire. Membre du Centre de recherches sur les cultures et les littératures européennes (CERCLE).

Marc Lacheny, agrégé d'allemand, docteur en études germaniques. Maître de conférences en études germaniques à l'université de Valenciennes et du Hainaut-Cambrésis.

Stéphane Leroy, doctorant en histoire. Membre du Centre de recherches sur les cultures et les littératures européennes (CERCLE).

Natacha Lillo, maître de conférences de civilisation espagnole contemporaine à l'université Paris Diderot. Membre du laboratoire Identités cultures territoires (ICT).

Laurent Martino, doctorant en histoire. Membre du Centre de recherches sur les cultures et les littératures européennes (CERCLE).

Stéphanie Melyon-Reinette, docteur en langues et littératures étrangères.

Chantal Meyer-Plantureux, docteur en études théâtrales. Professeur en arts du spectacle à l'université de Caen. Membre du Centre de recherche en histoire quantitative (CRHQ), UMR 6583.

Gérard Monnier, professeur émérite d'histoire de l'architecture à la Sorbonne (Paris-I).

Mirjina Morokvasic, sociologue. Directrice de recherche émérite au CNRS. Membre de l'Institut des sciences sociales du politique (ISP).

Stéphane Mourlane, agrégé d'histoire, docteur en histoire. Maître de conférences à l'université d'Aix-Marseille. Membre de l'unité Telemme, UMR 7303.

Jean-Philippe Namont, agrégé, docteur en histoire. Chargé de cours à l'Institut catholique de Paris. Membre de l'unité Identités, relations internationales et civilisations de l'Europe (IRICE), UMR 8138.

Jean-Sébastien Noël, docteur en histoire. Enseignant dans le secondaire et chargé de cours à l'université de Lorraine. Membre du Centre de recherches sur les cultures et les littératures européennes (CERCLE).

Cristiana Oghina-Pavie, maître de conférences en histoire contemporaine à l'université d'Angers. Membre du Centre François-Viète.

Annick Opinel, chercheuse en histoire des sciences auprès de l'Institut Pasteur, unité de Pharmacoépidémiologie et maladies infectieuses.

Janine Ponty, professeur des universités. Membre du conseil d'orientation de la Cité nationale de l'histoire de l'immigration, membre du conseil scientifique du Centre historique minier de Lewarde.

Jacques Portes, professeur émérite d'histoire de l'Amérique du Nord à l'université Paris-VIII.

Anne Rasmussen, maître de conférences en histoire des sciences, université de Strasbourg. Membre de l'unité Sociétés, acteurs, gouvernement en Europe (SAGE), UMR 7363.

Anne Rothenbühler, doctorante en histoire. Associée au Centre d'histoire sociale du XXe siècle (CHS), UMR 8058.

Denis Saillard, agrégé d'histoire, docteur en histoire. Membre du Centre d'histoire culturelle des sociétés contemporaines (CHCSC).

Stéphan Soulié, agrégé d'histoire, docteur en histoire. Professeur de lycée, chargé de conférences à l'EHESS.

Anna Trespeuch-Berthelot, agrégée d'histoire, docteur en histoire. Membre du Centre d'histoire sociale du XXe siècle (CHS), UMR 8058.

Julie Verlaine, agrégée d'histoire, docteur en histoire. Maître de conférences en histoire à la Sorbonne (Paris-I). Membre du Centre d'histoire sociale du XXe siècle (CHS), UMR 8058.

Dimitri Vezyroglou, agrégé d'histoire, docteur en histoire. Maître de conférences en histoire du cinéma à la Sorbonne (Paris-I). Membre de l'équipe Histoire culturelle et sociale de l'art (Hicsa).

Éric Vial, professeur à l'université de Cergy-Pontoise. Membre de l'équipe Civilisations et identités culturelles comparées (CICC).

Marie-Christine Volovitch-Tavares, agrégée d'histoire, docteur en histoire. Vice-présidente du Centre d'études et de recherches sur l'exil et les migrations ibériques.

Mickaël Wilmart, ingénieur d'études à l'École des hautes études en sciences sociales (EHESS). Membre du Centre de recherches historiques (CRH).

Naïma Yahi, docteur en histoire. Déléguée générale de l'association Pangée network. Membre de l'unité de recherche Migrations et société (URMIS).

Claire Zalc, chargée de recherches au CNRS. Membre de l'Institut d'histoire moderne et contemporaine (IHMC), UMR 8066.

TABLE DES MATIÈRES

Composé par Nord Compo Multimédia
7, rue de Fives, 59650 Villeneuve-d'Ascq

Cet ouvrage a été achevé d'imprimer en septembre 2013
dans les ateliers de Normandie Roto Impression s.a.s.
61250 Lonrai (Orne)
N° d'impression : 133406

Imprimé en France